黑龙江农垦年鉴

（2008）

黑龙江人民出版社

图书在版编目（CIP）数据

黑龙江农垦年鉴. 2008/隋凤富，史桂霞主编. —哈尔滨：黑龙江人民出版社，2008.11

ISBN 978-7-207-07698-4

Ⅰ. 黑... Ⅱ. ①隋...②史... Ⅲ. 农垦地区—黑龙江省—2008—年鉴 Ⅳ. F327.35-54

中国版本图书馆 CIP 数据核字（2008）第 172932 号

责任编辑：王裕江
装帧设计：木　雨

黑龙江农垦年鉴（2008）
Heilongjiang Nongken Nianjian

主编 隋凤富　执行主编 史桂霞

出版发行 黑龙江人民出版社
通讯地址 哈尔滨市南岗区宣庆小区 1 号楼
邮　　编 150008
网　　址 www.longpress.com
电子邮箱 hljrmcbs@yeah.net
印　　刷 黑龙江银手杖印务有限公司
开　　本 890×1240 毫米　1/16 开本
印　　张 32
字　　数 1 200 000　插页 148
版　　次 2008 年 11 月第 1 版 2008 年 11 月第 1 次印刷
书　　号 ISBN 978-7-207-07698-4/Z·183
定　　价 298.00 元

编辑说明

一、《黑龙江农垦年鉴》(2008)编纂以马克思列宁主义、毛泽东思想、邓小平理论和“三个代表”重要思想为指导，全面客观地记述垦区各行各业年度基本情况，是集知识、信息、资料为一体的具有公报性、权威性的工具书，为加快垦区经济社会发展提供决策服务和有益的借鉴，在垦区文化建设上具有深远意义。

二、《黑龙江农垦年鉴》(2008)是一部全面反映黑龙江垦区自然、政治、经济、文化、社会等方面情况的综合性年鉴。这是垦区成立60年来，第一次编著此类年度资料性文献。主要记载2007年垦区各领域、各部门、各行业、各分局的基本情况、重大事件、主要发展变化。新闻图片与个别资料延至2008年10月。

三、《黑龙江农垦年鉴》(2008)采用分类编辑法，设类目、分目、条目三个层次组成框架结构的主体部分。个别分目中，增加了子分目的层次，全书条目标题统一用黑体加【】表示。全书共设15个类目，107个分目(含子分目)。

四、《黑龙江农垦年鉴》(2008)以说明文为主。开门见山，直陈其事，述而不作。语言简洁，文字朴实。

五、《黑龙江农垦年鉴》(2008)采用的稿件由各有关部门和分局、农场专人撰写，文稿中的个别数字，由于统计口径不同等原因，与“统计资料”类目不尽一致，使用时概以“统计资料”类目为准。

六、书中中共黑龙江省委员会、黑龙江省人民政府，分别简称为省委、省政府。中共黑龙江省农垦总局委员会、黑龙江省农垦总局简称总局党委、总局。中共黑龙江省农垦总局宝泉岭分局委员会、黑龙江省农垦总局宝泉岭分局分别简称宝泉岭分局党委、宝泉岭分局，其他各分局亦如此表示。

《黑龙江农垦年鉴》(2008)编辑人员

主　　编　隋凤富
副 主 编　张成国
顾　　问　齐长伐
执行主编　史桂霞
执行副主编　郭思宝
编　　辑　赵宝海　刘　力

《黑龙江农垦年鉴》(2008)撰稿人员名单

（按姓氏笔画排序）

于　峰　于文华　于明章　于家傲　于　涛　于善英　才宏伟　马元奉
马凤金　马宁民　马　壮　马忠峙　马鸣春　马春晓　马继红　马德义
尹训海　尹燕春　方厚伦　王久文　王大丽　王小东　王世梅　王民德
王玉红　王　伟　王庆堂　王延庆　王　丽　王启林　王希武　王志刚
王凯胜　王国庆　王宝林　王建民　王建华　王忠臣　王　虎　王金武
王春华　王洪刚　王　秋　王秋燕　王晓明　王晓燕　王海平　王积革
王艳华　王崇茂　王　梅　王婷婷　王　敬　王敬波　王　晶　王　楠
王瑞利　王　巍　付明哲　冯　舟　冯桂琴　包　宁　卢永信　卢绪奎
史维强　叶名辉　司志忠　宁财政　田乃浩　田英杰　由景顺　乔维本
任　飞　任玉福　任立新　刘几何　刘卫中　刘亚茹　刘利润　刘　宏
刘进有　刘国红　刘奉艳　刘宝国　刘　岩　刘建文　刘金贵　刘春玲
刘柏琛　刘贺龙　刘　峰　刘晓波　刘晓梅　刘　隽　刘　博　刘　强
刘鑫森　吕洪军　孙世颖　孙　东　孙永宽　孙立民　孙龙江　孙成钰
孙　良　孙宝江(九三分局)　孙宝江(红色边疆农场)　孙建波　孙建鹏　孙彦献
孙晓黎　孙继斌　孙鸿君　孙　斌　孙　静　曲洪智　曲荣鸣　曲海宁
朱万杰　朱建东　朱桂林　朱喜安　朱　晶　权　力　毕滨生　江守建
许秋荣　齐长春　齐汉强　齐艳玉　何忠志　佟启玉　佟学广　初宏伟
吴永全　吴宏伟　吴　静　宋云波　宋守军　宋庆国　宋丽英　宋惠忠
宋　斌　张力军　张万山　张中华　张元福　张长顺　张乐秋　张玉超
张　如　张成利　张丽娟　张启新　张宏强　张秀贵　张佳程　张泽滨
张金涛　张宪忠　张洪涛　张桂景　张　菲　张　强　张雅文　张新民
张锡铭　时长山　李小兵　李凤伟　李凤林　李冬春　李玉成　李　礼
李立忠　李　伟　李全明　李　刚　李　红　李红林　李　君　李希源
李志强(畜牧局)　李志强(红光农场)　李远波　李国顺　李明辉　李洪山
李洪亮　李贵启　李　健　李晓兵　李海燕　李继文　李继祥　李　强
李援建　李景华　李辉军　李道奉　李雅宏　杜　欣　杨正辉　杨兆爽

撰稿人员

杨　旭　杨宏郁　杨　坤　杨　玥（农垦总医院）杨　明（嘉荫农场）　杨　勇
杨　恽　杨柏昌　杨洪臣　杨贵先　杨海良　杨艳秋　杨雪松　杨　博
杨　崴　苏万成　苏庆明　谷宝芹　谷　磊　辛宝安　迟长昕　邵学杰
邹万福　邹　林　邹斌斌　陈　刚　陈宇华　陈　旭　陈良恒　陈京培
陈　欣　陈树柱　陈　智　陈福平　周卫国　周士筌　周令威　周兴民
周纯立　周　虹　周　磊　孟昭春　尚大龙　林子彬　欧海燕　罗秋菊
罗道杰　范克谦　范晓华　郑伟志　郑晓密　金洪洋　姜　义　柏永军
柳　军　段志民　祖国红　祝　宏　胡万秋　胡　斌　赵广来　赵亚军
赵红艳　赵国春　赵幸福　赵英杰　赵贵军　赵淑云　郝秀君　项　前
唐　华　唐志明　夏玉玲　徐　平　徐庆斌　徐国庆　徐国辉　徐洪斌
徐　燕　翁叔章　耿　东　耿作先　袁福兴　贾乃生　贾玉珠　贾庆义
贾明均　郭秀云　郭进财　郭宗元　郭洪明　郭振军　顾大峰　高文革
高明山　高泽辉　高　昶　高贵田　高绪波　宿雪萍　崔冬梅　崔成龙
崔玲燕　崔晓微　崔淑萍　常　海　梁亚萍　梁会财　盛　昕　黄大龙
黄希斌　黄　芙　黄　苏　黄晓军　黄　燕　龚建国　景兴海　曾　明
焦永梅　焦新秋　程士信　程玉英　童志勇　董兴业　董桂军　蒋来福
谢冬冬　谢建辉　谢　奎　韩　飞　韩　非　韩瑞业　甄　宏　褚建平
詹志学　詹思远　鲍文东　廖明富　臧兆勤　蔡文利　樊　涛　樊雪飞
穆　丹　霍　刚　霍宝银　戴凤国　戴　虹　魏凌云

垦区要闻部分提供照片资料人员名单

（按姓氏笔画排序）

王亚光　王毅敏　史明睿　史桂霞　关显昌　吕玉臣　孙永亭
孙宝江　汤　富　吴　江　张　伟　杨利群　杨　健　陈子婴
侯昭纯　段正奇　郭思宝　龚　峰　韩志营　鲁宏杰

北大荒精神

艰苦奋斗

勇于开拓

顾全大局

无私奉献

黑龙江省农垦总局党委书记、局长　隋凤富

北大荒人的歌

1=A $\frac{4}{4}$

王 德 词
刘锡津 曲

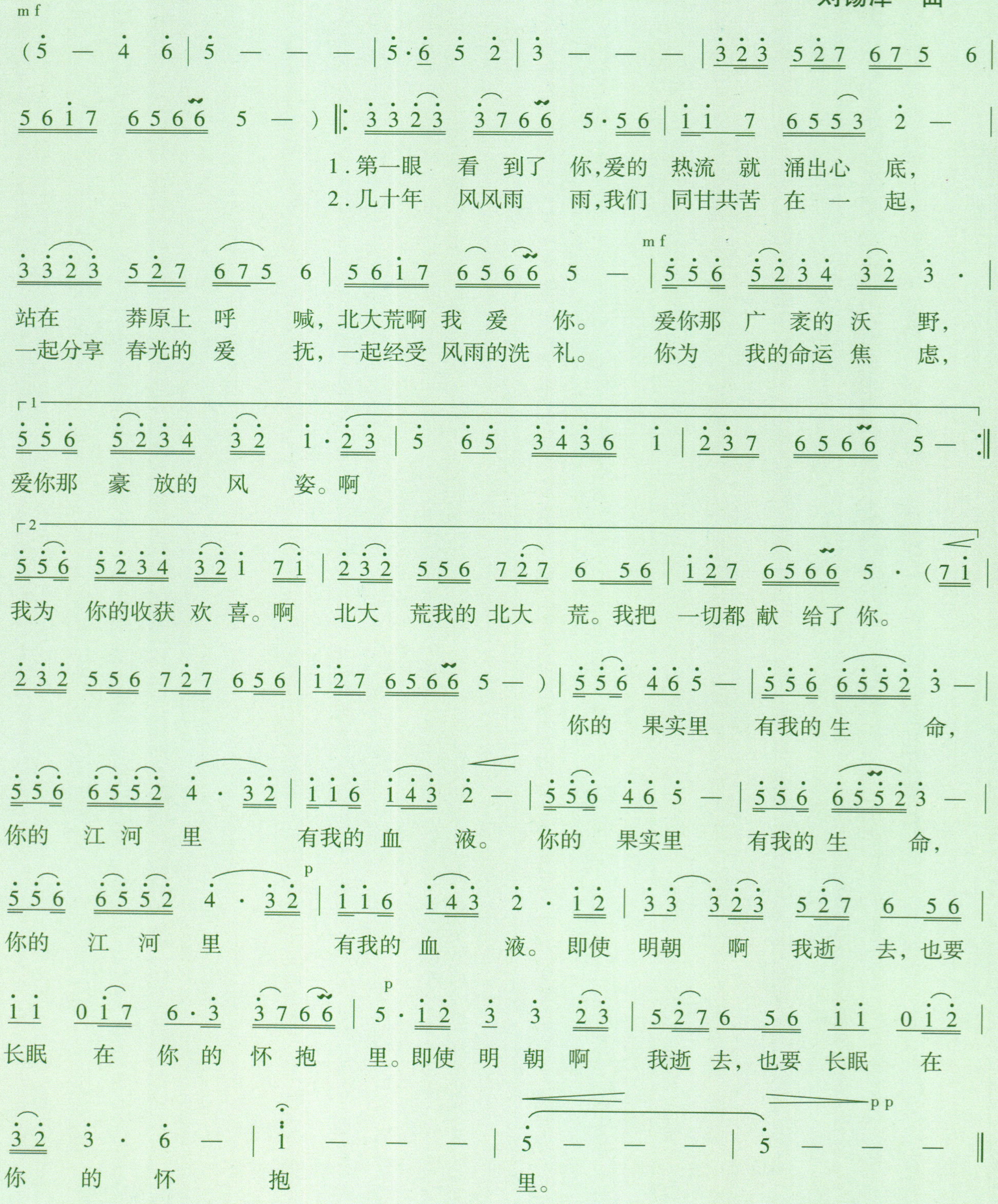

mf

1.第一眼 看 到了 你,爱的 热流 就 涌出心 底,
2.几十年 风风雨 雨,我们 同甘共苦 在 一 起,

站在 莽原上 呼 喊,北大荒啊 我 爱 你。 mf 爱你那 广 袤的 沃 野,
一起分享 春光的 爱 抚,一起经受 风雨的洗 礼。 你为 我的命运 焦 虑,

1. 爱你那 豪 放的 风 姿。啊

2. 我为 你的收获 欢 喜。啊 北大 荒我的 北大 荒。我把 一切都 献 给了 你。

你的 果实里 有我的 生 命,

你的 江 河 里 有我的 血 液。 你的 果实里 有我的 生 命,

你的 江 河 里 p 有我的 血 液。即使 明朝 啊 我逝 去,也要

长眠 在 你 的 怀 抱 p 里。即使 明 朝 啊 我逝 去,也要 长眠 在

你 的 怀 抱 里。 pp

总局领导

创新务实、团结向上的农垦总局领导集体。左起：总局宣传部部长逄金明、副巡视员谭占龙、副局长周昊旬、副局长王有国、纪委书记钟国林、总局党委书记、局长隋凤富、总局副局长张成国、副局长邹积慧、副巡视员周春来、总局军事部政治委员张锐、总局组织部部长梅殿龙。

2008年8月27日，中共中央政治局常委、全国政协主席贾庆林(左二)在省委书记、省人大常委会主任吉炳轩(右一)和总局党委书记、局长隋凤富(左一)等人陪同下在红兴隆分局友谊农场优质高产攻关大豆示范田里了解垦区大豆产业发展情况。

2008年8月27日，中共中央政治局常委、全国政协主席贾庆林(前右二)在总局党委书记、局长隋凤富(前左二)等人陪同下，视察建三江分局七星农场国家级现代农业示范园区。

2008年8月27日，中共中央政治局常委、全国政协主席贾庆林（前右一）在总局党委书记、局长隋凤富（前左一）等人陪同下，视察建三江分局七星农场第四十三作业站现代农机具停放场。

2008年8月29日，中共中央政治局常委、全国政协主席贾庆林（右二）在总局党委书记、局长隋凤富（左二）等人陪同下考察九三粮油工业集团哈尔滨惠康食品有限公司。

2007年3月12日，总局党委副书记、局长隋凤富在垦区重点工作推进会议上作重要讲话。

2007年3月12日，总局在农垦会堂召开垦区重点工作推进会议。图为垦区重点工作推进会议会场。

2007 年 3 月 22 日，总局局长隋凤富（左）与省农委副主任刘春华在部分省直国有农场划转农垦总局管理交接仪式上，分别在划转协议书上签字。

2007 年 3 月 22 日，总局局长隋凤富（左）与省畜牧兽医局局长祖伟在部分省直国有农场划转农垦总局管理交接仪式上，分别在划转协议书上签字。

2007 年 3 月 22 日，部分省直国有农场划转农垦总局管理交接仪式会场。

2007年4月12日，在上海·北大荒绿色特色产品展销会上，省人大常委会副主任沈根荣(左)、上海市人大常委会副主任周禹鹏(中)在总局局长隋凤富(右)的陪同下参观展销会现场。

2007年4月13日，在北大荒集团项目推介经贸洽谈招商引资签约会上，总局局长隋凤富(右)与上海光明食品集团总裁曹树民(左)举行合作签约仪式。

2007年4月13日，在北大荒牛业与上海麦德龙超市合作庆典仪式上，总局纪委书记钟国林(左二)和红兴隆分局党委书记王有国(右一)与麦德龙执行官员一起庆祝行业巨头携手共筑食品安全产业链合作成功。

2007年6月6日，中共中央政治局常委、中央纪律检查委员会书记吴官正(中)视察七星农场科技园区。

2007年6月6日，中共中央政治局常委、中央纪律检查委员会书记吴官正(前排右四)考察北大荒农业股份有限公司七星分公司第四十三作业站农机服务中心。

2007年6月6日，中共中央政治局常委、中央纪律检查委员会书记吴官正(右三)在垦区考察期间到洪河农场第四管理区职工杜春家中座谈。

2007年5月16日，省委书记、省人大常委会主任钱运录(中)视察完达山哈尔滨乳品有限公司产品展厅。

2007年7月6日，省委副书记、省长张左己(中)在总局党委书记吕维峰(左三)等人陪同下，深入九三分局就农业产业化经营、新农村建设及场县共建等问题进行考察调研。图为张左己在大西江农场考察小城镇建设情况。

2007年6月9日，省政协主席王巨禄(右二)、省委常委、政法委书记杨焕宁(左三)、省委常委、省军区政委王金祥(右一)等领导视察红兴隆分局。

2007 年 8 月 28 日，总局党委副书记、局长隋凤富（右）在中央电视台“心连心”艺术团代表党中央、国务院慰问北大荒的文艺演出上，向中央电视台“心连心”艺术团赠送北大荒版画。

2007 年 8 月 28 日，在中央电视台“心连心”艺术团代表党中央、国务院慰问北大荒的文艺演出上，中央电视台副总编辑张华山（左）代表“心连心”艺术团向北大荒赠送锦旗。

2007年8月28日，总局党委副书记、局长隋凤富在中央电视台“心连心”艺术团代表党中央、国务院慰问北大荒的文艺演出上致辞。

2007年8月28日，在中央电视台“心连心”艺术团代表党中央、国务院慰问北大荒的文艺演出上，主持人张泽群(左一)、管彤(右一)现场采访垦区著名水稻专家徐一戎(右二)和垦区道德模范康金环(左二)。

2007年8月27日，中央电视台“心连心”艺术团慰问演出设在建三江分局八五九农场演出分会场的北大荒人向全国人民问好。

2007年8月28日，在中央电视台“心连心”艺术团代表党中央、国务院慰问北大荒的文艺演出上，著名歌唱家李光羲与垦区老干部合唱团共同演唱《革命人永远是年轻》。

2007年8月28日，在中央电视台“心连心”艺术团代表党中央、国务院慰问北大荒的文艺演出上，著名歌手祖海身着盛装在现代化大马力拖拉机上高歌。

2007年8月28日，在中央电视台“心连心”艺术团代表党中央、国务院慰问北大荒的文艺演出上，观看演出现场的观众方队。

2008年2月14日,总局党委副书记、局长隋凤富在总局党委(扩大)会议上作工作报告。

2008年2月14日,总局副局长张成国在作总局党委(扩大)会议总结。

2008年2月14日召开的总局党委(扩大)会议会场。

2008年1月21日，北大荒文工团到北京向农业部干部职工进行专场慰问演出。图为总局局长隋凤富（前左）与农业部党组书记、部长孙政才（前右）等人一同观看演出。

2008年3月10日，总局党委书记、局长隋凤富（左一）在第十一届全国人大一次会议上发言。

2008年3月10日，总局党委书记、局长隋凤富（中）在第十一届全国人大一次会议上和代表们交谈。

2008年4月10日,总局召开的由老铁道兵、复转官兵、文化人士、科技知识分子、支边青年、退休干部、老知青、垦区青年先进人物等各界人士代表参加的纪念王震将军诞辰100周年座谈会会场一角。

2008年4月10日,在总局召开的纪念王震将军诞辰100周年座谈会前,总局党委书记、局长隋凤富(右一)与总局老领导亲切握手问候。

2008年4月10日,参加总局纪念王震将军诞辰100周年座谈会的老复转官兵代表。

2008年4月13日，省委书记吉炳轩（前左四）在总局党委书记、局长隋凤富（前左三）陪同下视察北安分局红星农场农机发展中心。

2008年4月13日，省委书记吉炳轩（右二）在总局党委书记、局长隋凤富（左一）陪同下视察九三粮油工业集团北安分公司生产车间。

2008年4月14日，省委书记吉炳轩（左三）在总局党委书记、局长隋凤富（左二）陪同下视察北安完达山乳品有限公司。

2008年4月27日,省委书记吉炳轩(右一)在总局党委书记、局长隋凤富(右二)及红兴隆分局局长贺天元(左二)等人陪同下,参观北大荒牛业公司生产线。

2008年4月27日,省委书记吉炳轩(中)正在查看红兴隆分局友谊农场大麦苗生长情况。

2008年4月27日,省委书记吉炳轩(左四)在总局党委书记、局长隋凤富(左三)及红兴隆分局局长贺天元(左一)等人陪同下,考察友谊农场第三管理区。

2008年4月28日，省委书记吉炳轩（前排中）考察建三江分局七星农场智能化育苗基地时，亲身体验水稻播种器播种操作。

2008年4月28日，省委书记吉炳轩（前排中）在总局党委书记、局长隋凤富（前排右二）及建三江分局党委书记王道明（前排左二）、局长王金会（前排右一）等人陪同下，考察建三江分局七星农场研发中心。

2008年4月28日，省委书记吉炳轩（前排中）在总局党委书记、局长隋凤富（前排左二）及建三江分局党委书记王道明（前排右二）、局长王金会（前排左一）等人陪同下，考察建三江分局七星农场国家级科技示范园区时，正在听取园区发展情况的汇报。

2008年5月5日，省委书记吉炳轩(中)在总局副局长张成国(右二)及北大荒农业股份有限公司总经理奚河滨(左二)等人陪同下，来到北大荒龙垦麦芽有限公司考察。

2008年5月16日，省委书记吉炳轩(右二)在宝泉岭分局党委书记赵广民(右一)的陪同下，考察北大荒肉业宝泉岭分公司，了解企业发展情况。

2008年5月16日，省委书记吉炳轩(右三)在宝泉岭分局党委书记赵广民(右二)的陪同下，在宝泉岭分局日鲁北大公司了解企业经营情况。

2008年5月19日14时28分至31分，在总局机关大楼前的广场上，总局机关及直属单位代表近500人为四川汶川地震中不幸遇难的同胞默哀后，总局党委书记、局长隋凤富率先走向捐款箱再次为灾区捐款。

2008年5月23日上午，省委书记吉炳轩(左二)和总局党委书记、局长隋凤富(左一)正在查看“北大荒号”大米专列。

2008年5月23日上午，装满40节车厢，计10万袋2 400吨大米的“北大荒号”专列，满载着黑龙江垦区165万人民的深情厚谊，正在准备从哈尔滨南站发往四川地震灾区。

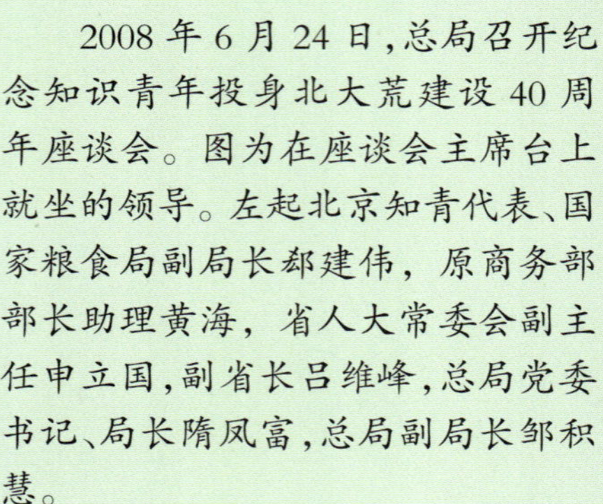
2008年6月24日,总局召开纪念知识青年投身北大荒建设40周年座谈会。图为在座谈会主席台上就坐的领导。左起北京知青代表、国家粮食局副局长郄建伟,原商务部部长助理黄海,省人大常委会副主任申立国,副省长吕维峰,总局党委书记、局长隋凤富,总局副局长邹积慧。

2008年6月24日,总局召开的纪念知识青年投身北大荒建设40周年座谈会会场。

2008年6月24日,参加纪念知识青年投身北大荒建设40周年座谈会的代表合影留念。

2008年7月12日，省委副书记、省长栗战书（中）在总局党委书记、局长隋凤富（前右二）等人陪同下考察建三江分局勤得利农场江水灌区渠首工程情况。

2008年7月28日，省委副书记、省长栗战书在八五二农场视察山东鲁能集团在农场区域内开发建设煤化工项目情况。他指出，煤化工项目的开发建设，不仅仅拉动区域经济的大发展、快发展，更重要的是提高了农业企业与工业企业相互依托的市场竞争能力。图为栗战书（中）在听取鲁能煤化工项目建设的规划介绍。

2008年7月12日，省长栗战书（中）到建三江分局考察勤得利农场江水灌溉工程时查看黑龙江。

2008 年 7 月 31 日,中共中央政治局委员、全国人大常委会副委员长、中华全国总工会主席王兆国(前右三)在中华全国总工会副主席、书记处第一书记孙春兰(前右一),省委书记、省人大常委会主任吉炳轩(前左三),总局党委书记、局长隋凤富(前右二)等人陪同下考察九三粮油工业集团惠康食品有限公司产品展厅时,集团总经理田仁礼(左二)正在介绍情况。

2008 年 7 月 31 日,中共中央政治局委员、全国人大常委会副委员长、中华全国总工会主席王兆国(右)视察九三粮油工业集团惠康食品有限公司时,听取省委副书记、省长栗战书(中)和总局党委书记、局长隋凤富(左)汇报工作。

2008年7月31日，中共中央政治局委员、全国人大常委会副委员长、中华全国总工会主席王兆国(左三)视察九三粮油工业集团惠康食品有限公司时，向省委书记、省人大常委会主任吉炳轩(右一)和总局党委书记、局长隋凤富(左二)、九三粮油工业集团总经理田仁礼(左一)等人了解“九三”大豆油的特点。

2008年7月31日，中共中央政治局委员、全国人大常委会副委员长、中华全国总工会主席王兆国（左三）离开九三粮油工业集团惠康食品有限公司时与总局党委书记、局长隋凤富(前右一)握手告别。

2008年8月1日，总局党委书记、局长隋凤富在纪念复转官兵开发建设北大荒50周年座谈会上作重要讲话。

2008年8月1日建军节清晨，总局党委书记、局长隋凤富代表总局党委、总局和垦区163万人民亲切慰问总局军事部全体官兵。

2008年8月1日，总局召开纪念十万复转官兵开发建设北大荒50周年座谈会。图为在座谈会主席台上就坐的领导。左起总局副局长张成国、省政府副省长吕维峰、省军区政委宋凤鸣、省人大常委会副主任申立国、总局党委书记、局长隋凤富、1958年复转官兵代表、原国务院副秘书长刘济民。

2008年8月2日，第二届哈尔滨园艺节开幕暨北大荒现代农业园开园庆典在哈尔滨分局香坊农场举行开幕庆典仪式。总局党委书记、局长隋凤富（左二）与哈尔滨市市委副书记、市长张效廉（前右二）共同为北大荒现代农业园开园揭牌。

2008年8月2日，总局副局长张成国向前来参加北大荒现代农业园开园庆典的嘉宾致欢迎词。

2008年8月2日，北大荒现代农业园开园仪式上精彩纷呈的歌舞表演令人赏心悦目。

2008年8月9日，省委书记、省人大常委会主任吉炳轩在王震将军率师开发建设北大荒纪念馆向王震将军塑像敬献花篮。

2008年8月9日，省委书记、省人大常委会主任吉炳轩(右三)在总局党委书记、局长隋凤富(右二)、牡丹江分局党委书记丁元森(右一)、局长侯培耀(右四)陪同下参观王震将军率师开发建设北大荒纪念馆。

2008年8月9日，省委书记、省人大常委会主任吉炳轩（右三）在总局党委书记、局长隋凤富（右二）、牡丹江分局党委书记丁元森（左一）、局长侯培耀（右一）陪同下考察兴凯湖景区。

2008年8月9日，省委书记、省人大常委会主任吉炳轩（右二）在总局党委书记、局长隋凤富（右三）、牡丹江分局党委书记丁元森（右四）、局长侯培耀（右一）陪同下在兴凯湖当壁镇度假区调研。

2008年8月7日,省委书记、省人大常委会主任吉炳轩(左一)在总局党委书记、局长隋凤富(左二)等人陪同下,在建三江分局二道河农场万亩大地号考察。

2008年8月7日,省委书记、省人大常委会主任吉炳轩(前一)和总局党委书记、局长隋凤富(前二)查看水稻长势情况。

2008年8月7日,省委书记吉炳轩(右二)、总局党委书记、局长隋凤富(右三)等领导考察建三江分局胜利农场挠力河湿地保护区。

2008年7月30日，总局党委书记、局长隋凤富（前一）在山河农场调研。

2008年8月12日，总局党委书记、局长隋凤富（中）在八五七农场调研。

2008年8月12日，总局党委书记、局长隋凤富（中）在云山农场调研时参观农场场史馆。

2008年8月19日,农业部部长孙政才(前中)在总局党委书记、局长隋凤富(前右一)等人陪同下到铁力农场考察调研。图为孙政才在参观农场第四管理区农具场。

2008年9月3日，国家发展与改革委员会副主任杜鹰(右一)率领的国务院联合调研组在建三江分局七星科技园区调研。

2008年9月3日，国家发展与改革委员会副主任杜鹰(左一)在总局党委书记、局长隋凤富(右二)等人陪同下，在建三江分局七星农场查看农作物长势情况。

2008年9月8日，农业部副部长高鸿宾(右二)和总局党委书记、局长隋凤富(右一)在北安分局建设农场第四管理区农机中心听取汇报。

2008年9月8日，农业部副部长高鸿宾(左)和总局党委书记、局长隋凤富(右)在北安分局建设农场查看大豆长势情况。

2008年9月9日，农业部副部长高鸿宾（前左二）在总局党委书记、局长隋凤富(前左三)陪同下视察北安分局格球山农场农贸市场。

2008年8月31日，副省长吕维峰(左二)到建三江分局红卫农场检查水稻生产情况。

2008年9月21日，副省长吕维峰(左二)考察完达山乳业股份有限公司哈尔滨乳品有限责任公司。

2008年10月16日，副省长吕维峰(左)陪同全国政协副主席李金华(右)在第六届中国国际农产品交易会上视察北大荒集团展位并给予高度评价。

2008 年 10 月 10 日，在垦区开展深入学习实践科学发展观活动动员大会暨研讨班开班式上，总局党委书记、局长隋凤富作动员讲话。

2008 年 10 月 10 日，在垦区开展深入学习实践科学发展观活动动员大会暨研讨班开班式上，省委指导检查组组长刘策作重要讲话。

2008 年 10 月 10 日，垦区开展深入学习实践科学发展观活动动员大会暨研讨班开班式在总局机关二楼大会堂举行。图为大会会场。

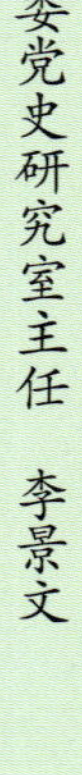
省委党史研究室主任　李景文

钱　锋

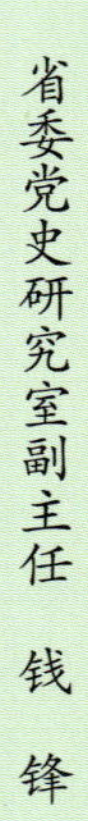
省委党史研究室副主任　钱　锋

省委党史研究室副主任　吴　炜

省地方志办公室主任　孙景钰

省地方志办公室副主任　姜绍华

省地方志办公室副主任　袁建勋

省地方志办公室副主任　张文功

机械中耕管理

丰收的大豆

现代化喷灌设施

大马力机械
翻地作业

现代大马力配套机械

现代化收获
机拾禾作业

完达山乳业股份有限公司哈尔滨乳品有限公司

九三粮油工业集团有限公司豆油生产线

哈尔滨龙垦麦芽有限公司

红兴隆分局北大荒牛业有限公司生产车间一角

牡丹江分局八五一一农场完达山良种奶牛有限公司现代化奶牛养殖小区一角

现代化仓储设备

九三分局文化广场

农场别墅群

人间仙境

农垦新城

宽阔的街道

农场城镇绿化一角

规划蓝图

政策兑现

收获的喜悦

采摘万寿菊

航化作业

畅　游

朵朵葵花向太阳

希望的田野

位于哈尔滨市香坊区红旗大街175号的黑龙江省农垦总局办公楼

目　录

经营管理

政　　治

科技·教育

文化·艺术

卫生·体育

社会生活

人　物

分局农牧场·北大荒农业股份有限公司

总局直属企业

统计资料

附 录

特　　载

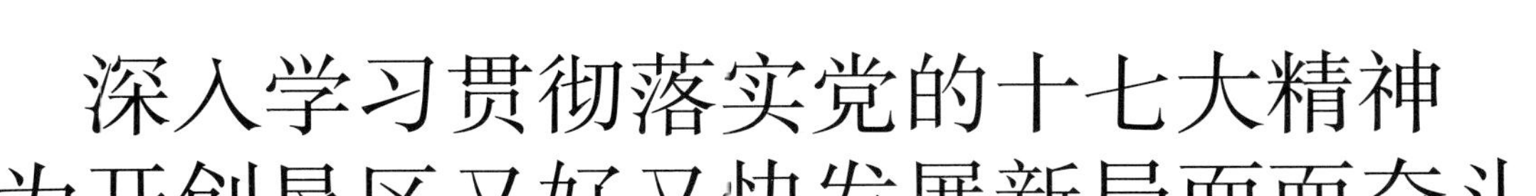

深入学习贯彻落实党的十七大精神 为开创垦区又好又快发展新局面而奋斗

——在中共黑龙江省农垦总局委员会(扩大)会议上的报告

隋凤富

(2008 年 2 月 14 日)

同志们:

这次会议是在垦区经济社会发展进入关键时期,召开的一次非常重要的会议。会议的主题是:深入学习贯彻党的十七大精神,认真贯彻省十次党代会和省委十届四次全会精神,全面落实科学发展观,加快推进“三化”建设,开创垦区又好又快发展新局面。

一、2007 年工作的简要回顾

刚刚过去的一年,是垦区开发建设60周年,也是垦区发展历程中具有重要意义的一年。在省委、省政府和农业部的正确领导下,我们认真贯彻落实科学发展观,全面实施“六六”工作方略,在自然灾害严重、市场形势变化较大、发展基数较高的情况下,经济发展成果比预想的要好,粮食总产比预计的要多,人均收入比预期的要高,为垦区开发建设60周年献上了一份厚礼。

(一)经济实力显著增强。全年实现生产总值372.2亿元,同比增长13.2%,连续第四年增速超过13%。非公有制经济增加值159.3亿元,同比增长15.5%,占经济总量的比重提高到42.8%。实现企业利润12.7亿元,同比增长90%。外贸进出口总额6.6亿美元,同比增长20.7%,外贸依存度提高到12.8%。万元GDP综合能耗同比下降4.6%。北大荒集团在全国大企业集团中排名第65位,居农业行业之首。北大荒农业股份公司成功发行15亿元可转债,实现了资本市场再融资的重大突破。

(二)现代农业加快发展。加强水利基础设施建设,提高农机装备水平,增强科技支撑能力,优化种植结构布局,完善社会化服务体系,综合生产能力显著增强。战胜特大旱灾,实现粮食总产249.3亿斤,平均亩产768斤,提供商品粮225亿斤,商品率高达90%,粮食总产、单产、商品量和商品率连续四年“四超”历史,总局获全国粮食生产特别贡献奖。畜牧业实现增加值53.5亿元,同比增长17.1%,畜牧业占大农业的比重提高到26.6%。在全省1/3的地域开展场县合作共建,农机跨区作业1 400多万亩,辐射供种1 500万亩,垦区现代农业的示范带动作用进一步增强。

(三)工业效益快速增长。稳步实施工业项目建设,马铃薯加工等一批新项目相继竣工投产,以农产品加工为主的十大支柱产业格局基本形成。工业经济总量继续增大,实现全口径增加值57.2亿元,同比增长13.1%。规模以上工业效益大幅提升,实现利润4.9亿元,同比增长88.5%,利润总额和利润增速均为“十五”以来最高的一年。企业整体发展水平大幅提升,国家级和省级重点产业化龙头企业增加到16家,九三集团、完达山乳业和北大荒肉业等6家企业跻身黑龙江企业50强。

(四)人民生活明显改善。扎实推进新农村建设,全面实施民生工程,职工群众得到了更多实惠。落实国家“四免、四补”和国有农场税费改革政策,有力地促进了职工减负增收,实现农场职工家庭人均纯收入8 087元,同比增长11.1%。加大投入力度,全年用于改善民生的社会性建设投资23.7亿元,建设公路2 500公里,新建住宅129万平方米,整体搬迁居民点26个,解决了12万人的饮水安全问题,新增绿化面积1亿平方米,新增清洁能源用户4 100户,新建和改造校舍、卫生用房及文化场馆60多万平方米。新增就业5万人,实现零就业家庭至少一人就业。企业退休人员基本养老保险的3年调整任务全面完成。居民基本医疗保险试点稳步推进。完善居民最低生活保障制度和社会救助体系,保障了低收入和弱势群体的基本生活。

(五)文化建设成效显著。以垦庆系列活动为主线,群众文化活动丰富多彩,“五个一”文化工程全面完成。中央电视台“心连心”艺术团到垦区慰问演出,极大地提升了北大荒的知名度。中宣部组织19家中央媒体对垦区进行集中宣传,《人民日报》发表评论员文章,充分肯定北大荒60年辉煌成就,把北大荒精神誉为“中华民族历久弥新的精神财富”,增强了北大荒文化的凝聚力和感召力。精神文明创建活动深入开展,总局被评为全省文明单位创建活动先进系统。推进企业文化建设,各具特色的北大荒企业文化,成为提高企业素质的强大动力。品牌建设取得新成效,继“北大荒”和“完达山”之后,“九三”成为中国驰名商标。

(六)党的建设和民主法制建设进一步加强。广泛实施“北大荒先锋工程”,基层党组织的凝聚力和战斗力不断增强。领导班子和干部队伍建设取得新进展,人才工作进一步加强。深入开展党风廉政建设和反腐败斗争,惩防腐败体系建设不断完善,干部群众对垦区党风廉政建设和反腐败斗争满意和比较满意的程度继续保持较高比例,党群干群关系进一步融洽。完善职代会和民主议事会制度,基层民主活力进一步增强。扎实推进政务公开,依法行政水平稳步提高。加强公开采购招标,促进了项目源头节支。推进"五五"普法和依法治垦,全民法律素质逐步提高。加强国防后备力量建设,"两应" 能力不断增强。深入推进平安垦区建设,加强宗教事务管理,社会治安状况良好,安全生产形势趋好,信访秩序逐步规范,继续保持了政治安定、社会稳定的良好局面。

总体来说,2007 年是经济加快发展、社会全面进步、文化不断繁荣、民主继续扩大的一年。这些成绩的取得,得益于国家强农惠农政策的全面落实,省委、省政府和农业部的正确领导和关心支持;得益于我们牢牢把握发展第一要务,认真贯彻落实科学发展观,努力推动又好又快发展;得益于我们牢固树立党的根本宗旨,坚持以人为本,全面推进民生工程;得益于我们不断深化改革扩大开放, 全面落实各项改革措施,大力推进场县合作共建和实施 "走出去" 战略;得益于我们始终坚持推进科技进步,提高自主创新能力,加快现代农业发展步伐;得益于我们继续弘扬北大荒精神,高度重视北大荒文化建设,凝聚民众创业的伟大力量;得益于我们切实加强党的建设, 努力提高执政能力,为经济社会发展提供坚强保证。实践证明,发展是第一要务,改善民生是第一责任,改革开放是根本动力,现代农业是立垦之基, 发展质量是强垦之本,先进文化是兴垦之魂。实践永无止境,发展永无止境。我们相信,只要充分运用这些宝贵经验指导今后的实践,紧紧抓住新的历史性机遇,就一定能够战胜前进道路上的一切困难,全面开创垦区经济社会又好又快发展的新局面。

二、新的历史起点和新的任务要求

当前,我们正站在一个新的历史起点上。党的十七大高举中国特色社会主义伟大旗帜,对全面建设小康社会提出了新要求,标志着我们国家的发展步入一个新阶段;省十次党代会和省委十届四次全会提出了黑龙江全面振兴的新任务, 标志着我省进入了新的发展时期;从垦区发展历程来看,经过 60 多年的开发建设, 已经踏上了新的历史征程,正朝着更加宏伟的目标阔步前进。

从新的历史起点出发,我们必须正确判断形势,牢牢把握新机遇。一是党中央、国务院再次强调,粮食安全的警钟要始终长鸣,巩固农业基础的弦要始终绷紧,解决好"三农"问题作为全党工作重中之重的要求要始终坚持;二是今年中央一号文件又出台了一系列强农惠农政策,2008 年财政支农投入的增量、国家固定资产投资用于农村的增量、政府土地出让收入用于农村建设的增量都将明显高于上年;三是省委十届四次全会对深入开展场县合作共建,进一步发挥垦区示范作用,加快垦区"三化"建设提出了明确要求;四是粮食越来越成为稀缺的战略资源,食用油和畜产品供应呈偏紧态势,这为垦区农产品销售提供了充足的市场空间。这些都为我们调整产业结构, 加快产业升级,实现又好又快发展提供了新的有利条件,我们必须把握好这些难得的新机遇。

从新的历史起点出发,我们必须保持清醒头脑,积极应对新挑战。从外部环境看, 国家适度从紧的宏观调控政策,生产资料、工业原料和能源价格的全面上涨,对企业扩大融资和增收增效会增加一定难度;自然灾害频发和疫病风险加剧的形势,对粮食生产和畜牧业发展将产生不利影响。从我们自身看,部分局场农业抗灾能力不强,畜牧业基础设施薄弱,标准化养殖水平不高的问题依然存在; 工业经济运行质量不高,现代企业制度不健全,国有股一股独大的问题依然存在; 城镇化水平不高,泥草房拆除缓慢,居民点整体搬迁难度较大的问题依然存在;社会保障扩面压力逐渐增加, 就业和再就业渠道不宽,职工增收难度较大和收入差距拉大的问题依然存在;人才资源短缺,结构不合理,个别领导干部驾驭市场经济能力不强的问题依然存在。这些尽管是发展中的矛盾和问题,但也必须引起我们高度重视并认真加以解决。

从新的历史起点出发,我们必须坚持运用战略思维, 认真谋划推动工作。要更加注重发展的科学性,把握发展规律,坚持好字当先,好中求快,又好又快,科学发展;更加注重发展的创新性,推进体制创新,加快科技创新,转变经济发展方式; 更加注重发展的全面性,着力解决好发展不平衡问题, 促进经济、政治、文化、社会"四位一体"建设的全面发展; 更加注重发展的协调性,统筹各种因素,协调各方面关系,努力促进垦区社会和谐。

从新的历史起点出发,我们必须扎实做好今年工作,夺取垦区改革发展的新胜利。垦区今年经济社会发展的总体要求是: 深入学习贯彻党的十七大精神, 高举中国特色社会主义伟大旗帜,以邓小平理论和"三个代表"重要思想为指导,全面落实科学发展观。认真落实省十次党代会和省委十届四次全会精神,按照推进"三化进程"、建设"四个基地"、实现"两个率先"的总体部署,转变经济发展方式,推进体制创新和科技创新,加强节能减排和环境保护,提高经济运行质量和效益;扎实推进新农村建设,更加重视和着力改善民生,加快垦区和谐社会建设,全面开创新阶段垦区又好又快发展的新局面。主要预期目标是:生产总值增长 13%以上,全社会固定资产投资增长 8%,进出口总额增长 12%,企业利润增长 6%,农场职工家庭人均纯收入增长 10%, 万元 GDP 综合能耗下降 4.5%以上。

主要任务是: 推进 "四大产业"发展,启动"六项倍增计划"和实施"十项民生工程"。

推进"四大产业"发展:现代粮食产业、现代畜牧业、农产品加工业和现代服务业是垦区经济的重要支柱。要通过调整产业结构,推进产业升级,构筑垦区发展新优势。一是巩固提高核心产业——现代粮食产业, 确保粮食总产 260 亿斤,增长 4.3%;二是发展壮大中轴产业——现代畜牧业,实现畜牧业增加值 65 亿元,增长 21%;三是做强做大主导产业——农产品加工业,实现工业增加值 68 亿元,增长 20%;四是积极培育新兴产业——现代服务业，实现第三产业增加值116亿元，增长17%。

启动“六项倍增计划”：从今年起，通过重点扶持和引导，促进资源小局、经济小场和发展弱项跨越式发展。到2010年，部分发展指标在2007年基础上实现倍增。一是西部资源小局经济全面倍增，具备条件的局、场要率先实现倍增目标。二是存续农场的林业产值、畜牧业产值和民营中小企业增加值倍增。三是贫困农场的全口径利润倍增。四是东部分局的奶牛存栏量、肉牛饲养量和生猪饲养量倍增。五是重点龙头企业利润和民营企业销售收入倍增。六是保险业、粮食物流业和旅游业营业收入倍增。

实施“十项民生工程”：加大投入力度，集中力量抓好“水、能、路、树、住、医、教、文、信、保”十项民生工程。一是再解决12万人的饮水安全问题；二是新增沼气、秸秆气化、太阳能和地能等新能源用户5 500户；三是建设骨架公路和农村公路2 000公里；四是提高小城镇和管理区绿化覆盖率3个百分点；五是建设住宅130万平方米；六是管理区卫生所全部达到甲级标准；七是新建和改造贫困农场学校生活设施1.8万平方米；八是建设文化信息共享工程30个站（点）；九是铺设光缆辐射320个管理区；十是低保人均月补差标准由现在的85元提高到92元。

三、加快推进农业现代化进程，努力提高现代农业建设水平

保障国家粮食安全和优质畜产品供给，是党和国家赋予垦区的重要使命。我们要以加强商品粮基地和优质畜产品基地建设为重点，努力提升垦区现代农业整体建设水平。

（一）加强商品粮基地建设。要适应新形势新任务的要求，抓紧修订现代粮食产业、标准良田建设、农业科技创新和仓储设施建设等子规划，全面系统推进商品粮基地建设，为实现粮食总产300亿斤奠定坚实基础。要着力推进“三个提高”：一是提高粮食综合生产能力。加快“两江一湖”灌区工程建设，大力发展节水灌溉和设施农业。加大农业综合开发力度，加快中低产田改造。建设现代农机装备作业区，加快装备水田机械和经济作物专用机械。以市场需求为导向，着力优化种植结构和生产布局。大力发展绿色有机无公害农产品，进一步叫响北大荒绿色品牌。二是提高防灾减灾能力。加强农业气候灾害和生物灾害预警预报和防控，维护和保障农业生产安全。三是提高农业科技支撑能力。继续推广应用大豆“二密一膜”等“十大”栽培模式、水稻钵育摆栽等“十大”新技术，深入开展“五大”作物高产攻关，努力提高农产品品质和产量。要着力推进“三个加强”：一是加强现代农业示范区建设。完善和拓展示范区功能，深入实施院区、校区和场县合作共建，把示范区建成引领现代农业发展的重要平台。二是加强农业标准化建设。用工程化设计、工厂化管理的理念指导农业生产，把农业标准化与新技术推广有机结合起来，不断完善农业标准化体系，推广良好农业规范认证，提高标准化水平。三是加强农业社会化服务体系建设。继续完善总局、分局和农场“三级”社会化服务网络，为农业生产提供全程优质服务。

（二）加强优质畜产品基地建设。要把推进畜牧业跨越式发展，作为推动垦区经济快速增长、促进职工持续增收的重要举措来抓。各分局、农场要按照垦区标准化养殖小区建设规划，认真搞好本单位畜牧业发展规划，东部分局要着力落实好畜牧业发展倍增计划。要积极争取国家扶持畜牧业的相关政策，认真落实总局出台的八项支持政策，组织落实好“两牛一猪”的政策性保险，调动和保护职工群众发展畜牧业的积极性。进一步推进畜牧业区域布局调整，建设好以“两牛一猪”为重点的生产基地，新建扩建标准化养殖小区100个、120万平方米，使养殖小区比重再提高5个百分点。加快引进畜禽良种，尽快扩大基础母畜群，抓好3 000头奶牛示范场建设，畜禽良种普及率提高到95%。大力推广绿色、无公害养殖模式，提高标准化养殖水平。推进畜牧生产机械化，重点生产环节机械化率提高到80%。完善畜牧服务体系建设，建立健全各级畜牧兽医综合服务站。加强动物疫病防控，完善重大疫病快速反应体系，健全患病动物的监测、捕杀和补偿机制。创新生产经营方式，鼓励发展养殖专业公司、股份制和股份合作制牧场，集聚全社会力量发展畜牧业。

（三）加快发展特色种植业和养殖业。大力发展以特色种养业为主要内容的职工自营经济，是垦区缩小东西部发展差距、促进职工增收致富的重要途径。各分局、农场特别是西部分局、土地资源较少的农场和存续农场，都要把加快发展特色种养业作为实施倍增计划的着力点，用足用好职工自营经济周转金，全方位为职工提供产加销服务，推进特色经济向产业化、规模化和集群化发展。充分发挥区位和比较优势，选准特色主打产品，积极引导和支持职工重点发展有机果菜、花卉和杂粮杂豆等亩收益超千元、上万元的高效特色作物，着力发展狐貉、獭兔、野猪等特色养殖，大力发展林下种植业、养殖业和采集业。着力培育一批特色种养专业户、专业区和专业场，集小生产成大规模，聚小产品成大产业，着力打造高效特色产业集群。

（四）继续完善农业经营管理制度。要完善土地承包制度，扎实推进“两田制”，规范土地承包收费，严格禁止土地承包费随意涨价，把国有农场税费改革政策落实到位。认真落实土地承包费上交实施方案，尽快建立货币资金收支两条线制度，加强财政和自筹资金的使用监管。以人工用材林的林权流转为切入点，推进八五五、绿色草原等9个农（牧）场林权制度改革试点，探索建立林业资源统分结合的经营管理新机制。加快培育退耕还林后续产业，大力发展林产品加工业，尽快形成林业种养加一体化发展的新格局。完善森林生态效益补偿基金制度，推进生态文明建设。尽快出台促进存续农场健康发展的实施意见，抓好新接收10个农场的改革和发展，盘活存量资产，理顺投资渠道，加大资金投入，加强基础设施和公益设施建设，培育和发展支撑产业，不断增强农场自我发展能力。

（五）深入实施农业“走出去”战略，扎实推进场县合作共建。要积极实施农业“走出去”战略，选择资源优势明显、开发条件良好的国家和地区，积极稳妥

地扩大境外农业开发项目,逐步在境外建设产业基地。继续推进在俄罗斯、菲律宾的土地开发、木材采伐和种子生产等工作,启动实施在巴西的农业开发项目。要特别注意防范和规避境外投资风险,努力把握境外开发的主动权。今年实现境外土地开发100万亩,采伐木材5万立方米,输出劳务2 000人次以上。开展场县合作共建,是省委、省政府为发挥垦区优势、加快垦区发展、确立垦区重要地位,提供的一次难得机遇。我们一定要按照省委、省政府的要求,抓住机遇,加大力度,不断扩大共建成果,推进场县合作共建提档升级。今年确保实现农机跨区作业1 600万亩,推广良种面积1 600万亩,开展农业保险2 000万亩,推进40%以上毗邻场乡(镇)实现社会事业共建共享。

四、加快推进农区工业化进程,不断提升工业经济质量效益

走新型工业化道路,是推进农区工业化的战略选择。必须以《垦区工业“十一五”后三年发展规划》为指导,加快构建以农畜产品加工为主导的新型工业化体系。

(一)努力提高龙头企业核心竞争力。要加强现代企业制度建设,引进专家型外部董事,加强对国有董事和监事的考核,明确和规范企业经营层的职权范围,尽快建立重大决策责任追究制度,重点解决企业董事会依法运作、科学决策和有效制衡问题。建立以企业为主体、产学研相结合的技术创新体系,加大技术研发投入,努力掌握核心技术和关键技术,提高产品附加值和产业整体技术水平。加强营销网络建设和管理,加大产品市场推广力度,提高产品市场占有率。切实抓好企业达产达效,积极探索和完善龙头与基地的联结机制,构建互惠共赢的利益关系,真正发挥基地对龙头的支撑、龙头对基地的牵动作用,进一步提高农业产业化水平。重点做强九三集团、完达山乳业、北大荒米业、北大荒薯业和北大荒药业等十大企业(集团),力争用两年左右时间,进入行业第一集团军行列,成为国内农业产业化的领军企业。

(二)继续推进大项目建设。要按照中央经济工作会议关于“加强粮食、食用植物油、肉类等基本生活必需品和其他紧缺商品生产”的要求,围绕农产品加工业,再上一批资源优势明显、科技含量高、市场竞争力强、产业牵动力大、投资回报率高的新项目,通过大项目建设促进产业升级,增强经济实力和发展后劲。各分局要把主要精力放在抓大项目上,以大项目带动大产业,以大产业推动大发展。北大荒农业股份公司要充分发挥资金优势,加强大项目建设,成为项目建设的主力军。抓好项目建设规划,积极谋划储备一批市场前景好、经济效益高、国家鼓励扶持的产业项目,及时充实完善项目库,保证项目建设的连续性和系统性。加强项目论证和审批,严格审查项目融资、原料基地建设和市场前期开发等要件,确保新上项目建成一个、达产一个、达效一个。

(三)强力推进节能减排工作。要积极争取中央和地方财政节能减排专项资金,支持龙头企业和民营企业开展节能减排技术研发,建设节能减排项目。建立健全固定资产投资的环保节能评审制度,对未通过环保节能评估审查的,不得开工建设;对未通过环保节能竣工验收的,不得启用和生产。把环境保护和节能减排指标纳入各级目标考核体系,加大环境执法和节能监察处罚力度。对危害人身安康的突出环境问题,要实行领导问责制。加强对重点企业的节能减排监测,总局、分局管控的重点污染企业要签订污染物减排责任状。对能耗5 000吨标准煤以上的工业企业和1万吨标准煤以上的农场,要定期进行检查,强化能源的审计与监督。对国家明令淘汰的小水泥、小火电等高耗能、高污染企业,坚决予以关停。

(四)大力推进国有及国有控股企业改革。要以股权多元化为重点,推进重点龙头企业改革。继续加大对外合资合作力度,确保北大荒肉业、北大荒牛业和北大荒薯业在引资合作上取得突破,母公司合资引资有难度的,可以在子公司上突破。分期推进北大荒药业、九三集团、完达山乳业和北大荒薯业等企业上市融资。适时推进以股权激励为核心的企业激励机制建设,抓好完达山乳业和北大荒肉业两户企业试点。加强企业监管,明确企业重大事项的管理流程。完善出资人管理、财务总监、资本收益、业绩考核和贷款担保等管理制度和办法,建立赊欠损失责任追究制度,最大限度地降低应收账款,努力增加企业现金流量。

(五)积极扶持民营中小企业发展。要把中小企业作为推进农区工业化的重要力量,着力解决制约中小企业发展的融资难问题。鼓励民间投资,规范民间借贷,培育由自然人、企业法人或社团法人发起的小额信贷组织,充分释放民间资本潜能。鼓励建立资金互助组织,本着自愿互利、有偿使用的原则,为中小企业提供融资服务。设立垦区中小企业发展专项资金,重点扶持符合国家产业政策的新兴能源、循环经济等项目,促进民营中小企业发展。加强政策扶持和品牌嫁接,鼓励发展中介服务,尽快提高各类中小企业的组织化程度和竞争能力。各分局、农场要结合小城镇建设,完善工业园区服务功能,促进中小企业集群发展。

五、加快推进农场城镇化进程,不断增强城镇载体功能

推进城镇化是垦区新农村建设的重要任务。要按照《加快垦区城镇化建设的实施意见》要求,本着规划先行、基础先行、制度先行的原则,坚定不移地推进城镇化建设。

(一)努力提高城镇规划水平。要高起点、高标准、高质量地搞好小城镇发展规划。按照“撤并生产队,建设管理区,发展小城镇”的总体布局,编制和修订分局局域、农场场域小城镇体系规划,合理调整农场小城镇和管理区的空间布局,把分散居民点搬迁和土地复垦纳入城镇建设规划。结合经济社会发展规划和土地利用总体规划,修编小城镇总体规划,编制控制性详细规划。科学确定小城镇规模和发展方向,明确功能定位,统筹安排城镇各项建设用地,合理配置城镇基础设施建设。注重小城镇形象塑造,挖掘文化内涵,突出个性特色,防止城镇规划建设趋同,千城一面。要通过规划引导,培育一批生产加工型、商贸流通型、城郊服务型和旅游观光型等各具特色的小城镇。

（二）努力提高基础设施建设水平。坚持公益性设施争取国家投资建设，经营性设施主要通过市场化渠道筹资建设的方针，着力扩大规模和完善功能，重点搞好基础设施建设。要加强给水工程建设，确保人畜安全饮水和城区安全用水。加快城区地下排水管网建设，注重解决城镇污水处理问题。依托畜牧养殖小区，大力开发沼气、秸秆气化等生物质能，积极推广太阳能和地能等新能源技术，让越来越多的家庭用上清洁能源。加快农场道路建设，推进骨架公路和农村公路建设，进一步完善道路交通网络。加强小城镇生态文明建设，最大限度地保留原始地形地貌，力求小城镇建设与自然景观和谐统一。继续推进绿色城堡、绿色长廊和绿色通道建设，全面开展“绿满垦区、共建生态家园”活动，进一步提高城镇绿化覆盖率。树立经营城镇的理念，对小城镇经营性资产使用权、经营权和冠名权等相关权益实行市场化运作，最大限度地发挥其经济效益和社会效益。

（三）努力提高住宅建设水平。要以改善居住条件为导向，根据职工群众不同层次的消费需求，建设不同档次的商品住宅。按照规划合理、形式新颖、功能齐全、节地节能和环境整洁的要求，积极推广应用新技术、新材料和新工艺，建设有特色的精品住宅，具备条件的局场要建设百栋别墅型住宅区。积极争取经济适用住房政策、农场场部职工宅基地政策，完善困难群体住房救助制度，加强廉租房建设，切实解决低收入居民家庭，特别是老复转官兵和特困群体的住房问题。高度重视少数民族的生产生活，加快少数民族居住区改造建设步伐。坚持“以拆促建”方针，加大对泥草房、破旧房屋和危房的拆迁改造力度，对破旧房屋较集中的居住区实施整体拆迁。坚定不移地推进非管理区所在地的居民点整体搬迁，加快居民进城、产业集聚和要素整合，防止低水平分散建设。今年要拆除泥草房50万平方米，整体搬迁居民点80个，总局将根据检查验收结果给予适当补贴。

六、加快发展现代服务业，培育和壮大垦区新兴产业

加快发展以现代服务业为重点的新兴产业，是推进垦区经济结构调整、转变经济发展方式的内在要求。我们要把培育壮大新兴产业，作为一项重大而长期的战略任务抓紧抓好。

（一）大力发展现代商贸流通业。继续实施“万村千乡”市场工程、“双百”市场工程，今年农家店和农资店总数要达到600家以上，着力构建大流通、大市场、大商贸的内贸流通新格局。提升对外贸易层次，切实加强出口基地建设，优化出口商品结构，重点培育1~2家出口额超亿元的出口龙头企业。扩大自营出口规模，实现自营出口总额7 000万美元。以北大荒物流为重点，积极培育大型骨干物流企业。启动实施现代粮食物流工程，突出抓好营口粮食物流中心和建三江等15个粮食物流节点建设，构建500万吨粮食物流平台，形成集仓储运输、现货期货交易和网上电子交易于一体的现代物流体系。

（二）做强做大旅游产业。充分发挥垦区地缘区位、人文资源、现代农业和绿色生态等优势，围绕“一点三线”，做好旅游业发展规划，打造以哈尔滨为中心，辐射垦区东中西部的特色观光旅游线路。东部重点发展界江、界湖、湿地和现代农业观光游，中部重点发展设施农业观光游和农家风情游，西部重点发展地质公园和现代旱作农业观光游。依托五大连池、兴凯湖和镜泊湖等著名景点，借势开发具有垦区特色的旅游项目，重点建设香坊现代农业园、阎家岗休闲观光区、当壁镇旅游度假区和宁安农垦新城等景区，完善旅游基础设施及配套设施，促进景区提档升级。加快旅游资源整合，完善旅游管理，组建北大荒国际旅游有限公司。加强旅游市场营销，推出北大荒现代农业之旅和知青回访之旅。

（三）加快发展信息产业。推进数字化垦区建设，完善信息基础设施，新增互联网用户1万户，光缆线路辐射320个管理区，惠及1.7万户居民。以北大荒信息港为重点，加快信息资源整合，构建垦区综合信息网络平台。充分利用电话、电视和互联网等信息载体，积极探索信息服务过区入户的有效途径，缩小农户与市场之间的“数字鸿沟”。重点龙头企业要增加信息化投入，加强数字化设计、制造、控制和管理技术应用，增强核心竞争力。以实施国家科技重大专项为重点，加快信息技术创新成果转化。推进社会公共事业信息化，建立以机关、高校、科研单位和龙头企业为主体，覆盖全垦区的信息技术服务体系。

（四）培育发展金融保险业。加快组建商业性担保公司，搭建融资服务平台，为中小企业解决融资难、贷款难问题。组建农垦国有资产经营公司，积极涉足金融领域，稳步介入投资高回报行业，进一步加强资本运营，促进国有资产保值增值。积极争取与开发银行、农业银行等国家政策性银行合作，增强融资能力，提高融资水平。充分利用金融衍生产品，及时化解不良债务。加快发展保险业，完善政策性保险的承保理赔机制，农业保险要覆盖全垦区，主要粮食作物承保率提高到95%以上。加快县级保险营业机构建设，积极推进省内财产保险业务，尽快拓展省外保险市场，实现保费收入比上年再翻一番。

（五）积极发展房地产开发业。各分局、农场要认清当前城镇化进程加快、房地产业回报率高的有利形势，积极培育和发展房地产开发业，打造新的经济增长点。按照国家产业调控政策，坚持市场化导向和有效需求取向，因地制宜，严格管理，狠抓质量，多创精品，促进房地产开发业持续健康发展。哈尔滨分局要发挥地缘优势，充分利用土地置换政策，搞好城郊土地资源开发利用，努力实现土地收益最大化。建工集团要发挥垦区建筑行业的龙头作用，努力拓展房地产开发业务，在巩固省内市场的同时，积极开拓国内外市场。

七、加快推进社会建设，着力改善和保障民生

社会事业的发展直接关系到百姓的安居幸福，必须在经济发展的基础上，更加注重社会建设，扩大公共服务，完善社会管理，协调利益关系，推动和谐垦区建设。

（一）优先发展教育，提升群众文化素质。要按照分级负责的要求，加快教育事业发展，满足社会多样化需求，保障公民受教育的公平权。强化素质教育，加强

学前教育,积极推进"双高"普九,提高基础教育办学水平。进一步改善办学条件,落实好中小学危房改造计划,实施贫困农场初中校舍改造项目工程。认真落实"两免一补"政策,全部免除义务教育阶段学生的学杂费、教科书费,为寄宿学生补助生活费。多渠道筹集助学资金,帮助贫困学生完成学业。大力发展职业教育,整合职业教育资源,面向市场办学校,依托行业设专业,根据岗位设课程,完成6万从业人员的培训任务,重点提高农业从业人员科技文化素质。注重发挥工会、共青团和关工委等群团组织在职工培训方面的作用。

(二)健全卫生体系,提高全民健康水平。要继续推进公共卫生体系建设,提高疾病预防控制和突发公共卫生事件应急处置能力,确保职工群众身体健康和生命安全。加强医疗服务体系建设,今年重点抓好农垦总医院等3所医院的医疗设施建设,新建、改建4个分局计划生育服务站和30个农场医院。着力改善基层卫生所条件,基层卫生所覆盖率100%,保证人人享有基本的医疗卫生服务。加强医疗扶贫和对口帮扶工作,巩固现有扶贫病房的数量,对特困患者实行优惠政策。加强人口与计划生育工作,完善各级妇幼保健机构,努力提高出生人口素质。

(三)努力扩大就业,完善社会保障体系。要认真宣传贯彻《劳动合同法》和《就业促进法》,建立劳动用工备案制度,强化劳动合同监管,促进劳动关系和谐稳定。实施积极的就业政策,鼓励自谋职业和自主创业,以创业带动就业,今年实现新增就业2万人。开展就业援助活动,及时解决困难家庭,特别是"零就业"家庭的就业问题。按照国家政策及时调整基本养老保险待遇,确保基本养老金按时足额发放。以非公有制企业从业人员、个体劳动者和灵活就业人员为重点,逐步扩大基本养老保险覆盖面。继续推进居民基本医疗保险试点。健全社会救助体系,提高低保月补差标准,对低保对象中的"三无"老人、重病重残人员和义务教育阶段学生加发低保金。高度重视残疾人等弱势群体的医疗保障,逐步解决低收入群体的基本医疗保障问题。

(四)规范分配秩序,努力缩小收入差距。要按照兼顾公平与效率的原则,合理确定经营者年薪收入,建立以岗位工资为主体的企业分配制度,加大劳动报酬在初次分配中的比重。完善企业职工工资正常增长机制和支付保障机制,及时足额兑现职工工资。逐步提高最低工资标准,着力提升低收入群体收入水平。健全劳动、资本和技术等生产要素按贡献参与分配制度,创造条件让更多群众拥有财产性收入,不断扩大中等收入群体比重。优化土地资源配置,实现人力、机械和土地的最优组合,既要防止平均主义,更要避免资源过度占有,使职工的收入分配趋于合理,在初次分配中实现公平和效率的统一。

(五)强化社会管理,维护垦区和谐稳定。要加强社会管理和公共服务,着力构建行政管理、社会管理和居民自治相结合的管理体制和运行机制。坚持和完善企事业单位民主管理制度,扩大基层民主范围。完善政务公开制度,提高依法行政水平。加强法制宣传教育,继续推进依法治垦。注重发挥社区矫正和帮教作用,完善调访一体机制。进一步加强信访工作,建立健全重大疑难信访事项公开听证和领导接访包案制度。针对垦区目前存在的涉法涉诉、土地承包、房屋拆迁,以及从事集体劳动的人员要求享受待遇等突出矛盾,要认真排查,积极化解,妥善处理。对所反映问题,能够解决的要就地限期解决,确保不发生有重大影响的越级上访事件。强化安全生产监管,落实安全生产责任制,深入开展"隐患治理年"活动,建立健全隐患排查治理长效机制。加强建设项目"三同时"管理,坚决遏制特大生产安全事故,确保各类事故死亡人数不突破控制指标。完善突发事件应急管理机制,提高保障公共安全和处置突发事件能力。加强民兵预备役工作,为参加省军区演习做好准备。落实民族政策,提高依法处理宗教事务水平。推进平安垦区建设,健全社会治安防控体系,加强社会治安综合治理,确保今年"两会"、奥运会和重大节日期间的社会稳定。

八、全面加强文化建设,提升北大荒文化软实力

蓬勃发展的垦区事业,离不开强势文化的有力支撑;奋发向上的垦区人民,期待精神生活的更大丰富。我们要大力繁荣北大荒文化,振兴北大荒文化产业,进一步提升北大荒新形象。

(一)大力弘扬北大荒精神,赋予北大荒精神新内涵。要按照社会主义核心价值观要求,不断发展北大荒精神,树立北大荒人与时俱进的精神风貌、争创一流的竞争意识、万众一心的团队形象和诚实守信的道德理念,使北大荒精神作为北大荒文化的灵魂,始终代表北大荒先进文化的前进方向。在新的历史阶段,"艰苦奋斗"就是体现不等不靠,创造条件,追求卓越的自强不息精神;"勇于开拓"就是立足自身优势,积极开发国内外两个市场、两种资源,不断自主创新,实现新跨越的豪迈气概;"顾全大局"就是体现大局意识、整体观念,在保障和维护国家战略利益的过程中,实现垦区自身发展的宽广胸怀;"无私奉献"就是不计较一时一事的得失,坚持诚信为本、合作包容,在互利共赢中实现长远发展的务实作风。实践已经证明,市场经济越发展,北大荒精神的生命力就越强大。

(二)发展文化事业和文化产业,满足职工群众文化需求。要把社会效益放在首位,加强公共文化建设,发展公益性文化事业,实施广播电视村村通、文化信息共享等系列工程,提高基层文化设施档次和覆盖率,完善"四级"公共文化服务体系。办好北大荒博物馆,塑造一批北大荒标志性文化形象,集中展示北大荒的成就和品牌。注重文化人才培养和引进,加强北大荒文工团等文艺团体和文化队伍建设。以北大荒广播影视为支撑,以北大荒版画、北大荒文学为重点,大力发展影视传媒和文学艺术等文化事业和文化产业,用先进科技丰富文化生产方式,将北大荒开发建设的文化积淀,转化为富有感染力的文化产品,打造成富有商业价值的文化精品。加强文化市场管理,抢占新兴文化阵地,鼓励传播先进文化,营造扶持健康文化、抵制腐朽文化的社会环境。加强和谐文化建设,广泛开展社会公德、职业道德、家庭美德和个人品德教育,引导人们把思想行为凝聚到构建和谐垦

区的伟大事业中来。

(三)加强企业文化建设,增强企业核心竞争力。要把企业文化作为北大荒文化建设的重点,立足企业实际,构筑各具特色的企业文化,打造北大荒企业文化体系。企业领导干部必须加强文化修养,培养与自身职务相适应的素质和品格,树立远见卓识、执著敬业、求实创新、敢担重任的领导风范。坚持以人为本、育人为先的理念,用企业文化来规范员工的行为,提高员工的文化品位、道德修养和敬业精神。通过培育共同的价值观,让员工更富有活力,让企业更富有实力,让文化更富有魅力。加强诚信教育,完善信用体系,倡导诚信经商、诚信服务,努力打造诚信企业。全面加强北大荒品牌管理,推进《北大荒集团VI手册》的规范使用,积极推动知名品牌的高端嫁接,开展境外商标抢注工作,做大叫响北大荒品牌。依靠北大荒强文化力的支撑,带动系列优质名牌产品开发,提升品牌的含金量和市场占有率。实施大品牌战略,依靠大品牌,开拓大市场,创造高效益。

九、切实加强党的执政能力和先进性建设，为垦区又好又快发展提供坚强组织保障

深入学习贯彻落实党的十七大精神,完成好今年的各项任务,必须以执政能力和先进性建设为主线,以改革创新精神切实加强党的建设,为推动科学发展、促进社会和谐提供坚强保证。

(一)加强领导班子和干部队伍建设。继续深入学习贯彻党的十七大精神,用十七大精神统一思想,凝聚力量,指导实践,推动发展。把提高领导科学发展的能力和水平,作为各级领导班子建设的核心内容,努力建设发展型领导班子。积极推进党内民主,加强民主集中制建设,健全集体领导与个人分工负责相结合的制度,反对和防止个人或少数人说了算。积极推进干部制度改革,树立正确的用人导向。要讲党性,选拔那些政治成熟、立场坚定的干部;要重品行,选拔那些道德修养高尚、生活情趣健康的干部;要重政绩,选拔那些想干事、能干成事的干部;要重民意,选拔那些公信度高、群众基础好的干部。格外关注长期在条件艰苦、工作困难地方努力工作的干部,注意从基层和生产一线选拔优秀干部。积极引入竞争机制,大力推进竞争上岗、公开选聘和差额选任,逐步推行管理区干部“公推直选”,努力建设一支高素质的干部队伍。

(二)加强干部培训和人才队伍建设。要继续大规模培训干部,不断提高理论素养,增强战略思维能力,提高干部综合素质。充分发挥各级党干校的教育培训主阵地作用,继续选派有发展潜力的干部,进行有针对性的学习深造和挂职锻炼。加强对人才工作的领导,统筹抓好高层次人才、高技能人才队伍建设。紧紧围绕培养、吸引和使用三个关键环节,完善人才政策和配套措施,建立人才工作长效机制。积极探索人才合理流动的有效途径,重视培养基层落地型专业人才。加大人才引进和培养力度,努力培养造就高层次企业家队伍,启动实施农场百名研究生计划,继续推进管理区千名大学生工程,为垦区经济社会发展积蓄后备人才。

(三)加强基层党组织和党员队伍建设。深入实施“北大荒先锋工程”,落实党建工作责任制,努力形成责任明确、领导有力、运转有序、保障到位的工作机制。全面推进基层党组织建设,优化组织设置,扩大组织覆盖,充分发挥基层党组织推动发展、服务群众、凝聚人心、促进和谐的作用。积极开展基层党建示范点创建活动,进一步激发基层党建工作活力。拓宽基层党建活动领域,引导广大党员参与场县共建,使基层党员在更广阔的领域发挥先锋模范作用。建立健全党内激励、关怀和帮扶机制,关心爱护基层党员、离退休党员和生活困难党员。注重在生产一线、高知识群体和青年中发展党员,不断优化党员队伍结构。

(四)加强党风廉政建设和反腐败斗争。要把反腐倡廉建设放在更加突出的位置,认真落实党风廉政建设责任制,坚持标本兼治、综合治理、惩防并举、注重预防的方针,按照“三个更加注重”的要求,深入推进惩防腐败体系建设。大力开展党风廉政教育,不断提高党员干部拒腐防变能力。完善制度建设,加大源头治理工作力度。强化监督机制,重点加强对领导干部特别是主要领导干部的监督,加强对人财物管理使用和关键岗位的监督,继续深化领导干部经济责任审计和专项审计。凡属重大决策、重要干部任免、重大项目安排和大额度资金使用等重要问题,必须经集体讨论作出决定。坚决查办各类滥用职权、贪污贿赂、腐化堕落、买官卖官和失职渎职等案件,坚决纠正损害群众利益的不正之风。加强龙头企业反腐倡廉工作。各级领导干部要自觉地讲党性、重品行、树正气、作表率,关注民生,关注困难职工和弱势群体,切实为职工群众办好事、办实事,以优良的党风促政风、带民风,促进垦区又好又快发展。

同志们,六十年风雨春秋,一甲子砥砺奋发。我们取得了来之不易的发展成果,正在创造更加美好的未来。让我们在省委、省政府和农业部的正确领导下,高举中国特色社会主义伟大旗帜,认真贯彻落实科学发展观,继续弘扬北大荒精神,把握新机遇,迎接新挑战,以更加昂扬向上的风貌,更加奋发有为的斗志,更加勤奋务实的作风,为开创垦区又好又快发展的新局面而努力奋斗!

在总局党委(扩大)会议上的总结讲话

张成国

(2008年2月15日)

同志们:

总局党委(扩大)会议历时一天半,圆满完成了会议的各项任务,现在就要结束了。昨天,凤富同志代表总局党委做了工作报告,简要回顾了2007年工作,分析了当前面临的形势,提出了2008年的总体要求和工作目标。在分组讨论中,大家畅所欲言,认真而热烈,既建言又献策,一致认为,凤富同志的《报告》主题鲜明、立意深远,任务明确、重点突出,开拓创新、鼓舞斗志。《报告》通篇贯穿了科学发展观的要求,充分体现了求真务实的工作作风,顺应了垦区人民企盼又好又快发展的新期待。同时,大家也提出了很多很好的意见和建议,会后我们将充分吸纳大家的意见,对《报告》进行再补充、再完善,使之成为指导垦区又好又快发展的纲领性文件。刚才,各分局和五家企业的会议发言,深入结合实际,紧紧围绕发展这一主题,提出了向更高目标迈进的措施,既激励人又鼓舞人,成为本次会议的又一亮点。

总地来看,这次会议开得很成功,会议时间虽短,但主题突出、内容丰富,达到了预期目的,是一次团结的大会、鼓劲的大会、务实的大会。与会同志一致认为,这次会议的收获很大。一是振奋了精神、凝聚了力量。大家普遍反映,《报告》总结2007年工作成绩客观真实,对当前形势的分析和判断科学准确,所提出的主要任务、工作要求和各项措施符合垦区实际,符合垦区人民愿望,充分体现了科学发展观要求,鼓舞人心、催人奋进。二是增强了又好又快发展的使命感和紧迫感。《报告》横向找差距、纵向找问题,客观准确、实事求是地分析了垦区当前发展中存在的突出矛盾和问题,使大家进一步认清了垦区面临的形势和任务。三是坚定了发展的信心和决心。大家一致认为,虽然垦区经济社会发展中还存在着这样那样的问题,但只要用好诸多有利条件和难得机遇,充分挖掘和释放优势,积极抢抓发展机遇,埋头苦干,大胆突破,狠抓落实,坚持用发展的办法解决前进中的困难和问题,垦区的经济社会就一定能尽快步入又好又快发展的轨道,就一定能夺取改革发展和现代化建设的新胜利,再创垦区新辉煌。

下面,就贯彻落实好这次会议精神,我重点讲三个方面的问题。

一、紧密结合实际,迅速掀起学习贯彻落实会议精神的新高潮

这次总局党委(扩大)会议,是对贯彻落实党的十七大、中央经济工作会议、中央农村工作会议、省委十届四次全会和全省"两会"精神的再部署、再落实,对做好全年工作十分重要。各单位、各部门务必组织好会议精神的学习贯彻,迅速把思想统一到总局党委的决策部署上来。

一是抓好会议精神的学习和宣传。各级党组织要把学习好、宣传好这次会议精神作为首要政治任务。会后,各单位、各部门要立即召开党委、党支部和中心理论组会议,把这次会议精神原原本本地传达到班子成员。要通过召开全体党员干部大会、支部会议等形式,把会议精神逐级传达到基层党员干部和群众。要采取丰富多彩、行之有效的形式,特别要重视发挥《农垦日报》、电视台、北大荒信息港等媒体的舆论宣传作用,通过开辟专栏、专题等形式,广泛深入宣传这次会议精神,让会议精神进场区、入社区、到企业,以会议精神凝聚人心,以会议精神鼓舞斗志,以会议精神汇聚力量,把会议精神变成职工群众的自觉行动和推动垦区又好又快发展的强大精神动力。

二是用会议精神统一思想认识。各级领导干部要带头学习会议精神,通过学习把思想认识统一到总局党委对形势的分析和判断上来,统一到总局党委对今年工作的安排部署上来。要深入学习贯彻十七大精神,认真学习研究中央1号文件,抓好有关政策的对接和落实。要按照凤富同志的《报告》要求,认真查找问题,系统谋划和推动工作。要按照科学发展观的要求,深层次地查找本局、本单位和本部门在思想观念、工作思路和工作措施上存在的差距,制定切实有效的解决办法。按照提高执政能力的要求,认真解决体制机制、工作作风、工作方式、干部队伍建设以及廉洁自律方面的问题;按照推进跨越式发展的要求,切实解决一些领导干部创新意识不强、压力感不大、紧迫感不足,想干事、干成事、干大事的愿望不迫切等问题。通过认真学习总结,切实增强垦区各级领导干部的事业心、责任心和使命感,消除一切制约发展的思想观念、体制机制和工作作风上的障碍,进一步解放思想,统一认识,争做率先发展、科学发展的模范,争做带领职工群众增收致富的模范,争做立党为公、执政为民的模范,努力开创一心一意谋发展,全心全意促和谐的生动局面。

三是用会议精神指导工作。面对各地竞相发展的新形势,我们要站得更高

一些、看得更远一些、想得更深一些,用战略思维思考和研究当前和今后工作,坚持高标准定位、新思维谋划、大力度落实、高速度发展。要按照《报告》中提出的“推进四大产业”、“启动六项倍增计划”和“实施十项民生工程”的工作目标,结合本地实际,找准切入点,抓住重点,突破难点,集中精力,统筹兼顾地抓好产业发展、倍增目标实现和民生工程落实。要深入研究如何推进产业优化升级、用什么样的思路实现倍增,用哪些有力措施保证十项民生工程落实到位。要善于把握经济社会发展过程中的规律性问题,善于把提高执政兴垦能力,具体落实到解决各种复杂问题当中,实施专项推进,务求推进到位。在谋划工作时,要做到当前与长远结合,局部与整体结合,特别要注意妥善处理好当前职工群众反映强烈的涉法涉诉、房屋拆迁和从事集体劳动人员要求享受待遇等突出问题,为垦区又好又快发展创造有利条件。

二、狠抓推进落实,确保总局党委确定的各项任务目标顺利实现

我们已经开了一个很好的会议。当前,关键是以什么样的精神状态、以什么样的发展思路和什么样的保证措施来抓贯彻,抓推进,抓落实,真正形成用会议精神来统一思想,凝聚人心,指导工作,推动发展的良好氛围。

一是把贯彻会议精神的着眼点放在抓发展上。科学发展观的第一要义是发展,离开发展这个前提,一切都无从谈起。中央经济会议强调的稳中求进、好字优先,不是不要快,而是“好中求快”。我们在理解上不能把“好”和“快”对立起来,要在“好”的前提下求“快”,把发展的速度继续保持在一个相对较高的水平。自2000年以来,垦区经济连续七年保持两位数增长,呈现出持续、快速、健康发展的好势头。从自身和全省来看,我们发展速度和质量还令人满意,但与国内发达省份和地区相比,我们的经济总量和发展质量仍然偏低。对此,我们既不能沾沾自喜,也不能妄自菲薄,既要看到成绩,又要看到压力。面对新形势新任务的要求,我们必须加快发展,这一点决不能含糊和动摇。各单位、各部门必须在加快发展上下工夫、想办法,重点要做好三个结合:一要与抢抓机遇相结合。今年,国家对“三农”的投入继续加大,省委省政府对垦区的支持力度也在加大。应该说,垦区面临的机遇千载难逢,外部环境空前有利。但机遇稍纵即逝,必须抓住机遇,用好机遇,顺势而为,乘势而上,再创佳绩。二要与解放思想相结合。思想解放的程度决定发展的速度和抓发展的力度。要继续解放思想,切实增强率先发展、科学发展的坚定性和创造性,切实增强改善民生、构建和谐垦区的主动性和紧迫性,深入解决怕担风险、怕担责任、不敢碰硬、为难不前的问题。三要与转变作风相结合。要大力弘扬求真务实的作风,积极促进工作作风转变,努力优化发展环境,调动各方工作积极性和主观能动性,激发创造活力,形成工作合力,确保会议提出的各项任务目标落到实处。

二是把贯彻会议精神的着力点放在抓重点突破上。各级各部门要善于抓重点、带全盘,抓关键、促全局,紧紧围绕本局、本单位、本部门所承担的重点工作,把主要精力、主要力量投放到突破难点制约上,亲力亲为,靠前指挥,通过狠抓六项新突破,扎扎实实把今年各项任务目标和工作措施落到实处。一要在抓科技创新上实现新突破。转变经济发展方式,必须依靠科技支撑产业发展,必须依托科技引领未来。要最大限度地发挥垦区科研院所的科技人才优势,最大限度地利用国内外科技创新的最新成果和技术储备,加快形成有利于自主创新的体制机制和社会氛围,加快培育创新型人才,实现科学技术创新的新跨越,走出一条具有垦区特色的创新之路。二要在提高粮食综合生产能力上实现新突破。提高粮食综合生产能力,维护和保障国家粮食安全,决定垦区的地位和命运。要继续实施现代农机装备工程,加强农业基础设施建设,优化种植结构和生产布局,加强质量标准体系建设,努力提高农作物品质和单产水平,为实现粮食总产300亿斤夯实基础。三要在畜牧业跨越式发展上实现新突破。抓住当前国家支持畜牧业发展的政策机遇,抓紧启动和实施垦区现代畜牧业发展规划,努力提高优质畜产品的生产能力,努力把畜牧业打造成为与粮食生产比肩的支柱产业,建成全国最大的绿色、无公害畜牧生产基地。四要在推进工业项目建设上实现新突破。在项目谋划上,要紧紧抓住国家实施老工业基地振兴战略等重大机遇,与哈大齐工业走廊相配套,谋划一批新项目、大项目,特别是在食品精深加工上寻求突破;在项目建设上,要按照现代企业制度的要求,走股权多元化、管理科学化、效益最大化的发展之路;在项目推进上,要采取一季一通报,半年一检查的项目推进机制,形成一种紧逼加压的工作态势。五要在资本运营上实现新突破。现代企业发展,越来越离不开资本市场。北大荒农业股份二次上市融资的成功实践表明,我们不是没有能力进军资本市场,最大的障碍还是我们的思想观念问题。具备上市条件的企业,必须冲破传统观念束缚,用抓农业现代化、农区工业化和农场城镇化的胆识和勇气,充分利用好融资平台,稳步快速推进企业上市,切实解决资金瓶颈制约,促进企业发展速度、运行质量和效益同步提升。六要在改善民生上有新突破。要从职工群众最关心、最直接、最现实的利益问题入手,加大对民生的投入力度。对各类民生问题,要区分轻重缓急,突出重点,扎实解决。要加快推进涉及民生问题的制度建设,通过建立健全保障投入的体制机制,更好地改善人民生活,促进社会和谐。

三是把贯彻会议精神的保障点放在抓执行上。全年目标任务是否能够顺利完成,关键在领导,重点在落实,根本在执行。一要以争优创先的意识抓执行。思想是行动的指南。干工作、办事情,如果在思想上没有引起足够重视,在行动上就不可能积极主动,有所作为。为此,我们必须强化目标意识,围绕指标任务的落实,抓好细化分解,层层传递压力,强化督察考核,做到人人心中有目标、个个肩上有责任;要强化忧患意识,增强危机感,做到居安思危、未雨绸缪,善于把握大势,打有准备之战;要强化责任意识,要牢固树立“一日不为、三日不安”的思想,时刻把抓执行、

抓落实作为我们的工作重点。二要以勇于创新的思路抓执行。思路决定出路，创新就是发展。面对复杂多变的发展形势，我们只有在探索上做文章，在突破上下工夫，在创造上寻出路，各项工作才能执行好、完成好。勇于探索，就是要善于结合，在“上情”与“下情”的融合上做好衔接，创出独特的办法和对策，集中力量攻难点，齐心协力抓重点，整合资源创亮点。敢于突破，就是要敢于打破常规，对不合时宜的制度和规则，该调整的调整，该优化的优化，只要是有利于发展、有利于工作，就要大胆尝试。善于创造，就是要善于个性化思考，创造性地开展工作，坚持少说多做、先干再说、只干不说，大干快上，把工作抓紧抓实抓出成效。三要以务实高效的作风抓执行。面对繁重的工作任务，如果没有务实的作风和实干的精神，我们的目标就很难实现。在工作中，我们必须精通业务，掌握过硬的本领，不断增强把握形势、推动发展、应对复杂局面的能力；必须一抓到底，对决定了的事、明确了的事，要坚持不懈地抓，注重实效地干，不达目的决不罢休；必须廉洁干事，勤勤恳恳干事，堂堂正正做人，不染不正之风，不取不义之财，不干不法之事，这样我们才能会干事、干成事、成大事。

三、瞄准新目标任务，切实抓好当前几项具体工作

春节刚过，各项工作已进入全部实施阶段，各种事情繁杂，各种矛盾交织，稍有疏忽懈怠就会影响到全年任务目标的顺利实现。各级、各部门必须以高度负责的精神、科学有效的方法、求真务实的作风，集中力量做好以下几项工作。

一是全力做好支援南方灾区和应对次生灾害影响。自1月中旬南方发生严重的雨雪冰冻灾害以来，有20个省区遭受不同程度灾害，造成1.77亿亩农作物遭灾，经济损失达1 100多亿元。这场历史罕见的雨雪灾害，牵动着国家领导人、各级党委政府和全国亿万人民的心。2月12日，总局召开专题会议，传达贯彻省政府《关于做好南方雨雪冰冻灾害对我省经济社会影响应对工作的紧急通知》精神，对垦区支援灾区和做好应对次生灾害影响工作做了具体安排，希望各级按照总局的统一部署，认真抓好贯彻落实。在此，需要强调的是，对支援灾区工作要尽力而为，这不仅是讲政治，讲感情，更是讲大局的具体体现。可以说，北大荒开发建设的历史，本身就是全国人民响应国家号召，集聚全国人民智慧和力量，共同创造人间奇迹的历史。“一方有难、八方支援”，不仅是中华民族的传统美德，更是每名北大荒人义不容辞的义务和责任。因此，在这次支援灾区活动中，要充分体现北大荒人顾全大局、无私奉献的精神风貌，同时也要量力而行，进行有重点、有针对性的援助。这次南方雨雪灾害也给我们敲响了警钟，必须加强应急体系建设，切实增强应对各类突发事件的能力。当务之急，各级、各部门必须把预防类似“非典”和“禽流感”等疫病、加强安全生产、应对气候灾害等工作摆上在重中之重的位置，抓紧完善工作机制，抓紧落实工作责任，抓紧应急应对准备，力争将这次灾害次生影响降到最低，为保持垦区经济社会又好又快发展、夺取全国抗灾新胜利贡献应有力量。

二是确保实现首季开门红。各单位、各部门要科学摆布，合理安排，抢前抓早，以早动争主动，抓好各项工作的启动实施，为圆满完成全年目标任务打好基础。当前，要抓好工业经济运行，抓生产，促销售，拓市场，增效益，确保实现工业经济良好开局。抓好水稻等粮食销售工作，积极与铁路部门搞好衔接，妥善解决好运力不足问题。抓好备春耕生产，切实落实好农机检修、种子储备和生产资料采购等工作，维护好农资市场秩序，特别要做好农资的足量储备、安全运输和及时下摆。积极与金融机构搞好协调，保证职工有充裕的生产资金。抓好重大动物疫病防控，认真落实各项防控措施，确保畜牧业生产安全。抓好政策对接，本着早谋划、早准备、早启动的原则，积极研究和争取国家政策，抓紧做好农业基本建设项目的前期工作。

三是切实加强安全生产工作。安全生产无小事。要始终绷紧安全生产这根弦，始终保持安全生产的高压态势，始终坚持警钟长鸣，常抓不懈，责任到人，确保万无一失。强化安全生产管理和监督，坚决遏制重特大安全事故。围绕强基固本，严格落实隐患排查治理措施，加强安全生产基础工作建设，扎扎实实组织开展好“隐患治理年”活动。加大安全生产源头治理，充分发挥专项检查的作用，牢牢把住安全生产准入关。建立和完善安全生产应急救援机制，切实加强应急救援管理，最大限度降低事故损失。加强安全文化建设，加强安全生产宣传教育工作力度，强化全民安全生产意识。坚持“四不放过”原则，依法严厉打击安全生产领域的违法行为，确保垦区生产安全。

四是切实抓好信访和社会稳定工作。没有稳定的发展环境，什么事也干不好，什么事也干不成。各级领导干部要牢固树立执政为民的思想，认真听取职工群众的意见，做好来信来访的接待，正视各种问题和矛盾，以积极的态度化解这些矛盾，解决好职工群众反映强烈的问题。在处理信访问题时，各单位要做过细的工作，不能把矛盾推给上级。要防微杜渐，做好矛盾纠纷的排查，切实把各种不稳定因素控制和解决在基层和初期，严格防止越级上访和进京上访，确保全国“两会”、“奥运会”等重大节假日期间的社会稳定。要加强社会治安综合治理，坚决打击黑恶势力、暴力团伙和经济领域的犯罪，坚决遏制重特大案件多发势头，为职工群众的生产生活创造良好的社会环境。

同志们，当前垦区经济社会已经步入了新的历史阶段。站在新的历史起点上，要实现新的历史性跨越，做好2008年各项工作至关重要。让我们在省委、省政府和农业部的正确领导下，高举中国特色社会主义伟大旗帜，继续弘扬北大荒精神，同心同德，清正廉洁，真抓实干，奋勇争先，为圆满完成全年任务目标、谱写垦区更加灿烂辉煌的新篇章而努力奋斗！

黑龙江省农垦总局 2007年经济和社会发展统计公报

总局统计局

（2008年2月20日）

2007年，垦区各级在总局党委的领导下，以科学发展观为统领，以构建和谐垦区为目标，以新农村建设为重点，加快推进“三化进程”，认真实施“六六”工作方略，深化各项改革和推进“走出去”战略，积极解决民生问题，垦区宏观经济呈现持续较快增长，人民生活水平不断提高，各项社会事业加快发展，为垦区开发建设60周年书写了浓重的一笔。

一、综合

经济总量跃上新台阶。全年实现垦区生产总值372.2亿元，比上年增加63.7亿元，增长13.2%，增速连续四年超过13%。人均生产总值22 945元，比上年增加3 545元，增长12.4%。全年实现非公有制经济增加值159.3亿元，比上年增长15.5%。

三次产业均保持两位数增长。第一产业增加值201.1亿元，增长11.7%，第二产业增加值72.3亿元，增长14.1%，第三产业增加值98.8亿元，增长15.5%。一、二、三产业对垦区当年经济增长的贡献率分别为47.4%、21.6%和31.0%。

经济结构调整有所突破。三次产业结构为54.0∶19.5∶26.5，第三产业比重比上年提高0.2个百分点；农林牧渔业结构为70.7∶0.6∶26.6∶0.7∶1.4，畜牧业占农林牧渔业增加值的比重比上年提高4.4个百分点；所有制经济结构为57.2∶42.8，非公有制经济比重比上年提高0.9个百分点，呈逐年上升态势。

2007年垦区经济和社会发展取得了新成就，综合经济实力明显增强，但经济运行中还存在着一些矛盾和问题，主要是：经济增长依然受农业生产形势的左右，二、三产业比重不高，经济结构的战略性调整任务还相当艰巨；局场间的发展差距和职工群众收入的差距在加大，种、养成本的连续攀升大大增加了职工增收的难度；企业高级管理人才匮乏，重点龙头企业现代企业制度亟待完善，企业赢利能力和发展后劲有待提高。

二、农、林、牧、渔业

粮食种植规模和产出连续第四年创历史第一。全年种植240.8万公顷农作物，实现农业增加值142.2亿元，增长9.5%。粮食种植面积216.2万公顷，比上年增长3.8%，占全部农作物的比重达89.8%，比上年提高1.1个百分点。其中，水稻和玉米分别达到100.1万公顷和40.8万公顷，两者占粮食面积的比重为65.2%，为垦区粮食产量跃上新台阶奠定了坚实的基础。粮食综合单产实现5 764公斤/公顷，比上年提高6.1%。粮食综合生产能力再创历史新高，总产量达到124.64亿公斤，比上年增长10.1%。在我省粮食生产中的地位和对全省粮食增产的贡献进一步增强，粮食产量占全省粮食总产量的31.4%，比上年提高1.5个百分点，当年粮食增加量占全省粮食增加量的61.6%，比上年提高3.0个百分点。为国家提供的商品粮达到1 135.5万吨，粮食商品率达91.[illegible]%，比上年提高2.0个百分点。

绿色食品及无公害农产品认证工作继续推进。到2007年末，垦区有效使用绿色食品标志的产品达到234个，比上年增加14个，占全省的30%，全年种植绿色、有机农作物79.6万公顷，占农作物总播种面积的三分之一；无公害农产品产地认定总数达到722个，比上年增加30个，产地认定面积190.7万公顷，比上年增长16.9%，占全省的26%，无公害农产品424个，占全省的8.2%。示范基地建设取得新进展，到2007年末，垦区创建全国农业标准化示范农场12个、全国绿色食品标准化原料基地34个、中国名牌农产品3个，分别比上年增加4个、6个和2个。

表1　2007年主要农产品产量

产品名称	产　量（万吨）	比上年增长（%）
粮　　食	1 246.4	10.1
其中：水稻	798.1	16.9
小麦	50.7	−13.3
玉米	251.3	29.5
大豆	110.0	−15.5
大麦	17.1	−61.7
杂豆	18.9	−15.7
油　　料	9.0	−24.7
亚　　麻	8.2	−36.2
甜　　菜	85.1	12.2
蔬　　菜	45.3	27.2
瓜　　类	47.5	−1.1
马 铃 薯	67.0	33.6
饲料作物	284.1	−7.5

林业生产稳步发展。垦区林业以生态经济型林业建设为重点，着力构筑绿色屏障，发展林业产业。全年实现林业增加值1.1亿元，比上年增长12.1%。当年完成国家重点工程5.5万亩，栽植绿化树810万株，使小城镇绿化覆盖率提高三个百分点。以重点防护林、退耕

还林、重点火险区建设和自然保护区建设为主的工程建设得到加强,当年防治人工林210万亩,使垦区林业有害生物成灾率控制在4.4‰以下,森林病虫害防治率达81%以上。通过加强重点公益林保护、合理采伐、加快更新等措施,在提高林地生产力的同时,使森林的生态功能进一步增强。

畜牧业呈现快速发展态势。各局场抓住畜产品价格普遍上涨的机遇,加大资金投入,强化政策支持,全年实现畜牧业增加值53.6亿元,比上年增长17.1%。主要畜禽存出栏和产品产量实现全面增长,"两牛一猪"饲养量达到历史最高水平。

表2 2007年主要畜产品产量和年末存栏

指标名称	计量单位	绝对数	比上年增长(%)
肉类总产量	万吨	45.7	18.1
其中:猪肉	万吨	28.2	19.2
牛肉	万吨	8.2	18.1
羊肉	万吨	2.4	7.4
禽肉	万吨	6.6	17.3
禽蛋产量	万吨	6.0	12.8
牛奶产量	万吨	97.7	4.4
大牲畜存栏	万头	85.8	4.9
其中:奶牛	万头	32.3	0.2
黄牛	万头	53.0	7.8
猪存栏	万头	204.2	7.5
其中:能繁母猪	万头	21.1	18.6
羊存栏	万只	168.1	13.2
其中:绒山羊	万只	95.1	18.0
家禽存栏	万只	1 334.7	17.6
其中:鹅	万只	143.9	10.2
鹿存栏	万只	2.2	14.1
兔存栏	万只	20.8	17.0

渔业生产保持增长势头。全年实现渔业增加值1.46亿元,比上年增长15.0%。全年养殖面积为3.2万公顷,水产品产量达到2.77万吨,分别比上年增长43.1%和24.8%。

农业机械化水平显著提升。垦区现代农机装备作业区达到206个,机械保有量明显增加,农业生产田间作业综合机械化率提高到94%。年末拥有农用机械总动力519.3万千瓦,比上年增长9.9%;农用大中型拖拉机3.88万台,增长13.1%,其中100马力以上拖拉机4 377台,增加24台;机动水稻插秧机4.39万台,增长18.1%;联合收获机1.5万台,增长14.4%。现有农用飞机30架,在垦区航化作业面积88.5万公顷,比上年增长0.5%。

农业基础设施建设得到加强。年末有效灌溉面积达107.9万公顷,增长17.2%,其中节水灌溉面积21万公顷;机电井6.2万眼,增长17.3%。现有粮食处理中心163座,种子加工厂75个,金属粮仓1 944座,水泥晒场1 945万平方米,农用飞机场58处,粮食仓储能力达到373万吨,比上年增长4.6%。

三、工业和建筑业

工业生产持续较快增长。垦区继续突出抓好重点项目建设,着力做强做大米、面、油、乳、肉、药等主导产业的龙头,提高企业的竞争能力和运行质量。全年实现工业增加值57.2亿元,比上年增长13.1%。其中,规模以上企业完成增加值33.8亿元,增长14.4%;公有控股企业完成增加值23.0亿元,增长9.8%;大中型企业完成增加值23.9亿元,增长11.0%;龙头企业完成增加值17.1亿元,增长13.5%。食品加工与制造行业完成增加值35.3亿元,增长15.7%,占全部工业增加值的61.7%。小型工业企业和个体工业经济成长迅速,完成工业增加值33.3亿元,占全部工业增加值的58.3%,成为拉动垦区工业经济增长的重要力量。食品、药品、化工、纸业等优势产品产销两旺,保持适度增长。

表3 2007年主要工业产品产量

产品名称	计量单位	产量	比上年增长(%)
小麦粉	万吨	22.1	-14.1
大米	万吨	230.9	18.0
食用植物油	万吨	43.6	-20.6
乳制品	万吨	19.3	18.4
其中:液体乳	万吨	12.4	11.7
成品糖	万吨	4.1	26.8
鲜冷藏冻肉	万吨	6.6	-25.4
啤酒	千升	1 850	-81.3
白酒	千升	33 256	-0.8
大麦芽	万吨	26.1	62.3
配混合饲料	万吨	18.4	-0.6
豆粕	万吨	203.7	-24.4
中成药	万吨	1.36	11.0
化肥(实物量)	万吨	19.2	8.3
水泥	万吨	112.1	-25.2
焦炭	万吨	20.6	4.9
发电量	亿度	5.8	-5.9
机制纸及纸板	万吨	4.4	47.3

工业企业经济效益显著提高。全年427家工业企业实现利税总额10.5亿元,比上年增长53.7%,其中利润总额6.2亿元,增长93.7%。规模以上工业效益大幅提升,实现利润4.9亿元,增长88.5%,利润总额和利润增速均为"十五"以来最高的一年。龙头企业在促进垦区工业效益整体提高上贡献巨大,全年实现利润总额3.0亿元,增长2.0倍,占全部工业利润的比重达48.3%,比上年提高15.9个百分点。

建筑业保持较高增长。全年完成建筑业产值45.7亿元,比上年增长20.6%,其中在垦区系统外完成产值10.5亿元,增长13.9%。实现建筑业增加值15.1亿元,比上年增长18.1%。当年新开工的单位工程施工个数2 393个,当年单位工程竣工个数2 183个,比上年增加207个。年内房屋建筑施工面积和竣工面积分别达到208.4万平方米和165.7万平方米,分别比上年增长22.4%和35.2%。

四、固定资产投资

固定资产投资稳步增加。今年垦区以工业大项目和新农村建设为重点,集中资金加大对农产品龙头加工项目、优质粮产业工程、现代农机装备、公路交通、小城镇建设、居民住宅等投入力度,使固定资产投资继续保持增长。全年完成固定资产投资总额69.4亿元,比上年增长9.5%,增速比上年提高2.7个百分点。其中,生产性建设投资44.9亿元,增长6.2%,非生产性建设投资24.5亿元,增长16.2%。从产业投向上看,第一产业20.0亿元,增长14.1%,占28.8%;第二产业10.9亿元,下降16.1%,占15.7%;第三产业38.5亿元,增长17.2%,占55.5%,一、三产业投资比重分别比上年提高1.2和3.7个百分点。

五、交通运输业和通讯业

公路建设投资大幅度增加。2007年,完成交通建设总投资15.8亿元,比上年增长59.7%。完成交工通车里程2 524公里,其中,通达工程596公里,通畅新续建项目工程1 426公里,骨架口岸公路工程495公里,是垦区公路建设史上一年内完成建设里程最长、建设标准最高、完成投资最多、工程质量最好的一年。运输生产能力显著增强，全年共完成道路客运量948万人次，客运周转量58 157万人公里，货运量1 855万吨，货运周转量111 809万吨公里，分别比上年增长2.4%、1.8%、0.9%和14.9%。运输基础设施进一步完善，全年新改建和维修分局、农场客运站15个，新建分场客运站16个，停靠站105个，农场货运站7个。全年更新营运客车96台，其中新增农村客运班车44台，农村客运网络化成为新亮点。

通信事业继续加快发展。到2007年末，农垦通信拥有通信线路25 470公里，比上年增加139公里。其中，光缆线路总长度12 286公里，增加98公里，市话电缆总长度11 395公里，增加24公里，微波线路总长度1 789波道公里，增加617公里。总局至各分局全部实现光缆通信，有84个农牧场实现分局至农场光缆通信。总局至各局场共开通电路12.59万路，交换机总容量70.38万线，比上年增加0.63万线。垦区固定电话达到41.7万部，比上年增长6.6%，户均电话普及率达到71.0%，比上年提高0.3个百分点。宽带用户达到5.16万户，比上年增加1.63万户，增长46.1%。

六、国内贸易和对外经济

商品批发和零售购销两旺。全年批发、零售业商品购进总额113.7亿元，销售总额达154.9亿元，分别比上年增长11.0%和24.8%。消费品市场较为活跃，全年实现社会消费品零售总额78.0亿元，比上年增长16.1%。其中，农场及农场以下消费品零售额66.3亿元，增长17.8%；批发零售贸易业消费品零售额66.5亿元，增长13.5%，餐饮业零售额10.4亿元，增长36.8%；食品类商品零售额29.9亿元，增长12.8%，占全部零售额的比重为38.3%。

对外贸易和引资合作实现历史性突破。进出口总额首次突破6亿美元大关，达到6.64亿美元，比上年增长20.7%。其中，自营出口总额亦首次突破6 000万美元，实现6 259万美元，增长38.2%。招商引资和对外经贸合作呈现前所未有的好势头，多层次、宽领域、全方位的对外开放格局开始形成。年内成功举办了上海·北大荒绿色特色产品展销会，并充分利用哈洽会和各种招商会等平台，进一步扩大引资、合资和合作规模，合同资金到位率明显提高。全年实际利用国内外资金27.6亿元，比上年增长38%，其中合同利用外资到位额4 292.7万美元，同比增长31.4%。与山西唐都集团、北京天上天集团的成功合作，为推动垦区现代农业园区建设、加快构建垦区现代农产品市场营销体系奠定了坚实基础。实施“走出去”战略取得新成效。在俄罗斯、菲律宾、朝鲜、阿联酋、尼日利亚及香港等国家和地区实施农业和资源类开发项目32个。在境外租种土地63.4万亩，采伐木材6万立方米，实现经济效益5 800万元。

七、科技、教育、卫生、文化和体育

科技事业扎实稳步推进。2007年垦区科技工作以‘集成创新、加速转化、服务产业、支撑领先”为指导方针，加强科研院所及高等院校的科研投入力度，扶持龙头企业研发中心建设，认真实施“科技入户”工程，完善科技创新和推进体系，为垦区经济可持续发展提供强有力的科技支撑。垦区现有专业科研院所16个，年内开展的研发推广项目127个，比上年增加16个。全年投入科技攻关、开发和推广等总局以上项目经费达到2 271万元，其中获得国家、省项目经费1 311万元。共有15项科技成果通过总局级以上鉴定，其中1项达到国际先进水平，8项达到国内领先水平。获得省科学技术奖项6项，其中二等奖4项。年内，共有4个分局承担农业部三项科技入户示范项目，经省科技厅复核通过的高新技术企业7家、高新技术产品4项。

教育事业稳步发展。垦区各级积极筹措资金，着力改善百姓子女就学条件和实施义务教育阶段“两免一补”的工作，加强了贫困生的救助工作，继续在宝泉岭分局高中举办“宏志班”，促进了教育的公平发展。基础教育在巩固中提高，九三分局、宝泉岭分局以高标准通过了省政府“双高普九”复检。中小学布局调整又有新的进展，红兴隆分局已经将高中全部集中到分局，实现了分局办高中的格局。垦区现有小学103所、普通中学130所，在校生分别为10.8万人和12.6万人。当年高考取得了好成绩，进入普本分数线以上的有2 531人，比去年增加82人，被大专以上院校录取的共计9 249人，比去年增加238人。高等和中等教育持续健康发展，现有普通高等院校4所，中等专业学校2所，在校生分别为2.47万人和0.42万人，比上年分别增长1.0%和36.9%。

卫生医疗保健和防疫工作进一步加强。年末，垦区共有医疗卫生机构2 379个，其中，各级各类医院134个，疗养院1个，妇幼保健站81所。拥有医疗床位9 287张，增长8.0%，各类医务人员9 633人，增长0.1%，其中医生5 229人。平均每万人拥有医疗床位56张、拥有医生32人。当年报告甲、乙、丙类传染病共16种，比全省少8种，报告发病率为10万分之139.13，比全省发病率低51.8%。适龄儿童国家免疫规划“五苗”接种率达到99%以上，均高于省和国家的规定水平。

文化艺术事业进一步繁荣发展。年末，垦区共有博物馆5个，图书馆（室）591个，俱乐部（文化站）168个，文化广场201个。现有一报四刊，《农垦日报》全年总印数为1 541.8万份，比上年增长11.1%；杂志4种，全年总印数7.6万册。专业艺术表演213场次。2007年建设全国文化信息资源共享工程76个，建设黑龙江省文化信息共享工程2个、图书下乡工程六套、电影工程6套。成功举办了纪念垦区开发建设60周年暨垦区第八届文艺会演，共演出148个节目，其中创作节目达到98%，超过了历届文艺会演的创作比例。作为文化“五个一”工程之一的北大荒版画60米长卷《北大荒颂》创作完成。中央电视台“心连心”艺术团赴北大荒慰问演出专题文艺节目《放歌黑土地》，来自全垦区和省内的1.4万观众现场观看了演出。

广播电视电影事业稳步发展。截至目前，垦区共有127个广播电视台（站），有线电视光缆15 200多公里，有线电视用户28.15万户。年内，全部实现节目采编播设备的数字化更新,三个电视节目频道全天24小时贯通播出,开创我省电视行业先河。全年共采播新闻9 420条,开办专栏节目912期、播出专题片524部。《魅力北大荒》栏目深入农场举办演出7场,现场观众达10万余人。由北大荒影视艺术中心拍摄的18集电视连续剧《龙抬头》在中央电视台一套黄金时间播出,较好地宣传了北大荒农业产业化发展的成果。全面完成120个生产队"村村通"工程建设,使10 755户偏远场队居民看到了有线电视节目。组建36个流动电影放映队,共巡回放映电影3 569场次,初步解决了基层群众看电影难的问题。

体育事业广泛深入开展。年末,垦区拥有体育场馆135个,年内共组织各类体育运动会及体育比赛338次,有14.9万人参加了各种类型的体育运动项目。继续加大全民健身工程建设力度,在20个新农村建设示范场建设了大型综合体育场。投入300余万元,在全垦区共建设了4个健身苑,2个全民健身标准工程,16个城市健身路径工程,15个全国农民健身工程。

八、社会保障和环境保护

社会保障体系建设日趋完善。2007年,垦区社会保险体系建设成效显著,基本养老、失业、基本医疗、工伤、生育保险覆盖面达到100%,"五险"统筹层次不断提高。参加企事业单位基本养老保险人员为44.4万人,24.3万名企事业单位离退休人员的养老金全部按时足额发放,退休人员调整待遇补发工资及时落实到位。继续实现"不欠一人,不欠一分"的工作目标,全年累计发放养老金21.8亿元,其中企业离退休人员养老金支出20.3亿元。参加失业保险人员41.3万人,全年享受失业保险待遇人员1.2万人,发放失业保险金2 332元。基本医疗保险参保人员69万人,全年基本医疗保险费支出3.9亿元。工伤保险参保人员40.2万人,享受工伤待遇人数2 562人,全年工伤保险待遇支出1 757万元。生育保险参保人员40万人,享受生育保险待遇5 288人次,全年生育保险待遇支出952万元。社会保险制度的建立和发展,解除了企事业单位的事务负担,社会保障能力逐步提高,老有所养、病有所医、伤有所保的目标基本实现,充分维护了从业人员的合法权益。

农业相互保险业务和防灾体系建设得到加强。2007年,阳光农业相互保险公司稳步推进垦区保险业务,大力开拓全省农业保险市场。全年保费收入5.36亿元,比上年增长76%,在全省12家保险公司中排名第2位。其中,农险保费收入3.21亿元,增长41%,财产险保费收入2.15亿元,增长1.8倍。当年农险预计赔款3.31亿元,财产险已支付赔款0.38亿元。年内,筹措1 491万元资金进行人工增雨防雹作业,有效防控面积2 800万亩,共减损增效6.26亿元。截至目前,阳光公司在全省建立了12个分支公司、57个营销服务部、94个保险社,省内大发展的基础已经奠定。

环境保护、污染治理工作取得新进展。年末,垦区已建各级各类自然保护区19个,保护地140个,总面积74.3万公顷,使垦区受保护区面积达到13.6%。垦区在全面完成创建国家级生态示范区基础上,进一步完善了建设内容,由生态示范区建设提升到生态垦区建设,加大投资建设力度,结合特点,开展特色建设、亮点建设。积极开展主要污染物总量减排工作,确立了"十一五"期间各年度的减排目标。

九、人口与人民生活

人口保持低速增长。2007年,垦区人口出生率为4.55‰,比上年下降0.42个千分点,人口自然增长率为-0.36‰,比上年下降0.28个千分点。由于新划入十个农场等因素影响,年末垦区总人口达到165.0万人,比年初增加5.5万人。其中,农场人口145.2万人,占总人口的88%。

从业人员收入继续增加。年末,垦区从业人员88.4万人,全年从业人员劳动报酬95.6亿元,比上年增长22.6%;年末全部在岗职工36.1万人,比上年增加1.5万人,在岗职工年平均工资为11 531元/人,比上年增长12.0%。

农场职工收入再创历史新高。全年农场职工家庭人均纯收入首次突破8 000元大关,达到8 087元,比上年增加1 023元,扣除物价因素实际增长11.1%。农场职工家庭人均生活消费支出5 144元,比上年增长26.1%,其中食品消费支出所占比重即恩格尔系数为37.5%。农场职工家庭耐用消费品数量稳中有增,年末,平均每百户拥有彩电103台、洗衣机83台、电冰箱46台、摩托车61辆、热水器14台、照相机15台、影碟机48台、家用计算机20台、移动电话131部。

小城镇建设取得新进展。垦区继续加快小城镇基础设施和城区环境绿化美化建设,增强城镇的综合载体功能。全年新建小城镇住房120.6万平方米,比上年增加8.4万平方米,增长7.5%,小城镇人均拥有住房面积22平方米,比上年增加2平方米;集中供热面积已达1 181.6万平方米,比上年增长20.6%;城镇高等级混凝土路面已达897公里,增长10.2%;人均绿地面积达19平方米,增长26.7%。

居民居住环境更加宽松。全年继续加快居民住宅基础设施、公共设施建设步伐,用于住宅的投资达9.3亿元,比上年增长8.3%。到年末,垦区居民住房面积达到3 206.0万平方米,比上年增长10.7%,人均住房面积19.4平方米,比上年增加1.2平方米。

居民储蓄存款继续增加。年末,居民储蓄总额已达142.2亿元,比上年增长3.4%,人均储蓄额达到8 623元。

(注:垦区生产总值、各产业及各行业增加值的绝对数按现价计算,增长速度按可比价格计算。)

(原载《农垦日报》2008.2.26第4版)

大　事　记

一　月

1月3日　“2007黑龙江企业50强排行榜”在哈尔滨揭晓，北大荒农业股份有限公司再次入选黑龙江省50强企业，晋升两名列第16位。黑龙江农垦建工集团进入“2007年黑龙江企业50强排行榜”第39位。

1月6日　在2006年商务部启动的“双百市场工程”中，北大荒粮油批发市场有限责任公司和北大荒商贸集团有限公司，共获得支持资金600万元。用于物流配送、检验检测、市场信息等体系的建设改造。

1月6～10日　国家退耕还林办公室副主任李青松一行对垦区北安分局长水河农场，齐齐哈尔分局绿色草原牧场退耕还林工程管理、工程质量进行了检查验收，称赞管理到位，标准高、规模大，能创造性地开展工作，地方林业专业系统也难以达到这样的标准。

1月8～9日　国家农产品质量安全中心在哈尔滨召开了全国无公害一体化推进和标志推广工作座谈会。农垦绿办及北安分局绿办有关人员参加了会议。北安分局绿办在会上做了典型经验交流。

1月16日　省委书记钱运录考察九三油脂惠康有限公司，总局党委书记吕维峰、局长隋凤富陪同。钱书记说，你们面对国际上最大的竞争对手，要瞄准世界最先进的目标，放眼世界，与时俱进，这样九三大有希望。

1月18日　垦区检察机关召开贯彻全国、全省政法会议和全国、全省第十二次检察工作电视电话会议。这是首次使用检察机关三级网召开的一次电视电话会议，标志着垦区检察机关语音视频的全面开通。

1月23日　总局局长隋凤富参加了黑龙江省报业集团举办的黑龙江省新农村建设论坛，并做《实施“154321”方略，加快推进垦区新农村建设》的主题发言。

1月24日　《人民日报》刊发总局局长隋凤富署名文章《树立“六民”理念构建和谐垦区》。

1月25日　多多集团获省优秀企业称号，董事长韩振远获省优秀企业家称号。

1月25日　总局决定成立黑龙江省农垦总局场县共建工作领导小组，主要职责是负责场县共建工作的综合、组织、协调、调研、试点等工作。并下发《黑龙江省农垦总局办公室关于成立场县共建工作领导小组的通知》(黑垦局办文[2007]8号)，要求各分局、各农牧场也要成立相应的组织机构。农垦总局局长隋凤富任组长，农垦总局助理巡视员周春来任副组长，陶绍毓任总局新农村建设领导小组副组长兼新农村办主任，成员由21个部门组成；领导小组办公室设在总局新农村办。

二　月

2月1日　在全省宣传部长工作会议上，总局党委宣传部申报的四个单项(科学发展观学习宣传工程、出版发行工程、文明诚信创建工程、新农村文明建设工程)全部获2006年度全省宣传系统“创先争优”活动先进集体奖，总局党委宣传部宣传科长崔成龙荣获全省宣传系统先进个人。

2月1～2日　中宣部组织中央电视台、人民日报、新华社、经济日报等19家中央媒体同时播出或刊登八五七农场“发展现代农业，建设新农村”的典型经验。

2月3日　2006年10大“人民尊敬企业家”、20大“人民社会责任奖”、50强“人民信赖品牌奖”揭晓，完达山乳品股份有限公司董事长刘清泉当选“人民尊敬企业家”，完达山乳业的品牌“完达山”和北大荒农业股份有限公司的品牌“北大荒”获“人民信赖品牌”。此次调查活动是由人民网和中国企业文化促进会联合组织开展的。

2月8日　小岭水泥厂被爱尔兰CRH公共股份有限公司全资收购，更名哈尔滨三岭水泥有限公司。原企业社会职能划归哈尔宾分局管理。

2月　总局启动实施45个现代化农机装备项目，组织了进口设备招标、合同签订、资金落实、项目报批、项目设备验收等工作。该项目总投资1.2亿元，采购大型进口农机具90台套。2007年9月项目进口设备已全部到达项目单位，大部分设备已投入秋季生产。

2月　九三气象台获“全国气象科技工作先进集体”称号。

2月　省总工会公布全省工会法律工作综合检查考核结果，农垦工会名列第一；全省工会职工信访工作目标责任考核结果，农垦工会被评为优胜单位。

三　月

3月2日　宝泉岭分局83.4万亩农田被农业部绿色食品管理办公室和中国绿色食品发展中心(农绿[2007]3号)批准为全国绿色食品原料标准化生产基地。

3月7日　副省长申立国莅临肇源农场视察指导工作时，对农场农业生产和新农村建设情况提出了宝贵意见。

3月9日　“两会”期间，中央电视台新闻联播播发了垦区人大代表吕维峰的访谈，《人民日报》发表了垦区人大代表吕维峰的访谈文章《探索我国现代农业建设新路子》。

3月10日　牡丹江农垦分局与鸡西市场县共建推进会在牡丹江分局召开。会上通过了场县共建方案，并启动了500万亩兴凯湖绿色水稻产业带项目。副省长申立国、总局局长隋凤富、鸡西市委书记邱玉泉到会并讲话。

3月12～13日　总局在农垦会堂召开重点工作推进会议。总局党委副书记、局长隋凤富要求，各级领导要按照“垦区经济运行质量全面提升，经济增长全面提速”的总体要求，强力推进“六六”重点工作，全面实施“154321”发展方略，进一步把思想和行动统一到党委中心工作和全局重点工作上来，确保全年垦区经济社会发展目标顺利实现。此次会议，总局公布了2006年度各农场经济发展情况综合排名。共有87个农场参加此次排名，其中八五七农场、普阳农场、军川农场位列前三名。铁力农场、格球山农场、前进农场、绥滨农场、尖山农场、柳河农场、云山农场进入前十名。

3月12日 首批300家“全国重点保护品牌”评选揭晓。完达山乳业股份有限公司的“完达山”品牌位居我省6家上榜企业之首,并在全国总排名中位居第102位。

3月14日 北安分局与东北农业大学科技教育暨项目合作签字仪式在总局机关一楼举行。省政府副秘书长金济滨、东北农业大学校长李庆章、总局局长隋凤富、北安分局党委书记李殿君、局长李佐同及分局所属14个农场的场长等参加了签字仪式。

3月14日 垦区通过国际招标从美国迪尔公司和CNH公司引进大马力拖拉机和联合收割机及配套农具119台套,投资1 439万美元,建设了46个旱田现代农机装备区。

3月15日 九三分局与嫩江县合作共建工作推进大会在嫩江县会展中心召开。副省长申立国、省农委主任李山荣、黑河市市长张晶川、农垦总局局长隋凤富以及来自嫩江县和九三分局各农场的代表1 000余人参加了这次会议。申立国说,场县合作是全局性战略性长期性的决策,应坚持互利双赢原则,只有让合作双方受益,才能赢得人民支持。

3月20日 垦区宣传思想工作电视电话会议召开,总局党委副书记、副局长韩乃寅到会做了重要讲话,总局党委委员宣传部长逄金明主持了会议。会议传达了全国全省宣传部长会议精神,总结了2006年垦区宣传思想工作,部署了2007年垦区宣传思想工作的主要任务,会上,表彰了宝泉岭分局等51个先进集体和于丽华等43名优秀宣传干部。

3月20日 垦区30个农场的458.4万亩优质农田被国家确定为“全国绿色食品原料标准化生产基地”,并向这些单位颁发了匾牌和证书。

3月22日 省直国有11个农场转划省农垦总局管理,交接仪式在总局机关小会堂举行,省政府副秘书长金济滨、省畜牧兽医局局长祖伟、省农垦总局局长隋凤富、省农委副主任刘春华等出席。总局副巡视员周春来主持交接仪式。这11个农场是:五大连池原种场、茂兴湖水产养殖场、涝州鱼种场、阿城原种场、九龙山柞蚕育种场、勃利种畜场、山市种奶牛场、齐齐哈尔种畜场、大山种羊场、繁荣种畜场、红旗种马场。共拥有人口60 896人,土地总控制面积256万亩,其中耕地67.8万亩。同年12月17日划归牡丹江农垦分局的勃利种畜场正式整建制划转七台河市管理。

3月23日 根据总局党委成立黑龙江北大荒药业集团的决定,组建以产权为纽带的母子公司为主体、以集团章程为共同规范的企业法人联合体和集制药、食品、包装、营销为一体的现代化医药企业集团——黑龙江北大荒药业集团有限公司。

3月24~26日 继2月14~15日、3月5~12日两次特大降雪以后,建三江地区第三次遭受特大暴雪袭击。八五九、胜利、大兴、创业、红卫、前锋、前哨、洪河、鸭绿河、二道河农场降雪厚度达到60~82毫米之间;七星、勤得利、青龙山、前进、浓江农场降雪厚度达到50~60毫米之间。春季连降特大暴雪,建三江史无记载。

3月27日 垦区环保工作会议公布了国家环保总局关于命名第五批国家级生态示范区的决定,省农垦总局和齐齐哈尔分局、北安分局、九三分局榜上有名。会议还公布了省环保局关于命名第二批43个全省环境优美乡镇的决定,其中前进农场等12个农场获全省环境优美乡镇称号。

3月29日 总局发布《绿化动员令》,要求今年要在小城镇和管理区植树800万株,使小城镇和管理区的绿化覆盖率提高3个百分点。

3月29日~4月6日 由省水利厅、总局、有关分局及项目农场有关人员组成的竣工验收委员会对海林农场双峰水库除险加固工程、逊克农场宝元护岸、兴凯湖农场大湖护岸、延军农场延兴护岸、江滨农场三间房护岸工程进行了竣工验收。除逊克农场宝元护岸工程质量被评定为合格外,其他4项工程质量均评定为优良。

3月 垦区召开第一届农作物品种审定小组第一次会议,讨论通过了《黑龙江垦区农作物品种审定办法》及《黑龙江垦区农作物品种审定标准》,自育自用自审农作物新品种11个。

3月 省经委、省统计局评选出2006年度黑龙江省工业企业50强。其中垦区占有3席,分别是九三油脂有限责任公司、北大荒米业有限公司和完达山乳业股份有限公司。

3月 依安农场场长李炳刚、克山农场马铃薯加工厂厂长李明安被评为全国农村创业致富带头人。

四　　月

4月2日 中宣部副部长李东升对黑龙江垦区开发建设60周年宣传做出批示,在给新闻局肖汉同志的批示中写道:肖汉,宣传北大荒精神,对今天具有重要意义,可搞一份宣传方案。

4月2~14日 上海北大荒绿色特色食品展销会的宣传报道工作成效显著。中央电视台、东方卫视、上海电视台、解放日报、文汇报、新民晚报、新闻晚报、黑龙江日报、新华社、人民日报、农民日报等40余家媒体,总计发稿300余篇。

4月3日 国家发改委下发改农经(2007)445号文件,垦区有8个农场为国家大型优秀水稻生产基地建设项目,水稻生产基地32万亩,总投资7 520万元,其中,中央预算内投资5 000万元,自筹资金2 520万元。8个农场为:二九〇、二九一、前进、创业、八五九、七星、八五八、八五〇农场。

4月4日 赵光农场体改办主任曹文达、胜利农场种业公司经理隋喜友、八五〇农场科研站技术员高向达、九三分局水务局局长赵振、九三分局党委组织部副部长任淑兰等5人获得省人事厅、省教育厅授予的全省扎根基层建功立业优秀毕业生称号。

4月9日 农垦建三江分局和佳木斯市有关领导就加强双方深层次合作达成共识,下一步双方将在政策信息、社会事业、项目建设、市场开发等领域展开合作,做到同地同税同费,重大项目携手开发,共同整合农产品品牌,联手开发外埠市场。同日,勤得利、前哨、大兴等7个农场分别与富锦市、同江市、抚远县签订了场县共建协议。

4月12日 2007上海·北大荒绿色产品展销会在上海展览中心开幕，黑龙江省人大副主任沈根荣宣布开幕，总局局长隋凤富致开幕词，总局副书记、副局长韩乃寅主持开幕式，上海市人大副主任周禹鹏、农业部农垦局副局长关恩熙等出席开幕式。4月15日展销会落幕，共达成经贸合作项目602项，总金额30.1亿元。

4月12日 农业部部长孙政才在副省长申立国和总局党委书记吕维峰陪同下到农垦牡丹江分局视察。

4月13日 中央电视台“新闻联播”播发了2分多钟的长消息《产销对接，黑龙江垦区打造农产品流通新模式》。

4月13日 北大荒牛业有限公司与上海锦江麦德龙公司签订500余吨、价值1 000多万元的精品牛肉购销合同，并在麦德龙中国区总部门前举办了“麦德龙·北大荒牛肉节”。世界500强企业麦德龙公司是德国最大、欧洲第三大、世界第五大贸易和零售集团，已在中国建立34家超市。

4月13日 由建三江分局摄影家协会和上海黑土地文化研究会联合举办的中国绿色米都—“北大荒三江风光摄影展”今天上午在上海云峰剧场开幕，具有浓郁北大荒风光特色的63幅作品吸引了众多上海市民和中小学生。

4月15日 上午，在省委、省政府召开的2006年度中省直单位帮建新农村建设试点村工作总结表彰会议上，农垦总局建设局、宝泉岭分局水务局、建三江分局建设局、齐齐哈尔分局交通局；黑龙江省农垦总局交通局局长满连奎、红兴隆分局水务局仲崇合、牡丹江分局农业局孙文宏。分别获得帮建工作先进集体和先进个人称号。

4月16日 在黑龙江省第十届劳动模范表彰大会上，垦区获得省第十届劳动模范集体的是：绥滨农场第二管理区第十七居民组，友谊农场第六管理区第六作业站，八五九农场第二管理区，北大荒农业股份有限公司七星分公司研发中心，八五七农场第八管理区，尖山农场机械化中心站，绿色草原牧场奶牛中心，天津完达山乳品有限公司生产车间，黑龙江省多多药业有限责任公司固体制剂车间。

获得省第十届劳动模范的有：宝泉岭分局高级中学校长冯明勤、宝泉岭分局中心医院科主任秦续江、宝泉岭农场岭西管理区支部书记陈志代、二九〇农场十一管理区工人隋文利、饶河农场场长李云生、友谊农场第一管理区主任孟宪国、北兴农场第六管理区十二居民组工人肖亚农、农垦红兴隆索伦机械制造公司董事长邢继生、宝山农场中学校长翟娟（女）、五九七农场第三管理区工人任景利、勤得利农场第七管理区退休职工康金环（女）、洪河农场法庭庭长佟建华（女）、八五九农场第九管理区主任沈英、前锋农场畜牧科科长杨晓军、北大荒农业股份有限公司八五四农场工人崔永龙、牡丹江分局办公室主任杨林、北大荒农业股份有限公司八五六分公司经理王永波、云山农场兽医周炳森、格球山农场场长唐永德、襄河农场第一管理区主任魏金贵、尾山农场第一管理区工人李忠伟、荣军农场林业局局长李国峰、山河农场公安局警长王石龙、嫩江农场第五管理区主任王忠宝、查哈阳农场双桥米厂厂长李钟淑（女）、嘉荫农场公安分局局长周子华、香坊农场工人赵义海、黑龙江多多集团有限责任公司经理韩振远、黑龙江八一农垦大学财务处处长安增龙、农垦科学院水稻研究所育种室主任李建华、农垦总医院康复科主任刘大力。

4月16日 下午，北大荒中国绿色米都建三江发展论坛在上海市延安饭店举行。总局局长隋凤富、总局党委委员、纪委书记钟国林出席。来自上海、浙江、辽宁、黑龙江等地主管粮食工作的政府官员、水稻生产、加工、经销企业的负责人以及部分曾经在建三江下过乡的上海知青等100余人参加论坛。

4月17日 七星农场第二管理区蔬菜大户解衍明（女）与红兴隆分局中心医院院长王明库一起，荣获2007年全国五一劳动奖章。

4月18日 八五四农场第二管理区主任王成钢获第十一届中国青年“五四”奖章。这是团中央、全国青联联合表彰的。至此，垦区共有3人获此项表彰。

4月20日 红兴隆农垦法院刑事审判庭庭长刘丹，被最高人民法院授予“全国刑事审判工作先进个人”荣誉称号。

4月25日 建三江分局科研所被农业部确定为国家农作物品种区域试验站。此项目由国家投资360万元进行建设。

4月27日 绥滨农场场长侯新华被团省委、省青联授予第九届“黑龙江省青年五四奖章”。

4月30日 农业部公布了第三次监测合格农业产业化国家重点龙头企业名单，垦区九三油脂、完达山乳业、北大荒丰缘麦业、北大荒米业榜上有名。

4月 七星农场农业研发中心通过农业部农垦局创建全国现代农业示范区专家组的验收，荣获“全国农垦现代农业示范区”称号。

4月 垦区3个农场、10名个人被农业部评为全国测土配方施肥工作先进。单位是八五二农场、八五〇农场、七星农场。个人是总局农业局姜国庆、董桂军、八五五农场于文、八五〇农场袭峰、克山农场付伟江、二龙山农场孙绍琴、胜利农场陈锡钢、七星农场聂录、友谊农场张国军、八五二农场惠振宝。

4月 受农业部人事劳动司和农垦局的委托，总局劳动保障局承办了全国农业高技能人才培养“金蓝领计划”座谈会，来自农业部各司局和全国各省市的60多位代表参加了会议，黑龙江省农垦总局组织部、人事局、财务处、教育局、计划委员会、工会等部门列席了会议。会上，隋凤富局长代表黑龙江垦区做了致辞，总局劳动和社会保障局局长沈秀芝代表黑龙江垦区做了典型经验介绍。

五　月

5月1日 格球山农场场长唐永德、襄河农场魏金贵、尾山农场李忠伟被省政府授予劳动模范称号。

5月3日 全省推进农业标准化工作座谈会在建三江分局召开。与会代表围绕如何提高对实施农业标准化作业和保障食品安全重大意义的认识、推进全省农业标准化进程等内容进行了座谈。

5月10日 九三分局与嫩江县双方分别召开了互派挂职干部欢迎大会。嫩江县选派30名乡、镇长及涉农科、局干部到九三分局所属农场挂职副场长、分局机关有关部门副职。九三分局选派20名基层干部到嫩江县各乡、镇挂职副乡、镇长及涉农科、局副职。同时,九三分局又选派7名管理区干部到嫩江县整村推进农场经营模式的7个乡、镇挂职副乡、镇长,重点负责所在村(屯)规模经营家庭农场的指导和服务。

5月10日 农垦检察院被黑龙江省委、省政府命名为黑龙江省文明单位标兵。

5月11日 团中央在人民大会堂召开了"我与祖国共奋进"全国青年群英会。新中国第一位女拖拉机手梁军、北京青年志愿垦荒队发起人杨华、北兴农场家庭农场主肖亚农三名垦区英模应邀出席了大会。

5月16~17日 省委书记钱运录在总局党委书记吕维峰、局长隋凤富的陪同下,视察了哈尔滨分局所属的哈尔滨大什食品有限责任公司和香坊实验农场"北大荒现代农业园",并对哈尔滨分局发展都市农业给予了充分的肯定。希望垦区又好又快地发展,不仅出物质成果,还要继续出精神成果。

5月18日 《人民日报》理论版发表了隋凤富的文章《以科学发展推进垦区现代化》。

5月22日 建行黑龙江省分行在建三江分局召开"北大荒龙卡"项目推进会议。2006年12月7日,经批准,省建设银行与北大荒集团在全省范围内发行了首张"北大荒龙卡"。到2007年4月底,共发行3 552张,实现消费总额248.9万元。"北大荒龙卡"以北大荒命名,一卡双币,境内外通行,可在全球300多个国家和地区的近3 000万商户消费的联网ATM及取现网点使用。

5月22日 省委办公厅召集省委宣传部、总局有关负责同志参加的协调会,研究落实贯彻省委书记钱运录、省长张左己等省领导同志在《黑龙江省农垦总局关于垦区开发建设60周年庆祝大会有关问题请示》上批示。

5月23日 建三江农垦公安局刑警大队长徐联众、红兴隆农垦公安局双柳河分局民警刘德民被公安部评为2005~2006年度全国优秀人民警察。此次全省公安系统获此殊荣的仅有23人。

5月25日 海伦农场初中部老师张艳萍被评为省级优秀教师。

5月25日 由中铁二十二局哈铁建设集团第五工程公司承建的黑龙江垦区第一座铁路立交桥—建三江分局胜利大街地道桥自5月5日施工以来,地道坑共挖掘土方1万立方,到5月25日已全部完成土方挖掘任务。预计工程将于9月下旬建成投入使用。据了解,胜利大街地道桥道路全长385.4米,路幅27米,按双向车道设计,是建三江有史以来第一座城镇地道桥。

5月26日 红光农场发生一起特大杀人案。场直第一居民委妇女王国华与其儿子李佳荣被杀死在家中。5月31日10时,案件正式告破。作案人席春元批捕在押。

5月27日 襄河农场六队宋兴奎在养鱼池旁放马,18时30分左右,东南方向传来刺耳声音,霎时一块硕石落在养鱼池堤坝上,黑色,重1 100克。北京来的专家张宝林计算:它的比重为每立方厘米3.3克,比地球上普通石块要重些。年龄在46亿年左右。

5月28日 谷维素生产线在北大荒米业三江制米公司正式投产,经检验产品达到国家标准。这项产品的问世,填补了我省的空白。

5月 北安农垦法院被黑龙江省政府授予"全省文明单位"荣誉称号。

5月 总投资1 200万元的八五九农场2007年农业综合开发项目——乌苏里江灌区五干渠配套工程顺利通过国家评估。

5月 现年106岁、103岁的查哈阳农场海洋管理区王兰坡、王孟氏夫妇,婚龄长达86年,2007年3月有关部门将他们的婚龄申报到了上海大世界基尼斯总部,两位老人被授予世界上婚龄最长的人,上海大世界吉尼斯总部为他们颁发了证书。

5月 垦区34个农场节水灌溉项目已纳入《全国旱作节水农业发展建设规划(2007~2020年)》。

六 月

6月1日 建三江分局局直小学少先大队、九三分局局直小学少先大队荣获"全国红旗大队"称号。总局团委书记朱佳萍、学少部负责人包宁荣获"全省少先队工作先进个人"称号;宝泉岭分局局直小学陈晓宇、红兴隆分局局直二小张欣然、九三分局局直小学王天慧、荣军农场小学罗世玺获"全省争章好少年"称号。

6月5~6日 中共中央政治局常委、中央纪委书记吴官正来垦区考察。他深入了解了垦区党风廉政建设、发展现代农业、农场职工生产生活等情况后,对垦区在干部作风建设、维护国家粮食安全、建设现代农业等方面取得的成绩给予了充分肯定。陪同吴官正来垦区考察的有中央纪委副书记、秘书长干以胜,省委书记、省人大常委会主任钱运录,省委副书记、省长张左己,省委常委、省纪委书记李延芝,省委常委、省委秘书长刘国中,副省长王东华,省农垦总局党委书记吕维峰等。

6月8日 省委宣传部向省内媒体下发了《关于纪念黑龙江垦区开发建设60周年》的宣传报道方案,要求省内各媒体从7月中旬至8月中旬,开设"北大荒辉煌60年"专栏,利用一个月时间大力宣传垦区60年艰苦创业历程、农业现代化建设成就及不同时期的先进典型人物,动员和激励全省和垦区人民进一步弘扬北大荒精神,加快现代农业和新农村建设。

6月8日 经农业部综合考核验收,军川、友谊、八五二、七星、二道河、八五〇、八五七、二龙山、嫩江、大西江、克山、铁力农场和哈尔滨分局双城农业示范区被农业部确定为全国农垦现代农业示范区。

6月9日 省政协主席王巨禄、省政法委书记杨焕宁、省军区政委王金祥到友谊、八五三、八五二、五九七农场和红兴隆局直地区考察。

6月12~14日 省政协副主席梁荣欣率领全国政协经济委员会专题调研组一行14人,在总局党委书记吕维峰等陪同下，深入到七星、前锋、二道河、八五九农场、北大荒米业30万吨稻米加工厂等单位调研。

6月14日 友谊农场和红星农场被农业部确定为首批全国农业机械化示范区。

6月15日 下午，总局召开座谈会，为16日即将起程的垦区首批5位援藏干部壮行。总局党委委员、宣传部长逄金明在会上宣读了总局党委的决定：王贵为康马县县委书记；刘继学为康马县县委副书记；葛如强为康马县县委常委；吴永波为康马县办公室主任；侯鹏为康马县建设局副局长。援助期限为3年。

6月15～19日 北大荒集团组团参加第十八届哈洽会，与国内外企业300多家，达成经贸合作项目226项，总金额47.37亿元。

6月16日 国务委员唐家璇在省长张左己的陪同下，到牡丹江分局考察，听取了分局党委书记丁元森的汇报，在当壁镇向王震将军塑像敬献花篮并题词："发扬王震同志的革命精神，建设社会主义的新北大荒。"

6月18日 上午11时，在第十八届哈尔滨国际经济贸易洽谈会国内外经济技术合作项目签约仪式上，垦区有两个项目参加签约，总投资2.2亿元。红兴隆分局的北大荒糖业有限公司与英联食品总公司下属的英国糖业海外分公司签订1.7亿元合资加工生产白糖项目；建三江分局与辽宁五丰集团发展有限公司签订8万吨大米及10万吨水稻收储项目。

6月19日 黑龙江农垦建工集团进入哈尔滨建筑施工十强企业。

6月21日 省委组织部通知（黑组任字[2007]68号）邹积慧、王有国任省农垦总局党委委员，免去邹积慧省农垦总局宝泉岭分局党委书记职务，王有国省农垦总局红兴隆分局党委书记职务。6月28日省委通知（黑发干字[2007]97号）经2007年6月21日省委常委会议决定，邹积慧、王有国任省农垦总局副局长。

6月25日 总局党委书记吕维峰陪同省政协主席王巨禄视察了牡丹江分局高级中学，并给予指导。

6月25日 绥化分局的16岁聋人运动员李云南，在第七届全国残疾人运动会上，代表黑龙江省参加四项乒乓球比赛，夺得男子单打亚军、混合双打亚军、男子双打季军、团体季军的佳绩。

6月25～30日 中央电视台国际频道《走遍中国》栏目播出6集大型系列专题片《走进北大荒》。

6月27日 交通部调研组来建三江分局，就公路、水路运输情况进行实地调研。6月22日、23日、25日，中央电视台二套《经济半小时》栏目连续报道了中国粮食问题调查，介绍了黑龙江省粮食运输难特别是建三江分局卖粮的困难状况，引起交通部领导的高度重视。

6月27～29日 原水利部部长汪恕诚在副省长申立国等陪同下，对牡丹江分局"两江一湖"项目建设，生态旅游发展、新农村建设、现代农业科技园区和农区节水控灌等问题进行了考察。

6月 哈拉海自然保护区晋升为省级自然保护区。据考察有242种鸟类在此栖息，其中丹顶鹤、东方白鹳、中华秋沙鸭等国家一级保护鸟类有7种。哈拉海自然保护区是我国境内唯一有湖泊的保护区。

6月 国家投资382万元在北安分局种子管理处建立一处1 000平方米的种子质量监督检查站。负责垦区西部五个分局的农作物种子案件仲裁、种子质量监督等项职责。

6月 克山农场年被农业部确定为"全国农垦现代农业示范区"。

6月 总局教育局被省政府授予全省职业教育先进单位。

七 月

7月4日 中宣部新闻局向人民日报、新华社、光明日报、经济日报、中央电台、中央电视台、中国青年报等中央重点媒体下发通知，要求这些媒体在8月13～16日集中展开对北大荒开发建设60周年的宣传报道。

7月5日 由国家发展和改革委员会组织的中央投资项目招标机构资格评审结果揭晓，黑龙江垦区采购招标中心荣获中央投资项目招标资格。

7月6日 自5月下旬以来，宝泉岭分局遭受60年未遇的严重旱灾，大田作物减产35%以上，部分地号作物绝产。

7月6日 省委副书记、省长张左己到九三分局调研。张左己先后考察了鹤山农场第六管理区、大西江农场现代农技展示中心、九三亚麻产业公司、九三第一中学等地，详细了解新农村建设和现代农业发展情况，并深入职工家中走访调研，对九三分局新农村建设取得的突出成绩给予高度评价。

7月7日 根据韩乃寅长篇小说《龙抬头》改编的18集电视连续剧《龙抬头》在央视一套黄金时间播出，本月15日结束。这是央视首次播映反映现代农业产业化的电视剧。播出后获得很大反响，省委书记钱运录在听取宣传工作汇报时，对这部电视剧给予了很高的评价。

7月8～10日 全国部分垦区国有农场税费改革座谈会在垦区召开。国务院农村综合改革工作小组办公室、农业部农垦局以及全国28个农垦或主管农垦部门的人员42人参加了会议。

7月10日 由省人大常委会党组副书记、副主任张成义为组长的省人大常委会执法检查调研组在总局党委书记吕维峰等人的陪同下，先后到宝泉岭肉业公司、宝泉岭分局动物疫病控制中心、宝泉岭分局老年康乐中心、高级中学、共青天香猪场、绥滨农场引黑渠首工程进行考察调研。

7月11日 由全国少工委、中国少年报社联合举办的全国"百名中国好少年、好儿童"评选揭晓，绥棱农场子弟校四年二班的吴庆宁光荣当选。

7月15～16日 中国粮食行业协会会长白美清一行，先后到七星、洪河、前锋、二道河农场万亩大地号等单位考察。

7月16日 国家工商行政管理总局局长周伯华到建三江分局，就粮食与食品安全、现代农业建设、工商系统服务"三农"等问题进行考察调研。他希望垦区发挥优势，在发展现代农业、培育优质农产品品牌、保障国家粮食安全等方面作出更大贡献，同时要求工商部门坚持“四个统一”,为黑龙江垦区经济社会实现又好又快发展做好各项服务工作。周伯华先后考察了北大荒米业有限公司30万吨稻谷加工厂、建三江农垦工商行政管理分局、七星农场土壤化验中心、七星农场国家级农业科技园区、第九管理区现代农机具停放场、前锋农场种子加工厂和二道河农场万亩大地号,并听取了垦区的经济社会发展情况介绍。

7月16日 省政府研究室、省农委与农垦总局组成联合调查组,总局场县共建领导小组副组长兼主任陶绍毓参加,历时半个月时间,先后深入到8个地市、8个农垦分局以及20多个市县(乡村)农场,形成关于全省场县共建调查报告,为全省推进场县共建工作提出问题和对策。

7月17日 中央党校2007级一年制中青班学员(11位厅级干部)到牡丹江农垦分局调研。

7月18日 省人大常委会副主任马淑洁、全国人大农业与农村委员会委员单荣范带领全国人大代表视察团在总局党委书记吕维峰等陪同下,就黑龙江垦区加快现代农业建设先后到宝泉岭农场岭西管理区、宝泉岭肉业公司、宝泉岭老年康乐中心、局直岭西社区卫生服务部、宝泉岭职业教育中心校、宝泉岭高级中学、共青农场天香养猪场考察调研。7月19日他们到八五三农场调研。

7月18日 由全国人大代表组成的现代农业发展调研组到友谊农场五分场二队、红兴隆第一高级中学、红兴隆老年公寓、局直石河小区、八五三农场雁窝岛湿地、八五二农场农业科研站、五九七农场肉牛养殖基地和北大荒牛业有限公司参观考察。

7月20日 交通部部长李盛霖等一行10人,到建三江分局考察垦区专用公路建设、发展现代农业、湿地保护等情况后强调,交通部各有关部门要与黑龙江省交通厅密切配合,大力支持黑龙江垦区的公路建设,为维护国家粮食安全筑起畅通的大通道。在副省长刘海生、总局党委书记吕维峰等陪同下,李盛霖先后考察了二道河农场万亩大地号、洪河国家级自然保护区、北大荒农业股份有限公司七星分公司第九管理区现代农机停放场、国家级农业科技示范园区、土壤化验中心等现场,并检查了省道佳抚公路建三江段和部分农场的专用公路、田间公路。

7月中旬至8月20日 垦区发生历史罕见的夏伏连旱,共有1 325万亩耕地受旱灾威胁。总局先后于7月16日和8月1日召开2次抗旱工作紧急电视电话会议部署抗旱工作,总局领导始终坚持在抗旱一线,水务局全力组织开展抗旱工作并派出多个工作组深入受灾农场指导抗旱工作,各受灾分局及农场紧急启动抗旱预案,累计投入抗旱资金1.9亿余元,抗旱人力74.63万人次。维修机电井1 871眼、抗旱设备1 484台套、泵站30处。日启用机电井2万余眼,喷灌机8 800余台,各类运水车辆3.9万余台。新打抗旱水源井5 606眼,新购置抗旱设备1 751台套。抗旱累计用油8 413.5吨,用电305.8万度。累计浇灌面积426.35万亩次。一些分局和农场还适时实施人工增雨,一系列有效措施的实施有效缓解了旱情,确保了粮食总产再创249.3亿斤的新高。8月20日,通过采取一系列有效措施,加上大范围降雨,垦区旱情基本解除。

7月26~27日 中国地方志指导小组理论研究室博士程方勇在省地方志办公室副主任姜绍华、省直指导处处长吕慧芬、总局史志办主任史桂霞等人的陪同下,对齐齐哈尔分局及绿色草原牧场史志工作进行调研。

7月30日 中国农科院副院长屈冬玉,中国马铃薯专业委员会秘书长陈伊里、黑龙江省农科院克山马铃薯研究所副所长夏平等一行到克山农场,参观了马铃薯生长状况,现代化农机服务中心、农业科技示范园区、马铃薯种薯研发、加工。

7月31日 省委书记、省人大常委会主任钱运录与省委常委、秘书长刘国中,副省长申立国和省直有关部门负责同志一行到共青农场视察抗旱工作,对垦区抗旱救灾工作给予充分肯定。

7月 中科院东北地理农业生态研究所与洪河国家级自然保护区共建湿地研究基地,国家GEF项目办相关等部门领导为基地建成揭牌。中国湿地GEF项目技术顾问组组长、英国湿地专家皮特一行,到洪河国家级自然保护区就湿地保护与管理情况进行考察,并就保护区湿地水资源恢复、生态旅游等问题进行了座谈。皮特考察了洪河自然保护区沼泽湿地的发育和水资源利用情况,详细了解了沼泽湿地的生态系统及野生动植物的保护现状。详细分析了洪河国家级自然保护区水资源退化原因,就湿地补水工程、浓江河、鸭绿河的水资源调整、农业开发对湿地的影响等问题进行了探讨。

7月25~31日 省政协副主席、哈医大一院专家王乃谦,带领省政协老委员联谊会医疗队的10位专家到建三江垦区义诊,共为800余名职工群众进行现场诊断和咨询答疑。同时还举办了3场医疗讲座,听众达1 000多人次。

7月 国家民航总局领导一行来到七星农用飞机场,对今年航化作业及安全管理工作进行检查。对七星农场飞机场建设及安全管理工作中所取得的成绩给予充分肯定。

7月 根据《农业部办公厅关于开展农业标准化实施示范项目进行检查验收的通知》(农办市[2007]13号)文件要求,由总局农业局、农产品质量安全处、畜牧水产局及分局主管部门,对农业部2006年度下达垦区的8个国家级农业标准化实施示范县(场)建设单位八五二农场、红卫农场、查哈阳农场、建设农场、尖山农场、普阳农场、八五一一农场、八五〇农场进行检查验收,经专家检查验收后认为,所有项目农场均通过了农业部农业标准化示范场专家验收。

7月 九三油脂防城港150万吨大豆加工项目,2006年5月30日开工建设。2007年7月初开始锅炉、仓储试车,主体设备准备试车。已进口大豆6.4万吨,8月中旬加工完毕。第二批大豆已运到。项目完成投资4亿元。

八　月

8月1日 中共中央委员、国家工商行政管理总局原局长、党组书记王众孚,先后深入到七星、前锋和二道河等农场考察。王众孚对垦区现代化农业建设取得的成就,给予高度评价。

8月3日 中国农机工程院院士陈志到北大荒集团红星现代化农机发展中心，就垦区现代农机发展进行调研。陈志说“红星农场农机中心的建设规模和现代化管理手段，是全国最大、最先进的,对全国的农机事业将起到示范作用”。

8月3～4日 以全国政协经济委员会副主任、中国证监会原副主席陈耀先为团长的全国政协“现代农业与粮食安全论坛”考察团一行来到建三江分局进行调研。考察团先后考察了七星、洪河、二道河、八五九农场。

8月1～5日 农垦工会主席母松华在农垦牡丹江分局接待了北京市委常委、统战部长、市总工会主席尤兰田一行三人,并陪同其回访原下乡地八五二农场二分场六队。先后参观了王震纪念馆、八五二农场的农业科技示范区、现代化农业机械设备。走访了当年下乡时的八五二农场二分场六队老职工,向二分场六队赠送一台液晶电视,并召开了老职工座谈会。

8月1～7日 省政协副主席、省委统战部部长王涛志一行2人到牡丹江分局、红兴隆分局检查指导工作,总局党委统战部部长杜晓华陪同。

8月2日 北京市委常委、统战部部长、市总工会主席尤兰田在省委统战部部长王涛志、总局工会主席母华陪同下到牡丹江农垦分局检查工作。

8月初 农垦工会《建立党政工联审机制 全面提升职工代表大会质量》的经验分别在全国农垦系统民主管理工作经验交流会议和全省民主管理工作会议上作了典型发言。

8月3日 省政府批准垦区新华、红卫、锦河、嘉荫、沙河、北兴、八五五、尖山、绿色草原等九个农场作为全省森林、林木、林地流转试点单位,并于12月在全省率先启动。

8月5日 中央电视台记者一行就黑龙江垦区庆祝建设开发60周年到普阳农场做专题采访。

8月5日 由全国政协、中国社科院、中国人民大学、中央党校、农业部、财政部、国务院发展研究中心等单位专家组成的“现代农业与粮食安全论坛”调研组到友谊农场五分场二队、红兴隆第一高级中学、红兴隆老年公寓、红兴隆局直石河小区、北大荒牛业有限公司肉牛屠宰线和育肥小区考察。

8月7日 省委书记、省人大常委会主任钱运录一行来到垦区红兴隆分局友谊农场视察抗旱工作,进一步对垦区前期的抗旱工作给予充分肯定。并鼓励垦区干部职工全力以赴继续加大抗旱自救力度,努力将旱情影响控制在最低限度，争取抗旱保收战役的最后胜利。

8月8日 北大荒种业集团有限公司在品牌中国总评榜(2006~2007)系列评比活动中,荣获“品牌中国金谱奖——中国农业行业年度十佳品牌称号”。

8月12日 下午，全国农垦现代化农业示范区现场会在北大荒股份七星农业分公召开。农业部、总局、建三江分局有关人员及全国各农垦系统领导70余人参加会议。

8月13日 《中国农机化导报》第三版,整版刊载发了记者杨雪、通讯员徐国春采写的报道《中国农业机械化的排头兵——黑龙江垦区农业机械化发展六十年纪实》。

8月13日 香港特别行政区行政长官曾荫权,在牡丹江分局党委书记丁元森陪同下,考察了宁安农场。并表示愿意今后加强与垦区的合作。

8月13日 新华社播发通稿《北大荒60年铸就中国大粮仓》。

8月13日 中央电视台新闻联播在头条播发了3分多钟的长消息《现代农业:60年北大荒的精神追求》。

8月13～16日 农业部副部长高鸿宾、农业部农垦局副局长吴恩熙一行4人,在总局党委书记吕维峰以及相关部门领导的陪同下,深入红兴隆、宝泉岭、建三江分局进行考察调研。

8月14日 鸭绿河农场调动20余台挖掘机、推土机对控制面积内的闲置地、废弃地进行连片整理,增加耕地面积2万亩。

8月14日 总局党委宣传部、教育局、关工委、广播电视局、团委、老干部处在宝泉岭分局联合举办了以“团结互助友爱、共建和谐社会”为内容的“中华魂”主题读书演讲比赛活动。垦区共有九个代表队,26名选手参加了演讲。经过激烈的角逐，获小学组一等奖:二九一农场小学张艺彤,二等奖:八五九农场小学赵金萍。获初中组一等奖:八五九农场中学王佳丽,二等奖:鹤山农场中学张姗姗。获高中组一等奖:宝泉岭分局高中庄园,二等奖:北安分局第一高中潘洋。

8月14日 新华社播发通稿《我国最大的现代化商品粮基地》、《刻在黑土地上的拓荒史诗》。文章指出:北大荒成为我国粮食供应的重要调节器。

8月14日 《光明日报》在头版显要位置发表长篇通讯《从北大荒到北大仓》。

8月14日 《农民日报》头版显要位置发表长篇通讯《领军现代农业的北大荒》。

8月14日 《人民日报》头版显要位置发表了4 500字的报道垦区的长篇通讯《书写现代农业传奇》。

8月14日 《经济日报》在头版显要位置发表长篇通讯《从北大荒到北大仓》。

8月14～16日 齐齐哈尔分局国家级生态示范区建设通过国家级验收。

8月14～16日 “全国农业工程大会2007年学术年会”,在黑龙江垦区八一农垦大学隆重召开,全国农业工程院院士汪懋华，黑龙江省副省长申立国、省农垦总局副局长王有国等领导到会，并作讲话。来自全国农业工程领域的专家、学者和代表共有600余人参加了大会，与会代表于8月17日在哈尔滨参观“农机展览会”。

8月15日 经农业部、财政部批准,宝泉岭分局被确定为全国200个生猪良种补贴项目单位(县)之一,获得良补资金170万元。

8月15～17日 “全国农垦农机化工作会议”在黑龙江农垦哈尔滨农垦大厦召开，农业部农垦局副局长李伟国、农机化管理司巡视员马世青到会,并分别作了重要讲话。农业部农机化技术开发推广总站站长丁翔文、农机鉴定总站站长焦刚、农机化导报社社长宋毅等也参加了会议。来自全国农垦农机行业的领导和代表共计80余人参加了会议。

8月15日 凯斯纽荷兰机械贸易有限公司向北大荒博物馆赠送两台拖拉机模型,一是29马力的法尔毛,另一是550马力的拖拉机。

8月15日 中央电视台《焦点访谈》栏目播发了专题节目《北大荒传奇》。

8月15~16日 《人民日报》发表《至情大美耀黑土(上下)》的长篇通讯。并配发了评论员文章《历久弥新的北大荒精神》。同日,新华社播发《人民日报》评论员文章《历久弥新的北大荒精神》。

8月15日 新华社播发时评《北大荒,永远的精神粮仓》。

8月15~16日 《光明日报》发表了长篇通讯《当祖国需要时(上下)》并转发了《人民日报》评论员文章《历久弥新的北大荒精神》。

8月15~16日 《经济日报》发表长篇通讯《艰苦奋斗精神的力量》;16日发表长篇通讯《开拓创新天地宽》,并转发了《人民日报》评论员文章《历久弥新的北大荒精神》。

8月15日 《农民日报》发表长篇通讯《阔步迈向垦区工业化》。

8月16日 黑龙江农垦农业职业技术学院整体搬迁到哈尔滨宾西开发区。

8月16日 新华社播发通稿《北大荒五分之一的耕地种植绿色食品》、《阳光保险为北大荒千万亩耕地编织安全网》、《黑龙江垦区人均劳动生产率超过英法等发达国家》。

8月16日 《农民日报》发表长篇通讯《群星璀璨农垦城》,并转发了《人民日报》评论员文章《历久弥新的北大荒精神》。

8月16日 《光明日报》发表长篇通讯《开拓创新天地宽》,并转发了《人民日报》评论员文章《历久弥新的北大荒精神》。

8月16日 由42名运动员、教练员、领队组成的黑龙江垦区代表队,参加在佳木斯举行的为期4天的黑龙江省第五届残疾人运动会。35名残疾人运动员共参加了田径、盲人门球、盲人象棋、聋人乒乓球、举重、游泳六大项22小项比赛。获9块金牌、9块银牌、7块铜牌,奖牌总数位居15个代表队第九。

8月16~19日 第四届中国(黑龙江)国际农业机械博览会暨第三届北大荒现代农业机械与装备展览会在哈尔滨国际会展中心举行。本届展会由黑龙江省人民政府主办,北大荒农机有限公司承办。8月17日隆重举行开幕式,由省政府副秘书长金济滨主持,农业部副部长高鸿宾、黑龙江省委常委孙尧到会讲话,有关领导和部门负责人及中外来宾,共计3 000余人参加了开幕式。先后共有3万余名观众参观了展会。展会吸引了约翰迪尔、德国克拉斯、上海纽荷兰、一拖集团、福田重工、中收等20多个国家的208个国际著名企业参展,展会占地面积31 000平方米,机械种类42种,共计2 900多台件;贸易成交量达1 647台,成交额12 605万元。

8月16~19日 在第四届中国(黑龙江)国际农业机械博览会期间,农垦总局农机局与文体局联合举办了"北大荒农机六十年图片展",共展出各个不同历史时期的图片800余幅,参观的观众达3万余人。

8月17日 垦区八五二农场农机大户常凤兰被授予"全国农机行业十大女杰"光荣称号,在第四届中国(黑龙江)国际农业机械博览会期间受到表彰。

8月17日 新华社播发通稿《北大荒47万公顷保护区成为动物乐园》

8月17日 《农民日报》发表长篇通讯《大气磅礴的北大荒精神》。人民网在首页和中国共产党新闻网页推出大型专题栏目《北大荒辉煌60年》。开辟了媒体聚集、述评、垦区新貌、开荒历程、网友声音、视听新闻、背景资料、北大荒风光八个专栏,已发表了30余万字的反映北大荒60年辉煌成就的各类文章。

8月18日 按照省文明办、省总工会、共青团黑龙江省委、省妇联、省综治办《关于转发中央文明办、全国总工会、共青团中央、全国妇联〈关于在"公民道德宣传日"评选表彰全国道德模范方案的通知〉的通知》要求,在基层推荐的基础上,经总局文明办、工会、团委、综治办共同研究确定推荐康金环、王雁琴、李胜林、邵根泽、王学生、周艳红六名同志参加全省"百名道德模范"评选活动。

8月19日 中宣部已把康金环作为全国典型,在《人民日报》、《中央电视台》、《经济日报》、《光明日报》等中央19家媒体开辟的《道德楷模》栏目进行规模宣传。

8月21日 二九一农场小学五年级学生张艺彤荣获全国"中华魂"团结互助友爱、共建和谐社会主题读书活动一等奖,出席在北京人民大会堂举行的颁奖仪式,是垦区唯一的一等奖得主。

8月21日 全省团干部、农村青年骨干现代农业培训会议隆重召开。会上,普阳农场青年职工吴建军荣获团省委、省农委、省水利厅、省科技厅、省林业厅、省中小企业局、省青联联合授予的第三届"黑龙江省十大杰出青年农民"称号,同时还获得了一台价值3 000余元的电脑奖励。

8月24~27日 农业部农垦局在哈尔滨市农垦大厦举办全国农垦统计系统业务培训班,来自全国农垦系统的统计人员共计70多人参加了培训。

8月25日 《农民日报》第四版整版发表了关于垦区创新发展的长篇通讯《现代农业的坐标》。

8月28日 上午,中央电视台"心连心"艺术团代表党中央国务院慰问北大荒父老乡亲的文艺演出在以农垦总局建三江分局粮仓群为背景的大舞台上开演。省农垦总局党委副书记、局长隋凤富致辞,中央电视台副总编辑张华山发表了热情洋溢的讲话,总局党委副书记、副局长韩乃寅主持开幕式。副省长程幼东、农业部农垦局局长杨绍品、省委宣传部副部长潘春良及省农垦总局领导隋凤富、母松华、钟国林、王有国、周春来、逄金明等与1.5万名来自垦区各地的干部群众共同观看了演出。

8月28日 原省政协副主席、出生在梧桐河农场的84岁抗联老战士李敏带领重走抗联路队在宝泉岭分局党委副书记赵文彩等陪同下,先后到梧桐河、普阳农场考察抗联遗址,重走抗联道路,宣传抗联精神,追忆峥嵘岁月。

8月28日~9月1日 总局绿办牵头组织垦区2个分局和20多家企业参加了第六届齐齐哈尔绿色食品博览会。

8月30日 在由国家劳动和社会保障部、中华全国总工会、中国企业家联合组织的创建劳动关系和谐企业与工业园区表彰暨经验交流会上，多多集团被评为全国模范劳动关系和谐企业，董事长韩振远同志在交流会上做了经验介绍，多多集团是垦区唯一的获奖单位。

8月31日 《北大荒全书》出版发行新闻发布会在省农垦总局机关小会堂举行。总局党委副书记、副局长韩乃寅主持，总局党委书记吕维峰到会讲话。总局宣传部长逄金明、省图书馆馆长高文华、黑龙江人民出版社政治经济编辑室主任王裕江及总局机关各部门、直属各企事业单位负责人、《北大荒全书》编撰者100余人参加了会议，全书共10卷，680万字。

8月31日 在北京召开的中国绿色食品协会绿色农业示范区规划论证会上，建三江分局绿色农业示范区规划通过了论证。并被农业部绿色食品发展中心，中国绿色食品协会、中国科学院农业项目办联合授予"国家级绿色农业示范区"称号，这也是黑龙江省唯一的国家级绿色农业示范区。

8月31日 由14位专家组成的国际再保险专家团来到建三江分局，就农业安全生产状况进行了实地考察。考察团先后参观了建三江分局气象站、七星农业研发中心等单位，全面了解了垦区运用高炮防雹等先进技术措施防灾减灾情况，对垦区有效降低农业风险，保障农业生产安全方面所取得成绩表示赞许。

8月 中央电视台科教频道大型栏目《人物》记者组来到红卫农场，为垦区著名寒地水稻栽培专家徐一戎先生拍摄专题片。

8月 九三中心医院成功抢救一名心脏骤停近40分钟患者，创造了医学界上的一个新的奇迹。

8月 依安农场学校被评为全国教育系统先进集体。

8月 总局绿办牵头组织垦区3家绿色食品企业、2个分局参加了2007中国新疆绿色食品产业博览会。

8月 总局圆满完成第二次全国农业普查工作。普查工作是从2006年7月开始的，历时一年多。这次普查，摸清了垦区近10年来农业发展变化情况，摸清了垦区农业发展规模、经营状况、劳动力、资本等生产要素的配置情况。普查结束后，全总局共评比出73个先进集体，130个先进个人。其中国家级先进集体5个，省级先进集体40个，总局级先进集体28个；国家级先进个人10人，省级先进个人50人，总局级先进个人70人。

九 月

9月1日 垦区普通高中顺利进入了新课程实验。高考取得了好成绩，进入普本分数线以上2 531人，比去年增加82人；录取9 249人，比去年增加238人。平均每万人中有63人录取到普通高校，比全省平均数多13人。

9月3日 国家信息产业部副部长苟仲文在总局副局长王有国等陪同下，到建三江分局调研。

9月6日 原省政协副主席李敏、抗联老战士李在德、李桂兰在宝泉岭分局局长赵广民、党委副书记纪委书记赵文彩、原党委书记温伟杰的陪同下，到赵尚志烈士纪念碑、抗联老战士于保合墓前敬献花圈。

9月7日 由团中央、李宁有限公司、总局团委、总局文化体育局、总局教育局共同主办的"一起运动"——全国体育师资公益培训暨黑龙江垦区青年体育骨干教师培训班在宝泉岭分局开班。奥运冠军"爱心大使"刘璇参加活动，来自台湾和北京体育大学的著名教授亲自授课。

9月7日 《农垦日报》创刊50周年庆典活动在机关大会议堂举行。省新闻出版局、省新闻工作者协会、新疆生产建设兵团《兵团日报》社等单位和部门派人致贺，总局党委书记吕维峰、总局局长隋凤富及兄弟新闻单位代表、机关各部门的代表等600余人出席了庆典活动。

9月7日 电视连续剧《破天荒》荣获中宣部第十届精神文明建设"五个一工程"优秀作品奖。《破天荒》的编剧，总局党委副书记、副局长韩乃寅参加颁奖晚会。

9月8~11日 国家粮食局局长聂振邦，在省粮食局局长金辉、总局局长隋凤富、总局副巡视员周春来等的陪同下，先后到七星农场、北大荒米业30万吨大米加工厂、建三江国家粮食储备库、前进中央直属粮食储备库、二道河农场、八五九农场、红卫农场和创业农场、九三粮油工业集团哈尔滨惠康食品有限公司调研，对垦区现代化农业建设取得的成就给予高度评价，同时希望垦区在粮食生产上要走特色路，打自己的品牌。

9月10日 八五九农场学校被省人事厅、省教育厅授予全省教育系统先进集体称号。

9月10~12日 农业部农垦局召开的全国农垦职业教育座谈会，在宝泉岭农垦工业学校职业培训中心举行。来自全国26个省市自治区及新疆生产建设兵团的代表和部分黑龙江垦区的领导、教师代表近200人出席了会议。农业部农垦局副局长关恩熙在会上全面分析了农垦职业教育事业的发展情况，阐述发展农垦职业教育的重要意义。会议期间代表们参观了宝泉岭职业教育中心校技能培训中心、宝泉岭肉业公司、共青农场农机园区及国防教育基地等。

9月11日 由团中央主办的农村共青团工作座谈会在北安农垦分局召开。会议就新时期如何做好农村共青团工作展开讨论。出席座谈会的有团中央书记处书记王晓、团省委书记高环和总局党委委员、宣传部部长逄金明，总局团委书记朱佳萍。

9月12日 省长张左己在总局局长隋凤富等陪同下，先后到友谊、五九七等农场考察，重点是产业结构调整和依托地缘优势发展林果经济。张省长说，大灾之年，垦区仍然能够粮食丰收，看出结构调整的重要性了，以后还要加大结构调整力度啊。

9月13日 上午7时50分左右，在九三农垦法院办公楼发生枪击事件。

凶犯毕研林、王慧艳(毕研林之妻),手持猎枪冲进法院办公楼,对干警实施行凶报复,打死干警两名,打伤干警一名。九三农垦法院副院长孙玉杰、刑庭庭长黄胜存当场遇害;书记员郑晓翠被打伤。在追捕过程中,两名凶犯畏罪自杀。

9月15日 龙门农场中小学校代表黑龙江省接受国家"两基"检查验收。以教育部原副部长王湛为组长的国家"两基"检查团,在黑龙江省副省长程幼东陪同下到北安分局检查验收"两基"工作,王湛为龙门农场中小学校题词"以教育现代化,促进农业现代化"。

9月16日 经过两年的紧张施工建设,牡丹江农垦分局新址精品工程建设以高标准、高质量圆满完成了任务,2007年9月16日上午10点58分全局举行了局直新址搬迁揭牌仪式。

9月17日 水利部副总工程师庞进武、松辽委副主任李金祥和省水利厅副厅长马庆国一行到宝泉岭分局绥滨和江萝灌区检查工作。

9月17~18日 总局司法局连续第五次承办国家司法考试农垦考区工作,承担了我省3 000多名考生100多个考场的考务工作。

9月17日 农业部在北京召开社会主义新农村示范行动经验交流会,浙江、四川和黑龙江3个省的农业行政主管部门做了经验介绍,农垦总局新农村建设和农业部试点单位大西江农场新农村建设经验入选大会文集。

9月17日 省委常委、组织部长龙新南在总局党委书记吕维峰、局长隋凤富等陪同下,到垦区驻哈龙头企业、香坊农场北大荒设施农业园区和北大荒博物馆考察。他充分肯定了垦区在三个文明建设中取得的成绩,希望垦区在全省新农村建设和现代农业发展中发挥好示范、带动作用。

9月18日 在黑龙江省种子协会组织的"全省种业十强"评比活动中,北大荒种业集团所属的黑龙江垦丰种业有限公司、黑龙江北大荒集团红兴隆种业有限公司、黑龙江北大荒集团建三江种业有限公司入围,并位居前三甲。

9月19日 黑龙江农垦人才中心通过ISO9001:2000质量管理体系认证。成为全省首家通过ISO9001:2000质量管理体系认证的人才服务机构。

9月20日 勤得利农场退休工人康金环(女)获全国道德模范提名奖。此奖是由中央文明办、全国总工会、共青团中央、全国妇联决定授予的。

9月20日 省委组织部通知(黑组任字[2007]108号)周昊旬任省农垦总局党委委员。9月30日省委通知(黑发干字[2007]193号),经2007年9月20日省委常委会议决定,周昊旬任省农垦总局副局长,免去其省农垦总局齐齐哈尔分局局长职务。

9月21日 全省召开场县共建工作电视电话会议,省长张左己做重要讲话。会上,垦区九三分局副书记常绍峰、宝泉岭分局局长赵广民、绥化分局副局长马长春做了典型发言。

9月21日 农垦总局红兴隆分局"全国残疾人社区康复示范区"通过全国残疾人社区康复示范区检查验收小组的验收。

9月25日 经农业部、财政部批准,宝泉岭分局被确定为生猪调出大县,并奖励资金663万元。

9月26日 中央电视台新闻频道《共同关注》栏目播出反映垦区优秀共产党员康金环先进事迹的电视专题片。

9月27日 水利部以部水综合〔2007〕373号文件批准兴凯湖第二泄洪闸旅游区为国家级水利风景区,这是垦区第一个国家级水利风景区。

9月27~30日 总局在九三成功举办了纪念垦区开发建设60周年暨垦区第八届文艺会演。本届会演共有10个代表队参加,演职员480人,共演出148个节目,其中创作节目达到98%,超过了历届文艺会演的创作比例。部分优秀节目经专家评委推荐,列为参加全省和全国的文艺比赛节目。

9月28日 在黑龙江省农产品认证工作会议上,公布了黑龙江省首批通过良好农业规范(GAP)认证的9家企业名单,其中垦区有7家,分别是:八五二农场、查哈阳农场、普阳农场、共青农场、双鸭山农场、红卫农场和北大荒农业股份有限公司七星分公司。由国家认监委、国家标准委颁发GAP示范企业证书。

9月28日 下午,在全省第六届"十佳公仆"命名表彰大会上,普阳农场场长顾毅荣获"十佳公仆"称号。

9月30日 省委通知(黑发干字[2007]193号),经2007年9月20日省委常委会议决定,谭占龙任农垦总局副巡视员。

十　月

10月8日 黑龙江省兴凯湖自然保护区,被列入"世界生物圈保护区网络",这是继丰林自然保护区、五大连池自然保护区后,我省第三个被列入"世界生物圈保护区网络"的自然保护区。

10月9日 省委常委孙尧率领省财政厅、科技厅和农机局等部门领导来到省农垦总局,就全省场县共建和北安秋整地现场会议精神落实情况以及奶业生产、建立有利于现代农业发展的有效机制等进行调研。孙尧希望垦区发挥自身优势,做出更大更突出的贡献,同时要在全省更大的范围内打响北大荒品牌。

10月9日 2007秋季全国糖酒商品交易会在哈尔滨国际会展体育中心开始预展,垦区8家企业参展。

10月10日 国务院发展研究中心县域经济工作委员会秘书长李於禧一行7人,先后考察了建三江分局七星农场农业科技研究中心、农业科技示范园区、北大荒米业有限公司30万吨稻谷加工厂等现场,听取了情况介绍。他们对农场提高农机装备水平、科技创新转化、全程标准化生产、园区示范带动和大力发展绿色农业、生态农业所采取的技术措施给予高度评价。

10月14日 北大荒米业有限公司在第五届中国食品安全年会上,被授予"全国食品安全示范单位"称号,并授牌。

10月15日 宝泉岭分局被中国曲艺家协会授予中国曲艺之乡称号。

10月17日 自第五届中国国际农产品交易会10月13日在泉城济南开幕以来,来自黑龙江垦区的10大类100多种绿色、有机和特色产品受到客商和消费者的关注。中共中央政治局委员、国务院副总理回良玉在开幕式之前，巡视九三粮油工业集团的展台，并仔细察看了展品，了解企业生产情况，对北大荒的产品给予了好评。从农展会开幕至今，全国政协副主席张克辉，农业部部长孙政才、常务副部长尹成杰、副部长牛盾、高鸿宾及山东省委书记李建国、代省长姜大明等也先后参观了北大荒展区。黑龙江省副省长申立国先后两次光临指导！

10月20日 省委常委、科技厅厅长孙尧一行先后深入到七星农场第四十三作业站农具厂、标准化水稻大棚育秧基地、研发中心和北大荒米业30万吨稻谷加工厂等单位，就建三江分局发展现代化农业，加强粮食基地建设和保障国家粮食安全等方面内容进行调研。

10月22日 上午，由丹羽宇一郎会长率领的伊藤忠商事访问团一行25人到达省农垦总局，受到了总局局长隋凤富、副局长王有国的热情接见。双方就非转基因大豆的加工生产、有机农业的开发合作以及有机食品加工销售等问题广泛沟通信息、交换意见，并签订成立藤光粮油食品有限公司协议和农业共同开发管理意向书。

10月22日 下午，省农垦总局利用波兰政府贷款购买农用飞机项目签字仪式在总局机关举行。总局将利用波兰政府贷款购买M18B型农用飞机14架、M18B型教练机1架，买卖合同金额达878.65万美元。总局局长隋凤富，副巡视员周春来，中仪国际招标公司副总裁曹惠华，波兰驻中国大使馆参赞罗伯特，波兰M18飞机制造公司副总裁、总经理扎昆斯基等出席了签字仪式。

10月24日 在第五届中国食品安全年会上，九三粮油工业集团被授予2007年度食品安全示范单位称号，集团总经理田仁礼获2007年度中国食品安全优秀管理企业家称号。

10月24～27日 中央电视台经济频道大型电视系列纪录片《中国国情报告》节目组记者来到红星农场，就“三农”问题录制节目。剧组通过对该场大机械作业、农机信息管理及近年农业发展情况的记录和拍摄，从不同侧面宣传黑龙江垦区在发展现代农业方面的特色。

10月25～29日 受国家发改委委托，中国国际工程咨询公司专家评估组一行9人由农林部农林处处长董懿曼带领来垦区对“两江一湖”地区水稻生产建设规划进行现场评估。评估组一行先后考察了兴凯湖、勤得利、临江、青龙山、三村、二九〇、德龙、绥滨、江萝等灌区规划现场及农机、仓储、水稻科技园区建设情况，并用2天时间对规划进行了深入细致的讨论，形成了评估意见。

10月26日 晚22时，早已被垦区人民熟知的康金环做客央视“对话”栏目。

10月27～28日 省委常委、科技厅厅长孙尧就黑龙江垦区发挥科技示范带头作用和大机械优势在新农村建设中的积极推动作用，先后到名山、军川、共青农场、北大荒肉业宝泉岭分公司考察调研。

10月28日 由全国少工委主办的第二届“我爱新农村”全国少年儿童画大赛评选揭晓，农垦总局有3人荣获一等奖，4人荣获二等奖、5人荣获三等奖，19人荣获优秀奖。宝泉岭分局小画家画室学生宋宛哲、辅导教师罗秀凤、王爱国代表获奖者参加了在江苏省睢宁县举办的颁奖典礼。

10月29日 总局在机关大楼门前举行北大荒版画长卷《北大荒颂》面世剪彩仪式。这幅历经13个月完成的《北大荒颂》，画芯全长60米，高47厘米。有关专家介绍，这种托裱后进行丝网印刷、全画由138块网版无接缝四色手工印制而成的工艺，目前在世界尚属首例。此画在前不久于北京举办的2007亚太网印制像展和中国国际网印及数字化印刷展中，获得“亚太网印银奖”和“恒辉杯”金网奖。长卷由“亘古洪荒”、“荒原初醒”、“英雄转战北大荒”、“知青奔赴北大荒”、“荒原巨变——中华大粮仓”、“绿色和谐新家园”、“继往开来北大荒”7个部分组成，刻画了由800多个人物组成的三组英雄群像。集中展现了北大荒开发建设的波澜壮阔。有专家认为，这幅60米的版画长卷，创造了中国乃至世界版画史上的一个奇迹。目前，这幅长卷由北大荒博物馆收藏。

10月29日 由农垦建三江分局和哈尔滨铁路局共同投资1 214万元建设的福前铁路东部连接建三江局直铁南和铁北地区的主要交通枢纽工程——建三江铁路地道桥，今天正式建成通车，这是垦区目前建成的首座大型铁路地道桥。其中，建三江分局投资654万元，哈尔滨铁路局投资560万元。地道桥总长度384.5米，其中主桥内径高度4.9米，宽25米，长19米，分双向4车道，人行道分设。

10月30日 下午，在总局机关20楼会议室，总局、新华农场、日本双日株式会社联建的黑龙江新绵精米加工有限公司，经过十年的合作，又举行续约签字仪式。据了解，通过在此之前的十年合作，三方均取得了较好的经济效益和社会效益。至2006年底，新绵米业共加工水稻152 614吨，生产大米94 035吨，平均出米率为61.6%；销售量为93 581吨，出口量为55 646吨，占总产量的55.5%；实现销售收入25 172万元、利税2 288.7万元，年均利润167.1万元。

10月 九三农垦公安局荣获全省公安机关正规化建设先进集体并荣立集体二等功。

十一月

11月1日 2007·黑龙江金秋粮食交易洽谈会在哈尔滨落幕，垦区共与客商签订总量为213.7万吨的水稻、大米、玉米、豆粕、杂粮等供销合同，取得了比较理想的交易成果。

11月2日 下午，海林农场职工卜庆民在双峰水库与出水口之间的一条长214米的地下涵洞里连救三条人命，因一氧化碳中毒而住进医院。11月9日，农场领导专程到医院看望救人英雄卜庆民，并用专车将其接回农场。事迹在农场广为传诵。

11月5日 总局在哈尔滨举办北大荒现代粮食物流电子商务培训班，来自垦区各农场的120余人参加培训。垦区将以此次培训班为契机，开通省内第一家粮食电子交易平台。

11月6～8日 垦区学习贯彻十七大精神理论骨干培训班在总局召开，共有160多名学员参加了学习培训，这是全省第一个举办的十七大理论骨干培训班。总局党委委员、宣传部部长逄金明系统讲解了党的十七大的历史地位和基本精神,并就如何宣传十七大精神提出了具体要求。

11月7日 垦区建三江二道河粮库粮仓机械员毛卫民获得国家粮食局授予的2007年度"全国粮食行业技术能手"称号,成为我省获得此称号的第一人。

11月25日 经总局高产攻关项目专家鉴评组验收认定:红卫农场高产攻关水稻亩产达到996.9公斤,创造了全国乃至世界寒地水稻高产最新纪录;大兴农场高产攻关大豆亩产达到278.5公斤;七星农场高产攻关小麦亩产达到461.5公斤、大麦亩产达到478.5公斤。

11月10日 和平牧场已经有25户世代居住在土坯房里的蒙古族职工搬进新居——垦区第一个蒙古族新村。这是由省农垦总局、和平牧场和职工群众共同筹集750多万元建设起来的,10月底在和平牧场宣告建成。新村位于距和平牧场场部10多公里远的"五棵树"老居民区东侧。全村72户人家全是蒙古族,他们已在这里生活了200多年。当年,清朝政府曾在这里设有驿站。

11月15日 被喻为北大荒水稻高产之父的垦区著名水稻专家徐一戎获"何梁何利奖",成为垦区首位获此殊荣者,并获得20万港元的奖金。"何梁何利奖"是1994年在香港注册设立的科技奖励基金,设"科学与技术进步奖"、"科学与技术创新奖",每年颁奖一次。徐一戎获得的是"科学与技术创新奖"区域奖。

11月17~20日 省政府"双高普九"教育督导评估组,先后到宝泉岭分局局直、梧桐河、军川、延军、新华、普阳等农场的11所学校和5所幼儿园进行全面评估验收。评估组对宝泉岭分局在教育工作上所取得的成绩给予充分好评,被检查单位顺利通过省级验收。

11月18日 上午,位于九三局直的九三博物馆和老年活动中心正式开馆和启用。九三博物馆是目前垦区9个分局中第一个分局级博物馆。博物馆总面积2 300平方米,陈列面积1 500平方米。馆中现有藏品2 000余件,展出500余件。

11月19日 总局向全垦区发出开展"绿满垦区、共建生态家园"活动,该活动历时三年,实施绿色城堡、见缝插绿、绿色屏障和绿色产业四大工程,使垦区城镇及管理区绿化覆盖率达30%,建成具有欧洲园林特色的生态园林城镇。

11月19日 国家工商行政管理总局公布了2007年新认定的驰名商标,九三粮油工业集团使用在食用大豆油商品上的"JIUSAN"及图注册商标被认定为中国驰名商标。这是该集团继"九三"牌被商务部评为"2006年最具市场竞争力品牌"之后,在品牌建设上获得的又一殊荣。

11月20日 省长张左己、省政府秘书长张松岭等一行30余人在农垦总局党委书记吕维峰、局长隋凤富的陪同下,到绥棱农场考察动物疫病监测中心和蓝莓种苗繁育基地。

11月21日 上午,科技部党组成员、科技日报社社长张景安在省委常委、省科技厅厅长孙尧,中国产学研合作促进会副会长、秘书长王建华和省农垦总局党委书记吕维峰,党委委员、宣传部部长逄金明等的陪同下,参观了北大荒博物馆和九三粮油工业集团惠康食品有限公司,并听取了有关情况介绍。张景安对垦区在农业科技创新方面取得的成绩给予了充分肯定,并希望垦区进一步加大自主研发、自主创新力度,为保障国家粮食安全作出更大的贡献。

11月21日 水利部松辽水利委员会以《关于三江平原防洪治涝工程绥滨灌区渠系工程初步设计报告的批复》(松辽规计[2007]258号)对绥滨灌区渠系工程进行了批复,批复概算投资12 215.70万元。以《关于三江平原防洪治涝工程八五九乌苏里江灌区渠系工程初步设计报告的批复》(松辽规计[2007]259号)对八五九灌区渠系工程进行了批复,批复概算投资13 983.84万元。

11月22日 二九〇农场渔民刘玉田在捕鱼时打捞出一条重6.8公斤、身长78厘米的鳌花鱼。据当地渔民介绍,这么大的鳌花鱼是30年来从来未见过的。

11月22日 八五三农场四分场八队职工王雁琴,勤得利农场职工康金环入选省委宣传部等七部门联合决定表彰的全省"百名和谐之星"。

11月24~26日 农垦中级法院从哈尔滨市南岗区红旗大街210号整体搬迁至哈尔滨市南岗区汉水路82号新综合办公楼。新综合办公楼建筑面积1万平方米,其中办公用房7千平方米,审判用房3千平方米。

11月27日 九三农垦分局通过省政府"双高普九"督导评估组复评。这是垦区第一个以高标准通过这项复检的分局。

11月27日 在北京召开的全国残疾人社区康复示范区培育活动总结表彰大会上,省农垦总局红兴隆分局被授予全国残疾人社区康复示范区称号。

11月27日 由国家环保总局组织的专家组一行9人对"两江一湖"地区水稻生产基地建设规划环境影响报告书进行了现场审查。

11月28日 省委组织部通知(黑组任字[2007]136号)省农垦总局红兴隆分局局长贺天元、省农垦总局牡丹江分局局长侯培耀试用期已满,经考察研究同意正式任职。他们的试用期为一年,任职时间从试用之日算起。

11月28日 省委组织部通知(黑组任字[2007]135号)梅殿龙任省农垦总局党委委员。同日,省委组织部通知(黑组干字[2007]9号)同意省农垦总局党委任梅殿龙为省农垦总局党委组织部长的意见。

11月28日 省委副书记、常务副省长栗战书,在省农垦总局局长隋凤富、牡丹江市委书记徐广国和农垦牡丹江分局局长侯培耀等人的陪同下,到宁安农场进行调研,他强调,要推进农业现代化、农场城镇化、农区工业化建设,加快区域发展。

11月28日 黑龙江省第六届"十佳公仆"先进事迹报告会在佳木斯市委机关大礼堂进行首场宣讲。佳木斯市委、市政府及各区、局的700余名党员干部出席这次报告会。普阳农场党委宣传部部长李秀英、纪委副书记李国忠分别以《丹心谱写小康曲,十年挥洒公仆情》和《宁欠家人一百,不欠百姓一分》为题,从不同侧面宣讲了"十佳公仆"、普阳农场场长顾毅的感人事迹。

11月 经省林业厅批复，全省确定了首批森林、林木和林地流转试点单位，其中包括省农垦总局的9个农场。本次全省试点面积控制在600万亩以内，试点时间为3年。垦区的9家试点单位分别为新华农场、红卫农场、锦河农场、嘉荫农场、沙河农场、北兴农场、八五五农场、尖山农场和绿色草原牧场。

11月 北安分局被国家体育总局授予"全民健身与奥运同行活动先进单位"荣誉称号。

11月 北安分局被黑龙江省政府授予2004~2006年度"重大动物疫病防控工作先进单位"称号。

十 二 月

12月1~8日 当地时间晚19时30分，华盛顿中国知青协会、华盛顿中国音乐协会、华盛顿中国合唱团和哥伦比亚盛华合唱团在美国首都华盛顿联合主办"来自黑土地的歌—北京北大荒合唱团音乐会"，为北大荒合唱团访美慰问演出拉开了序幕。中华人民共和国驻美国大使馆公使刘光源、参赞兼总领事吴冬梅到会并观看了音乐会的全部节目。12月4日，当地时间下午13时，应联合国总部的邀请，北京北大荒合唱团慰问演出音乐会在纽约联合国大厦隆重举行。音乐会由联合国工作人员文娱理事会、中国书会承办，中国驻联合国代表王光亚大使和夫人丛军观看演出并给予高度的评价。邀请一个合唱团特别是业余合唱团来联合国演出，这在联合国是破天荒的。12月7日，当地时间晚19时许，中华人民共和国驻美国休斯敦总领事乔红，在总领事官邸设"家宴"，款待以韩乃寅为首的北大荒合唱团。12月8日，当地时间12月8日晚19时，在莱斯大学海曼剧场，应休斯敦中国知青联谊会的邀请，北京北大荒合唱团与休斯敦地区东北同乡会、黄河合唱团、叠声合唱团、王维国音乐教室及红扇舞蹈团等团体的著名艺术家、歌手们携手献艺，为广大的知青朋友和华人华侨奉献了一台充满北大荒情怀的音乐盛典，北大荒合唱团的访美慰问演出也由此圆满结束。

12月3日 上午，双城市市长王春生携同市委、市政府、市人大、市政协四大班子领导和有关人员一起，将一面书写着"金戈铁马驰古城，场县共建写新篇"烫金大字的红色锦旗，郑重地交到省农垦总局局长隋凤富手中，以表达在场县共建农机跨区作业活动中，双城市对垦区所作贡献的感激之情。今年10月3日～11月6日垦区出动112台大马力机车，为双城市完成秋整地52万亩，占双城市总耕地面积的六分之一，深受当地农民的好评。

12月4日 省高级法院院长南英在农林庭庭长孙盛增的陪同下与总局党委书记吕维峰、总局局长隋凤富一行6人来到中院新办公大楼，检查指导工作。

12月4日 下午，红兴隆分局欢送到垦区挂职的4名藏族干部踏上归程。9月24日，根据总局援藏工作领导小组的安排，西藏康马县中学副校长拉顿、教育局教研室主任边顿、嘎拉乡中心小学校长国杰、人民医院医生次仁桑姆作为第一批到垦区的藏族干部，来到红兴隆分局进行为期3个月的对口挂职锻炼。分局教育局向康马县的中小学生捐赠了价值3万元的100个篮球、100个排球、200个足球。

12月5日 黑龙江省政府在哈尔滨召开座谈会，欢迎首批在绥化市任主管农机工作的副市(区)长和县长助理的10名农垦挂职干部回到各自的工作岗位。

12月5日 上午9时40分，军川农场上空出现了两个太阳当空照的罕见奇观。在人们的视线中看到正南方的天空中，梦幻般的挂着一大一小两个太阳，大的光芒四射，小的靠近太阳的一侧成橘黄色。40多分钟左右后，小太阳化作一团烟云慢慢隐退。据气象部门专家介绍，此种现象是高空中水汽充足，云层较薄，这种卷层云被太阳照射后，容易形成类似太阳的光斑，被人们称作是假日。

12月6日 上午，第七届丁玲文学奖颁奖大会在著名作家丁玲的故乡—湖南常德举行。著名作家韩乃寅的长篇小说《龙抬头》，著名老作家郑加真的长篇报告文学《北大荒六十年》，刘海生的中篇小说集《远去的马群》荣获一等奖。

12月7日 省委通知（黑发干字[2007]216号）决定免去韩乃寅省农垦总局党委副书记职务。

12月7日 总局党委在机关二楼会堂召开总局党委中心组学习报告会，邀请省委党校副校长、教授、博士生导师祝福恩同志做辅导报告。报告会由总局党委委员、宣传部长逄金明主持，总局在家领导、机关干部、在哈直属企事业单位领导、总局离退休老领导总计300多人参加。

12月10日 由全国少工委主办的"'童趣杯'全国优秀红领巾小社团"评选揭晓。九三分局局直小学小树苗小队、山河农场小学红领巾护绿队荣获"全国优秀红领巾小社团"称号，九三分局局直小学辅导员魏萍、山河农场小学辅导员吴红丽荣获"优秀辅导奖"。

12月11日 在黑龙江省首批诚信示范企业授牌大会上，九三粮油工业集团、完达山乳业股份有限公司、农垦建工路桥有限公司、北大荒丰缘麦业有限责任公司、北大荒马铃薯产业有限公司、建三江农垦北斗星粮油工贸有限责任公司、多多药业有限责任公司和农垦龙王食品有限责任公司等八家被授予"黑龙江省诚信示范企业"称号。

12月11日 下午，全国高科技节能减排工作座谈会在建三江分局召开。国家高科技节能减排促进中心主任金亦石、秘书长杨丰铭以及各相关单位部门领导参加了会议。金亦石指出，发展循环经济，推进节能减排，需要加强领导，建三江分局有很多好项目、好做法，特别是秸秆气化项目值得推广。

12月12日 黑龙江农垦建工集团被中华人民共和国人事部、中华人民共和国建设部授予全国建设系统先进集体。

12月12日 原黑龙江省完达山制药厂改制为黑龙江完达山药业股份有限公司，由北大荒药业集团和员工自然人共同发起设立，北大荒药业集团有限公司持股49%，员工自然人持股51%。企业改制后，隶属关系由原来的隶属于黑龙江农垦总局牡丹江分局变更为隶属于黑龙江北大荒药业集团有限公司。

12月13日 建三江分局团委荣获团中央授予的“全国五四红旗团委”称号。

12月16日 总局统计局被评为全国农业信息统计工作先进单位,张帆和李建明同志被评为全国农业信息统计工作先进个人。

12月17日 省委组织部通知(黑组任字[2007]144号)省农垦总局九三分局局长刘炳东试用期已满,经考察研究同意正式任职。他们的试用期为一年,任职时间从试用之日算起。

12月17日 垦区工商行政管理局、垦区消费者协会宣布:北大荒米业有限公司、北大荒丰缘麦业有限责任公司、九三粮油工业集团、建三江农垦富兴米业有限责任公司、建三江农垦盛丰米业有限责任公司、建三江农垦七星粮油工贸有限责任公司、建三江农垦建三江米业有限公司、建三江农垦双盛米业有限责任公司、建三江农垦前进金穗粮油有限责任公司、农垦胜利粮油食品有限责任公司10家企业被评为垦区“十佳消费者放心粮油生产经营单位”。齐齐哈尔农垦大强米业有限责任公司、黑龙江农垦稻香米业有限责任公司、齐齐哈尔农垦金星米业有限责任公司、齐齐哈尔农垦双桥米业有限责任公司被评为“消费者放心粮油生产经营单位”。

12月17日 340吨建三江大米在建三江装车起运,运往首都北京。将进入中南海供应中央警卫局。此次已是建三江分局连续第二年向中央警卫局供应大米。

12月18日 建三江分局现代农业装备水平显著提高,今年多渠道融资3.5亿元,购置更新大型农机具2.9万台(件),新增农机总动力20万千瓦,农业机械总动力达到99万千瓦,农业综合机械化率达到96%以上,居全国领先水平。投资200万元建设现代农机具停放场,80%实现库房化、砂石化、围栏化、花园化、标准化。

12月19日 通过上海证券登记结算网络系统,北大荒农业股份有限公司的可转换债券顺利发行。本次发行募集资金总额为15亿元,成功实现了公司上市5年以来的第二次融资。

12月19日 总局党委下发《关于表彰垦区第四届十佳公仆的决定》(黑垦文[2007]10号),授予总局政策法规局局长张元福、总局党委办公室主任洪铁军、建设农场副场长吴凤霖、绥棱农场第八管理区主任范瑞军、北大荒农业股份有限公司八五九分公司总经理刘相增、农垦总医院输血科主任初云、荣军农场林业局局长李国锋、牡丹江农垦区人民检察院检察长白义波、普阳农场场长顾毅、江川农场第六作业站站长支胜利获垦区第四届“十佳公仆”称号,享受总局特等劳动模范待遇。

12月20日 垦区对口支援西藏康马县建设的4大类25个项目已基本落实,其中前期项目资金1 500万元已到位,其中“北大荒路”已进入施工阶段。这些项目包括:建设北大荒公路和畜牧兽医服务中心、农牧民安居工程、康马县老年福利院、幼儿中心等,预算总投入3 166.01万元。

12月22日 由国家储备粮总公司、农业发展银行、粮食局、发改委等部门领导组成的联合调研组深入垦区建三江分局,就当前粮食购销存在的主要问题进行调研。要求各相关部门认真执行水稻最低收购价收购政策,做好托市工作,加强托市粮的管理,切实保护农户利益。

12月25日 康金环同志获全国百名优秀母亲荣誉称号,同时并获得黑龙江省十大女杰提名奖。

12月25日 上午11时许,哈尔滨银行建三江支行正式成立。这是垦区首次通过招商引资方式引进的第一家跨地区设置、跨行业经营的商业性质银行。

12月25日 黑龙江垦区获“全国粮食生产特别贡献奖”(全国仅两家)。垦区还有多个单位和个人获得全国粮食生产先进单位、个人及标兵称号,长水河农场职工董子君获“全国粮食生产大户标兵”荣誉称号;建三江分局、七星农场、友谊农场、八五二农场、八五六农场、查哈阳农场、军川农场等7个单位获“全国粮食生产先进农场”荣誉称号;隋凤富、于金友、马德全、李俊、西亮、刘殿龙、张运权、杨占海、郭恒东、王其浦等10人获“全国粮食生产先进工作者”荣誉称号;董子君、何强、孙文斌、吴建军、崔立华、周玉芝、吴建华、谢殿军、谭东林、张景会、谢远夫、戚洪亮、李凯、朱广银、孙存生、刘怀玉、于长海等17人获“全国粮食生产大户”荣誉称号。

12月25日 《经济日报》第三版发表长篇通讯《黑龙江垦区:发展现代农业　促进产业升级》。

12月26日 北大荒麦业有限公司的丰缘牌小麦粉和北大荒肉业有限公司的北大荒牌分割猪肉获得中国名牌农产品称号。

12月27日 省军区司令员寇铁到省农垦总局军事部检查工作,总局党委书记吕维峰汇报了情况,局长隋凤富,总局党委委员、军事部政委张景山陪同。寇铁在肯定工作成绩的同时,对明年总局军事部工作进行了具体指导。

12月28日 《农民日报》第七版发表了关于垦区农业综合开发的通讯《大地生金》,篇幅占一版。

12月 多多集团荣获2007年度全国企业文化优秀奖。

12月 由农垦勘测设计研究院进行地质勘察的总局办公综合楼、北大荒纸业改造1.8万吨扩建两个项目获得了国家工程建设质量银质奖;《黑龙江省三江平原近期防洪治涝工程环境影响报告书》获全国优秀工程咨询成果一等奖;黑龙江三江平原“两江一湖”干流沿岸饶河乌苏里江灌区规划和黑龙江三江兴凯湖灌区节水改造工程可行性研究分别获得黑龙江省优秀工程咨询成果二、三等奖。

12月 黑龙江农垦建工集团董事长、总经理朱成寿被中华人民共和国人事部、建设部授予“全国建设系统劳动模范”称号。

12月 山河公安分局第四警务室被命名为王石龙警务室,在垦区公安系统,以优秀民警名字命名的警务室是第一家。

12月 北安分局荣获黑龙江省政府授予的“计划生育优质服务先进单位”称号。

12月 经黑龙江省委组织部决定北安分局党委书记李殿君调任农垦九三分局党委书记;许先珠任黑龙江农垦

总局北安分局局长职务。王利仁调任黑龙江农垦总局北安分局党委书记。

12月 黑龙江省委常委、政法委书记杨焕宁到锦河农场检查指导工作。

本年 齐齐哈尔分局副局长张桂春获得全国绿化委员会授予的2007年度“全国绿化奖章”。克山农场获得“全国绿化模范单位”荣誉称号。

本年 垦区场县合作共建工作取得显著成绩，共建范围不断扩大，共建层次不断提升，共建效果不断增强，共建领域不断拓宽。按照省委省政府的要求，垦区自上而下成立了场县共建工作领导小组，制定了工作实施方案。各分局、农场与各市县、乡镇已签订合作协议或方案257个，对接单位达到489个（其中与地市对接10个、与县市对接59个、与乡对接121个、与村对接299个），派干部到地方交流挂职135人。代耕服务的范围和模式也发生了重大变化，已从最初的季节性单项作业向农业生产全过程代耕发展；从以旱田作业为主向水田、经济作物等全作物代耕作业发展；从小范围分散作业向整村屯代耕、向土地承租经营发展；从农垦代耕服务、承租土地到双方共建农机作业合作社发展。去年垦区承租农村土地面积92万亩，与地方共同组建农机作业服务站200个，出动机械5 843台，已完成代耕作业面积1 400万亩。农业科技服务和标准化生产示范带动作用明显。垦区已向地方推广五大作物优质高产栽培模式565万亩，推广农业农机新技术438项，培训农民7.7万人次，完成航化作业面积128万亩，测土配方施肥233.4万亩。遍布各地的78个科技示范园区免费向地方农民开放，为地方推广良种面积达1 500万亩。龙头企业在合作共建中的作用更加突出。垦区各级龙头企业拉动农村种植基地1 600万亩，牵动养殖奶牛近5万头、肉牛20多万头、生猪180多万头，有50万户农民纳入垦地共建的农业产业化经营体系，有力地促进了当地产业结构调整和农民增收。基础设施和社会事业共建取得新成果。垦区和地方已实施道路交通、城镇基础设施建设项目22个，打通“断头路”800多公里。农垦牡丹江分局与鸡西市15%以上的毗邻场县或交叉小城镇基础设施实现共享，已共同筹资7亿多元，修建了200多条2 500公里的通场通村公路，使区域县（市）、场、乡（镇）公路基本实现了硬化。在社会资源共享方面，垦区已经接纳地方学生就学23 419多人，垦区医疗服务辐射地方农民24.9万人，有72所医院成为垦地双方的互为医保定点医院。

本年 九三品牌荣获中国驰名商标，至此，垦区已拥有完达山、北大荒3块中国驰名商标。今年有新绵米业等6个企业的10种产品列入全省专、精、特、新产品。

本年 六大作物高产攻关产量创历史新高。2007年总局下发黑垦局文[2007]74号文件，继续组织开展六大作物高产攻关活动。经组织省内外专家实测实收，实现了各作物单产水平创历史新高，成绩斐然。2007年产量达到攻关指标的六大作物第一名，攻关组七星分公司300亩水稻，平均亩产984.5公斤；300亩小麦，平均亩产469.5公斤；500亩大麦，平均亩产478.5公斤。八五二分公司680亩玉米，平均亩产928.5公斤；75亩大麦，平均亩产510.1公斤；1 000亩大豆，平均亩产278.5公斤。大兴农场500亩大豆，平均亩产278.5公斤。长水河农场15亩小麦，平均亩产564.82公斤。克山农场615亩马铃薯，平均亩产3176.6公斤。根据黑垦局文[2007]74号文件规定和各作物首席专家确认的产量结果，总局决定，授予七星农场、八五二农场、大兴农场、克山农场、长水河农场为2007年度六大作物高产攻关工作先进单位，给予通报表彰，并颁发奖金。

本年 垦区各级纪检监察机关共受理群众信访举报982件；初核案件线索233件，结案166件；共处分党员干部189人（其中场处级24人），受党纪处分105人，受政纪处分118人；为垦区挽回经济损失1 243万元。

本年 全垦区林地面积达到1 310万亩，其中，人工林面积为810万亩。垦区森林覆盖率已由1979年的7.8%提高到16.4%，活立木蓄积达4 000万立方米。垦区每年可筹集3 000余万元森林生态效益补偿基金，主要用于造林绿化补贴、人工幼林抚育补贴、营林护林员工资补贴、森林病虫害防治和森林防火业务补贴等用途。

本年 垦区有8个分局、28个农场在俄罗斯租种土地63.4万亩，比上年增加3.4万亩，种植面积创历史新高。今年垦区在俄罗斯投资总额达到9 589.2万元，过境农机具1 323台套，输出劳务4 572人次，注册公司15家，生猪存栏达到1 200头。种植的作物包括大豆、小麦、大麦、玉米、水稻和蔬菜，均获得了大丰收。累计生产粮豆8万吨，场场盈利、户户赚钱。

本年 垦区共向公路建设投资14.4亿元，完成总里程2 499.82公里，在垦区公路建设史上创造了一个新纪录。在这些项目中，农村公路通畅工程有162项、计1 222.37公里；骨架公路项目4项、计452公里；口岸公路项目1项、计45.35公里；农村公路通达工程62项、计595.7公里；农村公路通畅工程续建项目17项、计184.4公里。当年建成通车硬化公路里程为1 904.12公里。垦区在农村公路建设中坚持了较高的标准，除有170.8公里路面宽度在6米以下外，其余全在6米以上。在投资上，除国家投资和省里补贴外，凡路面宽度在6米以上的公路建设项目，省农垦总局给予每公里10万元补贴。有的分局也出台了相应的补贴政策。到目前为止，总局用于农村公路建设的补贴资金达到2.6亿元，已全部到位。各农场年度配套资金的到位率也达到了80%。这些措施有效地保证了垦区农村公路建设的规模和标准，尤其是补贴标准开创了全省农村公路建设之最。经过连续几年的大规模建设，垦区已建成的硬化路面为4 000公里，约占垦区境内公路总里程的28.57%。已有92个农牧场和省道、国道实现了硬化连接，农场和分场的通畅率达89.3%，管理区的通畅率达47.3%，作业区的通畅率达28.8%，110万人口直接受益。

本年 总局劳动保障局按照省劳动保障厅、财政厅《关于2007年调整企业退休人员基本养老金的通知》（黑劳社发[2007]62号）规定，完成垦区企业退休人员基本养老金调整工作，涉及214 325人，月增加基本养老金2 019.7万元；按照黑劳社发[2007]6号规定，完成垦区企业离休人员基本养老金调整工作,涉及4 867人,月增加基本养老金241.75万元;为企业离休4 578人增加了津贴补贴,月增加资金61.6万元;为离休瘫痪的437人增加护理费,月增加金额49 730元;为总局直属企业学校退休教师套改事业工资标准47人,月增加资金42 276.28元;为企业退休的建国前老军人增加生活补贴2 606人,月增加资金39.1万元。办理特殊工种退休390人。

本年 农垦人才中心共组织引进人才2 304人,其中毕业生2 072人,(含博士生5人,研究生79人,本科生1 034人,专科以下954人)。其他人才232人(含中高级人才34人,初级人才198人)。自2001年以来,垦区人才引进总量达16 549人,每年引进人才总量都在2 000人以上。

本年 垦区粮食作物播种面积3 243.5万亩,比上年增加117.9万亩,增长3.8%;粮食总产249.3亿斤,比上年增加22.8亿斤,增长10.1%;粮食综合亩产768斤,比上年增加44斤,增长6.1%。连续第四年创下播种面积、综合单产、总产量三超历史的佳绩;粮食总产量占全省的33.24%,首次真正实现了占全省粮食年产总量三分之一的目标。垦区的粮食总产已占全国的1/40,商品量达到225亿斤,商品率突破90%,实现了垦区粮食生产的又一次历史性跨越。据统计,自1985年以来,垦区农业职工人均生产粮食由6.6吨增加到35.4吨,增长5倍多,达到发达国家水平;农场家庭职工人均纯收入也由453元增加到8 120元,增长近18倍。2007年,垦区水稻种植面积由1990年的87.6万亩扩大到1 501.4万亩,产量由5.02亿斤增加到159.6亿斤,水稻占全局粮豆总产量的64%,对实现粮食商品总量225亿斤起到了举足轻重的作用,也使垦区成为国家重要的优质粳稻生产基地。

本年 垦区实现生产总值372.2亿元,比上年增长13.2%;农场职工家庭人均纯收入8 087元,比上年增长11.1%。

概　　况

建置沿革

【历史沿革】 黑龙江垦区为中央直属垦区，归部省双重领导，以地方为主。1976年,其行政名称由沈阳军区黑龙江生产建设兵团改为黑龙江省国营农场总局,1997年1月1日更名为黑龙江省农垦总局,下辖9个分局,104个农牧场和3 000多个具有一定规模的工商运建服企业。1998年3月,经国务院批准,组建黑龙江北大荒集团,与总局的关系是“一套机构,两块牌子”。2000年总局机关由佳木斯市迁至哈尔滨市。黑龙江垦区是全国机械化程度最高、耕地面积最大的国有农场经济区域,是国家重要的商品粮生产基地、加工基地和粮食战略后备基地。 （齐长伐）

【区划】 2007年，省农垦总局下辖9个分局,113个农牧场,632个管理区。辖区可分为三大片。东片三江平原有4个分局,54个农场。其中,宝泉岭分局下辖二九〇、绥滨、普阳、江滨、军川、名山、延军、共青、宝泉岭、新华、汤原、梧桐河、依兰共13个农场,红兴隆分局下辖友谊、五九七、八五二、八五三、二九一、饶河、红旗岭、双鸭山、江川、宝山、曙光、北兴共12个农场,建三江分局下辖八五九、胜利、红卫、七星、大兴、创业、青龙山、前进、勤得利、洪河、鸭绿河、浓江、前哨、前锋、二道河共15个农场,牡丹江分局下辖八五〇、八五四、八五六、八五八、庆丰、云山、八五五、八五七、八五一一、兴凯湖、八五一〇、海林、山市种奶牛场、宁安共14个农场。北片小兴安岭南麓有两个分局,26个农场。其中北安分局下辖锦河、红色边疆、逊克、龙门、襄河、龙镇、二龙山、引龙河、尾山、格球山、五大连池原种场、长水河、赵光、红星、建设共15个农场,九三分局下辖鹤山、大西江、尖山、荣军、红五月、七星泡、嫩江、山河、嫩北、建边、哈拉海共11个农场。西片松嫩平原有3个分局,33个农牧场。其中齐齐哈尔分局下辖克山、依安、红旗种马场、富裕、繁荣种畜场、查哈阳、泰来、绿色草原、大山种羊场、巨浪、齐齐哈尔种畜场共11个农牧场,绥化分局下辖嘉荫、铁力、海伦、红光、绥棱、安达、和平、肇源、茂兴湖水产养殖场、涝洲鱼种场、柳河共11个农牧场,哈尔滨分局下辖庆阳、岔林河、沙河、香坊实验、青年、闫家岗、红旗、四方山、松花江、阿城原种场、九龙山柞蚕育种场共11个农场。

（郭思宝）

总局所属分局 农牧场示意图

（2007年）

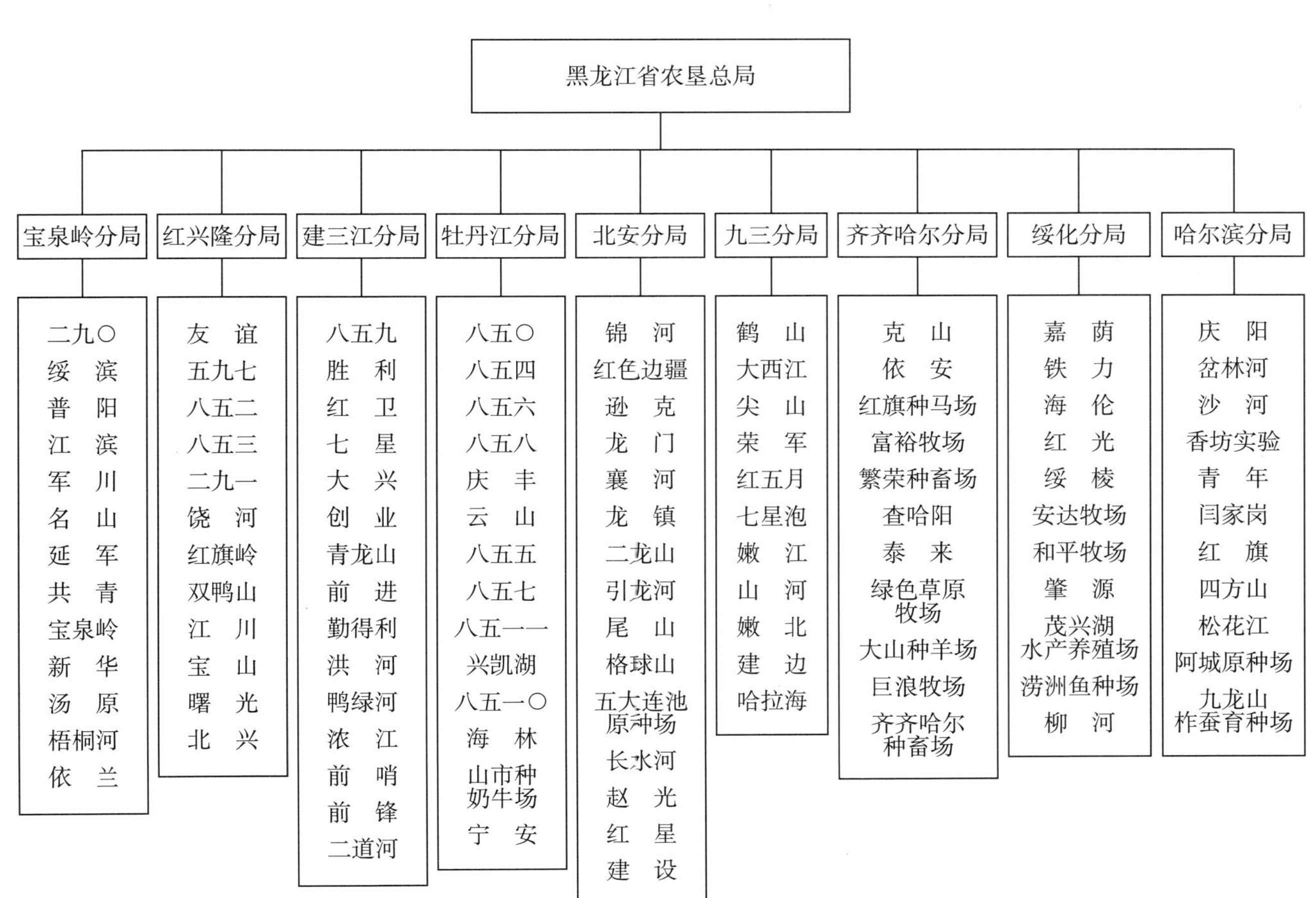

黑龙江省农垦总局领导机构沿革示意图

（2007 年）

东北机械农场管理处（1949~1950）

东北荣军工作委员会（1949~1951）

东北公营农场管理局（1950~1954）

中国人民解放军农建二师（1954~1955）

松江、黑龙江省农业厅国营农场管理局（1954~1955）

黑龙江省国营农场管理厅（1955~1958）

国务院农垦部（1956~1968）

铁道兵农垦局（1956~1958）

牡丹江农垦局（1958~1962）

黑龙江省农业厅国营农场管理局（1958~1962）

合江农垦局（1958~1962）

黑龙江省农垦厅（1962~1968）

东北农垦总局（1963~1968）

中国人民解放军沈阳军区黑龙江生产建设兵团（1968~1976）

黑龙江省国营农场管理局（1972~1976）

黑龙江省国营农场总局（1976~1996）

黑龙江省农垦总局（1997~　　）

（注：黑龙江省公安系统劳改农场的领导机构未列入。）

【总局党政机构及直属事业单位】

中共黑龙江省农垦总局委员会

党委书记、局长：隋凤富，1956年11月出生，山东蓬莱人。1977年9月参加工作，1987年5月入党，研究生学历，高级农业经济师。1999年12月～2003年6月任省农垦总局九三分局局长、党委副书记；2003年6月～2005年2月，任省农垦总局副局长、党委委员；2005年2月～2008年2月任省农垦总局局长、党委副书记；2008年2月任现职。兼任中国农垦经济学会理事，东北农大、八一农大客座教授。

副局长、党委委员：张成国（正厅级），1949年6月出生，黑龙江省巴彦人。1970年3月参加工作，1973年12月入党，研究生学历，2000年5月任省纪律检查委员会副书记，2005年4月任现职。

党委委员、纪委书记：钟国林，1948年10月出生，辽宁彰武人，1968年11月参加工作，1974年4月入党，大学学历，高级政工师，1998年5月任现职。

副局长、党委委员：邹积慧，1955年7月出生，吉林农安人。1972年12月参加工作，1978年7月入党，博士学历，有哈尔滨工业大学博士后经历，高级政工师，2000年11月任宝泉岭分局党委书记，2007年6月任现职。

副局长、党委委员：王有国，满族，1961年10月出生，黑龙江省望奎县人。1981年7月参加工作，1986年4月入党，大学学历，高级讲师，2004年5月任红兴隆分局局长、党委副书记，2006年3月任红兴隆分局党委书记，2007年6月任现职。

副局长、党委委员：周昊旬，1958年4月出生，吉林怀德人。1983年7月参加工作，1990年10月入党，研究生学历，高级会计师，2003年11月任齐齐哈尔分局局长、党委副书记，2007年9月任现职。

军事部政治委员、总局党委委员：张锐，1956年5月出生，黑龙江绥棱人。1972年11月参加工作，1980年2月入党，研究生学历，2008年3月任总局军事部政治委员，2008年5月任总局党委委员。

副巡视员：周春来，1949年4月出生，河北新城人。1968年10月参加工作，1975年6月入党，大学学历，高级农艺师。1995年3月任九三管理局局长、党委副书记，1999年12月任九三分局党委书记，2005年7月任现职。

副巡视员：谭占龙，1962年7月出生，黑龙江省富裕人。1984年7月参加工作，1991年7月入党，研究生学历，高级会计师。2007年9月任现职。

党委委员、宣传部部长：逄金明，1954年11月出生，山东莱西人，研究生学历，高级政工师。1974年12月参加工作，1981年12月入党。2004年5月任现职。

党委委员、组织部部长：梅殿龙，1962年1月出生，山东章丘人。1978年9月参加工作，1987年5月入党，研究生学历，高级政工师。2007年11月任现职。

纪律检查委员会

常务副书记、监察局局长：程云鹏，1948年2月出生，黑龙江省林甸县人，中共党员，大学学历，高级政工师，1964年7月参加工作，2001年3月任现职。

副书记：修振山，1948年2月出生，辽宁省开源县人，中共党员，大学学历，高级政工师，1968年8月参加工作，1990年7月任现职。

副书记：胡昌喜，1949年3月出生，黑龙江省桦南县人，中共党员，大专文化，高级政工师，1968年12月参加工作，2000年10月任现职。

正处级检查监察员：李景华，1951年2月出生，吉林省榆树县人，中共党员，大专学历，高级政工师，1968年10月参加工作，2007年10月任现职。

监察局副局长：葛柏文（1997.2～）

党风建设室主任：廉玉林（1996.3～）

执法监察室主任：张仲民（2001.4～）

办公室主任：徐国庆（2002.3～）

案件检查室主任：蒋本东（2002.3～）

审理室主任：张晓平（2003.11～）

信访室主任：于善英（2005.10～）

组织部

总局党委委员、组织部部长：梅殿龙，1962年1月出生，山东章丘人，中共党员，研究生学历，高级政工师，1978年9月参加工作，2007年11月任现职。

调研员、副部长：刘伟康（2007.11～）

副部长：韩庆海（2006.08～）

副调研员：金永库（2002.05～）

吴永波（2007.06～）

宣传部

总局党委委员、宣传部部长：逄金明，1954年11月出生，中共党员，山东莱西人，研究生学历，高级政工师，1974年12月参加工作，2004年5月任现职。

调研员、副部长：张雅文，女，1950年5月出生，吉林白城人，中共党员，大学学历，高级政工师，1968年11月参加工作，1999年4月任现职。

调研员：安殿武，1955年7月出生，中共党员，辽宁辽阳人，大专学历，高级政工师，1974年11月参加工作，2007年11月任现职。

新闻中心主任：徐国春（1996.2～）

文明办主任：顾大峰（2003.10～）

统战部

部长：杜晓华，女，1949年7月出生，山东省人，中共党员，大学学历，高级政工师，1968年8月参加工作，1990年10月任现职。

调研员：徐正秋，1947年10月出生，河北蛟河人，中共党员，大学学历，高级政工师，2001年4月任现职，2007年10月退休。

副部长：初景国（2001.4～）

副调研员：黄芙（女）（2007.10～）

政法委

书记：沈瑞忠，1950年9月出生，上海人，中共党员，大学学历，高级经济师，1968年8月参加工作，2006年9月任现职。

副书记：罗加兴，1949年8月出生，四川省人，中共党员，大学学历，高级政工师、高级经济师，1968年2月参加工作，2000年6月任现职。

“610”办公室主任：张国祯，1953年7月出生，哈尔滨人，中共党员，大学学历，高级政工师，1969年1月参加工作，2001年4月任现职。

综治办主任:王景武(1994.11~)

执法检查室主任:唐海(2001.5~)

“610”办公室副主任:卢庆久(2001.4~)

“610”办公室工作人员:赵文英(2002.3~)

机关党委

副书记:陈德顺,1959年12月出生,重庆人,中共党员,研究生学历,高级政工师,1979年1月参加工作,2006年3月任现职。

纪委书记:吕守君(2003.11~)

组织员:刘代玉(女)(1993.9~)

工会主席:王英祥(1993.9~)

离退休干部工作处

处长:高跃辉,1961年7月出生,湖南桃江人,中共党员,研究生学历,高级政工师,1978年8月参加工作,2000年7月任现职。

副处长:陈贵昌(2004.7~)
丛　明(2006.8~)

办公室

主任:洪铁军,1957年11月出生,黑龙江北安市人,中共党员,大学学历,副高级政工师,1974年参加工作,2004年6月任现职。

副主任:卢雅玲(女)(2000.7~)
扈海滨(2000.7~)
杨淑波(女)(2006.8~)

政策法规局

局长:张元福,1954年3月出生,黑龙江省富锦市人,中共党员,大学学历,高级经济师,1973年7月参加工作,2005年9月任现职。

副局长:史维强(2005.9~)

发改委

主任:王峰,1960年7月出生,山东人,中共党员,大学学历,高级经济师,1977年7月参加工作,2007年9月任现职。

副主任:王丛江,1957年7月出生,山东人,中共党员,大学学历,高级经济师,1975年10月参加工作,2007年9月任现职。

调研员:杨健,1956年5月出生,河南人,中共党员,研究生学历,高级经济师,1974年12月参加工作,2007年9月任现职。

副主任:向世华(2004.7~)

副调研员:范国胜(1998.1~)
李兆天(2004.7~)

财务处

处长:王立荣,1958年5月出生,山东省莱阳市人,中共党员,大学学历,高级会计师,1976年9月参加工作,2002年任总局财务处副处长(正处级),2007年10月任现职。

副处长:谢建辉(2000.7~)
于国良(2001.4~)
张忠武(2002.3~)

统计局

局长:李建明,1963年3月出生,江苏省海门人,中共党员,大学学历,高级统计师,1984年7月参加工作,2007年9月任现职。

副调研员:黄丰(女)(2001.4~)

审计处

处长:巴树君,1956年8月出生,天津人,中共党员,研究生学历,高级审计师,1975年10月参加工作,2006年8月任现职。

副处长:魏清,1964年5月出生,黑龙江人,中共党员,研究生学历,高级会计师,1986年9月参加工作,2005年9月任现职。

人事局

局长:王英志,1958年10月出生,黑龙江省双城市人,中共党员,大学学历,高级经济师,1975年11月参加工作,2005年9月任现职。

副局长:何雯德(2000.7~)
刘玉华(女)(2006.8~)

副调研员:刘鑫森(2001.4~)
阚孝全(2002.5~)

编委办

主任:张宏升,1958年7月出生,黑龙江省阿城市人,中共党员,大学学历,高级经济师,1976年6月参加工作,2000年6月任现职。

农业开发办

主任:高起中,1957年9月出生,辽宁人,中共党员,大学学历,高级经济师,1976年8月参加工作,2006年9月任现职。

副主任:刘　伟(2001.4~)
田玉明(2007.9~)

劳动和社会保障局

党组书记、局长:万良平,1959年11月出生,湖北嘉鱼人,中共党员,大专学历,高级经济师,1976年9月参加工作,2007年9月任现职。

副局长:葛文杰(女)(2005.9~)

总稽核师:张英林(2002.3~)

总会计师:骆德奎(2002.3~)

科技局

局长:王亚军,1952年3月出生,辽宁沈阳人,九三学社社员,研究生学历,副教授,1968年参加工作,1998年2月任现职。

副局长、党支部书记:迟兆江(2000.7~)

副调研员:谷春英(女)(2001.5~)
李金海(2001.5~)

农业局

局长:马德全,1955年11月出生,辽宁岫岩县人,中共党员,大学学历,研究员学历,1973年参加工作,2000年7月任现职。

调研员:姜国庆,1957年9月出生,吉林省德惠人,中共党员,大学学历,高级农艺师,1972年参加工作,2007年9月任现职。

副局长:李玉成(2000.7~)
徐国良(2007.9~)

助理调研员:鲍文东(2001.5~)

植保站站长:张力军(2006.9~)

农机局

局长:李俊,1959年10月出生,黑龙江省望奎县人,中共党员,大学学历,研究员,1977年1月参加工作,2000年6月任现职。

调研员:陈必安(2007.9~)

副局长:陈必安(1992.7~2007.9)

农机监理站站长:冯舟(2006.8~)

副调研员:李道奉(2007.9~)

畜牧水产局

局长:于春明,女,1959年3月出生,山东潍坊人,中共党员,大学学历,高级畜牧师,1977年6月参加工作,1996年9月任现职。

副局长:张忠旭(1997.2~)

动物卫生监督所所长:王祺宝(2005.10~)

副调研员:胡　斌(2001.4~)

林业局

局长:郭宝松,1963年2月出生,山东成武县人,中共党员,研究生学历,林业高级工程师,1983年8月参加工作,2007年9月任现职。

副调研员:满东彬(2001.4~)

祁金有(2007.9~)

水务局

局长:潘福田,1959年5月出生,辽宁省西丰县人,中共党员,大学学历,高级工程师,1980年9月参加工作,2002年12月任现职。

副局长:康百赢(1998.10~)

总工程师:刘焕友(2001.10~)

质量监督站站长:李宝林(1999.8~)

水管总站站长:宋　军(2000.8~)

建设管理中心主任:朱福才(2000.8~)

建设管理中心副主任、招投标管理中心主任:王学农(2001.4~)

水政监察支队队长:陈福生(2001.4~)

国有资产监督委员会

主任:陈京培,1952年4月出生,浙江省温州市人,中共党员,研究生学历,高级政工师、高级经济师,1970年4月参加工作,2005年10月任现职。

副主任:孙彦献(2004.6~)

江守建(2004.7~)

刘　斌(2006.8~)

经　委

主任:郭来滨,1962年8月出生,山东章丘县人,中共党员,研究生学历,高级农艺师,1984年8月参加工作,2001年10月任职。

副主任:于文华(2001.7~)

田继德(2001.7~)

商务局

局长:高士海,1950年5月出生,黑龙江省绥化市人,中共党员,大学学历,高级农机工程师,1968年参加工作,2000年8月任现职。

调研员:崔龙江(2007.10~)

副局长:赵贵军(2005.9~)

蒋济众(2007.10~)

粮食局

局长:王建民,1955年8月出生,黑龙江富锦人,中共党员,大学学历,高级经济师,1973年12月参加工作,1998年10月任现职。

副局长:陈　智(1997.5~)

陈　新(2001.4~)

建设局

局长:权赫宇,1955年6月出生,吉林省蛟河人,朝鲜族,中共党员,大学学历,高级工程师,1973年3月参加工作,2000年3月任现职。

副局长:段长利(2000.7~)

张艳斌(2002.5~)

副调研员:武经辉(2001.4~)

韦宝林(2007.11~)

安全生产监督管理局

局长:李瑞林,1960年11月出生,黑龙江省兰西县人,中共党员,大学学历,高级工程师,1984年7月参加工作,2002年10月任现职。

副局长:张凤格(2003.11~)

副处级:张玉峰(2006.2~)

交通局

局长:满连奎,1961年12月出生,山东省沂南县人,中共党员,研究生学历,高级会计师,1978年11月参加工作,2006年8月任现职。

调研员:韩建奎,1958年6月出生,辽宁锦州人,中共党员,大学学历,高级工程师,1975年7月参加工作,2007年10月任现职。

副局长:郭　友(2007.10~)

道路运输处副处长:崔振武(2005.10~)

证费稽查处处长:周惠康(2005.10~)

环境保护局

局长:贾文珠,1950年10月出生,山东人,中共党员,大专学历,高级工程师,1968年9月参加工作,2006年8月任现职。

副局长:冯建全(2007.10~)

叶东平(2000年3月任总局环保局副局长,2000年7月任总局环保局助理调研员、党组成员,2007年10月任总局环保局副局长。)

纪检组长:郑福妹(女)(1997.5~)

质量技术监督局

局长:李明,1953年12月出生,山东广饶人,中共党员,大学学历,高级工程师,1971年5月参加工作,2000年7月任现职。

副处长:希　琦(2000.7~)

民政局

局长:孙明义,1957年1月出生,吉林省农安县人,中共党员,研究生学历,档案馆员,1976年1月参加工作,2000年6月任现职。

副局长:刘几何(2000.7~)

助理调研员:吕振龙(2001.4~)

文化体育局

局长:冯力,1953年12月出生,辽宁省海城市人,中共党员,大学学历,高级编辑,1968年12月参加工作,2000年6月任现职。

副局长:匡　野(2000.6~)

副调研员:汤　富(2001.6~)

马鸣春(2004.6~)

教育局

局长:冯永庆,1954年出生,黑龙江省拜泉县人,中共党员,大学学历,中学高级教师,1971年3月参加工作,2006年6月任现职。

副局长:镇丰平(2002.6~)

马德义(2007.10～)

副处级督学:王庆范(1998.2～)

招生办主任:高　志(2002.6～)

卫生局

局长:杨忠武,1953年4月出生,辽宁省本溪县人,中共党员,大学学历,副主任医师,1968年12月参加工作,2000年6月任现职。

副局长:张启新(2000.6～)

夏洪波(2000.6～)

外事办

主任:张海宽,1953年10月,辽宁省台安县人,中共党员,大学学历,副译审,1978年8月参加工作,2000年7月任现职。

信访办

主任:任少军,1964年9月出生,黑龙江省拜泉县人,中共党员,研究生学历,高级政工师,1985年7月参加工作,2006年10月任现职。

副主任:王亚静(女)(2004.6～)

工　会

主席:母松华,1948年3月8日出生,山东省文登市人,中共党员,大学学历,高级政工师,1968年10月参加工作,1996年4月任现职。

副主席:马凤兰,女,1953年3月出生,黑龙江省集贤县人,中共党员,大专学历,高级政工师,1969年4月参加工作,2006年2月任现职。

副主席:赵雅辰,1959年8月出生,黑龙江省五常市人,中共党员,大学学历,高级政工师,1977年7月参加工作,2006年2月任现职。

团　委

书记:朱佳萍,女,1970年12月出生,浙江宁波人,中共党员,研究生学历,农业推广硕士,高级会计师、高级政工师,1990年7月参加工作,2005年9月任现职。

法　院

党组书记、院长:王国栋,1948年5月出生,黑龙江省北安人,中共党员,大学学历,高级政工师,1968年10月参加工作,1997年11月任现职。

党组副书记:胡长春,1952年5月出生,吉林省农安人,中共党员,大专学历,助理工程师,1968年10月参加工作,2001年5月任现职。

副院长:张文田,1949年10月出生,山东省济南人,中共党员,大学学历,高级政工师,1965年4月参加工作,1993年5月任黑龙江省农垦中级法院党组成员,1999年4月任现职。

党组成员、副院长:王军,1957年1月出生,辽宁省黑山人,中共党员,大学学历,高级政工师,1973年3月参加工作,2001年4月任现职。

党组成员、政治处主任:谢长宁,1957年4月出生,安徽省巢县人,中共党员,大学学历,高级政工师,1974年7月参加工作,1998年4月任现职。

党组成员、纪检组组长:赵宝,1950年12月出生,内蒙古敖汉旗人,中共党员,大专学历,政工师,1968年4月参加工作,2001年5月任现职。

执行局局长:赵国,1952年4月出生,黑龙江省兰西人,中共党员,大学学历,馆员,1969年12月参加工作,2001年4月任现职,2006年6月任党组成员。

检察院

党组书记、检察长:赵天勇,1950年5月出生,黑龙江省双城人,中共党员,大专学历,编辑,1968年9月参加工作,1997年11月任现职。

副检察长:孙仰明,1949年11月出生,河南省范县人,中共党员,大学学历,工程师,1968年10月参加工作,1994年6月任现职。

副检察长:王永欣,1971年5月出生,黑龙江省齐齐哈尔市人,中共党员,研究生学历,副教授,1994年7月参加工作,2005年5月任东北农业大学法学院副院长,2005年8月挂现职。

党组成员、检察员:魏良柱,1951年9月出生,河北省宝坻人,中共党员,大专学历,馆员,1969年6月参加工作,2003年10月任现职。

党组成员、纪检组组长:陆怡生,1948年3月出生,上海人,中共党员,中专学历,统计师,1968年5月参加工作,1996年8月任现职。

副处级检察员:程远兴(2003.10～)

朱佳波(女)(2003.10～)

王学林(2003.10～)

唐　健(2001.4～)

孙玉杰(2004.6～)

公安局

党组书记、局长:闫华,1959年1月出生,黑龙江省黑河市人,中共党员,大学学历,1974年3月参加工作,2005年12月任现职。

政委、党组副书记:王咏江,1949年出生,黑龙江省佳木斯人,中共党员,大学学历,1968年10月参加工作,2000年10月任现职。

副局长:孙盛槐,1950年出生,中共党员,大专学历,1968年7月参加工作,1996年3月任现职。

副局长、党组成员:陆德林,1952年5月出生,河北省昌黎县人,中共党员,大学学历,1969年1月参加工作,1998年10月任现职。

副局长:朱荣先,1962年9月出生,山东省梁山县人,中共党员,大学文化,1982年6月参加工作,2007年11月任现职。

调研员:左兴武,1952年11月出生,大学文化,1968年10月参加工作,2005年6月任现职。

政治部主任、党组成员:柳桂云(女)(2006.8～)

纪检组书记、党组成员:张文军(2006.8～)

刑警支队支队长:郑仁新(2001.2～)

刑警支队政委:刘　林(2001.2～)

消防支队长:马　斌(1998.10～)

交警支队支队长:孙　冰(2007.10～)

交警支队政委:张金波(1998.10～)

政治部副主任:张景贵(2002.6～)

经侦支队支队长:刘春辉(2002.5～)

副调研员:牟汝伟(2007.11～)

司法局

局长:刘锡荣,1955年12月出生,四川省广安县,中共党员,大学学历,高级经济师,1974年10月参加工作,

2000年6月任现职。

副局长：刘　洋（2007.10～）

调研员：于长林（2007.10～）

军事部

部长：李俊卿，1958年2月出生，黑龙江肇源人，中共党员，大学学历，1976年2月入伍，2006年12月任现职。2002年3月晋升为大校军衔。

政治委员：张景山，1956年1月出生，内蒙古赤峰人，中共党员，研究生学历，1976年2月入伍，2005年11月任现职。2001年7月晋升为大校军衔。

副部长：祁少彬，1956年12月出生，黑龙江林甸人，中共党员，大专学历，1974年7月参加工作，2002年3月任现职。2000年9月晋升为大校军衔。

副部长：李连俊，1955年3月出生，吉林农安人，中共党员，大专学历，1974年12月入伍，2000年6月任现职。2001年6月晋升为大校军衔。

副部长：王永斌，1955年5月出生，哈尔滨市人，中共党员，1974年12月入伍，2007年3月任现职。2002年11日晋升为大校军衔。

哈尔滨警备区参谋长：赵铁坚，1959年10月出生，黑龙江阿城人，中共党员，大学学历，1978年2月入伍，2007年4月任现职。2004年9月晋升为大校军衔。

参谋长：齐恩义，1964年6月出生，黑龙江肇州人，中共党员，大学学历，1981年9月入伍，2007年4月任现职。2003年12月晋升为上校军衔。立三等功五次。

政治部主任：宋保东，1954年8月出生，山东蓬莱人，研究生学历，中共党员，1970年12月入伍，2000年6月任现职。2000年6月晋升为大校军衔。

后勤部部长：冯晓涛，1964年2月出生，四川富顺人，中共党员，大学学历，1982年11月入伍。2002年12月任现职。2005年5月晋升上校军衔。

八一农垦大学

党委书记：翟瑞常，1948年1月出生，山东省东阿人，中共党员，研究生学历，教授，博士研究生导师，1968年参加工作，2002年5月任现职。

党委副书记、校长：徐梅，女，1957年10月出生，江苏高邮人，中共党员，研究生学历，教授，1973年7月参加工作，2005年5月任现职。

党委副书记、纪检委书记：南都国（2002.5～2007.6）、李佐同（2007.6～）

副校长：南都国（2007.6～）

宋来田（1997.11～）

汪　春（2002.5～）

赵福春（2002.5～）

工会主席：王　毅（1997.11～）

校长助理：任力革（1999.7～）

农垦科学院

院长：马守义，1956年8月出生，黑龙江省五常，中共党员，大学学历，研究员，1982年4月参加工作，2007年7月任现职。

党委书记：陈庚伟，1947年2月出生，黑龙江省鹤岗，中共党员，大学学历，高级政工师，1968年10月参加工作，2001年7月至2007年2月任现职。

党委副书记：张昌友（2001.12～）

副院长：李　宁（2007.10～）

刘卫东（2007.10～）

农垦勘测设计研究院

院长：谢学富，1948年8月出生，山东郓城人，中共党员，大学学历，高级工程师，1968年12月参加工作，1996年2月任现职。

党委书记：张宪忠，1949年2月出生，黑龙江哈尔滨人，中共党员，上校军衔，高级政工师，1968年11月参加工作，2001年7月任现职。

党委副书记：张梅岭（1998.2～）

副院长：李　凯（1999.4～）

夏广亮（2007.4～）

总工程师：夏广亮（2000.8～2007.4）

农垦管理干部学院

党委书记：于纪健，1955年3月出生，山东省济南市人，中共党员，研究生学历，教授级高级政工师，1972年参加工作，2000年11月任现职。兼任省委党校系统自然辩证法学会副理事长。

党委副书记、院长：曹景春，1948年10月出生，黑龙江省宾县人，中共党员，研究生学历，教授，高级经济师、高级政工师，1968年参加工作，2000年11月任现职。

副书记、副院长(副厅级)：吴占柱，克尔克孜族，1947年出生，黑龙江省富裕县人，中共党员，研究生学历，高级经济师、副高级政工师，1965年8月参加工作，1999年12月任现职。兼任黑龙江省政协委员、政协民族和宗教委员会副主任、黑龙江省少数民族研究学会副会长、黑龙江省柯尔克孜研究会会长、黑龙江农垦少数民族联谊会会长、哈尔滨市达斡尔、鄂伦春、鄂温克、柯尔克孜族联谊会副会长、黑龙江省作家协会会员等社会职务。

副院长、党委委员：林琳，女，1962年10月出生，黑龙江省密山县八五一一农场人，中共党员，研究生学历，教育管理专业教授，1983年参加工作，2001年4月任现职。兼任中国教育发展战略学会农村教育专业委员会理事、中国农民科技培训杂志编委、东北农村广播电视教育学会副理事长、黑龙江省远距离教育学会理事、黑龙江省广播电视大学教学资源建设委员会成员、黑龙江省振兴东北老工业基地研究会理事。

农垦职业学院

党委书记：徐硕方，满族，1947年10月出生，中共党员，大学学历，黑龙江齐齐哈尔市人，1966年1月参加工作，高级政工师，1966年1月参加工作，2002年9月～2007年11月任现职。

党委副书记、院长：崔永福，1948年2月出生，黑龙江庆安县，中共党员，大学学历，副教授，1969年8月参加工作，2002年9月任现职。

党委副书记、常务副院长、纪委书记：贺守富，1957年4月出生于黑龙江富锦市，中共党员，大学学历，副教授，1977年1月参加工作，2002年9月任现职。

副院长：许淑云，女，满族，1957年7月出生，黑龙江桦南人，中共党员，研究生学历，经济学教授，1982年1月参加工作，2001年3月任现职。

副院长：单纪洲，1951年2月出生，山东省高密人，中共党员，大学学历，1968年11月参加工作，2001年3

月任现职。

党委委员、主管招生就业副院长:张金,1950年5月出生,河北省丰润县人,中共党员,大专学历,政工师,1968年11月参加工作,2004年4月任现职。

工会主席:李永林,1960年6月出生,中共党员,大学学历,经济学教授,1983年7月参加工作,2004年6月任现职。

农垦农业职业技术学院

党委书记:陈平,1953年9月出生,浙江绍兴人,中共党员,大学学历,高级政工师,1971年1月参加工作,2004年7月任现职。

院长:柳咏芬,女,1962年6月出生,黑龙江省巴彦县人,中共党员,大学学历,副教授,1984年7月参加工作,2004年7月任现职。

党委副书记、纪委书记、工会主席:张学文(2005.9~)

副院长:刘金良(2005.9~)

农垦林业职业技术学院

党委书记:朱锡光,1951年11月出生,河北人,中共党员,大学学历,高级政工师,2004年7月任现职。

院长:闫勇,1965年2月出生,黑龙江省海伦县人,中共党员,研究生学历,高级政工师,2004年7月任现职。

党委副书记、副院长:赵静夫(2005.05~)

副院长:刘　才(2005.5~)

纪委书记、工会主席:刘景波(2005.5~)

农垦总医院

党委书记、院长:魏光春,1953年9月出生,中共党员,大学学历。1970年3月参加工作,2001年2月任现职。

党委副书记、纪委书记、工会主席:张斌生(2001.3~)

副院长:陈晨明(2001.11~)
栾昌海(2001.11~)
王德智(2001.11~)
王东华(2002.6~)
张凤才(2002.7~)
张　俊(2003.11~)

农垦太湖疗养院

党委书记、院长:蒋守刚,1953年1月出生,上海人,中共党员,大学学历,经济师,1969年参加工作,1999年4月任农垦太湖疗养院院长,2001年4月任现职。

党委副书记、副院长:邹国强(2005.6~)

农垦第二医院

院长兼党委书记:黄春光,1955年11月出生,黑龙江五常人,中共党员,大专学历,副主任医师,1972年3月参加工作,1999年4月任现职。

副院长:古国防(2000.3~)
高　鹏(2006.5~)
张怀韬(2006.5~)

农垦日报社

总编辑:张佑臣,1953年10月出生,山东省金乡县人,中共党员,大专学历,高级编辑,1971年2月参加工作,1999年8月任现职。

副总编辑:李春发(1991.12~)
吴继善(1992.6~)
徐广耀(2006.12~)

北大荒文工团

团长:王学军,1958年10月出生,中共党员,大专学历,副高职称(二级导演),1976年7月参加工作,2005年10月任现职。

广播电视局

局长:王玺昌,1962年8月出生,山东,中共党员,研究生学历,高级政工师,1979年9月参加工作,2002年5月任现职。

副局长:于安学(1991.3~)
曹寿茂(1997.5~)
丁凯伟(1999.8~)

农垦人才中心

主任:唐志斌,1958年12月出生,黑龙江省望奎县人,中共党员,大学学历,高级经济师,1975年9月参加工作,2005年10月任现职。

工程咨询评审中心

主任:李尚民,1954年出生,中共党员,大学学历,注册咨询工程师,高级经济师,1972年参加工作,2000年任现职。

副主任:刘景瑞(2006~)

总局招标局

局长:王天忠,1960年6月出生,黑龙江省兰西县人,中共党员,研究生学历,高级经济师,1983年7月参加工作,2000年12月任现职。

副调研员:吴林辉(女)(2000.6~)

农垦社会保险事业管理局

党组书记、局长:万良平,1959年11月出生,湖北嘉鱼人,中共党员,大专学历,高级经济师,1976年9月参加工作,2007年9月任现职。

副局长:葛文杰(女)(2005.9~)

总稽核师:张英林(2002.3~)

总会计师:骆德奎(2002.3~)

经济研究所

所长:孟昭春,1949年12月出生,山东省掖县人,中共党员,大学学历,研究员,1968年10月参加工作,1996年3月任现职。

总局史志办

主任:史桂霞,1965年5月出生,吉林省双阳县人,中共党员,研究生学历,编审,1985年7月参加工作,2004年6月任现职。

农垦残联执行理事会

理事长:董兴业,1953年5月出生,中共党员,大学学历,1969年7月参加工作,2000年10月任现职。

副理事长:朱秀华(女)(2000.10~)

总局卫生局卫生监督所

所长、主任:王福兴,1952年10月出生,江苏省无锡市人,中共党员,大学学历,主任医师,1970年5月参加工作,2004年3月任现职。

副所长:李新福,1952年2月出生,山东省荷泽市人,中共党员,大专学历，副主任医师，1968年10月参加工作，2004年3月任现职。

农垦绿色食品办公室

主任：李阳，1957年7月出生，福建省长汀县人，九三学社社员，高级农艺师，1974年10月参加工作，2004年6月任现职。

总局种子管理处

处长：周令威，1948年5月出生，浙江省诸暨市人，中共党员，大专学历，研究员，1968年12月参加工作，2000年8月任现职。

副处长：张锡铭(2001.5～)

总局扶贫开发办公室

主任：沈清明，1963年11月出生，山东省蓬莱人，大学学历，高级经济师，1984年7月参加工作，2004年4月任现职。

总局驻京联络处

主任（副厅）：王俊书，1947年10月出生，吉林省梨树县人，中共党员，大学学历，高级经济师，1968年11月参加工作，2001年3月任现职，2007年11月退休。

总局驻佳办

主任：牛宝琴，女，中共党员，1953年12月出生，黑龙江省齐齐哈尔市人，大学学历，高级政工师，1969年10月参加工作，2006年2月任现职。

党委书记：关舒华，满族，中共党员，1958年8月出生，黑龙江省兰西县人，研究生学历，高级经济师，1976年3月参加工作，2006年2月任现职。

公积金管理中心

主任：张琪，女，1952年12月出生，辽宁省建平县人，中共党员，大学学历，高级会计师，1969年8月参加工作，2005年10月任现职。

总局党政群团机构示意图

（2007年）

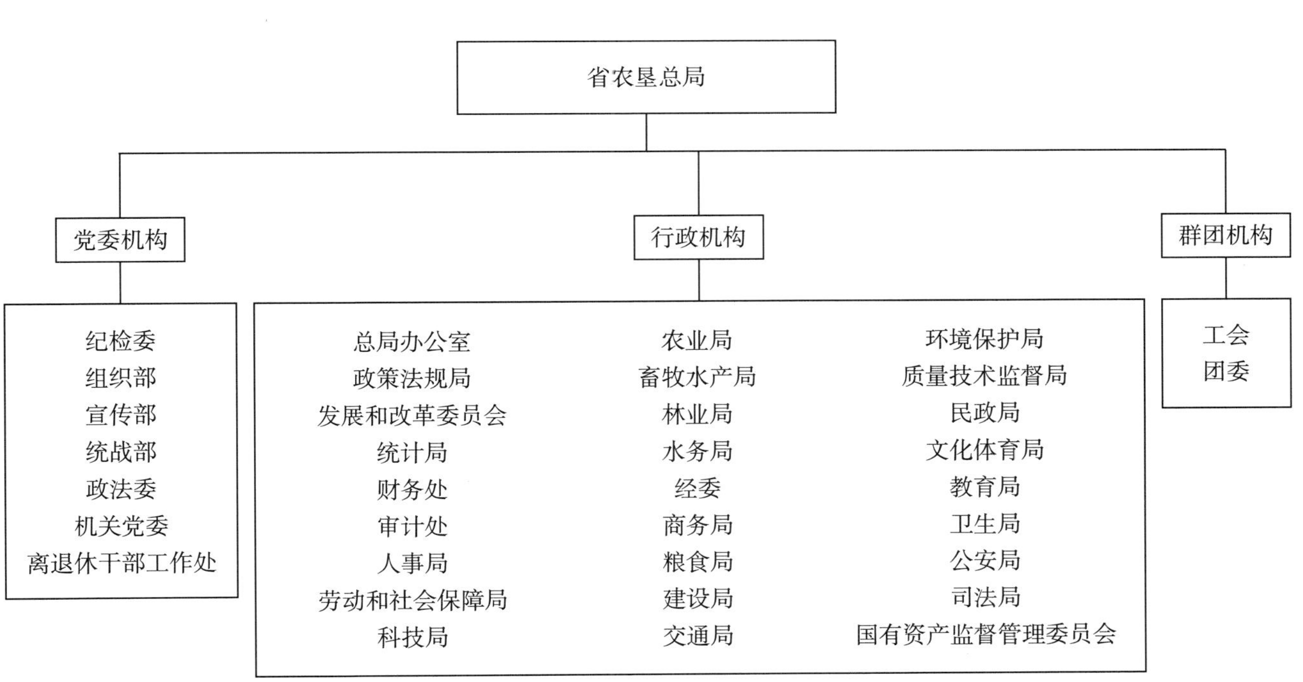

总局直附属事业单位示意图

(2007)

总局直附属事业单位

黑龙江省农垦科学院	总局投资办	总局水政监察支队
农垦勘测设计研究院	总局水利工程局	省农机监理总站农垦分站
农垦管理干部学院	农垦社会保险事业管理局	总局公路管理处
黑龙江农垦职业学院	黑龙江农垦经济研究所	农垦道路运输管理处
农垦农业职业技术学院	总局史志办公室	总局植保植检站
农垦林业职业技术学院	总局哈尔滨离退休干部休养所	总局交通征费稽查处
黑龙江农垦总医院	总局佳木斯离退休干部休养所	总局浩良河交通征费稽查所
农垦日报社	总局档案馆	黑龙江农垦采购招标中心
黑龙江农垦太湖疗养院	总局政务信息化管理服务中心	总局节约能源办公室
北大荒文工团	总局局长信访电话办公室	总局公路工程质量监督站
黑龙江农垦第二医院	黑龙江农垦佳木斯学校	总局港航管理总站
总局广播电视局	北大荒博物馆	总局佳木斯运输管理站
总局房产管理中心	黑龙江农垦残联执行理事会	黑龙江农垦特种设备监督检验所
北大荒文学杂志社	农垦经济调查队	总局动物卫生监督所
总局水利水电建设中心	总局卫生局卫生监督所	总局森林病虫害防治检疫站
总局气象管理站	总局种子管理处	农垦环境监察支队
黑龙江农垦人才中心	总局驻京联络处	总局挠力河自然保护区管理局
黑龙江农垦人事考试中心	总局工程质量监督站	总局依法治垦办公室
总局佳抚公路建三江收费所	农垦绿色食品办公室	黑龙江农垦公证处
总局职业技能鉴定指导中心	总局扶贫开发办公室	总局就业局
农垦职工技术交流中心	总局驻佳木斯办事处	总局财务总监办公室
总局依饶公路红兴隆收费所	总局工程造价管理站	总局招生办
农垦残疾人劳动就业服务管理中心	总局预算外资金管理中心	黑龙江农垦土地勘测规划院
黑龙江农垦科研育种中心	总局墙体材料改革办公室	黑龙江农垦土地整理储备中心
农垦佳木斯佳南职业介绍所	总局财务结算中心	中国电脑体育彩票黑龙江农垦管理中心
农垦哈尔滨王岗职业介绍所	哈尔滨住房公积金管理中心农垦分中心	总局农业机械实验鉴定推广站
黑龙江农垦工程咨询评审中心	总局水利工程管理总站	
黑龙江农垦佳木斯医院	总局水利工程质量监督站	

自然地理

【地理位置与面积】 据《山海经》记载，北大荒，原本泛指东北原始大荒原。岁月更迭，沧桑巨变，北大荒的范围逐渐缩小为黑龙江省三江平原、松嫩平原和小兴安岭南麓一带的亘古荒原。历史发展到今天，北大荒已经是黑龙江垦区的特称了。黑龙江垦区幅员辽阔，东隔乌苏里江、北隔黑龙江与俄罗斯相望，西与内蒙古自治区接壤，南同吉林省毗邻，地理坐标在东经 123° 32′ ~ 134° 33′ 和北纬 43° 56′ ~ 50° 21′ 之间。所辖区域分布在全省 12 个市(地)69 个县(市、区)，土地总面积 5.54 万平方公里，其中耕地 239.1 万公顷。

（齐长伐）

【地形地貌】 垦区分布黑龙江省广大地区，西北狭窄，东部宽阔，由西北到东南为山地贯穿，西部和东部为平原，地貌格区受新华夏构造体系的控制，北北东向展布的三江平原及小兴安岭山地，构成本区最基本的地貌轮廓，山地区海拔高程 300 ~ 500 米左右，平原海拔高程为 80 ~ 200 米左右。

（宋惠忠　齐汉强）

【年度气候】 2007 年，垦区平均气温比历年高 2 ~ 2.5℃，属明显偏高年份，冬季气温偏高，夏季未出现阶段性低温，秋季持续高温。大于等于 10℃积温东部达 3 000 ~ 3 150℃，西部达到 2 600 ~ 2 800℃，均比历年高 350 ~ 550℃。终霜均比历年提早一周以上，初霜推后一周以上，无霜期比历年多 10 ~ 20 天。降水偏少，建三江和牡丹江分局比历年少 1 ~ 2 成，其他各分局均比历年少 3 ~ 4 成，西部分局大部分地区和宝泉岭、红兴隆分局西部农场春、夏、秋持续干旱，达到 50 年一遇的旱情。光照充足，日照时数比历年略多，无连阴雨天气。综合气象条件为高温少雨，光、热条件较好，局部干旱严重，农业气候条件利弊共存。有利气象条件：一是热量充足，作物生长期(3 ~ 9 月)垦区大部气温持续偏高，此期平均气温比常年偏高 1.5 ~ 2.0℃，作物生长阶段均未出现明显的低温时段。稳定通过 10℃日期比常年提早 7 ~ 10 天，热量条件是近年来最好的一年。二是光照适宜，生物生长期以阵性降雨天气为主，无持续性连阴雨天气，晴天日数多，光照充足。作物生长期日照时数多数农场比历年多 50 ~ 100 小时，是近年来光照最多的一年。三是前期水分较好，由于春播初期垦区大部降水比历年同期多 2 ~ 4 倍，虽然给麦播生产造成了较大的困难，但有效地缓解了春旱。大田播种期水分条件适宜，保证了作物苗匀苗齐苗壮。6 月中旬前，作物长势达到历史最好水平。四是高温高湿天气较少，由于全年 6 ~ 8 月垦区大部降水偏少，加之热量、光照充足，高温高湿天气出现次数明显少于常年，对抑制各作物病害发生有积极的作用，水稻病害是近年来最轻的一年。不利气象条件：一是春播前期降水特多，1 月下旬至 3 月上旬，垦区东部各场累计降雪量达 30 ~ 70 毫米。其中牡丹江、红兴隆、建三江分局为 60 ~ 70 毫米，是历史同期的 2 ~ 3 倍。其中牡丹江分局大部分农场、红兴隆分局东部及建三江分局个别农场降水量达 70 ~ 100 毫米，为历史同期的 3 ~ 4 倍，降雪集中且雪量特大，为历史上罕见。连续的大暴雪天气，使部分水稻大棚垮塌，造成了较大的经济损失。进入秧田集中扣棚期，清理苗床积雪困难大，生产投入加大。另外对麦类播种和前期大田播种造成较大困难。二是发生历史上严重干旱，6 月中旬至 8 月上旬，垦区大部分地区出现持续高温天气，降水异常偏少，中西部地区自 6 月上旬末旱情开始加剧。7 月份继续维持高温少雨天气，一直持续到 8 月上旬，干旱期长达 50 余天。其中宝泉岭和红兴隆分局有近一半的农场降雨量在 20 毫米左右，其中名山和二九一农场的降雨量不足 10 毫米。西部分局整个作物生长季节连续干旱，干旱面积大、持续时间长，影响严重，特别是干旱发生在农作物产量形成的关键时期，对玉米、大豆、小麦和经济作物的产量形成造成了严重影响，受灾地区产量明显下降。三是突发性天气不同程度发生。垦区大风、冰雹、大暴雨等突发性天气均在局部农场发生，受灾地区农业生产损失严重。受灾面积 110.57 万公顷，成灾面积 79.22 万公顷，占受灾面积的 71.6%，其中涝灾受灾面积 6.62 万公顷，成灾面积 2.89 万公顷；旱灾受灾面积 87.4 万公顷，成灾 66.9 万公顷；雹灾受灾面积 3.07 万公顷，成灾 2.59 万公顷；低温冷害受灾面积 1.47 万公顷，成灾 1.11 万公顷；其他灾害受灾面积 13.79 万公顷，成灾 5.7 万公顷。

（鲍文东）

自然资源

【土地资源】 垦区土地总面积 5.54 万平方公里，其中：山地 6 482 平方公里，丘陵 1.61 万平方公里，漫岗 1.36 万平方公里，平原 9 144 平方公里，沼泽 1.01 万平方公里。耕地面积 239.1 万公顷，水面 28 万公顷，林业用地 91.3 万公顷，草地 37.2 万公顷。（宋惠忠　齐汉强）

【水资源】 垦区境内河流众多、水线、湿地、泡沼星罗棋布，地表水与地下水资源丰富。汇水面积在 600 平方公里以上的河流有 56 条，其中 600 ~ 1 000 平方公里的有 12 条，1 000 ~ 5 000 平方公里的有 28 条，5 000 ~ 10 000 平方公里的 8 条，大于 10 000 平方公里的 8 条。以上河流分属黑龙江、松花江(含嫩江)与乌苏里江三大水系。渔业资源有著名的鲑(大马哈鱼)、鳇、鲤、大白鱼以及“三花五罗”。

垦区水资源总量 97.5 亿立方米(含重复水量)，耕地亩均拥有水量 318 立方米。

地表水资源：垦区多年平均径流深 103.5 毫米，当地产水量 56.6 亿立方米。另外，黑龙江、松花江、乌苏里江三江流经垦区，过境水量约 2 700 亿立方米，为垦区工农业生产和人民生活提供水资源。但因年际变化大，年内分配不均，丰枯相差悬殊，给水资源开发利用带来一定困难。

地下水资源：垦区地下水天然资源量为 40.9 亿立方米，年可开采量 33.0 亿立方米，从分布上比较，东部四局地下水资源丰富，为第四系浅层水，含水层厚、埋藏浅、易开采，可开采量为29.0亿立方米，占总量87.7%。而西部五局由于地质构造复杂，多为深层裂隙水、储量少，埋藏深，开采难度大，可开采量4.1亿立方米，占总量的12.3%。

（宋惠忠　齐汉强）

【野生植物资源】 垦区内共有植物1 600余种。其中裸子植物8种，被子植物近1 000种，分别属于450属130科。有国家级重点保护野生植物10种，主要是红松、紫椴、兴凯湖松、水曲柳、黄檗、野大豆、松口蘑等。主要树种有红松、落叶松、云杉、杨柳、榆、桦、黄菠萝和水曲柳等。山林中有130多种野生植物可入药，山林是人工栽培人参、党参、防风、黄芪等中药材的天然场地，也是水果、蜂蜜、柞蚕、木耳和白瓜子等副业生产的良好地区。（宋惠忠　齐汉强）

【野生动物资源】 垦区共有国家级和省级保护野生动物145种。其中，国家一级重点保护野生动物16种，其中有鸟类11种，兽类5种；国家二级重点保护野生动物67种，其中有鸟类56种，兽类11种；省地方保护野生动物62种，其中有两栖类3种，爬行类3种，鸟类43种，兽类13种。国家一级保护野生动物有丹顶鹤、白鹳、黑鹳、大鸨、金雕、梅花鹿等，国家二级保护野生动物有白枕鹤、大天鹅、小天鹅、白琵鹭、鸳鸯、黑熊、马鹿等。省地方保护野生动物有雉鸡、鸿雁、啄木鸟、猫头鹰、赤狐、狍、林蛙、野猪等。（宋惠忠　齐汉强）

【矿藏资源】 垦区储藏有煤、铁、铜、金、石油、大理石、云母和石英等矿产资源。种类多、分布广，但蕴藏量基本上无详细记载。矿藏属国家所有，垦区作为农业企业，矿产开采与加工基本属于自采自用，补助国家之不足。

（宋惠忠　齐汉强）

经　济

种 植 业

【概况】 2007年,垦区农作物总播种面积239.68万公顷,比上年增加4.76万公顷,增长1.98%;粮食作物种植面积215.15万公顷,比上年增加6.78万公顷,增长3.15%。实现粮豆总产249.3亿斤,比上年增长10.1%,创历史新高。军川、友谊、八五二、七星、二道河、八五〇、八五七、二龙山、嫩江、大西江、克山、铁力农场和哈尔滨分局双城农业示范区共13个单位被农业部确定为全国农垦现代农业示范区,为全国农垦现代农业建设树立了样板。八五二、查哈阳、普阳、共青、双鸭山、红卫和北大荒农业股份有限公司七星分公司7家单位通过良好农业规范(GAP)认证,由国家认监委、国家标准委颁发GAP示范企业证书。八五二、红卫、查哈阳、建设、尖山、普阳、八五一一、八五〇农场通过国家级农业标准化实施示范县(场)检查验收。六大作物高产攻关产量创历史新高。六大作物第一名攻关组七星分公司20公顷水稻平均公顷产14 767.5公斤,20公顷小麦平均公顷产7 042.5公斤,33.33公顷大麦平均公顷产7 177.5公斤;八五二分公司45.33公顷玉米平均公顷产13 927.5公斤,5公顷大麦平均公顷产7 651.5公斤,66.67公顷大豆平均公顷产4 177.5公斤;大兴农场33.33公顷大豆平均公顷产4 177.5公斤;长水河农场1公顷小麦平均公顷产8 472.3公斤;克山农场41公顷马铃薯平均公顷产47 640公斤。 (鲍文东　王晓燕)

【种植业结构调整】 垦区按照“扩稻玉(水稻、玉米)、强经作(经济作物)、上品质、突特色、增效益”的原则,紧紧依靠科技进步,提高粮食综合生产能力,粮食生产继续稳步发展,职工收入进一步增长。初步形成了水稻、玉米、大豆和小麦四大作物优势种植带。在东部分局重点发展水稻、玉米种植,在西部分局重点发展小麦和大豆种植。2007年垦区水稻种植面积发展到100.04万公顷,比上年增加12.76万公顷;玉米40.26万公顷,比上年增加10.06万公顷。大豆和麦类作物分别减少了6.7万公顷和8.3万公顷,经济作物减少5万公顷。 (李玉成　王晓燕)

【耕作】 2004年总局开始制定《黑龙江垦区三秋工作评比方案》,要求积极扩大秋整地、秋施肥、秋起垄面积,做到春旱秋防、秋雨春用,为抗旱保墒、适时早播、一次播种保全苗打下了坚实基础。2007年完成伏秋整地面积240.52万公顷,100%实现黑色越冬,麦类面积全部达播种状态。旱田实现少耕节能耕作面积139.89万公顷,占旱田作物面积的100%,其中深松11.13万公顷、耙茬41.77万公顷,留原茬24.3万公顷、浅翻深松46.57万公顷、平翻16.1万公顷;水田耕作以翻为主、松旋为铺,其中浅翻83.95万公顷,占水田面积的84%,深松0.03万公顷,旋耕15.7万公顷;秸秆还田面积144.7万公顷,占总播种面积的60.2%。

(李玉成　王晓燕)

【农业技术推广】 垦区以“主攻单产、提高品质、降低成本、提高竞争力”为突破口,全面推广了“十大”栽培模式及“十大”新技术:水稻“三化一管”、大豆“两密一膜”、小麦“一早一灌两秋三高”、玉米“一卡一膜”、南瓜“大垄机械行间覆膜”、亚麻“优密宽”、芸豆“卡精深”、甜菜“两选、三标、五及时、一短”、大麦“一减一增三防三保”、马铃薯“一优两大三全四结合”栽培模式,保护性耕作、行间“覆膜”、节水灌溉、水稻叶龄诊断、水稻旱育壮秧、水稻机械分段收获、大豆根瘤菌应用、病虫害综合防治、测土配方施肥、航化作业技术。

(李玉成　王晓燕)

【优质品种生产】 2007年垦区水稻、玉米、大豆、麦类种植面积215.15万公顷,其中优质品种播种面积157.74万公顷,覆盖率达73.3%。水稻种植面积100.04万公顷,其中优质品种种植面积96.53万公顷,覆盖率达96.5%,推广优质品种播种面积4.7万公顷以上的有4个品种,主要包括空育131、垦鉴稻6号、垦鉴稻10号、垦稻12号;玉米种植面积40.26万公顷,其中优质品种种植面积35.38万公顷,覆盖率达87.88%,推广优质品种播种面积在2万公顷以上的有5个品种,主要包括绥玉7号、绿单1号、绥玉17号、龙单13号、哲单37号;大豆种植面积47.31万公顷,其中优质品种种植面积37.59万公顷,覆盖率达79.5%,推广优质品种播种面积在1万公顷以上的有5个,主要包括垦鉴豆25、垦鉴豆27、垦鉴豆28、黑河38、垦丰11;麦类种植面积15.29万公顷,其中优质品种种植面积15.29万公顷,覆盖率达100%,小麦推广的优质品种主要包括龙麦26、克旱16、垦九10号、垦九9号、克丰10、龙麦30,大麦推广的优质品种主要包括垦啤2号、垦啤3号、垦啤7号、垦啤6号、甘啤4号。 (李玉成　王晓燕)

【植物保护】 2007年垦区发生病虫害面积112.93万公顷,其中虫害发生面积81.67万公顷,病害发生面积31.26万公顷。全年防治病虫害348.38万公顷,其中虫害防治面积228.4万公顷;病害防治面积119.98万公顷。农田化学除草面积266.5万公顷,其中水田149.89万公顷,旱田116.61万公顷。垦区全年投入农药73.2万吨。恢复完善基层测报点60个,全年发布病虫测报信息34期,准确率均达到90%以上,降低防治成本1.4亿元。培训3万余人次,编印《绿色农业植保技术》手册3 500册、《植保导航》7期3 000册,提供新技术和新农药信息100余条,现场病情诊断、解决技术难题100余次。组织进行药效试验76个,各分局和农场进行相关试验项目55个。研究推广了药害解救、除草剂喷雾助剂应用等植保新技术11项。组织进行大型喷雾机械应用示范,共完成田间作业面积8 100公顷。开展甲胺磷、对硫磷等五种高毒农药禁用,坚持进行长残留除草剂对后作影响的试验研究工作,筛选出一系列二元、三元混用配方,为降低防治成本,提高防治效果,减少污染,维护农业生态安全提供了有效途径。集中组织产地检疫2次,累计调运检疫71次。 (张力军)

【气象建设】 2007年,垦区气象项目建设总投资694万元,其中国家拨款

600万元,垦区匹配资金94万元,使垦区气象现代化建设稳健发展。启动“黑龙江垦区气象台站土壤墒情自动监控网一期工程建设项目”共布设土壤墒情自动监测站点88个,监测范围覆盖垦区不同气候、不同土质的所有分局和农场;续建了绥棱、五大连池两个农场自动气象站,至此垦区全面完成了90个气象台站和地面探测自动化建设,在全国气象行业气象台站中率先实现了探测自动化;完成了二九〇、八五二、北兴、八五〇、八五四、八五五、逊克7个农场小型天气雷达建设,使垦区现有不同型号的天气雷达数量达19部,对灾害性、突发性天气的监测预警能力明显提高;历经3年建设,国家气象重点项目九三新一代天气雷达建设于2007年10月竣工,并按照项目建设要求完成了设备调试,投入业务试运行。垦区实现了9120工程信息的网络传输,36个气象台站将9210信息应用到台站应用到台站预报业务工作,通过省气象信息中心及时获取国家气象中心下传的各类大气预报信息,使气象预报信息更加及时可靠,预报水平明显提高;56个自动站实时资料的在线上传,其中红兴隆、绥化、哈尔滨分局做到了100%上传,九三、牡丹江分局达到90%上传,为垦区气象资料的快速准确汇总和分析提供新的手段,按照国家气象局的要求实现了资料共享。加大新技术培训,为配合垦区气象项目建设,在哈尔滨市举办了为期8天的新规范、网络技术、9210信息技术培训班,参加人员达105人;在北京市举办为期3天的自动测墒站培训班,所有项目建设单位均派学院参加学习,在南京市举办了小型雷达应用培训,为项目顺利实施奠定了良好基础,为设备的正常使用提供了人才保障。 (鲍文东)

【施肥】 2007年,中央财政加大对垦区测土配方施肥工作的支持力度,项目补贴资金达2 150万元,项目实施场扩大到30个,其中新建项目农场13个,实施作物面积达133.33万公顷。八五二、七星、八五〇、七星泡农场为项目固定农场;续建项目农场按照“一定三年不变”的原则继续推进,2007年续建项目农场为:新华、绥滨、八五三、北兴、红卫、前进、前锋、八五六、八五七、八五八、长水河、嫩北、查哈阳农场。通过实施测土配方施肥,增收节支4.68亿元;随着测土配方施肥技术的大面积推广,“施肥越多越好”等盲目施肥观念在逐步改变,农户学习科学施肥技术的热情高涨。2007年,垦区参加试验肥料产品30余个,累计推荐使用肥料产品达56个。大豆根瘤菌示范推广20万公顷,根瘤菌使用技术趋向于成熟。

(董桂军 王晓燕)

【绿色有机无公害食品发展与基地建设】 垦区继续实施“发展绿色有机农业,进一步叫响北大荒绿色品牌,把垦区建成全国最大的绿色农产品生产基地”的发展战略,垦区绿色食品产业保持健康、快速发展,2007年底,垦区有效使用绿色食品标志的产品达234个,比上年增加14个,占全省的30%,全年种植绿色、有机农作物79.6万公顷,占农作物总播种面积的1/3;无公害农产品产地认定总数达740个,比上年增加60个,产地认定面积190.7万公顷,比上年增长16.9%,占全省的26%,无公害农产品424个,占全省的8.2%。垦区绿色、有机、无公害食品生产遍及70个农牧场、57个企业,生产总量达869.75万吨,总产值178亿元。垦区建设全国农业标准化示范农场12个。全国农垦无公害农产品示范基地农场15个,全国绿色食品标准化原料生产基地34个,建三江分局还开展了全国绿色农业示范区建设。 (王小东)

【农产品质量安全管理体系建设】 根据农业部《关于加强农产品质量安全监管能力建设的意见》和省农委《关于赋予垦区农产品质量安全管理工作职能的批复》要求,2007年总局成立了农产品质量安全管理机构,依法开展农垦系统农产品质量安全工作。总局出台了《关于加强垦区农产品质量安全工作的意见》,《意见》结合垦区农产品质量安全工作需要,提出了机构建立、行政监督、检测体系建设、推进产品认证、推行质量追溯、建立经费保障机制、搭建信息平台、加强部门协调8个方面重点工作。总局会同省农委联合下发了《关于加强农产品质量安全应急工作的通知》和《黑龙江省农产品质量安全重大事故应急预案》,总局每年的农业标准化达标年活动方案将农产品质量安全作为重要考核指标,以《农产品质量安全法》为基本法的农产品质量安全管理制度在农垦系统逐步建立。 (王小东)

【农产品质量安全检验检测体系建设】 垦区建设了4个部级农产品质量监督检测机构,即农业部大豆及大豆制品质量监督检测中心、农业部食品质量监督检测中心(佳木斯)、农业部乳制品质量监督检测中心(哈尔滨)和农业部农产加工品质量监督检测中心(大庆)。制定了“十一五”《垦区农产品质量安全检验检测体系建设规划》,有两个部级检测中心分别列入农业部重点建设的专业检测中心和区域检测中心建设规划,有10个被列入国家重点县级农产品质量安全检测站建设计划。 (王小东)

【农产品质量追溯试点】 在2006年4个农场开展首批质量追溯试点的工作基础上,完成了黑龙江省农垦农产品质量安全追溯软件的更新。通过应用质量追溯系统,健全了试点农场田间档案记录和计算机数据资料库,规范了生产技术操作规程,加强了农业投入品管理,推进了标准化、信息化建设。在10个农场开展了农产品质量追溯系统建设,对追溯农场进行了2期人员培训。试点农场追溯信息通过北大荒绿色有机食品网发布,消费者可通过北大荒绿色有机食品网查询试点农场追溯信息。

(王小东)

【农业品牌】 垦区积极推进“农产品质量安全绿色行动”,按照农业部工作部署,垦区产业化龙头企业开展创建中国名牌农产品工作,继2006北大荒米业的北大荒牌大米获得农业部首批中国名牌农产品称号之后,北大荒麦业有限公司的丰缘牌小麦粉和北大荒肉业有限公司的北大荒牌分割猪肉获得中国名牌农产品称号。 (王小东)

【种子管理职能建设】 2007年,垦区

种子工作的职能建设取得突破，黑农委函[2007]87号文件，对垦区农作物种子生产、经营许可，给予了充分放权。一是生产大豆、水稻、小麦良种等其他种子的生产许可证，由农垦总局审批核发。二是种子经营者所在地在垦区的，在垦区辖区内经营主要农作物常规种子及非主要农作物种子的经营许可证，由农垦总局审批核发。三是垦区自审的品种采用备案制，可以使用全省推广序列名称，由垦区按"黑垦审"系列统一公告，只要再参加两年全省生产试验即可参加全省参审。1月，总局成立了"黑龙江垦区农作物品种审定小组"。审定小组成员共42人，包括大豆、水稻、玉米、小麦、经济作物5个专业组。（周令威）

【种子生产】 2007年，垦区种子销售总量达27.4万吨，对外辐射供种8.9万吨，同比增长2.6%和1.1%。销售收入7.5亿元，实现利润近4 000万元，同比增长11.9%和8.6%。种子机械化加工率、包衣率和良种覆盖率实现100%。五大作物标准化统供率99.6%，比上年提高0.2个百分点。品种更新更换面积66万公顷，同比增长10%。开展新品种展示示范品种300份次，展示田和示范方面积6.67万公顷。辐射供种面积100万公顷。完成国家救灾备荒种子储备和调拨救灾工作，向灾区调拨100万公斤，救灾面积0.8万公顷。完成农作物新品种试验工作，参试作物8个，参试品种200余份。审定推广农作物新品种11个。完成"农业部220万亩高油大豆和大豆高产攻关项目"和"垦区农业示范建设"验收工作。（张锡铭）

【品种试验审定工作】 2007年3月召开了垦区第一届农作物品种审定小组第一次会议，讨论通过了《黑龙江垦区农作物品种审定办法》及《黑龙江垦区农作物品种审定标准》。2007年垦区自育审定农作物新品种21个，其中自育自审自用新品种11个(大豆品种7个，玉米品种1个，水稻品种3个)，省审新品种10个，新参试品系2 000份次，进入生产试验阶段参试品系60份次，为垦区下年度的品种审定工作奠定了基础。（朱　晶）

【种子执法质量抽检】 根据黑种局[2007]16号文件《关于开展全省主要农作物种子生产执法检查和种子田质量抽检的通知》精神，从7月20日起至8月20日，农垦总局种子管理处开展了垦区主要农作物种子生产执法检查和种子生产田质量抽检工作。农场种子管理科组成自查小组，对辖区内种子生产企业和种子田进行全面的、严格的执法检查和田间检验。总局、分局和农场三级种子管理部门，抽调行政执法人员458人次，检查种子企业105家，抽检种子样品2 000余份，封存扣押不合格种子225吨。通过依法加强种子市场监管和生产经营许可管理，加大种子质量抽检力度，增强了种子企业守法自律意识，无证生产、经营行为得到有效遏制，种子案件明显减少，没有发生重特大案件，种子市场秩序明显好转，种子质量显著提高，保障了垦区农业生产用种安全。（黄大龙）

农业机械

【概况】 2007年，垦区有农场以上的农机化管理机构123个(含农机安全监理站、所)，农场以上农机管理人员369人；各类农机驾使操作人员近10万人，农机作业专业服务组织8 532个，从业人员10 014人员，农机修理网点888处，从业人员2 068人；农机销售网点563处，从业人员1 220人。垦区农机原值82.33亿元，净值53.65亿元。农机总动力519.3万千瓦，拥有农用大中型拖拉机38 834台，其中履带拖拉机4 412台，大中型配套农具92 722台(件)，小型拖拉机76 771台，小型配套农具53 922台，机动水稻插秧机43 895台，喷灌机械5 434台套，联合收获机7 972台，水稻专用收获机7 020台，玉米专用收获机461台，牧草收获机132台，玉米青贮收获机650台，马铃薯收获机66台，亚麻拔麻机271台，饲料粉碎机4 165台，机动挤奶器2 466台，机动割晒机7 924台，机动脱粒机8 224台，粮食处理中心163座，谷物烘干机55台，种子加工厂75座，金属粮仓1 944座，种子包衣机213台，种子清选机893台，机动喷雾机3 726台，机动渔船248艘，机电井62 000眼，排灌站168座，农用水泵52 617台，机动喷雾机4 894套，推土机686台，挖掘机326台，平地机181台，装载机97台，农用汽车1 295台，农用运输车3 263台，农用飞机30架，飞机场58处。垦区旱田田间作业机械化率仍保持95%，水田作业机械化率达92%，田间作业综合机械化率达94%，高于全国平均水平的53个百分点。年粮食处理能力达374万吨；年粮食储藏能力达373万吨；全年完成农业航化作业面积60.7万公顷；完成农机跨区作业95.9万公顷，作业收入1.5亿元；农机更新总投入达10.4亿元（其中职工投入占85%)，新增各种农机具4.73万台(件)；农机作业节本增效6.5亿多元；新建设旱田现代农机装备示范区46个，使垦区旱田现代农机装备示范区总数达206个；从国外引进世界先进的农业机械达772台(套)，进一步提高了垦区现代化农机装备水平。（李道奉）

【农机技术推广】 垦区各级农机推广部门，重点推广了保护性耕作技术、精准农业技术、玉米收获机械化技术、青贮玉米收获机械化技术、水稻生产全程机械化技术和经特作物生产机械化技术等15项新技术和新机械，实现了农机节本增效6.5亿元。垦区继续建设了46个旱田现代农机装备区，总投资1.1亿元，从国外引进了大型、现代化的农机设备119台(套)，共建设现代农机装备区206个，提高了现代农机装备水平。推广水田用大中型拖拉机5 844台，配套农具7 456台(件)，水田搅浆整地机3 601台，机动水稻插秧机8 837台，各种水稻联合收获机5 329台，其中半喂入式水稻收获机803台。投资2 800万元，引进并推广了水稻钵育摆栽机械94台，分别在宝泉岭、红兴隆、建三江、牡丹江、齐齐哈尔分局的10个水田生产农场进行了试验和示范。示范面积0.2万公顷，平均公顷产11 250公斤。继续推广了玉米收获机械化技术，新增三行和四行自走式玉米收获机200余台，提高了玉米机械化收获水平。示范推广了芸豆拔秧和收获机械、甜菜种植和收获机械,马铃薯种植和收获机等50余台,经济作物机械化有了较快发展。大西江农场继续被列为农业部保护性耕作示范场,新增保护性耕作示范面积0.58万公顷,其中核心区0.2万公顷,示范推广0.38万公顷。友谊农场、八五二农场、七星农场、宝泉岭农场、大西江农场、红星农场等积极推广了精准农业、深松、免耕播种、病虫害防治、秸秆还田技术等推广应用,取得了较好的成果。 (邹 林)

【跨区作业】 2007年,垦区农机跨区作业的范围和作业面积进一步扩大,合作领域进一步拓宽。有71个农场与10个市(地)的59个县(市)开展了农机跨区作业、代耕服务。共出动大型农业机械5 843台,完成跨区作业面积95.93万公顷,作业收入1.5亿元。积极探索场县共建农机合作社,共建9个农机合作社,其中争取省财政对每个试点投资50万元,总局给每个试点投资30万元,大部分试点机械已到位,陆续开始运营。嘉荫农场2003年3月跨区作业协会,226个大型机械有机户为会员。协会拥有机械:M160、迪尔4450、凯斯190、迪尔9320,东方红1304、554、东方红1002、802等大中型拖拉机150台,各种配套农具628台套。有迪尔佳联3518、1075、1048等联合收获机76台,农机资产总计4 100万元。拥有熟练技术工人396人。该协会制定了跨区作业管理制度和各项作业收费标准和作业质量标准。积极组织和协调各农机户参加农机跨区作业。由协会安排质量检查,督促对方及时结算作业费。协调好乡镇组织统一收缴作业费,然后和农机户结算,使跨区作业有序进行,2007年跨区作业面积3.67万公顷,使农户增收500多万元。 (黄 苏)

【农机管理】 深入开展了农机标准化管理达标与创新活动。各分局和农牧场制订完善农机标准化管理的各项措施和标准,规范目标考核奖惩办法,严格按标准开展检查评比活动。推动了农机标准化管理水平的提高。建三江分局等4个分局、军川等15个农牧场、名山等21个农牧场、苏景强等34名同志分别被评为总局农机标准化管理工作先进分局、标兵农场、标准化农场、先进个人。加强了农机基础设施建设。全年总投入1.15亿元,改建和新建了“场、库、棚”面积达75.9万平方米。宝山农场投资700万元,建成一个垦区投入最高、规模最大的现代农机管理服务中心。大多数农牧场的农机“三库一场一棚”建设,实现了设计规范化,建设标准化、功能多样化、管理科学化、外观美观大方。加强了农机队伍的技术培训,垦区共培训农机管理干部和驾驶操作人员12.9万人次。 (李道奉)

【农机安全监理】 狠抓了农机安全生产责任制,层层签订了责任状。先后开展了“创建平安农机,促进垦区新农村建设”、“五整顿、三加强农机专项整治”等活动。加大了农机安全生产宣传力度。共培训农机安全管理干部6 998人次,农机驾驶人员92 961人次,印发农机安全宣传册32 152册,到中小学讲农机安全课230次。通过《黑龙江垦区农机化信息网》刊登宣传稿件60余篇。加强了农机安全检查力度。共纠正农机违章10 306台次,清理“黑车”8710台、“非驾”4 072人,安装反光牌的机车达5万多台。换发了“2005式”新牌证。完成换发新式牌照90%、驾驶证95%,此项工作走在全省前列。

(黄 苏 冯 舟)

【农机化服务】 垦区各级农机管理部门,进一步健全农机社会化服务体系,积极鼓励、扶持发展各类农机服务组织,为农户搞好生产全程服务。完善了农机“110”、“120”等农机快速流动服务队。大多数农牧场成立了不同形式的农机快速流动服务组织,重点推广了农机维修和保养,油料、配件供应、技术推广的“四不出区、六不出组”的经验。充分发挥了农机作业服务公司,农机协会,农机股份合作联合体,农机大户等服务组织的作用,收到了很好的效果。

(李道奉)

【农机试验鉴定】 2007年,黑龙江农垦农机试验鉴定站完成各类检测项目209项,完成农业机械产品鉴定68项、产品监督检验119项,在垦区内推广了各类先进实用的农业机械产品18项,出据农民投诉的委托检验报告4项,完成农业机械行业标准制定项目《可燃废料压制机质量评价技术规范》和《横流粮食干燥机单位耗热量与处理量折算规则》2项。 (詹志学)

【农机学会】 黑龙江农垦农业机械学会2002年1月经黑龙江省农垦总局民政局重新审查登记并批准为合法的社团组织。2007年有会员单位46个,会员216人。征集论文157篇,其中省级以上刊物和学术会议上发表13篇。李俊代表学会参加了8月16~18日在八一农垦大学召开的全国农业工程学会2007年年会,李俊被增选为常务理事,提交了《关于加强垦区现代农机装备工程建设》的论文,在大会进行了交流,获本届年会优秀论文一等奖。在2007年9月杭州萧山召开的推进农业机械化、发展现代农业学术研讨会暨中国农机学会农机化分会第七届代表大会上,李俊被评为(2003~2007)年度学会先进个人,并获本届研讨会优秀论文二等奖。 (范晓华)

·龙垦通用航空公司·

总经理、党委书记:王维志,山东莱阳人,1950年1月生人,中共党员,大专学历,一级飞行员。1966年7月参加工作,2006年任现职。

党委副书记:樊金城(2006~)

副总经理:郭庆才(2006~)

宫常贵(2006~)

高凤才(2006~)

【概况】 黑龙江龙垦通用航空公司成立于1985年5月,是我国目前最大的农林专业航空公司,隶属于黑龙江农垦总局。公司以佳木斯市佳西机场为主运营基地,采用先进的航空技术,可从事农作物化学除草、空中叶面施肥、空中喷施微量元素,植物生长调节剂、防治农林业病虫害、草原播种、草原灭鼠、防治森林害虫、航空护林、森林化学药剂灭火、空中摄影、航测、人工增雨、广告宣传、气象探测、科学试验、城市消防、空中巡查、抢险救灾、航空器代管等飞行活动，逐步发展壮大。2007年公司有7种类型的飞机32架，其中，Y-12E飞机一架、Y-11飞机6架；波兰进口的M-18飞机5架；澳大利亚生产的"农夫"飞机1架、GA-200飞机5架；南昌飞机制造厂生产的N-5飞机9架；石家庄飞机制造厂生产的Y-5飞机2架。有员工157人，其中飞行员44名、机械师57名，后勤保障人员46名。其中中、高级专业技术人员73人。公司由总局牵头利用波兰贷款购进M-18飞机15架到位8架。垦区可供航化作业的农场达82个，有56条500×30米的机场水泥跑道，形成了一个以主营运基地为中心的网络式作业基地群，使航化作业更加快捷方便。截至2007年，龙垦通用航空公司累计飞行81 055小时，航化作业面积596.33万公顷，增产粮豆28.5亿公斤，创社会效益90多亿元。林业飞行8 500小时，参加扑灭森林火灾510多场次。 （胡万秋）

农业综合开发

【概况】 2007年，垦区完成农业综合开发总投资47 944.83万元，其中争取中央财政资金23 943万元，农场和职工自筹资金24 001.83万元。中低产田改造项目总投资39 060万元，其中：中央财政资金19 530万元，自筹资金19 530万元；产业化经营项目总投资6 868万元，其中：中央财政资金3 423万元，自筹资金3 445万元；中型灌区节水配套改造项目总投资1 716.83万元，其中：中央财政资金840万元，自筹资金876.83万元；秸秆养畜项目投资300万元，其中：中央财政资金150万元，自筹资金150万元。中低产田改造项目完成中低产田改造4.98万公顷，其中：改造旱田2.36万公顷，低产水田改造2.21万公顷，旱改水0.42万公顷；中型灌区节水配套改造项目改造面积0.76万公顷；秸秆养畜项目新建肉牛养殖项基地1处；产业化经营项目完成建设项目12个，其中建设标准化畜牧养殖小区10个，年饲养猪2.5万头，牛2.34万头，加工项目2个。 （叶名辉）

【开发项目建设】 2007年，垦区农业综合开发以改造中低产田，改善农业基本生产条件为重点，不断提高农业综合开发生产能力。依靠科技进步，优化品种结构，提高农产品质量，大力发展畜牧业和农产品加工，推动农业产业化经营，促进农场经济结构的调整和优化。中低产田改造项目建设小型水库3座，排灌站1座，新打和修复配套机电井566眼，架设输变电线路242.1里，开挖疏浚渠道2 957.39公里，衬砌渠道45.72公里，配套渠系建筑物1 514座。加强良种基地建设，新建良种仓库16 740平方米，新建水泥晒场49.68万平方米。新建项目区机耕路617.83公里。购置农业机械1 178台（套），其中购置大中型拖拉机247台，联合收获机112台，水稻插秧机564台。建水稻钢骨架育秧大棚1 696栋。建设农田防护林0.06万公顷。对职工和农户进行技术培训15 826人次，购置仪器设备58台（件），引进良种良法，示范推广先进实用农业技术4.91万公顷。产业化经营项目建设畜舍6.7万平方米，运动场3.1万平方米，青贮窖6.5万立方米，加工车间0.3万平方米，购买种畜0.14万头，采购设备32台套，年出栏生猪1.8万头，肉牛2.12万头。中型灌区节水配套改造项目开挖疏浚渠道92.58公里（土方量122.98万立方米），配套渠系建筑物47座，橡胶坝1座，堤防6公里。秸秆养畜项目建设青贮氨化池1.5万立方米，畜舍2 688平方米，采购秸秆处理机械4台，化验仪器4台，培训职工200人次。农业综合开发项目按期完工并投入生产，产生了较好的经济效益和生态效益：中低产田改造项目新增和改善灌溉面积2.88万公顷，新增和改善除涝面积1.74万公顷，新增林网防护面积0.49万公顷，新增农机总动力2.5万千瓦，提高粮食生产能力7 565万公斤，增加种植业总产值11 482万元，增加项目区职工收入总额4 807万元。产业化经营项目建成后新增肉类生产能力643.5万公斤，提高奶类生产能力775.2万公斤，年提供种畜0.14万头，增加总产值20 507.7万元，利税1 813.65万元，增加职工纯收入总额1 226.7万元，增加就业人数532人。中型灌区节水配套改造项目建成后新增和改善灌溉面积0.76万公顷，提高供水能力1 217万立方米，年节水1 092万立方米，增加粮食生产能力1 721万公斤，增加产值1 831万元。秸秆养畜项目建成后增产青贮1万吨，增产氨化秸秆1万吨，增加产值707万元，增加利润77万元。 （叶名辉）

畜牧业

【概况】 2007年，垦区畜牧业克服了饲料价格上涨等不利因素，继续保持了持续稳定发展的势头。奶牛存栏323 232头，比上年增长0.2%，其中能繁母牛182 375头，比上年增长0.4%，成年奶牛平均产奶量5 319公斤；肉牛存栏530 274头，比上年增长7.8%，出栏肉牛493 568头，比上年增长14.2%；生猪存栏2 041 897头，比上年增长7.5%，出栏生猪3 802 900头，比上年增长18.5%；羊存栏1 681 046只，比上年增长13.2%，出栏肉羊1 500 580只，比上年增长4.4%；家禽存栏1 334.7万只，比上年增长17.6%，出栏家禽3 325.5万只，比上年增长19.6%；肉类总产量456 741吨，牛奶产量977 331吨，禽蛋产量59 959吨，分别比上年增长18.1%、4.4%和12.8%。实现畜牧业产值1 172 260万元，实现畜牧业增加值535 639万元，分别比上年增长16.2%和17.1%。畜牧业产值和增加值分别占农林牧渔业的30.4%和26.6%。

（吴宏伟）

【畜禽生产】 垦区奶牛养殖户38 447户，户均饲养奶牛8.4头；肉牛养殖户29 830户，户均饲养肉牛34.3头；生猪养殖户78 547户，户均饲养生猪74.4头。饲养10头以上的奶牛养殖大户8 243户，奶牛存栏量占垦区总饲养量的48.43%；饲养量30头以上的肉牛养殖大户6 062户，肉牛饲养量占垦区总饲养量的50.8%；饲养量100头以上生猪养殖大户8 003户，生猪饲养量占垦区总饲养量的57.25%；饲养量100只以上的养羊大户5 587户，羊饲养量占垦区总饲养量的55.17%；饲养量2 000只以上的家禽养殖大户2 358户，家禽饲养量占垦区总饲养量的31.13%。总局实行养殖小区建设资金补贴政策。补贴标准为:新建存栏量或扩建至存栏量400头以上的奶牛养殖小区,每平方米畜舍补贴300元;新建饲养量或扩建至饲养量3 000头以上的肉牛养殖小区,每平方米畜舍补贴150元;新建出栏量或扩建至出栏量10 000头以上的生猪养殖小区,每平方米畜舍补贴200元;新建存栏量或扩建至存栏量2 000只以上的绒山羊养殖小区,每平方米畜舍补贴150元。经验收合格的新建和扩建的养殖小区88个,畜舍建筑面积41.15万平方米,共补贴资金8 676.85万元,其中奶牛养殖小区30个,畜舍建筑面积11.66万平方米;肉牛养殖小区11个,畜舍建筑面积11.37万平方米;生猪养殖小区34个,畜舍建筑面积15.08万平方米;绒山羊养殖小区13个,畜舍建筑面积3.04万平方米。养殖小区建设资金补贴政策的实行,调动了农场和养殖户建设养殖小区,发展规模经营的积极性,使垦区各类养殖小区的数量达1 293个,比上年增加73个,其中奶牛养殖小区396个,比上年增加17个,奶牛小区存栏量占垦区总存栏量的37.17%;肉牛养殖小区334个,比上年增加13个,肉牛养殖小区饲养量占垦区总饲养量的27.26%;生猪养殖小区231个,比上年增加2个,生猪养殖小区饲养量占垦区总饲养量的29.04%;养羊小区198个,比上年增加3个,养羊小区饲养量占垦区总饲养量的23.38%;家禽养殖小区134个,比上年增加38个,家禽养殖小区饲养量占垦区总饲养量的16.47%。总局制定奶牛小区管理规范、肉牛小区管理规范、生猪小区管理规范和养禽小区管理规范,从环境管理、饲养管理、防疫管理、人员管理、污物管理、档案和标志管理等六大方面制定了管理要求和措施,制作成彩色喷图,悬挂到各养殖小区的醒目位置,供养殖小区参照执行。贯彻落实国家养殖补贴政策,按照国家每头繁殖母猪补贴50元的标准,共补贴能繁母猪17 7932头,补贴资金8 896 600元,惠及能繁母猪养殖户22 587户。2007年国家确定宝泉岭分局和红兴隆分局为生猪调出大县,并奖励资金1 218万元,其中:宝泉岭分局663万元,红兴隆分局555万元,用于扶持生猪基地建设。按照国家对享受奶牛良种补贴后产生的优质后备奶牛补贴政策,按照每头牛补贴500元的标准,对垦区2006年享受国家奶牛良种补贴后产生的51 718头优质后备奶牛进行了补贴,补贴资金2 935.9万元。

(吴宏伟)

【现代农业(养殖业)示范区建设】 2007年,受农业部的委托,按照农业部制定的全国农垦现代农业示范区(养殖业)验收办法,对垦区2006年参加全国农垦现代农业示范区创建的单位进行了检查验收,其中八五一一农场完达山良种奶牛有限责任公司、共青农场宝泉岭农垦天香养殖有限公司、海林农场圣澳奶牛场3个养殖单位被农业部确定为全国农垦现代农业示范区(养殖业);梧桐河农场玉兰牧业公司、军川农场加有万头猪场、绥滨农场宝丰牧业养猪基地、五九七长林岛肉牛小区、八五二红旗肉牛小区、七星农场绒山羊科技示范园区、八五八农场吉祥良种奶牛场、八五七农场朝阳奶牛场、八五〇农场卫星奶牛小区、引龙河农场奶牛小区、尾山农场奶牛小区、二龙山农场奶牛小区、绿色草原牧场奶牛中心、香坊农场奶牛场、青年农场祖代鸡场等15个养殖单位被总局确定为黑龙江农垦现代农业示范区(养殖业)。 (吴宏伟)

【畜禽改良】 继续推广奶牛和肉牛优质冻精配种改良技术,2007年,垦区奶牛良种冻精配种率继续保持100%,肉牛良种冻精配种率达到78%,畜禽良种化率达95%以上,生猪三元杂交率90%以上。落实国家奶牛良种补贴政策,按照国家对垦区宝泉岭、牡丹江、九三、齐齐哈尔、北安等5个分局核定的14万头能繁母牛,每头牛2只冻精,每只冻精补贴15元的标准,总局统一招标采购奶牛良种冻精28万剂,共补贴资金420万元。落实国家生猪良种补贴政策,宝泉岭和红兴隆分局被农业部确定为生猪良种补贴项目单位,确定目标为开展良种补贴的繁殖母猪数量为13.2万头,其中宝泉岭分局8.5万头、红兴隆分局4.7万头。为保证项目顺利实施,制订了实施方案和生猪人工授精管理办法,确定了52个种猪场为开展人工授精单位,其中宝泉岭分局37个、红兴隆分局15个,确定参加生猪人工授精的种公猪912头,其中杜洛克299头、长白277头、大约克315头,其他品种21头。对入选的生猪人工授精单位统一悬挂由总局制发的“黑龙江垦区生猪人工授精定点单位”标牌。到2007年末,实施人工授精能繁母猪12.8万头,完成计划的96.79%。补贴资金256万元,使垦区实施人工授精能繁母猪数量占垦区能繁母猪数量的60.8%。

(吴宏伟)

【畜禽疫病防治】 一是严密防控禽流感等重大动物疫情,垦区组织了两次禽流感和三次口蹄疫免疫大会战,全年下拨高致病性禽流感疫苗670万毫升,口蹄疫疫苗1 416万毫升,猪蓝耳病疫苗380万毫升,猪瘟疫苗190万毫升;全年猪口蹄疫免疫4 984 624头,免疫密度为100%;猪瘟免疫4 769 084头,免疫密度为100%;禽流感免疫40 847 563只,免疫密度为100%。二是开展重大动物疫病监测,各分局通过实时的抗体水平检测掌握畜禽免疫状态和及时采取补免措施,提高疫苗免疫保护率。垦区共完成禽流感和口蹄疫的免疫抗体监测数量为80 981羽份和17 867头份。总局动物疫病预防与控制中心对春季禽流感等重大动物疫病免疫效果进行了随机抽查,共抽检牛血清959头份,羊血清625头份,猪血清615头份,禽血清680羽份,监测了口蹄疫禽流感、新城疫、猪瘟的免疫抗体合格率,总体基本合格。开展高致病性猪蓝耳病的疫情监测工作,共采集猪血清557头份,由总局动物疫病预防与控制中心实验室应用RT—PCR方法对全部血清样品进行了病原学检测,未检出高致病性猪蓝耳病阳性样品。 (李志强)

【畜牧兽医行政执法实行系统管理】 2007年4月2日,黑龙江省畜牧兽医局下发了《黑龙江省畜牧兽医局关于批准农垦总局对垦区畜牧兽医有关行政执法工作实行系统管理的通知》(黑牧药政字[2007]43号），同意农垦总局对垦区的兽药、饲料和饲料添加剂等行政执法工作实施系统管理，并接受省畜牧兽医局行政主管部门的指导和监督。2007年6月22日，黑龙江省畜牧兽医局下发了《黑龙江省畜牧兽医局关于更换省农垦系统动物检疫（验）专用章的通知》（黑牧函[2007]53号），同意黑龙江省农垦总局对本系统动物检疫（验）专用章进行统一编号订制，报省畜牧兽医局备案。新的动物检疫（验）专用章从2007年7月1日统一启用，原印章同时废止。（李志强）

【草原开发与饲料生产】 2007年垦区天然草原总面积43.33万公顷，其中可利用草原面积26万公顷，占整个耕地面积的7%，年产鲜草24亿公斤，可载畜130万个羊单位。垦区草原开发利用，总体上看，西部利用过度，东部、北部利用不足的问题并存。由于长期超载过牧和只利用不建设的掠夺式经营方式，造成松嫩平原和北部丘陵漫岗草场“三化”（沙化、碱化、退化）现象严重，垦区“三化”草场面积达11.33万公顷，占草原总面积的26%。为了确保垦区草原资源的永续利用，按照《黑龙江省草原条例》和省政府办公厅《黑龙江省人民政府办公厅印发省畜牧局关于黑龙江省松嫩平原草原禁牧计划的通知》（黑政办发[2006]19号）文件及黑垦局办文[2006]27号文件的要求，垦区松嫩平原草原从2007年1月1日起全面实施禁牧制度。松嫩平原草原禁牧区域为：齐齐哈尔分局所属绿色草原牧场、富裕牧场、查哈阳农场、巨浪牧场、泰来农场、依安农场、克山农场等7个农牧场；绥化分局所属和平牧场、安达牧场、红光农场、海伦农场等4个农牧场；九三分局所属哈拉海农场；哈尔滨分局所属四方山农场。2007年垦区松嫩平原草原禁牧总面积7.73万公顷，禁牧面积达到了100%。垦区全株青贮玉米生产创历史新高。2007年垦区种植高能量全株青贮玉米4.2万公顷，同比增长5%，是垦区青贮玉米生产史上种植面积最大的一年；青贮玉米贮量达223万吨；全局青贮玉米平均公顷产达52.5吨；种植的青贮玉米品种主要有中原单32号、阳光1号、垦玉6号等。（周兴民）

水　利

【概况】 2007年，垦区建有堤防2 868公里，水库163座，万亩以上灌区45处，治理主要涝区103处，拥有喷灌机9 641台。水库总库容10.6亿立方米，堤防保护耕地89.59万公顷，达成除涝面积139.25万公顷，有效灌溉面积121.52万公顷，其中喷灌面积16.74万公顷，水土流失治理面积35.71万公顷。初步建成了防洪、除涝、灌溉和水土保持四大工程体系。垦区加强了灌区续建配套等农田基础设施建设，加快了农村饮水安全工程建设等农村水利工作，水利建设完成投资5.9亿元，工程量9 306万立方米。推进了“两江一湖”为主的前期工作，积极争取项目的立项实施。充分发挥了水资源管理、建设管理、防汛抗旱管理和工程管理等管理职能。（孙　斌）

【防洪工程】 垦区初步建成以堤防为主体的防洪工程体系。共有90条江河、56个农场建有堤防220处，总长度2 867.65公里。其中主要江河堤防597.01公里，重点江河堤防327.74公里，一般江河堤防1 942.90公里，主要江河堤防建设按近期防洪标准均已达标。堤防保护耕地89.59万公顷，保护村屯714个，保护人口91.16万人。2007年，垦区防洪工程建设主要以中小河流堤防维修加固为主，全年完成投资661.74万元，工程量115.79万立方米。（孙　斌）

【治涝工程】 垦区治涝总面积达139.25万公顷，占易涝面积的83%。其中达到3～5年标准的121.98万公顷，达到5～10年标准的17.23万公顷，达到10年以上标准的0.03万公顷。治理主要涝区103处，涝区总面积245.51万公顷，其中易涝面积157.07万公顷，已治理面积达130.19万公顷；还有部分零星涝区，总面积15.93万公顷，其中易涝面积11.13万公顷，已治理面积9.06万公顷。2007年，尽管国家暂停了三江平原治理骨干工程投资，但垦区仍多方筹集资金，大力开展了以沟道清淤和涝区配套工程建设为主的除涝工程建设。全年完成投资1.56亿元，工程量4 014.55万立方米。建设干沟35条，长度161.04公里。支沟473条，长度686.04公里。斗沟及以下2 985条，长度3 594.43公里。新增除涝面积2.07万公顷。（孙　斌）

【灌溉工程】 垦区有效灌溉面积达121.52万公顷，其中水田103.87万公顷。实际灌溉面积108.90万公顷，其中水田100.05万公顷。2007年灌溉工程完成投资2.5亿元，工程量0.34亿立方米。垦区大力发展地表水灌区工程，建成各类地表水灌区251处，地表水灌区总设计灌溉面积45.78万公顷，其中水田39.03万公顷，有效灌溉面积达26.32万公顷，其中水田25.63万公顷。垦区加快大型灌区续建配套与节水改造工程建设，实施新兴洞、红旗岭等中小型灌区建设，继续适度集中小型农田水利补助资金，加快了绥滨、八五九灌区配套工程建设，全年灌区新增有效灌溉面积1.88万公顷。继续推进了兴凯湖、查哈阳、江川、蛤蟆通4处大型灌区续建配套与节水改造工程建设，新增有效灌溉面积1.20万公顷。完成绥滨灌区投资1 346.8万元进行田间配套工程建设，完成西干渠3.95公里，桥2座，方涵2座，西二十支、西二十一支及分支、斗渠等渠道共计40.74公里，涵闸等配套建筑物共计217座，总工程量108.33万立方米，改善水田面积0.13万公顷。完成八五九灌区配套工程建设投资1 514.3万元，建设四干渠3.3公里；支渠9条，长28.8公里；斗渠43条，长51.26公里；干沟清淤2条，长22公里；桥涵闸等配套建设物219座。总工程量193.76万立方米。新兴洞灌区2007年11月竣工。建设渠道全长4.79公里，提水站1座，干渠进水闸2座，支渠进水闸7座，涵洞7座，桥2座。工程总投资2 567.8万元。2007年，垦区按照水资源的承载能力确定了合理的水田发展规模，全年井灌水田新增有效灌溉面积11.50万公顷，其中建三江分局井灌水田新增有效灌溉面积9.53万公顷，垦区井灌水田有效灌溉面积达78.25万公顷。垦区加快龙镇、和平农场节水增效灌溉示范项目实施，建设了克山农场马铃薯繁育基地等一批旱田节水灌溉项目，新增旱田节水灌溉面积2.44万公顷，保障了马铃薯基地和蔬菜、花卉等经济作物园区的用水需求。垦区已拥有各类喷灌机械9 641台，配套机电井1.06万眼，旱田喷(滴)灌等节水灌溉面积已达到16.76万公顷。(孙 斌)

【水库工程】 垦区共有水库163座，其中：大型水库2座(太平湖、蛤蟆通水库)，中型水库15座，小(Ⅰ)型水库98座，小(Ⅱ)型水库48座。水库设计库容10.63亿立方米，兴利库容5.27亿立方米，防洪库容3.51亿立方米。2007年，垦区相继开工建设了清河、八一水库一期除险加固工程，推进了病险水库除险加固前期工作，垦区奋斗、跃进、红光、白马河4座小型水库除险加固工程列入财政补贴计划。2007年4月，清河水库除险加固一期工程开工，10月，清河水库除险加固工程完成溢洪道1座，土坝加高培厚2.3公里，完成投资800万元。(孙 斌)

【水土保持】 垦区有73个农(牧)场存在水土流失问题，水土流失面积68.26万公顷。水土流失多发生在耕地中，以水蚀、风蚀为主要侵蚀类型。水力侵蚀主要分布在东部山地、北部林区和中部漫川漫岗黑土区；风力侵蚀主要分布在西部干旱半干旱风沙区和三江平原局部地区。2007年，垦区加强了对重点区域水土流失的防治，重点实施了鹤山、红星、克山、八五一〇等4个农场东北黑土区水土流失综合防治一期工程项目，全年完成投资3 597.20万元，工程量240.50万立方米，共治理小流域8条，建设塘坝4座，完成土方241万立方米，种植水保林210公顷，种草202公顷，改善了垦区生态环境。(孙 斌)

【农村饮水安全工程】 垦区农村饮水工程从2003年开始列入国家投资计划，近年来，以解决高氟、高砷、高锰、高铁等水质不达标问题为重点，先后争取国家计划投资1.01亿元，累计解决了26.54万人的饮水困难和饮水安全问题。2007年，垦区完成了农村饮水安全现状调查评估等一系列前期基础工作，及时上报年度可研和建议计划，争取国家计划投资1 778万元，全年共建设农村饮水安全工程113处，解决了7万人的饮水安全问题。红兴隆分局加大局直供水管网改造的力度，当年投入资金855万元对净化设备、管网等进行了更新改造，完成管网更新改造23 900米，安装水表7 880块。(孙 斌)

【防汛与抗旱】 2007年，由于气候异常，垦区东部地区先涝后旱，随后，垦区遭遇了历史罕见的夏伏连旱，近三分之一的耕地受到干旱的威胁。2月12日至4月20日，垦区东部地区先后出现了5场较大的降雪过程，降雪量达70～100毫米，为历史同期的3～4倍，30余个农场遭受了超50年一遇的雪灾，60余万公顷耕地不同程度受涝，严重影响麦类播种和水稻扣棚育秧。进入夏季后，冰雹、局地暴雨和大风等灾害也有发生。6月以后，东部分局一些农场连续30至40天，个别农场连续50多天没有形成有效降雨。受持续高温影响，7月中旬，垦区东部7个农场出现了严重的旱情，个别农场0～30厘米土壤耕层含水量不足10%，接近作物凋萎系数。各受灾分局和农场从7月10日陆续开始对受旱农田进行浇灌，抗旱行动迅速开展。至7月17日，旱情达到高峰，受旱面积达到72.9万公顷。7月17～20日，垦区出现了一次普遍降雨过程，使旱情得到初步缓解。降雨过后，受持续高温少雨天气影响，东部地区旱情出现反复并迅速扩大到西部农场，8月6日，垦区受旱面积达到88.3万公顷。总局领导对防汛抗旱工作高度重视，始终奋战在一线指挥抗旱救灾工作。总局水务局全局动员，全力组织开展防汛抗旱工作。各受灾分局、农场在充分发挥现有水利设施作用的基础上，采取各种有效措施，将洪涝旱灾害的损失降到了最低。一是发挥机械优势，耙雪促早化，抢播旱田作物。东部受灾分局、农场充分发挥机械优势，耙雪散墒。红兴隆分局友谊、五九七和二九一等农场安排机动车辆对大小麦种植地块进行耙雪，投入资金38.4万元，解除涝情面积0.64万公顷。北安分局在耙雪的同时，采取顶凌散墒、顶凌播种的方法，使6.61万公顷麦类作物全部抢播在高产期。二是充分利用排水系统排除积水。各受灾分局、农场按照要求组织水利机械清理积雪、疏通沟渠。人机齐上，对骨干工程积冰较厚的地段进行人力破冰。提早组织完成泵站检修并适时启动强排站排水。红兴隆分局出动人员1 500人次、机车240台班，清淤渠道40公里，启动排水泵站15座，排水量2 400万立方米。三是利用各种水利工程适时适量拦蓄桃花水，确保春季度汛安全并为灌溉做好水源储备。红兴隆分局拦蓄桃花水1.1亿立方米，建三江分局利用423座排蓄结合涵闸共截蓄桃花水398.77万立方米。四是迅速采取措施，确保职工群众生命财产安全。北安分局红色边疆农场出现大暴雨后，农场防汛指挥部成员单位共100多人冒雨及时用苫布将受灾房屋的房盖罩住。之后，农场出资购入铁皮瓦把受灾房屋全部修复。农场水务部门积极组织挖掘机清挖排水沟，排除耕地积水，减少灾情损失。由于组织有效，抢救及时，共挽回经济损失100余万元。面对历史罕见的夏伏连旱，垦区上下迅速行动，积极开辟抗旱水源，配套灌溉设施，综合利用农艺、生物、化学措施，提高作物抗灾能力。累计投入抗旱资金1.9亿元，抗旱人力74.1万人次，日启用机电井2万余眼，喷灌机8 000余台，各类运水车辆3.9万余台。新打抗旱水源井5 568眼，新购置抗旱设备1 751台套，抗旱累计用油8 176吨，用电305万度，累计浇灌面积28.31万公顷次，一些分局和农场还适时实施了人工增雨。经过垦区上下的共同努力，赢得了防汛抗旱工作的全面胜利。(孙 斌)

【水资源开发利用】 垦区多年平均河川径流量(地表水资源量)56.64亿立方米，多年平均地下水资源量为40.93亿立方米，两者之间的重复量约18亿立方米，扣除重复水量后，垦区多年平均年水资源总量为79.57亿立方米。2007

年，垦区水资源利用量达 66.3 亿立方米，占总资源量的 83%，其中农业用水为 65.7 亿立方米，占总用水量 99%，地表水利用量为 22 亿立方米，占总用水量的 33.2%，占水资源总量的 27.6%；地下水利用量为 44.3 亿立方米，占总用水量的 66.8%，占水资源总量的 55.7%。从水资源利用情况看，东部分局局部地区地下水已经超采。垦区过境水量十分丰富，达 2 785 亿立方米，由于资金不足，缺乏控制性工程，利用率很低。垦区根据界河、界湖水量丰富的这一特点，充分利用"两江(黑龙江、乌苏里江)一湖(兴凯湖)"的水资源，兴建了兴凯湖、八五九、绥滨大型渠首及骨干工程，在省发改委和水利厅的统一组织下，编制了《黑龙江省三江平原"两江一湖"干流沿岸灌区规划》，沿黑龙江、乌苏里江和兴凯湖沿岸共规划灌区 14 个。规划水田灌溉面积 73.93 万公顷，其中垦区的江萝、绥滨、二九〇、青龙山、勤得利、乌苏镇、八五九、饶河、兴凯湖 9 处灌区规划水田灌溉面积 58.93 万公顷，占总面积的 79.7%。2007 年，垦区大力开展了"两江一湖"灌区工程可行性研究报告的编制和上报审批。青龙山、乌苏镇外 7 处灌区可研报告均以编制完成，其中兴凯湖、江萝、勤得利 3 处灌区可研报告已由水利部规划总院进行了审查，水资源论证等附属报告也已分别上报有关部门审批，各项前期工作正在有序推进。（孙　斌）

【水务管理】 一是水行政管理。认真落实执法责任制，及时调处和预防各项水事纠纷。加强水资源的统一管理，积极配合开展水资源综合规划和入河排污口普查，加强了水资源费等水利规费的收缴。结合"世界水日"和"中国水周"开展了形式多样的水法规宣传活动。垦区共张贴宣传标语 18 000 余条、宣传画 1 100 余张；发放传单 2 万余份、宣传册 1 200 余册；重新粉刷及设立永久性标语牌 110 余处，出墙报板报 150 块；悬挂宣传条幅 320 余幅，出动宣传车 400 余台次，设水法宣传咨询站 80 余个，接待咨询群众 1 万余人。二是水利工程管理。继续推进松花江、嫩江干流堤防水管单位"管养分离"工作。加强喷灌服务组织建设，喷灌服务组织拥有喷灌机械数量达到喷灌机械总量的 32%，提高了服务能力。在继续开展河道采砂竞价承包的同时，加强河道的管理和保护。通过加强水利工程的日常管理，使工程完好率达 90%以上。推进水利工程管理体制机制改革，推进了查哈阳灌区农业水价综合改革的落实，启动了八五七农场朝阳灌区的水价改革工作，肇源、泰来中型灌区水价改革工作也取得了预期效果，据测算，灌区改革后较改革前节水 10%。对已成立的 33 个灌区用水者协会进行了规范，加强民主管理，推行财务公开，协调落实了八五九灌区用水者协会每亩地 3 元钱的田间工程管理资金。各灌区用水者协会充分发挥作用，全年共清淤渠道 130 公里，维修各类建筑物 200 余座，完成投资 624 万元，实现了灌区的良性发展。三是工程建设管理。严格履行基本建设程序，加强对参建单位的管理，认真进行质量评定，确保工程建设质量。及时组织对完建工程进行完工和投入使用验收，海林农场双峰水库除险加固工程、逊克农场宝元护岸工程、兴凯湖农场大湖护岸工程、延军农场延兴护岸工程、江滨农场三间房护岸工程顺利通过了省水利厅组织的竣工验收，除逊克农场宝元护岸工程质量被评定为合格外，其他四项工程质量均被评为优良。加强小型农田水利工程建设管理，组织专家对部分重点小水项目进行了技术咨询。小水重点工程全部实行了"三项制度"改革，宝泉岭、建三江分局还推行了小型农田水利工程由分局建设单位统一管理的管理模式，实现了建设、拨款、验收一体化，保证了工程建设顺利进行、投资及时到位、效益充分发挥。四是水土保持执法监督。认真贯彻落实全国水土保持监督执法专项行动电视电话会议精神，启动了垦区水土保持监督执法专项行动，水土保持"三同时"制度进一步落实。九三生物电厂等开发建设项目水土保持方案通过了省水利厅的审批，有效防止开发建设项目造成新的水土流失。（孙　斌）

林　业

【概况】 垦区实施生态经济型林业发展战略，建成了比较完善的防护林体系，绿化了大片荒山、荒地、道路、河流和营区，为发展质量效益型农业和生态农业奠定了坚实基础。2007 年，垦区林地面积达 89.4 万公顷，其中人工林 55.33 万公顷，森林覆盖率达 16.7%，活立木蓄积达 5 200 万立方米，建成了由 7 万条林带构成的 4 万余个防护网格，建成了小兴安岭和完达山两区域百万亩水土保持林工程，完成了农场区域三北防护林三期工程和 12 万公顷的退耕还林工程，治理冲刷沟 1 460 条，营造防浪护堤林 0.67 万公顷，以绿色城堡、绿色通道和绿色长廊为主的"三绿"工程 3.33 万公顷，使垦区营区绿化覆盖率达 23%，绿化公路 8 000 公里，绿化堤防 1 000 公里，建成了以七星泡、绥滨、克山等一批重点苗圃，形成育苗面积 0.27 万公顷，年产成苗 3 亿株的苗木产业；以五九七、友谊农场等为主的经济林基地，年产水果 4 000 吨，以中草药和食用菌为主的林业经济得到快速发展，林权改革有序推进；建成了以洪河、兴凯湖和挠力河国家级湿地自然保护区为重点的一批自然保护区，保护湿地面积达 33.33 万公顷。（王金武）

【造林绿化】 全面完成造林绿化和补植任务，完成重点防护林 1 333.33 公顷，退耕地造林 1 333.33 公顷，宜林荒山荒地造林 1 000 公顷，栽植绿化树 810 万株，植绿篱 87 万延长米，绿化造林面积 3 600 公顷，使小城镇绿化覆盖率提高了 3 个百分点，完成更新造林 2 733.33 公顷，合计完成造林绿化 10 000 公顷。补植以往退耕还林工程 20 666.67 公顷，补植以往重点防护林 4 000 公顷。成功地接待了国家对垦区退耕还林工程管理、工程质量和资金审计三项检查，国家退耕还林办副主任李青松对垦区退耕还林工程管理检查后指出：垦区退耕还林工程管理到位，标准高、规模大，能创造性地开展工作，地方林业专业系统也难以达到这样的标

准。 (王金武)

【苗圃育苗】 垦区继续发展以重点专业苗圃为主的苗木产业,充实技术力量,给予重点扶持,实行多树种、多品种培育林木、花卉苗木,实施规模育苗,以确保造林绿化用苗,垦区有各类苗圃120个,以七星泡、绥滨、克山、林职院等一批重点苗圃为主,形成育苗面积2 666.67公顷,年产成苗3亿株的苗木产业。2007年垦区完成育苗2 266.67公顷,其中新育面积402.4公顷,产苗3.1亿株,其中容器苗820万株。 (王金武)

【森林资源保护】 一是理顺了垦区林业行政执法职能,省厅全面授权管理垦区执法工作。将垦区林业纳入全省统一规划,在原有退耕还林、三北防护林、重点生态公益林及湿地自然保护区纳入省统一规划和国家投资计划的基础上,将边境防火线、湿地、森林病虫害防治、防沙治沙等纳入全省统一规划,积极争取国家投资;明确了市(地)和县发证职责,加大了林权证申领力度。二是圆满完成了森林防火任务。实行森林防火24小时值班值宿,积极争取国家投入和农场自筹资金改造森林防火设施设备,使通讯等预防水平和扑救能力提高,垦区全年未发生大的森林和草原火,仅发生1起俄罗斯越境火,6起草原火和1起幼林过火,过火面积共55.8公顷,低于省控制指标。全面完成了小兴安岭区域农场群重点火险区建设项目,使处于重点火险区的20个农场森林防火预报预测和扑救能力大幅度提高。三是基本控制住了森林病虫害的蔓延趋势,防治人工林14万公顷,使垦区林业有害生物成灾率控制在4.4‰以下,森林病虫鼠害防治率达81%以上,较好地保护了森林资源。四是全面开展了以打击乱垦乱占林地和湿地为重点的严打行动,全年发生毁林毁湿案件883起,查处880起,收回了一批乱开乱占的林地和湿地。严格采伐管理和重点公益林保护,使森林资源得到了科学发展。五是湿地及湿地类自然保护区得到有效保护。垦区有湿地面积90万公顷,面积较大的湿地主要分布在三江平原河流两岸,以洪河、挠力河、兴凯湖国家级自然保护区最具有完整性和代表性。垦区已建湿地自然保护区11个,其中国家级3个(挠力河、洪河和兴凯湖)、省级4个(虎口、乌苏里江、勤得利和水莲)、总局(市)级2个、分局(县)级2个,已列入保护区保护的湿地面积达38万公顷。2007年完成了挠力河国家级自然保护区一期基础设施建设项目。 (王金武)

【森林资源开发利用】 垦区家庭林场达15 563个,落实经营管护责任制面积13.33万公顷。一是经济林面积不断壮大,品种增加。垦区食用果经济林面积4 351.73公顷,沙棘2 333.33公顷。五九七农场打造"长林岛果品"绿色品牌,全场果树面积达1 333.33公顷,果农734户,从事果树生产人员2 202人,户均果树1.8公顷,户均果树收入11 226元,2007年该场产水果10 300吨,产值824万元,利润500万元。二是以木耳为主的食用菌得到快速发展。垦区一批农场利用林缘、苗圃用地等地缘优势,采用吊袋、坐袋等方式生产黑木耳、平菇、凤尾菇、榆黄蘑、猴头和香菇,垦区食用菌栽培达5 143万袋,其中黑木耳2 967万袋,香菇501万袋。三是中草药生产规模进一步扩大:垦区中草药种植面积达11 961.33公顷,其中林下参79.06公顷,棚参173.33公顷,平贝395.6公顷,龙胆草33.4公顷,防风399.73公顷,穿地龙87.33公顷。四是山野菜种植方兴未艾。垦区利用林地资源人工种植山野菜达4 543.67公顷,其中刺老芽198公顷,老山芹和蕨菜4 506公顷,铁力农场老山芹种植达333.33公顷,统一加工进入各大超市,公顷纯利达7 500元以上。五是野生动物养殖逐渐形成产业。垦区养殖梅花鹿17 690头、马鹿173头、狍子5 459头、黑熊380头、野猪1 920头、蓝狐106 051只、山鸡3 740只、貉11 210只、鸵鸟13只、大雁1 098只、林蛙60万只,带动了1 200余个养殖户,柳河、锦河等农场利用林下养殖山鸡、野猪和大雁等,打出了品牌,成为职工增收,农场增效的主要经济增长点。六是林权改革试点稳步推进,确定了八五五、绿色草原、新华、北兴、红卫、嘉荫、尖山、锦河、沙河等9个农牧场8 000余公顷人工林做为首批林权改革试点面积,其中八五五、绿色草原农牧场的林权改革在全省率先启动。 (王金武)

副业 渔业

【副业】 2007年,垦区坚持打绿色牌、走特色路,大力发展质量效益型自营经济产业。实现自营经济总产值140亿元,利润50亿元,分别较上年增长11.1%和7.5%;从业户均收入1.2万元,从业人均收入8 000元,分别比上年增长14.2%和11.1%。垦区实现自营经济产值超10亿元的分局6个,超亿元农场47个,超5 000万元农场23个。以128个龙头企业为依托,带动并建立主导产业基地1 000个。垦区成立行业、专业技术协会326个,发展会员7.3万人。各分局共投入发展自营经济资金75亿元,比上年增长45.8%,其中职工自投资金68亿元,比上年增长12.1%,单位政策性投入扶持资金7亿元,比上年增长10.5%。举办各类培训班1 750期,培训30.5万人次。建立了"北大荒致富网"站,为垦区职工增收致富搭建了服务交流信息平台。培养自营经济总局级"高科技示范户"1 500户。发展自营经济种植业面积40余万公顷。 (郝秀君)

【渔业】 2007年垦区渔业生产保持增长势头,实现渔业增加值1.46亿元,比上年增长15.0%。全年养殖面积为3.2万公顷,水产品产量达到2.77万吨,分别比上年增长43.1%和24.8%。垦区无公害水产品认证面积1 481.53公顷。垦区加大渔业技术推广力度,名特优品种养殖面积增加。稻田养鱼面积406.67公顷,驯化养鱼面积1 737公顷,综合养鱼面积17 034.33公顷,名特优养鱼面积10 972.47公顷,河蟹养殖面积6 149.93公顷。红兴隆分局积极开展新品种养殖试验和推广,开展了丁岁鱼养殖试验,引入鱼苗1.5万尾;推广六须鲶养殖,引入2.1万尾。建三江分局勤得利农场发挥资源优势,有效利用大中型水面及水库资源开展史氏鲟、鳌花、鲶鱼、狗鱼等名特优品种养殖。由于2007年春季雪大,垦区鱼种越冬受到一定损失。春季共出池鱼种1 107万尾,从垦区外购进鱼种270万尾。自繁鱼苗30 188万尾,从省外购进鱼苗22 106万尾。建三江分局各农场在春季池塘溶解氧急剧下降的情况下,积极采取清雪措施,使鱼种安全越冬,共出春片鱼种175万尾,成活率在90%以上;分局内部调剂,需求平衡,鱼种放养于5月10日前全部结束;鱼苗全部从哈尔滨及佳木斯等省内鱼种场购入,共投放夏花310万尾。2007年,垦区共发放养殖证537本,其中全民174本,集体363本,发证面积占已养殖面积的89%。

（胡　斌）

工　业

【概况】 2007年,垦区坚持大项目带动战略,“抓大扶小”,以效益为中心,大力推进和完善现代企业制度建设,积极探索和完善龙头与基地的利益联结机制,努力提高工业经济运行质量,完成工业增加值62.3亿元,同比增长66%;销售收完成270亿元,同比增长12.5%;利润总额完成8.3亿元,同比增长22%。其中,九三粮油工业集团有限公司依靠经营开始向国际化转型的牵动,完成销售收入92亿元,同比增长11%;报表利润总额超过12 000万元,同比增长4.25倍。龙垦麦芽通过加强与原料基地的联结,依靠充足的原料保证,达产率100%,抓住了国际大麦减产价涨的有利时机,实现市场占有率、效益同步增长。绥化分局的龙王食品公司获“全国农产品加工出口示范企业”称号,全省有两家企业获此荣誉。多多集团获2006年度中国优秀诚信企业称号,全省仅有4户企业获此殊荣。九三品牌荣获中国驰名商标,至此,垦区已拥有完达山、北大荒、九三3块中国驰名商标。有6个企业的10种产品列入全省专、精、特、新产品。多多集团列为“中国优秀诚信企业”称号,垦区有8户企业荣获全省诚信先进企业称号。

（于文华）

【龙头企业】 多多药业、完达山制药两大医药企业通过企业资产重组,经营层入股上岗,成立了北大荒药业集团,实现了新企新制,以多多药业已有双黄链针剂等四种产品在全国市场形成销量第一优势、机制灵活优势与完达山药业的原料资源、品种资源优势将形成互补,垦区医药产业发展进入新阶段。完达山乳业与台湾统一的合作有新进展,台湾统一的人员持股比例确定为34%,由总局独立组建经营层并选派了总经理,加强了经营班子的力量,为加快完达山乳业的发展打下基础。垦区在发展农业产业化经营中,对解决龙头与农户的利益联结难问题进行了大胆探索,2007年总结出了龙头企业通过入股分红、科技扶持、高价加收、转包土地、“龙头+经济公司(人)+农户”等方式,加强了与农户的利益连接,构造出了市场竞争新优势。北大荒马铃薯产业公司通过兑现分红、通过加大科技扶持种植环节、通过完善服务,巩固了与农户的入股分红的联结方式,在大旱之年,获得双赢。落实原料面积0.67万公顷,平均公顷产增加3 000公斤,达到25.5吨,农户收入同比增收达40%。企业收购原料达17万吨,产出精制淀粉2 600吨,在产量、质量、生产成本三项指标在国内同行业创下三个第一,实现利润20 054万元,是上年的10倍,农户股东分红增加10倍,农户与龙头企业形成了一体化经营。到2007年末,垦区拥有国家级重点龙头企业4户,经省政府批准,正在申报国家级龙头的有企业3户;新增省级重点龙头企业1户达12户;垦区级重点龙头企业新增18户达26户。

（于文华）

【工业项目建设】 到2007年12月25日九三薯业公司建设项目试车结束,垦区续建3个项目、新建的66个工业项目共有63个项目相继完成投产,总投资达14.52亿元。九三粮油集团防城港150万吨的大豆加工项目投资37 597万元,北大荒丰缘麦业面粉及方便食品加工项目投资18 325万元,秦皇岛10万吨大麦芽加工项目投资4 542万元3个续建项目已建成共投资60 464万元。3个当年新开工项目,北大荒九三薯业3万吨马铃薯精淀粉加工项目投资13 003万元、北大荒二龙山薯业3万吨马铃薯精淀粉加工项目投资14 031万元、红星农场5 000吨有机酸菜加工项目投资4 509万元,3个新开工项目共投资31 543万元。分局、农场、民营资本投资建设了63个工业项目,项目建设总投资达5.3亿元,其中引进资金达到4.8亿元。形成了马铃薯淀粉、蔬菜、沙棘、肠衣、亚麻、月苋草油、沼气等加工生产能力,成为垦区新的经济增长点。

（于文华）

【扶小工作取得新成果】 2007年6月19日垦区成立了垦区中小企业协会成立,有82家企业成为首批会员单位。这是继垦区建立中小企业信息平台后,扶持中小企业发展的又一重要举措。垦区加强了中小企业家培训工作,在省中小企业局的支持下,有9个企业家参加了省委组织部在省委党校举行的“优秀民营企业家培训班”,有7个民营企业家参加省委党校举办的“民营企业二次创业”培训班,有7名民营企业家参加了中央党校“民营企业家培训班”,有6个企业参加了“青岛海尔学习班”,有2个企业法人去浙江省挂职培训。组织“龙江巡回大讲堂”活动,由清华大学余明阳教授讲授“品牌战略”,垦区共有643人参加听课。垦区民营中小企业素质得到进一步提高,2007年实现增加值35.8亿元,同比增加18.9%;销售收入完成118亿元,同比增长28.7%;实现利润总额6.58亿元,同比增加19.3%。2007年10月北安分局长水河农场的黑龙江省兴安岭乳业在美国OTC BB板3 000万股挂牌上市交易,每股交易价12美元。这是国内继蒙牛、圣元、飞鹤之后在境外上市融资的第四家乳品企业,代表了垦区中小企业的发展水平。

（于文华）

【开辟“路海联运”新通道】 垦区列入省重点保障运输企业只有4户,年运输量在3万余车,只能满足重点户的需求。2007年9月,总局与中铁集装箱哈尔滨分公司实现合作,建立了迎春、卫星、八五〇、虎林、建三江、宝泉岭5个集装箱装车点,实现了“路海联运”,开辟了垦区铁路运输的新通道。

(于文华)

商　贸

【概况】 2007年垦区实现外贸进出口总额66 401.5万美元，完成年计划的110.7%，同比增长20.7%。外贸依存度为12.8%，拉动GDP增长1.68个百分点，外贸进出口均超额完成全年计划目标，垦区自营出口企业40多家、50多个品种。实现自营出口额超千万美元以上的企业2家。对俄罗斯贸易总额9 000万美元。垦区有48家外贸企业从事对俄贸易，经营品种达30多种。垦区有贸易往来的国家和地区达45个，21家企业拥有自主出口品牌24个。6家企业通过国际有关组织的有机认证，10家企业通过了国家认证。(赵贵军)

【国内外经济技术合作】 签订国内外经济技术合作项目484项，总投资额54.2亿元；国内外资金实际到位27.6亿元，同比增长38%，完成年初下达目标的121.6%。新批外商投资企业2家，总投资1 922.1万美元，合同资金到位额698.7万美元。组织参加了上海·北大荒绿色特色产品展销会、第18届哈洽会、济南农交会、齐齐哈尔绿博会、广交会、哈尔滨糖酒会等招商活动，共达成经贸合作项目286项，总金额77.47亿元。超亿元的招商引资项目5个，超5 000万元招商引资项目10个。其中工业项目203个，到位资金15.3亿元，占应到位资金的64.3%。房地产、服务类项目比重增加。全年共签订此类项目90个，占全部合作项目的18.6%，到位资金6.5亿元。合同利用外资到位率明显高于往年。全年利用外资项目39项，合同利用外资4 292.7万美元，资金全部到位，同比增长31.4%。(赵贵军)

【对外贸易】 2007年垦区进出口总额实现66 401.5亿美元，同比增长20.7%。出口总额实现34 952.4万美元，同比增长20.5%。初级产品出口额23 521.7万美元，占出口总额的67.3%；工业制成品出口额11 430.7万美元，占出口总额的32.7%。出口商品销往45个国家和地区。进口总额实现31 449.1万美元。进口商品来自美国、巴西、阿根廷等国家和地区。

垦区出口骨干商品情况统计表

(2007年)

商品名称	数量(吨)	金额(万美元)	销往国家及地区
黄大豆	123 431	5 342.7	日本、韩国
大米	314 869.6	8 234.8	日本、韩国 波多黎各、香港
玉米	37 408	1 092	俄罗斯
杂豆	87 041.2	4 212.1	韩国、英国、日本
冻牛肉	2 300	708.1	约旦、科威特
猪肉	8 617.8	1 772.8	俄罗斯
焦碳	17 840	223	印度
甜菜粕	22 106	907.7	韩国
大豆粉	7 074	804.4	韩国、日本、香港
奶粉	6 291	1 804.7	伊拉克、马来西亚
糖甙	223	678.1	日本、韩国

(宿雪萍)

【对俄罗斯经贸】 对俄罗斯进出口完成9 528.4万美元，同比增长19.1%，出口商品主要有大米、洋葱、马铃薯、速冻蔬菜、农业机械、服装鞋帽等。

垦区对俄罗斯进出口贸易情况统计表

(2007年)

商品名称	进出口(万美元)	进口(万美元)	出口(万美元)	占总额(%)
合　计	9 528.4	—	9 528.4	—
分割肉	1 772.8	—	1 772.8	18.6
洋葱	700.7	—	700.7	7.4
马铃薯淀粉	200	—	200	2.1
蔬菜	477.7	—	477.7	5.0
芸豆	515	—	515	5.4
马铃薯种薯	150	—	150	1.2
服装鞋帽	353	—	353	3.7
毛葱	144.6	—	144.6	1.6
大豆	450.9	—	450.9	4.7

(宿雪萍)

【实施农业资源开发项目】 在俄罗斯、菲律宾、朝鲜、阿联酋、尼日利亚等国家实施农业资源类开发项目32个。其中俄罗斯农业综合开发项目规模大、牵动力强，由8个分局28个农场和3家龙头企业组织实施，累计过境农机具1 323台套，输出劳务1 972人次，生产粮食8 257.5万公斤，总投资1.83亿元，经济效益达8 500多万元。(赵贵军)

【内贸流通工作】 出台了《关于加强垦区内贸流通工作的指导意见》，进一步规范了垦区酒类流通、供销社、报废汽车回收管理和供销社工作，总局、分局供销社正式挂牌。促进了消费品市场的繁荣，消费品市场购销两旺，内贸流通业呈现出良好发展势头，全年实现社会消费品零售总额76亿元，比上年增长13.4%。垦区酒类流通管理职能和行政执法工作进一步加强，建立健全了垦区酒类流通备案登记和《随附单》管理制度，全面实行规范化、法制化、制度化、科学化管理。实现垦区酒类流通管理"六统一"。组织全垦区商务系统酒类行政执法人员176人的法律、法规和酒类管理专业知识培训，取得商务执法证书。市场体系建设有新进展。北大荒银海二手车交易市场和报废汽车回收公司挂牌开业，垦区二手车交易和报废汽车管理步入法制化和规范化轨道。“两项工程”建设有新成效。“万村千乡市场工程”试点范围扩大到6个分局，试点分局（企业）和农家店累计投入资金1 000多万元，建设和改造配送中心2家、北大荒日用品“农家店”200家和北大荒农资店100家。国内市场开拓有新突破。开设北大荒绿色食品专卖加盟连锁店、连锁专柜30余家，在哈尔滨建设北大荒绿色食品配送中心和上海北大荒绿色特色产品旗舰店相继开业，北大荒粮食电子交易市场正式启动运营，北大荒粮油信息网启动开通，及时发布全国的粮食行情、政策信息等，为垦区发展现代粮食物流创造了有利条件。市场运行监测水平有新提高。有9家企业被商务部列为应急商品重点联系、城市生活必需品监测、重要生产资料和重点流通监测企业，定期向商务部报送市场运行信息。整顿和规范市场秩序工作有新进展。开展流通领域食品安全、农资经营等专项检查整治活动，加强了生产资料市场涉嫌犯罪行为移交公安机关协调对接工作。（赵贵军）

粮　　食

【概况】　垦区作为国家重要的商品粮生产基地，2007年粮豆总产124.65亿公斤，向社会提供商品粮110亿公斤，商品率达90%。其中垦区水稻总产79.8亿公斤，占全省水稻总产量的48%；商品量76.5亿公斤，占全省水稻商品量的61%。（陈　智）

【粮食流通管理及行政执法】　垦区认真做好粮食生产及销售工作，保障粮食安全，保障市场粮食供应。加强粮食安全工作，及时检查粮食企业库存情况，加强垦区粮食整晒管理，杜绝霉、坏、烂粮现象发生，提高垦区粮食品质。扶持多元粮食市场主体发展，提高粮食转化能力。2007年垦区粮食产量1 376万吨，商品粮1 244万吨，销售1 200万吨，实现了粮食生产购销两旺。以依法行政为目的，抓好粮食收购许可证的核发工作。2007年底，垦区累计核发“粮食收购许可证”561份。审核颁发粮食收购许可证71份。对辖区内的粮食收购资格进行了全面的核查。全局核查前发出粮食收购许可证71份。经过核查，符合资格的67份，暂停粮食收购许可证4份。（祖国红）

【粮食直补】　2007年垦区发放粮食补贴的范围为114个农场及总局、分局直属单位，粮食补贴总户数为236 470户，粮食补贴面积为33 751 401.94亩，发放粮食补贴资金总额939 292 576.71元（上级拨款907 581 743元，农场自筹31 710 833.71元）；其中：发放粮食直补资金总额434 863 981.09元（上级拨款414 152 596元，农场自筹20 711 385.09元）；发放粮食综合直补资金总额504 428 595.62元（上级拨款49 3429 147元，农场自筹10 999 448.62元）。垦区各级粮补单位组织粮补培训268次，培训总人数5 142人，宣传次数共计2 329次，印发公开信391 327封，接受农民来电咨询和举报389次，纠正问题111个，改进工作方法15处。粮食补贴政策的落实，极大调动了垦区广大种植户的积极性，缓解了职工种地资金紧张的情况。（付明哲）

交　　通

【概况】　2007年，垦区共完成交通建设总投资158 434.1万元，比上年增加59.7%。其中：国家投资20 712万元，省投资30 998万元，总局投资26 519万元，总局交通局投资3 277万元，分局、农场配套资金76 928万元。公路建成通车里程2 523.7公里，超计划37%。新改建和维修分局、农场客运站15个，新建分场客运站16个，停靠站105个，农场货运站7个。培训合格驾驶人员5 068人，机动车驾驶人员结业考试合格7 158人，结业考试合格率达到90%以上。共征收交通规费27 524万元，同比增加3 461万元，增长14.4%；征收车辆通行费2 386万元，同比增加382万元，增长13.6%。征收路政赔补（偿）费340万元，比上年增收23.6%。（徐庆斌）

【公路建设】　垦区全年完成公路基础设施总投资152.84万元，通村公路建设项目165项，通达公路建设项目62项，渡改桥建设项目13个，路网改造建设项目7项。通达工程完成595.7公里，通畅新续建完成1 426.2公里，骨架口岸公路完成495.2公里。改造县道危涵35道，改造乡、村道危桥25座554延长米。新创建文明样板路150公里，超计划50%，保持文明样板路1 015公里，保持率达95%。新建文明过境路段4条。（徐庆斌）

【运输】　垦区全年共完成道路客运量948万人次，客运周转量58 157.1万人公里，同比分别增长2.4%和19%。更新营运客车96台，其中新增农村客运班车44台。成立3家出租汽车公司。完成货运量1 854.8万吨，货运周转量111 809.3万吨公里，同比分别增长0.9%和14.9%。新增485台营运货车，其中大吨位车辆86台，专业化、厢式化载货汽车达154台。各分局货运网络融入北大荒物流信息平台。危险品运输车辆融入北大荒物流公司。综合性能检测站进行了计量认定工作，增加了公安安全检测项目。（徐庆斌）

通　　信

【概况】　2007年，黑龙江省农垦通信有限公司固定资产4.4亿元。营业额1.2亿元，利润5万元，上缴税金376万元。员工2 315名，其中：具有高级专业技术职称的101名，中级专业技术人员291名，工人技师915名。固定电话用户288 367户，新装机19 393户，拆机20 500户，人均固定电话普及率达21.98%，电话队达1 745个，新增电话队20个，占生产队总数的86.99%。数据宽带用户40 419户，全年纯增宽带用户13 442户。开通了共建成公安、交警、建设银行、工商、社会保险、财务等专业数据网络；开通119套电视电话会议系统；公司有通信线路3.9万公里，其中：光缆线路1.23万公里，市话电缆

1.14万公里，微波传输线路1 788.9公里，程控交换机容量达70万线，实占容量46.8万线，开通了总局至分局、农场、管理区和生产队(作业点)电路59 442路，连接着分布在黑龙江省境内51个市县的9个分局、95个农牧场和局直企事业单位，建成了技术先进、功能齐全、宽带高速率现代化的专用信息通信网，是国内唯一服务于农业的专用信息通信网。公司为提高员工的业务技术素质，组织了各种培训活动26次，参加人员750人次，有59%的员工得到不同程度的培训，员工素质和业务技能有了很大的提高。 (才宏伟)

【通信网络建设】 2007年投资1 051.7万元，进行网络建设和改造，其中：数据网建设投资296.9万元，占总投资额的29%；交换网建设投资62.6万元，占总投资额的6%；传输网建设投资159.8万元，占总投资额的15%；管理系统和电源系统建设投资174.2万元，占总投资额的16%；光缆、电缆线路及基础网络建设投资358.2万元，占总金投资额的34%。完成了牡丹江分公司场队传输网络带宽扩容、和平牧场等一批接入网扩容建设工程。建设完成了部分分局电业专用数据网、土地专用数据网、农村信用社专用数据网工程。顺利地完成了牡丹江、齐齐哈尔分公司整体搬迁改造工程。完成对全网电路清理统计，优化了网络结构，提高了网络使用效率。保证了总局至分局电路的合理使用。在总局至分局干线传输设备老化、故障率增加、备品备件严重短缺的情况下，保证了信息通信网络的畅通。(才宏伟)

【企业经营管理】 2007年公司对各分公司近几年的业务收入、成本支出进行了细致的分析，在核实固定电话、宽带用户部数的基础上，确定各分公司经营收入和费用指标，考核指标更加细化。公司制定并实施了《账销案存实施细则》和《资产减值准备计提与资产核销管理细则》等制度，保证了国有资产保值增值，降低了公司资产风险。发挥了内审在公司经营管理中的监督和服务职能。 (才宏伟)

建筑业与小城镇建设

【概况】 2007年垦区建设事业取得了丰硕成果，共完成住宅建设面积129万平方米，住宅建设量创历史新高，其中经济适用住房58万平方米，廉租房1万平方米。赵光、饶河、五九七、红旗岭、八五〇、八五七、八五八、红光等农场建设了一批针对不同收入群体的各具特色的普通住宅、新型住宅和廉租住宅小区。垦区拆除破旧房屋24万平方米，拆除泥草房43万平方米。全年撤并搬迁26个居民点，其中九三分局撤并搬迁9个居民点。新铺装城镇混凝土道路83公里；军川等17个农场进行了给水改造工程，新建给排水管线82公里，新增集中供热面积150万平方米。建三江分局局直投资1 040万元，修建白色路面8.5万平方米，新增给水管线4.5公里，排水管线4.7公里；投资375万元，新建供热管线10 855米；投资926万元，新建了垦区第一座全长385.4米的双向车道铁路地道桥。垦区新建改建医疗用房2万平方米，完成教育危房改造7.3万平方米，红兴隆、建三江和九三分局新建了老年公寓、老年康乐中心和残疾人康复中心。垦区建设文化体育场所87处。 (宁财政)

【设计与施工】 到2007年底，垦区共有勘察设计单位21家，从业人员近1 000人。勘察设计行业产值首次突破8 000万元。有建筑施工企业240家(其中施工总承包序列企业97家，专业承包序列企业45家，劳务分包序列企业98家)，监理企业11家，有招投标代理机构4家，有兼营项目管理公司企业2家。垦区建筑业从业人员5万人，专业岗位人员2 461人(其中：一级建造师160人，二级建造师650人，项目经理600人，工长380人，总监理工程师77人，监理工程师220人，评标专家374人)。2007年垦区建筑业企业建筑业总产值25.45亿元，其中，在外省施工产值10.32亿元，利税总额2.8亿元。经营状况良好、无亏损企业，全行业企业经济效益超历史水平，企业素质不断提高。垦区重点在地基基础和地下空间工程、高性能混凝土、高效钢筋与预应力、新型摸板及脚手架应用、钢结构、安装工程应用、建筑节能和环保应用、建筑防水、施工过程监测和控制、建筑企业管理信息化技术等10个方面推进了建筑业10项新技术和新技术应用工作，有6个工程获得黑龙江省建筑业2007年度新技术应用示范工程，分别是：黑龙江农垦建工有限公司施工的北大荒集团马铃薯产业有限公司办公楼工程和红兴隆分局第三高级中学教学主楼工程及鄂伦春嵩天薯业马铃薯精致淀粉项目、黑龙江宝厦建设有限公司施工的大兴农场中学教学楼、黑龙江垦区龙垦建设工程总公司施工的上京国际产权式公寓、黑龙江天德建设工程有限公司施工的总局总医院康复楼工程。有6项技术申报省级工法：农垦建工路桥有限公司后张法预应力空心板梁预制施工技术、农垦建工路桥有限公司水泥粉喷桩加固滨海地区涵洞基础底软基施工技术、黑龙江农垦建工有限公司多普勒天气雷达塔十六层平台施工技术、黑龙江农垦建工有限公司高寒地区现浇砼复合无网聚苯板颗粒外墙保温施工技术、黑龙江农垦建工有限公司试块标养室技术、黑龙江农垦建工有限公司双曲线冷却塔人字柱更换施工技术。推进企业QC小组活动，达到国家级水平的QC小组有4个，分别是：农垦建工一分公司QC小组、农垦建工三公司QC小组、农垦路桥公司QC小组、垦区龙垦建筑总公司QC小组。 (宁财政)

【建筑工程】 2007年垦区在建工程234项，总建筑面积125.86万平方米，总投资11.37亿元。大、中型工业项目建设情况：一是北大荒九三薯业3万吨马铃薯精制淀粉加工项目。该建设项目3月26日批准立项，项目建筑面积4.4万平方米，计划投资1.2亿元，其中土建和设备及安装投资9 458万元。工程6月27日开工，12月10日开始单机调试，18日进行整体连接并带料试车，按计划22日正式出淀粉，共生产淀粉140余吨，经质检部门化验达到优质标准。通过招标工程节省建设投资就近450万元。工程已申报黑龙江省质量结构优质和安全文明工地。二是北大荒二龙山农场3万吨马铃薯精制淀粉加工项目。该项目于2007年3月21由总局批准立项，项目建筑面积4.3万平方米，计划投资1.2亿元，其中土建和设备及安装投资1.02亿元。完成投资1.2亿元，工程7月3日开工，11月15日进行设备安装，年底前工程设备工程安装结束并进行试生产。通过招标工程节省建设投资415万元。工程已申报黑龙江省质量结构优质和安全文明工地。三是黑龙江省红星农场有机蔬菜加工项目。该项目3月15日批准立项，项目建筑面积9 277平方米，计划投资4 300万元，其中土建和设备及安装投资4 000万元。工程6月17日开工，10月25日开始单机调试，10月30日完成整体连接试车，12月25日产品正式出厂，年底前共出厂产品45吨，经质检部门化验达到优质标准。通过招标工程节省建设投资175万元。工程已申报黑龙江省质量结构优质和安全文明工地。

（宁财政）

住房公积金管理

【概况】 2007年垦区住房公积金工作严格执行《住房公积金管理条例》，坚持“一手抓发展，一手抓调控”，完善了《垦区住房公积金管理办法》、《垦区住房公积金缴存实施细则》、《垦区住房公积金个人贷款管理办法》、《垦区住房公积金提取管理办法》，使住房公积金各项管理工作逐步走向制度化、程序化、规范化，从而实现了依法管理、规范管理。总局勘测设计院、九三分局11个农场等60个单位相继建立了住房公积金制度，缴存职工增加4 205人。截止2007年末，垦区共有493个单位建立了公积金制度，开户职工47 550人，住房公积金覆盖率达32%，同比增长12%；年归集公积金2.3亿元，同比增长35%；归集总额达9.25亿元，同比增长33.6%；覆盖率32%,同比增长12%。住房公积金在发放个人贷款上取得突破性进展。对新建立住房公积金制度的单位，职工补交1年的就可以办理住房公积金贷款，贷款额度为购房总价的50%～70%。对分局、农场的贷款额度做相应调整，在原基础上分别提高25%。深入基层，现场一站式办公，先后7次到红光、肇源等农场为172户职工发放贷款。2007年发放个人贷款6 100万元，同比增长79.25%，累计总额1.3亿元。通过发放个人贷款、购买国债等方式，年业务收入达1 899.8万元，确保了住房公积金稳步增值，年增值收益962万元。为解决贫困职工住房，从增值收益中拿出197万元，用于垦区建设廉租住房。

（李　健）

环境保护

【概况】 2007年，垦区构建资源节约型和环境友好型社会，推行循环经济和生态工业园区建设，认真开展了生态环境保护、环境执法监督、污染物总量减排等各项工作，环保工作取得了新进展。全年共投资5.5亿元，控制污染物排放总量、处理生活污水、防治面源污染、推行清洁生产、强化危险废物监管，在垦区生产总值比上年增长13.2%的情况下，化学需氧量和二氧化硫排放量得到初步控制。自然保护区、生态示范区、生态功能保护区建设规模扩大、质量提升。垦区已建成国家级生态示范区，自然保护区数量达22个，总保护面积达75万公顷。环境监察执法收效明显，开展了“松花江流域污染防治”等三次环保专项行动，对危害人民群众的污水、废气、噪声、废渣、放射性污染等进行全方位监管，全年取缔19家“十五小”企业。

（甄　宏）

【污染源普查】 2007年11月下旬，总局普查办开展了垦区污染源普查清查工作。经过近一个月的摸底清查，全垦区共有污染源4 249个，其中工业源617个（重点工业源212个，一般工业源405个），生活源3 632个；从清查中已确定普查对象为2 116个，其中工业源543个（重点工业源186个，一般工业源357个），生活源1 573个。

（张佳程）

【污染防治】 垦区开展了以污染物总量减排为主线的污染防治工作。制定了《黑龙江垦区“十一五”期间主要污染物总量减排工作实施方案》。2007年，总共审批建设项目28个，报告书7个，报告表21个。垦区环保专项资金治理项目于2007年正式启动，共安排了8个污染治理项目，总投资2 896.15万元，其中，项目单位自筹资金2 091.55万元，环保专项资金补助804.6万元。一是九三油脂有限责任公司惠民分公司污水处理回用项目，总投资178.7万元，项目单位自筹123.7万元，拨款补助55万元。通过陶瓷无机过滤膜系统，对精炼车间产生的碱炼洗涤水进行初处理，分离皂角和污水，将污水再进行生化处理，达到中水并进行循环冷凝循环利用。二是北大荒农业股份有限公司浩良河化肥分公司尿素工艺废液回收利用项目，总投资998.7万元，项目单位自筹699.1万元，拨款补助299.6万元。利用中压深度水解技术，对水溶液全循环法生产过程中的废水回收氨氮，实现尿素系统氨氮零排放。三是北大荒米业迎春制米厂水稻烘干塔热风炉燃煤改燃稻壳改造项目，总投资254.6万元，项目单位自筹184.6万元，拨款补助70万元。通过对原燃烧煤锅炉技术改造，达到全部使用稻壳，以稻壳燃烧产生的热能对含水超标的水稻进行烘干。四是农垦总医院医疗污水深度处理项目，总投资84.15万元，项目单位自筹44.15万元，拨款补助40万元。利用MBR技术，改造和增加新设备，对医疗废水中COD、BOD、悬浮物等污染物进行处理，使其达到国家排放标准。五是建三江华盛热电公司循环流化床锅炉掺烧稻壳替代原煤发电项目，总投资630万元，项目单位自筹430万元，拨款补助200万元。通过对循环流化床锅炉改造，进行掺烧稻壳替代原煤发电。六是襄河农场秸秆气化站项目，总投资220万元，项目单位自筹170万元，拨款补助50万元。利用作物秸秆制作可再生燃料，供居民炊事、取暖和沐浴用。七是绿色草原牧场大型沼气工程建设项目，总投资220万元，项目单位自筹170万元，拨款补助50万元。利用厌氧生物处理技术、生物制肥技术和现代水处理技术，对牛场产生的粪、尿和污水进行发酵、固液分离、综合处理,生产沼气和BB有机肥,控制面源污染。八是铁力农场第一管理区沼气建设项目,总投资180万元,项目单位自筹140万元,拨款补助40万元。利用厌氧生物处理技术、生物制肥技术和现代水处理技术,对牛场产生的粪、尿和污水进行发酵、固液分离、综合处理,生产沼气和BB有机肥,控制面源污染。

(孙晓黎　贾明均)

【生态保护】 垦区认真落实了《黑龙江省生态省建设规划纲要》,制定了分局局长、农场场长生态垦区建设目标责任制,将生态垦区建设纳入局、场两级领导目标管理,作为强化生态垦区建设领导体系的一项重要内容,实行严格的考核和奖惩。总局与各分局均制定了生态垦区建设计划表,分局依据年初上报的建设计划任务制定了年度行动计划,针对各项指标,组织落实建设任务。出台了《加快推进黑龙江省农垦总局生态垦区建设工作方案》,明确提出垦区提前5年率先完成生态省建设任务。2007垦区全年完成重点防护林1 333.33公顷,退耕地造林1 333.33公顷,宜林荒山荒地造林1 000公顷,栽植绿化树810万株,植绿篱87万延长米,绿化造林面积3 600公顷,使小城镇绿化覆盖率提高了3个百分点,同时完成更新造林2 733.33公顷,合计完成造林绿化15 000公顷。补植以往退耕还林工程20 666.67公顷,补植以往重点防护林4 000公顷;单位GDP水耗1 100立方米/万元,水土流失治理工程10 666.67公顷,水土流失治理率达53%;创建全国绿色食品标准化原料生产基地10个,认定全国无公害农产品产地710个,认证绿色食品30个,有机食品40个,无公害农产品362个;城镇人均公共绿地面积13.5平方米、城市化水平54%、城市燃气普及率76%、集中供热普及率76%;组织、指导九三分局、哈拉海农场完成了哈拉海自然保护区晋级工作。考核命名了省级环境优美乡镇11个,组织完成了5个省级生态村建设规划的编制。开展了省级生态工业园区的试点落实工作,北大荒纸业有限责任公司、建三江发电厂和哈尔滨多化多农业生物科技有限公司3家企业被列为第一批省级生态工业园区创建试点。

(王　楠)

【环境监察】 一是开展了松花江流域(黑龙江)污染防治专项行动。2007年4至7月在整治工作中,垦区各级环保部门对辖区内水源地及重要江河干流和主要支流沿线的高污染行业和重点污染源进行了认真排查,出动158人次,对27家排污单位进行了现场检查。二是开展了整治违法排污企业保障群众健康环保专项行动。2007年5月,农垦总局制定下发了《黑龙江垦区2007年整治违法排污企业保障群众健康环保专项行动实施方案》(黑垦局办文[2007]33号),确定垦区环保专项行动的整治重点是饮用水源保护区、工业园区、危害群众健康和影响可持续发展等重点行业环境违法问题。此次行动,垦区累计出动1 547人次,对排污单位进行了519次现场检查,其中对123个饮用水源地及周围企业进行了153次现场检查;关停4家造纸企业,取缔19家十五小企业,其中小炼焦16家、小炼钢1家、小造纸1家、小水泥1家,对宝泉岭兴汇热电厂、红兴隆江川水泥厂、红兴隆农垦万利油脂厂、红兴隆兴利水泥厂等企业环境违法行为实施了查处。三是开展了"两考"期间环境噪声综合整治。垦区9个分局共设高、中考考点76处,垦区共发布及发放各类公告、告示及宣传材料4 300余份,聘请义务监督员249人。各级环保部门与相关部门联合执法,查处建筑材料施工工地噪声扰民、室内装修及营业性娱乐文化场所260余家,处罚5家,综合整治出动车辆100多次,人员1 474人次。四是开展了现场监督执法。垦区各级环境监察部门现场检查总次数为3 589次,其中污染防治设施现场检查1 067次;建设项目现场检查984次,限期治理项目现场检查31次;许可证现场检查193次;排污申报现场检查455次;生态、噪声现场检查842次。污染防治设施运转率100%,运转达标率96%;"三同时"执行率100%;限期治理完成率100%。信访案件共发生113起,处理113起,结案113起,处理率和结案率均为100%。

(马凤金)

【环保宣传教育】 按照全民环境教育规划要求,继续开展了系列读书、绿色家园创建、世纪行、重要纪念日宣传活动。总局环保局和教育局加大了对垦区绿色学校创建的指导力度,有15所学校通过了总局级绿色学校的验收,有45所学校通过了复检。有11所学校被推荐申报了省级绿色学校。结合垦区实际,修订下发了《总局绿色学校评估标准》,垦区绿色学校创建工作步入制度化、规范化轨道。继续完善了全民环境教育组织网络体系建设,建设网络单位200余个。

(甄　宏)

旅　游

【概况】 垦区旅游资源丰富,山川、河流、湖泊、丘陵、平原皆有;湿地景观、冰雪景观、森林景观、生态农业景观、人文景观俱全。主要景区有当壁镇旅游度假区、香坊北大荒现代农业园、北大荒宁安现代农业示范园、绥棱农场金斗湾旅游度假区、八五六农场青山旅游度假区、嫩江农场生态农业观光区、雁窝岛自然保护区、洪河自然保护区、兴凯湖第二泄洪闸、八五九农场东安镇、柳河生态旅游区、大西江农场旅游区、宝泉岭尚志公园、北大荒博物馆等景区。推出了北大荒现代农业观光游、北大荒知青返乡游等旅游精品线路。现有一家国际旅行社和5家国内旅行社。2007年垦区接待旅游人数124.6万人次、旅游收入3.9亿元。

(陈宇华)

【当壁镇兴凯湖旅游度假区】 位于中俄界湖兴凯湖的北岸,距密山市中心42公里,隶属八五一〇农场,是国家AAA级景区、全国农业旅游示范点。景区内主要景点有国门——密山口岸、王震将军率师开发北大荒纪念碑、北大荒开发纪念馆、世界吉尼斯记录最小边界桥"白棱河桥"、国家级兴凯湖大白鱼繁育基地、中俄贸易商场、生态农业观光区、湖滨鹿苑、熊乐园等。

(陈宇华)

【北大荒现代农业园】 坐落于哈尔滨市香坊区香福路146号,是国家AAA级景区、省农业旅游示范点、全国花卉生产示范基地、垦区青少年科普教育基地、青少年爱国主义教育基地。园区占地面积66.7万平方米。交通便利，生态环境优良，景色宜人。景区由商业服务区、体验互动区、休闲娱乐区三部分组成。园内有现代化智能温室400栋，2.6万平方米生态酒店可同时容纳2 000人就餐，山体4万平方米，水面3万平方米，尽显山水之美。这里，可看到现代化农业科技展示及其成果转化、绿色有机农业生产经营，还可现场采摘、互动体验、休闲观光、餐饮娱乐、拓展训练。这里，早春时可以目睹桃花与雪花争艳，盛夏时可以闻到满园瓜菜飘香，深秋可以尽尝瓜果梨桃，严冬可以徜徉绿海花山。（陈宇华）

【嫩江农场现代农业观光区】位于黑河市、嫩江县境内，是国家AAA级景区、全国农业旅游示范点。景区以绿色农业生态游为主，以漂流和狩猎为辅。景区设有八大景点一个狩猎场：森林公园占地400公顷，园内设有森林浴场、森林观光塔、林苗花卉区、文化休闲广场和狩猎场；源明湖公园占地73.8公顷，有南国水乡之风韵，园内设有沙滩浴场、时进岛观光、快艇游乐、垂钓四大功能区；职工别墅住宅小区建有12栋欧式风格的别墅大院，总建筑面积3 806平方米，占地2 000平方米，总投资571万元，铺有14 300平方米的草坪，这里洋溢着异域风情、弥漫着乡村气息；高科技示范园区占地60公顷，集科研、旅游观光于一体，由马铃薯高科技园区和种子科学示范园区组成；现代奶牛示范小区占地1 600平方米，建有3栋标准化牛舍，一栋机械化的挤奶车间，小区内的奶牛膘肥体壮、奶质优良，游人可以喝上一杯亲自动手煮制的香浓甜美的鲜奶；现代农业观光区占地5 274.83公顷，在拥有世界上最先进的农机具139台套的基础上，农场投资2 000万元引进美国约翰·迪尔公司及英国纽荷兰大马力机械9台套，单台动力在250～300马力；农场陈列馆占地2公顷，房屋院落的内外陈设体现了当年知青下乡支边的景象，是一段历史的浓缩与再现；科洛河火山湿地观光漂流区占地2 100公顷的大片湿地，拥有典型的湿地植被，夏季碧光万顷，秋季五彩缤纷，冬季银装素裹。漂流河段全长14公里，全程历时2小时；嫩江农场狩猎场是黑河市首家大型封闭式狩猎场，占地40余公顷。狩猎场四季风景秀丽，场内森林覆盖率达80%，有40余种树木，20余种鸟类，配有专门的野味加工中心。场内另配有经过专门训练的导猎员，游人可在此安全地进行狩猎。（陈宇华）

【八五六农场生态旅游度假区】位于黑龙江省农垦牡丹江分局八五六农场，距虎林市区32公里，为省农业旅游示范点。是集农业观光、生态旅游、休闲度假、餐饮娱乐等功能为一体的旅游景点。这里有享誉全国的垦区第一水稻大场，盛产优质的八五六绿色稻米。主要参观游览点有青山公园、文化广场、休闲广场、青山湖公园、寒区名城镇艺术建筑群、高科技农业试验示范园、现代化绿色稻米生产线、三合生态园、水上园林、山林小村、野生动物训殖园、垂钓乐园、全国最大的刺五加栽培基地等。（陈宇华）

【北大荒博物馆】为全国青少年教育基地、黑龙江省爱国主义教育基地，位于哈尔滨市红旗大街175号黑龙江省农垦总局院内。距离市中心约3公里。是展示黑龙江垦区半个多世纪发展历史的专题型博物馆。该馆包括美丽富饶的北大荒、党和国家领导人关怀北大荒、北大荒英雄群体、灿烂的文化艺术、现代化农业、龙头企业及产业化共六个展厅。展示面积近万米，馆内藏品5 000多件，其中不乏国家级珍贵文物，有毛泽东、朱德、邓小平、董必武、王震、江泽民、李鹏等党和国家领导人关怀北大荒的文献资料，有著名作家、艺术家歌颂北大荒的作品。馆内除了实物外，还有微缩景观、大型沙盘、铜雕，有目前全国最大的室内浮雕《北大荒人颂》。展览内容丰富、主题鲜明、形式新颖，集教育和欣赏性于一体。（陈宇华）

【金斗湾旅游度假区】位于绥棱农场，为AA景区，主要景点有金斗湾公园、北大荒影视城、蒙古风情园、金斗湾漂流区等组成。金斗湾公园为诺敏河漂流的终点，公园由鹅卵石休闲场、野憩林、活水泳池、沙滩游乐园、森林浴场、露天剧场、大自然饭庄、水上餐厅、林中木屋等构成。北大荒影视城始建于2004年，占地面积30 000平方米。作为26集电视连续剧《破天荒》的影视基地，完整地保留了剧组拍摄时的原始道具，影视城浓缩了北大荒50年三代人的创业史。影视城采用木刻楞的建筑风格，游人能亲身体验拓荒岁月、知青岁月。蒙古风情园座落在诺敏河沿岸，占地面积4 400平方米。由11个具有传统特色的蒙古包组成的蒙族群落，可一次接待180人进餐、100人住宿。诺敏河流经绥棱农场场区20公里，起点位于诺敏湖出口200米处，漂流水源来自水利发电站，是我省唯一一处可人为调节沽汛差异的漂流场所。（陈宇华）

【旅游管理】2006年8月，省旅游局赋予农垦总局国内旅行社审批、二星级以下（包括二星级）旅游饭店评定、A级景区及工农业旅游示范点呈报等旅游管理职能。2007年总局全面开展了旅游管理工作，按“一点三线”，以哈尔滨为中心，辐射东、中、西部地区的旅游发展新格局，16次下场考察旅游资源，踏查旅游线路，指导景区建设，结合垦区开发建设60周年和2007第四届中国（黑龙江）国际农业机械博览会暨北大荒现代农业机械与装备展览会，组织开展了北大荒农业王国之旅活动，推出了北大荒现代农业观光、北大荒知青回访游等精品旅游线路；打造北大荒旅游品牌，培育旅游龙头企业。指导景区的A评和工农业旅游示范点的创建和提档升级，推荐呈报的香坊北大荒现代农业园国家AAA级景区和省农业旅游示范点均通过省旅游局验收。整和旅游资原，组建北大荒国际旅行社；加大旅游市场促销，推介促销北大荒旅游产品；完善服务设施，提高服务水平，指导了星级旅游饭店的申报评定。筹备举办了垦区旅游管理工作人员培训班和导游员培训班，培养垦区导游员、讲解员，提高旅游从业人员素质和水平。

（陈宇华）

经营管理

发展与改革

【能源管理】 2007年总局成立节能减排领导小组。黑龙江省农垦总局下发《关于成立节能减排及应对气候变化领导小组的通知》(黑垦局办文[2007]68号),领导小组组长隋凤富,办公室主任由王峰兼任,具体工作由能源办和环保局承办。《黑龙江省农村可在生能源开发利用条例》由黑龙江省第十届人民代表大会常务委员会第三十二次会议通过,明确省农垦总局、分局负责垦区内的农村可再生能源开发利用和管理工作,具体工作可以委托已设立的农村能源管理机构负责,业务上接受省农业行政主管部门的指导和监督。总局将万元生产总值综合能耗指标纳入对分局目标考核中,以《2007年度分局经济和社会发展目标考核及机关分配制度改革实施意见》(黑垦发[2007]9号)文件下发。2007年争取国家政策、资金、落实项目情况:五九七农场秸秆气化集中供气项目,项目总投资325万元,其中中央预算271万元,地方配套54万元,建设秸秆气化站1座及相应设施,购置秸秆气化机组3台、储气柜3座、灶具200套、取暖炉150套。阎家岗农场养殖场大型沼气工程建设项目,项目总投资307万元,其中中央预算150万元,地方配套195万元,建设1 500立方米厌氧罐等土建工程,购置仪器设备19台(套);八五七农场第六管理区沼气工程,项目总投资291万元,其中中央预算110万元,地方配套217万元,建设600立方米厌氧罐等土建工程,购置仪器设备13台(套);曙光农场养殖场大型沼气综合利用工程,建设1 000立方米厌氧罐等土建工程,购置仪器设备35台(套);海林农场第二管理区养殖场沼气工程,建设600立方米厌氧罐等土建工程,购置仪器设备13台(套);八五三农场大型沼气工程,建设500立方米厌氧罐等土建工程,购置仪器设备12台(套)。海林农场养殖小区沼气工程试点项目6个,在山市种奶牛场、云山农场和荣军农场建设联户沼气试点项目71个,项目总投资250万元,其中中央投资95万元,地方和农民自筹资金155万元。北大荒米业有限公司稻壳纯烧工业锅炉改造能量系统优化项目、节能量42 000吨标准煤,奖励金额1 050万元。九三粮油工业集团有限公司九三集团工业锅炉届能改造相工业锅炉节能改造项目,对集团下属公司的12台锅炉实施更换或攻造,主要包括:增设锅炉膜法制氧处理,增加蒸汽凝结水收集,回收热能再利用自控系统改造,降低电能无功损失等,节能量30 570吨标准煤,奖励金额764.25万元。黑龙江省建三江农垦建三江热电有限责任公司燃煤采暖发电锅炉掺烧稻壳节能项目。将剩余的稻壳作为煤的替代燃料,对公司4台35t/h和1台25t/h循环流化床燃煤锅炉及辅助设施实施改,节能量30 000吨标准煤,奖励金额750万元。

(佟启玉)

【投资管理】 2007年8月优质粮食产业工程二期项目启动,农业部以农计函[2007]445号文件批复垦区2008年优质粮食产业工程建设项目,建设标准粮田3.07万公顷,国家投资9 200万元。

垦区农产品质量安全检验检测体系建设纳入农业部《全国农产品质量安全检验检测体系建设规划》,其中一个部级专业检测中心、一个部级区域检测中心得到批复落实,国家投资3 581万元,农业部以农计发[2007]44号文件下达2007年投资计划,当年下达国家投资1 430万元。

垦区优质粮食产业工程项目中现代农机装备工程项目得以落实,农业部以农计发 [2007]35号文件下达2007年投资计划,国家投资3 465万元,为垦区农业机械装备改善提供条件。垦区34个农场节水灌溉项目纳入《全国旱作节水农业发展建设规划(2007~2020年)》,待国家批复后启动实施。

垦区2007~2008年三江平原国家大型优质水稻生产基地建设项目启动建设,项目国家总投资5 000万元,其中2007年国家投资2 500万元。

垦区生猪标准化规模养殖场建设项目获得批复落实,省发改委和畜牧兽医局以黑发改投资[2007]1 200号文件下达投资计划,在12个农场扩建年出栏生猪2 000~2 999头和3 000头标准化规模养殖场12处,国家投资800万元。

根据农业部《农业部关于做好农业部指挥调度卫星通信系统同城联网项目实施工作的通知》(农计发[2007]2号)文件精神,总局发改委会同通信处、数据公司等有关部门,完成了同城联网项目实施工作,已同农业部实现网络连接。

北大荒商贸集团电子商务项目,完成投资4 200万元。

北大荒商贸集团粮食现代物流项目,建设期限为2007~2008年,项目年粮食物流总量200万吨,项目主要建设集仓储、运输、加工、批发市场和信息中心于一体的现代粮食物流体系,即建设10个收储网点、15个物流平台,扩建营口期货库,建设粮食电子交易平台,项目总投资20 995万元,全部为固定资产投资。

实施45个现代化农机装备项目,总投资1.2亿元,采购大型农机具90台套。投资2 500万元,进口日本水稻钵育摆栽机72台套。

177亿日元金融衍生规避汇率风险业务,到2007年12月,共交割14次,盈余资金折合人民币约8 000万元。据专家初步估算,此业务每年可为总局节约还贷资金3 300万元。

建立非国有经济项目周转金,扶持非国有经济发展,从2001年开始,每年筹集资金3 000万元,建立非国有经济周转金制度,扶持资金使用原则是"筹一贷一"有偿使用,使用期限1年,从2001~2007年,累计筹集资金2亿元,扶持垦区非国有经济项目160个。

对2004年和2005年安排的优质粮工程项目、大型商品粮基地项目、社会公益性项目等一批中央投资重点项目进行了竣工验收,涉及牡丹江分局、农垦科学院和农垦航空站等单位的重点项目35个,投资额2.84亿元。

对农业部2005年下达垦区的畜禽水产良种工程和社会公益性建设项目进行了专项检查,检查了九三、齐齐哈尔分局和部分总局直属单位,共检查各类项目20余个,投资额5 000万元,委托分局检查项目60余个,投资额8 000

万元;与总局教育局联合组织召开教育基础设施建设专项会议,督促项目建设单位严格按照《农业部基本建设项目管理办法》组织实施,确保垦区教育建设项目质量和进度。

完成垦区楼堂馆所项目自查和上报工作,完成上报垦区建设项目结余资金整改报告,配合上级做好对垦区的项目检查工作,完成进口设备跟踪管理工作。

按期偿还国家开发银行本息 1.4 亿元;全力配合开发银行,完成北大荒集团总公司 160 亿元信用空间申请工作。

积极争取贴息资金,减轻项目单位还贷压力,百亿斤商品粮基地建设项目建设期为 1994～1998 年,建设期外,继续向国家申请对开发银行硬贷款的贴息支持,8 年来共申请财政贴息资金 21 126 万元。

向国家发改委和农业部编报了《黑龙江垦区公安派出所建设规划》、《黑龙江垦区司法所建设规划》、《黑龙江垦区“十一五”贫困农场初中校舍改造工程建设规划》、《黑龙江垦区“十一五”计划生育服务体系建设与发展规划》、《黑龙江垦区“十一五”残疾人综合服务设施建设规划》等争取资金专项建设规划。

向国家申请资金 2 878 万元,对军川等 17 个农场场部城镇供水实施改造工程。

启动实施援藏项目,计划总投资 3 181 万元,其中总局投入援藏专项资金 1 700 万元,分布 4 大类 25 个项目。项目实施地点西藏康马县,重点建设城乡基础设施、社会事业、农牧业产业、基层政权等,建设期限 2007～2009 年。

新开工重大农业产业化项目:(1)北大荒九三薯业股份有限公司 3 万吨马铃薯精淀粉加工项目,年加工马铃薯 19.2 万吨,年产马铃薯精淀粉 3 万吨,副产品薯渣 4.4 万吨,项目总投资13 003 万元,2007 年底竣工。(2)北大荒二龙山马铃薯产业有限公司 3 万吨马铃薯精淀粉加工项目,年加工马铃薯 19.2 万吨,年产马铃薯精淀粉 3 万吨,副产品薯渣 4.4 万吨,项目总投资 14 031 万元,2007 年底竣工。(3)红星农场 5 000 吨有机酸菜加工项目,年加工白菜 1.5 万吨,年产酸菜 5 000 吨。总投资 4 285 万元,11 月底竣工。

在建重大农业产业化项目:(1)秦皇岛 10 万吨大麦芽加工项目,2007 年 3 月下旬投料 1 000 吨,产出 800 吨大麦芽,完成固定资产投资 2.34 亿元,整体项目均已建设完毕。(2)九三油脂防城港 150 万吨大豆加工项目,2007 年 7 月初开始锅炉、仓储试车,主体设备准备试车。已进口大豆 6.4 万吨,8 月中旬加工完毕,项目完成投资 4 亿元。(3)北大荒丰缘麦业有限公司面粉及方便食品加工项目,年加工小麦 10 万吨,年产非油炸方便面 3 亿碗、2 亿袋,挂面 1.5 万吨,面粉 7.5 万吨和麦麸 2.5 万吨。项目总投资 1.8 亿。

2007 年垦区公路建设任务 2 416.31 公里,其中新开工项目 1 878.2 公里、续建项目 538.11 公里,所有项目基本竣工。 (魏凌云　卢绪奎　常　海　姜　义　马　壮　杨雪松　马忠峙)

【改革】 首次对各分局实施业绩考核。根据总局《分局经济和社会发展目标考核及机关分配制度改革实施意见(试行)》(黑垦发[2006]2 号)精神,由发改委、组织部、人事局牵头,21 个部门参加组织进行。针对 2006 年度的考核中存在的问题和外部环境的变化,对指标进行了部分调整,增加了节能减排和道路建设的指标,制定下发了《2007 年度分局经济和社会发展目标考核及机关分配制度改革实施意见》(黑垦发[2007]9 号)。接收省直五大连池原种场等 10 家国有农场。根据《黑龙江省人民政府省长办公会议纪要》(第六十九次)、《黑龙江省人民政府关于全面推进农村综合改革工作的意见》(黑政发[2007]15 号)和《黑龙江省人民政府办公厅关于印发部分省直国有农场划转省农垦总局管理实施方案的通知》(黑政办函[2007]8 号)精神,由发改委起草下发了垦区《关于接收部分省直国有农场的实施方案》(黑垦局文[2007]23 号),完成 10 个农场接收工作。

(李雅宏　苏万成)

政府采购与招投标

【概况】 总局招标局成立于 2000 年。2004 年总局事业单位机构改革后,保留黑龙江垦区采购招标中心,增挂黑龙江垦区采购招标局、黑龙江省农垦总局政府采购管理处、黑龙江省垦区控制社会集团购买力办公室牌子。负责垦区范围内的政府采购活动。2007 年,有固定的营业场所使用面积 6 831 平方米,主要有开展招标代理业务所需的办公场所 32 间,使用面积 2 151 平方米;开标大厅 2 间,使用面积 442.78 平方米;评标会议室 4 间,使用面积 432.7 平方米;专家休息室 6 间,使用面积 173.8 平方米;供应商业务准备室 6 间,使用面积 420.66 平方米;地下室 1 间,使用面积 917.43 平方米;其他场所 30 间,使用面积 2 292.61 平方米。建立了信息网络系统、广播音响系统、业务监控和监督部门监控系统等。设立了大型电子显示屏,配备了计算机、大型复印机、传真机、投影仪、数码摄像机等现代化办公设备。建立了招投标网站 http://www.nkzb.com,研发了招投标管理系统软件,建立了评标专家信息网络管理系统和招标信息统计系统。使用招投标管理系统软件进行招标业务流程管理,包括招标文件编制、审核、校验、专家自动抽取和通知、开评标过程的自动排序和统计分析等功能。实现了业务操作、信息管理等电子化和办公自动化。组建了完善的评标专家信息库和供应商信息库(简称“两库”),专家信息库中有各行业、各领域专家 2 100 余人,供应商信息库注册登记的供应商达 5 500 余家,与国内外有关部门和机构建立了信息交换机制。“两库”规模及管理水平为国内同行业一流水平。采购招标的范围有城市基础设施建设、教育、科研、卫生、文化、体育、社会福利、生态环保、商品住宅等诸多领域,涉及机械加工、冶金、航空、煤炭、轻工、电子、化工、金融、制药、通信、电力、农业、农机、水利、交通等行业。 (张长顺)

【采购招标项目】 2007 年,开展采购招标项目787个，委托金额52.8亿元，中标金额45.1亿元，节约资金7.7亿元，节支率14.6%。其中：货物类采购项目399个，中标金额14.39亿元；公路工程60个，中标金额20.08亿元；房屋、市政等工程类项目302个，中标金额10.22亿元；服务类26个，中标金额0.42亿元。总局招投标局位居全国"最受欢迎招标机构"十强之列和全国"最具竞争力招标机构"第十一位。获得了工程、机电产品国际招标、政府采购、中央投资、药品五大招标资质，跨入国内一流招标机构行列。（张长顺）

财务管理

【加强财务刚性预算管理】 2007年垦区严格企业财务刚性预算编制审批制度，把"八项费用"预算支出控制在当年土地承包费总额的13%以内，达到了节本增效的目的。推进货币资金集中管理，保证农场重点预算支出，资金使用的合理性和有效性得到加强。分局统一集中货币56.7亿元，控制预算支出5.6亿元。活化资金，继续加大企业清理回收欠款工作力度，全年回收陈欠13.8亿元。限制农牧场企业贷款，农牧场短期借款全年净减少4亿元，下降6%，改善了企业债资结构。继续推进垦区企事业单位领导干部职务消费改革工作，全年共压缩六项费用支出622万元，促进了垦区领导干部职务消费改革工作向规范化、标准化方向发展。

（谢建辉）

【争取国家财政专项资金】 一是争取国家支农惠农财政补助资金21.34亿元，减轻农业职工负担。争取税费改革财政补助资金8.9亿元，粮食直补、粮食综合直补财政资金9.07亿元，良种补贴2.7亿元，农机补贴6 700万元。二是争取国家教育投入专项资金3.4亿元，保证垦区教育事业健康发展。其中，国家义务教育"两免一补"财政补助资金2.6亿元，教育危房改造财政补助资金8 080万元。三是争取就业、社保财政补助3.1亿元，保证垦区社会稳定。其中，中央财政特定政策补助资金2 492万元，保障企业内退人员社会保险费；就业财政补助3 000多万元，保证垦区9万下岗职工就业；两年离退休人员调待社保财政补助资金2亿元；劳动力转移培训财政资金500万元，保证垦区多渠道转移农业人员就业。四是争取文化建设财政补助资金1 100万元，促进垦区文化建设发展。五是争取垦区公益事业建设财政补助资金8.7亿元，保证垦区经济社会协调可持续发展。

（谢建辉）

【强化预算外资金管理】 预算外资金已成为垦区财力的重要组成部分，垦区有预算外收费单位1 397户，纳入集中核算的1 110户，集中率达80%以上，预算外资金收入连续10年稳定在3.5亿元以上，预算外资金供养人员1.2万人，预算外资金投入形成固定资产3.5亿元。为遏制违规违纪和腐败滋生，强化了票据审核工作，对票据领取、使用、审核、销毁等环节严格监管。

（谢建辉）

【加大龙头企业扶持力度】 重点支持了垦区马铃薯产业、完达山药业发展。对担保贷款实行了严格的监控管理，保证了企业流动资金正常周转。积极帮助企业筹集资金，解决企业流动资金不足问题，促进了企业达产和增效。

（谢建辉）

【强化基础管理】 一是研究会计科目，布置新旧财务制度转换工作，以保证及时准确执行新会计准则和企业财务通则。二是规范类似于乡镇"五项统筹"的开支范围，解决财务核算不统一和不规范问题。三是积极做好2008年度部门财政预算细化工作，按时、保质保量完成了基本预算和项目预算编报。四是垦区上下积极开展事业单位清产核资工作，核实资产44.4亿元。五是加大清理核销不良贷款工作的力度。取得财政部核销2005～2006年到期中央财政农业综合开发有偿资金2 732万元。取得核销农业综合开发土地治理有偿资金17 074万元。开展农业银行剥离不良贷款，认定清理60亿元。（谢建辉）

【财务人员培训】 一是为深入贯彻学习新会计准则，开展各类财会培训34期，培训财会人员12 104人。二是组织垦区会计人员从业资格培训。按照《会计法》的规定和会计从业资格管理的有关要求，举办了垦区会计从业人员资格培训，参加考试174人，取得从业资格证161人，通过率92%。三是开展会计人员高级职称评审工作，晋升高级会计师41名。（谢建辉）

扶贫开发

【概况】 2007年，垦区加大扶贫开发工作力度，努力改善贫困农场生产生活条件，加快贫困农场社会主义新农村建设，促进垦区和谐社会建设。争取国家扶贫政策资金比上年增长23.3%。主要用于加强贫困农场农业基础设施建设，改造中低产田6 266.67公顷，小型农田水利建设1 133.33公顷；建良种繁育基地2 000公顷，蔬菜大棚360栋，高效经济作物园区480公顷，农副产品加工厂2个；建学生宿舍3 560平方米，职工医院4 280平方米，排污管道建设6公里；加强人畜饮水工程建设，使1.65万人喝上了符合国家饮用标准的卫生水；新建道路70公里；进行草原改良1 000公顷。据统计垦区贫困农场2007年粮食总产量达192万吨，比上年增长17.4%，创历史新高。垦区加强扶贫项目资金管理，聘请会计师事务所，对2006年扶贫开发项目资金进行专项审计，未发现截留、克扣和挪用扶贫资金问题。从25个贫困农场中通过层层选拔，马俊超、赵婧、李东阳、周伟明、张国轩等5名家庭贫困、品学兼优的学生被选送到广东省国华纪念中学免费学习，解决了贫困优秀学生的后顾之忧。

（孙　良）

【科技扶贫】 垦区注重抓好科教扶贫，增强脱贫致富能力。11月中旬组织垦区贫困农场场长、副场长、计财科长等55人参加了全国边境垦区贫困农场学习班，系统地学习了社会主义新农村建设、农垦扶贫项目与资金管理等，通过学习，提高了贫困农场领导的政策能力水平，增强了干部职工脱贫致富的信心。开展了奶、肉牛饲养技术、生猪饲养技术、水稻种植技术、农业机械实用技术与维修等培训，共培训600人。

（孙 良）

统计管理

【概况】 2007年，总局统计局加强统计分析及调查研究工作，提高统计服务和统计咨询水平，共撰写各种专业统计分析报告23篇，经济调查统计分析报告5篇，综合统计分析报告6篇，编印《黑龙江垦区统计资料》近40期，对垦区各级领导机关及时了解和掌握垦区经济发展动态和制定科学决策具有较高的参考价值。加强统计新闻宣传工作和信息咨询服务工作，与黑龙江农业频道和《农垦日报》建立了新闻发布制度，每季度通过电视台和报纸向垦区人民发布全垦区社会经济发展情况的统计信息，2月底在《农垦日报》用整版篇幅发表反映垦区国民经济和社会发展的《统计公报》，综合报道了2006年垦区国民经济和社会发展情况及经济建设的成就。进一步提高统计资料的整理水平，形成了以《黑龙江垦区统计年鉴》、《经济统计提要》和《黑龙江垦区统计月报》为主的较为完整的统计产品体系。从1993年始至2007年，《统计年鉴》已由中国统计出版社连续出版发行了15年。完善现行垦区统计方法制度，2007年对垦区统计报表制度做了进一步的修改，修改的主要方面有：改进垦区国民经济核算体系及核算方法，拓宽和规范了国民经济核算的资料来源，并与专业统计和部门统计的数据进行了衔接，完善了对GDP数据质量的评估，提高分级核算的水平。按照国家和省的要求，建立能源、资源节约以及单位GDP能源消耗等统计报表制度。对重要统计指标实行增量控制，加大审核评估的力度，提高统计数据的质量。组织编写了《农垦基本单位主要统计指标解释(2007)》。加强经济调查工作，逐步扩大抽样调查应用的范围。依托20个经济调查场的抽样网络，采取总局直接抽取生产队，再由生产队抽种植户，总局以超级汇总的方式进行主要粮食作物产量的抽样调查，利用抽样汇总结果来确定垦区粮食总产量。利用已有的调查网络对垦区职工种地的费用、收入情况进行调查，并逐步形成了每年常规调查，即农场职工住户农产品成本与效益调查，其翔实的调查数据及时准确地反映了职工种地效益情况，特别是农产品成本调查数据，已成为总局和各级党政领导指导农业生产、减轻职工负担的基础资料。利用调查网络对农场职工牲畜饲养成本效益、农业生产各项费用价格等有关职工生产、生活的经济指标进行阶段性跟踪调查，逐步扩大抽样调查应用的范围。根据抽样调查数据撰写的调查报告，得到总局领导和有关部门的重视，在垦区也获得广泛好评。推行统计报表的网上直报系统，为贯彻落实国家及省有关统计信息化建设的发展目标，加快推进垦区统计信息化建设步伐，2007年研发统计数据处理网上直报系统。统计报表系统在统计年报及定期统计报表中正式应用，统计台账系统在农场管理区级首次推行，取得了初步成果。实现统计报表的网上直报，极大地提高了统计数据的采集、传输和数据库查询速度，加强了对统计数据的质量管理，提高了工作效率。这套统计信息处理系统的建立，是黑龙江垦区统计信息化工程建设史上的又一次质的飞跃。农垦总局也在实行统计报表网上直报工作走在了全省及全国农垦统计系统的前列。

（朱建东）

【第二次全国农业普查】 2006年12月31日，国务院决定在全国范围内开展第二次全国农业普查工作。垦区作为省地市级单位单独进行，成立了以副巡视员周春来为组长的农业普查领导小组，普查办公室设在总局统计局。垦区第二次全国农业普查工作从2006年7月开始至2007年8月，圆满地完成了普查准备、普查登记、质量验收、数据处理、审核上报等阶段的工作任务，共填写录入各种正式普查表2 735份，其中单位表1 882张，乡表107张，村表746张。通过普查，摸清了垦区近10年来农业发展变化情况，摸清了垦区农业发展规模、经营状况、劳动力、资本等生产要素的配置情况，为垦区各级党委研究确定经济发展战略和新农村建设的规划，制定各项社会经济政策提供依据。这次农业普查垦区涌现出许多先进集体和个人，总局共评比出73个先进集体，130个先进个人。其中：国级先进集体5个，省级先进集体40个，总局级先进集体28个；国家级先进个人10人，省级先进个人50人，总局级先进个人70人。

（朱建东）

审　计

【概况】 2007年本着“依法审计、服务大局、围绕中心、突出重点、求真务实”的审计工作方针，突出对垦区经济社会中的热点、难点和领导关注、群众关心的问题开展审计监督，主要开展了预算执行情况审计、经济责任审计、固定资产投资审计、专项审计及审计调查、财务收支审计。共完成审计项目2 055个，完成计划的118%，查出违纪违规资金33.5亿元，挽回直接经济损失2 652万元，促进提高经济效益472万元，违纪资金已做调账处理1 398万元，移送纪委监察处理7人，移送司法机关处理2人，降职及免职2人，向各级领导提交审计报告2 055份，有针对性地提出审计意见和建议2 382条。

（于家傲）

【预算执行情况审计】 垦区审计部门及时介入刚性预算管理的日常监督，大力开展预算审计，在深化审计内容，拓展审计范围，加强组织协调上不断探索创新。在预算执行审计工作中，审计部门将审计监督关口前移，建三江分局全程参与了61个单位的预算编制的审查，涉及预算收支数额15.2亿元，在审查过程中，指出了存在的不合规问题、收支项目和增收节支方面的潜力，提出加强管理、规范会计核算等方面的建议，促进了刚性预算管理的细化和规范化。总局审计处对农业职业技术学院、总局精神病医院等单位预算执行情况进行了审计，在审计中以支出为主线，重点揭露和查处了挤占挪用、损失浪费和随意调整预算资金等问题，规范了事业单位的预算管理，提高了预算资金使

用效果,全面提升了预算审计的层次和水平。（于家傲）

【经济责任审计】 垦区审计部门按照进一步强化领导干部任期经济责任审计的要求,认真开展经济责任审计。总局、分局两级审计部门相互协调,同步进行,加强了分局领导班子和局直单位目标兑现审计工作,重点审计了2006年利润、四项应收款回收额和上缴利润指标完成情况,对领导干部职务消费货币化、八项费用控制和对外投资等情况进行了审计调查,客观地评价了9个分局考核指标的完成情况。部分农场也开展了管理区等场直单位经济指标考核审计工作,取得了较好的效果。经济指标审计结束后,形成了《关于2006年分局领导班子主要经济指标完成情况审计的综合报告》、《关于2006年直属单位财务指标完成情况审计的综合报告》,呈报总局领导和相关部门,为领导决策提出有参考价值的可行性建议。部分分局审计处和农场审计科也形成目标完成情况审计综合报告上报领导,从而提高了审计结果利用的效果。各级审计机构在开展领导干部离任审计工作时,努力探索新的审计方法,将领导干部离任审计与其他各项审计相结合,对经营者业绩评价更为客观公正,责任划分更为明确,审计建议更有针对性。红兴隆分局将离任经济责任审计与专项资金审计(土地出租审计)相结合,牡丹江分局将经济责任审计与企业内控制度审计相结合,宝泉岭分局将经济责任审计与财务收支审计相结合。通过审计,促进了财务核算的规范和相关制度的建立和完善,增强了领导干部财经法规意识和经济责任意识,加强了对领导干部的监督。（于家傲）

【固定资产投资审计】 垦区审计部门积极扩展审计领域,相继开展了基本建设审计并积极探索效益审计新途径。从项目工程预算开始到工程竣工决算进行跟踪,对项目投资效果进行分析,收到较好的效果。全年完成基建审计148项,审减工程款1 725万元,其中:总局审计处审减工程款852万元,齐齐哈尔分局审减317万元,牡丹江分局审减243万元,北安分局审减173万元,建三江分局审减102万元,红兴隆分局审减38万元。为规范垦区基建资金管理,节省建设资金,提高项目资金的使用效益发挥了作用。（于家傲）

【专项审计和专项审计调查】 垦区审计部门在开展常规性审计的同时,对领导关心、群众关注的热点问题进行了专项审计和审计调查。全年共完成专项审计及调查384项。各级审计部门采用不同方式开展了土地出租审计,一是采取将农场所有地号、承租人、承租面积、租金标准、租金收取情况等基础资料输入微机的办法,对土地租金实行动态管理,并公布于众,接受职工群众的监督。共青农场、汤原农场和嫩江农场等审计部门在这方面做得比较突出。二是通过核实土地面积,清理租金合同,纠正土地出租中的不规范行为,双鸭山农场在审计中发现5个作业站利用多报基本田人数和提高基本田享受标准的办法,套取租金1.7万元;江川农场查处多收利费6.8万元并挪用5.6万元用于违规支出。通过土地租金的专项审计保证了土地出租的真实性和租金收缴的准确性,促进了民心稳定和社会安定,为提高农场经济效益起了促进作用。总局审计处着重对“政府重视、群众关注、利国利民”的中小学危房改造资金进行了专项审计。此次审计覆盖了9个分局83个农牧场,审计资金覆盖面占99%。重点查处了挪用中小学危房改造款,未进行招投标,无发票及不合规票据列支,大额现金支付工程款等问题,审计提出改进措施和建议29条,审计后形成《危房资金的综合报告》,并依据总局领导指示进行垦区内部通报,对加强专项资金管理,严肃财经法纪,起到了积极的促进作用。2007年初省政府决定将部分省直国有农场划转农垦总局管理,总局审计处根据省政府实施方案的要求,按照总局的统一部署,历时3个月对划转的五大连池原种场等11个农场截止到2006年末的资产、负债及所有者权益进行了审计,依据总局的审计报告,省审计厅出具了审计结果。审计确认了划转农场的资产、负债及所有者权益,并查出潜亏、潜盈、账外负债等问题,还对农场借贷款情况,应收款项账龄,专项资金及或有资产、负债进行了清查,摸清了家底,为清产核资和资产划转工作提供了可靠的依据。（于家傲）

【财务收支审计】 垦区审计机构积极探索和改进审计方法,并向企业管理和经营领域扩展,帮助企业加强内控、优化配置,充分发挥了审计的监督和服务职能。2007年共计完成财务收支审计558项。一是分局审计部门对所属事业单位加大财务收支审计覆盖面,红兴隆分局审计处审计了59个单位,处理违规个人62人,饶河农场查出多个管理区的经费支出核定后用各种发票将经费数额抵完,金额高达45.3万元,审计后形成了专题报告上报农场,受到领导的高度重视,防止了贪污等恶性事件的发生;二是在财务审计过程中注意发现问题,牡丹江分局八五一一农场在审计中揭示企业挪用资金用于违规支出22万元;北安、宝泉岭、九三、绥化等分局也从实际出发不断深化财务收支审计内容,提高审计质量,加大审计力度,提高垦区以资金管理为核心的财务管理水平。（于家傲）

【审计业务管理】 垦区审计系统制定并全面实施了《审计重大事项报告制度》、《审计过错责任追究制度》、《审计项目质量责任追究办法》三项制度,并重点抓了三个方面工作:一是加强质量、风险、责任、纪律四种意识,从整体上提升了审计业务质量。二是强化审计工作分级负责制和过错追究制,明确审计人员、主审、组长、复核人员责任,培养审计组全员复核意识,共同把脉审计质量、控制审计风险,对所有审计项目实行全过程质量控制。通过强化审计业务管理,不但提高了审计人员的风险意识,提高了审计报告的质量,同时也规避了审计风险,更好地履行了审计职责。三是加强年终审计业务检查力度。2007年在总结前几年经验的基础上,对考核细则又进行了完善,纠正不正确和不规范的做法,促进了分局、农场审计业务的规范化、制度化和标准化进程。（于家傲）

【队伍建设】 2007年垦区共设立审计机构132个，共有审计人员274人,其中:专职审计人员237人。技术职务有高级技术职称的31人，中级技术职称的101人,初级技术职称的105人。总局审计处加大财务软件、审计软件的培训力度,并及时地将用友审计3.0版升级到4.65版，组织了全垦区审计人员继续教育培训,重点对金蝶财务软件和审计软件进行讲解,使审计人员学习和掌握了计算机审计。分局审计部门也以创建学习型审计队伍为主要目标,北安、宝泉岭、红兴隆等分局积极组织审计人员参加国际注册内部审计师的考试;建三江分局多次派审计人员,去外地学习考察，拓宽审计人员知识面,并要求审计人员每年至少撰写一片论文或调查报告，共完成论文和调研报告79篇,参与起草了12万字的内控制度办法。通过创建学习型审计队伍,2007年垦区审计人员在理论水平上有了很大的提高,审计人员在省级以上刊物发表论文和通讯共计19篇。党风廉政建设有新进展。各分局审计部门积极参与“双评”活动,通过电视、广播、报纸等媒体向社会承诺审计职业道德及廉政纪律,并设立了举报电话,接受全社会监督。红兴隆分局进行实地审计时严格遵守《审计现场工作双向监督书》中的八项规定,健全完善和落实审计纪律公示等各项廉政制度,采取多种形式进行监督检查。垦区审计队伍未出现不廉洁现象或其他违纪问题。2007年,总局审计处被评为全国内审工作先进集体和垦区审计系统双评免评单位。（于家傚）

国有资产管理

【企业改革改制】 一是完成了政策性破产企业的报批工作。2007年8月2日,全国企业兼并破产和职工再就业工作领导小组以[2007]18号文件下达了198户企业破产项目。垦区佳木斯肉联厂、龙谊麦业有限公司、友谊甘油厂三家企业正式被批准为国家政策性破产项目,共解除债务4.3亿元。二是完成了垦区药业整合及完达山药业产权制度改革工作。黑龙江北大荒药业集团有限公司于2007年6月2日依法注册。企业已完成相关人员调整,整合销售市场,完善各项规章制度。完成各子公司的财务审计和资产评估工作。完成完达山药业改制方案的审批。改制后的完达山药业国有股权占49%，员工股权占51%。三是完成了小岭水泥有限公司的清算工作。小岭水泥有限公司整体出售给爱尔兰CRH公司收回货币资金4 300万元,整个退出工作平稳有序。组建了小岭社区,全额核定了费用。根据《关于出售和购买黑龙江省小岭水泥有限责任公司的水泥生产资产的协议》，企业资本金将在协议签订一年之后偿还。9月12日总局国资委、小岭水泥有限公司、三岭水泥有限公司签订了《股权清算协议》。已成立企业清算组,对经审计后的2 700万元净资产进行清算。四是推进和规范了完达山乳业的合资后续工作。鉴于台湾统一对完达山乳业股份有限公司的第二期投入资金4.9亿元迟迟不能注入,双方业已签署的《完达山乳业增资扩股协议》难以实施到位,且双方50%对50%的股权比例不利于企业的协调发展。根据有关领导指示精神,本着实事求是、遵循有关法规、有利于审批的原则，经过近两周的商谈,双方达成共识,台湾统一同意终止第二期资金投入。双方于2007年7月12日,召开临时股东大会,通过了关于修改股东协议、完达山乳业增资扩股协议和公司章程的决议。台湾统一方在完达山乳业股份有限公司的股权由50%降到34%,北大荒农垦集团总公司方持股比例由50%增到66%，我方董事由3席增至4席,台湾统一方董事由3席降至2席，同时台湾统一方经营层全部退出。五是完成了完达山乳业剥离企业的处置和改制工作。在做好广西南宁完达山乳品有限公司出售后续工作的基础上,完成了完达山健康食品有限公司的资产处置和改制工作。2007年6月7日与海林市政府签署股权转让协议,在对方承担银行借款1 100万元、应付工程款210万元的情况下，股权转让价600万元。完成完达山乳业东方公司审计和资产评估工作,将于近期转让给完达山乳业股份有限公司。（孙彦献）

【国有资产产权管理】 一是规范产权交易工作。实现国有资产、国有产权进场规范交易,全年共交易41项,成交额7 755万元,比评估价增值788万元,增幅达11.3%,利用产权交易平台对九三酱业、北大荒麦业房产等资产进行保全并实现增值。二是完成有关资产划转工作。完成垦区物流资源整合,完成九三油脂各分子公司的产权整合,完成完达山乳业、北大荒米业等企业的资产划转工作。（江守建）

【重点监管企业运行监控】 一是对各重点监管企业实行日常性、侧重性监管,及时发现、汇报、查处存在问题,杜绝了虚增库存、虚假业绩等现象,保证了企业健康发展。二是每月跟踪监控企业运行情况，分析企业运行数据,2007年7月27日,召开了有重点监管企业总经理和财务负责人,有关分局工业副局长,总局机关有关部门负责人参加的上半年重点监管企业运行分析会。会上对重点监管企业上半年运行形势进行了深入分析。总局主管领导紧密结合企业运行中存在的问题,围绕企业体制机制创新,加快产品结构调整,加强龙头企业基地建设,强化市场营销,进一步改善企业管理等方面提出了明确工作意见。三是完成对企业经营者责任目标考核。根据总局年初为企业核定的年度目标,与企业签订责任状,根据企业年末经营成果兑现经营者薪酬。

（江守建）

【企业清产核资和行政事业单位资产清查】 垦区企业清产核资和行政事业单位资产清查共计545户单位。通过企业和各单位自查,财政部和驻黑龙江财政专员办组织300余人队伍的核查,历时半年多时间,认为总局能较好处理特殊体制和历史遗留的复杂问题,没有发现重大违规、违法事件。总清查资产金额340亿元,其中:企业186户、资产298亿元,行政事业单位359户、资产42亿元。总核减不良资产32亿元。已报财政部通过。同时,还完成了省农委和省畜牧局移交的11个农场的清产核资工作。（江守建）

【品牌管理】 2007年北大荒品牌在中国最具价值500强品牌中，由上年的292位上升到287位，前进5位，价值由原来的20.44亿元增加到22.13亿元；完达山品牌价值由20.33亿元上升到21亿元。2007年“九三”牌大豆油荣获全国驰名商标，至此，垦区已有“完达山”、“北大荒”、“九三”3块中国驰名商标。 （陈京培）

【企业融资】 先后6次陪同总局主要领导与中国建设银行、中国建设银行黑龙江省分行、中国农业银行黑龙江省分行、黑龙江省农业发展银行以及省建行农垦支行的主要领导就金融机构对北大荒农垦集团总公司及九三油脂贷款授信和进一步支持垦区龙头企业发展事宜进行了商谈。省建行农垦支行对北大荒农垦集团总公司及所属龙头企业贷款整体授信41亿元。省农发行已对北大荒商贸集团化肥专储贷款3.2亿元、九三油脂委托粮库原料收购贷款2亿元，北大荒丰缘麦业流动资金贷款2 000万元。协调解决北大荒麦芽有限公司的浦发银行贷款8 000万元、交通银行贷款5 000万元还款问题(北大荒农垦集团总公司担保)。协调解决佳木斯肉联厂2 600万元建行贷款化解问题。通过北大荒上市可转债认购、网上交易，初步形成纯利润1.8亿元以上。 （陈京培）

劳动工资

【就业再就业】 2007年垦区新就业52 584人(新增就业50 253人)，领取优惠证人员再就业36 681人，其中“4050”人员就业16 894人；公益性岗位安置“4050”人员7 064人；年末城镇失业登记23 127人，登记失业率3.3%。总局劳动和社会保障局会同财务部门，对垦区8个分局和局直3个职业介绍机构申请补贴情况进行了认真的审核，省拨付补助资金5 079.2万元涉及114 636人。开展就业援助活动，帮助零就业家庭实现再就业。垦区零就业家庭6 553户11 591人，全部实现了就业。抓好就业服务机构和基础信息建设，建立就业服务机构106个，配备工作人员320人。建立“一站式”服务场所89处，窗口服务面积8 391平方米，培训场所面积9 052平方米，配有计算机93台，传真46台。各级职业介绍机构组织招聘活动158次，采集用工信息1 605条，提供岗位18 986个。各级职业介绍机构为104 326人次办理了求职登记，对10 096人进行了职业指导，职业介绍93 037人次；其中成功就业77 226人，已保管各类人员档案25.5万份。 （李　刚）

【社会保险】 按照省劳动保障厅、财政厅《关于2007年调整企业退休人员基本养老金的通知》(黑劳社发[2007]62号)规定，完成垦区企业退休人员基本养老金调整工作，涉及214 325人，月增加基本养老金2 019.7万元；按照黑劳社发[2007]6号规定，完成垦区企业离休人员基本养老金调整工作，涉及4 867人，月增加基本养老金241.75万元；为企业离休4 578人增加了津贴补贴，月增加资金61.6万元；为离休瘫痪的437人增加护理费，月增加金额49 730元；为总局直属企业学校退休教师套改事业工资标准47人，月增加资金42 276.28元；为企业退休的建国前老军人增加生活补贴2 606人，月增加资金39.1万元。办理特殊工种退休390人。开展失业保险专题调研活动，加强失业调控和失业预测预警工作，按照修改后的《失业保险条例》规定和各地市的规定，及时调整各单位的失业保险金发放标准，掌握就业、失业变化情况，研究制定预案措施，确保了垦区就业局势的基本稳定。继续落实医疗、工伤、生育保险政策，推进各项保险体系建设，总局下发《关于申报垦区定点医疗机构和定点零售药店资格有关问题的补充通知》(黑垦局办文[2007]25号)，将“两定”的资格认定工作交由分局自行审批，提高了工作效率；多层次医疗保障体系建设情况。垦区全部实行了大额医疗救助保险，参保人数达63.7万人，多数分局缴费办法为单位与个人各承担一半(各30元)，医疗费报销封顶线10～15万元；总局局直、宝泉岭、牡丹江分局实行了公务员医疗费补助，参加公务员医疗费补助2 500人；建三江分局的局直单位实行了企业补充医疗保险，参保人数为2 821人；离休人员仍由各农场、各分局按原办法管理，资金原渠道解决。积极组织各分局工会、卫生、劳动鉴定医疗卫生专家等100余人参加全省劳动能力鉴定新标准培训班，60名医疗卫生专家获得了劳动能力鉴定资格证书，全垦区实现了劳动能力鉴定医疗卫生专家全部持证上岗。 （李　刚）

【劳动关系】 认真贯彻落实省政府会议精神，积极推进解决企业工资拖欠问题。按照拖欠工资认定标准，经调查摸底垦区共有183户企业拖欠工资2.4亿元，涉及68 868人。按照省厅“劳动合同三年行动计划”的要求，总局下发了《关于黑龙江垦区全面推进劳动合同制度3年行动计划实施方案的通知》，成立了专门的组织机构，并从劳动保障局、农垦工会、国资委等部门抽调精干工作人员，负责抓工作落实。垦区企业职工劳动合同签订率97%，鉴证率100%。加强对总局、分局直属中小学和农牧场医院执行事业工资标准人员的实名制管理工作，积极主动参与国企改革，严格审查改制、破产企业职工安置方案，有效地防止了侵害职工合法权益行为的发生，确保了企业改制工作平稳有序的进行。按照总局要求，积极做好部分省直国有农场划归农垦总局管理接收事宜相关工作。截至2006年底新接收的11个省直国有农牧场家庭总户数为20 932户，总人口60 113人，职工总数为19 041人，其中在岗职工14 202人，占职工总数的74.6%；不在岗职工4 535人，占职工总数的23.8%；内部退养职工304人，占职工总数的1.6%；共有离退休人员5 902人，其中离休110人，占离退休人员总数的1.9%；退休5 519人，占离退休人员总数的93.5%，退职273人，占离退休人员总数的4.6%；工伤职工68人；遗属1 232人。 （李　刚）

【劳动培训】 按照国家有关政策和垦区培训的新特点和要求，对原有的基地进行了严格的审查，对培训基地进行了调整,增加了两个职业培训基地和劳动力转移培训基地,撤销了两家培训基地,职业培训基地和农业劳动力转移培训基地在全垦区分布趋于合理,有效促进了各项职业培训的开展。全年开展职业培训 16 722 人,农业劳动力转移培训 20 651 人,劳动预备制培训 1 544 人,职业技能鉴定 9 800 人,高技能人才培训 5 600 人,创业培训 220 人,企业职工培训 17 345 人。 (李 刚)

【劳动监察】 积极落实垦区劳动保障监察网格化、网络信息化试点工作,建立起具有垦区特点的三级网络信息化的监察体制。劳动保障监察基本信息数据库建户率 85%,年检覆盖率 90%,主动监察用人单位 1 733 户,补签劳动合同 8 996 人,督促缴纳社会保险费 11 户,涉及劳动者 2 515 人,金额 47.7 万元。认真组织劳动用工情况专项监督检查活动,共检查用工单位 439 户,涉及劳动者 28.8 万人,印发宣传资料 1.3 万份,开展法律咨询 43 次,责令补签劳动合同 225 人。完善加强农民工维权工作,加大农民工工资保障金的收缴力度,累计收缴保障金 2 653.72 万元,其中当年新收 296.52 万元,存缴率 97.1%。 (李 刚)

【信访仲裁】 全年垦区各级劳动保障部门共接待受理人民群众来信来访 1 875 件,比上年减少 1%。其中来信 416 件,来访 1 459 件,集体访 55 件,信访涉及人数 19 273 人。劳动争议仲裁机构共受理了 89 起劳动争议案件,结案 86 起,结案率达 96%。 (李 刚)

安全管理

【概况】 2007 年垦区安全生产形势保持了总体稳定好转的发展态势,杜绝了火灾、危险化学品、烟花爆竹、农业机械(通用航空)、水上交通死亡事故和较大及以上生产安全事故,生产、道路交通死亡事故也得到了较好控制。全年各类事故死亡 84 人,比省里要求控制 103 人指标减少 19 人,与上年同比,下降了 21%,各类事故死亡人数首次降到 100 人以内,是自 2002 年实施安全生产责任目标考核以来死亡人数最少的一年,总局被省政府评为安全生产先进单位。 (祝 宏)

【安全生产工作领导】 总局先后召开了垦区年度安全生产工作会议、4 次安委会全体成员会议,召开各类有关安全生产电视电话会议 17 次。明确了安全生产"攻坚年"、"落实年"和"执法年"的各项工作任务。总局领导多次对垦区安全生产工作做出重要指示、批示,主管领导带队深入基层检查安全工作、督导安全 60 天活动。垦区各级、各部门和各单位的领导,也都能认真研究、部署和督促检查安全生产工作。 (祝 宏)

【安全生产宣传教育】 全年组织培训生产经营单位主要负责人、安全管理人员、农机操作人员和特种作业人员 65 200 多人。以"综合治理,保障平安"为主题,组织开展了"安全生产月"活动。活动中,总局投入 15 万多元,统一订购、发放了"安全生产月"宣传品;在《农垦日报》和垦视频道开展了安全征文、播放安全知识;垦区基层单位认真开展了安全生产咨询日、知识竞赛、安全展览和应急救援与逃生演练等活动,营造出了良好的安全生产氛围。 (祝 宏)

【安全生产专项整治】 深化了道路交通安全"五整顿、三加强"和创建"平安畅通局场"活动;强化了渡船渡口整顿;开展了以"四清除、四取缔、四加强"为重点的消防安全整治,省政府挂牌 9 项重大火灾隐患完成了整改;组织实施了建筑、农机、特种设备等行业专项检查;在采石矿山推广了中深孔爆破技术,使用率达 83.87%,走在了全省同行业的前列。建三江分局加大了道路交通整治工作力度,事故得到有效控制,扭转了连续三年被一票否决的被动局面。坚持全方位开展隐患排查活动,一大批事故隐患得到及时消除。垦区各级、各单位各司其职、各负其责,通过采取"四结合",即隐患排查治理与安全生产专项整治相结合、与安全生产行政执法相结合、与"三同时"审查相结合、与群防群治相结合的措施,排查并整改各类隐患 2 149 项,用于隐患整改资金 9 436 万元,关停违法生产经营单位 11 户,下达整改指令 138 个。齐齐哈尔分局对查出废弃多年的 409 公斤危险化学品全部按规定予以妥善处理,北安分局对存在隐患的红色边疆农场中学教学楼采取了停止使用的措施。组织开展了安全生产 60 天活动。组织 4 个检查组,深入基层进行检查。北安分局领导分别带队进行检查;绥化分局投入资金 150 万元,从营区清除柴草垛 2 450 个。齐齐哈尔分局先后召开 1 次党委会、2 次安委会和 1 次现场会进行部署。九三粮油集团公司北安大豆制品有限公司组织开展了灭火实战演练。加大了生产安全事故查处力度。对事故单位和有关责任人经济处罚 77.3 万元,44 人受到党纪政纪处分。对发生生产安全事故的建龙跃进山铁矿实施了停产 3 个月的处罚。通过加大对事故单位和有关责任人的惩治力度,有力打击了安全生产违法行为。 (祝 宏)

【重大节假日安全生产监管】 在元旦、春节、五一、十一等重大节假日以及全国、省"两会",特别是召开党的十七大等政治敏感时期,垦区各级、各单位结合本地区、本单位实际,制定了加强安全监管的具体方案,落实了干部值班带班制度,落实了事故应急措施,做到了早部署、勤检查、重监管,保持了安全生产的强劲势头。通过垦区上下的共同努力和扎实工作,确保了重大节日期间未发生重大事故;重大政治敏感时期,不发生敏感事件,垦区社会和谐稳定。 (祝 宏)

【安全生产许可和"三同时"工作】 2007 年,垦区审查通过安全设施设立、设计和竣工验收的危险化学品企业 14 家;在全省第一家完成 101 个甲种和 96 个乙种危险化学品经营许可证的换发工作。严格把关,审批发放乙种危险化学品经营许可证 263 个,吊销 26 家危化企业的危险化学品经营许可证。完成了 6 个建设项目安全预评价报告评审和备案工作,完成了 5 个建设项目安全设施设计审查和 6 个建设项目安全设施"三同时"竣工验收工作。 (祝 宏)

【安全工作目标考核】 在2007年3月12日召开的总局安全生产工作电视电话会议上，总局局长隋凤富与各分局、总局各直属单位及总局机关安委会各成员单位的主要领导签订了2007年安全生产工作责任状，将安全工作目标、生产安全事故指标分解落实到各分局、总局各直属单位及总局各有关部门，严格落实分局和机关部门安全生产监管主体责任及总局直属单位安全生产管理主体责任。总局安委会办公室结合其日常监管工作情况，进行了半年及年终考核。经总局考核，有8个分局、26个总局直属单位及39个总局安委会成员单位较好地完成了总局下达的考核控制指标，占与总局签状单位的97%。北安等82个单位被总局授予本年度安全生产先进单位；张天明等181名同志被总局授予安全生产先进个人。总局对以上单位的主要领导及先进个人按照总局的有关规定，兑现了奖金，颁发了奖牌、证书。给予未完成总局安全工作目标责任考核指标的红兴隆分局、完达山乳业有限公司通报批评，分别给予以上两个单位的主要领导罚款处理。同时取消这两个单位本年度总局先进单位的评选资格，主要领导和主管领导当年评选先、优、模的资格。（祝　宏）

人事管理

【概况】 2007年，垦区人事工作以邓小平理论和“三个代表”重要思想为指导，以科学发展观为统领，坚持以人为本，秉承“六民”理念，大力实施“人才强垦”战略，积极优化人才发展环境，努力拓展服务内容，为垦区又好又快发展提供了强有力的人才智力保障。总局人事局被总局授予“双评”最佳单位，绥化分局人事局、北安分局人事局被省人事厅、编委办被授予全省人事编制系统先进集体，总局人事局副局长何雯德、宝泉岭分局人事局副局长张学峰、建三江分局人事局副局长刘博等3名同志被授予全省人事编制系统先进工作者。（刘鑫森）

【职业经理资质评价和培训】 2007年继续实施职业经理资质评价和培训工作，委托垦区人才中心与全国职业经理研究中心合作，培训人员588人，通过考试考核，有564人取得了国家职业经理培训机构颁发的职业资质证书，通过率为95.9%。（刘鑫森）

【学科梯队建设】 建立总局级重点学科（专业）梯队24个，成员137人（其中带头人24人，后备带头人47人，第三梯队成员66人）；建立分局级重点学科（专业）梯队77个，成员354人（其中带头人84人，后备带头人130人，第三梯队成员140人）。对水稻育种等7个重点学科（专业）给予资金资助30万元，对学科带头人发放工作补贴5.76万元。（刘鑫森）

【人才引进】 人才引进继续保持强劲态势，全年引进各类人才2 304人，其中，毕业生2 072人，高级人才34人。毕业生中研究生以上学历的175人（其中博士生10人），大学本科生1 034人，占引进毕业生总数的58%，再创历史新高。为加强“三支一扶”高校毕业生的管理与服务，制发了《关于加强“三支一扶”高校毕业生管理与服务工作的通知》（黑垦局文［2007］5号），当年招募“三支一扶”毕业生92人，两年累计招募“三支一扶”毕业生192人，获省财政资助资金221.9万元。各分局还在国家规定每名毕业生月生活费600元的基础上又补贴300～400元，为毕业生创造了良好的工作和生活环境。8月份，在省人事厅、省教育厅联合召开的“扎根基层、建功立业优秀高校毕业生表彰大会”上，垦区任淑兰、赵振、曹文达、隋喜友、高向达等5人受到表彰，其中赵光农场曹文达在会上作了典型发言。（刘鑫森）

【人才培训和专业技术人员继续教育】 一是举办了总局机关43名新进机关人员和科以下新任职人员《公务员初任和任职培训班》，以及由各处室45人参加的《公务员计算机操作及网络安全培训班》，使受训人员的素质得到增强，有效提升了机关自动化办公水平。二是认真落实省人事厅培训任务，组织总局、分局机关干部开展了《公务员通用能力》和《公共行政伦理》的培训。三是举办了《垦区人事干部依法行政培训班》，培训人员196名，通过考试全部获得了省法制办颁发的执法证书。四是各级人事部门积极组织、协调、配合各专业主管部门和基层单位开展实用人才培训和专业技术人员继续教育培训工作，全年垦区共举办各类培训班580余期，培训44 390多人次，占专业技术人员总数的45.7%。（刘鑫森）

【北大荒博士后科研工作站】 2007年上半年，2名博士在站期间圆满完成科研课题，并通过专家评审按时出站。3月份，为新进站的东北农业大学博士陈庆山、赵越2人举办了开题报告会，他们将在两年内以种业集团为依托完成科研课题。北大荒博士后科研工作站自2002年挂牌成立，已累计招收培养博士后8人，2006年在全国纪念博士后工作开展20周年之机，北大荒博士后科研工作站被评为全省优秀博士后科研工作站。（刘鑫森）

【专家工作】 坚持“尊重知识，尊重人才”，积极向省、国家推荐专家和课题项目，使扎根垦区作出贡献的专家、学者和高级专业技术人员获得全社会的认可。2007年，王明库、刘丽华、项滨、闫淑梅等4名专家获得国务院特殊津贴，郑殿峰、李洁、刘彦坤、王平等4名专家获得黑龙江省政府特殊津贴。到2007年，垦区享受国务院和省政府特殊津贴专家已达216人（其中：享受国务院特殊津贴97人，享受省政府特殊津贴119人），获得省长特别奖的项目8个，“水稻栽培”、“油菜育种”、“植物病理学”、“作物学”等4个学科（专业）被列入省重点学科（专业），解保胜等8人为省重点学科（专业）带头人和后备带头人。（刘鑫森）

【引进国外智力】 为加速推进引智成果产业化，制定了《黑龙江垦区引进国外智力成果示范推广基地管理办法》（黑垦局发［2007］14号），北大荒科研育种中心被命名为“垦区引进国外智力成果示范推广基地”，龙垦通用航空公司被命名为“垦区引进国外智力成果示范单位”。九三种业集团被省命名为“黑龙江省引进国外智力成果示范推广基地”。全年共执行完成各类引进国外智力项目10个，聘请外国专家12名，出国培训28人。其中：通过引智项目为农垦航空站引进美国专家对5个类型航空喷洒设备进行科学调试，提高了农业航空作业效率，翻修3台飞机发动机节省资金120万元；九三种业引进加拿大优质系列小麦新品种15份、大豆品种20份和抗寒高产牧草新品种5份，解决了国内优质专用型、特用型、抗除草剂品种资源短缺问题，与荷兰安地种业集团公司合作已审定注册甜菜新品种6份，累计推广面积10万公顷以上。

（刘鑫森）

【公务员管理】 公务员法实施工作稳步进行。为顺利进行公务员登记做准备，对纳入公务员管理的总局机关及垦区公检法司系统人员情况进行调查摸底和信息采集，采取过渡套改工资办法，完成了部分机关人员工资制度改革和工资理顺的收尾工作；全年面向社会招考录用公务员21人，2007年垦区面向社会招录公务员87人，公开招考录用检察、司法系统人员301人。为促进年轻干部综合素质的提高，2007年总局机关24名、分局机关9名干部下派基层锻炼。（刘鑫森）

【事业单位管理】 总局、分局两级人事部门在深化垦区人事制度改革工作中，不断完善公开公正、竞争择优的选人用人机制，继续推进事业单位人员逢进必考，全年垦区事业单位新进人员432人，其中公开招考335人，占77.5%。积极推进人事管理法制法进程，自2006年以聘用合同制为核心的垦区事业单位改革基本结束以后，2007年在完成事业单位改革收尾工作的基础上，加强了对各类事业单位聘用合同管理，总局、分局人事部门指导基层单位规范管理聘用合同，聘用人员合同签订、合同签证率达100%。（刘鑫森）

【工资管理】 根据全省统一安排，组织实施公务员工资制度改革、事业单位收入分配制度改革和离退休人员离退休费的调整，与财务部门配合清理规范了机关事业单位津贴补贴，对总局在哈机关事业单位3 860人津贴补贴进行归并调整，对总局机关667人执行津贴补贴情况进行清理。4月份，下发《关于工改后若干工资政策问题的通知》（黑垦局人函[2007]35号），完成工资制度改革后的正常晋升工资审批，涉及人员12 000余人。（刘鑫森）

【职称管理】 一是深化职称改革。职称工作在坚持“五公开”（政策、条件、岗位数额、申报人员、审批结果）“一展示”（业绩成果）的基础上，积极探索改革职称晋升办法，形成重能力、重业绩的评价机制。2007年，在农业、农机、畜牧兽医、交通、建筑等5个系列进行晋升中级职称考评结合试点，全年共参加培训考试786人，合格734人。2007年，垦区申报高级职称835人，通过771人；申报中级职称1 117人，通过940人。二是组织医疗卫生技术人员下基层对口支援。针对农场卫生医疗单位人才缺乏问题，人事局、卫生局共同制定下发《关于分局级以上医疗卫生单位技术人员支援农场卫生工作的意见》（黑垦局人发[2007]7号），依靠政策引导，行政推动，组织总局、分局两级医疗卫生单位154名技术人员下基层对口支援，带动基层医疗队伍技术水平的提高。三是加强人事考试管理。全年共组织各类专业技术资格和执业资格考试报名41次，报名人数10 547人次，垦区人事考试中心组织考试5次，设考场506场次，考试中查处违纪考生37人。垦区人事考试工作坚持公平、公正，组织严密，认真为考生服务，被上级主管部门认定为信得过单位，于8月份在全省人事考试工作会议上作了典型经验介绍。

（刘鑫森）

【企业军转干部解困】 2007年，垦区有企业军转干部4 123人，为做好各项政策待遇的落实，全年总局下拨企业军转干部解困资金508万元，企业自筹解困资金811.4万元。“八一”建军节和春节期间，垦区各单位走访慰问生活困难和住院企业军转干部768人，发放慰问金19.9万元。几年来，垦区未发生企业军转干部集体上访事件，垦区企业军转干部解困工作受到上级部门的好评。

（刘鑫森）

【人事争议仲裁和人事信访】 2007年6月份，总局成立了人事争议仲裁委员会，下设人事争议仲裁办事机构，配备专职人员负责日常业务，当年受理办结人事争议仲裁案件3件。垦区9个分局也先后成立了人事争议仲裁委员会。全年垦区各级人事部门接待人事信访案件482起，办结450起，转处10起，待办22起，结案率95.4%。（刘鑫森）

【管理体系认证】 垦区人才中心把质量管理体系认证标准嫁接到服务和管理上，2007年9月19日通过ISO9001：2000质量管理体系认证，成为全国首家通过ISO9001:2000质量管理体系认证的人才服务机构。自ISO质量管理体系运行以来，业务服务的办理程序与办理时间都有所缩减；工作重大差错与有效投诉为零，测评目标达标率98%。通过质量管理体系认证，使农垦人才中心各项服务实现了标准化、规范化和程序化，服务质量工作和客户满意度等综合指标跃居全省同行业前列。垦区人才中心在全国40多家承办、合作机构的综合评比中，被人事部人才中心和全国职业经理研究中心评为第一名。

（戴　虹）

【北大荒人力资源研究会】 2007年北大荒人力资源研究会以“服务第一资源、服务垦区发展”为宗旨，组织会员对垦区人力资源开发宏观政策、专业技术队伍建设、区域性人力资源开发以及农业、农机、畜牧、工业、卫生、教育、服务等行业队伍建设等方面问题进行了深入探讨和研究，共涉及5大类，16个方面课题。有194名会员申报研究课题134个。提交论文82篇，有23篇论文获奖，其中，一等奖7篇，二等奖7篇，三等奖9篇。初步形成了一批有一定理论价值的研究成果和推广应用价值的成熟经验。会长王家旭多次带领有关人员先后深入到9个分局、30多个农场以及北大荒农业股份有限公司、北大荒种业集团等20多个工业单位和事业单位进行调研，针对基层提出的人才引进、人才流失、职工培训、薪酬制度等问题开展了咨询服务，对存在的实际问题与企事业单位的领导共同探讨、出谋划策、探究解决办法；对基层提出的要求和希望，凡是研究会或人才中心能够解决的，尽最大的努力解决好，涉及向上反映或与其他部门沟通的，都认真加以落实，把咨询服务工作落到实处。

（戴　虹）

国土资源管理

【国土资源规划】 2007年，垦区国土资源部门认真做好编报2007年土地利用年度计划工作，协调追加农转用计划指标59公顷，保证了2007年垦区的农转用项目都在符合土地利用年度计划的情况下得到审批。完成全年综合统计报表上报工作，垦区共批准建设用地126.76公顷，农用地转用面积56.09公顷，耕地面积49.85公顷。2007年，出让土地面积70.67公顷。其中，挂牌面积57.39公顷。

（马春晓）

【土地利用管理】 一是严把用地审批关。严格执行《划拨用地目录》和《限制禁止供地目录》，对于不符合划拨目录要求的用地项目一律实行有偿使用，对不符合国家产业政策的用地项目一律不予供地。推行工业用地“招拍挂”工作和工业用地四项定额控制指标，专门发文重申了工业用地必须以“招拍挂”的方式供地。工业用地各项控制指标达不要求的在项目预审阶段就予以否决，从而保证了工业项目集约、高效使用土地。二是落实国务院100号文件等规范性文件，积极与省厅沟通协调解决用地审批中存在的疑难和不规范的问题。三是加强了地价管理，对出让土地地价进行了严格的把关。通过科学评估地价、规范备案程序等措施保证地价的准确性、合理性，保证了国有土地收益最大化。四是做好土地市场动态监测工作。加强数据录入前的审核管理、数据录入后的档案管理及建立定期考核管理制度，将用地审批、土地储备等信息全部及时上传到网上，做好数据的档案存储管理，确保此项工作开展持续性、高效性。五是落实了工业用地“招拍挂”制度。认真执行了工业用地最低价制度，在有偿用地审批过程中，对宗地都进行了地价评估与地价结果备案。通过科学评估地价、规范备案程序等措施，保证了地价的准确性、合理性和公正性。

（马春晓）

【地籍管理】 一是做好土地更新调查工作。垦区各国土资源分局均已全面开展了土地利用更新调查工作。二是做好地籍管理信息化建设工作。2007年12月，垦区已完成89个场部(不含新收的11个农场）以上居民点的城镇地籍数字化调绘工作，建设了相应的“县级城镇地籍管理系统”，另外有19个场部以上居民点的“县级城镇地籍管理系统”正在建设中。“县级土地利用数据库”应建设105个（不含新收的11个农场），已完成83个单位，22个正在建设中。三是做好土地登记规范化建设工作。重点推进供地审批与土地登记相衔接的工作，强化当年审批当年完成设定登记工作的意识。建立起土地登记管理工作的流程，规范土地登记程序，继续推进楼房分割登记工作，做好日常土地登记变更工作。继续做好历史遗留问题的土地登记工作，及时安排组卷资料的补充及清理工作。按新标准本年度累计核发各类国有土地使用证书9 976本，其中工企事业单位项目250宗，楼房共用宗38宗(涉及653户)。四是做好接收部分省直国有农场工作。2007年4月初，根据农垦总局接收11国有农场工作领导小组确定的接收实施步骤，与省国土资源厅有关部门协调，先后到省厅地籍管理处了解土地建设用地及管理情况，到土地划界处了解农场土地划界落界情况，取回了其中10个农场的落界发证资料，并以省国土资源厅的名义起草，及时对有关市、县下发了《关于部分省直农场划转省农垦总局管理有关事宜的通知》(黑国土资发[2007]43号)，转发了黑国土资发[2007]43号给有关国土资源分局，接文后各国土资源分局积极主动与市、县沟通、联系，大多数市县较好的给予了配合，结合实际情况完成了资料交接工作。其中10个农场均取得了省政府颁发的国有土地使用证，10个农场土地总面计2 220 311.7亩，其中耕地469 050.4亩。只有“黑龙江省红旗种马场”尚未完成土地确权划界发证工作。由于七台河市市委、市人民政府和勃利县县委、县人民政府不同意移交“黑龙江省勃利种畜场”，牡丹江国土资源分局2007年未能取得相关的档案资料。

（马春晓）

【耕地保护】 按照国家的保护耕地各项政策措施，强化了基本农田的保护，严格用途管理，坚持节约、集约利用土地的原则，严格执行“四落实”、“五不准”的规定，全面落实了《耕地保护责任状》的签订工作。全垦区2007年签订耕地保护责任状3 800余份，树立和完善了建三江分局、牡丹江分局基本农田保护示范区的典型，全垦区正向基本农田标准化、基础工作规范化、保护责任社会化、监督管理信息化的方向迈进。加强了农地转用程序管理，核查总用地面积67.08公顷。推广了八五八农场占补平衡自行补充耕地的试点经验。垦区保护区面积保持在178万公顷以上，基本农田保护率达88%，连续20年实现耕地总量的动态平衡。按照国土资源部《关于加强和改进土地开发整理复垦工作的通知》要求，加强了对垦区土地整理复垦项目的申报和实施。截止2007年年底，垦区共申报国家和省投资立项的项目63个，已由国家及省批准实施的项目34个，规模42.90万公顷，共争取国家投资5.27亿元，可净增耕地6.20公顷。

（马春晓）

【执法监察】 结合土地执法百日行动和查处土地违法违规案件专项行动的开展，各分局进一步加大案件查处力度，对专项行动期间清查出的违法违规问题，认真梳理，分类定性，符合立案条件的，全部进行了立案查处。年内全系统共查处各类土地违法违规案件51件，结案50件，未结1件(上交省执法监察局处理)。涉及土地面积287.24公顷。对1名责任人进行了处理。扎实开展了执法监察标准化建设工作。九三分局队伍建设、办公环境和办案装备基本达到了标准化建设要求。宝泉岭、建三江、红兴隆、牡丹江分局除了没有执法监察专用车以外，其他各项基本达标。齐齐哈尔分局改善了执法监察科的办公环境，已有单独的办公室，配备了电脑。哈尔滨分局在工作人员少的情况下，为执法监察科配备专职监察人员。各分局按照总局国土资源局2007年5月份下发的《关于进一步加强执法监察工作的意见》要求，建设项目用地经过审批后，能及时将其纳入监管范围。定专人、定期限，加强对项目进度的追踪，对每个项目分三个阶段跟踪，至少记录三次，进一步加强了对新上项目等用地情况的监督检查。 (马春晓)

质量技术监督

【质量工作】 2007年农垦总局质量技术监督局把工作重心逐步转到从源头抓质量上来，垦区被评为国家名牌的6个，黑龙江省名牌的18个，国家免检3个，黑龙江省免检3个。对生产许可证进行了审查发证，办理食品生产许可证450个，工业生产许可证17个。

(崔晓微)

【标准化工作】 2007年4月，在普阳农场组织召开了农垦系统良好农业规范认证试点及培训动员大会，省质量技术监督局、省出入境检验检疫局、总局等有关领导出席了会议。垦区10个农场被列为首批国家级良好农业规范试点单位。9月国家认监委为前期通过的八五二、查哈阳、普阳、共青、双鸭山、红卫、北大荒农业股份有限公司七星分公司、建设、红星、铁力、八五一〇农场等11个农场颁发了认证证书。10月，北大荒肉业生猪饲养，富裕牧场珠葱、洋葱，肇源农场水稻3个被国家标准委确定的全国第五批农业标准化示范区通过验收。农垦总局质量技术监督局制定了《粮食、种子干燥系统管理与安全操作规程》、《玉米大垄垄上机械化行间覆膜技术规程》、《优质啤酒大麦栽培技术规程》、《甘蓝生产技术规程》等4项黑龙江省农业地方标准，通过审定，并发布。

(刘晓梅)

【计量工作】 按照省质量技术监督局的统一安排，2007年9~11月份，对农垦工程质量检测中心、农垦益康室内环境质量检测站、农垦乳品检测中心、黑龙江垦区机动车检测五站等四家质检机构的计量监督评审工作。各站基本保持了计量认证评审时的状态和水平。10月，按照省质量技术监督局要求对食品认证企业的基本情况进行了调查，共建立了食品生产企业认证档案42个，其中ISO9001认证企业29家、HACCP认证企业11家，其他认证企业2家。按照现场检查要点的内容现场监督检查，从检查结果看，大部分企业体系运转基本正常，质量方针能体现企业的宗旨及质量承诺。 (刘晓梅)

【特种设备安全监察】 垦区连续15年未发生在册特种设备事故。2007年加强了特种设备安全宣传培训工作，重点抓好“3.15”和6月安全月、9月质量月等宣传咨询活动，全年共发放宣传资料8 000多份，接待群众咨询20多人次；深入垦区龙头企业办特种设备操作人员培训班、培训人员4 500余人次；开展了“特种设备安全知识进校园”活动。加强对特检所的监管，把监管和技术把关责任有机地结合起来，确保各类特种设备的定期检验率均达100%。日常监管落实了“六个到位”，即生产源头监管到位、使用登记到位、现场监督检查到位、检验覆盖督管到位、事故调查处理到位和突发事件应急反应到位，确保了企业“三落实，两有证，一检验”，通过协调和充分准备，在红兴隆北大荒肉牛公司成功举办了一次液氨泄漏特种设备事故救援演练。开展了特种设备隐患排查和专项整治工作，消除安全隐患。利用职能优势，对特种设备使用单位出现的技术问题真情实意进行帮助，协助浩良河三废公司完善液氧罐车充装系统的安全措施，帮助建立健全特种设备技术档案，协助九三热电厂修理发电锅炉的技术把关，节约资金150余万元。

(陈树柱)

【春雷行动】 2007年3月30日质监护农“春雷行动”正式启动，此次春雷行动期间，出动人员2 584人次，送标准送科技下队达553人次，受理群众咨询投诉89起。共为农户免费送检242个样品，减免费用达127 340元。召开了春雷行动工作大型会议9次、推进工作会议41次、现场交流会49次。先后2次对生产资料生产经营者进行培训，讲解了《产品质量法》，农药、化肥、种子等产品标签、标志标准，先后有100余家经销企业的350人次参加了培训。组织科技讲座118次，培训种植、养殖人员达16 936人次。免费向农民朋友发放各类宣传单63 275份、明白卡21 060张、种植(养殖)规程1 372个，制作科技方面的光碟381张。组成执法检查组，重点检查农业生产资料经销单位坑农害农、短斤少两、侵犯群众利益的违法行为，共监督检查农资产品经销企业287家，检查化肥376批次36 060余吨、农药56批次92吨，检查种子公司10家。立案查处案件31起。

(崔晓微)

【大案要案】 一是九三局直向晨饮料厂无证生产碳酸饮料案。2007年4月5日，根据举报，农垦九三质量技术监督局执法人员陈众、薛宝山对九三局直向晨饮料厂进行了现场检查，检查中发现该厂于2006年9月开始生产碳酸饮料，一直未申办食品生产许可证，属无证生产。九三质量技术监督局依据《食品生产加工企业质量安全监督管理细则(试行)》第七十九条的规定，责令其停止生产、销售，没收尚未售出的76箱饮料，价值500元，并处以1 000元罚款。二是世纪铝塑门窗加工部无证生产塑料外窗案。2007年5月18日，根据生产许可证实施情况检查要求，九三质量技术局执法人员陈众、薛宝山等人对辖区内塑料外窗生产企业检查时，发现世纪铝塑门窗加工部在未取得生产许可证的情况下生产铝塑门窗，现场发现10米待销的产品，每米售价130元。九三质量技术监督局依据《工业产品生产许可证管理条例》第四十五条的规定；责令其停止生产、销售，没收了待销的10米铝塑窗，价值1 300元，并处以1 500元罚款。三是处罚建筑公司案。2007年6月7日，绥化分局质量技术监督局对黑龙江省绥化农垦鑫盛大建

筑工程有限公司在绥棱农场职工住宅6号楼施工中使用的低碳钢热轧盘条(Ø8)进行了抽样，送到黑龙江省钢材质量监督检验二站，经检验为不合格产品。7月27日绥化分局质量技术监督局将产品检验结果告知了该公司，该公司书面提出不复检，7月30日农垦总局质量技术监督局对此违法行为进行了立案调查，经调查：该公司共进货1.5吨，货值5 475元，无法真实提供进货手续和渠道。经过案件委员会审理，绥化分局质量技术监督局根据《中华人民共和国产品质量法》第六十二条、五十条的规定，给予黑龙江省绥化农垦鑫盛大建筑工程有限公司、停止使用该批产品；并处违法产品货值金额50%罚款2 737.5元下行政处罚。通过此案的处理，共为农场挽回经济损失3万余元。四是处罚加油站案件。2007年7月19日，经人举报，绥化分局质量技术监督局对中油黑龙江农垦石油有限公司达安加油站进行监督检查，检查后发现，该加油站使用的加油机已超过检定周期，正在销售0号轻柴油，绥化分局质量技术监督局对该加油站销售的0号轻柴油进行了登记保存，进行了抽样，送到黑龙江省质量监督检测研究院，经检验为不合格产品。经调查：该加油站共进货1吨，货值5 370元。该加油站不能提供0号轻柴油的销售账目，并私自该加油站不能提供0号轻柴油的销售账目。经过案件委员会审理，农垦总局质量技术监督局根据《加油站计量监督管理办法》第九条第五项、《中华人民共和国产品质量法》第四十九条、《加油站计量监督管理办法》第十条、《中华人民共和国产品质量法》第六十三条的规定，对达安加油站给予责令停止销售不合格产品；并处罚款8 000元的行政处罚。通过此案的处理，共为农场挽回经济损失1万余元。（崔晓微）

工商物价管理

【营造公平诚信市场环境】 2007年，垦区工商物价系统按照“抓机遇、创环境、谋发展、促和谐”年主题的要求，加大创新型工商(物价)建设步伐，推动各项工作落实。一是开围绕种子、肥料、农药、农机配件等四类农资商品，开展了“红盾护农”宣传活动。在电视台播放“红盾护农”政策，在主要街道、市场悬挂宣传标语、设立咨询台等，利用各种形式广泛宣传识别农资真假的知识。共发放宣传材料2 100份，解答咨询214人次。各分局举行了红盾护农活动启动仪式，制定、实施了产品留样备查和进销货台账制度，开展了专项整治行动。共出动车辆502台次，执法人员321人次，检查农资经营户612户次。检查农药26个品种，化肥5个品种，种子5个品种，对购进种子的相关证件、标签进行了查验，对自繁种子的净度、纯度、水分、发芽率以及种子生产许可证、经营许可证进行了查验。二是积极开展流通领域产品质量监管工作，保障群众生命健康安全。共出动执法人员3 850余人次，车辆840余台次，检查走访9 500余户食品经营者，下达整改通知书120份，查封1户无照经营的酒厂、查封5户无照加工月饼的黑加窝点，共收缴罚没款10万余元。三是积极开展价格服务进万家活动，形成了以点带面，重点突破，全面推进的工作格局。在257家企业建立了企业负担监督联络员制度，发放涉企收费登记卡782份，为企业解决价费矛盾、提供价格服务97件次，指导协助90家企业获得价格诚信单位称号；在112个较大社区设立了价格监督组织，在社区内开展价格法律、法规宣传活动164次，接受价格咨询并解答问题达1 318人次，建立群众关心的价费公示板117块。（张　菲）

【创造宽松和谐经济发展环境】 一是积极服务垦区经济发展大局。2007年上海·北大荒绿特色产品展销会上，垦区工商物价局出资30余万元，负责民营经济展区的组织、筹备、招商和布展工作，先后数次前往上海联络协调与上海市工商局、物价局、税务局、技术监督局和卫生局的关系，办理工商和卫生展会相关证照。6月份，垦区工商物价局组织30多户民营企业参展哈洽会，为北大荒集团设置72平方米展位一处。二是积极推动商标发展战略。取得了“九三油脂”和“摇篮”争创“中国驰名商标”工作的成功，使垦区中国驰名商标达4块；还完成了“索伦”等6件黑龙江省著名商标的上报工作。按国家工商总局《关于发布地理标志产品专用标志管理办法的通知》要求，加强了对地理标志的宣传工作，积极引导正确有效使用并依法查处擅自使用专用标志的违法行为。为九三粮油集团和九三马铃薯产业有限公司等两家垦区企业申请无域名企业名称，为企业发展提供了良好的基础。各分局工商物价局在第七个世界知识产权日，开展了“4.26世界知识产权日宣传周”活动，以条幅、板报、电视讲话、设立咨询等方式，发放宣传材料3 280份，接待咨询93次。三是积极延伸职能，解决垦区生产用电价格过高问题。在对垦区5个独立电网的电业局及没有独立电网的个别农场供电局进行成本监审的基础上，积极与省物价局进行沟通汇报，争取省物价局的支持，并由省物价局领导出面与省电力公司协调，使得困扰和阻碍垦区的电力体制和电价问题解决在望，达成共识：自垦区供电企业资产无偿划转省电力公司之日起，立即对垦区其他用电执行目录电价，该项政策落实到位后，将为垦区其他用电户年直接减负1.3亿元。四是积极立足自身职能，支持订单农业发展。针对订单农业方兴未艾且存在问题较多的实际状况，经过深入基层调查研究，将“发挥职能，围绕订单农业开展合同监管”作为2007年的一项重点工作。先后出动宣传车65台次，张贴标语百余幅，发放农业订单宣传资料7 600份，在基层所设立了红盾护农网站，配备站长，明确工作职责，及时掌握合同订立和履行情况，受理合同纠纷，受到了农场和农户的好评。开展了农业订单的调查摸底工作。将2006年意向性的农业订单登记造册，做到心中有数，保证监管工作到位。深入企业，上门服务，引导备案。共走访各类农业龙头企业56次，指导签订订单17份，签约金额3 604.5万元，为企业提供合理化建议6条，均被采纳。将“守合同重信用”活动引入订单农业，下发了“守合同重信用”农户认定公示方案，经过各场申报，垦区工商物价局选出100名“守重农户”进行了命名表彰。（张　菲）

【加强队伍建设】 一是创新培训机制，培养执法骨干。在黑龙江大学法学院组织了垦区工商干部法律培训班，为48名执法一线同志进行了为期26天的封闭学习；在省委党校举办了由39名机关骨干和各分局后备干部参加的为期近一个月的培训班。一些分局还对所长岗位实行竞争上岗，使德才兼备的年轻干部选拔到副所长岗位上来。二是制定了《垦区工商系统开展"和谐机关、和谐班子、和谐科室、和谐工商所、和谐窗口"创建活动实施方案》，通过开展一系列创建活动，形成班子和谐，干群和谐，上下之间和谐，人与机关、人与环境和谐，领导机关与系统队伍和谐，系统内与系统外和谐的局面。三是深入开展创建省级文明行业建设系统活动，垦区工商物价局局机关和九三分局达到省级文明单位标兵，其他8个分局都达到总局级文明单位以上。 (张　菲)

【个体消费者协会】 垦区个体消费者协通过开展争创"光彩之星"、"青年文明号"活动、建设"黑龙江省垦区个体私营企业协会网"、从业技能培训，以及开展招商引资工作，极好地发挥了协会的职能作用。各级消费者协会围绕"消费和谐"年主题，积极开展"3·15"纪念活动，以"维权进万家"活动为主线，受理投诉，营造和谐的消费环境。开展了"消费者放心粮油生产经营单位"专项调查活动，通过新闻发布会对社会进行公布，产生了积极的效果。 (张　菲)

工程咨询评审中心

【概况】 2007年总局工程咨询评审中心工程咨询资质乙级，专业有农业、食品、建筑、市政4个。编制了直属直供垦区公安派出所、司法所建设规划。对总局投资1 000万元以上的重点项目进行了咨询论证。主要有：二龙山农场3万吨马铃薯淀粉加工项目、九三分局3万吨马铃薯淀粉加工项目、红星农场1万吨酸菜加工项目、奶牛、肉牛农业开发产业化经营项目5个、绥化分局10万吨玉米饮料项目等。编制了部分国家投资建设项目可行性研究报告150项。主要有总局发改委、扶贫办、农业开发办安排的建设项目。还编制了部分省农委、省畜牧局、省水产局、大兴安岭和海拉尔垦区安排的部分建设项目。参加总局专家组活动，充分发挥总局领导"智囊团"的作用，多次参加总局领导交办的各项专题调查研究活动。

(李尚民)

政　　治

中共黑龙江省农垦总局委员会

【党委（扩大）会议】 2008年2月14日上午，省农垦总局党委（扩大）会议在总局机关大会堂隆重开幕。会议的主题是：深入学习贯彻党的十七大和省十次党代会及省委十届四次全会精神，全面落实科学发展观，加快推进“三化”建设，开创垦区又好又快发展新局面。会议明确垦区2008年的主要任务是：推进“四大产业”发展，启动“六项倍增计划”，实施“十项民生工程”。总局党委副书记、局长隋凤富作了题为《深入学习贯彻落实党的十七大精神，为开创垦区又好又快发展新局面而奋斗》的工作报告，总局副局长张成国主持会议。总局领导母松华、钟国林、邹积慧、王有国、周昊旬、周春来、谭占龙、逄金明、梅殿龙和总局离退休干部代表，各分局党委书记、局长及主管农业、工业和城镇建设的副局长，总局机关副处级以上干部，总局直属企事业单位负责人等380人出席了会议。2月15日下午大会圆满结束。张成国作了总结讲话。

（木　雨）

【党政及总局直属事业机构】 经省政府批准，黑龙江省机构编制委员会印发《黑龙江省农垦总局职能配置、内设机构和人员编制规定的通知》（黑编［2000］162号）文件确定：黑龙江省农垦总局是省政府主管全省农垦系统行政、经济与社会发展工作的直属机构。2007年，省农垦总局辖9个分局：宝泉岭、红兴隆、建三江、牡丹江、北安、九三、齐齐哈尔、绥化、哈尔滨分局。

根据黑编［2000］162号文件和黑编［2004］85号文件要求，省农垦总局内设机构36个。2007年，省农垦总局设党委机构7个：总局党委纪检委（与省派驻监察局合署）、组织部、宣传部（挂社会科学联合会牌子）、统战部（挂台湾事务办公室、侨务办公室、民族宗教局牌子）、政法委（与防范和处理邪教问题办公室合署，挂社会治安综合治理办公室牌子）、机关党委、离退休干部工作处。行政机构27个：总局（党委）办公室（与信访办公室、外事办公室合署）、政策法规局（挂人大联络办公室牌子）、发展和改革委员会、统计局、财务处（与农业综合开发办公室合署）、审计处、人事局（与机构编制委员会办公室合署）、劳动和社会保障局、科技局（挂科协牌子）、农业局（与农机局合署）、畜牧水产局、林业局（挂森林防火指挥部办公室、绿化委员会办公室牌子）、水务局（挂防汛抗旱指挥部办公室牌子）、经委、商务局、粮食局、建设局、交通局、环境保护局、质量技术监督局、民政局、文化体育局（挂新闻出版局、文联牌子）、教育局、卫生局（与人口和计划生育委员会合署）、公安局、司法局、国有资产监督管理委员会。群团机构2个：工会、团委。设总局安全生产监督管理局，隶属于总局经委。设黑龙江省农垦中级人民法院、黑龙江省人民检察院农垦区分院。

2007年，垦区总局、分局两级有各类事业单位794个，实有人数35 932人。其中，总局直附属事业单位84个，分别为：黑龙江省农垦科学院、省农垦勘测设计研究院、省农垦管理干部学院、黑龙江农垦职业学院、农垦农业职业技术学院、农垦林业职业技术学院、黑龙江农垦总医院、农垦日报社、黑龙江农垦太湖疗养院、北大荒文工团、黑龙江农垦第二医院、总局广播电视局、总局房产管理中心、北大荒文学杂志社、总局水利水电建设中心、总局气象管理站、黑龙江农垦人才中心、黑龙江农垦人事考试中心、总局佳抚公路建三江收费所、总局职业技能鉴定指导中心、农垦职工技术交流中心、总局依饶公路红兴隆收费所、黑龙江农垦残疾人劳动就业服务管理中心、黑龙江农垦科研育种中心、农垦佳木斯佳南职业介绍所、省农垦哈尔滨王岗职业介绍所、黑龙江农垦工程咨询评审中心、黑龙江农垦佳木斯医院、总局投资办、总局水利工程局、省农垦社会保险事业管理局、黑龙江农垦经济研究所、总局史志办公室、总局哈尔滨离退休干部休养所、总局佳木斯离退休干部休养所、总局档案馆、总局政务信息化管理服务中心、总局局长信访电话办公室、黑龙江农垦佳木斯学校、北大荒博物馆、黑龙江农垦残联执行理事会、农垦经济调查队、总局卫生局卫生监督所、总局种子管理处、总局驻京联络处、总局工程质量监督站、省农垦绿色食品办公室、总局扶贫开发办公室、总局驻佳木斯办事处、总局工程造价管理站、总局预算外资金管理中心、总局会计管理中心、总局墙体材料改革办公室、总局财务结算中心、哈尔滨住房公积金管理中心农垦分中心、总局水利工程管理总站、总局水利工程质量监督站、总局水政监察支队、省农机监理总站农垦分站、总局公路管理处、省农垦道路运输管理处、总局植保植检站、总局交通征费稽查处、总局浩良河交通征费稽查所、黑龙江农垦采购招标中心、总局节约能源办公室、总局公路工程质量监督站、总局港航管理总站、总局佳木斯运输管理站、黑龙江农垦特种设备监督检验所、总局动物卫生监督所、总局森林病虫害防治检疫站、农垦环境监察支队、总局挠力河自然保护区管理局、总局依法治垦办公室、黑龙江农垦公证处、总局就业局、总局财务总监办公室、总局招生办、黑龙江农垦土地勘测规划院、黑龙江农垦土地整理储备中心、中国电脑体育彩票黑龙江农垦管理中心、总局农业机械试验鉴定推广站。

（高明山）

总局党委办公室　总局办公室

【综合工作】 2007年，总局办公室综合科全年共负责和完成总局各类大型会议的报告和讲话的起草、核稿工作，各类代拟讲话文稿的起草工作110多篇，撰写垦区经济社会发展以及阶段重点工作推进情况的调研报告1篇，起草总局各类汇报10余篇，编纂《黑龙江农垦》47期，为《黑龙江年鉴》、《中国农业年鉴》、《黑龙江通讯》和《黑龙江政报》等提供各类稿件20余篇，承办总局领导、办公室领导交办的工作10余事项；全年撰写的文字稿件30万余字。

（蔡文利）

【文秘工作】 总局办公室秘书科共处理公文1 007件，其中呈件240件，急件230件；形成党委会纪要22件，局务会议纪要和局长办公会议纪要9件；起草公文52件。累计文字量155万字。共完成领导交办事项3 000余件,部门转办事项1 000多件。承办总局大型会议14件,安排机关部门会议343件。

(蔡文利)

【接待工作】 总局办公室接待处先后接待了黑龙江省情研究与发展促进会、财政部海南财政专员办、全国农垦系统参加哈洽会各代表团、农业部垦非改革工作组、中央电视台"心连心"艺术团和北京阳光艺术团,也出色地完成了全年的其他接待任务。 (蔡文利)

【机要工作】 全年共处理公文1 975件,机要电报158件,收取各类传真及其他文件339件,办理正式会议通知98件,各部门传阅公文1 350次;取上级交换公文8 518件,交换本级公文1 300件,取省委、省政府公文138批次;计16 275件;编发本级公文字号968号,分发各类公文31 723次,发放挂号、机要文件1 317袋;利用办公自动化传输公文3 100件;总局领导、办公室领导批示用印3 952次,公文用印9 895次,职称用钢印483次。全年共整理立卷公文4 766件,其中上级公文2258件,本级永久279件、长期433件、短期660件,本级顺号1 136件,利用内部办公自动化系统归档本级文件905件。

(蔡文利)

【保密工作】 组织总局机关干部、各分局、总局各直属单位参加《保密知识百题竞赛》活动,答卷人数计8 804人。对垦区15个高考试卷保密室,进行了检查验收,对达标的单位颁发合格证书。做好机关依法定密工作,全年确定机关部门产生的机密事项4项,秘密事项5项,共计划9项。做好涉密载体和计算机保密检查工作,全年着重抽查了公安局、政法委、组织部、团委、畜牧水产局、农业局等涉密较多的单位,落实了管理措施。 (蔡文利)

【办公自动化】 完成了"总局办公自动化OA系统"建设、运行、培训和管理工作;完成了"垦区电子公文无纸传输系统"运行、培训、升级、维护工作;完成了与总局与省政府各应用系统的建设、运行、测试、管理和维护工作;完成了总局电子政务安全管理制度建设;完成了总局电子政务网络中心机房升级和改造工作;完成了总局领导和办公室各科室计算机软件、硬件的安装、运行、培训、管理与维护工作;完成了总局各大小会议多媒体投影系统的安装、调试、运行、维护及管理工作。 (蔡文利)

【信息工作】 全年共编发《农垦信息》175期,采编党政信息333条。共编报《专送信息》66期,采编党政信息85条。共编报《专报信息》172期,采编党政信息190条;上报信息中,被省委办公厅采用33条,被省政府办公厅采用127条,被省政府及农业部农垦局门户网站采用200余条,获省领导批示1次。农垦总局被省委办公厅评为"2007年度向省委报送信息先进单位",被省政府办公厅评为"2007年度全省政务信息工作标兵单位"。 (蔡文利)

机关党委工作

【目标考核】 2007年1月,总局机关党委对省下达的农垦总局年度责任目标完成情况进行了自检自查,形成《中共黑龙江省农垦总局委员会2006年度责任目标完成的情况自检报告》,接受了省直责办的考核。总局在2006年参加目标考核的省直72个厅局中名列21位,考核结果为"优秀"。对列入机关目标考核的46个部门实施年度考核,经目标考核、民主测评、总局分管领导评分、总局主要领导综合评分和总局党委研究,有32个部门被确定为"优秀"。按照省直责办要求,完成了总局机关及有关附属单位目标责任制奖金审批发放工作。 (刘春玲)

【扶贫帮困】 总局机关党委组织机关干部开展了捐款资扶贫帮困献爱心活动,直属机关66个单位,捐款人数1 631人,总金额79 110元。春节前机关党委共补助机关困难党员和职工170名,补助金额达61 400多元。春节慰问住院病号25人。 (刘春玲)

【全民健身活动】 "五一"组织直属机关春季长跑比赛活动,有1 363名机关干部参加,受到总局领导和机关干部职工的好评。总局直属机关有33个部门被授予全民健身活动先进单位,有32名、26名和78名同志被授予全民健身活动优秀领导干部、优秀工作者和先进个人。总局直属机关获得省直机关工委"全民健身先进集体"称号。 (刘春玲)

【党组织建设】 总局直属机关12个业务性、服务性较强的单位确定了60个"党员先锋岗"和30个"先锋示范窗口",统一定制了标牌,组织专人有关单位调研指导,帮助基层组织解决工作中遇到的实际问题,有力地推动了总局直属机关实施"北大荒先锋工程"工作扎实有效开展。"七一"前,总局机关党委命名表彰了"先进党组织"41个,"优秀共产党员"130名,"优秀党务工作者"38名,"学理论、作表率先进个人"19名同志。通过各基层组织认真培养考察,有26名工作骨干被吸收为新党员。组织广大党员参加学习党委(扩大)会议精神,百题竞赛和"知荣辱、树新风、促和谐"知识竞赛,择优收取答卷共700余份。组织19名党员干部参加了省直机关党校举办的理论培训,其中处级干部4名。党的十七大胜利召开后,及时组织机关干部收看大会开幕盛况和中央宣讲团党的十七大精神报告会实况,举办了总局直属机关学习十七大精神理论骨干培训班。下发各类学习材料3 000余册。

(刘春玲)

【文明单位建设】 2007年,总局直属机关经省文明办考核验收。被评为"省级文明单位标兵"称号。根据总局直属机关文明单位(标兵)创建工作的实际情况,对直属机关各单位(标兵)创建工作进行检查验收。有5个初次申报、9个晋升标兵、17个重新申报标兵的单位达到验收标准。省级文明单位标兵3个、省级文明单位、总局级文明单位标兵、总局级文明单位各1个、总局机关级文明单位5个、总局机关级文明单位标兵47个。 (刘春玲)

组织工作

【组织建设】 2007年，总局党委以“北大荒先锋工程”为统领，全面加强基层组织建设和党员队伍建设。制定下发《关于在垦区基层党组织和党员队伍中实施“北大荒先锋工程”的意见》等4个文件，明确了工作目标和要求。在九三分局召开垦区“北大荒先锋工程”专题推进会，举办了贯彻十七大精神、推进“北大荒先锋工程”图片展，对深入开展“北大荒先锋工程”起到了很好的示范和推动作用。《黑龙江日报》、省委组织部“龙江先锋网”、《农垦日报》等新闻媒体对“北大荒先锋工程”开展情况及取得的成效进行了多次报道。积极开展场县党建共建活动。在实施“北大荒先锋工程”活动中，通过以党建带共建，实现优势互补、合作双赢、共同发展。九三分局作为全省场县共建的先行试点单位，与嫩江县主动对接，通过实施场县党建共建，使垦区基层党组织和党员在更广阔的领域发挥了先锋模范作用。圆满完成省十次党代会代表的推荐选举工作任务。按照党的隶属关系全面部署了出席省十次党代会代表推荐选举工作，2007年1月31日，组织召开了哈尔滨分局及总局直属单位党员代表大会，选举韩振远、翟瑞常2名同志为哈尔滨分局及总局直属单位出席省十次党代会代表。垦区共推选出省十次党代会代表11名。抓好基层党建责任制的落实，下发了《关于建立健全垦区抓基层党建工作责任制的实施意见》、《垦区抓基层党建工作责任制考核办法（试行）》等文件，对各级党组织抓基层党建工作提出了具体要求，明确了各自责任。扎实推进各领域基层党建工作，以“四好”领导班子和“六好”企业党组织创建为重点，进一步加强了国有企业党建工作。以落实《关于构建垦区共驻共建社区党建工作新格局的意见》为重点，健全了社区党建组织体系和工作机制。以《垦区新经济组织和新社会组织党的建设工作2007～2010年规划》为指导，各级党组织扎实推进“两新”组织党建工作，使“两新”组织党建工作实现全覆盖、经常化、制度化。进一步加强党员队伍建设，下发了《关于印发2007年垦区党员教育工作意见的通知》，成立了总局党委党员教育联系会议领导小组。通过设立流动党员咨询服务电话、发放流动党员活动证、建立定期联系汇报制度等形式，加强了流动党员管理工作。

（张　如）

【干部管理】 坚持正确的用人导向，切实加强各级领导班子建设和干部队伍建设工作。一是以创建发展型领导班子活动为契机，大力加强各级领导班子思想政治建设。突出抓好以十七大精神为主要内容的理论武装，通过加强领导班子中心组学习，举办进修班、研讨班等措施，各级领导班子和领导干部领导科学发展的能力明显增强，较好树立了科学发展观和正确政绩观的正确导向。二是坚持加强民主集中制建设，进一步完善总局、分局党委内部议事、决策的基本制度，强化作风建设，各级党委（党组）组织开展了以干部作风建设为主题民主生活会，各级领导班子科学决策、民主决策水平不断提高。三是加强干部工作规范化、制度化建设，认真做好领导班子和领导干部的调整和选配工作。研究制定了《总局党委管理干部年度考核暂行办法》，年初对分局、总局直属企事业单位及附属单位的253名领导干部进行了年度考核，对不称职的干部进行了调整。2007年，共调整领导班子102个，调整干部321人，党政主要领导25人。完善和规范干部宏观管理工作，严格领导干部职数管理，对分局、总局机关处级以上参照公务员管理的事业单位领导干部进行重新登记，及时发现和纠正了个别单位超职数、超职级、自设职务名称配备干部的问题。四是按照省委选派援藏干部的总体部署，组织完成了垦区援藏干部的考核和选派工作。

（郭洪明）

【干部人事制度改革】 以扩大民主、加强监督、强化宏观管理为工作重点，不断深化干部制度改革。一是全面推行差额选任制。2007年，差额选配了38名总局机关正副处级干部、2名分局副职领导，并对农牧场新提职的7名主要领导实行了差额选任。二是注重干部选拔任用机制的改革创新。深入推进了公开选拔、竞争上岗、党委会讨论任免干部无记名投票表决和领导干部职务回避等改革措施。加大对领导干部交流轮岗力度，对2个分局纪委书记、4个分局党委委员、组织部部长实行跨局交流任职。三是加强干部监督。按照干部管理权限，首次集中开展了领导干部报告个人有关事项工作，按规定对领导干部个人有关事项进行了报备。按照《党政领导干部辞职暂行办法》要求，对九三农垦法院院长、哈尔滨分局社保局局长做出引咎辞职，责令辞职的处理决定。在总局党委巡视工作中，对各分局党委贯彻执行《干部任用条例》情况进行了专项检查，对发现违反《干部任用条例》的问题及时进行了调查处理。加强举报信访处理工作，全年共处理信访件88件。

（赵广来）

【干部培训】 紧紧围绕垦区经济社会又好又快发展和构建和谐垦区大局，大规模高质量开展干部教育培训工作。一是以党的十七大精神和执政能力为重点，突出了领导干部特别是场处级领导干部的培训。全年共举办各类培训班340余期，培训各级干部2.2万人次，其中场处级领导干部2 400余人次。总局举办了分局副职后备干部培训班和两期350余人参加的处级领导干部十七大精神培训班。各基层单位党委也举办了形式多样的十七大精神培训班和干部培训班，各级领导班子和领导干部的综合素质和领导科学发展的能力有了明显提升。二是以市场经济知识为重点，突出了企业管理人员特别是高管人员的培训。总局选送70余名企业干部赴北京大学和东北财经大学进行为期一年和四个月的培训。选派第二期高管班学员赴上海浦东新区和垦区各龙头企业挂职锻炼。坚持开展职业经理人培训工作，有388名干部参加了职业经理人培训，初步形成了一支数量充足、结构合理、素质优良、堪当重任的企业家队伍。三是以政治理论和党性修养为重点，突出了年轻干部的培训。总局举办了为期三个月的青年干部培训班和一个月的女干部培训班。选送了一批以总局机关处级干部为主体的领导干部赴上海闸北区挂职锻炼。红兴隆分局、建三江分局分别选派了47名和72名年轻干部到东北农业大学进行为期一年的学习培训。北安分局举办了160人参加的为期两年的农业、农机、畜牧培训班。齐齐哈尔分局选送了28名大学生和研究生到江南大学进行为期一年的专业学习,形成了垦区上下联动、多层次、立体式的培训工作格局,为垦区可持续发展打下了良好的人才基础。四是以解放思想和更新观念为重点,突出了管理区领导干部的培训。年初以来,为适应垦区新农村建设的要求,在长三角地区举办了三期管理区领导干部培训班,通过听取华西村老党支部书记吴仁宝等专家学者授课和去华西村、苏州工业园区等地参观考察,使基层干部既学到了理论知识,又开阔了眼界。截止2007年底,已累计在长三角地区培训管理区领导干部700余人。

(林子彬)

纪检监察

【概况】 中共黑龙江省农垦总局纪律检查委员会、黑龙江省监察厅驻农垦总局监察局内设机构为6个室,即办公室、执法监察室、案件检查室、党风建设室、信访室、审理室。黑龙江省监察厅驻农垦总局监察局从2006年6月13日开始,由省监察厅和驻在单位双重领导改为由省监察厅直接领导。2007年垦区反腐倡廉工作以邓小平理论和“三个代表”重要思想为指导,全面落实科学发展观,认真贯彻落实中纪委、省纪委全会和总局党委(扩大)会议精神,全面推进,重点突破,认真落实党风廉政建设责任制,加强领导干部作风建设,开展党风廉政教育活动,严肃查处违法违纪案件,加大监督检查和纠风工作力度,深入开展源头治理工作,加强纪检监察队伍建设,使反腐倡廉工作取得了新的进展和成效,为垦区又好又快发展提供了有力保证。广大干部、群众对垦区党风廉政建设和反腐败工作的满意程度、对反腐败的信心度等均呈上升趋势。对党风廉政建设和反腐败斗争表示满意和比较满意的比例为98.48%,其中满意为81.5%,同比增加7.6个百分点;对党风廉政建设和反腐败斗争有信心和比较有信心的为98.71%,其中有信心为81.5%,同比增加5.45个百分点。

(徐国庆)

【案件检查】 2007年,垦区纪检监察机关共查办案件233件,初核转立案165件,处理违纪党员干部189人,其中处级干部25人,科级干部68人,一般干部86人,其他人员10人;受党纪处分105人,其中受警告处分32人,受严重警告处分37人,受撤销党内职务处分2人,受留党察看处分8人,受开除党籍处分26人;受政纪处分118人,其中受行政警告处分30人,受记过处分29人,受记大过处分20人,受降级处分6人,受行政撤职处分20人,受开除留用察看处分2人,受开除处分11人;受党纪、政纪双重处分34人;刑事处理29人,组织处理3人,责任追究49人。为垦区挽回经济损失1 243万元。2007年2月5日,在垦区党风廉政建设暨反腐败工作会议上对北大荒麦业佳佳专用等级面粉厂原厂长张某贪污案等5起典型案例进行了通报。

(翁叔章)

【执法监察】 一是“端正政风行风、优化发展环境”最佳最差单位评议活动取得显著成效。2007年是开展“端正政风行风、优化发展环境”最佳最差单位评议活动(以下简称“双评”)的第九年,垦区各级纠风办以邓小平理论和“三个代表”重要思想为指导,全面落实科学发展观,以解决损害群众利益和经济发展环境的政风行风为重点,以执法监督、综合管理和社会服务部门为对象,扎实开展“双评”活动,为构建社会主义和谐垦区,促进垦区经济社会又好又快发展提供坚强保证。参评部门由2006年的26个增加到29个,其中,执法监督部门14个:工商物价局、卫生局、文化局、公安局、司法局、交通局、安全生产监督管理局、质量技术监督局、环保局、审计处、林业局、建设局、畜牧局、教育局;综合管理部门14个:人事局、广播电视局、水务局、发改委、农业局、民政局、财务处、劳动局、社保局、经委、科技局、商务局、粮食局、统计局;社会服务部门1个:通信处。评议内容包括:贯彻落实上级关于纠风专项治理和优化经济发展环境部署情况;履行职责,依法行政情况;简化办事程序,提高工作效率情况;为管理和服务对象办实事情况;纠正和查处破坏经济发展环境、损害群众利益的政风行风问题情况。实施步骤分为制发工作方案、公开承诺、自查自评、听证评议、问卷测评、工作考核、汇总公布结果6个阶段。各参评部门坚持“标本兼治、惩防并举”的方针和“谁主管谁负责、管行业必须管行风”的责任制,紧紧围绕垦区又好又快发展,努力转变作风,提高效率,依法办事,文明服务,务实清廉,为民解难,着力解决影响经济发展和与民争利的不正之风问题,涌现出一批牢记党的宗旨、执政为民,以优良的行业作风促进各项工作健康发展的先进单位。被评为“端正政风行风、优化发展环境”最佳单位的有:安全生产监督管理局、林业局、建设局、畜牧局、人事局、财务处、社保局、发改委。二是开展支农惠农政策贯彻落实情况专项监督检查,确保中央支农惠农政策落实到位。8月28日至9月8日,由执法监察室牵头,总局财务处、总局农业局派员参加,组成专项联合监督检查组,对中央支农惠农政策在垦区贯彻落实情况进行监督检查。根据垦区实际,这次专项联合监督检查采取抽查的方式共抽查了4个分局12个农场的24个管理区。通过监督检查看,被检单位贯彻落实中央支农惠农政策的总体情况是好的,具体表现为:领导上认识到位,高度重视;工作上组织得力,精心实施;宣传上政策透明,深入人心;监督上严明纪律,监督有效;效果上兑付及时,群众满意。对个别农场没有及时兑付粮食直补、粮食综合直补和水稻良种补贴问题,检查组当即给予纠正,立即予以全部兑现。

(李景华)

【党风廉政教育】 垦区各级共举办党风廉政教育培训班47期,培训人员3 400多人,组织63 500名党员干部参加党纪政纪条规学习测试活动。通过理论学习、知识测试、选树典型、警示教育等形式，增强了各级党员干部廉洁从政的意识，促进了领导班子和领导干部的作风转变。大力推进廉政文化建设，各级纪检监察机关积极组织开展廉政文化“五进、五上”活动，总局纪委监察局撰写的《发挥合力作用 积极开展廉政文化建设》经验材料被中纪委编入《廉政文化在中国》系列丛书。　（徐洪斌）

【巡视工作】 根据总局党委的部署，总局纪委、总局党委组织部于2007年11月4～29日，由部分副厅级退休老干部带队，组成3个巡视组，对9个分局、14个总局直属单位和2个驻外机构进行了巡视。巡视历时26天，对9个分局和农垦职业学院、农垦科学院、农业股份公司、管理干部学院、设计院、建工集团、九三粮油工业集团、商贸集团、阳光保险、丰缘麦业、北大荒药业、种业集团、农垦通用航空公司、完达山乳业、太湖疗养院、总局驻京联络处等16个直属单位的党政领导班子和领导干部贯彻落实科学发展观和中央惠农政策、推进惩防腐败体系建设、落实廉洁自律各项规定和职务消费货币化改革、加强领导班子作风建设和贯彻落实《干部选拔任用条例》、建立健全企业法人治理结构、当前群众反映的热点难点问题及解决的情况等进行了巡视检查。巡视中，听取了各单位党委主要领导代表领导班子在机关中层以上干部、下属单位主要领导、离退休干部代表参加的大会上作的述职述廉报告，组织了1 982名同志对领导班子抓党风廉政建设和执行《干部任用条例》情况、贯彻民主集中制和加强自身建设情况进行了民主测评，与班子成员、中层干部和离退休老干部共计444人进行了谈话，走访了37个基层单位，组织了4 412人对垦区反腐倡廉情况进行了民意调查。查阅了党委研究干部工作和党风廉政建设工作会议记录、文件、讲话、批办的信访件，以及领导干部个人重大事项报告和上交礼金情况的相关资料。向被巡视单位党政主要领导通报了巡视的主要情况和整改意见。　（徐洪斌）

【群众来信来访】 垦区纪检监察机关共受理群众来信来访982件（次），与上年同期相比下降5.67%，其中来信875件，来访72次，电话举报22件（次），署名举报305件，上级交办42件。自办案件4件，联合办案9件。全年“两会”驻京共劝回垦区进京上访人员三批21人，圆满完成上级交办的工作任务。2007年信访举报目标管理三年达标自查工作开展顺利，从垦区检查的情况看，各分局工作抓得实，成绩显著，按照省纪委的要求9个分局都已达标。

（于善英）

宣传工作

【理论工作】 一是重点抓好了场处级以上领导班子的理论学习。以中心组学习为主要载体，认真组织学习研读党的十七大精神、省十次党代会精神等理论创新的最新成果，中央、省委和总局党委的重大方针政策。年初，制定下发了《总局党委中心组2007年学习计划》，学习的重要内容、学习方式以及学习目标任务都做出了明确的规定，共安排9个专题，内容上涵盖政治、经济、管理等方面的内容。各分局和总局各直属单位根据各自实际情况，制定下发了本单位的学习计划。学习内容重点抓好胡锦涛同志在中纪委七次全会上的讲话、6.25讲话、中央一号文件、十七大精神、省十次党代会精神等。垦区各级党委中心组都高质量地完成了中心组学习的任务，总局党委中心组集中学习10次，举办学习报告会2次，垦区各级党委中心组学习次数都在9次以上。二是以学习型垦区建设为载体，利用培训班、党课和基层党校，抓好理论骨干和广大党员干部的培训。邀请两位省宣讲团成员到北安分局和农垦职业学院进行宣讲，组织垦区理论骨干下基层宣讲党的十七大精神，组织近百期理论骨干培训班，培训党员干部近3 000人次。在学习十七大精神中，及时下发了学习宣传贯彻的通知，在全省第一个举办了理论骨干培训班。三是围绕重大理论问题开展理论研究工作。组织垦区理论工作者开展了新时期北大荒精神论文征集活动，活动共收集100多篇论文。　（张雅文）

【社会宣传和思想政治工作】 一是深入开展了形势任务教育。重点宣传省委《关于支持垦区加快发展的若干意见》和省政府《关于发挥垦区示范带动作用，促进全省新农村建设的意见》。结合贯彻落实年初召开的总局党委（扩大）会议精神，集中开展了百日集中宣传、百题知识竞赛、百场宣讲报告活动。组织开展了企业文化调研，向省委宣传部推荐了多多集团和九三油脂集团企业文化建设的两份典型经验。二是在重大典型宣传上求突破。年初，向中宣部新闻局汇报了康金环典型事迹，得到了中宣部的认可。中宣部组织了新华社、人民日报、中央电视台等19家重点媒体在“道德楷模”栏目中进行了集中报道。在中央文明办、全国总工会、共青团中央、全国妇联组织的“全国道德模范”评选中，康金环荣获全国道德模范提名奖。三是深入开展各类主题教育活动。开展了“三下乡”活动，先后组织了3 000多名科技人员深入基层帮助指导农业生产。深入开展“知荣辱、树新风、促和谐”主题实践活动，在农垦日报刊登了书面竞赛试题及答题卡，组织基层干部群众广泛参与；向省委宣传部报送答题卡4.5万份。在分局、农牧场层层举办现场知识竞赛的基础上，总局组队参加了全省“知荣辱、树新风、促和谐”现场知识竞赛，在19支参赛队中进入半决赛。组织开展了垦区“百名和谐之星”评选活动，向省委宣传部推荐了康金环等5名候选人参加全省“十佳和谐之星”、“百名和谐之星”的评选。其中1人入选全省“十佳和谐之星”，2人入选全省“百名和谐之星”。组织开展了垦区第四届“十佳公仆”评选活动。在农牧场、分局层层评选的基础上，在《农垦日报》刊登出垦区“十佳公仆”候选人，经过群众投票选举，总局党委审定评出垦区第四届十佳公仆。顾毅被评为全省“十佳公仆”，受到省委表彰。四是以构建垦区和谐社会为重点，创新思想政治工作。坚持以人为本，大力宣传爱民、亲民、为民、安民、惠民、富民的“六民理念”，抓好“六件大事”和实施六项“民心工程”，帮助群众做好事、办实事、解难事，把解决思想问题同解决实际问题结合起来。延伸工作的触角，扩大工作覆盖面。关注新的社会群体,包括外来承包土地农民、民营科技企业的创业人员和技术人员、个体户、私营企业主等;关注青少年群体特别是未成年人思想道德建设;关注困难群体,包括下岗职工、进城务工人员、失地职工等群体。五是深入进行爱国主义教育和北大荒精神传统教育。以垦区开发建设60周年为契机,进行以北大荒精神为核心的爱国、爱垦、爱场教育。各单位通过回忆场史、本单位开发史,请复转官兵、知青、老北大荒人作报告,利用北大荒纪念馆、北大荒博物馆、雁窝岛烈士陵园,赵尚志纪念馆和本单位的纪念场所,开展北大荒精神教育,激励垦区人民弘扬新时期北大荒精神,争做新时期北大荒人。 (崔成龙)

【新闻宣传】 2007年垦区新闻宣传工作紧紧围绕垦区开发建设60周年为重点,组织实施了"两会"、"上海展销会"、"哈洽会"、"垦区开发建设60周年"等六大宣传战役,总局新闻中心在省级以上重点媒体发稿300多篇,全垦区对外发稿1万多篇,其中,在中央电视台《新闻联播》节目播发消息11条;在《人民日报》发稿6篇,头版1篇;在《光明日报》、《经济日报》、《农民日报》等媒体发稿100余篇。一是做好了垦区开发建设60周年宣传工作。(1)中央媒体的宣传。7月4日,中宣部向人民日报、新华社、光明日报、经济日报、中央电台、中央电视台等中央重点媒体下发宣传通知,要求集中5天时间对进行宣传报道,并对每天的报道内容进行详细部署,提出明确的要求。中央新闻单位于7月中旬陆续到垦区进行采访活动,并于8月13日至15日形成宣传的高潮。从8月13日开始,《人民日报》、新华社、中央电视台、《光明日报》、《经济日报》、中央电台、《农民日报》、《中国青年报》等中央媒体对垦区进行为期5天的集中宣传。其中,中央电视台新闻联播连续3天播发长消息,头条1篇;中央电视台《焦点访谈》栏目播发一期了"北大荒传奇"的专题节目;《人民日报》刊发5篇长篇通讯,并配发评论员文章;《光明日报》刊发了4篇长篇通讯;《经济日报》刊发了3篇长篇通讯;《农民日报》刊发了5篇长篇通讯。此外,《光明日报》、《经济日报》、《农民日报》还转发了《人民日报》评论员文章。人民网在首页和中国共产党新闻网页推出大型专题栏目"北大荒辉煌60年"。开辟了8个专栏,发表了30余万字的反映北大荒60年辉煌成就的各类文章。(2)省内媒体的宣传。从4月份开始,在黑龙江日报开办了每半月一期的"垦区新闻"专版。从5月份开始,在黑龙江日报启动"黑龙江垦区开发建设60周年特刊"宣传,进行了16个整版的宣传。省委宣传部组织黑龙江日报、黑龙江电视台、东北网等省内重点媒体开辟"北大荒辉煌60年"专栏专题,从7月16日~8月16日进行了集中宣传。黑龙江电台、黑龙江电视台按照省委宣传部的统一部署,进行了集中一个月的宣传。东北网开辟了专题网页"北大荒辉煌60年",推出"那些年"、"那些事"、"那些人"三大专栏,发表了20多万字的反映北大荒创业历程、现代农业成就和典型人物事迹的文章。二是做好上了海北大荒绿色特色产品展销会宣传。依托上海当地媒体,协调中央重点媒体、省内重点媒体,努力营造视听媒体、纸质媒体、网络媒体立体式宣传强势。邀请中央电视台新闻联播组、新华社、人民日报、东方卫视、上海电视台、解放日报、文汇报、新民晚报、黑龙江日报、大公报、上海日报、上海证券报、上海科技报等50余家媒体,总计发稿300余篇,重点报道80余篇。其中,中央电视台4月13日在"新闻联播"节目第二条播发了2分多钟的长消息。新华社4月12日播发了2007上海北大荒绿展会的新闻通稿。三是健全规章制度,新闻管理逐步规范。开展新闻界、出版界"三项学习教育"活动和新闻、出版阅评工作,抓好双百网络,加强队伍建设,全年召开新闻出版通气会、协调会12次。制定、完善了热点、难点问题和突发事件的舆论引导机制,对新闻从业人员加强了管理《农垦日报》、农垦电视台无违纪发生。继续完善"十片百人"对外报道队伍建设。开展2007年度优秀新闻工作评比,共评出黑龙江农垦优秀新闻工作者100名。在全省率先完成党报党刊的发行工作。四是加强"双网"建设,打造对外宣传新平台。全年集中办好中国农垦信息网北大荒分网和北大荒宣传网,坚持做到每日更新,发展会员600多名,日点击率在万次以上,年发稿1万多篇。在年末会同中国农垦信息网联合表彰奖励了网络宣传优秀单位6个,优秀通讯员37名,优秀管理员7名,优秀作品64篇。 (张雅文)

【精神文明建设】 一是对2006年度各级各类文明单位进行了命名表彰。命名表彰文明单位(标兵)129个,文明系统1个,文明城镇(标兵)3个,管理区(标兵)32个,星级文明户14户。64个单位得到了省里的命名表彰,其中文明单位13个,文明单位标兵29个,文明村9个,文明村标兵7个,文明乡镇标兵1个,文明系统2个,军警民共建共育先进集体2个,军警民共建共育先进个人1个。总局机关被省委、省政府命名为文明单位建设标兵,总局被命名为全省文明单位创建活动先进系统。二是开展了文明单位创建工作调研。对宝泉岭、红兴隆、建三江、牡丹江、北安、九三、齐齐哈尔7个分局,35个单位,15个管理区进行了省级文明单位的检查验收和调研,完成调研报告1篇。三是组织开展各种形式的创建活动。利用广播、电视、报纸等媒体,组织开展"忆老人、谈恩情"为主题的座谈会,大力倡导文明祭祀活动,弘扬了文明风尚。开展金秋伴侣评选活动,垦区有八对老人参加全省评选活动并获奖。积极开展邻居节活动,垦区推广宝泉岭分局电业局的典型经验,并向省文明办进行推荐,宝泉岭分局电业局获得"邻居节活动组织奖",宝泉岭电业局两名干部获"好邻居"称号。组织开展未成年人思想道德建设创新案例征集评选活动,推荐了军川农场中学的《"做、比、写"道德体验》案例。在垦区组织开展了道德模范宣传活动,垦区康金环、王雁琴、李胜林、邵根泽、王学生等获得"百名道德模范"称号。四是认真开展西部助学活动。经本人申请、基层推荐、组织考核,确定受助学生"一加二"3名,"宏志班"受助学生哈三中4名,宝泉岭高级中学6名,使贫困学生得到资助。五是认真做好国防教育和文艺文化工作。围绕"爱中华、强国防、促和谐、兴龙江”主题，开展了丰富多彩的宣传活动。组织开展了以“强国防、促和谐、兴龙江”为主题的国防教育日的宣传工作。在全省国防教育现场会上，北大荒博物馆荣获先进集体，顾大峰获得先进个人。开展文化项目的调研，积极组织好了文化扶持资金项目，全省宣传文化系统“六个一批人才”的申报和推荐工作。（顾大峰）

统战工作

【概况】 2007年垦区有台胞104人(其中已回台定居31人)，占全省三分之一；台属近5 000人；归侨侨眷3 435人；少数民族39个计49 000人，科级以上干部383人；各级政协委员249人，省政协常委1人；民主党派6个计120人；党外知识分子24 998人，其中中、高级职称10 574人；科级以上党外干部738人；黄埔同学26人；台资企业5个；宗教活动场所39个。总局党委统战部以构建和谐垦区为目标，以落实总局党委(扩大)会议重点工作为着力点，发挥优势，攻坚破难，狠抓落实，推进了垦区统一战线各项工作。3月13日，召开了垦区统战工作电视电话会议，布置全年工作，表彰先进，宝泉岭分局统战部等15个单位和于立华等54位同志被总局党委授予垦区统战系统先进集体和先进工作者荣誉称号。5月末，张载村、陈惠中夫妇来垦区，扩大了“载村、慧中助学基金”规模和股东人数，全年到位助学金29万元。香港林振裕先生30万元及外籍马丁先生1 000美元也注入基金会。12月21日，在全省第二次优秀中国特色社会主义建设者表彰大会上，农垦龙王食品有限公司董事长李忠珠被授予“黑龙江省优秀中国特色社会主义建设者”。2007年总局统战部被省委统战部授予全省统战系统先进集体称号、被总局党委授予农垦总局扶贫工作先进集体，杜晓华被授予农垦总局扶贫工作先进个人；在省侨联组织的“庆回归、迎澳运”乒乓球比赛中，总局统战部获团体、男单第三名和最佳组织奖。（黄　芙）

【民族工作】 总局统战部下发了《关于牵头做好“解决少数民族群众生产生活中的实际问题”工作的通知》，对垦区10个少数民族生产队和广大少数民族群众在新农村建设，发展特色产业和民族经济，解决住房、自来水、卫生三下乡和提高少数民族群众素质等都分别提出了指导性意见。垦区10个少数民族生产队有3个被列为新农村建设试点单位，其中省级1个，农场级的2个。富裕牧场九队(以柯尔克孜族为主)被列为省级新农村建设试点单位。富裕牧场九队建设项目总投资708.3万元，使72户居民告别泥草房，搬进新居，使百年老村变成了集畜牧业、民族风情、旅游等为一体的新型少数民族村。和平牧场五棵树作业区(蒙古族为主)被农场列为新农村建设试点单位，计划总投资800多万元，和平牧场补贴400多万元，建成蒙古族风情村。友谊农场投入100多万元，月于友谊农场六分场六队、八队两个朝鲜族生产队农机更新，使生产队的水稻生产达到全过程机械化。红色边疆农场投资200万元在七队(满族为主)建立了70公顷的高效农业园区，利用抗旱井架设了喷灌设备，进行优质玉米、小麦的育种试验，投资10万元建立了农业科技示范园区。在省民委举办的全省首届少数民族书画展中，垦区报送参赛作品129件，其中获银奖1名，铜奖3名，优秀奖4名。总局统战部获得优秀组织奖。（黄　芙）

【对外交流交往】 参加“上海北大荒绿色特色产品展”、第18届哈洽会、澳门国际贸易投资参展等重大活动。在上海展会上邀请了上海海外联谊会、上海台协、上海连锁经营协会的负责人和会员50余人参加；第18届哈洽会邀请台港澳客商39人，并牵头组织10个企业参加了本届哈洽会的“海峡两岸经贸交流与合作活动日”。组织和协调有关企业赴港、澳、台和韩国、巴西招商，邀请海外、港澳台客商到垦区参访考察，密切双方联系，帮助企业达成合作项目3个。全年共接待港澳台和海外华人华侨、客商272人次。（黄　芙）

【宗教工作】 垦区继续做好《宗教事务条例》的宣传落实工作。先后对宝泉岭、北安、绥化分局的宗教活动场所进行了抽查。年初总局宗教工作领导小组和各分局签订了“抵御境外渗透，维护社会稳定”责任状，年内未发生一起境外渗透事件。4月初，举办了宗教执法培训班，113名的宗教干部取得了由省政府颁发的“行政执法证”。年内完成了38个基督教活动场所换证工作。垦区最大基督教堂——宝泉岭农场教堂的搬迁工作顺利、平稳。（黄　芙）

【政协 党派和台侨联工作】 2007年1月22～28日，韩乃寅等14位委员参加了省政协九届五次全会。5月在哈市举办了垦区第四期政协委员及党外干部培训班，组织进行了红色之旅赴延安学习考察。完成了第十届黑龙江省政协委员的换届推荐工作(黑垦呈[2007]40号)，为垦区新增一名香港籍政协委员名额；葛文杰、王学农被推荐为第十一届哈尔滨市政协委员，葛文杰当选为第十一届哈尔滨市政协常委。2007年王亚军当选九三学社黑龙江省委常务副主委，李阳当选省九三学社农业和环境保护委员会主任。在全国侨联召开的全国大型企业暨大中院校侨联工作经验交流会。总局统战部杜克代表农垦总局侨联作了题为《大胆创新，扎实工作，努力为归侨侨眷服务，为企业经济发展服务做出新贡献》的大会发言。完成了全国台联第八次及省台联第八次、省侨联代表大会代表人选的推荐工作。（黄　芙）

【维护“三胞”权益】 完成了对垦区台资、侨资企业的调查，建立了档案。帮助名山农场　森木业有限公司、沈阳中恒置业有限公司(香港)等企业解决生产经营中的困难。接待处理归侨、侨眷、台胞台属及各类统战对象的来信来访68件次。2007年下拨扶贫周转金30万元，共扶持67户贫困统战家庭发展生产经营，全垦区有237名各级干部与统战对象结成帮扶对子。（黄　芙）

外　事

【概况】 2007年总局外事办积极做好垦区团组出国考察和对外招商引资工作，共办理出国团组39个，出国人员105人次。组织配合各部门接待来访美国、日本、波兰、德国、法国等国家外宾135人次。积极贯彻省外办加强护照管理的规定，对因公普通护照和公务护照加强了管理。（权　力）

【外事往来】 2007年4月10日，美国爱达荷州商务与劳动厅国际事务署署长Damien Bard先生及美国爱达荷州上海办事处首席代表曹国利先生等一行5人，来总局访问，探讨合作与交流事宜。4月17～20日，法国农科院院士、中法肉牛研究与发展中心建设项目法方协调人Louis de Neuville先生等一行4人对北大荒牛业进行访问，就2008年北京奥运会前帮助中国建立牛肉质量可追溯体系探讨可行性。5月31日，日本双日公司特别顾问率4人代表团访问总局，探讨在新形势下合作的可能。6月22～23日，尼日利亚共和国奥孙州一行16人代表团访问总局，就农业合作项目进行考察洽谈。6月25～28日，德国农业代表团参观克山农场、查哈阳农场。8月4～5日，日本NHK电视台到北大荒米业集团访问。10月22日，总局局长隋凤富会见日本伊藤忠商事代表团，双方就与九三油脂合资开办仓储公司及与北大荒农业股份有限公司合作等事宜进行会谈。下午代表团参观了香坊农场奶牛小区和完达山乳业。10月31日，总局党委书记吕维峰会见美国爱达荷州州长欧士杰代表团等一行18人。双方就进一步合作等事宜进行会谈。11月10日，波兰PZL Mielec公司一行3人访问总局，总局局长隋凤富会见了客人，双方就总局利用波兰政府购买PZL Mielec公司15架农用飞机一事举行了签字仪式。11月16日，双日公司中国总代表大田义实率4人代表团访问总局，总局局长隋凤富会见了日本客人。（权　力）

政研法制与人大代表联络工作

【概况】 2007年，围绕总局党委的中心工作，瞄准影响垦区经济社会发展全局的热点问题，政策研究继续向纵深开展。研究制定了国有农场税费改革具体操作办法，对各农场税费改革进行具体指导，切实保证国家税费改革政策落到实处，减轻了国有农场和种地职工的社会负担；对部分省直国有农场划转省农垦总局管理提出了合理化建议，保证了原属省农委、省畜牧兽医局的11个国有农场顺利划归总局管理，其中，勃利种畜场后经省政府协调，从农场总局划出。进一步提高接收国有农场农业机械化、规模化、标准化、产业化经营水平，促进全省现代农业发展和社会主义新农村建设；参加国务院《农业保险条例》立法调研座谈会；代总局起草立法建议，向农业部产业政策与法规司、国务院法制办财金司、中国保监会法规部提出了农业保险的性质、保险的范围、经营主体的组织形式、经营原则、政府和农业保险公司的地位和作用等问题立法时应明确规定的建议；协调阳光农业保险公司，提请财政部将垦区纳入国家政策性农业保险试点。启动《黑龙江省国营农场条例》修订工作，形成了《条例》修订稿（征求意见稿），下发到各分局、各有关单位及总局机关各部门征求意见，根据各方面的反馈意见对《条例》做进一步的修订；争取地方性立法授权，2007年，我省出台的《黑龙江省反窃电条例》等10部法规规章都分别对农垦系统行政执法单位进行了明确授权；梳理垦区行政执法的依据，截至2007年12月，总局行政执法依据共103项（不含垦区公安、国土资源、工商、质监部门的行政执法依据），其中地方法规56项（授权48项、委托8项）、省政府规章47项（授权42项、委托5项）。2007年，正值人大代表换届选举，垦区当选新一届的市级人大代表52人，县（区）级人大代表为341人，分别比上届增加了73%和14%，是垦区历史上人大代表数量最多的一届。（迟长昕）

【推进国有农场税费改革】 2006年3月，国务院办公厅制发了《关于深化国有农场税费改革的意见》（国办发［2006］25号），《意见》要求，从2006年起，国有农场通过收取土地承包费等形式由农业职工承担的类似农村“乡镇五项统筹”（即九年义务教育、计划生育、优抚、民兵训练和乡村道路建设等五项）收费予以免除。对中央直属农垦企业因免除类似农村“乡镇五项统筹”而减少的收入，由中央财政予以适当补助。根据《意见》精神，农业部下发了《关于贯彻落实〈国务院办公厅关于深化国有农场税费改革的意见〉的通知》（农垦发［2006］3号）、《农业部关于深化黑龙江、广东、海南垦区国有农场税费改革实施方案》（农办垦［2006］67号），对中央直属垦区国有农场税费改革工作作出了具体部署。2006年5月总局开始着手研究制定黑龙江垦区国有农场税费改革方案，于2006年12月底印发了《推进国有农场税费改革实施方案》（黑垦局发［2006］24号）。2006年12月26日，经总局党委会议研究，确定了国有农场税费改革补助资金补助范围、补助方式和补助标准等分配办法，即以2006年初农场统计部门上报的农业从业人员为基础，对实行“两田制”的农场，按人均基本田12亩核定补助金额，亩均补贴80元；对未实行“两田制”的农场按其耕地面积核定补助金额，亩均补助27元；优抚费按总局民政局提供的补助额核定；按上述方法分配后的资金余额，依据省、总局确定的公路建设里程及等级标准，按垦区平均每公里补助30.08万元核定补贴。2006年12月30日，总局将国家税改补助资金89 472万元全部下拨到各分局和有关直属单位。各分局根据总局确定的税改补助资金分配办法，将税改补助资金全部下拨到农场。由于2006年国家税费改革补助资金到位较晚，多数农场按照总局核定的补助资金总额，通过直补方式将国家税费改革补助政策落实给农业职工。根据农业部的指导意见，农垦总局在《税改实施方案》的基础上，制定了《关于推进黑龙江垦区国有农场税费改革操作方案》，于2007年3月9日呈报农业部农垦局审核批复。2007年4月4

日,《农业部办公厅关于黑龙江省农垦总局税费改革操作方案的批复》(农办垦[2007]21号),原则同意报送的《税改操作方案》,并提出了具体修改意见。按照农业部的批复要求,总局对《税改操作方案》进行了修改完善,于2007年4月29日经局长办公会讨论通过,印发到各分局、各农场和北大荒农业股份公司。组织指导分局、农场制定税费改革操作方案,并报总局统一审核批复。

2007年,垦区通过完善土地承包制度,全面推行"两田制",规范土地承包收费,完善税改资金分配办法,落实国家税费改革政策。通过清理和规范涉农收费,健全一事一议制度,巩固税费改革成果,防止农业职工负担反弹。一是完善土地承包制度。对人均占有耕地在20亩以上或耕地面积在10万亩以上的农场,将全部耕地按其功能划分为"基本田"、"规模田"和"机动地"。按不同方式发包,确定不同的承包期限,实行不同的承包价格。"基本田",为基本生活和社会保障田。"基本田"实行定项收费,只收取农业职工自身受益的费用(相当于农村"零"税费)。"基本田"分配对象为具有农场户籍、在劳动年龄范围内、实际参加农业生产经营活动的农业从业人员,以及有劳动能力的残疾人。"基本田"劳均分配面积为旱田15亩、水田8亩(相当于周边农村劳均占有耕地水平)。"规模田",为规模化经营田。"规模田"实行控制收费,由职工代表大会民主决策。"规模田"按照市场竞争机制优先配置给场内农工。"规模田"的配置面积,一般为旱田450~900亩/户,水田150~300亩/户。规模田实行控制收费,原则上低于2005年收费水平。"机动地",主要用于新增农业劳动力安置和基本建设占用土地、自然灾害损毁土地的调整。"机动地"实行市场竞价方式承包。"机动地"面积原则上控制在耕地总面积的10%以内。2007年,垦区104个农场中有80个农场推行了"两田制"。落实"基本田"面积577.8万亩,占承包耕地面积3 342.9万亩的17.3%,落实"规模田"面积2 430万亩,占承包耕地面积的72.7%,"机动地"面积335万亩,占承包耕地面积的10%。二是规范土地承包收费。国有农场土地承包收费项目统一规范为4项:(1)农工自身受益费用。包括按照国家标准提取的基本养老、医疗、失业、工伤、生育五项社会保险基金企业负担部分和农业保险费。社保基金和农业保险费个人负担部分不计入承包费,由个人直接交纳。(2)土地和资产经营费。保证企业自身积累,用于农业基础设施建设,扩大再生产投入。(3)农场管理费。农场组织生产经营活动发生的各种管理费用。(4)社政公共费。扣除"五项统筹"后仍需由国有农场负担的政法、社会事业和社区管理费。收费标准原则上控制在2005年收费标准以内,按水田、旱田分开计算,"基本田"和"规模田"减负总额不低于国家税费改革补助资金总额。对不具备实行"两田制"的农场,按国家补助资金总额,普遍降低土地承包费。三是完善税改资金分配办法。2007年,对实行"两田制"的农场,总局根据各场实际落实的基本田面积,按照旱田每亩64.85元、水田每亩121.59元标准具实补助;对不具备实行"两田制"的农场,按全部耕地面积平均每亩27元标准给予补助。优抚补助按实际发生额度分配。国家税改补助资金与上述分配差额部分,根据各场道路建设计划,按平均每公里5~10元标准予以补助。四是清理收费项目。根据国办发[2006]25号文件要求,总局对农场土地承包及涉农收费项目进行了清理,制定了黑龙江省国有农场农工负担手册,取消了林业、畜牧发展基金等不合理收费和生产资料准备金、住房基金、预收上交粮运费等代收费项目。对农场组织提供的农业服务项目统一规范为四项:即晒场费、农具场费、水利工程水费、航化作业费,这四项费用属于直接生产费用。除这四项收费外农场不得擅自增加收费项目。五是建立"一事一议"制度。按照国务院规定,实施税费改革后,取消义务工制度,实行"一事一议"筹资酬劳办法。2007年以后,农场、管理区和居民组(原生产队)内公益性建设投入,参照农村"一事一议"筹资筹劳的有关规定执行,实行上限控制。农工"一事一议"筹资筹劳最高限额,根据农工收入水平和负担能力,并考虑毗邻地区农民"一事一议"筹资筹劳限额标准合理确定。(张元福)

【推进垦区城镇化建设实施意见】 为深入贯彻落实省委、省政府《关于促进垦区加快发展的若干意见》(黑发[2006]30号)和2007年总局党委(扩大)会议关于推进垦区"三化"(农业现代化、农区工业化、农场城镇化)建设的精神,根据总局主要领导指示,由总局分管领导具体负责,总局建设局、政策法规局、办公室参加,对垦区小城镇建设情况开展调查研究,在总结"九五"时期以来垦区城镇化建设的主要成就、成功经验和存在问题的基础上,于2007年末研究制定了《中共黑龙江省农垦总局委员会、黑龙江省农垦总局关于加快垦区城镇化建设的实施意见》(黑垦发[2008]2号)。《实施意见》明确了农垦小城镇的概念,界定了小城镇的范围,提出了"十一五"后三年乃至"十二五"时期垦区城镇化建设的指导思想、基本原则和总体目标,明确了垦区小城镇规划、建设和管理的主要任务,提出了加快推进小城镇建设的政策措施。垦区城镇化建设的总体目标是:在全面推进城镇化建设的同时,优先发展分局中心城镇和农场重点城镇,兼顾一般城镇,以中心城镇为核心,重点城镇为骨干,带动管理区共同发展,形成布局合理、造型美观、规模适度、功能齐全、人居环境优良、经济社会和谐、具有北方生态园林特色的农垦小城镇群。到2010年,垦区城镇化水率达到65%,人均住房面积25平方米,住房楼房化率达到48%,城区道路硬化率达到60%,系统排水达到49%,绿化覆盖率达到30%。15个小城镇率先进入垦区示范小城镇标准的行列。到2015年,垦区城镇化水平达到70%,人均住房面积28平方米,住房楼房化率达到60%,城区道路硬化率达到90%,系统排水达到60%,绿化覆盖率达到30%。40个小城镇进入垦区示范小城镇的行列。垦区城镇化建设的主要任务是:科学规划、合理布局,努力提高小城镇规划水平;突出重点、分步实施,加强小城镇基础设施和公共设施建设;加大力度、集中开发,加快小城镇住宅建设;完善制度、依法管理,确保小城镇健康有序发展。垦区城镇化建设的政策措施:坚持公益性设施的公益性服务方向,争取纳入国家投资基础设施建设项目规划;争取省政府有关部门和市县政府,落实小城镇建设各项税费政策;加大政策扶持和资金支持力度,加快推进产业结构调整,促进农业富余劳动力转移就业;加大腿泥草房拆迁补贴力度,推进居民点整体搬迁;争取落实农场场部职工宅基地使用政策,保证小城镇建设用地需求。《实施意见》还结合垦区小城镇建设的现状和未来发展布局,划定垦区小城镇112个,提出了到2010年、2015年分阶段小城镇发展目标15项,制定了垦区示范小城镇标准11项,对2008至2010年新建住宅、拆除泥草房、新型住宅和撤居民点等任务目标进行了分解。(张元福)

【接收省直部分国有农场】 2006年11月28日,省政府召开第六十九次省长办公会议,会议强调:"要认真研究解决国有农场管理体制问题。农垦是我省的一个特色,也是我省发展现代农业的一个优势,代表着我省农业先进生产力。要充分发挥农垦辐射示范带动作用,可将规模较小的地方国有农场和省属国有农场划归农垦系统,带动和促进国有农场进一步提高机械化、标准化、规模化生产和集约化经营能力。"会议讨论通过了《黑龙江省深化国有农场税费改革工作实施方案》(黑政发[2006]90号),并报经国务院农村综合改革工作小组同意,印发全省贯彻落实。关于深化国有农场管理体制问题,《实施方案》规定:"原按事业性质管理、从事生产经营活动的国有农场,依据国家关于事业单位改革的规定转制为企业。按企业性质管理的国有农场,由工商部门核发企业营业执照,使国有农场真正成为依法自主经营、自负盈亏、独立核算的生产经营单位。国有农场可继续实行现行的管理体制,隶属关系不变;可按照平等、自愿的原则,由国有农场及其主管部门或本级政府与省农垦总局协商,划归省农垦总局管理;经职工代表大会讨论通过,可改制为行政村,归属乡镇政府管理。"2007年2月28日,省政府出台了《关于全面推进农村综合改革工作的意见》(黑政发[2007]15号)。《意见》进一步明确:"要充分发挥农垦的辐射示范带动作用,按照平等、自愿的原则,由国有农场及其主管部门或本级政府与省农垦总局协商,将省农委、省畜牧兽医局直属国有农场和市、县所属国有农场划归农垦系统管理。省直有关部门、有关市、县政府和省农垦总局要尽快搞好工作交接,带动和促进国有农场进一步提高机械化、标准化、规模化生产和集约化经营。"2007年3月21日,省政府办公厅印发了《部分省直国有农场划转省农垦总局管理实施方案》(黑政办函[2007]8号),进一步明确了划转原则、划转范围、配套改革等相关事项。根据《实施方案》确定的"先交后改、边交边改"原则,2007年3月22日,在省政府办公厅主持下,省农委、省畜牧兽医局与省农垦总局分别签订了国有农场划转协议。按照《实施方案》确定的划转农场范围,以2006年12月31日为基准日,依据基准日在册在岗再编人员和在账在证资产进行交接,自交接之日起,原省农委、省畜牧兽医局直属11个农场的管理工作由农垦总局负责。《实施方案》确定的划转农场范围,省农委直属五大连池原种场、阿城原种场、茂兴湖水产养殖场、涝洲鱼种场、九龙山柞蚕育种场,省畜牧兽医局直属勃利种畜场、山市种奶牛场、齐齐哈尔种畜场、繁荣种畜场、大山种羊场、红旗种马场,共11个农场。2007年12月17日,经省政府研究决定,将勃利种畜场划归七台河市管理。垦区实际接收省农委、省畜牧兽医局直属国有农场10个。

接收省直国有农场基本情况:截至2006年底,所接收的10个国有农场土地总面积为162.98万亩,其中耕地49.35万亩,林地25.2万亩,草原31.29万亩,水面21.97万亩,沼泽10.01万亩,荒山2.52万亩,其他8.62万亩。各场土地使用证件齐全。总人口48 391人,其中在册职工13 251人,离退休(职)人员4 203人。在10个农场中,有8个农场属事业单位企业化管理,执行农业企业会计核算办法;2个农场(茂兴湖水产养殖场、涝洲鱼种场)为国有农业企业。10个农场均参加了当地企业基本养老保险,其退休人员基本养老金按照档案工资一定比例发放,但不高于当地企业退休人员基本养老金人均水平。中小学校53所,其中中学9所,小学44所;中小学在校生5 239名,其中中学1 965名,小学3 274名;教职工人数507名,其中中学187人,小学320人;离退休教职工219人。有医院(卫生所)9所,医护人员61人。有公安派出所2个,定编24人,实有人数18人。10个农场2006年决算上报资产总额为31 970.79万元,其中固定资产原值19 332.17万元,累计折旧7 879.44万元,净值11 452.73万元;负债总额31 662.94万元,其中短期借款5 964.71万元,长期借款6 735.12万元,其他长期负债910.11万元;所有者权益307.85万元,其中实收资本9 146.66万元,资本公积6 556.02万元,盈余公积382.08万元,未分配利润-15 776.91万元,资产负债率为99%。10个农场决算中属学校的资产862.99万元。财务审计和清产核资结果:审计认定资产总额32 337.14万元,调增2 566.82万元,调减2 200.47万元;负债总额31 826.55万元,调增1 364.8万元,调减1 201.2万元;所有者权益510.59万元,调增272.22万元,调减69.48万元,其中未分配利润调增242.22万元,调减69.48万元。资产负债率98%。国资部门清产核资认定的资产潜亏1 382.59万元,剔除潜亏潜盈因素后,资产总额为20 954.55万元,负债总额30 611.09万元,所有者权益-9 656.54万元。资产负债率146%。

建立企业劳动工资制度。由总局劳动和社会保障局起草,省农垦总局、省人事厅、省劳动和社会保障厅等五个厅局联合下发了《关于部分省直国有农场划归农垦总局管理后建立和完善企业劳动工资制度的意见》(黑垦局发[2007]13号),对接收农场职工执行企业劳动工资和社会保险制度做了详细规定。为接收农场编印了《劳动保障工作文件选编》,使接收农场的领导干部以及从事劳动和社会保障管理的工作人员尽快熟悉垦区的劳动和社会保障工作和相关政策。召开了垦区劳动保障工作座谈会,重点部署接收农场签订劳动合同工作,指导填写《接收部分省直国有农场职工登记表》,归入劳动工资档案。

分离场办中小学校。按照省教育厅

的统一部署，分离场办中小学工作从2006年开始分期分批推进。省农委所属茂兴湖水产养殖场中小学校已分离给当地政府，阿城原种场与阿城市已签订了接收协议，人员按2005年末学校在岗人员全部接收；五大连池原种场分离中小学校工作开始启动，超编19名教职工已分流安置种地。省畜牧兽医局所属5个种畜场分离中小学校工作，虽经省政府有关部门和农垦总局、有关分局多次协调，但地方政府尚未接收。按照省编办核定的教职工编制，10个农场共超编181人，其中省农委所属农场超编19人，省畜牧兽医局所属农场超编149人。正在与省编委办协调增加教职工编制，以减轻农场安置超编教职工压力。

理顺计划财务体制。按照省政府办公厅8号文件要求，总局财务处就理顺接收省直农场财政预算体制问题，向财政部作了汇报（由于事先省政府没有与国家农业部、财政部沟通，财政部表示不受理）。最近，省政府主管领导和省财政厅与国家财政部进行了沟通，财政部意见先协调农业部，由农业部与财政部协调解决。截至2007年末理顺接收农场财务体制问题还没有结果。

理顺行政和司法管理体制。经总局有关部门与省政府有关部门协调，初步理顺了民政、劳动、文化、体育、统计、信访、安全生产、行政监察、司法行政、国土资源、农业、农机、林业、畜牧、水产、水务、工商物价、残联等行政职能，由地方属地管理理顺为农垦系统管理。公安管理因涉及接收农场设立派出所问题，需要增加编制，正在与有关部门沟通。检察、法院管理体制已基本理顺。

理顺党群组织关系。省委组织部正式批复了总局党委组织部关于接收农场党组织关系接转报告，并下发到总局和相关地市，除阿城原种场外，其他9个农场党组织关系接转工作已办理完毕。团组织登记造册调查和团组织关系接转工作已全面完成，共接收基层团组织51个，接收团员854名。工会组织关系交接基本完成。接收农场的党组织、团组织和工会组织关系已经纳入农垦系统管理。（张元福）

【落实省政府对垦区土地的确权划界】 一是先后两次协调省国土资源厅，建议其在代省政府起草《关于解决我省农林用地矛盾问题的决定》时，明确以省政府颁发的《国有土地使用权证》为准，依法维护垦区土地使用权。二是与国土资源厅、林业厅、森工总局等部门组成联合调查组，对黑河行政区域内的红星农场和三〇三林场、长水河农场和四〇四林场、建设农场和通北林业局、锦河农场和黑河市爱辉区林业局等4个农林用地矛盾试点案例进行了调查，听取了各方陈述、举证和意见主张，查阅了相关凭证，掌握了较为翔实可靠的第一资料。本着从实际出发，尊重历史，面对现实，有利生产，方便生活，保持稳定的原则，代表总局提出了“维护1985、1986年省政府下发的一系列关于农场土地使用界线批复文件的严肃性和权威性，确保政令畅通、令行禁止，保持社会稳定，促进经济发展”的基本处理意见，得到了联合调查组的采纳。（迟长昕）

【《黑龙江省国营农场条例》修订】 2006年12月，省委、省政府下发了《关于支持垦区加快发展的若干意见》，明确指出：“要按照人大立法授权、政府依法派出、农垦区域管理、内部政企分开的原则，完善垦区社会行政管理体制，对农垦总局、分局、农场分别比照市、县、乡级政府明确为行政执法主体，全面授予行政执法权。”要求“修订《黑龙江省国营农场条例》，通过地方立法明确垦区的管理体制。”省政府将《条例》的修订纳入了地方性法规立法计划。总局党委高度重视《条例》的修订工作，在2006年年底召开的党委扩大会议上对《条例》的修订工作做了具体部署，将其列入督办的重点工作。制订了《关于修订〈黑龙江省国营农场条例〉方案》，明确了修订的指导思想、方法、步骤等，成立了《条例》修订工作起草小组。深入基层开展《条例》修订工作的专项调研，听取各方面的意见和建议，归纳整理，使之融入修订《条例》的总体思路。在调查研究的基础上，开始了对《条例》的具体修订工作。形成《条例》（征求意见稿初稿）。而后将《条例》（征求意见稿）先后几次向各分局、农牧场、总局机关各部门、总局直属单位以及有关专家学者广泛征求意见，召开有关部门和单位参加的研讨会进行专门研究，根据各单位、各部门反馈的意见进行多次修改，完成了《条例》修订稿（第四次征求意见稿）。（迟长昕）

【完善垦区行政职能】 2007年明确赋予垦区政府职能的法规、规章有《黑龙江省反窃电条例》、《黑龙江省收费许可证管理办法》、《黑龙江省预防和控制出生人口性别比失衡规定》、《黑龙江省道路交通安全条例》、《黑龙江省特种设备安全监察条例》《黑龙江省新型墙体材料开发利用管理规定》、《黑龙江省建筑装饰装修管理规定》、《黑龙江省气象灾害防御条例》、《黑龙江省企业信用信息征集发布使用办法》、《黑龙江省城市市容和环境卫生管理条例》。（史维强）

【梳理行政执法权限】 截至2007年12月31日，总局及直属单位依法行使行政许可、审批及行政确认权力237项，行政处罚权力976项，行政强制权力47项，行政征收权力31项，行政奖励及给付权力24项，行政裁决权力4项，其他行政权力135项。以上梳理结果已上报省政府审定，并在《黑龙江政报》、“黑龙江人民政府门户网站”和“黑龙江省人民政府法制信息网”上予以公告。（任　飞）

【规范性文件审核备案】 按照《黑龙江省规范性文件备案办法》规定，依法对总局出台的规范性文件进行审核，并上报省政府法制办备案。2007年，总局制发的《黑龙江垦区实施〈黑龙江省职业康复管理暂行办法〉细则》、《黑龙江垦区限额以下建设工程管理办法》、《黑龙江垦区引进国外智力成果示范推广基地管理办法》、《黑龙江垦区社区公共卫生服务项目管理办法》、《黑龙江垦区奶业管理暂行办法》、《黑龙江垦区残疾人就业保障金征收管理办法》、《黑龙江省农垦总局特种设备事故应急预案》等7件规范性文件，均按规定及时审核备案。（任　飞）

【强化道路检查管理】 2007年，黑龙江省道路检查工作由省政府办公厅移交至省政府法制办公室。为使业务职能与上级主管部门对口衔接，保障垦区道路检查工作顺利进行，根据《黑龙江省道路检查规定》（黑政办发［2007］35号）的要求，政策法规局主动承办了垦区的道路检查工作。按照省政府道管办《关于开展清理道路检查站核发道路检查证件等工作的通知》要求，协调总局林业、交通、交警等有关部门，对垦区各级各类道路检查站进行统计调查并进行初审。截至2007年底，垦区各级申报的林业、交通、交警道路检查站147个，工作人员896人。按照有关程序，正在申请省政府道管办审核批准。

（李明辉）

【开展法制培训和法制宣传】 2007年度总局政策法规局与省政府法制办共同举办了9期垦区各级、各类行政执法人员培训班，培训执法人员1 294人，其中719名初任执法人员经过综合和专业考试合格，获得了省政府颁发的《行政执法证》。创办了《垦区法制信息》，普及法律知识，弘扬法律精神，培养法制观念，引导法制行为，提高垦区的法制化管理水平。（马继红）

【行政执法人员法律考试】 根据省政府法制办的工作要求，自2007年10月15日至12月25日，总局政策法规局与总局人事局联合对垦区基层各级各类行政执法人员进行执法资格考试。共有1 359人参加此次行政执法资格考试，出勤率为94%，参考人员平均分数为75.3分，及格率为98.8%。

（马继红）

【法律咨询服务】 受总局法定代表人隋凤富委托，总局政策法规局参与福建省福联股份有限公司不服省政府行政复议决定的行政诉讼一案，最终行政判决结果，福联股份有限公司败诉。此外，还参与了建三江国土资源局、建设局房屋拆迁，佳南佳奇食品厂卫生许可管辖权，五大连池国家级自然保护区与五大连池农场行政管辖权，沙河农场与方正县东方红林场林地争议；七星农场农业分公司与富锦市宏胜镇130公顷耕地确权等案件处理工作，最大限度地维护了垦区企业和法人的合法权益。

（史维强）

【垦区人大代表换届】 2007年是各级人大代表换届年。经过垦区各级人大联络部门与省人大及各市县人大有关部门协调、推荐，圆满完成了各级人大代表换届选举工作。垦区当选的新一届各级代表共计407人，比上届人大代表增加了18%，占垦区人口总数的2.55/10 000。垦区当选的全国第十一届人大代表2人，与上届持平。垦区当选的黑龙江省人大代表12人，其中专委1人。垦区当选的新一届市级人大代表52人，比上届增加22人，增长了73%；当选市级人大常委会委员4人、专委1人；当选的新一届县（乡）级人大代表341人，比上一届增加41人，增长了14%；当选县级市人大常委会副主任1人，常委会委员10人、专委1人。当选的全国第十一届人大代表：省农垦总局党委书记、局长隋凤富，完达山乳业股份有限公司董事长刘清泉。当选的黑龙江省第十一届人大代表：省农垦总局常务副局长张成国、宝泉岭分局局长刘长友、红兴隆分局局长贺天元、建三江分局党委书记王道明、牡丹江分局局长侯培耀、北安分局局长许先珠、九三分局局长刘炳东、齐齐哈尔分局局长张桂春、绥化分局局长于胜军、省农垦科学院院长马守义、八一农垦大学校长徐梅（已调出）、海林农场场长刘连学。（马继红）

【垦区人大代表建议】 2007年垦区新当选的各级人大代表提出的建议和提案共有12件，其中向地方政府提出的各类建议7件，向国家提出的建议和提案5件。

全国人大代表建议和提案：全国人大代表隋凤富同志等，向第十一届全国人民代表大会提交了《关于黑龙江垦区建设300亿斤商品粮战略基地的建议》、《关于黑龙江垦区建设优质畜产品战略储备基地的建议》、《关于解决黑龙江垦区粮食仓储和运输问题的建议》。全国人大代表刘清泉同志等，向第十一届全国人民代表大会提交了《关于尽快出台学生饮用奶支持政策的提案》、《关于尽快出台全国奶业管理条例的提案》。

省人大代表建议和提案：省人大代表许先珠，向黑龙江省第十一届人民代表大会提交了《关于解决农垦与地方土地林地权属争议问题的建议》、《关于解决垦区财政税收政策问题的建议》、《关于解决垦区所属工业企业用电与地方同网不同价问题的建议》。省人大代表张桂春，向黑龙江省第十一届人民代表大会提交了《关于理顺关系确保新接收农牧场发展的建议》。（马继红）

机构编制工作

【制度建设】 2007年，垦区各级编制部门深入学习、全面贯彻中央、国务院、中央编办和监察部就机构编制管理工作先后下发的《地方各级人民政府机构设置和编制管理条例》、《中共中央办公厅国务院办公厅关于进一步加强和完善机构编制管理严格控制编制的通知》和《机构编制监督检查工作暂行规定》三个重要法规性文件，总局、分局二级编制部门在实际工作中联系存在的一些具体问题，研究起草了强化机构编制管理的规定和意见。宝泉岭分局为加强分局中小学人事管理，出台了《宝泉岭分局中小学人事管理有关问题的暂行规定》，红兴隆分局就加强分局机关及所属事业单位机构编制管理工作，下发了《关于进一步加强分局机关、事业单位机构编制及人员调配管理的有关规定（暂行）》的通知。建三江分局与组织、人事、财务、劳动和社会保障部门积极协调配合，出台了《建三江分局人事编制管理办法》，健全了相互监督制约协调机制，在管理上形成合力。其他分局都能积极主动地为做好机构编制管理做了大量卓有成效的工作，机构编制管理进一步走向规范化、法制化轨道。

（高明山）

【行政体制改革】 为深化垦区政法体制改革和建设，2007年下半年，总局向省编委、农业部呈报了垦区检法司机构体制改革和将人员编制纳入国家政法专项编制的请示。中编办已将垦区检法司机构体制改革和人员编制纳入国家政法专项编制的意见列为中编办2008年重点落实工作之一。为加强垦区残联工作，完善和强化了各分局残联机构，将宝泉岭、红兴隆、建三江、牡丹江、北安、九三等6个分局残联从分局民政局分离出来，单独设立，同时为6个分局残联机构核定了全额拨款编制各2名。为解决垦区卫生系统人员编制偏少的问题，为农垦总医院、农垦第二医院、红兴隆中心医院、宝泉岭中心医院、九三中心医院适当增加了人员编制。绥化分局开展了公开选拔农牧场中小学科校长工作，激活了教育系统选人用人新机制，促进了农牧场教育科校长由行政任用向聘用合理管理的转变。（高明山）

【机构编制管理】 2007年，总局、分局二级机关和垦区公、检、法、司系统全部建立了《机构编制管理证》，垦区教育系统和相当一部分事业单位于上一年相继建立了《机构编制管理证》。这项工作的开展有效地控制了编制膨胀，提高了编制管理的透明度，把编制工作置于广大职工的监督之下，在实际工作中收到良好效果。牡丹江分局对全局公、检、法、司和中小学编制实行跟踪管理，坚持先审编后调配，不审编不调配的工作程序，杜绝了有编随意进、无编也要进的混乱无序状况，有效地控制了机构的增长和人员的膨胀。九三、北安等分局在完善机构编制实名制管理上，加大工作力度，把编制落到人头，编制与实有人员一一对应，真正做到"一人一编一账"。

（高明山）

【科研单位编制管理创新】 2007年11月3日，总局党委、总局编委会研究决定，将农垦科学院450名自筹经费事业编制改为全额拨款事业编制。10月24日，同意在农垦科学院作物所、特产所分别增挂植物保护研究所、经济作物研究所牌子。11月23日，同意将农垦科学院农业机械试验鉴定站恢复为总局农业机械试验鉴定推广站，隶属总局领导，由该院代管。12月4日，变更农垦科研育种中心经费形式，将中心自筹经费事业编改为财政补助事业编制。

（高明山）

【垦区事业单位年检工作】 垦区2006年度《事业单位法人证书》年检工作定于2007年1月1日开始，至3月31日结束。在各有关单位的配合下，事业年检工作进行顺利，年检率达95%以上。

（高明山）

老干部工作

【概况】 2007年总局离退休干部工作处以庆祝垦区开发建设60周年纪念为契机，出重点，抓住难点，扎实工作。在政治上更加关心老干部，在生活上更加照顾老干部，在服务管理上更加贴近老干部。垦区有离退休干部5400余人，逐步建立和完善企业离休干部服务管理工作的有效机制，切实做到"离休干部的事情有人管、工作有机构负责、所需经费有保障"。特别是对行动不便、身患重病、身边无人照料的老干部，定期走访，了解他们的身体状况和生活情况，在生活上给予必要的照顾，帮助他们解决实际困难。开展了第二届"十佳离退休干部"和首届"金秋和谐伴侣"的评选活动，产生了第二届"十佳离退休干部"和十对"金秋和谐伴侣"。荣获垦区"十佳离退休干部"称号的是身患癌症仍坚持对青少年进行革命传统和北大荒精神教育的共青农场退休干部杜俊起；发挥专长，义务奉献，带领职工共同致富的铁力农场离休干部李和、双鸭山农场退休干部常树林；情系青少年、致力于关心下一代工作的建三江分局退休干部徐士海、查哈阳农场离休干部李士金；义务编写《长青》杂志16年的八五六农场离休干部王七贤；退而不休、笔耕不辍、敬业奉献的九三分局退休干部张光复；科技兴垦、科技兴业的学科带头人农垦科学院退休干部雷云国；自主研发民用环保节能科技产品、创办实业的哈尔滨分局退休干部康树人；发挥专长，致力于老年大学建设的总局机关退休干部董作山。荣获垦区首届"金秋和谐伴侣"称号的是：宝泉岭农场高玉成、肖德凤夫妇，青龙山农场王凤钦、王家燕夫妇，八五一一农场王云林、郝玉荣夫妇，长水河农场谢绪生、田基芬夫妇，鹤山农场叶尚吉、王夏香夫妇，克山农场李鸿飞、夏荣香夫妇，嘉荫农场孙伟良、马桂英夫妇，岔林河农场李太雨、严锦莲夫妇，八一农大王维民夫妇，总局佳木斯干休所杨占山、张凤余夫妇，查哈阳农场百岁夫妇王阑坡、孟凡英被授予垦区"百对金秋和谐伴侣"特别荣誉奖。当选"十佳离退休干部"的是：为垦区率先实现农业现代化、调整产业结构、促进生产力发展而耕耘不止、发挥余热的朱文熹、庄庆士、刘钧；积极宣传中华民族传统美德，为大力弘扬北大荒精神、传播北大荒文化作出贡献的丁继松、王连一、叶尚吉；以身作则、学雷锋做好事，为良化社会空气、建设精神文明而无私奉献的王维新、和元浩、张玉臣；发扬革命传统、保持革命本色的老战斗英雄李国富。开展了一系列文体活动。举办了"六十年创业黑土地，一辈子情系北大荒"为主题的老年书画展览，参展作品共有182幅，其中书法、篆刻作品135幅，绘画作品47幅。出版发行了《拓荒者的影像记忆》摄影集、《浓墨重彩大荒情》老年书画集。举办了《北大荒记忆》摄影展和离退休干部第三届台球赛暨首届乒乓球赛。黑龙江省"百对金秋和谐伴侣"评选揭晓，垦区8对夫妇当选，他们分别是：总局机关杨清海、姜淑琴夫妇，张万禄、魏清秀夫妇；农垦科学院徐一戎、康静云夫妇；宝泉岭分局刘立田、初路夫妇；红兴隆分局马永德、唐永芳夫妇；九三分局王云、田素珍夫妇；齐齐哈尔分局李士金、刘玉珍夫妇；绥化分局朱福林、周亚华夫妇。（王建华）

工 会

【职工队伍】 2007年垦区职工队伍稳定，从业人员629772人，其中女职工260117人，农民工125028人。发展工会会员682908人，其中女会员248257人，农民工会员111847人，超额完成省总工会确定的68万会员总体任务目标，农垦工会荣获2006年度工会组建和发展会员工作一等奖。（徐 燕）

【工会组织】 省农垦工会下辖9个垦区工会，27个总局直属单位工会。有

240 个场处级企(事)业单位工会,692 个管理区工会,575 个非公有企业工会。有工会专职干部 506 人,兼职工会干部 4 492 人。省农垦工会所辖基层工会、场处级企业事业单位工会都建立了女职工委员会,有专职工会女职工干部 202 名。垦区场处级以上工会主席,按同级副职配备,是党员的都是党委成员。 (徐 燕)

【民主管理】 一是做好职工代表大会工作。2007 年,在垦区各级党委的高度重视下,各级工会紧紧围绕贯彻总局党委(扩大)会议精神,全面落实科学发展观,加快推进新农村建设,努力构建和谐社会,促进垦区经济又快又好发展这个主题,认真抓好职代会工作。截至 2007 年 3 月底,有 160 个企事业单位按时规范召开了职代会,占应开单位的 96.4%。职代会审议各种报告、方案 939 个,评议领导干部 862 人,占应评人数的 100%。集体合同履行情况向职代会报告率达 100%。各级工会认真落实黑垦办文[2005]24 号文件精神和《企业工会工作条例》,完善和规范职代会工作,坚持党政工联合审批职代会制度,民主评议、测评领导干部和厂务公开制度,民主选举、公示职工代表制度,通过报告、方案票决制度等,严把职代会筹备和召开的各个环节,严格进行职工代表换届选举工作,认真完善职代会内容,规范职代会程序,创新落实职代会职权,驻场执法单位领导在职代会上报告工作,民主选举管理区主任,签订女职工权益保护、安全生产专项集体合同等,使各级党政工领导和职工群众对职代会的重视程度和职代会的质量得到进一步提高。各单位职代会不但坚持标准,而且各有创新。农垦工会《建立党政工联审机制全面提升职工代表大会质量》的经验在全省民主管理工作会议上介绍,9 月,在全国农垦系统民主管理工作经验交流会议上介绍,被收入全国农垦系统民主管理工作经验材料汇编。二是开展好厂务公开工作。垦区各单位认真贯彻中央两办通知和《黑龙江省企业事业单位公开管理条例》及农垦工会印发的《职工民主议事会实施细则》,普遍建立和完善了厂务公开制度和职工民主议事会制度,进一步深化了厂务公开和日常民主管理工作。各单位坚持职代会公开与公开栏公开相结合,定期公开与随时公开相结合,书面公开与口头公开相结合,较好地保证了职工的知情权、参与权、表达权和监督权。三是开展了创建劳动关系和谐企业活动。2007 年 7 月,按照省劳动和社会保障厅、省总工会、省企业联合会、企业家协会《关于评选黑龙江省劳动关系和谐企业与工业园区暨创建活动优秀组织单位和优秀个人的通知》(黑劳社发[2007]42 号文件要求,垦区开展了和谐企业暨创建活动优秀组织单位和优秀个人的评选推荐工作。经过基层推荐,农垦工会和总局劳动局、国资委、经委、工商局、安监局、信访办等有关部门共同审核并上报,多多集团被授予全国和谐企业,黑龙江省和谐企业标兵。董事长韩振远在全国和谐企业经验交流表彰大会上介绍了创建经验。普阳、前进两个农场被授予全国农林水利系统和谐企业。 (徐 燕)

【扶贫帮困】 一是开展了"扶低支富"工程。2006 年,总局党委和总局联合下发了黑垦发[2006]16 号文件《关于印发垦区"十一五"期间开展"扶低支富"工程实施方案的通知》,在垦区全面实施了扶低支富工程。2007 年,垦区已建立起四级扶低支富工作领导小组,落实扶贫扶低资金 9 086.6 万元,其中总局投入 1 300 万元。共扶持贫困职工 11 083 户,低收入职工 25 782 户,其中各级党政领导干部"一帮一"结对帮扶了 8 486 户。实现 7 733 户贫困职工脱贫,12 974 户低收入职工脱低。6 月,农垦工会和建三江垦区工会分别在全国农垦扶低致富经验交流会议上介绍了"扶低支富"工作经验。9 月,农垦工会以总局党委名义在绥化分局召开了"1533"职工扶贫工作总结表彰暨扶低支富工作经验交流会议,总结推广了绥化分局的经验。会上共有 8 个单位介绍了经验。二是开展了送温暖活动。2007 年初,总局党委办公室和总局办公室联合下发了《关于开展 2007 年元旦、春节送温暖活动的通知》明传电报,农垦工会转发了全总和省总关于 2007 年元旦春节送温暖活动的通知,部署垦区开展送温暖活动。垦区组成走访慰问小组2 789 个,参加走访慰问的有 11 461 人,其中处级领导干部 1 246 人;走访慰问了 23 359 人,其中走访慰问了离退休人员 9 776 人、劳动模范 671 人、受灾和贫困职工 12 912 人;发放救济金额 858.8 万元,还发放大量救济实物。在送温暖活动中,重点走访慰问了重灾农场和管理区、特困职工、受灾职工,还走访慰问了离退休老干部、劳动模范、退休工人、老垦荒、老转业官兵、有突出贡献的科技、文教、卫生战线的先进工作者、军烈属、统战对象、残疾人员以及生活困难的农民工。三是开展了"金秋助学"活动。2005 年,按照全总和省总工会的部署,在垦区开展了"金秋助学"活动。3 年来,已经形成了党委领导、行政支持、工会主抓、部门密切配合、全社会积极参与的格局。各级都建立了"金秋助学"活动领导小组和助学资金。2007 年,农垦工会转发了省总工会[2007]28 号文件,对"金秋助学"活动提出了具体部署和要求。各基层工会接到文件后,主动向党政领导汇报,搞好调查摸底,提出具体活动方案,使助学活动落到实处。2007 年,垦区"金秋助学"活动成果显著,共筹集了助学资金 582 万元,共发放助学资金 420 万元,救助了 8 542 名困难职工和困难农民工子女。 (佟学广)

妇女工作

【概况】 2007 年垦区有育龄妇女 47 万人,女职工 26 万人。管理区、车间、居民委工会女职工委员会 2 794 个,共有专兼职女职工干部 3 029 名。各级工会重视加强女职工组织建设,认真贯彻《企业工会工作条例》,坚持工会女职工组织与工会同步组建的原则,积极做好垦区改制、转制、新建企业工会女职工组织建设工作,确保女职工组织阵地不丢,工作不减,作用发挥。垦区四级女职工组织健全,组建率 100%,专兼职女职工干部配齐配强,处级工会女职工委员会主任 80%解决同级副职问题。垦区各级女职工组织认真落实全总女职工"311 工作计划"和妇女儿童两个发展《规划》,坚持开展女职工"三个工程"和"三争一创"活动,积极开展"双学双比"、"巾帼建功"和"畜牧兴家"竞赛活动,继续开展"绿色家庭"、"五好文明家庭"创建活动,坚持开展"三八红旗集体"和"三八红旗手"选树表彰活动,在推动垦区经济和社会发展中发挥了妇女"半边天"作用。2007 年 3 月,召开了垦区先进女职工事迹报告会,表彰了 40 名先进女职工。举办了以"建功'十一五'、和谐奔小康、巾帼展风采"为主题的总局直属单位女职工健身操大赛。垦区有 3 个单位被评为省先进女职工集体,8 人评为省先进女职工,2 人评为省先进女职工工作者;有 1 个单位被授予全国三八红旗集体称号,1 人获全国三八红旗手称号;垦区先进人物康金环荣获全国百名优秀母亲、省十大女杰提名奖;评选总局级五好文明家庭标兵 10 户,五好文明家庭 100 户;荣获省级五好文明家庭 1 户、国家级 1 户。一是进一步加强工会女职工组织建设工作,使垦区各级工会女职工组织健全,制度完善,工作规范,活动经常。2007 年 9 月,与中国工运学院联合举办女职工干部培训班一期,培训女职工干部 56 名。二是深入实施了"女职工建功立业工程"和"女职工素质提升工程",结合垦区新农村建设,开展了女职工"三争一创"活动,在活动中涌现出女职工学习模范、扶贫标兵、致富能手各 10 名,另有 3 个垦区工会女职工委员会和 2 个分局医院的妇产科、检验科被省总工会授予先进集体,15 人被省总工会授予先进个人。三是深入实施了"女职工爱心帮扶工程",开展了"六一扶困助学"活动,通过企业下拨、职工捐款、社会各界资助等形式,垦区共筹措扶困助学资金近 200 万元,资助贫困学生 4 900 多名。四是进一步加强了女职工维权机制建设,全面推行企业签订女职工权益保护专项集体合同工作,2007 年底共有 93 个场处级企业签订女职工权益保护专项集体合同,签订率达到 80%,使女职工的特殊利益得到进一步维护,其经验在全省女职工工作会议上作典型发言。五是"国寿团体女性安康保险"工作进一步加强,年度投保达 4 万多人,理赔 36 人,理赔金额 66.2 万元。六是职工预防控制艾滋病宣传教育和"女性保健知识讲座"活动广泛开展,全垦区共开展讲座 90 讲,听众近 2 万人。七是结合垦区特点,在广大妇女中开展了"双学双比"活动,积极组织畜牧兴家、小康之家等系列活动。垦区有 20 余万妇女参加活动,其中 80%的妇女从事养殖业和种植业生产。2007 年农垦工会获得全国"双学双比"先进集体称号。八是在工商运建服行业妇女中广泛开展了"巾帼建功"活动。结合经济技术创新工程,开展争当"知识型"、"技能型"劳动者竞赛活动,引导广大妇女立足本岗,奉献才智,创造新业绩。垦区荣获全国巾帼文明示范岗 3 个,总局级"巾帼文明示范岗"10 个。九是继续深入开展"五好文明家庭"创建活动。各级妇女组织把和谐家庭建设作为新时期文明家庭创建活动的主题,开展"学礼仪、知荣辱、促和谐"家庭礼仪学习系列活动,不断深化"学习型家庭"、"平安家庭"、"节约型家庭"、"廉洁家庭"、"绿色家庭""美德在家庭"等活动,推广和普及科学、文明、健康的生活方式,以家庭和谐促进和谐社区、和谐垦区建。2007 年评选表彰了总局级"五好文明家庭"标兵 10 户,"五好文明家庭"100 户,绿色家庭 20 户,教子有方——希望之家 20 户,先进集体 20 个。推荐省级五好文明家庭 1 户,全国五好文明家庭 1 户。十是以"三八"节、母亲节等重大节日为契机,举办形式多样的大型庆祝表彰活动,大力宣传先进妇女典型。2007 年农垦工会举办了三八表彰先进电视电话会议、先进妇女典型事迹报告会、"建功十一五、和谐奔小康"女职工健身操比赛等,大力宣传妇女先进典型,扩大妇女工作的知名度,争得各级党委领导的重视和支持。涌现出全国"三八"红旗手 1 人,省十大女杰提名奖 1 人、省十大杰出母亲 1 人;康金环同志获全国百名优秀母亲称号,同时获得省十大女杰提名奖。十一是"六一"儿童节期间,组织开展了"伸出一双手,奉献一片爱心"和"救助万名春蕾女童行动"。救助女童 1 442 人,救助总金额 51.5 万元,农垦工会获全省最佳优秀组织奖。

（赵亚军　欧海燕）

共青团

【概况】 2007 年,总局团委在总局党委的正确领导下,以邓小平理论和"三个代表"重要思想为指导,以科学发展观为统领,以"提高能力,强化服务,活跃基层,创新发展"为原则,紧紧围绕垦区"十一五"时期的奋斗目标和主要任务,切实加强青少年思想政治工作,全面深化团的创业建功活动,积极服务社会和谐发展,团结带领青年在垦区构建社会主义和谐社会的宏伟实践中创造新业绩。总局团委先后荣获"全国服务农村青年增收成才先进集体"、"全省团的工作调研奖组织奖"、"全省农村青年星火带头人活动组织奖"、"全省青工岗位技能振兴提升计划优秀组织奖"、"全省共青团系统优秀宣传部"、"全省青年月优秀组织奖"、"全省少先队辅导员技能风采大赛团体三等奖"、"全国少年小甲 A 足球黑龙江赛区比赛优秀组织奖"、"总局安全生产先进单位"、"总局优秀党支部"等 10 项荣誉称号。团中央书记处书记王晓、团省委书记高环、常务副书记张恩亮先后来垦区调研指导团的工作,给予高度评价。一是加强青少年思想政治工作,为构建垦区和谐社会奠定坚实的思想基础。以"我与祖国同发展、我与垦区共奋进"为主题,通过报告会、座谈会、参观走访、专题讲座等多种形式,帮助广大团员青年深刻认识垦区"十一五"规划的指导思想、发展目标和主要任务,增强自豪感和自信心,自觉地把思想和行动统一到为促进垦区经济社会又好又快发展作贡献上来。开展了"垦区新农村建设好青年"征文、"垦区五四新闻奖"评选表彰活动、"知垦情、提素质、议振兴"主题教育活动和"立足新起点、创造新业绩"党的十七大精神学习活动,开通了黑龙江农垦共青团网站,巩固开辟以教育、网络、文化娱乐为主的思想政治工作阵地。构建完善以北大荒精神教育为龙头,集主题活动、社会实践、骨干队伍、典型引导、基础平台和新载体为一体的具有垦区特色的青年思想教育体系。二是深化创业建功活动,为构建垦区和谐社会奠定坚实的经济基础。围绕推进垦区农业现代化进程，以服务青年增收成才为牵动，全面深化青春建功新农村行动。领办推广新品种、新技术和新项目40余个，组织引导青年率先发展绿色有机农业、标准农业、循环农业、旅游观光农业，积极推进场县合作共建。深化北大荒青年畜牧先锋行动，培养扶持青年养殖致富大户、青年畜牧经营大户1 000余人，创建扶持100个青年养殖示范基地，推进垦区养殖业的专业化、规模化和集约化。围绕推进垦区工业化进程，以促进企业自主创新为主导，深化青年创新创效活动。着眼技术、管理、营销和服务创新，广泛开展青工"五小"攻关、技术比武、技能大赛等岗位建功活动，总局团委等3个单位荣获"全省青工岗位技能大赛优秀组织奖"，总局团委书记朱佳萍等5人荣获"全省青工岗位技能大赛先进个人"。围绕建设资源节约型、环境友好型垦区，以"做环保小事，建美好家园"为主题，开展青少年节约环保创建活动。印发了《关于开展"保护母亲河——青春装点绿色垦区"活动的通知》，号召垦区各级团组织广泛开展以植树造林、青春装点新农村、节约环保创建、革除陋习等四项活动为内容的青春装点绿色垦区活动，组建了115支生态环保志愿者队伍，2万多名团员青年植树266.67公顷。围绕加快推进垦区社会建设，以创业培训为途径，推进青年就业创业行动。鼓励青年自谋职业和自主创业，以创业带动就业。联合总局劳动和社会保障局举办了"垦区第二期SYB青年创业培训班"，免费为54名青年进行了创业培训。三是加强北大荒青年文化建设，为构建垦区和谐社会奠定坚实的文化基础。积极推进青年文明号创建活动，以"诚信北大荒，青春在行动"为主题，以窗口服务业、工业企业等行业系统为重点，全面实施青年文明号信用建设示范行动。实行总局、分局、农场三级联创动态管理，提高青年文明号的创建水平，评选出垦区首届"青年文明号"集体20个。牡丹江垦区公安局八五六公安分局110报警服务台等3个青年集体荣获全省青年文明号。全面深化青年志愿者行动，以服务垦区的公益事业、招商引资、农业生产为重点，广泛开展青年志愿者活动。举办了北大荒青年志愿者"送科技、赠肥料、献爱心"服务活动，为100多户青年科技示范户和贫困户免费发放了价值1.5万元的肥料，为红旗农场小学赠送了价值1万多元的图书、光碟和防治感冒的药品。拓展团组织服务经济的渠道，在第18届哈洽会和北大荒绿色特色食品展销会期间，组建了"北大荒青年志愿者服务队"，为北大荒集团参展企业无偿提供服务，累计发放宣传单(册)4.2万份，礼仪引导和接待外宾300余人次，服务时间累计达1 200小时。大力加强北大荒青年文化建设。以弘扬新时期北大荒精神为主线，推进"青春北大荒"文化行动。坚持文化育人方针，开展了"爱心赠报建书屋，共建垦区新农村"活动，免费为垦区241所学校赠送了价值近两万元的2007年《中国学生健康报》500份。积极争取社会资源，为垦区16家青年中心免费提供的科技、法律、文学常识等方面价值16万元的图书。举办了青少年读书论坛、大中专学生文化艺术节、企业青工文化沙龙、青年家庭文化大赛等活动，促进社区文化、企业文化、校园文化、家庭文化和网络文化建设，培育具有垦区特色、时代特征、青年特点的北大荒青年文化。四是服务青少年成长成才，为构建垦区和谐社会奠定坚实的群众基础。充分发挥共青团的组织和人才优势，积极构建北大荒青年典型群体。开展了垦区"杰出青年岗位能手"、"杰出青年志愿者"等青年典型的评选表彰活动。先后有"中国青年五四奖章"获得者王成钢等8人荣获国家级表彰，"全省青年五四奖章"获得者侯新华等54人荣获省级表彰。积极争取到建设新农村体育师资全国公益培训项目，联合李宁有限公司、总局文体局举办了黑龙江垦区青年体育骨干教师培训班，对110名垦区青年体育教师进行了培训，捐赠了价值3万元的体育服装和用品。服务青少年健康成长，完善青少年维权工作体系，加强"青少年维权岗"、"青少年维权中心"、"青少年维权热线"的建设和管理。在法院系统开展了"优秀青少年维权岗"评选表彰活动。实施了"关爱明天·共建和谐"行动，配合有关部门净化、优化校园周边环境，深化"青春自护行动"、"青春红丝带"和"校园拒绝毒品"活动，推进青少年心理健康教育，为1 200余名青少年提供义务咨询服务和志愿法律援助。加强社区青少年法律学校建设和社区青少年工作队伍建设，认真做好未成年人的身心健康保护工作。服务青少年弱势群体。加大扶贫助困力度，以失学儿童、贫困学生、残疾青少年、外来务工务农青年、下岗失业青年等为帮扶重点，启动实施"春风行动"。整合社会资源，帮助青少年弱势群体解决学习、工作和生活的实际困难，建立垦区贫困生数据库，1 284名贫困大中小学生成为垦区贫困生数据库资助对象。在建设农场援建1所希望小学。 （包　宁）

【垦区贫困生数据库】 总局团委下发了《关于建立垦区贫困生数据库的通知》，整合垦区贫困生资源。凡是品学兼优、家庭贫困的垦区大中小学校学生，特别是孤儿、享受最低生活保障家庭的子女、因突发性灾难或重大疾病等原因造成经济特别困难家庭的子女、特困下岗家庭的子女、特困残疾人家庭的子女、特困优抚对象家庭的子女、民政部门认可的其他特困家庭子女均可提出申请。经推荐、复核、审定，1 284名学生列入垦区贫困生数据库。9月，总局团委举行了"搭架希望桥，共圆学子梦"暨垦区数据库启动仪式，现场募集资金2.3万元，救助贫困生76人。

（包　宁）

【黑龙江垦区青少年发展报告】 总局团委深入9个分局，20余个农（牧)场开展垦区青年发展状况调研。按照"四个一"(开展一次集中座谈会、一次与青年代表的个案谈话，一次问卷调查，一次实地考察)的方式，就基层团组织在服务大局、服务青年工作中的典型经验、团员青年的思想动态和发展需求、青年发展趋势与路径对策、垦区龙头企业青工、农业青年、青年科技教育工作者、青年学生发展状况、非公领域青年、少年儿童思想道德状况及关于青年教育、就业、参与、健康、维权等方面内容进行了座谈和研讨，编辑出版了《黑龙江垦区青少年发展报告》。 （包　宁）

【青年创业培训】 总局团委联合总局劳动和社会保障局举办了“垦区第二期SYB青年创业培训班”,免费为54名青年民营企业家、优秀青年个体私营业老板和有志创业的青年进行创业培训,帮助他们学习创业知识,提高创业能力,为他们提供政策咨询、优先获取创业项目等多项优惠服务。培训采用国际劳工组织统一的教材,聘请了国家劳动和社会保障部认证的SYB创业培训讲师授课,参训考试合格者由省劳动厅颁发结业证书。　（包　宁　郑晓密）

【创建五四红旗团委】 垦区团干部、团员队伍建设切实加强。不断完善团干部协管工作机制,加强各级专兼职团干部配备。加强了团干部的培训教育工作,轮训团干部1 700余人。“三位一体”配置率始终稳定在92%以上,为垦区培养和建设了一支高素质的基层后备干部队伍。基层团组织建设切实加强,以创建“五四红旗团委(团支部)”为牵动,巩固了分局、农场、管理区三级团组织层层创建、整体联动的基层团建工作机制。在24家大型民营股份制企业中先后建立了团组织,在局场两直社区中,探索建立了团工委、青工委等团组织机构,在70余个农场的青年私营业主中采取了联合建、依托建、社区建等团组织设置形式。2007年末,对垦区3 165个团支部进行了直选,93%的基层团组织完成了换届选举工作,参与推荐的群众10余万人,参加直选的团员5万多人,推动了垦区基层团组织建设向纵深发展。　（包　宁　郑伟志）

【青年文明号】 青年文明号是指以青年为主体,在生产、经营、管理和服务中创建的体现高度职业文明、创造一流工作成绩的青年集体(班、组、队等)、青年岗位(岗、台、车、船、所、店等)和青年工程。自1996年开展创建活动以来,垦区团组织通过开展公开服务承诺、信用文化建设、百场万店信用评议等活动,不断扩大青年文明号创建规模,加大监督管理力度,严格公示淘汰制度,健全活动组织、创建和完善考评机制,实行总局、分局、农场三级联创动态管理,提高了青年文明号的质量,已经成为垦区团组织带领团员青年积极参与经济社会建设的有效载体。在垦区17个行业战线开展了创建活动,涌现出全国青年文明号集体2个、全省青年文明号集体32个、垦区各级青年文明号集体1 480个。总局团委联合有关部门开展了首届“垦区杰出青年文明号”评选表彰活动,授予20家青年集体“垦区杰出青年文明号”。　（包　宁　郑晓密）

【青年岗位能手】 垦区团组织深入实施“青工岗位技能提升计划”,组织引导广大青年科技人员、一线青工和青年管理人员积极参与“五小”攻关、技术比武、岗位技能大赛等各类青年创新创效活动,建立完善青工技能培训基地24个,开展技术比武、岗位竞赛等活动3 400多次,举办各类技能培训班400多期,培养青工3万余人次,涌现出全国、全省青年岗位能手36人,垦区各级青年岗位能手1万余人。总局团委联合有关部门开展了首届“垦区杰出青年岗位能手”评选表彰活动,授予20名青年“垦区杰出青年岗位能手”称号。

（包　宁　郑晓密）

【青少年维权岗】 垦区团组织通过开展少年儿童平安回家、青春自护知识技能讲座、安全放心网吧创建和青少年远离毒品等主题活动,认真做好未成年人保护和预防青少年违法犯罪工作。开通了“234青少年维权热线”,在青少年心理咨询和法律咨询等方面服务青少年1万多人次,在公、检、法、司等系统命名创建了40个“优秀青少年维权岗”,成立了10家“垦区青少年维权中心”,义务为青少年提供普法宣传、法律咨询、民事诉讼代理等服务,切实维护青少年合法权益。总局团委联合农垦中级法院开展了优秀“青少年维权岗”评选表彰活动,命名12个单位垦区法院系统优秀“青少年维权岗”称号。

（包　宁）

政　法

【概况】 2007年,垦区政法工作认真贯彻落实全国、全省政法工作会议精神,紧紧围绕垦区又好又快发展的中心任务,以创建平安垦区和维护社会稳定为总目标,全面履行打击、防范、管理、服务等各项工作职能,认真抓好以“四忠于”为主线的社会主义法治理念教育,广泛开展“执法质量年”活动,规范执法行为,促进执法公正,最大限度地增加和谐因素,最大限度地减少不和谐因素,有效地保障了垦区的政治安全和社会稳定,较好地实现了年初确定的各项工作目标。　（杨宏郁）

【社会治安综合治理】 一是垦区各级党政组织和政法机关,紧密结合元旦春节、全国“两会”、“五一”长假、“七一”和庆香港回归10周年等重大节假日和政治敏感日,狠抓矛盾纠纷排查调处。垦区成立矛盾纠纷排查调处领导小组848个、7 276人,召开各类排查调处会议1 456次,组织各类人员排查调处2 312次,共排查出各类矛盾纠纷2 438件,10人以上群体性矛盾纠纷59件,50人以上重大群体性矛盾纠纷15件,经过各级负责、耐心工作,调处化解2 291件,调处成功率达94%以上。国庆节和党的十七大召开期间,经过多方协调努力,实现了非正常访零纪录。二是加大对刑事犯罪和黑恶势力犯罪的打击力,重点防范和打击了黑恶势力犯罪、严重暴力犯罪、“两抢一盗”犯罪,加强了多发性季节、时段、区域、人群的主动防范工作,切实提高了打击犯罪的针对性、主动性和时效性。全年垦区刑事发案总体平稳,共立案1 878起,仅占全省的1%,与上年同比下降15.4%,破案率上升19%。治安案件发案2 321起,与上年同比下降18.8%,八类案件共发生388起,与上年同比下降4.43%,多发性、可防性侵财案件得到有效控制。群众测评评价良好,垦区人民群众对社会治安满意率达97%,有安全感达98%,对政法队伍服务满意率达97.5%,群众测评指标均列全省前茅。三是以“平安垦区”建设为平台,强化责任、加大投入,不断推进社会治安防控体系建设,不断推进具有农垦特色的“四三三四”长效管控机制的落实,坚持做到了“四个纳入”、“三个推进”,建立起了“七项工作机制”,较好地保证了创安工作的扎实推进。各局、场直专职“社工”在120个社区中推行,242所中小学法制副校长全部配齐,关爱基地建设有了良好开端,文化娱乐市场进行了重点清理,黄、赌、毒等得到有效遏制。平安建设工作的内业管理日趋规范,表、簿、册、板、机、档正在向规范化、科学化、形象化方向发展。有效整合各种防范力量,形成人人参与、群防群治工作格局。垦区共有专兼职治安员2 872人,建立社区警务室218个,警务区700个,有治保会2 671个、11 864人,调委会2 332个、11 091人,“三老”义务巡逻队3 021个、18 920人,民兵义务巡逻分队795个、8 000人。警民联防共巡制度、“栋户长”轮值制度、邻里守望制度在垦区普遍推行。垦区重点部位人防、物防达100%,技防设施达85%以上,已有6个分局79个场处级单位,在局直、场直重点部位安装了电子监控设备,平安建设科技含量不断提高。有5个分局被省委、省政府命名为“平安局”,占应创建的62.5%;有149个场处级单位被总局党委、总局命名为“平安农场”或“平安单位”,占应创建的94.39%;有125个新农村建设试点管理区被总局综治委命名为“平安管理区”,占应创建的97.7%;有671个基层单位被分局以上党委命名为“安全文明单位”,占应创建的86%。四是通过对重点人口的教育、管理和服务以及加强重点行业、公共聚集场所和道路交通、消防安全的监管,社会管理工作取得了明显成效,较好地保持了垦区社会治安秩序的持续良好局面,为“平安垦区”建设工作提供了坚实保障。垦区火灾事故发生总数下降33.3%,无重大交通事故发生。 (杨宏郁)

【政法队伍建设】 一是把开展“执法质量年”活动作为政法队伍建设的首要任务,摆上重要工作日程。共印制20 000余册宣传手册,开展专题宣传活动32次,通过报纸等媒体发表讨论文章103篇,编发教育活动简报84期,大力宣传了社会主义法治理念教育活动的重大意义。广泛开展社会主义法治理念教育和法治环境先进局(场)评选活动,政法队伍执法为民的观念不断增强,公信力不断提高,涌现出了一大批严格、公正、公平执法的人民满意的政法单位、政法领导干部标兵、政法干警标兵。二是加大执法监督检查工作力度,对于在执法过程中出现问题的重点案件,依据法律规定严格审查、监督督办,对监督督办工作中发现的突出执法问题,实行跟踪问效,并追究部门领导和办案责任人的责任。共处理办案人员违法违纪案件5起,12人。在全垦区范围内聘请了人民监督员124名,经过培训,持证上岗,形成了一支强有力的群众对政法机关监督的网络。 (杨宏郁)

公　安

【治安防范】 一是以“2007净网”为重点,以专案侦察为龙头,全面启动“天鹰计划”第三阶段工作,破获各类“法轮功”案件15起,省厅挂牌案件3起,垦区挂牌案件7起,打掉地下组织团伙6个、捣毁地下窝点17个,抓获“法轮功”违法嫌疑人43人,缴获各类反动宣传品及资料11 567份,作案设备102件,宝泉岭、红兴隆、建三江、绥化、齐齐哈尔等农垦公安局以境外明慧网刊载涉及垦区反动信息为突破口,相继破获5起“法轮功”案件,使网上涉及垦区的“法轮功”有害信息数量得到有效控制。二是以重要活动、重大节日和敏感期为防范重点,以多警种联动为依托,落实三级防范责任制,完善重点人员动态防控体系,及时将新确定的395个重点人纳入工作视线,控制其活动,确保了党的十七大等重大活动、节日期间垦区的稳定。期间排查不稳定群体18个,不稳定因素66条;及时处置了境外敌对势力煽动大西江、嫩江蒋某、张某因土地承租问题和北安刘某妄图开展万人联名上书活动;在各级党委的领导下,公安机关在有关部门的协助下,完成了群体性上访“零进京”的工作目标。三是进一步深化情报信息工作,广泛、及时、准确的搜集、获取内幕性、预警性、深层次的情报信息68件,被同级党委采纳61件,被省公安厅采用7件,妥善处置越级上访事件61起。 (王晓明)

【打击刑事犯罪】 一是继续加大侦破命案工作力度。2007年共立现行命案40起,破获33起,破案率为82.5%;立案同比上升11.11%,破案率同比上升6.4个百分点。其中,立故意杀人案件16起,破14起,破案率为87.5%,故意杀人案件同比下降了38.46%,齐齐哈尔、绥化、北安、九三农垦公安局破命案100%。二是继续开展打击“两抢一盗”犯罪斗争。共立“两抢一盗”案件912起,同比下降6.65%,破获501起,破案绝对数上升12.84%。三是打黑除恶专项斗争取得了阶段性成果。成功打掉了查哈阳农场以贾氏兄弟为首的恶势力团伙,团伙成员受到了依法惩处。四是认真开展了治理自行车被盗专项行动。建立了存放、看护安全防范制度,增加了看护力量和监控设备,改善了存车环境。五是开展打击网络违法犯罪专项斗争。对安装有色情、暴力等不健康游戏和电影向未成年人提供上网服务场所进行查处;对敏感日、重大节日等加大了网监力度。六是继续开展航测铲毒行动,完成了非法种植罂粟大幅度下降的任务,实现了“零产量”目标;强化了社会面吸毒人员动态管控工作,打掉聚众吸毒团伙2个,侦破吸毒案件10起,极大地减少和遏制了新吸毒人员的滋生;进一步规范了易制毒化学品经营、使用、运输管理工作秩序,有效地预防了易制毒化学品非法流入渠道案件的产生,从源头上杜绝了毒品非法加工。 (王晓明)

【依法整治】 一是积极参与和规范市场经济秩序,组织开展打击商业贿赂、非法传销和“山鹰”二号保护知识产权专项行动,有效地维护了垦区经济安全。受理经济案件15起,立案15起,涉案金额1 675.6万元,破案10起,抓获犯罪嫌疑人7人,挽回和避免经济损失151万元。建立和强化了垦区经济情报信息网络,在工商、保险、银行、农村信用社等单位设立了联络员,与北大荒农业股份有限公司的15个分公司及垦区30多家重点企业建立了经济犯罪协作机制。破获九三油脂集团内外勾结盗窃豆粕案、宝泉岭铁路调度勾结装卸工利用铁路运输环节盗窃大豆案以及在粮食收购环节掺假案件133起，挽回经济损失300多万元。开展了严厉打击制售假冒伪劣种子、化肥、农药、农机零配件和水产苗种等农资产品违法犯罪活动，查处重大伪、劣、假案件11起，挽回直接经济损失1 200多万元。二是火灾形势好于往年，四项指标大幅度回落。发生火灾36起，伤1人，直接财产损失93.3万元，与上年同期相比火灾起数下降38%，直接损失下降3.5%，伤亡人数下降500%；春防冬防、"三会"期间重点整治、"六清一通"治理、公共场所隐患排查，居民区消防安全治理、强化建筑防火审核等一系列整治措施。三是危管工作更加深入细致。强化了对现有涉枪单位枪支的整合、打验，完善了发放审批制度；民用爆炸物品管理走上了正轨，实现了规范、有序、安全的要求；年内对16个被确认不合格的煤矿全部关闭，帮助兴凯湖造纸厂、老柞山金矿等单位进一步完善了剧毒品的采购、保管、使用等环节的安全措施和相关制度。四是依托839系统，人口管理更加规范。各级公安机关共向839系统录入常住人口和暂住人口信息848 351人，平均录入率达51.72%，其中建三江、九三局分别达到95%和76%；全区新登暂住人口126 438人，办证125 648个，房屋出租户登记11 055户，签订治安责任状11 000份；受理二代身份证办理信息215 160条，上传制证数据195 160条，制发成品证358 625张，超额完成了省公安厅下达的制证任务，名居全省前列；各级治安部门放弃元旦、春节等节假日休息，加班加点，为垦区返乡群众办理二代证2万个；按照农业部的要求，对符合政策的1 371 456人办理了"农转非"，解决了这部分群众的后顾之忧。为垦区群众办理因私护照3 479本，港澳台通行证1 168本；接待24个国家来垦区投资办企业申报住宿登记391人，受理外国人申请签证延期6人；妥善处置了中外通婚所生子女国籍冲突及涉外案(事)件，保证了垦区边境地区人民群众的生产、生活安全。五是道路交通安全整治力度加大。交管部门紧紧抓住货运车辆、学生车辆、辖区内的省道、通乡公路、"五小"车辆、摩托车、报废车辆、党的十七大会议和秋收期间的道路安全集中整治，采取了强化宣传效果，强化科技手段、强化路面管控等有力措施，以开展"平安畅通"局场创建工作为载体，不断深化"五整顿、三加强工作"，比较好地完成了省公安厅确定的各项工作指标，实现了总局提出的控制事故、减少死亡的要求。共发生道路交通事故161起，死亡35人、伤225人、直接经济损失45.24万元，与上年度同比分别下降了0.62%、33.96%、3.69%、8.5%。六是警卫工作做到了万无一失。圆满完成了吴官正等党和国家领导人以及省委、省政府、省人大、省政协领导以及全国政协视察团，上海绿博会、18届哈洽会、以心连心艺术团慰问北大荒为主要活动的垦区开发建设60周年系列大型活动的安全保卫工作。　（王晓明）

【"三基"工作】　抓基层，打基础，苦练基本功，是继"大讨论"、"大练兵"、"大接访"之后，公安部党委作出的又一项重大战略决策，垦区各级公安机关经过两年的不懈努力，"三基"工程建设取得了显著成效。一是基层"三所三队"实力明显增强。通过采取精减机关人员、撤销或合并机构、提高基层一线民警福利待遇等措施，推动警力下沉。红兴隆局年内为68名基层民警解决了副科级职级待遇，使副科级民警人数达314人，占民警总数59%。基层一线警力占总警力的比例平均达90%以上，超过了公安部85%的标准；派出所总警力达2 418人，占县级公安机关总警力的83%以上。通过警力下沉，基层一线特别是"三所三队"的警力得到进一步充实，实力明显增强。各农垦公安局内设机构设置，总局编委已经下发执行文件，核定11个部门。二是基础设施和办公条件明显改善。各级公安机关采取争取上级资金、自筹等措施，不断加大基层基础建设的投入力度，累计投资1亿多元用于改善"三所三队"等基层所队的基础设施、办公条件和装备；在基础设施方面新建、改建公安分局(派出所)39个，牡丹江局新建综合办公楼已于10月份竣工并投入使用，建三江局新建办公楼主体工程亦已完工。垦区公安用房面积达15.4万平方米。派出所统一建筑外观形象建设改造工程已完成96个，占派出所总数的83%。在装备方面，警务用车新增87辆，在编车辆已达392辆，新增计算机468台，总配备数量达1 730台，民警计算机拥有量达60%。三是公安信息化水平明显提高。办公自动化平台建设及二级网提速扩容至155米工程全部完成，三级网全部实现了专网，带宽达2米以上，除不能接通光纤的个别农场外，全部实现光纤接入，联网计算机达1 300多台，公安信息网已覆盖所有警务单位，九三局的一些警务区已经接入公安五级网。公安综合信息查询系统已投入运行，所有的公安分局(派出所)全部完成"839"信息系统建设，并投入使用；在逃人员信息系统、重大刑事案件信息系统、公安信访信息管理系统、110接处警分析重点应用系统已投入运行；初步建成了安全认证体系，基本实现了主要公安业务的信息化。宝泉岭、红兴隆、建三江、牡丹江、绥化、北安、九三农垦公安局实现了监所视频监控。在公安科技服务实战方面，不少农场还在加强人防、物防的基础上，积极实现了视频监控，建三江局视频监控覆盖率已达到了60%以上，有效地提高了辖区防控的科技含量。四是经费保障能力明显增强。各级公安机关积极推动落实县级公安机关每人每年1.6万元公用经费最低保障标准。民警服装及标志等专项经费正在积极争取列入刚性预算，4年一次1 600多万元的服装款正在通过总局财务处向财政部、农业部申请拨发。五是警务勤务机制创新取得明显成效。在打击犯罪工作机制方面，进一步完善了命案侦破机制、刑事案件分析研判机制、系列案件串并攻坚机制、追逃工作机制、打黑除恶机制等，推动了以命案侦破为龙头的各项打击犯罪工作的有效开展。在信访长效机制建设方面，确立了公安机关领导同步接待信访群众制度，通过建立完善信访长效机制，及时化解矛盾，妥善处理了一大批信访案件；各级公安机关共接待人民群众来访467人次，收到来信69件，垦区公安局和各农垦公安局局长接访60次，出具信访事项答复意见书71件。在实施社区、农村警务战略方面，各局积极探索与社会主义新农村建设相适应的社区、农村警务机制,密切了警民关系,提高了服务群众的水平。建成警务室340个,建成驻区(队)警务室368个,配备社区民警578名,驻区(队)民警381名,占派出所总警力的39.6%,实现了一区一警或一区多警,并配备专(兼)职治安保卫人员近7 000人投入社会治安维护工作。在社会治安防控体系建设方面,以构建巡逻防控网络为核心,全面推进社会治安防控体系建设,九三、建三江局“三台合一”指挥中心已全面建成并投入使用;积极推进派出所和刑侦工作改革,建立多警种协作配合机制,实现打防有机衔接、有效整合、协调发展,实现从反应型警务向主动型警务转变;哈尔滨局积极与地方公安机关沟通,建立了业务联系制度,解决了诉讼渠道长期梗阻问题;九三局实施六项制度推进执法执勤正规化建设;通过积极推进公安警务勤务机制改革,提升了快速反应和打击防范控制能力,有效提高了驾驭社会治安的能力;通过实施社区和农村警务战略,使基层民警贴近现实、深入实际,受到了群众的欢迎和支持,警民关系进一步融洽,人民群众对公安工作的满意始终保持在98%以上。（王晓明）

【队伍正规化建设】 一是抓培训,提素质。举办各类培训班13期,对垦区公安机关2 362名“三所三队”长和民警进行了分层次、分系统、分期分批的集中脱产轮训;组织了15名后备干部到华东政法大学进行培训。二是抓执法,树形象。以开展社会主义法治理念教育和执法质量年活动为契机,紧紧抓住突出问题和最容易出问题的执法环节,建立和完善以执法责任追究制度为核心的监督制约机制。各局都建立了基层执法单位、执法民警执法档案;建立了配套的执法质量考评办法和实施细则,杜绝了公安队伍违法违纪现象的发生。三是抓典型,带全局。以开展评选“双十佳”民警和优秀领导干部活动为载体,选树北安刑警大队王克强为“全省公安系统十大新闻人物”(提名)典型,并推出授予社区民警金、银、铜盾荣誉章和社区民警每日一星活动。四是抓标准,上档次。全国、全省公安系统实行等级化评定以后,垦区在不同警种行业都争得了位次。等级派出所,一级所:建三江大兴派出所,二级所:北安局格球山派出所、逊克派出所、宝泉岭局新华派出所、红兴隆局老柞山派出所、建三江胜利派出所、九三局鹤山派出所。等级看守所,二级看守所:宝泉岭、红兴隆、绥化、九三农垦看守所,三级看守所:建三江、北安农垦看守所,三级拘留所:南横林子拘留所、前进拘留所、九三分局拘留所。等级技术室,一级示范技术室:红兴隆农垦公安局,二级技术室:宝泉岭农垦公安局,三级技术室:建三江、九三、牡丹江、齐齐哈尔、绥化、北安农垦公安局。等级档案室,优秀综合档案室:红兴隆、建三江、宝泉岭、齐齐哈尔、九三、牡丹江农垦公安局。垦区公安系统年内呈报个人二等功5人,集体二等功1个,审批个人三等功73人,集体三等功4个;全省民警摄影大赛垦区荣获摄影作品一等奖1名,二等奖3名,垦区获得优秀组织奖;九三局被省公安厅授予“全省公安队伍正规化建设先进单位”称号,北安局被黑龙江省新闻媒体评为“黑龙江省百姓口碑最佳单位”,政治部作为先进典型在全省警衔工作现场会上介绍经验;宝泉岭局“打造五型领导班子”经验材料在全省政法会议上交流并被省委、省政府授予“文明行业建设先进系统”称号,宝泉岭交警大队进入“全省示范单位”行列。（王晓明）

检　察

【打击刑事犯罪】 2007年垦区检察机关坚决贯彻稳定压倒一切的方针,充分发挥职能作用,为维护垦区社会的和谐稳定作出了贡献。一是强化批捕公诉职能,严厉打击刑事犯罪。垦区检察机关密切与有关部门配合,坚持对重特大案件提前介入,及时做好批捕起诉工作,严把案件质量关,努力使案件在检察环节不枉不纵、不堵不塞。垦区检察机关侦查监督部门共受理各类提请批准逮捕案件558件777人,其中自侦案件21件22人;批准逮捕501件691人,不批准逮捕41件66人,其中,重特大案件91件155人,提前介入87件132人。书面纠正公安机关违法行为84件84人。追捕漏犯5人,防止错捕15人。要求公安机关说明不立案理由8件10人,公安机关直接立案8件10人,批准逮捕7件9人,提起公诉8件10人,提起公诉率100%,法院作出有罪判决8件10人,有罪判决率100%。公诉部门共受理各类刑事案件725件1 041人,案件数同比上升13%,审查终结666件928人,审结率为91%;经审查提起公诉631件874人,撤回起诉3件3人,出庭支持公诉424件638人;法院作出有罪判决549件769人,无罪判决1件3人;经审查依法决定不起诉17人,综合不起诉率为2.5%,法定期限内结案率为100%。提出抗诉案件2件3人。二是严把案件质量关,努力提高审查逮捕案件质量。重点加强了对证据的审查工作,坚持依法排除非法证据,以确保案件质量。在审查案件时,强化证据意识,对每一个证据都从其客观性、相关性、合法性三个方面认真审查,认定是非法证据的坚决予以排除,以确保证据的质量。2007年,垦区检察机关侦查监督部门批捕案件准确率达100%。在办理审查批捕案件中,垦区各基层院继续充分发挥“两书”的作用,有效地引导公安机关的侦查取证工作。为进一步化解社会矛盾,促进和谐社会的建设,部分基层院推行了不批捕案件说理制度,就不批捕犯罪嫌疑人的原因及法律依据在《补充侦查提纲》中予以详细说明,减少了不必要的复议、复核。宝泉岭农垦区院在将文书送达公安机关的同时,还将文书的复印件送达给被害人,避免群众对检察工作的误解,减少了涉法上访事件的发生。三是狠抓“两简”程序使用。分院公诉部门积极推进“两简”程序在实际工作中的运用,全区各院公诉部门适用“两简”程序案件比例不断加大,工作效率明显提高。红兴隆院在使用两简程序工作方面取得突破,形成一套行之有效的措施。九三院在开展简化审工作时做到“三个结合”(将简化审和量刑建议相结合,将简化审和证据展示相结合,将简化审与提高公诉人出庭水平相结合),提起公诉案件按简化审程序审理的占出庭支持公诉案件的95%。齐齐哈尔院在办案中继续实行

"类案专办、重案快办、特案特办"的办法，完善职务犯罪"侦诉联动机制"，保证重点案件的及时准确的查处。全年对于交通肇事等多发案件依据宽严相济的刑事政策，根据高检院快速办理轻微刑事案件的意见，在最短的时间内审结了该类案件，该类案件的审查期限平均为5.3天，化结了社会矛盾，促进了公正与效率的统一。对于贪污等职务犯罪案件继续坚持提前介入引导取证指定专人从案件从查处开始全程跟踪，有效地缩短了审查期限，保证了职务犯罪案件的质量。 （郭秀云）

【预防职务犯罪】 垦区检察机关始终坚持把查办和预防职务犯罪工作摆在突出位置，不断推动反腐败斗争的深入开展。一是注重办案效果，加大查办职务犯罪力度。2007年，贪污贿赂检察部门共受理贪污贿赂案件线索36件，初查36件；立案侦查32件33人，其中贪污案14件，挪用公款案13件，贿赂案5件；侦查终结32件33人，侦结率为100%；决定公诉34人，当年决定公诉率为106.25%；有罪判决33人(含上年结转1人)，当年有罪判决率为100%；大要案15件16人，大要案比率为50%。反渎职侵权部门共立案查办渎职侵权案件7人，完成省院规定的年工作目标5人的140%。侦查终结并移送审查起诉7人；提起公诉7人，法院已做出有罪判决6人。侦查终结率和提起公诉率均为100%，有罪判决率为85.7%。共办理大要案4人(要案2人、大案2人)，占所办案件57.1%。二是运用侦查一体化办案机制，提高诉讼效率。在侦破张某某贪污18万元案件时，分院反贪局案件主办人员指挥北安和建三江2个农垦院检察干警秘密集结，集中突破，从案件初查、突破到决定逮捕只用了10天的时间。在侦查群众署名举报北兴农场建筑安装公司案件时，分院反贪局从齐齐哈尔、牡丹江和红兴隆三个农垦院抽调5名检察室干警，深入查账，全面核实举报的问题，从中立案侦查1人，移送七台河市检察机关重大贪污案件线索1人，交办案件线索2人。分院反贪局通过交办、提办等指挥协调方法，经过建三江和齐齐哈尔两个农垦院反贪局的侦查，使中止侦查二年半的原建三江粮食局局长张某某挪用公款案件得以顺利结案。牡丹江、建三江、齐齐哈尔、宝泉岭和红兴隆等院充分发挥检察室获取线索渠道多和人员多的优势，建立了"平时分散、用时集中、统分结合、高效运转"的一体化协同办案机制，集中警力突破案件。牡丹江农垦院提起公诉的5件贪污贿赂案件全部是大案，超额完成决定公诉任务。宝泉岭农垦院立案侦查的6件贪污贿赂案件全部被一审法院做出有罪判决，被告人没有提出上诉。垦区各院反渎职侵权部门主动深入行政执法领域，通过开展系统清理，逐步将办案工作向渎职犯罪新领域延伸，办案范围从过去局限于司法领域向更广阔的行政执法领域拓展。并在卫生、林业等部门取得了突破。在全年所查办的7人渎职侵权案件中就有5人是卫生、林业部门的行政执法人员。齐齐哈尔院、分院查办北安农垦卫生局先后两任局长玩忽职守（大要）案，建三江院查办的北安农垦林业局局长徇私舞弊不移交刑事案件（要）案，牡丹江院连续两年查办的农场林业局4人玩忽职守和滥用职权案，宝泉岭查办的农场林业局局长徇私舞弊不移交刑事案件等案件均是行政执法领域的案件。三是以新农村建设预防为重点，开展各项预防工作。站在讲政治、讲大局的高度，立足检察职能，把促进解决影响农村稳定、损害农村发展和侵害农民利益的突出问题，作为切入点，围绕涉农职务犯罪、涉农村务建设、涉农法制建设进行了宣讲，将打击、预防与服务相结合，2007年垦区检察机关对农村基层组织工作人员开展法制宣传、预防知识讲座42次，参加人数达到2 500余人次，取得了较好的社会效果。全力抓好反腐倡廉工作，抓案前预防，全年垦区检察机关预防部门共发现案件线索16件，其中涉及建筑、粮食、教育等多个系统，经预防部门初查后立案6件，其他线索转至纪委4件，转至公安1件，其他经初查无犯罪事实，做撤销案件处理5件。 （郭秀云）

【诉讼监督】 垦区检察机关紧紧围绕"强化法律监督，维护公平正义"这一工作主题，不断深化监督意识，全面履行各项法律监督职责，突出监督重点，加大监督力度，增强了监督实效。一是加强对监管活动的监督，确保监管场所的安全与稳定。2007年，垦区8个看守所共羁押犯罪嫌疑人和被告人1 419人，全年投改人犯268人，释放502人，执行死刑罪犯7人，其他出所147人。纠正违法现象14件，提出检察建议后消除隐患19件，全区无超期羁押犯罪嫌疑人和被告人的现象发生。全年发现各看守所存在安全隐患19起，提出检察建议19起，消除不安全稳定19起。在日常工作中及节假日期间，各驻所检察人员经常与各看守所领导召开安全防范大会，传达落实上级院有关"加强监所安全防范"的指示精神，教育干警时刻提高警惕，增强工作责任感，消除麻痹思想，严格履行值班制度。分院监所部门在重大节假日和"两会"、"党代会"期间及时下发加强垦区各监管场所安全防范工作的文件，在节后和会后及时向省院报告。2007年除牡丹江农垦看守所违反看守所管理规定造成1名人犯脱逃外(已抓捕归案)，其他各看守所驻检察室人员在安全防范监督工作上认真负责，确保了监管场所的安全稳定，保障了各诉讼环节工作的顺利开展。二是开展矛盾纠纷排查化解工作，继续加大处理涉检上访案件工作力度。2007年，控告申诉检察部门共接待群众来信来访416件，其中来信227件，来访189件，全区检察长共接待224人次，批办案件104件。共办理刑事申诉案件2件，办理刑事赔偿案件1件。三是坚持狠抓业务学习和岗位练兵，民行队伍素质进一步提高。2007年，垦区民行检察部门共受理各类民行案件38件，立案31件。受理基层院提请抗诉案件12件，经审查针对法院错误判决和裁定提出抗诉8件，依法作出不抗诉决定4件，提请省院抗诉1件。向法院制发检察建议2份，其中1份被法院采纳并予以改判。垦区民行部门始终坚持狠抓业务学习和岗位练兵，狠抓业务理论学习，通过业务能力的提高，保证案件质量的提高。 （郭秀云）

【队伍建设】 垦区检察机关紧紧围绕

提高法律监督能力这一核心，积极开展“执法质量年”活动、党风廉政教育等项工作，努力提高队伍的政治素质和业务素质，以适应形势发展需要。建立机制，加强检察干警执法质量考评制度的完善。加强领导，全面提高党风廉政建设的能力和水平。加强教育培训，加强司法考试助考工作。2007 年，分院干训部门先后组织两级院 63 名干警参加了省院组织的各种培训 10 次。9 人参加了农垦总局委托华东政法学院举办的 3 个月的垦区政法人员培训班。农垦分院自行举办了 3 期业务培训班。各院还积极开展检察业务知识学习和岗位练兵活动。基层院采取以会代训的方式培训，组织驻场检察人员进行业务学习。垦区检察机关共有 28 名干警符合司法考试条件，其中 26 名报名参加司法考试。其中有 4 人到北京参加培训班系统学习，3 人在哈尔滨参加培训班学习，9 人参加网上学习，还有 10 人参加过系统学习。垦区系统共有 10 人通过国家司法考试，占实考人数的 34.6%，是历年来最多的一次。 (郭秀云)

【检委会和调研宣传工作】 垦区检察机关紧紧围绕检察工作重点，加强检察委员会建设，有针对性地开展了专题调研和检察宣传活动，服务各项业务工作，弘扬了检察文化。加强规范化建设。垦区各院均制定了本院《检察委员会议事规则》和《检察委员会办事机构管理办法》，并严格执行。分院法律政策研究室根据检察委员会议案程序制作了《检察委员会议案流程》，规范了检察委员会议案的范围、议案提出的程序、审查程序、研究决定程序、执行督办程序等，从制度上保证检察委员会工作规范运行。严格实行例会制度。垦区检察机关检察委员会共例会 139 次，议案 142 件，议事 17 项，开展学习活动 36 次。其中，分院检察委员会例会 18 次，议案 26 件，议事 3 项，开展学习活动 1 次；基层院共例会 121 次，议案 116 件，议事 14 项，开展学习活动 35 次。严格案件审查工作。审查各部门提请检委会议案 26 件 35 人，全部形成书面审查意见，在检察委员会上发表，为检委会决策提供参考，程序规范，内容全面，较好地发挥了为检委会服务的作用。垦区检察机关共撰写论文、调研文章 224 篇，其中，国家级刊物发表 15 篇，省级刊物发表 27 篇。全面完成了省院确定的检察理论研究课题指标 1 篇、检察应用理论研究国家级刊物发表 2 篇、省级刊物发表 10 篇的工作目标。检察调研工作取得了新的进展，经上级院审查评定，省院确定 2007 年度省级检察基础理论立项课题 1 个，检察应用理论立项课题 3 个；分院确定重点调研课题 27 个。省级立项课题研究成果质量得到了省院评审认可。分院在对重点调研课题进行检查验收的基础上，评选出优秀调研文章一等奖 10 篇、二等奖 13 篇、三等奖 6 篇。加强刑事诉讼适用问题研究，完成了 13 篇专题调研文章。网络宣传工作成绩突出，在龙剑网上发表稿件 387 篇，较好地发挥了对外宣传作用。新闻宣传工作又有新突破。共发表地级以上宣传稿件 110 篇，其中，国家级 9 篇，省级 67 篇，地市级 34 篇。分院办公室充分发挥协调、联络作用，定期编发信息采用通报，经常指导分院各部门和各基层院的信息上报工作，并注重撰写深层次综合信息。全年共编发《检察简报》50 期，刊发检察信息 90 篇，其中被省院采用信息 21 篇，圆满完成省院规定的目标管理任务。 (郭秀云)

法　院

【概况】 2007 年，农垦法院以“公正司法、一心为民”为指针，以化解社会矛盾、维护合法权益为主线，深入贯彻党的十六届六中全会、全省中级法院院长会议、总局党委(扩大)会议和政法工作会议精神，紧紧围绕构建社会主义和谐社会的目标要求，全面搞好各项审判和执行工作，全年各项工作取得了新的进展。农垦法院综合受理各类案件 12 308 件，审结各类案件 11 576 件，综合结案率为 94.10%。通过审判和执行活动，为垦区的和谐社会和新农村建设提供有力的司法保障。 (韩瑞业)

【审判工作】 农垦两级法院共受理各类案件 12 308 件。其中一审案件 9 442 件，二审案件 320 件，申诉、申请再审案件 420 件，申请执行案件 2 027 件，申请国家赔偿案件 18 件，行政案件 81 件。审、执结各类案件 11 576 件，综合结案率为 94.10%。一是坚持“严打”方针，创建“平安垦区”。农垦两级法院共受理各类刑事案件 760 件，审结 743 件，结案率 97.80%，发生法律效力裁判文书 600 件，判处发生法律效力有罪人犯 827 人，无超审限案件。在刑事审判工作中，突出重点，搞好专项打击活动，确保垦区治安环境日趋稳定。认真落实“宽严相济”的刑事政策，对青少年犯罪，坚持以教育为主、惩罚为辅的方针，创建青少年优秀维权岗活动成效显著，红兴隆农垦法院刑事审判庭被最高人民法院和全国妇联授予全国维护妇女儿童权益贡献奖先进集体荣誉称号；有 4 个农垦法院刑事审判庭被省法院、省妇联等部门授予全省青少年优秀维权岗；有 18 个人民法庭被农垦中级法院、总局妇联等部门授予垦区青少年优秀维权岗。积极寻求刑事审判为构建和谐社会服务的新的着眼点，对刑事自诉案件和附带民事诉讼案件的民事部分加大调解力度，减少上诉、上访案件的发生。2007 年共受理刑事自诉案件 39 件，全部以调解及其他方式结案 39 件，刑事自诉案件调解率（含撤诉）为 100%。二是认真开展民商事审判工作，打造“诚信垦区”。农垦两级法院共受理婚姻继承、人身损害赔偿和各类合同纠纷案件共 9 002 件，审结 8 692 件，综合结案率为 96.60%。在民商事审判工作中，按照诚实信用原则，依法平等保护各类诉讼主体的合法权益。垦区两级法院通过审理民商事案件，依法调节各种经济关系，积极为垦区社会主义新农村建设营造一个良好的招商投资环境，为总局制定的经济发展规划提供优质法律服务。进一步探索调解结案的新方式和新途径。垦区一审民商事案件共调解结案 7 174 件(含撤诉案件)，综合调解率为 82.54%，营造了和谐发展环境。宝泉岭农垦法院共青人民法庭被最高人民法院和司法部联合授予全国指导人民调解工作先进集体光荣称号。注重劳动争议纠纷和“三农”案件的审理。在这类案件时，从维护和保障垦区国有企业改制、改造工作顺利进行和保护土地经营者的积极性的角度出发，积极主动争得当地党委的正确领导，积极与有关部门和单位协调，努力化解矛盾，依法及时处理，维护了垦区的社会稳定，支持了垦区新农村建设。加强对下业务指导，认真规范审判行为。中院民庭采取点面结合的方法进行对下业务指导，既有普遍指导，又有个案指导，民庭同志到基层法院办案时，还针对具体问题进行了面对面的指导。三是积极探索行政审判方式改革，大胆引入协调和解机制。农垦两级法院共受理各类一审行政案件 81 件，审结 74 件，综合结案率为 91.40%，中院受理各类二审行政案件 22 件，审结 20 件，综合结案率为 90.90%。其中一审案件协调和解结案 36 件，二审案件协调和解结案 7 件。积极协调“官民”利益，促进“官民”关系和谐发展。认真审查行政非诉执行案件立案条件，严格规范行政非诉执行案件的执行程序。四是继续加大法院内部审判监督力度。通过庭长、主管院长、审判委员会层层把关，以及采取案件质量评析、审判委员会委员列席庭审、法律文书评查等方式，力保每一起案件都办成精品，办成“铁案”。农垦两级法院受理各类再审案件 81 件，审结 60 件，结案率为 74.10%。五是认真开展清理执行积案等专项活动，力促执行工作良性循环。农垦两级法院共受理民商事执行案件 2 027 件，执结 1 670 件(含发放债权凭证案件)，执结率为 82.40%，执行标的额 14 032.32 万元。按照上级部署，两级法院执行部门扎实开展集中清理执行积案专项活动，积极建立依靠党委领导、行政部门参与、法院主办的执行工作新格局，严格规范执行行为，营造了良好的依法执行的社会环境。六是坚持不懈地做好立案接待和涉诉信访工作。不断强化立案工作的文明窗口职能，做到待人礼貌、热心周到、简捷高效、认可度高。2007 年受理申诉、申请再审案件 420 件，审结 398 件，通过审查决定进入再审的 81 件，未进入再审的 339 件。受理诉前财产保全案件 65 件，支付令案件 32 件。按照省委政法委和省法院的统一部署，认真开展了联合接访、集中处理涉诉访问题会战，处理涉诉访案件 229 件，对其中 42 起重点上访案件进行了集中处理。各基层法院能够以大局为重，服从中院的统一安排，共同到省、进京接访，接待上访人员 500 余人次，实现了“零登记、无过激、百分之百劝返”的工作目标，圆满完成了省“两会”和全国“两会”的信访接待工作以及长期驻京信访接待工作。 （韩瑞业）

【队伍建设】 两级法院以“提高二个素质”为重点，坚持以人为本，把队伍建设作为第一位的任务坚持常抓不懈。通过以开展各项专项活动为平台，建立全面推进法院各项工作的运行系统，促进广大干警政治素质和业务素质的不断提升。一是开展了“执法质量年”专项活动。按照省委政法委的统一部署，集中开展了以提高司法能力和司法水平为目标，以提高案件审判质量为载体的执法质量年活动。中院制定了活动开展方案和推进计划，对 5 年来审结各类案件进行抽查，对存在的问题进行梳理，集中进行整改，对相关责任人员进行查处。建立健全案件审判各项规章制度，建立了干警执法档案。以防止错案及审判瑕疵的重复发生。由于农垦法院系统领导对开展执法质量年活动认识高，组织严密，动员教育、工作措施到位，农垦法院系统执法质量年活动得到了省委政法委的充分肯定。二是继续开展社会主义法治理念教育活动。中院成立了以院长为首的活动领导小组，制定了详细具体的活动方案，组织党组成员及各庭室参加的专题演讲和讨论，组织培训和考试。通过开展理念教育，把干警的思想统一到公正司法、执政为民的基点上。通过开展‘如何为构建社会主义和谐社会发挥职能作用”为主题的大讨论活动，使广大干警进一步明确了为谁执法、如何执法，促进司法水平和执法能力得到进一步提高。三是开展了以“零违纪”为目标的法院领导干部廉政建设集中教育活动。按照省高院的统一部署，开展了以“零违纪”为目标的法院领导干部廉政建设集中教育活动。活动的宗旨是提高法院系统中层副职以上领导干部廉洁自律的意识，结合开展贯彻落实中共中央纪委关于《严格禁止利用职务上的便利谋取不正当利益的若干规定》的活动，对全体干警进行全面的廉洁自律教育，增强了全体干警特别的领导干部的廉洁自律意识，提高了反腐拒变的能力。建立健全农垦法院系统教育、制度、监督并重的纪律监督机制，保证队伍廉洁司法。逐步形成了“一把手”负总责，主管领导、中层干部一岗双责，一级抓一级、层层抓落实的纪律监督机制。通过采取签订党风廉政责任状、建立法官廉政档案、严格执行《法官行为规范》和有关廉政建设的各项规定、严格错案责任追究和违法违纪案件的查处等方式，确保法院干警公正司法、廉洁司法。建三江农垦法院被评为黑龙江省人民群众口碑最佳人民法院。四是加大对干警专业知识培训力度，进一步提高干警司法能力。全面落实最高法院《法官培训条例》和省法院《2006 年全省法院干部教育培训规划》，认真开展岗位培训，以适应审判工作的需要。中院全年举办了两期岗位续职培训班，有 385 人参加了培训；还有 95 名同志参加了省法官学院的续职培训；46 名同志到国家法官学院学习深造。此外，根据总局组织部的统一安排，两级法院选送 11 名年轻干部参加了在上海华东政法学院举办的总局政法干部培训班。有 25 名干警在读研究生。五是调研、司法统计、法宣、信息、档案、行政管理、技术鉴定、法警工作也有了新进步。全区共完成调研文章 395 篇，其中被国家级采用 43 篇；被地市级以上刊物采用 168 篇；获省级以上奖 68 篇。司法统计分析 36 篇，完成省重点司法统计分析 1 篇；省级以上获奖 7 篇，转化调研成果 16 项。调研司法统计工作在全省法院评比中名列第三。在地市级以上新闻媒体发表法宣文章 342 篇，与《黑龙江法制报》社联合举办了“北大荒法苑”专栏，扩大了农垦法院在全省的影响，提升了农垦法院在广大人民群众中的形象。中院编发《工作简报》、《农垦法院信息》41 期，信息采用量仍居总局机关各部门前列；中院编发《审判实务》、《审判动态》20 期。中院编发《北大荒法苑》刊物二期。59 个人民法庭的档案管理全部通过了省法院的验收，成为省级标兵法院系统。档案信息化工作正式启动，牡丹江农垦法院、北安农垦法院，青年人民法庭、红旗岭人民法庭、青龙山人民法庭等走在了前列。法警工作在全省法院目标考评中取得了优良的成绩。

(韩瑞业)

【基础建设】 2007年基层基础建设工作取得了可喜的成绩,办公条件得到极大改善。自2004年起,利用国债资金,新建建筑面积600平方米以上的标准化人民法院49个,基层法院8个。2007年11月24日至26日,农垦中级法院从哈尔滨市南岗区红旗大街210号整体搬迁至哈尔滨市南岗区汉水路82号新综合办公楼。新综合办公楼建筑面积10 000平方米,其中办公用房7 000平方米,审判用房3 000平方米。2007年有9个人民法庭建设项目得到国家发改委批准,实现了全面完成农垦法院基层基础建设目标。开展了办公自动化、网络化、档案信息化专项工作。为提高现代化办公和管理水平,2007年下半年,按照省法院《关于加强全省法院系统档案信息化建设意见》和最高人民法院对《黑龙江省人民法庭档案管理工作予以肯定的通知》的要求,中院加强了局域网工程建设,集中开展了办公自动化、网络化、档案信息化专项工作。各农垦法院积极争取资金,实现法院与法庭之间办公自动化、网络化、信息化;裁判文书网上签阅传输;印章电子化。部分农垦基层法院启动了诉讼档案、公文档案信息化处理工作,牡丹江、北安农垦法院此项工作走在了农垦法院系统前列。2007年11月黑龙江省农垦中级法院司法警察训练基地(刑场)完工。

(韩瑞业)

【宝泉岭农垦法院】 宝泉岭农垦法院深入开展社会主义法治理念教育、"执法质量年"、"零违纪"等各项载体活动,坚持"公正司法,一心为民"的方针;把握"公正与效率"的主题发挥为构建和谐社会提供司法保障的职能。结合本院实际,制定了本院"三好年"规划,即实现"审理好每一件案件,执行好每一份生效的法律文书,接待好每一位上访当事人"的目标。从而充分调动全院干警的工作积极性,增强了班子的战斗力、凝聚力,达到了"六个上升"、"六个下降"目的。一是队伍素质上升,干警违记下降,实现了"零违记"目标;二是审判质量上升,改判率下降为0.26%;三是既判生效率上升,上诉由上年同期68件下降为2007年同期34件,逐步实现案结事了;四是审判效率上升,调解结案率上年同期为70%,2007年同期为72%。组成合议庭的案件审理形式下降,多数为独任审判结案;五是涉诉信访息访率上升,老访户逐年下降,新发生为零;六是执行结案率上升18%,执行积案清理和下降为零。共青人民法庭2007年6月28日被最高法院和司法部联合授予"全国法院指导人民调解工作先进集体"称号,庭长高举兰被授予省法院系统"调解能手"光荣称号。2007年,共受理各类案件1 698件,其中刑事受案96件,婚姻415件,合同706件,权属192件,行政7件,赔偿1件,申诉申请再审15件,执行228件。结案1 254件,综合结案率89.28%,调解结案率72%。执行案件受理228件,与上年同期所收案件相比上升23%;执行标的额900多万,与上年同期执行标的额相比上升76.5%;自动和解结案93件,与上年同期自动和解相比上升78.9%;执行结案率与去年同期相比上升18%。案件上诉情况是:2007年1至9月各类案件上诉34件,改判率0.14%,与上年同期相比下降了0.26%。案件质量居农垦法院前茅。审判监督情况:2006年1至9月按审判监督程序本院决定再审2件,改判2件。2007年1至9月按审判监督程序本院决定再审案件为零。受案数量居农垦法院系统榜首,连续多年保持在年收案在1 800件至2 000件之间,超过西部局的30%;涉诉信访由前几年的14人十几年坚持非正常上访,经加强息访力度下降到2006年非正常上访4个人,2007年再下降到不安定的非正常上访的老访户2人,当年实现新发生为零。(韩瑞业)

【红兴隆农垦法院】 红兴隆农垦法院全面落实司法为民各项措施,全力提高队伍整体素质,切实增强司法能力,提高司法水平,以打造一流队伍、争创一流业绩为目标,以"五个一工程"建设为载体,努力为构建和谐社会和加快推进垦区社会主义新农村建设提供有力的司法保障,较好地完成了以审判工作为中心的各项工作任务。被黑龙江省委、省政府授予文明单位标兵,在垦区法院系统年度目标考核中名列第一,被农垦中级法院授予优秀法院称号。全年共受理各类案件1 807件,结案1 742件,综合结案率96.4%,受结案数与上年相比呈上升趋势。刑事审判受案144件(其中公诉案件136件、自诉案件8件),结案143件,结案率99.32%,判决生效人犯201人,其中判处5年以上有期徒刑的34人。民事审判受案1 282件,结案1 254件,结案率97.82%。商事审判受案9件,结案9件,结案率100%。行政审判受案6件,结案6件,结案率100%,受理行政非诉执行案件103件,结案103件,执行标的额35万余元,结案率100%。受理再审案件3件,结案3件,结案率100%。受理执行案件246件,执行标的额1 003.35万元,结案210件,结案率83.1%。按照"能调则调,当判则判,调判结合,案结事了"的原则,重点抓好案件质量管理、案件质量评估制度的完善和落实。虽然上诉率比上年上升了3.03个百分点,但案件重审和改判率分别比上年下降了0.02和0.46个百分点。通过开展"零违纪"活动,要求全体干警做到思想教育不放松,思想改造不放松,从严要求不放松,用机制保廉洁,用廉洁促公正,全年干警没有违纪现象发生。坚持公平、公正、公开原则,秉公办案,文明司法,全年民商事案件调解率达96%,大大减轻了当事人的诉讼负担。 (韩瑞业)

【建三江农垦法院】 建三江农垦法院院各项工作取得新的进展。受理各类案件1 765件,审结1 722件,结案率97.5%。其中受理刑事案件144件,审结144件,结案率100%;受理民商事案件1 344件,审结1 322件,结案率98%,调解率97%;受理行政案件15件,结案15件,结案率100%;受理再审案件5件,结案5件;受理执行案件262件,执结241件,结案率92%,执结标的547万元。 (韩瑞业)

【牡丹江农垦法院】 牡丹江农垦法院

发挥审判职能作用。全年共受理各类案件1 227件，从案件数量上看，与上年基本持平；从案件类型上看，在1 227件案件中，其中刑事案件101件，民事案件842件，商事案件2件，执行案件176件，行政案件10件，行政非诉案件6件，再审案件6件，国家赔偿案件1件，督促案件51件，诉前保全案件26件，申诉案件6件。从案件质量上看好于上年，出现了一升一降的状况，即调解结案有所上升，调解撤诉率达79%，上诉案件有所下降，全年43件，同比下降16.1%；从案件效果上看，通过刑事审判不仅有效地震慑了犯罪，为受害人挽回经济损失106.29万元，维护了垦区社会稳定。通过民商事审判和行政案件审判，充分发挥定纷止争、化解矛盾，维护稳定、规范秩序、司法服务、司法保障的作用。通过执行案件为企业和个人实现债权额350余万元，维护了法律的尊严和裁判文书的权威性。（韩瑞业）

【北安农垦法院】　北安农垦法院充分发挥审判职能作用，进一步提高工作质量和效率，较好地完成了审判执行等各项工作任务，全年共受理各类案件850件，旧存20件，结案839件，结案率为96.4%。全年受理刑事案件60件，旧存2件，结案率为97%；上诉1件，无更审改判案件，刑事附带民事案件的调撤率为90%。成功审理了垦区第一起涉案金额达700多万元的非法吸收公众存款的单位犯罪案件，取得了良好的法律效果与社会效果。全年受理民商事案件715件，旧存3件，审结699件，结案率为97.3 %，上诉20件，上诉率为2.9%，民商事案件的调撤率为84%，比全省法院一审民商事案件的调撤率69.4%高14.6个百分点。成功审理了逊克农场土地承包案、红星农场奶牛担保案、原完达山职工劳动争议案，使多起群体涉诉的案件得以有效解决，化解了诸多社会矛盾。全年受理行政案件5件，审结5件，结案率为100%，无更审改判案件。继续开展案件质量评查工作，案件质量评查小组共评查案件567件，瑕疵率为2%。受理再审案件3件，结案率100%。按省政法委提出“执法质量年”活动要求，将2005年、2006年以来的“五类”案件进行了统计，对存在问题案件的审判人员进行通报批评并给予了处罚。全年新收执行案件62件，执结67件(含旧存15件)，结案率达87%，比垦区法院的平均执结率高2个百分点；执行标的额115万元。（韩瑞业）

【九三农垦法院】　九三农垦法院受理各类案件709件。其中刑事、民商事、行政审判类案件574件，结案704件，未结5件，结案率为99.2%；执行案件120件，结案112件，执行结案率为93%。受理刑事案件35件，审结35件，结案率为100%，全年共审理刑事附带民事诉讼案件15件，诉讼标的额224.8万元，其中当庭为被害人挽回经济损失62.7万元。共受理民商事案件536件，审结531件，结案率99.6%。其中调解结案513件，占结案率的96.6%，其中上诉18件，上诉率为0.38%，中院发回重审1件。无涉诉访案件。受理行政诉讼案件3件，已审结3件，审结率为100%。受理执行案件120件，执行结案112件，执结率为93%，为国家、集体、个人挽回经济损失90余万元。

（韩瑞业）

【齐齐哈尔农垦法院】　齐齐哈尔农垦法院共受结各类案件1414件，案件综合结案率为93.01%。接待处理人民群众来信来访和涉诉访156人次。受理刑事案件39件，结案率100 %；判处发生法律效力有罪人犯59人，无超审限案件。认真落实“宽严相济”的刑事政策，对一起涉黑案件和一起法轮功邪教组织的11人进行了有罪判决；对受理的7人3起青少年犯罪案件，分别做出了定罪免处或减轻处罚和无罪判决。审理民商事案件1 245件，综合结案率为98.32%。受理执行案件111件，执结率为84.8 %，执结标的额672万元。

（韩瑞业）

【绥化农垦法院】　绥化农垦法院充分发挥审判职能作用，为绥化垦区“六个新跨越”、“六个新突破”目标的实现，为垦区和谐社会和新农村建设提供强有力的司法保障和法律服务。共受理各类案件1 421件，与上年相比增长了23.9%，审结1 286件，综合结案率为90.5%。全年共审结各类民事案件1 009件，其中婚姻家庭和社区邻里纠纷等案件763件，妥善审理了劳动争议和供热合同纠纷等群体性案件233件，妥善审理了土地承包纠纷13案件。全年共审结商事案件31件，结案标的额608万元，规范了企业经营活动，增强了企业经济发展活力；审结了科佳公司破产案，根除了1 970万元债务的困扰，真正实现了企业无震荡破产。拓宽服务渠道，及时向企业提出司法建议21条均被采纳，堵塞了在经营管理方面的漏洞，避免经济损失267万元；实施依法清欠，共清回内外欠款958万元，为企业创造了宽松的经济发展环境；指导企业签订合同28份，在一定程度上防范了纠纷和风险。（韩瑞业）

司　法

【普法和依法治垦工作】　总局党委高度重视垦区的普法依法治垦工作，将“五五”普法纳入垦区“十一五”经济和社会发展总体规划，同经济工作同部署、同落实、同检查、同指导，亲自过问，时时监督。一是扎实开展法制学习，营造良好的法制宣传教育氛围。建立起抓系统、系统抓、长期抓、抓长效工作机制。将法制宣传教育落实到位，实施“八落实”，即组织落实、责任分工落实、宣传内容落实、具体活动落实、法制专栏落实(广播电视、栏板)、法制公益宣传广告落实、法制文艺落实、法制图书落实。加强对领导干部、公务员、司法、行政执法人员、企业管理人员和学生等普法对象的法制教育，形成学法、用法、遵法、守法的良好风气。总局党委依法治垦办制发了《垦区各级党委中心理论组法制学习意见》，结合《2007年垦区普法依法治垦工作要点》，指导垦区各层次普法对象广泛开展法制学习活动。总局、分局、总局直属各单位、各农场共组织党委理论中心组集体法制学习285次，带动垦区各级领导干部深入开展法制学习活动。垦区各级公务员结合实际开展了形式多样的法制学习活动。参加了全省公务员法律知识竞赛，有17人次获奖。6月23日,组织垦区司法行政系统社会主义法治理念统一考试,参考216人。垦区不断巩固完善各级党委、家庭、学校、社会联动机制,全面推进学校、家庭、社会三位一体的法制教育模式,推动垦区青少年法制教育制度化和规范化。指导垦区各学校把法制教育课程列入学校教育教学计划,学校全部聘请法制副校长。垦区各学校通过专题讨论、模拟法庭、18岁成人宣誓仪式等多种形式,广泛开展法制教育,共集中上法制辅导课1 286节,举办模拟法庭54次,主持召开法律知识主题班会658次,出法律知识板报875期,出简报257期,出墙报1 645期,发放宣传手册6 320册,写学法日记3 845本,学习了与青少年相关的法律法规8部,通过开展“小手大手互牵”、评选守法好青年等活动,使法律知识深入垦区广大学生心中,增强了垦区青少年的法制观念和自我维权意识。落实了垦区领导干部学法用法考试考核制度。把考试考核的结果作为干部选拔任用、工作监督的内容之一,作为领导干部管理和任免、晋升、奖惩的重要依据之一。全面启动“法律大集”、“法律广场”活动,深入推进“法律六进”等法制宣传教育活动。2007年开展法制宣传活动132次,宣传法律法规11部,电视讲座113期,广播宣传5 000次,法律咨询点120个,解答法律咨询5 400人次,发宣传单4.7万份,挂横幅620条,贴标语8 100条,发宣传手册11 324册,出宣传车128辆,为职工群众避免和挽回经济损失770万元,推进了全民法制教育活动深入开展。大力推进管理区、社区法律图书角建设,垦区各级共投入80余万元建设规范化法律图书角376个,占应建总数的36%,为职工群众学法用法创造良好条件。组织垦区基层法律服务工作者积极总结经验,开展法治研究,汇总基层法律服务工作者撰写的理论文章81篇,选出31篇编成垦区依法治垦理论文章汇编300册,下发到基层进行学习交流。二是深入推进依法治理,全面提高垦区民主法治管理水平。扎实开展基层“民主法治”单位创建活动,坚持实施“3341”工程。“三强化”,即强化领导、措施、验收;“三高”,即高起点、标准、质量;“四化”,即、民主化、法治化、制度化、规范化;“一个痕迹”,即痕迹工程。2007年,垦区有81%的农场、90%的社区、83%的管理区、76%的企业、88%的司法和行政执法单位和90%的学校达到分局级民主法治单位标准,有49%的农场、63%的社区、60%的管理区、39%的企业、48%的司法和行政执法单位和75%的学校达到总局级标准,有55个单位创建成为全省民主法治单位。

(王婷婷)

【法律服务】 垦区司法行政系统紧紧围绕服务和保障垦区又好又快发展这个主题,紧紧围绕“为构建社会主义和谐社会服务”主题实践活动这一契机,积极引导广大法律服务工作者投身于垦区新农村建设、社会经济发展之中,开展宽领域、多形式、高质量的法律服务。一是拓宽律师法律服务领域,为垦区经济社会提供优质高效的法律服务。2007年垦区所属12个律师事务所、73名执业律师通过送法进万家、法律服务进万家,提供法律咨询、诉讼和非诉代理等优质高效的法律服务。共担当法律顾问234家,办理各类案件1 552件,业务收费472.6万元,为各级领导和企事业单位讲法制教育课100多次,受教育人数近万人次。垦区各律师事务所积极担当各级领导机关和企事业单位的法律顾问,在重大项目、合同签订等事项决策前严把法律关,共担当法律顾问234家。以提高素质,夯实基础为根本,深入开展精神文明创建活动。垦区有1家为省级文明律师事务所,4家为总局级文明律师事务所。垦区各律师事务所在律师服务收费上能够严格按照《律师服务收费管理办法》规范律师事务所服务收费行为,无违法违纪现象发生。二是以学习宣传贯彻《公证法》为契机,全面推进新形势下公证工作的健康发展,把学习、宣传、贯彻《公证法》贯穿于公证工作始终。垦区各公证处组织全体公证员和辅助人员对《公证法》进行逐章、逐项的认真学习、深刻领会,吃透精神。全面开展公证业务,2007年,垦区各公证处办理各类公证事项3.72万件,涉及标的51多亿元,接待来访并解答法律咨询1 971人次。总局公证处年办理经济类公证标的额达30多亿元,每年为总局节省公证费近1 000万元。三是以服务垦区新农村建设为重点,基层法律服务领域有了新拓展。2007年,各基层司法分局(所)共担当法律顾问2 971家,为农场及企事业单位提出司法建议371件,采用331件。深入开展主题实践活动为重点,提高法律服务的效率和质量。垦区各基层法律服务所全年代理诉讼和非诉讼案件6 527件,依法清欠3 638万元,为农民工提供法律援助93件,提供“12348”法律咨询9 870次,讨回工钱10万余元,避免和挽回经济损失37 495.8万元。四是以加强诚信制度建设为重点,依法规范垦区律师、公证员和基层法律工作者的执业行为,法律服务质量实现新提升。五是严密组织垦区国家司法考试。第五次承办国家司法考试黑龙江省农垦考区工作,承担了我省3 000多名考生100多个考场的考务工作。通过严密组织、精心实施,农垦考区整个考务工作严谨,无雷同卷、无考务人员违纪、无试卷丢失和泄密等现象发生,圆满完成了农垦考区国家司法考试工作。

(王婷婷)

【人民调解与刑释解教安置帮教】 一是抓好垦区基层“调访一体化”建设。各分局司法局积极运作相继建立了分局、农场(社区)、管理区三级“调访一体化”工作机制和网络,做到组织机构和人员资料备案,加大工作力度落实调访人员信访补助金。共调处各类上访案件987件,制止群体性上访364件,避免和挽回经济损失651.9万元。二是开展民间纠纷排查调处工作。建立了季度纠纷排查制度,积极为创建平安垦区、和谐垦区发挥好第一道防线的作用,共调解各类民间纠纷5 641件,成功率98%,防止因民间纠纷引起的自杀案件5起6人,防止民转刑75件127人。三是推进刑释解教安置帮教工作。各级司法行政部门加大基层安置帮教工作组织机构建设力度,做好垦区刑释解教人员排查情况登记表的接续填报工作,做到当年回归人员当年查清,并建立档案。在排查的基础上,各单位对每名回籍的释解人员及时落实帮教责任人,签订帮教责任状,落实帮教措施,使回归的刑满释

放人员做到了有事干、有地种、有收入，思想稳定。四是推进垦区社区矫正试点工作。从完善垦区司法行政职能，巩固垦区司法行政乃至整个政法体制以及整个垦区管理体制的发展战略考虑，省厅将垦区列为全省第一批社区矫正试点单位，将建三江分局定为垦区社区矫正试点单位，对符合社区矫正对象104人完成了交接工作。五是积极开展法律援助服务，成立垦区"三级"法律援助机构，在总局、分局司法局和各农牧场司法分局分别挂法律援助中心和法律援助工作站牌子，分步人员编制及经费问题。2007年共办理法律援助案件77件。（王婷婷）

【司法行政】 一是积极主动配合总局编委办公室，把垦区司法行政机构编制与检法一并纳入中央政法编制序列，得到了省司法厅和省编办的同意和大力支持。二是积极抓好司法局（分局）基层基础建设。通过积极努力已争取到中央投资和垦区匹配资金1 500多万元为112个农场司法分局新建办公用房，为基层办实事。贯彻落实《省级规范化司法局建设方案》，积极争取总局、分局和农场的支持装备投入，更新办公设备，为全面开展司法行政工作提供良好的物质保障。已有45个农场司法分局搬进新办公楼，更新了办公桌椅、微机等大宗办公设备。2007年有5个农场司法分局进入省级规范化司法分局。三是加强司法行政队伍建设。在全省15个市、行署、系统司法行政工作目标管理联评中，总局司法局取得了基层工作连续第六年第一名，普法依法治理工作连续第六年第一名，国家司法考试工作连续五年第一名，公证工作保持第二名，律师工作保持前三名，刑释解教安置帮教工作保持第前三名的优异成绩。在全省各市、行署、系统司法局目标管理综合评比中连续第二年荣获"特别奖"，被司法部基层司和全国人民调解协会连续第六年评为全国"人民调解宣传工作先进单位"，全省市地系统17个代表队参加的全省廉政法律知识竞赛荣获第二名，一名选手代表全省参加全国廉政法律知识竞赛。北安农垦司法局荣获省级规范化建设先进司法局，5个司法分局被省司法厅命名为省级规范化司法所，2名律师被省律师协会评为第四届黑龙江省杰出法律工作者，北安农垦司法局局长李鸣被省司法厅授予个人二等功，红兴隆农垦司法局副局长李健被省司法厅授予个人三等功。（王婷婷）

军 事

【思想政治建设】 2007年党的十七大召开后，总局军事部及时组织官兵学习领会十七大精神，用以武装头脑、指导工作。年初，重新调整了6个人武部党委班子，上半年常委带队对各人武部党委班子进行了考评建。在省军区半年全委会上，总局军事部党委交流了《在主动作为中打造垦区武装工作品牌》的经验；九三分局人武部，作为省军区遴选的唯一一个人武部，介绍了《按科学发展理念解决基层武装持续发展问题》的经验。在省军区边防文化建设研讨会议上，总局军事部《传承军垦文化，激扬尚武精神》一文在会上交流并获重点课题成果奖。报告文学《垦区武装风采录》出版发行。（李贵启）

【战备训练】 及时修订各种战备方案，认真落实战备制度，保持了正规的战备秩序。争取总局给予资金投入和政策支持，对作战值班室和会议室进行装修改造，建成了军事部到人武部集"电视电话会议、数字传输、军用程控电话、视频监控"四位一体的指挥信息化平台。认真贯彻军区"五边"建设思路和省军区"五联"建设要求，组织垦区边防农场民兵分队与边防连队开展了"协勤联防"活动，提高了垦区民兵训练质量。注重抓好首长机关训练，组织首长机关和总局国动委成员参加了省军区组织的军地联合战役集训。加强教练员队伍建设，有3名教练员通过了省军区和军区素质认证。6月份，协同总局国动委带9个分局国动委和部分民兵，在佳木斯地区进行了联合动员应急支边行动演练。演练中，首次组织水上、陆上、空中民兵联合行动，首次采用视频远程传输和实地演练相结合.规模之大，内容之新、人员装备之多、组织之复杂，为垦区历次演练之最。此次演练，有力推进了垦区动员力量由平面式建设向立体式发展、由平时应急向战时应战的转变，演练的改革性做法被两级军区转发。（李贵启）

【基层建设】 按照省军区要求，完成了民兵组织调整改革任务，在全省民兵组织调整改革会议上介绍了经验。重点加强了民兵航空保障大队、网络战分队和防化分队建设，实现了民兵编组由均衡布局向重点布局的转变。开展了"横比竖看大拉练"等活动，促进了基层规范化建设，打牢了武装工作的基础。积极组织垦区民兵开展各种形式参建活动，增雨防雹、治安巡逻、消防扑火等民兵分队在新农村建设中发挥了重要作用。总局党委出台文件《关于推进垦区"双支"工作落实的实施意见》，围绕军地双方需要破解的重点难点问题，加强了组织领导，明确了具体内容，提出了目标要求。针对各级对今年征兵工作的新要求，深入搞好思想发动，努力做到廉洁征兵，加强检查督导，圆满完成了征集任务。（李贵启）

【安全管理】 总局军事部主管领导和人武部主管领导签订了安全管理责任状，强化了各级抓安全、保稳定的责任感。认真落实党委议管制度，在建三江分局人武部开展了"安全风险评估"试点活动，努力让科学管理进入党委决策。突出人、车、枪、弹、密等管理重点，开展了条令法规学习、重大安全隐患整治、抓安全促稳定等活动，抓规章制度落实，消除苗头隐患，促进作风养成。军政主官把安全工作常挂心头，时时讲安全，事事抓安全，实现了全年两级机关安全无事故，官兵无违纪。军事部被省军区评为安全工作先进单位，军事部部长李俊卿、宝泉岭分局人武部部长郭守志被省军区评为安全工作先进个人。（李贵启）

【官兵素质培养】 广泛开展了"创建学习型军事部和学习型人武部"活动，分批选送官兵到农垦职业技术学院、《农垦日报》社、农垦电视台和《前进报》社学习，组织了两批基层与机关干部双向代职，综合素质有了明显提高。拓展政治工作协作区的功能,对政治干部进行了党务知识和政工业务学习培训,政治工作协作区路子越走越宽。在战士中开展了"学微机、练书法、背古诗、练技能"活动,营造了健康向上的军营文化氛围,涌现了以郑建军为代表的摄影、摄像、电脑等一批实用型"小能人",对军事部全面建设发挥了越来越重要的作用。全体官兵结合工作实践,积极撰写新闻稿件,全年在各级报刊发稿950篇,其中中央级92篇,军事部分别被沈阳军区政治部、《前进报》和省军区评为年度新闻报道工作先进单位。(李贵启)

【后勤保障】 认真落实军事斗争后勤准备工作,完善了后勤战备设施建设,加强了国民经济动员职能办公室正规化建设,总局军事部被评为全省国民经济动员工作先进单位。严格党委理财制度,加强年度预算管理,两次对人武部财务管理进行检查,对7名人武部主官进行了离任审计,保持了良好的财经秩序,军事部在省军区会计业务质量检查评比中获得二等奖,被省军区评为审计工作先进单位。坚持集中财力保障中心工作,在民兵训练、战备演练和信息化建设上,经费投向投量比较合理,受到省军区相关部门好评。认真落实物资集中采购的规定要求,在信息化建设上进行了招投标,努力压缩车修、油料等消耗性开支,提高了经费使用效益。认真做好日常保障工作,圆满完成了国动委演练后勤保障任务,"爱民送医到农家"活动取得了良好的社会效益。加强了民兵装备仓库建设,落实管理制度,强化检查指导,协调总局出台文件,将54名警管人员一次性纳入分局机关工勤人员编制,解除了后顾之忧,促进了安心尽职。为解决军事部经费困难,总局党委议军会决定,给军事部办公楼水电暖经费每年50万元,列入总局年度经费预算。 (李贵启)

【党管武装】 加大党管武装工作力度,总局各级党委认真落实党管武装规章制度,坚持把武装工作纳入党委议事日程,武装工作纳入经济建设总体规划,专武干部纳入干部管理目标考核,武装工作经费纳入财务预算安排,武装工作纳入三个文明建设考评。坚持把工作重心放在基层,加强规范化建设,宝泉岭分局注重加强专武干部队伍建设,分局13名农场武装部长都进入农场党委班子。牡丹江分局先后有4个农场武装部搬迁进新办公楼,各农场以此为契机加强了武装部正规化建设。北安分局在基层武装工作上投入资金100多万元,使基层武装部建设全部达标。红兴隆、九三分局开展了基层建设"横比竖看"大拉练活动,实现了民兵基层建设的整体推进。各分局广泛开展各种形式的民兵参建活动,积极引导民兵带头参与农业经济结构调整、发展高效农业和生态农业,培养扶持了一大批民兵科技示范大户。垦区共成立30余支民兵抗旱突击队、80余支增雨防雹小分队,减少经济损失2 000多万元。 (李贵启)

【国防动员】 一是抓好国防教育。总局依据国家《国防教育法》、《全民国防教育大纲》,围绕"爱中华、强国防、促和谐、兴龙江"为主题,开展了第7个国防教育日宣传活动。利用组织各种集训和军事训练时机,结合垦区实际,通过授课,使业务集训与国防教育有机地结合起来,使教育灵活多样。在中小学新生入学组织军训的同时,两级军事机关积极配合地方宣传、教育等部门,为7 000余名中小学生上了国防教育课。按照省国动委"十一五"规划任务需求,加强了"三战"队伍建设,健全了组织,落实了人员,储备了"三战"专业人员。挖掘垦区科技、信息、人才、装备等方面的潜力优势,抓了通信、网络和航空宣传三支民兵心理战分队业务训练,对民兵开展心理作战问题进行了研究探索,形成了理论成果。落实了新闻编播、宣传品设计、网络技术、移动通信技术人员和网络终端设备。二是抓好人民武装动员。适时调整了两级国动委成员及各职能办公室领导和工作人员,完善了国防动员组织机构。突出抓好边防地区民兵组织建设,民兵编组实现了"三个依托":即作战队伍、应急队伍依托边防一线农场,勤务保障队伍依托二线农场,其他队伍依托内地农场。并把编组范围向企事业单位、高等院校延伸,形成了以民兵航空应急保障大队、网络战分队为重点的特色保障力量。认真落实了总部、军区应急动员任务,制定了动员预案,根据军兵种部队提供的预编人员名单,采取秘密动员的方式认真核查落实,由宝泉岭、红兴隆、建三江分局人武部具体落实,与动员对象时刻保持联系,有意识组织所有动员对象进行了针对性训练和快速动员演练,提高了动员对象应急行动能力。完成省国动委赋予垦区人民武装动员准备任务。完成了《民兵业务工作管理系统》数据录入工作,在省军区整组工作检查验收中受到好评。组织边防民兵应急分队到边防部队驻训,提高了边防民兵训练质量。突出民兵军事训练重点,组织国防动员支边应急演练。军事部还利用总局国动委组织的支边应急行动演练和参加省军区组织的佳木斯方向军地联合网上战役集训时机,组织总局国动委及各职能办公室领导和工作人员36人进行业务集训,完成作业18份,提高了垦区国防动员工作的协调能力和军地联合处置突发事件的能力,推动了垦区军事斗争准备工作落实。三是抓好国民经济动员。健全了组织机构,成立了各级国民经济动员工作领导组,相应成立了军地联合领导小组,明确各级国民经济动员办公室的职责和任务,建立健全了各级指挥机构。加强了装备物资储备,完成了《垦区经济动员应急保障计划》的论证和实施,建立了军民通用装备物资征用登记、统计制度,进行动态管理,落实了动员应急准备任务,提高了垦区国民经济动员保障能力。四是抓好交通战备动员。重点加强了交通基础设施、战备物资储备、专业保障队伍和民用运力动员准备等项工作。健全工作制度,明确工作职责,完善工作资料,加强了信息化建设,购置台式微机1台、电脑笔记本1台,彩色打印机1台。按时完成了"黑龙江省交通战备管理信息系统"的安装及新版软件的录入工作。对交通保障队伍进行重新整组,重新核定交通战备管理人员54人。完成《垦区交通战备应急保障动员计划》和赋予垦区需要补充的各类专业保障队伍和车辆落实到位。加快垦区边防公路和部队出口路建设速度,提高边防公路技术等级。年内,垦区涉及边防公路建设项目9项,建设里程153.4公里，为三级白色路面，总投资13 671万元，其中国家投资3 301万元，省补贴1 986万元，垦区自筹8 394万元。

（顾大峰　刘宝国　谢　奎　李红林）

【群众工作】 一是开展好双拥共建。下发了《关于推进垦区“双支”工作的实施意见》文件，明确了垦区开展“双支”工作的指导思想、组织领导、工作任务和落实措施。积极开展好节日慰问、军地联欢等双拥活动。年内军事部协调地方有关部门解决了8名军人子女入学和5名家属就业问题。北安分局人武部为配合住地农垦分局开展“平安垦区”活动，成立了90个民兵治安巡逻小分队，在重大节日和重大活动期间协助公安部门维护社会治安。建三江分局人武部还协调召开了分局首届“双支双拥工作”表彰大会，大会共表彰了25个先进单位、7名好场长好书记、54名先进个人和26名优秀复转军人。二是积极参加抢险救灾。2007年春耕时节，垦区遭受大雪侵袭，九三、红兴隆、牡丹江、建三江分局人武部组织民兵预备役人员进行了除雪救灾和生产自救活动，4个分局人武部共组织民兵预备役、职工群众达2万余人，出动大小车辆2 146余台次，清理积雪61万立方米。年内垦区大部分地区出现干旱，军事部两级组织协调民兵和相关技术人员为垦区部分农牧场打井69眼，组织民兵人工降雨20多次，保证农作物正常灌溉，为垦区减少经济损失4 700多万元。

（谷　磊）

【建立电子书屋】 2007年，建三江分局人武部利用装备仓库的计算机系统，建立了“电子书屋”、“电子影视城”和“电子法规学习室”。“电子书屋”收录以军事体裁为主体，融“法律、法规、哲学、政治、经济、历史、文学”为一体的各类阅读性强、增长知识快、实用性好的图书近百部；“电子影视城”收集整理“《二战史录》、《张思德》、《霍元甲》、《亮剑》”等近代、现代优秀故事片、军事体裁片、影视片近20部；“电子法规学习室”收录《民兵装备仓库管理规定》、《民兵装备管理三字经》、《民兵装备仓库处理应急事件30个怎么办》等各项法规10余个。

（李辉军）

总局驻外办事处

【总局驻北京联络处】 2007年总局驻北京联络处下设信息联络科、接待科、办公室和财务科4个科室。有接待中心（招待所），设客房82张床位，大小会议室各1个，大餐厅1个，小餐厅2间，中餐厅1间。有正式职工27名（机关13名、招待所14名），正式职工中含内退人员9名（机关2名、招待所7名），退休人员10名（事业5名、企业6名），聘用人员18名。联络处党支部归省驻京办党委领导，支部有党员36名。截止2006年末，资产清查前资产总额2 534万元，负债资产总额730万元，净资产总额1 803.7万元。单位预算级次为10级。联络处作为垦区的窗口，一是传递政务信息。充分利用北京信息广、指导性强、价位高的优势，通过各种渠道为垦区收集有关农业政策、体制改革、经营导向等信息。二是协助总局、分局有关部门进行对外联络。2007年配合总局有关部门，经过多方沟通联络，办理了“北大荒合唱团”一行50人赴美国演出等手续。三是热情为垦区来京人员做好服务工作。全年接待垦区公务人员达9 000余人次。陪同垦区有关人员来京看病就医，陪同总局有关单位领导与国家部委及主管部门联系工作。在财务和办公自动化上为来京人员提供方便。四是积极宣传和推销垦区产品。从机关抽出两名同志负责开展垦区农副产品经营活动，发动全处人员，人人都当垦区产品的宣传员和推销员。

（夏玉玲）

【总局驻佳办事处】 2007年，总局驻佳办事处接待服务工作取得新成绩。加强铁路、公路、民航和市委、市政府的联络沟通，为各项服务提供有力保障。完成总局国动委应急支边行动在佳木斯实兵演练协调、协作以及后勤保障工作和中央电视台“心连心”艺术团赴北大荒慰问演出在佳木斯中转其间200多人的接待服务工作。配合《特别的爱》剧组在佳木斯市选景拍摄，组织落实总局领导慰问驻佳地区各界人士等大型活动。接待中央政治局常委、中纪委书记吴官正和国家有关部委、国务院参事、国家农垦现代农业示范区现场会代表、甘肃农垦有限公司、省委省政府和总局领导、香港客人等上千人次。农垦社区南北两院生活和治安环境明显改善。使近500特困群体得到诸如低保、助学、送温暖等多项救助。关心离退休干部生活，老年大学办学质量逐年提高。组织出版“三老”回忆录《珍藏的记忆》，已发行垦区内外。在农垦社区建一座门球场，落实老干部政策，协调解决老干部住房漏雨、干休所车辆停放场所和离退休人员最关注的“按哈市房改标准退还购房款”等问题。老年公寓入住率逐年增加，入住126人，其中垦区各分局“三无”老人63人。改善老年公寓居住环境，帮助解决老年公寓消防、安全、饮水、老年人矛盾纠纷等问题，全程料理已故“三无”老人身后之事，保证入住老人生活无忧。

民主法制建设和机关自身建设得到加强。坚持党政月例会制、“三重一大”民主议事票决制、实行党务、政务公开、干部周五学习制、“一岗三责”目标管理考核制等，形成用制度管人、管事、管物的工作机制。定期召开老干部和职工群众代表征求意见座谈会，广泛听取各方面的意见和建议，高度重视和解决老百姓最关注的水改造工程、社会环境治理、居民房屋漏雨、墙体长斑等一系列民生问题。加强机关作风建设，用廉洁自律卡约束机关干部行为，以“三干”、“四实”的工作作风打造为民办事的“窗口”服务形象，实行党务、政务公开。认真处理群众来信来访，全年接待农垦驻佳地区和周边农场的上访人员上百人次，政策释疑和解决问题百余件，保障社会稳定。开展“五五”普法教育，依法行政，依法解决房屋纠纷问题；依法修订经济合同；为农垦驻佳单位提供法律援助。加强社会治安综合治理，开展安全生产教育，举办“综合治理、保障平安”主题活动，定期进行安全消防检查，实现全年安全无事故，获总局安全生产先进单位。

精神文明建设和各项事业协调发展。完成军警招待所改制撤销工作。全面清查国有资产，将总局搬迁时留下的国有资产进行产权理顺、盘活增效。协调驻佳单位各种职称资格考试审查和证件的发放；为农垦驻佳单位和浩良河化肥分公司等友邻农垦居民办理婚姻登记65对;组织安排总局电视电话会议,为驻佳各单位转发机要文件资料1 104份。协调农垦驻佳各单位人口和计划生育工作，全年人口自然增长率为-1.55‰。实施“北大荒先锋工程”,发挥群团组织作用,举办“创和谐家庭、和谐社区”典型经验报告会,组织党员干部参观王震将军纪念馆,举办迎新春联欢会、庆“七一”拔河比赛等大型文化活动,荣获总局先进文化单位、总局级文明单位标兵等荣誉称号。

2007年1月24日,驻佳办正式迁回原农垦总局机关办公地点——佳木斯市和平街295号。2007年1月18日,农垦总局驻佳办主任牛宝琴将多年来居民到市里上访未解决的烟囱污染问题向大会提出议案。5月10日,佳木斯市城市管理行政执法局分别以正式文件予以答复,在2007年底均已解决。

（王　梅）

科技·教育

科　　技

【概况】 2007年，垦区科技工作重点加大了对农垦科学院和八一农大等科研单位的科研投入力度，采取多种有效措施，扶持龙头企业研发中心建设与产品研发。以人才为核心，全面提升农业科技创新能力，狠抓科技成果转化与推广工作，积极引导与扶持民营科技企业与高新技术企业发展，全年投入总局级以上科技经费2 271万元，其中争取省、部级以上科技项目经费1 311万元，使用总局科技经费960万元；为发展生态垦区、全面建设小康社会、率先实现农业现代化提供了科技支撑。

（赵英杰）

【科研成果】 2007年，垦区共有15项科技成果通过总局级以上鉴定，其中1项科技成果达到国际先进水平；该课题是由八一农大主持的省级科技攻关课题“SOD模拟物在大豆上的应用效果研究”，SOD模拟物应用于大豆生产上的研究在国内外尚属首次；8项科技成果达到国内领先水平；6项科技成果达到国内先进水平。获得省科学技术奖项6项，其中二等奖4项（由黑龙江省农垦科学院完成的“三江平原规模化现代农业模式与技术研究”和“5HSH型水稻复合工艺系列干燥机”科技成果，由八一农大完成的“猪繁殖障碍性疾病分子生物学方法诊断和检测”科技成果，由黑龙江北大荒纸业有限责任公司完成的“稻草浆生产中高档文化用纸及工艺”科技成果）；三等奖2项（分别是由八一农大完成的“生物降解农残提质增效技术的开发研究”和“水稻深加工综合利用技术研究”科技成果）。2007年，农垦科学院徐一戎获得香港何梁何利基金奖励，成为垦区获得此项殊荣的第一人。2007年总局授予科学技术进步奖27项，其中一等奖9项，二等奖12项，三等奖6项。（赵英杰）

【推广与应用】 组织实施2007年重点科技示范推广项目12项（其中：包括国家推广项目2项、省推广项目6项），争取省推广项目经费15万元（占全省推广项目经费的10%），使用总局科技示范推广经费105万元。组织实施了重大科技示范推广项目4项，投入总局科技示范推广专项经费80万元，12项重点科技示范推广项目均按计划完成了规定的示范推广技术内容及技术指标，共实施推广面积74.67万公顷、机械1 041台、胚胎205枚，新增产值4亿元。在2006年垦区自主生产的“2ZK-630水稻高速插秧机”20台样机科技示范的基础上，2007年示范推广了1 000台，实现了水稻高速插秧机的自主产业化生产，分37个示范点，达到了在不同生态区域、不同土壤类型作业示范的目的，较真实地反映了该水稻快速插秧机在黑龙江省水稻产区具有良好的应用前景。“黑龙江省西部地区马铃薯综合高产栽培技术示范推广”建立核心示范区666.67公顷、推广示范区3 333.33公顷、辐射区6 666.67公顷，发放高产栽培技术手册及明白纸6 000份。在克山、嫩江、二龙山农场建立的示范区，平均公顷产30吨左右，可生产马铃薯20万吨，销售价格每公斤0.48元，销售收入9 600万元。直接经济效益4 300万元，公顷效益达6 000元以上。实施“东北农区奶、肉牛胚胎移植技术推广”项目，已超排乳肉兼用供体牛9头，获胚49枚，在二龙山、北兴、五九七农场共移植奶牛、纯种肉牛和乳肉兼用牛胚胎205枚，确定妊检104头，移植成功率达50.73%。“寒地水稻稻瘟病和褐变穗生物防治技术推广”推广面积达40万公顷，增产7.34%（公顷增产600公斤），按每公斤1.50元计算，新增产值3.6亿元。新增3个省级科技成果推广示范基地，基地总数已达11个，各农场对科技推广示范基地（科技园区）建设都非常重视，分别投入300万元以上的经费用于基地建设，同时对基地用地免征管理费，并结合测土配方施肥项目的实施为基地添加了分光光度计等分析测试仪器，各基地承担省、总局的科研、示范推广项目均在250项以上，成为垦区及周边农村新品种、新技术的集中展示和现场培训的重要场所。2个省级推广中心，即农垦水稻研究推广中心（水稻所）、省茸鹿繁育研究推广中心（特产所）。组织申报2007年省发展高新技术专项资金预算项目制造业信息化科技示范工程项目5项、火炬计划项目2项。（赵英杰）

【科技攻关】 2007年垦区共承担国家、省“十一五”攻关（支撑）计划项目（课题）55项（其中：国家级6项，省级49项），年内获得国家科技计划项目经费实际到位数486万元，获得省级科技计划项目经费实际到位数583万元；国家级科技项目分别为：由农垦科学院承担的“东北地区农村信息化技术集成与示范项”项目，由完达山乳业股份有限公司承担的“东北农区奶业集约化生产技术集成与产业化示范”项目，由北大荒农业有限公司承担的“大型养殖场沼气工程技术开发及综合利用示范”项目，由总局科研育种中心承担的“大豆全程机械化技术体系的研究与示范”项目，由八一农垦大学承担的“精准农业技术与装备研究开发”项目，由农垦科学院和八一农垦大学共同承担的“典型脆弱区域气候变化适应技术示范——东北国家商品粮基地适应气候变化技术示范”项目。2007年新上省级科技攻关计划项目9项，争取科技项目经费626万元（其中2007年新上省级科技项目经费实际到位262万元），分别为：农垦科学院畜牧兽医所主持并承担的“现代奶业关键技术及产业化示范——中美合作提高黑龙江奶牛场综合生产水平”项目获175万元，八一农大主持并承担的“畜禽粪便生物处理及生物有机肥关键技术研究”项目获210万元，八一农大主持并承担的“奶牛乳汁孕酮传感器研究与应用”项目获50万元，八一农大主持并承担的“第三代果纯果糖及果糖粉工业化生产技术研究”项目获35万元，八一农大主持并承担的“模拟移动分离床工业化低聚木糖技术研究”项目获30万元，八一农大主持并承担的“奶牛边缘无浆体病动物模型的研究”项目获3万元，八一农大主持并承担的“经营体制改革推动我省现代农业发展研究”项目获3万元，总局九三科研所主持并承担的“大豆优质高效生产技术研究与示范——优质高产特用型大豆新品种选育及栽培技术研究”项目获15万元，由完达山乳业股份有限公司主持并承担的“现代奶业关键技术及产业化示范——系列去乳糖乳制品开发”项目获90万元。经检查,大部分省级以上科技项目进展顺利,部分项目如“现代奶业关键技术研究与示范”、“基于土壤等生长环境信息的农业投入品安全使用综合技术及提质增效技术研究与示范”、“优势农产品加工后包装、储运安全质量控制技术及预警技术体系的研究与应用”以及“猪用高效饲料和微生态复合制剂的研发”等取得阶段性成果。2007年,总局科技局加大了与横向科技管理部门的沟通与合作,配合有关企业多次向哈尔滨市科技局汇报有关情况,取得地方科技部门的支持,为农垦企业科技进步与创新开辟了新的渠道与途径。与北大荒米业集团一起积极争取哈尔滨市科技项目支持,将“米糠蛋白研制与开发”列入哈尔滨市2008年第一批科技计划项目,获科技项目经费100万元;与九三油脂集团一起争取将“大豆胚芽油研制与开发”也列入哈尔滨市2008年第一批科技计划项目,获科技项目经费50万元。由总局下达的“十一五”重点科技攻关计划项目2007年计划(黑垦局文[2007]183号),包括12个大项目,131个课题,241个专题;使用科技经费722万元。大部分进展顺利,有25%已取得阶段性成果。自2007年5月份开始,省科技厅组织了科技项目中期检查评估活动,对2001年以来垦区实施的省级各类科技计划项目210个课题进行了全面检查,有156个课题填报合格,填报率74.3%;其中有109个课题通过审查,审查合格率51.9%。（赵英杰）

【科技开发】 2007年,在基层申报的47个项目中,经筛选、审定分别从5个领域,将26个课题列入年度计划,总局投入资金133万元。经过多次向农业部科教司引进交流处争取,申请引进国际先进农业科学技术项目。在垦区组织3个单位申报了4个项目,主要是从加拿大、美国、韩国引进高产优质春小麦,高油、高蛋白的大豆,抗寒抗病的水稻等新品种。农业部批准立项一个,获国拨资金50万元。（赵英杰）

【科技入户示范工程】 2007年,垦区共有4个分局承担农业部三项科技入户示范项目,其中2个大豆项目、1个奶牛项目、1个水稻项目。建三江分局水稻43.33万公顷平均公顷产8 700公斤,比上年提高300公斤,二等粮以上比例占71%。9月25日,经农业部科技入户专家组组长、中国农大生物质工程中心主任程序等测产专家,在红卫农场一管理区的示范户,10公顷地实割测产,去水去杂,“空育131”公顷产14 953.56公斤。创造了我国寒地水稻高产新纪录。在红兴隆分局八五二农场科技入户示范田进行实收、实测,该场在较常年少雨98.8毫米的不利条件下,40.53公顷大豆平均公顷产3 799.5公斤。实施科技入户工作3年(2005~2007)来,垦区共培育科技示范户4 000户,辐射带动8万户。示范面积达5.05万公顷,辐射带动面积40.53万公顷。示范户农产品产量较前3年平均增长10%以上。奶牛示范头数达5 000头,辐射带动1万头。奶牛单产水平较前3年平均提高8%以上。（赵英杰）

【科技园区建设】 在巩固内容建设和功能建设基础上,加大了园区文化建设力度,使农业科技园区实现了“环境园林化、作业标准化、设施现代化、标牌规范化、两个效益最大化”,发挥了现代农业展示、科技创新研发、成果转化示范、技术推广带动、农业人才培训、休闲旅游观光的六大功能。建立农业科技园区32个(其中总局以上园区17个)。园区内实施各级各类科研项目50余项,推广农业新技术和新品种100项。园区内接待外来参观及各单位组织技术培训人数达2万多人。在园区的内容建设上,拓展与农垦科学院水稻研究所、八一农垦大学、东北农业大学等科研院校的合作关系,引进技术和成果,为生产实际提供了科学依据。（赵英杰）

【高新技术　民营科技企业】 垦区民营科技企业发展规模逐渐壮大,有超千万产值企业9家,利润在百万元以上。其中省高新技术企业5家,被认定为省级高新技术产品5个。年销售收入超千万元的民营科技企业发展速度与上年相比,提高了22.5%。2007年,申报省科技厅认定的高新技术企业2家,高新技术产品2个,民营科技企业3家。在民政部门登记的民办非企业科技类单位登记1家。经省科技厅复核通过的区内、区外高新技术企业7家,高新技术产品4项。2007年组织了2批垦区民营科技企业申报省发展高新技术产业专项资金,共争取4个项目。（赵英杰）

【科协工作】 有21个学会召开了学术研讨会,发表论文12 300篇,省级以上223篇,办培训班31期。在6个分局建立省级科普图书屋8个,组织科技下场13个团队,共计1 930人次。（赵英杰）

【知识产权】 垦区知识产权工作围绕垦区发展的总体目标,将知识产权工作贯彻于技术创新的全过程,共举办了8期知识产权知识培训班,累计培训人数不少于1 000人,2007年4月26日至5月15日,垦区利用垦区报刊、电视台讲授专利法知识,开展了研讨、竞赛、演讲等形式多样的活动,取得了预期效果。2007年,按照黑龙江省科学技术厅《关于调整我省部分技术合同登记机构的通知》(黑科发[2007]42号)精神,经过多方争取和努力,总局获批准正式成立“黑龙江省农垦总局技术市场管理办公室技术合同登记站”,垦区技术开发、转让、咨询和服务合同,经总局技术合同登记站认定登记后,可办理提取奖酬金和相关的减免税手续。登记技术合同29份,合同总金额310万元,减免营业税15.5万元。（赵英杰）

·农垦科学院·

【概况】 2007年农垦科学院有12个研究单位、2个实验农场,是一个多学科综合性的农业科研机构。有2 240余名职工,其中在职职工1 190余名。在职的327名科技人员中具有正高级职称的35人,副高级职称79的人,中级职称的97人,初级职称的116人。占地3 381公顷,其中建筑占地660公顷,耕地2 460公顷,林地101公顷,水面116公顷。固定资产8 611万元。建院以来,共承担了600多项各级各类科研课题

(项目),鉴定科技成果411项,获省农垦总局以上科技进步奖励242项,其中获国家和省部级以上科研成果奖励55项,培育水稻、大豆、玉米、小麦、油菜等农作物新品种140余个。2007年,学院争取各级各类课题120项,完成科技创收1 380万元,实现国内生产总值4 150万元,事业单位实现事业总收入6 763万元。 (陈 旭)

【科研立项工作】 2007年学院争取国家、省及总局等上级主管部门的新立课题46项,承担的各级各类课题达120项,科研项目的数量大幅度增加。以《三江平原绿色农业生产模式研究》为代表的国家级课题新增7项,部级课题新增6项,省级课题新增12项,争取了农业科技创新中心、农业检测、湿地监测、自来水、畜牧及农机实验室等6个国家计划项目,科研计划项目的档次明显提高。新增科研项目资金800余万元,新增计划项目资金4 087万元。(陈 旭)

【科技创新】 共审定了8个新品种。水稻自育品种在黑龙江省种植98.55万公顷,覆盖率42.67%。在垦区种植750.05万公顷,覆盖率76.4%;提前完成了"十一五"签订的大豆与玉米育种课题合同指标,成为东北粮食主产区率先开展绿色农业技术研究的中国绿协重要技术依托单位,重点研制的水稻摆栽机进入了田间试验,取得了阶段性成果。开展了"第四大作物"马铃薯技术研究,组建了马铃薯脱毒苗组培室,与东北农大开展了合作,生产出5万余株脱毒苗,生产微型薯约60万粒;"绿色食品、玉米及玉米制品"等3项农业部行业标准制定课题通过了审定。 (陈 旭)

【科技成果】 2007年获得各级科技进步奖13项。其中水稻新品种垦稻10号,获得全国优质粳稻优良食味品评三等奖;"三江平原规模化现代农业模式与技术研究"获省科技进步二等奖;"标准化奶牛生产小区建设及管理机制研究"、"高产抗病水稻新品种垦鉴稻6号"等11项成果获垦区科技进步奖,占2007年度垦区科技进步奖中的40.7%。徐一戎先生荣获第十三届"何梁何利基金"科学与技术创新奖,马守义获得"全国农业科技推广标兵"称号。(陈 旭)

【科技示范推广】 研究推广的叶龄诊断栽培技术覆盖率100%,自育品种覆盖率达50%。在总局组织的垦区水稻高产攻关项目实收测产中,专家们给予学院水稻品种及配套栽培技术均达到国内同类生产领先水平的高度评价;在七星、红卫等农场实施的农业综合开发推广项目中,水稻示范田的最高公顷产达到14 767.5公斤,"大豆综合高产配套技术"示范田平均公顷产3 303公斤,利用玉米综合高产配套技术种植的垦单5号平均公顷产12 225公斤以上;畜牧所分别在5个农场布设了"两牛一猪"的试验点,科技人员坚持常年在农场进行实验研究;在牡丹江等4个分局实施的大豆、水稻、奶牛的科技入户示范工程,培训农户10万余人次,全面完成了农业部下达的工作任务。 (陈 旭)

【科技服务】 测试化验中心圆满完成了农业部下达的北京、沈阳、大连等省市的农产品和畜禽养殖场的质量安全监督抽查任务,获得了上级100余万元专项经费的有力支持。农机鉴定站与红兴隆机械厂合作研制成功了大型玉米收获机,小批量投产应用。科技情报研究所有两部农业科教片在CCTV-7套播出,完成了70个农场"四大作物"的遥感解译及监测工作。 (陈 旭)

【改善科研条件】 2007年,总局党委、总局领导高度重视学院发展,决定恢复农垦科学院的事业费,将原差额事业费改变为全额事业费。经总局批准,学院成立了经济作物研究所与植物保护研究所,在测试化验中心内设垦区农业湿地监测分中心。制定完善了院发展规划,做出了"哈佳"两个院区同步发展的决策,开展七大工程建设项目,其中在佳木斯院区开展六大工程建设项目,在哈尔滨院区开展一大工程建设项目。为加快实施发展规划,学院与佳木斯市开展市院科技共建合作,启动了省农业科技园区建设,沿出入市区的安庆路两侧,开展了水稻等6个科技示范园区的建设,20公顷旱改水和10公顷旱田土地平整的农田建设基本完成,省级农业科技园区将发挥技术辐射三江粮食主产区现代农业建设、对农业企业和农户农民进行农业科技示范、打造农业科技创新新平台、科技支撑平台、科技人才培训平台、科技成果转化及推广平台,增加城市特色和功能、创建现代农业展示窗口。佳木斯市政府召开了两次市长办公会议,下发纪要,部署落实合作共建工作,为农垦科学院开展建设开辟"绿色通道",出台了简化建设手续,减免市政规费等扶持政策,市委市政府市人大的领导还多次到学院视察指导工作,并首次在科学院院召开佳木斯市科技工作会议,使农垦科学院的发展环境得到了显著的改善,保证省级农业科技园区建设的顺利开展。完成了哈、佳院区建设规划,为开展国投1 160余万元4 000余平方米的农业部大豆及大豆制品质量安全监督检验中心实验楼建设项目,拆除了3 000多平方米建筑物。开展了辐射三江平原地区的种子大市场建设的农作物品种展示中心建设项目,用一个多月的时间,完成了主体工程建设。国家投资500余万元支持的农作物区域技术创新中心建设项目中作物所设备采购与实验楼的装修工程全面竣工。在总局支持下,哈尔滨院区的科研实验楼建设项目资金得以落实,选址、设计、招标准备及"地上物"清理等工作基本就绪。 (陈 旭)

·农垦勘测设计研究院·

【概况】 黑龙江农垦勘测设计研究院,位于佳木斯市红星街54号,为总局直属事业单位。1987年经国家计委批准为国家甲级勘测设计院,具有工程勘察(岩土工程、水文地质、工程测量),农林行业,水利,测绘,工程咨询,工程总承包,建设项目水资源论证,水文、水资源调查评价,建设项目环境影响评价等甲级资质证书;水利(水库枢纽)、市政公用(道路、桥隧)、电力(送电、变电)、建筑工程、工程咨询、编制开发建设项目水土保持方案、防火设计等乙级资质证书和城市规划丙级证书。2002年通过了ISO9001质量管理体系认证。2007年全院有职工369名，专业技术人员329名，技术人员占职工总数的89%，其中教授级高工15名，高级工程师59名，工程师132名，助理工程师及技术员123名，有60余人取得了相关专业的全国注册资格证书。全院设有勘测设计及辅助生产部门15个，主要从事农林、水利、电力、建筑、道路桥梁等工程设计；岩土工程勘察、水文地质、工程测量、房产测绘、环境影响评价、水土保持、工程施工、质检化验及科研等；多种经营单位4个，主要从事医疗、餐饮、客房、商店、水暖安装、商业流通、电脑技术等；股份制公司1个，主要从事建设项目监理业务；职能部门5个。研究院拥有净资产总额2 717万元，其中固定资产1 681万元，近5年平均年产值达4 000余万元，更新设备投资达400余万元，是一个专业齐全、设备精良、技术力量雄厚的综合性甲级勘测设计及科研单位(副厅级)。建院以来共完成各类勘测设计及科研项目6 000余项，其中大型项目400余项，成果合格率100%，优良品率达到90%以上，荣获总局级以上科技进步奖和优秀勘测设计奖的项目达300多个，其中省部级以上获奖项目达100余项。一些项目达到了国内领先水平。（张宪忠　李　君）

【经济效益提高】 2007年勘测设计院实现总产值4 290万元，比2006年增长5%。完成勘测设计项目334项，创收2 400万元，创历史最高水平。其中：完成农林、水利行业工程咨询和设计任务114项，实现产值2 236万元，占全院总产值的52%。完成工程勘察项目99项，创产值398万元；建筑咨询与设计46项，创产值202万元；农电网改造项目10项，创产值29.7万元，道路桥梁设计11项，创产值313万元；环境影响评价、水土保持与生态建设项目34项，创产值303万元；检测项目创产值73.8万元；监理项目15项，创产值52万元；工程总承包1项，创产值610万元；其他项目创产值73万元。其中有10余项成果通过国家部委、松辽委及省有关部门的审查。（张宪忠　李　君）

【“两江一湖”等重点项目】 2006年初，省水利厅委托设计院编制了《黑龙江省三江平原“两江一湖”干流沿岸灌区规划》，2007年省发改委委托设计院编制了《黑龙江省“两江一湖”地区优质商品粮基地》项目。该项目总投资150多亿元，在原规划基础上又增加了育秧大棚项目、农机装备项目、仓储设施项目的建设，其中水利工程建设投资115亿元，农业部分工程投资39.35亿元，共规划14个灌区。该项目建成后，水田灌溉面积将达到74.54万公顷，粮食总产达74.66亿公斤，增产粮食34.67亿公斤，提供商品粮69.13亿公斤，通过调整种植结构，年可增加效益55.47亿元，可发挥粮食主产区和商品粮基地应有的作用，保障国家粮食安全。把此项目列为2007年省、总局重点项目。设计院专门成立了由院长任组长、副院长具体负责的项目领导小组，抽调骨干力量，加快推进项目编制进度，到2007年8月初按期编制了“两江一湖”优质商品粮基地项目规划，通过了省发改委组织的省内审查。2007年10月底中国国际工程咨询公司组织由种植、农业工程、水资源、水利工程、仓储、环境等方面的专家组，对《黑龙江省三江平原“两江一湖”地区优质商品粮基地建设规划》进行评估。经专家组认真研究讨论，认为该项目规划的目标明确，具有较强的科学性、合理性和前瞻性，一致通过了审查。如期上报国家发改委待批。11月底国家环保总局对《黑龙江省三江平原“两江一湖”地区水稻生产基地建设规划环境影响报告书》进行审查，并一次性通过。黑龙江“两江一湖”优质商品粮基地项目是黑龙江省重点工程，由设计院单独承担，为设计院发展储备近5亿元勘测设计费。年底按照省政府的部署，集中全力编制了《黑龙江省现代农业示范区建设规划》项目。除此还完成了水库安全鉴定评价、节水灌溉规划、农场水利规划、三江平原水利综合规划、垦区2007年人畜饮水规划、关门嘴子水库、节水示范等水利项目。2007继续承担了总局科技局下达的《“灌降排蓄”水利与“雨养农业”研究》、《建三江地区发展粮食生产水资源优化配置研究》、《水稻节水增温增产综合技术研究》、《垦区农业工程节水技术研究》等科研项目。（张宪忠　李　君）

【质量管理】 2007年继续贯彻执行ISO9000质量体系，以全面落实“质量兴院”方针。在质量管理上，对照新版ISO9000质量认证标准，认真查找、核对各专业的质量标准，组织了程序文件修改和内审的筹备。4月份开展了院内部质量审核及管理评审，对内审三项不合格的项目及时关闭，使4月份质量管理内审得以顺利通过。7月份通过中水源禹质量管理中心的年度监督审核。外审后，及时启动了质量管理体系文件的修改，对程序文件、质量手册进一步完善和调整，建立健全质量“二级管代”管理方式，以加强各单位之间沟通协调，适应质量管理的需要。在质量审核上，实行了专家联审大项目的工作机制，以确保用户的满意率。共收回顾客满意调查表49份，顾客满意率为100%，全院优良品率达100%。“两江一湖”兴凯湖灌区、勤得利灌区、江萝灌区可研一次性通过水利部规划总院的预审。（张宪忠　李　君）

【“水利科研”中心楼建设】 由于设计院远离农垦总局和中心城市，信息不灵，人才大量流失，严重制约了设计院的发展。经广泛征求职工群众意见，院领导班子认真分析研究，决定在哈尔滨建立科研检测中心，并于2006年以农垦勘院呈[2006]20号《关于在哈市扩建农垦工程质量检测中心、水利工程检测第六分站及水利、农业科研中心》的请示上报总局，2006年5月30日总局党委第七次会议，同意设计院在哈尔滨建立科研检测中心。2006年9月1日哈尔滨科研检测中心破土动工，并成立了扩建办，由副院长李凯主抓此项工作，选配1名专职人员，聘请1名老专业技术人员进行全程质量监督，广泛筹措资金，积极争取总局的资金支持，2007年6月底主体封顶，建筑面积9 500平方米，预计2008年下半年开始搬迁。（张宪忠　李　君）

【加强党的建设】 一是认真学习贯彻落实了党的十七大精神，加强党员思想政治理论教育。聘请党校教授集中专题辅导和党委中心组、党支部分头学习的形式,把党员的思想统一到十七大精神上来。二是做好党员发展工作,加强党员队伍建设。院党委认真贯彻执行"坚持标准、保证质量、改善结构、慎重发展"的方针,着眼于党的先进性,注重在生产一线、高知识群体、专业技术人员中发展党员,注重发展青年党员和女青年。一年来,共发展党员3名,预备党员转正3名。在发展的新党员中,35岁以下,生产一线占100%;中级以上职称和本科以上学历的比例占80%,妇女占60%。设计院党员队伍的分布和结构不断优化。三是开展了"北大荒先锋工程"和争创先进党支部活动,进行了"纪念建党86周年"系列活动,表彰了一批先优模。四是抓好中纪委《规定》,学习贯彻落实。党委中心组、党支部学习日组织学习贯彻《规定》,进行自查自纠,开展警示教育,补充完善下发院领导干部廉洁自律19条规定。五是加强精神文明建设,切实加强社会主义荣辱观教育和形式多样的文体活动。开展了"迎奥运"春季环城越野赛,极大地丰富了职工文化生活,增强了职工的凝聚力和向心力。 (张宪忠 李 君)

【人才队伍建设】 一是积极引进人才,强化了水利、建筑、环评等方面的技术力量。通过网上发布、审核、面试等环节,层层筛选,共引进16名大学毕业生,其中研究生3名。优化了设计院的人才结构。二是继续落实保留人才政策,对省级以上劳动模范、享受副厅级待遇人员和专业技术职称为正高级职务人员、享受国家、省政府特殊津贴人员,从2007年7月1日起每月补助医疗补贴200元,全年发放各类执业补贴近16万元。三是加强技术培训,提高科技人员素质,主要采取了内外结合的方法,对内请本院专家搞好传帮带,并请进专家帮人成才。建筑、水利、环评等专业还结合大项目多的实际,有计划安排青年技术人员担大项目,压担子,让他们在实践中锻炼成长。每次参加国家各部委审查项目,设计院都投入大量资金,尽可能选派有关人员参加,使年青技术人员从中得到锻炼。地勘部门还利用冬闲时间,集中组织办班专门进行技术培训,提高技术素质,得到了总局建设局的好评和周边地区同行的赞同。全年各类执业资格职称晋升、技术培训144人,工人技术等级及岗位培训考试13人,年度培训率达90%以上,年度培训资金17.9万元,全院科技人员业务素质进一步得到了提高。有3人晋升正高、6人晋升副高、3人晋升为中级职称。有16人取得了咨询、监理、环评、结构、水利水电注册资格。

(张宪忠 李 君)

【庆祝建院50周年纪念活动】 2007年9月17日,勘测设计院举行了以弘扬北大荒精神为主题的黑龙江农垦勘测设计研究院50周年庆典活动,本着"隆重、热烈、节俭、务实"的原则,先后举行了迎院庆"五一"长跑、排球等系列赛事,在院庆期间邀请离退休、待聘等近百名职工举行午宴及在职职工晚宴,为全院职工发放9万元院庆慰问金及纪念品;召开了两个座谈会。举办了节水灌溉技术研讨会,会议在佳木斯市如意大厦举行,总局有关部门领导及垦区9大分局、农场的领导共计170人参加,会上院长谢学富回顾了50年创业、发展历程,展望了美好的前景,总局领导周春来到会讲话,肯定了成绩,鼓舞士气,寄予厚望。副院长夏广亮作了题为《论垦区"排降蓄灌"生态水利》的报告,探讨了水资源科学开发和合理利用,为垦区水利事业发展献计献策,受到了与会者的好评。9月18日召开了院内"弘扬农垦设计院精神"座谈会,邀请三位院老领导赠题字、忆传统、寄希望;中青年科技工作者继精神、表决心、话未来。组织编写并印制《黑龙江农垦勘测设计研究院简介》和《汗洒荒原绘新篇》——黑龙江农垦勘测设计研究院建院50周年两本宣传册和宣传彩色图版;拍摄并制作了展现50年发展历程等专题片一部,在垦视频道播出。

(张宪忠 李 君)

【职工生活】 2007年全院职工人均纯收入2.8万元,比2006年的2.1万元增长了33%,全年保证了离退休职工所有费用足额按时发放,发放了2005年4月至2006年6月的津贴变动补差款共706 069.6元,发放了2006年一次性生活补贴共计247 700元。对内退和保留关系人员不同程度地增加了内退金和生活费。调整了低收入家庭的最低生活保障。调整了外聘和返聘人员工资标准。对院职工增加20%医疗补贴和免除处置费的优惠,对省级劳模、正高职人员、副厅级干部每月加发200元的医疗补贴,为长期聘用人员解决了劳动保险等五种保险;对72户进行了供热改造,对93科技楼进行电器改造,并报销了前几年外网供热改造的费用。

(张宪忠 李 君)

·农垦经济研究所·

【研究工作】 2007年经济研究所完成课题"黑龙江垦区龙头企业绩效评价研究",课题组成员孟昭春、衣爱东、吴穹、安蒙龙、杨劲。经专家评审确定为国内领先水平。该课题利用统计软件SPSS13.0,以垦区9家和非垦区5家的农业产业化龙头企业作为样本,综合评价了垦区企业的经营绩效。结合垦区农业产业化龙头企业发展现状,提出了加快垦区农业产业化龙头企业发展的对策建议。杨劲参加了省社科院组织的《黑龙江省经济形势分析与预测》一书的"黑龙江垦区2008年经济形势分析及预测"课题的研究。 (孟昭春)

【刊物】 《农场经济管理》是国内外公开发行的刊物,双月刊,2007年由64页扩版为96页。发行量为2 700份(订刊1 630份)。全年共收到稿件700余篇,刊登183篇,采稿率26%左右,共编辑了83万字。 (孟昭春)

【学会工作】 黑龙江省农场管理学会使垦区唯一的一家省级学会。2007年6月28日,学会在八一农垦大学召开了实施五大战略 推进三化进程 构建和谐农场学术研讨会,会议收到论文484篇,在大会上进行了学术交流和研讨,会议出版了论文集;学会理事长戚卫东参加了会议并作了重要讲话;黑龙江省科协将此次会议列为黑龙江省首届青年科技工作者论坛的分会场。 (孟昭春)

教　　育

【概况】 2007年末,垦区有各级各类学校320所,在校生28.5万人,教职工2.7万人,校舍建筑面积308万平方米。其中普通高等学校4所,在校生24 115人,教职工2 441人,专任教师1 444人;有成人高校2所,在校生2 323人,教职工187人,专任教师102人;有中等职业学校7所,在校生18 061人,教职工522人,专任教师近198人;有普通中小学200所,在校生234 305人,教职工22 490人,专任教师16 087人;有幼儿园109所,在园幼儿30 405人,教职工1 513人,专任教师973人。另有职业技术培训机构74个,教学点879个,培训105 476人。省教育厅下发了《关于支持黑龙江垦区加快发展率先实现农业现代化的意见》(黑教高[2007]33号),赋予总局统筹负责垦区教育行政管理事务的权力,为垦区教育发展创造了良好的外部环境。

改善百姓子女就学条件。落实2007年中小学危房改造投资计划8 060万元,比上年增加580万元。争取到国家“十一五”期间中西部农村初中校舍改造工程项目投资4 000万元;争取到国家“十一五”期间中职基础设施资金2 242万元。争取到农业部新型农民科技培训经费70万元。

贫困生救助工作。继续获得中国教育发展基金会的支持,资助垦区贫困学生400多名。继续在宝泉岭分局高中举办“宏志班”,招生50人。采取企业筹集、社会各界捐助,建立了扶贫助学资金,扶助贫困生1万人左右,扶助资金达200多万元,多数农场社区和学校建立起“爱心超市”,通过开展献爱心、一帮一、减免学杂费等活动,广泛开展了扶贫助学活动,保障了经济困难家庭学生就学。

平安和谐校园建设。切实加强学校安全工作,下发了《关于切实加强学校安全工作的通知》、《关于进一步加强学校食品卫生管理确保学生饮食卫生安全的通知》两个文件,与安全生产监督管理、公安、交通、卫生局等部门联合进行了学校安全卫生检查,及时发现安全隐患并进行整改,确保校园安全。

教师队伍建设。实行农场学校教职工进出由分局管理,加强了教职工队伍管理。加强教师继续教育工作,按计划进行教师培训,对5 500多名中小学教师进行业务培训,提高了教师的业务素质。有636名教师获得黑龙江省县域优秀人才奖,奖金127多万元。教师节期间有6个先进集体、54名教师和教育工作者受到国家和省的表彰奖励,奖金6.6万元。开展了以“自律、奉献和爱”为主题的师德建设系列活动,表彰了先进集体和个人,宣讲了优秀教师和师德先进个人的事迹,加强了教师职业道德建设。中小学教师学历合格率分别是:高中90.5%、初中99.7%、小学100%,其中小学教师中具有大专以上学历占90.4%,初中教师中具有本科学历占61.6%;具有高、中级职称的分别占教师总数的16.4%、56%。　(马德义)

【基础教育】 垦区有中小学校200所,其中完全中学4所、高级中学20所、初级中学47所、九年一贯制学校60所、小学69所;在校生234 305人,其中小学108 471人,初中90 215人,高中35 619人;中小学校教职工22 490人,其中专任教师16 087人;校舍建筑面积218万平方米。幼儿园109所,在园幼儿30 405人,教职工1 513人,专任教师973人,校舍建筑面积近12平方米。

义务教育“两免一补”。与总局财务部门共同完成了义务教育阶段“两免一补”的各项准备工作,从2007年秋季开始,垦区义务教育阶段的学生享受到了国家“两免一补”政策,即免除杂费、提供免费教科书、对寄宿学生给予生活补助。

中小学布局调整。继续推进集中办学,中小学校比上年减少32所。红兴隆分局9月份将高中全部集中到分局,农场高中全部撤销,实现了分局办高中的格局。八五二农场将分场小学全部集中到农场场部。一些农场将小学和初中合并,实行九年一贯制。

双高”普九工作。据统计,2007年垦区在改善办学条件上共投入30 846.1万元,新建和维修校舍40.97万平方米,完善和更新了设备设施,改善了办学条件。九三分局和宝泉岭分局高标准通过省“双高”普九复检;红兴隆分局高标准通过省“双高”普九初检,建三江、北安分局较高水平通过省初检。

普通高中课程改革。按照省教育厅部署,垦区的普通高中顺利进入了新课程实验。从2007年10月14日至11月19日,由总局教育局和教师进修学院组成检查组,对垦区18所普通高中课改实验情况进行了检查和调研。牡丹江分局高中代表垦区接受了省教育厅的检查与指导。

普通高校招生统一考试。2007年垦区共有11 256人参加全国普通高等学校招生统一考试,录取总人数为9 249人,比上年238人。平均每万人口有63人录取到普通高校,比全省平均数多13人。高考成绩好于上年,进入普本分数线2 531人,比上年增加82人。8月初在哈尔滨市召开了垦区高考总结表彰大会,有10名教师代表和20名高考优秀学生代表参加会议,表彰了5个分局和10所学校。

体育、艺术与卫生教育。进一步推动和完善大课间活动。下发了《关于加强垦区中小学体育卫生工作的意见》(黑垦教发(2007)6号文件)。重点抓好体育与艺术基础建设和北大荒少儿版画特色教育。宝泉岭农场中学在2007年黑龙江省中学生运动会速滑比赛中获甲组(地市级)团体总分第二名,获乙组(基点校)团体总分第二名。施於洁同学获男子甲组500米第一名,男子甲组1 500米第一名,男子甲组全能第一名;胡志强同学获男子甲组500米第二名,男子甲组1 000米第二名,男子甲组全能第二名。宝泉岭分局局直中学有4名同学在全国第二届中小学生艺术漫话中获奖。刘锦涛同学的绘画(版画)作品《我为妈妈喂姥姥》获中学组一等奖,玄宇同学的绘画作品《鱼》获初中组二等奖;粟娜书法作品获初中组书法篆刻二等奖;肖格格摄影作品《野渡无人舟自描》获初中组摄影二等奖。

规范化学校建设。由教育行政,教科研和骨干校长组成的总局规范化学校建设研评专家组,对红兴隆、建三江、九三、绥化等4个分局的8个农(牧)场

15所中小学校进行了研评。有3个农场的4所学校基本达到了垦区规范化学校建设优秀标准,其他学校达到总局级合格学校标准。

绿色学校创建工作。2007年与总局环保局联合验收命名了15所中小学校为总局级绿色学校;有5所学校被省环保局、省教育厅命名为省级绿色学校。有11名教师被省环保局、省教育厅授予环境教育优秀教师称号。北安分局第三高中被国家环保总局、教育部授予全国绿色学校创建活动先进学校,同时成为中国瑞典合作"环境小硕士"中国项目试点学校。

学校评估工作。在学校自查、分局验收、总局审核、省批准备案,兴凯湖农场学校等19所中小学被认定为省一类学校。至此,垦区已有69所中小学校被认定为省一类学校,占中小学校的29.7%,100%的学校都达到了省三类以上标准。（马德义）

【职业教育】 垦区有普通中专2所,3所普通高职学院招收中专生,全日制中专在校生4 108人,招生1 466人、毕业生1 434人,教职工370人,其中专任教师近198人。职业高中2所,在校生317人,招生153人、毕业生85人,教职工67人,其中专任教师近34人;农广校1所,在校生11 700人,招生6 480人;职工中专2所,在校生1 936人,招生1 342人;毕业生318人,教职工85人,其中专任教师近57人。2007年,总局教育局被省政府授予全省职业教育先进单位。承办了农业部农垦局在农垦工业学校组织召开的全国农垦职业教育现场会议,全国农垦系统100多名代表出席了会议,并参观了宝泉岭分局教育,提高了垦区的知名度,扩大了对外影响。2007年国家"十一五"中职基础设施建设项目给垦区投资600万元,用于建设农垦机械化学校和友谊农场职业高中。全年共完成了10万人次的实用技术、专业岗位等短期培训,提高了从业人员素质。其中阳光工程培训农业劳动力20 354人,转移19 440人;双百工程培训502人,就业470人;红兴隆、北安分局的70个管理区开展了新型农民科技培训,培训28 547人。实施从业人员素质教育工程,健全和完善了总局、分局、农场三级办学管理网络,编写了三本垦区职业教育教材,对从业人员进行学历提高教育。截至年末,农广校和职工职业高中注册学员达35 596人。

（马德义）

【高等教育】 垦区有高等学校5所,即黑龙江八一农垦大学、黑龙江农垦职业学院、黑龙江农垦农业职业技术学院、黑龙江农垦林业职业技术学院和农垦管理干部学院(与农垦广播电视大学合署办学)。普通高等教育毕业生6 249人,其中研究生107人、本科生3 075人、专科生3 067人;招生8 901人,其中研究生175人、本科生3 523人、专科生5 203人;在校生25 521人,其中研究生472人、本科生12 937人、专科生12 112人。成人高等教育毕业生160人,招生615人,在校生917人。教职工2 628人,其中教师1 546人;校舍建筑面积近68万平方米。农垦农业职业技术学院于2007年9月16日搬迁到哈尔滨宾西经济开发区办学。（马德义）

·八一农垦大学·

【概况】 2007年黑龙江八一农垦大学占地总面积113.50万平方米,建筑面积44.75万平方米,教学、科研仪器设备资产总值7 923万元,图书资料139.52万册;学生宿舍实行公寓化管理,硬件设施居省内高校前列。学校建有12个学院,设有43个本科专业,涉及农学、工学、管理学、理学、法学、文学、经济学等7大学科门类,其中省级重点学科群1个,省级重点学科6个、省级重点专业4个;有硕士学位授权点22个,5个农业推广硕士专业学位授权领域,具有兽医专业硕士和高校教师硕士学位授予权,农业机械化工程、作物栽培学与耕作学2个博士学位授权点,北大荒农垦集团公司博士后科研工作站1个,省级重点实验室3个,省级实验教学示范中心2个,省部级实验室8个。学校面向全国21个省区招生,全日制在校生15 000人,其中研究生469人。学校有专任教师793人,其中教授87人,副教授226人,具有博士学位教师60人,具有硕士学位教师395人,正在攻读博士、硕士学位的教师110人。有省级重点学科带头人和后备带头人9名,总局级重点学科带头人和后备带头人24名,师资队伍的学历结构和职称结构日趋优化。（杨艳秋　崔冬梅）

【教学工作】 学校加大了教学投入力度,实施本科教学质量与教学改革工程,把课堂教学、教学管理和教学改革统一到提高质量这一核心任务上来。"农学"专业被评为国家级特色专业,实现了国家级教学建设项目零的突破;农学、动物医学专业被评为省级重点专业,使省重点专业数量达6个;出版了9部全国高等农林院校"十一五"规划教材;动物医学、农业机械化及其自动化专业被评为省级特色专业,列入国家级特色专业推荐计划;本科课程《动物生理学》、《农业机械学》被评为省级精品课,学校本科省级精品课达5门;高职课程建设实现新突破,《兽医临床诊断学》被评为省级精品课;食品科学综合实验中心获省级高等学校实验教学示范中心,学校省级实验教学示范中心达3个;初步建立了"校院两级、以院为主"的教学管理机制,有效加强了日常教学检查和督导工作,巩固了评建成果;新立高校教学改革工程课题15项,省教育厅"十一五"规划课题滚动项目2项,获得省教学成果奖3项,有力推动了教学质量的提高。

（杨艳秋　崔冬梅）

【学科建设】 学校按照"加大对优势学科的投入力度,发挥重点学科的带动作用"的思路,在"十一五"发展规划的指导下,结合各学科实际情况和发展要求初步制定了建设规划和目标,学科建设立项与管理工作得到规范。2007年,新增兽医硕士专业学位授权点,农业机械化工程、食品加工与安全2个农业推广硕士专业学位领域,2个博士授权学科被批准招收高校教师在职攻读硕士学位,办学类型更趋多样化;顺利推进博士点建设工作,完成了博士生导师培训和首届博士生招生工作;新遴选硕士研究生指导教师17人,完成了在职攻读硕士学位招生工作,严格研究生日常管理与硕

士学位论文审查制度，研究生培养水平进一步提高。（杨艳秋　崔冬梅）

【科研服务】 2007年,组织申报并获审批科研项目103项,获得科研经费1 380万元。获奖课题26项，其中国家级2项，省级11项；审定农作物新品种2个。完成了“中加合作——黑龙江省农产品加工工程技术研究中心”工程建设任务。制定并启动了《服务垦区行动方案》;加大重大科技成果转化力度,在垦区推出了学校十大重点推广项目。与18家企事业单位签订了科技合作协议,专家教授赴周边市县考察、指导的范围和力度增大。新农村帮扶共建工作起步有力,“校县共建”工作进展顺利,为学校赢得了良好的社会声誉。

（杨艳秋　崔冬梅）

【师资队伍建设】 学校引进教学、科研人员62人,通过实施青年教师导师制、举办岗前培训和现代教育技术培训、开展校情教育和北大荒精神教育等方式,使新引进人才尽快进入工作状态。选派了21名学术骨干到国内外高校参加交流和培训，选送了26名新办专业教师到知名高校进修；顺利完成了40名高级、66名中级专业技术人员的直聘工作。获得上级奖励10人，评选出校级“教学名师”3位、优秀教师和先进工作者25位。加强了师德师风建设,制定了《师德师风建设实施方案》,确定9月为师德师风宣传月,通过师德论坛、先进事迹报告会、征文及演讲等活动,强化师德师风教育,促进了师资队伍整体水平不断提升。（杨艳秋　崔冬梅）

【内部管理】 学校以教育部确定的“高校管理年”为契机,推进现代大学制度建设,《黑龙江八一农垦大学章程（草案）》几易其稿,多方征求意见,提交教代会审议。按照国有资产管理要求,高质量完成了建校以来第一次资产清查工作,结合实际出台了较为完备的资产管理制度，规范了国有资产管理工作。严格财务管理,开展节约型校园宣传教育,加强节能设施建设,压缩弹性支出,业务招待费、差旅费、水电费支出比往年明显减少。体育馆、游泳馆竣工投入使用,为广大师生提供了更加完善的体育锻炼条件。抢抓时机,积极应对后勤社会化改革中出现的新问题,顺利完成了8栋公寓楼经营管理权的交接工作,有效提升了后勤管理与服务水平。学校获得了省教育厅授予的“基本建设先进单位”、“财务决算先进单位”等称号,被大庆市评为“安全生产先进单位”、“申评魅力城市先进集体”、“民族团结进步模范集体”,管理效益显著增强。

（杨艳秋　崔冬梅）

【招生 就业工作】 2007年,学校招生面向扩大到21个省区，生源质量稳中有升;招收本科生3 153人、专科生436人,专升本学生364人;招收首批博士研究生6名、硕士研究生174名。全日制在校生总数15 454人,其中博士、硕士研究生472人。2007届毕业研究生、本科生、专科生共3 577名,学校通过加强就业指导、建立就业基地、拓宽就业信息渠道、发动教职工参与推荐等方式,促进了充分就业。本科生一次就业率88.63%,在省属高校中位居前列。

（杨艳秋　崔冬梅）

【学生工作】 为加强学生管理和思想政治工作，按照各学院集中居住的原则，利用暑期完成了学生公寓调整工作,落实辅导员进公寓制度,初显成效;正确引导学生社团活动,推动社会实践不断深入,学生在省大学生数学建模竞赛、省“挑战杯”竞赛、省大学生职业规划大赛、省大学生电子设计大赛中屡获佳绩，创造能力和协作意识有所提高;提供勤工俭学岗位834个,发放国家助学贷款、奖学金、助学金共1 772万元;高度重视大学生心理健康工作,加强了心理咨询师培训工作,为学生进行心理咨询和辅导百余人次;发动学生参与第三十三届学校田径运动会的筹备、表演和竞赛,增强了集体荣誉感,充分展示了青年学子蓬勃向上的精神风貌。

（杨艳秋　崔冬梅）

【对外交流与合作】 学校重点推进了与俄罗斯、韩国、加拿大等国家高校和科研机构的交流与合作,在国际联合办学上取得了新进展。经过密切沟通,与俄罗斯符拉迪沃斯托克国立经济服务大学签订延长合作办学期限协议;与韩国国立江陵大学、韩国国立晋州产业大学签订合作办学协议,顺利启动与韩国国立江陵大学的交换生项目,迈出联合办学工作的重要一步。承办了全国兽医专业学位新增单位培训会议、农业工程学会2007年学术年会、畜牧兽医学会动物生理生化分会五届三次理事会等全国性会议,吸引了众多国内外专家学者,提高了学校的知名度,搭建了对外交流合作的广阔平台。

（杨艳秋　崔冬梅）

【党建工作】 学校党委理论学习中心组通过学习胡锦涛总书记6·25讲话、8·31讲话和十七大精神等活动，带动领导干部加强理论学习,提高解决实际问题的能力。完成了干部试用期考核工作，坚持基层领导班子民主生活会制度,提高领导干部贯彻民主集中制原则的自觉性。加大了立案查处力度,处理两起教师、干部违纪案件,保证教师干部队伍的纯洁。组织开展了“先锋工程”活动，各基层党组织结合本单位的实际,开展了卓有成效的工作,较好地发挥了基层党组织的战斗堡垒作用和广大党员的先锋模范作用。坚持党员发展工作程序规范化、制度人性化,严格执行票决制,年内发展党员500人,比上年增加215人。（杨艳秋　崔冬梅）

【和谐校园建设】 按照上级统一部署,结合实际,学校进行了较为全面深入的调研,有针对性地制定了《黑龙江八一农垦大学和谐校园建设规划》、《黑龙江八一农垦大学和谐校园建设实施方案》,启动了和谐校园建设工作。将和谐班子建设作为2007年工作重点，多次征求各基层单位、职能部门和教职员工对学校班子建设的意见和建议,总结成果,提炼经验,关于“构建和谐党政领导班子”的汇报在全省高校发展研讨会上,赢得主管部门和兄弟院校的一致好评。（杨艳秋　崔冬梅）

·农垦管理干部学院·

【概况】 黑龙江农垦管理干部学院与

黑龙江农垦总局党校、黑龙江农垦教师进修学院、黑龙江省农垦广播电视大学、黑龙江垦区农业广播电视学校“五校”合署办学(以下称“五校”)。“五校”地处哈尔滨市高新技术产业开发区内,北临黄河路(184号)。实行党委领导下的院长负责的领导体制,实行一个领导班子,一套机构,资源共享,统分结合,一体运行的内部管理体制。有教职工189人,教师66人。教师中,专职教师35人,兼职教师31人;教授7人,副教授41人,客座专家、教授20余人。占地11 400平方米,拥有教学行政楼、学生宿舍楼和培训楼总建筑面积11 800平方米。有可容纳160人同时上机实习的多媒体计算机实验室3个,多媒体语音室、多功能电教室、教师电子备课室、会计实验室和多功能厅各1个。图书馆藏书10万余册,年各类期刊订阅量达400余份。

“五校”承担多种办学职能,坚持岗位职务培训、继续教育、学历教育、职业教育相结合,坚持脱产教育、函授教育、远程教育相结合,并与北京大学、北京师范大学、中央党校、黑龙江商业大学、省委党校等多所高等院校联合办学,开设20多个专业,培训各级各类干部5万多人次,大专以上毕业生4万多人,中专毕业生3 000多人。

党校在狠抓主体班次培训的同时,全面落实延伸办学计划,抓好财务总监班和研究生班招生办学工作。先后完成了3期农场场长、书记、工会主席学习十七大精神的培训任务和分局级后备干部、场处级后备干部、妇女干部培训班各1期的培训任务,以及总局机关《公务员法》培训班、财务总监培训班的培训任务,培训干部1 435人。中央党校函授研究生招生42人、本科招生500多人。为促进垦区农业技术推广,与总局有关部门合作编写了钵育摆栽技术教材,组织了相关技术推广工作。

狠抓教师进修教研工作,利用假期,先后完成了中学教师培训班、小学骨干教师、初中教师培训班、小学校长岗位培训班、教育行政干部培训班4期15个班次的培训任务,培训教师873人;在北安分局举办了全垦区小学教材优质课省级评选及展示活动,在建三江分局举办了垦区初中数不省级优质课评选及展示活动;参与为期一个月的全省中考命题总局命题组领队工作,组织全体中学教研员参加了高中教材国家及省级培训。

高职办学是“五校”创收增效的主要途径。2005年后高职办学实现了招生、创收的跨越式发展。在校生由2004年的260人增加到2007年的1 417人,增加5.45倍,创收由204万元增加到697万元,增收3.4倍。

2007年,加大了自主招生力度,完成了9省612人的录取工作,实际报到人数528人,录取率达102%,报到率达88%,两者均高于全省平均水平,创历史新高。继续加强了与上海思博学院的合作,确保了第一批246名赴沪的“2+1”学生在上海顺利就读,形成了良好的示范效应。在巩固与上海思博学院合作模式的基础上,拓展了高职学生实习、实训基地,拓宽就业渠道,使毕业生就业率高达92.3%,高于全省75.43%的平均水平。通过开发新的生源基地,建成30余个生源基地,确立了开宇美容美发学校、新禾科技有限公司等10余个专业实训基地。较好地完成了学院40个教学班、煤炭学院9个教学班的教学和管理任务,授课总时数18 274课时。注重实际教学,加强学生实训、实验,共完成上机、社会调查、实习等实习实验报告1万余份。

电大、农广校远程教育在完善体系、扩展规模上下大气力。健全了农广校办学网络,更好地发挥了龙头作用。在总局教育局的支持下,积极完善垦区中心网络平台建设。继续搞好垦区百万中专生工程招生、转岗再就业阳光工程培训和职工文化提升培训,百万中专生工程招生6 480人,职工职业高中招生26 080人,开放教育招生75人,成人教育招生36人。

加强教研科研工作,完善科研管理办法,加强了科研课题过程管理、督促、检查和指导,有效促进了科研工作的开展和成果质量的提升。刘艳华主持的中央教育科学研究所教育部“十五”课题《生态农业与职业教育》和会统教研室于成华主持的省高教学会“十一五”规划课题《构建高校教育成本核算体系的理论与实践研究》顺利结题。院长曹景春撰写的《着眼完成新使命,努力建设新垦区》一文,获黑龙江省党干校系统“落实科学发展观,构建和谐龙江”理论研讨会优秀科研成果一等奖,任宝玲撰写的《高等职业教育非数学课程教学模式的改革与实践研究报告》一文,获黑龙江省教育科学系统优秀科研成果三等奖。 (张泽滨 周 虹)

【强化各项管理】 根据总局[2005]7号文件关于事业单位创收节余提奖比例不能超过30%的精神,在教师培训基金由学院统一承担的基础上,调整了创收分配比例,办学单位与后勤服务中心创收节余按3:7提取用于效益分配。通过召开专门的安全工作会议和经常性的安全教育,提高了全院上下对安全稳定工作的认识。在新生入学教育中增开了安全教育和安全防火、紧急疏散讲座,组织全体新生进行了消防灭火和紧急逃生演练,全年未出现重大事故,未发生重大不稳定问题,经总局验收,学院被认定为安全工作达标单位。在食堂竞标流标后确定学院食堂由后勤服务中心直接管理,管理善有所改善,就餐人员基本满意。完善了学院编外用工的合同制管理,各岗位编外用工工资执行哈市最低标准,低于590元/月(含保险费用)的调增到590元;对特殊照顾性安排使用的学院老教师老职工子女工资标准,在原定酬金基础上按上浮50元/月重新核定并签订了新的年度用工合同。继续推进职务消费货币化改革,抓好增收节支。按总局确定的货币化职务消费总量比上年减少20%的要求制定年度开支计划,对学院下达的刚性预算指标和职务消费货币化额度严格控管,使年内刚性预算收入明显增长,开支有所降低。全年实现上级拨款1 652.62万元,办学创收1 000万元,其他收入475万元,同比上年分别增长72.29%、6.38%和13.64%,刚性预算的职务消费比预算减少5.89%。

(张泽滨 周 虹)

【师资队伍建设】 本着“不求所有,但求所用”的原则,充分利用好校外教学资源,全年外聘教师60人次,保证了教学工作的顺利进行;本着眼不同办学职能的需要,制订了教师队伍建设的总体规划,先后安排12万元培训基金,用于专兼职教师培训。全年安排出国培训1人次,国内短期培训36人次,在职深造读研1名,到2007年末已有10名教师获硕士学位,使师资队伍梯次、结构合理,整体素质明显提升。

(张泽滨　周　虹)

【改善办学办公条件】 增配了两台投影仪,为干部培训教室配置空调设备,对车辆进行了必要的维修,对部分教学设备进行了维修和更新,建立了专门的档案室并新配了档案柜,为电大和车队增加了办公用房。粉刷了教室,补充了桌椅,为部分处室更新了电脑和打印机、复印机,为食堂和培训中心配备了小型灭火车,新增灭火器30台,对综合楼大门和学院院门进行了维修。

(张泽滨　周　虹)

【提高教职工收入水平】 及时顺利完成了职工津贴调整的基础工作。经总局审批,2007年10月份按新标准发放工资,职工收有了较大幅度的增长,包括补发"阳光工资"、兑现效益工资,实现在岗人均年收入60 685元,比上年增长56.8%;离退休人员年平均收入46 329元,同比增长79.6%;职工福利有新增长,学院投入近7万元为全院职工进行了健康体检,人均福利费1 020元,同比增加240元,增长30.8%;学生助学、奖学金支出5.38万元,同比增加2.38万元,增长79.3%。

(张泽滨　周　虹)

【校园文化建设】 开展了"文明、和谐、安全校园"创建活动,努力创造一个有利于学生学习成长的校园环境。在教学楼走廊制作了"八荣八耻"宣传板,在教室统一悬挂名人名言挂图,增辟了政务公开栏、学生宣传栏,举办了大学生艺术节,开展了大量小型多样、丰富多彩的校园文化活动。为促进"强身健体迎奥运"活动开展,5月末举办了全校田径运动会。组织老干部开展了一系列健康有益的活动,充分发挥了老干部在学院发展中的作用。配合垦庆60周年庆祝活动,组织拍摄了反映学院发展情况的电视专题片。加强了学生思想政治工作,着眼提升大学生整体素质,有针对性地开设了思想道德讲座课,开展了"奉献爱心捐款互助活动",深入开展了以"八荣、八耻"为内容的社会主义荣辱观教育遵规守纪教育,努力培养学生良好的道德情操、法制观念和适应社会择岗就业创业能力。按照构建和谐社会的要求,采取构建"和谐人际关系"、"和谐课堂"、"和谐校园环境"三条途径,全方位推进和谐校园建设,进一步加强对创建工作的领导,强化工作力度,定期检查,细化创建任务。(张泽滨　周　虹)

·农垦职业学院·

【概况】 农垦职业学院是由原黑龙江农垦经济学校和原黑龙江农垦师范学校合并组建,于2001年经省政府批准、教育部备案的垦区第一所综合性高等职业学院。2003年学院由佳木斯搬迁到哈尔滨市,2004年黑龙江农垦卫生学校并入学院。学院是总局直属副厅级事业单位。学院位于哈尔滨市呼兰区学院路3号,校园占地20万平方米。2007年,学院总建筑面积15.6万平方米,拥有固定资产2.5亿元,教学仪器设备总值2 700余万元,图书馆藏书46万册,建有现代化校园网络设施、118个校内实训室和实训基地,100余个校外实习实训基地和产学研合作单位。开设食品加工技术、会计电算化、护理、学前教育、药学、物流管理、市场营销等32个专业,建有国家、省、院三级改革试点专业7个。建有国家级创业教育基地、黑龙江垦区劳动预备役培训基地各1个,职业技能鉴定和资格考试站点20个。有在岗教职工422人,离退休职工233人。专任教师278人,其中副教授以上教师178人,硕士学位教师74人,省级骨干教师、专业带头人和名师10人,"双师型"教师131人。拥有客座教授和兼职教师近百名。2007年招生1 568人,毕业1 558人,有在校生6 000人。学院设有办公室、党委工作部、人事处、财务处、教务处、学生工作处、督导室、招生就业处、保卫处、总务处等10个机关处室和校史办、驻佳办等2个临时机构,设有食品工程系、管理工程系、师范教育系、医学系、人文科学系5个教学单位和实验实训中心、图书馆2个教辅单位。学院党委下设5个机关党支部,5个基层党支部和3个离退休党支部。拥有中共党员302名,其中在岗教职工党员189名,离退休党员76名,在校学生党员37名。45名处级干部中有九三学社社员1名,无党派人士1名,中共党员43名。

2007年,学院坚持以人为本和立足垦区、面向龙江、辐射全国,校企合作、开门办学的思想和"以服务为宗旨、以就业为导向,厚德强技"的办学理念,坚持实施质量立院、人才强院、特色兴院的发展战略,大力弘扬"励志笃学,德厚技强"院训和"艰苦奋斗、求实创新、敬业奉献、和谐发展"的学院精神,围绕创建省级文明单位标兵和建设示范性高职的目标,不断深化教育教学改革,实现了省级文明单位标兵的创建目标。获得国家创业教育基地、黑龙江省职业道德、职业能力、就业率"三高"特色优质院校和绿化先进单位等荣誉称号。

(李洪亮)

【教学改革】 学院坚持依托垦区办学资源优势,积极完善校企合作办学体制,探索构建与市场需求相适应的校企专业共建、资源共享、人才共育机制。深化工学结合型人才培养模式和教学管理改革,实现课堂与实训实习地点、教学内容与工作岗位(群)应知必会、教学环境与工作氛围、教学过程与工作过程的一体化,初步构建起"2+1"、订单培养、企业参与、实境训教、"双证书"和"护患体验、真人实做"、"岗位项目导向,现场教学"、"模拟仿真训教、双轨三项四位一体、岗证合一"、"园校融合、学做一体"等体现"教－学－做"合一的教学模式和工学结合型人才培养模式,以及与之相适应的课程体系、教学团队、实验实训条件和教学质量监督保障体系建设,取得较好效果,人才培养水平和质量不断提高,学生"双证书"获得率达到80%以上,就业率达90%以上。

(李洪亮)

【文明建设活动】 扎实开展文明单位

(科室、班组、班级、个人)、校企共建、军(警)校共建、扶贫帮困、校园文化和践行北大荒精神等精神文明创建活动。注重教职员工思想道德建设和业务能力培养,先后选派教学与管理骨干参加各类学习培训活动150多人次,聘请垦区内外20多位知名学者、资深专家到学校举办政治理论、形势报告、教育理论和法律法规等专题讲座5场,开展专业建设研讨10余次,有效提高了广大教职员工的思想道德素质、业务素质和工作能力。坚持实行文明建设目标管理考核制度,积极构建和谐文明校园建设长效机制,营造出和谐、文明、稳定的发展环境,实现了省级文明单位标兵的创建目标,为学院的改革发展提供了有力的智力支持和精神保障。（李洪亮）

【基层党组织建设】 扎实开展了“十个一”活动,有效巩固和发展了先进性教育成果,充分发挥了基层党组织和广大党员在推动和谐校园建设、示范性高职建设和深化教学改革的具体实践中的战斗堡垒作用与先锋模范作用。3名党员的教改成果获教育厅教学改革应用技术成果二等奖,填补了学院空白。15名党员完成了院级精品课程建设,占学院精品课程的88%。38名党员完成教育部“十一五”重点规划课题和省级教改课题19项,上示范课38节,修订教学大纲和人才培养方案47项。制定并实施了《黑龙江农垦职业学院中层干部(班子)考核办法》,有效地树立起正确的政绩观和干事创业的正确导向,较好地推动了中层干部队伍和基层领导班子建设,有力地促进了教育教学改革与建设。（李洪亮）

【智力服务】 学院坚持组织专家组深入企业登门服务,为九三油脂集团、绥化分局企业培训中高层管理人员100多名。为铁力等农场开办实用技术和创业培训班,培训人员80多名。针对企业发展需要,组织人员开展咨询服务和产学研课题研究,顺利完成了“构建黑龙江绿色农产品质量保障体系研究”和“垦区龙头企业人才战略实证分析”等实用课题研究。（李洪亮）

·农垦农业职业技术学院·

【概况】 2007年8月,农垦农业职业技术学院从友谊县整体迁移至哈尔滨宾西经济开发区办校。校园占地面积30万平方米,建筑面积15万平方米,分期建设。工程总投资2.2亿元。一期工程已投资1.6亿元,建有教学楼、图书馆、体育馆、学生公寓2座、综合服务中心、食堂、热力中心。建筑面积9.5万平方米。一期工程于2007年8月竣工,9月中旬投入使用。2007年学院有教职员工287人,其中教师175人。具有教授级职称的4人,副教授职称的59人,具有双师证的42人,研究生24人,在读研究生7人,外聘教师62人。所设的专业有机电工程系、动物科学系、农学系、经贸系、基础部等五大系,22个高职专业,30个中专专业。教学设施齐全,图书馆藏书17万册,拥有40个实验室,30余个校内外实训基地。建立了功能齐全的校园网、宽带网和闭路演播系统。在校生达3 000余人。

学院按照“以需求为目标,以创新为源泉,以质量求生存,以特色求发展”的工作思路,积极探索校企合作的人才培养模式,构建立足农垦、面向“三农”产教结合服务体系,努力构建“能力加特长”的人才培养模式,逐步形成了以能力为本位,以高等职业技术教育为主体,高职、中职、一条龙的办学格局。2007年科研立项井有序进行,黑龙江省高等教育科学规划2项,黑龙江省新世纪高等教育教学改革工程项目4项,结题4项,课题获奖4项,课件成果6项。（樊雪飞）

【校企合作】 一是通过校企合作,拓展办学渠道。陆续开办了3+2大专班、出国留学班、成人函授班等多种办学形式,形成高职、中职、一条龙的办学格局。突出为垦区及周边市县培养“用得上、留得住”的“落地人才”的办学特色,学院先后与北大荒农业股份有限公司、青岛各企业、完达山乳业、完达山药业、北大荒肉业、红兴隆肉业、伊利乳业公司、烟台开发区、天津完达山乳业公司、天津电子工厂、哈尔滨大食食品公司、佳木斯正大集团等各大企业签订了校企合作及就业协议,学生在岗就业率逐年上升,由2000年的42%提高到2007年的90%以上,位于全省第九位。二是通过校企合作,强化应用能力。将课堂设在实验室、科研所、气象站、附近连队,让学生在实践中学习。机电、数控及机械制造专业适时安排学生在机械厂、电厂、四海集团等企业进行机械加工、焊接、机电实践等实践课程,学生能力得到很大提高,有11名学生在全省第一、第二届职业技能大赛中获奖。三是实行校企合作,形成了“订单式”、“工学交替式”及“教学—服务”一体化等特色人才的培养模式。与完达山乳业、北大荒牛业、北大荒纸业、青岛模具厂等签订订单培养合同,为完达山乳业培养学生300多人。四是学院与各大农场及九大龙头企业联合建立了稳定的校外实习实训基地24个,使学生的实践技能的提高得到了保障。加大实训、实习基地投入与建设,建成了东四局畜牧兽医检测化验中心,形成具有农垦特色的实习基地群。（樊雪飞）

【培养村村大学生】 学院自2004年招收第一批村村大学生到2007年已招收了五届村村大学生。学院现有2006级、2007级、2008级3届在校生,设置农学(种子方向)、设施园艺、畜禽饲养与疾病防治、农业机械使用与维修4个专业,10个教学班级,总数299人。按照为我省农村培养“上得来、下得去、留得住、用得上”的实用人才的培养目标,在教育教学上打破常规的教学模式,强化实践教学环节,形成理论教学体系和实践教学体系。强化教学内容的科学性和实用性,部分课程采用模块式教学,从而达到教学内容与职业要求的零距离。（樊雪飞）

·农垦林业职业技术学院·

【概况】 农垦林业职业技术学院于2003年3月经省政府批准,教育部备案,由黑龙江农垦林业学校晋升为独立设置的全日制高等职业专科学校。2007年,学院占地总面积788.2公顷,校区面积32公顷,教学及辅助用房建筑面积5.6万平方米。学院藏书17.7万册(含电子书籍),微机430台,拥有专业实验室38个,校内外实习实训基地47个。园林专业被列为全国首批中职示范性专业,园林技术、电视节目制作两个专业被列为省级改革试点专业。学院人员编制361人,实有专业教师93人,专任教师中本科以上学历89人,其中省级学术(科)带头人12人、教授7人、研究生学历30人(含在读研究生),具有中高级以上技术职称65人。学院办学模式是“教学、科研、生产、经营一体化”,开设园林技术、农业水利工程、电视节目制作、市场营销、工程监理、生物技术及应用等20个专业,面向全国招生。2007年学院加强基础建设,共投入资金200多万元,用于生物技术、水利、工程监理、微机实验室和多媒体教室以及电视艺术系实验室、体育教研室建设,提高办学实力。强化内部管理,开展年度人员考核工作。认真落实刚性预算和领导职务消费货币化。超万元大宗购物严格执行招投标制,实行政府统一采购。加强党建思想政治工作,关注民生,全年为教职工发放福利累计达90万元,促进了学院社会和谐。

(王国庆)

【教学工作】 学院加大教改力度,坚持执行“两证”加文凭制度,试行”2+1”(两年在校学习、一年在单位顶岗实训)教学模式,严格组织开展计算机等级和专业技能等级考试。毕业生取得相关专业技能证书达到了国家规定标准。14名专升本学生均被本科学校录取,升学率达100%。严抓学风,成立了教学督导室,开展了教学质量检查、学生评教、师德标兵评选和大学生科技创新竞赛活动。列专项资金20万元用于师资培训,体育教学工作在省教育厅组织的评估中达到优秀标准。(王国庆)

【科研工作】 在黑龙江省教育厅主办的2007年职业教育优秀电子教学成果评比中,学院分别获得一等奖2项,二等奖1项,三等奖2项,优秀奖4项。学院教师、在读博士张淑梅主持的“青杨天牛化学生态控制及无公害防治技术研究”项目获得2007年度总局科学技术进步一等奖。2007年10月学院被评为全国教育科学“十五”规划教育部规划课题“职业院校培养学生综合素质与能力的实践研究”先进实验单位。

(王国庆)

【招生与就业】 2007年学院招生359人。学生一次性就业率达平均达85.52%,高于全省平均就业率10个百分点,在全省68所高职院校中列第26位。在毕业的学生中,水利和园林专业学生就业率达100%。(王国庆)

【服务经济建设】 2007年学院承担垦区林业网站维护与管理任务,年访问量达3万人次。组织师生为庆安县测量耕地2 000多公顷。发挥学院80公顷大型苗木基地作用,为全省提供各类优质绿化苗木120多万株(丛),并为兰西县政府等地进行园林规划、设计与施工。

(王国庆)

文化·艺术

文化建设

【群众文化活动】 2007年，总局文化体育局以开展垦区开发建设60周年活动为主要内容，广泛开展群众文化和群众体育活动，以构建垦区公共文化体系为基本内容，努力创造良好文化环境，以精品工作为重点，努力打造文化品牌，以弘扬北大荒精神为主要内容，努力建设垦区企业文化。以"扫黄打非"为重点，开展各项执法活动，努力创造稳定的社会文化环境。2007年8月28日上午中央电视台"心连心"艺术团赴北大荒慰问专题文艺节目《放歌黑土地》在建三江分局演出。垦区和省内的1.4万观众现场观看了演出。《放歌黑土地》专场节目，分别于9月1日、3日，在中央电视台1频道、3频道播出。整台节目反映了垦区开发建设60年的巨大成就，展现了北大荒精神，展示了现代化大农业的宏伟画卷。此次活动抽调垦区各分局百余名舞蹈演员，提前30天就进行了舞蹈训练和排练工作。

成功举办了纪念垦区开发建设60周年暨第八届垦区文艺会演。共有10个代表队参加，演职员480人，共演出148个节目，其中创作节目达98%，超过了历届文艺会演的创作比例。部分优秀节目经专家评委推荐，列为参加全省和全国的文艺比赛节目。文化部社文司、中央电视台戏曲音乐部、沈阳军区政治部文工团、省文化厅、省文联等领导，除了担任会演评委还出席了会演的颁奖晚会。（许秋荣）

【公共文化体系建设】 垦区各单位把文化设施建设纳入垦区经济社会全面发展的规划中来，各级各类馆、场、园建设有新进展。一是博物馆、展览馆系列工程。九三分局投资1 700万元的博物馆经过一年半的筹建，完工开馆。牡丹江、红兴隆、建三江博物馆立项并形成规划。二是文化信息共享工程。开始建立总局地市级分中心、分局县级分中心、农场服务站、管理区服务点为一体的文化信息资源共享工程系统。建设了1个农垦总局分中心、5个分局基层分中心、20个新农村建设试点农场基层服务站和50个管理区基层服务点，完成系统设备招标。三是全民健身工程。在20个新农村建设示范场建设了大型综合体育场。总局建设了8个健身苑工程，2个标准工程、3个竞技园工程，20个学校阳光健身工程，16个城市健身路径工程，30个农村健身路径工程，15个农村健身工程。基本完成了垦区健身设施的网络化建设，为广大职工群众提供了良好的休闲、建身场所。19个单位开展的"百万青少年上冰雪"活动，下拨冰刀3 500双。四是争取省文化信息共享工程2个、图书下乡工程6套，电影工程6套。（许秋荣）

【五个一工程】 "五个一"工程是总局党委为隆重纪念北大荒开发建设60周年而提出来的。2007年7月6日，以北大荒大豆产业龙头发展为题材的《龙抬头》在中央一套黄金时段播出。8月13日开始，《人民日报》、新华社、中央电视台、《光明日报》、《经济日报》、《农民日报》等中央媒体对垦区进行了为期5天的集中宣传报道。8月28日，中央电视台"心连心"艺术团来垦区慰问演出。8月31日，反映北大荒60年全景的10卷本《北大荒全书》问世。10月29日，60米长卷版画《北大荒颂》面世。至此，庆祝北大荒开发建设60年，总局党委"五个一"文化工程活动圆满结束。（许秋荣）

【北大荒博物馆】 2007年，北大荒博物馆知名度不断扩大，参观者数量与日俱增，全年接待观众12 000人次。其中有：省委书记钱运录、全国政协副主席张梅颖、原农业部副部长刘成国、北京市委常委、统战部长、工会主席尤兰田、省政协主席王巨禄、省委常委、省委组织部长龙新南等20多位省部级以上领导。根据省文化厅《关于开展"5·18国际博物馆日"宣传活动的通知》精神，参加了省文化厅在索菲亚广场举办的大型活动，制作"纪念5·18国际博物馆日"条幅。订购了100份《中国文物报》特刊，发给机关各处室。设计制作两块宣传版、印制了2 000份北大荒博物馆简介，现场发放。还参加了省文化厅在中央大街组织的"中国文化遗产日"活动。定期更新博物馆网站，拉近博物馆与社会公众的距离。在《作家文摘》和《农垦日报》各连续刊登3期《征集资料启事》，持续开展文物文献资料的征集工作共收到来信20封，电话11个，提供文物线索。前3个季度共征集各类展品161件，其中有1958年《北大荒文艺》的创始号，《北大荒画报》创刊号，刘瑛手稿，老铁道兵的奖状和知青的准考证，以及由凯斯纽荷兰公司提供的垦区最早使用的法尔毛及现在使用的STX500机车模型等。年初购买了20套语音导览系统，完成了语音导览系统的中、英、日、俄4种语言的录制工作。根据财政部资产清查工作的相关政策，对博物馆377件，总价值1 700多万元的固定资产、馆内展品、馆藏等均作细致清查、登记卡片、填写报表，做到真实、准确，顺利地通过了财政部的审查。完善固定资产账，保证国有资产不流失、不损坏。严格落实安全岗位责任制，搞好安全教育培训，提高全员安全防范意识。监控室24小时设人值班。改监控室和库房喷淋灭火为气体灭火，消除隐患，增加配置灭火器材和保安人员巡更系统。未发生任何安全事故。（赵国春）

【北大荒文工团】 北大荒文工团是全国农垦系统两大专业文艺团体之一。2007年有国家一级演员（正高职称）3人，副高职称的11人，中级职称的10人。北大荒文工团以弘扬北大荒精神、繁荣垦区文化事业、构筑有垦区特色的企业文化、丰富职工群众文化生活为主导，承担垦区对外文艺宣传工作，完成总局党委安排的各项重大文艺活动及送文化到基层任务，开展宣传企业文化、打造垦区品牌等项工作。2007年完成各项演出50多场、创作剧目20多项，主要演出活动：2月7日在省武警二支队剧场慰问部队官兵演出。2月8日到佳木斯农垦大厦与总局驻佳木斯地区干部职工及离退休老同志进行春节团拜、联欢演出。2月14日在总局机关大会堂进行春节团拜会《北大荒走进辉煌》大型演出，总局领导、老干部代表、垦区各行业代表、总局机关干部

400多人观看演出。6月13日在庆阳农场广场进行建场60周年庆典大型演出。9月7日兴行纪念垦区开发建设60周年大型晚会。9月16日为双鸭山农场进行60周年庆典大型演出。9月26日在九三剧场为赵光农场60周年进行庆典大型演出,观众6 000人。8月28日中央电视台“心连心”艺术团赴建三江分局演出,文工团提供了各项演出服务及辅助工作。9月23～30日在九三分局进行总局职工文艺会演,负责灯光、音响、录音及舞台服务工作。

(刘国红)

文学创作

【概况】 2007年是北大荒开发建设60周年。围绕纪念北大荒的开发建设,垦区的广大作者自觉地创作出一批反映北大荒人生活的作品,共出版长篇小说、散文、纪实文学、报告文学20部。总局编辑出版了一套10卷、680万字的《北大荒全书》,该书由黑龙江人民出版社出版。韩乃寅长篇小说改编的20集电视剧《龙抬头》于2007年7月在中央电视台一套黄金时间播出。韩乃寅创作的长篇小说《特别的爱》由团结出版社出版,改编的电视剧在全国公开发行。郑加真出版了纪实文学《北大荒六十年》,35万字,配有600幅历史照片。

《农垦日报》在纪念创刊50周年庆典活动时,编辑出版了《农垦日报》副刊作品选《走笔北大荒》和征文作品选《别忘录》,收入小说、散文、诗歌等300多名作者的作品。赵国春的纪实文学作品集《永远的记忆·北大荒博物馆馆藏文物背后的故事》、李道鸣的散文集《我的情与爱》、孙勇才的散文集《生活圆舞曲》、陈凤楼的小说集《云山风情》、刘金玉的长篇小说《天使徒步来到尘世》,在黑龙江人民出版社出版。《曲洪智作品选》、《江柳文学作品选》,在中国文联出版。刘海生在黑龙江人民出版社出版中篇小说集《远去的马群》,在北方文艺出版社出版散文集《天涯芳草》,赵宝海在北方文艺出版社出版诗词集《杯中山水》,丁继松在作家出版社出版散文集《大荒纪事》。总局军事部政委张景山在白山出版社出版了献给十万复转官兵屯垦戍边50周年的诗集《英雄血脉》。云山农场业余青年女作者的散文集《醉花吟》,由中国国际广播出版社出版,在市场销量很好。韩乃寅的长篇小说《岁月》(节选)、赵国春的散文《霜花赋》、张玉林的诗歌《山丁子》二首、郑吉月的杂文《穷富都要崇尚节俭》,2007年1月黑龙江人民出版社选入《黑龙江农垦职业教育教材·语文》课本。(赵国春)

【作品获奖情况】 韩乃寅改编的电视连续剧《破天荒》,2007年9月荣获中宣部第十届精神文明建设“五个一工程”优秀作品奖,韩乃寅应邀参加了中央电视台举办的颁奖晚会。这部电视剧2005年2月在中央电视台第八套节目黄金时间播出,被中国电视家协会评为全国行业优秀作品。赵国春创作的传记文学作品(发表于2003年11期《人物》杂志)《北大荒的“管天人”》,2007年12月荣获第三届中国传记文学优秀作品(中短篇)奖,作者于2007年12月参加了在北京人民大会堂举行的颁奖仪式,《黑龙江日报》、中国作家网、东北网等媒体进行了报道。赵国春写的评论《一部与读者倾心交流的好书——读王蒙〈我的人生哲学〉》,参加由中共中央宣传部、中央文明办、新闻出版署、中国作协等11部委联合主办、文艺报承办的“我最喜爱的一本书”征文,选登在2006年7月6日《文艺报》第六版,荣获二等奖。吴继善创作的报告文学(发表于《农垦日报》2006年9月1日)《夏日预言》,荣获第二届黑龙江省少数民族文学二等奖。韩乃寅的长篇小说《龙抬头》、刘海生的小说集《远去的马群》,荣获第七届丁玲文学奖一等奖;杨孟勇的纪实文学《活下来再说》、赵国春的散文集《生正逢时》、王军的诗集《相信春天》、高明山的评传《志在图强——韩乃寅生活与创作》、郑加真的纪实文学《北大荒六十年》、张靖宇的长篇小说《眷恋》、赵宝海的诗词集《杯中山水》、黄娟的散文集《窗外风景》荣获第七届丁玲文学奖二等奖;焦永梅的散文集《真情底片》、郭亚楠的纪实文学《誉满征途》,荣获第七届丁玲文学三等奖。

(赵国春)

【文学活动】 2007年4月7日,省诗词协会在省图书馆二楼会议室为垦区诗人赵宝海召开了诗词精选集《杯中山水》研讨会。研讨会由省诗词协会常务副主席陈修文主持,省内省外著名专家学者、评论家、诗人40多人参加了研讨;《黑龙江日报》、《黑龙江画报》、《北大荒文学》、《农垦日报》、《都市生活报》、《东北网》、黑龙江电视台农业频道、北方文艺出版社、哈尔滨出版社、哈尔滨市诗词楹联家协会、北大荒作家协会、北大荒诗词学会等新闻出版单位和文学团体派人参加了研讨会。8月8日,九三分局哈拉海农场场长、省作家协会会员刘海生创作的中篇小说集《远去的马群》(2007年1月由黑龙江人民出版社出版)作品研讨会在齐齐哈尔市举行。此次研讨会由黑龙江省作家协会,齐齐哈尔市文联,齐齐哈尔市作家协会,《青年文学家》杂志联合主办。来自中国作家协会创作研究部的评论家吴秉杰、尹汉胤等参加了这次研讨会。11月23日,总局党委宣传部主办,北大荒作家协会协办了“北大荒作家丁继松文学创作50年座谈会”。老作家丁继松先生50年来出版了《漫游乌苏里江》、《完达山中》、《在北大荒旅行》、《蓝色的乌苏里江》等15部文学作品。形成了自己的散文创作风格,为北大荒文学艺术的繁荣作出了贡献。省作家协会党组书记李曙光和副主席张雅文、名誉副主席吕中山、老作家王忠瑜组联处的孙处长等专家学者,也都参加了座谈会。

(赵国春)

广播 电视

【概况】 2007年农垦广播电视局始终坚持以新闻宣传为中心,大力加强广播电视各项基础设施建设和队伍建设,努力打造北大荒广电集团这艘传媒航母,农垦广播电视局成为中国广播电视协会、中国电视艺术家协会、中国农业电影电视协会的理事单位。在宣传报道工作中,紧紧围绕总局党委中心工作,重点突出落实科学发展观,推动垦区社会主义新农村建设,实现垦区经济社会又好又快发展这条主线展开报道,在《北大荒新闻》节目中开设专栏16个，共播发专栏460余期，播发新闻3 600余条，在《新闻广角》节目中播发各类资讯4 400余条。加大对外报道力度，在省电视台播发新闻280条，专题20条，在中央电视台播发新闻68条，专题20条。其中“两会”期间，在中央电视台《新闻联播》节目中播发8条新闻；在场县共建活动中，新闻《黑龙江打破行政区域“篱笆墙”开展场县共建》在中央电视台新闻联播头题播发。（乔维本）

【重点宣传报道】 一是抓好“上海·北大荒绿色特色产品展销会”宣传报道。农垦广播电视局派出由4名记者组成的采访组，采用网络回传的方式，每天都以最快、多条稿件报道了此次盛会。通过在《北大荒新闻》节目中开设的《直击绿展会》、《图说展会》两个专栏，共播发新闻40多条，专题2期。系列报道《走出去的北大荒》4集，全面快速地报道了此次展会的盛况。二是做好北大荒开发建设60周年系列报道，每天以垦庆60年的包装在全台3个频道全天多时段滚动播出，营造了浓烈的垦庆气氛。专门开设了《辉煌六十年》、《历史上的北大荒》、《寄语六十年》3个专栏，每周播出一期，播出近50期；与省台合作制作的八集系列报道《辉煌六十年》在《全省新闻联播》中播出，八集系列报道《北大荒传奇》在省台《新闻夜航》栏目中播出，三集系列报道《北大荒传奇》在省台《今日话题》栏目中播发；组织开展了《魅力北大荒—走进农场》大型文化广场活动，抽调局内20余名摄录编精兵强将，由局领导亲自带队，分赴友谊、八五六、二龙山、龙镇、克山等农场，累计行程4 000多公里，通过与5个农场合作，组织了5场大型的广场文化演出。三是成功地转播了中央电视台“心连心”艺术团赴北大荒慰问演出实况，把垦区60年庆祝活动推向了高潮，实现了农垦电视大型文艺演出现场直播零的突破。四是做好了垦区开发建设60年来规模最大的立体国防应急动员行动演练报道。农垦广播电视局承担了演练现场音响、实况录像、新闻报道、现场解说、纪实片制作等五项任务，并派出技术、摄像、记者、播音员等共计15人，为整个活动出资2万多元购置了相关设备，圆满完成了此次任务。五是做好了第十八届哈尔滨经济贸易洽谈会宣传报道，在《北大荒新闻》节目中专门开设了《哈洽快讯》、《城际连线》、《哈洽日记》等专栏，打破常规，以哈洽会为重点贯通整期节目。编辑、记者全部到会场参战，以灵活多样的方式，及时、准确地对哈洽会进行了宣传报道，全面客观地反映了垦区经贸活动的盛况和垦区外经贸成果。六是做好了总局宣传贯彻落实党的十七大精神系列报道，制订了全系统上下联动的宣传报道计划，在《北大荒新闻》节目中开设了《迎接十七大和谐垦区行》、《解读十七大报告》、《学习贯彻党的十七大精神》等专栏节目，共播出160余期，营造了垦区上下共同学习十七大精神的良好氛围。

（乔维本）

【节目创优】 《黑土地》作为农垦电视台服务性品牌节目，紧紧围绕垦区的产业化建设，为农户介绍致富经验，推广实用技术，并结合农时农事进行政策上的指导，共播出240期，其中“金钥匙”专题片240部，“雪霜看哈洽”专题片5部，“信息桥”960条，“教你一招”技术短片100余个，“观众信箱”解答观众提问230余人次。播出《走进新垦区》专题片10部，《开心假日》48期，《春节特别节目》7期。以展示北大荒风土人情和开发建设为核心的专题节目《走进北大荒》，共播出50期，还制作播出了5集系列片《记忆60》，制作播出了10集系列片《记忆60》。以展示北大荒老垦荒者艰苦奋斗、无私奉献为核心的专题节目《北大荒人》，结合垦区开发建设60周年，共制作和播出人物专访48期。2007年农垦广播电视局本着办好节目、多出精品的原则，在省级以上广播电视节目评奖中，共有100余件作品获奖，其中在中国行业电视节目展评中获一等奖1件，二等奖2件，三等奖9件；全年省级各项评奖中获一等奖18件，二等奖13件，三等奖24件；省级以上学术论文有21件获奖，其中二等奖6件，三等奖15件。在“黑龙江省广播电视新闻奖”评奖中获7件一等奖，社教栏目“黑土地”连续三年蝉联全省“十佳栏目”。在2005～2006年度“黑龙江农垦新闻奖”评选活动中，有82件广播电视作品和58件新闻论文获奖；在“垦区新农村建设好新闻”评选活动中，有10件广播电视作品获奖。（乔维本）

【增开节目频道】 2007年3月18日，农垦电视台新增开了《公共频道》和《资讯频道》，加之原有的《农业频道》共3个频道，全天24小时连续播出。

（乔维本）

【影视剧创作】 完成了22集电视连续剧《特别的爱》的拍摄、制作、出版发行。作为农垦广播电视局参与制作的党的十七大献礼片电视剧《龙抬头》，被中央电视台收购，并作为庆祝建党86周年和香港回归10周年献礼片，7月份在中央一套黄金时段播出。反映垦区转业官兵拓荒题材的电视连续剧《破天荒》荣获全国“五个一”工程作品奖，翻译成维吾尔族语、藏语免费赠送新疆和西藏，受到好评。（乔维本）

【广播电视“村村通”工程】 2007年初，农垦广播电视局按照国家关于重点发展广播电视无线覆盖且让百姓受听收看到中央电台一套、中央电视台一套和七套节目的要求，在财务、计划部门的支持下，争取国家改造设备和维护资金4 000余万元。对已经批准建设广播电视无线发射系统的36个农场进行了认真部署，责成农场所在分局广播电视局进行工程施工的监督检查。工程共分两期，无线发射塔和机房的一期工程已经结束，正在转入进行二期建设。对国家已经立项批准的垦区190个生产队、11 660户居民建设有线电视工程工作进行了部署和安排，工程建设接近尾声。（乔维本）

【编播设备更新】 农垦广播电视局对电视台原有非线性编辑系统进行了全面改造，建立了以IPSAN中心存储为核心的制作网，从而消除因磁电转换带来的信号损失，达到了图像质量高，标清高清兼容，编辑设备稳定性高，台内节目资源共享的效果。启用了数字硬盘自动播出系统，充分发挥硬盘的存储优势和多通道资源共享的优越性,实现了各节目之间的串编播出和各种插播、定时播出之间的控制管理,所有节目统一上载,从而简化了整个播出的工作流程,提高了工作效率。 (乔维本)

【广播电视安全播出】 2007年年初,农垦广播电视局按照总局党委和省广电局的要求,就防范"法轮功"工作进行了专项部署,并与各分局和总局各直属单位签订了安全防范责任状,总局和各分局广电局都制定了确保广播电视安全播出的应急预案。各级安全播出指挥部切实履行职责,各类人员认真执行值班和领导带班制度,明确要求敏感期及重大节日领导要亲自带岗,值机员要眼不离屏幕、手不离开关。相继下发了13次传真电报,对防范工作进行了周密部署。特别是为迎接党的十七大胜利召开,保证广播电视安全播出和百姓正常收看十七大节目,农垦广播电视局按照上级统一部署,在8月份对垦区地面卫星接收设施进行了全面转星调整工作。在实施过程中,农垦广播电视局克服点多、线长、面广,居民及水稻户居住分散等不利因素,上下一心,共同努力,累计出动车辆327次,动用工程技术人员400余人,深入基层连队、作业区、水稻户进行转星调整工作,累计投入经费14万元,在一个月内对垦区范围内的3 437座地面卫星接收设施进行了转星调整,圆满完成了预定任务。2007年,全系统没有发生一起因"法轮功"分子破坏而造成的安全播出事件。

(乔维本)

【广告经营】 2007年年初组建黑龙江北大荒广告有限公司后,坚持市场化运作,合理定价,按照市场实际需求,按照各频道的广告定位,分行业运营。广告公司于6月下旬筹备举办了"黑龙江农业频道媒体推介暨战略伙伴洽谈会",共计签约8个行业4个公司。当年共签约客户40余家,成为垦区广告行业的领军企业。 (乔维本)

农垦日报

【概况】 2007年共计出版《农垦日报》345期,从1月1日出刊的7 115期到12月30日的7 460期。全年共计刊发垦区各类新闻稿件和新华社电讯稿等22 120多篇,刊发的新闻稿件内容没有发生任何政治性和导向性错误。2007年《农垦日报》被黑龙江省企业报协会评为"全省十佳企业报"并名列榜首。被中华全国农民报协会评为"全国优秀'三农'媒体"称号。孙成钰被全国农民报协会评为"全国十佳新闻工作者";韩志营被评为优秀新闻工作者。黄娟、许跃兵采写,张佑臣、张守仁编辑的消息《王兰坡孟凡英86载相伴度百岁》,董璐、刘金玉采写,吴继善、张德华编辑的通讯《富民歌谣荡山间》获得黑龙江省新闻奖二等奖;李淑芝、许跃兵采写,张佑臣、张守仁编辑的系列报道《让年轻的生命再次灿烂》;吴继善撰写,张佑臣、张守仁编辑的评论《事实办在民声后,道是喜来也担忧》分别获得三等奖。

(孙成钰)

【重要事件报道情况】 2007年是黑龙江垦区开发建设60周年和《农垦日报》创刊50周年。这一年,《农垦日报》的新闻报道丰富多彩,有声有色。1月1日一版首先刊发社论《为往事与未来干杯——写在北大荒开发建设60周年暨农垦日报创刊50周年之际》,并刊发编辑部大幅照片,上书:祝贺北大荒开发建设60周年暨农垦日报创刊50周年。为配合这两个活动,2月27日一版发《60年回望》、《历史回顾》征稿启事,全面启动了这两个活动的密集型新闻报道和宣传。

为了突出搞好总局党委2007年重点工作的报道,农垦日报社编委会年初进行了认真的研究、策划和部署。2月28日,一版头条刊发消息《共育共建,双赢互利,红兴隆分局联手周边市县共创产业基地》,详细介绍了红兴隆分局与双鸭山市等开展场县共建的先进经验。从3月1日开始,《农垦日报》陆续报道了参加上海"绿博会"一些企业的准备情况。"绿博会"在上海开幕后,报社派出精兵强将赶赴上海进行了充分的报道,先后在报纸上刊发消息、通讯、新闻照片和评论等稿件40多篇。

建设现代农业示范区是《农垦日报》2007年重点反映的一个内容。3月7日,报纸一版重要位置刊发了黑龙江省政协主席王巨禄在全国政协会议上呼吁建设黑龙江垦区现代农业综合示范区的消息。3月8日,一版刊发了总局党委书记、全国人大代表吕维峰在十届全国人大五次会议上提出的现代农业建设需要加大支持力度的建议。4月30日二版刊发通讯《而今迈步从头越——写在九三分局与嫩江县合作共建试点启动之时》,对垦区发展现代农业和新农村建设等重要工作进行了密集的报道。

为了搞好北大荒开发建设60年的宣传,《农垦日报》组织了一系列的重头和精彩的报道。其中有7月18日刊发的头条通讯《金色的丰碑——垦区60年农业发展纪略》;7月19日刊发《大粮仓的生命线——垦区60年水利建设纪略》;7月21日刊发《乡村里的都市——垦区60年小城镇建设纪略》;7月26日一版头条刊发《黑土地牧歌嘹亮——垦区60年畜牧业发展纪略》;7月28日一版刊发《筑起信息高速路——垦区60年通讯事业发展纪略》;8月1日头条刊发消息《绩压群芳桃李园》;8月7日一版头条通讯《北大荒现代农业的基石——垦区60年农业机械化发展纪略》;8月11日一版《昂起龙头竞天下——垦区60年农业产业化发展纪略》;8月15日一版通讯《三次繁荣铸就辉煌——北大荒文化60年发展纪略》;8月24日一版《为大粮仓构筑绿色屏障——垦区林业60年发展纪略》;9月28日一版通讯《现代农业的金翅膀——垦区60年科技工作发展纪略》,在垦区内外产生了很大影响。

在围绕总局党委中心工作开展新闻宣传的同时,《农垦日报》积极做好其他新闻的报道工作。6月11日,一版刊发重要文字消息并配发照片《中共中央政治局常委、中央纪委书记吴官正来垦区视察》,详细地介绍了吴官正在垦区视察并发表重要讲话的情况。8月16

日一版刊发消息《香港特首曾荫权考察宁安》。从8月28日开始，报社派出多路记者开始报道中央电视台“心连心”艺术团到垦区演出的动态消息。8月29日一版以《我为大粮仓奉献，你为我丰收欢喜，“心连心”艺术团代表党中央、国务院慰问北大荒父老乡亲》，充分报道了中央电视台“心连心”艺术团在建三江分局、普阳农场、八五九农场慰问演出的情况，在垦区内外产生很大影响。随后，《农垦日报》先后在正报和《北大荒周刊》数次以整版新闻照片和大块文章等形式，报道了中央电视台“心连心”艺术团在垦区演出后的反响情况。

2007年垦区农业生产获得大丰收，《农垦日报》多次组织重头报道。10月18日一版首先刊发头条消息《垦区粮食综合生产能力首次跃上240亿斤新台阶，粮食商品率将首次达到90%》。11月21日一版刊发重要消息《今年全省粮食产量793.1亿斤，垦区占249亿斤》。12月26日一版再次刊发消息《四个方面国内领先，单产总产连创新高，垦区喜获“全国粮食生产特别贡献奖”》。 （孙成钰）

【开设专栏 专版发稿情况】 《农垦日报》年初首先在一版开辟了《新农村建设在垦区》专栏，在二版也开辟了相应内容的专栏，有计划、有组织地刊发垦区各个农场、分局推进新农村建设的新闻稿件，全年共刊发这方面的文字和新闻图片1 000多篇。在一版开辟了《场县手拉手，建设新农村》新闻专栏、《深入贯彻落实总局党委（扩大）会议精神》专栏、《先锋工程在北大荒》栏目等；在二版开设了反映推进垦区产业化发展的和龙头企业建设内容的栏目，在《北大荒周刊》开辟了“我帮你”等栏目。从3月底至6月初，报社还在一版开辟《走近垦区新成员》专栏，概括介绍了新划归垦区的11个省属农场的基本情况。在办好这些专栏的同时，还在一版开辟了《农垦康复杯》头条新闻大赛专栏，全年共刊发各类好新闻近百条。从4月开始，报纸在一版还新开辟了《北大荒英模赞》专栏，介绍了垦区梁军、蔡尔诚、康金环、郑加真、郝伯义、崔永龙、张新民、肖亚农、葛百林、田仁礼、王明库、孙俊福、胡国华等一批各方面的英模人物，在读者中产生了良好影响。党的十七大结束后，编辑部立即在一版开辟了《十七大精神在垦区》专栏，刊发了大量垦区各单位联系实际认真学习贯彻十七大精神的新闻稿件。在办好以上新栏目的同时，报社对传统栏目，如《现场传真》、《及时语》、《百家论苑》、《今日观察》、《一线见闻》等；传统版面《北大荒》、《读者之家》、《聚宝盆》、《金钥匙》、《精神高原》、《老年特刊》、《养生园》以及《北大荒周刊》的《教育》、《社会》、《心雨》、《生活》、《法治》、《人物》等专版也都保持了其一贯的风格，刊发了很多优秀的新闻稿件，受到读者的好评。

（孙成钰）

【《农垦日报》创刊50年庆祝活动】 为了搞好《农垦日报》创刊50年的宣传报道，编辑部做了精心的策划和准备。从第一季度开始首先在《北大荒》专版开辟了“记忆犹新——农垦日报50周年”征文专栏，先后刊发了《农垦日报》各个时期的报人、基层优秀通讯员和从农垦日报社走出去的知名人物等回忆文章近百篇。9月5日一版至八版通开刊发了国家领导人李鹏、温家宝、王震以及肖克、华君武、尹瘦石、王季青等领导和社会名流为垦区和《农垦日报》的题词、画稿、照片以及祝词等。二版至三版通开版刊登了本报记者各个时期采访社会名流的历史性照片；五版至七版刊登了本报从创刊之日起至2007年荣获省以上好新闻的历史资料。9月8日，《农垦日报》一版以《半世纪辛勤耕耘，三代人创业颂歌，农垦日报创刊50周年隆重举行》为题，报道了总局党委为《农垦日报》创刊50年举行庆典活动的情况。同日，一版发表本报编辑部文章《让农垦日报这棵大树更加根深叶茂》、《老报人张惟将珍藏45年的王震亲笔信赠给本报》等消息。在当日的大会上，纪念《农垦日报》创刊50周年系列丛书与读者正式见面，总局党委书记吕维峰为这套系列丛书发行剪彩。报纸在一版刊发消息《翰墨飘香，书画流芳，农垦日报创刊50周年书画摄影展开幕》；同日，报纸在一版还刊发消息《知名书画何处有，今朝且看风雅居，全省首家报社旗下书画陈列馆开馆》。9月9日一版又以《激扬文字50载，情真意切寄未来，本报举行老报人、通讯员代表恳谈会》，刊登了参加座谈会的老报人和通讯员代表在座谈会上的精彩发言的情况。

（孙成钰）

【《北大荒周刊》创刊】 为了增强《农垦日报》的可读性，经过精心准备和筹划，2007年1月7日，《北大荒周刊》四开八版正式刊出，因内容丰富、编排精巧，在垦区内外产生了良好的反响。许多读者称赞《北大荒周刊》是北大荒的《生活报》。周刊的创刊号在一版头条首先刊发消息《垦区开发60年，油然想起老模范，本报向郝焕文献花表敬意》，在垦区产生良好影响。3月18日，《北大荒周刊》一版刊载消息《世界最长的婚龄出自北大荒，王兰坡孔凡英86载相伴度百岁》。5月27日一版再次刊发头条消息《上海大世界吉尼斯总部喜传佳音，王兰坡夫妇86年婚姻获大世界吉尼斯之最》。经过一年的努力，《北大荒周刊》的办报特点和编辑风格日趋完善，内容越来越丰富，可读性越来越强。16年的《农垦日报》周六刊从此改为周七刊，实现了真正意义上的日报，是农垦报业史上的一个大跨越。 （孙成钰）

【社会主义新农村建设报道】 2007年《农垦日报》编辑部对社会主义新农村建设的报道十分重视，全年刊发有关新农村建设内容的文字、图片、评论等新闻稿件3 000多篇，为促进垦区的新农村建设发挥了重要作用。全年刊发的重要新闻稿件有：1月20日刊发通讯《众人划桨开大船——铁力农场新农村建设见闻》；1月27日一版通讯《标杆，屹立在希望的大地上－垦区新农村建设纪实》；2月27日一版通讯《脑筋这样急转弯——嫩江农场新农村建设纪实》；3月23日二版评论《新农村建设应从抓小事入手》；3月26日通讯《草原奏响新乐章——汤原、四方山农场新农村建设纪实》；4月2日一版头条刊发消息《汤原农场在节约中建设新农村》；4月3日一版消息《曙光农场引带联帮办法多》，同时刊发消息《昔日奖励重口袋，今朝奖励重脑袋，普阳农场建设新农村首先培育新农户》;4月7日一版消息《八五七农场启动农业信息到户工程》;4月10日一版头条消息《勤得利农场扮亮小城镇牵动经济发展》;4月18日一版头条消息《前锋农场倾情发展环境友好型畜牧业》;4月23日一版头条《牡丹江分局探索群众文体活动新模式》;4月27日一版头条消息《普阳农场新农村建设"三型"争艳》;5月14日一版头条消息《瘦身住楼成本,升级医疗水平,八五八农场改善民生唱好重头戏》;5月16日一版头条消息《打造旅游新亮点,建设优美新农村,柳河农场着力建成北大荒的桃花源》;5月22日一版头条消息《创建方式搞活动,先锋工程起效用,八五四农场新农村建设突显党员先进性》等重要新闻稿件。

(孙成钰)

【场县共建内容报道】 2007年3月19日一版刊发通讯《扬起共赢的风帆——农垦九三分局与嫩江县合作共建推进大会侧记》。同日在报眼位置还刊发消息《嫩北农场与地方合作开创新局面》。为使场县共建的新闻报道形成强势,3月30日一版开辟专栏《场县手拉手,建设新农村》,并在一版配发头条消息《九三分局场县共建"小农场"模式落地生根》;4月4日一版消息《帮农村增收,带农民致富,促农场发展,宝泉岭分局场县实现三项合作》;4月11日一版消息《建三江分局场县共建搅活区域经济》;5月11日一版头条消息《宝泉岭分局三招做大场县共建文章》等。下半年又相继在一版和二版刊发了红兴隆分局、牡丹江分局、绥化分局、北安分局等单位与地方县、市开展经济合作共建的消息和通讯等。(孙成钰)

新闻出版

【法制宣传工作】 垦区各级新闻出版管理部门按照省新闻出版局要求,认真开展4.26世界知识产权日,共设立宣传点6个,制作条幅6条,印制宣传单600份,向垦区广大人民宣传《中华人民共和国著作权法》等法律法规,进行有关知识产权保护方面的法律援助,受理举报侵权盗版的案件。12.4全国法制宣传日,认真开展法制宣传活动,共设立宣传点9个,散发传单900份。2007年总局新闻出版局被国家新闻出版总署评为"全国新闻出版系统'四五'普法先进集体",被省新闻出版局评为"省新闻出版行政执法先进集体"。

(詹思远)

【扫黄打非】 扎实有效地开展第十九次"扫黄打非"工作。垦区各级"扫黄打非"成员单位按照垦区2007年"扫黄打非"行动方案,积极开展各种专项清理活动,对垦区内的文化、新闻出版物市场进行清查,全年进行集中清理12次,出动3 120余人次,查缴各类非法出版物5 714册(盘),其中"法轮功"宣传品67件,盗版图书2 335册,盗版音像制品3 379盘,非法期刊25册。(詹思远)

【出版物市场管理】 按照省"扫黄打非"工作领导小组要求,总局"扫黄打非"工作领导小组在2007年上半年在垦区开展查缴政治性非法出版物的"春雷行动"。共出动各级"扫黄打非"工作执法人员1 750余人次,对垦区内的出版物集中经营场所,车站、旅游景点、校园周边等人员流动量较大的公共场所作为清查重点部位进行彻查,收缴非法出版物2 700余本(盘),其中盗版音像制品1 380余盘,淫秽色情光盘70余盘。3月份,组织开展了以巩固"反盗版百日行动"成果为重点的"反盗版天天行动"。出动文化、公安、工商等部门执法人员410余人次,对垦区120余家音像制品经营单位进行检查,共收缴非法音像制品1 380余盘,其中淫秽色情光盘70余盘;在检查过程中执法人员发现游商地摊2户,依法予以取缔。5至6月,开展了对淫秽色情等有害文化垃圾的专项治理行动。对校园周边的出版物经营单位进行检查,没收64开"口袋本"图书530余册,净化了校园周边市场;对垦区255家网吧进行检查,没有发现提供淫秽色情文化垃圾的网吧,对为上网者提供"私服"、"外挂"的网吧或者见上网者下载、使用"外挂"或登陆"私服"不予制止的网吧给予警告,要求其立即卸载、改正。第四季度,按照省"扫黄打非"工作领导小组办公室、省新闻出版局《关于开展整治假报刊、假记者站、假记者、假新闻专项行动工作方案》(黑扫黄打非办联[2007]2号)的要求,在垦区开展整治假报刊、假记者站、假记者、假新闻专项行动,依法查缴《茶余饭后》13本、《天下奇闻》3本、《新聊斋故事》17本、《女子犯罪纪实》3本、《恐怖聊斋》4本。(詹思远)

【印刷企业监管】 严格按照《黑龙江省新闻出版局关于加强印刷业监督检查进一步规范市场印刷市场秩序的通知》(黑新出印字[2007]4号)要求,在垦区开展以查缴政治性非法出版物印刷、查处盗印教材教辅读物印刷、清查取缔无证无照或证照不全的印刷厂为重点的清查印刷企业专项行动。使垦区的印刷市场秩序进一步规范。(詹思远)

【双优诚信书店】 按照省双优诚信书店评选办法规定的标准及要求,推荐九三农垦新华书店为第二届"黑龙江省双优诚信书店"。并对红兴隆农垦新华书店、建三江农垦新华书店进行复核。

(詹思远)

文化市场

【网吧管理】 垦区各级文化行政管理部门,以打击网吧接纳未成年人、超时经营、擅自卸载"净网先锋"经营管理软件为重点的网吧专项治理行动。红兴隆分局重点开展了以打击违法接纳未成年人上网消费、清除网上有害信息、超时经营、取缔黑网吧为重点的专项行动。牡丹江分局文化局会同公安、工商、通信等部门组成联合检查组,以严厉查处网吧违规经营行为为重点,从3月开始在辖区内开展了集中执法检查联合行动。重点查处了接纳未成年人进入,超时营业、擅自卸载"净网先锋"经营管理软件和黑网吧非法经营等违法违规行为。全年查处各种违规经营行为20多次,分别给予警告、罚款、停止整顿等行政处罚14次。九三分局文化局为了加实加强网吧整治力度,对全局所有网吧进行为期2个月的专项整治。出动车辆85辆次、执法人员近1 000人次，共进行“零点行动”48次，共查处违法违规网吧7家，停业整顿3家，按照省里要求，对超时经营的7家网吧实行每日零点至次日8点断网。绥化分局文化局针对嘉荫农场存在黑网吧的情况，联合工商、公安部门依法进行取缔。

（詹思远）

【娱乐场所管理】 以娱乐场所审核登记为契机，以严厉打击电子游戏厅违法经营行为为重点，开展娱乐场所集中治理行动。会同工商、公安、环保、卫生等部门对垦区的娱乐场所进行分类处理。制定出切实可行的《娱乐场所审批流程》印发各分局贯彻执行。垦区内90%以上的娱乐场所已经完成了审核登记。

（詹思远）

【音像制品管理】 垦区各级文化市场管理部门，按照省文化厅的要求与部署，加强对音像市场的监管力度，按照《违法音像制品查缴目录》进行查缴。在认真依法整治合法的音像制品零售、出租单位经营侵权盗版音像制品的同时，还积极协调工商、城管等部门，严厉打击无证经营违法音像制品的坐商和游商，通过治理不断提高音像市场正版占有率。2007年垦区各级文化市场管理部门共收缴非法音像制品3 379盘。

（詹思远）

【营业性演出管理】 2007年是垦区开发建设60周年，各分局、农场纷纷举行庆典活动，总局文体局坚持规范管理，严格依照《营业性演出管理条例》第四十三条之规定，依法打击无证演出、未经文化部门批准擅自演出等违法行为。对于对外来演出团体，稽查人员严格把关，对不合条件坚决不予审批，确保了垦区演出市场的规范健康。（詹思远）

【行政执法】 2007年1月，抽调部分分局执法人员组成垦区文化市场检查组，对宝泉岭分局、牡丹江分局的局直地区、部分农场的文化市场与新闻出版物市场进行检查。此次检查历时7天，共检查网吧27家、电子游戏厅7家。依法对存在违法经营行为的5家网吧进行了行政处罚。（詹思远）

【健全工作制度】 按照《黑龙江省文化厅关于加强文化市场管理稽查机构制度建设的通知》（黑文发［2007］52号）的要求，认真建立健全了层级监督制、学习培训制、岗位责任制、监督检查制、绩效考核制、错案追究制、重大行政处罚备案制、案件转办制等制度。

（詹思远）

档案·史志

【档案工作】 2007年，总局档案馆全年共接收机关归档文件材料7 647件，接收党员先进性教育办公室移交文件材料1 003件、安全监督委员会移交的矿山许可审批存档材料169件、成品油审批存档材料554件；机要室印信4盒；总计接收进馆文件材料9 373件、印信审批单4盒。加强档案软件的维护和数据备份，已拥有可检索查询的电子文件目录信息46 760条。接收财会档案788卷，按照上级工作要求，完成档案统计年报上报工作。为撰写《北大荒全书》等作品和机关正常业务工作查考利用文书档案286人次、调档811件（卷）、复印量2 797张；财会档案利用699卷，99人次，复印697张。2007年，总局机关档案管理工作被省档案局列为免检单位，被评为全国优秀集体。

（蔡文利）

【史志工作】 2007年总局史志办继续抓好《地方志工作条例》的学习贯彻落实，并在《条例》的指导下，加快了垦区第二轮修志工作。积极做好基层志书的组织、指导工作，严格三审制，严把质量关，审定出版基层续志共20部约1 000万字。编纂好《黑龙江省志·农垦志》（1985～2005）和《黑龙江农垦志》（1947～2005）两部志书，基本完成了《黑龙江省志·农垦志》（1986～2005）篇目修订工作及组织指导机关各处室完成所承担部分的初稿编写及核稿工作。编辑出版《北大荒史志》共4期约50万字。完成了黑龙江农垦系统网络化方志馆的建设工作，在“中国龙志——黑龙江省情信息网”（http://www.zglz.gov.cn）建立了北大荒开发建设60周年专题，农垦系统网络化方志馆的建成，使农垦总局在完成省政府办公厅《关于加强地方志信息化建设工作的通知》的要求上起到了表率作用，受到省地方志领导的肯定和表扬，成为2007年全省地方志信息化网络化建设的排头兵。围绕总局2007年工作重点，深入挖掘修志成果，为认真完成“五个一”工程的各项任务，积极为机关各部门提供优质服务。高质量地完成了《北大荒全书·大事记》卷80万字的编写任务。陪同中国地方志指导小组办公室领导和省志办领导检查指导垦区齐齐哈尔分局及绿色草原牧场史志工作，受到上级领导的好评。还陪同省志办领导检查了哈尔滨分局及青年农场的史志工作。（辛　田）

卫生·体育

卫 生

【概况】 2007年全面落实省委、省政府关于支持垦区加快发展有关政策对接工作，向省卫生厅呈送了《关于贯彻省委省政府黑发[2006]30号文件中支持垦区卫生事业发展意见有关问题的请示》，省卫生厅于2007年2月6日、5月23日分别以《关于贯彻〈黑龙江省人民政府关于修改医疗机构管理办法的决定〉的意见》《关于印发黑龙江省放射诊疗许可证发放管理办法的通知》，同意赋予垦区医疗机构、放射诊疗、传染病防治工作的监督管理职能。总局制定下发黑垦局发[2007]12号文件《黑龙江省农垦总局关于加快垦区医疗卫生事业发展的实施意见》，推进垦区卫生事业健康发展。2007年垦区各级各类医疗卫生机构2 610个，其中医院116所；总局、分局级医院8个；精神病专科医院1个；疗养院1所；门诊部、所2 179个；农场级职工医院107个，管理区及居民点卫生所2 144个，卫生监督所104个；疾病预防控制中心112个，妇幼保健院99个。卫生系统总人数12 591人，卫生技术人员10 793人，床位7 415张，千人口床位数4.67张，千人口卫生技术人员数6.31人，医疗卫生用房71万平方米，万元以上设备3 084台(件)。2007年新接收农场医院10个。红兴隆分局中心医院院长王明库荣获全国“五一”劳动奖章。农垦总局总医院张俊荣获全国卫生工作先进个人称号。 （王春华）

【公共卫生体系建设】 一是垦区农村计划生育服务体系建设项目，列入国家“十一五”规划，2007年安排县级计划生育服务站项目1个，建筑面积1 200平方米，国拨120万元。二是农村卫生服务体系建设项目，“十一五”期间国家计划安排农场医院改新建项目71个，总投资4 050万元，其中土建项目2 350万元，设备1 000万元。分局中心医院项目3个，700万元。2007年安排农场医院新建项目7个，设备装备安排35个农场，资金400万元，县级医院项目1个，资金220万元。组成调查组深入基层对39个农场设备状况进行调查、编报项目计划。三是医疗救治体系建设项目，组织和完成38个农场医院、3所中心医院艾滋病初筛试验室设备的招标、调试、人员的培训工作。推进13个农场医院房舍改新建项目，已完成10个农场，其中新建5个，完成3个；改建8个，完成7个。为划归的农场装备了计划免疫冷链设备(冰箱、冰包)。组织开展疾病预防控制及医疗救治体系建设项目实施，完成分局的以上卫生监督疾病预防控制体系必要设备，急诊、急救设备投资1 150万元，配备35个国债项目建设单位的设备配备投资254万元。 （王春华）

【疾病预防控制】 制定下发了《农垦总局突发公共卫生事件应急预案》、《农垦总局突发医疗卫生救援应急预案》，加强传染病执法检查工作，重点预防控制艾滋病、出血热、肝炎、结核、布病等重大疾病的发生和流行。2007年垦区传染病报告发病率139.13/10万。开展传染病防治监督检查，总局抽查4个分局6个农场，对检查情况进行通报，存在问题的单位给予处罚。开展预防用生物制品清查，对16种生物制品进行专项清查，规范第二类疫苗使用管理工作。开展艾滋病初筛实验室项目人员培训，培训检验人员80人。4月份在农垦总医院举办心脑血管、肿瘤等慢性疾病干预工程启动仪式，邀请全国心脑血管疾病专家来垦区讲学，培训垦区心脑血管疾病防治相关人员150余人。2007年垦区爱国卫生工作，以创建工作为主线，以春秋两季爱国卫生月活动为契机，重点抓了城乡卫生环境面貌的综合治理和健康教育工作及农村改水改厕工作，依法加强了爱国卫生工作法制建设和规范化管理。创建省级卫生城镇1个；省级卫生先进单位15个；省级卫生先进村20个，自来水总普及率达87.94%；农村卫生厕所总普及率达66.98%；城乡中小学生健康教育开课率100%；农民健康教育行动开展率达90%以上，完成了与省爱卫会签订的责任状。2007年地方病防治工作中完成为期3年的(2005～2007)布鲁氏菌监测工作，设立监测点5个农场，投入专项经费10万元。 （王春华）

【妇幼保健】 为深化垦区妇幼保健体制改革，全面落实卫生部、省卫生厅相关文件精神，2007年1月制定下发了《关于贯彻落实卫生部〈关于进一步加强妇幼卫生工作的指导意见〉和〈妇幼保健机构管理办法〉的通知》，进一步明确妇幼卫生管理、监督、母婴保健技术服务工作职责及妇幼保健机构的性质与功能定位。加强妇幼保健执法监督工作，开展妇幼卫生执法监督检查工作，2007年7月在各分局自查的基础上，抽查了4个分局、1个中心医院、1个局直医院，6个农场、4个生产队卫生所，对检查情况进行了通报。8月举办了妇幼保健业务培训班，聘请省内妇幼卫生管理专家，培训基层妇幼保健人员135人。贯彻实施了《黑龙江省〈孕前保健服务工作规范(试行)〉》《全国妇幼保健机构健康教育工作管理规范（试行）》《全国妇幼保健机构信息工作管理规范(试行)》。加强产科质量管理，强化孕产妇系统保健和儿童系统保健工作，2007年孕产妇死亡率为0，婴儿死亡率6.31‰，5岁以下儿童死亡率7.22‰。巩固提高新生儿疾病筛查工作，筛查5 911例，新生儿疾病筛查率达85%以上。牡丹江、北安两个分局从2001年开始作为全省为期10年的孕产妇系统保健、儿童系统保健、出生缺陷三网监测点工作，经过省卫生厅质量控制检查，各项指标均在全省前列。 （王春华）

【卫生监督】 组织开展学校、餐饮业(含食堂)、公共场所、生活饮用水等公共卫生的监督检查工作。开展食品专项治理和餐饮消费安全专项整治工作，加强对食品经营单位和餐馆业卫生许可的发放和管理工作，以集贸市场、餐饮业、学校及工地食堂、儿童食品为重点，加大监督检查力度，监督检查了餐饮单位7 740户次，出动卫生监督执法人员3 929人次，查处违法案件399件，取缔无卫生许可证104家，吊销卫生许可证5家，责令停业26家次，警告320家次，罚款44家次，罚款金额8.68万元。制定和实施“心连心”的大型活动医疗卫生应急预案，确保了“心连心”活动的食品及医疗卫生安全。

（唐志明　王春华）

【医政管理】 开展了维稳创安百日行动,“医院管理年、形象年”创建平安”医院活动。开展整顿和规范医药市场整治工作,对各农场医药购销企业进行了监督检查,立案查处异地行医案1起,非法行医诊断4起,取缔非法牙科诊所3家。对17所二级医院依法进行校验,认定部分专业科。对20所二、三级医院进行监督检查,对存在问题的医院下达整改意见书,限期整改。组织开展清理整顿非法医疗广告专项行动,清理非法医疗广告25条。贯彻落实省卫生厅、公安厅关于维护医院正常秩续的通知精神,提高服务水平,入院诊断与出院诊断符合率高于85%。积极探索县域卫生服务新途径,九三分局与嫩江县共同制定了卫生合作共建实施意见。宝泉岭医疗集团新华农场分院与新华镇医院实行资源有效整合,实行一个医院两块牌子、两种职能,为农民提供优质的基本医疗服务。

（张启新　王春华）

【卫生行风建设】 重点开展了纠正医药购销不正之风活动,以总局为单位举行药品和国家拨款装备部分农场医院设备的集中招标采购工作,中标药品种类4 768个品种,医疗耗材品规106种。开展“院务公开”活动,将医院人事、财务等事项实行民主管理、民主监督、阳光操作。制止医疗机构滥检查、乱收费。农垦总局卫生局、农垦总医院、红兴隆分局中心医院、建三江分局中心医院荣获全省卫生系统政风行风建设最佳单位,北安分局中心医院荣获全省卫生系统政风行风建设贡献奖。

（张启新　王春华）

【医学科研教育】 2007年垦区获省卫生厅新技术应用奖三项,其中农垦总医院获三等奖2项,红兴隆分局中心医院获三等奖1项。全面开展全科医学教育,红兴隆分局、建三江分局有800人参加了佳木斯大学举办的面向基层的全科医学系统培训。

（张启新　王春华）

【基层及社区卫生】 加强基层卫生所建设,制定下发了《黑龙江省农垦总局关于加快垦区医疗卫生事业发展的实施意见》、《黑龙江垦区甲级卫生所标准》,垦区甲级卫生所达90%。2007年省政府将垦区农场级卫生人员列入全省县域农村优秀卫生人才奖励范围,表彰全省县域农村优秀卫生人才192人,奖金38.4万元。制定下发《垦区公共卫生服务项目管理办法》,发展社区卫生服务,积极争取国家对垦区社区卫生服务政策支持,批准社区服务站31个。中央财政安排社区公共卫生资金646.5万元。

（王春华）

·农垦总医院·

【概况】 省农垦总局总医院暨黑龙江省第二肿瘤医院为一所集医疗、教学、科研、预防、保健和急救于一体的大型综合性三级医院。是黑龙江省、哈尔滨市、黑龙江省农垦系统、铁路系统职工基本医疗保险、省级新型农村合作医疗定点医院和哈市城镇居民医保定点医院。2007年医院占地面积15万平方米,建筑面积达6.2万平方米。拥有开放床位700张,职工800余人。医院下辖香坊门诊部、中和街门诊部及1个社区卫生服务站。医院固定资产达2.28亿元。医院设有临床26个、辅助医疗科室12个。医院的肿瘤治疗、康复治疗、心血管病治疗、肾病治疗、布病治疗、功能神经外科、手显微外科等已发展成为省内领先的特色专科,某些领域达到了国内先进水平。拥有专业技术人员650人,副高级以上职称人员165人。

2007年,医院经济运行状况良好。总收入达1.545亿元,同比增长26.75%;实现业务收入1.172亿元,同比增长33.67%;收支节余102.3万元,同比增长79.88%;在岗职工月均收入突破3 000元(含各种险金),同比增长25.44%;资产总额突破3亿元,同比增长31.58%。累计门诊诊疗病人132 229人次,同比增长23.69%;累计出院病人10 226人次,同比增长14.6%;手术4 508例次,同比增长19.9%;医技系统检查293 632人次,同比增长20.76%;床位使用率78.82%,同比增长12.2%。医保收入3 776万元,同比增长100.13%。

（焦永梅）

【人事和分配制度改革】 结束了全员聘任工作。全院设置工作岗位714个,其中包括专业技术岗位635个,管理岗位25个,工勤岗位54个,共有720人参与到岗位竞聘中来,其中8名待岗人员参加了竞聘。全院共聘任专业技术人员635人,其中非卫生专业技术人员40人,卫生专业技术人员595人,高职低聘24人。还完成了2007年人才引进工作,接收毕业生68人。经考核将12名合同制护士转为正式编制护士。按上级文件精神,为符合调资条件的997人进行了工资改革,其中包括在职人员714人,离退休人员22人,退休人员261人。在上级规定的时间内,完成了全员新的工资调整。自2007年1月1日起,对全员实行了新的工作津贴和生活补贴标准。据统计,年度内为全院职工进行了工资改革、津贴归并及在职人员工作津贴调整。对工资改革部分进行了兑现和补发。全院与上年相比,增加人员费用2 000多万元。完善了《岗位绩效工资分配办法》、《科室综合目标考核标准》。修订了《科室工作人员德能勤绩考核办法》,将量化标准和执行标准、完成情况及奖惩措施列入其中。

（焦永梅）

【学科建设】 2007年初,医院已拥有临床科室28个,医疗辅助科室12个。5月心血管科、性病(门诊)在省卫生厅登记注册。医院建立了符合省卫生厅要求的血液净化室,专业重点为血液透析、血液透析过滤、血流灌注、血浆置换、血液过滤等,透析量每月达300多人次。10月,血液净化科正式在省卫生厅登记注册。

（郭振军）

【科研成果】 2007年,总医院在省卫生厅获新技术应用奖“三等奖”1项;获总局卫生局新技术应用奖“三等奖”5项;获总医院新技术应用奖“一等奖”1项,“二等奖”3项;“三等奖”6项。

（郭振军　罗秋菊）

【慢性非传染性疾病干预工程】 根据

国家科技部有关文件精神和垦区“十一五”规划要求，黑龙江垦区与国家科研、医疗单位共同协作，在垦区实施心脑血管和肿瘤疾病干预工程。总局成立了黑龙江垦区慢病非传染病干预工程管理委员会和工程专家委员会，办公室设在农垦总医院。5月18日，农垦总局在总院召开慢性疾病干预工程启动大会和高级医师培训班，参会人员360多人。总局党委副书记、副局长、垦区慢病干预工程管理委员会主任委员韩乃寅为工程剪彩。世界高联盟主席刘力生教授率6名国内著名专家参加启动仪式并授课。会后农垦总医院组织有关专家编撰的《慢性非传染性疾病诊疗常规》下发到各农场医务人员手中。当年对垦区9个分局、30多个农场进行了调研工作，共授课54课时，培训医生420多人。通过网络直报，共收集了全垦区慢病患者为21 696人，其中高血压4 976人，冠心病5 742人，脑卒中6 848人，糖尿病2 351人，恶性肿瘤1 779人。

（时长山）

【医保工作】 2007年4月27日，黑龙江省卫生厅批准17家“省级新新型农村合作医疗定点医院”，总院成为其中之一。12月，农垦总院成为哈尔滨市职工生育医疗保险定点医院，从而使医院的医疗保险的范围进一步扩大。医疗保险收入明显提高，全年医疗保险收入3 776万元，较2006年增加了102%。医疗保险收入占医院总收入比例同比增长了11个百分点。（王久文）

【与韩国清州圣母医院建立姊妹友好医院】 2007年5月25日上午9点，农垦总医院与韩国清洲圣母医院签订建立姊妹友好医院合作协议。7月25日，总医院院长魏光春应邀参观考察了清洲圣母医院。通过双方多次协商，最终达成了双方轮流承办，每年进行一次医院管理层经验交流活动；技术层相互派员到对方医院工作，免费进行进修的协议。韩方到总医院学习的主要内容是康复治疗中的针灸、按摩，肿瘤治疗中的放疗技术。总医院主要学习对方的外科微创技术和康复技术等。总医院护理人重点学习韩方人性化的护理理念及个体化的先进护理模式。对方则重点学习总医院在护理队伍建设上的经验。

（焦永梅）

【接收哈尔滨第一机械制造有限公司职工医院】 2007年10月9日下午14时，在总局机关20楼会议室总局与哈尔滨第一机械制造厂签订《黑龙江省农垦总局兼并整合哈尔滨第一机器制造有限公司职工医院协议》。哈一机医院所在地为哈市道外区大有坊街，医院占地面积3 069平方米，其中地上建筑物面积6 386.77平方米。因企业剥离办社会职能，决定将医院无偿划拨给总局（原哈一机职工医院工医院具有二级医院资质）。总局将其归总医院管理经营，兼并后的哈一机职工医院成为农垦总医院二分院。（焦永梅）

【设备引进】 2007年，医院累计投入2 000万元，购入国际、同内领先的医疗设备荷兰飞利浦16排螺旋CT、日本产彩色超声多普勒、烟台产16位高压氧舱各位1台，德国贝朗公司产血液透析机8台。增加世界先进检验设备6台、血液透析配套设备两台、眼科手术治疗设备5台、心电等医疗、医技、检查、手术等设备7台套。共引进各种医疗设备34台套。（杨　明）

【信息化建设】 2007年6月初，医院完成了HIS系统46万元招标工作。6月23日至7月7日，总医院香坊门诊部正式上线。7月21日至9月1日，总院正式上线使用除电子病历外的所有模块。新HIS系统的使用，使全院的财、物得到更好、更准确的管理。11月25日全院电子病历正式运行。医院为25个临床科室购入120台电脑，启动电子病历运行。使病历书写格式实现规范化、内容严密化、修改合法化、监控适时化、归档及时化。医院出台了电子病历使用规范，通过质量管理部门的质量控制工作站进行事前提醒、事中监督、事后考核，以提高医疗质量。

（王忠臣）

【行风建设】 2007年3月16日，召开了全院反腐倡廉暨树立行业新风大会，各部门与院长签订了行风工作责任状，各科室健全了行风领导小组；党委中心组及全院中层以上领导干部学习了《中共中央纪委关于禁止利用职务上的便利谋取不正当利益的若干规定》。组织全院党员观看了《中国共产党党员领导干部从政若干准则》的辅导讲座。组织医院全体人员观看了警示教育片《同医药购销回扣风的较量》；建立医德医风考评制度、医德医风档案管理制度。每季度进行医务人员行风工作自查；每日开启院长信箱，并做记录；每月下科室进行医德医风工作检查。全年下发行风问卷调查情况表3 808份，电话随房病人400人次医德医风满意率99%。收到患者表扬信27封，锦旗24面，拒收红包20多人次，合计23 000多元。

（刘柏琛）

·农垦太湖疗养院·

【概况】 农垦太湖疗养院占地13.33公顷，总建筑面积18 000平方米。2007年疗养院按照“服务大局、统筹兼顾、突出重点、促进发展”的总体思路，把优质高效完成好总局交办的各项接待任务与加强院区建设、强化市场营销、规范内部管理、优化产业结构和加强职工队伍建设有机地结合起来，积极地寻找新的经济增长点，扩大市场占有份额，增加经营利润，从环境建设、基础设施改造及提高职工队伍的整体素质，提高服务质量和水平入手，不断增强竞争实力，在物价上涨，人员工资大幅上调，经营成本大大提高的不利形势下，较好地实现了年初制定的总体经营指标，经营指标稳中有升。（李冬春）

【接待工作】 全年共接待旅游、度假、会议、体检等团队37 636人次，其中上海5 819人次，浙江3 254人次，南京1 459人次，黑龙江8 517人次，常州1 828人次，无锡地区4 572人次，天津、安徽756人次，疗养员350人。经营活动运转良好，职工年人均收入47 000元，创历史新高。成功接待了包括3期总局管理区领导干部培训班、2期黑龙江省人大干部培训班及哈尔滨市、佳木斯市、鹤岗市、人大干部培训班、石化二建、四建多期培训班、重庆啤酒集团营销培训班、江苏省教育系统年会、黑龙江省社保系统等在内的百人以上的大型培训班和会议；接待了来自国家各部委、黑龙江省、兄弟省市及垦区的领导80多人。成功举办了建院20周年庆典活动。

(李冬春)

·农垦第二医院·

【概况】 黑龙江省农垦第二医院是农垦总局直属专科医院，也是黑龙江垦区唯一一所精神疾病治疗专科医院，医院承担着垦区精神疾病的预防、治疗、收容、收养及康复等“五位一体”功能。是农垦总局职工基本医疗保险定点医院，佳木斯市城镇职工基本医疗保险定点医疗机构，佳木斯市精神疾病劳动鉴定定点医疗机构，佳木斯大学临床医疗合作集团现事单位。医院位于佳木斯市前进区安庆街262号，占地面积2.1万平方米，建筑面积3.2万平方米，其中包括汤原分院及汤原农场社区卫生服务中心。2007年有职工348人，副高职以上专业技术人员28人，中级专业技术人员105人，其中：医生127人，护士146人，行政人员14人，工勤人员32人。实际开放床位550张。医院拥有较大医疗设备有全身CT、彩色超声、血液透析机、电子胃镜诊断仪、C型臂、大生化分析仪等156台(套)。从医疗设备种类、台件、功能良好率以及诊断能力等方面比较医院在佳木斯市区医院当中排名第三名，医疗设备固定资产为1 548万元。

2007年医院经济收支总体平衡，获总局财政拨款1 155.82万元，医疗业务收入1 392.84万元，业务支出2 546.66万元。全年收治病人13 130人次。住院患者2 413人次。实际床位使用率为100.82%。2007年经省司法厅专家组考评，授权医院为精神疾病司法鉴定机构(省内精神疾病司法鉴定医院仅有10家)。经黑龙江省卫生厅专家组考评我院通过验收，晋升为三级专科医院(目前，我省有62家精神病院，仅有9家为三级专科)。2007年垦区精神疾病发病率平均为17‰(局部地域高达21‰)。针对垦区精神疾病高发的现状，总局精神病防治院根据国家《中国精神卫生工作规定(2002～2010年)》所确定的工作目标，不断推进垦区精神疾病预防与治疗工作水平，加速精神疾病“四率”(普通人群心理健康知识和精神疾病预防知识知晓率，儿童和青少年精神疾病和心理行为问题发生率，精神分裂症治疗率，精神疾病治疗与康复工作人口覆盖率)的提高。

(宋　斌)

【精神疾病预防工作】 在垦区范围内大力开展精神卫生知识宣传工作，成立了防治康复科。由专人负责对垦区精神疾病预防知识宣传与培训工作。在临床上抽调多名专家组成培训指导组。制定了垦区培训计划。从2007年1月份开始，先后深入到部分分局、农场对社区防治康复人员进行业务指导。2007年对红兴隆、宝泉岭、绥化及牡丹江4个分局进行了精神疾病防治人员普遍培训，对哈尔滨、九三、建三江、齐齐哈尔分局累计培训人员2 896人次，下发文件及培训资料6 167份，发放宣传单15 468份。通过业务培训，使垦区精神防治工作水平有了明显提高，特别是对精神疾病知晓率和普通人群对精神疾病的甄别能力起到了推动作用。能够做到了早发现早治疗的效果，提高了治愈好转率和回归社会成功率，降低了致残率，也降低了垦区精神病人杀人、放火、强奸以及上访等肇事肇祸案件的发生率。

(宋　斌)

【精神疾病治疗工作】 本着“社会化、综合性、开放式”的治疗管理原则，病区管理由封闭式逐步推行开放式或半开放式管理。2007年医院借鉴国内其他医院的治疗经验，在临床上逐步尝试治疗精神疾病新型药物的应用，并在临床上加以观察和总结，精神症状得到有效控制。开始重视对病人的心理治疗工作，在药物治疗的前提下，辅以心理治疗、音疗、娱疗以及工疗等多种治疗措施。在临床上应用海氏曼心理测试系统，用心理测试辅助疾病诊断，对配合临床用药治疗及时修订药量起到了关键性作用。广泛开展了文体活动，医护人员与患者共同参与表演和体育竞技，使病人感受到人格的尊重，对减缓病人功能的衰退收到了明显成效。

在精神疾病治疗方面，配合总局残联完成了垦区贫困精神疾病患者免费送药及救治救助任务。制定了详细的工作实施方案，成立了领导小组及免费巡医送药专家组，配备一台救护车。自2007年年初开始，专家组就开始深入到各分局及农场，及时同各分局农场民政残联等部门进行联系，对贫困精神疾病患者进行调查统计，确定救助对象，建档立卡，明确救助免费送药职责，确立跟踪随访制度，以保证免费送药患者能对症用药，及时得到专家组的用药指导，根据病情变化调整药量，以便把免费送药工作真正落到实处。2007年垦区共免费为贫困精神疾病患者送药3 000人。自5月份开始对垦区贫困精神疾病患者全面实施了“扶贫关爱解锁”行动，工作的重点是因患精神疾病而导致家庭贫困难以继续治疗的患者实施救治救助。先后派救护车到牡丹江分局、红兴隆分局、宝泉岭分局、九三分局及11个农场接收救治救助贫困精神疾病患者143人。为做好垦区贫困精神疾病患者救治救助工作，配合总局残联制定出台了黑垦残发[2007]15号即《黑龙江垦区贫困精神疾病患者救治救助住院治疗工作实施方案》。垦区所开展的“扶贫关爱接锁”行动，共救治救助贫困精神疾病患者143人，治疗后返回家中康复治疗的有62人。

(宋　斌)

【精神疾病康复工作】 本着精神病初发医院治疗，恢复期转入康复基地过渡性康复，康复后由二、三级康复防治网监护的思路，在总局残联的大力扶持下，创办了精神病人康复基地。医院用残疾人扶贫贷款和自筹资金等办法加大了对康复基地的投入，在全国创办了第一个精神疾病康复农场，设立康复床位20张，先后办了白酒厂、养猪场、养狗场和不锈钢、铝合金加工厂，发展种植业(如农作物蔬菜种植，林苗木培育等)。在医护人员的监护下，带领他们参加力所能及的生产劳动，以增强康复期病人体能和适应社会的能力。还为康复基地配备了相应的体育器材、电视、VCD等文体娱乐设施，使患者完全置身于回归社会环境中，达到心理与体能的全面康复。2007年康复基地养猪700多头,养狗300多条,养鸡、鸭、鹅5 000只,养羊50只,种植土地6.67公顷,生产白酒30多吨,生产不锈钢铝合金设备达3 000多台件。康复基地将所得经济收入均用于精残病人的治疗用药、工资报酬、伙食补助以及康复基地再生产建设上,以减轻患者家庭及所在单位的经济负担。采取过渡性康复,增强了其社会适应能力,自我生存能力及复发率等。过渡性康复经验得到了中残联的肯定。

医院在总局的支持下,积极筹建北大荒知青托管中心。托管中心集肇事肇祸收容和"三无"精神病人救助于一体,规划建筑面积8 000多平方米,计划投资2 100多万元,室内设有康复室、医疗室、娱乐室等,是黑龙江省唯一一所集医疗托养为一体的托管中心,为患者提供康复训练基地。到2007年底,知青托管中心前期科研及初设审批工作已经完成,到位建设资金500万元。

(宋　斌)

·总局卫生监督所·

【卫生监督】 一是组织开展经常性卫生监督,年内对10 647户食品生产经营单位进行卫生监督61 736次,监督覆盖率99.37%,户均监督5.8次,监督合格率94.01%。对2 103户公共场所进行了卫生监督,监督覆盖率96.60%,场所持许可证经营率94.81%,从业人员监督合格率96.86%。对419户化妆品经营单位进行了卫生监督,监督覆盖率100%,经营单位持许可证经营率92.84%,从业人员监督合格率95.23%。对1 704户生活饮用水集中式供水单位进行了卫生监督,监督覆盖率99.82%,供水单位持许可证经营率75.10%,从业人员监督合格率90.26%。对214所中小学校进行卫生监督1 360次,监督覆盖率100%,校均监督6.4次,监督合格率98.65%。对130家放射工作单位进行了卫生监督,监督覆盖率100%,监督合格率96.92%。总局卫生监督所对23所医院的手术室、消毒供应室、口腔科、腔镜室的布局流程、消毒隔离制度及落实情况进行了监督检查,其中三级医院1所、二级医院18所、一级医院4所。组织开展卫生质量监测,共监测食品13类1 494件,监测合格率93.64%。总局卫生监督所对19所医院的消毒效果进行了现场采样监测,其中三级医院1所,二级医院17所,一级医院1所,共采集样品328份,检测合格率75.30%。组织开展预防性卫生监督,共参与设计审查209家,设计审查率99.05%,审查合格率98.56%。参与竣工验收215家,竣工验收率99.08%,验收合格率99.07%。组织开展食品生产经营单位、公共场所、化妆品经营单位、生活饮用水供水单位、放射工作单位从业人员健康体检和卫生知识培训,共体检31 038人,培训30 782人,体检率97.94%,培训率97.17%。组织用人单位对有害作业工人进行职业性健康体检和职业防护培训,体检2 805人,体检率71.28%,培训3 420人,培训率84.55%。组织中小学校开展学生常见疾病体检,216所学校体检体检学生169 726人,学校体检率100%,学生体检率97.25%。组织垦区卫生监督机构对违法行为依法进行查处,年内依法取缔非法经营业户405户,依法对存在违法行为的管理相对人实施行政处罚1 694起。其中:警告、责令改正1 143户次;罚款195户次,罚金54.20万元;责令停产停业76户次;没收销毁假劣、过期等不合格食品和化妆品3 832公斤;吊销卫生许可证5户。二是开展公共卫生专项整治工作。在餐饮业卫生专项监督检查中,共监督检查餐饮单位和食堂4 302户,检查不合格的858户,占19.94%。对其中存在严重违法行为的93户单位依法进行了查处,不合格单位查处率10.84%。其中罚款40户,罚金199 100元;吊销卫生许可证或取缔53户。在公共场所卫生重点监督检查期间,共监督检查公共场所837户。其中洗浴场所172户,监督覆盖率86.43%,监督合格率76.49%;美容美发场所665户,监督覆盖率74.22%,监督合格率80.47%。对存在违法行为的75户进行了行政处罚,其中警告60户,停业整顿1户,罚款14户,罚金9 300元。监督检查期间,抽样监测公共用具、用品的卫生微生物指标1 213件,监测合格率91.76%,其中洗浴场所公共用具监测384件,合格率92.97%,美容美发场所公共用具监测829件,合格率91.19%。监督检查化妆品经销、使用单位888户,检查品种2 411种。其中美容美发单位648户855种,化妆品批发或零售市场125户758种,化妆品专卖店115户798种。检查不合格77户,不合格品种71种。对存在严重违法行为的28户进行了行政处罚,其中罚款6户,罚金5 500元;没收产品22户,没收产品数量68.6公斤。在放射卫生重点监督检查期间,监督检查放射诊疗机构126家,其中X射线影像诊断124家、放射治疗2家。检查中发现存在违规违法行为的4家,责令限期整改3家。在职业卫生重点监督检查期间,监督检查用人单位91家,其中煤矿4家、其他有关用人单位87家。在重点监督检查工作中,对1家存在违法行为的单位给予了警告处罚。按照《黑龙江省2007年传染病防治监督检查方案》,共监督检查医疗机构和疾控机构955家,其中三级医院1家,二级医院15家,一级医院60家,社区卫生服务中心(站)23家,门诊部30家,诊所32家,居民区卫生室709家,分局疾病预防控制中心7家,农场疾病预防控制中心78家。监督检查中,对25家存在严重违法行为的单位进行了行政处罚,其中给予警告10家,处以罚款4家,罚金26 000元,责令停业10家,建议给予行政处分1家。依照有关法律法规和卫生行政部门的要求,组织开展打击非法行医,规范医疗市场的专项整治工作。在专项整治工作中共查处非法行医36起,其中取缔17家,罚款73 000元,没收药品器械38台件,价值115 000元。

(孙鸿君)

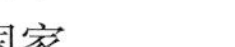

【疾病预防控制】 一是主要指标完成情况。法定传染病发病率低于省内水平:据报表统计,2007年度,38种国家和省法定传染病中,垦区发生法定传染病16种,病人1 971例,报告发病率139.13/10万;死亡8例,病死率0.41%。其中甲类传染病未发生;乙类传染病发生11种1 832例,死亡8例,发病率129.32/10万,病死率0.44%;丙

类传染病发生5种139例，发病率9.81/10万。发病的11种乙类传染病发病率高低依次为:肺结核、病毒性肝炎、流行性出血热、布鲁氏菌病、痢疾、梅毒、淋病、猩红热、麻疹、艾滋病、森林脑炎。垦区乙类传染病构成中,占主导地位的仍是肺结核、病毒性肝炎和流行性出血热,三病的发病人数占86.79%。发病的5种丙类传染病依次为:流行性腮腺炎、风疹、其他感染性腹泻、急性出血性结膜炎、流行性感冒。免疫规划疫苗接种率省内领先：据报表统计，垦区2007年度适龄儿童国家免疫规划疫苗的接种率为:卡介苗99.80%;脊灰疫苗初免99.59%,4岁加强98.55%;百白破制剂初免99.54%,2岁加强99.07%,6岁白破制剂加强97.44%；麻疹疫苗初免98.31%,2岁复种98.27%;新生儿乙肝疫苗99.86%。地方病患病率相对稳定:据报表统计,垦区有甲状腺肿大病人917人，患病率6.55/万;34个大骨节病病区农场现有大骨节病病人3 183人,患病率0.83%;18个氟中毒病区农场现有氟斑牙4 102人，患病率2.78%,氟骨症27人,患病率0.02%。与垦区近3年相比,2007年度地方病病情维持在稳中略降水平。二是组织开展传染病防制知识宣传。全局疾控中心在宣传活动中共散发宣传单565 000张,发放宣传手册52 400册,制作板报板块3 280块,悬挂宣传横幅1 004幅,进行电视讲座宣传523次,广播宣传6 457次,举办现场健康咨询238次,咨询65 900人次。年内接受宣传教育人次数累计为957 000人次。三是实施传染病疫情网络报告管理。垦区自2004年8月组建传染病疫情网络报告系统以来,经硬件配置、软件完善、人员培训、试验运行等阶段,在疾病防控信息网络报告系统进入正常运转状态的情况下，医疗机构基本无传染病漏报现象,疾控机构无漏登和漏报现象,疫情报告质量得以提高。四是组织开展了重大传染病防制工作。2007年垦区发现的肺结核病人比上年同期多出99例;积极与所在市县结防机构协调,使垦区肺结核病人分享到规范、免费抗结核病药物治疗的政策待遇，年内有95个农场与地方结防机构达成免费治疗农场病人的协议,522名肺结核病人得到了地方结防机构的免费治疗；有64个农场疾控中心开展了不住院化疗病人治疗情况的全程督导。全局年内为6 351名出血热易感人员预防接种了出血热疫苗,77个农场开展鼠密度监测144次,88个农场开展了灭鼠活动,其中77个农场在灭鼠活动中免费提供灭鼠药品17 055公斤。全局年内为3 329名甲肝易感人员预防接种了甲肝疫苗,为15 340名乙肝易感人员预防接种了乙肝疫苗。总局疾控中心对设在3个分局5个农场的布病监测点继续开展布鲁氏菌病病情监测工作。建三江分局布病发病人数下降到11人。组织垦区各级疾控中心以学习贯彻国务院2006年3月1日颁布的《艾滋病防治条例》为重点,广泛开展预防知识宣传,主动监测发病情况,积极发现可疑人员,加强病人治疗管理。五是组织开展慢性非传染性疾病病例报告工作。2007年5月,垦区慢性非传染性疾病干预工程启动。开展了重点慢性非传染性疾病病例登记报告工作并实施了病例网络直报。2007年1至11月,垦区共报告冠心病、脑卒中、糖尿病、原发性高血压、恶性肿瘤病例16 556例,患病率1 168.68/10万。依据报告患病率的高低,5类慢性非传染性疾病的患病情况依次为:脑卒中5 385例,患病率380.13/10万,占报告病例的32.53%；冠心病4 454例，患病率314.41/10万，占报告病例的26.90%；原发性高血压3 589例，患病率253.35/10万，占报告病例的21.68%；糖尿病1 727例,患病率121.91/10万,占报告病例的10.43%;恶性肿瘤1 401例,患病率98.90/10万,占报告病例的8.46%。脑卒中病例中，脑梗塞占76.84%;冠心病病例中,缺血性心肌病型冠心病占58.44%；糖尿病病例中,II型糖尿病病例占94.27%；恶性肿瘤病例中,患病处于前5位的是:肺恶性肿瘤、肝恶性肿瘤、女性乳房恶性肿瘤、胃恶性肿瘤和结肠直肠肛门恶性肿瘤。六是组织开展了医院感染监测控制工作。2007年，组织分局疾控中心年对110所一级及以下医院进行了消毒效果监测,检测样品种类2至15种不等,监测消毒样品1 694个,合格1 327个,监测样品合格率78.34%。总局疾控中心于2007年4月对垦区19所医院进行了院内感染检测,采集样品328份,检测合格247份,总合格率75.6%。七是组织开展了地方病防治工作。进行了防治知识宣传教育，张贴宣传画3 144张，发放宣传手册6 495册，发放宣传单149 260张,制作展牌343块,开展宣传活动599次，使656 152人受到教育。进行病情监测,7个分局对32 849名8～10周岁儿童进行了甲状腺肿大情况检查，检出I度肿大526人,II度肿大11人,8~10周岁儿童甲状腺肿检出率1.63%;3个分局设5个监测点对803人进行了大骨节病检查,检出临床I度病人3人,病区居民大骨节病检出率0.37%;5个分局对8 794人进行了氟斑牙检查，检出氟斑牙病人1 409人，病区居民氟斑牙病人检出率16.02%；两个分局对764人进行了氟骨症检查,检出氟骨症病人13人,病区居民氟骨症病人检出率1.70%。继续落实各项防治措施，垦区碘盐覆盖率100%，居民户食用盐碘含量监测合格率99.37%(13 372/13 457);6个地方性氟中毒病区分局38个居民点已经完成改水,受益人口达31 697人,占病区居民点总人口数的63.71%。总局疾控中心在3个分局6个农场设立并开展了大骨节病病情监测点。八是组织开展了预防接种工作。垦区各级疾控中心以《疫苗流通与预防接种管理条例》、《预防接种工作规范》和《疫苗储存和运输规范》为依据,以国家免疫规划疫苗接种为重点,继续加强一类疫苗预防接种工作管理和接种单位技术指导工作,稳健开展适龄儿童国家免疫规划疫苗接种工作,全面完成适龄人群麻疹疫苗复种补种和脊髓灰质炎疫苗加强及查漏补种工作。垦区年内近20万人次的预防接种中,没有发生接种事故。九是组织开展了生命统计工作。根据垦区2007年报表统计，垦区统计人口报告中男女性比例为102：100;15岁以下人口占人口总数的12.01%,60岁及以上人口占总人口数的16.53%。垦区2007年统计人口报告死亡率为623.60/10万。其中男性死亡率764.52/10万，女性死亡率479.38/10

万,死亡人数男女性比例为163 :100。垦区2007年居民病伤死亡的前十位死因顺位为:心脏病、脑血管病、恶性肿瘤、中毒、消化系病、免疫疾病、泌尿生殖系病、呼吸系病、传染病、神经系统疾病。男性居民病伤死亡的前五位死因顺位为:脑血管病、心脏病、恶性肿瘤、中毒、消化系病。女性居民病伤死亡的前五位死因顺位为:心脏病、脑血管病、恶性肿瘤、中毒、免疫疾病。前十位死因的死亡人数占死亡总数的93.14%,前三位死因的死亡人数占死亡总数的76.41%。垦区2007年居民意外死亡人数占总死亡人数的7.35%,意外死亡中男性占75.46%,女性占24.54%。意外死亡死因构成前五位的顺位依次为:机动车辆交通事故、自杀、意外中毒、溺水、机动车以外的运输事故。前五位死因的死亡人数占意外死亡总数的77.94%。男性意外死亡死因构成前三位为机动车辆交通事故、自杀、溺水;女性意外死亡死因构成前三位为自杀、机动车辆交通事故、意外中毒。垦区2007年居民人均期望寿命78岁,其中男性居民人均期望寿命75岁,女性居民人均期望寿命81岁。十是组织开展了突发公共卫生事件应急准备工作。垦区各级疾控中心在以往突发公共卫生事件应急准备工作的基础上,加强、完善突发公共卫生事件应急机制的建设,制定的应急预案更加完善和切合实际,人员防护装备和消杀灭药品等物资储备更趋合理,应急技术培训向农场延伸,突发公共卫生事件报告网络已经形成。组织开展了应急技术培训和应急演练,提高了应急能力。组织开展了不明原因肺炎监测工作和不明原因肺炎病例报告工作。 (孙鸿君)

体　　育

【概况】 2007年,垦区体育工作是在以开展活动为主,重在建设的指导思想下进行的。垦区有体育人口90万人,共组织科队级体育比赛9 600余次,场处级体育比赛386次,分局级体育比赛28次,总局组织体育竞赛4次。举办了第六期社会体育指导员学习班,培训三级社会体育指导员520名,二级社会体育指导员146名,创建了建三江一中、牡丹江分局高级中学两所国家青少年体育俱乐部。建三江分局文体局、北安分局被国家体育总局授予"全国群众体育工作先进单位"。庆丰农场被省体育局授予黑龙江省全民健身活动月优秀组织奖,七星、红河、赵光、龙镇农场被省体育局授予黑龙江省全民健身活动月先进单位。在2006年度全省"百万青少年上冰雪"活动中,总局文体局被评为上冰雪活动先进集体,宝泉岭农场中学、二九〇农场中学、红兴隆分局局直中学、建三江一中、牡丹江分局高级中学、赵光农场初中、查哈阳农场高中、柳河农场子弟学校、香坊农场子弟学校、九三分局局直小学、山河农场小学、黑龙江农垦佳木斯学校被评为上冰雪活动先进学校;袁广学、梁术英、石涛、李凤英、陈世安、曲长山、刘刚、孔祥瑞、刘树元、王学军、刘良全、柴文辉、王爱东、孙相平、刘凤丽、阴树元、于文艺、李国辉、杨爱君、纪丽、汲怀民、崔世胜、于伟东被评为上冰雪活动先进个人;总局教育局被评为冬季户外体育活动先进集体;宝泉岭高级中学、普阳农场中学、曙光农场中学、前进农场子弟校、八五七农场子弟校、建设农场初中、富裕牧场小学、大西江农场中学被评为冬季户外体育活动先进集体先进学校。

(马鸣春)

【群众体育】 在广泛开展好基层体育活动,重在体育基础设施建设的指导思想引领下,垦区群众体育工作得到了较好的发展,各基层单位广泛开展了以广场体育活动为主要内容的群体活动。共组织以乒乓球、篮球、羽毛球及与生产、生活相关的趣味性体育比赛近万次。投资20万元完成了建三江一中、牡丹江高级中学2所国家青少年体育俱乐部的建设。在20个新农村建设示范场建设了大型综合体育场。投入300余万元,共建设4个健身苑,2个全民健身标准工程,16个城市健身路径工程,15个全国农民健身工程。总局文体局与李宁有限公司联合举办了垦区首期体育骨干教师培训班,奥运冠军"爱心大使"刘璇参加了活动,来自台湾和北京体育大学的著名教授授课。2007年8月,中央电视台"心连心"艺术团赴北大荒慰问演出,总局文体局邀请了奥运会冠军李琰、马艳红参加了互动演出。

(马鸣春)

【竞技体育】 垦区组团参加了黑龙江省青少年男子篮球赛,取得了第二名的好成绩;参加了在佳木斯市举办的全省跆拳道比赛,取得2金、1银、3铜的成绩;总局体校参加了全省分龄赛,取得了7金、4银、6铜的成绩。经省体育局验收合格,九三分局射箭基地、宝泉岭分局冰上基地、总局体校被省体育局命名为黑龙江省体育后备人才基地。

(马鸣春)

社 会 生 活

人口与民族

【人口】 人口保持低速增长。2007年,垦区人口出生率为4.55‰,比上年下降0.42个千分点,人口自然增长率为-0.36‰,比上年下降0.28个千分点。由于新划入10个农场等因素影响,年末垦区总人口达到165.0万人,比年初增加5.5万人。其中,农场人口145.2万人,占总人口的88%。 (朱建东)

【民族】 据1990年第四次全国人口普查,垦区共有少数民族人口47 795人,约占垦区总人口的3%。到2004年降至43 862人,降幅达8.2%。其中满族24 693人,朝鲜族6 421人,蒙古族5 170人,回族3 170人,达斡尔族1 093人,柯尔克孜族292人,锡伯族245人,赫哲族185人,鄂温克族27人,鄂伦春族51人。世居少数民族占垦区少数民族总数的94.2%。 (黄 芙)

居民生活

【概况】 2007年,垦区农场职工家庭人均纯收入8 087元,比上年增加1 023元,比上年增长11.1%,比2007年黑龙江省农民人均纯收入4 132元高出3 955元。垦区农场职工家庭消费支出大幅增长,人均达5 143.5元,比上年增加1 065.1元,增长26.1%。 (朱建东)

【收入状况】 从人均纯收入的各项构成来看,转移性收入、工资性收入、畜牧业收入的增加是2007年拉动垦区人均纯收入增长的主要因素,分别拉动人均纯收入增长4.6、3.2和1.4个百分点。

农场职工家庭人均工资性收入2 132.7元,比上年增加295.6元,增长16.1%。一是农场职工在行政事业单位中得到的人均工资性收入762.4元,比上年增加122.6元,增长19.2%。行政事业单位工资性大幅增长的主要原因是2007年行政事业单位职工工资上涨,并补发了前两年工资增长的差额。二是在本场内劳动得到的工资性收入人均为1 340.4元,比上年增加173.8元,增长14.9%。

农场职工家庭人均农业(种植业)纯收入2 882.1元,比上年增加65.3元,增长2.3%,增幅比上年低7.5个百分点。增幅降低的主要原因是2007年垦区主导产品水稻价格下降,种植成本上升,效益明显减少,拉动整个种植业收入增幅下降。

农场职工家庭人均畜牧业纯收入751.5元,比上年增加了130.2元,增长21.0%。据抽样调查,由于牧业产品价格大幅上涨,垦区"两牛一猪"三大品种饲养效益均保持增长。其中:奶牛平均每头纯收入2 537元,比上年增加6元,增长0.2%;肉牛平均每头纯收入636元,比上年增加63元,增长11.0%;生猪平均每头纯收入350元,比上年增加274元,增长3.5倍。

农场职工家庭人均二、三产业纯收入497.7元,比上年增加51.3,增长11.5%。其中,二产人均纯收入33.7元,比上年增加5.4元,增长19.1%,三产人均纯收入464.1元,比上年增加46.0元,增长11.0%。从农场职工家庭经营二、三产业的收入来源看,贸易餐饮业、交通运输业和社会服务业收入不断增加,分别比上年增长15.2%、10.1%和9.8%。

垦区农场职工家庭财产性人均收入259.1元,比上年增加42.7元,增长19.7%。财产性收入增长主要是利息、租金(包括农业机械)和其他收入分别比上年增长67.1%、19.7%和51.9%。垦区农场职工家庭转移性人均纯收入1 151.3元,比上年增加423.7元,增长37.6%。转移性收入增长的主要原因:一是政策性补贴依然是农场职工转移性收入增长的主要因素。农业生产资料综合补贴比上年增长近一倍,共计人均355.2元;2007年新增加"国有农场税费改革"补助费人均130.1元;二是增加和补发退休金、养老金人均483.5元,比上年增加131.6元,增长37.4%。

(朱建东)

【消费状况】 2007年,农场职工家庭生活消费支出人均达5 143.5元,比上年增加1 065.1元,增长26.1%。八大类消费支出均有不同程度的增长。食品消费支出人均为1 928.0元,同比增长31.3%。其中,肉禽蛋奶及制品消费人均支出337.8元,比上年增长34.7%;食用油消费人均支出101.7元,比上年增长61.1%,其他类食品消费人均支出450.8元,比上年增长91.5%;外出就餐人均支出450.3元,比上年增长37.7%。反映农场职工家庭食品消费比重的恩格尔系数为37.5%,比上年提高了1.5个百分点。衣着消费支出人均518.1元,同比增长21.7%;交通通讯消费支出人均565.4元,同比增长23.9%;居住消费支出人均579.9元,同比增长15.4%;医疗保健消费支出人均404.2元,同比增长26.7%;文教娱乐服务消费支出人均798.2元,同比增长30.9%;家庭设备、用品及服务支出人均206.8元,同比增长6.5%;其他商品和服务消费支出人均152.8元,同比增长49.4%。 (朱建东)

新农村建设

【概况】 2007年,垦区新农村建设总投资53.8亿元,其中新农村基础设施建设投资30.4亿元,主要用于道路、住房、安全饮水、清洁能源和环境等基础设施建设。建设公路2 500公里,试点管理区区内道路实现了一条或多条硬化路面,使职工群众的通行条件得到明显改善;建设供水工程83处,解决了12.0万人的饮水安全问题;完成了26个居民点的整体拆迁任务,拆除泥草房43万平方米,新建房屋129万平方米,职工群众住房条件得到明显改善;实施大型沼气、秸秆气化和户用沼气工程,4 100户居民用上了清洁能源。加强环境整治,场容区貌明显改观,营林绿化成效显著,植树810万株,清运垃圾81.7万吨,改厕改圈2 751个,累计投入义务工65.9万人次。垦区的基础设施建设得到改善,国家商品粮基地地位更加巩固,人民生活质量稳步提高,社会事业全面发展,垦区示范带头作用明显增强。 (李雅宏)

【场县共建】 2007年,垦区场县合作

共建工作共建范围不断扩大,共建层次不断提升,共建效果不断增强,共建领域不断拓宽。一是建立了组织,制定了方案。按照省委省政府的要求,垦区自上而下成立了场县共建工作领导小组,制定了工作实施方案。各分局、农场与各市县、乡镇签订合作协议或方案257个,对接单位达489个(其中与市对接10个、与县(市)对接59个、与乡对接121个、与村对接299个),派干部到地方交流挂职135人。二是农业机械跨区作业实现新突破。代耕服务的范围和模式也发生了重大变化,已从最初的季节性单项作业向农业生产全过程代耕发展,从以旱田作业为主向水田、经济作物等全作物代耕作业发展,从小范围分散作业向整村屯代耕、向土地承租经营发展,从农垦代耕服务、承租土地到双方共建农机作业合作社发展。2007年垦区承租农村土地面积6.33万公顷,与地方共同组建农机作业服务站200个,出动机械5 843台,已完成代耕作业面积93.33万公顷。三是农业科技服务和标准化生产示范带动作用明显。垦区已向地方推广五大作物优质高产栽培模式37.67万公顷,推广农业农机新技术438项,培训农民7.7万人次,完成航化作业面积8.53万公顷,测土配方施肥15.56万公顷。遍布各地的78个科技示范园区免费向地方农民开放,为地方推广良种面积达100万公顷。四是龙头企业在合作共建中的作用更加突出。垦区各级龙头企业拉动农村种植基地106.67万公顷,牵动养殖奶牛近5万头、肉牛20多万头、生猪180多万头,有50万户农民纳入垦地共建的农业产业化经营体系,有力地促进了当地产业结构调整和农民增收。五是基础设施和社会事业共建取得新成果。垦区和地方已实施道路交通、城镇基础设施建设项目22个,打通"断头路"800多公里。牡丹江分局与鸡西市15%以上的毗邻场县或交叉小城镇基础设施实现共享,已共同筹资7亿多元,修建了200多条2 500公里的通场通村公路,使区域县(市)、场、乡(镇)公路基本实现了硬化。在社会资源共享方面,垦区已经接纳地方学生就学23 419多人,垦区医疗服务辐射地方农民24.9万人,有72所医院成为垦地双方的互为医保定点医院。 (李雅宏)

垦区新农村建设试点单位名单

(2007年2月13日)

单位	试点农场(20个)		试点管理区(132个)	
	省级(9个)	总局级(11个)	省级管理区(69个)	总局级管理区(63个)
宝泉岭分局	普阳农场	军川农场 绥滨农场	二九〇农场第三、四管理区,绥滨农场第五管理区,江滨农场第七管理区,军川第四管理区,共青第四管理区,普阳农场柳东、柳西、柳北管理区。(9个)	绥滨农场第二、三、四管理区,军川第二管理区,名山农场第三管理区,共青第六管理区,新华农场第五管理区,梧桐河农场第五管理区,汤原农场第二管理区。(9个)
宝泉岭分局	普阳农场	军川农场 绥滨农场	二九〇农场第三、四管理区,绥滨农场第五管理区,江滨农场第七管理区,军川第四管理区,共青第四管理区,普阳农场柳东、柳西、柳北管理区。(9个)	绥滨农场第二、三、四管理区,军川第二管理区,名山农场第三管理区,共青第六管理区,新华农场第五管理区,梧桐河农场第五管理区,汤原农场第二管理区。(9个)
红兴隆分局	五九七农场 八五三农场	饶河农场	友谊农场第一管理区,五九七农场第二管理区,五九七农场第四管理区,八五二农场第三管理区,八五三农场第六管理区,二九一农场第二管理区,饶河农场南通河管理区,红旗岭农场第一管理区,江川农场第三管理区,北兴农场第六管理区。(10个)	友谊农场第七管理区,八五二农场第四管理区,八五三农场第四管理区,二九一农场第四管理区,红旗岭农场第二管理区,江川农场第四管理区,北兴农场第四管理区,双鸭山农场第二管理区,曙光农场第四管理区,宝山农场第一管理区。(10个)
建三江分局	前进农场	胜利农场 八五九农场	胜利农场第八管理区,七星农场第四、九管理区,大兴农场第十一管理区,前进农场第七管理区,创业农场第一管理区,红卫农场第一管理区,勤得利农场第十一管理区。(8个)	八五九农场第二、九管理区,勤得利农场第二管理区,青龙山农场第七管理区,前进农场第二管理区,创业农场第五管理区,红卫农场第五管理区,前锋农场第五管理区,前哨农场第一管理区。(9个)

（续表）

单位	试点农场(20个)		试点管理区(132个)	
	省级(9个)	总局级(11个)	省级管理区(69个)	总局级管理区(63个)
牡丹江分局	八五〇农场 八五七农场 （部级）	八五六农场	八五〇农场第一、二管理区，八五四农场第十一、十二管理区，八五五农场第一管理区，八五六农场第十管理区，八五七农场第八、六管理区，庆丰农场第一管理区，八五八农场第九管理区，云山农场第四管理区，海林农场第二管理区。（12个）	八五五农场第四管理区，八五六农场第一管理区，八五七农场第一管理区，八五八农场第六管理区，八五一〇农场第五管理区，八五一一农场第一管理区，庆丰农场第三管理区，云山农场第八管理区，兴凯湖农场南岗管理一区，宁安农场第二管理区。（10个）
北安分局	格球山农场	赵光农场	格球山农场第一、三管理区，赵光农场第六管理区，二龙山农场第二管理区，尾山农场第四管理区，引龙河农场第四管理区，襄河农场第一管理区，逊克农场第六管理区。（8个）	长水河农场第二管理区，龙镇农场第三管理区，红星农场第一管理区，建设农场第四管理区，龙门农场第一管理区，锦河农场第一管理区，红色边疆第三管理区。（7个）
九三分局	大西江农场 （部级）	嫩江农场 山河农场	鹤山农场第六管理区，大西江农场第三管理区，尖山农场第六管理区，荣军农场第二管理区，七星泡农场第十管理区，嫩江农场第四管理区，嫩北农场第三管理区，山河农场第四管理区，建边农场第三管理区，红五月农场第二管理区。（10个）	鹤山农场第一管理区，大西江农场第二管理区，尖山农场第四管理区，荣军农场第四管理区，七星泡农场第二管理区，嫩江农场第三管理区，嫩北农场第二管理区，山河农场第二管理区，建边农场第一管理区。（9个）
齐齐哈尔分局	克山农场	—	克山农场第一、二、四管理区，查哈阳农场金边、海洋管理区，富裕牧场第二管理区。（6个）	克山农场第五管理区，查哈阳农场太平湖、花香、丰收、金光管理区。（5个）
绥化分局	—	铁力农场	铁力农场第一管理区，嘉荫农场第四管理区，海伦农场第二管理区，绥棱农场第二管理区，和平牧场第六管理区。（5个）	肇源农场第一管理区，柳河农场第一管理区，嘉荫农场第一管理区，红光农场第一管理区。（4个）
哈尔滨分局	—	闫家岗农场	庆阳农场第五管理区。（1个）	

（注：2007年2月13日已经调整的省级管理区为：由原总局级管理区调整为省级的4个，五九七农场第四管理区，逊克农场第六管理区，红五月农场第二管理区，和平牧场第六管理区；直接列为省级管理区的2个，勤得利农场第十一管理区，富裕牧场第二管理区。）

（李雅宏）

计划生育

【概况】 2007年垦区人口和计划生育工作深入贯彻落实《中共中央国务院关于全国加强人口和计划生育工作统筹解决人口问题的决定》精神,围绕稳定低生育水平、统筹解决人口问题和促进人的全面发展的中心任务,继续深化人口和计划生育工作综合改革,加快推进建立“依法管理,居民自治,优质服务,政策推动,综合治理”的长效机制,加强人口和计划生育公共管理与服务体系建设,取得较好成效。人口出生率4.55‰,自然增长率-0.36‰,出生人口符合政策率99.7%。完成了与省政府签订的人口和计划生育目标管理责任状。按照国家《人口和计划生育系统区划代码应用管理规范》的要求,统一了垦区人口计生系统区划代码,并在前锋农场开始信息化管理试点。垦区继续加强基层基础台账规范,统一户卡。帮助新接收的10个农场建立了信息台账。2007年新调整25名计划生育工作人员经过执法培训获得执法资格。垦区依法规范行政行为,按照《黑龙江省人口计生委黑龙江省卫生厅关于认真贯彻落实〈黑龙江省预防和控制出生人口性别比失衡规定〉的意见》,各级医院的B超室严禁非医学需要胎儿性别鉴定。坚持行政执法公开公示制,各级医疗、卫生行政、计划生育部门建立违法行为举报箱或举报电话,对实行计划生育的家庭开展奖励扶助摸底调查。2007年北安分局荣获省级计划生育优质服务先进单位称号。 (陈 欣)

【计生宣传教育】 垦区人口和计划生育宣传教育始终坚持“大联合、大宣传、出精品”的指导方针,坚持把生育文化和创建和谐垦区融为一体,借助婚育新风进万家和“关爱女孩行动”的载体,总局印发了《在垦区开展“生育关怀行动”实施方案》,将科学、进步的婚育观念传播给广大职工群众。2007年重点宣传贯彻了《中共中央国务院关于全面加强人口和计划生育工作统筹解决人口问题的决定》。在7月11日世界人口日举办了一期图片展,展示了垦区30年人口计生工作取得的成就。 (陈 欣)

【技术服务】 垦区坚持开展创建计划生育优质服务先进单位活动,拓展优质服务范围。继续实施“三大工程”,加大生殖健康、疾病防治、出生缺陷干预的宣传、咨询、指导,对已婚育龄妇女进行生殖健康检查,为249 562名育龄妇女免费进行了生殖健康检查,普查率79%以上;患病率18.56%,治疗率93.63%,治愈率81.80%。积极推进男性生殖保健宣传咨询。 (陈 欣)

民 政

【低保工作】 2007年垦区有7万人纳入保障范围,享受低保,保障标准由每人每月135元提高到165元,人均月补差额由65元提高到88元。全年共发放低保金7 416万元。在实施低保过程中,始终坚持从实际出发,深入开展调查研究,逐场、逐队、逐户了解情况,核实收入,摸清底数,基本做到了不错保、不漏保。坚持公开、公平、公正的原则,严格审批程序,逐级申报,逐级审批,开透明,维护了低保工作的严肃性。坚持按《低保条例》规定,实施动态管理、分类管理,保证低保人员在政策范围内合理流动,合理进出,合理补贴。各级财务部门对低保金实行专账专户管理,坚持按制度管理资金,各级审计部门经常对低保金使用管理情况进行监督审计,保证了低保金使用方向。按照上级统一要求,使用民政部制作的软件,实行微机管理,并逐步探索符合垦区实际的社会化发放办法,低保管理工作日趋规范。 (刘几何)

【社会救助】 坚持以民为本,着眼改善民生,社会救助体系逐步建立。垦区各级民政部门坚持以民为本,为民解忧,积极筹措资金,开展各项社会救助,惠及了千家万户。一是救助贫困学生。各分局、农场都制定了助学的优惠政策和具体实施办法,减免低保家庭子女的学杂费用,减轻低保户生活负担。总局民政局重点救助了农垦职教学院1 000名贫困学生,对他们实行一次性救助,每人补助1 000多元。北大荒宏志班越办越好,已有100多名品学兼优、家庭贫困的学生在宏志班就读。二是救助大病家庭。有条件的农场和分局都开辟了低保家庭医疗绿色通道,各医院都制定了具体的费用减免办法,规定了具体的减免项目,想方设法减免低保户医疗费用,缓解了低保家庭看病难的问题。筹资187万元在红兴隆、牡丹江分局进行了低保家庭大病救助试点,共救助1 000多人,使许多因贫困而得不到医治的病人因救助而康复,收到较好社会效果。三是救助残疾人、孤儿和老年人。垦区所有丧失劳动能力的残疾人和老年人全部全额享受低保,有的还给予加发低保金的照顾,使他们的基本生活有了保障。在驻佳办老年公寓免费收养60名孤寡老人。四是开展住房供暖救助。投资100多万元在建边、八五五、四方山农场建设了低保阳光小区,100多个低保户入冬前住上新房,搬进新居。从2006年起,对全部低保户实行了供暖补贴,每年争取资金2 500多万元,户均补贴600多元,保证每个低保户都住上暖屋子。主动为驻哈低保户出具证明,减免供暖费用。五是利用爱心超市开展常年救助。垦区共建80多个民政爱心超市,搭建起了长年救助平台,实现了年初提出的覆盖70%的目标,红兴隆、牡丹江、宝泉岭、北安分局实现了全覆盖。还对个别大病患者开展了一次性救助,对受灾地区采取了应急救助措施。 (刘几何)

【社区建设】 理顺管理关系,完善工作机制,社区建设得到加强。结合垦区社会管理需要和农垦小城镇建设实际,深入贯彻各级文件精神,按要求建设社区、管理社区,发挥社区在农垦小城镇建设中的作用。各单位都加快了社区建设步伐,积极主动理顺社区管理体制和机制,加强社区基础建设,推动了社区建设的深入发展。一是理顺了社区管理体制,纠正存在的问题,把社区工作理顺到民政部门主管,改变了过去社区多头管理的状况,使社区管理体制步入了正常轨道。二是构建了完善的社区服务体系。逐步建立了与社会主义市场经济相适应、覆盖社区居民全体成员、服务主体多元、服务功能完善、服务内容多样、服务质量和管理水平较高的社区服务体系，依托社区开展家政服务、医疗服务、文体服务、计生服务和法律服务。许多单位都建立了社区服务中心，培育了社区志愿者队伍，基本实现了社区居民困有所助，难有所帮，需有所应。三是社区功能不断完善。在加强基础建设和服务体系建设的同时，注重社区功能建设，发挥社区整体功能作用，有条件的都建立了社区综合服务站、社区服务中心、社区警务室、社区调节室、社区图书室、社区活动室、爱心超市等，做到了民生进社区、文体进社区、法律服务进社区、救助救济进社区，社区在农垦社会建设中发挥了重要作用。（刘几何）

【社会事务管理】 坚持依法行政，注重服务质量，社会事务管理日趋规范。垦区各级民政部门加大了依法管理社会事务的力度。一是规范了社团管理，重点发展为经济建设服务的社团组织，在分局和总局注册的各类社团、民办非企业等民间组织150多个，这些民间组织较好地发挥了在垦区经济和社会建设中的作用。按照省厅的要求，对社会团体进行了清理整顿，对民办非企业单位进行了复查登记，规范了社会团体管理办法，保证了社团组织的健康发展。二是规范了婚姻登记和殡葬管理。重点抓了婚姻登记和殡葬管理的规范化和法制化建设。加大了《婚姻法》和《婚姻登记条例》的宣传力度，让广大群众更加了解婚姻登记管理的法律法规，自觉遵章守法。对婚姻登记员进行了业务培训，并对各种制度和收费标准进行了规范，提高了婚姻登记管理水平。全年共办理结婚登记7 707对，离婚登记2 172对，补办结婚证331对，补领结婚证389本，出具结婚登记证明203份，出具无婚姻登记记录148份，办理收养子女登记11人，无投诉情况发生，实现婚姻登记零差错，婚姻登记合格率100%。殡葬管理工作在继续深入贯彻《殡葬管理条例》，积极倡导火化、禁止土葬的同时，按照省厅的授权，依法对公墓和殡葬设施进行管理、规范，加快了公益性公墓建设步伐，加大了对乱埋乱葬的清理力度，逐步规范了丧葬用品市场，使垦区殡葬管理逐步走上了规范化的轨道。三是规范了优抚安置工作管理。垦区各项优抚政策得到落实，义务兵优待按标准及时足额发放到位，复员义务兵得到了妥善安置，基本保证了第一次就业。（刘几何）

【福利彩票发行】 扩大销售网点，拓展销售渠道，福彩发行势头良好。2007年，垦区共建电脑福彩投注站249个。各投注站配备了相应的设施，全年发行总额7 000多万元，筹集福利基金700多万元，位居全省第八。各级民政部门利用福彩公益金积极开展扶贫帮困活动和助老助残活动，新建和改建了一批敬老院，改善了基层养老条件。通过兴建投注站解决了500多人就业，每个投注站平均年收入都在2万元以上。（刘几何）

【老龄工作】 增强服务意识，完善服务设施，老龄工作成效明显。民政部门作为老龄工作的主管部门，根据老龄工作特点和老年人的实际需求，围绕为老服务、为老解困、依法维权等方面开展了大量工作。一是积极开展为老服务活动。依托社区开展为老服务，制定了许多优惠办法和服务措施，垦区的老年人得到了应有的尊敬和爱戴，“三无”老人得到了很好的照顾，养老有了依靠。二是积极为老解困。垦区的孤寡老人全部享受全额低保，有许多“三无”老人免费住进敬老院和老年公寓，百岁高龄老人享受特别补助，确保他们安度晚年。三是积极兴建为老服务场所。先后兴建了红兴隆分局老年公寓、牡丹江分局老年绿色家园、宝泉岭分局老年康乐中心、九三分局老年人综合服务中心，总局驻佳办老年公寓，总面积达20 000多平方米，投资2 500多万元。新建改建10多所农场敬老院，垦区的老年人有了休闲娱乐场所和养老场所。四是积极维护老年人合法权益，各社区都建立了老年人法律咨询站，免费为老年人提供法律咨询服务，使老年人的合法权益得到了有效的保障。（刘几何）

【来信来访】 2007年垦区职工群众进京非正常上访数量有显著下降。1～12月份垦区共发生职工群众进京非正常上访177件次227人次，与上年同期的358件次382人次相比，分别减少181件次和155人次，分别下降50%和40%。依法打击了违法上访，全年劳动教养4人，行政拘留37人，送精神病院救治3人，违法访逐渐减少。信访秩序逐渐好转，共接待受理群众来信来访9 097件次29 217人次。与上年同期12 777件次40 203人次相比，分别减少3 680件次10 986人次，分别下降28%和27%。其中，农场4 808件15 558人次，分局2 792件11 299人次，总局1 497件2 160人次。完成了全国全省“两会”及省党代会期间的信访值班任务。圆满完成了国庆节和十七大期间的信访值班任务，实现了10月份垦区群众到省进京零登记的好成绩。总局信访办成功举办了杭州西宁信访干部培训班，全局150名信访干部参加了培训。为全面贯彻落实国务院新的《信访条例》，在垦区进一步的实施信访事项三级终结打下了基础。“信访网站”为群众接受，有87 000人访问该站，畅通了垦区信访渠道。总局和9个分局信访办均开设了信访信箱。宝泉岭分局在9个分局率先开辟了“信访网站”。信访协调会议制度逐步完善。全年总局信访办召开信访协调会议32次，解决信访问题21件，终结信访事项11件。取得了一定实效。开展了矛盾纠纷排查调处工作，化解了大量信访问题。顺利迎接了省联办的3次检查与验收。加大了案件的结案率，实现100%结案。（王　丽）

残疾人事业

【概况】 垦区残疾人工作服务机构建于1992年，称黑龙江省国营农场总局残疾人工作办公室，与总局民政局合署办公。同年6月，建立黑龙江垦区残疾人联合会，为副处级单位。1994年，中国残联同意总局残联在中国残联享受计划单列待遇。在有关会议、业务文件、简报等方面与计划单列视同等对待。1998年残联升格为正处级事业团体，核定编制5人，设理事长一名，副理事长一名。2000年8月,残联同总局民政局政事分开,独立开展工作,核定理事长一名,副理事长一名,内设康复组联部、教育就业部。2003年1月,垦区残联在中国残联正式享受全面计划单列。2007年3月12日,农垦总局编制委员会下发了《中共黑龙江农垦总局委员会机构编制委员会关于部分分局残联机构单设及编制调整的通知》(黑垦编字[2007]3号)。规定了宝泉岭、红兴隆、建三江、牡丹江、北安、九三等6个分局残联单设,核定编制2名;齐齐哈尔、绥化、哈尔滨等3个分局增加1名行政编制。 (董兴业 赵淑云 孙 静)

【医疗救助】 在中国残联的支持下,垦区残联、垦区精神残疾人康复中心、垦区残疾人福利基金会联合开展了对精神残疾人实施医疗救助的社会化服务工程。救助对象为垦区无地、无业、无保障的重症精神残疾人。2007年5月17日,对精神残疾人"解除关锁"救助活动正式启动。首批于5月中旬救助的58名精神残疾人和第二批救助61名精神残疾人均由病人家属接回家中,病情较为稳定。 (董兴业 赵淑云 孙 静)

【残疾人体育】 2007年8月16日,由42名运动员、教练员、领队组成的黑龙江垦区代表队,参加在佳木斯市举行的为期4天的黑龙江省第五届残疾人运动会。35名残疾人运动员共参加了田径、盲人门球、盲人象棋、聋人乒乓球、举重、游泳六大项22小项比赛。获9块金牌、9块银牌、7快铜牌,奖牌总数位居15个代表队第九。8月24日,垦区残联首次组团参加全国第三届残疾人职业技能大赛。残联在全垦区内经过认真筛选,确定9名残疾人,代表垦区参加全国残联人技能大赛。代表团共参加了盲人按摩、计算机组装、美容美发、服装剪裁、室内摄影、电焊6个项目9个小项的比赛。10月8日,农垦总局残联应邀参加延边朝鲜族自治州与美国JOY障碍人中心残疾人工作研讨会,残联理事长董兴业代表中国专家就精神病托管、康复等做专题发言。11月12日和11月30日,残疾人企业家分别获得国家和省级表彰。在"你行 我行 大家同行—首届中国残疾人自强创业论坛"和首届全国残疾人"自强创业之星"评选活动中,垦区富裕福利钢厂厂长马日勋获首届全国残疾人"自强创业奖";残疾人赵洪州、高晓峰、李万和获黑龙江省残疾人"创业之星"奖励。

(董兴业 赵淑云 孙 静)

社会保障

【概况】 垦区基本建立了以养老保险、失业保险、医疗保险、生育保险、工伤保险五项保险为主要内容的社会保险体系,较为完善的政策体系,科学严谨的管理体系,广泛覆盖的网络体系和服务体系。2007年黑龙江农垦社会保险事业管理局(以下简称总局社保局)有员工871人。下辖宝泉岭、红兴隆、建三江、牡丹江、北安、九三、齐齐哈尔、绥化、哈尔滨9个分局和104个农牧场所设立的社会保险经办机构。总局局直所属参保单位429个(其中事业单位105个,企业单位324人)。 (李 礼)

【养老保险】 2007年,垦区养老保险参保人数42.8万人,离退休人员22.8万人。计划征缴养老保险费114 977万元,实际征缴137 575万元,其中单位缴费73 717万元,完成计划的119.6%。全年基金支出224 884万元,其中企业离退休人员基本养老金支出201 786万元,发放率100%。按时按要求完成了国家连续3年提高企业退休人员基本养老金水平的工作,每年还领出近400万元,为企业建国离休老干部每人每月现增加基本养老金150元。

2007年,国家和省财政补助垦区养老保险缺口资金和调待资金9.6亿元。由于得到国家和省财政的支持,垦区企业单位缴费比例为19%,低于全省22%的缴费比例,农场每亩地负担的单位养老保险费为19元。按照全省最低缴费水平省社会平均工资的60%计算,全年共为农场减少缴费1.2亿元,最大限度地减轻了农场的负担。

2007年,垦区机关事业养老保险参保人数16 090人,离退休人员6 151人,计划征缴基本养老保险费15 670万元,实际征缴15 875万元,完成计划的101.3%,当年基金支出15 080万元。 (李 礼)

【失业保险】 垦区企业事业单位失业保险参保人数41.3万人,计划征缴失业保险费9 637万元,实际征缴9 689万元,完成计划100.5%。享受失业保险待遇人员11 660人,发放失业保险金及医疗补助费2 332万元。 (李 礼)

【医疗保险】 垦区基本医疗参保人数69万人,计划征缴基本医疗保险费47 550万元,实际征缴52 122万元,完成计划的109.6%。当年医保基金支出39 670万元。其中:统筹金支出19 389万元,享受统筹金待遇住院参保人员13.6万人次,慢性病待遇1.2万人。个人账户基金支出20 281万元。享受门诊治疗16.8万人次,定点药店购药报销23.1万人次。

大额医疗救助保险参保人数65.9万人,计划征缴大额医疗救助保险费3 780万元,完成计划的101.5%。当年基金支出3 105万元,2 573人享受大额医疗救助。有385人享受报销医疗费超过5万元,平均每人次报销12 067元。

公务员医疗补助保险参保人数2 457人,实际征缴公务员医疗补助保险费836万元,当年基金支出688万元。

(李 礼)

【工伤保险】 垦区工伤保险参保人数40.2万人,计划征缴工伤保险费3 040万元,实际征缴3 074万元,完成计划的101.1%。当年基金支出1 757万元,2 562人享受工伤保险待遇。

(李 礼)

【生育保险】 垦区生育保险参保人数40万人,计划征缴生育保险费1 803万元,实际征缴1 843万元,完成计划的102.2%。当年基金支出952万元,5 288人享受生育保险待遇。 (李 礼)

【五项社会保险同步推进】 一是参保缴费工作进一步加强。垦区全年共为16 421名漏保、断保职工接续了养老保险关系，新增灵活就业人员参加医疗保险17 893人。统一了机关事业单位社会保险缴费基数。重点抓了农民工、高风险行业、个体工商户工伤保险的参保工作，解决了部分分局老工伤人员纳入工伤保险统筹的遗留问题，建立了工伤保险储备金制度。二是各项待遇水平进一步提高。按照国家和省里的统一要求提高基本养老金、失业保险金和工伤保险待遇标准，社会保险待遇水平进一步提高，参保人员的权益得到了有效维护。各分局根据医疗保险基金收支节余情况，不断调整、完善相关政策，降低起付标准，全员提高报销比例，提高转诊转院、异地居住人员报销比例，降低乙类药和大型检查项目的个人自付比例，逐步提高医疗保险待遇标准，降低个人负担。三是继续推进职工家属、学生医疗保险试点工作。宝泉岭分局试点工作有序进行，2007年底，在校中小学生参保人数达2万余人，比上年新增7 000余人，家属参保人数达1万元，比上年新增长900余人。其他分局也进行了摸底调查，制定了操作方案。四是统筹层次进一步提高。宝泉岭、红兴隆、建三江、牡丹江、九三、齐齐哈尔、绥化分局实现了医疗保险分局级统筹；宝泉岭、红兴隆、建三江、九三、绥化分局实现了工伤保险和生育保险分局级统筹。

（李　礼）

【基础工作全面加强】　一是进一步完善社会保险管理制度。加强了基金管理和内控制度建设，从组织机构、业务运行、基金财务、信息系统等四个方面，对社会保险经办业务的全过程实施内部监控，确保基金安全完整；加强了财务业务对账工作，三级社保机构将此项工作作为全年工作的重中之重，主要领导亲自抓落实，从根本上堵塞了管理漏洞。二是进一步加强社会保险稽核工作。2007年共稽核参保企业470户，参保人员25万人，查出瞒报、少报缴费基数931万元，追回缴费305万元。组织了第二次全国性异地居住离退休人员指纹采集工作，为2 021名异地居住离退休人员进行了指纹采集，核实了养老待遇领取资格。对全垦区离退休人员进行了指纹比对工作，堵塞了冒领养老金的漏洞，确保基金不流失。三是进一步加强社会保险经办管理。加强了信息化建设，统一了企事业社会保险业务系统。加强了对定点医疗机构、辅助器具配置机构，康复医院的协议管理。三级社保机构共聘请了779名社会保险监督员，有效地规范了各级经办机构和定点医疗机构的服务行为，提高了服务质量，畅通了服务渠道。四是进一步加强社会保险队伍建设。认真落实党政工作部门目标责任制。加强党建工作，强化党员意识，开展了“党员先锋岗”，“党员示范窗口”和“青年文明号”的创建和评选活动，充分发挥党员的先锋模范作用。加强行风建设，树立“为民、务实、清廉”的良好社会形象。加强学习培训，各分局分别开展了不同形式的业务培训，建立了考核制度。（李　礼）

人　物

先进人物

【全国五一劳动奖章获得者韩振远】

韩振远，1964 年 3 月出生，山东即墨人。1984 年 7 月参加工作，中共党员。研究生学历，高级统计师职称。2001 年任多多集团董事长、总经理，2007 年 4 月任北大荒药业集团总经理。他大胆改革、锐意创新；他勤于学习、善于谋略。他把工作当成一种乐趣，他把艰难看为动力。他总是受命于危难之际，并使一个个企业起死回生。

2007 年 4 月，韩振远出任新成立的北大荒药业集团总经理。一年后，两个处于亏损边缘的子公司——完达山药业股份和哈尔滨完达山药业便有了极大起色——市场通畅了、生产成本降低了、员工信心铆足了、企业效益增加了。截至 6 月 30 日，集团各项经济指标均比上年有大幅增长，销售收入比去年同期增长 42.6%，实现了“突破完达山药业、发展多多药业”的战略目标。同时又成功收购了两个医药企业，为北大荒药业集团的门户壮大添加了浓重一笔，培育了新的经济增长点。

韩振远经常强调，管理就像是喂养孩子，如果对付就会发育不良，只有精心才能筋强骨壮。经过数年摸索，多多集团形成了一套以“精细管理、透明管理、危机管理、程序化管理”为核心的管理体系。

经过调研和论证，韩振远提出了“谋战略、明思路、定好位、服好务。”的应对谋略。并勾划了公司 5 年发展蓝图，即充分挖掘集团现有资源优势潜力，使集团内部资源效益最大化；进一步延伸产业链，以药业为依托，努力做大食品业、包装业和流通产业；积极搞好资本运作，力争分阶段实现多多药业和改制的完达山药业股份分步上市，以募集更多的资金为集团长远发展提供资本保证；通过收购、参股、联合、新建等形式拓展和培育集团新的经济增长点；努力开发好国内、国际两个市场，充分利用产品、市场、资源等综合优势和群体优势，在做大做细做精国内市场的同时，逐渐向国际市场迈进。

2007 年末，他一是将拥有 46 年历史的国有完达山制药厂改制为完达山药业股份有限责任公司，企业改制后面貌焕然一新，连续收到各种订单，产量比去年同期增加了 3.7 倍。二是对哈尔滨完达山药业制定了 3 年扭亏规划，并制定了相应的营销策略。三是组织完达山药业股份和哈尔滨完达山药业组织人员现场学习了多多集团的程序化、透明化、精细化和危机化管理经验，建立了科学的绩效考核体系，树立了追求极限成本的理念，达到了优势互补、优技互用、取长补短的目的。四是 2008 年 6 月 30 日，北大荒药业集团投资 3 821 万元成功收购了吉林柳河三株中药有限公司和内蒙古呼伦贝尔康益药业有限公司，增添了新利润增长点，每年将增加 1.5 亿元的产销额。目前集团已整合运作成为以产权为纽带、以中小企业为集合，集制药、食品、包装、营销等多行业为一体的母子公司，资产总额达到 6.76 亿元，综合实力在黑龙江医药企业中位列前茅。

韩振远的突出业绩得到党和政府认可，他先后获全国农村青年创业致富带头人、中国管理 100 人、省五一劳动奖章、省首届经济风云人物功勋奖、省首届优秀企业家、省优秀中青年专家、省农垦总局第九届劳动模范、省劳动模范、全国关爱员工优秀企业家、全国五一劳动奖章等荣誉。　　（木　雨）

【全国五一劳动奖章获得者赵玉臣】

赵玉臣，满族，1960 年 7 月出生，1977 年 10 月参加工作，是长水河农场环卫系统的一名元老。从组建环卫队开始，20 岁的赵玉臣便成为队伍中最年轻的一员。28 年的时光，一万多个日子，他没请过半天假。1992 年以来，他年年都是劳动模范。他驾驶的运垃圾车是一辆破旧的“上海 50”，每年清理垃圾 6 000 吨；运送沙石 800 立方米，一年维修费却没有一辆摩托车的高。1980 年，赵玉臣调到环卫队开的这辆垃圾车，是从生产队淘汰下来的，送到修理厂刚做完“手术”。但赵玉臣没开几天就发现水泵漏水。受父亲影响，他很小就会修车，更知道开车重在保养的道理。几乎是一种习惯，赵玉臣见此情况便自己动手将胶皮垫拆了下来。“你鼓捣啥?送修理厂去呗。”别人不解地问。“我自己能修，干啥让公家花钱？”几年后，单位给“上海 50”装了个驾驶室，师傅在装风挡玻璃时没装好，风一吹震裂了。“换一块，反正也是公家花钱。”师傅说。赵玉臣用螺丝和螺丝帽将破裂的玻璃面固定好，笑笑说：“换啥?将就使吧。”这一将就就是 28 年。换一块玻璃多少钱？六七十元。赵玉臣如此节省的动因很简单，给公家省点维修费。螺丝脱扣了，他找人复复扣接着用。润滑油用完一次，倒进塑料壶沉淀后，再用一次。赵玉臣爱这台车，比自己的女儿还亲，因为他跟这台车的时间远远超过了同女儿在一起的时间，每天早晨，机车一响，他从动静中就能判断出故障，晚上下班，不论多晚，他都要仔细检查一遍。账就怕算，这些年，他不仅省了 20 余万元修理费，更创下机车 28 年无大修的记录。

赵玉臣认真维护车的动因也不简单：我的车总在居民区里开，如果不把车维护好，撞着谁都不好。同事说：“一开到小孩老人多的地方，他开得特别慢，甚至宁可熄火。”因此他得了一个光荣绰号“赵一慢”。人常说“屁股下面四轮转，自己干啥都方便。”可赵玉臣的家人半点光也借不到。春天，自己家种地，媳妇让他开车送一趟人，他说我正忙着呢。夏天，弟弟想麻烦赵玉臣把场部的雇工送到自己地里，他却说，你找个车，我给你开车把人送过去。弟弟恨得牙痒痒，一年没登他家门。秋天，妹妹要用车拉豆皮子，她一说情况，马上被赵玉臣“撅”了回去：“我能用公家的车给你干活吗?我出钱给你雇个车。”妹妹气得一拧身走了。他说：“车是公家的，随便用车就等于烧公家的油，磨公家的轴，占公家的便宜，这事咱不能干。”2005 年，单位将车转卖给他后，这回，谁用他的车，吱一声就成。每年正月十五，当地有到坟地送油灯的习俗，这几年，为了方便大家，赵玉臣都要在家门口放上一桶柴油，供这些到坟地送灯的人使用。

28 年来，他有多次离开这个岗位的机会，都婉拒了。他说，我觉着这活儿挺好，环境因我而干净，这辈子就干定这行了。赵玉臣每天工作十五六个小时。通常是早晨四点开始，但如果风大，他会在两点半起来,他说:"风刮得到处是垃圾,早起才能在别人上班前收拾好。"

2001年,妻子孙桂杰得了阑尾炎,不得不做手术,他将妻子送到医院,找来邻居陪护,自己又上班了。由于怕麻烦邻居,妻子只住了两天就出院了。次日清晨,赵玉臣撂下一句"你自己做饭吧"又要走。线还没有拆就得自己做饭,妻子终于委屈地哭了:"家里房子叫雨泡了,拖鞋都漂着你不管;现在,我都这样了,你还不管,你请几天假行不行?""咋请呀?你还不知道,垃圾一天不扫就满了。"望着丈夫远去的背影,妻子擦干泪水——这么多年,哪天他不是这样?照顾家他尽不到力,对老人的孝敬却没得说。"今年,我家终于没饥荒了。"赵玉臣一脸轻松,听者却有几分酸楚。

赵玉臣的家很小很破旧,却温馨洁净异常。一如他:衣衫破旧,但心灵高贵,身材矮小却胸怀坦荡。28年来,他把自己最美好的年华奉献在了环卫岗位上,无怨无悔;用自己最执著的精神探索着节能降耗新方法,为集体节省大笔资金;他以"宁可一人脏,换来万人净"的品格赢得世人尊重。他把最真诚的情感献给了他的事业,而不是他的妻子与女儿。他用自己的行动诠释着北大荒精神新内涵,也实现着自己的社会价值。赵玉臣1999～2006年连续8年被农场评为优秀党员,2001～2006年连续6年被农场评为职工标兵,2002年被评为总局特等劳动模范、省劳动模范,2003年获得分局特等劳动模范、总局优秀共产党员称号,2005年获得总局特等劳动模范称号,2008年获得全国五一劳动奖章。（木 雨）

【顾毅荣获省第六届"十佳公仆"称号】 顾毅,1964年5月出生,福建省福州市人,中共党员,研究生学历,高级经济师、政工师。1986年7月参加工作,1997年任普阳农场党委副书记,2000年12月任普阳农场党委书记,2005年8月任普阳农场场长。顾毅自担任普阳农场党委书记、场长以来,与农场党政班子一起团结带领全场干部职工,求真务实、开拓进取,使农场经济实现了又好又快发展。2006年,农场实现国内生产总值3.67亿元,粮豆总产19.3万吨,企业利润1 200万元,人均收入10 500元,家庭农场盈利面100%,资产负债率32.1%,经济发展速度17.2%。在垦区104个农场九项指标的综合排名中名列第二,农场进入"全国文明单位"行列。顾毅注重工作创新,提出了"创带建"(创六好班子、带过硬队伍、建现代化农场)的党建工作思路和"扩水稻、强畜牧、广招商、靓城镇、快富民"的发展战略,并带头入股10万元,搞起股份制奶牛场,加快了畜牧业发展步伐,2006年畜牧业产值达1亿元。农场已建成22个科技示范园区及绿色无公害农产品出口基地,成为全国农业标准化示范区、全国农垦百家无公害示范基地农场和国家级生态示范场。他在全场领导干部中广泛开展"三卡一日"(书记民意卡、场长民情卡、干部联系卡、党支部接待日)活动和"三民四百"(知民、助民、富民;进百家门、知百家事、解百家难、帮百家富)扶贫工程,并主动拿出两万元帮扶贫困户脱贫。他坚持每年为群众办10件实事,聚了民心,帮了民富,贫困户脱贫率在100%。农场每年用于改善了群众生活和小城镇建设的资金都在5 000万元以上,场部主要街道实现100%路面硬化,农场小城镇建设成为全国示范点。顾毅大力倡导科技兴农,不断提升科技含量,科技园区推广使用新技术、新措施30多项,累计为农户增收1 950万元。在新农村建设中,一作业区整体搬迁场部,管理区盖起了楼房,建起了秸秆气化站,实现了"水电气暖"四入户。顾毅先后被授予总局劳动模范、鹤岗市优秀党员、黑龙江省"农村青年科技星火带头人标兵"、省优秀党务工作者等荣誉称号,2006年荣获省青年"五四"奖章。2007年9月在全省第六届"十佳公仆"命名表彰大会上,顾毅荣获"十佳公仆"称号。

（辛 田 孙 东）

新闻人物

【徐一戎获"何梁何利奖"】 徐一戎,1924年出生,辽宁北宁人,无党派人士。1943年和1947年分别毕业于奉天农业大学农学系和东北大学农学院农艺学系。1949～1979年,先后在东北人民政府农业部计划处、莲江口农场、合江试验农场任农业技师、技术室主任、副场长等职。1979～1984年,在黑龙江省农垦科学院水稻所、作物所先后任高级农艺师、副所长、总农艺师等职。1985～1996年,在省农垦科学院学术委员会、省水稻研究会任副主任、副理事长等职。1997年至今为省农垦科学院终身不退休研究员。曾荣获全国"五一"劳动奖章、全国优秀农业科技工作者、黑龙江省特等劳动模范、省农垦总局特等劳动模范等称号,并被聘为我国北方水稻科学技术协会荣誉理事长。终身享受国务院特殊津贴待遇。半个多世纪以来,他致力于寒地水稻栽培技术的科学研究、推广和教学工作,潜心主持研究、推广了多项在国内乃至世界领先的寒地水稻高产优质栽培技术,据不完全统计,仅1993年以来其科研成果在垦区推广面积累计就增效90多亿元,结束了黑龙江垦区由于技术问题而导致的水稻发展长期徘徊不前的历史,创造了在高寒地区水稻生产面积超千万亩、单产超千斤的奇迹,被广大群众尊誉为"北大荒水稻之父"。他先后主持研究国家、部、省及总局级的大、小科研课题20余项,其中多项课题填补了省、国家乃至世界有关寒地水稻栽培技术领域上的空白。他的科研生涯大致以1984年为基点分为两个阶段:1984年以前(即在他60岁之前)的第一阶段主要从事寒地水稻直播栽培技术的研究,代表性科研课题主要有两项:一是寒地直播水稻早熟高产栽培技术,攻破了寒地直播水稻亩产超千斤技术难关,使垦区水稻面积增加10%,亩产提高3.4%。该项技术获农垦部科研成果的最高奖项二等奖,并被黑龙江省人民政府授予水稻栽培技术推广奖。二是寒地直播水稻计划栽培防御冷害技术,成为稻农防御冷害的常规措施,被农牧渔业部授予科技进步二等奖。1984年以后(即在他60岁之后)的第二阶段主要从事寒地水稻旱育稀植栽培技术的研究。代表性科研课题主要有三项:一是寒地水稻旱育稀植"三化"栽培技术,1996年该技术在全垦区推广,并被列入全国丰收计划项目，1998年获全国丰收计划一等奖。此项技术获黑龙江省重大科技效益奖（省长特别奖）。二是寒地水稻优质米生产技术，填补了国内空白。到2004年，此项技术已在黑龙江垦区累计推广面积357.47万公顷，水稻优质品种率达100%，稻谷品质达到国标3级以上，产量增加7%以上。三是寒地水稻生育叶龄诊断栽培技术，填补了国内寒地水稻叶龄诊断栽培技术的空白。垦区在2003年开始示范推广这项技术，到2004年已推广20余万公顷，平均公顷产达9 000余公斤。徐一戎在抓科研攻关的同时，还用毕生精力致力于水稻栽培技术的推广和普及工作。50多年来，特别是在退休以后，徐一戎每年有三分之一以上的时间，多时高达200多天是在基层度过的。黑龙江省30多个市（县）、新疆、内蒙古等地，特别是垦区87个水田农场都留下了他的足迹。至今，他已累计为垦区内外的235个单位、35 000多位稻农进行过340多次的水稻栽培技术讲座。有细心人做过这样的统计，徐一戎奔走于各地水稻田的路程累计有8万多公里，相当于绕着地球走了两圈多，如果把他走稻田池埂的路程加起来，相当于从黑龙江的漠河走到海南三亚。2007年11月徐一戎获"何梁何利奖"成为垦区首位获此殊荣者，并获得20万港元的奖金。"何梁何利奖"是1994年在香港注册设立的科技奖励基金，设"科学与技术进步奖"、"科学与技术创新奖"，每年颁奖一次。徐一戎获得的是"科学与技术创新奖"区域奖。（辛　田）

【康金环获全国百名优秀母亲和省劳动模范称号】 康金环，女，1948年5月出生，原籍山东省茌平县肖庄乡康王村。1966年3月入党，同年5月来到北大荒，曾任勤得利农场家属大队排长、养鹿班长、炊事班长、妇女主任等职，1998年6月退休。从1978年至今，康金环29年如一日像对待自己的亲人一样，无怨无悔地照料着一个患有严重精神分裂症的哈市下乡知青，她崇高的精神境界和高尚的人格魅力，赢得了群众的钦佩和爱戴，先后荣获了农场先进生产者，分局优秀共产党员、女工干部，农垦总局劳动模范、"三八红旗手"、扶残先进个人、优秀共产党员，全省优秀共产党员、三八红旗手标兵、抚残助残先进个人，全国先进女职工等多项荣誉称号。2007年，康金环荣获了省劳动模范，全省"百名和谐之星"，全国百名优秀母亲荣誉称号，同时并获得黑龙江省十大女杰提名奖，全国道德模范评比活动提名奖。

1978年，知青李文魁因恋爱失败得了精神病，生活不能自理，其父母迫于生活的压力抛弃了他，农场只好派人把李文魁接回了农场连队。在连队召开的"抚养李文魁"动员大会上，时任队党支部委员、妇女主任的康金环站了出来："交给我吧，李文魁够可怜的了，咱共产党员可不能不管呀！"康金环当时可能并没有想到，这一承诺就是近30年！家里平白无故养个"疯子"，受累不说，全家人都跟着受气、受怕。老伴和孩子们实在受不了了，老伴闹着要离婚，孩子们吵着要离家出走。在家里，康金环只能拼命干活，以双倍的付出来安慰老伴，哄劝儿女。日子久了，家人见康金环这样坚持，也开始心疼她，渐渐不再反对了，也渐渐容纳了李文魁。为了照料李文魁，康金环10多年没有回山东老家看望老母亲。为尽孝心，1999年秋天，她把年近八旬的老母亲接到家，可老人家有高血压、心脏病，受不了李文魁的吵闹，康金环只好就近给母亲买了个土房，让她自己单过。从此，康金环是一心挂两肠，一日三餐有时要摆六次桌，一入秋天天要烧三次炕。1998年，康金环退休了。虽说她疼爱小孙子，但为了李文魁，一天也没有带过小孙子。2002年的正月十五，李文魁又犯病了，等康金环安顿好李文魁再去看母亲的时候，发现老人家已趴在炉子上悄然去世了，给康金环留下了一辈子的心痛和内疚。苍天不负有心人。在康金环的精心照料下，李文魁的病情逐渐好转起来。以前一周要犯好几次病，现在已很少发作了，骂人、砸东西的坏毛病也改了很多。清醒的时候，还可以帮康金环干点农活。有一年八月十五的晚上，李文魁和康金环一家人，围着桌子吃团圆饭。李文魁竟很自然地夹起一口菜放进了康金环面前的碟子里，并轻轻地叫了声"大姐"。一声大姐让康金环激动得热泪盈眶。"从没想过要他感谢，但听他叫声'大姐'，俺受再多累也觉得值了！"（辛　田）

逝世人物

【全国优秀人民警察徐联众病逝】 徐联众，满族，黑龙江省甘南县人，大学学历，刑事照相工程师，一级警督警衔。1958年5月出生，1976年参加工作，1977年1月参军入伍，1980年8月加入中国共产党，1981年参加公安工作。1995年12月任建三江农垦公安局刑警大队大队长。曾荣获省政法系统先进个人1次，荣立一等功1次、二等功2次，1983～1993年荣立三等功13次，一生荣立三等功16次、通令嘉奖20余次。1991年4月荣获全省劳动模范称号。2006年12月被评为2006年度全省公安系统十大新闻人物。2007年5月被公安部授予"全国优秀人民警察"。徐联众从警26年，他始终牢记人民警察为人民的宗旨，心系群众，竭诚为民，忠实地履行党和人民赋予的神圣职责。他参与侦破案件总数超过1 000件。在建三江垦区大案要案和疑难案件中，他亲手击毙了身缠炸药持枪劫持人质的绑匪，侦破过无任何线索的特大杀人案，打掉过有保护伞的恶势力团伙。他资助过上不起学的贫困学生，自己和家人却住在租来的房子里，清贫如洗。在长期的超负荷工作中患了肺癌之后，他从容以对，仍然忘我地带病坚持在刑侦工作第一线。2007年12月19日上午6时46分在建三江中心医院病逝，享年49岁。（张万山　周纯立）

先进集体和人物名录

全国五一劳动奖章获得者(2006 年度)

解衍明(女)　黑龙江省七星农场工人
王明库　黑龙江省农垦总局红兴隆分局中心医院院长

全国五一劳动奖章获得者(2007 年度)

赵玉臣　长水河农场环卫工人
韩振远　北大荒药业集团有限公司总经理

全国五一劳动奖状(2007 年度)

红兴隆分局中心医院

全国百名优秀母亲

康金环　勤得利农场退休职工

全国三八红旗手

李兆荣　二九〇农场职工

全国三八红旗集体

绥棱农场(女)子养路班

全国五好文明家庭

周艳红　友谊农场职工

全国双学双比(女)能手

尤桂芬　九三分局鲜花种植户
谭　微　建设农场生猪养殖协会会长

全国双学双比先进工作者

欧海燕　农垦工会妇儿办主任

全国双学双比先进集体

建三江垦区工会(女)职工委员会

全国学习型先进班组

绥棱农场职工教育第二学区
二九〇农场第七管理区

全国知识型职工先进个人

赵青海　山河农场高级农业师
李忠伟　尾山农场第一管理区高级技工

全国和谐企业

多多集团有限责任公司

全总财务工作先进单位

黑龙江省农垦工会财务部

中国农林水利系统和谐企业

普阳农场
前进农场

省第六届“十佳公仆”

顾　毅　普阳农场场长

省五一劳动奖章

李兆荣　二九〇农场三十五作业站女工主任
赵长林　查哈阳农场非公有经济办主任
李　俊　总局农机处处长
郑宝胜　锦河农场天运公司经理

省五一劳动奖状

八五七农场
北安分局中心医院妇产科

省第十届劳动模范集体

绥滨农场第二管理区第十七居民组
友谊农场第六管理区第六作业站
八五九农场第二管理区
北大荒农业股份有限公司七星分公司研发中心
八五七农场第八管理区
尖山农场机械化中心站
绿色草原牧场奶牛中心

天津完达山乳品有限公司生产车间
黑龙江省多多药业有限责任公司固体制剂车间

省第十届劳动模范

冯明勤　宝泉岭分局高级中学校长
秦续江　宝泉岭分局中心医院科主任
陈志代　宝泉岭农场岭西管理区支部书记
隋文利　二九〇农场十一管理区工人
李云生　饶河农场场长
孟宪国　友谊农场第一管理区主任
肖亚农　北兴农场第六管理区十二居民组工人
邢继生　农垦红兴隆索伦机械制造公司董事长
翟　娟(女)　宝山农场中学校长
任景利　五九七农场第三管理区工人
康金环(女)　勤得利农场第七管理区退休职工
佟建华(女)　洪河农场法庭庭长
沈　英　八五九农场第九管理区主任
杨晓军　前锋农场畜牧科科长
崔永龙　北大荒农业股份有限公司八五四农场工人
杨　林　牡丹江分局办公室主任
王永波　北大荒农业股份有限公司八五六分公司经理
周炳森　云山农场兽医
唐永德　格球山农场场长
魏金贵　襄河农场第一管理区主任
李忠伟　尾山农场第一管理区工人
李国峰　荣军农场林业局局长
王石龙　山河农场公安局警长
王忠宝　嫩江农场第五管理区主任
李钟淑(女)　查哈阳农场双桥米厂厂长
周子华　嘉荫农场公安分局局长
赵义海　香坊农场工人
韩振远　黑龙江多多集团有限责任公司经理
安增龙　黑龙江八一农垦大学财务处处长
李建华　农垦科学院水稻研究所育种室主任
刘大力　农垦总医院康复科主任

全省职工体育先进单位

绥化垦区工会
牡丹江垦区工会
宝泉岭垦区工会
嫩江农场

全省支持体育工作优秀领导干部

项　滨　北大荒农业股份有限公司浩良河化肥分公司总经理

全省职工体育先进个人

刘　伟　省农垦机械化学校教师
成子金　完达山乳业股份有限公司工会主席
于振军　宝泉岭垦区工会文体部部长
郭长城　九三分局电业局工会主席
李　明　省农垦工会文体部部长

全省工会经费上解先进单位

黑龙江省农垦工会财务部

省五一巾帼奖集体

北安分局中心医院妇产科

省女职工建功立业标兵岗

宝泉岭分局中心医院物理诊疗科

省女职工下岗再就业带头人

李凤华　前锋农场金华酱油醋酿造厂厂长

省女职工建功立业标兵

刘维莲　八五二农场南横林子小学教师

省先进女职工集体

建三江垦区工会(女)职工委员会
北安垦区工会(女)职工委员会
宝泉岭垦区工会(女)职工委员会

省先进女职工

张成美　新华农场海格律师事务所律师
李　晶　香坊实验农场民政助理
闫红岩　农垦总医院护士长
杨培杰　克山农场中学教师
耿淑芹　赵光农场第六管理区生猪定点屠宰厂厂长
李　颖　肇源农场卫生科科长
李凤珍　九三粮油工业集团有限公司宝泉岭大豆制品有限公司原粮车间主任
曹　丽　完达山乳业股份有限公司党群办主任

省先进女职工工作者

李亚军　　八五三农场工会副主席
李　萍　　浩良河化肥厂工会(女)职工委员会主任

省先进女职工之友

刘瑞策　　八五一〇农场场长
王　毅　　八一农垦大学工会主席

省文明家庭

潘如意　　嫩江农场中学教师

省十大女杰提名奖

康金环　　勤得利农场退休职工

省巾帼建功先进集体

绥化垦区工会(女)职工部

省巾帼文明示范岗

小清河居民区第二居民委

省巾帼建功标兵

宋豫红　　北安分局农业科研所大豆育种研究室主任

省农村妇女“双学双比”活动女能手

姜海波　　八五六农场下岗女工

省农村妇女“双学双比”活动先进工作者

崔艳华　　宝泉岭垦区工会妇儿办主任

省农村妇女“双学双比”活动先进集体

黑龙江省农垦工会
九三垦区工会女职工委员会

黑龙江省女性科技创新先进个人

穆娟微　　农垦科学院水稻研究所生物预警室主任

黑龙江省巾帼创新业先进个人

庄淑华　　鸭绿河农场金禾丰有限公司、北方粮油工贸有限责任公司经理

省学习型组织标兵单位

绥滨农场

省学习型组织先进单位

牡丹江垦区连珠山水泥厂

省知识型职工先进个人

刘永祥　　青龙山农场协会联合会秘书长
刘清慧　　农垦勘测设计院工程师

省学习型班组标兵

八五二农场第四管理区第六作业站

省职业道德“十佳”单位

红兴隆分局中心医院

省职业道德建设模范班组

浩化良河肥分公司计划预算组

省职业道德先进单位

尾山农场

省职业道德先进个人

周建家　　农垦工商行政管理局局长、书记
吕秀丽　　农垦职业学院副教授

全省民主管理工作先进单位

北大荒农业股份有限公司七星分公司
八五六农场
长水河粮油加工有限公司
嫩北农场

全省民主管理工作优秀个人

优秀党委(支部)书记

刘　英(女)　梧桐河农场党委书记
李荣华　　友谊农场党委书记

郭　进　　查哈阳农场党委书记
潘洪瑞　　农垦龙王食品有限责任公司党支部书记

优秀场长(经理)

西　亮　　北大荒农业股份有限公司七星分公司总经理
唐永德　　格球山农场场长
于胜军　　绥化分局局长

优秀工会主席

叶善民　　二九〇农场工会主席
于恒文　　御绿集团微生物工程有限公司工会主席
张宝林　　建边农场工会主席
岳钰钧　　九三粮油工业集团有限责任公司工会主席
周聚文　　九三垦区工会主席

省级劳动关系和谐企业标兵

多多集团有限责任公司

(农垦工会　李小兵)

垦区第四届“十佳公仆”(享受总局特等劳动模范待遇)

张元福　　总局政策法规局局长
洪铁军　　总局党委办公室主任
吴凤霖　　建设农场副场长
范瑞军　　绥棱农场第八管理区主任
刘相增　　北大荒农业股份有限公司八五九分公司总经理
初　云　　农垦总医院输血科主任
李国锋　　荣军农场林业局局长
白义波　　牡丹江农垦区人民检察院检察长
顾　毅　　普阳农场场长
支胜利　　江川农场第六作业站站长

总局劳动模范集体和个人

劳动模范农场

北大荒农业股份有限责任公司二九〇分公司
军川农场
绥滨农场
普阳农场
饶河农场
浓江农场
八五〇农场
八五六农场
云山农场
宁安农场
格球山农场
尾山农场
尖山农场
山河农场
克山农场
绥棱农场

劳动模范工商运建服企业

黑龙江省宝泉岭电业局
黑龙江省红兴隆电业局
黑龙江农垦隆盛建筑工程有限公司
胜利粮油食品有限责任公司
北大荒农业股份有限公司七星分公司研发中心
牡丹江垦区连珠山水泥厂
牡丹江垦区金沙林业公司
黑龙江省农垦北安建筑安装总公司
黑龙江省九三电业局
黑龙江北大荒马铃薯产业有限公司
农垦龙王食品有限责任公司
黑龙江鑫都房地产开发有限公司
九三粮油工业集团有限公司
黑龙江龙垦通用航空公司
完达山乳业股份有限公司八五一一分公司

劳动模范机关处室和事业单位

黑龙江农垦工业学校
宝泉岭农垦交通局
宝泉岭分局畜牧水产局
红兴隆农垦交通局
红兴隆农垦公安局
建三江分局农机局
建三江分局审计处
牡丹江分局计财处
牡丹江分局办公室
北安分局中心医院
九三分局计划财务处
齐齐哈尔分局畜牧水产局
绥化分局人事劳动和社会保障局
农垦总局财务处

劳动模范集体

北大荒农业股份有限公司二九〇分公司第六管理区
北大荒农业股份有限公司江滨分公司第五管理区
军川农场科普管理区
名山农场稻花香管理区
共青农场第四管理区
北大荒农业股份有限公司宝泉岭分公司岭东管理区
北大荒农业股份有限公司新华分公司稻香管理区
普阳农场柳东管理区
北大荒农业股份有限公司友谊分公司第四管理区
北大荒农业股份有限公司八五二分公司第三管理区
北大荒农业股份有限公司八五三分公司第三管理区
双鸭山农场第四管理区
北大荒农业股份有限公司二九一分公司第二管理区
江川农场第五管理区
曙光农场第五管理区
北兴农场第六管理区

北大荒农业股份有限公司八五九分公司第一管理区
胜利农场第十二管理区
北大荒农业股份有限公司七星分公司第九管理区
大兴农场第九管理区
前进农场第十六管理区
前锋农场第九管理区
鸭绿河农场第五管理区
浓江农场第九管理区
八五〇农场第二管理区
北大荒农业股份有限公司八五四分公司第三管理区
八五七农场第三管理区
八五八农场第三管理区
北大荒农业股份有限公司庆丰分公司第一管理区
云山农场第八管理区
北大荒农业股份有限公司兴凯湖分公司望远管理区
海林农场第二管理区
格球山农场第三管理区
赵光农场第六管理区
襄河农场第一管理区
建设农场第四管理区
引龙河农场第四管理区
鹤山农场第三管理区
大西江农场第四管理区
荣军农场第二管理区
嫩北农场第三管理区
嫩江农场第七管理区
克山农场第二管理区
查哈阳农场稻花香管理区
查哈阳农场长吉岗管理区
嘉荫农场第四管理区
绥棱农场第五居民委
海伦农场绿源管理区
红旗农场机场路作业区
四方山农场第二管理区

特等劳动模范

王庆和　绥滨农场公安分局局长
杨占海　军川农场场长
顾　毅　普阳农场场长
顾　坚　北大荒农业股份有限公司宝泉岭分公司经理
李荣华　友谊农场党委书记
王元喜　五九七农场长林岛育肥牛基地经理
田旭江　北大荒农业股份有限公司八五二分公司第一管理区主任
葛怀安　红旗岭农场场长
董向葵(女)　江川农场工会主席
邱永建　北大荒农业股份有限公司八五九分公司第二管理区主任
西　亮　北大荒农业股份有限公司七星分公司经理
郭文深　红卫农场生产办主任
俄立生　建三江分局农机局局长
郑绪凯　八五〇农场场长
刘瑞策　八五一〇农场场长
曹祚东　云山农场场长
郭长春　连珠山水泥厂厂长
王克坚　建设农场场长
徐爱国　北安分局中心医院院长
陈其河　九三农垦交通局局长
王其浦　尖山农场场长
李振涛　黑龙江北大荒马铃薯产业有限公司工人
董晶石(女)　齐齐哈尔分局中心医院内二科主任
刘士杰　和平牧场场长
吕庆文　嘉荫农场第四管理区主任
梁启全　香坊实验农场场长
马德全　农垦总局农业局局长
田仁礼　九三粮油工业集团有限公司总经理
贾庆胜　北大荒丰缘麦业有限责任公司总经理
钱柏莫　农垦北大荒商贸集团有限责任公司总经理

劳动模范

王柏春　宝泉岭分局党委宣传部部长
任　和　北大荒肉业有限公司董事长
李　钢　宝泉岭分局畜牧水产局局长
吴卫民　宝泉岭分局中心医院副院长
李兆荣(女)　北大荒农业股份有限公司二九〇分公司第九管理区工人
刘明生　北大荒农业股份有限公司二九〇分公司第二作业站工人
王春平　绥滨农场水务局局长
张树华　绥滨农场第二十五居民组组长
尹延荣(女)　江滨农场学校校长
周喜平　江滨农场江城建筑公司经理
程　英(女)　军川农场卫生科科长
黄志国　军川农场第十七居民组副主任
晁春芳　名山农场第九作业区工人
郭丽华(女)　名山农场学校教师
许玉山　延军农场第十居民组白灰厂厂长
李忠华　共青农场公路管理站站长
苗德军　共青农场第四管理区主任
华博岩　北大荒农业股份有限公司宝泉岭分公司岭东管理区主任
徐宣凤(女)　宝泉岭农场林业局局长
李玉兰(女)　宝泉岭农垦玉兰牧业有限公司经理
王　健　北大荒农业股份有限公司新华分公司第七管理区主任
刘明刚　北大荒农业股份有限公司新华分公司第二十九作业站工人
孙立明　普阳农场社区办公室主任
郑学梅(女)　普阳农场柳东作业区工人
孙会堂　汤原农场第一管理区第十居民组组长

郭海峰　梧桐河农场第一居民组组长
李传东　依兰农场第七居民组工人
鹿广川　宝泉岭分局高级中学教务处副主任
杨崇德　宝泉岭电业局用电营业科科长
房　萍（女）　宝泉岭分局局直小学教师
于水龙　宝泉岭分局局直中学教师
欧伟光　农垦工业学校建筑工程学科主任
杜玉霞（女）　宝泉岭分局局直社区党工委科长
陈　勇　宝泉岭农垦远东农业开发公司经理
杨宪卿　北大荒农业股份有限公司友谊分公司第三管理区主任
孙永庆　北大荒农业股份有限公司友谊分公司第十管理区主任
孙桂文　友谊农场第七管理区第六作业站党支部书记
冯纯玉　北大荒农业股份有限公司友谊分公司第九管理区第一作业站工人
张继凤　北大荒农业股份有限公司友谊分公司第六管理区第一作业站站长
杨福宏　友谊农场第四管理区党委书记
鞠清友　北大荒农业股份有限公司友谊分公司第二管理区主任
张　刚　友谊农场工会主席
李国峰　五九七农场副场长
马曙光　五九七农场第四管理区主任
林玉明　五九七农场第三管理区主任
何　强　北大荒农业股份有限公司八五二分公司第三管理区第十二作业站工人
朱树德　北大荒农业股份有限公司八五二分公司第二管理区主任
刘赞林　北大荒农业股份有限公司八五二分公司第三管理区主任
张占兰（女）　八五二农场南横林子小学校长
张　敏　八五二农场工会主席
代明军　八五三农场公路管理站工人
刘建平（女）　北大荒农业股份有限公司八五三分公司第六管理区第四作业站工人
杨淑华（女）　北大荒农业股份有限公司八五三分公司第一管理区第四作业站工人
杨宝龙　八五三农场第一管理区党委书记
魏贤斌　北大荒农业股份有限公司八五三分公司第二管理区主任
张新柱　饶河农场林业局局长
崔纯玉　饶河农场欣城管理区主任
李中秋　红旗岭农场基建公司经理
胡建祥　北大荒农业股份有限公司二九一分公司第三管理区副主任
冷传春　二九一农场医院医生
杨春会　双鸭山农场第四管理区主任
李绍武　双鸭山农场畜牧渔业科科长
陶艳斌　江川农场第三作业站工人
孔祥瑞　曙光农场教育科科长科长
李春生　北兴农场第七管理区工人
张忠臣　北兴农场第三管理区工人
杨英丽（女）　北兴农场职工医院内科主任
王振海　宝山农场场长
李景运　黑龙江省红兴隆电业局局长
刘晓燕（女）　红兴隆分局局直街道办事处党委书记
刘　海　红兴隆种业有限公司红旗岭分公司经理
王安斌　北大荒牛业有限公司工人
宣铁富　红兴隆分局纪委书记
李书贞（女）　红兴隆分局信访办主任
王莉莉（女）　红兴隆分局第一高级中学教师
张开成　八五九农场副场长
兰志胜　北大荒农业股份有限公司八五九分公司第十管理区主任
李建军　胜利农场副书记
梁秀利　胜利农场第八管理区主任
彭世军　胜利农场第十二管理区主任
于晓利　北大荒农业股份有限公司七星分公司第九管理区主任
张德富　建三江农垦公安局七星分局局长
张忠献　勤得利农场社区第三居民委主任
康发存　北大荒农业股份有限公司勤得利分公司第十五管理区主任
邓云生　北大荒农业股份有限公司勤得利分公司第一管理区工人
刘海涛　大兴农场农业科科长
姜英奎　大兴农场林业科科长
孟凡合　北大荒农业股份有限公司青龙山分公司生产技术部部长
毕书江　北大荒农业股份有限公司七星分公司第四管理区主任
李成春　前进农场第九管理区主任
王升新　前进农场第十六管理区主任
尚贵章　创业农场工会副主席
何安奎　红卫农场场长
周文利　前哨农场学校校长
安玉华　前锋农场第六管理区第二作业站站长
闫喜成　洪河农场党委书记
赵　辉　洪河农场粮食处理中心主任
童良军　二道河农场副场长
刘　宝　二道河农场第六管理区主任
刘国春　鸭绿河农场党委书记
王树波　浓江农场副场长
邢春秋　浓江农场水稻办副主任
李国俊　建三江分局农业科学研究所所长
彭　珊（女）　建三江分局第一中学教务处主任
王红香（女）　建三江分局第一中学教师

张黎秀　建三江分局交通局局直公路站站长
李竹青　建三江分局中心医院院长
庞忠林　建三江农垦公安局局长
孟宪英　黑龙江省建三江电业局局长
隋文成　八五〇农场第二管理区主任
钟德华　八五〇农场生活服务站站长
侯忠道　北大荒农业股份有限公司八五四分公司第六作业站工人
陈庆复(女)　北大荒农业股份有限公司八五四分公司第九管理区主任
张江泽　八五五农场第三作业区工人
刘士杰　八五五农场福利科工人
刘宝泉　八五六农场街道办主任
李建忠　北大荒农业股份有限公司八五六分公司第十管理区主任
纪　军　八五七农场第八管理区主任
王桂海　八五七农场第三管理区主任
刘龙聚　八五八农场第三管理区主任
郑占臣　八五八农场街道办工人
张玉明　八五一〇农场第十管理区工人
娄继龙　八五一〇农场第三管理区主任
邵忠武　八五一一农场第七管理区副主任
王　虎　北大荒农业股份有限公司庆丰分公司第五管理区主任
时长青　云山农场第三管理区主任
高启功　云山农场第四管理区工人
张世宗　兴凯湖农场社区居委会主任
孔新刚　北大荒纸业有限公司抄纸二车间主任
王瑞林　海林农场第二管理区主任
王志强　宁安农场工人
沈景飞　双峰农场第一管理区主任
高建栋　山市种奶牛场工人
王月利(女)　完达山电力集团有限公司工人
李井发　连珠山社区供热站站长
徐宝芬(女)　八五一一农场子弟校教师
王　波　八五一一农场办公室主任
程志军　海林农场党委副书记
辛田花(女)　牡丹江分局中心医院眼科主任
倪秀丽(女)　牡丹江分局高级中学教师
楚秀琴(女)　牡丹江分局机关子弟校副校长
辛超英　牡丹江农垦交通局局长
白义波　牡丹江农垦区人民检察院检察长
董文仁　格球山农场党委书记
刘　明　北安分局计财处处长
孙启智　北安农垦交通局局长
房树彬　引龙河农场第四管理区主任
唐道元　赵光农场第六管理区主任
李淑芝(女)　襄河农场社区居民委员会工人
杨荣德　二龙山农场第三管理区主任
黄明燕　长水河农场第六管理区主任
高　中　引龙河农场第五管理区主任
罗春生　二龙山农场第六管理区工人
杨荣斌　北安农业科学科研所主任
倪　德　尾山农场第三管理区主任
白文山　红色边疆农场大鹏粮贸公司经理
朱长文　北安农垦法院院长
赵清海　山河农场场长
范守东　荣军农场第十居民组组长
王文进　鹤山农场第三管理区主任
王保军　大西江农场第四管理区主任
张广瑞　红五月农场办公室主任
刘太权　七星泡农场第四管理区主任
李广辉　嫩江农场第七管理区工人
刘文武　嫩北农场第三管理区主任
赵庆来　建边农场第三管理区第九居民组主任
史乃军　哈拉海农场第一管理区工人
董爱书　九三分局植保植检站站长
王有忠　九三分局监察局局长
董怀宇　九三分局中心医院主任
马利军　九三分局第一中学主任
张火芝　九三农垦看守所所长
张忠敏(女)　克山农场农业科技园区副主任
李伟华　依安农场第七作业区主任
谢仲侠　富裕牧场场长
吕忠元　查哈阳农场稻花香管理区主任
张志林　查哈阳农场海洋管理区第六作业区工人
王利伟　泰来农场第二作业区工人
张庆革　绿色草原牧场第二作业区主任
石海军　巨浪牧场第三作业区主任
李　魁　齐齐哈尔分局政策研究室主任
范瑞君　绥棱农场第八居民委主任
孙宝喜　红光农场第一管理区主任
孟凡清　铁力农场农垦人酿酒厂经理
张福堂　肇源农场福堂养殖场场长
蔡忠文(女)　铁力农场子弟学校副校长
李殿斌　海伦农场农机技术推广服务中心主任
吴培栋　柳河农场职工医院院长
任路生　绥化分局政策研究室主任
和金峰　松花江农场副场长
段接继　四方山农场畜牧科科长
谌旭红(女)　哈尔滨农垦肉祖代鸡场场长
徐世英　庆阳农场第四管理区主任
代滨江　红旗农场机场路作业区主任
李　俊　农垦总局农机局局长
洪铁军　农垦总局办公室主任
靳学慧　八一农大植物科技学院院长
杨焕民　八一农大动物科技学院系副主任
冷志杰(女)　八一农大经济管理学院系副主任

王维志　黑龙江龙垦通用航空公司总经理
王　梅（女）　农垦总局驻佳木斯办事处办公室主任
耿鹏照　北大荒农业股份有限公司浩良河化肥分公司检修车间主任
朱成寿　农垦建工集团总经理
车德辉　黑龙江多多集团有限责任公司药业营销公司经理
杨玉贵　农垦林业职业技术学院人事处处长
刘　飞　北大荒丰缘麦业有限责任公司哈尔滨销售区经理
程学军　北大荒丰威食品有限公司挂面车间班长
王　钧　北大荒丰缘麦业有限责任公司佳木斯销售区经理
李恩和　九三集团天津大豆科技有限公司经理
张立臣　九三集团大连大豆科技有限公司电仪车间主任
张学文　农垦农业职业技术学院党委副书记
都玉香（女）　农垦佳木斯学校高中部主任
王东华　农垦总医院副院长
曹利平　天津完达山乳品有限公司经理
王　平　完达山乳业股份有限公司八五一一分公司制粉车间主任
李　宁　农垦科学院副院长
杨　旸（女）　北大荒农业股份有限公司财务部主管
刘义波　哈尔滨龙垦麦芽有限公司动力车间主

分局农牧场
北大荒农业股份有限公司

宝泉岭分局党委书记　赵广民

宝泉岭分局局长　刘长友

黑龙江省农垦总局宝泉岭分局始建于1948年,是黑龙江省农垦总局9个分局之一。地处黑龙江与松花江汇合处的三角洲地带,北以黑龙江与俄罗斯为界,边境线长160公里。总控制面积6 115平方公里,耕地面积465万亩,林地136万亩,草原35万亩,水域69万亩,所辖13个国有农场、48个农业管理区,分布在三市(哈尔滨、佳木斯、鹤岗)四县(依兰、汤原、萝北、绥滨)。总人口21.17万人,职工8.8万人,各类在册技术人员9 345人。各类学校24所,医院12所,电视差转台12座。农业机械总动力70万千瓦,专用公路1 629公里,农用飞机场8个,粮食处理中心21个,12个农场有对外出口边贸权,三大现代农业通道、三大工业园区粗具规模。经过60年三代北大荒人艰苦奋斗、勇于开拓、顾全大局、无私奉献,分局现已建成集农业、工业、畜牧、贸易、服务综合经营,一二三产业同步发展的农垦群体。

改革开放以来,宝泉岭分局紧紧抓住改革、发展、稳定这个主题不放松,以科学发展观统领经济社会全局,以企业增效职工增收为出发点,以构建和谐社会为目标,实现了经济、政治、社会、文化、党的建设持续、健康、协调发展。分局先后被授予省级文明单位、省级文明城镇建设先进单位、全省思想政治工作先进单位标兵、全国粮食生产先进单位、全国边境文化建设成绩显著单位、全国群众体育先进单位、全国绿化模范单位、国家级生态示范区等荣誉称号,2007年被授予全国曲艺之乡。

到"十一五"末,分局的战略部署是:实现生产总值90亿元,比2007年年均增长17.1%。一二三产比例达到56∶17∶27。第一产业增加值50亿元,比2007年年均增长17.2%,其中畜牧业增加值27.7亿元,实现占农业"半壁江山"目标。第二产业增加值16亿元,年均增长18.6%。第三产业增加值24亿元,年均增长15.4%。实现人均生产总值42 857元,年均增长17.1%。实现人均纯收入12 459元,年均增长10%。实现粮食总产量249万吨,年均增长6.7%。

到2010年末,分局实施经济社会"1369"发展方略,即要积极构建宝军绥区域经济带,大力推进"三化"进程,加快六大产业发展,实现经济质量提升、社会发展提速,实现生产总值90亿元。

宝泉岭分局

航化作业

宝泉岭农垦城

宝泉大街

北大荒肉业宝泉岭分公司屠宰车间

北大荒肉业宝泉岭分公司

二九〇分公司总经理　樊庆东

二九〇农场党委书记、场长、社区主任　李凤山

二九〇农场地处祖国东北边陲的绥滨县境内，位于黑、松两江汇合处的三角洲地带。地理坐标在东经131° 50′ 25″ ~132° 26′ 15″，北纬47° 28′ 30″ ~47° 45′ 26″之间，以黑龙江主航道为界与俄罗斯半江之隔；东、南面临松花江分别与同江、富锦两市隔江相望。农场辖区总面积801平方公里，拥有耕地41 124公顷，森林10 227公顷，其中自然林2 236公顷；草原4 335公顷，水面12 545公顷。农场下辖5个中心管理区，共37各居民组。有现代化粮食处理中心和种子加工厂各一座。总户数8 249户，人口22 342人。这里自然景色优美，资源丰富，地势平坦，土质肥沃，机械化程度高，小城镇建设粗具规模，已进入黑龙江省小城镇建设百强镇行列，是国家重要的商品粮基地、绿色食品原料基地和国家生态农业示范区。

二九〇农场以科学发展观为统领，以"社会和谐、职工富裕、企业强盛"为目标，以加快新农村建设、构建和谐社会为重点，积极推进农业现代化、农区工业化、农场城镇化进程，促进了农场经济又好又快发展和社会的和谐与稳定。

53年的发展历程铸就了"团结、务实、奋进、奉献"的二九〇精神，铸就了"诚信、和谐、创新、卓越"的经营理念，面对良好的发展机遇，二九〇农场将以科学发展观统领全局，依据科技进步，坚持管理强企、营销活企、生态护企、文化立企、特色富企，倾力打造全面、协调、诚信、和谐、绩优的现代化农场崭新形象。

防雹增雨作业

航化作业

快速发展的养殖业

二九〇分公司第七管理区水稻高产攻关田

二九〇农场粮食处理中心

二九〇自然保护区

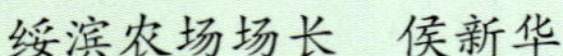

绥滨农场场长　侯新华

绥滨农场党委书记、社区主任　于治臣

始建于1948年的绥滨农场，位于黑龙江省绥滨县境内，镶嵌在松花江与黑龙江的冲积平原上，是原黑龙江生产建设兵团二师九团。

历经1958年转业官兵、支边青年、下乡知青60年的屯垦戍边，绥滨农场已成为走在全国农垦系统改革前沿，经济建设、政治建设、文化建设、社会建设“四位一体”和谐发展的农垦新城。现占地面积78万亩，拥有耕地52万亩，总人口2万，职工6 000多人，下设4个管理区与37个居民组，工商运建服企业18个，是集种、养、加、贸、工为一体的大型国有农场。水稻、畜牧、林业是农场的“三大支柱”产业，精米、面粉、豆油、奶粉为主打农副加工产品，万寿菊、食用菌等特色经济作物加工已形成规模，产品远销新加坡、日本、泰国、台湾、香港等地，在国内建立各销售网点26个。

绥滨农场被农业部授予“水稻示范场”、“粮食生产先进场”荣誉称号，被全国总工会授予“模范职工之家”荣誉称号，被黑龙江省委、省政府授予“文明单位标兵”、“文化先进场”荣誉称号。

绥滨农场拥有52万亩耕地，水稻面积35万亩，年产水稻、小麦、玉米26万吨，万寿菊等特色经济作物3万吨。绿色、有机作物面积达15万亩，投资2.58亿元、设计灌溉面积31.18万亩的“引黑工程”现已灌溉水稻10万亩。

绥滨农场畜牧业以“两牛一猪”为主，拥有千头奶牛养殖场1个，现代化万头养猪场3个，千头猪场42个。

绥滨农场中心苗圃是国家发改委立项投资建成的“省级林木种苗繁育基地”，是集生产与科研于一体的生产基地，现拥有“垦绥无絮垂柳”等优质苗木100余种，年可销售2 000余万株，保证了4万余亩低洼低产田得以还林，森林覆盖率达到16.5%，林业经济的发展，也推动了食用菌、五味子、中草药等林下经济的快速健康发展。

农场鸟瞰

农场机关办公大楼

绥滨黑龙江灌区

绥滨农场省级林木种苗繁育基地

农场现代化粮食处理中心一角

普阳农场场长　崔金福

普阳农场党委书记、社区主任　韩兆琪

普阳农场始建于1971年，位于松花江下游北岸，绥滨、萝北、汤原三县交界的蒲鸭河地区，属绥滨县辖区。地理坐标为东经130° 58′ ～131° 33′，北纬47° 10′ ～47° 23′，是一个集农、工、贸于一体的大型机械化国有农场。土地总面积516平方公里，耕地29 687公顷，林地3 784公顷，草原5 533公顷，水面4 302公顷，总人口10 826人。这里地势平坦，土质肥沃，环境优美，航运交通便利，靠近名山、同江等对俄贸易口岸；这里通讯发达，各项设施齐全，拥有世界先进水平的光缆传输设备，全场已实现微机网络化管理。这里明珠璀璨，农场先后被授予“全国五一劳动奖状”、“全国先进基层党组织”、“全国创建文明小城镇示范点”、“全国文明单位”、“农业部无公害农产品示范基地”、“全国粮食生产先进农场”等多项国家级荣誉称号。是“垦区三面红旗之一”、“黑龙江省新农村建设示范农场”。

普阳农场是国家大型商品粮生产基地，2001年被评定为国家级农业标准化示范区。农场年产粮食21万吨，其中玉米9万吨，大豆2万吨，水稻10万吨；其他粮食产品有小粒黄豆、大粒黄豆、红小豆及白芸豆等，并能根据市场需求调整种植品种。农场拥有奶牛、肉牛、肉蛋鸡、肥猪等养殖基地，年产畜禽产品4万吨。

农场自然资源丰富，具有发展农工牧渔业生产得天独厚的优势，有天然草场8.3万亩，湿地保护区1.08万亩，是国家级生态示范区，也是由国家绿色食品发展中心批准的A级富硒绿色食品生产基地。2007年获得全国首批绿色食品原料标准化生产基地和中国良好农业规范认证证书。农场生产的“普阳牌”大米、豆油等产品是在无污染无公害的最佳生态环境中产出的纯天然绿色食品，更是集膳食和营养保健为一体的理想主食原料。农场实力雄厚，在国际国内被确定为重合同守信誉企业，被国家农行评定为“AAA级企业”，尤其是在近几年的对俄罗斯贸易中取得了俄方的充分信任和一致好评，创下黑龙江垦区对外出口“四个第一”的骄人业绩。农场种植的有机大豆畅销日本、韩国等国家。

这里人文荟萃，文化名人丁玲、魏巍、姚雪垠、华君武，经济学家厉以宁等社会名流先后来场生活访问，深厚的文化底蕴氤氲着普阳浓郁的文化气息，博大的人文情怀。

农场文化中心

丁玲纪念室

农场世纪花园别墅小区

大马力机械作业

农田林网化

农场小城镇建设

江滨分公司总经理　张承厚

江滨农场党委书记、场长、社区主任　叶善民

江滨农场成立于1963年3月,1969年2月为黑龙江省建改兵团二师第十团。农场地处黑龙江省萝北县境内,与俄罗斯隔江相望,地理坐标东经131° 11′ ~131° 34′ ,北纬47° 43′ ~47° 43′ 。是一个有1.7万人口的边陲农垦城,拥有32万亩耕地和自然广阔的水域,盛产优质水稻、大豆和玉米,形成了无污染、无公害,具有特色营养保健的食品原料供应基地;畜牧业迅速发展,建有绿色肉牛、奶牛、猪、羊养殖基地。

农场各项生产科技含量高,有日处理600吨、仓储2万吨的粮食处理中心和设备先进的种子加工厂,农田水利基础设施建设配套,农业实现了飞机航化作业,进口和国产机械设备技术先进,与日、韩、俄等国客商及国内12家大型外资粮食企业,建立了良好的合作关系。有机大豆生产基地分别通过日本农业标准协会和美国有机作物改良协会认证,取得了通向国际市场的通行证。

农场社会服务体系健全,有线电视入户率95%以上,30多套节目可供选择;程控电话四通八达,移动网络覆盖全场;一级甲等医院加入宝泉岭医疗集团;垦区示范幼儿园、总局标准化小学、总局示范初中,方便了职工子女入托和就学;文化场所设备先进,活动丰富多彩,现已成为黑龙江垦区的富强镇和总局文明单位。

江滨农场超级稻生产基地

江滨农场场区

江滨农场世纪文化广场

江滨农场机关办公大楼

汇滨农场文化中心大楼

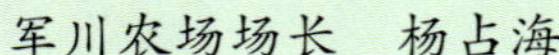

军川农场场长　杨占海

军川农场党委书记、社区主任　谢　荣

军川农场位于黑龙江省萝北县城东南45公里处，黑龙江与松花江之间。地理坐标为东经131° 02′ ～131° 30′ ，北纬47° 20′ ～47° 40′ 。南北长28公里，东西宽27公里，土地总面积594平方公里。农场紧临国家级对俄开放口岸名山镇，北与俄罗斯隔江相望。陆路、水路交通便利，黑龙江、松花江都有航运码头，航运可直接进入太平洋，高等级水泥公路可通佳木斯、哈尔滨市。农场总占地约600平方公里，其中耕地面积57万亩，草原3.9万亩，林地8.4万亩。农场人口近2万人。农场下辖4个管理区37个居民组及林业站、科研站。

军川农场是黑龙江垦区百亿斤商品粮生产大型基地之一，农场的农业耕作机械化程度很早就跨入了国内最先进行列，农业机械总动力4.69万千瓦。

1999年青岛中法合资的圣元乳业集团租赁了军川乳品厂，投资400余万元进行了全面的检修和技术改造，生产能力由日处理鲜奶20吨扩大到70吨，产品也由过去的单纯全脂奶粉更新为系列配方奶粉。

农场不断加大小城镇开发建设力度，使农场形成了布局合理、道路畅通、基础设施配套、环境优美的现代化农垦小城镇新格局。

2007年农场被农业部确定为“全国农垦现代农业示范区”、“省级优美城镇”、“省级文明单位”、“省级民主法治示范单位”等荣誉称号。

建场48年来，经过三代北大荒人的开发建设，农场已发展成为农、林、牧、副、渔全面发展，工、商、运、建、服综合经营，文教、卫生、公安、政法、城镇建设等社会服务管理体系完善的新型现代企业。

农场场部鸟瞰

农场幸福公园鸟瞰

军川农场国家级农业示范园区

农场职工购进的一批新型联合收割机

落户军川农场的圣元乳业公司

军川农场标准化奶牛养殖小区

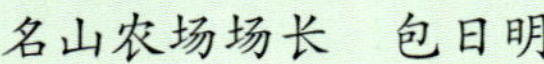
名山农场场长　包日明

名山农场党委书记、社区主任　孟庆国

名山农场是一个集种植、养殖、旅游等多项产业于一身的中型国有农场,总土地面积29 018公顷,耕地面积17 036公顷,总人口数10 808人,职工总数4 216人。农场位于黑龙江南岸,北与俄罗斯阿穆尔捷特十月区隔江相望,水陆交通便利,哈萝公路201国道和101省道贯穿其中,沿黑龙江水道可以进日本海,直达东北亚及东南亚各国。

农场土地辽阔,地势平坦,气候适宜,水源充足,不仅具有大型机械化作业的自然条件,而且具有农、林、工、牧、副、渔全面发展的丰富自然资源。

在新农村建设中,农场主要抓好农业现代化建设,当年农业基础建设累计投入483.2万元,完成水稻育秧基地建设及名山农场科技园区建设。园区位于场部东侧、名普路北侧,距场部二公里。园区由惠丰桥(投资30万元)、惠丰广场(投资40万元)、温室大棚(投资10万元)、观光走廊(计划投资10万元)、示范区、园区办公室(投资10万元)及"科技之光"标志性建筑(投资10万元)等部分组成。园区面积66公顷,设有水稻园、经济作物园、大豆品种展示园、玉米品种展示园、栽培技术试验示范园、大豆高产攻关园、玉米高产攻关园等示范区。

农场在科学发展、改善民生、构建社会和谐的同时,有着勇于探索、奋发向上的创新精神,追求卓越、永不言败的进取精神,抓住当前的发展机遇,不断解放思想、改革创新,为努力构建繁荣和谐的名山农场,实现全面建设小康社会的宏伟目标而努力奋斗。

名山农场科技园区惠丰广场

名山农场科技园区惠丰桥

名山农场文化建设

名山农场玉米浇灌作业

名山农场老年秧歌队

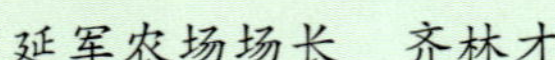
延军农场场长　齐林才

延军农场党委书记、社区主任　仇忠石

延军农场位于黑龙江东北部丘陵半山区,坐落在小兴安岭东麓,地势由西北迤向东南,海拔 100~400 米之间,地理坐标为东经 139° 39′ ~130° 56′ ,北纬 47° 37′ ~47° 54′ 。总面积 44 080 公顷,总人口 10 132 人,职工 2 292 人。农场下辖 3 个管理区 18 个居民组,文教卫生、交通、通讯、电力等社会服务系统和保障体系完善。

农场有良好的地缘和交通优势,东与俄罗斯隔江相望,南临萝北县,境内绥嘉公路贯穿,经 201 国道与鹤岗、佳木斯市联通,水运便利,有年吞吐量 11 万吨码头,可直接与俄罗斯过货,经黑龙江、松花江可抵达哈尔滨、吉林等地。

农业生产稳步发展。农场现有耕地 14 675 公顷,为将有限的土地资源实现农业效益最大化,农场以"打基础,调结构,上科技,抓标准"为主线,加强农业基础设施配置和资源配置,改善农业基础环境,提高了玉米、水稻等高产高效作物种植面积,严把农时质量和标准化作业关,强力推进"12334"工程。2007 年,以药材、特色经济作物种植为龙头的非国有经济作物种植已粗具规模。

畜牧业迅猛发展。农场积极鼓励和支持富余劳动力大力发展畜牧养殖业。农场建有现代标准化养殖小区 10 个,标准化养牛场 4 个,规模化养猪场 3 个,标准畜牧防疫站 7 个。

工业产业日渐壮大。农场依托资源优势,以"筑巢引凤"的方式,加大招商引资力度,在辖区内建设石墨园区一处,引入佳宝、东方、益祥等 5 家石墨企业,投资 7 800 万元在此开发建厂。

近年来,农场文教卫生事业得到较大发展。小城镇建设和公共基础设施建设步伐加快,场部主要街道建了 4.1 公里的白色路面,投资 196 万元新建 1 260 平方米老年活动中心,并利用招商引资的方式开发建设商务住宅一体楼房 2 座,近 8 000 平方米的文化广场正在建设之中。

名山农场科技园区惠丰广场

名山农场科技园区惠丰桥

名山农场文化建设

名山农场玉米浇灌作业

名山农场老年秧歌队

延军农场场长　齐林才

延军农场党委书记、社区主任　仇忠石

延军农场位于黑龙江东北部丘陵半山区,坐落在小兴安岭东麓,地势由西北迤向东南,海拔100~400米之间,地理坐标为东经139° 39′~130° 56′,北纬47° 37′~47° 54′。总面积44 080公顷,总人口10 132人,职工2 292人。农场下辖3个管理区18个居民组,文教卫生、交通、通讯、电力等社会服务系统和保障体系完善。

农场有良好的地缘和交通优势,东与俄罗斯隔江相望,南临萝北县,境内绥嘉公路贯穿,经201国道与鹤岗、佳木斯市联通,水运便利,有年吞吐量11万吨码头,可直接与俄罗斯过货,经黑龙江、松花江可抵达哈尔滨、吉林等地。

农业生产稳步发展。农场现有耕地14 675公顷,为将有限的土地资源实现农业效益最大化,农场以"打基础,调结构,上科技,抓标准"为主线,加强农业基础设施配置和资源配置,改善农业基础环境,提高了玉米、水稻等高产高效作物种植面积,严把农时质量和标准化作业关,强力推进"12334"工程。2007年,以药材、特色经济作物种植为龙头的非国有经济作物种植已粗具规模。

畜牧业迅猛发展。农场积极鼓励和支持富余劳动力大力发展畜牧养殖业。农场建有现代标准化养殖小区10个,标准化养牛场4个,规模化养猪场3个,标准畜牧防疫站7个。

工业产业日渐壮大。农场依托资源优势,以"筑巢引凤"的方式,加大招商引资力度,在辖区内建设石墨园区一处,引入佳宝、东方、益祥等5家石墨企业,投资7 800万元在此开发建厂。

近年来,农场文教卫生事业得到较大发展。小城镇建设和公共基础设施建设步伐加快,场部主要街道建了4.1公里的白色路面,投资196万元新建1 260平方米老年活动中心,并利用招商引资的方式开发建设商务住宅一体楼房2座,近8 000平方米的文化广场正在建设之中。

延军农场垦区爱国主义教育基地——抗联英雄纪念碑(图为抗联英雄纪念碑揭幕仪式)

延军农场老年活动中心

农场中草药科技示范园区

延军农场充分利用资源优势,鼓励支持职工发展林下经济(图为袋栽木耳现场)

延军农场小城镇建设

延军农场综合楼一角

共青农场场长　张志彦

共青农场党委书记、社区主任　马　华

共青农场位于小兴安岭余脉南麓的三江平原萝北县境内,东邻萝北县城,西望鹤岗市。1955年,杨华等一大批北京、天津、山东、河北、哈尔滨有志青年响应团中央号召来到这里开荒种粮,建立家园,创建了农场。1985年在纪念垦荒30周年之际,时任党中央总书记的胡耀邦同志亲笔为农场题写了场名。

50年的建设,三代人的汗水,共青农场已发展成为一座农垦新城。农场现有人口2万,职工7 300人,管理区4个,居民组27个,工商运建服企业21个,是集种、养、加、贸工于一体的大型国有农场。农场总面积560平方公里,拥有耕地面积45万亩,年产小麦、大豆、玉米、水稻18.7万吨,红小豆、芸豆、粘玉米等经济作物1万多吨。以挂面、酱油、奶粉、麦绿素、万寿菊为主的农副产品加工,产品多次获得农业部门、国际机构的奖誉。

农场农业发展坚持"打绿色牌,走特色路",继续欧盟、日本有机作物认证,认证面积达到5.5万亩,经济作物种植面积达到4.5万亩。农场被农业部确定为全国农垦现代农业示范区,并通过国家认监委"GAP"认证验收,成为全国首批"良好农业规范认证"示范农场。

农场以"两牛一猪"为主的畜牧产业,坚持科学饲养,规模推进,形成了科学化饲养、专业化生产。

农场积极推进由农业大场向林业大场的转变,把育林和实施生态工程作为重点工作来抓。生态农场粗具规模。

实现农区工业化,农场现有加工型企业16家,以乳品、麦绿素、万寿菊等为龙头企业,带动畜牧、经济作物,成为农场外向型的新的增长点,职工增收点。

农场依山傍水,自然条件优越。森林茂密,物产富饶;鸭蛋河、嘟噜河环绕场区;南山水库风光宜人,景色秀丽。

共青农场农业科技园

共青农场水稻育秧示范基地

共青农场农机园区

共青农场万寿菊加工厂

盛开的万寿菊

宝泉岭分公司总经理　顾　坚

宝泉岭农场党委书记、场长、社区主任　王晓伟

宝泉岭农场位于黑龙江省东北部萝北县境内，地处黑龙江、松花江两江三角地带的小兴安岭余脉，场部坐落在哈萝公路482公里的里程碑处，是黑龙江省农垦总局宝泉岭分局的所在地。境内有梧桐河、嘟噜河、朝鲜河、鱼米河、乌鸡河等5条河流长年滋润着41.6万亩肥沃土地，大面积的森林及防风林为各种农作物遮风挡雨，滋养着丰富的林地副产品。农场自然资源丰富，是国家绿色有机食品生产基地。佳鹤铁路、哈萝高等级公路(101国道)贯通南北，每日往返于哈尔滨、佳木斯、鹤岗、萝北县和鹤北镇之间客运和旅客列车达200多次，农场拥有铁路专用线2条，通村公路硬化路面达50公里，交通运输十分便利。

农场现有企事业单位22个，其中:5个管理区(下设30个作业站)，17个场直企事业单位。农场总户口数8 354户，总人口23 179人。人均纯收入8 240元，人均住宅面积23平方米，人均绿地面积84平方米，人均储蓄额23 686元，人均国内生产总值24 462元。

全场土地总面积66 832公顷，其中:耕地面积27 757公顷，林地面积13 564公顷，园地面积10公顷，牧草地面积11 138公顷，水面面积6 343公顷，可垦荒地面积2 082公顷，场址道路及其他建筑占地面积2 027公顷，其他土地面积3 911公顷。

全场拥有大中型拖拉机741台，联合收割机173台，汽车416辆。拥有种子加工厂一座和每小时加工30吨粮食处理中心一座，粮食烘干设备41台套，为提高粮食质量和确保粮食安全提供了保障。

2007年末，农场大牲畜存栏10 848头，肉类总产量14 263吨。

宝泉岭农场三面环山、两面环水、没有污染源，光、热、水、土资源丰富，隔离条件好，年活动积温在2 100~2 600度之间，是生产高档绿色农产品、开发有机农业、高效农业的风水宝地，具有良好的投资环境和发展前景。

宝泉岭农场现代农业鸟瞰

农场种植的毛豆喜获丰收

采用微喷技术的水稻育秧大棚

被誉为“红色战车”的世界领先水平的500马力机车在直行联合整地

大马力机械联合作业

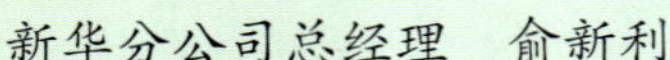
新华分公司总经理　俞新利

新华农场党委书记、场长、社区主任　王向平

新华农场位于美丽富饶的三江平原腹地、小兴安岭南麓，与佳木斯、鹤岗两市毗邻，介于东经130° 5′~130° 45′，北纬45° 5′~47° 15′之间。境内有松花江、鹤立河、阿凌达河、伏尔基河、石头河和乌龙河一江五河。哈萝公路、鹤大高速公路从其中穿过，交通便利，资源充沛，物产丰富，通信发达，经济活跃。

新华农场始建于1949年11月，土地面积83.8万亩，其中耕地43.96万亩，林地12万亩，草原3万亩。现有人口2.5万人，4个农业管理区，37个作业站，6家场直企业，一所职工医院，一所学校。经过三代北大荒人的共同开发建设，新华农场现已成为黑龙江垦区大型一级企业。农场先后被总局授予平安农场，被宝泉岭分局授予社会治安综合治理先进单位、信访工作先进单位等荣誉称号。

农场建有10万亩优质水稻、5万亩绿色食品、3万亩有机食品种植基地，6万亩小杂粮和3万亩经济作物示范带，是农业部超级稻工程示范基地，黑龙江垦区53个现代农机装备示范区之一，2003年被国家环保局认证为"国家二类生态示范区"。畜牧业以养殖小区建设为切入点，以提高科技含量和增加职工收入为重点，抓大户带动千家万户，奶牛存栏4 400余头、生猪存栏32 000余头、禽存栏37.6万只。

农场坚持以人为本，多方面开辟职工增收渠道，利用上级拨款、农场投资、职工自筹等方式，新建完善基础设施。场直地区电话入户率100%，有线电视入户率80%。教育卫生事业蓬勃发展，中小学在校生2 300多人。社会保险事业稳步推进，职工参保覆盖面100%。

在新的历史起点上，新华人坚持"以人为本，全面协调可持续"的科学发展观，以建设社会主义新农村、构建和谐新华为目标，以农业为主导，以畜牧业为牵动，以提升企业管理为手段，创新发展模式，提高发展质量，实现企业增效、职工增收，推进区域经济的全面协调可持续发展，打造诚信绩优的现代化新型农业企业。

新华农场绿色食品生产基地

金色的收获

农场优先发展教育事业

现代化的农业机械作业

新华农场河流和湿地

新华农场场区一角

汤原农场场长　任世军

汤原农场党委书记、社区主任　潘光明

汤原农场始建于 1956 年，位于小兴安岭南麓，松花江下游北岸，与汤原县县城毗邻。场部位于东经 129° 45′ ~130° 07′，北纬 46° 45′ ~46° 59′。全场土地总面积 19.9 万亩，耕地面积 14.4 万亩。总人口 6 500 人，年生产粮豆 6.24 万吨，实现国内生产总值 16 745 万元，人均收入 8 008 元，是集农林牧副渔、工商运建服为一体的现代化国有农垦企业。

汤原农场环境优美，气候宜人，盛产大豆、玉米、水稻等粮食作物，特色种植、养殖业蓬勃发展，主要品种有英国红芸豆、红小豆、绿豆、月苋草、粘玉米、葵花籽、木耳、蘑菇、中草药、山野菜及各种瓜果蔬菜。2005 年，汤原农场的农产品已通过黑龙江省农产品质量安全中心无公害农产品产地认证。近几年，农场不断加大产业结构调整力度，以“两牛一猪”为主的畜牧业快速发展，还建成了梅花鹿、泥鳅鱼、蝎子、林蛙、肉狗、肉鸽等特色养殖基地。

农场工业门类齐全，已形成粮食加工、机械修造、铸造、水泥线杆、牙签厂等行业，工业销售收入 6 150 万元，工业已成为拉动农场经济发展的重要支柱。

小城镇建设粗具规模，农场相继建起了农行办事处、中小学教学楼、住宅楼、振兴大街、机关办公楼、振兴宾馆、老年公寓、15 000 平方米的多功能休闲广场等公用建筑。

农场医疗、保险、金融、餐饮服务配套齐全，交通快捷便利，哈肇公路、哈佳铁路纵贯境内，与 201 国道、松花江码头相接，农场设有铁路专用线，连接周边县、乡公路纵横交错，四通八达。通讯业发展迅猛，程控电话装机 1 500 门以上。有线电视覆盖千家万户。

历经 50 年的开发建设，汤原农场从无到有，从小到大，日新月异，明天一定会更好。

汤原农场如意广场

农场三秋工作成绩突出(图为农场有关人员正在检查整地质量)

农场农作物长势喜人（图为省台记者正在采访农场职工）

梧桐河农场场长　叶凤仪

梧桐河农场党委书记、社区主任　刘　英

梧桐河农场始建于1950年8月,位于汤原县最东端、梧桐河与松花江汇合处。全场土地面积50万亩,耕地26.3万亩(其中水田20万亩),天然草场12.5万亩,自然水面3.6万亩。发源于小兴安岭南麓的梧桐河穿场而过,水质清澈无污染,是生产优质水稻的最佳水源,农场四面环水,水资源丰富。广阔的草场和大片的湿地为发展畜牧业提供了丰富的牧草资源。

近两年,梧桐河农场新一届党政班子牢固树立"兴场富民"的执政理念,发挥自身优势,挖掘资源潜能,依托北大荒米业和北大荒肉业、圣元乳业三大龙头企业,确立了"一稻一牧富起来"的发展思路,大力种植优质水稻,大力发展以奶牛生猪为重点的畜牧产业。

素有"鱼米之乡"美誉的梧桐河农场在水稻种植上有着得天独厚的条件和发展优势,丰沛的纯静的水资源和长期的水稻种植经验为水稻生产提供了坚实的基础,"引自然水、施农家肥、种有机稻、产优质米"是这个场优质稻米生产的真实写照,有8.6万亩水田被国家认定为无公害示范基地。可年产大米8.5万吨,生产出的梧桐河牌大米以其色泽晶莹、质地优良、口感醇香赢得了海内外顾客的一致亲睐,远销国内外,被誉为"中国大米之乡"。梧桐河牌大米还获得了国家A级绿色食品商标使用权,通过了"黑龙江特产"认证。

在畜牧业发展上,梧桐河农场利用资源优势,依托产业龙头,在奶牛和生猪发展上大做文章,投入资金近5 000万元用于发展畜牧产业,全场畜禽圈舍总面积达8万平方米,已建立千头奶牛小区2个,万头养猪场4个,5万头养猪场1个,5万头猪场被列为省活体储备基地。

在努力发展生产的同时,这个场努力加快小城镇建设步伐,努力改善农场人民的人居环境。为加强环境建设,农场积极开展"花园式"农场创建活动,全场共植造绿化树8万多株,场部和居民组主要街道美化、绿化、香化,场部空地实现全部绿化,职工群众积极参与农场环境创建活动。现如今梧桐河农场楼房矗立、绿树成荫,到处呈现出一派社会主义新农村建设的勃勃生机。

农场高科技水稻示范基地

牛肥草美

农场高科技水稻示范基地的水稻长势喜人

农场小城镇建设成效显著

依兰农场场长 叶舒华

依兰农场党委书记、社区主任、纪委书记、工会主席 杨洪仁

依兰农场位于黑龙江省依兰县境内,松花江北岸。跨依兰、汤原两县。境内巴兰河、图拉木河、无风浪河、舒乐河、涯丹河五条自然河流贯通全场,水资源丰富。无霜期135天,耕地多为漫岗地,土壤以草甸暗棕壤为主,有机质含量高,宜于根茎类中草药种植。

农场总面积9.65万亩,林地2万亩,湿地1万亩,4 000余人口。发源于小兴安岭的巴兰河,由数百泉眼汇聚而成,用巴兰河水灌溉生产的稻米,米质上乘,色、香、味俱佳,富含各种氨基酸,微量元素,长期食用,延年益寿。2004年被黑龙江省绿色食品发展中心授予无公害绿色食品基地。

奶牛产业已经成为农场的主导产业,年生产鲜奶4 000吨。

农场境内101国道连贯哈尔滨和佳木斯,交通便利。

全场人民将按照“团结、务实、创新、增效”的企业精神,实施“1315”工程,加快经济社会发展,相信依兰农场的明天会更好!

农场综合服务楼

农场小城镇建设

农场小康房

农场白鹅养殖场

农场奶牛饲养场

红兴隆分局党委副书记、局长　贺天元

黑龙江省农垦总局红兴隆分局位于三江平原腹地、土地与双鸭山、佳木斯、七台河、富锦、饶河、宝清、友谊、集贤、桦川、桦南、勃利等四市七县穿插交错,总面积 8 808.3 平方公里,其中耕地 628 万亩、草原 30.3 万亩、水面 87.9 万亩、林地 242.8 万亩。有国家级挠力河自然保护区面积 62 644 公顷,其中包括雁窝岛自然保护区和长林岛自然保护区。分局成为国家级生态示范局。

红兴隆分局拥有黑龙江垦区开发早、规模大、生产经营管理水平和农业机械化程度高、综合生产能力强和农业产业化发展快的大型现代化国有农场群,下辖 12 个农场。企业总资产 21.6 亿元,其中固定资产 10.3 亿元。农业机械总动力 132 万千瓦,大中型拖拉机 7 487 台,各种农机具 8.5 万台套,已建成现代化农机装备区 41 个,农业机械化程度达 96%。全局总人口 34.7 万人,其中从业人员 18.6 万人。开发建设 60 年来,累计生产粮豆 4 782.9 万吨。到 2007 年,粮食综合生产能力达到 250 万吨以上,占黑龙江垦区的五分之一。粮豆商品率达 93.3%,已累计上缴国家利税 30.4 亿元。

“十五”以来,分局党委牢牢抓住国家战略发展机遇期和东北老工业基地改造的契机,认真贯彻落实科学发展观,全面建设新农村和构建社会主义和谐社会的战略部署,坚持改革开放,创新发展模式,提高发展质量,实施“两转两开强三场”经济发展战略,加快转变经济增长方式,成为历史上经济社会发展最快最好的时期。

2007 年,全局实现生产总值 80.1 亿元,同比增长 23.7%;人均纯收入 9108 元,同比增长 13.1%。全局共生产粮豆 25.3 亿公斤,实现粮豆总产和单产、水稻单产和总产、玉米总产和种植业总产值六超历史。大豆、玉米、大麦分列垦区五大作物高产攻关榜首。工业实现全口径销售收入 26 亿元,增加值 10.79 亿元,利润 1.1 亿元,三项指标增长速度居垦区前列。

红兴隆分局

红兴隆分局局直小城镇建设一瞥

机械化收割水稻

红兴隆分局北大荒牛业有限公司肉牛加工生产线

红兴隆分局友谊农场白鹅生产基地

友谊农场党委书记、友谊分公司总经理　刘相增

友谊农场位于黑龙江省三江平原中部，总面积 1 888 平方公里，其中耕地 137.8 万亩，辖 11 个农业管理区、90 个农业作业站，人口 10.4 万，现有在职职工 23 184 人，专业技术人员 1 923 人。

友谊农场创建于 1954 年，是国家"一五"计划 156 个重点建设项目之一，是目前我国最大的机械化程度最高的国有农场，农机总动力达 19.3 万千瓦，拥有国内外先进的大中型拖拉机 2 140 台，联合收割 672 台，配套农机具 9 452 台套，现代化农机装备区 5 个，农业机械化程度达 94%。经过新老北大荒人 50 多年的艰苦创业，进行了全面的农业综合开发治理，粮食生产和单位产量都得到不断提高。

2002 年友谊农场参加黑龙江北大荒农垦集团总公司优质资产重组上市，设立黑龙江北大荒农业股份有限公司友谊分公司，进一步发挥了友谊农场机械化、大规模和技术密集的优势，使农业生产上了一新的台阶。连续几年年均实现粮食总产 5 亿公斤，粮豆单产 409 公斤。2006、2007 年连续二年被农业部授予全国粮食生产先进场。

近几年来，友谊农场精心实施"精农、强牧、壮三产"发展战略，目前农场农业科技入户率达 100%，科技贡献率已达 68% 以上。农场五分场二队被国家确定为精准农业示范基地，成为中国现代化农业的窗口。2007 年农场被农业部确定为"全国农垦现代农业示范区"。农场加大畜牧业发展力度，第三产业活力也明显增强。

农场积极推进新农村建设。农场所属的 11 个管理区全部通上了水泥路，小城镇建设靓丽，逐步实现农业标准化、农机现代化和农场城镇化的目标。

友谊农场甜菜生产实现了机械化(图为甜菜收获机正在田间作业)

友谊农场第七管理区白鹅养殖基地

友谊农场第五管理区第二作业站现代农机装备区

友谊农场第六管理区第六作业站职工休闲健身场所

五九七农场场长　孙乃生

五九七农场党委书记　李　宁

五九七农场位于宝清县境内,东经131°45′～131°47′,北纬46°23′～46°49′,依(兰)饶(河)公路(省道307线)292公里处。隶属黑龙江农垦总局红兴隆分局,辖区面积960平方公里。1957年,王震将军亲临此地选定场址,场名来自0597部队。经过三代人50年的艰苦创业,农场耕地由最初的10万亩扩展到60万亩,人口由8 000人增至3万人,由4个生产队发展为6个管理区、42个作业站,10个居民组和1个长林岛国家级自然保护区。1989年后,农场经过18年的农业综合开发,山、水、田、林、路得到全面规划整治,形成了"米下川、果上山,花遍原、牛满栏"的立体生态发展格局。

进入21世纪,农场党政班子秉持科学发展观和构建和谐社会,打造平安农场强场富民的理念,依托资源优势,促进经济又好又快发展,把家庭三场(农场农场、家庭牧场、家庭林场)建设摆上突出位置,经济跃上良性发展快车道。农场、管理区、作业站已达成不同品种农业科技园区65个,高产攻关田12个。建成规模家庭农场542个,面积34.2万亩,占56.8%。其中:垦区最大规模正健家庭农场种植面积达1.65万亩。建成规模家庭牧场563个,折合1 650个标准家庭牧场。其中:黑龙江省最大规模家庭牧场—华兴育肥牛基地肉牛可存栏5 100头。1993年立项、被称之为"中国金红苹果之乡"果树基地已达成2.7万亩,成为垦区最大果树基地。规模家庭林(果)场1 392个,果农930户,从业人员3 000人。年产果品16 300吨,产值1 384万元。

2006年,农场被省综治委授予平安农场和计划生育优质服务单位,2007年被评为全省法制建设示范场。

农场地杰人灵,按照中央和省委关于农垦要出产品、出人才、出经验,并做好示范带动作用的指示精神,50年来,农场先后涌现出白琳、蔡尔诚2位全国"五一"劳动奖章获得者,王振玉等8名省劳模、特等劳模,孙乃生等77名总局劳模、特等劳模。

风雨兼程50年,五九七农场党政班子决心乘"十七大"东风,深入贯彻落实科学发展观,继续解放思想,坚持改革开放,推动科学发展,促进社会和谐,全面建设小康社会和社会主义新农村,再创新的辉煌。

农场场部鸟瞰

五九七农场现代化大农业

采摘万寿菊

农场学校教学楼

农场规模家庭牧场牛舍

八五二分公司总经理 陈德恩

八五二农场党委书记、场长、社区主任 金 哲

八五二农场始建于1956年,位于黑龙江省东部,地处东经130° 18′~132° 18′,北纬46° 06′ 30″~46° 37′ 30″之间,完达山北麓、挠力河中游,三大黑土带之一的三江平原上。农场地域面积1 363平方公里,拥有耕地120万亩,荒地19万亩,草原1.5万亩,林地37万亩,水面8万亩,人口5万人,是以农业生产为主的全国第二大现代化国有农场。经过50年多年的开发建设,经济总量大幅度提高。

农场自然条件和资源得天独厚,土地肥沃,水量充沛,光照充足,是生产商品粮、绿色食品、有机食品的理想之源。每年种植A级绿色食品35万亩,种植AA级绿色食品15万亩,农场、分公司积极打造绿色生态农业和观光旅游农业的品牌,特色农产品一直是这个农场、分公司创汇主产品,在东南亚地区享有"中国小粒黄豆之乡"的美称,被中国食品加工协会评选定为"中国专品种粮豆生产加工之乡","白桦品牌"享誉全国。

八五二农场、分公司提出了"工程化设计、工厂化管理"新的经营理念,现代农业快速提升。2003至2007年期间,八五二农场四次被国家农业部授予"全国粮食生产先进县(场)",全场共有家庭农场5 845个,其中500亩以上规模家庭农场586个,家庭农场拥有农业机械1.1万台套,为全面促进机械化、规模化、标准化和产业化生产经营模式创造了有利条件。

农场、分公司按照省委、省政府及总局党委提出的构筑畜牧半壁江山的总体要求,提出了"以发展肉牛为主,特色养殖为辅"的工作思路,畜牧业生产发展迅速。肉牛存栏2.1万头,还扩大和加快了特种野生动物的养殖,畜牧业管理走上了信息化道路。

农场林业经济长足发展,工业强场战略取得新突破,新农村建设成果显著,文教卫生事业全面发展。农场发展生态产业、实施绿色工程。八五二境内大小河流5条,绿色覆盖面积达70%,为发展生态旅游、特色养殖、绿色食品、林产工业、北药开发创造了得天独厚的条件。

农场全面落实党的"十七大"精神,在实施"十一五"规划的关键年,全面推进新农村建设和构建和谐社会,坚持"两化"理论和"五化"发展战略,加快经济结构调整,努力实现"五大突破",实现"两大战略",实现"三个创新",完善社会管理,促进经济、政治、文化和社会协调发展,努力把八五二农场(分公司)建设成经济繁荣、特色显著、百姓殷实富足、民主法制健全、党风廉政、文明和谐的社会主义新农村。

农场小城镇建设新貌

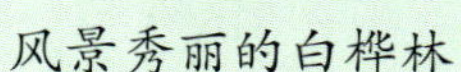

风景秀丽的白桦林

农场标准化建设的养牛小区

农场购进现代化大马力拖拉机

农场林下人参种植大棚

八五三分公司总经理　何环祥

八五三农场党委书记、场长、社区主任　崔永和

八五三农场是1956年由王震将军亲自选址建场,1961年由中华人民共和国副主席董必武亲笔题字“雁窝岛”的具有光荣历史的农场。位于黑龙江省广袤肥沃的三江平原东部,美丽富饶的完达山北麓,地处双鸭山市宝清县境内,土地总面积118 172公顷,其中耕地面积53 826公顷,可垦荒地15 753公顷,山林21 915公顷,水域20 532公顷。总人口3.6万人,现有职工9 654人,有汉、回、壮、苗、满等19个民族。全场实行三级管理,二级核算,有分场(党委)级单位12个,生产队级单位120个,有各类家庭农场7 137个。

经过50年的开发建设,农场已建设成为一个集农、工、商、科、工、贸、产、加、销一体化,具有自主经营进出口权的综合性的国有大型企业,是全国第三大现代化国有农场。

农场下辖32个成员企业生产的“雁窝岛”牌系列产品有9大类100多个品种,其精制米、白酒、乳品、陈醋等主要产品多次获得国家、部、省优质产品称号。红小豆、白瓜籽、山野菜、食用菌、大鹅、蜂蜜、奶粉、白酒、大米、大豆等“雁窝岛”牌纯天然有机食品,畅销国内外市场。

农场农业机械化程度达到了95%,全场农机总动力9.5万千瓦,大型农机1 500余台件,农具场标准化建设和农机标准化检修率达100%,农业生产良种覆盖率100%。

农业科技含量逐年提高。畜牧业发展迅速。林业经济有很大发展。工业企业28家。农场是黑龙江垦区的文化先进场,文化底蕴深厚。

农场风光秀丽,景色迷人,生态环境良好,1997年建立的面积11 916公顷的国家级雁窝岛湿地自然保护区就坐落在这里,它已被编入《世界自然保护区名录》。成为三江地区著名的自然生态旅游的胜地。

八五三农场场部鸟瞰图

农场大马力农业机械收获现场

农场水稻科技园区

八五三农场清河水库

八五三农场清河四桥

二九一分公司总经理　石川宝

二九一农场党委书记　郭祥存

二九一农场位于集贤、富锦、桦川、友谊三县一市交界处,始建于1955年10月7日。地处三江平原腹地,北依松花江,辖区总面积597平方公里,其中拥有耕地56.8万亩,林地4.9万亩,水面8.7万亩,草原2.94万亩。总人口19 102人,职工6 267名。经过50多年的开发建设,农场下辖4个管理区、38个作业站,40多个工商运建服、文教卫生等单位。年产粮食近5亿斤,年产值5.6亿元,年利税超2 000万元。初步建设成为具有较高农业机械化程度和较高农业生产、行业齐全、设施完备、小城镇建设粗具规模、经济政治和社会各项事业稳步发展的现代化国有企业,成为垦区重要的粮食基地和农副产品生产基地之一。

改革开放20多年来,农场经济发展迅速。从1985年开始,农场连续20年经营盈利,累计实现社会总产值52.6亿元,国内生产总值28.6亿元。1999年,农场被国家环保总局评为国家级生态示范区,被省委、省政府授予文明单位标兵荣誉称号。2004年,农场被认定为国家无公害农产品生产示范基地。

2002年7月28日,二九一农场成为黑龙江垦区16个上市农场之一。在将黑龙江北大荒农业股份有限公司二九一分公司与原黑龙江省二九一农场"五分开"的基础上,实行政企分开,共设一个党委,形成黑龙江北大荒农业股份有限公司与总公司相对应;黑龙江省二九一农场党委和社区管理委员会与农垦总局、红兴隆分局相对应的管理体制。农业分场和生产队改为管理区和作业站。

农业在现代化道路上飞速发展。农场强化了水利化建设。全场80%以上的农田达到了沟、渠、路桥配套,"田成方、林成网、路相通、渠相连、旱能灌、涝能排。"

随着农业改革,全面兴办家庭农场。从1985年起,农机逐步转让,到1995年底,农业机械全部转让。自兴办家庭农场以来,农业机械装备逐年更新增强。农机总动力实现10.98万千瓦。

农场坚持环境建设和小城镇建设,社会事业有了较大发展。我们坚信农场的明天会更美好!

农场现代化农业场景

农场第二十五作业站甜菜示范基地

农场以“两牛”为重点的畜牧业蓬勃发展，奶牛存栏达到3 500头（图为第六作业站奶牛放牧的情景）

二九一农场“阳光小区”住宅楼

二九一农场小学教学楼

饶河农场场长　李云生

饶河农场始建于1964年,在原八五九农场一、二两个分场的基础上组建。现隶属于黑龙江省农垦总局红兴隆分局,位于黑龙江省东北部三江平原,饶河县境内,南依完达山脉,北靠挠力河,东临乌苏里江与俄罗斯隔江相望,边境线长36公里,农场土地总面积696平方公里,拥有耕地2.8万公顷,可垦荒地0.9万公顷,林地2万公顷,水面0.4万公顷,草原0.4万公顷。农场地处世界仅有四条未经工业污染河流之一的乌苏里江流域,具有得天独厚的生态自然环境。1997年被欧盟有机食品组织认定为有机食品的基地,1998年被国家批准为全国生态农业示范建设试点区。2006年被评为社会主义新农村建设魅力小城镇。2007年被总局授予平安农场荣誉称号。

饶河农场是规模较大,机械化发展较早,生产和管理水平较高的集产加销、贸工农、林牧畜综合经营于一体的大型现代化的农业企业,现有人口1.3万,共有居民4 990户,其中职工4 089人。下辖9个管理区,28个居民组。这里有发展畜牧业的良好条件,全场建有9个高标准千头肉牛养殖小区,年肉类总产4 881吨,占农业总量的22.5%。

饶河农场具有良好的外贸地缘优势,饶河口岸是对俄哈巴州唯一的水运和冬季过货的国家一类口岸,有对俄小额贸易进出口权。境内公路全长160.25公里,其中水泥路103.1公里,占总公路里程的80%。

饶河农场小城镇建设已粗具规模,教育、卫生、金融、广播电视、服务设施完善,陆路、水路两项交通运输便捷,通讯设施发达,中国电信、中国移动、中国联通、国际互联网、宽带通信技术已被广泛应用于各个领域。

饶河农场有丰富的自然资源,优惠的开放政策,良好的投资环境,广阔的开发前景,我们相信农场的明天一定更美好。

饶河农场小城镇鸟瞰

饶河农场一棵树肉牛繁育基地

饶河农场文化广场

红旗岭农场场长　葛怀安

红旗岭农场党委书记　张晶华

红旗岭农场位于黑龙江省东部,完达山西北麓之三江平原腹地。大自然十分厚爱着这片黑土地,赐予她独具魅力的资源优势,三河两岭山清水秀、风光旖旎、物华天宝、人杰地灵。

农场横跨宝清、饶河两县,与虎林、富锦两市相邻,位于饶河县的西部和宝清县的东部接壤处,场部设在饶河县境内,距饶河县城70公里,距宝清县城152公里。农场东与饶河县五林洞镇相邻,南以越岭河与宝清县境内的八五三农场为界,西隔挠力河与富锦市境内的建三江分局所辖的大兴农场相望,北与饶河县西丰镇接壤。

1946年春,八路军三五九旅老五团二营追歼土匪至此,胜利后在岭上插上了一面红旗,故后人称此为红旗岭。

农场南北长38公里,东西宽33公里,总面积422.5平方公里,其中饶河县辖区178.7平方公里,宝清县辖区243.8平方公里。

近几年,农场党委始终坚持"建设有红旗岭特色的现代文明城镇"为目标,以打造生态园林型城镇为重点,以独特地形地貌和独有的山水资源为依托;把农场建成了一个依山而建、错落有致,拥有蓝天白云、青山碧水、城在山中、楼在树中、人在园中的现代园林城镇;"东城、西园、南湖、北塔"的总体布局向您展示了这座城镇山水相映、园林相融、浑然天成的和谐之美。

生态文明、环境优雅、资源丰富是农场发展生态观光农业、打造旅游城镇最大的优势。农场27.5万亩耕地全面实现粮食生产全程机械化,22万亩水田年生产绿色优质水稻12万吨,农场10条大米加工生产线年加工能力12万吨,农场"五星湖"牌大米远销全国各地和出口俄罗斯;境内12家木材加工企业,年加工木材可达2.5万立方米;农场全年工业总产值可实现1.8亿元,实现利润1 000多万元。

农场湿地风光

农场种植的优质水稻

农场优质肉牛

秋染白桦林

农场标志性建筑——红塔，红塔七层八面，塔高39米，是一座集纪念、旅游观光、防火和瞭望等为一体的多功能塔

双鸭山农场场长　吴转丰

双鸭山农场始建于1947年,地处美丽富饶的三江平原黑土地带,场区位于双鸭山市境内,地理坐标在东经130° 15′ ~131° 42′,北纬46° 21′ ~46° 36′之间,场部位于双鸭山市东南宝山区的扁石河中游北岸2公里处,距双鸭山市中心33公里,农场总面积为333.3平方公里。有2万人口,5个管理区、20个作业站,耕地20.2万亩,林地20万亩,牧地草原2.7万亩,水域0.64万亩,是国家百亿斤商品粮基地之一。

农场地形为缓坡地属温和半湿润农业气候,适合各种农作物及经济作物生长。自然资源丰富。农场地跨宝清县、集贤县、双鸭山市三个县市,毗邻佳木斯市和饶河对俄口岸,周围有四矿一厂一市,有“矿在场中、场在矿中”的地域特点,场内有“双七”高等级公路,有铁路专用线和客运线直通全国各地,交通、通讯十分便利。

历经60年的风霜雪雨,经过三代北大荒人的艰苦创业,双鸭山农场已从荒芜之地,变成了北大仓。如今的双鸭山农场发生了翻天覆地的变化,实现生产总值3.2亿元,人均纯收入6 908元,社会保障体系进一步健全,社区管理得到进一步加强,卫生、疾病控制预防、计划生育以及广播电视、环境保护等基础设施建设进一步完善,教育水平不断提高,民营经济发展成效显著,职工自营经济高速增长,个体私营经济发展迅猛,“家庭三场”建设取得较大进展,招商引资实现历史性突破,体制改革稳步推进,小城镇建设水平大幅提升,“三个文明”建设水平不断提高,各项社会事业蓬勃发展,灯亮了、路宽了、楼盖起来了,职工群众精神风貌焕然一新,全场上下政通人和、社会稳定、百业兴旺、一派祥和的景象,促进了人与自然、社会的和谐发展。

双鸭山农场正以崭新的姿态迈进新的征程。农场以资源和地域优势为依托,打造招商引资平台,本着“我的资源就是你的财源,你发财我发展”的原则,打开场门迎客商,从而实现经济社会又好又快的发展。

农场引进的民营企业巍谷生态园远景

农场千头肉牛养殖小区的室内育肥牛舍

农场高效日光节能温室生产的蔬菜——绿色食品豆角

农场中学教学楼

农场中心街道及两侧楼群

江川农场场长　王怀智

江川农场党委书记　付业春

江川农场位于松花江下游南岸冲积平原上,桦川县境内。东与桦川县新城乡接壤,西和桦川县悦兴乡相连,南与宝山农场及桦川县中伏乡为邻,北靠松花江段 31 公里,与梧桐河农场隔江相望,辖区总面积 371.67 平方公里。

江川农场交通便利,公路里程距佳木斯市 60 公里,距省会哈尔滨市 433 公里,哈(哈尔滨)同(同江)高等级公路(佳抚段)从农场南界通过。

江川农场原名万宝农场,1963 年由万里河、宝山、新光 3 个农场合并而成。1964 年,原红色草原牧场局所属各场和十一、肇原、宁安等农场大批职工调入而进一步扩大。1969 年改为黑龙江生产建设兵团三师三十团。1977 年更名为江川农场。现隶属于黑龙江省农垦总局红兴隆分局,是一个以农业为主,工商运建服综合经营,同时行使部分政府职能,实行二级制管理的国有农垦企业。农场下辖 5 个管理区、18 个作业站、26 个居民点,总人口 1.3 万人,总户数 5 275 户,从业人员 4 387 人。现有耕地 25.7 万亩,其中水田面积 25 万亩,机械总动力 94 470 千瓦,水田作业实现全程机械化。

建场 45 年来,农场党政领导带领广大职工艰苦奋斗,兴修水利,不断调整产业结构、种植业结构和改造低产田,坚持走"以稻治涝、以稻致富"的发展道路,推进农业综合开发,把昔日的穷万宝变成了今天的富江川。

如今江川农场各业兴旺发达,蒸蒸日上。农业生产科技含量高,绿色水稻高产稳产,江川大米享有声誉,畅销全国 20 多个省市。柳编产品远销美国、德国、日本、香港、台湾等 20 多个国家和地区。畜牧养殖上规模、多元化,主要以生猪、肉牛、大鹅、蓝狐为主。生猪年存栏和出栏分别为 12 万头和 15 万头,肉牛年存栏和出栏分别为 7 200 多头和 3 000 多头。全场牛舍面积为 10 750 平方米,年出栏上万头的大型养猪场有 2 家。全场有稻米加工企业 24 家,年转化水稻 12 万吨。小城镇建设日新月异,住宅小区高楼林立,通乡公路四通八达。

2004 年,农场第四作业站荣获"全国五一劳动奖状"。2005 年,农场荣获省委、省政府"农村经济工作先进场"称号,江川中学学生单洪波荣获全国首届十佳中学生"称号。

江川农场场鸟瞰

农场小城镇建设一瞥

农场水稻高产曰

农场肉牛养殖场

整装待运的江川大米

宝山农场场长　王振海

宝山农场党委书记　杨传林

宝山农场始建于1970年,位于黑龙江省三江平原西区中部,桦川县境内,地理坐标为东经130° 47′ ~130° 57′,北纬46° 55′ ~ 47° 01′,属松花江流域,总面积100平方公里,总人口6 500人,在册职工1 300人,有耕地10万亩,土壤为草炭黑钙土,是垦区重要的商品粮基地之一。

农场地理位置优越,西距佳木斯市63公里,东距双鸭山市46公里,北与江川农场隔路相望,处于桦川县和集贤县交界处,交通便利,通信发达

宝山农场下辖2个管理区,7个作业站。场部有农场机关、中小学、职工医院、公路管理站及驻场单位。

2007年农场经济社会发展实现了四项新突破,即:粮豆总产实现新突破、农机现代化管理实现新突破、畜牧业发展实现新突破、福利设施建设实现新突破。全场实现社会总产值2亿元,国内生产总值1.2亿元,粮豆单产582.5公斤,总产5.6万吨,实现畜牧业产值3 000万元,实现人均收入8 214元,拥有机械总动力2.4万千瓦。

农场以水稻种植为主,2007年水稻面积达到9.41万亩,达到耕地总面积的97%,是一个标准化的水稻生产专业场,并且实现了水稻生产全程机械化。

农场科技园区由核心区、示范区、辐射区组成。科技园区做到六个结合,即园区建设与基地建设相结合,与优质农产品配套模式相结合,与高新技术推广相结合,与绿色特色农业相结合,与农业标准化建设相结合,与试验项目成果推广相结合。

农场现代化农机装备区占地总面积26 168平方米,装备区可容纳农场水田机械设备80%以上,总计860台套。是垦区大型现代化农机装备区之一。装备区是集农机管理、驾校培训、维护保养、学习交流、机型展示、宣传窗口、观光旅游、企业形象、垦区特色功能于一体。起到了提高企业员工素质、教育基地的作用。

农场畜牧业发展强劲,标准化肉牛小区位于农场第三作业站公路旁,交通便利,是集具科技示范、良种选育、窗口展示等功能为一体的现代化肉牛养殖基地。

农业高科技示范园区

中小学校外貌

丰富多彩的文化生活

水稻喜获丰收

宝山农场现代农机管理服务中心

曙光农场场长　丁兆禄

曙光农场党委书记　周庆富

曙光农场位于佳木斯市以南60公里的桦南县境内,南邻七台河,西接依兰县,有两条铁路专用线,201国道和鹤大高速公路在农场场区穿过。农场始建于1948年,隶属于农垦红兴隆分局,占地面积26万亩,现有耕地16万亩,林地3万亩,总人口1.3万人,15个作业站,一个林场,一个年产45万吨的现代化大型水泥有限公司,集工商运建服、公检法司、文教卫生和众多民营企业于一体,是一个具有资产总额1.5亿元的国家大型二级企业。

多年来,曙光农场党委紧紧围绕"调优结构品牌创响,发展养猪富民强场,城镇建设携手共创,干群同心实现小康"的发展思路,以"求真务实、开拓创新、团结奋进、争创一流"的企业精神,彰显四个理念,即:站排头、争一流、勇扛大旗的工作理念,讲科学、重诚信、勤劳致富的经营理念,团结互助、尊老爱幼、以人为本的和谐理念,追求理想、崇尚文明、敢于创新的发展理念。农场生产的西瓜、南瓜籽、白芸豆、红芸豆远销省内外。农场被黑龙江省绿色、特色食品委员会认定为"绿色食品生产基地",生产加工的大豆、水稻、向日葵被认定为"绿色食品"。2002年,农场4万亩大豆、水稻、玉米通过北京天地生有限公司的鉴定,被推荐为"有机食品"。发展养猪是农场的重头产业,"猪经济"已形成半壁江山格局,年产生猪达25万头,创响曙光生猪品牌。近两年,农场进一步加大生猪产业的科技投入,新建种猪繁育基地4个,建设1万平方米现代化养猪小区1个,为农场年产生猪50万头、建设曙光生猪大市场奠定了基础。

几年来,农场加大招商引资力度,共招商引资近亿元,建起14座商品楼,中小学教学楼,建成场区80公里水泥路,修建1.8万平方米文化休闲广场,场区全面实行了绿化、美化。为加快富民强场步伐,农场还引进北京神农行科技有限公司、南非TLTL贸易进出口公司和山东衡盛食品有限公司等国内外多家公司来场投资,建立万寿菊加工厂、野生动物养殖厂、木材综合加工厂和芦笋加工厂等企业。

农场积极实行开放开发战略,与俄罗斯下列区签订了7.5万亩的土地承租合同。农场确定了种养加、产加销综合发展思路,将用3~5年的时间在俄罗斯再建一个新曙光农场。

农场西瓜种植基地

农场芦笋种植基地

农场肉牛养殖小区

农场场区一角

农场机关办公楼

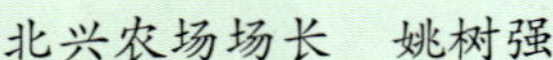

北兴农场场长　姚树强

北兴农场党委书记　黄炳科

北兴农场位于黑龙江省东南部,地处完达山北麓,七台河市、密山市、勃利县、宝清县、桦南县将其环绕。场部距七台河市 40 公里,距红兴隆分局 92 公里。总人口 22 721 人。境内最高峰七里嘎山高程为 648 米,境域面积 115.4 万亩(769 平方公里)。其中耕地 45 万亩,林地 46 万亩,草原 19 万亩,水域 7.4 万亩,资产总额 1.76 亿元,注册资金 3 430 万元。

1955 年 9 月黑龙江省国营农场管理厅抽调永安农场和曙光农场部分人员在北兴地区筹建大型谷物农场。同年 10 月 10 日在勃利县政府召开建场委员会成立大会,定名为金沙农场。北兴地区组建一分场,龙湖组建三分场。1956 年在隆庆组建五分场。金沙农场隶属黑龙江省农管厅,行政归勃利县管辖。场部暂设在龙湖。1957 年金沙农场移属铁道兵农垦局。1959 年更名为八五五农场。1963 年 1 月,八五五农场撤销总场建制,一分为三。原一、五分场合并为北兴农场,原三分场组建龙湖农场,原二、四、六分场组成八五五农场,此时北兴农场归东北农垦总局密山分局领导。1964 年 1 月,龙湖农场并入北兴农场。1968 年成立黑龙江生产建设兵团,同年 12 月,北兴农场组建成三十二团,隶属兵团第三师,1976 年 2 月,撤销生产建设兵团建制。恢复国营农场体制,1977 年 3 月恢复北兴农场,隶属红兴隆农场管理局。

北兴农场注重生态农业建设,发展优质粮食产业和高效作物农业。确保了粮食生产安全,全场建立 A 级绿色大豆 3 万亩,认证无公害产品 7 项,面积 16 万亩。白瓜、角瓜基地 10 万亩,高产高油大豆基地 20 万亩,同时建有粘玉米基地、大麦基地、有机红小豆基地,芸豆出口西班牙等欧洲国家。现有粮油加工、麦业、亚麻和乳品、农业机械加工等龙头企业,年加工均在 5 000 吨以上。天然林资源丰富,以山参、穿地龙为主的中草药、山野菜、食用菌充分开发。建有林下参种植和刺嫩芽种植基地。以肉牛为重点的畜牧业超常规发展,优质肉牛存栏近 2 万头,标准化牛舍 12 万平方米。羊、鹿、蜂、奶牛等畜禽产业迅猛发展。经北兴几代人的努力,农场现已成为垦区和黑龙江省重要的商品粮、绿色食品、有机食品生产基地,肉牛和天山马鹿繁育基地,林下参和穿地龙种植基地,是黑龙江省东部地区唯一的澳大利亚种羊繁育基地。

农场场部远景

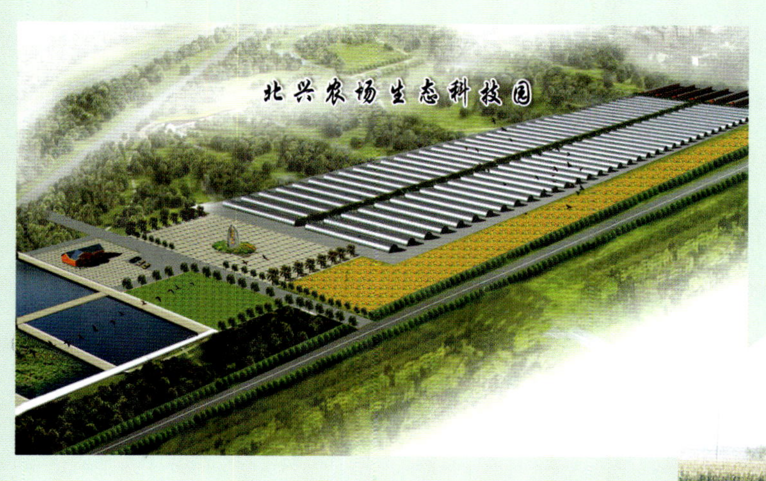

农场生态区景观图

农场大马力机械正在进行翻地作业

北兴净水厂

建三江分局党委书记　王道明

建三江分局局长　王金会

黑龙江省农垦总局建三江分局坐落在祖国东北边陲的三江平原腹地，是闪耀在黑龙江、松花江和乌苏里江汇流河间地带的璀璨明珠。总面积12 350平方公里，其中耕地面积728万亩，总人口22万。人均耕地37亩，为全国人均耕地面积的26.5倍，世界人均耕地面积的7倍；林地面积243.98万亩，森林覆盖率为14.9%；草原面积35.19万亩。拥有15个大中型国有农场，139个管理区。辖区地广人稀，每平方公里仅有16人。

境内美丽富饶，土壤肥沃，三江环绕，水草丰茂，具有发展农林牧副渔、工贸业及边境旅游业的优越条件。国境上界江长度达230公里，隔黑龙江、乌苏里江与俄罗斯相望；有勤得利、东安两个码头；毗邻富锦、同江、抚远、饶河等4个大型口岸，具备明显的地缘优势。主要河流有挠力河、别拉洪河、外七星河、浓江河、鸭绿河、青龙河、莲花河等，总流域面积为11 330平方公里。

已经建成洪河国家级自然保护区、挠力河国家级自然保护区、勤得利省级鲟鳇鱼自然保护区、乌苏里江省级自然保护区等4个低湿地保护区。保护区域总面积达351.3万亩，是建三江分局总面积的18.76%，远远高于全国10.8%的平均水平。境内已探明的草炭储量达1.1亿吨，居全省首位，国内第二。尤其是这里的特有物种——史氏鲟，素有“活化石”之称。

这里距离同(江)三(亚)国道仅有15公里路程；佳木斯——抚远公路作为黑龙江垦区第一条高等级公路，贯穿建三江垦区全境；20世纪70年代末期建成的国内第一条支农铁路——福前线，延伸到前进农场。

建三江分局曾被农业部中国绿色食品发展中心批准为绿色食品生产企业；粮食生产先进垦区称号；被建设部命名为全国小城镇建设示范镇；被省政府批准为省级绿色产业经济技术开发区；荣获国家级生态示范局称号；被誉为中国绿色大豆之乡、中国绿色水稻之乡；被中国粮食行业协会命名为中国绿色米都；被国家绿化委员会授予全国造林绿化模范先进单位称号。“建三江”品牌被评为黑龙江省著名商标。

建三江分局

日新月异的小城镇

乌苏里江自然保护区内的湿地

稻香千里

2007年8月28日，中央电视台“心连心”艺术团慰问北大荒的文艺演出在建三江分局粮食群为北京的大舞台上开演(图为演出现场)

乌苏里江灌区引渠及泵站一角

八五九分公司总经理　徐耀辉

八五九农场党委书记、场长、社区主任　李建军

在广袤无垠的三江平原上，在美丽富饶的乌苏里江畔，闪烁着一颗绿色的明珠——八五九农场。

八五九农场成立于1957年1月，是在中国人民解放军铁道兵的基础上建立的，位于饶河、抚远、同江三大边境口岸交汇处，地跨饶河、抚远两县，行政区划属饶河县，隶属于黑龙江省农垦总局建三江分局，总控制面积1 355.5平方公里，总人口18 467人，人口密度为每平方公里14人。下设11个管理区，11个作业站，11个居民点，农场场部设一个街道办事处，下辖3个居民委。场内有43个工商运建服企业和18个驻场单位，是农、林、牧、副、渔综合经营，工、商、运、建、服全面发展的现代化大型国有农业企业。有耕地70万亩，草原2.2万亩，水面11万亩，林地36万亩，可垦荒地62万亩。

农场依山傍水，风景秀丽，旅游资源丰富。大农田、大湿地、大森林、大界江展现了独特的北国风光。所辖的百年古镇东安镇，历史文化悠久，东临滔滔奔流的乌苏里江，历史上素有东北亚水上“丝绸之路”的美誉。经省政府批准的占地面积39 668公顷的省级自然保护区乌苏里江自然保护区横跨场内。经国务院批准的挠力河国家级自然保护区在场内流域面积为3 907.2公顷。场部南侧占地30万平方米的世纪园依山而建，靠水而成，园内八根汉白玉图腾柱，直径85厘米，高9米，象征着八五九农场“创新求实，诚信高效”的企业精神。

农场以农业为主。主栽作物有水稻、大豆、玉米和小麦，中草药水飞蓟、大麦、亚麻、红小豆、白瓜籽种植面积逐年扩大。农场是国家重要商品粮基地之一。全场农业机械总动力为6.55万千瓦，旱田机械化程度达98%，水田达90%。

农场农田水利工程配套齐全，全省最大的引江水灌溉工程乌苏里江灌渠工程，灌溉着12万亩水稻。

农场小城镇建设已粗具规模。农场被国家环保总局授予国家级生态示范区，被省政府授予2003～2005年度农村公路建设先进单位，第九管理区被省委、省政府授予文明村标兵，被省政府确定为省级新农村示范镇，第一、第二管理区被确定为省级新农村示范村。

八五九农场
场部中心鸟瞰

八五九农场世界园全貌

八五九农场机关办公楼

八五九农场小城镇建设

八五九农场第一管理区新农村建设

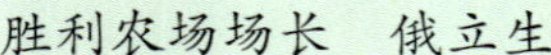

胜利农场场长　俄立生

胜利农场党委书记、社区主任　黄家斌

胜利农场位于黑龙江省饶河县、抚远县、同江市三大开放口岸交汇处,境内资源丰富,风光秀丽,素有"好山河"之称,著名的挠力河国家级湿地自然保护区和垦区八大名胜景观——喀尔喀山玄武岩地质公园坐落其中,农场地域总面积922平方公里,耕地53万亩、草原7.5万亩、林地32.7万亩,下辖53个行政单位,14个农业管理区,人口14 057人,是以种植水稻、小麦、玉米、大豆为主,工、商、林、牧、副、渔各业并举的大型现代化农垦企业。

农场坚持以科学发展观为统领,以建设文明、富裕、和谐的社会主义新型农场为目标,抢抓历史机遇,强化经营管理,致力改革创新,调优经济结构,做强主导产业,在推进农业现代化、农区工业化和农场城镇化进程中取得了突出成绩,农场经济实现又好又快发展,人民物质文化生活水平显著提高,社会各项事业取得了长足进步,农场的经济运行呈现出健康、和谐、稳定发展的良好态势。

农场规划建设工业园区20余万平方米,现有粮油食品有限公司、黑蜂公司等18家工业企业。其中:胜利粮油食品公司已发展成为垦区面业生产的龙头企业,所生产的"长乐牌"系列绿色食品高精面粉、挂面曾先后荣获省、部优质产品奖,远销香港、深圳、北京、上海、沈阳、大连、哈尔滨等全国大中城市。农场工业经济成为垦区内推进中小企业集群化发展的典型。

在改革开放中壮大崛起,在务实创新中奋进前行。几年来,在农场党政领导班子的正确带领下,胜利农场的各项事业呈现出强劲的发展势头,经济建设、政治建设、文化建设、社会建设和党的建设全面进步,和谐发展。2007年,农场被总局评为社会主义新农村建设示范场、小城镇建设先进农场,工业经济作为先进典型在总局工业经济工作会议和总局党委(扩大)会议上作经验介绍,在建三江分局新农村建设综合评比中名列第一。面向未来,胜利农场党政一班人将以带领全场人民奔向文明富裕的小康生活为信念,团结凝聚全场人民的智慧和力量,创新思维,加快发展,努力将胜利农场建设成为"城在林中、路在绿中、屋在园中、人在景中"、适宜百姓居住、环境和谐的"园林式小城镇",全面提高职工群众的生活质量,开创农场更加光辉灿烂的明天。

农场投资1 000万元兴建的南湖水上公园，为职工群众娱乐休闲、体育健身活动提供良好场所

农场境内国家地质公园——喀尔喀山风光

农场小城镇建设一瞥

胜利粮油食品公司生产的系列挂面被黑龙江省政府评为黑龙江特产，畅销垦区内外

红卫农场党委书记、社区主任 吴喜春

红卫农场地处黑龙江省三江平原东北部，位于祖国东北边陲饶河县境内。农场辖区总控制面积 97 万亩，全场人口 1.3 万，拥有 11 个管理区 20 个农业作业站。农场依托资源，小城镇、口岸、科技人才、经济五大优势，实现了经济跨越式发展。

农场现有耕地 49 万亩，其中稻作面积 48 万亩，稻草资源丰富；草原面积 20 万亩，草肥水美；别拉洪河、挠力河环场流过，灌溉着农场 1/3 的水田，有地下水资源 0.5992 亿万立方米，水质优良。绒山羊存栏 5 万只，年产素有“世界软黄金”之称的羊绒 25 吨。

农场有大型拖拉机 780 台，收割机 210 台，农业机械动力 8.2 万千瓦，农业生产全部实现机械化。农场毗邻福前铁路，同三国道，通信网络连五湖四海，文化、教育、卫生服务体系功能齐全。

农场东邻饶河、抚远口岸，北邻同江口岸，农副产品可经三大口岸直通俄罗斯等周边国家。

农场有一支优秀的企业管理队伍，3 000 人的高素质企业员工队伍，500 余名高科技专业技术人员。科技意识在农场已深入人心。农场先后建起科技示范带 30 公里，科技园一处，科技应用率达 90%以上。被农业部授予粮食生产先进县(农场)，被农垦总局列为农业部水稻生产示范场。

农场有大型粮食处理中心一座，储存能力 2 万吨。

红卫农场文化广场

红卫农场科技园区引进国外葫芦和南瓜栽植的绿色长廊

红卫农场作为建三江唯一的全国水稻高产创建示范点万亩水稻长势喜人

红卫农场加强农机标准化管理工作，三秋作业结束后，对拖拉机实行统一清洗、统一保养，统一管理、封存入库（图为第四管理区农具场）

红卫农场第一管理区农户崔文臣家中应用的太阳能增温系统

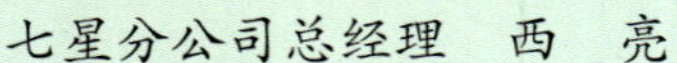

七星分公司总经理　西　亮

七星农场党委书记、场长、社区主任　石忠诚

七星农场建于1956年,是在黑龙江省富锦县地方国营七星岗作业区的基础上组建起来的。初建时为黑龙江省七星岗农场,报黑龙江省国营农场管理厅,命名为黑龙江省国营七星农场。1958年改为合江农垦局七星农场。1963年改为东北农垦总局七星农场。1967年为七星农场革命委员会。1969年为沈阳军区黑龙江生产建设兵团二十五团。1977年更名为黑龙江省建三江七星农场,1978年恢复黑龙江省七星农场,隶属黑龙江省建三江国营农场管理局。

农场位于黑龙江省富锦市东南部、场部距富锦市56公里,位置约在东经132° 30′ ~133° 04′ ,北纬47° 04′ ~47° 30′ 之间,东南和西北最大距离为50公里,总面积为181.2万亩,农场西北部与富锦市永福乡和二龙山镇相连,北抵莲花河和青龙河上游与青龙山分公司相望,东与别拉洪河二排干与创业农场接壤,南以七星河与大兴农场为界。

农场以农业生产经营为主,以种植水稻、小麦、大豆、玉米等主要粮食作物为主,现已形成农林牧渔各业并举,工商运建服全面发展的格局。现有耕地面积77.5万亩,人均耕地面积23.7亩。现有农业生产队43个,总户数10 866户,总人口3.39万人。拥有大中型拖拉机1 218台,其中,100马力以上拖拉机73台;小型拖拉机1 369台。联合收割机503台。

2007年农场获得总局六大作物高产攻关工作标兵单位,全国农垦现代农业示范区称号,农业部全国粮食生产先进县(农场)、农业部国家级科技示范园区、全国测土配方施肥先进单位、总局创优达标年活动优秀单位等荣誉。

北大荒农业股份有限公司七星分公司高科技园区

北大荒农业股份有限公司七星分公司第九管理区现代化农机具停放场

新购进的世界现代农业机械

大兴农场场长　袁海龙

大兴农场党委书记、社区主任　徐子君

大兴农场位于黑龙江省富锦市东南部89公里,建三江分局南部45公里处。地理坐标东经132° 18′ ~133° 18′ ,北纬46° 49′ ~47° 13′ 之间。由于在挠力河和七星河交汇地带,三面环水,俗称“大兴岛”。农场总面积80万公顷,其中耕地面积42万公顷、林地6 137公顷、牧草地1 369公顷、湿地1 341公顷、水面2 286公顷,人均占有耕地2.91公顷。地表黑土层厚达30厘米,土壤有机质含量高,土地肥沃,素有三江垦区“小江南”之美称。

大兴农场辖10个管理区、23个作业站、14个驻场企业单位,全场有31个居民点,总户数4 139户、总人口14 407人,固定资产1.5亿元,年均产粮豆30万吨,年创产值近2亿元,是上交利税570万元的大型农垦企业,是中国东北三江平原重要的有机食品生产基地,优质肉牛、绒山羊及特色种植养殖基地。

农场适于种植水稻、玉米、小麦、大豆等作物。场区内环境优雅、街道整齐、树木成行、鸟语花香。农场距建三江分局(建三江火车站)45公里,距国家交通大动脉同三公路只有60公里,距富锦、同江、饶河不超过100公里。全境白色路面,交通十分便利,是国家级挠力河湿地自然保护区的核心区。东北地区唯一未受污染的河流——挠力河(含外七星河)贯穿全境,汇入乌苏里江。这里是绿色食品的生产、加工、销售的理想之地。

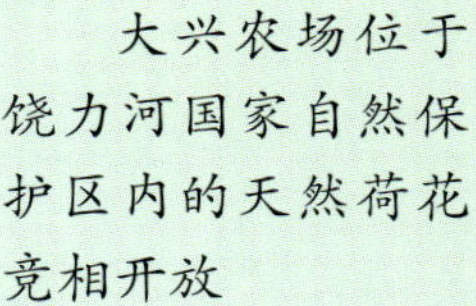

大兴农场位于饶力河国家自然保护区内的天然荷花竞相开放

大兴农场大力度推进民生工程，场区主干路、场区到各管理区通村公路已全部实现白色硬化

大兴农场农业科技示范园区成为观光科普教育基地

大兴农场建立健全畜牧业规范化服务体系和防疫体系（图为农场绒山羊科技园区）

创业农场场长　邱洪军

创业农场党委书记、社区主任　孙宝平

在美丽富饶的三江平原上,闪烁着一颗绿色的明珠——创业农场。

创业农场位于黑龙江省富锦市、同江市、饶河县三县(市)交界处。控制面积530平方公里,总人口10 381人,农场拥有9个管理区,20个作业站,13个工商运建服企业和6个驻场单位,是农、林、牧、副、渔综合经营,工、商、运、建、服全面发展的现代化大型国有农业企业集团。农场拥有耕地50万亩,草原3.1万亩,苇塘水面3.2万亩,沼泽林地等23.7万亩。年生产粮豆29万吨,水稻秸秆29万吨,实现国内生产总值3.7亿元,家庭农场盈利8 000万元,人均收入10 000元。

农场适合各种农作物生长,主要栽培作物是水稻,面积达50万亩,是国家重要商品粮基地之一。农场水草资源丰富,境内有七星河和别拉洪河两条河流,草原无污染,适合畜牧养殖业的发展。

中国电信网、中国移动通信网、联通移动通信网覆盖全场,能源应用便利,国家22万千伏变电所就在创业辖区内,距离双鸭山煤矿200余公里。哈尔滨铁路局“福前线”铁路在农场经过,换新天火车站就在农场场部。“佳抚公路”和“富饶公路”横穿境内,在此交会。农场是饶河县、抚远县以及建三江垦区东部13个国有农场的交通枢纽。高等级钢筋混凝土白色路面直通佳木斯市,与全国高速公路网相连。

创业农场现代化收获机群收获作业

创业农场职工在钢骨架大棚内摆盘

创业农场种子科技示范园区

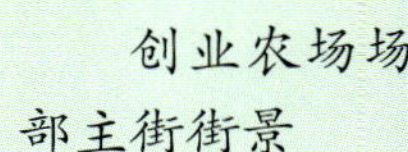

创业农场场部主街街景

青龙山分公司总经理　吴金龙

青龙山农场党委书记、社区主任　齐学海

在美丽富饶的三江平原上,闪烁着一颗绿色的明珠——青龙山农场。

青龙山农场位于三江平原的东北部,街津口南部,场部位于同江镇以东43公里处。北临勤得利农场,东临浓江农场,南与前进农场相连,西隔青龙河与富锦市太东林场、同江市青河乡相望。农场东西距离20公里,南北距离60公里,总面积为570.5平方公里,耕地面积34万亩,可利用草原面积153 630亩,占总面积17%。总人口11 680人,下设7个管理区,18个作业站,10个工商运建服企业和6个驻场单位,是农、林、牧、副、渔综合经营,工、商、运、建、服全面发展的现代化大型国有农业企业集团。年生产粮豆17.1万吨,国内生产总值2.52亿元,人均收入8 067元。

农场土质肥沃,适合各种农作物生长,主要栽培作物是水稻,是国家重要商品粮基地之一。农场水草资源丰富,境内有青龙河位于农场场区以西,流经农场段53公里。浓江河位于农场地区东,流经农场段34公里。地下水资源丰富,草原无污染,适合畜牧养殖业的发展。

中国电信网、中国移动通信网、联通移动通信网覆盖全场,数字程控电话入户率95%,有线电视入户率100%,“佳抚公路”和“同抚公路”在此交汇,高等级钢筋混凝土白色路面四通八达。

青龙山农场大麦喷灌现场图

青龙山农场水稻科技示范园区

青龙山农场水稻实现了全程生产机械化

青龙山农场白桦林

青龙山农场高标准晒水池

前进农场场长　蒋长春

前进农场党委书记、社区主任　王　伟

前进农场隶属黑龙江省农垦总局建三江分局,总控制面积115万亩,现有耕地面积67万亩,年生产粮豆35.3万吨,地区生产总值5.15亿元,人均收入9 577元,农场利润880万元。是以种植小麦、大豆、水稻、玉米为主,兼营牧、工、商、运、建、服务业的大型国有农垦企业。

农场位于松花江、黑龙江和乌苏里江三角洲地带,地下水储量和补给量极为丰富,水、路、林成网,干、支、斗渠配套,土地整体规划,有利于农业机械化作业。

农场土质肥沃,草原无污染,适合畜牧养殖业的发展。农场制定畜牧发展优惠政策,鼓励发展畜牧业。农场有西门塔尔种牛场和畜禽交易市场。农场年肉类产量1 500吨,畜牧产值4 218万元。

农场辖区内有3家大型豆粉、油脂、精米加工企业。永和食品有限公司投资规模1 300万元,占地1.5万平方米,引进目前先进的仿日高效除腥设备生产线,年产豆奶粉1 600吨,产品远销国内十几个省市,出口到俄罗斯、日本、萨摩亚等国家。

农场素有三江的"小香港"之称,是较大的物资商品集散地,有三江地区最大的农资贸易大市场。前进地区有前进国家粮食储备库、中央直属粮库、省粮食厅第二粮库三大粮库,便于粮食的收储和调度;有多家自营铁路站台。农场毗邻同江市边贸和抚远边贸县城;使本地区的产品销路广卖价高。个体工商业兴隆,前进商贸中心和逢十大集吸引了周边市县和佳木斯等地的客商。前进市场经济活跃繁荣,具有良好的区域经济拉动作用。

农场小城镇建设日新月异,高楼林立,绿树如荫,花草芳香,交通便利。铁路客运有前进镇——哈尔滨站。哈尔滨至同江市等级水泥路面、佳抚公路通过场区,铁路、客运站是两市县、八农场的交通枢纽,四通八达。

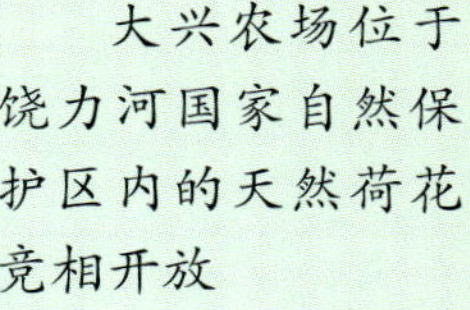

大兴农场位于饶力河国家自然保护区内的天然荷花竞相开放

大兴农场大力度推进民生工程，场区主干路、场区到各管理区通村公路已全部实现白色硬化

大兴农场农业科技示范园区成为观光科普教育基地

大兴农场建立健全畜牧业规范化服务体系和防疫体系（图为农场绒山羊科技园区）

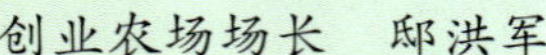

创业农场场长　邸洪军

创业农场党委书记、社区主任　孙宝平

在美丽富饶的三江平原上,闪烁着一颗绿色的明珠——创业农场。

创业农场位于黑龙江省富锦市、同江市、饶河县三县(市)交界处。控制面积530平方公里,总人口10 381人,农场拥有9个管理区,20个作业站,13个工商运建服企业和6个驻场单位,是农、林、牧、副、渔综合经营,工、商、运、建、服全面发展的现代化大型国有农业企业集团。农场拥有耕地50万亩,草原3.1万亩,苇塘水面3.2万亩,沼泽林地等23.7万亩。年生产粮豆29万吨,水稻秸秆29万吨,实现国内生产总值3.7亿元,家庭农场盈利8 000万元,人均收入10 000元。

农场适合各种农作物生长,主要栽培作物是水稻,面积达50万亩,是国家重要商品粮基地之一。农场水草资源丰富,境内有七星河和别拉洪河两条河流,草原无污染,适合畜牧养殖业的发展。

中国电信网、中国移动通信网、联通移动通信网覆盖全场,能源应用便利,国家22万千伏变电所就在创业辖区内,距离双鸭山煤矿200余公里。哈尔滨铁路局"福前线"铁路在农场经过,换新天火车站就在农场场部。"佳抚公路"和"富饶公路"横穿境内,在此交会。农场是饶河县、抚远县以及建三江垦区东部13个国有农场的交通枢纽。高等级钢筋混凝土白色路面直通佳木斯市,与全国高速公路网相连。

创业农场现代化收获机群收获作业

创业农场职工在钢骨架大棚内摆盘

创业农场种子科技示范园区

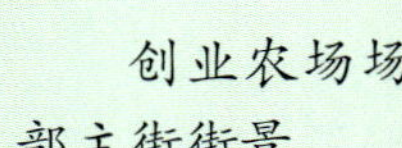

创业农场场部主街街景

青龙山分公司总经理　吴金龙

青龙山农场党委书记、社区主任　齐学海

在美丽富饶的三江平原上，闪烁着一颗绿色的明珠——青龙山农场。

青龙山农场位于三江平原的东北部，街津口南部，场部位于同江镇以东43公里处。北临勤得利农场，东临浓江农场，南与前进农场相连，西隔青龙河与富锦市太东林场、同江市青河乡相望。农场东西距离20公里，南北距离60公里，总面积为570.5平方公里，耕地面积34万亩，可利用草原面积153 630亩，占总面积17%。总人口11 680人，下设7个管理区，18个作业站，10个工商运建服企业和6个驻场单位，是农、林、牧、副、渔综合经营，工、商、运、建、服全面发展的现代化大型国有农业企业集团。年生产粮豆17.1万吨，国内生产总值2.52亿元，人均收入8 067元。

农场土质肥沃，适合各种农作物生长，主要栽培作物是水稻，是国家重要商品粮基地之一。农场水草资源丰富，境内有青龙河位于农场场区以西，流经农场段53公里。浓江河位于农场地区东，流经农场段34公里。地下水资源丰富，草原无污染，适合畜牧养殖业的发展。

中国电信网、中国移动通信网、联通移动通信网覆盖全场，数字程控电话入户率95%，有线电视入户率100%，“佳抚公路”和“同抚公路”在此交汇，高等级钢筋混凝土白色路面四通八达。

青龙山农场大麦喷灌现场图

青龙山农场水稻科技示范园区

青龙山农场水稻实现了全程生产机械化

青龙山农场白桦林

青龙山农场高标准晒水池

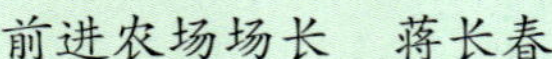

前进农场场长　蒋长春

前进农场党委书记、社区主任　王　伟

前进农场隶属黑龙江省农垦总局建三江分局,总控制面积115万亩,现有耕地面积67万亩,年生产粮豆35.3万吨,地区生产总值5.15亿元,人均收入9 577元,农场利润880万元。是以种植小麦、大豆、水稻、玉米为主,兼营牧、工、商、运、建、服各业的大型国有农垦企业。

农场位于松花江、黑龙江和乌苏里江三角洲地带,地下水储量和补给量极为丰富,水、路、林成网,干、支、斗渠配套,土地整体规划,有利于农业机械化作业。

农场土质肥沃,草原无污染,适合畜牧养殖业的发展。农场制定畜牧发展优惠政策,鼓励发展畜牧业。农场有西门塔尔种牛场和畜禽交易市场。农场年肉类产量1 500吨,畜牧产值4 218万元。

农场辖区内有3家大型豆粉、油脂、精米加工企业。永和食品有限公司投资规模1 300万元,占地1.5万平方米,引进目前先进的仿日高效除腥设备生产线,年产豆奶粉1 600吨,产品远销国内十几个省市,出口到俄罗斯、日本、萨摩亚等国家。

农场素有三江的"小香港"之称,是较大的物资商品集散地,有三江地区最大的农资贸易大市场。前进地区有前进国家粮食储备库、中央直属粮库、省粮食厅第二粮库三大粮库,便于粮食的收储和调度;有多家自营铁路站台。农场毗邻同江市边贸和抚远边贸县城;使本地区的产品销路广卖价高。个体工商业兴隆,前进商贸中心和逢十大集吸引了周边市县和佳木斯等地的客商。前进市场经济活跃繁荣,具有良好的区域经济拉动作用。

农场小城镇建设日新月异,高楼林立,绿树如荫,花草芳香,交通便利。铁路客运有前进镇——哈尔滨站。哈尔滨至同江市等级水泥路面、佳抚公路通过场区,铁路、客运站是两市县、八农场的交通枢纽,四通八达。

坐落在前进农场的
国家中央粮食储备库

前进镇火车站

前进农场场貌

勤得利分公司总经理　张宝林

勤得利农场党委书记、场长、社区主任　杨永志

勤得利农场1958年3月5日建场,现隶属黑龙江省农垦总局建三江分局。地处同江市境内。北依黑龙江与俄罗斯隔江相望,南部是一望无际的大平原。辖区总面积1 485平方公里,地势北高南低,有耕地42万亩,林地30.6万亩,水面24.5万亩,荒地43.6万亩,可开垦荒地15万亩,场区道路5.6万亩。

农场矿产资源储量较大的有偏硅酸矿泉水,储量为7840余万立方米,经专家化验鉴定,品质优良,国内少有,极具开采价值。勤得利背靠黑龙江,所辖82公里江段盛产“三花五罗”及名贵的鲟鳇鱼、大马哈鱼等,年产江鱼250吨左右。农场拥有国内唯一的史氏鲟人工放流试验站,鲟鳇鱼籽被誉为“黑色黄金”。

农场辖15个农业管理区和10个工副业单位。总人口2.3万人,其中汉族人口占91.1%,其他为满、壮、赫哲族等少数民族。

农场西山上辽代逾千年的古城遗址“兀惹城”,传说神奇,登高临风可感受到苍凉的古韵。黑龙江鲟鳇鱼省级自然保护区内,仍保留了原始状态的自然风光,是旅游度假的理想去处,农场的生态旅游业,极具开发价值。现有的旅游景点有古城山庄旅游区和人间胜景额图渔村,此外,还有拉玛洪大湿地、风火台、骆驼石、佛祖石、佛门石、鳖头砬子等景点。

勤得利农场界江风光

勤得利农场骆驼石

银鳞满仓

现代化大马力农机作业现场

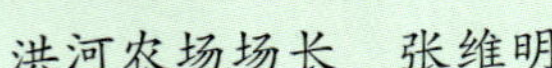

洪河农场场长　张维明

洪河农场党委书记、社区主任　阎喜成

在黑龙江省版图的鸡冠处，在美丽富饶的三江平原上，闪烁着一颗璀璨的明珠——洪河农场。

洪河农场是1980年我国利用外资建成的现代化农场。农场位于同江市境内东南部，别拉洪河流域以北，浓鸭河流域以南，地理坐标为东经133° 99′ ~133° 40′，北纬47° 27′ ~47° 46′。农场位于黑龙江、松花江、乌苏里江汇成的三江平原腹地。东以抚远县境内的前锋农场为邻，南与红卫农场毗连，西与前进农场接壤，北与浓江农场隔河相望。东西27公里，南北36公里，总控制面积98万亩，其中耕地55万亩，国家级自然保护区30万亩。

农场共有15个核算单位，二级管理，二级核算。农业生产单位有9个管理区(为正科级单位)。工、商、运、建服务业11个，卫生和公、检、法、司等事业单位6个，国家级自然保护区和中国科学院三江平原沼泽湿地生态试验站以及银行、邮政、电信、工商、信用、税务等国家行政管理部门的驻场单位9个。全场共有人口4 111人，总户数1 392户，在册职工1 276人。有耕地55万亩，林地4.5万亩。农场以种植业为主，主产水稻、大豆。养殖业以黄牛、绒山羊、生猪为主，家禽为辅的畜牧业结构。机械力量雄厚，有配套拖拉机1 498台(件)，大中型收割机206台，农业机械总动力6万千瓦，有充足的机械力量和生产突击能力。小城镇建设日趋完善，一个集生产、生活、文化娱乐为一体的现代化农垦小城镇已具规模。

洪河农场开发时间短，无污染工业，蓝天绿水，地洁气爽，是全国唯一生态系统完整的典型的内陆湿地保护地带，所生产的粮食产品达到绿色A级标准，2008年可得到质量环境管理双体系认证。具有发展绿色农业、有机农业得天独厚的资源优势。有中国“绿色米都”之美誉。曾被省政府命名为“文明平安小区”、“文明标兵单位”。

飞机撒药作业

防治稻瘟病

机群耕作

农场在俄罗斯种植大豆获得成功

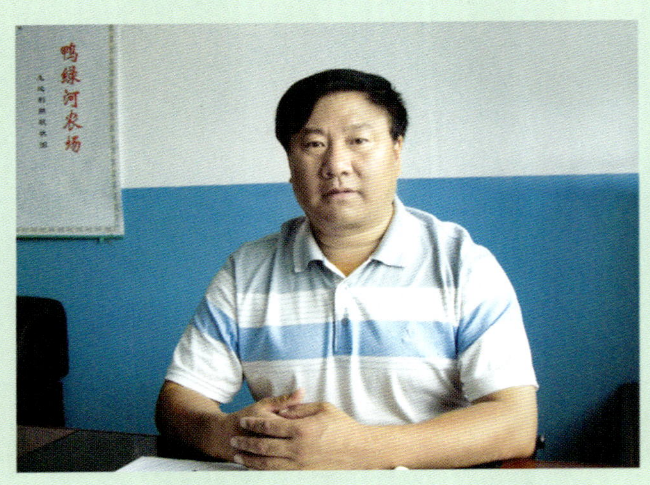

鸭绿河农场场长　刘海林

鸭绿河农场党委书记、社区主任　刘国春

鸭绿河农场位于黑龙江省三江平原的东北部，东距乌苏里江 80 公里，北距黑龙江 40 公里，南与国家级自然保护区——洪河自然保护区接壤，西与浓江农场毗邻，地处同江市与抚远县两个国家一级贸易口岸之间。辖区总面积 76.9 万亩，其中耕地 38 万亩，林地 14 万亩，牧草地 1.42 万亩，水域 0.2 万亩。总人口 5 210 人，总户数 1 624 户，人口自然增长率 2.94‰。有农业生产管理区 8 个，社会服务单位 19 个，机械总动力 33 988 千瓦，年产粮豆 20 万吨，畜牧产品2 000 吨，国内生产总值 3 亿元，人均纯收入 8 000 元。

农场是 20 世纪 80 年代初利用世界银行贷款，引进国外先进技术和设备开发建设的现代化国有农场。以当地自然河流“鸭绿河”而得名，隶属于黑龙江省农垦总局建三江分局。

建场 23 年来，农场党政领导本着开发建设、发展经济与保护环境，合理、可持续利用资源并重的指导思想，坚持依法治企、科学治企、创新治企的管理理念，全面实施“四大战略”和“八项工程”大力发展现代农业、现代畜牧业、现代加工业、现代服务业，逐步实现农业现代化，农区工业化，农场城镇化的发展格局。

农场自然资源丰富，雨量充沛。是建三江“绿色米都”重要的原粮生产基地和稻米加工基地。畜牧业发展态势稳健，管理改革实现新突破，小城镇建设步伐加快，教育事业蓬勃发展。农场学校在省政府双高普九检查验收和总局标准化学校检查验收中均荣获优秀单位称号。

农场已成为政治稳定、社会安定、经济繁荣、绿色生态、和谐文明、富庶发达的现代化农垦企业。被授予国家级生态示范区称号，农垦总局文明城镇等光荣称号。

鸭绿河农场怡园小区

鸭绿河农场通往建三江分局的前勤公路鸭绿河段骨干公路施工现场

鸭绿河农场新建农用飞机场

鸭绿河农场第七管理区农业综合开发项目施工现场

浓江农场场长　关德庆

浓江农场党委书记、社区主任　刘志波

在黑龙江垦区的东北角,有一个被绿草、绿树和鲜花“包围”的好地方——浓江农场。

浓江农场位于黑龙江省三江平原东北部同江市境内,隶属黑龙江省农垦总局建三江分局。地处东经133° 7′ 05″ ~133° 32′ 31″ ,北纬 47° 38′ 55″ ~47° 53′ 21″ 。东以鸭绿河农场为邻,南以浓鸭河为界,与前进农场相依,西以青龙山相连,北以浓鸭河为界和勤得利农场接壤。农场总面积 540 平方公里,其中耕地 49 万亩,草原 5 万亩,林地 7.3 万亩。全场总户数 2 197 户,总人口 5 590 人。

农场位于松花江、黑龙江和乌苏里江三角洲地带,地下水储量和补给量极为丰富,水、路、林成网,干、支、斗农渠配套,土地整体规划,有利于农业机械化作业。

农场拥有 9 个作业区,经济以种植业为主,主产水稻、大豆、小麦、大麦、玉米,还有部分经济作物,兼营畜牧和工、商、运、建、服务业,是一个中型国有现代化农场,也是国家重要商品粮基地之一。

2007 年,全场总播种面积 49 万亩,农业机械总动力 6.75 千瓦,实现作物机械化收获率达 100%。粮食总产 23.9 万吨,种植业总产值 3.1 亿元,人均收入 9 768 元,实现企业利润 515 万元。

农场是黑龙江垦区最大的农业综合开发示范区,经过近 20 年的开发建设,农场小城镇建设已形成了生活住宅区、生产经营区、公共事业区、中心广场的建设格局。场区绿化覆盖率达到 70%,人均拥有绿地 50 平方米,文化、生活、通讯、设施齐全,居住环境优雅,农场现已成为“人在花草中,房在绿树中”的文明城镇。

农场交通十分便利,南与东方第一站——前进镇铁路站相距 19 公里,北与俄罗斯隔江相望,水运及对俄贸易方便,客运线路通向四面八方。

浓江农场田园风光

浓江农场场部一角

浓江农场科技园区培育的鲜花

浓江农场养殖户饲养的绒山羊

浓江农场纪元广场

前哨农场场长　薛英贵

前哨农场党委书记、社区主任　林春荣

前哨农场始建于1973年,经过35年的开发建设,已成为黑龙江垦区集农、工、贸、林、牧副综合经营,第三产业和国有经济全面发展的中型机械化国有农场。

前哨农场位于我国东北边陲的抚远三角洲上，坐落在抚远县境内。地理坐标东经134° 01′ 37″ ~134° 02′ 25″ ,北纬47° 48′ 52″ ~48° 08′ 54″ 。农场场部距国家即将开发的黑瞎子岛约70公里,东距乌苏里江边的海青镇46公里,北距黑龙江边的抚远县城50公里。陆路、水路交通便利,在黑龙江边的抚远县附近六道沟子设有农垦专用码头，沿江而下可直通俄罗斯远东最大城市——哈巴罗夫斯克。农场是连接边城抚远与内地交通要冲,是重要物资集散地。农场东西宽28公里,南北长50公里,总占地约700平方公里,其中耕地面积53万亩,草原约1.6万亩,林地20.9万亩,沼泽水泡占地5.85万亩。

农场总人口近1.2万人,人均耕地44亩,地广人稀,每平方公里仅有17人。农场下辖9个管理区,1个街道办,17个作业站,5个居民委及林业局、科技园区、职工子弟校、职工医院。

2007年农场实现粮豆总产18.2万吨,地区生产总值2.61亿元,人均纯收入8 772元,农场实现利润175万元。

农场是生产绿色食品和有机食品的最佳地之一。近几年来,农场调整产业结构,实现订单农业,引进特色种植,建设绿色基地,已具备发展绿色食品的能力。围绕建三江的中国绿色米都,打造出了前哨东方第一稻。充分利用草场资源,大力生产安全有机畜禽产品,所产肉、蛋均为有机健康食品。

农场小城镇建设方兴未艾,6万平方米的楼群,鳞次栉比,1.8公里的白色路面横通场区,人流、物流、信息流、资金流活跃而集中,是建三江分局5个人流、物流较大、商业较活的场镇之一。

前哨农场水稻示范田

前哨农场丰收在望的水稻

前哨农场职工住宅楼

前哨农场场部中心文化广场夜景

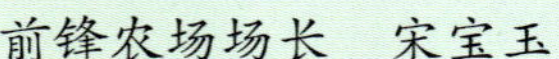

前锋农场场长　宋宝玉

前锋农场党委书记　孙　鹏

前锋农场位于美丽富饶的三江平原的深处黑龙江省抚远县境内，隶属黑龙江省农垦总局建三江分局，北临鸭绿河农场，东临二道河农场，西与洪河农场相连，南与八五九农场、胜利农场隔河相望。农场地势平坦，海拔高度为58米，西高东低，南高北低。南北长62.5公里，东西宽25公里。农场总面积为1 103.5平方公里，耕地面积76万亩，可利用草原面积20多万亩。总人口12 000人，农场下辖9个管理区，16个作业站。10个工商运建服企业和6个驻场单位，是农、林、牧、副、渔综合经营，工、商、运、建、服全面发展的现代化大型国有农业企业，年生产粮豆33.6万吨，国内生产总之40 181万元，人均收入8 895元。

农场土质肥沃，地表黑土层厚18～25厘米，气候四季分明，年均降雨量600毫米左右，常年有效积温2 600摄氏度，适应各种农作物生长，主要栽培作物是水稻、大豆，是国家重要商品基地之一。农场水草资源丰富，境内别拉洪河位于农场场区以南，主河道宽约30～50米流经农场段21公里。地下水资源丰富，空气清新，水质洁净，草原无污染，适合畜牧业养殖发展。

中国网通电话网、中国移动通信网、中国联通网覆盖全场，数字程控电话入户率94%，有线电视入户率100%，佳木斯——抚远高等级公路途经农场，场内公路四通八达。

农场富饶的湿地环境

前锋农场街区一角

农户正在播种

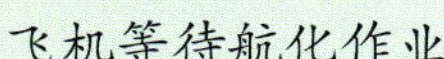

飞机等待航化作业

二道河农场场长　张合玉

二道河农场隶属于黑龙江省农垦总局建三江分局，地处三江平原腹地，土壤肥沃，草原辽阔，交通便利。1984 年利用世界银行贷款和国家投资兴建。辖区总面积 534.2 平方公里，现有耕地面积 41 万亩，人口 3 178 人，所辖 7 个管理区以及 12 个场直单位，机械总动力 3.8 万千瓦，年产值 3.8 亿元。

农场坚持以农业科技为先导，注重高科技含量投入，主栽农作物水稻、大豆、大麦、小麦及经济作物，以其品种优良化、产品优质化的绿色产品品牌强劲地占领了市场。

农场以改革开放和科技进步为动力，发挥资源优势和地缘优势，实施开放战略，确立了“抓基础、调结构、重科技、上标准、大开放、可持续、高效益”的大农业发展思路。农场以其良好的经济效益和社会效益成为国家农业现代化示范场，并荣获垦区“利用外资开发农业先进农场标兵”、“先进企业”、“文化先进场”等殊荣，1996 年被省委、省政府授予文明单位标兵称号，2000 年被授予“国家 863 计划 CIMS 应用示范企业”称号，2001 年通过“省级生态示范区”验收，2005 年被国家环保总局授予“国家级生态示范场”称号，2005 年为全国水稻全程机械化现场会现场之一，2007 年，农场被命名为“国家农垦现代农业示范区”。

二道河农场
场区一隅

水草丰茂的牧场资源

长势喜人的大豆

二道河农场水稻科技示范园

航化作业

牡丹江分局党委书记　丁元森

牡丹江分局局长　侯培耀

黑龙江省农垦总局牡丹江分局创建于1956年。分局下属的宁安农场是黑龙江省最早的国营农场(1947年组建);八五○农场是王震将军亲自选址并创办的黑龙江垦区第一个军垦农场。分局地处黑龙江省东南部,辖区面积9 989平方公里,其中耕地585万亩,林地243万亩,草原78万亩,水面113万亩,可垦荒地101万亩,其他土地231万亩。2003年分局被批准为国家级生态示范区。分局下辖15个大中型国有农牧场,分布于密山、虎林、宝清、鸡东、海林、宁安等6个市县境内。位于八五一○农场境内的兴凯湖当壁镇是国内著名旅游景点,年接待游客30万人次。分局有142家工商运建服企业,112个管理区,220个居民组。全局现有居民8.1万户,总人口21.6万人,各类从业人员10万人。

分局大力发展现代农业,粮食综合生产能力不断提高。建有高标准农牧核心示范区13个,具有不同功能的专业示范园区36个,核心区面积5.8万亩,专业示范区25万亩,辐射区500万亩。农业机械总动力达106万千瓦,旱田综合机械化率98%,水田综合机械化率90%。

分局稳步发展现代养殖业。“十五”期间,分局奶牛存栏由2.9万头增加到5.5万头,奶牛平均单产6.4吨,最高单产7.8吨,单产水平居全国前列。被中国奶牛协会授予“全国奶牛生产强县”称号,被列入全国农垦唯一的国家级奶牛科技入户示范单位。全局已建成各类养殖小区219个,其中奶牛小区140个,奶牛舍饲率达85%。

分局坚持实施城镇化带动战略。“十五”期间,全局城镇基础设施建设投资20亿元,城镇规划区总面积扩大到37.9平方公里,城镇人口已占总人口数的53%,新增城镇建筑面积60余万平方米,人均住宅面积23.5平方米;新建水泥街道90公里,新建水泥公路478公里。涌现出以八五○、八五六、八五七、海林、宁安等农场为代表的一批垦区知名城镇,充分展现了农垦事业的蓬勃生机。

分局紧紧围绕“一个中心”,坚持“两个率先”,加快“三化”进程,突出发展“三个新产业”,重点建设“四个基地”,努力实现“五项目标”,确保分局经济、政治、文化和社会事业又好又快发展,全面开创分局现代化农业建设和构建和谐社会的新局面。

牡丹江分局

分局小城镇建设一瞥

现代农业示范园

现代农业机械

美丽的兴凯湖畔

兴凯湖第二泄洪闸

八五〇农场场长　张宏雷

八五〇农场党委书记、社区主任　刘佳明

八五〇农场地处美丽富饶的三江平原,坐落在生态环境优美、资源丰富的完达山南麓穆棱河畔,是王震将军1954年亲自建立的第一个铁道兵军垦农场。农场风光秀丽,景色怡人,有北方"小江南"之美誉。农场总人口1.5万人,从业人员7 641人,下设13个管理区和10个工商运建服企业。

农场地域面积520.75平方公里,拥有耕地46.8万亩、林地13.5万亩、草原牧地1.7万亩、水面0.5万亩。盛产水稻、大豆、玉米、小麦等农作物和白瓜子、红小豆、芸豆等经济作物。

农场已建成30万亩水稻生产基地。现拥有各类拖拉机1 757台,各类联合收获机287台,水稻插秧机1 408台,各类机械设备6 317台套,农业机械化水平、标准化程度得到极大提高。

农场坚持发展以奶牛为主的质量效果型畜牧业。全场奶牛存栏已达6 500头,生猪饲养量28 800头,禽类存栏210 000只。

农场依托1.8公里铁路专用线和原有工业企业,规划建设了占地70万平方米的卫星工业园区和22 937平方米发货站台。建有3个精米加工及生物制药厂、粮食处理中心、种子加工厂、机械制造厂、糖厂等工业企业。2000年,农场建设了科技园区,每年承担国家级、省级及总局级科研课题10余项,农场自选课题30余项,已成为中国农业大学及八一农垦大学科研和实习基地。2004年被省农业厅授予黑龙江省科技示范基地称号。2006年被国家农业部授予"全国测土施肥工作"先进单位。

农场小城镇建设成果丰硕。农场街道平坦,绿树成阴,花带成行,广大群众生活和工作在优美舒适的环境里,其乐融融。2003年农场被省政府授予"安全生产先进单位"、被总局党委授予"先进基层党组织"荣誉称号。2005年被国家环保总局授予国家级生态示范区,被总局命名为首批"黑龙江垦区卫生小城镇"的光荣称号。2006年,农场被总局授予"平安农场"称号;2006年通过了省级"卫生城镇"验收,被省委、省政府授予"省文明单位标兵"称号。

城中有林，林中有城（图为八五〇农场场部小城镇一角）

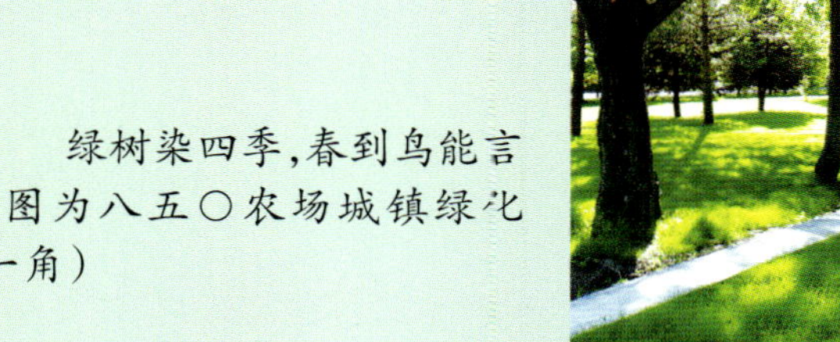

绿树染四季，春到鸟能言（图为八五〇农场城镇绿化一角）

八五〇农场住宅小区

八五〇农场红东线公路通车剪彩现场

八五四分公司总经理　殷　松

八五四农场党委书记、场长、社区主任　郝林厚

八五四农场位于三江平原东部、完达山南麓,地处虎林市与宝清县境内。在东经132°36′~133°35′,北纬45°50′~46°13′之间。虎宝公路及哈东铁路东西、南北呈十字交叉横贯场区中部,南与云山农场、八五〇农场及虎林市的新乐乡、种畜场、迎春镇为邻;东与虎林市虎头镇、伟光乡及庆丰农场接壤,北与虎林市阿北乡、东方红镇、东方红林业局毗邻,西与八五二农场、迎春林业局相接,农场场部设在虎林市迎春镇。距虎头国家旅游保护区50公里,南距国家一类陆路吉祥口岸67公里,美丽的兴凯湖畔135公里,交通便利。

农场始建于1956年7月,经过农场人几十年的艰苦努力,把农场建设成为一个集无公害绿色有机农产品生产、加工、销售、贸工农一体化的大型现代化农业生产基地。农场辖区总面积1 234平方公里,总人口2.1万,耕地面积63.9万亩,其中水田53.2万亩,旱田28.6万亩。

农场有着得天独厚的自然资源优势。农场重视生态资源的保护,生产出的粮食及农副产品具有"绿色美食"之称,被国家列为重要的绿色(有机)食品生产基地。

这里具有丰富的饲草资源,农场已实现奶牛存栏量3 800头,生产鲜奶18 950吨;肉牛存栏3 021头,肉牛饲养6 021头,水产总量550吨,取得了可观的经济效益。畜牧业初步形成了区域化布局、标准化饲养、程序化防疫的发展格局。集饲养、繁殖、观赏、利用为一体的野宝药业是农场的特种养殖产业,也是最具开发潜力的合作项目之一。

"为了边陲明珠再升高一点"是八五四农场的企业精神。农场两万人民迎接挑战,开拓创新,抢抓机遇,加速发展,把一个繁荣、富裕、文明、进步的农场建设成为一流的现代化国有农场。

风景秀丽的北山生态公园

八五四分公司投资购买的凯斯-2388大型联合收割机

八五四农场先进的奶牛饲养小区

黑龙江省野宝药业有限责任公司生产的“清壶牌”熊胆酒

八五四农场生产的优质刺五加黑木耳

八五六分公司总经理　刘瑞策

八五六农场党委书记、场长、社区主任　邵元宽

八五六农场始建于1955年，在虎林市和密山市境内，地处东经132° 28′ ～133° 11′ 38″，北纬45° 22′ 24″ ～45° 44′ 50″，东与八五八农场、庆丰农场、虎林市义和乡接壤，北沿大穆棱河与虎林市太和乡、宝东乡、八五O农场搭界，西靠穆兴分洪道与八五七农场为邻，南同兴凯湖农场毗连，东南隔松阿察河与俄罗斯相望。

农场辖区总人口18 957人，职工5 541人。土地总面积1 259.3平方公里，耕地102.3万亩(其中水田70万亩)，林地20.74万亩，林木蓄积180万立方米。水面10.4万亩。

经过半个世纪的开发建设，农场已成为国家重要的商品粮基地、国家863计划智能化农业信息技术示范基地、国家级“绿色食品原料‘水稻’标准化生产基地”，农业部“全国优势农产品产业带建设示范农场”、“测土配方施肥项目示范场”，垦区第一水稻大场、垦区一流小城镇。曾获省“文明单位”、“环境优美乡镇”、“文化先进单位”、“群众体育先进单位”，全国“模范职工之家”称号。农场被总局授予垦区唯一的“文明城镇标兵”。创造了水稻种植面积全垦区第一、粮食综合生产能力全垦区第一、生态园林城镇创建全垦区一流、新农村建设走在全垦区前列的优异成果。

八五六农场和八五六分公司所辖区域内地势平坦，土质肥沃，自然资源丰富，发展潜力巨大。主要种植水稻、大小麦、大豆、玉米、青贮饲料等农作物。农场农机总动力16.7万千瓦，自走式农业机械保有量达2 900台套。旱田机械化率达98%，水田机械化率达92%。农场各类科技人员799人，农业科技核心园区830亩，农业科技示范带68公里，计10.23万亩，年实施省部、总局、分局及自立农业科研项目80余项。

农场全力打造“青山文化”品牌，提炼农场稻米文化、军旅文化、知青文化和版画文化的精华。农场和分公司以“同建一个家园、追求两个效益、造福一方百姓”为己任，实施了“大农业、大养殖、大旅游、大民营、大流通、大家园”六大战略，精心打造“绿色稻米”、“寒区名镇”、“青山湖蟹”、“西岗齿轮”、“生态旅游”、“青山文化”六大品牌。夯实垦区第一水稻大场和垦区一流小城镇地位，用共建促发展、携手创繁荣的实际行动，率先实现农业现代化，全面建设和谐小康社会，谱写八五六人民美好生活的新篇章。

农场依靠资源优势发展生态农业(图为农场引湖工程鸟瞰)

八五六农场气势宏大的青山湖广场

八五六农场场区一角

省级新农村试点单位——农场第十管理区

农场水稻科技观光示范区

八五八农场场长　王海平

八五八农场党委书记　姜德福

八五八农场位于黑龙江省虎林市东南部乌苏里江畔,是国家一类陆路口岸——虎林口岸所在地。全场总面积742.8平方公里,现拥有耕地41.5万亩,林地15.2万亩,牧地草原8.5万亩,自然水面10万亩,可垦荒地12万亩。农场下设10个农业管理区、1个渔业管理区和20多家工商运建服企业及文教卫生事业单位。总人口1.6万人,其中外引稻农人口4 000余人。

2007年,农场党政一班人带领全场干部群众,以科学发展观为指导,团结一心,奋力拼搏,扎实推进新农村建设,全面构建和谐社会,各项工作均取得显著成绩,农场经济走上良性循环快车道,农业发展后劲不断增加,小城镇建设步伐不断加快,社会和谐稳定,群众安居乐业,三个文明齐头并进,场容场貌焕然一新。

2007年,全场农业总播种面积41.5万亩,其中水田面积40.5万亩,粮食总产达到22.9万吨,实现生产总值5.16亿元,利润总额2 200万元,人均纯收入9 368元。

2007年,农场全面实施国家级奶牛科技入户工程,使全场奶牛业饲养管理水平有了显著提高。

2007年,全场各工业企业全面推行ISO9000质量管理体系认证制度,产品质量全面提高,销售渠道不断拓宽。全场6个民营稻米加工企业,8条大米生产线,全年共加工优质大米13万吨,远销北京、上海等多个大中城市。

2007年,农场小城镇建设继续快速推进,各项工程投资总额达8 000多万元。

农场招商引资3 000万元兴建的稻壳热电厂,以稻壳为燃料,全场一年节约原煤6 000吨,减排二氧化硫近百吨,提前3年达到了国家规定的节能减排目标。

农场现有子弟校1所,分为中学部和小学部。中学部被评为省级示范化初级中学,小学部被评为总局级示范化小学。2007年10月,中学部又顺利通过了省级一类学校评比验收。

农场设职工医院1所,自1995年起,一直保持国家一级甲等医院标准。

农场水稻户正在收获水稻

边陲小镇建起星级宾馆

农场综合办公楼

农场安兴大街

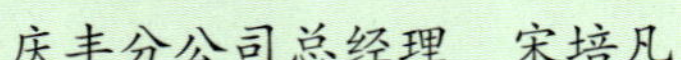

庆丰分公司总经理　宋培凡

庆丰农场党委书记、场长、社区主任　宫本友

庆丰农场位于黑龙江省东部边陲重镇虎林市境内，地处三江平原穆棱河下游、乌苏里江中游流域。在方虎公路和虎安公路交会处。西距虎林市7公里，东离虎头国家旅游保护区50公里，隔乌苏里江与俄罗斯相邻，南距国家一类陆路吉祥口岸40公里，交通便利。

农场始建于1963年，辖区控域总面积62.77公顷。耕地总面积43.13万亩，其中水田29万亩、旱田14.13万亩。机械总动力达到11万千瓦，水田机械化率达到93%，旱田机械化率达到100%。总人口13 465人。农场下设9个管理区、8个作业站，其中有省级文明村标兵一个、总局级文明管理区一个、分局级文明生态管理区两个。农作物种植以水稻为主，大豆、玉米、小麦为辅，兼有红小豆、南瓜、药材等经济作物。是国家重要的商品粮生产基地。场部地区有工、商、运、建、服及文教、卫生、电信等企、事业单位体系健全。

经过40多年的开发建设、几代人的共同努力，庆丰农场现已成为农业基础设施夯实稳固、多元经济和谐发展、新农村建设日新月异、各项社会事业蓬勃开展的现代化生态小城镇。

畜牧业坚持以"两牛"养殖为重点，提高粮食就地转化和过腹增值率，奶牛存栏2 408头，肉牛存栏7 322头，禽类饲养13万只，实现畜牧业增加值4 506万元。占地15万平方米的现代化工业园区，以稻米加工、稻壳热能发电和大麦芽加工为重点的自营经济发展迅猛。清河泉米业有限公司成为黑龙江省地区知名企业、鸡西市重点扶植龙头企业，所生产"丹香"大米畅销国内，独家研发的"稻壳发电"技术，符合国家节能减能标准要求，已建成大型稻壳热能发电厂三座。

农场小城镇建设日新月异，楼房居住面积达到11万平方米，场部地区骨架路全部实现硬化。农场建设地越来越美、环境越来越好，被总局评为文明单位标兵及省级军警民共建共育先进集体。

农场在虎林至虎头公路与庆丰农场交会处建起一座标志性雕塑

农场文化广场和健身苑

农场职工医院综合大楼

庆丰农场清河泉米业公司

云山农场场长　张明亮

云山农场党委书记、社区主任　范学斌

云山农场是国家级生态示范区,位于完达山南麓,穆林河北岸。农场总面积约492平方公里,总人口1.2万人,拥有耕地44.4万亩,年产粮豆19万吨。境内有大云山、小云山、小孤山、七虎山等山体地貌,全长262公里的七虎林河蜿蜒曲折穿过农场。西南为云山水库,境内还有5个小型水库。农场交通和通讯事业发展迅速,全场建成了三级硬化公路,是集农、林、牧、副、渔于一体,工、商、运、建、服全面发展的新型农垦企业。

农场土质肥沃,物产丰富,人杰地灵,是久负盛名的渔米之乡。这里盛产水稻、大豆、玉米等绿色食品。这里有7万亩沙质壤土,适合种植块根、块茎作物,如花生、杂豆类,牧草等。这里山清水秀,风景宜人,自然环境优美,盛产刺五加、北五味子、北龙胆、猴头、蘑菇、木耳、蕨菜等野生草药和山珍产品。依山傍水的丰富资源和大量的农作物秸秆,为养殖奶牛、肉牛、鹿、绒山羊、乌鸡、白鹅等畜禽、水产提供了极好的环境。

农场以农业为主导产业。每年种植水稻20万亩,年产绿色水稻10万吨,种植大豆10万亩,年产绿色大豆近两万吨。农场依托"完达山"龙头企业和丰富的资源优势,加快推进畜牧业发展。兴建了亚麻原料加工厂、亚麻制品加工厂、绿云山泉大米加工厂、仁和大米加工厂和柳编加工厂等中小型工业企业。

农场按照"林中有城,城中有山,水在城中"山、水、林、城相映的生态型"山水园林城镇"的整体规划,以村容整洁、环境优美为目标,加快绿化、美化、香化进程,以文化娱乐广场、北山公园、水上公园、健身苑为主体的娱乐健身休闲场所已形成体系。近半个世纪的艰苦创业,铸就了云山人特有的"勤劳善良、朴实无华、团结向上、坚韧不拔"的人文风格。

农场具有良好的自然资源、优美的生态环境、巨大的发展潜力和深厚的文化底蕴,在建设社会主义新农村和构建和谐社会的道路上,云山农场将继续谱写新的篇章。

云山农场水上公园鸟瞰图

云山农场住宅小区

农场健身苑

农场文化娱乐广场一角

云山公园

八五五农场场长　辛明路

八五五农场党委书记、社区主任　教　军

八五五农场位于完达山南麓祖国边陲的兴凯湖畔密山市境内,东南与密山市接壤,西北与煤城七台河市山水相依,密虎铁路线与横跨农场的七(台河)密(山)高等级公路使农场交通十分便利,通讯网络遍布全场每一个角落。

农场总面积517.6平方公里,其中陆地面积288.8平方公里,森林面积226.8平方公里,水面2平方公里,全场总人口12 903人,5 269户。农场地理坐标为东经131° 18′ ~131° 50′ ,北纬45° 38′ ~46° 00′ ,四周环山,地势地伏,气候属寒带大陆性季风气候,带有山区气候特点。

农场自1955年建场已走过半个多世纪的风雨历程,经过几代人辛勤的开发与建设,现已建成粗具规模的农垦中型现代化城镇。农场固定资产投资总额6 516万元,下辖6个管理区(含24个作业站),工商运建服企事业单位30个。农场城镇公益设施较齐全,有职工中心医院、幼儿教育中心、中小学校、供热中心、自来水处理中心,对外接待中心、客运中心、职工健身中心、老职工活动中心、再就业服务中心、游乐园和中心公园等;驻场机构和企业有银行、邮政、电力、通信、工商、税务、土地、石油、交通运输、公检法司、社会保险、阳光保险、粮油加工、综合饲料加工、完达山乳业、农副产品深加工、种子加工等,形成了比较繁荣的城镇服务体系。

农场是国家认定的绿色食品生产基地。主要适宜于大豆、玉米、小麦、水稻、黑白芸豆、南瓜、红小豆、甜菜等经济作物的种植。

农场近年来通过产业结构的调整,特别是在国家惠农政的大力扶持之下,使农场综合实力得到了大幅度增强,职工年人均收入达10 000元以上,人均住房达20平方米,人均年创生产总值近23 000元,家庭农场100%盈利,平均亩效益都在300元以上。

农场以"两牛一猪"为主的畜牧业在优惠政策的拉动下飞速发展,家庭式的规模饲养使农场畜牧总量迅速提升,职工群众得到了实惠;2007年农场被省林业厅领导批准为垦区第一个进入"三权"制度改革的试点单位,兴办家庭林场,发展围林经济,保护林地、草原、湿地等措施的综合效应,使农场森林植被覆盖率达30%以上。

农场小城镇建设一景

农场幼教中心楼

农场第四管理区农具停放场

农场第四管理区是总局级新农村建设试点管理区

八五七农场场长　孙文宏

八五七农场党委书记、社区主任　彭征江

八五七农场位于密山市东南部，是农林牧副渔、工商运建服全面发展的国有大型农场，下辖12个管理区和25个企事业单位。农场总人口1.7万人，辖区土地面积为85万亩，其中耕地52万亩，水田面积38万亩。农业机械总动力11.5万千瓦，水稻实现了全程机械化，旱田实现了100%大马力机械化集约经营。

农场出台完善了以发展奶牛为主的畜牧业政策，加大了扶持力度，保护和激发了职工群众发展畜牧业的积极性，促进了畜牧业快速发展。奶牛存栏8 000头，年产鲜奶4.2万吨，畜牧业总产值13 000万元。

小城镇建设突飞猛进，区容区貌进一步美化。从2006年开始，农场全面推进新农村建设，实施了康居工程，两年来全场新建住房15万平方米，职工居住条件有较大改善。基础设施建设得到进一步加强。农场投资1.2亿元加强公路建设，使全场高等级水泥公路达到121公里，率先在垦区实现了硬化路面“区区通”，部分管理区实现水泥路“户户通”。

农场加强文化基础设施建设，在场部建成了一座文化馆，对管理区新建或改造4个综合文化活动室，完成基层管理区“三室两场”配套建设。

1999年农场获全国精神文明建设先进单位称号，2001年获全国文化工作先进集体称号。2005年农场重新被国家文明委命名为全国精神文明建设先进单位，被国家环保总局评为国家级生态示范区，被省授予“五一劳动奖章”，被总局评为先进单位、小城镇建设先进单位、平安农场。2006年农场被省政府评为2003～2005年农村公路建设先进单位，被国家农业部选定为社会主义新农村建设示范场、现代农业示范场和省新农村建设示范点，农场党委被省委授予先进基层党组织。2007年，农场被农垦总局评为安全生产先进单位。

八五七农场场部一瞥

农场农业信息服务中心

农场新建家和小区

农场为子弟校建立了垦区一流的植物园

农场宾馆和老干部活动中心

八五一一农场场长　孔令波

八五一一农场党委书记、社区主任　楚卫国

八五一一农场位于东经131°47′～132°20′,北纬45°37′～46°12′,属三江平原第二区。全境地处黑龙江省密山市、虎林市和宝清县行政区域内,场部位于密山市东28公里处的兴凯镇。土地面积545平方公里,其中耕地26万亩,林地35万亩,草原1.2万亩,水面1.8万亩。

农场始建于1956年,1959年4月更名为八五一一农场,1963年2月改名为完达山食品厂畜牧场,直辖于总局。1965年11月,恢复八五一一农场称号。1968年改为黑龙生产建设兵团四师四十团,1970年,由原龙头马场改编成的龙头独立营划归四十团,改编为四十团四营。1973年四营独立,成立龙头农场。1976年改名完达山农场。1979年复改为八五一一农场。1990年龙头农场整建制撤销,并入八五一一农场。2008年,农场所属农业管理区7个,国有工业单位2个,规模化牧场7个,文教卫生单位3个。

农场是集农林牧工贸、政社科教文为一体的国有农垦企业。1995年被文化部、人事部授予全国文化先进单位称号,被省政府授予文化先进场称号。2001年被农业部确定为"率先实现农业现代化示范场",2001年被省委省政府命名为文明单位标兵。2004年被中国奶业协会授予全国奶牛养殖示范场,是农业部万头无公害奶牛示范基地和国家级生态示范区。

农场农业装备大中型拖拉机118台,联合收割机台66台。林业以营林为主。157个家庭林场,经营林地640公顷。畜牧业以奶牛业为主,全场奶牛存栏12 000头。工业以乳制品加工为主,农场福康生物科技有限公司生产的"福康"牌乳珍、乳珍肽、牛胎盘胶囊和蜂王浆,是高科技含量的新型保健食品。农场培育出全国驰名商标"完达山"品牌,20世纪80年代,"完达山"牌全脂速溶奶粉、蜂蜜蛋白糖、麦乳精荣获国家四枚银质奖章。

农场总人口15 827人,职工2 314人。员工生活小区38个,人均居住面积达23平方米,人均绿地面积5平方米。城镇人口率62%,完达山公园、健身苑、花园住宅小区的建成,使一个文明、生态、和谐的农垦小城镇展现在人们面前。农场被省农垦总局评为环境保护模范小区。

农场以邓小平理论、"三个代表"重要思想和党的十七大精神为指导,以职工增收、企业增效为目的,坚持科学发展观,实施科教兴场、产业升级、项目带动、小城镇拉动"四大战略";建设特色高效农作物种植、良种奶牛繁育、畜产品加工、林产品生产加工"四大基地",确保经济、政治、文化和社会事业全面协调发展,努力建设生产发展、生活宽裕、场风文明、管理民主的社会主义新农村。

八五一一农场现代化奶牛示范小区

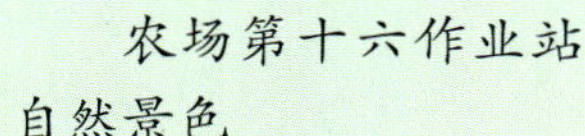

农场第十六作业站
自然景色

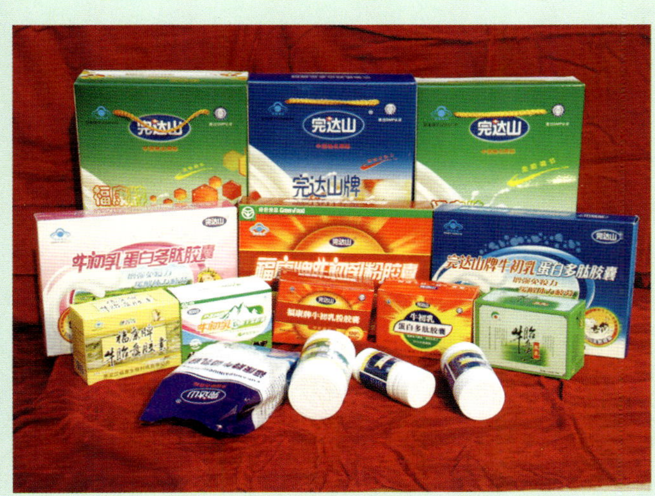

农场福康公司
生产的保健产品

兴凯湖分公司总经理　吴向东

兴凯湖农场党委书记、场长、社区主任　杜崇山

兴凯湖农场、兴凯湖分公司位于黑龙江省密山市境内,地处大、小兴凯湖畔,地理坐标为东经132° 35′~133° 08′,北纬45° 02′~45° 23′。东南面隔松阿察河和大兴凯湖与俄罗斯相望,西靠大、小兴凯湖,北面与八五七、八五六农场毗邻。

农场始建于1955年,初为北京市公安局的一个劳改农场。1967年4月由省公安厅接管。1968年12月纳入部队管理,改称黑龙江省建设兵团四师四十三团,1977年3月兵团撤销,黑龙江省兴凯湖农场成立。2002年6月部分耕地上市,农场分为兴凯湖农场(存续)和兴凯湖分公司。农场、分公司土地总面积113 934公顷,种植面积34 944公顷。农场、分公司境内有大、小兴凯湖和5条河流,境内水资源特别丰富适于大面积种植水稻。

农场、兴凯湖分公司现有总人口4 896户,12 440人。其中:少数民族367人,在岗职工2 598人。建场53年来,在农场党委的领导下,依靠“统一思想,振奋精神,艰苦奋斗,励精图治,求真务实,富民强场”的兴凯湖精神,创造了光辉的业绩。

改革开放以来,农场实施了农业以水稻种植为基础,农业生产优化种植业结构,种植面积34 944公顷,实现总产25.98万吨,粮豆平均单产496公斤。工业以大米加工和稻草造纸、稻壳发电为主。畜牧业以养鹿为中心,大力发展个体猪禽饲养、狐貉养殖。兴凯湖造纸厂始建于1958年。2006年生产能力达到5.3万吨,北大荒纸业现生产40多个品种,60余种规格的高中档文化用纸。有6个产品获省优部优,产品远销北京、天津、广州、西安、沈阳等30多个省市地区。

农场1958年开始养鹿,培育出具有兴凯湖特色的梅花鹿品系,实现全群野外放牧,并定为总局种鹿繁殖基地,被国家审定命名为“兴凯湖梅花鹿”,现有存栏3 045只,年产鲜茸1 294公斤。

兴凯湖农场新农村建设步伐加快(图为农场场部中心路)

2007 年 9 月 20 日联合国教科文组织“人与自然生物圈国际协调理事会”将兴凯湖自然保护区列入“世界生物圈保护区网络”,保护区内湿地是天鹅、白鹳等珍稀鸟类繁衍生息的“王国”

北大荒纸业扩建项目经过两年紧张施工，现已投产。企业年生产能力 3.5 万吨，总生产规模达到 5.3 万吨，销售总收入达到 3 亿元（图为北大荒纸业新车间一角）

八五一〇农场场长　宋继平

八五一〇农场党委书记、社区主任　袁洪生

八五一〇农场位于黑龙江省东南部,坐落在穆棱河、兴凯湖冲积平原上,地处鸡西、密山、鸡东两市一县境内。北倚完达山,东傍兴凯湖,南与俄罗斯接壤。农场交通便利快捷、通信发达。哈东铁路、方虎公路贯穿场内。

农场始建于1948年,辖区总控面积76万亩,农场总户数6 656户,总人口15 671人,少数民族有回族、苗族、满族、朝鲜族、蒙古族、壮族、锡伯族计493人。

农场下设7个管理区16个作业站。农作物种植主要以玉米、大豆为主,水稻、白瓜子、红小豆为辅,工业产品有原煤、焦炭、面粉、白酒,农副业产品有山珍产品、水产品、鹿产品等。畜牧业发展快,是完达山乳业集团的奶源基地。农场有国家"AAA"级旅游名胜景区——当壁镇旅游度假区。

经过60年的开发建设,几代人的共同努力,八五一〇农场已成为农业为主导,畜牧业为中轴,旅游业为支撑,林产品综合开发为辅,煤化工为拉动,新农村建设日新月异、各项事业蓬勃发展的中型国有企业,年实现国内生产总产值3.6亿元。

全场播种面积24.19万亩,其中旱田23.7亩,水田0.49万亩。粮食总产达63 728吨,是国家重要商品粮基地。农场正向科技型、特色型、生态型农业发展,质量效益农业出现良好势头,养殖业以"两牛"(奶牛、肉牛)为主导,梅花鹿、野猪等特色养殖业发展势头强劲。

农场旅游业发展迅猛,现已成为国家"AAA"级旅游名胜景区。区内有边境贸易区、生态农业观光区、北大荒风情园、动物园区四大景区。景区内有被誉为"北国绿宝石"的中俄界湖——兴凯湖,有载入吉尼斯记录的世界最小边界桥——白棱河桥;有国家一级口岸——密山口岸,有原国家主席江泽民同志亲笔题写的"王震将军率师开发北大荒纪念碑",有雄伟壮观的"北大荒开发建设纪念馆",国家级"兴凯大白鱼原种场"以及"千只鹿场养殖基地" 等独特景观吸引着众多游客。现已累计接待中外游人200多万人次, 旅游区正朝着"AAAA"级旅游景区挺进。

位于八五一〇农场当壁镇旅游度假区的北大荒开发建设纪念馆

八五一〇农场当壁镇旅游度假区内的景观白鱼亭远景

八五一〇农场当壁镇旅游度假区远景

八五一〇农场秋收现场会上，大马力拖拉机正在作业

八五一〇农场畜牧养殖小区内饲养的澳大利亚奶牛

海林农场场长　刘连学

海林农场党委书记、社区主任　周录春

海林农场位于素有"林海雪原"之称的海林市长汀镇附近,南临著名旅游区镜泊湖,北依中国雪乡双峰林场。总占地面积26.3万亩,耕地13.1万亩,总人口7 300人,是一个由3个农业管理区、6家股份制企业、13个标准化奶牛小区构成,集农工牧于一体的中小型国有农场。

农场创建于1954年。经过几代农场人的不懈努力,现已发展成为欣欣向荣、粗具规模的社会主义新农村。先后被农垦总局树为"三面红旗"之一,被省委、省政府授予"文明单位",被省委、鸡西市委授予先进企业党组织,被国家环保总局授予国家级生态示范区等光荣称号。

农场以科学发展观为指导,以"建一流班子、带一流队伍、干一流工作、创一流业绩"为工作理念,全场各行各业不断取得新成绩:农业标准化作业水平和单产始终位于垦区前列,其中春小麦连续多年平均亩产超千斤,创东北四省区最高单产。工业全部转制为股份制,厂厂有可观的红利,其中产业化龙头企业甜菊糖甙厂生产的"卉菊"牌糖甙,占全国总量的1/3,90%出口到日本、韩国、美国和欧美市场,是农垦总局的出口创汇大户之一;种子公司生产的"双喜"牌小麦、大豆种子远销到东北四省区32个市县47个乡镇农技站;粮油加工厂生产的"双翔"牌面粉以其绿色面味浓的特点占据了吉林、延吉及周边大部分市场。畜牧业奶牛存栏全场达到9 000头,全部实行了小区集中标准化饲养,其中的核心小区——圣澳合作牛场,奶牛存栏3 000头,是全省单体最大的进口奶牛生产繁育基地,该小区以"产权明晰、合作饲养、统一服务、核算到户"的科学经营模式和规范化的管理,赢得了"全国标准化奶牛饲养示范区"的殊荣。循环经济和新能源开发走在全省前列,创新建起的日处理牛粪80立方米、产气1 600立方米、可供1 000户居民生活用气的东北地区最大的沼气站——绿源沼气站,探索出了畜牧业——农业循环发展的新模式。和谐社会建设不断迈出新步伐,党的建设不断改进和加强,干部群众精神饱满、关系融洽,公益设施日臻完善,企业文化体系基本建立,群众性文化活动丰富多彩,百姓安居乐业,整个农场呈现出一派生机勃勃的和谐景象。

农场职工医院

海林农场别墅区

农场新型节能型绿色花园小区——艳泽园小区风泽亭

农场游客中心——公路站

山市种奶牛场党委书记、场长　魏国清

山市种奶牛场始建于 1950 年 2 月 26 日,先后隶属于东北人民政府农林部和省国营农场管理厅等,后为畜牧局直属种奶牛场。原以繁育“卡巴金”种马为主的种畜场。1978 年根据省畜牧局指示精神,下马上牛,改为繁育“黑白花奶牛”为主的种奶牛场。1984 年前为全亏全补的纯事业性单位,1984 年后改为事业单位企业管理,实行定额补贴,超亏不补的经营模式。于 2007 年 3 月 22 日由省长办公会研究决定,划归黑龙江省农垦总局牡丹江分局管理,现已形成以农业为主,畜牧、林业为辅的综合性农场。

山市种奶牛场位于海林市境内,地处东经 128° 51′,北纬 44° 35′,总面积 27.17 万亩,其中林地 15.49 万亩,耕地 4.7 万亩,放牧采草地 3.36 万亩,荒草地 2.4 万亩,水面 0.4 万亩。

奶牛场有农业作业区 2 个,生产队 7 个,工业有水泥厂 1 个,场内民营企业有海林市富东制药厂、彬发农副产品经销有限责任公司,驻场企业有完达山乳业、蒙牛乳业。

奶牛场拥有容纳 100 头成年奶牛的钢架结构防寒奶牛舍 3 栋,容纳 80 头成年奶牛的畜舍 5 栋,有较完善的畜牧技术服务体系和重大动物疫病防控体系。全场有养殖户 450 余户,共有奶牛 1 705 头,鲜奶产量8 500 吨;黄牛 783 头,各种禽类 4 343 只,羊 413 只,生猪存栏 1 800 头,特种野猪 120 头,狐貉 300 只,鹿 300 头。

奶牛场自然植被覆盖良好,草林相间,密江河贯流其中,水源充足,通讯发达、交通便利,有笔架山、向阳山、密江河、金蟾蜍、一柱擎天、水帘洞等自然景观,宜农、宜牧、宜于多种经营。

山市种奶牛场
天然林秋韵

山市种奶牛场笔架山景色

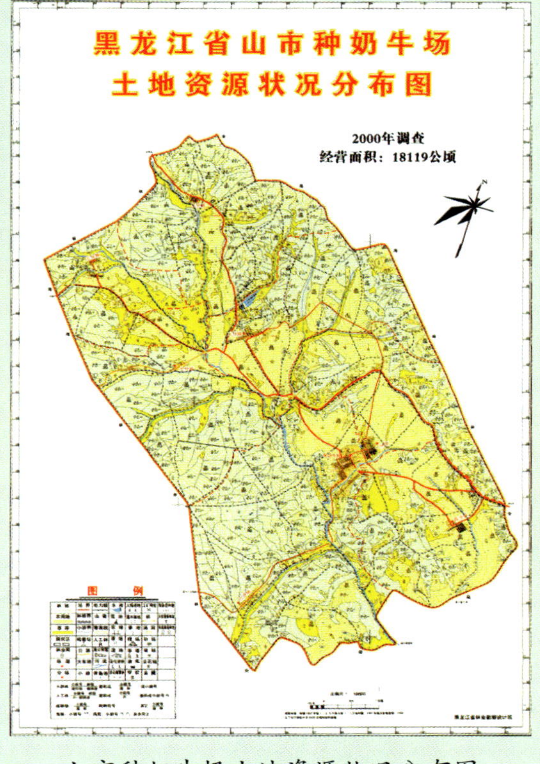

山市种奶牛场土地资源状况分布图

宁安农场场长　田立明

宁安农场党委书记、社区主任　杨洪彬

宁安农场始建于1947年6月，是全国第一个创建的国有农场。农场位于黑龙江省宁安市境内。农场版图狭长，东西宽5公里，南北长40公里；南部与东京城林业局鹿道林场为邻，其余边界与宁安市四个乡镇接壤；场部位于牡图线石头站东一公里处，南距著名风景区镜泊湖50公里，北距中等城市牡丹江市50公里，牡丹江机场40公里，与吉林省毗邻，距绥芬河口岸、珲春口岸各230公里。农场交通便利，公路、铁路四通八达，201国道、牡图铁路，牡宁高速公路纵贯全场区。农场气候宜人，冬无严寒，夏无酷暑，素有“北国小江南”之称。

农场占地总面积11 702公顷，其中耕地面积4 000公顷(不含兴河分场3 000公顷)，林地面积5 651公顷，总人口6 110人。是一个以农林牧为基础，工业为主体，兼有多种经营的综合性国有农垦企业，是农垦重要的种子基地。农场下辖区7个农、林、牧生产单位，6个工业企业。

60年来，经过几代北大荒人的艰苦努力，农场取得了丰硕的成果，曾先后荣获全国农业社会主义建设先进集体、农垦部红旗单位、国家级生态示范区、省级文明单位标兵、省农业先进单位、总局生态农场、总局小城镇建设先进单位等光荣称号。20世纪90年代涌现的全国劳模、全国优秀工人，全国十大杰出青年，十五大代表，农场林业工人孙俊福，成为垦区北大荒精神的代表。

农场通过实施高效农业战略，使“种子＋经济作物”的种植结构和两个基地(玉米制种基地、经济作物出口基地)建设进一步巩固。畜牧业以养鹿、猪、鸡为主，年鹿存栏3 900只、肉牛存栏9 500头。林业生产以采伐、抚育、补植和发展经济林为主，人工林已发展到4.43万亩。

农场主要支柱产业有北大荒种业集团宁安有限公司、东部韩农(黑龙江)化工有限公司、黑龙江镜泊湖瑞图建材有限公司。

农场场部的小城镇建设步伐不断加快。先后开展了“垦一”文化广场、清心园、松林公园、校园植物园和现代农业示范园五项建设。一座座高楼拔地而起，一条条白色路面纵横交错。场部中心大街笔直宽阔，街道两侧绿树成阴，草绿花红。农场人民安居乐业，百业兴旺。

宁安农场现代农业示范园大门

宁安农场现代农业示范园花卉区

宁安农场现代农业示范园区内景观——水榭、长廊、六角亭

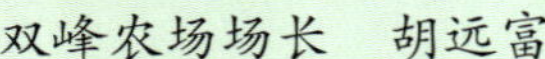

双峰农场场长　胡远富

双峰农场党委书记　杨树先

双峰农场成立于2006年9月,原是黑龙江八一农垦大学所属实验场。农场有土地面积4 112公顷,其中耕地2 187公顷、占土地总面积的53.18%。农场地理坐标东经131° 53′ ,北纬45° 39′ ;东与八五一一农场、红岭村接壤,南与和平乡以裴德里河为界,西与裴德镇、青年水库相邻,北部与富源乡、兴凯乡相连,为完达山脉环绕,距中俄口岸当壁镇近60公里;密虎公路、哈东铁路横贯中部,地理位置十分优越,交通通讯便利。

全场总人口1 761人,在册职工385人,退休人员384人。农场以大农业生产为主业,有两个农业管理区,分布在场区四周,最远的作业站距场直19公里左右。农作物种植以大豆、玉米、水稻为主,旱田占耕地总面积的三分之二,水田占三分之一。

畜牧业生产正在兴起,将成为农场新的经济发展增长点。水利工程基础好,发展平稳。基本建设方兴未艾。新农村建设起步高,进展快。现代化景观建设结硕果。牡丹江分局围绕自然生态环境求发展,与农场合作在“将军峰”建设了一个生态公园,“将军峰”因国家领导人王震副主席当年开发建设北大荒而得名,此峰海拔369米,侧峰为“硕士峰”,因八一农垦大学培养人才基地得名。现代化科技园区相继落成。社会事业进入薪新发展阶段。2007年农场被评为分局安全生产、计划生育、信访、社会治安综合治理、党风廉政建设等行业及部门先进单位,45人次被评为总局、分局及行业先进个人。

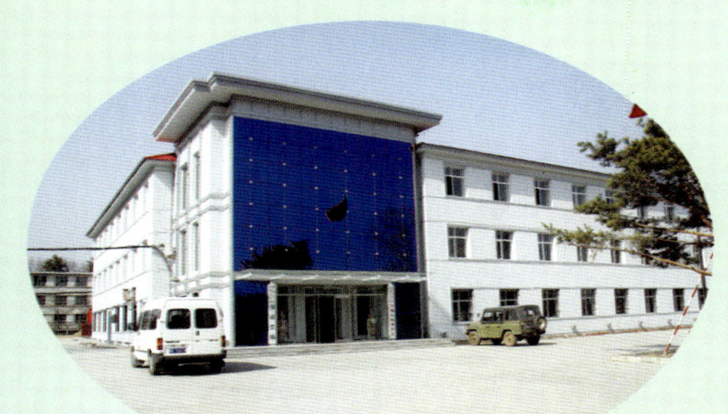

双峰农场办公楼

2007 年与密山市交通局“场市共建”建设第一管理区第四作业站通乡公路 2 公里，年底开工建设第二管理区第二、第三作业站的通乡公路 7.4 公里，修建了一条致富之路

2007 年 5 月，投资 500 万元分二期工程建设的 500 头奶牛养殖基地项目获得批准，工程位于第一管理区第四作业站，占地 15 330 平方米。9 月 17 日工程正式开工，至 11 月份已完成一期土建工程

双峰农场加强水利工程建设，投资 40 万元，挖土方 9.3 万立方米，修田间路 0.9 公里，清沟渠 1.27 公里，涵 14 座，改善了农业生产条件，提高了抗风险能力

北安分局党委书记　王利仁

北安分局局长　许先珠

黑龙江省农垦总局北安分局位于黑龙江省西北部黑河地区，地理坐标东经125° 54′ 57″ ~129° 3′，北纬47° 48′ ~50° 21′。东邻嘉荫县，西到嫩江县，南起通肯河，北到黑龙江。东西宽234公里，南北长281公里。是中国农垦事业兴起最早的地区之一。分局所属15个国有农场分布在黑河、伊春、齐齐哈尔3个地区的8个市(县)境内。总面积9 170平方公里。分局机关设在北安市，交通方便，哈黑(哈尔滨至黑河)铁路贯穿北安分局7个农场，公路四通八达。

分局土地总面积91.7万公顷，其中耕地面积30.1万公顷，林地13.1公顷，草原8.6万公顷，水面1.5万公顷，可垦荒地2.8万公顷。

分局下属15个农场，91个管理区，总户数为66 991户。总人口为202 015人，少数民族5 161人，主要是满、蒙古、回、达斡尔、朝鲜、锡伯、土家、壮、苗族等。

分局经过近60年的开发建设，特别是改革开放以来，发生了翻天覆地的变化。独特的优势和有利的环境条件，奠定了分局经济和社会快速发展的基础，同时也为投资者创造了良好的环境。人均占有土地资源丰富；有发展绿色有机食品、无公害食品的优势；具备了良好的物质基础和雄厚的机械化优势；有现代化大型农机具2万余台(套)，农用机械总动力21.9万千瓦，综合机械化率达95%以上，为农业生产提供了可靠的保障；有科技优势和人才优势；有地缘优势；有小城镇开发建设的优势；小城镇的迅速崛起，对于实现农区工业化和农业现代化的发展起到了巨大的拉动作用。

分局努力发展"开放型经济"，下大气力做好"以资源引项目，用基地引龙头，以存量引增量，用特色引资金"这篇对外开放的大文章。大力发展"牛经济"，突出发展以"两牛"(奶牛、黄牛)为主的畜牧业，加快实施科技兴牧战略，积极构建畜牧业"半壁江山"的经济格局。稳定发展"麻经济"。按照围绕龙头建基地，围绕市场调结构的工作思路，推进产业化经营。扶持发展"非公有制经济"，允许民间资本进入法律法规未禁入的基础设施、公用事业及其他行业和领域。北安分局土地肥沃，资源丰富，交通便利，环境优美无污染，最适宜开发适应21世纪市场需求的无公害食品、绿色食品、有机食品。

北安分局

北安分局小城镇一瞥

北安分局优质奶牛

北安分局航化作业

北安分局特色种植物丝瓜

北安分局现代化大马力机械

锦河农场场长　王　义

锦河农场党委书记、社区主任　秦玉国

锦河农场位于边境开放城市黑河市西南15公里处，由原兵团一师一团、二团和独立二营组建而成，现隶属于北安分局。农场总占地面积239万亩，其中耕地15.6万亩，林地170.67万亩(其中人工林34万亩)，草原3.8万亩。

农场有良好的生态环境，自然资源丰富。农场地理位置优越，毗临的边境开放城市黑河市与俄罗斯一江之隔，黑河边境经济合作区(国家级)管理的新兴基础原材料加工区距农场场部1.7公里。农场山青水秀、环境优美、民风淳朴、特产丰富、人杰地灵。著名作家梁晓声先生的小说《年轮》、《这是一片神奇的土地》和根据小说改编的电视剧《年轮》、央视热播的电视局《闯关东》、《大院子女》等均在这里拍摄。

近年来农场经济快速发展。爱乐莎娅乳业生产的"康健宝"牌婴幼儿、中老年、学生系列奶粉和蒙乳学生、中老年、多维鲜豆奶系列产品畅销省内外。在年加工2 000吨亚麻厂和年屠宰羊20万只屠宰厂的市场牵动作用下，使亚麻种植、加工和畜牧养殖、加工实现了产业化，并逐步向规模化发展。农场充分利用丰富的山产品资源优势，大力开展山野菜和药材的采集与加工，积极开展对外贸易，年出口创汇额达279万美元。农场充分利用广阔的草原，大力发展以肉羊为主的羊经济，积极开展貉、狐、鹿和鸳鸯鸭等特色养殖。农场正在积极打造《闯关东》主题影视文化旅游，开展影视基地游、餐饮游、民俗风情游。

农场坚持以邓小平理论和"三个代表"重要思想为指导，全面落实科学发展观，在总局、分局两级党委的正确领导下，农场党委团结和带领全场广大党员、干部和职工群众，解放思想、开拓进取，经济建设取得了翻天覆地的变化，为构筑和谐社会、建设社会主义新农村奠定了坚实的基础。

锦河农场大门

锦河农场食用菌厂生产线

锦河农场旅游业一瞥

锦河农场影视基地景观

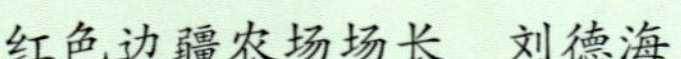

红色边疆农场场长　刘德海

红色边疆农场党委书记、社区主任　王文胜

红色边疆农场位于小兴安岭南麓黑河市境内，地理位置为东经 127° 15′～127° 48′，北纬 49° 28′～49° 51′。南抵孙吴重镇，北倚瑷辉古城，东临黑龙江畔，与俄罗斯隔江相望，三架山、元宝山、黑龙江、大阳河与广阔的沿江冲积平原，形成了农场独特的山水风景和优良的生态环境，是祖国塞北一个美丽富饶之乡。

农场现有人口 10 428 人，职工 2 120 人，占地总面积 98 万亩，其中耕地面积 20 万亩，林地 62 万亩，草原 9 万亩，水面 3 万亩，荒原 4 万亩。农场场域平缓，宜于大机械化作业，农场拥有纽荷兰、约翰·迪尔等较先进农业机械，机械总动力 31 405 千瓦，平均年产粮豆 4.2 万吨，商品率达 85%以上。

农场是以种植业为主的中型国有企业，现有 5 个管理区，17 个居民组，场直工商运建服企业 28 个，个体商业网点 166 家，年实现社会总产值 15.55 万元。

农场畜牧业迅速发展，现有畜牧养殖小区 15 个，建有标准化动物防疫站 11 个，年内肉牛存栏 3 066 头，羊存栏 6 076 只。为农场畜牧业大发展，快发展打下了坚实的基础。

在农场产业化大调整的情况下，农场已发展沙棘果 2 万亩，可以为深加工提供充足的原料，该项目可生产开发沙棘饮料，沙棘茶、沙棘油、沙棘酒、沙棘黄酮等系列沙棘产品。

农场辖区内拥有林地、草原 70 余万亩，盛产蕨菜、老山芹、刺嫩芽、黄瓜香、黄花菜、猴头、榛蘑、五味子等，属于天然食品，国内外市场需求量大，亟待开发。

农场交通运输便利，教育卫生事业稳步发展，设施完备，中、小学教学楼、学生宿舍楼总面积 7 817 平方米。

农场正积极投身于调结构、促发展，谋生机、再创业，求腾飞、深化改革的伟大实践中。

红色边疆农场发展现代化农业，新型收获大机群在进行秋收作业

红色边疆农场依据地理条件和自然条件，大力发展红利南瓜、马铃薯等特色作物，效益明显好于传统作物(图为收获的红利南瓜)

农场养殖户饲养的獭兔

红色边疆农场山川秀美，风景如画，空气清新，生态良好

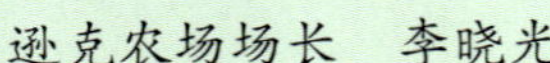

逊克农场场长　李晓光

逊克农场党委书记、社区主任　盛善平

逊克农场位于黑龙江省逊克县境内。地理坐标东经127° 34′ ~129° 03′,北纬48° 58分~49° 35′。地处小兴安岭北坡。全场分8个管理区。农场东西全长125公里,南北全长45公里,场边界线全长200多公里,全场方圆1 793平方公里。

农场总户数7 926户,总人口20 687人,其中职工3 425人。全场土地面积269万亩。其中耕地50万亩,可持续开垦的荒原18万亩、林地24万亩、人工造林20万亩、草原20万亩、水面1.97万亩。人均占有耕地24.17亩,适宜种植小麦、大豆、玉米、芸豆、亚麻及其他作物。

农场自1960年建场以来,广大干部、职工以吃大苦耐大劳艰苦创业的精神,克服了种种困难,在小兴安岭北坡的黑龙江畔,建成了一个拥有50多万亩耕地,农牧副渔全面发展的机械化国有大农场。

农场围绕建立农业强场的战略目标,加大农业投入力度,强化农业科技推广,继续调整作物种植结构;工业经济初见成效,招商引资取得新突破;充分利用草地资源和水系资源及“岗上”和森林边缘天然牧场的自然条件大力发展畜牧业;非公有制经济和“林下经济”逐渐成为农场经济组成部分;交通运输业得到长足发展;邮电电力通讯网络调整进一步朝着适应市场需求方向发展;教育、卫生、社保、公安政法继续稳步发展;新农村建设稳步推进,小城镇建设日新月异;利用自然条件发展了石景山生态旅游区。

逊克农场人正以党的十七大精神为指针,认真贯彻落实总局党委(扩大)会议和分局工作会议精神,全面落实科学发展观,迈着稳健的步伐向着农业现代化、农区工业化、农场城镇化建设和小康社会前进。

加快发展的农场小城镇建设

农场现代化大型农业机械在作业

欣欣向荣的农场畜牧业

农场科技人员正在进行测土配方施肥实验

雪雕比赛

龙门农场场长　徐　龙

龙门农场党委书记、社区主任　兰德和

龙门农场始建于1955年9月27日。位于黑龙江省五大连池市境内,黑河地区中部,小兴安岭南麓,它犹如一块巨大的宝石镶钳在岭峰之阳。地处东经126° 41′ 07″ ~127° 21′ 03″ ,北纬48° 50′ 45″ ~49° 02′ 16″之间。农场地域广阔,东西长29公里,南北宽21.5公里,总面积3 842平方公里。东与小安林场和兴安乡比邻,南临襄河农场,西靠固东河和引龙河农场,北与五大连池市的种畜场和莲花乡接壤。地缘边界全长101公里。有耕地19.9万亩。农场资源丰富,奇珍瑰宝多,有黑熊、飞龙等珍稀动物,有榛子等驰名野果,有"四大山珍"之称的猴头、木耳、蘑菇、黄花。以杨、桦树为主的原始次生林葱茏茂密,给农场增添了秀色,引龙河、龙门河、卧牛河分别从境内的南、中、北部自东而西流过,恰如少女舞动的三条玉带,使龙门充满了生机和活力。哈黑(哈市——黑河)铁路和黑(河)大(连)202国道横穿场区,交通十分便畅。

农场下设5个管理区,10个工商运建服企业,总户数2 403户,总人口7 112人。有汉、满、回、蒙古、高山族、达斡尔族等6个民族。

农场是集种、养、加工于一体的中型国有农场。种植业主要以小麦、大豆、亚麻为主栽作物;养殖业主要以"两牛一羊"为主,全场奶牛存栏1 845头,年产牛奶5 380吨;加工业主要以亚麻加工为主,目前有兴安亚麻有限公司,此外还有4家个体亚麻加工厂。

农场小城镇建设成绩显著。经过50年的艰苦创业和开发建设,特别是近15年的改革实践,农场的整体经济综合实力大大增强,一个布局合理,设施配套、功能齐全、交通便利、环境优美、独具特色的农垦小城镇基本形成。

农场发展前景美好,社会主义新农村建设全面启动,经济效益一年一个新台阶,职工生活水平逐年提高。龙门农场将以一个更加崭新的姿态矗立于祖国北部边垂小兴安岭之颠,成为兴安岭上一颗耀眼的新星。

龙门农场职工住宅小区

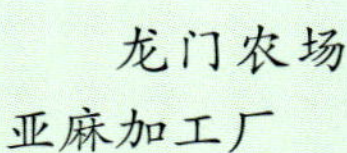

龙门农场亚麻加工厂

北大荒集团龙门现代农机发展中心

襄河农场场长　方德贵

襄河农场党委书记、社区主任　黄大强

襄河农场始建于1955年8月，是以改造犯人为主业的劳改农场。1958年归并花园农场，1959年划归龙镇农场。1963年5月重新组建为襄河种马场，以饲养繁育优良种马为主业，1979年改为襄河农场，以农业为主业。农场的隶属关系发生过多次变化，1955年建场时隶属黑龙江省公安厅劳改局领导，1969年10月划归省农牧局直管，1972年3月划归黑龙江省农场局黑河分局管理，1976年2月划归黑龙江省农场总局北安管理局管理，1984年10月再次变为劳改支队，划归黑龙江省公安厅劳改局领导，1986年1月犯人调出重归省农场总局北安管局至今。

襄河农场位于黑龙江省五大连池市境内东北部。地理坐标为东经126°39′～127°15′，北纬48°41′～48°56′。农场东以辰清河为界与小兴安乡为邻，西以固东河为界与引龙河农场隔河相望，南以二道河为界与龙镇农场接壤，北以引龙河为界与龙门农场毗邻。东南有五大连池市的原青山林场，南有沾河林业局的天龙山林场，东北有小兴安林场，西有固东河林场。

农场现有5个管理区，8个居民组，6个场直单位。居民总户数2 866户，总人口7 952人。农场控制面积56 481.1公顷，其中耕地面积18 605.5公顷，林地15 598.4公顷，草原13 722.5公顷。

农场夯实了农业基础，农业机械更新速度加快，农业科技推广力度加大。投资200万元建设了科技园区和绿色食品生产基地，为农业可持续发展奠定了良好的基础。农场适合种植小麦、大豆等作物，农场是国家确立扶持的边疆贫困农场之一，享受着国家的特殊优惠政策。

襄河农场生态
肉牛养殖基地

襄河薯业公司

水库捕鱼

农场优质大豆地

农场大马力机车作业

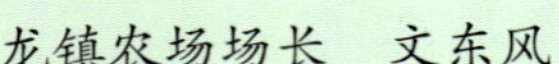
龙镇农场场长　文东风

龙镇农场党委书记、社区主任　巩继辉

龙镇农场位于黑龙江省北部五大连池市境内。南邻北安分局二龙山农场,西与五大连池市毗邻,北与龙门农场、襄河农场相连。龙镇农场隶属于黑龙江省农垦总局北安分局。土地面积70.8万亩,耕地33万亩,农场下设6个管理区、21个居民组、14个场直单位,是农、林、牧、副、渔综合经营,工、商、运、建、服全面发展的现代化大型国有农垦企业。

开放的龙镇农场土地肥沃、资源丰富、生态良好、适合多种作物种植,以生产绿色优质(硬质)小麦、高油、高蛋白大豆、亚麻、大麻、芸豆、马铃薯、中草药而名扬全国。年产粮豆5.5万吨。其中小麦、大豆栽培区成为全国首家通过ISO9002国际质量认证的农业企业。2006年全场无公害农产品产地认定与产品认证一体化推进,种植业产地认定30.8万亩,产品认证5个。由农业部农产品质量安全中心验收通过,颁发证书;在创建国家级绿色食品原料基地(大豆)10万亩绿色原料基地,通过国家验收,2007年有机食品面积20.2万亩,同时获得国内中绿华夏认证中心和ECOCERT授权的中国北京爱科赛尔认证中心有机认证证书。农场更以优美的自然环境、天然绿色有机山野菜、多菌类特产而久负盛名。建有亚麻加工厂三座、面粉加工厂一座、牧畜屠宰线一条、木材加工小区一处、经济技术开发区一处。丰富的水草资源为畜牧业大发展提供了天然绿色大牧场,有肉牛养殖基地3个、大型牧畜养殖场5个。

龙镇农场交通十分便利,202公路和哈黑铁路交叉横跨场区,是国内外、城市乡村经济贸易的理想之所。

龙镇农场场区鸟瞰

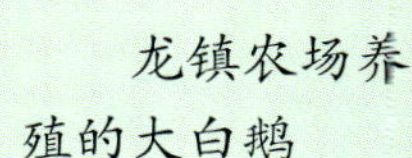

龙镇农场养殖的大白鹅

农场绿色食品股份有限公司的员工正在对粘玉米进行加工并包装

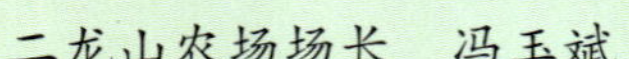

二龙山农场场长　冯玉斌

二龙山农场党委书记、社区主任　迟佰娟

二龙山农场1949建场。农场地处小兴安岭余脉，在温察尔河、讷漠尔之间，地形呈“X”状。农场场部坐落在东经126° 36′，北纬48° 29′。农场场区东西42公里，南北55.5公里，总面积527平方公里，农场跨五大连池市、北安市两境，距五大连池市32公里，距北安市34公里。

农场境内的“二龙山”是小兴安岭余脉的一个尽头，在山岭的尽头有两座突起的山峰，北面较陡峭形似两个龙头，“二龙山”由此得名而来。农场地理位置优越，处于哈尔滨市至边防重镇黑河市的交通要冲之处，铁路交通极为方便，公路运输四通八达，农场有专用等级公路127公里。

农场土地总面积5.27万公顷，其中耕地2.54万公顷，林地0.52万公顷，牧地草原0.76万公顷；造林实有面积0.52万公顷，全场森林覆盖率9.9%，农场加大投资力度对部分草原进行了保护和改良。

农场下辖种植业管理区8个，管理区下属种植业生产居民组20个，还有企事业及其他单位24个，总户数5 376户，农场常住人口15 399人，从业人员8 530人，是一个以粮食生产为主，农、林、牧、渔、水全面发展，工、商、运、建、服综合经营，党政机关、公检法司武、社区、企事业为一体，社会形态比较完整的社会经济区域——大型国有农场。

农场是国家重要商品粮基地，在资金上得到国家、省政府、省农垦总局、五大连池市高度重视和支持；集团运行与组织化程度高，高油大豆举足轻重，特色蔬菜西兰花和马铃薯精淀粉在国内外知明度高；生态环境良好，有利于可持续发展，是生产绿色食品的理想田园；农业机械化程度在全国居领先地位，综合机械化率95%，农业科研、科技推广实力较强，形成以现代化农业发展中心为龙头的科研与科技推广服务网络；农业规模经营发展潜力大，土地平坦连片，适宜大机械化作业；农业产业化初见端倪，农工商综合经营，农牧企、农科教、贸工农一体化的经营格局，为产业化打下良好的基础；小城镇建设粗具规模，几代北大荒人创造了“艰苦奋斗、勇于开拓、顾全大局、无私奉献”的北大荒精神，鼓舞着龙山人们在提前实现全面建设小康社会进程中，继续开创龙山各项事业新局面。

农场小城镇建设

农场国家级现代农业示范区

北大荒二龙山马铃薯产业有限公司

农场肉鸡冷冻屠宰加工厂

农场西兰花加工车间

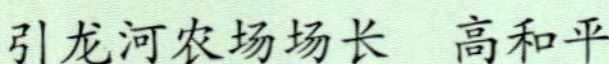

引龙河农场场长　高和平

引龙河农场党委书记、社区主任　杨文志

引龙河农场是隶属于黑龙江省农垦总局北安分局的中型国有农业企业。农场位于五大连池市境内,地理位置优越,交通四通八达。场区通乡公路30公里。通乡公路南接202国道,北接鹤嫩公路。南距北安市70公里,距龙镇9公里,北距边贸城市黑河200公里。总面积42 151公顷,总人口1.2万人,其中员工0.4万人。

农场现有农业生产单位7个。种植业是农场的主导产业。多年来农场一直以种植大豆、小麦、亚麻、芸豆等粮食和经济作物为主,年产粮豆5万吨,曾获得“中国芸豆生产加工之乡”的美名。

农场还积极进行农业产业化调整,大力发展特色种植业美国提子,成为垦区特色种植业的一大支柱产业和亮点。

博大的地域,辽阔的草原,纵横贯穿的9条河流,使农场不仅成为了种植业发展的最佳地段,同时也是畜牧业发展的天赐“宝地”。农场一直以“完达山”乳业集团为龙头,加大资金投入力度,加速构建畜牧业半壁江山的经济格局。全场奶牛存栏6 422头,年产鲜奶17 890吨。

农场实施现代农业建设,农业生产实现新跨越。加快基础设施建设,小城镇建设再登新台阶。

引龙河农场正以深化改革、扩大开放和加快发展为主旋律,充分发挥资源、地缘优势,坚定不移地走农牧结合之路、走产业化发展之路、走开放开发之路、走招商引资之路。

航化作业

现代化机械收割作业

农场场标——崛起

一望无际的大豆地

尾山农场场长　薛洪起

尾山农场党委书记、社区主任　钟　斌

尾山农场地处世界著名的矿泉水之乡五大连池北岸。地理坐标为东经126° 06′ 30″ 至126° 24′ 20″，北纬48° 46′ 23″ 至49° 01′ 20″ 之间，东邻引龙河，西北与七星泡农场、格球山农场毗连；东部、东北部以小边河为界，与朝阳林场，五大连池市朝阳乡接壤；南与五大连池农场为邻。南北长25公里、东西长12公里，全部面积300平方公里。农场场部位于中心地理位置，管理区、居民组在周边，布局合理，交通畅通，水泥路分别通于各管理区所在地。自然资源较为丰富，土地面积19.8万亩，林地13.3万亩。主要种植农作物高油大豆、优质小麦、亚麻、芸豆、脱毒马铃薯等作物，畜牧业以奶牛为主，全面发展。

农场以加快建设现代化农业为主线，大力推进产业结构调整和经济发展方式转变，不断提高经济运行质量和效益；畜牧业不断加强，奶牛存栏5 632头，鲜奶产量16 900吨；产业结构调整不断优化，农业工业化进程得到加快，实现工业增加值1 351万元，利润407万元。实施了马铃薯精淀粉加工项目。亚麻加工能力不断增强，从根本上解决了亚麻发展的产品质量问题。

农场小城镇建设发展加快，布局合理，突出现代化建设特点，农场场部中心环境美观，整齐有序，道路平直，绿树鲜花映衬，中心区繁华，楼区集中，文化、人文景观突出。农场水泥路、自来水管网改造，柏油路面，文化休闲广场，供热中心、医院、中心小学公寓，各项公益事迅速发展。农场正站在一个新的历史起点上向前快速迈进。

农场水泥路

农场亚麻厂一角

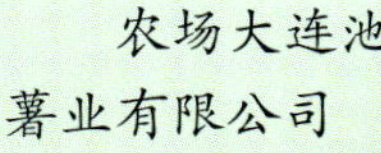

农场大连池
薯业有限公司

格球山农场党委书记、社区主任　沈福林

格球山农场位于黑龙江省西北部,地处小兴安岭南麓、五大连池世界地质公园北部,因五大连池火山群中的"格球山"而得名。占地面积 26 000 公顷,耕地 14 100 公顷,草原 2 000 公顷,湿地 1 300 公顷,原始次生林及人工林 8 700 公顷,森林覆盖率 30%。下设 4 个农业管理区,10 个场直企事业单位。农场是省社会主义新农村建设试点单位。

全场总人口 8 600 人,职工 2 096 人。共有 7 个少数民族,总人数为 158 人,占全场总人口的 1.9%。其中满族 80 人、蒙古族 61 人、朝鲜族 5 人、回族 7 人、达斡尔族 3 人、土家族 1 人、锡伯族 1 人。

农场于 1955 年在杳无人烟的荒坡野岭上开犁建场,原属劳改农场,1970 年改为国营农场,划归省农垦系统管理,1972 年 3 月, 隶属于黑龙江省国营农场管理局黑河分局,1976 年隶属于北安国营农场管理局,1977 年隶属于黑龙江省农垦总局北安管理局。建场半个世纪以来,农场已经发生了翻天覆地的变化,已经成为美丽的现代化文明小城镇。企业连续 17 年盈利,仅"十五"期间,企业累计实现利润 3 354 万元,家庭农场累计实现利润 1.6 亿元,畜牧产业实现利润 3 477 万元。

农场全面落实科学发展观,在农业现代化发展方面,不断完善农业社会化服务体系。在农区工业化发展方面,发挥资源优势,坚持内引外联"多条腿"走路,发展"龙头企业 + 基地 + 农户"链型产业经营模式,扶强扶壮两大龙头企业。坚持大开放大开发,精心培育蔬菜加工龙头企业。在农场城镇化建设方面,实施科学规划打造精品工程战略。农场各级文明单位已达到 21 个,其中省级 4 个、总局级 11 个、分局级 6 个。2001 年被省委授予先进基层党组织,被农垦总局党委授予垦区"三面红旗"荣誉称号;2002 年被省人民政府授予全省模范单位;2003 年被省委省政府重新命名为省级文明单位标兵;2004 年 8 项经济综合指标排名全垦区第一;2005 年农场获全国首批绿色社区殊荣,被省政府授予农业工作先进场,被农垦总局党委、总局授予先进单位和垦区首批卫生小城镇;2006 年 5 月获国家级"五一"劳动奖状。2008 年农场积极申报全国精神文明单位。

农场小城镇建设一瞥

农场畜牧业天然牧场

农场职工游泳馆

农场北大荒北绿食品有限公司

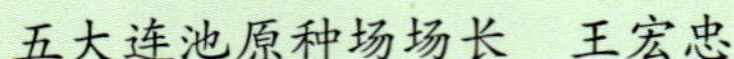

五大连池原种场场长　王宏忠

五大连池原种场党委书记、社区主任　姜世佳

五大连池原种场始建于1948年3月,地处世界地质公园——中国矿泉水之乡——五大连池风景名胜区自然保护区境内，地理位置在东经126° 3′ ~126° 26′，北纬48° 38′ ~48° 46′ 之间。土地总面积282 556.9亩;其中耕地125 703.6亩,林地34 586.8亩,牧草地25 664.6亩。全场总人口7 212人,其中少数民族152人。总户数2 767户。

原种场是一个发展中的国有农业企业,农业机械总动力19 992千瓦;大中型拖拉机342台,联合收割机38台,拥有现代化种子加工中心一处。

原种场每年生产小麦原良种5 000吨左右,大豆原良种15 000吨左右。大量的优质原良种销往内蒙古、大杨树农垦局、绥化大兴安岭地区以及周边各市县,取得了巨大的社会效益。

原种场建有先进的种子加工处理中心,拥有先进的种子加工处理设备。种子生产科技含量逐步增加,品质、效益不断提高,原(良)种生产基本实现了生产规模化、技术专业化、加工机械化、质量标准化等规范化管理,繁、育、推一体化经营。2002年原种场荣获中国绿色食品发展中心颁发的“五原牌”A级大豆绿色食品证书。

原种场地处五大连池风景名胜区自然保护区境内,周围有著名的14座火山环绕。场区内有闻名中外的五个串珠状相连的火山堰塞湖,环境优美。鹤嫩公路贯穿场区南北,景区各景点的旅游专线环绕场区,旅游线路长达50公里,蕴含着草原、森林、火山、湿地、湖泊、冷矿泉等丰富的旅游资源,每年来风景区的游客达百万人。

原种场有丰富的土地资源,土壤有机质含量较高,多年来在发展主体经济的同时,当地职工抓住旅游这个资源,开展瓜果、蔬菜等绿色食品,农家菜的种植,不仅满足自己的需要,还供给南来北往的游客和当地餐饮业,成为景区副食品的供给地。

五大连池原种场现代化大马力机械耕地作业

五大连池原种场肉鸡养殖场一角

五大连池原种场新街景

五大连池原种场职工赛龙舟比赛

长水河农场场长　于永久

长水河农场党委书记、社区主任　于省元

长水河农场位于小兴安岭西南麓，地跨北安和五大连池两市，东经126度，北纬48度，全场占地面积534平方公里，总人口13 021人，其中汉族占95%，其余为满、回、蒙古、朝鲜、达斡尔和锡伯等6个民族。全场共有28个基层单位，其中农业管理区6个，场直工、商、运、建、服企业18个，文教卫生等事业单位4个。农场有耕地面积32万亩、草原23万亩、湿地9万亩、林地17.3万亩、可利用水面0.8万亩。境内有南北河、讷谟尔河、王老好河、长水河、柳毛河等五条无污染大小河流环绕流过，沿河两岸山岭起伏，沙滩、河水和自然林相互辉映，景色益人。丰富的自然资源，生态环保的自然环境，使农场成为国家级生态示范园区之一。

经过近50年的开发与建设，长水河农场已经成为一个农、林、牧综合发展，贸、工、农并举的大型国有企业，农场经济已步入了良性循环的轨道。种植业以粮、豆、经、饲为主，通过连续五年的稳麦、压豆、增经、饲的调整，农场粮、豆、经、饲基本上形成了各占三分之一的格局，在此基础上，农场又延长轮作链条，推广良种良法栽培技术，实行全程标准化作业，使种植水平进一步提高。以奶牛为主的畜牧业有了长足的发展，全场奶牛存栏9 518头。工业拥有日处理鲜奶100吨的兴安岭乳业公司等公司。非国有经济以民营形式推进各业的发展。农场在狠抓各项经济工作的同时，大力发展各项社会福利事业，实现了净化、香化、花园化、路灯化和地下排水管道化。住宅楼拔地而起，逐步形成镇在林中，楼在树中的风格。居民生活环境和居住条件有了明显的改善。农场教育事业蓬勃发展，农场中小学分别被分局和总局授予绿色学校等荣誉称号。农场卫生事业稳步发展。

多年来，长水河农场坚持以改革为动力，以市场为导向，以经济效益为中心，带领全场干部职工发扬团结、务实、创新、发展的企业精神，不断夯实基础，多业并举，分级构建，使农场的经济效益逐年提高。农场先后被农垦总局授予文明单位标兵、被黑龙江省委、省政府授予文明村建设先进场、被农垦部授予全国经济效益百家企业和全国农业综合开发先进单位等荣誉称号。

长水河农场加大小城镇建设步伐（图为场区街景）

长水河农场几年来注重发展特色养殖业(图为长水河农场山缘溜达鸡养殖场)

长水河农场加大对现代化农业机械的更新力度(图为农机具场停放的现代化大型机械)

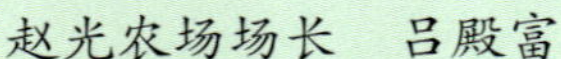

赵光农场场长　吕殿富

赵光农场党委书记、社区主任　刘增元

赵光农场位于我国东北边陲的黑龙江省,横跨黑河、嫩江两地,绵延北安、克东两市县。北起嫩江水系的乌裕尔河,南到小兴安岭余脉的天然次生林区,西起克东县界,东到轱辘滚河之滨;同北安市、克东县村镇及林场土地森林交错,同建设农场阡陌相通。农场东西长50公里,南北宽34公里。滨北铁路线由南至北穿过场区34公里,绥(绥化)北(北安)公路同铁路并行,两条交通命脉联络农场内外,沟通城乡,延伸全国。

农场土地面积4.75万公顷,其中耕地面积2.98万公顷,林地0.3万公顷,牧草地及荒地0.98万公顷,水资源面积0.07万公顷,其他占地面积0.22万公顷。全场总户数9 605户,总人口25 330人,职工7 238人。农场下设场直、教育、一、二、三、四居委党总支,53个党支部,其中农业党支部11个,共有党员1 501名。干部242人,其中场级11人,科级46人,一般干部185人。各类专业技术人员658人,其中高级职称的74人,中级职称的323人,初级职称的221人。

2007年,农场加大种植业结构调整力度,全面提升标准化作业水平,实现国内生产总值3亿元,实现全口径利润1.08亿元,人均收入8 106元。

赵光农场新建成的生态环保小区

赵光农场特色作物红栗南瓜喜获丰收

赵光农场新引进的大马力机车

赵光农场职工群众在文化广场上开展丰富多彩的“迎奥运”文体活动

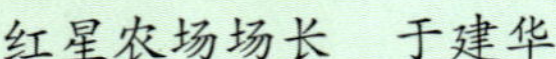

红星农场场长　于建华

红星农场党委书记、社区主任　赵长勇

红星农场隶属于黑龙江农垦总局北安分局，位于北安市境内，小兴安岭南麓、乌裕尔河畔。具有独立的法人资格和进出口权。农场土地总面积55.8万亩，其中耕地33.5万亩，总人口1.3万人。农场环境优美、风景秀丽、资源丰富、交通便利。

农场始建于1951年，历经50多年的开发建设，现已形成集农、林、牧、副、渔综合经营，工、商、运、建、服全面发展，社会基础设施齐备的现代化大型国有企业。全场现有农业单位7个，直属企事业单位10个。

2005年，农场被国家农业部授予国家无公害农产品示范基地和国家大型优质商品粮生产基地，2006年被授予全国绿色食品原料(大豆)标准化生产基地，2007年被授予全国农业机械化示范区。

2007年农场农业实现了“四超历史”：亩效益超历史，实现亩效益388.95元；农机跨区作业面积超历史，作业面积达25.8万亩，为有机户增收380万元；麦豆产量超历史，小麦平均亩产335公斤，大麦平均亩产304公斤，大豆平均亩产210公斤；种植业全口径人均收入超历史，实现人均收入1万元。

近年来，农场从生态农业入手，把有机食品产业作为改变传统农业和富民强场的主导产业来抓，建立了麦、豆、麻、蔬菜等有机食品生产基地，成立了黑龙江北大荒益康有机食品有限公司和黑龙江亲民有机食品有限公司，打造了“柳毛河”牌、“亲民牌”系列有机食品品牌。

在发展现代农业中，农场以“立足精准农业、发展现代农机”为理念，建成了目前全国最大、垦区之首“北大荒集团红星现代农机发展中心”。全场共有大中型拖拉机69台、联合收获机54台，各类农机具1 437台件，农机总动力2.4万千瓦，农业机械化率95%以上。

农场新建北大荒集团红星现代农机发展中心

农场有机酸菜加工厂生产的亲民牌系列有机食品

农场大马力联合整地机在进行跨区作业

农场职工新购入的智能型先进机械

农场实施人工影响天气的防雹增雨作业

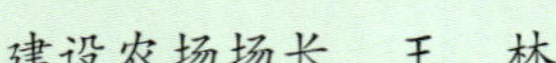
建设农场场长　王　林

建设农场党委书记、社区主任　吴凤霖

建设农场始建于1956年，是一个集农、林、牧、副、渔、工、商、运、建、服为一体的中型现代化国有农场。

50余年的光辉历程，建设农场为国家创造了巨大的物质财富和精神财富，累计生产粮豆30多亿斤，上缴利税超亿元，各行各业均在发展中不断壮大，农场被总局授予安全生产先进农场、平安农场、尊师重教先进单位、教育强场等多项荣誉称号。

农场现代化农业建设已达国家领先水平，已连续7年实现高产高效。自2005年起，被列为全国100个标准化示范场（县）之一，并参加总局举行的标准化达标年活动，活动评选过程中，农场跻身于总局前十名。农场农机新度系数迅速提高，全场农机机械总动力已达2.5万千瓦，综合机械化率达98%以上，配有国内外先进的农机中心一个。农场种植的大豆、麦类、玉米、甜菜、麻类等作物实现了全程机械化，具有年完成跨区作业面积50万亩的实力。

农场畜牧业与非公有制经济已实现三分天下有其一。通过采取"市场牵动、科技拉动、典型带动、政策扶持、服务保证"等有效措施，确立了加快"两牛"养殖，扩大特色种植，发展特种养殖的发展思路。农场现有奶牛养殖小区2处，肉牛养殖小区2处，绿色生猪繁育基地3个，狐貂养殖基地1个，大白鹅养殖和屠宰加工基地1个。农场小城镇建设已粗具规模。场区高楼耸立、设施齐全、街道整洁、环境优美。教育事业蓬勃发展。农场中小学分别进入了分局和总局级绿色学校的先进行列，被先后授予分局、总局、省先进单位等荣誉称号。卫生事业健康发展。卫生事业整体业绩水平已步入北安分局卫生系统先进行列，先后被授予一级甲等医院、爱婴医院、总局级文明单位标兵、绿色医院、总局级文明防疫站、省级疫情管理及监测先进集体等多项荣誉称号。

建设农场已经站在了一个新的发展起点上，各项事业齐头并进，社会、经济良性发展，综合实力不断增强，职工群众生活水平进一步提高。

建设农场长势旺盛的豆田

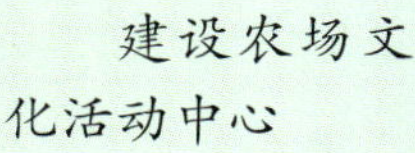

建设农场文化活动中心

建设农场新购入大马力机械

建设农场种植的大麻作物

九三分局党委书记　李殿君

九三分局局长　刘炳东

黑龙江省农垦总局九三分局始建于1949年，主要位于嫩江县境内，现有土地面积5 613平方公里，其中耕地348万亩，草原110万亩，自有林地86万亩，水面14万亩；下辖11个大中型国有农场；是典型的旱作农业区。主要生产麦类、豆类、薯类、亚麻、甜菜、油菜、蔬菜等，生态环境较好，发展绿色、有机、无公害食品条件优越。现有大豆、小麦、亚麻、沙棘、肉类加工和农机制造等企业70家；总人口16万人，其中从业人员8.7万人；拥有农机总动力22.8万千瓦，农业机械化率达96%以上，农业装备水平处于全国领先地位。

经过58年的开发建设，九三人民在一片亘古荒原上建设起一个农林牧副渔协调发展，工商运建服综合经营，经济和社会不断发展进步的国有农场群。

仅"九五"以来，九三分局党委、分局先后获得全国粮食生产先进垦区、全国绿化造林先进单位、全国农机标准化管理先进局、全国万里边疆文化建设先进单位、中组部表彰的老干部工作先进单位、黑龙江省先进党委、省委命名的"平安局"及党风廉政建设先进单位等荣誉；是省绿色产业经济开发区、农业产业化试点单位、农业现代化示范区、生态经济示范区。全局现有国家级文明单位1个；省级文明单位标兵8个、省级文明单位3个；总局级文明单位标兵、文明单位、文明管理区标兵和文明管理区59个；国家级文明村标兵1个、省级文明村标兵2个、省级文明村1个、总局级文明城镇3个；农业部新农村建设示范场1个。农业现代化处于全国领先水平。现全局拥有大中型拖拉机647台，大型收获机643台，建设全封闭彩钢板机库4万平米，位全垦区之首；农机田间作业综合作业率位全国之首；已建成了25个具有世界先进水平的现代农机装备区。农区工业化成效显著。源于九三分局的九三油脂、丰缘麦业集团成为国家级农业产业化龙头企业，九三种业、龙垦麦芽成为省级产业化龙头企业。农垦城镇化日新月异。经济的发展促进了社会的全面进步。

在九三的发展历程中，国家、省委、省政府、省政协、农业部及省直有关部门等领导对九三分局给予了高度重视和亲切的关怀，对分局各方面的发展变化给予了充分肯定。国家、省和垦区主办的一些大型专题会议在九三分局召开；原双山火车站更名为"九三站"等，这一切都极大鼓舞了九三人民拼搏向上的斗志。2006年9月28日，九三分局和嫩江县双方还被省政府确定为全省唯一的场县合作共建试点单位。

九 三 分 局

九三分局局直俯瞰

分局小城镇建设

九三分局老年活动中心

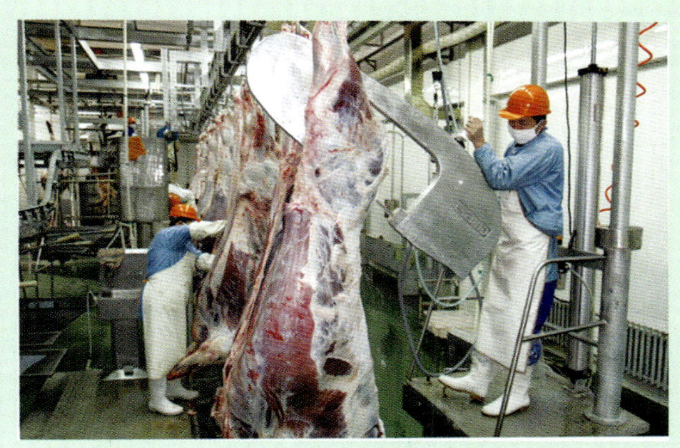

九三分局牛业肉牛加工生产线

九三广场

鹤山农场场长　李国军

鹤山农场党委书记、社区主任　徐志刚

鹤山农场是隶属于黑龙江省农垦总局九三分局的中型国有农业企业,是省农垦总局最西部的农场之一。位于大、小兴安岭余脉的结合部及松嫩平原北端的三角地带,美丽的嫩江之畔,距嫩江县城30公里,距九三分局局直15公里。农场始建于1949年3月。原旭光农场(兵团五十二团)和跃进农场(含高峰马场)分别于1975年和2005年合并到鹤山农场。经过58年的开发与建设,已发展成为拥有耕地46.2万亩,林地14.5万亩,草原10万亩,水面0.45万亩,总人口2.1万人,总户数8 600户,职工8 600人的农场。所辖2个社区,12个农业管理区,13个场直企事业单位,是一个以种植业、养殖业和多种经营并举,以生产优质粮豆、特色经济作物和畜产品等绿色食品为主的农垦企业。

农场农业基础实力雄厚,社会化服务体系健全。农业机械处于全国领先水平,先进的克拉斯农机设备和芸豆收获机、起拔机等为农产品结构的调整提供了保证。种籽加工、物资供应、粮食烘干处理、加工、销售、水利设施等各种服务配套齐全。

农业是农场的支柱产业,农业科技含量高,生态环境良好。2005年,农场被国家确定为全国无公害农产品示范基地。畜牧业持续稳步发展,农场奶牛存栏10 508头,年畜牧业产值实现19 011万元。场内工业健康发展,主要产品有胶合板、石棉瓦、石料、饲料、豆油等。

农场小城镇建设粗具规模。人均住房面积17平方米,人均绿化地面积12平方米,宽带网入户率3.7%,集中供热18.9%,燃气普及率95%,城镇绿化覆盖率59.4%。省新农村建设示范点第六管理区新农村建设工作受到上级领导的肯定与好评。农场先后被总局党委、总局和省委、省政府授予文明单位标兵和文明城镇建设先进场称号。

鹤山农场住宅新区

鹤山农场第六管理区办公室

鹤山农场第六管理区新村住宅

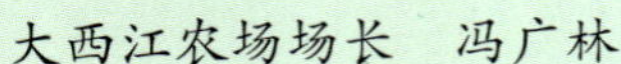

大西江农场场长　冯广林

大西江农场党委书记、社区主任　陈富华

大西江农场坐落在黑龙江省松嫩平原美丽的小兴安岭南麓,位于嫩江县城南45公里。农场占地总面积379平方公里,其中耕地48.4万亩(含场外经营耕地20万亩),草原9万亩,水面1万亩,林地14万亩。农场下辖19个场直企事业单位和10个农业机械化管理区(含场外4个农机装备试验区)、16个居民组,有4 476户居民,总人口近1.2万人,是黑龙江垦区集粮牧企、贸工商、农科教于一体,三个文明协调发展的现代化程度较高的农垦企业。

大西江农场始建于1956年。历经50多年的开发建设,农场发生了巨大变化,为垦区经济和社会事业发展作出了重要贡献。农场是以大豆、小麦为主的粮食主产区,是国家重要的商品粮基地之一。拥有大小农机具近800台套,其中由美国迪尔公司引进带有"3S"卫星定位系统的精准农业机械就有6台套,机械总动力4.3万千瓦。在种植业结构调整上,农场坚持发展优质高效作物的种植,突出绿色、有机、特色农产品,绿色、有机产品认证面积达30万亩,绿色有机食品销往全国各地。在工业生产上,充分挖掘农场闲置资产和劳动力资源潜力,先后投资130余万元新建了万吨大豆精选厂和小型有机豆油加工厂,使场内500多名职工群众实现了再就业,盘活了资产,繁荣了经济,促进了职工增收,带动了运输、餐饮等多种服务行业的共同发展。在非国有经济发展中,全场已建成奶牛养殖小区2个,肉牛养殖示范区1个。在小城镇建设上,农场坚持以经济发展推动城镇建设,用城镇建设拉动经济发展,按照"高起点规划、高水平建设、高效率管理"的工作思路,全面实施生态工程,建设农垦新型小城镇。

几年来,农场先后被授予总局级文明城镇、总局级文化先进场、总局级卫生城镇、总局先进党委和省平安农场、省生态模范小区等荣誉称号。还先后被黑龙江省列为旱作农业科技成果推广示范基地,被农业部列为农垦现代化农业示范区、保护性耕作项目示范场、全国100个测土配方施肥试验场之一。2006年初,农场被农业部列为全国35个社会主义新农村建设的示范点之一。

农场先进的精准
机械设备田间作业

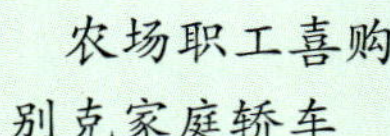

农场职工喜购
别克家庭轿车

农场小城镇俯瞰

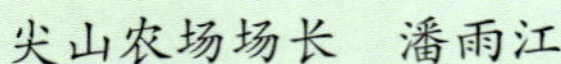

尖山农场场长　潘雨江

尖山农场党委书记、社区主任　耿　昧

尖山农场位于小兴安岭南麓向松嫩平原延伸的过渡区。于1949年建点，1958年命名。是由原“八一五”机械农场第三作业区、第四作业区和伊拉哈荣军农场的一分场，以及后来的冶金部副食品基地农场组合而成的一所大型农场。农场现已拥有耕地20 666公顷，林地6 751公顷，草地3 991公顷，水面133公顷，基础建设用地1 138公顷。成为全国重要商品粮生产基地，其中大豆、玉米、小麦等主要农作物都位于国家优势农作物产业带规划的优势产业区之内。全场32万亩耕地每年都能生产无污染、无公害、绿色有机农产品优质强筋小麦3万吨以上、高油高蛋白大豆2万吨以上、优质杂粮1万吨。农业现代化装备水平接近发达国家，各管理区拥有农机机械总动力3万千瓦，动力机械主要以160马力以上大型胶轮拖拉机为主，全场共有64台套大马力拖拉机，有52台1075型收获机，农业机械化程度达98%以上。农场的城镇化建设也同样走在垦区前列。如今农场绿意盎然、花香满场，真正变成了名符其实的北国花园小城。

2005年，农场获得省农村经济工作先进场，总局先进单位和优秀达标单位等称号。

2006年，农场名列总局10强场，被国家授予全国农机跨区作业先进单位，被总局评为农业标准化创优达标优秀农场，被分局党委授予先进党委等光荣称号。

2007年，农场被黑龙江省农垦总局授予“跨区作业先进单位”、“农机管理标准化标兵单位”、“农机新技术推广先进单位”、“总局农业标准化达标单位”等荣誉称号。

尖山农场小城镇一角

尖山农场大机群作业现场

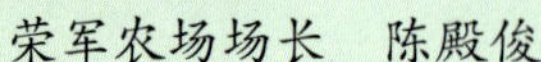

荣军农场场长　陈殿俊

荣军农场党委书记、社区主任　张蓬勃

荣军农场地处松嫩平原，位于小兴安岭南麓的讷河市与嫩江县的交界处，距齐嫩公路10公里，九三分局9公里。1949年4月，一批荣誉复转官兵在这里拉开了荣军第一犁，开始了创建农场的艰苦历程，经过50多年的开发建设，现已拥有耕地20.4万亩，农场地域面积达到了200平方公里，总人口10 049人。农场下设5个管理区，1个种子公司，场内设5个企事业单位。形成了粮牧企、贸工农、农科教于一体，社会功能齐全，三个文明协调发展的中小型现代化农场。

农场深化农业改革，理顺农业经济体制和运行机制，进一步巩固和完善了“两田一地”的土地管理制度，实现了“两自理”、“四到户”的经营模式。在农业生产上，实行规模田、市场田统一管理，基本田放开经营，坚持以大机械作业为主和农业、农机两个“六统一”的管理制度，农场机械力量雄厚，全场农机总动力1.4万千瓦，农场坚持高标准的农业生产和农机作业管理，保持了较高的生产水平，2007年被总局评为农业标准化达标农场。

农场围绕无公害、绿色、有机农产品品牌做文章，加快优质高效抗逆新品种的推广应用，加大秸秆还田力度，增施有机肥，扩大有机产品的生产，农作物100%的应用高产抗逆新品种，所生产的大豆、小粒豆、小麦、甜菜等农产品均为绿色食品；1996年被黑龙江省农科院命名为“省农科院种子繁育基地”。2000年被命名为“中国农业大学荣军试验示范基地”，2005年被农业部公布为“第二批农业部无公害农产品示范基地农场”。

以“两牛一羊”为主体的畜牧业已成为农场的支柱产业，农场以规模化、标准化、安全化为发展方向，加快牧业基地、牧业小区和养殖大区建设，努力打造畜牧业“半壁江山”。农场以开发沙棘为重点，实施了退耕还林、绿色通道等重点林业生态工程，建立起比较完善的林业生态体系，形成了良好的生态环境。

农场新农村建设步伐加快，小城镇粗具规模，农场通过了总局生态场验收。

农场沙棘产业稳步发展，几年来为农场创造产值1 000多万元(图为沙棘树沙棘果)

农场狐貉、獭兔、雁鹅等特色养殖迅猛发展(图为养殖户饲养的狐貉)

农场加大农机更新力度，农业机械化水平不断提高（图为农场购入的大马力机械）

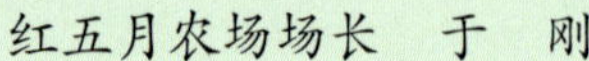

红五月农场场长　于　刚

红五月农场党委书记、社区主任　王玉起

1956年5月，一批复转军人和县营农场职工在小兴安岭西南麓的南阳河畔，点燃了垦荒的篝火。从此，红五月农场诞生了。农场位于讷河市境内东北部，西接嫩江县，东邻五大连池市，距九三铁路沿线32公里，土地总面积47万亩，现有耕地17.3万亩，总人口10 160人。农场下设11个农业生产单位和15个直属企事业单位，是一个农林牧副渔、工商运建服、文教卫生、公安政法各业全面协调、健康发展的现代化综合型农垦企业。

半个世纪以来，红五月人民始终在这片流金的沃土上勤奋地耕耘着，他们呕心沥血，无私奉献，付出了艰辛，收获了希冀。昔日的亘古荒原早已变成万顷良田，如今的南阳河畔山青水秀、麦豆飘香、绿阴环抱、草肥畜壮。农场小城镇建设提档升级，发展日新月异，社会功能齐全，基础设施完备，交通快捷便利，通讯设施先进，生态环境良好，经济文化繁荣。农场农业机械化作业程度和科学管理水平处于国内领先地位，拥有农机总动力1.37万千瓦，农业生产以大面积机械化作业为主。近年，农场加速了生态园林型城镇建设和新农村建设步伐。

农场确定了“举发展旗、迈和谐步、唱民生曲、奔富裕路”的总体发展思路，制定了“1231”的工作目标：突出经济社会又好又快发展的主题；抓住经济结构战略性调整和生态园林城镇建设两大重点；做强农、林、牧三大产业；达到强场富民的目的。

红五月农场在兵团时期，曾被农垦部定为全国农业机械化样板场；曾被省政府树为“全省农业战线”20面红旗单位之一。改革开放后，曾被农牧渔业部和省政府先后评为全面发展的先进农场。2007年，被农垦总局评为民主管理先进单位和先进学习型组织。

农场致力打造生态园林型精品城镇

农场养鹿基地饲养的梅花鹿

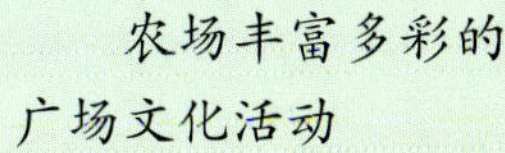

农场丰富多彩的广场文化活动

七星泡农场场长　牛志强

七星泡农场党委书记、社区主任　李恩生

七星泡农场始建于1955年，经过两代人近半个世纪的艰苦创业，以企业资产和生产经营为连结纽带，以丰富的农副产品为依托，形成了粮豆生产体系、畜牧业发展体系、林业苗木繁育体系、油（豆油）粉（面粉）生产体系、自营经济发展体系、信息服务体系等经营服务体系。

经过多年的开发建设，农场场直地区拥有各种功能的楼房57栋10.2万平方米，人均居住面积达到了18平方米，集中供热面积达到了10.5万平方米；场直住宅楼房化率达到了51%，城镇化人口已达到全场总人口的43%，燃气普及率为86%；固定电话入户率为81%；有线电视入户率100%；休闲广场3万平方米。3年新建通村公路43.728公里。功能完善的城镇化建设，使农场自然地成为周边地区的物资集散中心、文化交流中心。农场现为省级生态示范区、省级文化先进场、省级体育先进场、省级文明单位标兵。2003~2004年连续两年被国家评为司法民调工作先进单位，2005年通过了黑龙江省环境优美乡镇的验收。2006年农场“四五”普法工作被省委评为先进单位。

农场农业改革实行了大农场套小农场的双层经营管理体制，实现了“两自理”、“四到户”的经营模式。全场农业生产以大面积机械作业为主，农场机械力量雄厚，全场配套机械总动力50 834千瓦，现有农机设备2 393台套，农场常年坚持高标准、高质量的管理，其机械化作业程度和科学管理水平在全国处于领先地位。

农场现有林业用地15.4万亩，优质人工林12.8万亩，天然林2.6万亩。农场现有草原资源13.7万亩，可利用草原面积9.99万亩，人工草场1 500亩。有场级兽医卫生检验检测中心一个，管理区畜牧兽医服务站10个，全场10个管理区、18个居民组都配齐了畜牧兽医人员，完成了场、区、组三级畜牧服务网络建设。

七星泡农场经过半个世纪的发展建设，已成为了一个社会功能齐全，服务设施完备，通讯，运输，商业服务、文化教育、医疗卫生等各项事业繁荣并进的新型现代化农垦城镇。

七星泡农场街景

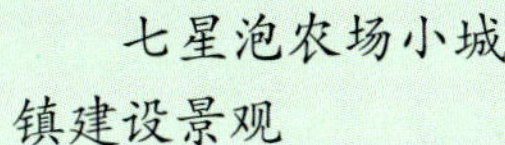

七星泡农场小城镇建设景观

七星泡农场畜牧业迅猛发展(图为农场饲养优质肉牛)

七星泡农场水库

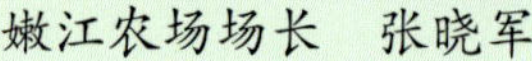

嫩江农场场长 张晓军

嫩江农场党委书记、社区主任 郑 勋

嫩江农场地处松嫩平原、小兴安岭西南麓，位于嫩江县东南38公里处，始建于1955年。经过53年的开发与建设，现已拥有耕地38万亩，总控制面积489平方公里，总人口1.2万人。农场下设10个管理区，并在俄罗斯布市成立一个农业管理区，场内设15个企事业单位。形成了农、林、牧、副、渔五业兴旺，工、商、运、建、服务业蓬勃发展，文教、卫生、公安、政法等事业单位发展步入了黑龙江垦区先进行列，农场现已成为全国大型现代化农垦企业集团之一。

农场农业基础实力雄厚，社会化服务体系健全。耕地属全国松嫩平原著名的黑土地带，素以“土中之王”著称，适宜种植小麦、大豆、玉米、甜菜、油菜、亚麻、芸豆、马铃薯等作物。现代化农业机械处于全国领先水平，拥有大马力农业机械202台套。种子加工、物资供应、粮食烘干处理、加工、销售、水利设施等服务体系健全，旱作农业栽培技术先进。农场是国家重要的大豆出口基地和优质小麦生产基地。年生产粮豆达10万吨，农产品商品率达85%以上。

农场畜牧业以奶牛、肉牛为主导产业，已逐步成为龙头支柱产业。全场拥有奶牛4 000余头。随着产业结构调整，种植业结构日益优化，经济作物种植面积占全场耕地总面积的30%以上，特别是以脱毒马铃薯为主导产品的高科技项目已成为农场非国有经济发展的立场项目，已建成脱毒马铃薯种薯繁育基地。

农场小城镇建设粗具规模，基础设施完备，服务功能齐全，交通便利，通讯畅通，投资环境良好。农场被命名为省级文明单位标兵，被评为省级农业先进场、省级文化先进场、省级环境优美城镇，省级卫生城镇。

农场大力开发建设旅游产业。初步建成一个城在园之内、园在城之中、人在画之内、画在景之中的北方高寒地区生态园林式现代城镇。并借助地处黑河——五大连池黄金旅游热线的地缘优势，建成了7大景区、34个景点，被命名为国家AAA级旅游观光区和黑龙江省现代农业观光示范区。

农场自然资源丰富，草原面积18万亩，林地面积5万亩，水面6 000亩，可谓“物华天宝，人杰地灵”。

嫩江农场源明湖公园风光

嫩江农场森林公园

嫩江农场科洛河火山湿地观光漂流区

山河农场场长　赵清海

山河农场党委书记、社区主任　苏成军

山河农场地处黑龙江省小兴安岭西麓伸向松嫩平原的过渡地带,位于嫩江县东48公里处,东与塔溪、白云乡接壤,西界海江乡,南界科洛河与七星泡、嫩江农场隔河相望,北于科洛乡毗邻。齐黑公路自西向东穿场而过。全场辖区东西长70公里,南北宽45公里,总辖面积754平方公里,始建于1955年。经过53年的开发与建设,现已拥有耕地35.2万亩,总人口1.24万人。农场下设8个管理区,场内设7个企事业单位。形成了农、林、牧、副、渔五业兴旺,工、商、运、建、服务业蓬勃发展,文教、卫生、公安、政法等事业单位发展步入黑龙江省垦区先进行列,农场现已成为全国大型现代化农垦企业集团之一。

农场农业基础实力雄厚,社会化服务体系健全,现代化农业机械处于全国领先水平,拥有大型机械86台套。全场农机总动力26 996千瓦。种植业结构趋近合理。粮豆年总产量6.1万吨,农产品商品率达83%以上。非国有经济发展畜牧业以奶牛、肉牛为主导产业,全场奶牛存栏3 155头,肉牛存栏17 052头。实现畜牧业总产值5 076.04万元,纯收入达1 377万元,分局排名第一。

小城镇和新农村建设呈现新亮点。基础设施完备,服务功能齐全,交通便利,通讯畅通。齐黑公路自西向东贯穿场域。场内硬覆盖公路四通八达。农场大力开发建设旅游产业,先后投资近700万元建设了水上公园、森林公园、雕塑、凉亭、科技园区、平顶山旅游区,使职工群众休闲散步有去处。农场自然资源丰富,草原面积26.3万亩,可利用草原面积63 330亩。

发展中的山河农场面对挑战,在“三个代表”重要思想指引下,坚持以人为本,树立科学发展观,加快农业产业结构战略性调整,富民强场。种植业奏响了黄(黄豆)、白(白芸豆)、红(红小豆)、绿(山野菜)、黑(黑木耳)五色曲,逐步向效益型农业、特色型农业、精深加工型农业方向转化。同时依托地缘优势、资源优势,提出了建设国家优质大豆、优质麦生产基地、良种繁育、绿色特色产值经济作物、林业苗木繁育、奶牛养殖基地的战略构想,现已粗具规模。

日新月异的农场
小城镇建设

山河农场科洛河
湿地自然保护区

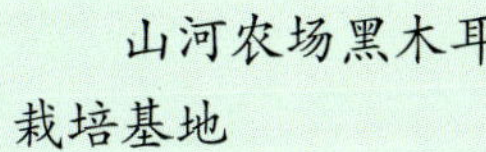

山河农场黑木耳
栽培基地

嫩北农场场长　王旭光

嫩北农场党委书记、社区主任　许永和

嫩北农场地处小兴安岭南麓向松嫩平原过渡带，位于嫩江县境内东北50公里处，始建于1955年。现拥有耕地34万亩，总控制面积429平方公里，总人口11 671人。农场下设9个管理区，场内下属13个企事业单位。自然资源丰富，野生动植物240余种，有玛瑙石、轻质页岩、松柏岩、石英石、沸石、石墨等丰富的矿产资源，自然生态环境优美宜人。

经过50多年的开发与建设，农场已拥有资产总额2亿多元，现已发展为集农、林、牧、副、渔五业兴旺，工、商、运、建、服各业蓬勃发展的国家大型现代农业企业，农业基础实力雄厚，社会化服务体系健全，农场拥有英国纽荷兰、美国迪尔公司生产的各类机车机械总动力4.6万千瓦，其中大型机械240台，小型机械848台，有大中型农机具1 000余台(套)，小型1438台(套)，全场联合收获机113台。年产4 600吨种子加工厂一座，农用飞机场一处。

农场是国家重要的大豆出口基地和优质小麦生产基地。年产粮豆8万吨，商品率达85%以上。主要产品有大豆、小麦和大麦、玉米、甜菜、芸豆、白瓜子、向日葵、马铃薯等多种经济作物。以两牛为主的畜牧业经多年稳步发展，已逐渐成为职工增收的支柱产业，肉牛年饲养量2万头，出栏7 500头，主要品种为西门塔尔、夏洛来，其他畜产品还有奶牛、鲜奶、绵羊、鹅、鸡等，特色养殖有獭兔、鹌鹑、野鸡、狐貉等。

嫩北农场抢抓科学发展新机遇，已全面实施新一轮发展战略：以促进职工增收构建社会和谐为中心，加快推进“三化进程”，全力实施“三大建设”(基础设施建设、小城镇建设、新农村建设)，启动“两项倍增”计划(林业经济产值倍增，特色种、养殖业产值倍增)，打造企业文化，促进农场经济社会全面协调健康快速发展。

农场新农村建设日新月异

农场飞机航化作业

农场畜牧业稳步发展(图为白鹅戏水)

农场肉牛基地饲养的肉牛

建边农场场长　韩凤武

建边农场党委书记、社区主任　宋庆才

建边农场地处大兴安岭南部,小兴安岭西部,大小兴安岭交汇处南缘的低山丘陵地带,地理坐标在东经125° 10′ ~125° 48′,北纬49° 43′ `50° 05′,即黑龙江垦区的西北部,于嫩江县城北118公里处,东西最大距离44公里,南北最大距离36公里。土壤及气候条件比较适应小麦、大豆、甜菜、亚麻、油菜等作物生长。农场有广阔的草原、林地、水面,是发展林、牧、副、渔生产的较理想场所。还有石灰岩、煤、大理石、沸石等多种矿产资源。

经过39年的发展,农场总人口达到9 387人,少数民族人口99人。总户数3 090户。农场占地面积1 197 795亩,耕地总面积188 310亩。有5个管理区13个居民组,林业局一个,面粉加工厂一座,有粮贸公司、基建公司、供暖公司等6个公司,中小学、医院各一所,每个居民组设有卫生所。农场有公安分局、交警中队、消防中队和法庭,各种社会事业门类齐全。

农场以农业为主导产业。粮豆总产量达32 569吨,商品率达到70%以上,亩均纯收入达126元。非国有经济是农场的支柱产业。肉牛、羊为主的畜牧业和个体工商业快速发展。畜牧业肉牛饲养量达4 050头,羊16 400只,猪3 900头。小城镇及新农村建设步伐加快。文教卫生事业不断发展。中学已于2000年前进入合格中学“行列”,小学被授予“黑龙江垦区少先队工作标准化学校”、“垦区绿色学校”等多项荣誉。

建边农场宽阔的街道

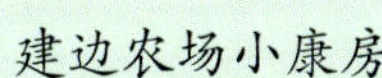
建边农场小康房

建边农场养殖的绒山羊

建边农场种植的亚麻

哈拉海农场场长　张凤虎

哈拉海农场党委书记、社区主任　韩中立

省哈拉海农场地处世界三大黑土地带之一的松嫩平原，位于丹顶鹤的故乡齐齐哈尔市市郊，南依梅里斯达斡尔族区，北与甘南县接壤，1956 年 3 月建场，曾隶属中国人民解放军沈阳军区联勤部军需部，2001 年 9 月划归黑龙江省农垦总局九三分局管理。哈拉海农场总占地面积 44 万亩，总人口 5 000 余人，场下属基层单位和驻场单位共计 21 个。

在垦区领导和人民的关怀与大力支持下，农场在某些领域里的发展速度超过了建场的前 45 年。经济取得长足进步，到 2007 年，实现国内生产总值 7 470 万元，比 2001 年增长 345%；人均收入超万元。

农场生态环境优越，无污染的北河自然域是大自然赐予的生产绿色食品的理想之地。全场已初步形成种植业和养殖业绿色食品基地，水稻、玉米、葵花、甜菜等生产成为该场种植业的主导项目。畜禽养殖业发展势头迅猛，向特色化迈进。已初步建成蓄禽特色养殖生产基地 3 个。依托饲草肥美、水质优良的独特优势，畜牧业发展迅速。农场素以生态环境好、野生动植物多、景色粗犷豪放、风光独特绚丽而著称。国家级生态示范区建设规划已通过农垦总局认定。被称为东北亚最大的、原始湿地地貌保存最完整的“哈拉海湿地”已确立为省级自然保护区。

农场的小城镇建设和社会各项事业有了新的发展，城镇面貌焕然一新。2004 年投资 248 万元铺设了场区主街道水泥路面 1.1 公里，并安装了路灯；2006 年投资 560 万元修建场部地区水泥路面 12 公里，路面硬化率 80%，人居环境明显改善。农场加大对教育的投入，投资 350 万元建成一所功能完备、设施齐全的学校，增设了微机室、语音室，达到了规范化标准，儿童入学率和巩固率达 100%。农场医院、社区老年人活动中心、文化体育活动场所设施都达到了标准化。

哈拉海农场湿地晋升为省级自然保护区

哈拉海农场学校是孩子们的乐园

农场小区人们快乐的生活

特色产业蓬勃发展——收获万寿菊

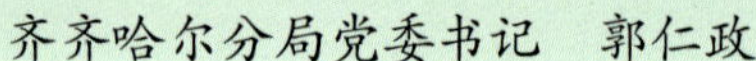
齐齐哈尔分局党委书记　郭仁政

齐齐哈尔分局局长　张桂春

黑龙江省农垦总局齐齐哈尔分局位于黑龙江省西北部，地处大兴安岭东麓、松嫩平原北缘以南的山脉伸向平原过渡地带和平原地带。分局始建于 1947 年，下辖查哈阳农场、克山农场、繁荣种畜场、富裕牧场、依安农场、齐齐哈尔种畜场、绿色草原牧场、巨浪牧场、泰来农场、大山种羊场、红旗种马场等 11 个农牧场。分局机关在黑龙江省第二大城市齐齐哈尔市区。

分局土地总面积 26.5 万公顷，总人口 14.2 万人，从业人员 6.7 万人，年创生产总值达 18.4 亿元。拥有 130 家工商运建服企业，115 个农业单位，总资产 13.7 亿元。所属查哈阳农场是东北四大自流灌区之一，是中国第一个绿色食品大米生产基地；克山农场为中国北方旱作农业示范场和中国北方马铃薯产业之都，农机化水平、标准化作业居全国领先水平；全国奶牛示范小区(场)绿色草原牧场，奶牛产业走在垦区前列；其余 8 场均以高效作物和畜牧业为主。

分局拥有耕地 11.4 万公顷，拥有各类先进农业机械 3 300 台套，总动力 36.5 万千瓦。分局以高效作物立局，发展以高效作物为主的种植业，实现水稻、高效作物、饲料青贮“三三制”格局。以奶牛业兴局，走以奶牛为主的质量效益型畜牧业的发展道路。已成为黑龙江省西部地区重要的良种奶牛生产繁育基地和大鹅养殖基地。

分局工业完整，企业实力较强。形成以马铃薯产业为主，其他农副产品加工业为辅的产业格局。黑龙江北大荒马铃薯产业集团，生产规模全国最大、产业化程度全国最高、产品质量全国最优，可年生产精淀粉 4 万吨、全粉 6 000 吨、优质脱毒种薯 5 万吨，是国家级产业化龙头企业。

分局教育事业持续发展，医疗保健条件进一步改善。通信广播电视事业发展较快，小城镇建设步伐加快，全局人均住房面积 25 平方米。人均纯收入 7 833 元。

分局所辖 11 个农牧场分布于齐齐哈尔、大庆两市八县境内，依托滨洲线、齐北线、齐白线等干线铁路和哈齐公路、碾北公路、齐嫩公路等省道，构成了便利快捷的物流网。分局地处哈大齐工业走廊之内，以齐齐哈尔市为依托，东靠大庆、西邻内蒙、南连吉林、北接黑河，与哈尔滨遥遥相望，形成了潜力巨大的经济发展区域。

齐齐哈尔分局

齐齐哈尔分局
机关办公楼

齐齐哈尔分局湿地风光

中国绿色食品大米基地

分局马铃薯基地远瞰

克山农场场长　王君革

克山农场位于黑龙江省西北部，地处小兴安岭西麓，松嫩平原北部，南接克山县、北枕讷河市、东连五大连池市、西邻依安县，距省城哈尔滨市360公里，距齐齐哈尔市180公里。

克山农场于1955年建场，现在隶属于农垦齐齐哈尔分局，控制土地面积52.7万亩，总人口2.4万人。是一个以粮食、马铃薯产品、农林牧副渔全面发展、工商运建服综合经营，政、社、企一体，社会形态比较完整，经济社会可持续发展的生态区域。这里机械化程度高，职工队伍素质好，农业生产水平先进，工业产品质量上乘，自然生态保护良好，自然风光优美，是国家重要商品粮生产基地，马铃薯产品生产基地，绿色食品、有机食品、无公害食品生产基地。农场年生产粮豆10万吨，创产值3亿元。

坐落这里的黑龙江北大荒马铃薯产业有限公司，2005年成立，当年立项、当年设计、当年施工、当年投产。是集种薯研发、商品薯种植、精制淀粉加工三位一体的现代化大型综合农业产业化龙头企业。北大荒品牌马铃薯精淀粉系列产品被评为鹤城人民十大放心品牌，获得黑龙江省诚信示范企业。公司年产5万吨精淀粉，5 000吨马铃薯水晶粉丝粉皮；二期工程年产6 000吨马铃薯雪花全粉在2008年10月投产；三期工程马铃薯变性淀粉项目和1万吨马铃薯水晶粉丝粉皮项目计划在2009年动工。

农场曾被国务院授予“粮食生产先进单位”，被国家计划委员会授予“机械设备管理优秀单位”，2007年被黑龙江省委、省政府重新命名为“省级文明单位标兵”，被省环保局授予“省级环境优美乡镇”，是省农垦总局确定的首批率先实现农业现代化的农场，是黑龙江省新农村建设试点单位。

农场场部红光路一角

北大荒马铃薯产业有限公司粉丝粉皮厂剪彩仪式

荷兰参观团参观农场现代化农业机械

依安农场场长　李炳刚

依安农场党委书记、社区主任　阎　郃

农场休闲广场

农场示范瓜园区一角

依安农场始建于1956年，位于黑龙江省松嫩平原西部，依安县境内。农场交通十分便便利，场部与明公路可直通省城哈尔滨和齐齐哈尔，南距乌裕尔河1.5公里，西与依安县瓦厂接壤，东北与依安县城毗邻，北靠依安火车站仅300米。全场有土地面积9 547公顷，其中耕地5 667公顷，林地面积1 914公顷，水面200公顷。全场总户数1 614户，总人口4 325人。农场下属8个农业生产单位，分布在乌裕尔河两岸。有6个企事业单位。

农场种植业主要以水稻为龙头，水稻面积3 067公顷，旱田以马铃薯、西瓜等高效经济作物为主体，是水旱兼营的农业企业。农场有得天独厚的水利资源，红卫水库库容量为230万立方米。农场有农机具819台件，农机田间作业综合机械化率达95%。农场确定以发展奶牛为重点的畜牧业，并在政策上予以倾斜，在资金上舍得投入。农场新增加稻壳加工炭企业，现有精制米加工厂3个。农场小城镇建设发展迅速。农场有先进的教学设备，优质的医疗服务，快捷的通信设施，便利的交通枢纽，宽阔的文化广场，优雅的住宅小区，农场场部地区已成为全场政治、经济、文化发展中心。

红旗种马场副场长　王明德

望不到边的阳光九号天然草场

宽阔的鱼塘水面

美丽的乌裕尔河横穿场区东部

红旗种马场始建于1965年,1972年归属嫩江地区,取名黑龙江省红旗畜牧场,1980年,隶属于黑龙江省畜牧局,更名黑龙江省红旗种马场,县团级单位,2007年3月划归农垦总局齐齐哈尔分局。红旗种马场位于东经125° 20′ ~125° 23′ ,北纬47° 25′ ~47° 30′ ,场区坐落在依安、林甸、富裕三县交界处,辖区有3个作业区,4个居民点。全场土地总面积3 120公顷,耕地面积1 200公顷,总人口3 150人。

红旗种马场水资源丰富,场内地势平坦,适合开发水稻。场区现有优质天然草场1 920公顷,享有"北方羊草"的美称,凭借着优质的天然草场资源,畜牧业发展正蒸蒸日上。划归农垦后,加快了农业产业化进程,经济建设和社会事业有了较大提高。农业以土地承包经营为主,主要种植经济作物。养殖业的快速发展为早日实现小康目标奠定了坚实的基础。新农村建设成效显著,社会事业快速发展,人民生活安居乐业。

富裕牧场场长　谢仲侠

富裕牧场党委书记　魏志民

美丽富饶的富裕牧场位于黑龙江省西部富裕县境内,地处嫩江平原乌裕尔河流域,隶属省农垦总局齐齐哈尔分局。牧场地处嫩江平原乌裕尔河流域,西靠嫩江,南面乌裕尔河,北部引嫩人工运河蜿蜒流经场内东部地区。

牧场现有土地总面积41.4万亩,其中耕地12.5万亩,草原15万亩,人工林地9.2万亩,水面2.7万亩。全场总人口11 349人,职工2 750名。除汉族以外,还有蒙古、柯尔克孜、满、达斡尔、鄂伦春、鄂温克、锡伯、朝鲜、回族、苗族10个少数民族,少数民族人口1 228人,占总人口的11%。现有17个自然屯。全场人口居住在场部地区的占60%,为加快小城镇建设奠定了基础。

牧场发展畜牧业优势明显,有15万亩优草原,年产牧草12 000吨,年种植饲草饲料作物近6万亩,年产粗饲料43 000吨,有40多年奶牛养殖的历史,加之多元乳业公司龙头企业的拉动,鲜奶市场销售顺畅,为畜牧业发展提供了得天独厚的优势;目前奶牛已发展到11 092多头。牧场机械化程度较高、职工队伍素质良好、农业生产水平较高、自然生态环境保护良好、自然风光优美的新型牧场,是国家重要的绿色、有机食品和无公害食品生产基地。被国家环境保护局授予"国家级生态示范区"称号。

牧场交通十分便利,齐北铁路、公路横贯场区,场部坐落在齐北铁路线南富裕县城东仅15公里处。牧场小城镇建设发展迅速。先进的教学设备、优质的医疗服务场所、快捷的通信设施、便利的交通枢纽、宽阔的文化广场、优雅的住宅小区、繁荣的集贸市场,使场部地区成为全场政治、经济、文化发展中心。

新建的民族村大门与水泥路通往民族新村

牧场幸福小区住宅楼

牧场民族风情园一角

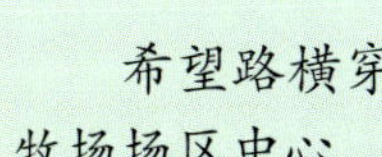

希望路横穿牧场场区中心

大山种羊场党委书记、场长　宋玉民

大山种羊场办公大楼

大山种羊场养殖的绵羊

大山种羊场农业科技园

大山种羊场始建于1960年，原隶属于黑龙江省畜牧(兽医)局，2007年1月1日划归黑龙江省农垦齐齐哈尔分局管理。位于黑龙江省大庆市西北部，杜尔伯特县境内与泰来县交界。总人口4 218人，职工1 200余人，幅员面积22万亩，耕地3万亩，下辖2个作业区，9个自然屯。

种羊场西靠嫩江，水利资源丰富。水稻生产作为大山第一支柱产业，自划归农垦后，不断围绕水稻产业作文章，加大农田水利设施投资力度。水稻采用无污染的嫩江水灌溉，大山江水大米米质好、味道香远近闻名。

种羊场拥有肉用美利奴、特克塞尔、无角道赛特、夏洛来和萨福克5个世界驰名的肉绵羊种羊品种2 000只。2007年末，畜牧业进行重大改革，由原来国有国营改制为民有民营。

种羊场有草原4万亩，生长着豆、莎、蒿、禾本科等多种优质牧草，水面2.2万亩，盛产鱼、虾，滩涂4万亩；林地3万亩。依托丰富的水草资源，以奶牛为主的养殖业和大鹅、狐貉特色养殖业得到迅速发展。

大山种羊场山青水秀，资源丰富，交通、通讯便利。

繁荣种畜场党委书记、场长　赵文革

丰收的稻田

优质高产玉米基地

水田实验区

繁荣种畜场始建于1963年，原主管局为黑龙江省畜牧兽医局，2007年归属黑龙江省农垦总局齐齐哈尔分局。场址位于富裕县境内，距富裕县城南60公里，乌裕尔河东岸，北临碾北公路10公里，西邻齐齐哈尔市，南与大庆市接壤。

种畜场下设8个农业管理作业区。总人口12 385人，总户数4 203户。在册职工2 370人。占地总面积为11 033公顷。其中，耕地面积8 600公顷，林地面积112.5公顷，水面19公顷，草原面积895公顷。

种畜场以农业生产为主，重点发展畜牧业。场内地势平坦，幅员辽阔，土质肥沃，饲草饲料及水资源丰富，邻近哈大齐工业走廊，交通四通八达，有发展农牧业生产得天独厚的优越条件。

归属农垦后给农场带来了无限生机与希望，两年来农场重点加强环境建设，达到净化、美化、绿化、香化标准，逐步实现道路硬化，改善了居民的生活品位，提高了生活质量，新农村建设成果显著。

查哈阳农场场长　王其浦

查哈阳农场党委书记、社区主任　郭　进

沃野千里

查哈阳渠道引水工程

查哈阳农场始建于1948年，位于大兴安岭南麓，松嫩平原嫩江右岸，黑龙江省甘南县境内。地理坐标东经123° 56′ ～124° 20′ ，北纬48° 05′ ～48° 30′ 。全场幅员面积8.4万公顷，其中耕地5.5万公顷，林地0.8万公顷，牧草地0.6万公顷，水面0.27万公顷。全场下设8个管理区，54个居民点，13个工业企业，固定资产1.5亿元，总人口6.3万人，年产粮豆31万吨，是集农、林、牧、副、渔、工、商、运、建、服为一体的大型现代化国有综合农业企业。

查哈阳农场盛产水稻、大豆、玉米等粮食作物和甜菜、葵花、芸豆、西瓜等经济作物及防风、甘草等中药材。素有鱼米之乡，塞北江南的美誉。被中国绿色食品发展中心确定为中国首家绿色食品大米生产基地，查哈阳大米通过日本JOA有机食品认证，获世界华人食品博览会金奖，东北十大杰出品牌。近年来农场不断加大农业产业结构调整，以“两牛一羊”为主的畜牧业快速发展，奶牛、肉牛存栏3万头，绵羊、山羊5万只，建成了垦区小尾寒羊繁育生产基地。这里水资源非常丰富，属东北大四大自流灌区之一，为水产养殖、水稻种植创造了得天独厚的天然环境。工业门类齐全，已形成粮食加工、甜菜制糖、乳制品、机械修造、建材生产产业，成为拉动农场经济发展的重要组成部分。小城镇建设粗具规模。境内有被誉为“中国第二长城”金大定年间完颜阿骨打征夫修建的“金界壕”遗址；群山环抱，碧波荡漾的太平湖水库；雄伟壮观的渠首引水工程和沃野千里、渠网交织、稻花飘香的塞北水乡风光。

泰来农场党委书记、场长、社区主任　李长军

水稻丰收在望

奶牛野外放牧

泰来农场位于黑龙江省西南部泰来县境内，土地总面积15.3万亩，其中耕地2 800公顷，林地2 000公顷，草原3 000公顷，水面1万亩。全场设一个场直单位，5个作业区，总人口3 000人。

泰来农场东依国内仅存的两条无污染的河流之一嫩江，生态资源优势明显。农场党委深入落实科学发展观，围绕"扩水稻、精奶牛、壮龙头"的经济发展战略，充分依托资源优势，大力发展以水稻为主的种植业和以奶牛为主的养殖业，企业实力显著增强，职工经济效益明显增加，农场社会各项事业有了长足的发展和进步。

农场依托丰富的江水资源和独特自然条件，大力发展以水稻为主的高效农业成为农场近几年来种植业结构调整的重中之重，水稻全程机械化率达70%。大力发展质量效益型畜牧业，全场奶牛发展到1 785头，奶牛饲养实行标准化管理，奶牛养殖逐步走向稳定健康科学的发展轨道。新农村建设为农场增光添彩，以城镇"五化"建设为主的绿化、净化、美化、香化建设逐步扮靓小城镇。

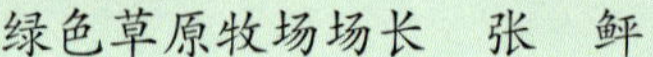

绿色草原牧场场长　张　鲆

绿色草原牧场党委书记、社区主任　孙洪光

在美丽富饶的杜尔伯特大草原上,闪耀着一颗璀璨的明珠,那就是黑龙江省最大的国有牧场——绿色草原牧场。牧场始建于1958年,地处世界著名的奶牛养殖带和玉米种植带上,总人口5 560人,1 905户,下设12个居民组。牧场地域辽阔,可控面积38 133公顷,其中耕地3 000公顷,林地9 334公顷,森林覆盖率为24%,活立木蓄积达到76万立方米,林业总产值达到1.8亿元,草原面积16 333公顷,占总面积的43%,是全省最好的温带草原之一,是垦区草原面积最大的牧场。

牧场投资1 708万元,建起一座占地16万平方米的国内一流的规范化奶牛小区——完达山乳业集团奶源基地绿色草原牧场奶牛中心,可饲养奶牛2 000头,建有彩钢板结构的标准化牛舍20栋。配有运动场和凉棚,有奶站4座,全部采用自动脱落式机械榨乳,青贮窖18 000立方米,综合服务站1处380平方米;动物防检疫站1处246.8平方米。进入中心内饲养的奶牛全部实行档案化、耳标化、微机化管理。牧场打造良种品牌,发展质量效益型畜牧业,全场奶牛良种化率达到95%以上,实行规范化饲养,增加养牛户收入和加快发展高质量奶牛业,搞好科技成果与奶牛生产发展的有效对接,提高了奶牛业的综合质量。

牧场经济得到了稳定、快速的发展,新农村建设步伐加快,通过了省级优美乡镇验收。

绿色草原牧场奶牛中心一角

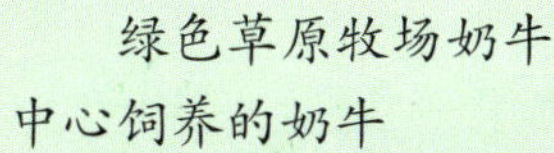

绿色草原牧场奶牛中心饲养的奶牛

绿色草原牧场校园一角

巨浪牧场场长　刘爱民

巨浪牧场党委书记、社区主任　刘忠德

环境优美的搬迁作业区住宅楼

巨浪牧场农业技术综合服务中心

巨浪牧场始建于1960年,位于黑龙江省西部,地处大庆市林甸县境内,同扎龙自然保护区毗连。所属4个作业区、4个企事业单位。牧场拥有土地9 666.7公顷,其中耕地2 733公顷,林地1 388公顷,草原6 533.3公顷。总人口3 220人、从业人员1 200人。

黑龙江垦区五大牧场之一的巨浪牧场,奶牛业经过47个春秋,特别是改革开放30年来实现跨越式发展,标准化饲养、机械化榨乳、具有完善的防疫体系,同时开展了良种繁育、胚胎移植、性别控制新技术的研究和应用,成为黑龙江省西部地区重要的良种奶牛生产基地。

牧场拥有耕地2 733公顷。拥有各类先进农业机械274台套,机械总动力9 891千瓦。以种植玉米、青贮、高效作物为主栽品牌,已形成"三三制"格局,特别是水稻的试种成功,使种植业充满新的生机。

牧场社会进步,生活水平不断提高。小城镇建设步伐加快。牧场地处齐齐哈尔与大庆市交界处、哈大齐工业走廊之内。与"201"省道及"301"国道相通,铁路依托滨洲线,与哈尔滨遥遥相望。特殊的地理位置形成了潜力巨大的经济发展优势。牧场场内辽阔秀丽的湿地黑天鹅游弋、群鹤飞翔、风情独特,是观光旅游的好去处,蕴藏着强大的旅游商机。

齐齐哈尔种畜场党委书记、场长　李宝华

蓬勃发展的畜牧养殖业

齐齐哈尔种畜场机关办公大楼

味美爽口的李子

享有“绿色有机食品之乡”的齐齐哈尔种畜场，坐落在齐齐哈尔市东郊，北倚富裕县，东与大庆市林甸县接壤，西入市区，南连扎龙自然保护区，G015国道贯穿场区，总面积202平方公里，为齐齐哈尔种畜场经济发展构成得天独厚的地理位置，是个富饶美丽的地方。自1953年建场以来，经过几代人的开发建设，如今已是一个拥有总人口8 577人，耕地面积3 466.7公顷，草原面积9 333.3公顷，农、牧、工、商、服全面发展的新型生态农场。

这里盛产玉米、水稻、苹果、李子等农副产品，其中8 000亩果菜庄园经济，已成为职工们发展第三产业的一大亮点，农场各类水果以其含糖量高、色泽好、味美爽口、无药害而畅销鹤城；这里矿产资源丰富，地下蕴藏着河流石、型砂和温泉水等矿藏，开发前景广阔。以奶牛养殖业为主导的畜牧业发展蒸蒸日上，成为齐齐哈尔地区重要的奶源基地。

种畜场党委以党的十七大精神为指针，深入落实科学发展观，紧紧围绕“一个中心”(实现又好又快发展，建设生态文明、富裕、和谐的齐齐哈尔种畜场)，突出“两条主线”(社会主义新农村建设和招商引资工作)，加快推进“三化”(农业现代化、农区工业化、农场城镇化)进程，重点建设“四个基地”(优质稻米基地、现代农业示范基地、农牧产品加工基地、畜禽养殖基地)，确保种畜场经济、政治、文化和社会事业又好又快发展，全面开创齐齐哈尔种畜场现代农业建设和构建和谐社会的新局面。

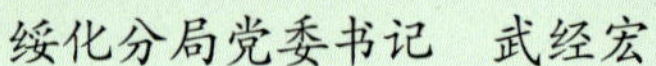

绥化分局党委书记　武经宏

绥化分局局长　于胜军

黑龙江省农垦总局绥化分局位于世界三大黑土带之一的松嫩平原，全局总控制面积300万亩，其中耕地120万亩、林地80万亩、草原50万亩、水面11万亩、荒地29万亩。绥化分局纵贯黑龙江省900公里，北与俄罗斯隔江相望，南与吉林省接壤，是黑龙江垦区战线最长的分局。分局地处绥化、伊春、大庆三市八县的中心，下辖11个机械化农牧渔场和一个在俄罗斯境内的乌尔米农场。绥化分局总资产9亿元，年利润近5 000万元，是北大荒集团所属的一个集产加销、贸工农、林牧商综合经营于一体的大型现代化的企业集团。

绥化分局有完善的农业科研体系和农机推广体系，现有农业科研站6个、综合土壤化验室7个、气象站5个、种子公司2个、农机推广中心3个，各类农业技术人员300余人。通过实施现代农业发展战略，农业结构调整实现新跨越，实现了全程机械化，并逐步进入以机械化为中心的现代化农业的发展阶段，农业结构调整步伐的加快，带来了经济总量的增加和职工群众的富裕。全局总播种面积125.3万亩，粮食总产32.6万吨，平均亩产388公斤，种植业平均亩效益417元。经济作物面积达到50.8万亩，占总播种面积的40.5%。全面积实现无公害认证。有机种植认证面积40.45万亩，比上年增加9万亩。绿色食品产品认证数量34个，排在垦区首位。

分局党委牢固树立发展畜牧是民富场兴的重要举措的观念，以“牛猪鸡特”为发展重点，形成了以短线生猪和生态鸡、中线狐貉、长线奶牛为重点的效益型畜牧发展格局。

分局工业经济持续增长。有60家小群龙工业企业，主要经营粘玉米、特色蔬菜、马铃薯、中草药、生态鸡、有机蜜饯、山特产品、亚麻、乳品、稻米、豆粉、白酒等产业，通过政策环境鼓励和引导民营资本办企业、上项目等措施，使小群龙逐渐做大，形成群龙起舞、竞相发展的局面。

在耕地资源有限的情况下，分局把发展经济的视角投向林业经济和旅游经济。分局实施非公有经济发展战略，放手放胆，积极扶持，不断促进优化升级。

为实现经济的迅速发展，分局党委提出发展专业大项、打造专业大场，实现倍增目标的具体举措，全局围绕“以小谋大，追求最佳”的理念，努力拚搏，以崭新的风貌、激昂的斗志建设绥化分局美好的明天。

绥化分局

绥化分局
机关办公楼

红光农场奶牛养殖

嘉荫农场绒山羊养殖

和平牧场丰富的湿地资源

嘉荫农场农具停放场

柳河农场自然湿地景观

嘉荫农场场长　郭　峰

嘉荫农场党委书记　王福生

嘉荫农场位于小兴安岭北麓，黑龙江南岸，嘉荫县境内，与俄罗斯隔江相望，边境线长 30 公里。农场下辖 8 个管理区，总人口近 10 000 人，职工 3 398 人，有满、朝鲜、蒙古、达斡尔、彝族、鄂伦春等 7 个少数民族 482 人，占总人口 4.86%。全场总控制面积 50 305 公顷，其中耕地 16 388 公顷，林地 28 488 公顷，草原 87 公顷，水面 427 公顷。农场下辖 8 个管理区、1 个林产公司、1 个物资公司、1 个粮贸公司、1 个制砖厂、3 个亚麻厂、1 个马铃薯加工厂，均属民营企业。农场有职工医院、子弟校及农垦工商、交通、土地、公安、法庭、司法等政府职能部门，中国农业银行、人民邮政、人民保险公司、国家税务分局、地方税务局在农场设有办事机构。

农场以种植业为主，加快了种植业的产业结构调整，扭转了过去单一生产大豆、小麦的状况，增加了经济作物种植面积，发展特色经济，压缩大豆、小麦种植面积，提高经济效益。在农业种植上实现标准化作业，机械化作业，实现了高产高效的目标。

林业资源丰富。农场是垦区的第二林业大场，林业号称农场的“半壁江山”，森林覆盖率达 52.46%。全场木材积蓄量为 205 万立方米。农场在林业改革中，建设标准化家庭林场 46 户，大力发展林下经济，主要抓林菌、林药、山野菜加工，大力发展袋装黑木耳栽培技术，充分利用林地资源发展黑木耳。大力发展中草药种植，栽种川贝、黄芪、五味子、种植水飞蓟，使农场成为中草药种植大场。农场对得天独厚的林业资源实行天保工程，加大力度保护林业生态平衡，重点开展了退耕还林，宜林荒山造林，生态环境进一步良化。

畜牧业空前发展。经过几年的努力，农场的畜牧业采取的“三线经济”，以养牛为长线，以养羊为中线，以养猪为短线。突出中线绒山羊养殖，全场建设规范小区 9 个，成立绒山羊养殖协会，负责供产销，逐步走适应市场化的发展畜牧业之路。

农场注重生态工业企业建设，通过对工业企业的改制，实行民营，使农场的粮贸公司、建筑公司、制砖厂、亚麻厂得到快速发展，经济效益不断提高。

农场在发展经济的同时，不断加强小城镇建设，社会发展内外环境得到进一步的改善，使农场呈现出政治安定、社会稳定、经济繁荣、人心思进的一派繁荣景象。

农场高效经济作物西瓜畅销

农场大马力机械

农场马铃薯淀粉加工厂正在建设中

农场黑木耳栽培基地

铁力农场场长　吕庆革

铁力农场党委书记、社区主任　文春涛

铁力农场坐落在小兴安岭南麓，横跨铁力市、庆安两市县，交通十分便利。全场人口 9 053 人，其中少数民族人口 376 人，高中、中专以上人口 2 304 人，各类专业技术人员 591 人。近年来，农场依靠地缘优势，发挥资源优势，经济及社会各项事业都取得发长足发展，完成了从数量型向质量效益型产业的战略转变。

农场党委始终贯彻"养好猪、种好稻、紧紧围绕中草药；搞加工、抓服务、牢牢走好产业路"的经营理念，在畜牧业发展上，全场有种猪场 2 个、千头养猪小区 2 个、生猪养殖家庭牧场 55 个，规模养殖的数量占 70%以上。在农业上，水稻面积扩大到 13 万亩，占全部耕作面积的近 65%，无公害、绿色食品、有机食品种植面积达到 8.4 万亩。在中草药发展上，全场 3 万亩中草药基地年可创产值 1 000 万元。农场新近建设了一座以葡萄、五味子为主的高效作物园区(又称百人百万庄园)，拉动了种植业的发展，特别是旅游采摘项目成为农场经济新的增长点。

在工业发展上，农场通过招商引资、鼓励民有资本投入、农场参股等方式，引进北大荒米业集团、华威乳业公司等一批有规模，效益好的企业落户农场，并扩大了农垦人酒厂生产规模，组建了蜜蜂包装、工艺品厂。

农场积极推进"农场 + 公司 + 协会"三位一体的经营模式，通过行业协会组织建设，理顺了农场和企业、企业与协会之间的管理和服务关系。走"以商带工、以工拉农、以牧促农、以游增效"、"为卖而产，为赚为卖"道路，积极开拓国外市场。

农场结合地域旅游资源与产业优势，大力发展生态特色旅游经济。遵循"旅游的多样性，发展的实用性，文化的传承性以及项目的地域性"相统一原则，围绕"吃、住、行、看、玩、购"和"旅游挣钱扬名，拉动多业共赢"的发展战略，形成了一条旅游经济带，基本完成了农业科技示范园区、"生态农家园"等旅游开发项目的建设，完善了"柳树湾、神秘岛"两个旅游度假村功能，近期将再开发四个各具特色的旅游景点。

农场环境有明显改善。连年被评为优美乡镇和省级文明单位标兵、总局文明单位标兵和文明单位。

铁力农场水稻丰收在望

铁力农场办公楼

铁力农场水稻科技示范田

铁力农场文化广场

铁力农场小城镇建设一瞥

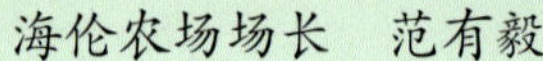

海伦农场场长　范有毅

海伦农场党委书记、社区主任　张秀彬

海伦农场位于海伦市东北36公里处,向西距滨北铁路海北站23公里。地处松嫩平原与小兴安岭的结合部,属松嫩平原漫岗,是世界仅存的三大黑土带之一。全场总控制面积240平方公里,其中耕地20万亩,林地3.6万亩,滩地、沼泽2.5万亩,水面0.8万亩,尚有荒地、草原面积9.3万亩。海伦农场总人口10 419人,自然增长率为0.14‰。农场盛产大豆、小麦、玉米、月苋草、蓖麻等,是黑龙江省著名的"优质大豆之乡"。全场2 060户家庭农场种植小麦等粮食作物4.3万亩,有机大豆等豆类作物5万亩,蓖麻、月苋草、水飞蓟、粘玉米等经特作物9.7万亩,青贮等饲料作物1万亩,粮、豆、经、饲作物比重分别为21.5∶25∶48.5∶5。平均综合亩效益为401元,经济作物最高综合亩效益达到了615元,家庭农场实现利润8 542万元,全口径人均实现纯收入8 517元。

海伦农场特色产业方兴未艾。以种植月苋草和蓖麻为主的"麻类"专业大项已成规模,水飞蓟等中草药面积3 000多亩,绿色食品冷冻形成规模,年可加工速冻玉米2 000万穗,加工粘豆包3 000吨,加工特色蔬菜、山野菜500吨。有省内少见的无性系落叶松林和天然林自然保护区,是风景优美的旅游胜地。已建成养鱼池塘5 400亩,盛产鲤、鲫、草、鲢鱼等品种,每年所产鲜鱼供不应求,利润回报率高。

农场主要有两条界河经流,包括南面的扎音河和北面的通肯河,两条河流在农场界内长度分别是19公里和24公里。农场在通肯河上游设取水口,主要为星火水库蓄水。

农场教育、文化、卫生等社会事业不断进步,山清水秀,物产丰盈,在"团结、诚信、务实、创新"的企业精神推动下,全场建设和谐社会,建设社会主义新村的步伐不断加快。

农场机关办公小区一角和职工医院、学生公寓、6号综合楼及骨架公路建设现场

农场科技示范园区近景及部分示范、带动的作物品种

农场星火水库大坝主体工程施工现场

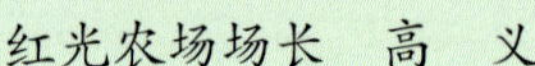

红光农场场长　高　义

红光农场党委书记、社区主任　李淑华

红光农场位于海伦市东北25公里处(原叶家窝棚屯),跨海伦、绥棱两县,地处东经127°　11′　10″　~127°　36′　34″　,北纬47°　31′　30″　~47°　42′　15″　之间,总面积155.31平方公里(23万亩),其中耕地13.24万亩,总人口1.3万余人,属垦区中小型农场。

红光农场始建于1948年2月，原为海伦县地方国营第一生产农场,1959年6月改为海伦县红光农场,1976年2月划归省农垦总局绥化国营农场管理局管理。

农场突出有机农业优势,走有机农业产业化之路,重点建好以有机食品为主的农产品出口创汇基地,面积达到12万亩,有机食品认证面积达到10万亩,进一步叫响了有机农场品牌。大力推广农业新科技技术,通过全面推广新技术、自主创新、积极引进等措施,加强专用种、专用肥生产,全面推广测土配方施肥,保护性耕作,节水低灌等新技术,实施农业示范工程,重点建设农业科技示范园区,以点带面,提高科学种田水平。扩大规模,小区带动,实现了畜牧业由副业到主业的转变,投资200万元建设了高标准的生猪养殖小区,进一步完善了10个各类养殖小区。强力推进林业经济发展,积极培育新的经济增长点,以股份制的方式,集资200万元,利用闲置的厂房,改建山野菜加工厂,年加工能力达到200吨,实现效益200万元,进一步扩大食用菌生产基地规模,主要发展滑子菇、袋栽木耳、鸡腿菇、玉米套种香菇、白灵菇等,面积达到2.5万平方米,实现效益35万元,挖掘资源潜力,大力推广庭院和林下药材种植模式,五味子、平贝种植面积50万平方米,实现效益50万元。推进农业标准化作业,从秋整地、春备料、播种生产、田间管理、收获等环节按照现代农业技术标准和操作流程实施生产,进一步增强农业风险预警系统建设,组织建设了两个现代化机械装备示范区,提高了农业机械化作业水平。农场围绕农业办工业,办好工业促农业,坚持走农区工业化之路,农场工业化程度大力提高。

农场进一步加快推进撤区并点工作,逐步实现管理区居民向场部集中,小城镇建设步伐加快,人均绿地达到25平方米,打造出“一路一景、步移景异”的特色,营造绿满家园环境,为群众创造良好的生活环境。

红光农场得到国际认证的有机大豆种植示范区

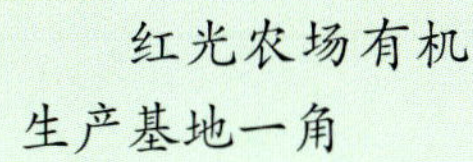
红光农场有机生产基地一角

红光农场优质肉牛养殖形成规模

红光农场林下经济作物种植——黑木耳

绥棱农场场长　宋树森

绥棱农场党委书记、社区主任　刘　学

绥棱农场现有土地42万亩,人口8 000人,职工2 650名,是黑龙江省垦区AA级自然生态旅游风景景区。农场相继被中华全国总工会、省委省政府、农垦总局授予模范职工之家、文明单位标兵、先进企业和先进党委等荣誉称号。

农场精心实施小城镇战略,加快发展旅游业,全力打造绿色、生态产业,合力叫响金斗湾品牌。农场确定了围绕结构调整,加快三个发展(发展龙头企业、发展基地、发展旅游小城镇),提高三个水平(科技水平、服务水平、产出水平),力争抓好五个突破(龙头企业建设、招商引资工作、畜牧业发展、旅游业、农场经营利润)的经济发展总体思路。农场重点建设农副产品精深加工基地,种猪、肉牛繁育基地,经特作物种植基地和生态旅游基地。注册了"金斗湾"牌四大类,39个系列品牌的农副产品、山产品和旅游产品的商标。

农场新的一届党政班子秉承"以小谋大,追求最佳"的分局理念,从推进"一场一策"到实施"建设专业大场,打造特色小城,推进倍增发展",积极培植主导产业,构建了浆果大场、蔬菜大场、旅游大场。加快推进农业现代化、农区工业化、农场城镇化进程。重点发展"果菜"和旅游两大产业,先后建立了北方浆果加工、蔬菜冷藏保鲜等龙头企业6个,以龙头企业为依托,农场建立北方寒地浆果种植基地2.5万亩,有机蔬菜种植基地3.5万亩,绥棱农场将努力建成"中国黑豆果之乡",力争3年内全场有机蔬菜面积达到4.5万亩,建成全省最大的有机蔬菜出口基地,全国最大的寒地浆果生产出口基地和全世界最大的蓝莓繁育、生产、出口基地,把金斗湾景区建设成为省内唯一的东北河套风光AAAA级旅游景区。

绥棱农场健身休闲广场

绥棱农场覆膜作业现场

意大利专家考察农场蔬菜种植基地

安达牧场党委书记、场长、社区主任　韩学勇

安达牧场蔬菜基地棚区

安达牧场奶牛基地

安达畜牧场位于小兴安岭南麓，土地总面积 8 万亩，拥有草原 4 万亩，耕地 1.2 万亩，林地 1.2 万亩，人口数 2 000 人，职工 824 人，是垦区小型农牧结合的牧场。1955 年建场，1972 年划归绥化管理局。1980 年改制为农垦干部进修校，1987 年重新恢复牧场体制，几经变迁后使牧场从弱到强，融入到市场经济的改革大潮之中。

安达牧场依托地缘优势，发展围城经济，以棚室瓜菜产业为带动，提高经济效益。牧场发生质的变化。在农业产业化调整中迈出一大步，为把瓜菜产业做大做强，与大企业联系开发，先后与上海高榕食品有限公司对接种植出口蔬菜荷兰豆、南瓜，与哈尔滨大什公司对接种植出口蔬菜马铃薯、新兰花等，使企业经营增加活力。内地大力发展扩大十八里香瓜生产规模，投资 100 万元建钢骨架蔬菜大棚 80 栋，建高效农业示范区，开展[illegible]有机[illegible]农业，取得了可喜的成果。

小城镇建设、环境建设成为牧场生产生活一道靓丽的风景线。牧场政治社会稳定，已经成为一个和谐向上的社会主义新农村。

涝洲鱼种场场长兼党委书记　韩玉民

鱼种场养鱼水面

鱼种场葡萄园一角

涝洲鱼种场位于肇东市东南部松花江北岸的平原地区，是一个以渔业生产为主，畜牧业生产为辅的企业。鱼种场有少量的水稻田。全场总控制面积 8 040.8 亩，其中养殖水域面积 7 419.6 亩，耕地面积 117 亩，场区及生活占地面积 504.2 亩。全场共有 8 个作业区，实行家庭承包职工共有 93 人。

全场总人口 630 人，其中职工 119 人、退休人员 57 人，在职机关干部 12 人。资产总额 916.4 万元。2007 年，涝洲鱼种场经历了由省农委政府性的行政管理转变为划归农垦绥化分局直接领导的管理体制上的重大变革，是全场干部职工多年期盼的好事。自交接以来，分局领导多次带领各职能部门亲临鱼种场，听汇报、搞调研，对鱼种场当前工作和长远发展给予了全力的关心、帮助和指导，使全场干部职工看到了希望。一年来，鱼种场狠抓主导产业，各项工作逐步转入了健康发展的运行轨道，经济效益明显好于往年。

和平牧场场长　刘士杰

和平牧场党委书记、社区主任　倪金珠

和平牧场位于松嫩平原中部，大庆市大同区境内，牧场东南与新华发电厂毗连，西邻杜尔伯特蒙古族自治县，北接绿色草原牧场。辖区总控制面积50万亩，其中耕地11万亩，天然草场20.6万亩，林地12.7万亩，沼泽芦苇和季节性泡泽3.9万亩，其他占地1.8万亩。全场总户数3 650户，人口10 800人，其中：职工1 435人，蒙古族人口占20%，是一个蒙汉杂居、农牧并举的中型农垦企业。场内设有中、小学校和职工医院，社会化服务体系健全，生产生活设施完备。全场个体工商从业户数176户，从业人员367人。

和平牧场始建于1960年1月，至今有48年的历史，位于垦区西部风沙干旱的重灾区，素有"十年九旱"之称，"八五"期间被国家列为黑龙江省垦区25个贫困农场之一，经济基础十分薄弱。近年来，结合场情实际，坚持发场"拼搏奉献、务实求新"的企业精神，本着"养优质奶牛富民，种经特作物强场"的经营理念，通过甩包袱、兴水利、调结构、养奶牛、改草种树、走土地出租市场化之路，牧场经济基本走出低谷，各项事业均有长足发展。

牧场经济实力持续上升，资债结构趋于合理，农业基础设施加强，畜牧业生产迅猛发展。全场奶牛存栏16 733头，有奶牛饲养户1 580户，其中：饲养奶牛超10头的275户，50头以上的21户，100头以上的3户。有奶牛养殖小区2处，总计8 800平方米，容纳奶牛1 000头。

近年来，结合场情实际，牧场加大了植树造林力度，积极推进"岛式"造林，采取家庭林场、营造扶贫还款林等多种方式，使林草业恢复生机。几年来共植树造林4.3万亩，林地面积达到12.7万亩，全场林地覆盖率25.4%。为确保畜牧业健康持续发展，自2004年起推行全禁牧措施，积极争取资金改良草原，共改良草原8.2万亩，可利用草原面积恢复到20.6万亩，草原覆盖率达到41.2%。基础设施建设成效显著。

多年来，和平牧场在两级党委的多方关心扶持下，党政班子带领全场职工群众不等不靠，苦干实干，多方寻找出路，不断加快脱贫致富步伐，使这个资源小场的经济发展逐步走出贫困的低谷，融入垦区经济发展的快车道，2007年，和平牧场在分局工作业绩考核及领导班子考核排名中位居首位。

和平牧场葡萄园
温室大棚全貌

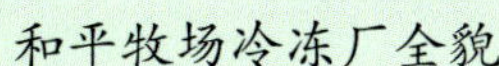

和平牧场冷冻厂全貌

和平牧场蒙古族新村全貌

和平牧场奶牛小区

肇源农场党委书记、场长、社区主任　李志维

肇源农场位于黑龙江省大庆市西南部,地处嫩江下游中段左岸,嫩江流经地域9.3公里,东南北三面与肇源县新站镇接壤,西与吉林省大安市隔江相望。农场东临新肇火车站,相距9公里,西连大安港。距大庆市100公里,距省城哈尔滨200公里,陆路交通和水路运输极为便利;通讯发达,国网、垦网齐备,微机全国联网,信息灵通,有利于经济的发展。

全场总控制面积11.7万亩,其中耕地5万亩,是黑龙江省垦区西南部小型现代化农场。地理位置优越,气候宜人,景色优美,水利资源丰富,盛产鱼虾,素有“鱼米之乡”的美称,被人们誉为“塞北的小江南”。

肇源农场始建于1948年。初为地方农场,后归属权几经变更。1976年划归绥化国营农场管理局领导至今。肇源农场现有耕地5万亩,总人口4 000人,拥有固定资产8 000万元。

“九五”以来,肇源农场本着“精种水稻,绿色兴场,多养狐貉,特色富民”的发展思路,致力于水稻生产和特色狐貉养殖,一改贫困的面貌,累计盈利2 000多万元。农场党政班子坚持科学发展观和构建和谐社会、和谐农场,依托资源小场,打造产业大场的理念,促进经济又好又快发展。

农业生产率先实现现代化。肇源农场现有水田面积5万亩,是垦区唯一的绿色优质水稻生产专业场,十分注重提高水稻生产的标准化水平。年生产绿色优质水稻3.5万吨。拥有轮式拖拉机85台,水稻插秧机720台,水稻收获机480台,水田生产机械化率达98%以上,基本实现了水稻生产的机械化。农场建有水稻科技示范园区,充分展示了农场科技种稻和标准化生产管理水平,为旅游观光农业的发展打下了坚实基础。

畜牧业产值占农场经济半壁江山。在特色养殖上,农场狠抓了养殖技术培训和现代化养殖小区建设,狐貉养殖业已成为开放在黑龙江垦区大地的一朵绚丽的奇葩。

民营经济发展迅猛。新农村建设稳步推进。百姓生活水平明显提高,基本实现了老有所养、病有所医,各项民生指标达到或超过国家标准。

肇源农场是垦区唯一的绿色优质水稻生产专业场;是全省最大的狐貉养殖基地;这里的优质大米闻名遐迩;这里的生态小城镇建设日新月异;这里的人民生活水平日益提高。

肇源农场场区鸟瞰

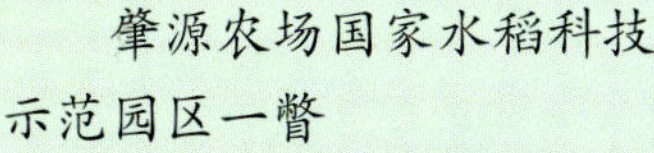

肇源农场国家水稻科技示范园区一瞥

肇源农场新落成的职工文化活动中心

茂兴湖水产养殖场场长、党委书记、
社区主任　韩志平

茂兴湖水产养殖场位于肇源县西南部，嫩江下游的左岸，始建于1948年3月，原是省农委直属企业，是全省重要的商品鱼生产、名特优新苗种繁育基地和貉狐养殖基地。全场经营总面积22.75万亩，其中水域面积12.6万亩、可耕地面积7万亩。企业地区生产总值3 000万元，人均收入达1万元。总场场部设在嫩江下游勒勒营子旧址，东距肇源县城50公里，北距肇源县的茂兴镇12公里。总场下设6个分场(其中4个渔业分场、2个副业分场)，在肇源县新站镇经营商场1处、7个科室，还有1个治安大队、1个卫生院和1所子弟学校，全场人口1 310人，职工436人。

茂兴湖，温柔地偎依在松嫩两江的臂弯里，它因水而兴，因鱼而扬名。茂兴湖水产养殖始建于1948年3月，在经历了60个春华秋实，60载厚积薄发中，驶入健康良性发展的道路。如今，已经成为全省重要的商品鱼生产、名特优新苗种繁育基地和狐貉养殖基地。

漫游在茂兴湖，神奇的传说昭示着她古老的神秘，大青山、三岔河、白银中华，处处青山，片片绿草，点点渔帆，在残雪余阳中成了一道迷人的自然景观。

鱼，让茂兴湖声名远扬，“三花五罗”成为该渔场不倒的金字招牌。鱼肥水阔，使其成为水产养殖的丰产家园。全场经营面积22.75万亩，其中水域面积12.6万亩，年产商品鱼3 500吨，鱼种15万公斤，名特优新苗种2亿尾。按照“面向市场、优化品种、优化结构、优化效益”的思路，进一步调整产品结构，加快名特优新换代步伐，把鳜鱼、大白鱼列为优先发展项目，建设标准化的繁育基地，依靠“南湖江鱼”的品牌效应，继续申报无公害、绿色有机食品认证，渔业的丰产带来殷实的收入。

养殖场在充分利用可耕地种植玉米、水稻的基础上，积极争取政策和资金，早日开发靠山放养场，开垦5万亩良田，获取现代农业效益最大化。大力发展狐貉产业，狐貉养殖已成为企业又一利民富民的支柱产业。

养殖场在场新领导班子的带领下，积极抢抓石油开发、农田改造、转换机制三大机遇，再次谱写新的篇章，成为垦区一朵绚丽耀眼的奇葩，在松嫩之滨熠熠生辉。

茂兴湖水产养殖场办公楼

茂兴湖水产养殖场水稻收获

茂兴湖水产养殖场职工在万亩冰面上进行冬季捕鱼

茂兴湖水产养殖场饲养的北极雪狐

茂兴湖水产养殖场貉狐养殖厂

柳河农场党委书记、场长、社区主任　王义海

柳河农场位于小兴安岭西南麓，总控制面积为22万亩，拥有5.4万亩耕地(水田2万亩、旱田3.4万亩)，森林面积13万亩，人口数2 423户，职工655人，是隶属于垦区绥化分局的一个小型农场。

柳河农场是垦区的农业小场、人口小场，却是一个资源大场。几经变迁的柳河农场于1993年划归绥化管理局，正式进入农场管理系列，并真正融入到市场经济的改革大潮之中。

农场针对农田水利工程配套率不足20%、低产田面积过大、水田灌溉难、旱田排水难的实际，相继建设了小柳河水库、二道河水库及十大蓄水池。“两库十池”水面占地6 000亩，年蓄水量1 100万立方米，使农场万亩沃野渠塘星罗棋布，桥涵配套成龙，形成了旱可灌、涝可排的水利工程设施。

基础设施得到改善，使农场的特色种植业，特种养殖业和旅游业有了保障。农场以“多方找路、多种经营、多点开花、多路进财”作好“林水”两篇文章的思路，促进了农场经济社会持续、快速、健康的发展。

自2001年起，农场按公司制逐步构建企业管理的总体框架，推行了扁平式管理，实行了副职正职化，农场副职分别领办三大公司，即农业公司、林牧公司、旅游经销公司。

柳河农场高度重视小城镇建设，营区环境得到明显改善。社会发展内外环境良好，辖区内政治安定、社会稳定，一派欣欣向荣的景象。

柳河农场林果基地温室发展到100栋，品种包括美国青提和美国红提(图为种植户正采摘成熟的青提)

柳河农场旅游业得到发展

柳河农场大力发展食用菌产业，新建食用菌基地10个，袋栽黑木耳200万袋（图为栽植户正在晾晒刚采摘的黑木耳）

哈尔滨分局党委书记　张玉良

哈尔滨分局局长　金奎祥

黑龙江省农垦总局哈尔滨分局位于黑龙江省省会哈尔滨市，所属11个农场分布在松嫩平原东部、张广才岭北麓，其中有4个农场位于哈尔滨市近郊，其他7个农场位于方正、延寿、通河、肇东、依兰、宾县、阿城等哈尔滨市周边市县。此外，全局还有直属工业企业3个、农业企业1个、批发零售贸易企业1个、房地产开发企业1个、直属社区1个以及高中、畜牧兽医防疫站等事业单位。分局土地总面积46 828公顷，其中耕地19 825公顷、林地10 413公顷、牧草地8 157公顷、水面1 687公顷。由于哈尔滨分局在全国城郊农垦中土地资源丰富，因此是为数不多的大都市里的一片绿洲。分局总人口41 514人，少数民族人口969人。

哈尔滨分局是以农畜产品加工业为主兼具综合性经营的国有农场群体，城郊型农垦经济是其主要特点。由于地处省城，具有得天独厚的地缘优势。建局以来，经过32年的建设与发展，现已形成了围城经济的特色与优势，尤其是位于哈尔滨市近郊的4个农场占地总面积达4 000公顷，随着中心城市的不断扩大和辐射作用的增强，土地现已大幅度升值，其综合开发价值更显突出，这给分局经济快速增长创造出了新的巨大良机。其他7个农场由于大都分布在松花江沿岸的江川平原或丘陵、漫岗之上，土地肥沃，土质良好，非常适合发展各项农牧业生产。

近些年来，随着改革开放的深入，哈尔滨分局明确确立并扎实践行“充分发挥区位优势和城郊土地资源优势，积极构建以都市农业为主要特色的围城经济，从而实现经济的快速增长”这一发展战略，取得可喜成就。

农业结构不断得到优化，种植业效益显著，都市农业优势日益凸现。畜牧业健康发展，规模和效益同步增长。工业运行质量良好，发展前景可观。第三产业及开放型经济不断扩大，房地产开发起步良好。非国有经济实现了快速发展。在经济发展的同时，哈尔滨分局的各项社会事业也有了同步发展。

目前，全局广大干部职工正在精神振奋、干劲十足地推进“11437”工程，力争在3年内实现经济总量倍增的目标。

哈尔滨分局

哈尔滨分局开发建设的北大荒现代化农业园区

哈尔滨分局2007年开发建设的“鑫都嘉园”商品住宅小区

2006年在北京举办的黑龙江农垦绿色特色博览会上哈尔滨分局展位

哈尔滨分局大什食品有限责任公司生产车间一角

旅游观光农业、都市特色农业现已成为哈尔滨分局的一大特点

庆阳农场场长　赫曜宇

庆阳农场党委书记　杨广明

庆阳农场位于延寿县境内，系延寿县、尚志市、方正县三角交界处，属完达山支脉张广财岭西麓，北距哈同高速公路 30 公里，南距哈绥高速公路 40 公里，方亚公路贯穿全场。

庆阳农场始建于 1947 年，是垦区开发历史最早的农场之一。截止 2007 年末，农场有总人口 8 380 人，界内土地总面积 11.8 万亩，其中林地 2.6 万亩、耕地 45 383 亩，在耕地中水田占 35 415 亩。

全场现下辖 1 个管理区、6 个作业区、13 个自然村和 5 个工商企业。此外，还有全日制中小学一所，全场已经实现了集中办学；场部设有医院、各作业区设有卫生所；社会劳动保险已实现养老、失业、工伤、医疗、生育五保合一；场部中心银行、交通、邮电、宾馆及各项文化设施一应俱全，小城镇建设已粗具规模。

农场地处山区，自然资源十分丰富。农业生产主要以水稻种植为主，以大豆、玉米为辅，其他杂粮有红小豆、白瓜子、白芸豆、绿豆等，此外还有西瓜、甜瓜、南瓜、黄烟、草莓、荷兰豆等经济作物。

林业生产主要有原杂木、板方材、小木农具、建筑工具、建筑材料、家庭用具、办公用具等。

畜牧养殖业生产以饲养牛、马、猪、鹿、蜂为主，其中药用养殖产品主要有鹿胎膏、鹿鞭、蜂王浆、蜂蜜等。

山产品生产主要有蕨菜、薇菜、广东菜、元蘑、榛蘑、人参、平贝等。

水产品生产主要有鲤鱼、白鲢、花鲢、鲶鱼、泥鳅、草根等。

加工业生产主要以大米、豆油、白酒、补酒、大豆腐、干豆腐、刺五加膏、忍冬膏等为主。

建场 60 多年来，庆阳农场累计已完成固定资产投资 4 000 余万元，现全场拥有各类机械设备 3 800 台套，已建成年加工能力 3 万吨的精制大米加工厂、3 000 亩规模的树莓基地、一次性储存能力 1 000 吨的速冻加工厂、2 座年加工提取中药浸膏 1 000 吨的制药厂、年生产壮元春系列保健酒 500 吨的保健酒厂，目前，企业资产总额已达 4 197 万元。

农场领导班子合影

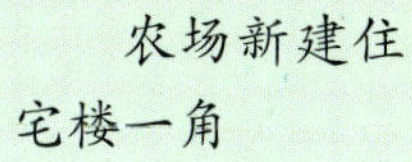

农场新建住宅楼一角

2007年6月13日，农场举办了建场60周年大庆，并邀请北大荒文工团来场演出（图为场庆现场）

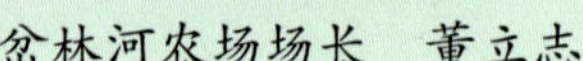
岔林河农场场长　董立志

岔林河农场党委书记、社区主任　张金涛

岔林河农场位于松花江中游北岸通河县境内，地理坐标为东经 128° 51′ ~ 129° 10′，北纬 46° 04′~46° 11′ 之间，场部位于哈萝公路 226 公里处，西距通河县政府所在地 14 公里。

农场始建于 1953 年，原为劳改农场，后经 10 余次变动隶属关系，于 1976 年划归省农垦系统管理，1985 年又划归省劳改局，一年后又复归省农垦系统。目前，全场设有 6 个农业作业区和 11 个场直单位，农场机关设 17 个行政及党群科室。

农场土地总面积 13.7 万亩，其中播种面积 5 万亩，水面面积 2 595 亩，大通河、岔林河流经场区，河流总长 25 公里，全场生态环境均衡协调，发展农牧业生产具有得天独厚的自然条件。

2007 年，全场总户数 1 450 户，常住人口 4 177 人，流动人口 400 人，在册职工 943 人，其中女职工 350 人，离退休职工 342 人。

农场全面落实科学发展观，紧紧围绕“提高粮食综合生产能力、职工增收、企业增效”这三大目标，依靠科技进步，大力发展绿色、生态、有机、高产农业。由于农场全面落实垦区“以稻治涝”的整体规划，坚持种植业结构调整，因而使水稻种植面积增加到 4.3 万亩，占总播种面积的 86%，粮食总产由 1985 年的 303.5 万公斤提高到 2007 年的 2 815.5 万公斤，全场平均单产达到 600 公斤，创历史新高，其中农场的 1 000 亩水稻高产园区是总局高产攻关试验区之一，其核心试验田亩产高达 715 公斤，农场因此成为垦区高产攻关达标单位。

农场的经济发展也促进了各项社会事业的发展。新农村建设的步伐也随着农场的经济发展而加快。

1994 年以来，农场多次获得总局文明单位、总局先进党委、总局先进文化场、黑龙江省抗洪抢险先进集体等多项荣誉称号，2006 年岔林河农场党委再次被评为垦区先进党组织。

2007年9月16日至22日，岔林河农场举行了文化广场落成典礼暨文化广场活动周活动

农场漆雕——春雨

岔林河农场小城镇建设一角

农场第一作业区水稻大棚育苗基地

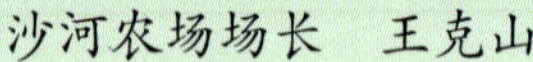

沙河农场场长　王克山

沙河农场党委书记　房益民

沙河农场地处方正县东部，与依兰县相邻，紧邻松花江南岸，属长白山支脉张广才岭北麓，地理坐标为东经129° 22′ 和北纬46° 11′ ，哈同公路贯穿场区。

农场始建于1954年，现辖区总面积32平方公里，其中耕地14 221亩、林地13 750亩、水面1 166亩，土质以草甸土和黑土为主，土质肥沃，生态环境协调，具有发展农牧业生产得天独厚的自然条件。农场总人口2 480人，其中少数民族25人，现有职工322人。

农场种植业主要品种是优质水稻，大豆、玉米、红小豆等旱田作物种植比重较少。为了保持水稻生产的持续稳产高产，农场投资新建了一个育秧面积达30 000平方米水稻育苗基地，从而使全场水稻生产全部实现大棚集中育秧。农场种植的垦稻12号、超龙10号优质水稻被誉为“北国香米”，具有营养全、味道香、口感好等特点，在省内外市场十分畅销，广大农户也因此得到了实惠。

农场现有林地13 750亩，其中人工林6 700亩，主要树种有落叶松、红松、杨树等；天然林7 050亩，主要树种有柞木、杨木、椴木、桦木、曲柳等10余种。由于常年坚持依法防火，严格控制火源，现已实现连续27年无火灾事故发生。目前，林产品的开发具有很大空间和前途，林下养殖(林蛙、野猪)、林下种植(人参、五味子、枸杞子)和山野菜(蕨菜、榛蘑)的采收利用已成为加快林产品开发利用的好项目。

近两年来，由于市场的调解和政策引导，农场养殖业出现了以养猪、养獭兔、养貉子为主的养殖热潮，而且正在继续保持升温的势头，尤其是养猪业，随着畜产品价格的一路走高，加之有利的政策支持，促使场内生猪养殖快速上升，并创出有史以来的高效益。

农场的工业主要有制药、制砖、木材加工，其中制药厂现已完成了股份合作制改革，并于2005年11月通过了国家的GMP认证。

近些年来，随着改革开放的深入，农场的各项社会事业也取得了可喜的成就。我们坚信，沙河农场的明天将会更加美好！

丰收的稻田

水稻育秧大棚

农场子弟学校

沙河农场制药厂

香坊实验农场场长　郝忠宝

香坊实验农场党委书记、社区主任　郭振民

香坊实验农场位于省城哈尔滨市香坊区，场部距省农垦总局仅8公里，是典型的城郊型国有农场。良好的地理位置和便捷的交通环境为香坊农场经济的发展提供了得天独厚的优越条件。

香坊实验农场现有土地总面积15 444.8亩，其中耕地9 700亩。由于地处省城哈尔滨市市区之内，因而土地资源十分宝贵。全场现有总人口3 702人，其中职工598人。

香坊实验农场始建于1948年3月，是黑龙江垦区开发历史最早的农场之一，也是我国建场较早的国营农场之一。由于农场地处省城郊区，历史上又长期作为东北农学院的实验农场，因此农业尤其是牧业生产及管理水平在国内同行业中多年居于前列。

近年来，香坊实验农场越来越注重发挥地处省城哈尔滨市这一得天独厚的地缘优势和区位优势，逐步走上大力发展都市农业、特色农业、设施农业、观光农业、高效农业这种围城经济之路，从而实现了经济的快速增长，企业面貌发生了巨大变化。

香坊实验农场在连续多年保持畜牧业生产高水平的同时，投资1.43亿元建起了占地面积达1 000亩规模的北大荒现代农业园，形成了以接待中心、绿色有机产品展销中心和黑龙江北大荒唐都生态园为主的餐饮商服区，以草本花卉、高档花卉、绿色葡萄、绿色草莓以及食用菌生产采摘为主的生产经营区，以垂钓鱼池和花果山组成的休闲娱乐区。2007年7月，该园区通过了省旅游局“AAA级旅游景点”验收。

经过几年的调整与发展，香坊实验农场现在已经形成了以有机食用菌、绿色蔬菜、高档花卉、优质农牧品种为主的第一产业，以绿化工程建筑、有机肥生产、食品和饲料加工、建材生产为主的第二产业，以设施农业园区观光旅游、综合大市场商服业、围绕省城各种服务业为主的第三产业这样一种全新的经济格局，并正在向做实第一产业、突破第二产业、做大做强第三产业、进一步依托区位优势重点开发旅游、仓储物流、房地产以及面向省城的综合配套服务等方向发展。

香坊实验农场正在向文明、富裕、和谐的全面小康社会阔步迈进！

香坊实验农场花卉生产基地组织培养中心

香坊实验农场花卉生产基地的智能温室及花卉产品

香坊实验农场奶牛基地自主繁育的荷斯坦奶牛

香坊实验农场食用菌厂主要生产高档菇及各种液体菌种(图为工人正在采摘金针菇)

香坊实验农场花卉生产基地栽培的荷兰安祖花(荷兰红掌)正在进行鲜切花包装

青年农场场长　李剑钊

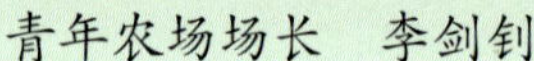

青年农场党委书记　周　辉

青年农场位于省城哈尔滨市城乡结合部,其土地大多数分布在松花江两岸及阿什河西岸,农场场部设在哈尔滨市道外区哈东路76号。全场土地总面积664公顷,其中耕地200公顷、水面9公顷、其他用地454公顷。全场总人口1 170人,职工201名,资产总额5 364万元,有祖代种鸡场1座、父母代种鸡场2座、肉鸡场1座、种羊繁育基地1座、农业生产队1个、土地开发利用区1个、职工医院1所、私营个体工业和个体商贸业100余户。

青年农场始建于1965年,其前身为哈尔滨市共产主义劳动大学,1967年改为市属国营农场,1972年划归省农垦系统。建场初期农场以种植业为主,自1973年起青年农场步入了以饲养肉用种鸡为主的发展轨道,经过30多年的发展建设,现已形成了集种鸡饲养、肉鸡放养一体化的肉鸡生产体系,是省内最大的规模化、专业化肉用种鸡繁育生产基地,也是农业部命名的全国百强育种基地。养鸡生产现已成为青年农场经济发展的支柱性产业,其生产规模在全国名列前茅,在国内具有较高的知名度。

农场从美国安伟捷公司引进了优良品种"AA"祖代种鸡,并为种鸡生产提供了最适宜的营养要求、最先进的饲养管理和环境条件。祖代种鸡场的现代化鸡舍均按国际标准建设,舍内装有先进的供料、供水、供暖、光控和通风设备,保证了舍内的空气质量和温湿度,符合其生物生长及繁育的各项安全舒适条件。种鸡场内还建有高标准的孵化大厅,安装了美国鸡王牌孵化设备。整个祖代种鸡场无论饲养环境还是场区环境在国内都均属一流,是我国东北地区规模最大、条件最好的"AA"祖代种鸡场,从而使"AA"祖代种鸡充分发挥出其优越的遗传潜力,其生产出的父母代种鸡具有抗病能力强、产蛋率高、成活率高和孵化率高等特点,其生产出的商品代鸡雏具有饲养周期短、增重快、肉质鲜嫩等特点。

目前,青年农场生产的种雏、种蛋等系列产品均注册为国内著名的"北大荒"商标,产品已远销吉林、辽宁、山东、内蒙、河北、北京、四川、新疆等省区,还与全国20余家养殖场和公司建立起了稳定的直接销售体系和良好的商业信誉,并以品种优、质量好、售后服务佳而著称,在市场上多年始终保持了热销的势头。

农场祖代鸡场办公楼

从美国安伟捷公司引进的“AA”祖代种鸡

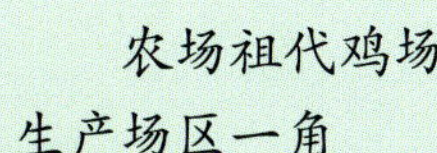

农场祖代鸡场生产场区一角

农场 2007 年开发的鑫都嘉园住宅楼

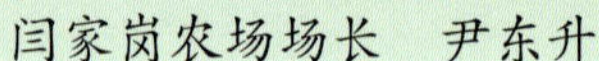

闫家岗农场场长　尹东升

闫家岗农场党委书记　祖国杰

闫家岗农场位于省城哈尔滨市西郊的哈尔滨市机场路19公里处,地理坐标为东经126°17′～126°21′和北纬45°34′～45°39′之间,行政区划属哈尔滨市道里区。全场东西宽5 000米,南北长7 200米,东至哈尔滨围城四环路,西邻哈尔滨太平国际机场,南靠京哈铁路必经之地双城市和102国道哈双公路南线,北距松花江上游仅8公里,地理位置优越,交通十分便利。

全场占地总面积16 025亩,现有耕地7 800亩,其中水稻近3 000亩,旱田4 450亩。全场总户数1 107户,总人口2 927人,少数民族97人。农场现有制药厂(民营)、农业服务中心、畜牧服务中心、建筑公司(资质三级)、交通运管站、物业公司、子弟学校、职工医院、派出所等单位。

1982年在农场境内发现的哈尔滨人遗址(旧石器晚期,距今23 000年),曾受国内外考古专家关注,出土了包括猛犸象、披毛犀、东北野驴、大连马、普氏野马等绝灭种化石,闫家岗遗址的发现和发掘,把黑龙江省的史前历史向前推进了一万多年,这已被省政府列为省级文物保护单位,在省博物馆历史展区和垦区北大荒博物馆都有专门介绍闫家岗遗址的展柜。

农场种植业生产通过依靠科技投入,基础设施建设不断完善,实现了土地产出、劳动生产率和经济效益三个提高,并正在以围城经济为导向,结合旅游开发项目的建设大力发展综合农业,使农业逐步向观光农业、设施农业方向发展。

养殖业生产经过多年的发展,现已成为农场经济的半壁江山。加工业生产已成为农场安置下岗职工就业的主要基地。闫家岗生物制药厂已有30多年的历史,生产全国知名的以牛奶发酵为主要原料的乳酸菌素,金帝泉矿泉水厂与完达山合作,充分开发利用农场的优质地下水资源,走质量与品牌相结合道路,生产含有偏硅酸等14种矿物质成分的完达山牌优质瓶装矿泉水,市场销量可观。非公有制经济的产值和效益现已占农场经济的50%。农场是垦区新农村建设的试点单位。

我们相信,在党的十七大精神指引下,在全场广大干部、职工、群众的共同努力下,闫家岗农场的明天一定会更加灿烂辉煌!

作为垦区新农村建设的试点单位，闫家岗农场在改善居住环境上大下工夫(图为2007年10月份新建成的两栋居民住宅楼)

到2007年底，闫家岗农场总资产在百万元以上的个体养殖大户有8家,养殖业已成为富民的主要途径(图为种鸡养殖大户王德顺个人的鸡舍)

打造休闲观光农业产业已成为闫家岗农场新的经济发展目标(图为休闲观光区内的渔池荷花盛开的场景)

红旗农场场长　鹿文革

红旗农场党委书记　张晓霞

红旗农场地处省城哈尔滨市西郊，距市区仅4公里，场部位于哈尔滨市南岗区王岗镇，交通便利、信息快捷。

农场总人口2 833人，总面积1.9万亩，现有耕地1.2万亩，纵横分布在哈尔滨市南岗、道里、平房、香坊四个区域内，农场下辖机场路、望哈等作业区以及中小学、医院、派出所等单位。

自1998年以来，农场审时度势，高度重视发挥地处省城近郊的区位优势及宝贵的土地资源优势，确立了“举全场之力，构建蔬菜生产经营专业场”的经济发展战略，围绕都市农业、特作农业、设施农业、观光农业大力发展围城经济，从而使企业的经济效益有了显著提高。

近几年，农场累计投资数千万元建设了两处总面积1 300亩的现代化设施农业园区，走上了农区工业化之路，其中机场路设施农业园区占地800亩，内有温室230栋、大棚217栋，垂钓鱼池3 500平方米；望哈设施农业园区规模500亩，内有育苗温室114栋，钢骨架大棚300栋。已成为集蔬菜生产、农产品采摘、旅游观光、科普教育、休闲度假等产业功能于一体现代化农业园区。由于园区规模适度、环境整洁，利于生产、适合人居，因此而远近闻名。

2007年，红旗农场蔬菜质量检测中心和2 000吨蔬菜冷冻保鲜库的建成以及黑龙江农垦北大荒蔬菜有限责任公司的组建，使农场蔬菜生产的产业链建设更趋完善。农场的蔬菜产品取得了“北大荒”商标使用权，其市场前景将更加广阔，发展空间将更加巨大。

近些年来，农场围绕省城哈尔滨市全力发展都市农业，现有耕地主要种植了马铃薯、番茄、豆角、黄瓜、彩椒、葡萄、食用菌以及瓜果等各类经济作物，形成了从生产到销售的产业化格局，从而使以特色农业为主的种植业经济效益平均每亩达到了1 800多元，其中有机食品平均亩效益高达18 000多元。

农场中小学的高升学率和高入学率又成为一大亮点展现在垦区及社会各界面前。

全场广大干部职工正在以更加昂扬向上的风貌、更加奋发有为的斗志、更加勤奋务实的作风，与垦区人民一道，共同为垦区又好又快发展而努力奋斗！

红旗农场新农村建设一景

红旗农场机场路作业区现已建设成为集生产、采摘、垂钓、旅游观光、科普教育等功能为一体的现代化都市农业生态园区

红旗农场北大荒有机蔬菜生产基地鸟瞰

四方山农场场长　范连龙

四方山农场地处黑龙江省松嫩平原腹地的肇东市境内,东与兰西县毗邻,南、北、西与肇东市接壤,场部距肇东市区30公里。农场始建于1952年,原为部队农场,后隶属关系几经变化,1976年又归沈阳军区后勤部管理,从2001年9月起隶属黑龙江省农垦总局哈尔滨分局管理,场名改为"黑龙江省四方山农场"。

农场现有土地总面积18.1万亩,其中,耕地面积7.13万亩,草原7.8万亩,林地2.31万亩。农场总人口2 397人,其中职工512人。农场下辖3个管理区、1所小学和1所职工医院。

从2001年起,四方山农场在哈尔滨分局的领导下,按照总局、分局两级党委(扩大)会议精神,全面贯彻落实科学发展观,科学合理调整产业结构,大力实施资源扩张战略,实行富民强场政策,积极推进农场经济、政治、文化和社会建设,取得了显著的成效。

2001~2007年,农场先后建起了职工住宅楼2座、多功能的教学楼1座、设施配套的职工医院1座,完成白色及黑色硬化路面31.3公里,拆迁泥草房改造并新建住宅小区2 236平方米,自来水普及率达到95%,有线电视入户率达到95%以上,人口自然增长率 -8‰。2001年农场移交农垦系统时,全场从业人员劳动报酬仅为283万元、职工年工资总额175.5万元、年末储蓄总额85万元、社会消费品零售总额456万元、电话机总量333部。到2007年,全场从业人员劳动报酬达2 423万元、职工年工资总额达1 007万元、年末储蓄总额达1 214万元、社会消费品零售总额达1 360万元、固定电话新增装机量340部、移动电话总量近900部。目前,四方山农场的"双高普九"、医疗卫生、环境保护、小城镇建设、社会稳定以及党风廉正建设均全面得到了加强和改善,农场职工居民的生活水平及生活质量发生了显著变化,职工群众的满意率有了根本性的提高。

如今,四方山农场犹如镶嵌在松嫩草原上的一颗耀眼夺目的璀璨明珠,正在以锐意改革、与时俱进的崭新风貌扬帆前进!

农场新建成的集教学、食宿于一体的教学楼，改善了办学条件

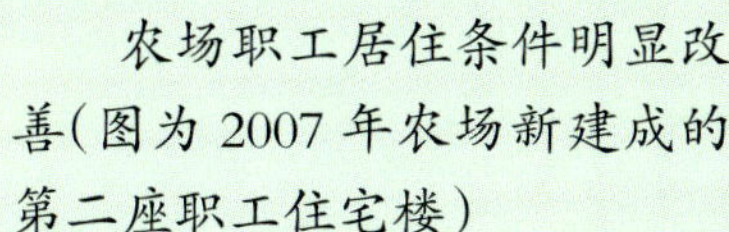

农场职工居住条件明显改善（图为2007年农场新建成的第二座职工住宅楼）

农场初步实现了街区道路的硬化、亮化、绿化、美化、香化（图为宽12米并安装了路灯、铺设了草坪、栽植了小叶丁的白色路面）

农场一队中低产田改造是垦区2007年农业综合开发项目，总投资430万元，现已完成（图为正在铺设砂石机耕路）

松花江农场场长　李彦青

松花江农场位于依兰县境内，地处哈萝公路284公里处，属小兴安岭山脉南麓，松花江北岸，西与通河县界毗邻，南与依兰县城隔江相望，素有“南依松花江，北靠兴安岭，两河环抱，腹卧平川”的美称。

松花江农场是1992年从原依兰收获机械厂分离出来建立的农场，曾隶属于总局经委、北大荒经贸集团和农垦科学院，2006年3月隶属于农垦总局哈尔滨分局。

松花江农场现辖区总人口5 800人，总面积8 743.9公顷，其中耕地3 800公顷、林地3 661公顷。农场下辖5个作业区、4个公司制单位、1家民营农机装备有限公司，社会服务体系健全，已形成了“一农一工”格局的经济社会区域。

近年来，农场按照“增稻玉、压大豆、强经作”的作物结构调整思路，玉米、大豆、水稻三大作物产量逐年攀升，粮食总产突破2.5万吨；农业科技含量也逐年加大，现已拥有两条科技示范带、两个科技示范园区；农业机械化程度亦逐年提高，现各类农业机械达200多台套。

在林、牧、渔业生产上，农场近年新开发经济林270亩，开发中草药400亩，现有各类绿化造林苗木23种58.2万株、宿根花卉10个品种、草坪7 000平方米，全场森林覆盖率达19%。畜牧业生产也有了相应的发展，全场大中牲畜饲养量达5 100头(只)，禽类饲养量达15 000只，近年来还兴起了狐貉、獭兔等特色养殖。

以农机制造业为主的非国有经济发展势头强劲，由29家民营农机制造厂组成的农垦依联公司成为非国有经济的“领头雁”，带动了区域经济的发展。农场正逐步向以农业为主体、工业和服务业协同发展的“一体两翼”的经济模式发展。

在机遇与挑战面前，农场广大职工正在发扬“团结严谨、勤俭持家、求实奋进、追求卓越”的企业精神，按照“农业强场、工业富场、科教兴场、招商活场”的思路，精心实施农业结构调整、工业园区化、境外开发三大战略，突出发展红菇娘、种子、生态鹅、食用菌、农机制造五个产业，努力打造经济发展和社会和谐的平台，决心到2010年使国内生产总值、人均收入、全口径利润三项经济指标实现倍增！

农场本着教育优先的原则，学校环境逐年改善，各种教学设施配置齐全（图为环境优美的校园）

农场职工的居住条件及环境有了明显改善(图为职工住宅区一角)

农场加快了小城镇建设的步伐（图为场部友谊街中段）

阿城原种场场长　周梅凯

阿城原种场位于哈尔滨市东南 30 公里处,距阿城区政府 5.5 公里,属哈尔滨市阿城区境内,绥满铁路、绥满公路、阿什河贯穿场区境内。

阿城原种场始建于 1954 年,建场初期隶属于黑龙江省农业局,以繁育种畜为主;1966 年下放到地方由阿城县代管,经营项目仍以繁育种畜为主;1970 年由黑龙江省国营农场管理局绥化分局管理;1975 年东北农学院来场建校,改名为"东北农学院试验农场";1980 年隶属黑龙江省农牧渔业厅,定名为"黑龙江省阿城原种场",体制是事业单位企业化管理,经营项目是以农作物两杂品种试验、试范和推广为主;从 2007 年 1 月起,隶属黑龙江省农垦总局哈尔滨分局管理。

阿城原种场现有总人口 4 818 人,其中职工 1 496 人,中、高级专业技术人员 52 人。农场下属单位有农业分场 6 个、种子公司 1 个、引种试验中心 1 个、畜禽场 1 个、工业单位 6 个、医院 1 个、供应站 1 个。

阿城原种场现占地总面积 38 434 亩,其中旱田 20 453 亩、水田 2 266 亩、棚室田 477 亩、引种试验中心试验示范田 320 亩、林地 2 893 亩、水面 160 亩。全场主要以玉米、大豆、水稻三种农作物生产为主,玉米每年产量约 400 万公斤、大豆每年产量约 200 万公斤、水稻每年产量约 150 万公斤,种籽每年约繁育 80 万公斤。

阿城原种场现有农业机械总动力 1 485 马力,有大型拖拉机 2 台、中型 4 台、小型 39 台、配套农机具 7 套、播种机 19 台、插秧机 1 台、喷药机 13 台。全场现有资产总值 2 852 万元,其中固定资产总值 1 782 万元、固定资产净值 1 168 万元,流动资产总值 1 533 万元,递延资产净值 111 万元,企业负债总额 2 953 万元。

2007 年,阿城原种场实现国内生产总值 1 557.6 万元,人均实现国内生产总值 3 200 元;实现工农业总产值 2 391.7 万元,其中农业总产值 2 247.7 万元、工业总产值 144 万元;全年粮食总产量 7 447 吨;职工人均工资 2 985.73 元,农场职工家庭人均收入 1 049 元。

原种场农作物引种试验研究中心

阿城原种场场部办公楼

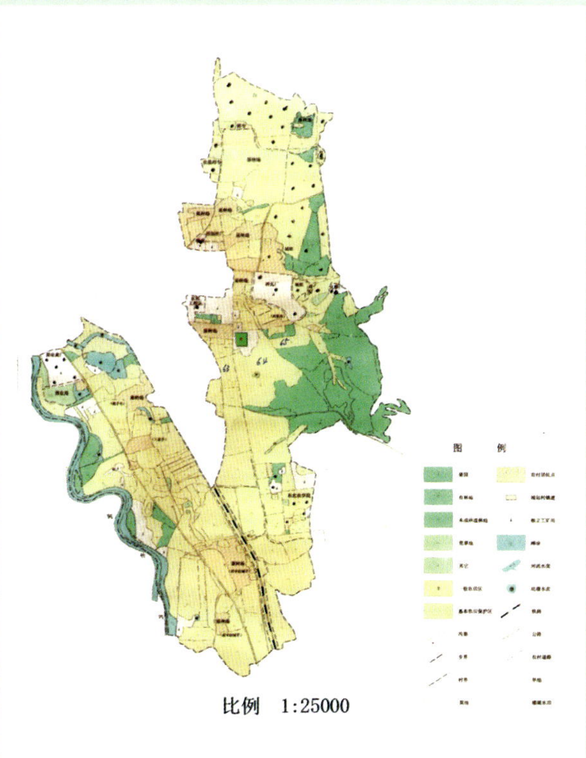

阿城原种场场部所在阿城区境内平面图

九龙山柞蚕育种场场长　毕滨生

九龙山柞蚕育种场位于哈尔滨市宾县宾州镇东南7公里，距省城哈尔滨市67公里，地理坐标是东经127°32′28″和北纬45°43′08″，属于张广才岭支脉。现全场总面积12 295.7亩，其中：柞矮林12 105.7亩、道路14.8亩、耕地175.2亩；总人口245人，在岗职工68人；企业现资产总额345万元，年可实现工农业总产值近百万元。

九龙山柞蚕育种场始建于1959年，近50年来隶属关系多变，至2007年1月起从原省农委管理移交到省农垦总局哈尔滨分局管理，育种场即由过去的事业单位企业化管理转变为农垦企业。从建场至今，育种场始终从事柞蚕良种的繁育，担负着黑龙江省柞蚕优良品种的引进试养、先进柞蚕饲养技术的示范推广以及技术培训工作，是省内唯一一家定点生产柞蚕种根的场家，也是全省重点扶持的蚕种行业龙头企业。

由于柞蚕缫丝具有结实耐用、防腐、防酸、防盐、透气性好等特点，是民用、工业用的天然优质纤维，而且柞蚕蛹还是纯绿色无污染食品，富含高蛋白和人体所必需的氨基酸，是人们广泛喜爱的美味食品，因此，柞蚕的优良品种就显得十分重要。几十年来，育种场为全省蚕种生产发展和蚕业生产发展提供了大量的优质种根和优良种茧，每年种茧的生产量均占全省种茧总量的50%以上，起到了出种茧、出技术、出经验的重要作用，为全省的蚕业生产发展做出了重要贡献。

育种场年可生产柞蚕保育母种40万粒，除自用15万粒外，其余可向省内各蚕种场供应；年可安排三个种级柞蚕良种生产，可繁育柞蚕母种4.5万公斤，除自用0.3万公斤外，其余可向省内各地蚕蜂指导站及蚕农供应；年越冬保种量达6万公斤，可为省内各地蚕蜂站和蚕农代保种4万公斤，也可为省内二化一放的不同地区或区域一次性制种提供优质柞蚕卵800公斤。

2000年至2004年育种场为黑龙江省蚕蜂系统精神文明单位，2005年至2006年为黑龙江省蚕蜂系统精神文明标兵单位。

柞蚕放养场地

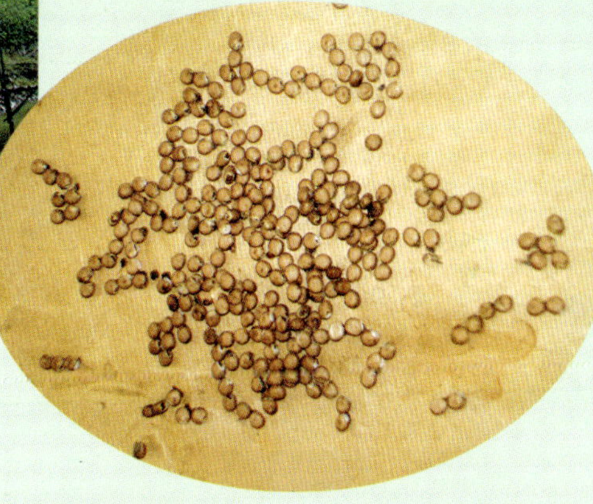

柞蚕卵：椭圆形，类似高粱米状，每蛾大约产200~300粒，积温达到摄氏120度大约10天出蚕

全省最大柞蚕种地下低温保种窖

调控恒温产卵室

九龙山柞蚕育种场繁育饲养的良种：青一品种五龄种蚕

北大荒农业股份有限公司董事长、党委书记 姜夏

北大荒农业股份有限公司董事、总经理 党委副书记 奚河滨

黑龙江北大荒农业股份有限公司成立于1998年11月,2002年3月在上海证券交易所上市。是经国家经贸委批准设立、由黑龙江北大荒农垦集团总公司独家发起的股份有限公司。总部设在哈尔滨市经济开发区,下设16家农业分公司和浩良河化肥分公司,控股北大荒米业有限公司、哈尔滨龙垦麦芽有限公司和北大荒纸业有限责任公司。

公司是我国目前规模最大、现代化水平最高的农业类股份有限公司,经营约62.4万公顷耕地和24万公顷可垦荒地,主要分布在世界上土质最肥沃的三大黑土带之一的三江平原上,土地集中连片,土壤有机质含量高,水源丰富,气候条件有利,自然条件十分优越。作为农业产业化的标志性企业,多年来公司在农业生产技术、粮食流通、农业经营体制改革和可持续发展等方面不断探索和创新,在调整作物结构、大面积开发种植等方面积累了丰富的开发建设经验,形成了一整套农作物高产栽培技术和抵御自然灾害的有效措施和管理经验。几年来公司斥巨资用于农业基础设施建设,农业标准化、农业科技水平显著提高,粮食综合生产能力大幅度增强。公司粮豆年总产超400万吨,是一个举世闻名的"天下粮仓"。

公司成立10周年和上市6周年,完成了从资产经营到资本经营的历史跨越,已经成为推动我国农业科技进步和现代农业的展示窗口;成为提供优质绿色产品,保障我国粮食安全的重要商品粮基地;成为推进农业产业化发展的示范基地。

公司坚持"诚信、和谐、创新、卓越"的经营理念,致力打造经营稳健、效益显著、核心竞争力强和成长性良好的现代农业企业。几年来公司连续被评定为上证180指数、红利指数、沪深300指数样板股,获得了中国最具生命力百强企业、中国上市公司最具竞争力20强和投资者心目中最亲切的上市公司等荣誉称号。

北大荒农业股份有限公司

王志威
北大荒农业股份有限公司监事会主席

北大荒农业股份有限公司办公楼

黑龙江北大荒纸业有限责任公司

黑龙江省北大荒米业有限公司

黑龙江北大荒农业股份有限公司浩良化肥分公司

北大荒龙垦麦芽有限公司

浩良河化肥分公司总经理　项　滨

北大荒农业股份有限公司浩良河化肥分公司坐落在伊春市南岔区浩良河镇。前身是浩良河化肥厂。1970年4月破土动工，1974年3月建成投产。现有规模为年产12万吨合成氨、20万吨尿素、10万吨甲醇。1998年加入黑龙江北大荒农业股份有限公司，现有资产总额11.46亿元，拥有员工2 059人，其中技术管理人员313人、具有中高级职称人员155人。企业的核心工艺和主要生产设备引自美国、德国和瑞士等国家，生产工艺先进，技术力量雄厚，市场信誉度高，是黑龙江省“重合同守信用企业”。

企业引进当今世界上较为先进的美国“德士古”水煤浆加压气化技术，于2004年7月完成了原料“油改煤”工程建设，快速改变了原料路线，结束了30年用重油生产尿素的历史，开始用煤炭作原料生产尿素。生产成本较低，经济效益可观，实现了企业增效和员工增收。

企业主导产品为“北大仓”牌尿素，副产品有食用二氧化碳、氧气、氮气、液氧、液氮。主副产品市场广阔、供不应求。2005年8月甲醇工程开工建设，2006年11月新产品甲醇投放市场。企业正在全力以赴运作实施合成氨和尿素增产扩能改造项目，技改项目完成后，年产能力可达到18万吨合成氨、30万吨尿素、10万吨甲醇，生产规模进一步扩大、成本更加降低、经济效益更加可观、员工收入进一步增加、核心竞争能力进一步增强。

正在施工的浩化分公司尿素深度水解项目

浩化分公司尿素包装线上的北大仓牌尿素

浩化分公司造气车间净化装置“四塔”

浩化分公司合成氨贮罐

北大荒米业有限公司总经理　明友珍

黑龙江省北大荒米业有限公司是按照推进农业产业化经营的战略要求组建的国有控股企业，由北大荒电业股份有限公司控股。主要从事稻米及副产品的加工和销售、稻米衍生品的开发和应用等活动。公司注册资本5.1亿元人民币，下辖5个分公司、30余个制米厂。拥有国际领先的精米生产线58条，年可加工水稻260多万吨。通过几年的发展，公司先后跻身于农业产业化国家重点龙头企业，国家首批"重合同守信用"企业，全国质量管理先进企业和国家粮食储备资格企业。公司生产的"北大荒"系列品牌大米成为绿色食品、有机食品、国家免检产品和中国名牌产品。"北大荒"商标也成为中国驰名商标。公司充分依托基地、规模、品牌三大优势，建立了全国性的销售网络及顺畅安全、均衡供货的物流通道，产品已远销到世界40多个国家和地区。

公司产品市场占有率、出口量、品牌知名度均居国内行业前列，成为国内最大的专业稻米加工企业。作为中国乃至国际最具规模的稻米专业制造商，在品牌、资本、物流、技术和营销网络等方面具有强势，有能力、有责任、有必要在提升垦区稻米产业化水平，聚集和打造垦区稻米独特优势的宏伟事业中担当重任。

北大荒米业建设的三江制米公司年可加工稻谷 30 万吨，一级米糠油 3 000 吨，还可生产毛糠腊、谷维素等稻米深加工产品，成为垦区稻米深加工龙头企业（图为三江制米公司仓储设施）

依托资源优势、品牌优势和绿色优势，北大荒米业产品畅销全国，并远销到世界 40 多个国家和地区，2007 年共出口大米万吨，国际化牵动作用日显增强（图为北大荒米业出口米加工现场）

北大荒米业紧紧围绕改善质量、节能降耗、防治污染和提高劳动生产率，2007 年共投入 4 000 万元进行中心厂的技术改造（图为经过热风炉燃煤改造后的烘干塔）

北大荒纸业有限责任公司董事长　刘春华

北大荒纸业有限责任公司总经理　殷文科

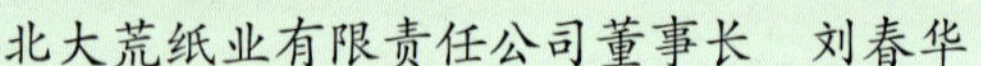

黑龙江北大荒纸业有限责任公司(原兴凯湖造纸厂)是北大荒农业股份有限公司控股子公司,坐落于黑龙江省密山市境内风光秀丽的兴凯湖畔。东距虎林市80公里,西临大小兴凯湖,南隔松阿察河与俄罗斯相望,北与八五八、八五六两个农场比邻。公司区域内有丰富的野生芦苇资源,大小兴凯湖水域面积共计4532平方公里,总计蓄水量178亿立方米。充足的湖水资源和国家商品粮基地提供的农作物秸秆资源为造纸生产提供了得天独厚的资源优势。公司的前身是黑龙江省兴凯湖造纸厂,自1958年建厂至今,先后经历过劳改农场,黑龙江生产建设兵团时期和黑龙江农垦国营农场三个时期。历经创业、发展、壮大,现已是集制浆、造纸、发电、供热于一体的综合造纸企业。拥有6条造纸生产线,年产优质文化用纸6万吨,可生产40多个品牌,60余种规格的产品,是东北地区专业文化用纸的唯一生产企业。产品商标以"兴凯湖"冠名,是黑龙江省认定的名牌产品。

公司现有员工1 400余人,2006年新投产的两条造纸生产线,制浆系统采用干湿法备料、连续蒸煮和多段逆流洗涤,工艺超前,设备先进,所提供的浆料纤维均匀,品质卓越。

北大荒纸业在"迎合需要改变、坚持品质提升"的发展准则中,以老承新,以新创新,在振兴民族工业,打造绿色纸业,争创一流企业的征程中扬帆远航,为全面承担起东北地区草浆文化用纸的领军企业而争荣创誉。公司将恪守"诚信、和谐、创新、卓越"的经营理念,为员工富裕增收,为企业繁荣增效,为民族工业增光、为国家富强奋斗。

北大荒纸业抄纸车间

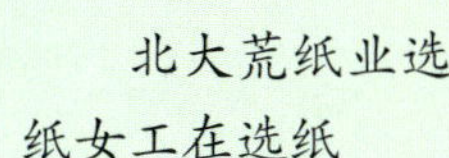

北大荒纸业选纸女工在选纸

北大荒纸业三个文明一起抓，2007年美化、亮化建设再上新台阶（图为绚丽多彩的公司夜景）

北大荒龙垦麦芽有限公司党委书记、
董事长　苑晓平

北大荒龙垦麦芽有限公司党委副书记、
总经理　杨本华

北大荒龙垦麦芽有限公司(以下简称:龙垦麦芽)位于哈尔滨市开发区哈平路集中区,于2002年3月正式注册成立,占地面积9.7万平方米,年生产优质啤酒麦芽规模为25万吨。下设友谊分公司,内蒙古红海种业,由黑龙江北大荒农业股份有限公司控股51.22%,黑龙江北大荒农垦集团总公司持股48.78%,固定资产6.31亿元,年可实现销售收入6.39亿元,利税1 522万元。是目前我国最大的国产大麦加工企业,是国产大麦民族产业的领军航母。

龙垦麦芽项目建设高起点、高标准源于农垦总局正确的项目战略决策,源于北大荒农业股份有限公司(以下简称股份公司)资本运作、经济实力的坚实保障,也源于龙垦麦芽准确的企业发展战略规划和现代企业管理的经营观念。

龙垦麦芽作为国产大麦产业的领军航母,实施啤酒大麦的产业化经营,领军国产大麦产业化的发展,拉动原料大麦基地建设200万亩,大麦种子科研种植基地3.0万亩,年提供优质大麦良种近6 000吨,带动了原料基地啤酒大麦的种植。原料大麦的种植,调整了农业种植结构,发展了特色农业,推动了农业现代化的进程,创造了良好的经济效益和社会效益。

2007年度龙垦麦芽确立了“达产达效、质量效益、管理提升”的年度经营的三大目标,实现了达产率100%,销售率100%,回款率100%的业绩,使公司完成了自投产以来“三年三大步、一年一台阶”的巨大的跨越,并实现了国产麦芽生产能力全国第一。

龙垦麦芽依托黑龙江农垦60年的发展实力,坚持基地、市场、品牌、服务高点定位的理念,已成为大型啤酒企业国产麦芽指定供应商,一步步实现着跨越式发展。

公司同华润雪花啤酒集团签订五年战略合作伙伴框架协议现场

公司同美国 AB 集团高层会晤

公司麦芽生产工艺流程

公司收获大麦场景

八一农垦大学党委书记　翟瑞常

八一农垦大学校长　包　军

黑龙江八一农垦大学是黑龙江省属全日制普通高等学校。学校创建于1958年,由原国家副主席、时任农垦部部长的王震将军主持创建并亲任校长。学校原址位于黑龙江省密山市裴德镇。2003年10月,学校搬迁至大庆市高新区,实现了办学地理位置的战略性迁移。经过49年的发展建设,学校已凝铸形成了以"艰苦奋斗、无私奉献、务实求真、负重致远"为主要内涵的"八一农大精神",发展成为一所具有鲜明农垦现代化大农业教育和科研特色,以农为主、多学科协调发展的农业大学。

建校以来,黑龙江八一农垦大学共培养毕业生3万余名,培训各类专业技术人才4万余人次;学校共取得科研成果500余项,其中400余项获得国家、省部、厅局级奖励,科研成果转化和推广200余项,累计创造社会经济效益300多亿元。学校先后两次获得黑龙江省重大科技效益奖,两次获得黑龙江省大专院校和科研单位振兴经济奖。

学校现占地总面积113.50万平方米,建筑面积44.75万平方米,教学、科研仪器设备资产总值7 923万元,图书资料139.52万册;学生宿舍实行公寓化管理,硬件设施居省内高校前列。学校建有12个学院,设有43个本科专业,涉及农学、工学、管理学、理学、法学、文学、经济学等七大学科门类,其中省级重点学科群1个,省级重点学科6个、省级重点专业4个;现有硕士学位授权点22个,5个农业推广硕士专业学位授权领域,具有兽医专业硕士和高校教师硕士学位授予权,农业机械化工程、作物栽培学与耕作学2个博士学位授权点,北大荒农垦集团公司博士后科研工作站1个,省级重点实验室3个,省级实验教学示范中心2个,省部级实验室8个。学校面向全国21个省区招生,全日制在校生15 000人,其中研究生469人。

学校现有专任教师793人,其中教授87人,副教授226人,具有博士学位教师60人,具有硕士学位教师395人,正在攻读博士、硕士学位的教师110人。有省级重点学科带头人和后备带头人9名,总局级重点学科带头人和后备带头人24名,师资队伍的学历结构和职称结构日趋优化。"十一五"开局以来,学校在研各级科研项目560余项,其中国家级10项,省部级65项,厅局级300项。学校承担的"中加合作—黑龙江省食品加工研究发展中心"项目正在建设中。

学校近景

老校长王震将军铜像

学校图书馆侧景

学校体育场

学校游泳馆内景

学校学生食堂内景

农垦科学院党委书记　陈　枫

农垦科学院院长　马守义

黑龙江省农垦科学院成立于1979年,隶属于黑龙江省农垦总局。共有12个研究单位、2个实验农场,是一个多学科综合性的农业科研机构。

全院现有2 240余名职工,其中在职职工1 190余名。在职的327名科技人员中具有正高级职称35人、副高级职称79人、中级职称97人,占地3 381公顷,固定资产8 611万元。

农垦科学院建院28年来,共承担了600多项各级各类科研课题(项目),鉴定科技成果411项,获省农垦总局以上科技进步奖励242项,其中获国家和省部级以上科研成果奖励55项,培育水稻、大豆、玉米、小麦、油菜等农作物新品种140余个。产地粮食处理中心配套技术和寒地水稻旱育稀植"三化"栽培技术获省重大科技效益奖,寒地水稻叶龄诊断栽培技术获何梁何利基金"科学与技术区域创新奖",三江平原规模化现代农业模式与技术研究获省科技进步二等奖,通过推广这一系列的重大科技成果,每年都创造出数亿元的社会效益,为黑龙江垦区和全省的经济发展、农业现代化建设作出了重大贡献。

2007年,经总局批准,科学院成立了经济作物研究所与植物保护研究所,在测试化验中心内设垦区农业湿地监测分中心;制定完善了院发展规划,作出了"哈佳"两个院区同步发展的历史性决策,开展七大工程建设项目,其中在佳木斯院区开展六大工程建设项目,在哈尔滨院区开展一大工程建设项目。

为加快实施发展规划,科学院与佳木斯市开展市院科技共建合作,启动了省农业科技园区建设,沿出入市区的安庆路两侧,开展了水稻等六个科技示范园区的建设,20公顷旱改水和10公顷旱田土地平整的农田建设基本完成,省级农业科技园区将发挥技术辐射三江粮食主产区现代农业建设、对农业企业和农户农民进行农业科技示范、打造农业科技创新新平台、科技支撑平台、科技人才培训平台、科技成果转化及推广平台,增加城市特色和功能、创建现代农业展示窗口。

农垦科学院总农艺师徐一戎（前左一）获何梁何利创新奖

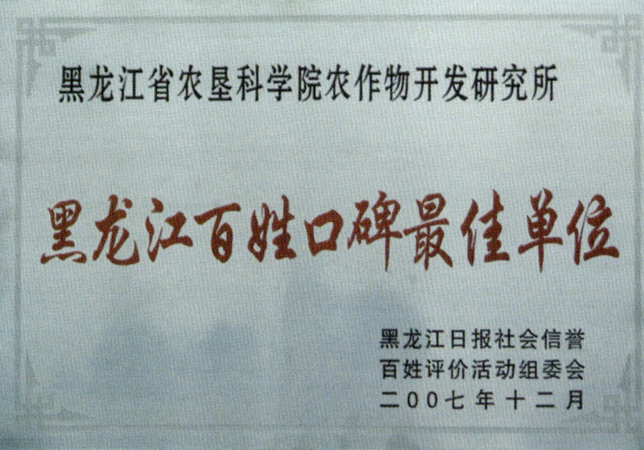

黑龙江省农垦科学院农作物开发研究所

黑龙江百姓口碑最佳单位

黑龙江日报社会信誉
百姓评价活动组委会
二〇〇七年十二月

农垦科学院农作物开发研究所获百姓口碑最佳单位奖牌

农垦科学院自育垦稻 12 号水稻新品种

农垦科学院自育垦丰 16 号大豆新品种

农垦科学院自育垦粘 1 号糯玉米新品种

农垦勘测设计研究院院长　谢学富

黑龙江农垦勘测设计研究院,位于佳木斯市红星街54号,为总局直属事业单位,始建于1957年,在隶属关系上先后经历了4个时期(农垦部时期、东北农垦总局时期、黑龙江生产建设兵团时期、黑龙江省农垦(场)总局时期)和8次易名(农垦部水利工程局、农垦部荒地勘测设计院第一分院、东北农垦总局勘测设计院、黑龙江生产建设兵团勘测设计大队、黑龙江生产建设兵团勘测设计院、黑龙江省国营农场总局勘测设计院、黑龙江农垦勘测设计院、黑龙江农垦勘测设计研究院),是垦区唯一的多专业甲级勘测设计单位(副厅级)。1987年经国家计委批准为国家甲级勘测设计院,具有工程勘察(岩土工程、水文地质、工程测量),农林行业,水利,测绘,工程咨询,工程总承包,建设项目水资源论证,水文、水资源调查评价,建设项目环境影响评价等甲级资质证书;水利(水库枢纽)、市政公用(道路、桥隧),电力(送电、变电)、建筑工程、工程咨询、编制开发建设项目水土保持方案、防火设计等乙级资质证书和城市规划丙级证书。2002年通过了ISO9001质量管理体系认证。

全院现有职工369名,专业技术人员329名,技术人员占职工总数的89%,其中教授级高工15名,高级工程师59名,工程师132名,有60余人取得了相关专业的全国注册资格证书。全院设有勘测设计及辅助生产部门15个,主要从事农林、水利、电力、建筑、道路桥梁等工程设计;岩土工程勘察、水文地质、工程测量、房产测绘、环境影响评价、水土保持、工程施工、质检化验及科研等;多种经营单位4个,主要从事医疗、餐饮、客房、商店、水暖安装、商业流通、电脑技术等;股份制公司1个,主要从事建设项目监理业务;职能部门5个。

建院以来共完成各类勘测设计及科研项目6 000余项,其中大型项目400余项,成果合格率100%,优良品率达到90%以上,荣获总局级以上科技进步奖和优秀勘测设计奖的项目达300多个,其中省部级以上获奖项目达100余项。

在实施经济发展战略的同时,研究院进一步加大精神文明建设力度,1996年被评为总局级文明单位标兵。2000年被省委省政府授予省级文明单位称号。2005年被全国企业文化协会授予全国企业文化建设先进单位称号。

由农垦勘测设计研究院设计的兴凯湖第二泄洪闸，被誉为兴凯湖畔的一颗明珠

由农垦勘测设计研究院设计的绥滨灌区渠首工程

位于哈尔滨市的农垦勘测设计研究院新办公楼

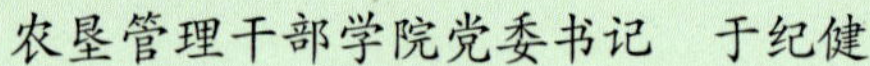

农垦管理干部学院党委书记　于纪健

农垦管理干部学院院长　曹景春

黑龙江农垦管理干部学院是1981年经省政府批准,国家教育部备案的全日制成人高等院校。黑龙江农垦管理干部学院与黑龙江农垦总局党校、黑龙江农垦教师进修学院、黑龙江省农垦广播电视大学、黑龙江垦区农业广播电视学校“五校”合署办学(以下称“五校”)。“五校”地处哈尔滨市高新技术产业开发区内,北临黄河路(184号),东靠哈尔滨国际会展体育中心,西距省招生考试中心、哈尔滨工业大学新区仅百米之遥,与省电视台龙塔、省图书馆举头相望,南与哈尔滨国家级高科技创业中心、高新技术企业孵化中心和海外学人创业中心相毗邻,所处区位环境优美,文化气息浓郁,办学优势明显。

“五校”实行党委领导下的院长负责的领导体制,实行一个领导班子,一套机构,资源共享,统分结合,一体运行的内部管理体制。有教职工189人,教师66人。“五校”占地11 400平方米,拥有总建筑面积为11 800平方米的教学行政楼、学生宿舍楼和培训楼三栋,以及完善的校内计算机局域网络和先进的远程卫星接收系统。

“五校”承担多种办学职能,依托垦区,面向社会,开展多渠道、多层次、多形式办学,坚持岗位职务培训、继续教育、学历教育、职业教育相结合,坚持脱产教育、函授教育、远程教育相结合。全校教职工以北大荒精神进行第二次创业,为把“五校”建成一流的成人教育而奋斗,以更辉煌的业绩,为构建和谐垦区、全面建设小康社会作出更大的贡献。

农垦管理干部学院办公及教学楼

农垦管理干部学院第四届田径运动会开幕式

农垦管理干部学院学生运动会精彩瞬间

荣誉证书

黑龙江农垦农业广播电视学校：

被评为 2007 年度媒体资源利用先进集体。

二〇〇八年一月

荣誉证书

黑龙江农垦农业广播电视学校：

被评为 2007 年度中等职业教育先进集体。

二〇〇八年一月

农垦管理干部学院获得荣誉

农垦职业学院党委书记　孟凡龙

农垦职业学院院长　崔永福

黑龙江农垦职业学院是一所具有近50年办学历史的公办综合性高等职业院校,行政隶属于黑龙江省农垦总局。学院位于北国冰城哈尔滨市江北大学城中心地带,占地面积20万平方米,建筑面积15.6万平方米,资产总值2.5亿元。

现有专任教师278人,副教授以上职称教师178人,有硕士学位教师74人,省级骨干教师、专业带头人和名师10人,"双师型"教师131人,客座教授和兼职教师80余人,在校生6 000余人。学院设有食品工程系、管理工程系、医学系、师范教育系、人文科学系和体育教学部等五系一部,开设食品加工技术、会计电算化、护理、学前教育、药学、物流管理、市场营销等32个专业,建有国家、省、院三级改革试点专业7个。拥有现代化校园网络设施和118个校内实验实训室(基地),教学仪器设备总值2 700余万元,图书馆藏书46万册,还有100多个校外实习实训基地和产学研合作单位,综合办学实力雄厚。

多年来,学院立足垦区,面向龙江,辐射全国,开门办学,坚持以服务为宗旨、以就业为导向方针,以创建和谐文明校园和示范性高职为目标,全面加强内涵建设,着力推动人才培养模式与教学模式、课程结构与教学内容改革,不断优化教学师资团队与实验实训条件建设和教学质量监督保障体系建设,使学院人才培养质量、管理水平、社会服务能力和办学效益显著提高,实现了跨越式发展。

学院坚持实施质量立院、特色兴院的发展战略。坚持以人为本的管理理念,全面推行目标管理。在践行北大荒精神、建设一流高职的实践中,大力弘扬社会主义核心价值体系,形成了"艰苦奋斗、无私奉献、知难而进、敢于发展"的搬迁精神、"艰苦奋斗、求实创新、敬业奉献、和谐发展"的学院精神和"励志笃学,德厚技强"的校训等广大师生员工的共同价值取向与精神品格,校园精神文化底蕴不断丰厚。坚持服务社会,不断提高社会服务能力,以服务求发展。

经过多年不懈努力,学院现已发展成为黑龙江省文明单位标兵、教育部高职高专人才培养工作水平评估优秀院校、国家创业教育基地和黑龙江教育战线"三育人先进集体"、黑龙江省学生、家长、用人单位"三满意"特色优质院校和职业道德、职业能力和就业率"三高"特色优质院校。

学院主教学楼

学院办公楼

学院图书馆

学院校园广场

学院实验实训中心

农垦林业职业技术学院党委书记　朱锡光

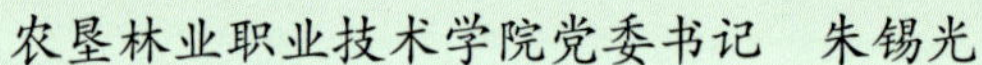

农垦林业职业技术学院院长　闫　勇

黑龙江农垦林业职业技术学院前身是黑龙江农垦林业学校,始建于1979年8月。1984年11月由富裕县搬迁至庆安县柳河,与黑龙江农垦管理干部学院统一规划,统一投资、统一建设,党政工作隶属于农垦管理干部学院。1993年农垦管理干部学院搬迁哈尔滨市,总局将农垦管理干部学院的整个校园划给农垦林校,党政工作由绥化分局代管。2003年3月,林校由国家级重点中专校晋升为高职学院后,列为农垦总局直属事业单位。

学院是全日制普通高等院校,占地总面积788.2公顷(含666.67公顷山林),其中院区面积32公顷。拥有教学楼、微机楼、实验楼、图书馆、多功能餐饮中心、电教馆等34栋楼房,教学建筑总面积5.61万平方米。拥有先进的电视演播系统、外语音像教学系统、多媒体国际互联网远程教育系统、先进的全站仪CASS测绘系统和校园网络系统等。图书馆藏书17.7万册(含电子书籍),多媒体网络实验室7个,共有微机430多台;先进电脑绘图设备2台套;拥有专业实验室40个,校内外实习实训基地近50个。

学院人员编制361人,现有教职工242人,其中省级学科学术带头人12人、教授7人,在省教育厅立项课题10项。测量学、影视构图等两门课程被评为全省精品专业课。

学院设有森林资源系、建筑工程系、信息科学系、电视艺术系、经营管理系等五系,2003年学院晋升高职学院后,首批专业设置为7个,至2007年开设园林技术、生物制药技术、生物技术及应用、工程测量技术、计算机应用技术、网络系统管理、计算机网络技术、动漫设计与制作、工程监理、工程造价、建筑工程技术、水利水电建筑工程、广告设计与制作、电视节目制作、影视动画、营销与策划等近20个高职专业。学院面向黑龙江、内蒙、河南、河北、重庆、四川等10个省份招生。

学院院训是"厚德载物,学贵有恒",办学模式是"教学、科研、生产、经营一体化",学院人精神是"爱院、爱岗、爱生,敬业、精业、创业"。专业办产业,产业促专业是学院办学特点。几年来,学院赢得了"省级绿色学校"、"花园式学校"、"省级文明平安小区"、"省体育评估优秀单位"等荣誉称号。

学院主教学楼

学院电视艺术系专业学生实习课

学院实验实训基地

学院1 200亩苗木生产基地

学院生物技术组培花卉

总局总医院院长　魏光春

黑龙江省农垦总局总医院暨黑龙江省第二肿瘤医院，始建于1969年，是在原沈阳军区黑龙江生产建设兵团总医院的基础上发展壮大起来的。因其鲜明的肿瘤治疗特色，1988年被省卫生厅批准成为黑龙江省第二肿瘤医院。目前，已发展成为一所集医疗、教学、科研、预防、保健和急救于一体的大型综合性三级医院。是黑龙江省、哈尔滨市、黑龙江省农垦系统、铁路系统职工基本医疗保险、省级新型农村合作医疗定点医院和哈市城镇居民医保定点医院，在省内享有盛誉。

医院占地面积18.5万平方米，建筑面积达8.5万平方米。拥有开放床位810张，职工800余人。医院下辖两所分院，即一分院(原香坊分院)、二分院(原哈一机职工医院)及5个社区卫生服务站。

医院专业技术结构合理，设有临床、辅助医疗科室40个。拥有一批高素质人才，其中专业技术人员650人，副高级以上职称人员165人。医院的肿瘤治疗、康复治疗、心血管病治疗、肾病治疗、布病治疗、功能神经外科、手显微外科等已发展成为省内领先的特色专科，某些领域达到了国内先进水平。

为适应社会和医院发展的需要，进一步提升医院在肿瘤治疗方面的科技含量和综合实力，医院投巨资引进了16排螺旋CT机、MRI、大型数字血管机(DSA)、DR、早期发现肿瘤病灶和判断转移的PET-CT扫描仪和与之配套的高能医用直线加速器、铜中子后装治疗机、头部伽玛刀、相控阵靶向热疗机等先进的肿瘤治疗设备。集肿瘤明确诊断、精确放疗、化疗、热疗及手术、介入治疗等于一体，形成了完整的肿瘤综合治疗体系。

近年来，医院坚持树立科学发展观，叫响服务品牌，保持了强劲的发展势头。医院固定资产达2.3亿元，门诊量、住院人数、手术例数、业务收入均有大幅攀升。

总医院内科楼

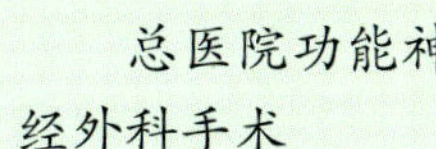

总医院功能神经外科手术

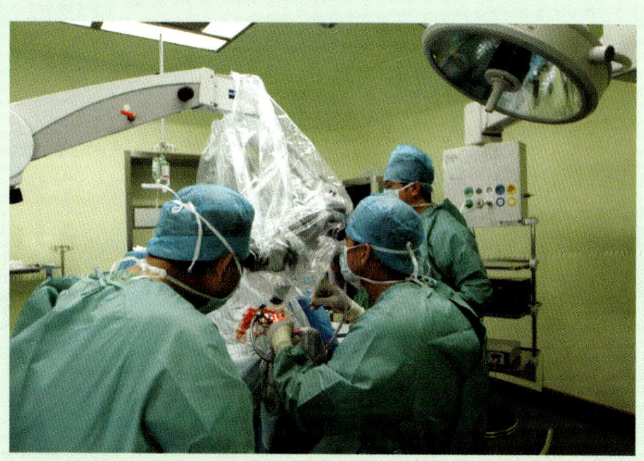

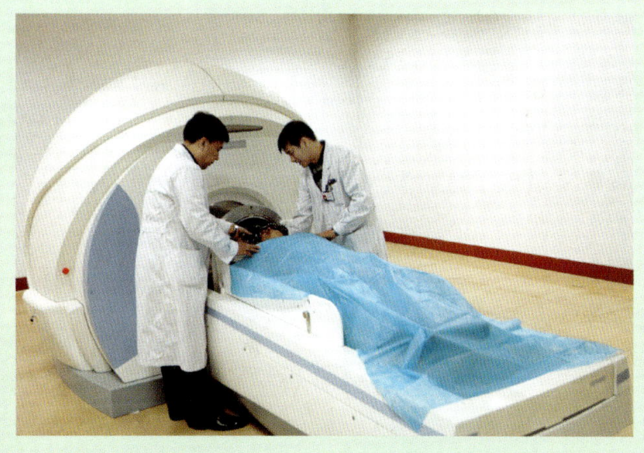

总医院颅内外肿瘤、功能神经疾病的治疗利器——伽玛刀

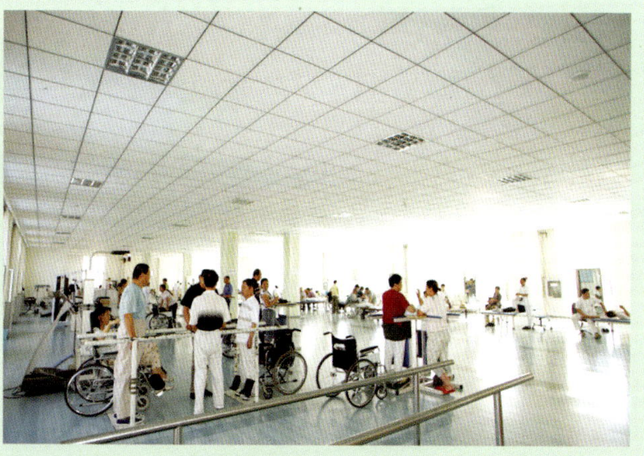

总医院康复训练大厅

农垦太湖疗养院党委书记、院长　蒋守刚

黑龙江农垦太湖疗养院是国家农业部农垦局、黑龙江省农场总局合资兴建的,1987 年投入使用,1994 年列入黑龙江省总工会序列,增名为黑龙江省总工会太湖职工疗养院。

疗养院坐落在烟波浩淼的太湖之滨——江苏省宜兴市兰山风景区,距上海 210 公里,南京 180 公里,杭州 140 公里,苏州 140 公里,无锡 90 公里。高速公路四通八达,交通十分方便。

疗养院占地面积 200 亩,总建筑面积 18 000 平方米。院内修竹成林,绿草成茵,有果园、花园、孔雀园,鸟语花香,被誉为宜兴市十佳风景区之一。客房楼、医疗楼、餐饮楼、游泳馆、别墅群均临湖而筑,可凭窗眺望太湖风光。

疗养院为来宾提供住宿、餐饮、体检、会议、旅游、交通等项目的服务。现有标准客房 132 间,房内设施按标准配备(空调、电视、电话等)。楼内设有棋牌室、阳光茶座等小型娱乐场所。别墅楼建筑风格各异,装潢典雅、考究,可为来宾提供星级服务。

医疗保健中心拥有先进的进口医疗检测设备,可为来宾提供常规体检、医疗咨询、康复治疗和特色医疗等项服务。

餐饮楼设大、中、小包厢,大众餐厅,可同时容纳 400 人就餐,包桌、自助餐等多种就餐方式供客人选用。

院内设大、中、小会议室,灯光、音效、多媒体设施先进齐全,可接纳 300 人以下不同类型的团体会议,另有歌舞厅、游泳馆、台球厅、乒乓球室、棋牌室、健身房及室外健身场地,供客人开展文体娱乐休闲活动。并配备大、中、小型豪华空调客车,方便客人到周边城市和旅游景点旅游观光。

经过 20 年的发展和壮大,如今的疗养院不仅成为了黑龙江垦区人民及上海、江苏、浙江、安徽等地市民体检保健、休闲、度假的好去处,同时也成为了江南人民了解“北大荒”的一个不可或缺的窗口,是展示“北大荒”人文、经济的一个重要平台,是沟通南北经贸交流的一座重要桥梁。

疗养院大型会议室

疗养院客房部总台

疗养院高档别墅

疗养院中心花园主景区

疗养院竹林幽径

农垦第二医院院长、党委书记　黄春光

黑龙江省农垦第二医院是农垦总局直属专科医院，也是黑龙江垦区唯一一所精神疾病治疗专科医院，医院承担着全垦区精神疾病的预防、治疗、收容、收养及康复等“五位一体”功能。

医院位于佳木斯市前进区安庆街262号，占地面积2.1万平方米，建筑面积3.2万平方米，其中包括汤原分院及汤原农场社区卫生服务中心。

截止2007年底实有职工总数为348人，副高职以上专业技术人员28人，中级专业技术人员105人，其中：医生127人，护士146人，行政人员14人，工勤人员32人；床位为550张。

医院是农垦总局职工基本医疗保险定点医院，佳木斯市城镇职工基本医疗保险定点医疗机构，佳木斯市精神疾病劳动鉴定定点医疗机构，佳木斯大学临床医疗合作集团理事单位。

截止2007年底医院所拥有较大医疗设备有全身CT、彩色超声、血液透析机、电子胃镜诊断仪、C型臂、大生化分析仪等156台(套)。目前，从医疗设备种类、台件、功能良好率以及诊断能力等方面比较医院在佳木斯市区医院当中排名第三名，医疗设备固定资产为1 548万元。

医院门诊楼外景

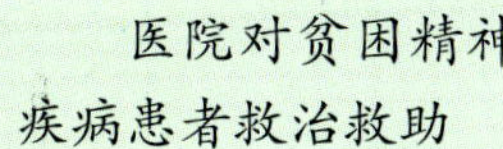

医院对贫困精神疾病患者救治救助

医院患者治疗后期过渡性康复活动

农垦总局驻北京联络处主任　刘　洪

1989年6月,总局正式组建驻京联络处,规格定为正处级,直接隶属总局管理。

联络处为全额拨款的事业单位,下设信息联络科、接待科、办公室和财务科4个科室,人员编制10人。

1992年成立了招待所,为科级事业单位,企业化管理,人员编制7人,经费自筹。现客房有82张床位。大小会议室各1个,大餐厅1个,小餐厅2间,中餐厅1间。

联络处的职责是负责传递国家部委对农垦工作的指示、信息,办理垦区在京的有关事宜;负责部委有关会议和垦区来京工作人员的接待工作;负责向垦区提供经济、技术信息、组织经济协作;负责办理总局交办的其他事宜。

联络处现有正式职工27名(机关13名、招待所14名),正式职工中含内退人员9名(机关2名、招待所7名),退休人员10名(事业5名、企业6名),聘用人员18名。联络处党支部归省驻京办党委领导,支部有党员36名。

北京联络处正门

联络处接待大厅

联络处招待所套间

联络处招待所标间

联络处北大荒产品展销柜

总局驻佳办事处主任　牛宝琴

总局驻佳办事处党委书记　关舒华

农垦总局驻佳办事处于2000年1月24日成立,同年7月成立驻佳办事处党委。驻佳办机关现设一办三科,有25名机关干部。党委管理10个单位,有2个党总支,16个党支部,505名党员。

总局驻佳办事处的主要职能是"协调、管理、服务"。负责与佳木斯市委、市政府的联系沟通,完成各项接待任务,落实总局和机关各部门的工作。

驻佳办党委、驻佳办多年来坚持以邓小平理论和"三个代表"重要思想为指导,在总局党委、总局的正确领导下以改革、稳定、发展为大局,充分发挥党委一班人的作用和党员先锋模范作用,圆满完成了"保搬迁、保稳定、保安全"的历史使命。从"抓改革、抓服务、抓建设"入手,全面落实党的方针政策和总局党委的各项部署,积极推进企事业单位改革,扶持民营企业发展,理顺关系,强化管理,全心全意地为干部职工群众办实事、办好事,赢得了总局领导、总局机关各部门和驻佳单位干部职工及离退休干部的认可,创造了管理有序、服务满意、和谐稳定、改革发展的良好局面。

驻佳办党委围绕"团结、务实、高效、廉政"标准带班子,强化领导班子建设,创"学习型、民主型、廉政型、发展型"领导班子。

几年来,驻佳办党政各项工作荣获省、市、总局表彰奖励48项,先后获得农垦工会"送温暖工程先进集体"、总局级"文明单位标兵""总局先进单位""垦区先进基层党组织""四五"普法先进单位、总局安全生产先进单位、总局先进文化单位等项荣誉、佳木斯市社会治安综合治理工作先进集体。

总局驻佳办事处办公楼新址

总局驻佳办事处办公楼大门

“三老”回忆录——《珍藏的记忆》编委们研究样稿

总局驻佳办机关干部参观王震将军纪念馆

阳光农业相互保险公司董事长、总经理　孙振军

阳光农业相互保险公司党委书记　徐丰年

阳光农业相互保险公司是经国务院同意、中国保监会批准、国家工商总局注册的我国唯一一家相互制保险公司。公司以服务“三农”为己任、以促进农业发展和保障粮食安全为宗旨、以防控风险为主线,积极开展了农业保险业务,在稳定农业生产、稳定农民生活上发挥了重要作用。

2007年已经开办的保险险种有:种植业保险、养殖业保险、责任保险、机动车辆保险、交强险和其它涉农保险等主险产品100余个。公司在黑龙江省设有12个分支公司、94个保险社,2 000个保险分社,50余家营销服务部,现有会员50多万。2008年,阳光农业相互保险公司广东分公司开业运营,标志着公司实施走向全国的宏伟战略目标已迈出坚实的一步。

截至2007年底,公司已承保了以粮食作物为主的7 200多万亩农作物,共为31.3万受灾农户赔款7.4亿元,在稳定农业生产、稳定农民生活上发挥了重要作用。公司还坚持以“保、防、赔、救”相结合的原则,建立了以人工增雨防雹为主要内容的防灾减灾服务体系。近3年来区域增雨受益面积累计达22 305万亩,防雹受益面积累计达32 300万亩,累计减损增效约14亿元。

公司相互制保险经营模式的成功运行,得到了中国保监会、农业部、财政部等有关部委和省委、省政府的充分肯定,将对完善黑龙江垦区社会保障体系,对推进黑龙江垦区社会主义新农村建设和构建和谐社会产生更加深远的影响。

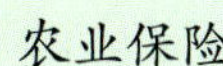

农业保险

奶牛保险

能繁母猪保险

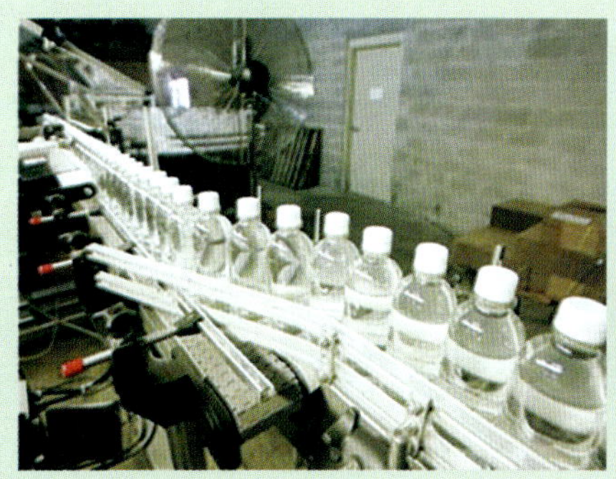

责任保险

财产损失保险

机动车辆保险

短期健康保险

意外伤害保险

信用保证保险

北大荒种业集团有限公司董事长、党委书记　姜占卿

北大荒种业集团有限公司总经理　梁启全

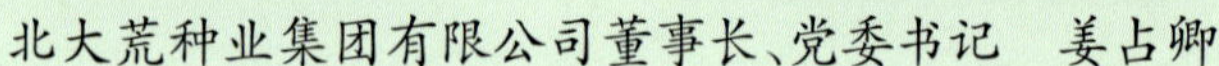

黑龙江北大荒种业集团有限公司是黑龙江省最大的集育、繁、加、销一体化的大型种业企业，拥有农业部颁发的全国种子经营许可证和种子进出口经营权，主要从事大豆、玉米、水稻、小麦、大麦、甜菜、蔬菜、牧草、杂粮等农作物种子的选育、繁育加工和销售业务以及农业机械、农业生产资料等经营业务。集团整体通过ISO9001:2000质量管理体系认证，是由中国最大的农业企业——北大荒集团总公司绝对控股的大型种子企业。2004年被评为省级农业产业化龙头企业，2006年被国家农业部评选为全国种业八强。

北大荒种业集团有限公司位于黑龙江省哈尔滨市高新技术开发区红旗大街240号，国际会展体育中心对面。集团于2002年开始组建，2003年9月27日登记注册，注册资本7 735万元，资产总额8.4亿元。历经3年时间完成了对黑龙江垦区已有种子生产经营企业和相关科研单位的整合，通过产权多元化进行了股份制改造和资产资源重组，建立了现代企业运行机制。

集团总部现设有生产经营部、科研开发部、对外经济合作部、计划财务部和综合办公室。下辖81家公司(其中子公司31个、分公司50个)，农垦科研育种中心下属9个科研所和7个国内区域育种站；1个部级种子检验检测中心；6个省级种子检验检测中心。集团所属公司分布于黑龙江省各地市以及北京、湖南、安徽、内蒙古、吉林、辽宁等地。直销、分销和电子商务营销网点达1 000多个。

“十五”期间通过各级部门审定命名的大豆、小麦、大麦、玉米、水稻、甜菜等作物品种共计58个(国家审定品种6个，省级审定26个，总局审定26个)。有自主知识产权品种90个以上。获得各级奖励44项，其中：农业部丰收计划奖6项，省长特别奖一项，黑龙江省科技进步奖11项，地市级科技进步奖27项。被省政府授予“全省农业科技工作先进集体”称号，被省消协授予“省级消费者信得过单位”，被中国农学会确定为“全国农业科普示范基地”。

集团以“品行天下，质创未来”为核心理念，恪守“诚信为本、保质保量、实现共赢”的经营原则。实施品牌战略，打造中国种业名牌。

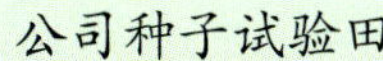

公司种子试验田

公司种子仓储间

公司玉米制种田

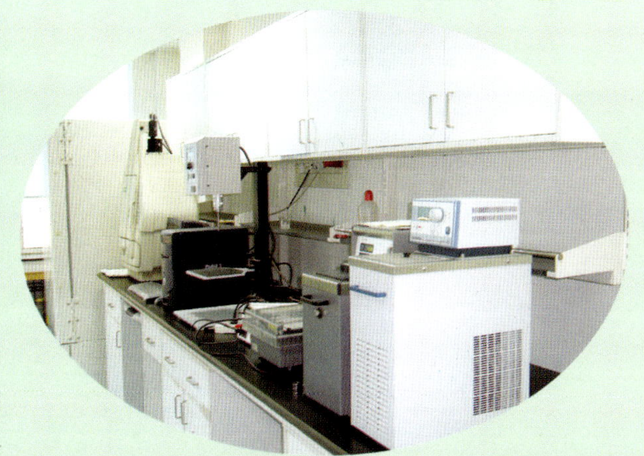

公司作物生物育种试验室

公司对外合作交流活动

九三粮油工业集团有限公司总经理　田仁礼

九三粮油工业集团有限公司党委书记　韩树发

九三粮油工业集团有限公司(简称九三集团)是国家首批农业产业化重点龙头企业,是以黑龙江地产非转基因大豆为主要原料,从事大豆系列产品生产、经营和研发的大型国有企业。公司总部位于哈尔滨市经济开发区,下设8个子公司,总资产50.87亿元,年加工能力700万吨,销售收入近百亿元。

九三集团是在1987年正式投产的年加工能力为6万吨的中型油脂企业的基础上发展起来的。近年来,面对中国大豆产业面临的激烈的国内外市场竞争,九三集团以"振兴大豆,产业报国"为己任,积极实施扩产改造、兼并收购、跨出龙江、走向沿海的战略发展步骤,紧紧立足于国内外市场,谋划构建新的产业发展格局。2004~2007年,新建九三集团大连大豆科技有限公司、九三集团天津大豆科技有限公司和(广西防城港)惠禹饲料蛋白有限公司,新增加工能力450万吨,使九三集团的年加工大豆能力达到700万吨,占到了全国需求总量的18%。防城港、天津、大连、黑龙江四位一体、互为联动的市场战略体系的建立,使企业进入全国大企业行列。从2005年起,集团已连续3年入围中国企业500强,位次分别为453位、356位和420位。在中国制造业500强排行榜中名列第235位。同时,被评为中国工业行业排头兵企业,在同行业排行中名列第2位,在黑龙江企业50强中名列第12位。

集团的主要产品有豆粕、大豆食用油等4大系列20多个品种,具有天然、绿色、非转基因的独特优势。豆粕、一级大豆油、三级大豆油、大豆胚芽等"九三"牌系列产品通过德国基因时代和中检集团"非转基因身份保持"认证。其一级大豆油和三级大豆油被评为国家无污染、无公害"绿色食品",获得"绿色食品证书"、"国家产品质量免检证书"。"九三"牌2006年被国家商务部评为"最具市场竞争力品牌",2007年被国家工商总局商标局认定为"中国驰名商标"。

2004年以来,九三集团先后荣获"省级文明单位标兵"、"思想政治工作先进集体"、"中国企业最佳形象AAA级"、"中国工业行业排头兵企业"、"第五届全省职业道德建设十佳单位"、全省六大基地建设劳动竞赛"十佳"企业、"全省五一劳动奖状"、全国"安康杯"竞赛优胜单位、全国"迎奥运"先进单位、"省级民主法治企业"等荣誉。集团党委分别被省委和省农垦总局党委授予"先进企业党组织"称号。

公司小包装豆油生产线

公司精深产品加工基地黑龙江惠康食品有限公司

九三粮油工业集团有限公司总部办公大楼

公司生产的九三牌非转基因大豆油

完达山乳业股份有限公司董事长　李　顺

完达山乳业股份有限公司总经理　唐永德

黑龙江省完达山乳业股份有限公司现有资产总额16.7亿元,下辖41家生产厂,拥有员工11 000人,可生产乳、乳制品、米麦制品、豆粉、饮料和保健食品6大系列91种产品。年加工无污染、无公害优质鲜奶50余万吨,1999年被中国绿色食品发展中心认定为中国首家绿色食品乳品生产基地。

公司拥有先进的生产设备和工艺技术,首创我国大颗粒速溶奶粉新工艺,相继通过了ISO9001、HACCP、ISO14000等体系认证。继4次荣获国家银质奖后,"完达山"牌产品经国家质量技术监督局历次抽检,合格率达100%,被国家质检总局评为"中国名牌产品"、"中国免检产品";"完达山"商标被认定为"中国驰名商标";据世界品牌实验室权威报告:2007年,完达山品牌价值22.39亿元。从2000年起,连续4年被国家8部委认定为全国农业产业化重点龙头企业;2003年获得中华全国总工会"五一"劳动奖状。

完达山奶源基地位于北纬45~48度之间,是国际公认的优质奶牛饲养地带。该地区拥有松嫩和三江两大平原,毗邻兴凯湖与洪河两个国家自然保护区,涉及1个国家级生态示范区,2个省级生态示范区,8个县级自然保护区,14个生态农场,200个生态队,10个绿色食品生产基地,总面积达381 545公顷。600万亩草原牧地,32万头良种黑白花奶牛,36个奶牛标准化饲养小区(可年产优质鲜牛奶60多万吨),800多个奶站和集中榨乳、冷链储运,为完达山生产优质乳品创造了得天独厚的条件。一步一个脚印的发展使完达山乳业成为在国内乳业综合排名第六,黑龙江省规模最大、现代化水平最高的乳制品企业,中国食品工业百强企业之一。

公司先进的生产线

中国驰名商标——完达山商标

公司绿色无污染的奶牛基地

完达山乳业股份有限公司哈尔滨乳品有限公司

北大荒丰缘集团公司董事长兼总经理　贾庆胜

北大荒丰缘集团公司党委书记　张显明

北大荒丰缘集团公司是集面粉加工、食品生产、贸易经营为一体的国家级农业产业化龙头企业。总部坐落在哈尔滨市南岗区宣化街115号,下设北大荒丰威食品公司、丰玉公司、九三公司、乌兰浩特公司、佳富公司、丹洁公司6个分子公司,年加工小麦55万吨,资产总额达5亿元。企业资信程度为AA级。

集团公司生产的"北大荒"、"丰缘"两个品牌的系列产品在东北三省市场占有率达25%,是东北地区最大麦类加工企业。2007年集团公司董事长兼总经理贾庆胜被授予"振兴黑龙江省食品工业创新企业家"光荣称号,并当选为哈尔滨市人大代表、省第十届政协委员。

作为黑龙江省首家获得ISO9002国际质量管理体系认证，以高新技术为起点的北大荒丰缘集团公司,在与"康师傅"、"顶益"、"统一"等知名方便面生产商建立长期稳定的合作关系,保持和稳定面粉生产,并继续向专、精、特发展,巩固东北三省麦类加工企业最大地位的同时,实施企业"三个战略转型",2006年与香港宣威集团共同投资2亿元人民币,在哈尔滨经济开发区兴建了北大荒丰威食品有限公司,其生产的"北大荒"牌非油炸富硒方便面和荞麦、玉米、南瓜、胡萝卜等20多种绿色营养系列挂面产品,一经面世,受到广大消费者的亲睐。

为实现"一业为主,多业并举"的企业新的良好经济格局,企业不断扩大农副产品和煤炭等贸易经营范围,力争实现贸易额2亿元。

北大荒丰缘集团公司秉承生命健康之理念,以"诚信为本,互惠双赢"的经营原则,愿与国内外有识之士,进行广泛交流与合作,共创美好未来。

北大荒丰威食品有限公司外景

公司生产的营养健康具有保健功能的富硒挂面

公司总部办公大楼

国家的重点龙头企业

公司生产的营养健康具有保健功能的富硒方便面

北大荒商贸集团有限责任公司董事长、总经理　钱柏莫

北大荒商贸集团有限责任公司党委书记　李洪顺

北大荒商贸集团有限责任公司,是一个实业贸易并举,内贸外贸相结合,期货现货兼营,具有综合经营实力,多功能的现代化商贸集团企业,面对经济全球化的新形势,集团不断调整经营结构,形成了与国内外市场紧密结合的多项经营业务,涉及的领域主要有成品油、农业生产资料、大型农业机械、粮油食品的生产、加工和进出口贸易、期货贸易、物流配送、有机食品、绿色食品的生产加工配送,其企业核心竞争力不断提升,市场覆盖能力不断增强,经营网络遍布黑龙江全省,辐射全国。

公司在经济发达地区和沿海城市设立分支机构经营机构,建立有机、绿色食品配送中心,为社会提供有益于人民健康的食品,集团与美国、欧盟、日本、韩国及香港、台湾等40多个国家和地区的企业建立了长期贸易伙伴和经济合作关系。

北大荒商贸集团有限责任公司坚持诚信为本的经营理念,使企业的市场信誉度和市场占有率逐步扩大,贯彻以人为本管理原则,打造了一批勇于创新、勤奋工作高素质的专业队伍。在多年的经营中创造了一套行之有效、调控有度的现代企业集团内部管理模式,在我国经济快速腾飞,世界经济全球化的今天,北大荒商贸集团愿与国内外各界朋友携手,精诚合作,共创企业美好的未来。

北大荒商贸集团有限责任公司办公大楼

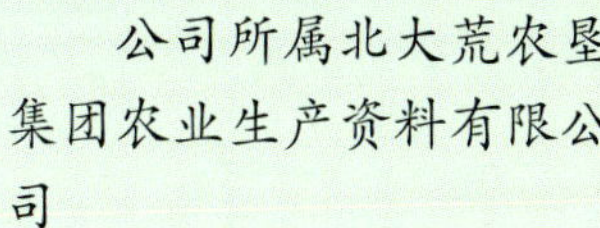

公司所属北大荒农垦集团农业生产资料有限公司

公司所属北大荒物流公司

公司所属中油黑龙江农垦石油有限公司

公司所属北大荒粮油批发市场有限责任公司

北大荒药业集团董事长、党委书记　韩振远

北大荒药业集团总经理　王守江

北大荒药业集团是一个以产权为主要连接纽带，以母子公司为主体的企业法人联合体，是集制药、食品、包装、营销为一体的现代化大型医药企业集团。北大荒药业集团于2007年3月组建，资产总额7亿元人民币，总部坐落在哈尔滨平房开发区。北大荒药业集团以北大荒药业集团有限公司为母公司，由哈尔滨完达山药业有限公司、黑龙江省完达山医药销售有限公司、黑龙江完达山药业股份有限公司、黑龙江多多集团有限责任公司和黑龙江多多药业有限责任公司等集团成员企业组成。集团企业拥有"完达山牌"、"多多牌"等多个黑龙江省著名商标。有大容量注射剂、小容量注射剂、冻干粉针剂、粉针剂、颗粒剂、胶囊剂、口服液、散剂、片剂、溶液剂、搽剂、凝胶剂、原料药等13个剂型200多个品种。

近年来集团公司普药主导产品刺五加注射液、双黄连注射液、曲马多片和乳酸菌素片等产品的市场占有率有较大幅度的提升，临床产品刺五加输液、五加生化胶囊、血复生胶囊、金乔麦胶囊的市场拓展也有了长足进步，而集团食品、彩印制罐产业也呈现了比较好的发展势头。集团所属企业相继通过了药品GMP认证、GSP认证、ISO9001:2000质量体系认证和HACCP认证等。集团在全国各地设有35个办事处，专业营销人员600余人，与全国4 000家大中医院、500家各级药品批发企业、20 000家药店建立了广泛的业务联系。集团拥有药品、食品自营进出口权，产品自营出口近10个国家和地区。

面对新的机遇和挑战，伴随改革和发展大潮应运而生的北大荒药业集团将坚持体制创新与管理创新同步，产品经营与资本运营并举，坚持营销是第一生产力，精心打造刺五加、双黄连、五加生化胶囊、乳酸菌素、盐酸曲马多、豆粉、彩印罐盒等8个产销过亿元的主导产品，培育企业超强产品力组合，确保到2010年实现产销额超过10亿元、利税超过2.5亿元的奋斗目标。

北大荒药业厂区新貌

集团药业冻干粉针灌装线

集团获得荣誉

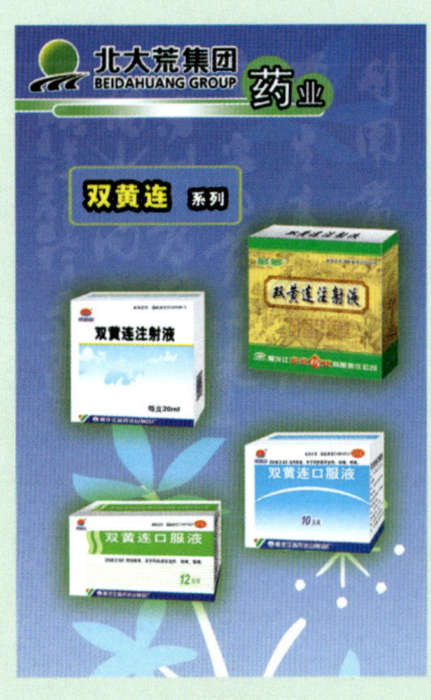

北大荒药业双黄连系列产品

北大荒新产品组合

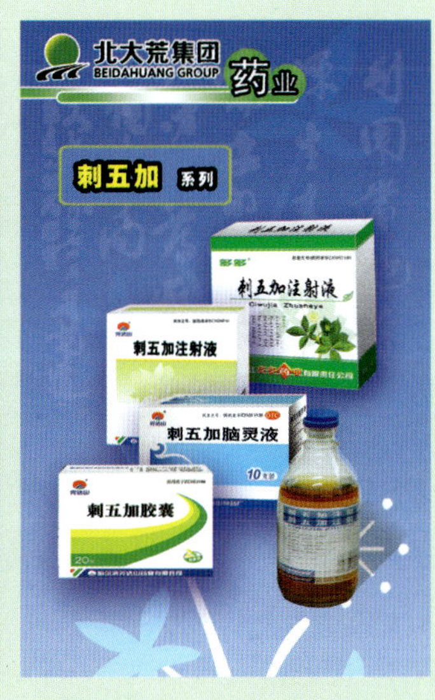

北大荒药业刺五加系列产品

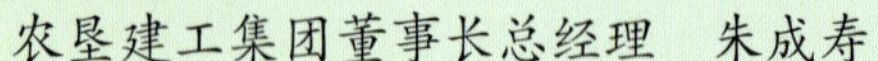
农垦建工集团董事长总经理　朱成寿

农垦建工集团党委书记　魏凤侠

黑龙江农垦建工集团是集规划设计、建筑施工、路桥施工、消防电气、水利水电施工、房地产开发、技术培训为一体的综合性、工程总承包、国际工程承包、跨行业、跨地区施工的国家一级资质大型公司。集团下辖各类子(分)公司共计42家。现有员工2 400多名,各类工程专业技术人员1 200余名,其中国家注册一级建造师42人、二级注册建造师102人、注册造价师27人、注册质量工程师22人。拥有各类大型施工机械设备600多台套,总资产近10亿元,年施工能力20亿元以上。企业在全省率先通过ISO9001质量体系,ISO14000环境管理体系,OHSMS18000职业健康安全管理体系国际认证。

企业已进入全国建筑行业知名企业,黑龙江省企业50强第39位、哈尔滨市建筑业10强行列。先后荣获地市级以上荣誉120多项,其中荣获全国"五一"劳动奖状、全国建设系统先进集体、全国优秀施工企业、中国优秀企业、全国用户满意施工企业和中国质量万里行信誉之星、AAA级质量诚信单位、中国建筑企业信誉AAA级单位,以及全国守合同重信誉企业、质量服务诚信示范企业、质量诚信消费者信得过单位、全国工程建设质量安全信誉AAA级保障企业、工程建设诚信经营单位等国家级荣誉15项,并获全国鲁班奖、国家优质工程、省优质工程、全国用户满意工程、黑龙江"十五"期间标志性工程、"三省四市联检优质样板工程"和省龙江杯等国家省、市各类优质工程120余项。

近年来,农垦建工集团发扬"诚实守信,吃苦耐劳、善打硬仗"的自身优势带领垦区建筑业走出垦区谋发展,积极开拓省内外和国际建筑市场,制订了"垦区当排头,省内争名优,全国创一流"的发展目标,先后在天津、上海、新疆、吉林、内蒙古、北京、青岛、烟台、温州等地设立了分公司,在江西、陕西、福建等南方省份开拓了广阔的高速公路市场,凭借自身实力,积极参与国际市场竞争,在俄罗斯、阿拉伯联合酋长国建立了分公司。企业累计在全国20多个省市的60多个建筑市场上承建了400多个省和国家级重点建设项目。

潮平两岸阔,风正一帆悬,黑龙江农垦建工集团将以科学发展观为统领,一如既往地秉承"干一项工程,树一座丰碑,交一方朋友,拓一片市场,留一处美名"的服务理念,继续弘扬"苦干务实、优质高效"的企业精神,把握新机遇,迎接新挑战,为做大做强垦区建筑业、为中国建筑业的发展作出应有的贡献。

集团重点建设项目黑龙江省农垦总局办公楼（国优工程）

集团承建的龙垦麦芽大楼（黑龙江"十五"标志性工程）

集团承建的天津轻工大厦

集团承建的江西景婺黄（常）高速公路（申报詹天佑奖）

龙垦通用航空公司总经理、党委书记　王维志

黑龙江龙垦通用航空公司成立于1985年5月,是我国目前最大的农林专业航空公司,隶属于黑龙江省农垦总局。

黑龙江龙垦通用航空公司以黑龙江省佳木斯市佳西机场为主运营基地,采用先进的航空技术,可从事农作物化学除草、空中叶面施肥、空中喷施微量元素,植物生长调节剂、防治农林业病虫害、草原播种、草原灭鼠、防治森林害虫、航空护林、森林化学药剂灭火、空中摄影、航测、人工增雨、广告宣传、气象探测、科学试验、城市消防、空中巡查、抢险救灾、航空器代管等飞行活动,逐步发展壮大。现有7种类型的飞机32架。有员工157人,其中飞行员44名、机械师57名,后勤保障人员46名。中、高级专业技术人员73人。2007年至2008年,公司由农垦总局牵头利用波兰贷款购进M-18飞机15全部到位,作业能力大大增强。

龙垦通用航空公司运用现代理论,不断提高安全管理和服务水平,积极推进规模化建设,在黑龙江垦区,目前可供航化作业的农场达到了82个,有56条500×30米的机场水泥跑道,形成了一个以主营运基地为中心的网络式作业基地群,使航化作业更加快捷方便。多次被民航局、农垦总局评为"先进集体",连续多年实现安全生产无事故,多次获得民航总局"安康杯"优胜奖和农垦总局"安全生产先进单位"称号。

龙垦通用航空公司,累计飞行81 055小时,航化作业面积8 945万亩,增产粮豆28.5亿公斤,创社会效益90多亿元。林业飞行8 500小时,参加扑灭森林火灾510多场次。为黑龙江垦区粮食高产、稳产、抵御自然灾害以及垦区和大小兴安岭森林资源的有效保护发挥了重要作用。"十一五"期间,公司将以科学发展观为指导,坚持"立足垦区、辐射东北、面向全国"的经营方针,进一步加快发展。到2010年,农林专用飞机总量将增加到50架,年平均飞行1.5万小时,作业农场60~70个,作业面积突破2 000万亩。

公司飞机停放场

公司飞机编队表演

公司飞机航化作业

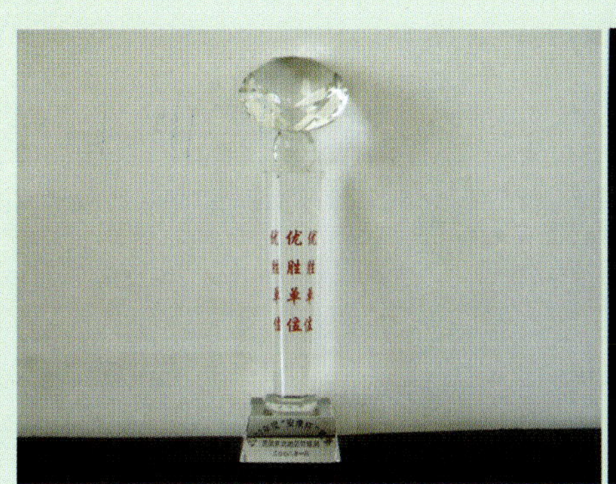

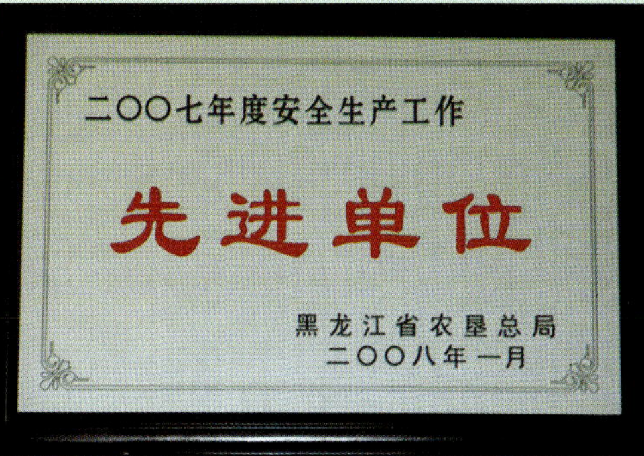

公司获得荣誉

农垦通信有限公司党委书记、董事长、总经理　任建华

公司领导班子成员：副总经理程玉欣(左一)、总经理任建华(左二)、副总经理姜志忠(右二)、副总经理王学利(右一)

黑龙江农垦通信事业起步于1947年，伴随着农垦事业的发展而不断的发展壮大，已成为黑龙江农垦事业的重要组成部分，是中国唯一服务农垦的专网。

在农垦总局党委的关心和支持下，2000年8月，成立了农垦通信有限公司。公司领导班子带领全体员工，发扬北大荒精神，爱岗敬业、开拓创新、勇于拼搏、无私奉献，坚持以管理创新、服务创新、发展创新为目标，不断地提高服务水平，经营管理水平。经过几代农垦通信人的不懈努力，从磁石、共电、纵横制发展到今天的数字程控电话，从明线、有线载波、微波发展到今天的光纤数字传输网络。农垦通信事业实现了跨跃式发展。

黑龙江农垦通信系统现有员工2 315名，其中：具有高级专业技术职称101名，中级专业技术人员291名，工人技师915名。固定资产4.4亿元。通信线路3.9万公里。

面对未来，机遇与挑战并存，困难与希望同在。农垦通信公司一定会在在总局党委、总局领导的支持和关心下，以“服务于社会、服务于垦区经济建设，服务于垦区人民”为宗旨，坚持“客户至上、精心服务、锐意开拓、追求卓越”的企业精神，不断地提高企业的服务水平、管理水平、经营决策水平，培育一支具有良好政治、业务技术和文化素质的员工队伍，积极参与激烈的市场竞争，加快建设一个宽带化、智能化、综合化的现代信息通信网络。

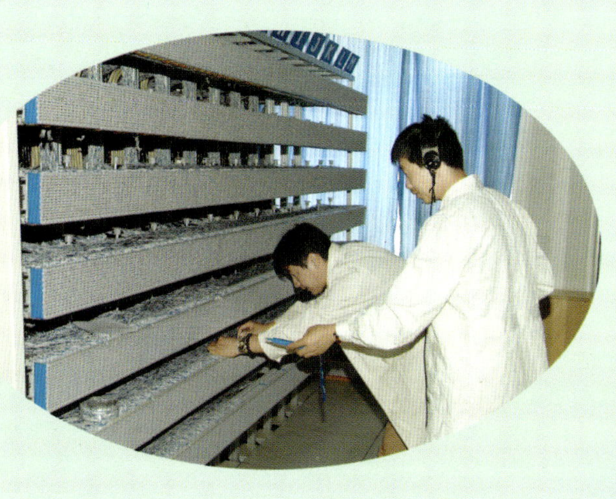

公司工作人员在进行线路测试

农垦通信办公楼

通信公司万里光纤

公司卫星通信控制中心

浩良河化肥厂党委书记、厂长、社区管理委员会主任　史凤林

黑龙江省浩良河化肥厂坐落于风光秀丽的小兴安岭南麓汤旺河畔。

伴随着北大荒的开发建设,浩良河化肥厂走过了38年的光辉历程,形成了“争创一流、甘于奉献”的浩化精神,企业拥有文教卫生、公安司法、工商运建、物业管理、民营经济等独立的行政管理、公共服务和完善的经济运行体系。

2002年“五分开”后,浩良河化肥厂领导班子以科学发展观为统领,坚持以人为本,积极履行行政和社会事业管理职能,完善社区管理与服务体系,努力建设繁荣、文明、和谐、秀美的新浩化。6年来,投入大量资金,进行中学实验楼、文化活动中心、职工住宅楼“平改坡”等教育卫生、文化体育设施以及“民心工程”项目建设,推进了企业经济社会又好又快发展。子弟学校自2003年以来高考升学率始终位居总局局直前列,2007年有3名考生突破600分大关,包揽总局局直前三名,荣获“总局先进学校”称号。厂医院以患者为中心,坚持与大专院校结成战略合作关系,请名家名医传授技术、诊疗治病,方便了职工,提高了效益。

近年来,浩良河化肥厂注重社会治安综合治理,努力打造平安浩化,将公安、工商、安全、普法、信访纳入一体化管理,加大交通、环境专项整治力度。坚持用先进的文化引领人们思想,倡导健康向上的生活方式。大力实施《全民健身实施纲要》、《公民道德实施纲要》。长年坚持绿化、美化、净化环境,祥和小区被评为省级物业管理小区,营造了社会稳定,事业进步,人与自然和谐发展的良好局面。

浩良河化肥厂人正进一步落实党的十七大精神,以奋发有为的精神状态,勤奋务实的工作作风,积极加快小城镇建设步伐,努力构建繁荣、文明、和谐、秀美的新浩化。

浩良河化肥厂"迎新春"文艺演出

浩良河化肥厂子弟学校先进的微机教学设备

浩良河化肥厂职工医院

浩良河化肥厂省级物业管理小区——祥和小区

农垦干部培训中心总经理　庞代新

黑龙江省农垦干部培训中心隶属于黑龙江省农垦总局,是集客房、餐饮、会议、商贸、旅游于一体多功能现代化的宾馆,是总局在哈尔滨唯一一家接待服务窗口单位。培训中心坐落于哈尔滨市香坊区红旗大街175号,地处城市新经济商务区中心位置,毗邻黑龙江省国际会展体育中心,距太平国际机场35公里,距哈尔滨火车站8公里,是商务客人和会议代表的入住首选。培训中心备有不同档次客房230余间,标准房宽敞、舒适,豪华房典雅、安逸,套房风格迥然、彰显尊贵。客房设有宽带网,国际、国内直拨电话、中央空调。各类餐厅20余个,大餐厅、贵宾厅、阳光大厅可同时供1 000人就餐,为召开大型会议、接待大型团队提供场所,还可承办高级宴会、生日宴会和结婚庆典等。培训中心拥有大、中、小型会议室10余个,为商务洽谈、庆典、举办演讲、专业研讨会、签字仪式等提供全方位的服务。培训中心内商务中心、美容美发、书店、商场、旅游等服务设施齐全,航空、铁路售票点为宾客的入住和出行提供方便。

培训中心多年来先后获得"全国城市卫生检查评比达标单位"、"哈尔滨市货真价实满意店"、"哈尔滨市安全文明单位""黑龙江省电力局省级标准化'变电所'"等荣誉称号;2001年被黑龙江省政府授为会议定点单位、被黑龙江省农垦总局授为精神文明建设工作先进单位荣誉称号;2002年获黑龙江省农垦总局文明单位标兵单位荣誉称号;2004年被黑龙江省委、省政府授为省级文明单位荣誉称号;2006年被哈尔滨冰雪节组委会评为第22届冰雪节先进集体荣誉称号;2007年被黑龙江省财政厅评为党政机关出差会议定点饭店;2007年被黑龙江省农垦总局评为安全生产工作先进单位荣誉称号。

农垦干部培训中心(农垦大厦)夜景

农垦干部培训中心阳光大厅

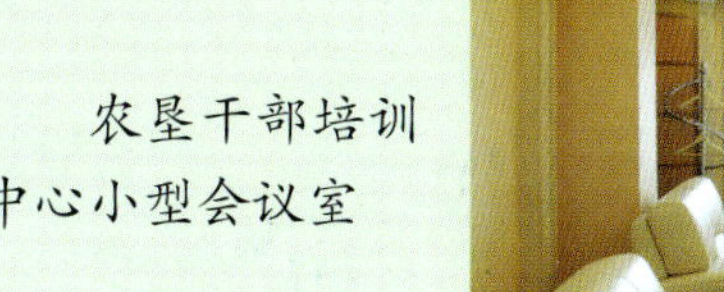

农垦干部培训中心小型会议室

农垦干部培训中心双人套房

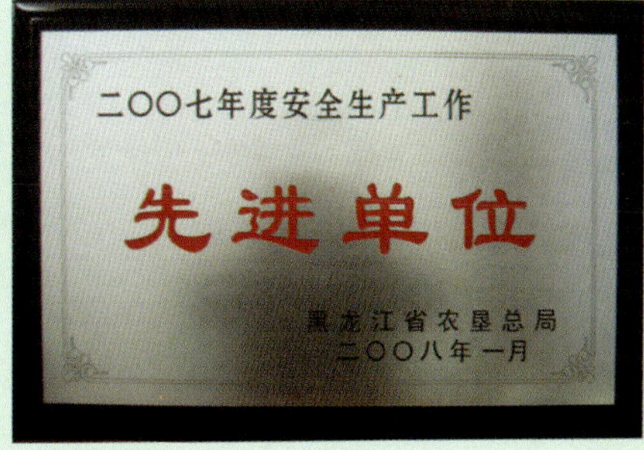

农垦干部培训中心获得荣誉

北大荒也有海——位于八五一〇农场当壁镇的兴凯湖旅游度假区

宝泉岭分局

党委书记:邹积慧,1955年7月出生,吉林省农安县人,中共党员,博士学历,高级政工师,1972年12月参加工作,2000年11月任现职,2007年7月离职。

党委副书记、局长:赵广民,1955年3月出生,河北省平泉县人,大学学历,中共党员,高级经济师,1973年3月参加工作,2000年12月任现职。

党委副书记:王立明,1958年9月出生,山东省梁山县人,研究生,中共党员,高级政工师,1974年6月参加工作,2001年8月任现职。

党委副书记、纪委书记:赵文彩,1953年2月出生,河北省昌黎人,大学学历,中共党员,高级政工师,1969年10月参加工作,2004年6月任现职。

党委副书记:姜晓平,1956年9月出生,黑龙江省林口县人,中共党员,研究生,1971年10月参军,2006年6月任现职(挂职)。

副局长:刘长友,1962年12月出生,河北省蔚县人,中共党员,研究生,助理农艺师,1978年10月参加工作,2000年10月任现职。

副局长:刘新华,1958年11月出生,山东省莱芜人,中共党员,大学学历,高级政工师,1976年9月参加工作,2000年10月任现职。

副局长:张天明,1961年10月出生,山东省齐河人,中共党员,大学学历,会计师职称,1978年10月参加工作,2005年7月任现职。

副局长:梁月升,1961年10月出生,辽宁省复县人,中共党员,研究生,高级农机工程师,1982年8月参加工作,2006年5月任现职。

工会主席:周军岳,1949年2月出生,上海市人,大学学历,劳动人事经济师、高级政工师,1969年5月下乡到农垦,2000年10月任现职。

党委委员、组织部部长:刘德坤,1959年2月出生,山东省单县人,中共党员,大学学历,高级政工师,1977年9月参加工作,2000年11月任现职。

党委委员、宣传部部长:王柏春,1959年7月出生,黑龙江省呼兰县人,中共党员,研究生,高级政工师,1976年10月参加工作,2000年12月任现职。

党委委员、人武部部长:郭守志,1964年11月出生,黑龙江省勃利县人,中共党员,研究生,正团上校军衔,1981年10月参军,2007年7月任现职。

纪检委副书记、监察局局长:仉玉祥,1963年2月出生,吉林省榆树县人,研究生学历,中共党员,政工师,1983年7月参加工作,2000年11月任现职。

纪检委副书记:卫洪祥,1954年2月出生,河北省肃宁县人,大学学历,中共党员,政工师,1970年5月参加工作,2002年9月任现职。

组织部副部长、离退休老干部工作处处长:董佳友,1958年8月出生,辽宁省建昌县人,大学学历,中共党员,高级政工师,1975年参加工作,2000年11月任现职。

宣传部副部长、统战部部长:于立华,辽宁宽甸县,研究生学历,中共党员,高级政工师,1989年7月参加工作,2000年11月任现职。

团委书记:苏彦山,1974年3月出生,黑龙江省海伦县人,大学学历,政工师,1995年7月参加工作,2006年8月任现职。

政法委副书记、610办主任:郝文山,1955年10月出生,山东省临邑县人,大学学历,中共党员,高级政工师,1973年8月参加工作,2005年12月任现职。

工会副主席:吴晓琴,1963年9月出生,安徽省庐江县人,研究生学历,中共党员,工业工程师,1984年8月参加工作,2005年8月任现职。

工会副主席:张艾林,1957年7月出生,云南绥江县人,研究生学历,中共党员,高级政工师,1975年10月参加工作,2001年2月任现职。

办公室主任、机关党委书记:裴延铭,1962年3月出生,山东省日照人,研究生学历,中共党员,高级政工师,1978年9月参加工作,2001年1月任现职,2007年7月病逝。

政研室副主任:陈少华,1964年4月出生,山东省烟台人,大学学历,中共党员,高级政工师、经济师,1982年12月参加工作,2006年11月任现职(主持工作)。

信访办主任:李明堂,1958年5月出生,山东省即墨县人,研究生学历,中共党员,高级经济师,1974年8月参加工作,2005年1月任现职。

民政局局长:王伯全,1955年2月出生,四川省射洪县人,大学学历,中共党员,档案馆员,1972年12月入伍,2000年11月任现职。

计财处处长:姜惟栋,1960年7月出生,黑龙江省肇东人,研究生学历,中共党员,高级会计师,1977年10月参加工作,2000年12月任现职。

审计处处长:徐仁忠,1955年9月出生,辽宁省宽甸人,大学学历,中共党员,助理会计师,1973年8月参加工作,2000年11月任现职。

人事劳动和社会保障局局长:陈明友,1957年5月出生,山东省梁山县人,大学学历,中共党员,高级政工师,1975年10月参加工作,2003年11月任现职。

农业局局长:杨继权,1956年4月出生,辽宁省法库人,大学学历,中共党员,高级农艺师,1975年参加工作,2001年2月任现职。

农机局局长:路庆文,1959年11月出生,山东省招远人,大学学历,中共党员,高级农机工程师,1977年9月参加工作,2000年12月任现职。

畜牧水产局局长:李钢,1955年7月出生,湖南省嘉禾人,大学学历,中共党员,高级政工师,1972年10月参加工作,2000年12月任现职。

林业局局长:赵家祥,1957年12月出生,山东省日照人,大学学历,中共党员,农业经济师,1974年10月参加工作,2000年12月任现职。

科技局局长:高春生,1963年7月出生,黑龙江省桦川县人,大学学历,中共党员,讲师,1986年9月参加工作,2001年4月任现职。

水务局局长:王业安,1955年1月出生,山东省威海人,大学学历,中共党员,高级水利工程师,1972年3月参加工作,1997年12月任现职。

经委主任:任和,1957年4月出生,辽宁省凌源人,大学学历,中共党员,高级政工师,1975年10月参加工作,2005年8月任现职。

绿办主任:荆忠华,1956年9月出生,黑龙江省依兰县人,大学学历,中共党员,高级机械工程师,1974年1月参加工作,2001年5月任现职。

商务局局长:张庆军,1961年12月出生,江苏省铜山人,大学学历,中共党员,食品工程师,1983年8月参加工作,2006年2月任现职。

安全生产监督管理局局长:马兴龙,1959年9月出生,河北省景县人,大学学历,中共党员,1976年11月参加工作,2003年12月任现职。

建设局局长:程俊义,1951年10月出生,黑龙江省哈尔滨市人,大学学历,中共党员,高级工程师,1968年10月参加工作,2001年4月任现职。

交通局局长:张砚华,1953年8月出生,吉林省榆树人,大学学历,中共党员,农机工程师,1969年7月参加工作,2006年11月任现职。

教育局局长:邓夫勤,1960年8月出生,山东省梁山人,研究生,中共党员,经济师、政工师,1978年10月参加工作,2006年2月任现职。

卫生局局长、卫生监督局局长:韩少谦,1956年5月出生,宁夏省固原人,大学学历,中共党员,高级政工师、粮食师、医士,1973年8月参加工作,2006年2月任现职。

史志办主任:李宏,1952年12月出生,吉林省扶榆县人,大学学历,中共党员,高级政工师,1969年1月参加工作,2006年12月任现职。

宝泉岭分局机构示意图

(2007年)

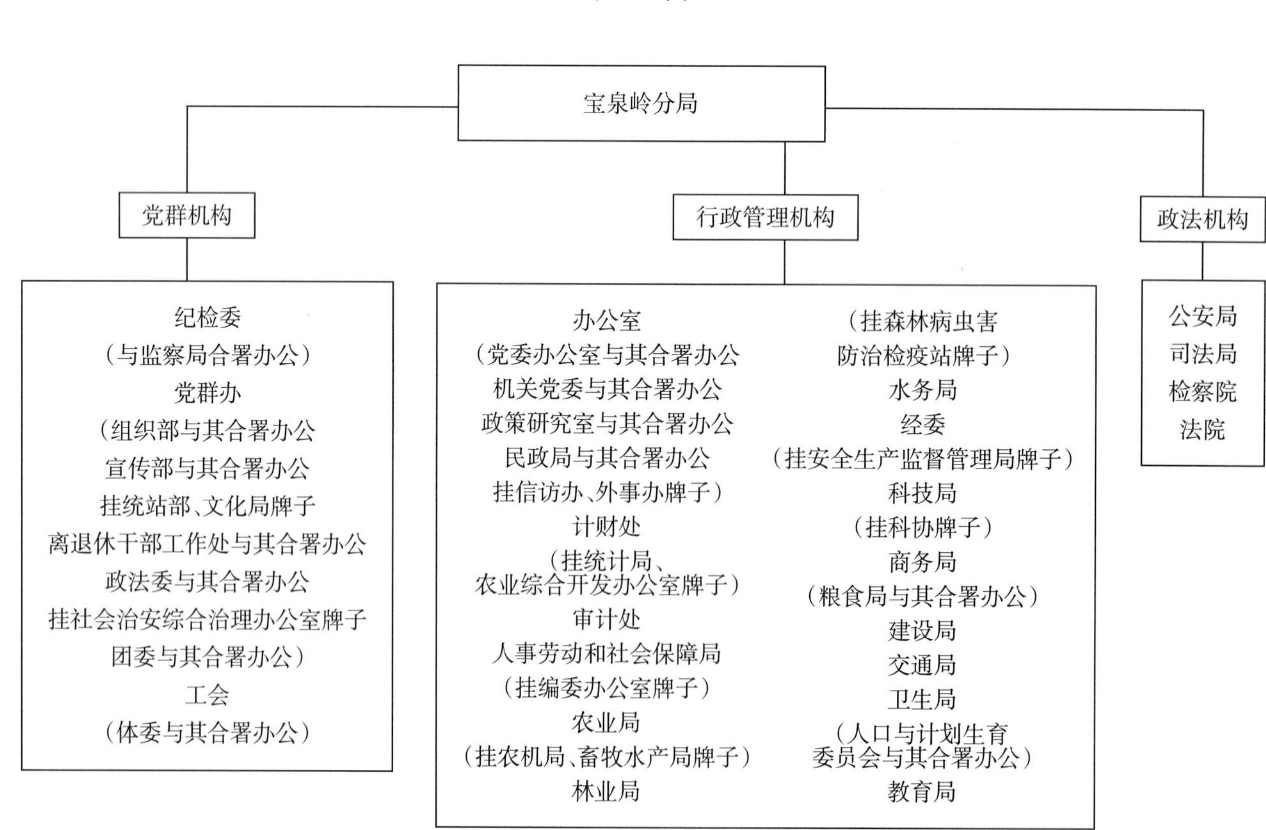

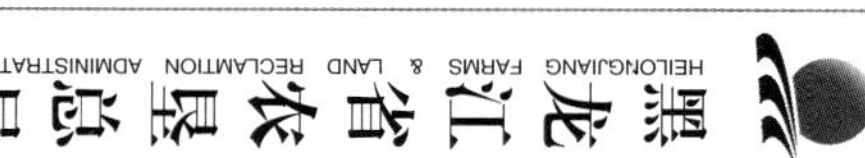

宝泉岭分局直附属事业单位示意图

（2007 年）

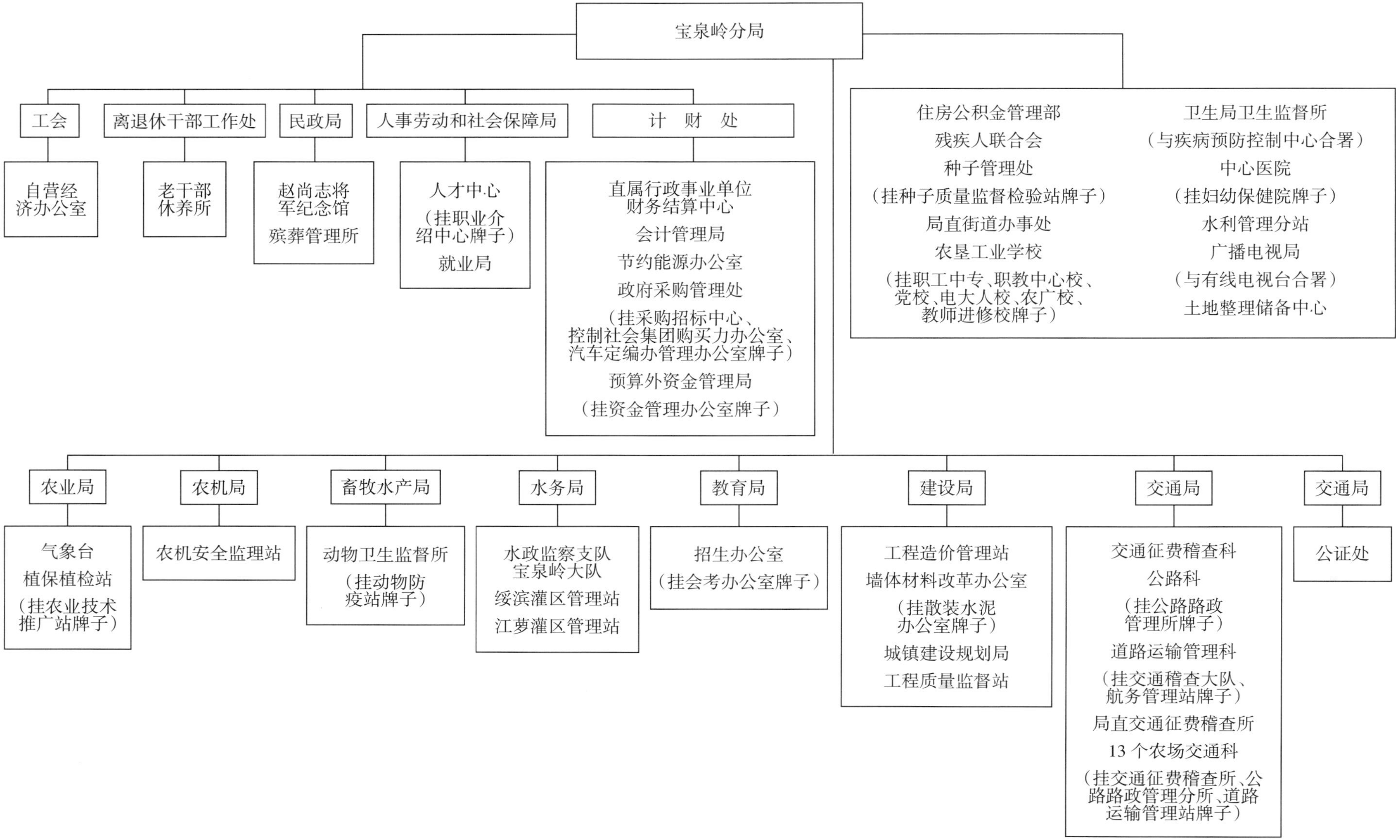

- 宝泉岭分局
  - 工会
    - 自营经济办公室
  - 离退休干部工作处
    - 老干部休养所
  - 民政局
    - 赵尚志将军纪念馆
    - 殡葬管理所
  - 人事劳动和社会保障局
    - 人才中心（挂职业介绍中心牌子）
    - 就业局
  - 计财处
    - 直属行政事业单位财务结算中心
    - 会计管理局
    - 节约能源办公室
    - 政府采购管理处（挂采购招标中心、控制社会集团购买力办公室、汽车定编办管理办公室牌子）
    - 预算外资金管理局（挂资金管理办公室牌子）
  - 住房公积金管理部
  - 残疾人联合会
  - 种子管理处（挂种子质量监督检验站牌子）
  - 局直街道办事处
  - 农垦工业学校（挂职工中专、职教中心校、党校、电大人校、农广校、教师进修校牌子）
  - 卫生局卫生监督所（与疾病预防控制中心合署）
  - 中心医院（挂妇幼保健院牌子）
  - 水利管理分站
  - 广播电视局（与有线电视台合署）
  - 土地整理储备中心
  - 农业局
    - 气象台
    - 植保植检站（挂农业技术推广站牌子）
  - 农机局
    - 农机安全监理站
  - 畜牧水产局
    - 动物卫生监督所（挂动物防疫站牌子）
  - 水务局
    - 水政监察支队宝泉岭大队
    - 绥滨灌区管理站
    - 江萝灌区管理站
  - 教育局
    - 招生办公室（挂会考办公室牌子）
  - 建设局
    - 工程造价管理站
    - 墙体材料改革办公室（挂散装水泥办公室牌子）
    - 城镇建设规划局
    - 工程质量监督站
  - 交通局
    - 交通征费稽查科
    - 公路科（挂公路路政管理所牌子）
    - 道路运输管理科（挂交通稽查大队、航务管理站牌子）
    - 局直交通征费稽查所
    - 13 个农场交通科（挂交通征费稽查所、公路路政管理分所、道路运输管理站牌子）
  - 交通局
    - 公证处

【概况】 黑龙江省农垦总局宝泉岭分局,位于黑龙江与松花江汇合处的三角地带。北濒黑龙江与俄罗斯相望,东部和南部临松花江,西接小兴安岭余脉。地理坐标在东经129°25′~130°26′,北纬46°23′~47°54′之间。地跨哈尔滨、佳木斯、鹤岗三市和绥滨、萝北、汤原、依兰四县,除依兰、汤原两场各自单独形成地域外,从鹤岗市南郊的新华农场到松黑两江汇合点的二九〇农场,东西最长距离为104公里,南北最宽为100公里,总面积6 115平方公里。宝泉岭分局地势总趋势西北高,东南低,西部为小兴安岭东南边缘低山丘陵区,海拔高度200~500米,地面坡度10~20度,表土较薄,岩石裸露,林木茂密;中部为岗坡地与漫岗地,海拔高度80~200米,地面坡度3~10度;东部为平原区,海拔高度51~80米,地面坡降1/1 500~1/2 000,低洼处常年积水,形成沼泽湿地。

宝泉岭分局属大陆性季风气候区,特征是夏季短而炎热,多暴雨;冬季漫长而寒冷;春季多刮大风,最大风速达24米/秒,常造成风害。年平均气温1.4~2.3℃之间,年平均降水量550毫米。土壤主要有草甸土、棕壤土、白浆土、沼泽土。境内主要河流有梧桐河、嘟噜河、鹤立河、阿陵达河、鸭蛋河、格节河、蜿蜒河、伏尔基河、蒲鸭河、傲来河等十几条河贯穿其间。

分局自然资源较丰富,山地上生长着密集的次生落叶、阔叶林和灌木丛,为野生动物的生存创造了条件,有黑熊、野猪、狼、狐狸、野鸟等禽兽类几十种,还盛产人参、鹿茸等名贵药材及木耳等山珍,沿江水域鲟鳇鱼、大马哈鱼及“三花五罗”等特产鱼类闻名遐迩。2007年,分局党政班子带领全局人民,以科学发展观为统领,以新农村建设为重点,加快推进“三化进程”,抢抓机遇、攻坚克难、全力抗旱,坚定不移地推进生猪养殖业,大力实施“5483”工程,实现了经济社会持续健康发展。全局全年实现生产总值561 329万元,同比增长13.9%,人均生产总值26 763元,比上年提高5 781元,增长14.9%。人均纯收入9 359元,同比增长11.9%。国有企业利润9 161万元。资产负债率65.8%,同比下降6.6个百分点。第一产业增加值308 581万元,增长15.3%,其中,农业增加值196 784万元,畜牧业增加值107 918万元,分别增长4.6%和46%;第二产业增加值96 569万元,增长5.7%,其中,工业增加值79 168万元,增长8%;第三产业增加值156 180万元,增长17.1%。三次产业结构为55∶17.2∶27.8,受畜牧业强势发展拉动,第一产业较上年提高2.7个百分点,公有制与非公有制经济结构为44.2∶55.8,非公有制经济占经济总量比重继上年突破50%之后又提高5.6个百分点。 (梁亚萍)

【种植业】 2007年6月,分局各农场普遍高温少雨干旱,降水量比历年同期少近8成以上,从6月7日到8月7日,全局范围内61天没有有效降水,是分局有气象记录60多年以来最严重的干旱,全局农作物尤其是旱田作物的生长发育受到严重影响,受旱面积19.33万公顷,占播种面积的62.4%,直接经济损失达2.5亿元以上。各农场认真落实分局生产计划,高产高效作物抗逆性较强作物水稻、玉米的种植面积迅速增加。全年实现播种面积30.97万公顷,粮食总产达204.6万吨,同比增长1.8%。水稻和玉米两大主导作物面积加大,两项作物面积合计达24.59万公顷,占粮食作物总面积的79.4%。全局水稻种植面积达到11.18万公顷,比上年增加0.83万公顷,增长8.0%;玉米种植面积13.41万公顷,比上年增加2.09万公顷,增长18.5%;玉米、水稻面积合计24.59万公顷,已经达到粮食作物面积的82.8%,比历史最高的2006年增加2.92万公顷,同比增长13.5%。玉米、水稻两大高产高效作物成为分局农业的两大主导作物。主要农产品产量:粮食总产2 046 294吨,比上年增长1.8%,其中:水稻975 739吨,增长12.1%;小麦2 283吨,减少74.5%;玉米975 537吨,增长3%;大豆80 003吨,减少44.8%;大麦3 070吨,减少88.4%。油料880吨,减少21.6%;麻类1 178吨,减少15.4%。蔬菜瓜类48 623吨,增长74.5%;薯类8 731吨,减少32.8%;饲料460 278吨,增长3.2%。全局实现种植业产值28.7亿元,与历史最好的上年持平。其中主栽高效作物水稻产值达到14.6亿元,占总产值的一半以上,玉米产值达到8亿元,占种植业产值的28.6%;全局种植业创效益11亿元,种植业人均收入达到8 100元以上。全局效益最好的作物是水稻,所创效益达到5.7亿元,占种植业总效益的64.1%,全局单位面积纯效益3 000元/公顷,其中水稻单位面积纯效益5 098.35元/公顷。 (梁亚萍)

【农业机械】 分局农业机械化水平显著提升,通过继续实施现代农机装备试验区项目建设及自主更新,机械保有量明显增加。年末拥有农业机械总动力73.5万千瓦,比上年增长6.5%。耕作机械继续增加,其中:农用大中型拖拉机7 628台,增长9.1%;机动水稻插秧机5 976台,增长8.6%;联合收获机2 278台,增长7.3%;牧业机械继续增加,铡草机1 127台,增长23.3%;电动挤奶器854部,增长23.1%。农业基础设施建设得到加强,现有粮食处理中心16座,种子加工厂11个,粮食仓储能力为41.5万吨,水泥晒场421.2万平方米。年末有效灌溉面积140 641公顷,增长27.6%。航化作业面积117 548公顷。

冬检、冬改、冬训工作。2006~2007年“三冬”期间,分局检修拖拉机2 625台,检修农具11 220台件,检修联合收获机1 210台,改装农机具388台套,培训8 650人。

农机具更新。2007年分局共购进农机具2 703台套,总投资额10 748万元,其中购买拖拉机1 050台、大中型配套农机具1 427台套、大中型收获机155台、水稻大棚4 500栋、水稻插秧机1 000台。其中引进日本水稻摆栽机14台、日本水稻播种机6台,总局补贴300万元;引进世界最先进的凯斯2388收获机7台、迪尔9660收获机1台,总局补贴480万元;组织有关5场申报了2007年国家优质粮产业工程农机装备7 500万元,国家补贴750万元;组织有关6场申报了2008~2015年黑龙江省三江平原“两江一湖”水稻生产基地现代农机装备9 370万元,国家补贴310万元;引进芬兰产180马力维美德拖拉机4台，总局补贴32万元；组织农场职工购进水稻快速插秧机88台，总局补贴26.4万元；组织农场职工购进自走式玉米下棒扒皮机70台，总局补贴340万元。淘汰了1 059台套农机具。

农时标准化建设。各农场在5月14日前完成了旱田播种任务，在5月25日前完成了水田插秧任务，分局农作物都播、插在了高产期，保证了农时的标准化。秋季旱田整地，水田整地达100%，垄作作物起垄17.53万公顷。

田间作业标准化。分局狠抓田间作业标准化。2007年获得总局级农机管理标准化标兵农场3个、总局级农机管理标准化农场4个。

农具场建设与管理达标工作。2007年，分局共投入2 170万元，建设了19个作业区的农具场。建设项目有机库29 000平方米、工人休息室1 800平方米、铁栅栏10 000延米、场地25万平方米。建成了共青三队、江滨十二队、军川九队等3个标准较高的农机科技示范区。

农机安全监理工作。开展了清理"两黑"活动，2007年分局共清理"黑车"220台，清理"非驾"958人。抓好了农机"2005式"牌照、证换发工作，换发牌照13 225台、换发驾驶证7 500个，完成总工作量的97%。办理机车落户1 337台，办理驾驶证1 245个。

（梁亚萍）

【畜牧工作】 2007年分局畜牧工作坚持"科学饲养、规模推进、政策引导、典型引路、龙头牵动、市场带动"24字方针，坚持用工业化理念来谋划畜牧业，用产业化思路来经营畜牧业，以科技作先行、市场为导向，以提质增效、增加职工收入为目标，以畜牧养殖小区和家庭牧场生产为重点，大力实施畜牧业产业化工程、良种工程、科技兴牧工程、质量卫生安全工程，加强了畜牧业标准化、现代化建设，加强了重大动物疫病防治和动物防疫体系建设，确保了畜牧业生产健康发展和养殖户收入增加。完成畜牧业增加值7.1亿元，比上年增长27%。全年取得国家畜牧政策补贴资金2 627万元，落实畜舍建设补贴2 830万元。主要畜产品产量和年末存栏：肉类总产量108 537吨，比上年增长17.6%；其中：猪肉98 923吨，增长18.6%；牛肉6 086吨，增长9.3%；羊肉816吨，减少18.6%。禽肉2 665吨，增长18.2%；禽蛋产量5 393吨，增长4.5%；牛奶产量164 969吨，增长0.1%；产奶牛年平均产奶5 332公斤，增长1%。大牲畜存栏92 133头，增长4.4%；其中：奶牛58 330头，增长2.6%；肉牛存栏33 803头，同比增长7.7%，出栏36 653头，同比增长16.4%；生猪存栏588 478头，出栏1 404 294头，分别增长3.2%和20%；成年母猪存栏7.7万头，同比持平；羊存栏60 970只，出栏44 831只，分别下降0.2%和18.5%；家禽存栏961 111只，增长30.5%。其中鹅66 691只，增长11.5%。鹿存栏3 952头，增长21.9%。

分局加强标准化畜禽饲养。共青农场的天香种猪场年初通过验收被确定为部级农业现代化示范场，绥滨农场的宝丰牧业、军川农场的加有、梧桐河农场的玉兰牧业3个猪场年初通过验收被确定为总局级农业现代化示范场。各农场实施了人畜分离工程，分局生猪人畜分离超过了50%，奶牛人畜分离超过了30%。分局现有奶牛养殖小区62个、规模奶牛场91个；生猪养殖小区78个、规模养猪场167个。生猪饲养量和畜舍新建、扩建面积在全总局排名第一。

防疫工作。一是农场对基层防疫人员实行了末尾淘汰的动态管理。二是年初省畜牧兽医局批准了总局申请在宝泉岭和红兴隆2个分局率先建设无规定动物疫病区方案，7月27日总局在宝泉岭分局召开了总局动物防疫工作会议暨宝泉岭、红兴隆无规定动物疫病区建设会议，无规定动物疫病区建设工作全面启动。三是在口蹄疫和高致病性禽流感疫苗免费供应的基础上，下半年高致病性猪蓝耳病和猪瘟疫苗也免费供应，免疫率都达到了100%。动物免疫标志加戴率达到了100%。在全国性暴发猪高致病性蓝耳病的情况下，宝泉岭分局没有任何重大疫情发生。四是奶牛、黄牛、羊全年坚持两次检疫，检疫率达100%。五是产地检疫开展面100%，产地检疫畜禽193.6万头（只），占出栏（出售）应检畜禽的90%以上；定点屠宰检疫率100%，检出病害动物及病害动物产品286头（只），病害动物及病害动物产品无害化处理率100%。上市动物、动物产品持证率100%。六是免疫抗体监测范围和数量迅速扩大，由总局兽医总站统一购入监测试剂23 880头份全部使用。全年向农垦总局兽医总站送检监测血清1 080头（羽）份。对分局的167个规模猪场、78个养猪小区以及其他3 332个散养户，开展了详细的流行病学调查，调查范围覆盖面100%。

政策引导扶持。2007年各农场及养殖户在畜舍建设和外购牲畜上投入资金9 389.7万元，其中农场补贴1 230万元，通过总局验收的新建及扩建猪场有27个、新建奶牛场1个，新增畜舍建设面积14.89万平方米。

奶牛和生猪良种补贴。2007年共发放奶牛良种冻精4.1万支，奶牛良种补贴开展面做到了100%。积极推广猪的人工授精技术，规模化猪场开展人工授精数量达30%，生猪良种补贴工作在分局范围内全面展开。

生猪生产追踪监测工作。按照农业部的统一部署，下半年开始，分局配合农业部有关部门对辖区内的30个规模养猪户和30个生猪散养户进行追踪监测，10月份开始对辖区内3个农场以及农场内共9个养猪户养殖情况进行监测。除落实了国家对所有养猪户的政策补贴资金外，还争取到生猪调出大县奖励资金663万元，生猪良种补贴资金170万元，宝泉岭原种猪场建设补贴资金200万元，共青、梧桐河、名山3个标准化生猪规模养殖场建设资金200万元。

（梁亚萍）

【渔业生产平稳增长】 全年养鱼面积958公顷，水产品产量762.7吨，比上年增长7.5%，全年渔业增加值459万元，比上年增长4.1%。

（梁亚萍）

【工业】 龙头企业带动能力稳步提升。北大荒肉业实现经营利润519万元。军川圣元乳业扩建项目进入设备安装调试阶段。日鲁北大有机蔬菜加工项目投入生产运营。酱业、米业、药业等生产能力明显增强。全年全口径工业增加值

79 168 万元，按可比价格计算增长8%,其中:轻工业增加值 52 524 万元,增长 4.3%；重工业增加值 26 644 万元,增长 15.5%;公有及公有控股企业增加值 9 761 万元，占全部工业的12.3%;非公有增加值 69 407 万元,占全部工业的 87.7%。主要工业产品产量:复合肥 3 100 吨,比上年增长 14.5%;乳制品 20 690 吨,增长 82.5%;面粉 15 015 吨,减少 28.2%;食用植物油 15 887 吨,增长 35.9%;配混饲料45 739 吨,减少15.4%;大米 187 996 吨,增长 16.4%;水泥 57 000 吨,减少 12.3%;白酒 3 550 千升,减少 13%;家具 2 490 件,减少2.7%；锯材 47 549 立方米，增长96.3%。 （梁亚萍）

【林业工作】 林业生产稳步发展。2007年分局紧紧围绕“12334”绿化工程主线,精心设计,高标准施工,圆满地完成了各项林业工作。全年完成造林面积645 公顷,年末实有育苗面积 129 公顷,当年苗木产量 1 334 万株，当年迹地更新 12 公顷,幼林抚育作业面积4 763 公顷次,成林抚育面积 10 126 公顷。全年实现林业增加值 1 563 万元,同比增长1.37 倍。全局完成造林绿化任务 725.73公顷,完成三北防护林建设任务 340.07公顷，其中“12334”绿化工程造林295.73 公顷，栽植各类绿化大树 127.4万株,投入绿化资金 1 581 万元,完成退耕还林 300 公顷,完成宜林荒山荒地130 公顷；补植退耕还林面积 3 200 公顷,重点防护林 160 公顷;完成义务植树任务 142.9 万株，实际参加人数为11.8 万人,尽责率达 95%。完成小城镇和营区高标准绿化建设 88 个，领导办绿化点 19 个，完成道路绿化 150.6 公里。育苗面积 151.8 公顷,其中当年新增 41.47 公顷。全面完成了分局“12334”工程的绿化指标。杜绝森林火灾的发生，森林受害率控制在 0.3‰以下,保持了连续 21 年无森林火灾发生,林业行政案件发现率和结案率在99.8%以上;森林病虫鼠害成灾率控制在 5.0‰以下，防治率达到 63%以上,监测覆盖率 86%以上，种苗产地检疫率 91%以上。全局共兴办家庭林场、家庭苗圃 2 042 户,达到 100%盈利。黑木耳生产 20 万袋，菇类生产 15 万袋,两项产值 35 万元。沙棘种植 338.67 公顷,其中，宝泉岭农场种植 153.33 公顷,其他农场种植 138.67 公顷,鹤北林业局等林场种植 66.67 公顷。生态林建设以公路绿化为主线,通过对公路沿线两侧高台整地,见缝插绿,共栽植银中杨、樟子松、云杉和花灌木大苗 127.5 万株,投入绿化资金 1 581 多万元。 （梁亚萍）

【水利基本建设】 2007 年分局水利工程建设项目完成总投资 7 196 万元,其中国投资金 2 864 万元,自筹资金 4 332万元。总工程量 692.9 万立方米,其中土方 692.1 万立方米，石方 0.2 万立方米,混凝土 0.8 万立方米,农田机耕路36.6 公里，排水沟 509.2 公里,堤防加固 7.5 公里，修建田间配套建筑物 416座,新打各种口径抗旱井 2 936 眼。

重点水利工程项目。2007 年绥滨灌区总投资 1 346.8 万元,其中:小水投资 330 万元,农业开发项目投资 455 万元,商品粮基地建设项目投资 561.8 万元。完成总工程量 108.33 万立方米,开挖干渠、支、斗渠等渠道共计 61.6 公里，修建桥涵闸等配套建筑物 221 座。控制灌溉面积达 1.23 万公顷。

小型农田水利工程。2007 年总局下达给分局 11 个农场的防洪治涝工程计划投资 1 420 万元,其中小水补贴 1 070万元,农场自筹 350 万元。总局确定的6 个重点项目农场和 5 个非重点项目农场,建设总工程量 254.94 万立方米,其中土方 254.54 万立方米，石方 0.02万立方米,混凝土 0.38 万立方米,机耕路 36.29 公里，排水沟 409.18 公里,堤防加固 7.43 公里,桥 3 座,涵 95 座,闸1 座,机电井 3 眼,工程建设项目全部完成。

饮水安全工程建设。2007 年饮水安全第一批计划下达投资 133 万元,其中国投 60 万元,农场自筹 73 万元。包括名山、军川、宝泉岭、新华、梧桐河 5个农场。主要建设内容为 5 眼井,5 座井房,5 台变频设备和 5 套水净化设备,解决 0.24 万人的饮水不安全问题。农田水利建设。计划投资 2 307 万元,其中国投 1 538 万元,农场自筹 769 万元。分局完成沟渠清淤 386.2 公里,完成土方 269.8 万立方米。新建闸、涵、闸82 座,新打井 3 眼,完成饮水安全工程2 处。完成计划的 80%。

抗旱工作。2007 年 6 ~ 8 月,分局各农场普遍高温少雨干旱,比历年同期平均降雨量少 7 成以上。从 6 月 5 日至8 月 9 日平均 60 多天无有效降雨。日平均温度比历年同期值高约 3.0℃,蒸发量是历年同期平均值的一倍以上,土壤耕层(0 ~ 30 厘米)相对含水量不足10%,部分水田地下水水位下降,抽水困难。受持续少雨天气影响,旱情十分严重,干旱造成的灾害面积之大,发展之迅速，是分局建局以来最大的旱灾。分局召开紧急会议后,各单位迅速转移工作重点,高度集中人力、财力、物力,全面投入到抗旱自救工作中来。在抗旱过程中，分局累计投入抗旱人力 31.3万人次;喷灌机累计作业 38 884 台班;累计投入各类拉水车及漫灌泵 47 195台班，共完成抗旱浇灌总面积 9.11 万公顷；新打各种口径抗旱井 2 936 眼,投入各类钻机 1 198 台班,新购抗旱设备总数 348 台套，购买各类口径水泵1 863台、各类口径管带 288 716 米,共投入抗旱资金累计 7 019.4 万元。积极组织和发动群众抗灾自救,建设抗旱井等应急水源工程。

水利前期勘测设计。一是完成了分局 13 个农场的小型农田水利工程设计,其中灌溉工程 3 项,治涝工程 8 项,防洪工程 1 项,水保工程 1 项,工程总投资 2 102.1 万元,设计桥梁 7 座,涵洞119 座,水闸 18 座,堤防 4.1 公里,机井13 眼，临时泵站 1 座。二是完成了绥滨、江滨、名山、共青、宝泉岭、新华 6 个农场的农业综合开发项目的扩初设计,项目总投资 4 676 万元；开挖渠道 508公里,土方量 235.3 万立方米,设计涵洞 181 座，水闸 27 座，渠道防渗 4 公里。 （梁亚萍）

【建筑】 建筑业稳步发展,全年完成建筑业产值 44 699 万元，实现增加值 17 400万元,下降 3.1%。建筑企业个数 33 个,单位工程施工个数 512 个,房屋施工建筑面积 14.5 万平方米。全方位推进城镇建设和住宅建设。分局新开工建设项目 48 项，建设面积 21.4 万平方米,其中住宅建设 17.5 万平方米，引进资金 1.18 亿元，全面完成了住宅建设任务。抓好泥草房的拆除工作，拆除泥草房 5.9 万平方米，超额完成了总局下达拆除任务。实施新区示范带动工程，拉动城镇建设加速发展。全局新区规划建设面积 577 164 平方米，廉租房规划建设面积 78 800 平方米，局直新区、普阳农场新区、绥滨农场新区建设工程已启动。（梁亚萍）

【科技工作】 分局新建扩建科技示范园区 13 个，获得总局级科研项目 17 项，其中科技攻关项目 7 项，科技开发项目 1 项，科技推广项目 9 项，获得总局级科研资金 20.5 万元。分局抓好农业科技示范园区建设。在已有的 1 个省级、1 个总局级科技示范园区的基础上，结合分局“十一五”科技园区建设规划，新建农业科技示范园区 8 个，扩建 5 个，投资近千万元。重点推广农业增产新技术、新措施 6 项、农机新技术和相应机型 13 项（型）、畜牧新技术 6 项、林业新技术 3 项。通过科技之冬、科技周活动、科普大集等形式开展培训和技术咨询服务工作。据统计，在 2006 年冬至 2007 年春，分局、农场共集中办班 81 个，外请专家 26 人，培训各类人员 20 089 人次。下队办班 140 个，培训各类人员 22 650 人次。举办科技大集 9 次，职工咨询上千人次、发放各类技术手册 2 000 多册、发放各类生产技术资料 30 720 份，培训面达 100%。分局安排科技项目 16 项，其中农业 4 项、教育 12 项。分局级科研课题鉴定工作从 4 月 23 日开始至 6 月 15 日结束，共有 2 个学校、中心医院和 4 个农场参加。鉴定科研课题共 28 个，除 2 个没有通过外，其他 26 个课题均获得通过。分局级科学技术进步奖 27 项，其中一等奖 8 项、二等奖 12 项、三等奖 7 项。（梁亚萍）

【新农村建设工作】 一是道路建设。2007 年分局完成农村公路建设总里程 243.9 公里，总投资 2 亿元。全局 11 个农场出口路实现了与国省县道的硬化连接，全局试点管理区区内道路硬化 38 公里，全局 48 个管理区和 144 个居民组通了水泥路。到年底道路已硬化 429 公里，硬化率达 30%。二是文化体育教育卫生建设。2007 年，分局共投入资金 3 000 万元，自来水改造 11 处；建文化体育场所 9 处；新建和扩建中小学教育楼等 6 处，建筑面积共 2 万平方米。三是环境建设。2007 年分局环境建设投资 840 万元，共植树 100 万株。清运垃圾 42 500 吨。四是新区建设。年底，分局 13 个农场完成新区建设规划设计及选址。有 5 个农场已破土动工，其中普阳和绥滨农场小城镇新区建设一期工程已基本完工，建筑面积 19 800 平方米。拆除泥草房 5.2 万平方米。2007 年分局开始启动廉租房建设，绥滨农场、江滨农场、二九〇农场建设廉租房已破土动工。（梁亚萍）

【场县共建】 新建工程 48 项，总面积 21.4 万平方米，引资 1.18 亿元。建设场区公路 243.9 公里，拆除泥草房 5.9 万平方米。为周边县区代耕代种 14 万公顷，实现纯收入 1 680 万元。为周边推广先进适用农业生产技术 6.67 万公顷，供应作物良种 6.67 万公顷，北大荒肉业牵动地方养殖商品猪 100 万头，农业保险覆盖县（区）耕地 3.33 万公顷以上。（梁亚萍）

【固定资产投资】 受道路运输投资拉动影响大幅增长，全年社会固定资产投资完成 94 776 万元，增长 50%，其中：公有控股投资总额 59 299 万元，增长 74.8%；非公有投资 35 477 万元，增长 21.3%。从投资方向上看：第一产业 4 581 万元，占投资总额的 44.9%；第二产业 8 738 万元，占投资总额的 9.2%；第三产业 43 457 万元，占投资总额的 45.9%。（梁亚萍）

【交通运输业】 2007 年，分局农村公路建设项目 28 个，建设里程 243.9 公里，占近 3 年总建设里程的 55.6%，其中骨架公路建设项目 3 个，建设里程 70.9 公里，通畅工程项目 19 个，建设里程 107.9 公里，通达工程项目 8 个，建设里程 64.8 公里；农村公路渡改桥、危桥改造项目 4 个，98 延长米。分局农村公路硬化里程达到 437 公里，完成工程总投资 43 354 万元。全年各种方式完成客运总量 144 万人次，货运总量 709 万吨。（梁亚萍）

【通讯业】 分局通讯事业保持快速增长，移动电话机逐年增多，固定电话呈下降趋势，年末拥有固定电话 49 925 部，户均电话普及率 63%，人均固定电话普及率 23.7%，移动电话总量 72 671 部，平均每 2.9 人拥有一部手机。（梁亚萍）

【贸易业和餐饮业】 2007 年，分局开展国内外经济技术合作项目 27 项，到位资金 24 008 万元，直接利用外资 560 万美元，实现外贸出口 4 200 万美元，其中自营出口 639 万美元，对俄贸易 2 000 万美元。社会消费品零售总额 17.4 亿元，比上年增长 24.3%；批发零售贸易业完成商品销售总额 216 952 万元，增长 18.7%。以经济类型划分：国有及国有控股经济销售额 34 791 万元，非国有经济销售额 182 161 万元。（梁亚萍）

【社会与人口】 2007 年，分局实现就业和再就业 6 513 人，开发公益性岗位 203 个，城镇登记失业率 2%。参加社会保险人员达 14 万人，参保人数占分局人口的 67%以上。实施“2241”帮弱扶低工程，筹集扶贫项目基金和助学金 233 万元，帮扶特困和低收入职工 2 556 户。农场职工农庭人均纯收入达 9 359 元，剔除价格影响因素，实际增长 11.9%。年末分局从业人员 127 455 人，同比增长 7%；从业人员劳动报酬 121 491 万元，增长 20.9%；在岗职工工资总额45 611 万元；同比增长 9.7%，在岗职工年平均工资 10 222 元，同比增长 12.7%，分局年末实有住宅 467.7 万平方米，人均住宅 22 平方米，年末人口 210 916 人，总户数 79 298 户，人口自然增长率为–1.1‰。（梁亚萍）

宝泉岭分局基本情况及国民经济主要指标完成情况统计表

（2007年）

项目	计量单位	分局	二九〇农场	绥滨农场	江滨农场	军川农场	名山农场	延军农场	共青农场	宝泉岭农场	新华农场	普阳农场	汤原农场	依兰农场	梧桐河农场	北大荒肉业有限公司	宝泉岭电业局	宝泉岭建安总公司	宝泉岭种业公司	宝泉岭分局直
一、管理区	个	51	5	4	4	4	5	3	4	5	4	5	2	1	5	—	—	—	—	—
二、总户数	户	79 298	8 325	6 422	7 144	7 410	4 455	3 195	8 020	8 354	8 615	3 938	2 435	1 477	3 324	316	587	491	241	4 086
三、总人口	人	210 916	22 342	13 139	16 878	18 752	10 808	10 132	18 916	23 179	23 266	10 826	6 405	3 567	9 633	884	1 427	1 477	653	12 688
男性人口	人	108 142	11 679	10 006	8 520	9 430	5 438	5 170	9 739	11 570	12 639	5 624	3 201	1 787	5 040	474	742	797	365	6 493
女性人口	人	102 774	10 663	9 133	8 358	9 322	5 370	4 962	9 177	11 609	10 627	5 202	3 204	1 780	4 593	410	685	680	288	6 195
少数民族人口	人	3 483	161	149	175	169	228	17	406	612	569	78	158	64	327	—	—	13	—	397
四、生产总值	万元	561 329	59 485	60 601	34 621	59 178	40 278	25 131	39 088	56 246	42 491	45 617	17 708	7 113	23 231	5 662	3 629	3 767	1 260	36 224
五、人均生产总值	元	26 763	26 625	31 664	21 329	31 558	37 267	24 804	20 664	24 462	18 263	42 317	27 647	20 259	24 798	64 050	25 431	25 504	19 296	28 550
六、工农业总产值	万元	906 478	100 528	87 762	51 395	93 992	54 298	46 060	71 543	73 727	69 151	70 010	28 207	8 050	44 028	69 910	11 628	407	2 075	23 709
工业总产值	万元	298 698	23 395	15 491	13 051	23 191	16 611	18 739	14 814	17 173	18 905	13 618	6 100	1 010	11 815	69 910	11 612	345	—	22 918
农业总产值	万元	607 780	77 133	72 271	38 344	70 801	37 687	27 321	56 729	56 554	50 246	56 392	22 107	7 040	32 213	—	16	62	2 075	791
七、粮食总产量	吨	2 046 294	300 006	2 659 551	14 571	246 424	111 058	77 317	187 801	144 315	161 967	202 529	62 458	22 115	113 477	—	135	12	3 327	1 827
八、固定资产投资总额	万元	94 776	7 464	11 595	5 163	11 801	3 172	4 492	3 949	7 088	5 361	11 081	2 978	1 279	3 039	1 048	690	—	—	14 578
九、职工工资总额	万元	45 611	4 998	3 332	2 006	5 310	1 997	1 974	2 071	3 547	2 457	3 192	1 620	609	1 378	1 525	1 559	453	248	7 334
十、职工平均工资	元	10 222	9 257	8 590	8 400	10 173	7 055	8 708	5 563	10 420	10 745	11 200	8 215	7 568	10 132	7 193	20 299	13 324	17 201	26 668
十一、农场职工家庭人均收入	元	9 359	9 200	12 018	8 355	11 056	9 997	6 516	9 817	8 240	8 517	12 817	8 008	7 136	8 211	—	—	—	—	—

二九〇农场 二九〇分公司

场长、党委书记、社区主任：叶凤仪，1963年7月出生，黑龙江省双鸭山市人，中共党员，研究生，高级林业工程师，1980年12月参加工作，2006年11月任现职。

党委副书记、实业公司总经理、农业分公司总经理：樊庆东，1964年11月出生，黑龙江省呼兰县人，中共党员，研究生，高级农艺师，1983年7月参加工作，2006年6月任现职。

党委副书记、纪委书记、工会主席：叶善民（2004.12～）

副场长：吴红军（2007.7～）

党委委员、分公司副总经理：张杰（2002.5～）

党委委员、社区副主任：杨明举（2002.12～）

副总经理：汤志刚（2002.8～）
陈树斌（2002.5～）
曲　凯（2005.3～）

【概况】 二九〇农场、二九〇分公司地处祖国东北边陲的绥滨县境内，位于黑龙江、松花江两江汇合处的三角洲地带。地理坐标：东经131° 50′ 25″ ～ 132°26′15″，北纬47°28′30″ ～ 47° 45′ 26″，以黑龙江主航道为界与俄罗斯半江之隔；东、南面临松花江分别与同江、富锦两市隔江相望。农场境内地势平坦，属黑松两江冲积平原，无山脉丘陵，地面高程在海拔52～63米。农场位于中纬度地带，属大陆性寒温带气候，年平均气温在2.3℃左右，光照充足，平均年日照2 473.1小时；雨水充沛，平均年降水量499.6毫米。无霜期在133天左右。土壤以草甸土、棕色森林土为主，土质肥沃，植被茂盛。农场辖区总面积801平方公里，拥有耕地41 124公顷，森林10 227公顷(其中自然林2 236公顷)，草原4 335公顷，水面12 545公顷。农场下辖5个中心管理区，共37个居民组。总户数8 249户，人口22 342人。

2007年，农场实现粮豆总产30万吨，地区生产总值5.94亿元，人均纯收入9 200元。农场获得国家粮食安全奖、为省级环境优美城镇试点单位、省级绿化竞赛先进单位，被总局授予农业标准化达标年活动优秀单位、总局农机标准化管理标兵单位、总局级民主法治示范单位。 （初宏伟）

【种植业】 2007年农场全面落实“三扩一保一减”的结构调整思路，即：积极扩大水稻种植面积，适度扩大玉米种植面积、稳妥扩大经济作物种植面积，保证粒重的前提下确定大麦种植面积、合理减少大豆种植面积。全年完成播种总面积4.18万公顷，其中水稻2.47万公顷、大豆0.38万公顷、玉米1.13万公顷、经济作物0.13万公顷。2007年从6月8日到7月25日，农场47天没有一次有效降雨，是近25年来同期旱情最严重的一年。在抗旱期间，农场实施人工增雨2次，发射火箭弹8枚，增雨弹361发，有16个作业站得到有效降雨，最大降雨量达39毫米。新打抗旱机井243眼，220台喷灌机全部启动，昼夜抢灌，投入各类水车2 214辆、人力3.99万人次，投入资金656万元，喷灌面积达1.09万公顷，使旱情得到了缓解。农场加大农业基础建设项目投入，全年农业基础建设项目投资2 604万元。包括大型商品粮基地建设项目投入940万元，平整土地0.11万公顷；农机装备示范区及农机基础设施建设项目投入730万元，新建农机库房2 858平方米、围墙1 000余延长米；粮食管护设施投入498万元，新建水泥晒场7.6万平方米；生产服务设施投入156万元，用于研发中心续建，扩建机场跑道3 100平方米。开展了创建总局级以上农业科技示范区工作，建成了3个高标准示范园区，3条科技示范带，示范面积达0.83万公顷，辐射全场各管理区、作业站；建立6个基层科技示范站，重点推广了16项农业新技术，11项农机新技术和新机型，推动了整体田间作业水平的进一步提高。全年粮豆作物平均公顷产6 724.5公斤，同比增长2%；平均公顷效益3 300元，同比增长14.2%；粮食品质全部达到国标三等以上；实现农业增加值2.9亿元，同比增长12.6%。取得了粮豆总产、粮豆单产、粮食品质、亩效益和种植业效益五超历史的好成绩。 （初宏伟）

【林业】 全年投入310万元，完成绿色长廊建设项目28公里，植树11万株；义务植树56.8公顷，9.8万株。总投资870万元的绿色城堡和大树进城两项绿化工程全面启动。 （初宏伟）

【畜牧业】 农场年末奶牛存栏4 384头，鲜奶产量1.2万吨；生猪存栏1.6万头，出栏3.8万头；禽饲养量7万只。养殖业继续向标准化、规模化、效益化迈进，奶牛优质冻精配种率达100%，畜禽防疫检疫密度100%，建设万头猪场1个。实现畜牧业增加值5 100万元，同比增长20%。 （初宏伟）

【工业】 以推进企业民营化为突破口，切实做好对已引进企业和民办企业的扶持，及时帮助协调解决企业遇到的困难和问题。培育自营经济典型示范户15个，落实经济作物0.22万公顷，新增特色种养户8户，引进特色种养项目6个；工业企业12家，实现工业增加值6 775万元，增长28.1%，精米加工能力达17万吨；个体工商户经济效益稳步增长。全场实现非公有经济增加值1.81亿元，同比增长14.7%。 （初宏伟）

【新农村建设】 2007年，农场按照“生产发展、生活宽裕、乡风文明、村容整洁、管理民主”的总体要求，根据分局“一年初见成效、三年大见成效、五年基本达标”的新农村建设总体思路，以“四上”为标准，推进全场新农村建设。“四上”，即：进一步加强道路建设，实现农场道路建设整体上水平；加大泥草房拆迁力度，实现职工住宅新建和改建共同上规模；加快实施安全饮水工程，实现安全饮用水上标准；继续加快职工文化体育设施建设，实现休闲娱乐文化体育场所上特色。新农村建设投入资金4 899万元。其中：通村公路建设及住区道路硬化项目投入1 408万元，新建通村公路15公里；在农场场部修建住区水泥路1条2 200延长米，设置路灯45座；在第三管理区修建住区水泥路3条共700延长米,配套水泥沟1 520延长米;在第四管理区修建住区水泥路2条共900延长米;第八管理区修建住区水泥路4条共600延长米。公共基础设施建设投入489.3万元;绿色长廊建设项目投入310万元,植树11万株,28延长公里。在第三管理区,投入1万元,设置广场高架灯1盏。投资16万元在管理区和作业站安置健身器材16套;投入资金25万元,改造十九作业站路边危房11栋;投资3万元,拆除泥草房6间。 (初宏伟)

【财务管理】 农场(分公司)各项费用指标均控制在预算之内,领导职务消费全部控制在核定指标之内。农场财务预算得到严格执行,实现收支平衡;分公司全面实现了公司下达的4 378万元的上缴利润指标。农场和分公司共清回各类欠款638万元,超额完成了上级下达的清欠任务指标。 (初宏伟)

【外经贸工作】 全年共收购各种粮豆21 783吨,其中:水稻12 489吨、玉米4 633吨、大豆4 661吨。参加了北大荒·上海绿博会,第八届上海国际食品展览会和第十八届哈洽会,取得了较好的参展效果。农场0.35万公顷土地得到了美国NOP、日本JAS、欧盟EEC的有机认证,绿色大豆生产基地面积达0.67万公顷。全场无公害认证面积达100%,绿色认证面积3.75万公顷,有机认证面积0.45万公顷。 (初宏伟)

【文化】 农场共对外上稿1 100篇,报纸新闻宣传在总局名列第一,电视台新闻宣传在总局名列第二、在分局名列第一。"三评三创"活动的开展取得明显成效,全年共树立"三德"典型37名,弘扬了文明新风和社会风气。职工群众的文化活动更加活跃,举办大型文化活动8次。以垦庆60周年为载体,以环境建设为重点,开展了以"净化、绿化、美化、香化"为主题的大规模环境整治,全场基层各单位环境建设总投资300多万元,植树23万株,栽花60万株,挖修排水沟1.5万延长米。环境工作在宝泉岭分局环境评比中取得了居民组排名第一,场区排名第三的好成绩。 (初宏伟)

【党建工作】 党员先锋工程扎实推进,突出开展了以党员承诺制、党群致富联合体、党员奉献日、民情沟通日、党员互助储金会和党员三支队伍为主要内容的载体活动。全场共完成践诺事项3 469项,为群众办实事办好事5 761件;成立党群致富联合体和互助储金会各37个,辐射农户700余家,筹集互助资金300余万元,帮扶贫困家庭120余户,70余名职工走上脱贫致富道路;1 800余名党员积极参与到奉献日当中,600余件事项通过民情沟通得以解决;党员的先锋作用得到进一步发挥,党群、干群关系得到进一步融洽。基层党支部建设明显增强,全场已有37个党支部跨入标准化行列。公开选拔的力度进一步加大,对5个中心管理区的主任和书记岗位分别进行了公开竞聘,使10名优秀干部走上重要岗位;干部的管理与监督制度更加完善,对全场37个作业站和11个场直单位的班子和工作人员统一进行了测评。 (初宏伟)

【民主法治建设】 2007年突出抓好"五五"普法宣传教育。突出抓好法律服务工作,完成诉讼代理65件,办理各类公证5 964件,参加依法清欠标的达150多万元。突出抓好"调访一体化"基础建设。围绕平安农场创建,继续加大平安建设资金投入力度。做好保安员工作,强化保安员训练。在宝泉岭政法委、综治委举办的各农场保安员大比武中,荣获团体总分第二名,基本技能团体第一名、基础知识团体第三名、团体表演奖。 (初宏伟)

【教育】 "双高普九"工作得到巩固,办学条件继续改善,小学巩固率达100%,初中巩固率达99%。不断良化教师的工作环境,农场出资14 700余元,为教师免费体检;投资11.5万元对中学体育馆进行维修,更换新桌椅450套。2007年中考进入分局高级中学录取分数段的有47人,综合成绩排名列分局第6位。 (初宏伟)

【卫生】 农场医院的诊疗水平和服务质量进一步提高,全场人均住院医疗费用继续保持在分局平均值以下,人口自然增长率控制在-2.09‰,生育符合政策率100%。农场投资20万元,购进1台急诊专用救护车,对急重危患者的救诊、转诊发挥了重要作用;投资46万元,购进1台日产西森美康180型全自动生化分析仪,提高了农场职工医院的诊断能力,方便了群众就医。(初宏伟)

【职工生活条件改善】 职工生活不断改善,职工人均纯收入由2006年的8 600元增加到9 200元。农场投资678万元新建场部自来水厂,完成外网改建;投资41万元对10个基层单位的自来水进行维修改造。筹集资金142.8万元为387名因病、残丧失劳动能力的职工办理长期病休;为全场800名低保人员增加低保金10万元;投资7万元对老年公寓室内进行装修。新建住区水泥路面1公里,配套水泥排水沟6 000延长米,新建厕所6座。投资35.9万元为6个基层单位安装了有线电视。全场居民使用固定电话7 213部,移动、联通、小灵通电话用户达6 841户,宽带上网户1 050户。闭路电视接收节目35套以上。

(初宏伟)

二九〇农场 分公司基本情况及国民经济主要指标完成情况统计表
（2007年）

指标名称	计量单位	2007年数值
管理区数量	个	5
总户数	户	8 325
总人口	人	22 342
其中:男	人	11 679
女	人	10 663
少数民族人口	人	161
地区生产总值	万元	59 485
人均地区生产总值	元	26 624.7
工农业总产值	万元	100528
粮食总产量	吨	300006
固定资产投资总额	万元	7 464
职工工资总额	万元	4 998
职工平均工资	元	9 257
职工家庭人均收入	元	9 200

绥滨农场

场长:侯新华,1967 年 12 月出生,安徽省涡阳人,中共党员,大学学历,高级农技师,1992 年 7 月参加工作,2006 年 11 月任现职。

党委书记:于治臣,1959 年 10 月出生,吉林省扶余人,中共党员,研究生学历,政工师,1984 年 12 月参加工作,2005 年 8 月任现职。

党委副书记、工会主席:南野,2004 年 2 月任农场党委副书记、2006 年 11 月任农场工会主席。

副场长:张长友(2000.8 ~)
张广福(2001.1 ~)
黄家安(2005.5 ~)
刘宏光(2007.2 ~)

党委委员、组织部部长:张振海(2006.5 ~)

党委委员、武装部部长:崔铁民(1999.5 ~)

【概况】 绥滨农场位于小兴安岭东南,完达山脉西北,三江平原东北边境,黑龙江省绥滨县境内,地理坐标:东经 130° 22′ 30″ ~131° 50′ 27″,北纬 47° 5′ ~47° 42′ 30″,南北长 45 公里,东西长 20 公里,总控制面积 5.2 万公顷,拥有耕地 3.47 万公顷,长年积温 2 450 ~ 2 500℃,年降雨量平均在 533.1 毫米左右,无霜期 135 天。农场总人口 2 万人,职工 0.6 万人,下设 4 个管理区与 37 个居民组,工商运建服企业 18 个,是一集种、养、加、贸、工为一体的大型国有农场。2007 年,农场实现国内生产总值为 60 601.6 万元,比上年增长率为 19.03%,其中第一产业占 61.4%,第二产业占 12%,第三产业占 26.6%,人均国内生产总值为 31 664 元,人均纯收入为 12 018 元。 (于明章)

【种植业】 2007 年,农场总播种面积 3.45 万公顷,其中:水稻 2.34 万公顷,占 67.8%;大豆 0.11 万公顷,占 3.3%;玉米 0.87 万公顷,占 25.1%;万寿菊 0.04 万公顷,占 1.2%;青饲料、红小豆、杂豆、白瓜子等经济作物面积 0.09 万公顷,占 2.7%。其中高产高效作物比例达 92.9%。粮豆作物总产 265 955 吨,其中:水稻公顷产 8 691 公斤,总产 203 430 吨;大豆公顷产 2 316 公斤,总产 2 677 吨;玉米公顷产 6 880 公斤,总产59 629 吨;杂豆公顷产 1 174 公斤,总产 142 吨;万寿菊公顷产 15 吨,总产 6 400 吨。公顷产产量比上年增加 3.7%;平均公顷效益比上年增加 7.8%。农场农业机械总动力 4.7 万千瓦,拥有拖拉机 812 台,JD8420 型 270 马力拖拉机 1 台套,JD7820 型 185 马力拖拉机 2 台,926 型 275 马力拖拉机 1 台套,收割机 322 台,大型配套农具 983 台件,犁 217 台,3.4 轻耙 186 台,播种机 114 台,中耕机 98 台,旋耕机 152 台,镇压器 110 台,深松机 31 台,粉碎还田机 118 台,小型配套农具 334 台,插秧机 1 190 台,搅浆平地机 198 台,蒸汽催芽机 350 台,水稻收获机械化程度达 100%。 (于明章)

【林业】 农场完成造林 28.67 公顷,植树 90.08 万株,完成计划的 100%。育苗 26 公顷,出圃苗木 178 万株,栽植绿化树木 26.76 万株,森林覆盖率达 16.5%。全年查处林政案件 25 起,结案率 100%。 (于明章)

【畜牧业】 农场畜牧业稳步发展。全场奶牛存栏 5 000 头,其中成母牛2 900 头,鲜奶产量 14 500 吨;生猪存栏 5 万头,其中母猪存栏 8 000 头,出栏生猪 15.5 万头;肉牛存栏 2 500 头;羊存栏 6 500 只;禽存栏 50 000 只;鹿存栏 885 头。种植青贮 736 公顷,产量 36 750 吨,实现畜牧业产值 1.65 亿,增加值6 719 万元,畜牧业已成为农场经济发展的支柱产业。 (于明章)

【工业】 农场工业企业均为小型工业企业,有农副食品加工业 6 家企业,饮料制造业 1 家,印刷业 2 家,化学原料及化学制品制造业 1 家,非金属矿物制品业 1 家,修理业 90 余家。2007 农场实现工业增加值 5 500 万元,产品销售收入 16 000 万元,利润实现 650 万元,与上年同期相比增加 89 万元,生产面粉 4 000 吨,生产大米 4 000 吨,生产豆油 2 500 吨,生产豆粕 12 500 吨,生产糕点 50 吨,生产配混合饲料 1 000 吨,白酒 200 吨、红砖 750 万块。农场自营经济投入资金 4 560 万多元,实现自营经济总产值 3.12 亿元,纯利润 1.13 亿元,从业户均收入 1.2 万元。(于明章)

【新农村建设】 农场制定了《绥滨农场 2007 年社会主义新农村建设实施方案》,明确了 2007 年新农村建设的指导思想、基本原则、目标和任务、实施步骤和方法、责任落实和目标考核等五大方面要求,为全场各行各业开展新农村建设制定了方向、目标和方法。普查有泥草房面积 2.4 万平方米,户数 560 户,签订了 105 套拆迁补偿协议书和 105 套相对应的登记表和验收单。按分局要求按时按量地完成了水泥路建设、自来水改造、营区绿化、泥草房拆除等项工程。 (于明章)

【财务管理】 农场实现利润 2 041 万元。农场当年收回陈欠 585 万元,其中账外应收家庭农场款 164 万元,账内四项应收款 421 万元。农场农业综合开发建设项目计划总投资 660 万元,其资金来源为中央财政资金 330 万元,农场和家庭农场自筹 330 万元。当年完成工程总投资 660.44 万元,完成计划的 100.07%,其中:完成中央财政资金投资 330 万元,农场和家庭农场自筹配套完成投资 330.44 万元。农场专项资金的发放:一是配合财税、粮食科发放综合直补资金 794 万余元,发放粮食直补资金 688 万余元,水稻良种资金 527 万余元;二是配合交通科、林业、畜牧发放燃油补贴资金 19 万余元;三是配合畜牧发放玉米良种补贴资金 2 万余元,生猪良种补贴资金 14 万余元,奶牛良种补贴资金 64 万余元。 (于明章)

【外经贸工作】 农场赴俄罗斯作业区成员 23 人,完成播种面积 883 公顷,全部为大豆作物,总产量 1 412 吨,累计纯收入 170 万元。养殖业母猪存栏 20 头,育成肥猪 140 头,年效益 15 万元。 (于明章)

【小城镇建设】 农场场区拥有楼房住宅 95 624 平方米，砖瓦结构平方居民住宅 137 341 平方米，共有 36 户泥草房住户，面积 1 589.65 平方米；生产队砖瓦结构平房居民住宅 193 200 平方米，共有 557 户泥草房住户，面积 27 076.03 平方米。农场补贴近 500 万元兴建了占地面积 25 000 平方米，建筑面积 13 000 平方米的“新村”住宅小区，该小区内设施完整、功能完备。9 月进行了新村小区二期工程建设，扩建 6 栋计 13 000 平方米住宅楼，在 10 月完成基础工程。农场完成了中学 8 000 平方米的教学楼、宿舍楼和食堂、浴池的基础工程。投资 1 300 万元完成 29.5 公里通村公路，投资近 400 万元完成了城区内道路硬化 4.5 公里。 （于明章）

【党建工作】 农场党委狠抓标准化党支部和“五个好”生产队党支部创建工作。申报标准化党支部 1 个，力争达标 44 个，占支部总数的 78.3%；“五好”生产队党支部达标 35 个，占党支部总数的 94.6%。采取形式多样的教育培训，接受教育培训的基层党支部书记、骨干党员、入党积极分子达 2 300 人次。下发十七大报告辅导读本和新《党章》80 册。公开选拔 6 名年富力强、懂经营、善管理的年轻干部由党务岗位走上行政岗位。重新任命了 37 个居民组 74 名干部，对正职后备干部进行了考核认定，配备科级后备干部 12 名，队级后备干部 40 名，建立了规范的档案。扎扎实实地实施“先锋工程”，较好地发挥了党员在建设和谐社会中的先锋模范作用。农场党委成员与部门、基层单位、社区、非公有制企业建立联系点 59 个，科级干部建立联系点 37 个。通过明岗定责承诺制活动，共建立党员服务队 84 个，帮助贫困职工解决问题 532 个，为职工群众做实事办好事 1 460 件。成立攻关小组 25 个，进行科技攻关 36 项。 （于明章）

【民主法制建设】 农场有调防组织 41 个，有各类调解员 235 人。全场基层调解各类纠纷 228 起，其中司法调解成功 28 起，成功率达 100%。完成担当法律顾问 33 家，完成代理 15 件，其中诉讼代理案件 3 件，完成代书 43 件，接受电话咨询 110 多人次，接待法律咨询 267 人次，审查各类合同 21 份，办理各类公证 43 份，在清欠工作中为农场清回欠款近百万元，为职工群众避免和挽回经济损失 70 余万元。 （于明章）

【交通运输】 农场有公共汽车 21 辆，货车 79 辆，出租车 106 辆；客运线路 13 条，班次 20 多个。农场共负责道路维修和养护工作 220 公里，其中主干线福绥路全长 42 公里，福兴至场部白色路面长度为 7.12 公里，军绥路长 31.7 公里，十九队至三十七队长 37.3 公里，十七队至三十八队长 22 公里。支线路长 87 公里，场区长 16 公里。全线治理翻浆路段达 30.6 公里。用料里程 120 公里，上料 41 000 立方米。好路率在 59%，综合值 73.1%。 （于明章）

【通信 电视】 通信行业全部实行了电话联网和数字接入，全场居民使用固定电话 3 100 多部，联通、移动、小灵通电话用户达 8 320 户，宽带上网户 960 户。广播电视全频道能接收 41 套节目以上，有线电视入户 3 300 多户。 （于明章）

【教育】 农场学校分为小学部和初中部两个学区，有 49 个教学班，教职工总数 186 人，在校生 1 821 人。其中中学部 24 个教学班，在校生 888 人。小学部 25 个教学班，在校生 943 人。占地面积 12.5 万平方米，校舍面积 1.7 万平方米。马春鹏以 640 分的成绩荣居分局中考榜首，成为 2007 年度分局中考状元，有 56 名学生达到分局重点中学公费录取线，有 7 名学生被以体育和美术特长生录取，创农场历史新高。刘淑敏等 6 名教师获省县域教育人才奖。2007 年农场被评为垦区教育工作先进单位。 （于明章）

【卫生】 2007 年，农场出生人口 100 人，出生率为 5.52‰，人口自然增长率 1.49‰，生育符合政策率、独生子女领证率、已婚育龄妇女避孕措施及时率均达 100%。孕期全程体检保人数 96 人，新生儿疾病筛查 126 人，免费透环 4 000 余人次，免费妇女无病体检 2 000 多人次。为 60 名贫困独生子女发放助学金 3 万余元，为 165 户贫困独生子女家庭发放低保金 15 万元。兑现独生子女父母奖励和托儿费 31 万元。为 66 名退休独生子女父母兑现一次性补助 19.8 万元，全额报销育龄妇女手术费 11.5 万元。 （于明章）

绥滨农场基本情况及国民经济主要指标完成情况统计表（2007 年）

指标名称	计量单位	2007 年数值
管理区数量	个	4
总户数	户	6 422
总人口	人	19 139
其中：男	人	10 006
女	人	9 133
少数民族人口	人	149
地区生产总值	万元	60 601.6
人均地区生产总值	元	31 664
工农业总产值	万元	31 155
粮食总产量	吨	265 955
固定资产投资总额	万元	11 595
职工工资总额	万元	3 332
职工平均工资	元	8 589.84
职工家庭人均收入	元	12 018

普阳农场

场长：顾毅，1964 年 5 月出生，福建省福州市人，中共党员，研究生学历，高级经济师、政工师，1986 年 7 月参加工作，2005 年 8 月任现职。

党委书记：韩兆琪，1958 年 2 月出生，山东省五莲县人，中共党员，大学学历，高级政工师，1975 年 10 月参加工作，2005 年 8 月任现职。

党委副书记、纪委书记：苏彦山（2006.11～）

工会主席：田英（2001.12～）

副场长：谢少华（2001.10～）
祝和安（2004.7～）
尹玉宝（2006.2～）
何正元（2006.2～）

场长助理：栗静峰（2007.7～）

党委委员、组织部部长：喻　涛（2003.2～）

党委委员、宣传部部长：李秀英(2003.2～)

党委委员、武装部部长：张凤来(2001.5～)

【概况】 普阳农场位于松花江下游北岸，绥滨、萝北、汤原三县交界的蒲鸭河地区，归绥滨县辖区。地理坐标：东经130°58′～131°33′，北纬47°10′～47°23′。东西长40公里，南北宽20公里，地势平坦，土质肥沃，系松花江、嘟噜河冲积平原，土地总面积516平方公里，耕地29 687公顷，林地3 784公顷，草原5 533公顷，水面4 302公顷，总人口10 826人，总户数3 938户，职工4 577人。2007年出生人数59人，死亡人数54人，人口自然增长率0.046‰。全场有5个管理区（共21个作业区），林业单位1个，牧业单位1个，工业企业4个、建筑企业1个、施工企业1个(所有场直企业已全部转制)，个体私营企业2个、医院1个，学校1个(中、小学)，幼儿园1所，电视台1个。

2007年农场实现国内生产总值4.2亿元，粮食总产20万吨，经营利润550万元，人均收入12 817元，人均存款1.9万元，人均住宅23平方米，场部人均住楼55平方米。垦区经济综合指标排名第2名。农场被授予"农业部无公害农产品示范基地"、"全国粮食生产先进农场"、"全国绿色食品原料标准化生产基地"、"中国良好农业规范论证证书"、"黑龙江省首批良好农业创建工作先进单位"、"黑龙江省新农村建设示范农场"、"黑龙江省民主法治示范单位"等荣誉称号。（刘利润）

【种植业】 2007年农场遭遇到了60年一遇的严重旱灾，连续64天无有效降雨，通过狠抓农业标准化、新技术推广、农机更新等措施，确保了大灾之年粮豆总产不减，达20.3万吨，平均公顷产6 930公斤，同比增长1.8%。全场完成总播种面积2.97万公顷，其中全场新开发水田0.32万公顷，水田面积比上年增加31.2%。水稻和玉米种植面积占总播种面积的86.3%，较上年提高12.2%；实现农业总产值2.78亿元，比上年增长3%。投资163万元新购钢骨架大棚326栋，彻底消灭了水田小棚育秧、旱田花花田和路边杂草；建成了高标准农业综合科技示范园区1个、水田大棚区2个。科技示范成效显著，科技贡献率达75%。全年农场用于科技园区建设、农业抗旱、航化补贴资金486万元。农场绿色原料生产基地的地位进一步强化，被国家授予绿色食品原料大豆、水稻、玉米标准化生产基地，获得了省首批良好农业创建工作先进单位荣誉称号。（刘利润）

【农业机械】 落实总局农机优惠政策，农场出台优惠农机贷款政策，全年投资700多万元更新农机具200余台(套)，完善农机园区1个，提高了农业机械化作业水平。针对玉米面积大收获工作压力大的情况，投资200多万元，农场农机科组织扶持新购玉米收获机9台，大中型轮式拖拉机4台，指导收割机改装25台。解决了现有机型老旧、不完善的问题，提高了机械化作业水平。全场农机具新度系数达0.70，大豆、玉米、水稻三大作物机械化率分别为100%、95%、90%。（刘利润）

【林业】 2007年农场林业总投资150万元，完成40公顷重点生态林工程造林任务，栽植各种大苗76 000株。植花带6万平方米，草坪1万平方米。完成了三条主干公路50公里的绿色长廊绿化工程。（刘利润）

【畜牧业】 农场投资700万元用于新增奶牛补贴、新增繁育母猪补贴、标准化小区建设、畜牧贷款补贴、青贮饲料地补贴和畜牧发展准备金。农场多方筹集资金，总计投入资金7 000万元，增加奶牛1 500头，繁育母猪增加3 000头，奶牛存栏达4 500头，繁育母猪达6 500头，全年实现畜牧增加值5 124万元。引进建成了英瑞斯5万头标准化养猪场和天然2万头标准化养猪场。全力推进标准化畜牧小区建设，人畜分离工程建设和无规定动物疫病区建设，执行严格的防检疫措施，为加快畜牧业发展打下了坚实基础。（刘利润）

【非国有经济】 农场实现非国有经济产值2.14亿元，利润8560万元。其中自营经济产值1.6亿元，利润6 050万元，从业人均收入12 000元，从业户均收入25 000元。农场建立特色养殖发展基金80万元，发展蓝狐、貉、野猪等特色养殖项目，特色养殖户500余户，户均年收入达1.8万元。全场从事个体工商业和民营企业240多家，注册资金600多万元，从业人口3 000多人，转移农业劳动力1 700人，拉动农场经济增长7.5%。（刘利润）

【科技园区】 农场继续保持科技示范长廊建设，其中：国家级高油、高产大豆示范园区1个，院场共建科技示范园区2个，分局级农业标准化示范园区1个，重点推广15项新技术。继续与科研单位合作，引进新技术、新品种，积极引进大中型轮式机动车。建有5个林业科技示范园区，其中分局级科技示范园区1个，农场自建科技示范园区4个。建有4个畜牧业科技示范园区：其中分局级科技示范园区1个，农场自建3个科技示范园区。分局级以柳中管理区第一作业区万头生猪科技示范园区为重点。农机科技示范园区建设2个：分局级科技示范园区1个，以柳北管理区为主，计划建设成多功能综合的农机示范园区。（刘利润）

【小城镇与新农村建设】 结合新农村建设，农场按照打造生活品质场的理念，进一步加大小城镇建设和新农村建设力度，投资990万元建起了9 800平方米的116户居民的绿岛家园小区。投资融资2 000万元，新建占地面积为10.7万平方米，总建筑面积4.37万平方米的星光家园住宅小区。投资500万元建起3 950平方米中学试验楼及投资176万元的配套设施，整合成一校一院一版块的教育资源共享模式。投资50万元修建场部3 600平方米的水泥路面。投资150万元，新建2 400平方米的粮油公司办公楼。投资600万元，新建1 300平方米供电局大楼。融资2 500万元，修建第十二作业区至场部、场部外环路及傲东、傲西管理区通区路总里程22公里的水泥路。投资200万元，修建场部地区水泥路16 000平方米。投资120万元在柳东管理区建8栋建筑面积为1 392平方米的高档住宅,投资70万元对管理区和作业区的基础设施进行建设。拆除泥草房6 220平方米,77户、55栋。投资600万元,改建文化中心,内设农场展览馆、荣誉展室、丁玲纪念馆、军魂馆和图书馆等。围绕文化中心建起一座大型的占地5.8万平方米,设有人工湖、广场、建有高标准的塑胶篮球场、排球场、羽毛球场。

(刘利润)

【财务管理】 农场严格控制预算,大力压缩非生产性支出,全年压缩管理费支出30万元。通过重新核算农业单位的食堂管理费和交通费,减少农业单位管理费支出9万元。严格控制各单位的劳务支出,严格执行联审联签制度,堵塞财务漏洞。通过工程概预算审核、财务刚性预算管理和招投标等方式,降低基本建设工程成本25万元,全年结余资金200余万元。回收欠款585万元。加强了责任经济审计和专项资金审计,完成审计总金额1.36亿元,收缴违纪资金及罚款59万元,挽回经济损失20万元。(刘利润)

【外经贸工作】 农场招商引资工作实现了历史性突破,尤其在引进项目的规模、资金、效益上创历史新高。一是引进鹤岗泰丰米业年产10万吨优质水稻加工生产线及生物质发电、供热联产项目,该项目总投资8 368万元,一期工程已经完成。二是加大畜牧业招商引资力度,先后引进了哈尔滨英瑞斯饲料有限责任公司5万头生猪养殖场,该项目投资5 000万元。引进北京天然万头生猪养殖场,该项目投资1 200万元。三是通过了欧盟IMO有机认证,为农场进一步开拓国际市场,开展出口贸易奠定了坚实基础。 (刘利润)

【扶贫工作】 实施“2241”扶低支富工程,开展干部“一帮一”活动。有108名党员领导干部与108户困职户结成帮扶对子。有43户困职户走上了致富道路。科技培训5 600人次,提供信息16项,安置就业100余人。“两节”期间,农场成立慰问小组,走访慰问了286户,发放慰问金、发放物资折合资金8万元。农场工会认真做好2007年“金秋助学”工作,9月份开展了金秋助学干部捐款活动,助学基金捐款共计49 650元。共发放助学款1.5万元,资助困难职工子女55人。为中学“红领巾爱心超市”,购买学习生活用品近3 000元,有200人次家庭困难的学生凭借手中的“爱心卡”拿到了自己所需的学习生活用品。 (刘利润)

【文明创建活动】 农场群众性精神文明创建工作不断引向深入。通过开展“五项创建”活动,“书架子”、“戏台子”工程,在全场广泛开展了《公民道德建设纲要》再学习教育活动,提高了职工群众的文明素质。修建了包括图书室、普阳精神展示、军魂展室、丁玲纪念室、荣誉室、文化名人在普阳等6个展室的农场文化中心,提高了农场的文化品位,成为农场的爱国、爱场及思想道德教育基地。通过“双百互动”载体活动,积极探索家庭、学校、社区“三位一体”的青少年思想道德教育网络。发挥老干部“五老”、“十大员”作用,调动全社会力量加强对青少年的思想道德建设。

农场环境建设有新的突破。继续开展“改树做”活动和建设美好家园活动,净化、绿化、美化建设再上新台阶。在分局环境建设三项评比中,农场取得了两项综合评比第一名的成绩。柳北管理区晋升为省级文明村。农场有2个单位晋升为总局文明单位,4个单位晋升为分局文明单位。 (刘利润)

【文化生活】 全年开展以“迎接垦庆60周年,创建和谐新普阳”为主题的系列文化广场活动。举办了五一、六一、七一、八一、十一文化广场活动。为丰富职工的业余文化生活,农场工会从2007年开始每个月的第二个星期六晚上定为文化广场活动日,每个活动日的项目都不相同。每次活动结束后,放映一场以爱国主义教育为题材的露天电影,丰富活动的内涵。做到了“月月有活动、季季有比赛”。农场参加分局文艺会演,取得第一名的好成绩。参加了分局群众体育与奥运同行全民健身月启动仪式和全局职工第三届环城赛。两节期间组织了秧歌表演、炮焰火等春节文化系列活动。8月,中央电视台“心连心”艺术团来农场进行了慰问演出。 (刘利润)

【党建工作】 农场党委继续开展创建“五型”班子活动,在全场广大党员中开展了以“我是党员我先行”为主题的蒲鸭河先锋工程活动,全场党员通过各种载体为群众做好事办实事300多件,巩固和扩大了党员先进性和党员承诺制活动成果。进一步深化干部人事制度改革,引进中国农业大学硕士研究生一名担任场长助理,下派5名大学生到管理区担任助理,提升了基层管理人员的整体素质。进一步规范和完善《干部考核办法》,解决干部能上能下的问题,调动了广大干部工作积极性。 (刘利润)

【老干部工作】 农场老干部政策得到了较好落实,举办了各类文体活动,组织离休干部去鹤岗景区,退休干部去名山口岸参观游玩。老干部为农场提合理化建议30余条。在农场开展的百名老人与百名青少年牵手互动活动中,有136名老同志与青少年结成了对子,发挥了老同志在政治、经验、技术等方面的传帮带作用。农场关工委已在3个管理区设立了4个家庭教育院。 (刘利润)

【民主法制建设】 农场以创建“平安普阳”为目标,通过开展“五五”普法教育,法律“六进”(进机关、管理区、社区、企业、学校、单位)活动,积极推进依法治场进程,社会治安综合治理水平明显提高。认真履行集体合同和女职工合同,积极创建劳动关系和谐企业,确保职工知情权、参与权、决策权、评议权和监督权的落实。构筑了“224”社会化维权机制,使维权工作形成合力,更加快捷有效。建立了法律服务站,矛盾调处站,作业区法律维权点等维权机构。通过“一场一书一卡”共受理职工、外来务工人员维权案件8起,结案达100%,为农场职工和外来务工人员要回劳动报酬10.4万元。 (刘利润)

【教育卫生】 农场教育工作成绩突出,2007年中考有86名考生公费升入重点高中,再创历史新高。在“双高”普九复检中，省教育厅专家组把农场的"一场一校一板块"教育园区称之为"普阳模式"，并要求在全省推广。

计划生育工作全面完成一类工作指标，卫生事业有了长足进步，社区医疗服务中心建立，购买救护车，引进专业人员提升医疗水平。投资54万元对医院和社区医疗条件进行改善，职工群众就医环境进一步改善。（刘利润）

【社会保障】 社会保障机制进一步健全，农场用于职工社会保险1 389万元，"五保合一"收缴率、发放率100%，离退休人员养老金发放率100%。职工大病保险90%以上。农场重点推进了中、小学生医疗保险工作，覆盖面达100%。对符合低保条件的人员做到应保尽保，2007年发放低保金20多万元。投资76万元改建了2500平方米的老年公寓楼，老年人的生活条件得到改善。（刘利润）

【中央心连心艺术团小分队到农场第四作业区慰问演出】 2007年7月26日，中央电视台心连心艺术团来到农场第四作业区进行慰问演出。下午15时许，著名歌手孙悦、刘和刚等演员们刚一下车，就被热情的观众簇拥着走向演出现场。演出场地设在队部门前的小广场上，周围停放着6台簇新的大马力拖拉机和康拜因，上面早已坐满了观众。演出由中央电视台戏曲频道主持人董艺、《挑战主持人》栏目扬帆主持。孙悦演唱了《祝您平安》。中央电视台第十届"青歌"大赛金奖得主麦穗及浩天、徐子魏、马晓晨、赵景春、潘军等青年歌手演唱了歌曲。刘和刚一首《父亲》，把演出推向了高潮，他走到观众中间，与10多位参加过上甘岭战役的老兵一一拥抱。演出进行了2个多小时，在电视连续剧《喜耕田的故事》片尾插曲下落下帷幕。心连心小分队回到普阳场部，刘和刚等演员专程来到普阳"世纪花园"别墅小区上甘岭老兵吴敬云家中，为普阳老场长吕全盛、张靖宇等老兵慰问演唱。（刘利润）

【农场扩建丁玲纪念室】 1991年，农场建起丁玲纪念室。2007年，农场重新扩建了丁玲纪念室。丁玲纪念室位于普阳文化中心内，纪念室面积156平方米。纪念室展出丁玲不同时期的照片240余幅，有丁玲在北大荒用过的物品，有陈明同志赠送的丁玲不同时期的文学著作、丁玲文学手稿原件及复印件，还有著名作家魏巍、姚雪垠、华君武等的题词。（刘利润）

普阳农场基本情况及国民经济主要指标完成情况统计表（2007年）

指标名称	计量单位	2007年数值
管理区数量	个	5
总户数	户	3 938
总人口	人	10 826
其中：男	人	5 624
女	人	5 202
少数民族人口	人	78
地区生产总值	万元	45 617
人均地区生产总值	元	42 137
工农业总产值	万元	70 016
粮食总产量	吨	202 29
固定资产投资总额	万元	11 081
职工工资总额	万元	3 192
职工平均工资	元	11 200
职工家庭人均收入	元	12 817

江滨农场 江滨分公司

场长、党委书记：潘光明，1965年5月出生，四川省绵阳市人，中共党员，大学学历，高级政工师，1977年8月参加工作，2005年8月任现职。

分公司总经理、党委副书记：张承厚，1961年7月出生，辽宁省义县人，中共党员，大学学历，高级农艺师，1977年8月参加工作，2007年2月任现职。

党委副书记：孙玉萍（2004.3～）

副场长、工会主席：宁福光（2001.12～）

分公司副总经理：刘兴玉（2002.6～）
沈启运（2002.6～）

党委委员、武部装部长、组织部部长：焦　光（2004.7～）

党委委员、宣传部部长：徐胜利（2002.7～）

【概况】 江滨农场、江滨分公司地处黑龙江省萝北县东北端，地理坐标：东经131°12′～131°13′，北纬47°32′～47°41′。东隔向阳总干渠与绥滨农场为界，南和军川农场毗邻，西同名山农场相接，西北边肇兴乡，东北抵黑龙江南岸。场区东西长28.2公里，南北宽18.1公里，呈元宝状。总面积353平方公里。地形属江冲平原，平均海拔64米。农场腹地有旱河，流经场域30公里，河床多泉眼，沿河多泡沼。江河泡沼总蓄水500～1 000万立方米。土壤主要是草甸土和白浆土，耕层50厘米。土壤肥沃，适于种植粮豆、经济作物、瓜果蔬菜、花草树木。属初级开发，生态良好。

农场属北温带大陆性气候，冬春寒冷干燥，夏秋高温多雨。年均气温2.84℃；年均无霜期134天；年均降水550毫米；年均日照2 252小时；年均积温2 575.6℃；年均蒸发量1 136.4毫米；年均风速3.4米/秒。气象总的趋向是：无霜期、蒸发量增加，气温、日照、积温升高，降水量减少，风速减弱。比较多见的天气灾害有干旱、雨涝、冰雹和霜冻。

农场产品主要有水稻、大豆、玉米、小麦、大麦、小豆。畜产品有牛、猪、羊、鹿、鸡、鸭、鹅、牛奶、禽蛋，还有淡水鱼类30多种。工业产品主要有大米、面粉、豆油、豆粕、红砖、农机部件等。

农场下辖4个管理区28个居民组。

2007年农场实现国内生产总值3.4亿元，比上年增长9.7%。其中，第一产业实现增加值1.9亿元，比上年增长11%；第二产业实现增加值0.6亿元；第三产业实现增加值0.9亿元，比上年增长14%。非国有经济产值2.63亿元，全年农业产值2.5亿，同比增长6%，人均收入8 355元。（霍宝银）

【种植业】 农场通过坚持优化种植结构、标准化作业、加大科技投入等措施，完成总播种面积20 668公顷。种植业结构得到进一步调整，"旱、水"结构日趋合理，水稻、玉米、大豆三大作物种植比例调整为4.2∶2.3∶1。基础设施进一步加强，开挖疏浚渠道70公里，修建桥涵洞50座，新打机电井172眼；新增钢骨架大棚370栋；手动播种机703

台,手推覆土机621台;新购进插秧机173台;水田整地车696台;集中育秧场地32处;晒水池面积增至328万平方米,提高了农业抗御自然风险的能力。科技应用进一步推广,重点加强了农业示范园区核心区和"三站一室"的建设,核心区承担国家级超级稻生产示范项目。认真落实国家惠农政策,共向种植户发放粮食、良种等各项补贴1 300多万元。经受住了60年不遇旱灾,实现粮豆总产14万吨,比上年增加0.4万吨。

(霍宝银)

【林业】 农场以生态工程建设为重点,完成造林面积100公顷,栽植各类树木45万株。完成公路绿化38公里,栽植各类绿化树大苗4.4万株,场区绿化覆盖率达32%。 (霍宝银)

【畜牧业】 农场加大畜牧科技投入,加强动物疫病防治、畜禽良种繁育、畜禽标准化生产和社会化服务,加快畜牧业规模化、专业化和产业化建设步伐,大力推进人畜分离工程、良种化工程的实施,发放畜牧补贴38.1万元,奶牛年末存栏4 990头,成年母牛2 694头,鲜奶产量14 100吨,肉牛存栏791头,生猪存栏32 138头,繁殖母猪存栏4 692头,出栏生猪63 625头;在政策扶持下,全场饲养奶牛10头以上的奶牛户达121户,饲养生猪500头以上的养殖户达总户数的82%。实现畜牧产值1.1亿元。 (霍宝银)

【工业】 农场加大对民有民营企业的扶持力度,企业效益呈现递增势头。华祥粮油加工有限责任公司在农场重点扶持下,固定资产达2 000多万元,实现浸油年加工大豆15 000吨,实现年加工豆粉10 000吨,公司累计出口创汇1 100万美元,并在韩国注册成立公司。农场有5家民营企业产值超百万元,共安置再就业人员540人。农场完成工业总产值9 000万元,工业增加值3 600万元,实现出口创汇380万美元,利润300多万元。 (霍宝银)

【新农村建设】 农场采取切实措施,着力解决影响群众生产生活的热点、难点和突出问题。农场和分公司共投入城镇建设资金3 400万元,修建通村公里14公里,开发建设商住楼13 000平方米,建设两个公司级新农村示范管理区。投入232万进行环境建设和营区植树。农业基础设施总计投资817.9万元。全年拆除泥草房11 600平方米。农场成为国家级二类生态示范园区。

(霍宝银)

【财务管理】 农场进一步完善刚性预算执行过程的监督,强化了财务公开和联审、联签等监督措施。规范和加强了预算的计划性、严肃性,防止支出随意性。全面实行了刚性预算管理,做到摸兜花钱,计划用钱,杜绝浪费。加大了清欠力度,全年清收欠款150万元。加快推进职务消费货币化进程,建立制度,完善手续,将各单位、部门核定经费分项落实,按月控制,按月考核刚性预算执行情况。 (霍宝银)

【外经贸工作】 农场坚持"开放搞活、促进流通"的战略方针,加大开拓国内、国外两大市场。获得日本和欧盟有关方面的认证,生产绿色有机作物,通过大连德安公司建立的出口渠道,实现出口创利增收200万美元。 (霍宝银)

【文明创建活动】 农场文明单位和星级文明户创建工作广泛开展,以深入贯彻《公民道德实施纲要》为核心内容,以"学强建"活动为载体,"十、百、千、万"全民素质提升工程和绿色文化长廊活动为有效载体,有3个单位被命名为分局级文明单位标兵,两个单位被命名为分局级文明单位。结合垦庆60周年,农场选树了8名"江滨风采"典型人物,进行表彰奖励,开展学习宣传活动。共举办大型广场活动8场次,协会活动20场次,基层文体活动50场次,开展了"江滨之歌"征集活动,群众参与面90%以上。 (霍宝银)

【党建工作】 农场党建工作以"五型"领导班子创建为载体,强化各级领导班子建设。在"江滨先锋工程"、"两制一考"和科技示范1+1活动中,充分发挥党员先锋模范作用。全场共为职工群众办好事、办实事132件,共有1 026名党员参加了"学帮带"活动,领办创办项目294个,举办各类专业培训班61次,培训职工3 000多人次,全场选树"学帮带"示范296户,标兵户5户,带动职工群众4 600多人,帮助职工群众解决生产资金900多万元,带动了243名职工群众走向致富路,家庭农场增收400多万元。捐资助学20多万元,参与捐款人数达3 112人。 (霍宝银)

【通信】 2007年,全年新增电话160部,全场电话普及率为90%,ADSL宽带及小灵通在场区得到广泛应用,小灵通总数达232部,宽带总数576户。通信业务收入达144.7万元。广播电视能接收35套以上节目。 (霍宝银)

【教育】 农场投入100多万元改善办学条件,义务教育入学率100%,学校重点升学率有大幅度提升,有38名学生考入重点学校。参加全国首届青少年创意大赛,荣获团体金奖。 (霍宝银)

江滨农场 分公司基本情况及国民经济主要指标完成情况统计表
(2007年)

指标名称	计量单位	2007年数值
管理区数量	个	4
总户数	户	7 144
总人口	人	16 878
其中:男	人	8 520
女	人	8 358
少数民族人口	人	175
地区生产总值	万元	34 621
人均地区生产总值	元	21 329
工农业总产值	万元	39 000
粮食总产量	吨	145 571
固定资产投资总额	万元	5 163
职工工资总额	万元	8 034.7
职工平均工资	元	8 400
职工家庭人均收入	元	8 355

【场县共建】 2007年,农场共为周边乡村代耕作业面积达到0.73万公顷;为农村推广先进农业生产技术0.33万公顷,供应作物良种0.37万公顷,生产资料供应面积0.1万公顷,龙头企业牵动农村种植基地0.33万公顷。医疗集团江滨分院面向周边乡镇,拓展医疗服

务项目，到周边乡镇医疗下乡服务3次。（霍宝银）

军川农场

场长：杨占海，1965年10月出生，黑龙江省汤原县人，中共党员，大学学历，高级会计师，1982年11月参加工作，2005年8月任现职。

党委书记：牟秀玲，女，1962年5月出生，山东省日照人，中共党员，大学学历，高级政工师，1980年8月参加工作，2006年2月任现职。

党委副书记、纪委书记、工会主席：李凤山（2006.3～）

副场长：赵延德（2000.12～）
徐金发（2001.7～2007.3）
侯庆波（2006.3～）
侯跃武（2007.4～）
王海舟（2007.2～）

党委委员、组织部部长：孙来安（2006.11～）

党委委员、宣传部部长：郭瑞军（2006.11～）

党委委员、武装部部长：李华清（2006.11～）

【概况】 军川农场位于黑龙江省萝北县城东南45公里处。地理坐标：东经131°02′～131°30′，北纬47°20′～47°40′。南北长28公里，东西宽27公里，土地总面积594平方公里。属黑龙江、松花江冲积平原，地势平坦，土质肥沃。农场紧临国家级对俄开放口岸名山镇，北与俄罗斯隔江相望。陆路、水路交通便利，黑龙江、松花江都有航运码头，航运可直接进入太平洋，高等级水泥公路可通佳木斯、哈尔滨市。农场总占地约600平方公里，其中耕地面积3.8万公顷，草原0.26万公顷，林地0.56万公顷。农场总人口18 752人，包括汉、满、蒙古、回、瑶、苗、锡伯、朝鲜、土家、黎等民族。人口自然增长率0.23‰，生育符合政策率达100%。

农场长年积温2 450～2 500℃，年降雨量在500毫米左右，无霜期130～135天。下辖4个管理区37个居民组及林业站、科研站。

2007年，农场实现粮豆总产24.6万吨，国内生产总值5.9亿元，人均纯收入11 056元，资产负债率45%，实现利润1 020万元。农场被评为“全国农垦现代农业示范区”、“省级优美城镇”、“省级文明单位”、“省级民主法治示范单位”等称号。（李希源）

【种植业】 农场落实了以“两田一地”为核心的土地承包政策，从农业田间管理、作业质量、农时标准、农机标准、品种结构、园区建设等标准化管理环节入手，推动质量效益农业发展。完成总播种面积3.8万公顷。品种结构进一步优化，玉米、水稻两大高产高效作物种植面积达2.77万公顷，占粮豆总种植面积的80%，增长13.2%。新建标准化农机具场20 000平方米，新增钢骨架大棚200栋，100%实现大棚育秧。投资110万元对军普、军绥路沿线90公里沟渠进行疏通治理，修建涵洞23座。投入资金380万元购进抗旱设备228台套，新增机井308眼。农场新增农机具293台套，拥有农机总动力5.5万千瓦，实现作物机械化收获率达100%。加强了科普管理区农业示范园区核心区和“三站一室”建设，核心区承担国家级超级稻生产示范等项目28项，重点推广13项农业新技术和15项农机新技术。投资533万元分别在科普管理区和莲花管理区建设现代化农业、农机和大棚园区等三大核心示范园，以三条科技示范带、六个核心观光示范展示点为中轴线和带动点，形成全场“百亩试验田、千亩展示区和万亩辐射区”的推广格局。2007年跨区作业面积达1万公顷，职工增收200万元。（李希源）

【林业】 全年完成造林65公顷，义务植树20万株，完成计划的100%。其中，完成绿色通道38公里，栽植绿化树木18万株，绿化覆盖面积67万平方米，森林覆盖率达10%。全年查处林政案件5起，结案率100%；森林过火率控制在3‰以内。（李希源）

【畜牧业】 农场通过政策性扶持、专业化饲养、规模化推进，促进了畜牧业超常规、跨越式发展。全年投入1 800万元畜牧业发展基金，新建奶牛科技示范场和奶牛养殖小区各1个，扩建万头猪场2个，完善4个奶牛养殖小区和6个规模生猪养殖小区基础设施建设。其中投入1 200万元新建总建筑面积8 300平方米的现代化军川圣元奶牛科技示范场，采用瑞典进口利拉伐式智能榨乳设备以及德国、加拿大先进的饲料加工生产技术及优质冻精繁殖技术，发展成为农场优质奶牛繁育基地。投入50万元在科普管理区建设奶牛养殖小区1个，使科普管理区实现人畜分离。农场职工群众养殖热情高涨，投入550万元新建标准化猪舍1.3万平方米，涌现出一大批规模饲养大户，其中奶牛存栏20头以上的62户，肉牛存栏20头以上的5户，存栏母猪50头、年出栏肥猪1 000头的大户26户。全场奶牛舍饲率达70%，小区集中饲养达48%，生猪小区饲养率达71%。农场实现奶牛存栏6 512头，鲜奶产量18 572吨，肉牛存栏3 000头，出栏2 000头，母猪存栏8 565头，出栏生猪16.5万头，羊存栏6 500只，出栏4 000只，禽存栏8.6万只，羊毛产量12吨，禽蛋产量312吨，实现畜牧业产值2.1亿元，其中增加值8 400万元。（李希源）

【二、三产业】 农场继续做强做大与圣元营养国际公司的合作联盟，在农畜产品深加工上做大文章，带动区域经济发展。川南酿酒公司等民营骨干企业坚持民营化发展方向，积极整合社会资源，抢占国内外市场。农场实现工业产值2.1亿元，其中增加值7 000万元，利润850万元。以城镇化建设为载体的个体私营经济蓬勃发展，全场范围内商业网点达260个，非国有经济从业人数8 000人，从业户数4 000户，培育龙头基地1个，培育5～10万元的示范大户23户，10万元以上收入的示范大户51户，实现产值3亿元，利润1.1亿元。（李希源）

【新农村建设】 2007年，农场投资2 480万元用于水泥路建设、自来水改造、营区绿化、廉租房建设、泥草房拆除等。在场区主干路更换了广告牌，设置了斑马线,全场各基层单位建立苗圃50公顷。农场匹配300万元资金修建了宝军绥公路17.5公里,解决了沿线4个居民组行路难问题。投入530万元加大管理区安全饮用水、动物疫病防控、“三室两场一所”工程建设等。第九居民组作为省级新农村建设示范点,农场投资450万元扩建水泥晒场15 000平方米,修建营区水泥路1.7公里,新建住宅680平方米,改造住房4 000平方米,拆除旧房11户。（李希源）

【财务管理】 农场科学控制资金使用,提高预算监督、控制与执行的可操作性。在大额资金支出、专项资金管理、土地利费收取等方面,通过细化33个支出项目,整章建制出台政策、职务消费货币化等制度建设加强资金管理,确保资金使用安全。本着“取之于民、用之于民”的原则,将有效的资金投入到农业基础设施建设、公共设施建设和新农村建设上,推动了农场各项事业的蓬勃发展。全年共收回各类欠款120万元,超额完成分局清欠指标。完成审计项目46项,审计总额6 576万元,为农场挽回经济损失18万元,有力地促进了农场各项工作的顺利开展。（李希源）

【外经贸工作】 农场坚持“开放搞活、促进流通”的战略方针,加大开拓国内、国外两大市场。顺利通过0.41万公顷欧盟产品质量认证,使农场无公害农产品生产基地面积达3.46万公顷,占农场耕地面积的100%。农场实现出口总额350万美元。（李希源）

【小城镇化建设】 2007年农场大力实施城镇化发展战略,建设“靓镇工程”,落实城镇建设发展资金3 000万元,新增职工住房9 000平方米,着手在原中学旧址开发建设占地面积9.8万平方米学苑小区1处,分6期工程进行,可容纳住户1 392户,一期开工建设完成幼儿园、老工人活动中心、老年公寓4 000平方米改建面积,农场引资960万元新建3栋综合楼,投资800万元建设现代化职工医院综合楼,改善了农场城镇医疗水平。（李希源）

【党建工作】 农场以“五型”领导班子和“六好”党支部创建为载体,强化各级领导班子建设,以“党员先锋工程”活动为载体,充分发挥党支部战斗堡垒作用和党员干部的先锋模范作用,全体党员积极投身到“把承诺变行动”的实践中来,进一步深化“学帮带”活动。党员干部为民意识明显增强,全场党员干部为职工群众办实事800余件,解难题500个,为贫困户和贫困生捐款资助达70万元。与农场党风廉政建设工作进一步加强,职工群众满意率达98%。（李希源）

【交通运输】 农场辖区内共有水泥路面85.45公里。投资1 625万元,其中农场投资300万元修建了军川第九居民组至绥滨农场的白色水泥路面,路长17.48公里,路面宽7米,路基9米,途经十八、十七、二十二居民组。农场有营运货车78台,总计712吨位,年货运能力达20万吨,承载着农场进出货物的运输。客运站始发班车与过往班车共22个班次。农场共有85辆小客车从事出租,在场区中心地段设有1 200平方米出租车场地,方便了旅客出行。（李希源）

【通信】 2007年,通信行业全部实行了电话联网和数字接入,全场居民使用固定电话3 758部,联通、移动、小灵通电话用户达6 411户,宽带上网户有1 045户。广播电视能接收35套以上节目。（李希源）

【教育】 农场投资1 600万元,新建了中学教学楼,实现了两校合址,教育教学设施极大改善,农场中考综合排名获得分局第二名。11月18日,通过省“双高普九”验收。（李希源）

【卫生】 农场职工医院是一级甲等医院,人员编制为78人,床位设置60张,职工医院有副主任技师1人,副主任医师2人,主治医师16人,主管西药师5人,主管中药师1人,医师10人,主管护师10人,护师12人。内科在心脑血管疾病方面的治疗,外科的泌尿系统手术,妇产科的子宫肌瘤摘除术都达到了省内先进水平。（李希源）

【军川圣元乳业】 2007年5月,圣元乳业有限公司在美国纳斯达克成功上市。通过圣元乳业和农场共同努力,经过省发改委批准,投资2.2亿元在农场扩建一条国内单机产能最大最先进的奶粉生产设备。该项目投产后,年处理鲜奶量可达23.8万吨,年产高品质全脂奶粉2.8万吨,该项目占地面积41 000平方米,建筑面积15 000平方米,将于2008年9月底竣工试投产。（李希源）

军川农场基本情况及国民经济主要指标完成情况统计表
（2007年）

指标名称	计量单位	2007年数值
管理区数量	个	4
总户数	户	7 410
总人口	人	18 752
其中:男	人	9 430
女	人	9 322
少数民族人口	人	169
地区生产总值	万元	59 178
人均地区生产总值	元	31 558
工农业总产值	万元	93 992
粮食总产量	吨	246 424
固定资产投资总额	万元	11 801
职工工资总额	万元	5 310
职工平均工资	元	10 173
职工家庭人均收入	元	11 056

名山农场

场长:包日明,1959年10月出生,广西壮族自治区合浦县人,中共党员,大学学历,高级工程师,1976年10月参加工作,2006年12月任现职。

党委书记、社区主任:孟庆国,黑龙江省桦川县人,1961年7月出生,中共党员,大学学历,高级政工师,1978年9月参加工作,2006年12月任现职。

党委副书记、纪委书记、工会主席、社区副主任:亓常宏（2007.2～）

副场长:刘建敏（2005.8～）
张　勋（2006.12～）
杨洪仁（2004.7～）

杨建福（2007.2～）

党委委员、组织部部长：陆海军（1997.1～）

党委委员、武装部部长：杨如才（2004.8～）

【概况】 名山农场地处萝北县境内东北部，地理坐标：东经130° 51′ 50″ ～ 130° 14′ 40″，北纬47° 29′ 13″ ～ 47° 42′ 30″，东西宽21.75公里，南北长23公里。总面积291.25平方公里，东邻江滨农场，东北部与萝北肇兴乡近邻，西与共青农场接壤，西北部与延军农场以鸭蛋河为界，南和军川农场毗邻，西南与萝北团结乡相连，北靠黑龙江与俄罗斯隔江相望。全场共有土地面积29 018公顷，其中耕地面积17 036公顷，占总面积的59%。2007年全场年末总人口数10 808人，比上年减少了84人，下降0.7%。其中：女性5 370人，比上年减少37人，下降0.7%；总户数4 455户，比上年减少70户，下降1.5%。年内出生人口41人，比上年减少4人，下降8.8%；死亡70人，与上年相同，死亡率达6.4%；人口自然增长率为0.3‰。

全场人口由汉、满、蒙古、苗、壮、土家、朝鲜、锡伯、鄂温克等10个民族组成，其中：少数民族人口228人，比上年增加6人，增长2.7%；汉族10 580人，比上年减少90人，下降0.8 %，占总人口数98%；年末全场职工总数4 216人，在岗职工2 776人，比上年减少1 507人，下降35.1% 。

2007年，农场实现粮豆总产111 058吨，比上年增加了3 058吨，增长2.8%；生产总值40 278万元，比上年增加了10 968万元，增长37.4%；年末储蓄总额9 107万元，比上年增加58万元，增长0.6%；人均储蓄8 426元，比上年增加4 183元，增长98.5%。（朱桂林）

【种植业】 农场在优化种植业结构的同时，以发展质量效益型农业为重点，不断加强农业现代化管理，完善了农场土地承包经营制度，积极稳妥地推进了“两田制”的土地承包任务。2007年全场实现粮豆总产11.1万吨，家庭农场经营总收入9 016万元，家庭农场收入1.8亿元，种植业总产值10 446万元；场县共建深入发展，农场为村镇代耕500公顷。新打机井407眼，为种植户总计补贴35万元。农场积极落实国家惠农场支农政策，全年共发放一免两补资金837.6万元，发放风险理赔金479.4万元。2007年，农场耕地总面积17 036公顷。全场完成播种面积16 238公顷，比上年减少26公顷，下降0.15%。粮豆播种面积15 257公顷，比上年减少230公顷；公顷产7279公斤，比上年增加319公斤，增长4.5%。粮豆总产111 058吨，比上年增长2.8%；其中：水稻播种面积3 667公顷，比上年增加1 000公顷，增长37.5%；公顷产8 749.5公斤，增长2.1%；总产32 086吨，比上增加7 440吨，增长32.6%。玉米播种面积9 363公顷，增长7.9%；公顷产7 822.5公斤，下降17.5%；总产73 237吨，下降0.9%。大麦播种面积450公顷，下降40.9%；公顷产3 555公斤，增长10.4%；总产1 600吨，下降47%。大豆播种面积1 500公顷，下降了52%；公顷产2 355公斤，增长0.3%；总产3 570吨，下降51%。（朱桂林）

【农业机械】 2007年底全场有农机驾驶员600人，高级工程师1人，农机工程师6人。助理工程师27人，农机技术员10人。农场采取优惠政策，引进国产机械佳联联合收割机5台，水稻插秧机8台，水稻催芽机10台，山东双力联合收割机8台，大型轮式拖拉机40余台。（朱桂林）

【水利】 农场完成水利建设资金414万元，排水沟135公里，涵洞23座，机井400眼，土方88.5万立方米。完成现代化农业规划工程、人畜饮水安全工程、黑排一干中低产田改造工程、小型农田水利工程四项工程。（朱桂林）

【林业】 农场实现林业增加值816.5万元，比上年增加780.9万元，增长21.9%；农场林地面积2 500公顷，增长1.5%。其中：成林面积909公顷，比上年下降61.5%；防护林1 802公顷，增长2.3%。森林覆盖率8.7%。幼林抚育面积909公顷，下降58%，林地采伐量32 159立方米，比上年增加31 960立方米，苗木产量20 000株，比上年增长300%；荒地造林26公顷，投资46万元。（朱桂林）

【畜牧业】 农场畜牧业走出低谷，实现畜牧业增加值9 123万元，同比增长91.3%，增加值率55.5%；占农业总产值的34%。年末存栏奶牛5 005头，比上年增加402头，增长8.7%，年产鲜奶14 575吨。肉牛出栏4 805头，同比增长4.6%；黄牛存栏4 515头，增长41%，牛肉产量720.2吨；生猪存栏58 265头，比上年增加2 647头，增长4.8%；年出栏育肥猪70 008头，同比增长－21.3%，猪肉总产量4 911.9吨，比上年减少1 315.1吨，下降21.1%；羊出栏3 820头，同比增长1.4%，羊存栏3 211只，比上年增加901只，增长39%；禽类存栏55 723只，增加8 723只，增长18.5%。农场实施良种繁殖工程，加强奶牛良种冻精和优质瘦肉型生猪的改良力度，确保优良品种在本地的推广。农场瘦肉型一、二元母猪存栏达3 500头，占农场存栏母猪总量的80%以上，奶牛冻精配种率始终保持在100%。农场投入资金1万元用于完善动物疫病诊断实验室、疫苗冷藏、防疫消毒设施。累计免疫奶牛10 506头，肉牛5 621头，生猪71 721头，羊4 767只，禽类108 302只，免疫数量全部达到应免数量的100%。累计检疫奶牛7 097头，肉牛3 631头，羊1 994只，全部完成应检数量的100%。实现渔业总产值145万元，比上年增加9万元，增长6.6%。其中：鲤鱼15吨，总产值45万元，鲫鱼产量8吨，产值12万元，其他54吨，产值88万元。渔业增加值87万元。（朱桂林）

【工业】 农场实现工业总产值16 611万元，比上年同期的13 507万元增长23%。实现工业增加值6 478万元，完成分局计划指标4 200万元的154%，比上年同期的5 288万元增长23%；实现销售收入15 782万元，完成分局计划指标10 000万元的158%；实现工业利润630万元，比上年同期的620万元增长2%，完成分局计划指标270万元的233%。农场有国有控股企业1家，实现工业总产值546万元；工业增加值213万元，销售收入519万元；利润50

万元。农场实现经济效益综合指数126%,比分局任务指标的85%增加41个百分点,比上年同期的135%减少9个百分点。其中:总资产贡献率为11.20%,比上年同期的12.43%减少1.23个百分点;资本保值增值率为100%,比上年同期的134.81%减少34.81个百分点;资产负债率为58.57%,比上年同期的56.08%增加了2.49个百分点;流动资产周转次数为3.9次,比上年同期的3.42次增加了0.48次;成本费用利润率为4.16%,比上年同期的6.08%减少了1.92个百分点;全员劳动生产率为22 976元/人,比上年同期的22 985元/人减少9元/人;产品销售率为95.03%,比上年同期的95.07%减少了0.04个百分点。主要产品产量:大米1 020吨,比上年同期下降17%;豆油371吨,比上年同期下降7.9%;白酒185吨,比上年同期增长15.6%;加工饲料10 800吨,比上年同期增长3%;锯材29 100立方米,比上年同期增长309%;糕点100吨,比上年同期增长10%;红砖1 000万块,比上年同期增长25%;雪糕柄4 000吨,比上年同期增长67%;卫生筷14万件,比上年同期增长35%;地板块半成品17 000立方米,比上年同期增长89%。 (朱桂林)

【建筑业 小城镇建设】 农场实现建筑业总产值3 005万元,比上年减少835万元,下降21.7%;生产增加值1 358万元,增加值率45.2%;资产总额105万元,比上年增加64万元,比上年增长156%;利润总额955万元,比上年增加545万元,增长132%;交纳税金90万元,比上年增加32万元,增长55%;年内房屋竣工建筑面积6 750平方米,竣工率达100%。农场建设项目19项,总投资为1 287万元,其中:国家投入为520万元,农场投入767万元。建设项目有:完成场部至七队公路建设,全长为5.01公里,总投资额440万元;十三作业区营区水泥路,全长0.9公里,投资79万元;第四作业区营区水泥路全长1.1公里,投资96万元;场部营区水泥路全长940公里,投资65万元;十二作业区标准化农具场工程,投资137万元;水泥晒场10 000平方米,投资89万元;第五作业区水泥晒场2 400平方米,投资20万元;第六作业区水泥晒场5 000平方米,投资42万元;第十六作业区水泥晒场6 862平方米,投资48万元;第四作业区水泥晒场4 236.8平方米,投资34.2万元;中学球场地面及塑胶地面,面积1 371平方米,投资33万元;宾馆及办公楼粉刷维修,投资33.6万元;第十三作业区水稻育秧基地,投资36.3万元;第二作业区公共厕所,面积为25.8平方米,投资2.6万元;公安分局办公室改建2 100平方米,投资45.4万元;第五作业区办公室维修及场院新建门卫房50平方米,投资6.9万元;第十五作业区科技园区拱桥及雕塑投资30.2万元;科技园区办公室及附属工程,投资46.5万元。农场新建住房3 019平方米;人均住房面积25.5平方米,比上年增加3平方米,增长18.1%;集中供热面积34 654平方米,比上年增加3 091平方米,增长9.8%;居民住宅集中供暖率20.2%;生活污水集中处理率77%;人均绿地面积23平方米,比上年增加2平方米,增长9.5%;主干道路硬化率34%;城镇绿化覆盖率17.9%,比上年同比增长11.8%;城镇高等级混凝土面5公里,比上年增加1公里,增长25%。 (朱桂林)

【环境保护】 农场重视生态示范区、水莲自然保护区建设和退耕还林还草还湿工作,环保总投入910万元,占农场国民生产总值的2.7%。2007年经过南京英目认证有限公司申请认证欧盟有机大豆3 300公顷。建无公害农产品大豆基地5 115公顷,水稻2 200公顷,玉米7 430公顷,大麦933公顷,获得了省农产品质量安全中心认证。 (朱桂林)

【非国有经济】 农场实现非国有经济总产值27 293.1万元,同比增长7%。其中:职工自营经济实现产值1.1亿元,实现非国有经济总利润8 712.6万元,比上年增加4 809.6万元,增长123.2%;个体营业总收入16 753万元。资产总计9 103万元。固定资产原值7 076万元。个体经营户数1 176人,从业保劳动报酬696.2万元。全场自营经济从业人数为1 515人,比上年减少5 430人,下降78.1%,占总人口的14%。非国有经济户纯收入为3 428万元,人均纯收入为6 200元。 (朱桂林)

【科技示范园区】 农场新建科技示范园区1个,总投资76.7万元。该园区共建6个小区,示范项目21项。其中:大豆品种展示区,展示大豆品种54项;玉米品种展示区,展示水稻品种8项;总局第二季温带玉米品种试验田,试验品种31项;总局第三季温带玉米品种试验田,试验品种17项;大豆异地鉴定品种22项;玉米栽培试验项目5项;水稻栽培试验项目3项;经济作物试验品种5项。 (朱桂林)

【教育 卫生】 农场有教职工111人,比上年减少了1人,下降了0.8%;其中教师75人,比上年增加4人,增长5.6%;在校生1 022人,与上年相同。其中新招生182人,比上年减少58人,下降24.2%;中小学当年毕业生244人,比上年减少23人,下降8.6%;其中:中学104人,比上年减少41人,下降28.2%;小学140人,比上年增加了18人,下降14.7%。升学率100%。达重点高中公费段分数线的有39人,其中特长生1人,升学率为37.5%;综合排名第二,位居13所农场学校第一名,10名学生总分在600分以上,占考生总数9.6%。农场实行科院合一体制,卫生科长兼医院院长,住院床位25张,比上年减少8张,下降24%;年末从业人员数69人,医务人员62人。住院分娩率100%,孕产妇系统管理41人,管理率100%,产后访视52人,访视率91.23%。儿童保健:7岁以下儿童人数458人,保健管理453人,管理率98.9%。农场与基层单位签订人口与计划生育责任状,完成合同指标100%。2007年全场共出生41人,比上年减少10人,下降19.6%;出生率为4.7‰;死亡70人,死亡率6.3‰;人口自然增长率2.6‰,医院门诊诊疗18 500人次,开放床位25张,入院患者243人,治愈好转率85%,床位使用率32%。(朱桂林)

【交通运输电讯】 2007年交通运输实

现生产增加值 1 048 万元，同比增长 2.7%；年末资产总额 1 470 万元，比上年增加 162 万元，增长 11.8%；载货汽车 45 辆，比上年增加 10 辆，增长 28.6%；载货量 467 客吨，比上年增加 117 客吨，增长 33.45;载客汽车 59 辆，比上年增加 2 辆，增长 3.5%；载客 453 客位；全年货运量 31 万吨，比上年同期增长 14.8%；客运量 40 万人，比上年同期增长 2.6%；税金总额 137 万元，比上年增加 27 万元，增长 24.5%；利润总额 577 万元，比上年增加 187，增长 48%；交通业营业总收入 1 991 万元，同比增长 20.6%；出租车 49 辆；运输企业 2 个。汽油能源消费量 555 吨，比上增加 170 吨，增长 44.2%；柴油能源消费量 1 921 吨，比上增加 1 528 吨，增长 388%；从业人员 128 人，同比增长 7.6%。其中女性 19 人，高中 109 人，大专以上 10 人。从业人员劳动报酬 162 万元。全年完成总耗电量 281 万度，其中农业用电 53 万度。电话装机量 80 部。固定电话装机量 2 148 部，比上年增长 1.7%。移动电话机 3 691 部，比上年增长 17.6；宽带用户 365 户，比上年增长 85.3%；有电视电话会议系统 1 套。（朱桂林）

【商饮服务】 2007 年批发和零售增加值 5 655 万元；住宿和餐饮业增加值 4 604.9 万元；批发、零售资产总额 2 574 万元。年末固定资产原值 610 万元，销售收入总额 18 061 万元，其中：商品零售额 16 331 万元；住宿和餐饮业固定资产投资 397 万元。批发和零售业税金 141 万元；利润总额 5 173 万元；年末批发和零售从业人数 178 人，居民和其他服务业 23 人，营业网点批发和零售业 131 户；营业收入 1 328.6 元，营业用房面积 5 322 平方米，居民和其他服务业 3 349 平方米。（朱桂林）

【文化生活】 农场投入近 60 万元增设职工文化中心灯光音响设备、舞台设备、坐椅等。投入 7 万元购置了"跑步车"、"单杠、双杠"等室内外健身器材。投入 5 万元建设了两个标准化篮排球场地及篮球架，同时为老年活动室投入 4 000 元购置了配套的桌椅及饮水机。为农场工会投入 6 000 元购置了科学养殖、科学种植、商服业书籍、报纸，充实了图书室。农场举办了行业文化创作展，全场职工环城赛和职工篮球赛。

（朱桂林）

【职工生活】 农场年末储蓄总额 9 107 万元，比上年增加 58 万元，增长 0.6%；人均储蓄额 8 426 元，比上年增加 118 元，增长 1.4%；从业人员劳动报酬总额 5 719 万元，比上年增加 166 万元，增长 3%；在岗职工工资总额 1 932 万元，比上年增加 90 万元，增长 5%；人均家庭纯收入 9 997 元，比上年增加1 947 元，增长 24.2%；在岗职工平均工资 6 422 元，比上年增加 1 427 元，增长 28.6%；人均住房面积 25.5 平方米，比上年增加 3.9 平方米，增长 18.1%；住宅砖瓦率 4%、宽带网入户率 8.2%、低保覆盖率 72.2%、从业人员五项保险参保率 100%、自来水入户率 84.3%；居民住宅燃气率 80%；农场居民恩格尔系数为 32.6%，比上年降低 3 个百分点。

（朱桂林）

名山农场基本情况及国民经济主要指标完成情况统计表（2007 年）

指标名称	计量单位	2007 年数 值
管理区数量	个	5
总户数	户	4 455
总人口	人	10 808
其中：男	人	5 438
女	人	5 370
少数民族人口	人	228
地区生产总值	万元	40 278
人均地区生产总值	元	37 267
工农业总产值	万元	54 298
粮食总产量	吨	111 058
固定资产投资总额	万元	3 172
职工工资总额	万元	1 997
职工平均工资	元	7 055
职工家庭人均收入	元	9 997

延 军 农 场

场长：齐林才，1962 年 11 月出生，山东省成武人，中共党员，大学学历，会计师，1979 年 11 月参加工作，2006 年 1 月任现职。

党委书记：谢荣，女，1963 年 10 月出生，山东省蒙阴人，中共党员，大学学历，高级政工师，1983 年 10 月参加工作，2004 年 1 月任现职。

党委副书记、纪委书记、工会主席：仇忠石（2006.12～）

副场长：郭　敏（2002.12～）

李安忠（2004.8～）

党委委员、组织部部长：段永明（2001.1～）

【概况】 延军农场位于黑龙江省东北部丘陵半山区，坐落在小兴安岭东麓，地势由西北迤向东南，海拔高度在 100～400 米，东以黑龙江主航道为界，江岸线长 25 公里，与俄罗斯隔江相望，南接共青农场，北与萝北县太平沟乡兴东村毗邻，西以鸭蛋河为界，与萝北县环山乡接壤。总面积 44 080 公顷，其中耕地 14 675 公顷，林地 17 365 公顷，水面 1 642 公顷，其他土地面积 8 555 公顷。

农场地处东经 130° 39′ ～130° 56′，北纬 47° 37′ ～47° 54′，属北温带大陆性季风气候区，雨量充沛，具有小气候特点。年生长季大于 10℃的活动积温 2 437.2℃，年均无霜期 137 天，年均日照时数 2 237.5 小时，年均降水量 584.5 毫米。

农场有户数 3 195 户，总人口10 132 人，有汉、满、蒙古、回、朝鲜、布依 6 个民族。下辖 3 个管理区，18 个居民组。

2007 年农场实现国内生产总值 2.51 亿元，其中：第一产业 1.01 亿元，第二产业 0.67 亿元，第二产业中工业 0.63 亿元，建筑业 0.04 亿元；第三产业 0.46 亿元；粮豆总产 7.7 万吨，增长 7.6%；全场人均收入达 6 516 元，社会各项事业蓬勃发展。（刘建文　刘　博）

【种植业】 农场通过组织实施以"12334" 工程为主要载体的现代农业，不断改善农业基础环境，严把农时质量关，积极调整种植业结构，农业生产主要环节适时开展标准化达标评比竞赛，经受了 50 年不遇的严重旱灾，使农业生产取得了家庭农场盈利面最大、盈利额最高的好成绩，呈现出五个明显提高:一是抢前抓早,严卡春播农时上有了明显提高。玉米、大豆等大田作物全部播在了高产期;二是种植结构调整上有了大幅度提高。玉米、水稻等高产高效作物面积的比例进一步扩大,占总播种面积的70.2%，比上年增长了10.6个百分点。三是完善措施,坚持农时质量标准上有了明显提高。制定了《农时刚性管理考核办法》，并且对各生产环节严格实行考核。四是科技园区建设标准有了明显提高。投资357万元的中草药农业园和农机园的年度建设任务按时完成,投资110万元建设的第一居民组至十七居民组场级主干线绿色通道的植树任务全部完成。五是农业基础环境综合治理效果有了明显提高。投资160万元对四、五、九居民组农田基础设施进行改造，清淤治理水利沟渠43条,新建沟渠52条,建涵33座,完成土方量39.49万立方米。2007年农场总播种面积14 675公顷。实现粮豆总产7.7万吨,比上年增长了7.6%。

(刘建文　刘　博)

【畜牧业】 农场畜牧业呈现出稳中有升良好局面。实现畜牧增加值3 220万元,比上年增长25.5%。奶牛存栏3 533头,增长23.6%;鲜奶产量9 503吨,增长24.2 %;肉牛存栏2 500头,出栏肉牛2 487头,增长54%;母猪存栏4 036头;出栏生猪70 162头,增长18.9%。

(刘建文　刘　博)

【财务管理】 农场把强化管理、提高经济运行质量作为企业发展的着眼点,进一步加大了刚性预算管理和目标管理工作力度，建设项目严格实行招投标,树立预算就是决算的观念,强化了刚性预算的执行力。采取各种措施,控制弹性费用支出，良化了农场的财务状况。通过强化管理,内部挖潜等措施,压缩管理费支出12万元,清收各类欠款14万元,八项财务指标严格控制在分局下达的刚性指标之内。

(刘建文　刘　博)

【党建 精神文明建设】 农场树立科学执政理念,全面加强基层党组织和干部队伍建设。以实施“先锋工程”为有效载体,不断深化党建工作长效机制,充分发挥表率和示范带头作用,为促进社会和谐、加快新农村建设步伐提供了坚强的组织保证。坚持公开、平等、竞争、择优的原则,拓宽选人用人渠道,全年公开选拔、竞争上岗聘任基层干部24人。深入开展党风廉政建设和反腐败斗争,继续推行干部“慢作为”告诫制,扎实有效地开展了“双评”工作,使农场各级干部的工作作风、学风得到较好转变。以构建和谐社会为主旋律积极开展了企业文化创建活动,在全场范围内开展了“十佳居民当标兵、百户家庭起示范”和“科技、文化、卫生”三下乡活动,坚持经常开展广场文化活动,增添了职工群众体育活动设施,不断满足了职工群众日益增长的精神文化需求。通过长期坚持“五项制度”,落实党员干部包栋房责任机制,发动场直单位党员干部承包场部主要街道,带领居民挖沟修涵,栽花植树,使农场场直和基层居民组的卫生环境得到明显改观,优美舒适的人居环境正在逐步形成。　(刘建文　刘　博)

【社会各项事业】 按照一级甲等基础医院和社区卫生医疗服务中心的建设标准,投资150万元用于医院搬迁改造和周边环境的治理,基础设施建设跨入分局内农场行列一流标准,职工群众看病就医条件得到了明显改善。九年义务教育在巩固“双基”验收成果的基础上稳步发展，重点高中升学率达到18.68%。残疾人等弱势群体的基本生活得到了有效保障,全年为350户580人发放最低生活保障金共计54万元。投资196万元,为离退休、老年人新建了一栋功能配套齐全的1 261平方米的老年活动中心,完成了自来水改造续建工程,彻底解决了场部近4 000人多年来吃水难的问题。投资1 300余万元,建设了17余公里白色水泥路面,实现了场部外环及场部至十七居民组主干路的道路硬化，场区新建4条水泥路,投资300万元的场部至萝北县骨架公路路基工程完工。全场居民使用固定电话1 600部,联通、移动、小灵通电话用户已达4 100户，宽带上网已有206户。广播电视全频道能接收35套节目以上。　(刘建文　刘　博)

延军农场基本情况及国民经济主要指标完成情况统计表

(2007年)

指标名称	计量单位	2007年数值
管理区数量	个	3
总户数	户	3 195
总人口	人	10 132
其中:男	人	5 170
女	人	4 962
少数民族人口	人	17
地区生产总值	万元	25 131
人均地区生产总值	元	24 804
工农业总产值	万元	33 948
粮食总产量	吨	77 317
固定资产投资总额	万元	4 491.5
职工工资总额	万元	1 974
职工平均工资	元	8 707.54
职工家庭人均收入	元	6 516

共青农场

场长:张志彦,1965年6月出生,黑龙江省桦川县人,中共党员,大学学历，高级工程师,1986年11月参加工作,2006年11月任现职。

党委书记:马华,1964年1月出生,黑龙江省肇州县人,中共党员,大学学历,高级政工师,1984年1月参加工作,2005年2月任现职。

党委副书记:张文锡(2006.3～)

工会主席:石俊林(2002.11～)

副场长:董利民(2004.3～)

孙海洲(2004.3～)

孙　剑(2007.3～)

天然植物素有限公司董事长:王金武(2004.8～)

党委委员、组织部部长:谢学强(2001.4～)

党委委员、宣传部部长:吴为中(2001.4～)

党委委员、工会副主席:田朝松(2001.4～)

【概况】 共青农场地处小兴安岭余脉的南麓。东临黑龙江,南濒松花江,东、东北与名山农场、延军农场毗邻,北、西北与萝北县环山乡、奋斗乡相连,西以都鲁河为界与宝泉岭农场相望,东南与萝北县苇场、团结相接。地理坐标:东经130° 31′ ~ 131° 02′,北纬47° 22′ ~ 47° 42′。农场总地势西北高,东南低。北部靠山,属于小兴安岭余脉山地丘陵地带,多起伏山坡,海拔在110 ~ 220米之间。境内有地道山、凤鸣山、圆头山、南山等,有发源于四方山地区的鸭蛋河、都鲁河流经境内。

场部坐落于场区中心,哈萝公路横贯农场东西。农场下辖管理区4个,居民组27个,工商运建服企业10个,是集养、加、贸工于一体的大型国有农场。农场总面积560平方公里,拥有耕地面积2.93万公顷,林地面积0.49万公顷,水面0.22万公顷。农场总人口18 916人,其中:男性9 739人,女性9 177人。家庭户数为8 020户,出生59人,死亡132人,人口自然增长率为-4.6‰。全场少数民族人口406人。

2007年,农场实现国内生产总值3.9亿元,同比增长9.3%;粮豆总产18.8万吨,人均纯收入9 817元,企业经营利润400万元,清收应收款60万元。

2007年农场被授予全国农垦现代农业示范区、省计划免疫先进集体称号。 (金洪洋)

【种植业】 2007年是农场农业标准化年,是科技示范园区建设提档升级年,也是农场历年来农业投入最大、建设标准最高的一年。农场加大种植业结构调整力度。坚持扩玉稻、减豆麦、强经作、突特色的原则,实现了"玉、玉、豆"和"玉、杂、豆"的三区轮作要求。实现粮食总产18.87万吨,公顷产量6 613公斤。农场加强农业标准化建设。水稻小棚育秧和"花花田"得到较大治理。春播、夏管和三秋工作速度快、质量高、效果好,水稻和大田播种分别比往年提前3 ~ 5天完成。水稻收获10月15日前全面结束,比往年提前5天。旱田整地面积15.7万公顷,完成90.6%,秋起垄1.18万公顷,完成70%。水田整地0.47万公顷。农场投资520余万元,修整田间路20.7公里,清路边沟14.15公里,挖排水沟土方10万立方米,断根沟18.5公里,治理沙坑5公顷。农场投入资金1 200万元,购进大型收割机械凯斯"2388"3台,水稻收获机械3518、3316、玉米收割机具、水稻插秧机和中型拖拉机210台套。投资762万元,在哈萝公路沿线新建集优良品种应用、特色种植、新技术推广、农业观光于一体的高标准旱田、水田、农机和水稻集中育秧园区4个。农场遭遇了建场以来特大旱灾,成灾面积2.47万公顷,绝产面积0.3万公顷。农场投入补贴资金100余万元,累计投入抗旱人力3.2万人次,机车3 000余台次,新打各种口径抗旱机井344眼,新增喷灌设备130套,完成抗旱面积1.03万公顷,挽回粮豆及经济作物损失3.7万吨。 (金洪洋)

【畜牧】 农场年末生猪存栏21 714头,基础母猪存栏3 555头,后备母猪845头,生猪出栏4.3万头。奶牛存栏2 144头,肉牛存栏1 275头。实现畜牧业产值9 826万元,增加值4 637万元。天香、青林两个规模猪场完成扩建猪舍面积2 776.4平方米。农场落实国家能繁母猪补贴资金71.8万元。在4个居民组实现了人畜分离。加强了畜牧防检疫队伍建设,畜禽检疫免疫密度达100%。农场成立了畜牧专业协会,天香养殖场被国家列入活猪储备基地,被农业部批准为现代化养殖示范区。 (金洪洋)

【林业】 农场完成了三居民组至一居民组绿化长廊建设重点工程,全长22公里,栽种树木46 000棵。完成退耕还林20公顷,宜林荒山荒地造林70公顷,退耕还林地补植80公顷;全场义务植树40.19万株,参加人数10 527人;绿化公路22公里,面积16公顷,栽植各种树木9.32万株,绿化小城镇及作业区12个,畜牧小区绿化9个,用各类苗木1万余株。查处种类林业行政案件26起,处理违法人员27人次,没收盗伐木材1.28立方米,收取赔偿损失费共计16 160元,责令补种树木500株。严厉打击了盗伐等对森林资源破坏的行为,破案率达100%,确保了农场森林资源的安全。 (金洪洋)

【工业】 农场实现工业增加值4 730万元,销售收入1.45亿元,工业利润330万元,分别完成分局指标的100%、103%、110%。农场万寿菊企业收购鲜花7 000吨,加工颗粒750吨,实现增加值300万元,实现利润30万元。美科尔企业生产色素油260吨,实现产值2 340万元,增加值470万元,实现利润60万元。农场成功参加了德国纽伦堡有机食品博览会、上海绿展会和第十八届哈洽会等大型商务会议,展出了有机特色产品。农场和日鲁北大公司合作生产有机蔬菜120吨全部出口日本。引资500万元,新建日处理300吨粮食烘干塔1座。赴俄开发土地400公顷,经营形势好于上年。 (金洪洋)

【小城镇建设】 农场引资320万元开发3 430平方米综合楼1栋。农场投资80万元建老年活动中心建筑面积700平方米;投资90万元新建敬老院一栋,建筑面积800平方米。投资150万元硬化路面800延长米计5 600平方米,排水、路灯等附属设施配套齐全;投资25万元进行城镇绿化,栽植树木5万余株;投资6万元对五委自来水进行改造。垃圾实行日产日清,年清理垃圾1 600多吨;投资35万新建省级新农村试点第四管理区自来水,保障职工群众身心健康。 (金洪洋)

【科技工作】 农场科技之冬培训采取农场集中培训、下基层培训、以会代训、电视等媒体配合等多种形式,共举办集中培训班4场次,培训480人次,外请专家3人;送"科技、文化、卫生"三下乡,培训300人次。2007年4月,农场完成了无公害农产品产品认证材料的组织上报工作,种植业产品6个(玉米、粘玉米、小麦、大麦、稻谷、黑木耳)、养殖业产品1个(为生猪)。农场种植业6个产品列为"2007年第六批通过无公害农产品认证评审建议准予颁证产品目录",农场于2007年7月1日获得颁证,生猪产品认证在审理过程中。继续搞好欧盟(IMO)"共青有机农场"认证,继续申请美国(NOP)认证,认证面积3 666公顷,认证产品为大豆、玉米、水稻、红小豆、芸豆、麦类等。农场"粮食处理中心"、"青年米粉加工厂"也继续申请了欧盟(IMO)及美国(NOP)有机认证。农场被省质量技术监督局、黑龙江出入境检验检疫局、省农垦总局联合确定为：黑龙江省良好农业规范认证试点十家企业之一。认证作物大豆面积6 569公顷。2007年3月30日完成了《黑龙江省宝泉岭农垦天香养殖有限公司现代农业示范区创建自验收报告》及相关创建资料的收集整理工作，上报总局畜牧局。完成《共青农场水稻良种生产基地建设项目可行性报告》的编写。（金洪洋）

【交通运输】 交通全年完成汽车养路费160万元，减去政策性征收20万元，自收140万元，完成了全年征收指标。运管费完成客运附加费完成10.6万元，货运附加费完成8.8万元，地方养路费完成40万元，创历史新高。共完成营运车辆检测150台次，二级维护78台次。重点加大了对场内无证车辆的管理力度，在年内办理了由农场二十五队至萝北的客运班车和至场部的班车，方便了群众出行。在燃油补贴的发放中利用燃油补贴发放的契机，向车主宣传办理营运手续的重要性，无证车辆积极办理营运手续，使出租市场车辆无证经营现象得到较好的治理。全年上路稽查110天，征收各种规费约9万元，完成了全年的稽查指标。（金洪洋）

【社会保险】 社保局负责农场41个基层单位和原工业总厂的社会保险工作。全场参保职工5 380人，灵活就业人员参保520人，离退休人员2 824人，垦区外转移10人，垦区内转移4人，转入11人，新增参保职工12人，新增退休人员138人，退休人员死亡69人，职工死亡15人。全年发放养老金2 604万元，调整补发45万元，全年发放养老金总额2 649万元，比上年净增养老金176万元。企业缴纳养老保险费1 079万元，收缴参保职工养老保险费475万元，失业保险费60.7万元，收缴个体劳动者养老保险费154万元。完成计划的105%。医疗保险参保人数5 406人，灵活就业人员参保(含工业总厂)893人，收缴49.2万元，退休人员参保（含个体)3 172人，家属参保980人，收缴医保费10.4万元，学生参保1 485人，收缴医保费10万元。企业计划缴纳医疗保险费341万元，实际缴纳350万元，完成计划103%，个人计划缴纳医疗保险费107万元，实际缴纳123万元，完成计划115%。全年医保支出365万元，统筹支出176万元。其中：外诊89人，支出49万元。异地报销178人次，支出25万元。慢性病支出8万元，个人账户支出189万元，个人账户清算1.5万元，家属医保支出7.4万元，学生医保支出2.6万元，为936名参保人员办理了医疗保险卡。企业缴纳工伤保险费58万元，工伤保险待遇支付17.5万元。为享受工伤津贴人员及工亡人员待遇调整伤残津贴及抚恤金37人，补发1.3万元。（金洪洋）

【企业管理】 农场共计发生职务消费货币化支出124.53万元，占全年计划的90.5%；八项费用支出557万元，占全年指标的92.6%。农场共组织基本项目招投标14个，资金1 350万元，节约资金110万元，节支率8.46%，其中有4个标段实行了捆绑式招投标。组织政府采购20个，采购预算总金额37.5万元，实际支付35万元，节约资金2.5万元，节支率6.67%。重新制定了农场机关《各项管理制度》和《工作目标考核细则》。（金洪洋）

【党建】 农场党委开展“共青先锋工程”活动，内容是：管理区、居民组党的建设围绕社会主义新农村建设的目标要求加强基层党建工作，通过3~5年的努力，使全场市级标准化党支部达到90%以上；国有企业党的建设继续开展“五型”领导班子和“六好”党委创建活动；社区党建以服务居民群众为突破口，以社区各类组织及居民群众共同参与、条块结合、优势互补的“大党建”新格局；“两新”组织和非公有制企业党的建设积极探索“两新”组织和非公有制企业党组织发挥作用的新途径、新形式和新方法；学校、医疗卫生等事业单位党的建设组织开展争当教书育人的典范、甘为人梯的典范、救死扶伤的典范为主要内容的活动；农场机关行政执法、党的建设把机关党组织建设成为学习型、创新型、服务型、廉洁型、高效型的“五型机关”。举办了“创共青先锋、展党旗风采”为垦区开发建设60周年献礼知识竞赛；全场党员根据自身条件共承诺办实事1 100多件。全场620名党员与贫困户结成了帮扶对子，共协调解决生产生活资金350多万元。全年公开选拔年青领导干部5名。调整基层薄弱领导班子6个，选配年青党支部书记1名。发展新党员26名。创建了“共青党建网”站。开设了先锋工程、党建动态、党风党纪、电化教育、党建论坛、新农村掠影、支部书记手册、学习参考等8个栏目，已发表文章168篇，图片62张。网站的开通，为农场加强党的建设，深入开展党员素质教育开辟了新的途径，搭建了新的平台，成为党员学习教育的基地。（金洪洋）

【党风廉政】 研究制定了《共青农场2007年党风廉政建设实施意见》。农场党委与管理区(居民组)及场直党支部签订了《党风廉政建设责任状》71份，党政正职与副职干部签订了《党风廉政建设责任状》6份，分管领导与部门科室及包片单位签订了《党风廉政建设责任状》43份。使党风廉政建设责任制延伸到人、到岗。实施了《共青农场2007年深入开展廉政文化活动实施方案》、《述职述廉》、《三必谈、三必做》等配套措施。开展向身边的典型学习活动，学习第八居民组完全实行“三公开”，监督小组参与居民组“三重一大”管理的做法；利用上党课的时间组织全场队以上领导干部观看“来自高墙内的忏悔”、“忏悔与警示”等教育光盘；组织全场队以上党员干部参观分局纪委在农场举办的廉政书画巡回展；在廉政文化工作中，将廉政格言制成台鉴94个摆放在各级领导的办公桌上、廉政横幅35条在机关及各基层单位醒目位子悬挂，廉政公益广告42块竖立在街道两旁及居民组办公地点，进行警示教育，每天利用有线电视在共青新闻前播放廉政格言3~5条，全年播放1 000余条。征集党员干部廉政警言500余条，参加分局廉政文化活动的书画展，有11幅作品获奖。全年对干部进行诫勉谈话5人，受理群众信访举报10件，其中来信3件，来访6件，电话举报1件。（金洪洋）

【精神文明建设】 农场广泛开展了评选"感动共青"活动。积极发现、培养、选树新时期"感动共青"先进典型,有9名群众的先进事迹在农场电视台进行了展播,有4名群众获"感动共青"提名奖,有5名群众获"感动共青"先进人物。以"村容整洁"为重点,以"爱我共青,建设美好家园"活动为突破口,搞好文明单位创建和环境建设提档升级工作。加大环境建设投资力度,环境建设考核分提高到55分(各项考核13项,共220分),其中对环境建设硬件投入达到30分。农场投资120万元,为基层单位更新绿化树木5 000株,栽花30万株,修建水泥沟11 000延长米,清运垃圾500多吨。为4个单位增设了健身器材,为5个管理区完善了"三室两场两所"建设。组织场内外环境建设拉练会2次。场直社区成立了由30名"三老"人员组成的志愿者监督队,对场区环境建设进行义务管理。2007年,农场在《农垦日报》发表稿件112篇。农场获得总局新闻报道先进单位,有两人获得总局新闻报道先进个人称号。 (金洪洋)

【企业文化】 农场工会组织了文化下乡、农场迎新春联欢会、春节秧歌焰火晚会,组队参加分局庆祝垦区开发建设60周年文艺会演、廉政文化会演和环城接力赛,还协助分局工会组织的《金桥架起和风来》大型歌舞晚会。王雨作曲的《我们是工会人》在省总工会行业歌曲比赛中获得第一名。组织4人参加垦庆60周年文艺演出,有3人分别获得表演一等奖,由王雨创作的歌曲《开江风》、《香香的黑土地、亲亲的北大荒》均获创作一等奖。王雨创新的歌曲《多好的地方,多好的人》在中央电视台音乐频道和第三套节目播放,在《激情广场》走进鹤岗电视台和省电视台播放,该曲还获得省音乐创作铜奖。农场派队参加了萝北县篮球邀请赛,获得第四名。"共青农场史志资料丛书"、"凤鸣山丛书"、"画苑丛书"三套文化丛书工作启动。全场有网吧3家,歌舞厅4家,书摊音像2家,台球2家,农场加强了文化市场管理。 (金洪洋)

【工会工作】 2007年,农场工会会员数8 120人,发展新会员237人,全场从业人员入会率超过93%。在全场职工中广泛开展了"创建学习型组织、争做知识型职工"活动。利用冬闲时间开展科技、法律、文化"三下乡"活动,在管理区、居民组举办农业、畜牧培训班27次,参加学习的职工2 600人次,向种植、养殖户提供科技、法律咨询160人次。在"送温暖"活动中,党员干部慰问328户贫困户,发放救济金43 600元;大米381袋(价值26 695元)。组织98名机关科级、基层党政主要领导与98名贫困职工结成"一帮一"扶贫对子。坚持做好女性安康保险工作作为维护女工权益,2007年参保人数达1 150人,投保占女职工总数的60.4%。与农场行政协商,农场同意按黑垦工发[2006]1号文件规定,每月给在岗职女职工发放10元卫生费。 (金洪洋)

【司法工作】 以创建"调防一体化"工作机制,抓好人民调解组织建设。健全调整了13个基层调委会,以会代训,培训调解人员85人。先后开展4次矛盾纠纷排查调处活动,排查纠纷5项170件,基层调处113件,司法分局调处51件,引导诉讼2件,交由农场统一处理4件。人民调解在免争息诉止访中发挥了积极作用,调处群体纠纷1起,避免诉讼案件20起,避免信访案件4起,解决信访案件5起,防激化2起。通过机制下的密切协作,先后解决信访问题5件,完成接访任务3次。召开了普法工作大会,制定了普法规划、工作要点,表彰了6个先进集体和6名先进个人;开展六进活动2次,法律大集活动2次,送法律书籍400册,解答咨询250余人,发宣传单200多份,宣传行业法规20余部。建立法律顾问28家,认真履行顾问合同,先后深入顾问单位48次,开展顾问业务。为顾问单位解决热点难点问题25件,代写各种文书22件,协助2个居民组顺利完成土地公开竞价承包程序,平息土地承包纠纷2起;协助2个居民组依法解决万寿菊种植合同的补签问题,督导4户种植户履行合同,避免了4起可能主张违约责任不能事件的发生;受农场领导委托为各部门和管理区起草、审查各类合同65件,提建议36条,30条得到采纳。 (金洪洋)

【教育】 全面推进"双高普九"工作,初四学年162名学生考入分局重点高中48名,占学年人数30%。 (金洪洋)

【医疗卫生】 按年初制定的初级卫生保健考核标准,对基层卫生所的五项工作进行了二次考核。组织卫生员开展医疗技术、工作经验交流3次,累计全年基层卫生员门诊病人数5 410人,出诊302人,无一医疗差错、事故发生。完成了两所基层卫生所的改貌建设。农场职工医院全年门诊诊治病人7 322人,住院患者606人,手术83例,业务收入231万元,支出231万元。比上年的病人总数、住院患者均减少200多人,收入比去年也降低17万余元。2007年农场常住总人口16 020人,流动人口288人,已婚育龄妇女3 502人,出生59人,死亡132人,人口自然增长率为-4.6‰。全年为已婚育龄妇女免费上环210人,取环180人。免费实施人流手术31人。开展免费妇女病普查1次,累计查孕3 012人,妇检1 811人,全场住院分娩人数59人。农场0~4岁儿童总数为334人,两轮强化扶苗共计733人次,儿童"421"健康体检411人次,体检率72.36%,托有所儿童入托体检325人,体检率100%。托幼园所工作人员体检19人,新生儿疾病筛查44人,筛查率74.58%。农场传染病共发27例,其中肺结核病人13人,肺结核涂阳病人7人,出血热4例,布病3例,肝炎5例,菌痢1例,感染性腹泻1例,突发公共卫生事件一氧化碳中毒1例。碘盐检测每季1次,全年合计检测240户,批零商店12户,合格率100%。国家慢性病调查286人,填表、报卡286人。全年鼠密度检测4次。 (金洪洋)

【武装】 农场民兵在参加总局陆海空军事演练中,被评为总局先进集体,16名民兵预备役人员被评为总局级先进个人。 (金洪洋)

【新农村建设】 农场投资260万元,为3个试点管理区建设硬化道路27 600

万平方米,改建办公活动场所400平方米,修建水泥路边沟1.4万延长米,完成饮水工程137户。坚持群众自愿与农场补贴相结合的办法,共拆迁泥草房20户,发放补贴资金25万元。场县共建取得较好成绩。萝北县三个乡镇农户种植万寿菊66.67公顷,实现增收80万元。农场有机户为地方农民代耕代种土地666.67公顷,组织农业科技交流2场次,培训农民120人次。 (金洪洋)

【四大科技园区建成】 农场投资1 200万元,在哈萝公路沿线新建集优良品种应用、特色种植、新技术推广、农业观光于一体的高标准旱田、水田、农机和水稻集中育秧园区4个。有机蔬菜科技园区,位于农场第八居民组,占地14公顷,种植各类蔬菜72种,部分有机蔬菜出口日本;水稻育秧科技园区,位于第三居民组,占地17公顷,有现代化育秧大棚120栋;农机科技园区,位于第三居民组,占地7公顷,包括面积为2万平方米的大型机械库、轮式拖拉机库、插秧机库、农具棚等标准化库和集培训、休息、餐饮为一体的生活区;水稻科技园区,位于第二居民组,占地12公顷,进行水稻多个品种和肥况试验。

(金洪洋)

【天香养猪场】 黑龙江省宝泉岭农垦天香养殖有限责任公司建于2003年5月,占地面积9.6万平方米,是一座大型现代化养猪场。有标准猪舍23栋,计1.1万平方米。饲料加工车间、配电修理车间、库房、服务用房、场区道路管网、照明、及大门围墙等功能设施配套。场区供水、取暖设施设计合理,能满足生产、生活需要。2004年4月天香猪场作为黑龙江北大荒集团宝泉岭肉业有限公司的生猪产地之一被省绿色食品发展中心认定为省无公害生猪产地;2005年11月10日,农场获得由省农产品质量安全中心颁发的"黑龙江省无公害生猪养殖产地"认定证书,认定产地规模14.12万头,天香猪场是其中的养殖单位之一,认定生猪规模为10 000头。2005年3月获得中环联合(北京)认证中心有限公司颁发的"质量管理体系认证证书",成为黑龙江省第一家通过ISO9001认证的生猪养殖合格企业。7月首次通过中环联合(北京)认证中心有限公司"有机猪场"认证,认证有机猪规模为6 000头。在2006年度国家品牌万里行活动中,公司生产的天天香牌肉类食品被评为省肉类食品知名品牌,于2006年8月获得由省肉类协会、省肉类食品产业发展服务中心共同颁发的荣誉证书。有机猪生产严格按照"黑龙江省宝泉岭共青农场天香种猪场有机养殖质量手册"及"有机生产管理规程"、"有机生产技术操作规程"、"有机养殖程序文件"执行。2007年有猪存栏6 800头,其中基础母猪780头;后备母猪752头;种公猪68头;肥猪5 200头。年出栏肥猪10 000头,年销种猪860头,年销售收入760万元。

(金洪洋)

【万寿菊种植】 农场从2002年开始推广种植万寿菊。到2007年种植万寿菊450公顷,企业收购鲜花7000吨,加工颗粒750吨。美科尔企业生产色素油260吨,实现利润60万元。 (金洪洋)

【职工科技创新】 农场十五居民组食用菌养殖大户雒士杰发明"快速打眼机"。家庭农场将1075收割机纷纷改装上了轴流脱谷装置,减少粮食破碎率,提高了工作效率。第十五居民组农机工人刘善庆研制出一种操作简便,可与40~80马力轮式拖拉机配套作业的小型玉米收获机,向国家专利局申请专利。第二十五居民组的刘凤山在脱玉米时发现人工喂入脱粒机里费力费时。他给玉米脱粒机安装上了带链爬的输送装置,节省人工50%,工作效率增加了40%。全场300台脱粒机全部安装了这样的输送装置。第二十五居民组李佳贵研制出了"二垄限深播种机",适合玉米大豆播种作业。于2007年8月获得了国家知识产权局颁发的实用新型专利证书,被国家知识产权局编入《中国专利大全》。 (金洪洋)

【共青场史馆】 共青场史馆于2005年8月建成,330平方米。展品有170幅图片和50件实物。"历史"和"现代"两部分2007年,场史馆接待各级领导、参观者13次,200多人次。 (金洪洋)

共青农场基本情况及国民经济主要指标完成情况统计表

(2007年)

指标名称	计量单位	2007年数值
管理区数量	个	4
总户数	户	8 020
总人口	人	18 916
其中:男	人	9 739
女	人	9 177
少数民族人口	人	406
地区生产总值	万元	39 088
人均地区生产总值	元	20 664
工农业总产值	万元	71 543
粮食总产量	吨	187 801
固定资产投资总额	万元	3 949
职工工资总额	万元	2 071
职工平均工资	元	5 563
职工家庭人均收入	元	9 817

宝泉岭农场
宝泉岭分公司

场长、分公司总经理:顾坚,1961年3月出生,广西壮族自治区柳州人,中共党员,研究生,会计师,1977年9月参加工作,2006年6月任现职。

党委书记:王晓伟,女,1963年11月出生,辽宁省人,中共党员,大学学历,政工师,1980年9月参加工作,2003年3月任现职。

党委副书记、纪委书记、工会主席:周剑波(2004.3~)

副场长:孟宪军(2006.11~)

孙玉成(2007.2~)

沙 录(2007.3~)

分公司副总经理:王本良(2002.6~)

宋喜权(2002.6~)

吴刚成(2003.3~)

党委委员、组织部部长:杜玉欣(2003.10~)

党委委员、宣传部部长:肖荣江(2003.1~)

【概况】 宝泉岭农场、宝泉岭分公司位于黑龙江省萝北县境内,西南距鹤岗市22公里,哈萝公路在农场境内穿行,场部坐落在哈萝公路482公里的里程碑处，是黑龙江省农垦总局宝泉岭分局的所在地。东以都鲁河为界，与共青农场相邻；西与鹤岗市的青山林场、东方红乡、团结乡相接；南与梧桐河农场、新华农场相连；北与萝北县林业局及鹤北林业局的山林相接。南北长55公里，东西宽12.6公里。占地总面积6.68万公顷。

2007年，活动积温3 045.5℃，年降雨量389.9毫米，农场遭受60年不遇的特大旱灾。

2007年末，农场有企事业单位22个，其中：5个管理区（下设30个作业站），场直企事业单位17个。农场总户口数8 354户，总人口23 179人。全场实现粮豆总产144 315吨，生产总值56 246万元，人均纯收入8 240元，人均住宅面积23平方米，人均绿地面积84平方米，人均储蓄额23 686元，人均国内生产总值24 462元。（王海平）

【种植业】 农场完成总播种面积2.77万公顷。特大旱灾之年，农业生产仍获得较好丰收。一是玉米首次突破1.8万公顷，新增水稻0.07万公顷，高产作物面积占70.4%。优良品种覆盖率达100%。二是全面推广保护性耕作、航化作业、水稻盐水选种等25项农业新技术，实现节本增效1 300万元。建设高标准科技示范园区3个，落实科技示范带3个，充分利用科技园区，举办职工现场培训班180期，培训各级人员10 800人次，接待上级领导检查指导工作500多人次。三是大田作物整地、播种和清塘标准化达100%，“四苗”合格率95%以上。四是完成水利工程建设投资1 256.1万元，完成土方224.6万立方米，治涝面积0.08万公顷，改造低产田0.09万公顷，改造原有水田0.08万公顷。投资1 325.2万元，购置农机具147台套。完成造林195公顷。五是投入抗旱资金767万元，新打机井171眼，配套设备101台套，灌溉农作物0.97万公顷，最大限度地降低了旱灾损失，水稻平均公顷产8 250公斤，创历史新高。六是新增水稻育秧大棚370栋，实现了“消灭小棚育秧、消灭花花田”的目标。七是建立绿色蔬菜基地123公顷，生产毛豆650吨，南瓜273吨，产品全部出口日本。八是完成跨区作业面积1.6万公顷，实现纯收入305.5万元。九是三秋工作实现了水田旱田黑色越冬、下年麦类作物达播态、下年垄作作物秋起垄和水田“三秋两常年”四个100%。

（王海平）

【林业】 农场完成哈萝公路、宝梧公路等主要公路两侧绿化，完成岭北管理区、岭西管理区农具场、农业示范园区、机关前后院绿化，共栽植各种绿化苗木253 093株，种植草坪7 200平方米，总投资747 561元。农场被省政府授予2004～2006年度森林防火先进集体称号。（王海平）

【畜牧业】 受市场价格和政策拉动，农场畜牧业生产稳步攀升，生猪、奶牛平均纯收入创历史新高。年内发放畜牧业各项补贴500万元以上，建成万头规模猪场3个，新建猪舍1.6万平方米，购进良种母猪643头。实现奶牛存栏6 508头，生产鲜奶1.9万吨；母猪存栏9 817头，生猪存栏7.48万头，出栏18万头；实现畜牧业增加值9 196万元，完成和超额完成分局下达的各项指标。（王海平）

【招商引资】 农场完成招商引资项目6个，引资额5 000万元以上。其中：有机蔬菜加工项目投资2 400万元；种植沙棘153.33公顷，投资400万元；日处理3吨白酒加工项目投资800万元；3个万头猪场项目投资1 500万元；安置就业230人。非国有经济从业户数6 560户，人均收入8 500元以上。（王海平）

【新农村建设】 农场投资4 067万元，完成骨架公路、通达公路和营区道路建设59.7公里。投资139万元，使5个居民点职工群众喝上了放心水、安全水。全年拆除泥草房1 250平方米，投资148.7万元。有8个作业站被农场评为“花园式单位”，16个职工家庭被农场评为“花园式家庭”。民主管理和场务政务公开制度不断健全和完善，职工综合素质明显提高。（王海平）

【财务管理】 农场强化了财务刚性预算、货币资金集中使用、领导职务消费货币化管理，加大了财务稽查和内审监督管理力度，提高了资金使用效率和运营能力。全年上交社保分局五项保险金1 834万元，支付离退休经费727万元、政法及中小学经费2 423万元。在保证各项事业正常运行的同时，努力解决农场欠付职工的各类应付款和建设资金540多万元；发放最低生活保障金80万元。全年依法审计34项，审计总金额8 324万元。清理回收各类欠款307万元。（王海平）

【粮食流通】 全年收购粮食11 954吨，销售粮食8 599吨；为客户代发粮食9 900余吨。实现销售收入1 844万元，营业成本1 794万元，实现利润50万元。投资252万元，对粮食处理中心进行了改造，建成日处理300吨粮食烘干塔1座，个体投资建设烘干塔41处，粮食处理能力明显提高。（王海平）

【党建工作】 全面开展“先锋工程”，深化党员“学帮带”和党员“承诺制”活动，在全场各级党组织中实施开展“党员服务队”、“百名干部进万家活动”等活动，各基层党支部结合本单位实际和行业特点，积极开展了争当“六个表率”、争做“六个模范”、党员“三示范一达标”和“我是党员、向我看齐”等主题活动，全场成立各类党员服务队173支，拥有服务队员和党员志愿者1 500名，开展种类服务活动231场（次），服务群众达8 512人次。（王海平）

【文明单位创建】 通过开展“三好一高素质工程系列活动”，即干部要有良好的作风，党员要有良好的形象，职工要有良好的素质，群众要有较高的觉悟，全面提高全民综合素质。通过开展健康的群众文化、十星级文明户评比、花园式家庭创建等活动，推动农场文明单位创建工作。组织开展了“建设美好家园”活动，按照农场党委提出的“治四乱”、“达四净”、“创四无”的建设标准进行了环境卫生整治，落实了“五自五包”等项制度。使全场环境建设整体上新台阶。环境建设在净化的基础上向绿化、美化方向发展，职工群众建设美好家园的意识普遍增强。基层管理区与作业站通过职工民主大会制定了《环境建设公约》,履行了职工签字手续。农场用于改善居住区环境投入资金109万元,其中绿化74万元,栽种绿化树8万株,用于种植花卉、环境建设投入35万元。(王海平)

【民主法制建设】 基层职工民主大会按照“三化十有”标准规范召开,“224”维权形成网络,“扶低支富”工程稳步推进;“五五”普法工作扎实有效,基层法治示范单位创建工作有新进展。(王海平)

【社会稳定工作】 农场广大干部职工的安全生产意识和安全生产责任感普遍增强,全年无重特大安全生产事故。实行了信访工作责任目标管理,完善了领导“五访制度”,信访结案率达98%。坚持开展“维稳创安”、打击“两抢一盗”等专项整治行动,全年刑事案件立案135起,破获77起,破案率同比提高5个百分点,职工群众对社会治安综合治理的满意率达95%以上。(王海平)

【社会事业】 “双高普九”工作顺利通过省政府督导团复检验收。投资209万元,对中小学电教设备、学生食堂、学生宿舍等进行了更新和改造,使办学条件得到进一步改善。农场被总局授予“垦区教育工作先进单位”,被分局授予“关心下一代工作先进集体”。投资51.2万元,购置先进设备,建立了基层信息网络工程,推进了科技文化信息事业建设。以家庭为单位建立职工健康档案近4 000份,为职工家属病有所医奠定了基础。农场对医院进行了改制,由原来个人租赁形式改变为集体租赁经营,全年门诊工作量9 322人次,住院病人数517人,经济和社会效益显著。计划生育工作进一步加强。民政、社区管理、社会保障、妇幼保健、广播电视等工作都有新进展。(王海平)

宝泉岭农场 分公司基本情况及国民经济主要指标完成情况统计表(2007年)

指标名称	计量单位	2007年数值
管理区数量	个	5
总户数	户	8 354
总人口	人	23 179
其中:男	人	11 570
女	人	11 609
少数民族人口	人	612
地区生产总值	万元	56 246
人均地区生产总值	元	24 462
工农业总产值	万元	73 727
粮食总产量	吨	144 315
固定资产投资总额	万元	7 088
职工工资总额	万元	3 547
职工平均工资	元	10 420
职工家庭人均收入	元	8 240

新华农场 新华分公司

场长、分公司总经理:杨忠诚,1961年2月出生,四川省彭县人,中共党员,大学学历,高级政工师,1978年10月参加工作,2002年6月任现职。

党委书记:俞新利,1960年5月出生,浙江省慈溪市人,中共党员,大学学历,高级政工师,1977年9月参加工作,2006年2月任现职。

党委副书记:朱明浩(1998.12~)

副场长:郝锡成(1998.12~)

姜洪财(2006.12~)

副总经理:黄 杰(2002.6~)

刘 颖(女)(2002.6~)

黄亚林(2003.4~)

场长助理:黄 虎(2007.7~)

党委委员、组织部部长:周金铭(2001.7~)

党委委员、宣传部部长:任长江(2004.11~)

党委委员、司法科(武装部)科长:房志刚(2001.7~)

【概况】 新华农场、新华分公司位于美丽富饶的三江平原腹地、小兴安岭南麓,与佳木斯、鹤岗两市毗邻,地理坐标:东经130°5′~130°45′,北纬45°5′~47°15′。境内有松花江、鹤立河、阿凌达河、伏尔基河、石头河和乌龙河共一江五河。哈萝公路、鹤大高速公路从其中穿过,交通便利,资源充沛,物产丰富,通信发达,经济活跃。

2007年,农场土地面积5.59万公顷,其中耕地2.93万公顷,林地0.8万公顷,草原0.2万公顷。现有人口2.5万人,4个农业管理区,37个作业站,6家场直企业,职工医院、学校各1所。

农业主要以水稻、大豆、玉米为主,兼种白瓜子、红小豆等经济作物,是国家大型商品粮基地,是绿色水稻基地、玉米基地和大豆主产区,仓储能力11万吨。农场为“国家二类生态示范区”,建有0.33万公顷绿色水稻基地,0.23万公顷有机农产品基地。森林覆盖率14.55%,林木储蓄量40万立方米。畜牧以奶牛、肉牛、生猪、肉鸡养殖为主;工业以稻米加工、速冻玉米、浸油、生物复合肥制造为主;非公有制经济发展迅速,年产值2.2亿元;公共事业迅速发展,教育卫生不断进步,小城镇建设粗具规模,电话、有线电视、数字通讯、光纤网络覆盖全场,信息快捷。

2007年,农场实现国内生产总值4.2亿元,比上年增长12.2%,其中:第一产业2.4亿元,比上年增长19.4%;第二产业0.73亿元,比上年增长8%;第三产业1亿元,与上年持平。人均收入8 517元,比上年增长6.7%。(孙建波)

【种植业】 农场种植结构不断优化,科技园区示范作用增强,科技兴农步伐加快。建设了葡萄、农机示范区、大棚育秧基地。推广使用农业新技术22项,组织各类技术培训47场,培训职工3 600人次。加强了生态环境维护,有0.23万公顷作物通过有机认证。全面落实上级支农惠农政策发放“两免三补”资金1 510万元。防灾减灾工作效果明显。面对特大旱灾,农场先后出台了打抗旱井补贴3 000元和垫付10 000元资金的优惠政策,全场共打各类抗旱井141眼;成功实施了5次人工增雨作业;积极协调鹤岗市,调水150万立方米;为种植户免费提供100万元的叶面肥,进行飞机航化作业0.57万公顷,通过多种抗旱措施的综合运用,最大限度地减少了损失,实现粮豆总产16.2万吨,水稻公顷产达到8 494.5公斤。(孙建波)

【畜牧业】 农场年末奶牛存栏4 583头,同比增长4.5%;鲜奶产量1.4万吨;

肉牛存栏 2 800 头；生猪存栏 3.8 万头，同比增长 23.8 %；繁殖母猪存栏 5 060 头，同比增长 25.8%；出栏肥猪 9.05 万头，同比增长 24.6%；禽存栏 33.5 万羽，同比增长 55%，出栏 75 万羽，同比增长 61.6%；实现畜牧业增加值 6 570 万元，同比增长 50%。（孙建波）

【非公有经济】 全场产值超 100 万元的私营企业达 11 家，规模和效益不断提高。围城经济发展迅速，特色种植、养殖业增收明显。服务行业发展环境不断改善，有各种运输、出租车辆 600 多台，餐饮娱乐、商店旅店等经营场所 310 余家。全场非国有经济实现产值 3.15 亿元，人均收入 6 330 元。（孙建波）

【外经贸工作】 农场招商引资工作取得较好成绩，引进华鹤煤化工公司投资 3.4 亿元，新建年产 60 万吨煤；鹤岗实实米业投入 850 万元，新建米厂一个；鹤岗六粮库投资 650 万元新建了生猪养殖场。出口供货再创新高，全场外贸出口完成 272.54 万美元，对外出口大米近 5 000 吨。（孙建波）

【场县共建】 农场进行跨区作业 1.07 万公顷，为周边农民举办培训 4 次，培训农户 400 余人，提供良种 850 余吨，科技示范面积 0.2 万公顷。鹤岗市农机局为农场购进的 10 台插秧机给予了补贴；合胜村与农场共同修建了通村公路，东方红乡为宝新公路建设做了大量工作。（孙建波）

【新农村建设】 农场加强农业基础设施建设，开挖疏通渠道 26 公里，建水泥晒场 1 万平方米，建插秧机库 900 平方米，修机耕路 4.6 公里，架设高压线路 15 公里，水田油井改电井 48 眼；建大棚 50 栋，建各类涵洞 97 座，挖断根沟、排水沟等 143 公里，维修扩建了飞机场。投资 1 005 万元建成通村公路 11.8 公里，投资 70 万元修建通达公路 12 公里；修建连心桥投资 120 万元，进行危桥改造投资 86 万元。加快小城镇建设，对二道街进行了亮化；建设中学教学楼 5 400 平方米，食堂 523 平方米，相应附属设施、教学设备共投资 1 000 余万元。投资 40 万元，安装了 106 件健身器材。在第二管理区修建了硬化路面和文化体育广场。场部大型文化广场建设工程已经启动。对 4 个管理区的人畜饮水设施进行维修、改造。投入资金 40 多万元，绿化植树 5 万株，清运垃圾 1 820 吨，改厕 2 处。对污染严重的小炼钢厂和小水泥厂烟囱等设施进行强制拆除，改善了居民的生活环境。（孙建波）

【企业管理】 农场继续实施刚性预算，严格控制“五项”费用支出，职务消费水平总体下降 20%，减少管理费 12 万元。完善资金支出审批程序，重大资金支出项目全部集体讨论决定。实行政府采购、比质比价采购项目 20 个，节约资金 20.6 万元。加强国有资产管理，盘活资金 130 万元，节约财务费用 30 余万元。加大清欠力度，开展了百日会战，共清回欠款 426 万元，其中农场清回 166 万元，完成分局指标的 301%；分公司清回 260 万元，完成公司指标的 141%。健全了内部审计制度，审计项目 38 个，挽回损失 29 万元。加强项目建设管理，严格执行工程招投标的有关规定，自主招投标 7 次，招投标总金额 416 万元，节约资金 86 万元。强化干部队伍管理，配齐配强了基层领导班子，干部培训面达 100%。引进农学硕士 1 名，使管理人员的知识结构、年龄结构有了改善。（孙建波）

【社会事业】 农场基础教育稳步发展，顺利通过省“双高普九”工作检查验收，有 43 名学生考入高级中学。公共卫生服务体系不断完善，生育符合政策率 100%，人口出生率 5.43‰，自然增长率 0.24‰。投入改水资金 130 万元，解决了场直地区居民饮用水质量问题。养老保险事业稳步推进，做到了应保尽保。老干部和离退休人员工资按时、足额发放，全年报销老干部医疗费 228 万元，与上年持平。关注民生，偿还拖欠职工个人款 78 万元，其他各类欠款 142 万元；对 364 户困难家庭和残疾人家庭进行了救助，将 38 名特困人员和三无人员纳入低保救助体系。各级干部、劳模、私企业主与贫困人员建立帮扶对子 189 对，垫付帮扶资金 280 余万元，有 151 户脱贫。“两节”期间，开展“送温暖”活动，共投放救济金 12 万元，走访慰问了 880 户困难职工家庭。（孙建波）

【党建工作】 领导班子和干部队伍建设不断加强。通过开展“党员先锋工程”，为职工群众办实事 1 896 件。党风廉政建设取得新进展，群众综合满意率达 99.26%。（孙建波）

新华农场 分公司基本情况及国民经济主要指标完成情况统计表
（2007 年）

指标名称	计量单位	2007 年数值
管理区数量	个	4
总户数	户	8 615
总人口	人	23 266
其中：男	人	12639
女	人	10627
少数民族人口	人	569
地区生产总值	万元	42 491.1
人均地区生产总值	元	18 263
工农业总产值	万元	51 181.7
粮食总产量	吨	161 967
固定资产投资总额	万元	5 361
职工工资总额	万元	2 457.3
职工平均工资	元	10 744.64
职工家庭人均收入	元	8 517

汤原农场

场长：任世军，1968 年 12 月出生，四川省蓬溪县人，中共党员，大学学历，农艺师，1992 年 8 月参加工作，2005 年 8 月任现职。

党委书记：丁华春，女，1962 年 2 月出生，山东省梁山县人，中共党员，大学学历，一级法官，1978 年 9 月参加工作，2004 年 2 月任现职。

党委副书记兼工会主席：邵旭琨（2006.3～）

副场长：关树君（2002.12～）
邝学江（2006.4～）
罗平友（2007.12～）

【概况】 汤原农场处在小兴安岭余脉，丘陵地带。海拔最低处有 86 米，最高处达200米,全场总耕地面积13 275.5公顷,山坡、漫岗地7 786公顷,占总耕地面积的58.6%,平地2 720.6公顷,低洼地2 768.9公顷,占总耕地面积的41.4%。

2007年农场经受了罕见旱灾,实现粮豆总产6.24万吨。其中大豆平均公顷产2 005.5公斤,玉米平均公顷产7 980公斤,水稻平均公顷产8 683.5公斤,实现了大灾之年粮豆总产不减。全场共有种植户1 120户,盈利面达98%,家庭农场实现盈利1 700万元。(刘亚茹)

【畜牧业】 畜牧业经济已成为农场经济的重要支撑。2007年农场奶牛存栏1 106头,比上年增长3.5%;肉牛存栏2 115头,比上年增长40%;肉牛出栏985头,比上年增长5%;生猪出栏70 110头,比上年增长15%,存栏26 074头,比上年下降4%。实现畜牧业产值9 270万元,畜牧业增加值4 079万元;实现人均纯收入8 008元,比上年增长11%。(刘亚茹)

【工业及外贸工作】 2007年5月农场引进利佳牙签厂,该厂投资350万元,利用占地3802平方米闲置厂房进行生产,当年生产牙签740吨,主要出口美国和韩国,年创汇75万美元,解决农场下岗职工再就业70人。厦门南顺贸易进出口公司投入40万元,将农场原有烘干塔加高,使原来日烘干粮不足100吨提高到150吨,解决下岗工人就业30人。(刘亚茹)

【小城镇建设】 农场投资460万元,在场部地区兴建占地15 000多平方米的多功能休闲广场,投资28万元对振兴大街的路灯进行更新,在场区部分街道安装了路灯。投资370万元,在场区修建了4.3公里的白色路面。投资13万元兴建和改建了第七、第八、第四居民组的办公场所。(刘亚茹)

【教育】 2007年农场中小学共有教师49人,其中教师初中23人,小学教师26人,教管人员4人。有幼儿教师(含园长1人)6人。2007年有初中毕业生62人,升入重点高中12人,占毕业生总数的19.35%,升普通高中17人,占毕业生总数的27.4%。农场九年义务教育普及率100%,小学毕业及小学升初中率100%。农场投资95万元,为学校购进教学语音、电教、微机新三室设备,教学条件得以改善,"双高"普九工作通过了省验收。(刘亚茹)

【卫生】 农场人口出生率为3.65‰,自然增长第一年出现了负增长,增长率为-1.52‰,计划生育率100%。农场采取卫生进社区的服务方式,方便了全场职工就医,坚持做到小病不出场。(刘亚茹)

汤原农场基本情况及国民经济主要指标完成情况统计表
(2007年)

指标名称	计量单位	2007年数值
管理区数量	个	2
总户数	户	2 435
总人口	人	6 405
其中:男	人	3 201
女	人	3 204
少数民族人口	人	158
地区生产总值	万元	17 708
人均地区生产总值	元	27 647
工农业总产值	万元	28 207
粮食总产量	吨	62 458
固定资产投资总额	万元	2 978
职工工资总额	万元	1 620
职工平均工资	元	8 215
职工家庭人均收入	元	8 008

梧桐河农场

场长:崔金福,1960年8月出生,山东省在平县人,中共党员,研究生学历,高级农机工程师,1976年7月参加工作,2005年8月任现职。

党委书记:刘英,女,1962年12月出生,吉林省洮安县人,中共党员,大学学历,高级政工师,1982年9月参加工作,2006年2月任现职。

党委副书记、纪委书记、工会主席:施宏伟(2006.3~)

副场长:苏景慧(2001.11~)
柴方森(2006.3~)

【概况】 梧桐河农场位于黑龙江省汤原县最东端,梧桐河与松花江汇合处。地理坐标为东经130°36′~130°59′,北纬47°12′~47°19′5″。东至嘟噜河,与普阳农场接壤;南到松花江北岸;西与新华农场毗邻;北至宝泉岭农场岭东二干为界。农场所属的第四居民组、第十三居民组位于梧桐河南岸,与汤原县振兴乡平原、民主两村土地毗连,整个场区东、南、西均以自然河流为界。场区地形自西北向东南方向发展,全长32公里,南北最大宽度为12公里,西北高,东南低。西北部属于鹤岗山前裙地的下缘,坡度一般为1/1 260。中部及东部属于松花江河后漫滩第一阶地,地势平坦。全场平均地区坡降为1/5 000,海拔高程约在71~83米之间。全场总面积3.98万公顷,其中耕地面积1.75万公顷,天然草场0.83万公顷,水面0.24万公顷。场区内土地资源丰富,土质肥沃,以草甸土居多,占土地总面积40%;其次为棕壤土,占13%,其余为白浆土、沼泽土等。

农场年活动积温2 520~2 800℃,年降雨量在520毫米左右,无霜期111~142天。

2007年农场年末总人口9 633人,其中女性4 593人,农场职工9 368人,农业人口6 315人,少数民族人口327人,包括汉、满、蒙古、回、朝鲜等民族。

农场下辖5个管理区23个居民组,场直单位7个。2007年实现国内生产总值23 231.2万元,实现粮食总产113 477吨,全场人均收入8 211元,资产负债率89%,实现企业利润517万元。(周卫国)

【种植业】 2007年,农场圆满完成了以"两田一地"为核心的土地承包政策的改革,从农业田间管理、作业质量、农时标准、农机标准、品种结构、园区建设等标准化管理环节入手,推动质量效益农业发展。实现播种面积1.45万公顷,实现粮食总产11.3万吨,比上年增长13%。其中水稻0.93万公顷,玉米0.43万公顷,青贮0.07万公顷。其中水稻产量8.75万吨,公顷产9 375公斤;玉米产量2.55万吨,公顷产5 895公斤。水稻面积占播种总面积的64%,水稻产量占粮食总产量的77%；玉米播种面积占总播种面积的29%，占粮食总产的22%。水稻单产和粮食总产创历史新高。农场加强农业基础设施建设，实施"12334"工程，建立水稻示范园区4处共106.67公顷，建立各类示范田800公顷，推广农业、农机新技术13项，建立品种、植保、栽培等试验60余项，试验品种、品系140余个，全场农作物优质品种普及率达100%，农业标准化作业率达100%。水稻100%大棚育秧，大棚集中育秧达到90%以上。以梧宝、汤绥公路沿线为重点，投资420万元进行农业基础环境治理，共平整土地666.67公顷，整理路边沟、构筑绿化林台37.9公里，完成土方71.86万立方米，栽植银中杨2.7万株。加快农机更新步伐，通过上级补贴及自筹资金737.93万元，新进机械277台套。（周卫国）

【畜牧业】 农场依托国家优惠政策和龙头企业，以市场为导向，以养殖效益为中心，重点发展以生猪为重点的畜牧业，实现畜牧业产值1.06亿元，畜牧增加值5 283万元。奶牛存栏3 514头，其中成母牛1 787头，年产鲜奶9 512吨；黄牛存栏1 500头，出栏2 500头；母猪存栏4 527头，生猪出栏7.86万头，种植青贮饲料面积666.67公顷，产量4.6万吨，新建圈舍1万平方米。（周卫国）

【工业】 农场积极实施招商引资，引进佳木斯恒久集团承租了原农场粮油加工厂，投资200万元进行设备改造更新，提高了米质，为梧桐河大米进入南方市场奠定了基础；引进玉兰牧业集团投资160万元新建了年产3 000吨的生物有机肥厂；引进江川农场柳编技术，加强人员培训，柳编产业开始起步。全场工业销售收入1.18亿元，工业增加值3 780万元，实现利润650万元。农场通过政策引导、加大资金扶持力度、强化服务体系建设、完善基地小区建设、加强与龙头企业联结、加强典型培育和宣传等措施，实现非国有经济生产总值8 122万元，利润2 958万元，其中：自营经济生产总值5 240万元，利润1 959万元。（周卫国）

【新农村建设】 2007年，农场投资1 285万元用于新农村建设，拆迁泥草房1 441平方米，发放拆迁补贴22.6万元；投资290万元建场部主干路白色路面1.8万平方米；引资新建商贸一体住宅楼一栋，面积4 300平方米。（周卫国）

【财务管理】 农场从制度建设入手，严格执行"三重一大"制度，认真执行各项财务法规，坚持财务管理"一支笔"和大额资金审批制度和财务审批、审核制度，实行财务刚性管理，全面规范企业财务行为。对场直企、事业单位实行财务合同化管理，努力压缩管理费用和财务费用支出，减少、取消场直各企事业单位的补贴，共减少管理费支出105万元。取消机关科室交通费和招待费，减少管理费开支65万元。加大清欠力度，回收账内外结构性借款105万元。兑付往年欠款1 235万元。压缩基本建设投资，全年基本建设投资为：农田基本建设投资495万元，防洪工程投资65万元。（周卫国）

【教育】 农场投资200万元新建了1 300平方米的学校宿舍楼，完善了内部设施。整合教育资源，顺利完成了中小学并校工作。2007年高中升学率97%，毕业率100%。"双高普九"工作，顺利通过省"双高普九"检查验收。农场各单位、社会及个人共捐资助学8 800元，资助贫困大学生5人，中小学生90人。（周卫国）

梧桐河农场基本情况及国民经济主要指标完成情况统计表

（2007年）

指标名称	计量单位	2007年数值
管理区数量	个	5
总户数	户	3 324
总人口	人	9 633
其中：男	人	5 040
女	人	4 593
少数民族人口	人	327
地区生产总值	万元	23 231.2
人均地区生产总值	元	24 798
工农业总产值	万元	44 028
粮食总产量	吨	113 477
固定资产投资总额	万元	3 039
职工工资总额	万元	1 378
职工平均工资	元	10 132.35
职工家庭人均收入	元	8 211

【卫生】 卫生医疗条件逐步改善。投资17.5万元引进医疗设备，改善医疗条件，2007年农场职工医院收治各类患者9 077人次，床位使用率、治愈率、好转率及有效率均比上年同期有明显提高，实现收入150万元。农场高度重视计划生育工作，免费为全场育龄妇女进行普查，全年无计划外生育。（周卫国）

依兰农场

场长、党委书记：叶舒华，1962年7月出生，江苏省宿迁市人，中共党员，大专学历，农艺师，1978年9月参加工作，2005年8月任现职。

党委副书记、纪委书记、工会主席：王立新（女）（2004.3～）

副场长：焦延杰（2000.12～）

党委委员、组织部部长、武装部部长：李振龙（2001.1～）

【概况】 依兰农场位于黑龙江省依兰县境内，松花江北岸300米处，地理坐标：东经129°31′～129°38′，北纬46°2′～46°35′。农场海拔100～200米。北靠小兴安岭南麓，南邻松花江，东与香兰农场接壤，西邻巴兰河与红石砬子山峰相连，境内巴兰河、图拉木河、无风浪河、舒乐河、涯丹河5条自然河流贯穿全场，水资源丰富。场内哈罗公路横贯东西，距铁路40公里，水陆交通，十分便利。

农场属中纬度，中温带大陆性气候，冬季寒冷干燥，夏季高温多雨，年均气温3.1℃年均积温2 570℃左右，年均日照2 150小时左右，日照率为53%，年均降水量500毫米左右。农场人口3 567人，包括汉、满、回、朝鲜等民族。

农场下辖一个图拉木管理区7个居民组，共有土地总控制面积5 625公顷，其中耕地3 536公顷（灌溉水田810公顷），林地为612公顷，牧地草原282公顷，园地5公顷，水域面积268公顷。

2007年,农场实现粮豆总产22 115吨,实现生产总值7 113万元,其中:第一产业3 747万元,第二产业621万元,第三产业3 510万元。实现人均收入7 136元,比上年增长12%,实现经营利润32万元。农场年末奶牛存栏1 774头,交售鲜奶3 296吨,畜牧产值2 653万元,占种植业的39%。(李继文　崔玲燕)

【种植业】 农场通过优化种植结构,坚持标准化作业,加大科技投入等措施,完成总播种面积3 536公顷,其中水稻810公顷,占22.9%;大豆543公顷,占15.3%;玉米1 817公顷,占51.3%;青饲料、红小豆、白瓜子等经济作物426公顷,占10.5%。粮豆作物总产22 115吨,平均公顷产6 958.5公斤。其中:玉米公顷产7 995公斤,大豆公顷产1 845公斤,水稻公顷产8 109公斤。完成农业总产值2 341万元,实现国内生产总值6 878元,比上年增长16%。基础设施建设进一步加强,争取国家资金180万元,全部投入农田基本建设,建桥2座,建涵7座,维修农田路23公里,新增抗旱机井5眼,改善人畜引水工程一处,水稻育秧50%实现钢骨架大棚。种子产业充分发挥了龙头作用,增加了水稻种子繁育面积46公顷,大豆500公顷,玉米制种8公顷,种植户纯增效益110万元。科技应用进一步推广,加强了农业示范园区,建立大豆、玉米、水稻科技示范园区22处,共230公顷;展示大豆品种23个,水稻品种15个,重点推广应用了13项农业生产新技术和7项农机新技术。(李继文　崔玲燕)

【林业】 农场林业总面积612公顷(其中造林面积514公顷)用材林面积240公顷,防护林面积231公顷,四旁绿化林8公顷,当年人工造林3公顷,全场义务植树1.4万株,人均5株。

(李继文　崔玲燕)

【畜牧业】 农场畜牧业在优惠政策引导下,呈现出良好的发展势头。一是奶牛改良速度稳步提升。加大了改良补贴力度,保证了牛群改良的基础工作。二是畜牧产品价格的回升,使养殖户增加了收入,得到了实惠。三是继续加大畜牧业的扶持力度。全年减免青贮地费12.3万元,青贮良种补贴8.2万元,冻精补贴2.25万元,"两病"补贴13.5万元。在落实中央对奶牛和生产者的补贴政策中补贴40万元,提高了畜牧工作人员的待遇,保证了畜牧业的稳步、高效、健康发展。奶牛年末存栏1 774头,交售鲜奶3 296吨。年末黄牛存栏786头,羊存栏1 445头,猪存栏1 395头,禽存栏11 890只,禽蛋产量74吨,羊出栏1 160只,出栏生猪3 229头。实现畜牧业产值2 653万元,占农业产值的39%。(李继文　崔玲燕)

【新农村建设】 农场投入10万元维修了场区的5条砂石巷道,彻底解决了辖区路难走,水难排的问题;投入资金23万元修建了职工文化广场,安装了健身器材和景光灯。农场筹措资金330万元,修建了农场第一条场区水泥硬化路面,以及配套的排水、绿化和亮化工程。农场各居民组投入资金50万元,修建了主街道硬化排水沟,使各居民组路面维护率达100%,路灯安装率达到50%。农场人均住房面积17平方米,人均储蓄额5 967元。全年为低保户发放低保金152 640元,取暖补助54 000元。全场居民使用固定电话795户,联通、移动、小灵通电话用户已达1 200户,宽带上网用户已有165户,通信业务收入达到37万元。广播电视全频道能接收36套节目。(李继文　崔玲燕)

【财务管理】 通过刚性预算管理,农场全年费用总支出1 820万元。其中:农业管理费支出286万元,社会性支出1 245万元(包括学校、公、检、法、司、社区),营业外支出2万元,基金支出202万元,其他业务支出85万元。当年实现利润32万元。农场专项资金的发放,发放粮食直补72.44万元,综合直补1.9万元,水稻良种直补18.24万元,青贮良种补贴8.2万元,油补1.9万元,各项惠农补贴共计224.81万元,全部发放到户。农场当年收回陈欠31万元。

(李继文　崔玲燕)

【教育卫生】 农场投入100万元改善办学条件,义务教学入学率100%。学校8个教学班,教职员工总数21人,在校生230人,占地面积10 000平方米,校舍面积2 540平方米。全场出生人口11人,死亡20人。出生率3.69‰,死亡率6.72‰,人口自然增长率-3.02‰,生育政策符合率100%。免费为500余名已婚育龄妇女查环、查孕、查病,报销"四术费"6 000余元,兑现了2007年《独生子女父母奖励费》59 925元,兑现了退休独生子一次性补助73 000元。农场在资金比较紧张的情况下,全部补发了1992、1993、1994、1999、2000年拖欠的《独生子女父母奖励费》共计156 197.5元。开展了公共卫生和餐饮业的专项治理和量化分级,未发生食物中毒等事件。进一步完善了农场《突发公共卫生事件应急预案》和《突发公共事件医疗卫生求援预案》,全面实施开通了疾病防控信息网络直报系统。

(李继文　崔玲燕)

【党建工作】 农场党建工作以"建设新依兰,党员做在前"为主题,扎实开展党员先锋工程,充分发挥党员的先锋模范作用,全场党员干部为职工群众办好事、办实事184件,共有298名党员参加了"学、帮、带"活动,解难题54个,为贫困户和贫困生捐款资助达1.8万元,参加捐款人数223人,举行各类专业培训班8次,培训职工1 840多人次。

(李继文　崔玲燕)

依兰农场基本情况及国民经济主要指标完成情况统计表
(2007年)

指标名称	计量单位	2007年数值
管理区数量	个	1
总户数	户	1 477
总人口	人	3 567
其中:男	人	1 787
女	人	1 780
少数民族人口	人	64
地区生产总值	万元	7 113
人均地区生产总值	元	20 259
工农业总产值	万元	8 050
粮食总产量	吨	22 115
固定资产投资总额	万元	1 279
职工工资总额	万元	609
职工平均工资	元	7 568
职工家庭人均收入	元	7 136

红兴隆分局

党委书记：王有国，1961年10月出生，中共党员，研究生学历，高级经济师，1981年7月参加工作，2006年3月任现职，2007年6月离任。

党委副书记、局长：贺天元，1963年4月出生，中共党员，研究生学历，硕士学位，高级会计师职称，1984年参加工作，2006年9月任现职。

党委副书记、纪委书记：宣铁富，1949年6月出生，中共党员，大专学历，高级政工师，1969年5月下乡，1998年10月任纪委书记，2002年2月任现职。

党委副书记：陆书富，1958年10月出生，中共党员，大学学历，高级政工师，1975年7月参加工作，2005年7月任现职。

工会主席：李长毅，1955年4月出生，中共党员，大学学历，高级政工师，1973年3月参加工作，2002年7月任现职。

副局长：孙金发，1951年6月出生，中共党员，大专学历，高级经济师，1969年5月下乡，2000年10月任现职。

副局长：杜增杰，1957年9月出生，中共党员，研究生学历，高级农艺师，1975年9月参加工作，2000年10月任现职。

副局长：史中华，1962年5月出生，中共党员，大学学历，高级工程师，1985年8月参加工作，2005年7月任现职。

副局长：史坚，1956年11月出生，中共党员，大学学历，高级农艺师，1974年10月参加工作，2005年7月任现职。

党委委员、组织部部长：孙绩威，1948年4月出生，中共党员，大专学历，高级政工师，1968年下乡，1992年2月任职，2007年7月离任。

党委委员、组织部部长：毕可学，1963年6月出生，中共党员，大学学历，高级政工师，1979年12月参加工作，2007年7月任现职。

党委委员、宣传部部长：张容豪，1950年8月出生，中共党员，大学学历，高级政工师，1968年7月参加工作，1994年11月任现职。

党委委员、武装部政委：窦健，1962年10月出生，中共党员，大专学历，上校军衔，1981年入伍，2002年2月任现职。

局长助理：晁岳侠，1954年2月出生，中共党员，研究生学历，高级经济师，1970年参加工作，2002年5月任现职。

办公室主任：杨培忠，1955年11月出生，中共党员，大学学历，高级政工师，1973年参加工作，1998年1月任现职。

纪检委副书记：于生，1951年2月出生，中共党员，大专学历，高级政工师，1968年5月参加工作，1999年11月任现职。

纪检委副书记：齐国华，1955年5月出生，中共党员，大学学历，高级政工师，1973年3月参加工作，2001年4月任现职。

政法委书记：杜增杰（2005.7～）

政法委副书记：康岩君，1955年3月出生，中共党员，大学学历，高级政工师，1973年4月参加工作。2001年1月任现职。

机关工委书记：曹学波，1952年4月出生，中共党员，大专学历，高级政工师，1972年参加工作，2001年8月任现职。

老干部处处长：李德顺，1954年1月出生，中共党员，大学学历，高级政工师，1971年5月参加工作，2005年3月任现职。

信访办主任：李书贞，女，中共党员，研究生学历，高级政工师，1983年12月参加工作，2005年7月任现职。

人事局局长：孙绩威（1999.3～2007.1）

人事局局长：杨传林，1963年5月出生，中共党员，大学学历，高级政工师，1984年7月参加工作。2007年1月任现职。

监察局局长：于　生（2001.1～）

农业处处长：刘中滨，1958年9月出生，中共党员，大学学历，高级农艺师，1981年7月参加工作，2006年1月任现职。

农机处处长：杜恩常，1951年12月出生，大学学历，高级工程师，中共党员，1969年7月下乡，1994年7月任现职。

畜牧水产局局长：晁岳侠（2005.9～2007.10）

畜牧水产局局长：孙洪文，1956年5月出生，大专学历，高级畜牧师，中共党员，1973年7月参加工作，2007年10月任现职。

林业处处长：王伟达，1953年1月出生，中共党员，中专学历，高级工程师，1969年6月参加工作，1996年3月任现职。

水利局局长：仲崇合，1957年11月出生，中共党员，大学学历，高级工程师，1974年1月参加工作，2001年1月任现职。

经委主任：王志德，1956年7月出生，中共党员，大学学历，高级经济师，1974年参加工作，2001年1月任现职。

科技处处长：刘护国，1957年2月出生，中共党员，大学学历，研究员，1975年7月参加工作，2001年1月任现职。

计划财务处处长：翟永生，1958年7月出生，中共党员，大学学历，高级会计师，1994年7月参加工作，2005年10月任现职。

审计处处长：张道静，1963年12月出生，中共党员，大学学历，高级会计师，1986年7月参加工作，2005年7月任现职。

劳动和社会保障局局长：杨传林(2005.7～)

安全生产监督管理局局长：丰永亮,1951年7月出生,中共党员,大专学历,工程师,1968年7月下乡,2005年7月任现职。

民政局局长：李书贞(女)(2005.7～)

建设局局长:赵俊祥,1957年10月出生,中共党员,大学学历,高级工程师,1975年7月参加工作,2001年8月任现职。

建设局党委书记:赵秋柱,1954年6月出生,中共党员,大学学历,经济师,1971年10月参加工作。2001年8月任职,2007年8月离任。

建设局党委书记:刘晓燕,女,1962年11月出生,中共党员,研究生学历,高级政工师,1982年7月参加工作,2007年8月任现职。

粮食局局长:徐福荣,1951年9月出生,中共党员,大学学历,政工师,1968年3月参加工作,1998年4月任现职。

商务局局长:刘永明,1963年6月出生,中共党员,大学学历,政工师,1980年2月参加工作,2005年7月任现职。

交通局局长：于兰涛,1955年10月出生,中共党员,大学学历,工程师,1971年5月参加工作,1996年6月任现职。

广播电视局局长:宋平,1955年10月出生,中共党员,大学学历,高级工程师,1974年11月参加工作,1997年2月任现职。

教育局局长:李方奎,1955年5月出生,中共党员,大学学历,中学高级教师,1974年7月参加工作,2005年3月任现职。

教育党委书记:李方奎(2001.8～)

卫生局局长:刘长文,1953年1月出生,中共党员,大专学历,副主任医师,1969年参加工作,2001年1月任现职。

工商局局长:张少军,1959年8月出生,中共党员,大专学历,馆员,1975年10月参加工作,2004年3月任现职。

技术监督局局长:李炳义,1948年9月出生,中共党员,大学学历,高级工程师,1965年5月参加工作,2001年3月任现职。

环保局局长:张钧,1963年7月出生,中共党员,研究生学历,高级政工师,1982年12月参加工作,2005年10月任现职。

土地局局长:王宝强,1951年3月出生,中共党员,研究生学历,高级政工师,1968年11月参加工作,2001年10月任现职。

武装部部长:张殿臣,1964年3月出生,研究生学历,上校军衔,中共党员,1983年10月入伍,2005年1月任职,2007年2月离任。

武装部部长:于立文,1964年9月出生,大学本科学历,上校军衔,中共党员,1981年10月入伍,2007年2月任现职。

武装部政委:窦健(2003.2～)

公安局局长：马玉保,1951年10月出生,中共党员,大学学历,政工师,一级警督,1981年10月入全,1968年4月参加工作,1997年4月任现职。

公安局政委:刘守刚,1952年6月出生,中共党员,大专学历,高级政工师,一级警督,1969年6月参加工作,1999年7月任现职。

公安局党委书记：马玉保(1998.7～)

检察院检察长：韩殿臣,1949年4月出生,中共党员,大学学历,高级政工师,1968年3月参加工作,2001年2月任现职。

法院院长:刘仲秋,1964年9月出生,中共党员,大学学历,助理会计师,1983年7月参加工作,2003年10月任现职。

司法局局长:董永亚,1957年8月出生,中共党员,大学学历,高级政工师,1974年11月参加工作,1994年7月任现职。

公证处主任:蒋东波,1957年2月出生,中共党员,大学学历,三级公证员,1974年11月参加工作,2001年4月任现职。

红兴隆垦区工会主席：李长毅(2002.7～)

红兴隆垦区工会副主席：马柏顺,1950年7月出生,中共党员,大学学历,高级政工师,1992年1月任现职。

红兴隆垦区工会副主席:曹霞,女,1967年4月出生,中共党员,研究生学历,高级政工师,1985年7月参加工作,2005年3月任现职。

种子管理处处长:王忠友,1951年11月出生,中共党员,大学学历,高级农艺师,1974年11月参加工作,2005年3月任现职。

防火办主任：耿金,1956年11月出生,中共党员,大学学历,高级工程师,1978年参加工作,1998年1月任现职。

电业局局长:李景运,1954年2月出生,中共党员,大学学历,高级工程师,1969年参加工作,1993年1月任现职。

电业局党委书记:苏宝祥,1958年5月出生,中共党员,大学学历,高级政工师,1976年11月参加工作,2003年3月任现职。

社会保险事业管理局局长：张维臣,1959年6月出生,中共党员,大学学历,高级会计师,1979年12月参加工作,2005年4月任现职。

街道办事处主任:赵俊祥(2001.8～)

街道办事处党委书记：赵秋柱(2001.8～2007.8)、刘晓燕(2007.8～)

红兴隆科研所所长：沈明学,1958年10月出生,中共党员,大学学历,高级农艺师,1975年9月参加工作,2004年5月任职,2007年1月离任。

红兴隆科研所所长：王光申,1957年9月出生,中共党员,大学学历,高级农艺师,1974年7月参加工作,2007年1月任现职。

红兴隆科研所党委书记：孙殿君,1955年9月出生,中共党员,大专学历,高级农艺师,1973年3月参加工作,2004年11月任职,2007年1月离任。

红兴隆科研所党委书记：沈明学(2007.1～)

红兴隆中心医院院长：王明库,1957年4月出生,中共党员,大学学历,主任医师,1975年8月参加工作,2005年1月任现职。

红兴隆中心医院党委书记：牛书泉，1952年6月出生，中共党员，大专学历，副主任医师，1969年12月参加工作，2001年5月任现职。

卫生监督所所长：刘长文（2004.9～）

疾病预防控制中心主任：孙静波，女，1954年11月出生，中共党员，大专学历，副主任医师，1971年2月参加工作，2004年9月任现职。

党校校长：陆书富（2005.7～）

党校第一副校长：王希晨，1952年5月出生中共党员，大学学历，高级政工师，1968年8月参加工作，2001年5月任现职。

党校党委书记：吴森友，1952年2月出生，中共党员，大学学历，高级政工师，1969年1月参加工作，2007年8月任现职。

教师进修学校校长：王希晨（2001.5～）

红兴隆电力有限公司董事长、总经理：李景运（2000.8～2007.2）

红兴隆热电有限责任公司经理：陶孝民，1963年7月出生，中共党员，大学学历，高级政工师，1979年参加工作，2005年6月任现职。

红兴隆热电有限责任公司党委书记：赫贵清，1950年4月出生，中共党员，大学学历，高级工程师，1966年参加工作，2005年6月任现职。

北大荒糖业有限公司董事长、总经理：于宪生，1960年3月出生，中共党员，大学学历，高级会计师，1976年10月参加工作，2005年9月任职，2007年8月离任。

北大荒糖业有限公司监事会主席：王志刚，1965年8月出生，中共党员，大学学历，高级工程师，1987年8月参加工作，2005年9月任职，2007年8月离任。

北大荒糖业有限公司党委书记：于德水，1957年9月出生，中共党员，大学学历，高级政工师，1975年9月参加工作，2005年8月任职，2007年8月离任。

北大荒南华糖业有限公司董事长：郭继华，1953年7月出生，中共党员，大专学历，1971年2月参加工作，2007年8月任现职。

北大荒南华糖业有限公司党委书记、总经理：于宪生（2007.8～）

宝利采金有限公司董事长、总经理：刘宽平，1964年3月出生，中共党员，大专学历，工程师，1986年9月参加工作，2004年9月任现职。

老柞山金矿党委书记：王岳，1953年2月出生，中共党员，大学学历，高级工程师，1970年2月参加工作，2002年5月任职，2007年8月离任。

秦皇岛北大荒麦芽有限公司总经理：彭荣君，1965年4月出生，中共党员，大学学历，会计师，1984年12月参加工作，2006年8月任现职。

秦皇岛北大荒麦芽有限公司党委书记、董事长：刘永琦，1957年5月出生，中共党员，大学学历，高级政工师，1974年12月参加工作，2006年8月任现职。

北大荒牛业有限公司董事长：翟永胜，1969年11月出生，中共党员，大学学历，高级政工师，1990年7月参加工作，2005年1月任现职。

北大荒牛业有限公司总经理：翟永胜（2004.8～）

北大荒牛业有限公司党委书记：车国强，1966年5月出生，中共党员，研究生学历，高级政工师，1984年12月参加工作，2007年1月任现职。

红兴隆种业有限公司董事长：孙殿君（2004.2～）

红兴隆种业有限公司总经理：沈明学（2004.5～2007.1）

红兴隆种业有限公司总经理：王光申（2007.1～）

红兴隆种业有限公司党委书记：孙殿君（2004.11～2007.1）

红兴隆种业有限公司党委书记：沈明学（2007.1～）

红兴隆建筑安装总公司经理：杨立臣，1958年8月出生，大专学历，工程师，中共党员，1976年参加工作，1997年2月任现职。

红兴隆分局党委机构示意图

（2007年）

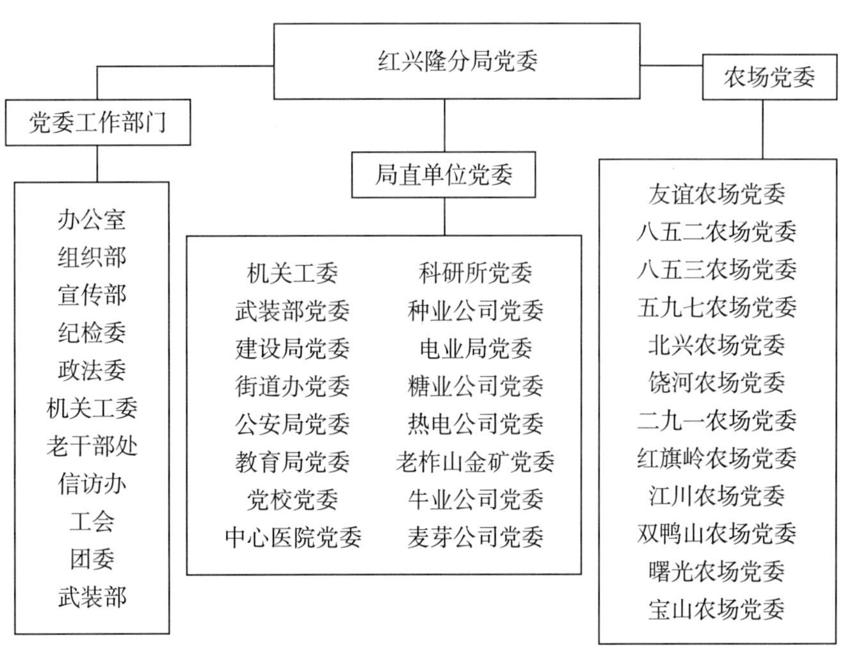

红兴隆分局行政机构示意图

(2007年)

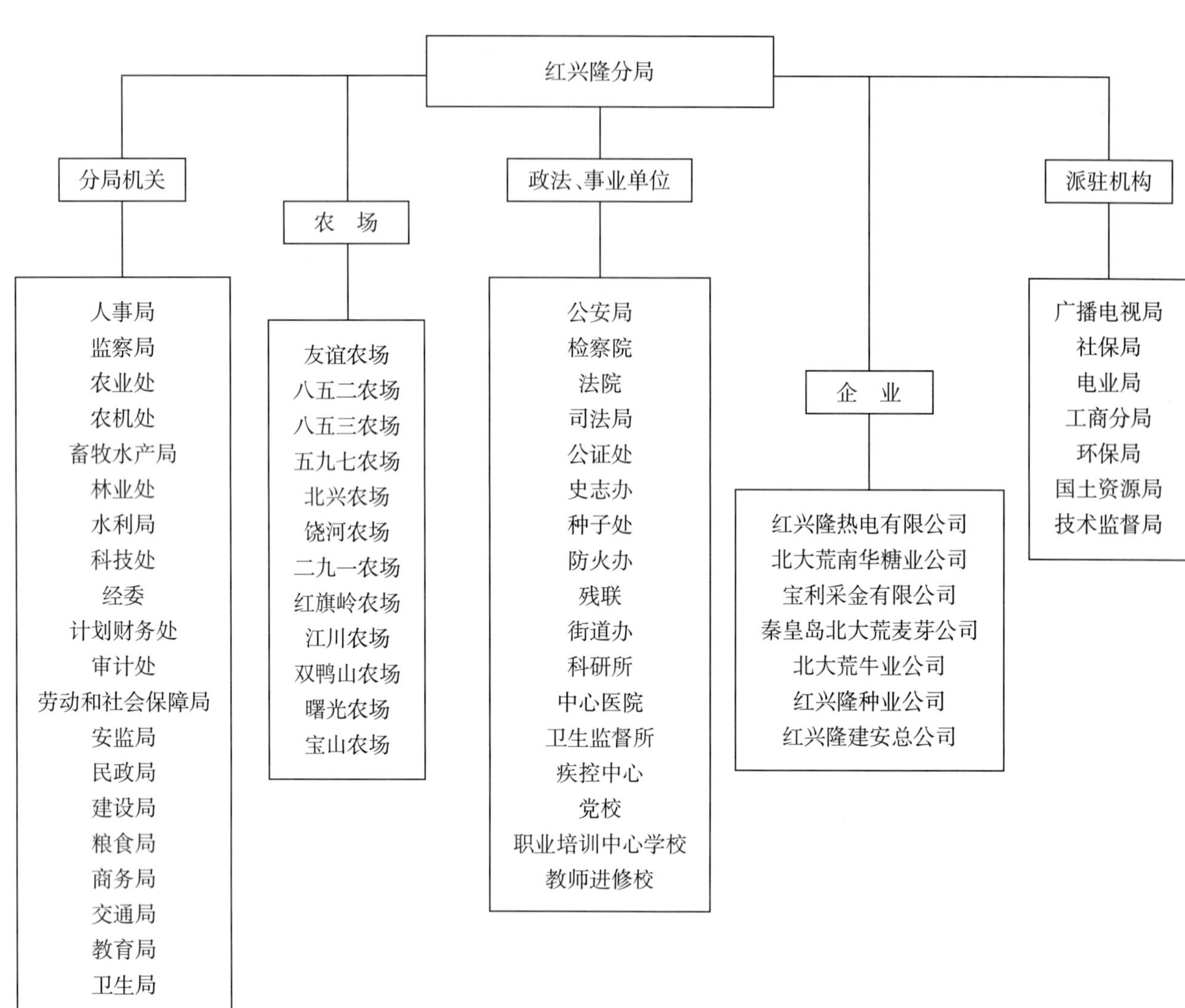

【概况】 红兴隆分局地理坐标为东经129° 55′ ~134° 12′,北纬45° 35′ ~47° 17′ 。辖友谊、五九七、八五二、八五三、红旗岭、饶河、北兴、曙光、江川、双鸭山、二九一、宝山共12个农场,34.7万人口。土地与四市七县穿插交错,总面积8 808.3平方公里,其中耕地43.2万公顷、林地16.19万公顷、草原2.02万公顷、水面5.86万公顷。

2007年,分局实施“两转两开强三场”经济发展战略,全面建设新农村,加快构建和谐垦区取得显著成效。全年实现生产总值80.1亿元,同比增长23.7%。第一、二、三产业增加值同比分别增长19%、19.4%和37.1%。实现企业和家庭农场双层利润6.87亿元。全局人均纯收入9 108元,同比增长13.1%。 (王希武 褚建平)

【种植业】 分局在6月10日至8月8日持续60天大部分农场没下雨的情况下,战胜了历史上少有的旱灾,取得了农业生产的大丰收,实现粮豆总产和单产、水稻总产和单产、玉米总产和种植业总产值六超历史,生产粮豆25.3亿公斤。大豆、玉米、大麦分列垦区五大作物高产攻关榜首。新增水田8 666.67公顷、玉米2.61万公顷,建成绿色有机食品基地面积13.06万公顷。农机装备投入1.86亿元,水利和农业综合开发争取国家投资1.09亿元。建成科技示范户5 000户,辐射带动农户6万户。累计推广农业新技术面积124.33万公顷,实现农机新技术节本增效2.1亿元,增雨防雹受益面积8.67万公顷,良种覆盖率100%,统一标准化供种率99%。 (王希武 褚建平)

【畜牧业】 分局实现增加值11.79亿元,同比增长60%。新建肉牛小区10个,牛舍面积10万平方米,肉牛标准化养殖小区累计达213个。繁殖母牛存栏10.1万头,肉牛存栏18.7万头,出栏12.9万头;年内生猪价格一直在高位运行,刺激了养猪业的发展,生猪存栏59.1万头,出栏89.5万头。鸡、鸭、鹅存栏和出栏数也有很大提高。

(王希武 褚建平)

【林业】 分局全年栽植各类绿化树木384万株,城镇绿化覆盖率达23.1%,人均公共绿地面积8.5平方米。新增家庭林场980个,经营管护总面积已达到5.33万公顷。林果业在调整农业结构和职工增收中的作用突出。

(王希武 褚建平)

【工业】 分局实现全口径销售收入26亿元,同比增长7.43%;工业增加值达10.79亿元,同比增长15.7%;实现工业利润1.1亿元,同比增长18.3%。这三项指标的增长速度居垦区前列。全年中小工业企业实现销售收入、增加值和利润分别占全部工业的87%、99.4%、99%。 (王希武 褚建平)

【外向型经济和第三产业】 分局全年实现外贸出口总额6 355万美元,同比增长26%。达成经济技术合同项目47个,引进国内到位资金4.17亿元,引进工业项目资金1.02亿元。成功参加上海北大荒农展会,扩大了红兴隆分局的影响力。北大荒牛业和恒丰生物科技有限公司成为垦区自营出口创汇和民营出口创汇的明星企业。北大荒糖业成功实现了战略重组。个体、私营经济和职工自营经济对第三产业的发展和职工增收作出了重要贡献。多领域场县共建和区域合作互利双赢模式得到发展,全年农机跨省区作业面积13.73万公顷。

(王希武 褚建平)

【城镇化和新农村建设】 高标准规划和建设中心城镇、重点城镇和新农村试点农场实现新突破,红兴隆农垦城被列为省示范镇。分局和农场新建一批民心工程,惠及了更多职工群众,农场成片开发建设的新型特色住宅小区及集中建设的经济适用住房进一步改善了职工的居住条件。全分局新建住宅面积24.5万平方米,拆除泥草房10万平方米,完成新农村通畅通达公路和营区道路硬化490.2公里。新建和改建38处安全饮水工程,覆盖3.5万人。1 350户居民用上了清洁能源。新建文化广场9处,113个作业站营区绿化达到分局以上标准,80%的试点管理区新农村建设达标。互联网、有线电视、供电、供热等城镇和新农村基础设施进一步发展。

(王希武 褚建平)

【公益事业和社会保障】 新建第一高中投入使用,实现了全分局高中阶段集中办学。基础教育、职业技术教育、成人教育和职工技能培训稳步发展。投入5 447万元改善了教育教学条件,“双高”普九全面通过初检受到了高度评价。基层医疗和公共卫生服务体系进一步健全,改善了基层的卫生医疗条件,甲级卫生所达标率100%。妇幼保健和人口与计划生育工作成绩显著,人口出生率连续3年实现了负增长。劳动就业、社会保险、慈善救助等社会保障机制进一步健全,全局新增就业9 949人,开发公益性岗位2 494个。推进社会保险一站式服务,五项社会保险费收缴、发放和参保率均实现100%。弱势群体得到社会普遍关注。 (王希武 褚建平)

【民主法制和精神文明建设】 坚持“依靠”方针,创新民主管理和维权机制,实行厂务、政务公开,职工群众参政议政能力明显增强。精神文明创建活动引向引入,广泛开展了以弘扬北大荒精神,倡导和谐文化为主题的丰富多彩的群众性精神文明创建活动,精心打造了“魅力红兴隆”宣传平台,扩大了分局的知名度和影响力。投入6 780万元改善了群众文化活动场所。

(王希武 褚建平)

【党的建设】 扎实推进北大荒先锋工程,增强了党组织和领导班子的凝聚力和战斗力,提高了执政能力。深化干部人事制度改革,开展党建示范点创建活动,深入推进了支部创“五好”和党员“学帮带”活动,充分发挥了党员在推动发展、维护稳定、促进和谐中的先锋模范作用。全面落实党风廉政建设责任制,重点推进了源头治理和制度建设,职工群众对党风廉政建设和反腐败工作满意率达98.04%,比上年提高了1.4个百分点,党风政风进一步好转。

(王希武 褚建平)

红兴隆分局基本情况及国民经济主要指标完成情况统计表

(2007年)

项目	计量单位	分局	友谊农场	五九七农场	八五二农场	八五三农场	饶河农场	二九一农场	双鸭山农场	江川农场	曙光农场	北兴农场	红旗岭农场	宝山农场	局直单位及各公司
一、管理区数	个	75	11	6	8	7	9	4	5	5	5	8	5	2	7
二、总户数	户	126 885	35 033	11 359	18 003	14 197	4 990	7 120	6 511	5 275	4 332	7 238	3 102	1 467	8 342
其中农场户数	户	126 885	35 033	11 359	18 003	14 197	4 990	7 120	6 511	5 276	4 332	7 238	3 102	1 467	1199
三、总人口	人	346 763	104 169	29 207	47 248	33 311	12 528	18 125	17 316	13 115	12 264	19 866	9 129	4 545	25 940
其中农场人口	人	317 178	102 629	29 110	47 092	32 758	12 528	17 968	17 316	12 825	12 264	19 866	9 129	3 298	395
男性人口	人	179 900	84 947	14 506	25 985	16 995	6 286	9 067	8 421	6 745	6 553	10 036	4 836	2 371	13 152
女性人口	人	166 863	19 222	14 701	21 263	16 316	6 242	9 058	8 895	6 370	5 711	9 830	4 293	2 174	12 788
少数民族人口	人	7 794	3 078	1 842	907	749	139	151	143	233	62	97	105	67	221
四、地区生产总值	万元	800 975	135 678.9	68 386.4	162 561.7	97 330.8	44 451.4	56 728.4	32 315	35 665.4	39 134.3	47 923.6	33 961.9	12 586	34 051.1
五、人均生产总值	元	23098.6	13 024.8	23 414.3	34406.1	29 218.8	35 481.6	31 298.4	18 661.9	27 194.4	31 909.9	24123.4	37202.2	27691.9	—
六、工农业总产值	万元	1131291.5	194715.2	90 586.2	207 011.2	152 266.4	58 591.5	77649.3	36 539.8	62 828.6	55 598	60 850.3	61 914.4	14 744.3	57 996.3
七、粮食总产量	吨	2 528 602	457 910	250 779	472 943	366 367	166 197	235 271	52 000	154 838	38 380	128 206	148 947	55 627	1 137
八、固定资产投资总额	万元	104 280.95	18 370.85	10 546.9	9 394.82	12 880.3	9 262	4 005	4 846	2 260	2 515	8 541	6 810	2 366	12 483
九、职工工资总额	万元	96 619.9	25 948.5	8 849.1	10 274.3	3 548.6	3 843.8	10317	4 402.3	4 914.4	5 447	4 596.1	3 654.3	1 322.9	9 501.6
十、职工平均工资	元	11 207.63	10 978.84	9 938.34	7 534.14	9 365.98	9 365.98	21 360.2	8 386.93	10 489.65	13 810.85	7 835.15	12 459.26	12 769.31	—
十一、农场职工家庭人均收入	元	9 108	7 043	7 104	12 017	9 877	9 877	11 049	6 908	11 726	8 500	8 736	13 188	8 214	—

友谊农场
友谊分公司

场长：李荣华，1960年3月出生，中共党员，大学学历，高级政工师，1977年参加工作，2004年11月任现职。

党委书记、分公司经理：王利仁，1964年9月出生，中共党员，大学学历，高级农艺师，2004年10月任现职。

副场长：王成武（2006.4～）

张福贵（2001.10～）

党委副书记、纪委书记：张　刚（2000.12～）

工会主席：张　刚（2004.9～）

副经理：王光申（2002.3～2007.1）

吴金龙（2002.3～）

韩万双（2002.3～）

金明山（2002.3～）

万新军（2007.4～）

财务总监：孙玉歧（2002.3～）

党委委员、宣传部部长：王景荣（2002.3～2007.1）

党委委员、总会计师：孙玉岐（2006.6～）

党委委员：组织部部长：杨献军（2006.6～）

【概况】 友谊农场、友谊分公司位于黑龙江省佳木斯市东南，双鸭山市东北部三江平原大片沼泽地边缘。地理坐标：东经137°27′50″～132°15′38″，北纬46°28′15″～46°58′39″，东与宝清县为邻，西与集贤县接壤，南依双鸭山市，北邻富锦市。

全场总控制面积1 888平方公里，其中耕地91 889公顷，占总面积的48.7%；林地16 185公顷，占总面积的8.6%；牧地草原7 806公顷，占总面积的4.1%；苇塘7 058公顷，占总面积的3.7%；水面6 383公顷，占总面积3.3%；可垦荒地22 735公顷，占总面积的13.06%；场址、道路及其他建筑物占地27 222公顷，占总面积的14.42%；其他占地9 054公顷，占总面积的4.8%。

2007年农场实现生产总值13.57亿元，同比增长13.2%，其中：第一产业实现增加值6.5亿元，同比增长7%；第二产业实现增加值2.3亿元，同比增长21%；第三产业实现增加值3.2亿元，同比增长23%；农场人均纯收入7 043元，同比增长17%。（袁福兴）

【农业】 农场坚持可持续发展的原则，强化精农理念，进一步调整种植结构，严格农时和作业标准，加大新科技应用力度和节水灌溉技术，战胜了建场以来罕见的严重旱灾，农业生产取得较好收成，全年实现粮豆总产45.8万吨，实现粮豆公顷产6 135公斤。在加大农业结构调整力度上，高产高效作物种植面积扩大到6.9万公顷，占总耕地面积的75%，其中：水稻种植面积实现2.8万公顷，同比增长31%；玉米种植面积实现2.33万公顷，同比增长40%；甜菜、南瓜等高效经济作物种植面积1.77万公顷，同比增长6.4%。绿色、无公害食品认证面积扩大，其中：绿色食品面积2.6万公顷，无公害食品面积0.94万公顷，无公害食品获标面积0.5万公顷，绿色无公害食品面积占农作物总播面积的44%。农业新技术得到广泛普及与应用，推广保护性耕作2万公顷，覆膜技术1.2万公顷，旱田综合抗旱技术5.2万公顷，病虫害防治8万公顷，飞机航化作业2.8万公顷，测土配方施肥技术4.67万公顷。提升了科技园区和科技示范带建设标准，示范区内农作物产量和效益比一般生产田高出8%～10%。全场科技推广到位率提高到96%，科技贡献率达68.2%。（袁福兴）

【农业基础设施】 农场完成投资2 436万元，新建水泥晒场2.1万平方米，兴建农田水利共完成土石方279.6万立方米，桥涵122座，打机井1 280眼，修机耕路41.3公里，架设水田电机井输电线路68.5公里，老稻田改造0.67万公顷。（袁福兴）

【农业机械】 农场利用上级对农机更新补贴和分期贷款优惠政策，购进先进农机具4 654台件，使种植业机械化程度达到94%，作业质量、作业工效明显提高。农场积极组织农机跨区作业面积2.87万公顷，获利405万元。（袁福兴）

【林业】 农场完成植树造林40公顷，森林覆被率达9.2%。林业经济稳步发展，从事林下养殖、种植型家庭林场发展到40户，养殖各种禽类2 800只，种植人参20公顷，年产各种鲜果1 950吨。全年实现林业总产值832万元，同比增长6.8%。（袁福兴）

【畜牧业】 农场通过政策扶持、典型带动、龙头拉动、规模推进等措施，实现了畜牧业快步发展，肉牛、生猪、大鹅存栏数量分别比上年增长19.8%、16.4%、11.2%，出栏数量分别比上年增长20%、18.7%、10%。全年实现肉类总产量2.4万吨，同比增长18%；鲜奶产量4 730吨，同比增长5%；鲜蛋产量4 320吨，同比增长6.2%。全年实现畜牧业总产值3.2亿元，利润3 300万元，同比增长19%和13%。（袁福兴）

【二、三产业】 在良好的发展环境和优惠的扶持政策保证下，农场民营工业发展速度、经营质量进一步提高。2007年农场实现工业总产值5.8亿元，实现利润1 758万元，分别同比增长36.4%和18.2%。招商引资工作取得新成绩，到位资金565万元。共有6家粮食深加工企业落座友谊，有效拉动了农场粮食生产和销售。职工自营经济和个体工商户队伍不断扩大，从业人员达2.6万人，第三产业实现总产值4.6亿元，纯利润2.26亿元，从业人均收入11 500元，分别同比增长2.2%、2.7%和27.7%。（袁福兴）

【社会事业】 农场以新农村建设为重点，下大气力在关乎职工群众生活方面实施投入和建设。全年投入建设资金1.6亿元，完成10项新农村建设工程，其中：投资5 982.9万元，新建农村公路58.7公里；投资401.4万元，完成2个管理区中心街水泥路3.18公里，安装路灯380盏；投资912.8万元，解决1个管理区和16个作业站的饮水问题，使2 826户职工群众吃上了自来水；投资1 064万元，拆泥草房1 738户10.4万平方米，新建职工住宅198户1.3万平方米；投资100万元，改善了4个管理区和15个作业站的医疗条件，全场甲级卫生所达到64个;投资550万元，新建农场职工医院楼3 877平方米;投资720万元,新建职业中专综合教学楼6 010平方米;投资200万元,为427户贫困残疾人解决了住房问题;投资537万元，建设职工休闲健身广场6处,小型公园5处,环境建设重点达标作业站18个,栽营区绿化树3.8万棵、美化树3.1万棵、绿篱163万棵,修整路边排水沟13.9万延长米；与友谊县政府共同招商引资5 800多万元,在农场场直新建职工住宅楼8处5.1万平方米;社会保障体系完善并取得成效,实现了“五保金”的收缴和养老金的足额发放,将1.55万非参保农村户籍人员纳入农村合作医疗,为5 022名困难职工发放最低生活保障金361.6万元。全场各级干部包扶低收入职工431户，捐款19万元,当年脱贫率达80%;金秋助学捐款4万元,解决了130名困难职工子女就学问题。就业和再就业工作取得新进展，全年实现就业再就业1 100人,对外劳务输出407人。（袁福兴)

【企业管理】 农场加大了财务预决算刚性管理，严格控制各项费用支出,全年八项费用总支出控制在指标之内,没有出现超支现象。推进了项目招投标和比质比价采购,全年共完成工程项目和比质比价采购招投标24项，招标委托金额4 659万元,中标金额4 424万元,节省资金235万元,节支率达5%。加大了清欠工作力度,全年共清理回收各种欠款3 341万元。加强了审计监督,有效遏制了违规违纪问题的发生。强化了安全生产责任制的落实,全年无重大安全事故。（袁福兴)

【民主法制建设】 农场积极推进基层民主法制建设，全场职代会建制率、集体合同签订履约率和场(厂)务公开满意率均达100%。依法治理工作深入推进,共依法调解和化解人事纠纷42件,为农场挽回经济损失57.2万元。

（袁福兴)

【党建和精神文明建设】 认真实施了“北大荒先锋工程”,基层党组织的凝聚力和战斗力增强,领导班子和干部队伍建设取得新进展。2007年管理区一类班子达100%，作业站一类班子达95%，机关科室获分局级先进科室达85%。全场树立“五好”支部典型20个,“学帮带”先进集体12个,“学帮带”先进个人42个。推进了党员目标分类管理,全场共建立党员服务区618个,专项服务组354个,参加党员人数2 700人,为职工群众解决技术难题818项。反腐倡廉工作得到加强,全年立案8起,收缴违纪款27万元，挽回经济损失48万元;强化了以《实施纲要》为重点的警示教育，树立廉政勤政典型10人，促进了农场党风、政风的进一步好转。群团组织在农场三个文明建设中发挥出重要作用，农场广大职工群众保持干事创业的态势强劲,涌现出一批致富创业能手、“双学双比”和“巾帼建功”典型。企业文化异彩纷呈,全场共举办各种文体活动百余次,与总局、分局电视台联系举办了“魅力北大荒——走进友谊”大型文艺演出，下基层放映电影及慰问演出113场,广场文化已成为农场职工群众闲暇之余娱乐的主要内容之一。（袁福兴)

友谊农场 分公司基本情况及国民经济主要指标完成情况统计表

(2007年)

指标名称	计量单位	2007年数值
管理区数量	个	11
总户数	户	35 033
常住人口	人	104 169
女性人口	人	19 222
农场人口	人	102 629
少数民族人口	人	3 078
地区生产总值	万元	135 678.9
人均地区生产总值	元	13 024.8
工农业总产值	万元	194 715.2
粮食总产量	吨	457 910
固定资产投资总额	万元	18 370.85
职工工资总额	万元	25 948.5
职工平均工资	元	10 978.84
职工家庭人均收入	元	7 043

五九七农场

场长：孙乃生,1958年3月出生，中共党员,研究生学历,高级水利工程师,1975年参加工作,2002年5月任现职。

党委书记：李宁,1964年2月出生,中共党员,研究生学历,高级经济师,1984年8月参加工作,2005年9月任现职。

党委副书记、纪检委书记:付灵浦(2006.4～)

副场长:张　春(1997.3～)
王险峰(2001.11～)
郭恒东(2002.6～)
李国锋(2006.4～)

工会主席:韩秀芝(2004.3～)

党委委员、组织部部长：杜增福(2005.3～)

【概况】 五九七农场位于宝清县境内,地理坐标：东经131°45′～131°47′，北纬46°23′～46°49′，依（兰)饶(河)公路(省道307线)292公里处。隶属黑龙江省农垦总局红兴隆分局,辖区面积960平方公里。有耕地4.01万公顷。总人口3万人，有6个管理区,42个作业站,10个居民组,建有长林岛国家级自然保护区。

2007年农场实现国内生产总值6.8亿元,同比增长13%,总产值117 732.2万元,同比增长14.3%,其中第一产业63 864.6万元；第二产业22 468.6万元;第三产业31 399万元。

（王积革　崔淑萍)

【种植业】 农场战胜低温、干旱、虫灾等灾害,全场总播面积40 160公顷,其中:水稻14 067公顷,小麦133公顷，玉米播种面积12 333公顷，大豆播种面积5 800公顷,杂粮播种面积667公顷,其他作物7 160公顷。平均粮豆公顷产7 365公斤,同比增长7.2%;总产25万吨,同比增长25.04%。全年实现种植业总产值44 611万元，粮豆总产值39 051.98万元。建立15个农场级水稻、大豆、玉米、南瓜示范科技园区,10个管理区级科技示范园区、40个作业站级科技示范园区。建立12个水稻、玉米、大豆、甜菜等高产攻关田。严格控制了长残效农药,发展生态有机农业。有规模家庭农场542个,播种面积2.28万公顷,占种植面积的56.8%。涌现出垦区规模最大面积0.11万公顷的正健家庭农场。(王积革　崔淑萍)

【畜牧业】 通过组织、思想、资金、政策、科技、机制、服务等7项保证措施和推出畜牧养殖的13项优惠政策,农场形成了以肉牛小区规模家庭牧场典型带动全场畜牧业整体发展的新局面。共建规模家庭牧场563个,折合1 650个标准家庭牧场。肉牛存栏13 547头(其中繁母7 012头),出栏21 819头,上交北大荒牛业6 800头,完成计划的100%,实现畜牧业产值16 325.6万元,占农业总产值的35%。(王积革　崔淑萍)

【农业机械】 农场购进机械216台,总投资692万元。建立克拉斯项目区一个,投入1 650万元,引进克拉斯机械18台。通过宣传、引导、引进、推广新机械,进一步发挥了现代化农机在大农业中的积极作用。(王积革　崔淑萍)

【林业】 农场有各类规模家庭林场1 392个,果农930户,从业人员3 000人,年产果品16 300吨,产值1 384万元,利润1 060万元。以农场1 800公顷果树基地为龙头的长林岛果业发展独具特色,成为垦区特色经济的示范基地。(王积革　崔淑萍)

【农业综合开发】 农场按计划完成红房小区中低产田改造项目、庙南小区中低产田改造项目和5 100头华兴育肥牛基地产业化建设项目3个。项目总投资2 935万元,其中:中央财政资金1 250万元,企业自筹1 242.1万元,农户自筹442.9万元。项目全部通过总局验收。(王积革　崔淑萍)

【工业】 在龙头企业群的拉动下,农场工业经济继续保持快速增长,全年实现工业增加值13 939万元,利润770万元,实现出口创汇370万美元,分别同比增长17.5%、13.2%、15.6%。(王积革　崔淑萍)

【新农村建设】 农场小城镇建设完成总面积4.79万平方米,其中:住宅面积1.15万平方米,总投资1 000万元;基础设施建设总投资10 563.96万元。完成上年度场部至第一管理区公路维修任务7.3公里,新建果园和别墅新村白色路面7.17公里,新建给水管线5公里,新建排水管线2公里,新增供热面积15 783.96平方米,完成24户的2 190平方米的拆迁任务。完成了第一、第三管理区自来水工程的二期改造和场部自来水主管网改造工程。(王积革　崔淑萍)

【财务管理】 农场严格按照分局要求,将收缴资金全部上缴到分局,保证了收支两条线。共收租金7 040万元,自收自支单位620万元,代收代付款1 162万元,合计收取货币资金8 822万元。货币支出:支付五项统筹金2 595万元,农行贷款利息2 168万元,场直单位620万元,代收代付1 162万元,上缴分局利润32万元,统贷统还430万元,工伤遗属工资400万元,其余2 502万元用于支付工资、账面款和工程款,合计使用资金9 909万元。2007年度发放粮食"直补"资金共计1 695万元。全年共完成航化用药、用肥,监控系统购置、工程建设项目等企业比价采购项目17项,节支92.8万元,节支率14.3%。回欠款115万元,超额完成上级下达清欠指标的228%。(王积革　崔淑萍)

【审计监督】年初计划审计项目5个,实际完成7个,超额完成144%。全年共查出违纪违规金额83.3万元,收缴违纪资金6.9万元。(王积革　崔淑萍)

【社会事业】 农场基础教育稳步推进,办学水平进一步提高,办学条件进一步改善,全面推进了"双高普九"工作。公共卫生服务体系不断完善,社区卫生服务取得初步成效。长林岛爱国主义教育基地接待社会各界参观5 000余人次,发挥了爱国主义教育作用。实施"人才兴场"战略,干部培训和人才引进工作进一步加强。社会保障体系进一步完善,接续个人身份补缴42人,当年实现新就业1 895人,新增就业450人,为特困企业中的"4050"人员申请"特定政策补贴"402人,使登记失业率控制在4.5%以内。完成"1533"扶贫工程,使37户特困职工家庭脱贫。(王积革　崔淑萍)

【党建和精神文明建设】 农场党委以实施"北大荒先锋工程"为党建工作重点,领导班子和干部队伍建设不断加强,全场12个党委(总支)均为一类班子,干部综合考评均在98分以上。切实加强社会主义荣辱观教育,群众性精神文明创建活动扎实有效,农场"十面旗"已成为农场新时期精神文明建设的楷模。深入开展党风廉政和反腐败斗争,惩防体系建设取得新进展,群众满意率达到97.8%。深入开展"平安农场"创建活动,2007年,农场被评为"全省法制建设示范场"和总局级"平安创建先进单位。(王积革　崔淑萍)

五九七农场基本情况及国民经济主要指标完成情况统计表(2007年)

指标名称	计量单位	2007年数值
管理区数量	个	6
总户数	户	11 359
常住人口	人	29 207
女性人口	人	14 701
农场人口	人	29 110
少数民族人口	人	1 842
地区生产总值	万元	68 386.4
人均地区生产总值	元	23 414.3
工农业总产值	万元	90 586.2
粮食总产量	吨	250 779
固定资产投资总额	万元	10 546.9
职工工资总额	万元	8 849.1
职工平均工资	元	9 938.34
职工家庭人均收入	元	7 104

八五二农场
八五二分公司

场长、党委书记:崔永和,1962年12月出生,大学学历,高级政工师,中共党员,1978年9月参加工作,2005年9月任现职。

党委副书记、分公司经理:陈德恩,1957年9月出生,吉林省舒兰人,中共党员,大学学历,高级农艺师,1975年10月参加工作,2002年6月任现职。

党委副书记、纪委书记:王献军(200.4~)

工会主席:张敏(2006.3~)

副场长:姜龙生(2001.1~)

任成年(2005.3~)

副经理:张玉德(2002.6~)

王向平(2002.6~)

杨富江(2005.3~)

杨晓飞(2005.9~)

财务总监:任海年(2006.12~)

经理助理:王德仁(2006.7~)

党委委员、组织部部长:赵小平(1997.4~)

党委委员、宣传部部长:张培诚(2002.8~)

【概况】 八五二农场、八五二分公司位于黑龙江省东部,完达山北麓、挠力河中游、宝清县境内,三大黑土带之一的三江平原上,地理坐标:东经130°18′~130°54′,北纬46°06′30″~46°37′30″。东部以蛤蟆通河为界与八五三农场接壤,南靠完达山林区与迎春林业局、八五四农场相邻,西至小森别河与宝清县的朝阳、万金山、尖山子3个乡相接,北至挠力河与宝清县的东兴乡隔河相望。农场地域南北长57公里,东西宽46公里,土地面积1 363.14平方公里。

农场山林交错,河流纵横,土地平坦,自然资源比较丰富。有耕地8万公顷,占总面积的53.32%;荒地0.78万公顷,占总面积的5.69%;山林1.95万公顷,占总面积的14.31%;水面0.34万公顷,占总面积的2.49%;居民占用地0.19万公顷,占总面积的1.39%;道路用地0.09万公顷,占总面积的0.67%;水利工程用地0.08万公顷,占总面积的0.6%。

农场年平均降水量为561.8毫米,6~8月是全年降水集中时期,占全场雨量的55%,11月至翌年3月降雨少,仅为全年雨量的8%。境内水库星罗棋布,为渔业生产提供了丰富的资源。有水域面积5 173.33公顷,其中水库面积3 395.73公顷,池塘面积212.07公顷。

水产资源有8科18种鱼类。其中有经济价值的草鱼、鲢鱼、团头鲂、狗鱼、鲤鱼、鲫鱼等。

农场、分公司三级建制,下辖8个农业管理区,74个作业站,6个分公司,1个机械厂,2个林场,1个畜牧站,1所高级中学,1所初级中学,9所小学,场部设有管委会。另有14个驻场机构。

2007年农场境内人口总数47 248人,出生人口140人,死亡229人,人口自然增长率-2.2‰。在校生:小学生为1 762人,初中生为1 777人,高中生为880人,流动人口为2 135人。有汉、藏、壮、满、土家、朝鲜、彝、瑶、蒙古、苗、布依、侗、水、赫哲等民族。农场、分公司实现生产总值16亿元,人均收入12 017元,实现双层经营利润4.3亿元,分别较上年增长11.3%、12.3%和22.9%。实现粮豆总产47.3万吨,平均公顷产7 515公斤,平均公顷利润4 845元,家庭农场人均收入12 017元,分别比上年增长5%、5.9%、15.3%和18.8%。农场、分公司收购利费大豆7 225吨,全部达到出口标准。年销售库存大豆14 992吨。

农场、分公司更新各类农机具19 978台(套),世界最先进的凯斯拖拉机12台,200~280马力收割机15台,更新总动力8.8万千瓦时,总投资1.42亿元。 (王宝林 张秀贵)

【落实国家支农、惠农政策】 2007年省财政厅下达的粮食、财政补贴资金到位总额3 547万元,其中粮食直补资金1 485万元,粮食综合直补资金1 647万元,水稻良种补贴225万元,高油豆补贴190万元。农场于6月25日前全部发放到种植户手中,做到了不挤占、不挪用、公开透明。(王宝林 张秀贵)

【科技推广】 农场、分公司在重点完善和实施好"十大"栽培模式的基础上,大力推广了节水灌溉、保护性耕作、秋整地、秋起垄、秋施肥(药)、航化作业、测土配方施肥、水稻叶龄诊断等12项先进实用技术,尤其是秋起大垄(将过去65厘米的垄距改为1.3米的大垄)和农作物行间覆膜技术的大面积应用,为抗春涝、防夏旱夺高产提供了有力保障。以农业科研站为建设重点,建成农业部(大豆)标准化示范核心区133.33公顷,辐射区1.33万公顷,创建农垦现代农业示范核心区93.33公顷,示范区2.33万公顷,辐射区6.87万公顷。

(王宝林 张秀贵)

【水利】 农场、分公司投入资金465万元,完成土方31.3万立方米,建筑物53座,维修水库4座,改善人畜饮水环境2处。新增水田666.67公顷,改善水田2 666.67公顷。解决了5 000名居民的饮水安全。在第四管理区科研站水稻试验区进行水稻节水控制灌溉试验,实现了亩节水75立方米,节水率22.2%;亩增产70.9公斤,增产率13%。

(王宝林 张秀贵)

【畜牧业】 农场、分公司年末肉牛存栏9 700头,其中母牛存栏6 000头。上交北大荒牛业育肥牛9 000头,生猪存栏4.1万头,出栏12万头。生产商品鱼1 123.7吨,自然鱼苗1 600万尾,秋片鱼种73 000公斤,大鹅5 400只,鸭7 310只,貂狐6 000余只,稻田养鱼1.73公顷,河蟹2.3吨。开展池塘、水库生态综合养殖面积733.33公顷,推广生物越冬面积2 666.67公顷,检验渔业船舶54条,普查辖区水域面积3 333.33公顷,水产技术指导养殖场户112户,建立养殖规划区12个。

(王宝林 张秀贵)

【林业】 农场、分公司造林补植47万株,退耕还林补植20万株,重点防护林补植2.3万株,营区高标准绿化建设24个,栽植各种乔灌木26万株,全民义务植树18余万株。育苗6.67公顷,产苗

150 万株，完成了分局下达的造林绿化指标。全面落实森林管护责任制，管护经营面积达到 19 133.33 公顷，发展家庭林场 439 个，种植林下参 20 公顷，种植棚参 20 公顷，刺嫩芽 66.67 公顷，种植刺五加、五味子 333.33 公顷，林下蕨菜 13.33 公顷，生产食用菌 300 万袋，生产刺五加茶 4 吨，饲养狍子、野猪等野生动物 500 多头，山鸡、野鸭、林蛙等 2 万多只，生产黑木耳菌椴 30 万段。全场共计打烧防火线 175 公里，计划点烧 1 666.67 公顷，分别完成分局下达任务指标的 117%和 228%。营造生物防火林带 13.7 公里，完成分局下达任务指标的 109%，发生林政案件 49 起，结案 47 起，结案率 99%，完成采伐作业面积 110.9 公顷，出材 1 900 立方米。

（王宝林　张秀贵）

【新农村建设】　农场、分公司新建通乡公路两条，第一管理区至第二管理区 12.70 公里，三、四管理区路口至第七管理区 14 公里。总投资 2 200 万元。农场新建居民楼 4.4 万平方米，其中场部地区建设住宅楼 3.4 万平方米，第三管理区建设住宅楼 0.5 万平方米，第七管理区建设住宅楼 0.5 万平方米，总投资 4 000 万元。农场场部地区新建水泥路 2.74 公里，路灯设置 76 盏，浆砌石路沟及混凝土 U 槽铺设 5.48 公里，总投资 328 万元。第一管理区区部新建水泥路 1.2 公里，路灯 50 盏，路沟 2.4 公里，总投资 165 万元。第二管理区区部新建水泥路 1.1 公里，路灯 44 盏，路沟 2.2 公里，总投资 155 万元。第七管理区区部新修水泥路 0.8 公里，设置路灯 36 盏，路沟 1.6 公里，投资 70 万元。农场新建医院住院部 3 000 平方米，投资 300 万元。农场新建场部地区供热站一座，1 100 平方米，投资 1 500 万元。第五管理区修建休闲广场 10 800 平方米，投资 56 万元。第三、第四管理区安全饮用水改造工程 2 处，投资 77 万元，使 4 000 余人饮用水安全得到保障。试点管理区拆除泥草房 1 660 平方米。　（王宝林　张秀贵）

【工业】　农场、分公司工业全年实现工业总产值 5.6 亿元，工业增加值 1.88 亿元，实现利润 2 700 万元。实现粮食深加工 18 万吨。分别比 2006 年增长了 9.1%、9.0%、8.9%。实现招商引资 8 000 万元。比 2006 年增长了 310%。

（王宝林　张秀贵）

【教育卫生】　农场、分公司实现了集中办学，结束了各管理区办学的历史。平稳顺利完成了教师队伍的组建，教学条件得到全面改善。农场新建职工医院住院部 3 071 平方米，设备投资达 220 余万元，农场职工医院管理水平得到进一步提高，服务态度明显改观。2007 年门诊住院达 2.1 万人次，出院病人 3 040 人次，床位使用率达 90%。年创收 1 223 万元，分别较上年增长 40%、31%、38.7%、45.2%。　（王宝林　张秀贵）

【精神文明建设】　围绕社会主义新农村建设核心和以弘扬北大荒精神为主要内容的精神文明建设取得新进展。开展了形式多样的精神文明创建活动，进一步完善和规范了精神文明建设千分考核制度，开展了以“素质工程、凝聚工程”等六大工程的文明单位达标竞赛活动。加大了宣传队伍的建设，强化了宣传报道，外宣上稿达 1 100 篇，较上年增长 35%。农场编纂出版了 5 本反映农场精神面貌的书籍。

（王宝林　张秀贵）

【党建工作】　农场、分公司紧紧围绕上级党委中心工作，加强了党的思想建设、组织建设、作风建设、制度建设和反腐倡廉建设。以提高执政能力和保持党的先进性为核心，推进了发展型领导班子和干部队伍建设，深化了干部人事制度改革，加大了干部培训和引才引智工作力度，进一步强化了对基层领导班子和领导干部的管理监督，扎实推进“北大荒先锋工程”，增强了党组织的凝聚力和战斗力。开展了党建示范创建活动，深入推进了支部创“五好”和党员“学帮带”活动，充分发挥了基层党组织和广大党员在推动发展、维护稳定、促进和谐中的先锋模范作用。党风廉政建设和反腐败斗争取得新成果。全面落实《实施纲要》和党风廉政建设责任制，强化廉政宣传，廉政监督，重点推进源头治理和制度建设，继续加大了案件查办力度。深化了纠风、执法监察和党风巡视工作，进一步推动了党风廉政建设向纵深发展。职工群众对党风廉政建设和反腐败工作满意率达 98.85%，比上年提高了 1.6 个百分点。

（王宝林　张秀贵）

【社会治安综合治理】　农场、分公司综治工作紧紧围绕发展与稳定这个中心，以创建“平安农场”为重点，积极贯彻“预防为主，打防结合，标本兼治”的方针，全力维护了社会治安持续的稳定，顺利实现了年初的提出的“平安农场”的创建目标，全年刑事案件、治安案件比上年同期降低了 8 个百分点；人民群众对农场社会治安持续满意率达到 98.5%。　（王宝林　张秀贵）

八五二农场 分公司基本情况及国民经济主要指标完成情况统计表

（2007 年）

指标名称	计量单位	2007 年数　值
管理区数量	个	8
总户数	户	18 003
常住人口	人	47 248
女性人口	人	21 263
农场人口	人	47 092
少数民族人口	人	907
地区生产总值	万元	162 561.7
人均地区生产总值	元	34 406.1
工农业总产值	万元	207 011.2
粮食总产量	吨	472 943
固定资产投资总额	万元	9 394.82
职工工资总额	万元	10 274.3
职工平均工资	元	7 534.14
职工家庭人均收入	元	12 017

八五三农场
八五三分公司

场长、党委书记：张福玉，1954 年 5 月出生，中共党员，大学学历，高级政工师，1970 年 2 月参加工作，2002 年 8 月任现职。

分公司经理：何环祥，1962 年 2 月出生，中共党员，大学学历，高级会计师，1978 年 8 月参加工作，2004 年 10 月任现职。

副场长:王龙(2001.5～)

副经理:刘彦坤(2002.5～)

佘国远(2002.5～)

梁桂林(2006.3～)

刘建龙(2007.3～)

党委副书记、纪委书记:王建军(2000.8～)

工会主席:陆　军(1998.6～)

党委委员、组织部部长:张业顺(2006.5～)

党委委员、宣传部部长:周　洋(2006.5～)

党委委员、武装部部长:赵　康(2006.5～)

【概况】 八五三农场、八五三分公司位于黑龙江省三江平原东部,完达山北麓的挠力河平原。全场土地总面积118 172公顷,其中耕地面积53 826公顷,林地23 959公顷,水域20 532公顷。总人口33 311人。家庭总户数14 197户,有职工9 654人。有汉、回、壮、苗、满等19个民族。年内出生人口138人,死亡157人,人口自然增长率为-0.5‰。

农场已建成集贸农工、科研教一体化,产加销一条龙,具有自营进出口权的综合性大型企业。生产的“雁窝岛”品牌的精致米、白酒、乳品、陈醋等九大系列100多个品种的农副产品畅销国内外市场。大豆、大米、白酒、红小豆、白瓜子等9个农副产品获得国家绿色食品质量认证。雁窝岛国家级湿地自然保护区和国家级生态示范场的建立,为农场经济发展创造了有利条件。2007年农场实现国内生产总值9.7亿元,人均收入9 877元,同比增长27%。(臧兆勤)

【种植业】 全场农作物总播面积5.38万公顷,其中:水稻2.8万公顷,大豆1.2万公顷,玉米0.9万公顷,其他作物0.48万公顷。总产36.64万吨,平均公顷产7 135.5公斤,经济作物亩均效益260元以上。实现了粮豆总产、单产、品质、总产值、利润“五超历史”好成绩。农业生产提前三年实现“十一五”的规划目标。农场规模型家庭农场已达3 684个,规模型家庭农场面积4.93万公顷。农场落实各项惠农政策,共发放粮食直补1 027万元,综合补贴1 138万元,种子补贴618万元。员工基本田面积0.44万公顷,规模田4.67万公顷。全年投资4 560.3万元进行了农业综合开发、农机装备更新、优质粮产业工程和农业科技示范园区建设,扩大了高产、高效的粮食作物水稻和玉米面积,优质品种种植面积100%,优质品种覆盖率100%。全年实现种植业增加值4.5亿元,纯收益2.2亿元。(臧兆勤)

【农业机械】 农场投入农机更新资金2 190.18万元,购置农业机械689台套,装备了2个现代化农机试验区,完成了12个作业站的“三库一场”建设,每个试验区面积达2 333.33公顷,建成6个现代化农机试验区。农机标准化作业培训达1 797人次。全年实现旱田、水田作业机械化率98%和90.5%,同比分别提高1%和5.5%,水旱田作业综合机械化率达93.5%,同比提高1.5%。全年实现农机节本增效1 235.12万元。农机跨区作业1.33万公顷,较上年增加了0.8万公顷。建立了“三库一场”基金80.1万元。农场被总局评为农机管理标兵单位。(臧兆勤)

【科技】 农场建立农业科技示范园区8个,科技示范带6条,示范面积达到0.2万公顷,培育科技示范户700个,辐射面积达1.33万公顷。重点推广了0.71万公顷的玉米原垄卡种大豆技术、0.23万公顷的应用白角瓜子覆膜技术、2.6万公顷的气吸精点播种、0.4万公顷的稻壳育秧面积等37项农业新技术,以及12项农机标准化技术。其中:白角瓜子覆膜技术实现公顷产1 350多公斤,公顷效益5 250多元。农场还重点实施了种子质量、农产品加工、农机作业、管理服务等9项农业标准化管理,建立了农业、植保、种子3条农业科技服务热线,全年共举办各类农业科学技术培训班61次,培训人员4 000多人次。农场还承担了黑龙江省“玉米综合高产配套技术推广”、总局重大科技推广项目“SOD模拟物(SODM)、利果美及调节剂在主要作物上的示范与推广”项目6项。(臧兆勤)

【林业】 农场有自然林21 915公顷,人工林3 000多公顷,木材蓄积量230万立方米。2007年完成造林面积130.4公顷,栽植绿化树3.3万株,种植草坪2万平方米,种植绿篱50万株。有规模家庭林场280户,生产食用菌50万袋,实现林业经济产值1 035万元,职工人均收入8 200元,同比增长10%。(臧兆勤)

【畜牧】 农场畜牧业快速增长,实现畜牧业增加值1.06亿元,增长20.4%。奶牛存栏2 512头,肉牛存栏16 491头,出栏6 369头。生猪存栏65 104头,出栏104 317头。畜禽存栏44万只,出栏180.9万只。肉类总产量14 100吨,禽蛋产量1 335吨,鲜奶6 188吨,肉、蛋、奶同比增长分别为7%、5.8%、8.8%。农场投资259.2万元,新建标准化肉牛养殖小区1个,改建标准化肉牛养殖小区7个。有5 520头能繁母猪加入保险,共发放补贴27.6万元。家庭牧场达720户,其中肉牛养殖30头以上的规模家庭牧场132个。(臧兆勤)

【非公有经济】 农场民营工业经济总量不断提升,实现工业增加值1.67亿元,同比增长13.6%,实现利润总额2 300万元,同比增长20.4%。清河油脂饲料有限责任公司、雁窝岛乳业公司、水泥厂、植保机械厂、林源食品速冻有限责任公司在综合开发、技术创新、企业联营等方面做出了突出成绩。非国有经济带动第三产业稳步发展,全年个体私营业户达到5 300余户,从业人数达1.7万人,实现第三产业增加值1.9亿元,同比增长14.6%。(臧兆勤)

【水利】 农场完成水利投资2 273.2万元,其中:完成大水投资800万元;小型农田水利工程投资100万元;大型商品粮基地建设项目投资652.6万元;农业综合开发水利工程投资534.3万元,农业消水费工程投资79.9万元;人畜饮水安全工程投资50万元;中央水利基金30万元;分公司自筹水利投资26.4万元,完成工程土方101.6万立方米,沟渠、田间路及育秧带89.8公里,输变电线路45公里,泵站1座,桥、涵、闸162座,水费维修15项,小清河护岸工程 135 米。工程合格率达 100%。

（臧兆勤）

【粮贸】 农场于 4 月 11 日至 4 月 15 日参加了农垦总局在上海举行的北大荒绿色特色展销会。展出了雁窝岛系列大米、黑木耳、红小豆、白角瓜子等 10 多个品种。展会上农场清河米业有限公司与上海清清粮油有限公司签订了 2 万吨的雁窝岛精制米的销售合同，签约额 5 400 万元。农场共销售粮食 341 857 吨，其中大豆 28 600 吨，水稻 241 808 吨，玉米 65 325 吨，杂豆6 124 吨。粮食销售的主要渠道是清河粮库、北大荒米业、北京、大连及分公司周边等地。新建水泥晒场 1 万多平方米。完成进出口总额 814.32 万美元，引进资金 3 220 万元，向境外输出劳动力 56 人次。

（臧兆勤）

【农业综合开发】 农场完成农业综合开发工程总投资 882 万元，改造中低产田 1 133.33 公顷，修复机电井 40 眼，建设高压线路 32 公里，低压线路 13 公里，购置变压器 40 台，挖排灌渠 89.8 万公里，修建桥涵、闸 36 座，改良土壤 200 公顷，建设水泥晒场 5 000 平方米，购置农业机械 11 台，新建大棚 100 栋。项目完成后，改善灌溉面积 666.67 公顷，增产粮食 2 601 吨，新增产值 533.2 万元，新增利税 316.7 万元，农户增加收入总额 194.7 万元。

（臧兆勤）

【农业风险互助】 农场种植业参保面积 49 081.26 公顷，总保费6 654 298.93 元，其中：职工缴款 4 325 294.31 元。分公司补贴 998 144.84 元。主要灾害为春涝、雹灾、旱灾等灾害，受灾面积 32 783.53 公顷，成灾面积 23 187.67 公顷。理赔金额 342 万元。全年增雨防雹作业 6 次，发射增雨防雹炮弹 1 287 发，增雨保护目标区 161 200 公顷，降雨 68.8 毫米，增雨量 3 697.1 万吨，增效 1 478.8 万元；防雹保护区 134 666.67 公顷，减少损失 1 640 万元，减灾总额达 3 118.8 万元。

（臧兆勤）

【经营管理】 农场加强了会计核算、资金控制、费用管理等工作。坚持预算管理、货币资金集中管理等制度，货币资金集中管理达 100%。统筹安排货币资金，加强专项资金管理，为农场节约资金上百万元。清理回收欠款 815 万元，完成计划的 244.2%，当年应收款回收率达 100%，农场被分局评为清欠工作先进单位。全年完成审计 32 项目，审计金额 16 837.4 万元，挽回经济损失 2.8 万，提出审计建议 38 条。签订土地承包合同 3 684 份。农场加强项目管理，落实招投标制度，全年累计完成招投标金额 6 023.71 万元，节约资金 611.99 万元，节支率 9.22%；累计完成比质比价采购金额 1 432.1 万元，节约资金 68 万元，节支率 6.9%。农场严格建设项目合同管理和监理制度，建设工程竣工验收合格率达 100%，优良率达 80%以上。社会保险、就业和再就业等社会保障机制进一步完善，社会保险拓面工作成效显著，接续和新参保人数 600 人，接续补缴医疗保险 1 300 人。采取多种形式吸纳和安置就业 650 人，利用就业和再就业政策为 1 500 名灵活就业人员申请社保补助资金 141 余万元。

（臧兆勤）

【教育 卫生】 农场有中小学 5 所，其中初中 1 所，小学 4 所，幼儿园 15 所。中小学在校生 3 241 人，教职工 420 人。全年实现小学入学率 100%，初中升学率 94.5%。农场投入 480 万元进行基础设施建设，基础教育稳步发展，“双高普九” 扎实推进，在各类竞赛中，有 99 名学生获国家、省、总局级奖，有 60 名教师获得国家论文奖，58 名教师获得省优秀论文奖。农场投入 20 多万元，改善成人教育办学条件，承办了首届为期 1 年的股级后备干部培训班，共培训学员 21 人；职业高中共招新生 931 人，职工中专共招新生 383 人。农场三级医疗卫生网络健全，1 所二级乙等职工医院，8 所分场卫生院，60 所甲级卫生所。全场甲级卫生所达标率为 100%。农场加大对职工群众疾病防控的投入，投资 15 万元，为疾控中心购置红外线扫描仪等设备，为 8 个社区卫生服务中心和 60 个队级卫生所配置冷藏箱，建立了计划免疫冷链系统，保证了疫苗质量。为 56 名肺结核患者提供免费治疗。已婚育龄妇女常见病、多发病普查率达 98%。卫生系统在行风评定中，职工群众满意率达 95%以上。

（臧兆勤）

【新农村建设】 农场新农村建设扎实推进，城镇基础设施建设进一步加强，全年投资 2 628.7 万元新建通村公路及场区水泥路 27 公里，完善了 3.2 公里路灯、边沟、花池等配套工程；投资 320 万元完成了小清河带状公园的二期工程和 10 余万平方米的护坡工程；融资 120 万元，建设彩色植物园 8.67 公顷；投资近百万元实施“三绿”工程，两部地区绿化达标率 100%，基层作业站绿化达标率 56%；投资 7 411.51 万元建居民生活住宅楼房 3.31 万平方米，180 户居民喜迁新居；投资 104.6 万元，维修改造自来水 22 处；投资 46 万元新建、改建标准公厕 18 座；投资 74.5 万元，对 13 个作业站办公场所进行了维修翻新，改善了办公条件。户用沼气工程得以立项批复，通讯、电力、广播电视设施进一步加强。

（臧兆勤）

【党建与精神文明建设】 农场党委以提高党的执政能力和保持党的先进性为核心，全面推进了各级领导班子和干部队伍建设，完善了任用干部票决制度和干部交流制度，对 18 名新提拔的副科级以上干部进行了票决，对 14 名副科级以上干部进行了交流。42 个基层党支部进行了“两推一选”换届选举工作。“五个好”党支部和标准化党支部创建率分别达到 78%和 66%，党员占各先进典型总数的 30%以上。基层党委党政班子一类达标率均为 100%。全面贯彻落实《实施纲要》，进一步推进党风廉政建的制度建设和源头治理，重点治理了粮食销售和农资采购中群众反映的热点问题，使招投标工作向农资领域延伸，促进了党风和政风建设，职工群众对农场党风廉政建设满意率达 98.6%，场务公开满意率达 95%以上。各类刑事案件和治安案件发案率分别比上年下降 42%和 41%。农场被分局评为信访、综合治理和安全生产先进单位。农场广泛开展文明单位创建活动，共建成省级文明村 1 个，总局文明单位标兵 9 个，分局级文明单位 22 个，农场文明单位(标兵)69个。全场有1.4万居民参加“十星级文明户”创建活动,全场星级文明户达80%,其中:十星级文明户已达总户数的26%。新创建7个千册图书阅览室。全场开展大型群众性广场文化活动10次。 (臧兆勤)

八五三农场 分公司基本情况及国民经济主要指标完成情况统计表
(2007年)

指标名称	计量单位	2007年数值
管理区数量	个	7
总户数	户	14 197
常住人口	人	33 311
女性人口	人	16 316
农场人口	人	32 758
少数民族人口	人	749
地区生产总值	万元	97 330.8
人均地区生产总值	元	29 218.8
工农业总产值	万元	152 266.4
粮食总产量	吨	366 367
固定资产投资总额	万元	12 880.3
职工工资总额	万元	3 548.6
职工平均工资	元	9 365.98
职工家庭人均收入	元	9 877

二九一农场 二九一分公司

场长、党委书记: 金哲,朝鲜族,1962年5月出生,中共党员,大学学历,高级经济师,1983年8月参加工作,2005年1月任现职。

分公司经理: 吕开庆,1959年10月出生,中共党员,大学学历,高级农艺师,1981年8月参加工作,2005年1月任现职。

副场长: 王冬梅(女)(2004.9~)

党委副书记、纪委书记、工会主席: 徐启荣(2004.9~)

副经理: 宋庆才(2002.6月~)
赵　杰(2002.6~)
李春怀(2002.6~)

党委委员、经理助理: 张卫海(2006.6~)

【概况】 二九一农场、二九一分公司始建于1955年10月。农场位于三江平原腹地。地处集贤县、富锦市、桦川县一市两县交界处。东依别拉音山,与富锦市的锦山乡、西安乡为邻;西与集贤县的腰屯乡、永安乡以及桦川县的东河乡为界;南起二道河,与友谊农场相望;北临松花江与普阳农场隔江相望。地理坐标为东经131°20′~131°43′,北纬46°50′~47°15′。辖区总面积597平方公里,其中耕地3.75万公顷,林地0.33万公顷,水面0.58万公顷,草原0.19万公顷。农场有人口18 125人。

2007年,农场下辖4个管理区,38个作业站,有40多个工商运建服单位,设有水利工程公司、畜牧公司、物资公司和建筑公司,拥有一所职工医院和两所学校。设有公安、检察、司法、民政、法庭、工商、交通等社会性管理部门以及银行、邮电、保险、税务等驻场单位。

农场场部,东距富锦市67公里,西距集贤县县城30公里,南距红兴隆分局所在地40公里。福前铁路(福利屯—前进镇)在农场南部外围蜿蜒向东;同三公路(同江至三亚)横穿农场南部,过境里程14.5公里。佳抚公路(佳木斯—抚远)横穿农场北部,过境里程19公里。双鸭山矿务局铁路途经农场境内东荣二矿、三矿、东荣小区。农场有自己的铁路专运线,直达全国各地。松花江水运亦可上抵哈尔滨,下达同江至黑龙江汇河口。

农场场区南北长,东西窄。南北最长处43公里,东西最宽处25公里,地势平坦,海拔高度在63~69米之间,西高东低,南高北低,地势自西南向东北倾斜,地面自然坡降在1/5 000~1/10 000之间。

农场地处松辽平原东北端三江平原黑土带的中部。场区内南部有东荣煤田,面积230平方公里,储量达11亿吨。东荣二矿可开采量16 372万吨,年产150万吨,可开采73年。东荣三矿可开采量16 064万吨,年产150万吨,可开采71年。

2007年,农场实现国内生产总值5.67亿元,同比增长7.8%;实现粮食总产23.5万吨,累计完成固定资产4 108万元,全场实现利润2 787万元,家庭农场实现利润1.3亿元,人均纯收入11 049元,比上年增长500元,同比增长5%,保持了良好的经济运行质量和较快的经济发展速度。 (徐　平)

【经济状况】 农场年末资产总额26 781万元,负债总额22 350万元,资产负债率为83.4%,同比减少0.4%。全场年末流动资产总额12 757万元,流动负债总额19 005万元,流动比率67.1%,速动比率47.2%。年末实收资本11 235万元,资本公积为585万元,盈余公积为1 127万元,年末未分配利润-8 516万元,所有者权益合计4 431万元。年初长期借款余额3 345万元,年度内偿还长期借款为零。全场年末存货3 773万元,比上年减少3 409万元。全场3 980户家庭农场共生产粮豆菜29.2万吨,其中甜菜4万吨,实现收入3.12亿元,扣除直接生产成本、费、利后的净收入为1.3亿元,其中个人消费资金0.5亿元,经营资金0.8亿元。年末家庭农场欠款4 643万元,比上年的4 961万元下降318万元。年末家庭农场欠交利、费、税838万元,欠交垫支直接费用2 305万元,欠交固定资产转让款1 500万元。农场认真贯彻中央一号文件精神。全面落实“一免两补”政策,发放粮食直补849万元,良种补贴454万元,综合直补961万元。农场在资金状况明显好转的情况下,加大政策性兑现力度,解决了1994年欠发教师工资和新增教师、公安补发工资256万元。兑现干部1998~2005年风险收入1 360万元。兑现计划生育政策性资金60万元。兑现分局级以上劳动模范津贴总计13.4万元。为建场前老职工家属支付生活补贴34万元。
(徐　平)

【农业生产】 分公司坚持以增加水稻、玉米高产高效作物面积,保证大麦、甜菜面积,适度发展大豆专用品种、特色经济作物种植面积的原则,稳定种植结构。克服了建场以来最为严重的春涝和夏旱,农业生产稳定增长。完成作物种植面积3.75万公顷,实现粮豆菜总产29.2万吨,总效益8 800万元,粮豆平均公顷产7 060.5公斤,粮豆效益8 169万元,平均公顷效益2 355元。其中水稻2万公顷,平均公顷产8 250公斤,公顷效益3 705元,总效益7 410万元;

大豆 0.07 万公顷，平均公顷产 80 公斤，公顷效益 –540 元，总效益 –36 万元；大麦 0.33 万公顷，平均公顷产 3 870 公斤，公顷效益 1 905 元，总效益 635 万元；玉米 1.07 万公顷，平均公顷产 6 195 公斤，公顷效益 150 元，总效益 160 万元；甜菜 0.17 万公顷，平均公顷产 2.7 吨，公顷效益 3 060 元，总效益 510 万元；其他经济作物 0.11 万公顷，公顷效益 1 068 元，总效益 121 万元。分公司在农业生产上坚持推广 10 项新技术，各项技术综合面积达 11.97 万公顷，提高了 13.3%。科技园区建设标准的提升及科技示范引领作用的发挥，使农业科技贡献率达 68%以上。培育科技示范户 560 个，其中分局级 160 户，农场级 400 户，辐射带动周边农户科学种田。科技入户服务率达 100%，示范户先进实用技术入户率和到位率达到 90%以上，示范户作物产量、效益比前 3 年平均增长 10.2%。建设国家 A 级绿色食品综合生产基地 1.4 万公顷，有机食品生产基地 0.27 万公顷，通过国家绿色食品和有机食品认证组的验收。分公司 2007 年农作物参保面积 37 177.33 公顷，其中水稻面积 18 515.33 公顷，玉米 13 751 公顷，大麦 2 686.14 公顷，大豆 998.02 公顷，经济作物 1 227.04 公顷。投保总金额 6 145 915 元，其中水稻投保 2 963 347 元，玉米投保 2 277 166 元，大麦投保 522 185.60 元，大豆投保 186 829.34 元，经济作物投保 196 387.75 元。理赔总金额 4 844 728.32 元，其中水稻 236 436.54 元，玉米 4 021 988.86 元，大麦 160 218.91 元，大豆 426 084.01 元。 （徐 平）

【抗旱救灾】 农场经历了建场 50 年来最为严重的夏旱。据气象资料统计，6～8 月份降水量 174.2 毫米，比历年少 129.2 毫米。特别是 6 月 7 日至 8 月 8 日，在长达两个月的时间内，降水量仅为 24.1 毫米，而且多为无效降水。使旱情不断发展，给农业生产造成较大损失。重灾区主要集中在第三管理区南部，玉米、大豆、大麦受灾明显，有 0.45 万公顷玉米受灾在 6 成以上，占总种植面积的 40%，旱田作物成灾面积达 1.95 万公顷，占总面积的 52%，部分地块绝产。农场党委曾多次召开会议，安排部署抗旱工作，农场机关出动 300 余人参加部分作业站的抗旱作业。省委省政府领导和农业专家组成旱情调研工作组来农场，实地踏察抗旱及受灾情况，北大荒股份有限公司紧急拨款 100 万元，扶持农场抗旱自救。农场制定优惠政策，每打一眼抗旱井，农场补贴农户 1 500～2 000 元。新购抗旱设备 137 台套，政策补贴 4 000 元 / 台，新增机井 295 眼，实现旱作农业喷灌面积 1.33 万公顷。累计投入抗旱资金 900 万元。8 月 9～14 日，全场普降大到暴雨，降雨量 117.2 毫米，旱情解除。 （徐 平）

【工业】 农场工业企业由 2005 年的 30 家发展到 2007 年的 34 家，就业岗位增多，促进了就业和再就业工作。农场在工业管理的方式上由行政管理完全过渡到协调服务，管理方式的转变为工业企业的发展注入了生机和活力。索康乳业于 2007 年 10 月易名为澳鑫乳业，带动了农场乃至周边地区奶业的发展。2007 年农场工业生产面粉 2 200 吨，乳粉 2 300 吨，红砖 1 200 万块，生物肥 1 100 吨，实现总产值 1.7 亿元，同比增长 19.5%；实现增加值 5 400 万元，同比增长 18.2%；实现利润 600 万元，同比增长 32.5%。年内粉业公司和御绿机械有限公司宣告解体，原公司员工的工资关系顺利转入基层作业站。 （徐 平）

【畜牧业】 农场大牲畜存栏 14 550 头，其中奶牛存栏 3 500 头，同比增长 30%，生产鲜奶 5 500 吨，肉牛存栏 3 000 头，出栏肉牛 5 500 头。生猪存栏 5 150 头，出栏 7 069 头；家禽存栏 20 万只，肉类总产量 4 600 吨；鱼类养殖面积 106.67 公顷，产量 750 吨。羊存栏 18 216 只，同比增长 12%，出栏 3 726 只。农场利用政策支撑，加大发展扶持力度，给予各项政策性补贴 300 余万元。 （徐 平）

【新农村建设】 2007 年农场新农村建设总投资 3 274 万元。完成了二十四作业站至第一管理区通村公路建设 16.3 公里，总投资 1370 万元，场部至 4 个管理区的道路实现硬化。开发住宅楼 8 000 平方米，投资 750 万元。建设政法办公大楼 2 300 平方米，投资 350 万元。改善二十五作业站居民住房环境、办公室和第二管理区办公楼，投资 110 万元。投资 80 万元，为场直单位、4 个管理区和 37 个作业站配备 88 名保安员，统一服装，配齐器械，发放工资。完成场部北二街硬化 900 延长米和北一、二街亮化工程，总投资 72 万元。建设场部地区自来水工程，投资 320 万元。改建第二、第四管理区和部分作业站自来水工程，投资 100 万元。修建十一至三十五作业站砂石路 5.2 公里，投资 67 万元。全场绿化工程建设共植树 20 万株，投资 30 万元。 （徐 平）

【党建工作】 在实施“北大荒先锋工程”活动中，选树了“分局十佳干警”和“分局十佳公仆”典型，涌现出“学帮带”、“五个好”、“标准化”党支部 48 个，党员干部带头创办科技示范田 72 个。党员与群众互帮互助，共同发展富裕户 45 户，有72 名党员被评为致富带头人。25 名党员被评为致富能手。全场三级干部在共为困难群众贷款 1.2 亿元。以“四承诺、三树立、两禁止”为重点，深入开展了党风廉政建设和反腐败斗争。农场选派股级、科级和副场级干部 12 名，分别在东北农业大学、大连财经学院和北京大学深造。有 154 人分别参加了省内、省外的考察学习。全年培训干部 501 人，投资培训费用 40 万元。年内有 25 名非党积极分子加入党组织，党员总数达到 1 548 名。 （徐 平）

【社会事业】 农场投资 120 万元用于中小学的基础设施建设。新建铁艺围栏、警卫室、校门，铺设釉面砖甬路 250 延长米和 2 600 平方米的操场及配备现代化教室。顺利通过省政府“双高”普九初检验收。农场投资 70 万元，对 4 个管理区和 33 个作业站卫生所进行维修和改造，实现了甲级卫生所达标率 100%，新增卫生所面积 500 平方米。农场安置就业再就业 298 人，新生劳动力领取优惠证，享受优惠政策 421 人，申请社保补贴 35.7 万元。认真落实低保政策，为贫困群众发放低保金 37.65 万元。农场投资76万元用于改善作业站的环境面貌，有4个单位分别申报分局、总局和省级文明单位。场县合作“三下乡”演出两场，农场送科技下乡20次,卫生服务下乡3次。广场文化活动10场,举办书法、剪纸、舞蹈、运动会等活动20余次。（徐 平）

【社会治安综合治理】 2007年农场共发生刑事案件21起，比上年减少15起，下降41.7%；破获15起，破案率71.4%。治安案件22起,比上年同期减少9起,下降33.3%。司法分局共调解各类矛盾纠纷85起,其中民事纠纷51起,经济纠纷15起,其他纠纷19起,有效控制上访22起。农场信访部门共接待信访总量10批次85人次,与上年相比下降3批次7人次，信访总量下降30%,信访结案率98%。全年共发生道路交通事故12起，死亡10人，伤13人,直接经济损失12 100元,其中特大事故1起,死亡3人,伤1人,直接经济损失8 000元；重大事故6起，死亡7人,与上年同期相比,事故发生率上升17%,死亡人数上升900%,受伤人数下降92%,直接经济损失上升31%。（徐 平）

二九一农场 分公司基本情况及国民经济主要指标完成情况统计表（2007年）

指标名称	计量单位	2007年数 值
管理区数量	个	4
总户数	户	7 120
常住人口	人	18 125
女性人口	人	9 058
农场人口	人	17 968
少数民族人口	人	151
地区生产总值	万元	56 728.4
人均地区生产总值	元	31 298.4
工农业总产值	万元	77 649.3
粮食总产量	吨	235 271
固定资产投资总额	万元	4 005
职工工资总额	万元	10 317
职工平均工资	元	21 360.25
职工家庭人均收入	元	11 049

饶河农场

场长：李云生,1965年9月出生,中共党员，研究生学历，农艺师,1982年11月参加工作,2002年5月任现职。

党委书记：刘彬,1963年1月出生,中共党员,大学学历,工程师,1983年8月参加工作,2000年3月任现职,2007年7月离任。

党委副书记、纪委书记、工会主席：彭治泉(2002.10～)

副场长：张贵文(1996.1～)
黄绍满(1996.2～)
冯身灿(2000.11～)
方宝才(2000.11～)

场长助理：张新柱(2007.2～)

党委委员、组织部部长：李学英(2001.5～)

党委委员、武装部部长：赵子良(2001.12～)

【概况】 饶河农场隶属于黑龙江省农垦总局红兴隆分局，位于黑龙江省东北部三江平原,饶河县境内,南依完达山脉,北靠三江平原，东临乌苏里江与俄罗斯隔江相望。场部位于东经133° 55′15″，北纬47 ° 5′ 16″ 。饶河农场拥有土地总面积6.9万公顷,其中耕地2.87万公顷,可垦荒地0.9万公顷,林地2.16万公顷，水面0.4万公顷，草原0.4万公顷。农场下设9个农业作业管理区,27个生产居民组。有人口1.3万人,职工4 089人。

农场自然资源丰富，土地肥沃,农田基础设施齐全,水利配套,农场设有农用飞机场，机械化发展程度较高,有各类机械总动力61 521千瓦,其中农业机械动力49 352千瓦。农场主要生产水稻、玉米、大豆、大麦、白瓜子等农副产品,年生产总量12.9万吨。

2007年农场实现生产总值4.45亿元，同比增长16.3%，其中：第一产业2.59亿元,第二产业4 311万元,第三产业1.13亿元，同比分别增长4.86%、47.3%和39.5%，人均收入9 877元,农场实现经营利润2 532万元。（霍 刚）

【种植业】 2007年全场总播种面积2.87万公顷，粮食平均公顷产6 285公斤,总产16.6万吨。其中水稻播种1.67万公顷，公顷产9 000公斤；大豆0.34万公顷，公顷产2 625公斤；玉米0.41万公顷,公顷产7 650公斤;其他经济作物0.39万公顷。年末农业实现增加值1.9亿元。家庭农场经营总收入35 907万元,实现利润9 337万元,比上年增加256万元。农场实施了“十项栽培模式”和“十大栽培技术”,科技贡献率达到65%;坚持统一供种,良种覆盖率达到100%;强化田间管理,航化作业达1.17万公顷。农场投资2 567.8万元建设新兴洞灌区工程（引乌苏里江水灌溉),新增灌溉面积0.24万公顷;投资2 700万元用于土地整理项目，使农田抗风险能力进一步增强;农机具更新步伐加快,累计投资412万元,引进农机具122台套。（霍 刚）

【畜牧业】 农场建设规模型家庭牧场1 173户。肉牛存栏19 166头，羊存栏90 222只，猪存栏13 431头，禽存栏18.1万只,分别同比增长15.8%、19.2%、9.7%和8.5%。出栏肉牛7 854头,同比增长5.3%,肉类总产4 881吨,同比增长7%。畜牧防检疫体系得到进一步完善，投资97万元修建动物防检疫化验室。2007年农场实现畜牧业增加值5 839万元,同比增长29.76%,占农业经济总量的22.5%。（霍 刚）

【林业】 农场建设规模型家庭林场553户,其中造林型家庭林场80户,面积1 093.93公顷；纯管护型林场433户,总面积9 531.27公顷;种植型家庭林场8户,面积696公顷;养殖型家庭林场30户,养殖山野鸡、马鹿、生态鸡、黑蜂等;栽培型家庭林场2户,栽培黑木耳48万袋。2007年农场完成造林面积145.67公顷,实现林业生产总值386万元,同比增长15.2%。（霍 刚）

【招商引资】 农场积极实施“借助外力全面发展”战略,拓宽招商引资渠道,以重点项目招商拉动经济快速发展。依托小城镇建设扩大招商引资份额，年内完成招商项目3个，引资3 906万元。其中：综合楼开发引资100万元，通村公路建设引资3 006万元，水上公园二期工程建设引资800万元。完成外贸进出口708.97万美元。（霍　刚）

【工业 非公有制经济】 小城镇建设步伐的加快拉动了农场民营工业和个体私营经济的快速发展。2007年末，民营工业企业发展到30多家，从业人员700余人，总资产2 500万元，实现工业增加值3 683万元，同比增长52.5%；从事私营经济个体户达1 404户，从业人员3 587人，非公有制经济增加值2.02亿元，占经济总量的48.67%。（霍　刚）

【城镇建设】 农场小城镇建设坚持实施“小城镇带动战略”，以小城镇建设为切入点，拉动农场经济的快速发展。投资138万元用于公共建设，总建筑面积1 368平方米；完成了总投资1 700余万元的水上公园建设；投资1 060万元用于住宅楼建设，新增住宅面积11 603平方米；投资162万元，用于营区亮化、美化绿化建设，安装路灯246盏，植树3 200株，种植绿篱12 600延长米，种植草坪1 075平方米，绿化面积人均占有率达6.2%；投资9 000余万元修建通村公路103.1公里，占全场公路总里程的80%；拆除泥草房4 600平方米，撤并居民组1个，共搬迁31户，拆迁补贴320万元；电力线路改造投资1 000万元；投资110万元建设场部东西水泥路延至西山474米；投资1 300万元用于引乌苏里江水灌溉工程；投资2 700万元用于土地整理项目；投资120万元用于飞机场跑道建设；争取国家医疗扶贫工程投资968万元；投资环境300万元用于稻米加工厂建设；投资50万元用于篮球场建设。全年累计完成新农村建设投资18 828万元。（霍　刚）

【场县共建】 农场发挥现代农机装备优势，为饶河县5个乡镇提供代耕作业1.01万公顷；发挥科技优势，为饶河镇建设水稻科技园区33.33公顷，经济作物示范区20公顷，为地方农民增收40余万元；开展风险互助项目，为饶河县种植养殖业代理风险互助业务1 200余个；实现教育资源共享，取消了场县学生户籍制，共有296名中小学生互入场县学校就学。（霍　刚）

【文化活动】 农场群众文化活动广泛开展，举办了“弘扬八荣八耻，创建平安校园”、“党在我心中”激情广场大家唱、“计划生育之花开遍和谐家园”等广场文艺专场演出；结合“通村公路竣工庆典”和“新兴油灌区竣工剪彩典礼”，开展群众广泛参与的文化活动，宣传农场各项事业的蓬勃发展，反映人民群众奋发向上的精神风貌。新建老干部活动中心500平方米，工人文化活动中心200平方米，投资50万元建设了标准化篮球场。（霍　刚）

【教育　卫生】 农场投入38.1万元，为中小学配备教学仪器，购买图书5 000册；中小学的教育教学工作成绩显著，农场小学成为省一类学校。农场加强医疗卫生事业建设，投资30万元修建基层卫生所，使全场基层卫生所达到甲级卫生所的标准；争取国家卫生协会无偿捐助医疗设备资金达968万元，农场整体医疗服务水平得到较大幅度提升。（霍　刚）

【党的建设】 农场党委全力实施北大荒先锋工程，推进党员目标管理公示制，加大干部人事制度改革。深入开展支部创建“五好”，党员争当“十个一”、“学帮带”活动，全场基层一类班子率达100%。全面落实《建立健全、教育、制度监督并重的惩治和预防腐败体系实施纲要》，强化廉政宣传、廉政监督、重点推进源头治理和制度建设，推动党风廉政建设向纵深发展。（霍　刚）

【民主政治建设】 农场健全基层职工代表会制度，加大场务公开力度，民主管理、民主监督、民主决策等民主建设得到加强。农场创新民主管理和维权机制，被省委评为省民主法制示范单位，农场被评为省级创建劳动关系和谐企业。（霍　刚）

饶河农场基本情况及国民经济主要指标完成情况统计表（2007年）

指标名称	计量单位	2007年数值
管理区数量	个	9
总户数	户	4 990
常住人口	人	12 528
女性人口	人	6 242
农场人口	人	12 528
少数民族人口	人	139
地区生产总值	万元	44 451.4
人均地区生产总值	元	35 481.6
工农业总产值	万元	58 591.5
粮食总产量	吨	166 197
固定资产投资总额	万元	9 262
职工工资总额	万元	3 843.8
职工平均工资	元	9 365.98
职工家庭人均收入	元	9 877

红旗岭农场

场长：葛怀安，1955年10月出生，中共党员，大学学历，经济师，1971年1月参加工作，2005年9月任现职。

党委书记：张晶华，1962年4月出生，中共党员，大学学历，工程师，1983年7月参加工作，2005年9月任现职。

党委副书记、纪委书记、工会主席：董佰军（2004.9～）

副场长：崔建华（1995.8～）
安柏悦（1994.12～）

党委委员、组织部部长：刘清玉（1995.9～）

党委委员、武装部部长：陈一兵（2000.10～）

【概况】 红旗岭农场位于黑龙江东部的完达山下，横跨饶河、宝清两县，与富锦、虎林两市相邻，场部设在饶河县境内，隶属黑龙江省农垦总局红兴隆分局。2007年有人口9 129人，职工3 600人，控制面积4.23万公顷，其中耕地1.83万公顷，森林0.87万公顷，湿地0.4万公顷，宜牧草原0.33万公顷，水域0.08万公顷，是一个以经营农业、加工业、畜牧业为主的综合性大型国有农场。

农场境内有五星湖和挠力河、七里沁河、越岭河、大牙克河,依饶公路穿场而过。山城园林美景已成为农场发展旅游、招商引资的“金字”招牌。农场完全实现了粮食生产全程机械化,年生产绿色优质水稻12万吨,农场“五星湖”牌大米远销全国各地和出口俄罗斯。2007年农场实现社会总产值5.8亿元,人均收入1.3万元。 (焦新秋)

【农业生产】 农场农业生产以水稻种植为主,经济作物及青贮饲料为辅。农场建有完善的农业科研和农技推广体系;建有高标准科技示范园区、农业科技示范带、作物良种展示区;建有科技实验站两处,良种加工厂、粮食处理中心各一座。水稻统一种植空育131品种,公顷产8 250公斤。农场农业机械装备先进,拥有目前世界最为先进的美国约翰·迪尔大马力联合整地机车,粮食生产机械化程度高,农业机械保有量3 637台套,农机总动力76 861千瓦,平均每万亩耕地拥有农业机械总动力2 858千瓦,农场已全面实现粮食生产全程机械化。2007年农场农业生产出现了粮食产量、质量、效益三超历史的好局面,粮豆总产14.9万吨,农业产值2.1亿元。 (焦新秋)

【林业】 农场位于国家黑蜂自然保护区内,境内森林面积0.87万公顷,其中天然林0.74万公顷,森林覆盖率20.89%,林木蓄积96万立方米,成为农场职工的“绿色银行”和保障农业稳产高产的“绿色屏障”。农场有珍贵动植物资源人参、党参、五味子、刺五加等100余种名贵中草药;猴头、木耳、蘑菇、薇菜、蕨菜等真菌及植物类产品;鹿、狍、貂、麝鼠、山鸡等名贵动物。农场蜂产品年生产能力达15万公斤,地栽木耳及林下参种植项目年创效230万元。2007年,农场投入绿化资金60多万元,栽植各类树木苗5万余株,花卉18万余株,其中场部3万余株;新增草坪16 500平方米。林业经济重点发展五味子产业,新增五味子66.67公顷。 (焦新秋)

【畜牧业】 农场建成高标准肉牛养殖小区5处,肉牛存栏6 246头,拥有高标准畜牧兽医站、饲料青贮站及完善的畜牧兽医服务体系。肉牛生产均已实现科学化、标准化饲养管理,初步形成肉牛养殖良种产业化。年内狐狸、貉等出栏62 406只,存栏12 813只。农场畜牧业产值达1 400万元。 (焦新秋)

【工业】 农场以稻米、木材加工为主的民营加工业不断壮大、牵动能力不断增强,“龙头带基地、基地联农户”的产业化经营模式形成。农场17个木材、木器加工厂年加工量达12 050立方米,创产值2 100万元。农场8个稻米加工企业拥有先进大米生产线10条,年创产值1.8亿元,其中“五星湖”牌大米畅销全国各地、出口俄罗斯。农场“张记水上漂”、“皇冠”汤圆畅销黑龙江省东部地区,年创产值近百万元。年内农场实现工业产值2.05亿元,工业增加值5 690万元,利润450万元。 (焦新秋)

【小城镇建设】 农场通过实施小城镇建设发展带动战略,建立多元投资机制,按照“科学规划、现代设计、多元投资、场民共建”的小城镇发展思想,本着“打开场门、放开经营、市场运行、借力发展”的城镇建设运行思路,大力度、超常规推进农场小城镇建设。农场城镇人口4 253人,城镇住宅总面积93 566平方米,人均住宅面积22平方米。给排水管线总长36公里,自来水普及率100%,电话普及率95%,有线电视普及率97%,集中供热率55%,绿化覆盖率30%。农场小城镇大气环境质量、水环境质量、噪声环境质量以及固体废物处理、污水处理、人均公共绿地面积等,均超过国家级生态示范区建设二类地区标准。 (焦新秋)

【公路建设】 2007年农场完成通村公路35.7公里。主要完成了依饶公路红旗岭路段主干公路部分路段,场部至第十作业站、第十六作业站路段,第一管理区水泥路、第一管理区至第二管理区路段,加宽了东风岭至第二作业站通村公路,完成了场部水泥路建设。依饶公路八五三农场至红旗岭农场段,5月开工到10月29日正式通车。路面为二级水平,宽7米,总里程42.99公里,支线1.567公里。总投资1.27亿元。 (焦新秋)

【教育】 农场高度重视农场职工子女教育工作,不断深化教育改革、推进素质教育,有在校学生1 416名,教职工142人,专任教育学历达标100%。学校布局合理、设施完备,建有各类实验室、活动室、多媒体教育等现代化教学辅助设施。农场中小学校均为黑龙江省级示范学校。 (焦新秋)

【卫生】 农场建立健全医疗卫生监督、服务和预防保健体系,形成了完整的医疗卫生网络。拥有职工医院1座,社区门诊2个,基层卫生所23个,卫生所覆盖率达100%,甲级卫生所达100%。农场职工医院医疗卫生用房面积5 164平方米,固定资产总额457万元,有单螺旋CT机、500毫安X光机、彩超及牙科综合治疗机等医疗设备30余台件,住院床位50张,拥有卫生技术人员87人,医务人员中取得中级以上职称27人,大专以上学历18人。农场医疗技术水平显著提高,完全满足了农场职工医疗、预防及保健需求。 (焦新秋)

红旗岭农场基本情况及国民经济主要指标完成情况统计表
(2007年)

指标名称	计量单位	2007年数值
管理区数量	个	5
总户数	户	3 102
常住人口	人	9 129
女性人口	人	4 293
农场人口	人	9 129
少数民族人口	人	145
地区生产总值	万元	3 396.9
人均地区生产总值	元	37 202.2
工农业总产值	万元	61 914.4
粮食总产量	吨	148 947
固定资产投资总额	万元	6 810
职工工资总额	万元	3 654.3
职工平均工资	元	12 459.26
职工家庭人均收入	元	13 188

双鸭山农场

场长：吴转丰，1962年11月出生，中共党员，大学学历，农机工程师，1983年7月参加工作，2005年2月任现职。

党委书记：黄炳科，1960年9月出生，中共党员，大学学历，高级农艺师，1977年10月参加工作，2002年8月任现职。

党委副书记、纪委书记、工会主席：陈太平（2004.4～）

副场长：史永生（1998.1～）

郭志民（2006.4～）

詹士俊（2000.11～）

党委委员、武装部部长：王有利（1996.4～）

党委委员、组织部部长：王德田（1998.10～2007.10）

党委委员、组织部部长：高殿文（2007.10～）

党委委员、宣传部部长：刘金友（2007.10～）

【概况】 双鸭山农场地处完达山系左翼的余脉，属丘陵地区。境内群山起伏，沟谷纵横，坡度较大。全场地势西北高，东南低，平均海拔在300米以上，全境东西长，南北窄。七星河、扁石河、大叶沟河、大马蹄河、小马蹄河棋布全场。农场地处中温带湿润性大陆性季风气候，年均气温2.8℃，≥10℃积温2 471.7℃，年均降水量502.1毫米，无霜期122天。场区位于双鸭山市境内，距双鸭山市中心33公里，农场总面积333.3平方公里。全场耕地1.35万公顷，林地1.33万公顷，牧地草原0.18万公顷，水域0.11万公顷，是国家百亿斤商品粮基地之一。

2007年农场实现生产总值3.2亿元，增长12.8%。其中第一产业1.23亿元，增长11.7%；第二产业0.57亿元，增长13.6%；第三产业1.4亿元，增长12.1%；人均纯收入6 908元，增长9.5%。 （贾玉珠 于 涛）

【农业生产】 2007年农场经受了历史罕见的大旱，优化了种植业结构，扩大了玉米种植面积，采取了综合抗旱措施，实现了大灾之年农业较好收成。"两田一地"制全部推进到位，基本田面积人均0.33公顷。签订土地承包合同2 600份，全场总播种面积1.35万公顷，粮食总产5.2万吨，种植业总产值1.2亿元，平均公顷利润3 900元，0.49万公顷高产高效作物公顷效益超过4 500元。南瓜大垄垄上行间覆膜0.2万公顷，玉米行间覆膜0.1万公顷，原垄卡0.53万公顷，万寿菊0.05万公顷。（贾玉珠 于 涛）

【棚室蔬菜】 农场在富兴蔬菜基地建有全日光大棚166栋、春棚265栋的基础上，新建春棚225栋，创新蔬菜大棚栽培模式，改原来的两茬蔬菜为三茬栽培。温室大棚产值由每亩10 000元增加到每亩13 000元，全场温室蔬菜大棚产值达到4 000万元，比上年增长30%。通过外聘技术能人带头示范，蔬菜大棚种植户的种植技术和种植模式更加科学合理。蔬菜种植典型户明广保，引进并示范了2亩裸地茄子，采用日光温室育苗、露地覆盖地膜、全生育期采果的生产模式，实现利润15 000元。 （贾玉珠 于 涛）

【畜牧业】 农场存栏肉牛7 794头，其中能繁母牛4 680头，累计出栏肉牛5 570头，外引繁殖母牛718头，上交北大荒牛业育肥牛3 002头；生猪存栏32 141头，出栏肥猪52 998头；羊存栏5 500只，出栏6 701只；实现标准化饲养率70%，优良品种率80%，母牛繁殖率85%，育肥牛自养率达60%；肉牛养殖规模达到100～300头的养殖户5户，50～100头的养殖户有4户。一次性存栏50头肉牛以上的小区9个，其中有5个小区利用率达100%，4个小区达60%以上；种植青贮玉米333.33公顷，贮青贮5 000余吨。实现畜牧业增加值4 800万元。农场出台饲料补贴、贷款贴息、青贮补贴等12项优惠政策；为养殖户协调肉牛贷款760万元，繁殖母牛贷款54.9万元；建立了种公猪配种站，发放国家繁殖母猪补贴14万元，为2 800头繁殖母猪进行了阳光保险。全年进行两次禽流感防疫，注射疫苗31 300份，进行3次口蹄疫，防疫注射疫苗33 610份。 （贾玉珠 于 涛）

【党建工作】 农场党委结合"四好班子"加大了对各管理区作业站领导班子建设和管理的力度。实施北大荒先锋工程，落实好总局提出的"五好五带头"的要求。基层5个管理区总支委员会进行了民主差额选举。公开选拔17名优秀基层后备干部，加大干部交流工作的力度，调整8个基层领导班子。各级党组织和党员为群众做好事280件，各类党员示范户86个，成立党员服务组136个，党员帮扶对子141个，为群众贷款担保资金近1 00多万元，第六作业站北大荒先锋工程示范点通过总局验收。 （贾玉珠 于 涛）

双鸭山农场基本情况及国民经济主要指标完成情况统计表（2007年）

指标名称	计量单位	2007年数值
管理区数量	个	5
总户数	户	6 511
常住人口	人	17 316
女性人口	人	8 895
农场人口	人	17 316
少数民族人口	人	143
地区生产总值	万元	32 315
人均地区生产总值	元	18 661.9
工农业总产值	万元	36 539.8
粮食总产量	吨	52 000
固定资产投资总额	万元	4 846
职工工资总额	万元	4 402.3
职工平均工资	元	8 386.93
职工家庭人均收入	元	6 908

【新农村建设】 农场加强环境治理，投入45万元对场直、各管理区、作业站进行绿化。场直管理区栽植大树1 100株，绿篱8 000延长米，植树12万株，草坪15 000平方米。对畜牧业小区、农业科技园区进行高标准绿化。拆除5 040平方米的泥草房。开发建设2栋9 000平方米的居民住宅楼；新增场直地区自来水外网490米，新增供热外网650米，新建场区排水外网2 000米。农场自筹资金434万元，修建6米宽1.12公里，4.5米宽2.77公里的场部家属区水泥路和中小学门前300米6米宽的水泥

路，建设场部至第五作业站3.4公里6米宽的通村公路,改善了职工群众生产生活条件。场区合作共建迈出新步伐。在地方设种子销售网点2个,销售种子380吨；出动农业机具20台套代耕耕地0.23万公顷；推广五大作物栽培模式0.8万公顷。（贾玉珠　于　涛）

江川农场

场长:王怀智,1954年11月出生,中共党员,大专学历,经济师,1971年2月参加工作,2002年5月任现职。

党委书记:付业春,1961年3月出生,中共党员,研究生学历,高级政工师,1977年8月参加工作,2002年5月任现职。

党委副书记、纪委书记、工会主席:董向葵(女)(2000.11～)

副场长:张汝荣(2001.7～)

陈月堂(1998.1～)

场长助理:刘兴国(2002.3～)

党委委员、办公室主任:王文林(1998.12～)

党委委员、武装部部长:贾存来(2006.9～)

【概况】 江川农场位于松花江下游南岸冲积平原上,桦川县境内。地理坐标为东经130°47′09″～131°06′00″,北纬47°00′44″～47°13′09″。东与桦川县新城乡接壤,西和桦川县悦兴乡相连,南与宝山农场及桦川县中伏乡为邻,北靠松花江段31公里,与梧桐河农场隔江相望，辖区总面积371.67平方公里。

农场交通便利,公路里程距佳木斯市60公里,距省会哈尔滨市433公里,哈(哈尔滨)同(同江)高等级公路(佳抚段)从农场南界通过。农场境内有国家级重点文物保护单位辽金时期的“瓦里霍吞”古城遗址,有百亩荷花,千亩鱼池,自然景观、人文景观交相辉映,旅游资源得天独厚。

农场下辖5个管理区,18个作业站,26个居民点。总人口1.3万人,总户数5 275户,从业人员4 387人。有耕地1.71万公顷,其中水田面积1.67万公顷。机械总动力94 470千瓦,水田作业实现了全程机械化。2007年,粮食总产15.5万吨，实现国内生产总值3.57亿元,人均纯收入11 726元。

（李国顺　杨正辉）

【水稻生产】 农场狠抓水稻生产。一是严格执行《江川农场优质水稻生产技术标准及管理办法》,强化了对各生产阶段的检查验收和奖罚措施,使水稻生产各项作业标准进一步提高。在农时、品种选择、旱育秧田建设、培育壮秧、水整地、插秧、分段收割等七方面坚持高标准、严要求,取得了明显成效。各项农事活动的完成时间提前了5～7天。优化品种结构,适当压缩了空育131种植面积,扩大了垦稻12播种面积,高台育苗比例、壮秧率稳步提高,分别达到了90%和85%。全年改造老稻田0.2万公顷，水田单池面积在0.33公顷以上的发展到1.2万公顷,割晒面积达到0.97万公顷。二是全面推广水稻生产新技术。大中棚育苗比例由70%提高到85%,护苗种衣剂包衣、蒸气催芽、叶龄诊断等技术应用率达到100%。旱整地、机械施底肥、搅浆平地整地等技术覆盖率也较上年有所提高。三是增加设施装备的投入,夯实农业基础。利用项目资金与农场配套资金共计612万元,改造中低产田0.08万公顷,新增粮食生产能力1 800吨。全场共投入资金1 826万元,新增大中型农业机械145台套。年内水利投资600万元，建成总干渠4.1公里。四是加快水稻种子基地建设。水稻种子面积由133.33公顷扩大到466.67公顷,生产水稻种子4 000吨,为职工增收60万元。五是以科技入户活动为载体,加强对家庭农场的培训与指导。全场共确定科技示范户260户,示范面积达0.27万公顷，带动辐射1 700户,辐射面积1.33万公顷。农场水稻生产在大旱之年仍然获得了大丰收,单产、总产分别为603公斤和15.5万吨,分别增长9%,实现种植业增加值1.56亿元。（李国顺　杨正辉）

【养殖业】 农场加大了对养殖户的培训力度,使其养殖水平进一步提高。积极推广生猪三元杂交。为全场6 840头繁殖母猪上了保险,发放繁殖母猪补贴34.2万元。年末农场生猪存栏11万头,出栏11万头，两项指标均实现恢复性增长。年内完成了育肥牛小区改造工程,新增养殖面积8 000平方米,年可出栏肉牛3 000头。2007年,全场肉牛存栏6 343头,出栏3 048头,其中上交2 000头,完成了分局下达的指标。全场繁殖母牛存栏2 741头，新增870头,实现畜牧业利润6 500万元,创历史最高水平。（李国顺　杨正辉）

【加工业】 农场积极开展招商引资工作,全年引进项目资金1 800万元。年内有6家加企业投资180万元用于设备改造,精加工能力进一步提高,产品竞争力明显增强。外引客户投资500万元,改造的吉春米业有限公司,正式投入生产。年内农场出资为民营米业重新申办了“江川”牌精制米A级绿色食品标志,为加工企业出资设计印制6种不同重量的精制包装物品,全年民营米业加工转化水稻8.6万吨,实现加工利润520万元。（李国顺　杨正辉）

【新农村建设】 2007年，农场拆除泥草房4 399平方米,建住宅楼19 000平方米。完成了场部至第一管理区16.2公里长的通村公路工程,开工建设了场部至第五管理区24公里长的通村公路工程,同时对第十九作业站至第五作业站9公里长的公路泥土路面进行了改造,使环场公路实现了全线贯通。年内为第三管理区投资170万元,完成了5 000平方米的文化广场、路灯及住宅小区配套工程。对第二管理区2 700延长米饮水管网工程进行了改造。农场种植绿化树木30万株,新增林木绿化面积20公顷、草坪1万平方米、绿篱5 000延长米。（李国顺　杨正辉）

【经营管理】 一是对货币资金实行了集中管理、集中控制,做到了收支两条线;二是严格执行刚性预算制度,两级领导干部职务消费货币化,管理费开支得到了有效的控制和压缩,全场管理费支出控制在13%以内，队收队支纳入账内管理,节约开支300多万元。三是规范租金收缴工作,实行租金收缴一票制,当年租金实现了全额上缴;四是加大了清欠工作力度,年内共清回欠款371万元。 (李国顺 杨正辉)

【社会事业】 农场采取重点投入,全面推进,整体提高的实施方案。一是强化基础教育,改善办学条件,大力增加教育投入全年共投入资金500多万元,兴建学生公寓楼、食堂以及维修小学教学楼等,使其顺利通过省"双高普九"初检。二是加强卫生与计划生育工作。全场18个基层卫生所全部达到了新的甲级卫生所的标准。全场符合政策生育率达到100%。为改善职工群众就医条件,年内兴建职工医院大楼2 870平方米。三是积极做好就业与再就业工作。对新生劳动力进行了劳动预备培训,加强了就业服务体系建设。四是高度重视社会保险工作,按时足额完成保费上缴工作,确保了离退休职工的工资正常发放。五是加快文化事业发展。"一馆五站"的公共文化体系初步形成,增加了对基层图书室、文化广场建设的投入,年内投资10万元为基层图书室购书5 000册。积极开展校园文化、广场文化、节日文化,举办了校园感恩教育、歌咏比赛、全场职工篮球赛和"魅力江川"广场文艺演出等系列活动,极大地丰富了职工群众的业余文化生活。六是广泛开展帮扶、救助活动。2007年,农场各级干部与218个低收入户进行对接,共资助资金294万元。两节期间,农场出资10.5万元,为851户贫困户发放了救助资金,走访慰问职工2 674户。年内农场投入15万元,对336个特困家庭、重病家庭进行了救助。通过开展"爱心超市"、"金秋助学"、"春雷女童救助"等活动,为贫困学生资助资金5万多元,为贫困户发放了价值15 000元的生活物资。 (李国顺 杨正辉)

【党建和民主政治建设】 农场党委以全面推进"北大荒先锋工程"为契机,不断加强各级党组织和领导班子建设,充分运用"党员分类目标管理"、"党员110服务"、"党员学帮带"等有效载体,开展了"五个好"党组织和争"五带头"党员活动。据统计,年内全场各级干部、党员110服务队为基层服务达1.4万多人次,为职工群众解决了大量的生产、生活难题,在职工群众中树立了党组织、党员、领导干部的良好形象。开展了"三杯"、"十佳领导干部"、"百名文明职工"评选和文明单位创建等活动。利用冬训和职业培训对全场干部职工进行了多方面的学习教育,全年共培训党政领导干部1 400人次,有361名专业技术人员接受了继续教育。坚持和完善农场职工代表大会和基层民主大会制度,职代会提案全部落实到位。坚持民主集中制和重大事宜集体决策制度,增强了决策的科学性。坚持办事公开化制度,发挥了民管会、民主议事会和调委会的作用,扩大了职工群众的知情权、参与权、监督权。利用"法律大集"等形式,广泛开展了法律"六进"工作,使职工群众懂法、守法意识明显增强。扎实开展了"平安农场创建"工作,加大对矛盾纠纷排查调处力度,严厉打击违法犯罪行为,使治安案件同比下降21%。加强了党风廉政建设,层层签订了党风廉政建设责任制480多份。积极推进"三重一大"制度、领导干部职务消费货币化制度、公开招投标制度、干部选拔任用制度、企业领导经济责任审计制度等,拓宽了党内、社会、民主、法制等监督渠道。 (李国顺 杨正辉)

【邱宏伟喜获金奖】 2007年月11月18日,由中华全国工商联宣教部、中华全国总工会宣教部、中国新闻出版报社、中央人民广播电台法制部、中华文化报社、北京法制文学研究会等联合主办的第七届"新世纪之声"《和谐中国》征文活动表彰大会在北京人民大会堂举行,农场宣传部邱宏伟出席了大会,受到了全国人大副委员长司马义·艾买提和全国政协副主席张榕明等国家领导人的亲切接见。在本届表彰大会上邱宏伟所撰写的《马库力山下唱新歌》被评为金奖,场长王怀智被授予"中国新农村建设风云人物",江川农场被评为"中国新农村建设十佳示范单位"。

(李国顺 杨正辉)

江川农场基本情况及国民经济主要指标完成情况统计表（2007年）

指标名称	计量单位	2007年数值
管理区数量	个	5
总户数	户	5 275
常住人口	人	13 115
女性人口	人	8 895
农场人口	人	12 825
少数民族人口	人	233
地区生产总值	万元	35 665.4
人均地区生产总值	元	27 194.4
工农业总产值	万元	62 828.6
粮食总产量	吨	154 838
固定资产投资总额	万元	2 260
职工工资总额	万元	4 914.4
职工平均工资	元	10 489.65
职工家庭人均收入	元	11 726

宝山农场

场长:王振海,1960年6月出生,中共党员,大学学历,助理政工师,1977年11月参加工作,2005年9月任现职。

党委书记:郭祥存,1958年2月出生,中共党员,大学学历,高级政工师,1975年8月参加工作,2000年10月任现职。

纪委书记、工会主席:郭祥存(2004.9～)

副场长:孙永德(2000.11～)

陈宝成(2004.9～)

场长助理:张 毅(2006.7～)

党委委员、武装部部长:吴景昌(2003.3～)

党委委员、组织部部长:姚国庆(1999.12～)

【概况】 宝山农场始建于1970年,位于黑龙江省三江平原西区中部,桦川县境内,地理坐标为东经130°47′～130°57′,北纬46°55′～47°01′,属松花江流域,总面积100平方公里,总人口6 500人,在册职工1 300人,有耕地0.67万公顷,土壤为草炭黑钙土。

农场处于半湿润气候区,属季风性湿带大陆气候,地势南高北低,坡降为1/5 000,平均海拔为72米,地势平坦,地下水资源丰富,适宜于水稻和各类农作物生长。

农场地理位置优越,西距佳木斯市63公里,东距双鸭山市46公里,处于桦川县和集贤县交界处,交通便利,通信发达。

2007农场实现了粮豆总产、农机现代化管理、畜牧业发展、福利设施建设四项新突破。实现社会总产值2亿元,国内生产总值1.2亿元,粮豆公顷产8 737.5公斤,总产5.6万吨,实现畜牧业产值3 000万元,实现人均收入8 214元。(孙立民)

【种植业】 农场水稻种植面积增加349.93公顷,完成老稻田改造1 127.8公顷。农场实现种植业总效益6 426万元。高科技示范园区发挥了很好的实验示范作用。为0.4万公顷水稻航化作业防病健身。在第二作业站建设3 700米长的高标准育秧带一条,新增高标准钢骨架大棚34栋。(孙立民)

【农业机械】 2007年家庭农场自主投资购买各类机械104台套,投资总额达470多万元,农场机械总动力达2.4万千瓦。农机管理工作实行高标准高科技,农场投资720万元建设了一个现代化农业机械装备区,占地面积27 600平方米,可存放大型收割机80台,大型整地机械80台,小型整地机械70台,插秧机300台。(孙立民)

【畜牧业】 农场实现畜牧业总产值3 000万元,完成畜牧业增加值1 000万元,实现肉牛存栏1 458头,上交分局牛业1 500头。獭兔存栏20万只,宰杀取皮商品兔30万只。狐、貉存栏2 800只,出栏5 600只,生猪存栏2 500头,出栏3 122头,羊存栏2 500只。全场肉类总产量达800吨。农场建设标准化牛舍7 500平方米,其中肉牛高标准化育肥小区的10栋牛舍共计6 000平方米,建兔舍15 000平方米。投资15万元购买了化验设备。(孙立民)

【非公有经济】 农场自营经济从业户达450户,实现总产值700万元,实现利润300万元,实现人均收入5 000元。(孙立民)

【小城镇建设】 农场完成了3栋经济适用楼开发,共计1万平方米,改造了场部地区锅炉供暖设备,场部地区栽植松树2 300棵,栽植各类花冠木2万株,完成了道路和营区的绿化和美化。(孙立民)

【新农村建设】 投资450万元,完成了第一管理区特色住宅小区共计1 200平方米,共14户。以"红顶白墙"为主色调改造了两个管理区住房184户,共1.8万平方米。新建水泥路面6.2公里,实现了两个管理区路面的全部硬化,配套边沟5 000延长米,安装路灯20盏,新建供水管道1 500米,栽植松树和杨树6 000株,栽植榆树墙绿篱500米,种植草坪5 000平方米,种花8 000株,美化住宅区道路2 000米,绿化面积达10%。2007年第三管理区被评为分局级文明标兵,兔业公司被评为分局级文明单位。(孙立民)

【扶贫解困】 农场领导干部和广大党员出资设立"扶贫解困基金",筹集资金35万元,无偿地提供给贫困户使用。各作业站还以担保的方式,从工商银行贷款1 500万元,保证了全场的贫困户和缺少资金的承包户都能正常地进行农业再生产。经过一年的扶持,全场有24个低收入户实现了脱贫致富。(孙立民)

【党建工作】 在全场党员干部中开展了以发挥两个作用为主题的"先锋工程"的活动。农业单位党支部"五个好"巩固率达100%,场直单位"标准化"党支部巩固率达100%。通过考核,全场基层班子全部为一类班子,创建分局级"先锋工程"示范单位2个,农场级示范单位4个,全场发展新党员7人。(孙立民)

【计划生育】 农场完善了基层计划生育组织建设,加强了社会宣传,促进了计划生育措施的落实,全年实现生育符合政策率100%,节育率95%,人口自然增长率0.25‰,7个作业站的卫生所全部为"甲级卫生所"。(孙立民)

【民主管理】 农场积极推进基层民主政治建设,通过各种方式和途径实现职工参政议政的民主权利,全场各单位健全了职工民主大会制度,按照农场党委的要求做到了场务公开,对关系到农场发展和各单位建设的大事都提交农场职代会和基层的民主管理大会来决策,继续执行了领导干部述职述廉制度,职工群众民主评议等民主管理、民主监督制度。(孙立民)

宝山农场基本情况及国民经济主要指标完成情况统计表
(2007年)

指标名称	计量单位	2007年数值
管理区数量	个	2
总户数	户	1 467
常住人口	人	4 545
女性人口	人	2 174
农场人口	人	3 298
少数民族人口	人	67
地区生产总值	万元	12 586
人均地区生产总值	元	27 691.9
工农业总产值	万元	14 744.3
粮食总产量	吨	55 627
固定资产投资总额	万元	2 366
职工工资总额	万元	1 322.9
职工平均工资	元	12 769.31
职工家庭人均收入	元	8 214

曙光农场

场长:石川宝,1960年3月出生,中共党员,研究生学历,高级农艺师,1977年7月参加工作,2002年5月任现职。

党委书记:周庆富,1957年3月出生,中共党员,研究生学历,高级政工师,1974年10月参加工作,2000年10月任现职。

党委副书记、纪委书记、工会主席:袁绍民(1994.10~)

副场长：李彦成（1996.12～）

牟庆阳（2000.11～）

孙宝民（2007.7～）

党委委员、武装部部长：徐明志（2004.10～）

党委委员、宣传部部长：付兴龙（2004.10～）

【概况】 曙光农场位于红兴隆分局西部，桦南县境内，场部位于县城西北方向9公里处的半截河子。场区东西长35公里，南北宽8公里，总面积172平方公里，耕地总面积10 667公顷。国家铁路牡（牡丹江）佳（佳木斯）线通过场区，鹤（鹤岗）大（大连）高等级公路与场部中心路相连，农场到佳木斯市、七台河市各60公里。各生产队之间有公路相通，客货运输极为方便。2007年全场总人口12 264人，4 332户。年内死亡73人，出生婴儿26人，自然增长率为-3.8‰。全场有15个作业区（居民组），1个林场，1个种子公司（上划单位），3个社区，8个驻场单位，2个股份制企业，18家民营企业。

2007年农场粮豆总产量3.84万吨，粮豆平均公顷产4 800公斤，实现社会总产值5.44亿元，其中：农业总产值1.07亿元，同比增长2.4%；工业总产值2.07亿元，同比增长33%；畜牧业和第三产业总产值2.3亿元，同比增长35.3%。经营利润260万元，人均收入8 500元。（李 红）

【农业】 农场播种面积为1.07万公顷，其中水稻0.27万公顷，玉米0.27万公顷，大豆0.17万公顷，经济作物0.36万公顷，其比例为1∶1∶0.63∶1.37。农业总产值为1.07亿元，总效益为4 742万元，平均公顷效益为4 446元，比上年增长11.4%，其中经济作物平均公顷效益7 245元，粮豆平均公顷效益2 985元，经济作物公顷效益是粮豆公顷的2.43倍。推广应用新技术10项，比传统种植方式公顷增效益4 950元。芦笋采收60吨。（李 红）

【工业】 农场实施扶壮龙头企业，带动民营企业发展战略，全面完成各项工业经济指标。实现工业总产值2.07万元，同比增长33%；完成工业增加值7 600万元，同比增长29%；完成工业利润1 500万元。兴隆水泥有限公司年创产值1.68亿元，实现利润1 000万元。以乡田粮油股份有限公司为骨干的5条粮油加工生产线，设备不断更新，逐步形成规模。农场出台了一系列的促进民营企业发展的优惠政策，推动了民营企业的发展。铸造机械厂产品销往省内外。守宝木器加工厂投资310万元，建成1 400平方米的生产车间，安排50余人再就业。农场招商引资5 000万元，破土动工的肉禽屠宰场计划于2008年7月竣工投产，可安排600余人就业。（李 红）

【农业机械】 农场投入353万元，更新农机具275台套。投入机械138台套，用于机械跨区作业，作业面积2.22万公顷，创收329万元。推进了与相邻桦南县的对接工作，充分发挥农场在农业产业化、规模化、标准化的优势，示范辐射带动场县区域优势互补，双赢和谐发展。（李 红）

【畜牧业】 农场通过农业开发项目引进资金200万元，兴建了建筑面积8 340平方米，占地面积3万平方米的高标准肉牛育肥小区，年可出栏肉牛2 400头。农场享受国家补贴款170万元，其中100万元用于繁殖母猪户饲养补贴费，30万元用于良种母猪补贴，40万元用于生猪人工输精技术的推广。当年农场肉牛饲养量6 000头，生猪饲养量25万头，羊饲养量为1 600只，禽饲养8万只，育肥牛出栏2 247头，生猪出栏14万头，实现利润4 600万元。（李 红）

【水利】 农场水利投资87万元（其中国家投资52万元，农场自筹37万元），其中27万元完成4个生产队安全饮水工程，完成灌排渠道清淤扩建土方9.96万立方米，排水闸3座。60万元用于改善灌溉面积0.07万公顷和八虎力河堤消险加固工程（共完成5.07万立方米）。（李 红）

【林业】 农场全年完成补、植林面积100公顷，其中重点防护林66.67公顷，退耕还林33.33公顷。营区栽植大树500棵，义务植树6万株。森林覆盖率达14.5%。农场加强防火工作，加强宣传、落实责任，对重点单位采取了死看硬守，连续多年未发生森林火灾。全场抚采面积8.7公顷，方材510立方米，做到了安全生产无事故。当年未发生盗伐林木案件。（李 红）

【科技】 农场积极推进科技入队、入户工程，建立起以科技指导员为纽带，科技推广为中心，连接辐射周边农户的技术传播网络。落实技术指导员6名，科技示范户120户，示范种植面积513.67公顷，其中分局级科技示范户20户，种植覆膜玉米23公顷；农场示范户100户，种植面积490.67公顷，科技示范户占农场总种植户数的11%。全年举办科技培训班5期，培训人数达750人次，科技下队培训12次，送技术资料600余份，光盘8套。示范户推广应用的玉米大垄垄上行间覆膜技术公顷产9 660公斤，比直播玉米增产27.2%。（李 红）

【教育】 农场中小学通过省级教育督导室"双高普九"验收。全年学生辍学率为零，事故发生率为零。农场学生孔令剑以中考成绩624分获红兴隆分局中考状元。农场总投资260万元，新建中小学公寓式宿舍楼3 000平方米，改善了办学条件。（李 红）

【卫生】 农场场部有职工医院1所，门诊部1个，下设32个基层卫生所。农场规范医疗服务行为，控制医疗费不合理增长。当年有2人考取医疗中级职称，8人参加黑龙江省举办的全医科学学习班，送2人到分局中心医院进修外科，提高了医务人员整体素质。全年完成医疗机构标准化建设95%，甲级卫生所达标率达100%；儿童"五苗"全程合格接种率达99%，新生儿乙肝疫苗24小时内及时接种率及全程接种率达100%。年内5岁以下儿童死亡率为零。对4例肺结核病人100%地实行了全程规范督导医疗。全年发放560公斤鼠药灭鼠，鼠密度下降，有效地控制了出血热的发病率。利用4月25日、5月15日计划免疫宣传日和防治碘缺乏病日发放相关知识宣传单5 000余份,有效地提高了群众健康知识普及率。 (李 红)

【精神文明建设】 农场投资40万元,修缮了占地300平方米的文化馆。投资210万元对农场文化广场和街心公园进行改建。加强了管理区"三室两场"建设,丰富了职工群众的精神文化生活,全民健身活动掀起高潮。农场开展创建文明小区,争当"十星级"文明户活动,场直地区以居民委和住宅楼为主创建文明小区4个,评选农场文明户26户。开展了文明单位捐款助学活动,文明单位捐款7 800元,全场各基层单位和个人为教育捐款35 690元。 (李 红)

【党风廉政建设】 农场纪委坚持"标本兼治、综合治理、惩防并举、注重预防"的方针,深入开展党风廉政建设和反腐败斗争。农场主要领导与基层领导签订"党政一把手抓党风廉政责任状"45份,对2名干部进行了警示谈话,党员领导干部廉洁自律工作得到加强,严格执行"八个坚持、八个反对",严格遵守"四项纪律和八项要求",为78名领导干部建立了廉政档案,有6人重大事项进行了申报。抓好预防教育,把党风廉政建设有关内容纳入了基层党支部学习内容的一部分。全年开展教育58小时,425人次参加学习,开创了党风廉政建设栏目,累计播放专题新闻7次。 (李 红)

【电力 通信】 2007年实现购电量417万千瓦时,比上年同期增加50万千瓦时,销售电量367万千瓦时,比上年同期增加70万千瓦时。综合线损率12.4%,比上年同期下降6个百分点。全年电费回收和上交完成100%,全年安全生产无事故。职工年收入突破13 000元。2007年在各项费用增加的情况下,经营亏损2万元,比上年同期减亏9万元,完成了电业局下达的经济指标和社会发展目标。曙光通信中心坚持了"客户至上、精心服务、锐意开拓、追求卓越"的服务理念,紧紧围绕以"加强服务保市场、发展宽带增收入"的工作方针开展全年工作。截止2007年末电话总数为1 620部,宽带232户,全年实现经营收入49.5万元。 (李 红)

【组织建设】 全场有党委4个,党总支3个,党支部59个,党员976名,基层团委2个,团总支1个,团支部22个,基层工会22个。非国有企业曙光机械铸造厂建立了工会委员会,守宝木器厂、个体户、工商业户建立了工会组织,非国有企业建会率达100%。 (李 红)

【社会治安综合治理】 全场12 264名居住人口,编为2个警务区、设立4个警务室,成立了37个保安队。农场投资20万元在主要街道和重点部位安装了监控系统,发案率明显下降。全场有9个调解委员会,基层调解委员会规范化建设达90%以上,调访一体化工作机制基本形成。法庭全年受理民事案件61件,除4件公告缺席判决外,其他全部调解,撤诉结案,平均判审限4.5天,结案率为100%。信访工作初步形成了在党委、行政领导下各部门齐抓共管信访工作的新格局,全年接待群众来访35起426人次,深入生产队下访10次,面对面倾听职工群众的呼声,解决了群众反映强烈的土地税返还问题、晒场收费、文明建设收费、义务工收费等问题,独生子女费兑现问题等。疏导了职工群众情结,避免了10余起集体上访事件的发生。检察工作注重教育、制度、监督并重的惩治和预防机制的建立,与有关部门建立工作联系,堵塞管理漏洞,全年调查初查案件线索3件,查清事实真相,收回资金3.6万元。公安全年共立案受理刑事案件12起,其中重大案件4起,特大案件1起,一般案件7起。共破获案件5起,其中重大案件3起,一般案件2起。破案率为41.6%,抓捕诉讼犯罪嫌疑人3人。受理治安案件25起,查结14起,查结率60%。 (李 红)

【新农村建设】 农场新农村建设共投资3 427万元。投资850万元,修建10公里水泥路。人居环境建设投资170万元,其中绿化投入50万元。全场新铺沙石路36公里,投入资金120万元。清理垃圾2 400立方米,出义务工2 980人次。文化设施建设投入资金230万元。职工住宅工程建设及拆除泥草房共投资452万元。农场生活费建设投放资金73万元。畜牧养殖、机械更新、中小学宿舍楼建设等投资1 652万元。 (李 红)

【交通】 农场交通部门加强行风建设,建立行政执法责任制,开展"法律进机关"活动,不断提高交通法制化管理水平,营造了良好的法制交通、和谐交通环境。全体工作人员每月保证20天的路面稽查,全年累计224天,检查车辆2 000余台次。截至12月末,总计完成征费184.68万元,除汽车养路费外,其他项目均完成管局下达的征收指标。全年张贴标语800余条,发放宣传单2 000余份。全年路政收费2.52万元,完成年计划的194%。 (李 红)

曙光农场基本情况及国民经济主要指标完成情况统计表
(2007年)

指标名称	计量单位	2007年数值
管理区数量	个	5
总户数	户	4 332
常住人口	人	12 264
女性人口	人	5 711
农场人口	人	12 264
少数民族人口	人	62
地区生产总值	万元	39 134.3
人均地区生产总值	元	31 909.9
工农业总产值	万元	55 598
粮食总产量	吨	38 380
固定资产投资总额	万元	2 515
职工工资总额	万元	5 447
职工平均工资	元	13 810.85
职工家庭人均收入	元	8 500

北兴农场

场长:姚树强,1956年2月出生,大专学历,经济师,中共党员,1974年9月参加工作,2005年9月任现职。

党委书记:吴森友,1952年2月出生，大学学历，高级政工师，中共党员，1969年1月参加工作，2000年11月任现职，2007年8月离任。

党委副书记、纪委书记、工会主席：杨景平（2004.10～）

副场长：毛国瑞（1998.5～）

蒋　斌（2002.5～）

刘文江（2006.8～）

王照泉（2004.10～）

场长助理：蒿万清（2006.8～）

赵均成（2006.10～）

党委委员、组织部部长：彭建明（2005.5～）

党委委员、宣传部部长：郭云之（女）（2004.3～）

【概况】 北兴农场位于黑龙江省东南部，地处完达山北麓。场部距七台河市40公里，距红兴隆分局92公里。境域面积769平方公里，其中耕地3万公顷，林地3.07万公顷，草原1.26万公顷，水域0.49万公顷。2007年，农场紧紧围绕社会主义新农村建设，深入贯彻落实科学发展观，以小城镇建设为突破口，大力推进"家庭三场"建设，不断提升"四业"发展质量。求真务实、锐意进取，战胜了各种困难，圆满完成了各项工作任务。全年实现社会总产值6.3亿元，同比增长10%；实现国内生产总值4.8亿元，同比增长11%；人均收入8 736元，同比增长10%；经营利润158万元。（梁会财）

【种植业】 农场经受了50年不遇严重旱灾、春涝夏旱、虫灾等自然灾害，应用推广多项农机新技术，加强增雨防雹工作，建立旱田地号轮作制度，坚持各项作业标准化，种植业效益创历史新高。全场总播种面积3万公顷。其中粮豆作物2.13万公顷，经济作物0.87万公顷，实现粮豆总产12.82万吨，种植业增加值1.43亿元。农场投资400万元，建成具有品种栽培实验科技示范、高产攻关、高效作物种植、旅游观光于一体生态园——博园，占地面积66.67公顷。已建成日光节能温室4栋，钢骨架蔬菜大棚50栋，玻璃钢大棚21栋，荷花池和景观长廊888米，利用博园开展科技培训人数4 800人次。农业基础设施得以夯实，全年总投资1 886万元。其中120万元对水泥晒场、田间路、桥涵等设施进行建设，新建水泥晒场1.1万平方米。投资54万元完成金沙小区水利建设项目。投资765万元，加快对低产田改造步伐，其中治理旱田1 000公顷。土壤改良666.67公顷，增强了农田抗风险能力。投资689万元，更新农机具233台套。投资58万元，新建第九居民组标准化农具场，完善了第十三居民组农机具场。投资200万元，新建土壤化验中心，配备了专业技术人员，扩大无公害、绿色产品种植监控面积，认证无公害产品7项，1.07万公顷，完成了0.2万公顷绿色大豆绿标申报工作。防雹增雨作业23次，为职工减少经济损失400多万元。（梁会财）

【畜牧业】 农场年末肉牛存栏1.75万头，其中繁育母牛4 000头。奶牛存栏716头，羊存栏14 008只，生猪存栏18 070头，鹿存栏1 184头，上交分局育肥牛5 500头。产鲜奶2 347吨，生产鹿茸1 274公斤，禽蛋284吨，肉类总产6 671吨。农场完成总局农业综合开发项目、新建标准化育肥牛基地总投资900万元。农场自筹资金450万元，建牛舍1万平方米，年可出栏育肥牛2 000头。全年制作微贮5 000余吨，青贮4.9万吨，母牛冻配率达到85.6%。对全场成年繁殖母牛实行微机化管理，防疫体系服务功能得以加强，保证禽流感、口蹄役等传染病免疫率达100%。贯彻履行"五保证、五到位"服务承诺，对1 461头繁育母猪实行风险互助政策。出台畜牧各类优惠政策9项，全年累计投资270万元，用于补贴和投入基础设施建设，有效地推动畜牧业快速发展。（梁会财）

【林业】 农场投入10万元对发展林下经济进行政策补贴，新增穿地龙5.4公顷，五味子5.93公顷，棚参3.07公顷，林下参22.47公顷，使农场林下参达到245.13公顷，棚参105.2公顷，穿地龙96.73公顷。积极发展周期短、见效快的林下经济项目，引种山蕨菜项目，试种2.2公顷。棚参、穿地龙两项为种植户增收200多万元。全年完成造林86.8公顷，补植333.33公顷，义务植树6万株。为强化林政管理，配备了8名专职林政员。（梁会财）

【工业 商贸 自营经济】 全年工业增加值3 500万元，同比增长15%；实现销售收入9 363万元，同比增长13%；实现利润510万元，同比增长20%。项目建设步伐加快，新增豆乳品生产线一个，签约项目3个。全年完成招商引资2 400万元。龙头企业与基地结合更加紧密，协会与种植户对接，落实原料基地166.67公顷。职工自营经济健康发展，实现自营经济产值2亿元，利润8 000万元，人均收入1.2万元。（梁会财）

【城镇建设】 2007年农场积极引进外部投资2 040万元，完成金兴小区三期工程建设，建成住宅楼4栋，面积1.58万平方米，建成宾馆商业楼2 500平方米。农场投资420万元建成建筑面积3 260平方米的市场综合大楼；投资400万元完成了兴龙潭公园一期工程建设；投资184万元，新建场直地区水泥路面6 599平方米，水泥地面4 100平方米；投资70万元，对文化广场进行改扩建；投资100万元对同心路两侧楼房进行水暖改造；投资18万元，将308省道两侧、中央大街两侧路灯全部安装到位；投资99.5万元，新增排污管道1 650米；投资80万元，新敷设供热管道1 980米；投资680万元，动迁110户，面积1.4万平方米。投资60万元，拆除泥草房3 000平方米。种植草坪1.5万平方米，栽植草本花卉3.3万株，配置新型果皮垃圾箱61个，更新垃圾箱30个。（梁会财）

【企业管理】 农场土地经营承包制度得以完善，财务工作得到进一步加强，全面推进了财务钢性预算管理和建设项目预算审查，继续推进了政府采购和干部职务消费货币化，严禁控制费用支出，确保了农场资金有效运行。建立了国有资产微机档案管理制度，确保资产保值增值。重视内部审核，审查出不合理票据28次，不合法资金2万余元。全年完成审计项目67个，审计金额1.98亿元，提出审计建议3条，审计处理14

个,收缴违纪款8.2万元。严格清欠制度,创新清欠方法,全年收回各类款项158万元。 (梁会财)

【社会事业】 农场加强了就业和再就业培训工作力度,培训人数1 578人,其中有1 452人成功就业。加大了对“五项保险”的宣传力度。投资25万元加强了人力资源市场建设,规范了管理,向社会提供各种用工3万余次。投资1.3万元,确保20名中小学生就学,“金秋助学”活动为42名贫困学生发放救助金1.1万元。对特殊困难的家庭实行临时性救助,全年发放低保资金27.6万元。爱心超市正式启动,有54名低保户得到救助。卫生体系和基本医疗服务不断健全。对全场35个卫生所实施扩建改造工程,全部达到甲级卫生所标准。投资16万元,购进新型救护车一辆,医疗卫生水平得到明显提高。教育事业迅速发展,“双高普九”工作成绩突出。农场投资100万元改善了教学基础设施。职教工作突出培训的实效性和实用性,全年举办各类培训班21期,培训人数达到4 582人次。按照省级公路建设标准,总投资4 864万元,其中农场自筹资金3 200万元,完成了42公里通村公路建设,改善了职工群众出行条件。公路里程和资金投入创历年农场公路建设之最。投资28万元建设居民组安全饮水工程。生态农场建设稳步推进,依法取缔农场境内16个非法炼焦窑。全面落实安全生产责任制,全年累计进行安全检查24次,复查8次,发现隐患152个。整改率100%,安全教育面达到100%。争取国家资金150多万元,新建一座80米高的广播电视发射塔,新增有线电视光缆3.3公里。 (梁会财)

【党建工作】 农场基层党组织和党员队伍建设得以加强。“北大荒先锋工程”扎实开展,召开了全场北大荒先锋工程推进会。全场结成帮带对子1 126对,党员干部为职工垫付生产资金500余万元。各类捐款60多万元,为职工群众办实事1 500余件。领导班子建设得到加强,先后对10个班子进行重点谈话,对26名基层干部进行了戒勉谈话,干部整体素质普遍提高。先后选派36人到东北农大、分局党校等地学习,组织干部培训278人次。 (梁会财)

【精神文明建设】 学习企业文化向纵向发展,文化软实力进一步提升,全场成立了50个文化站,设置了“六民”图书角,发放致富图书1.6万册,10个单位完成了申报总局、分局级文明单位和文明单位标兵工作。新闻中心对外发表稿件489篇。组织12个部门进行4次人居环境全面检查,使环境建设整体水平有了一定提高。党风廉政建设进一步加强,坚持抓源头治理,认真查处违纪案件,立案3起,结案3起,为农场挽回经济损失10万余元。召开了由25个部门参加的双评工作会议,促进了部门作风的转变。强化廉政建设,建立干部廉政档案163份。 (梁会财)

【民主法制建设】 职工民主管理进一步规范,基层单位100%召开民主管理大会和职工代表大会。“五五”普法扎实开展,法律“六进”工作卓有成效。人民调解组织在农场建设中发挥作用,全年调查处理纠纷68起。社会治安综合治理成绩显著,政法队伍整体素质有了很大提高。投资27万元购进警用专车5辆,改善了工作条件,提高了工作效率。坚持打防并举,农场治安案件和刑事案件明显下降社会治安有了根本好转。 (梁会财)

北兴农场基本情况及国民经济主要指标完成情况统计表
(2007年)

指标名称	计量单位	2007年数值
管理区数量	个	8
总户数	户	7 238
常住人口	人	19 866
女性人口	人	9 830
农场人口	人	19 866
少数民族人口	人	97
地区生产总值	万元	47 923.6
人均地区生产总值	元	24 123.4
工农业总产值	万元	60 850.3
粮食总产量	吨	128 206
固定资产投资总额	万元	8 541
职工工资总额	万元	4 596.1
职工平均工资	元	7 835.15
职工家庭人均收入	元	8 736

建三江分局

党委书记：王道明，1960年2月出生，山东省沂南县人，中共党员，大学学历，高级经济师、高级政工师，1977年7月参加工作，2003年11月任现职。

党委副书记、局长：王金会，1960年8月出生，黑龙江省友谊县人，中共党员，大学学历，高级农艺师，1981年8月参加工作，2003年11月任现职。

党委副书记：王甲林，1958年7月出生，辽宁省岫岩县人，中共党员，大学学历，高级政工师，1976年10月参加工作，2000年10月任现职。

党委副书记、纪委书记：刘胜利，1957年9月出生，吉林省敦化市人，中共党员，研究生学历，高级政工师，1975年9月参加工作，2004年5月任现职。

副局长：郭仁政，1954年11月出生，山东省乐陵县人，中共党员，研究生学历，高级经济师，1972年12月参加中国人民解放军，1998年10月任现职。

副局长：赵庆喜，1952年1月出生，江苏省灌云县人，中共党员，大学学历，高级工程师，1968年8月参加工作，1994年2月任现职。

副局长：于金友，1954年6月出生，山东省潍县人，中共党员，大学学历，高级工程师，1969年6月参加工作，1998年10月任现职。

副局长：祁祥一，1960年1月出生，山东省海阳县人，中共党员，大学学历，高级工程师，1982年2月参加工作，2005年07月任现职。

工会主席：王晓春，1962年5月出生，辽宁省沈阳市人，中共党员，研究生学历，高级政工师、高级经济师，1979年12月参加工作，2006年4月任现职。

党委委员、组织部部长：苍云，1968年10月出生，黑龙江省望奎县人，中共党员，研究生学历，高级政工师，1986年12月参加工作，2007年7月任现职。

党委委员、武装部部长：丛万志，1965年2月出生，黑龙江省依兰县人，中共党员，大学学历，上校军衔，1983年10月参加中国人民解放军，2007年6月任现职。

调研员：孙景贵，1947年12月出生，辽宁省阜新县人，中共党员，大学学历，高级经济师，1968年1月参加中国人民解放军，2000年10月任现职。

纪委副书记、监察局局长：田希友，1955年7月出生，黑龙江省宾县人，中共党员，大学学历，高级政工师，1972年12月参加中国人民解放军，2001年3月任现职。

政法委副书记：侯吉亭，1954年4月出生，山东省茌平县人，中共党员，大学学历，高级政工师，1970年8月在兵团二十七团参加工作，2000年12月任现职。

法院院长：李疆鹰，1959年10月出生，吉林省延吉市人，中共党员，大学学历，三级高级法官，1976年11月参加工作，2003年1月任现职。

检察院院长：施卉，1962年8月出生，江苏省海门县人，中共党员，研究生，政工师，1979年8月参加工作，2001年6月任现职。

公安局局长：庞忠林，1959年3月出生，辽宁省建平县人，中共党员，大专学历，政工师职称，一级警督警衔，1978年12月参加中国人民解放军，1983年11月参加工作，2005年7月任现职。

公安局政委：张国栋，1954年3月出生，黑龙江省兰西县人，中共党员，大专学历，照相工程师职称，三级警监警衔，1972年12月参加中国人民解放军，2000年12月任现职。

分局工会副主席：邓国锋，1954年12月出生，辽宁省昌图县人，中共党员，大学学历，高级政工师，1972年12月参加中国人民解放军，2001年3月任现职。

分局工会副主席：陈宝库，满族，1955年1月出生，黑龙江省富锦县人，中共党员，大学学历，高级政工师，1973年12月参加中国人民解放军，2001年2月任现职。

党委办公室、办公室主任：赵连举，1954年12月出生，黑龙江省富锦县人，中共党员，大学学历，副研究馆员、高级政工师，1972年12月参加中国人民解放军，1998年11月任现职。

党委宣传部部长：林柏和，1951年4月出生，黑龙江省富裕县人，中共党员，大学学历，高级政工师，1968年12月参加中国人民解放军，2001年3月任现职。

离退休干部工作处处长：王毅，1963年3月出生，山东省掖县人，1992年8月加入中国共产党，研究生学历，高级政工师，1984年12月参加工作，2001年3月任现职。

分局直属机关党委副书记：王全义，1963年8月出生，黑龙江省桦南县人，中共党员，大学学历，高级政工师，1982年12月参加工作，2005年10月任现职。

团委书记：王茂生，1967年8月出生，黑龙江省富锦县人，中共党员，大学学历，法学学士学位，高级政工师，1991年7月参加工作，2006年8月任现职。

党委政研室主任、政策法规局长：郭振金，1955年1月出生，黑龙江省巴彦县人，中共党员，大学学历，高级经济师，1970年12月参加中国人民解放军，2001年3月任现职。

计财处处长：刘广润，1964年6月出生，山东省黄县人，中共党员，大学学历，高级经济师，1986年7月参加工作，2001年3月任现职。

审计处处长：孙道东，1963年2月出生，山东省单县人，中共党员，大学学历，高级会计师，1982年8月参加工作，2001年3月任现职。

农业局局长：尹刚，1954年8月出生，黑龙江省密山县人，中共党员，大学学历,农业推广研究员,1971年1月参加工作,2001年3月任现职。

农机局局长:俄立生,1962年4月出生,山东省东阿县人,中共党员,大学学历,高级农艺师,1978年7月参加工作,2000年12月任现职。

畜牧水产局局长:孙本海,1960年4月出生,黑龙江省双城县人,中共党员,大学学历,高级畜牧师,1983年7月参加工作,2005年3月任现职。

林业局局长:田路成,1963年4月出生,山东省茌平县人,中共党员,大学学历,高级工程师,1983年7月参加工作,2005年10月任现职。

绿色食品发展中心主任:崔伟,1961年5月出生,辽宁省北镇县人,中共党员,大学学历,高级农艺师,1983年7月参加工作,2005年10月任现职。

种子处处长:高原,1965年11月出生,山东省黄县人,中共党员,大学学历,高级农艺师,1985年9月参加工作,2001年11月任现职。

水务局局长:于军,1962年2月出生,河北省黄骅县人,中共党员,大学学历,高级工程师,1982年12月参加工作,2005年1月任现职。

经委主任:杜敬友,1963年4月出生,山东省单县人,中共党员,大学学历,高级审计师,1982年4月参加工作,2001年3月任现职。

粮食局局长:国强,1960年12月出生,山东省即墨县人,中共党员,大学学历,高级政工师,1977年10月参加工作,2006年5月任现职。

商务局局长、项目办公室主任:范光临,1966年6月出生,黑龙江省安达县人,中共党员,大学学历,高级工程师,1985年4月参加工作,2005年10月任现职。

民政局局长:修相堂,1957年8月出生,山东省青岛市人,中共党员,大学学历,高级政工师,1976年12月参加中国人民解放军,2001年3月任现职。

劳动和社会保障局局长:陈兆明,1961年5月出生,山东省东平县人,中共党员,大专学历,经济师,1977年9月参加工作,2005年10月任现职。

教育局局长:王凤喜,1955年7月出生,黑龙江省宝清县人,中共党员,研究生,中学高级教师,1974年8月参加工作,2005年10月任现职。

科技局局长:郎福军,1962年12月出生,黑龙江省克东县人,中共党员,研究生,中学高级教师,1979年12月参加工作,2005年10月任现职。

新农村办公室主任:刘亚军,1961年8月出生,河北省定州市人,中共党员,大学学历,高级政工师,1977年9月参加工作,2006年4月任现职。

卫生局局长:徐红研,1960年5月出生,黑龙江省阿城县人,中共党员,大学学历,副主任医师,1976年9月参加工作,2005年10月任现职。

司法局局长:郑愿斌,1957年6月出生,山东省胶南县人,中共党员,大专学历,助理工程师,1974年10月参加工作,2005年10月任现职。

安全生产监督管理局局长:郭少义,1954年10月出生,黑龙江省富锦县人,中共党员,大专学历,高级政工师,1974年12月参加中国人民解放军,2005年10月任现职。

交通局局长:袁庆亮,1963年10月出生,山东省日照县人,中共党员,大学学历,经济师,1982年12月参加工作,2006年9月任现职。

交通局党委书记:薛友和,1955年8月出生,山东省陵县人,中共党员,大学学历,高级农艺师,1972年4月参加工作,2000年12月任现职。

建设局局长、街道办主任:周茂方,1965年3月出生,山东省胶县人,中共党员,大学学历,高级政工师,1982年12月参加工作,2005年10月任现职。

分局街道办党委书记:尹才,1958年2月出生,黑龙江省富锦县人,中共党员,大学学历,中学高级教师,1975年10月参加工作,2005年3月任现职。

分局科研所所长、种业公司董事长:李国俊,1963年5月出生,江苏省邗江县人,中共党员,研究生学历,高级农艺师,1984年7月参加工作,2000年5月任现职。

分局科研所党委书记、种业公司监事会主席:王道胜,1965年2月出生,山东省沂南县人,中共党员,大学学历,高级政工师,1983年11月参加工作,2004年12月任现职。

建三江第一中学校长:索凤余,1957年6月出生,黑龙江省富锦县人,中共党员,大学学历,中学高级教师,1980年8月参加工作,2005年12月任现职。

建三江第一中学党委书记:江凤君,1949年8月出生,山东省文登县人,中共党员,大学学历,高级政工师,1967年12月参加中国人民解放军,2001年2月任现职。

建三江第二高级中学校长:康永久,1954年12月出生,黑龙江省勃利县人,中共党员,大学学历,中学高级教师。1974年8月参加工作,1996年8月任现职。

建三江第二高级中学党委书记:任朝宗,1958年5月出生,河北省武邑县人,中共党员,大学学历,高级政工师,1978年9月参加工作,2004年12月任现职。

建三江中心医院院长:李竹青,1958年9月出生,江苏省涟水县人,中共党员,大学学历,副主任医师,1975年9月参加工作,2004年6月任现职。

建三江中心医院党委书记:王久沛,1952年8月出生,山东省即墨县人,中共党员,大学学历,中学一级教师,1973年10月参加中国人民解放军,2004年6月15日任现职。

分局驻哈办筹建办主任:王毅敏,1956年7月出生,辽宁省彰武县人,中共党员,大学学历,1973年12月参加工作,2001年3月任现职。

洪河国家级自然保护区管理局局长:董树斌,1965年3月出生,江苏省赣榆县人,中共党员,大专学历,高级工程师1984年8月参加工作,2001年3月任现职。

通信有限公司董事长、总经理:聂亚平,1962年6月出生,河南省上蔡县人,中共党员,大学学历,高级工程师,1979年6月参加工作,2005年10月任现职。

建三江热电有限公司董事长:王国利,1953年5月出生,辽宁省沈阳市人,中共党员,大专学历,经济师,1969年1月参加工作,2006年3月任现职。

建三江热电有限公司党委书记、监事会主席：朱新华，1954年2月出生，云南省大姚县人，中共党员，大学学历，高级政工师，1969年4月参加工作，2005年3月任现职。

建三江热电有限公司总经理：党爱河，1964年9月出生，河南省唐河县人，中共党员，大学学历，高级工程师，1983年11月参加工作，206年5月任现职。

商业局局长：王君川，1962年12月出生，山东省莒南县人，中共党员，大专学历，会计师，1982年8月参加工作，2000年12月任现职。

商业局党委书记：吕德胜，1952年6月出生，黑龙江省安达县人，中共党员，大学学历，经济师，1972年12月参加中国人民解放军，1997年5月任现职。

外贸处处长、乌苏里江外贸有限责任公司董事长：袁春启，1949年11月出生，山东省临沭县人，中共党员，大学学历，政工师，1966年5月参加工作，2001年2月任现职。

物资处处长、三江贸易有限责任公司董事长、总经理：马春野，1962年9月出生，黑龙江省阿城县人，中共党员，中专学历，助理经济师，1978年10月参加工作，2001年2月任现职。

农业生产资料公司经理：王玉宝，1960年2月出生，辽宁省本溪县人，中共党员，大学学历，政工师，1976年8月参加工作，2001年3月任现职。

新华书店有限责任公司经理：魏惠娟，1960年3月出生，吉林省通榆县人，中共党员，大专学历，政工师，1976年11月参加工作，2005年4月任现职。

新华书店有限责任公司监事：陈天龙，1965年2月出生，河南省濮阳县人，中共党员，大学学历，助理政工师，1983年11月参加工作，2005年4月任现职。

建三江分局机构示意图

（2007年）

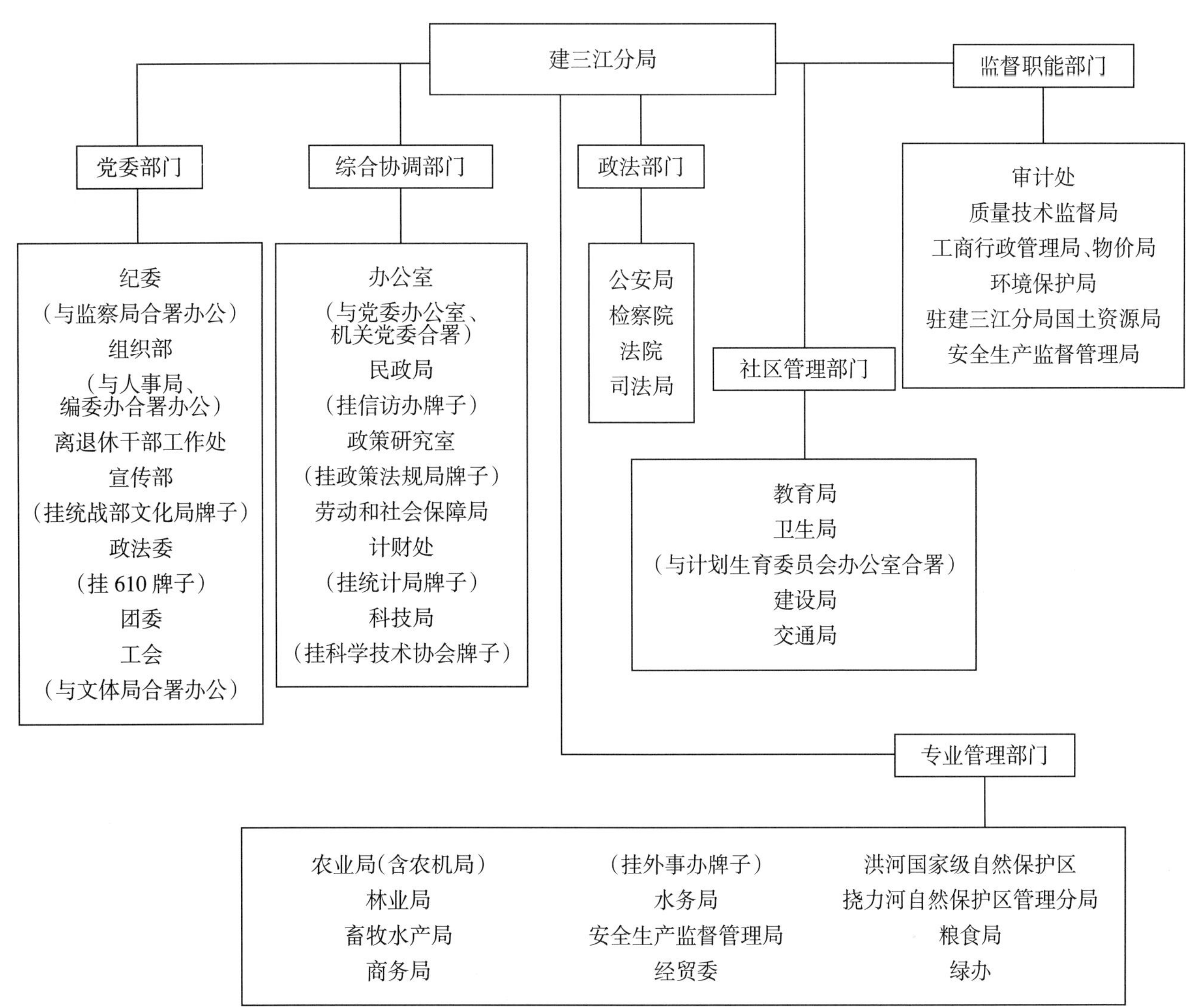

建三江分局下属企事业单位示意图

（2007 年）

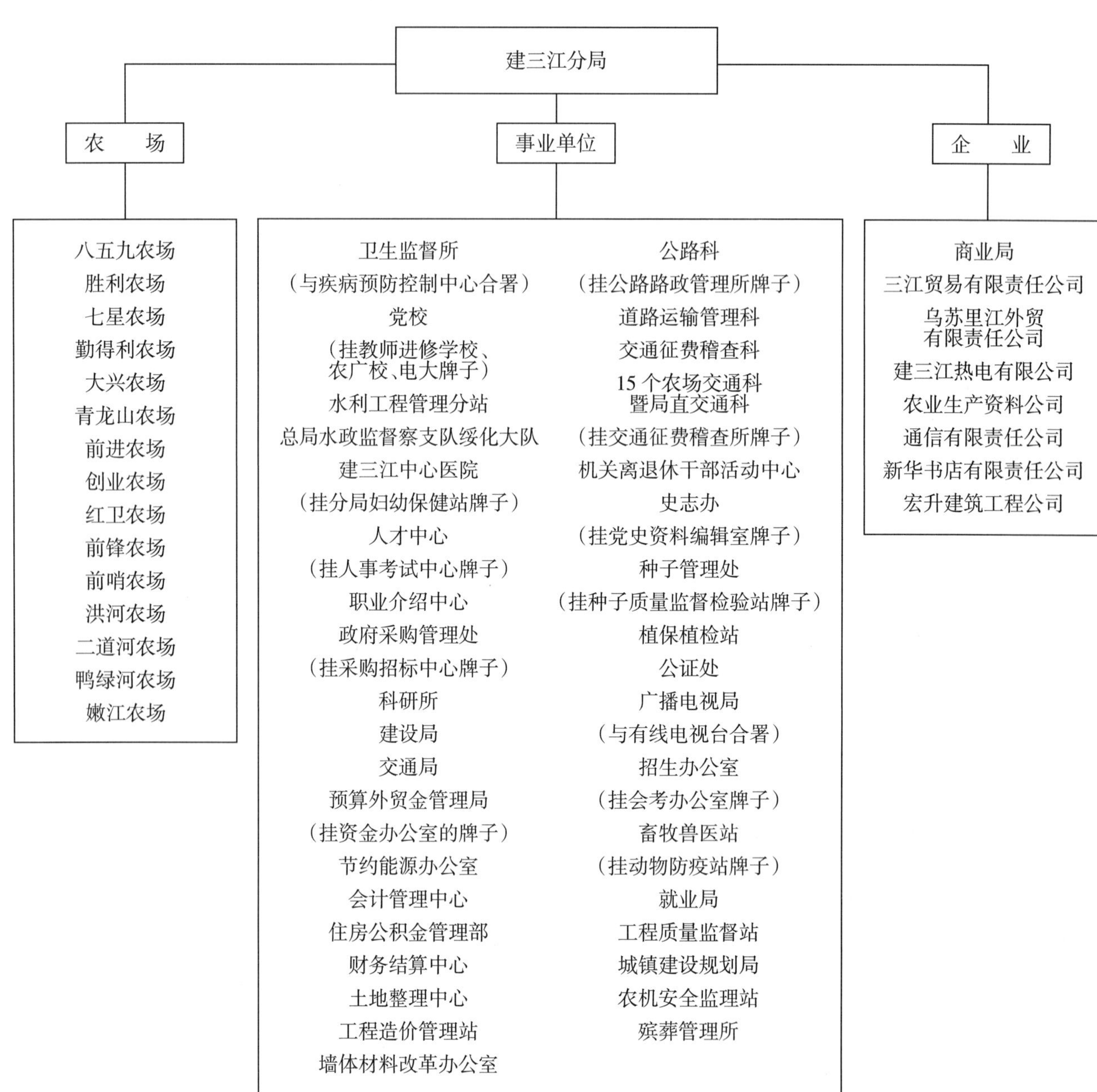

【概况】 建三江分局地处三江平原腹地，黑龙江、松花江、乌苏里江汇流的河间地带的要冲，系我国著名的低平原沼泽区。全境江河纵横，幅员辽阔、土肥水美，湿地成片，是共和国版图上最早迎来太阳升起的地方。生态环境优越，以盛产绿色优质水稻而闻名于世，享有“东方第一稻”和“中国绿色米都”之誉。建三江分局辖区总面积为 1.24 万平方公里，地理坐标：东经 132° 31′ 38″ ~ 134° 33′ 06″ ，北纬 46° 49′ 47″ ~ 48° 12′ 58″ 。全局地势西南高，东北低，除少数山丘外，绝大部分是平原沼泽地带。北部和东南部有部分山地，呈东北至西南走向，海拔在 100 ~ 626 米。中部为大面积的平原沼泽地，海拔在 40 ~ 60 米。地形坡降较为平缓，一般在 1/5 000 ~ 1/12 000，地形变化复杂，蝶形、线形洼地星罗棋布，泡沼水线遍布。主要河流有挠力河、别拉洪河、外七星河、浓江河、鸭绿河、青龙河、莲花河等，总流域面积为 11 330 平方公里。

境内拥有 15 个大中型国有农场，139 个管理区，耕地 53.47 万公顷，总人口 22 万人。曾被命名为“国际绿色产业示范区”、“绿色食品生产基地”、“国家级生态示范局”、“省级绿色产业经济技术开发区”。

已经建成洪河国家级自然保护区、挠力河国家级自然保护区、勤得利省级鲟鳇鱼自然保护区、乌苏里江省级自然保护区等4个低湿地保护区。保护区域总面积达23.42万公顷，是建三江垦区总面积的18.76%，远远高于全国10.8%的平均水平。境内已探明的草炭储量达1.1亿吨，居黑龙江省首位，国内第二。尤其是这里的特有物种——史氏鲟，素有“活化石”之称。

分局形成了以分局局直为中心的能源、电力、邮电、金融、教育、科技、文化和社会公用事业基础完善的农垦新城。国内第一条支农铁路——福前线一直延伸到前进农场，距离同(江)三(亚)国道仅有15公里，佳木斯——建三江——抚远高等级公路贯穿全境。拥有230公里长的界江，隔黑龙江乌苏里江与俄罗斯相望，并拥有勤得利、东安两个江岸码头，毗邻富锦、同江、抚远、饶河等4个大型口岸，铁路、公路、水路交通都十分便利。 （张万山）

【经济建设事业成效显著】 分局实现国内生产总值61.4亿元、人均纯收入9 025元，同比分别增长12.4%、10%，均高于全国平均增长速度。 （张万山）

【农业生产再超历史水平】 分局完成播种面积54.13万公顷、实现粮食总产41亿公斤，分别占全省粮食总产的1/10、黑龙江垦区粮食总产的1/3，建三江分局、七星农场获得农业部“粮食生产先进地县(农场)”称号；农业综合机械化率达到96%，完成农田水利土方4 088万立方米，植树造林0.15万公顷，分局被国家绿化委员会授予“全国造林绿化模范先进单位”称号。 （张万山）

【工业经济发展稳步推进】 分局实现工业销售收入15.6亿元，增加值4.27亿元，全口径利润8 400万元。396家企业厂厂盈利，建三江米业等8家企业成为总局级龙头企业，中铁集装箱公司建三江装车点年内投入运营。 （张万山）

【畜牧产业保持健康发展】 全局存栏羊53.3万只，其中绒山羊50万只，产绒137吨；生猪存栏11.8万头，生猪出栏29万头；奶牛存栏5 104头，生产鲜奶1.44万吨；家禽存栏205.8万只，出栏373.8万只，全年实现畜牧业增加值5.13亿元。 （张万山）

【自营经济出现稳步攀升】 分局实现自营经济产值27.3亿元，利润9.5亿元，从业户户均利润2.7万元。 （张万山）

【外经贸和招商引资工作取得可喜成绩】 实现进出口贸易总额6 100万美元，完成总局下达指标的158%；利用国内到位资金3.7亿元，超额完成总局下达指标86%。开发俄罗斯土地1.8万公顷，建立有机食品基地0.33万公顷；“三江一号”水稻品种在俄罗斯远东地区试种成功，得到俄方比罗比詹地方政府认可。成功地组建了哈尔滨商业银行建三江支行和建三江垦区农村信用联社；省电力公司投资2.5亿元的创业农场至前锋农场220千伏线路和前锋农场中心变电所项目正在改造建设中。 （张万山）

【经营管理水平再上新台阶】 财务刚性预算、职务消费制度坚持全面执行，开展“账销案存”资产和负债清查，全局累计清收欠款5 583万元，资产负债率下降1.4%。节约开支40多万元。 （张万山）

【“中国绿色米都”知名度明显提高】 2007年8月28日，圆满地完成了承办中央电视台“心连心”艺术团赴北大荒慰问演出任务。全局全年承担国内外政务接待近10万人次，同比增加近1/3；“建三江”品牌被评为“黑龙江省著名商标”。 （张万山）

【新农村和小城镇建设步伐加快】 全年规划审批建设项目106项，新增建筑面积25万平方米，修筑白色路面103万平方米，拆除泥草房3.7万平方米；分局局直地区兴建的建三江人民广场、建三江站前广场等两个广场投入使用；黑龙江垦区第一座铁路地道桥在建三江城区建成通车。 （张万山）

【社会稳定工作卓有成效】 全局全年调解各类矛盾纠纷1 630起，电子监控系统发挥了良好监控作用，各类案件发案率较往年明显降低，破案率明显提高；全年无重大安全事故发生。政法系统各部门为维护社会稳定作出了重要贡献。 （张万山）

【社会公益事业凸现长足发展势头】 全年新建教育用房3.7万平方米，高考升学率位居全垦区第二，教育工作顺利通过省政府“双高普九”初评验收。全年申请灵活就业、社会保险等各项补贴644万元；分局中心医院服务质量和医疗护理水平大幅度提升；全局人口出生率5.61‰，自然增长率2.24‰，符合政策生育率100%；卫生防疫工作扎实有效，民政、信访、残联事业稳步推进；全年建设公路1 997公里，修筑白色路面103万平方米。完成社会保险养老基金收缴7 400万元，发放养老金1.9亿元。电话装机总量达到6.5万部，入户率达到91%；开通7个农村信息服务室，完成10个管理区的文化信息资源共享网络配套工程。 （张万山）

【党的建设工作进一步加强】 全局场(处)级领导班子的凝聚力、战斗力进一步提高；“两新”(新的经济组织、新的社会组织）组织中党的建设迈出新步伐；干部管理、考核和选拔任用制度全面推行；“百名大学生进三江”工程强力推进，引进本科以上毕业生143人；培训干部4 000余人次。全年立案调查干部违纪38件，结案20件，挽回经济损失54万元，党风廉政建设群众满意率达到98.8%。年内召开了全局规模的思想政治工作研讨会，在各类报纸杂志上发表稿件4 800余篇，在总局级以上电视台播出新闻596条，顺利完成了20集大型电视纪录片《建三江》的创作与摄制任务。“扶低共富”经验在全国范围交流，职工技能大赛在黑龙江垦区率先铺开；建三江分局团委被共青团中央命名为“全国五四红旗团委”，武装工作和双拥共建工作得以进一步加强，离退休干部、关工委、工会、女工委等群团组织为全局各项事业的又好又快发展作出了重要贡献。 （张万山）

建三江分局基本情况及国民经济主要指标完成情况统计表

(2007 年)

项目	计量单位	分局	八五九农场	胜利农场	七星农场	勤得利农场	大兴农场	青龙山农场	前进农场	创业农场	红卫农场	前哨农场	前锋农场	洪河农场	二道河农场	鸭绿河农场	浓江农场
一、管理区数	个	155	11	14	12	15	10	7	16	9	11	9	9	9	7	8	9
二、总户数	户	68 251	6 983	4 872	10 866	5 833	4 137	3 679	5 238	3 778	4 131	3 898	4 000	1 392	1 199	1 624	2 197
三、总人口	人	204 838	18 467	14 057	33 888	18 270	14 407	11 680	15 173	10 361	13 088	11 991	11 809	4 346	3 157	5 220	5 590
男性人口	人	111 588	9 501	7 292	17 102	9 721	7 473	5 860	7 946	5 224	6 721	6 116	5 912	2 270	1 601	2 628	2 927
女性人口	人	93 250	8 966	6 765	16 786	8 549	6 934	5 820	7 227	5 137	6 367	5 875	5 897	2 076	1 556	2 592	2 663
少数民族人口	人	3 493	442	343	193	386	237	264	48	60	234	288	23	209	88	489	160
四、地区生产总值	万元	575 218.8	52 461.7	42 000	85 104.5	31 779	41 972	25 181.7	51 500	37 700	35 465.2	26 113	40 181	38 000	23 264.6	24 792	31 000
五、人均生产总值	元	538 378	28 408	29 879	25 100	17 395.7	29 133	21 559	30 000	36 386	27 100	21 777	34 025	61 000	73 692.1	47 566.2	55 357
六、工农业总产值	万元	764 504	53 973.1	74 000	142 967.1	45 929	68 748	36 744.05	43 426	38 000	26 341	37 295	66 951	23 957.9	21 105.8	38 003	47 063
七、粮食总产量	吨	4 006 556	304 701	246 000	446 601	187 409	335 659	171 000	353 003	290 000	313 002	181 963	336 330	242 000	193 000	189 888	239 000
八、固定资产投资总额	万元	113 526	6 714	3 581	8 281	5 657	19 636	6 042	11 516	4 127	5 238	5 935	6 105	4 184	4 562	5 915	16 033
九、职工工资总额	万元	18 931.4	1 014.1	997.7	2 547	1 584	2 070	1 174	865	3 152	1 300	1 362	727.5	386	451.7	550.4	750
十、职工平均工资	元	12 810.17	10 291	10 480	15 435	7 833.8	5 993	19 665	14 400	10 291	21 487	12 000	14 726	9 600	17 175	16 678.79	6 097
十一、农场职工家庭人均收入	元	9 334.467	9 611	9 300	10 600	7 524	9 054	8 067	9 577	10 000	9 100	8 394	8 895	9 600	11 883	8 918	9 768

八五九农场
八五九分公司

场长、党委书记：刘庆君，1952年4月出生，兰西县人，中共党员，大学学历，高级政工师，1970年10月参加工作，2002年7月任现职。

分公司总经理：刘相增，1962年7月出生，辽宁省建平人，中共党员，研究生学历，高级农艺师，1981年8月参加工作，2002年7月任现职。

党委副书记、纪委书记：王伟（2001.2～）

副场长：张开成（1997.3～）
李德忠（1997.3～）

分公司副总经理：王荣安（2002.10～）
魏文华（2002.10～）
朱晓霞（2002.10～）
季光照（2002.10～）

党委委员、工会主席：王伟（2005.2～）

党委委员、武装部部长：汪东升（2004.3～）

党委委员、组织部部长：张乾华（2002.1～）

【概况】 八五九农场、八五九分公司位于三江平原东北部，地跨饶河、抚远两县，行政区划归属饶河县，隶属于黑龙江省农垦总局建三江分局。地理坐标为东经133°50′～134°33′，北纬47°18′～47°50′。东濒乌苏里江，西以老雌山为界与胜利农场相邻，南与饶河农场毗连，北与前锋、前哨、二道河农场相接。总控制面积13.56万公顷，其中耕地4.67万公顷。农场场部距换新天火车站83公里，距前进镇火车站98公里。

2007年，农场有11管理区，下辖11个作业站和11个居民点。农场场部设1个街道办事处，下辖3个居民委。全场总户数6 983户，总人口18 467人，人口密度为每平方公里14人。场内有汉、满、蒙古、朝鲜、苗、回、仫佬、壮、侗、瑶、达斡尔、赫哲、水、柯尔克孜等14个民族，其中汉族18 025人，占全场人口的98%。场部人口7 266人。

农场长年积温2 473.69摄氏度，年降雨量596.42毫米，无霜期138天。

农场地势西南高，东北低。境内有一江三河十二山，挠力河、别拉洪河、阿布胶河自西向东流入乌苏里江。一江三河沿岸多为湿地，长期积水形成众多泡沼，2001年，经省政府批准的省级自然保护区乌苏里江自然保护区横跨场内，面积为39 668公顷。2002年7月，经国务院批准的挠力河国家级自然保护区在场内流域面积为3 907.2公顷。

农场以农业为主。2007年，总播种面积4.67万公顷，粮豆播种面积4.4万公顷。农业生产坚持以科技为先导，重视高科技投入，以高科技园区、100公里科技示范带建设和ISO9001质量管理体系认证、ISO14001环境体系认证为依托，建设绿色食品种植基地，主栽作物有水稻、大豆、玉米和小麦，中草药水飞蓟、大麦、亚麻、红小豆、白瓜子种植面积逐年扩大，水稻面积达3.27万公顷，玉米0.33万公顷，玉米和水稻两大高产高效作物面积为3.6万公顷，占粮豆总面积的82%。2007年农场粮豆总产30.5万吨。农场投资1 627万元，更新40马力以上拖拉机134台，水田搅浆平地机147台，插秧机289台，玉米摘棒机3台，稻麦割晒机13台，大中型水稻收割机54台，各种农机具68台套。投资176.3万元用于农机基础设施建设，建金属农机库1 500平方米，建农具场18 000平方米，对各管理区农具场进行维护，使全场农机场达到了规范化、花园化。旱田机械化程度达98%，水田达90%。

农场水域面积7 342公顷，占总面积的5.4%，乌苏里江生长的各种鱼类达50余种，其中大马哈鱼、“三花”、“五罗”负有盛名。

农场畜牧业以奶牛为主，畜禽养殖为辅。2007年全场奶牛存栏达3 500头。总投资1 000万元的现代化千头奶牛小区投入使用，为奶牛规模化饲养和科学化管理创造了条件。

渔业生产以天然捕捞和人工养殖相结合，养鱼水面103公顷，养殖产量278吨，捕捞产量349吨。

林业生产以建设绿色走廊、绿色城堡为重点。2007年全场植树42万株，建绿色城堡2个，面积1公顷，绿色通道1.8公里，绿色走廊21条，面积3公顷，栽种榆树墙11 000延长米。农场森林面积24 006公顷，森林覆盖率17.7%。

民营工业企业、建筑业、运输业、商业、服务业全面发展，场内有43个工商运建服企业。实现生产总产值5.25亿元，人均收入9 611元。

农场依山傍水，风景秀丽，旅游资源丰富。大农田、大湿地、大森林、大界江形成了独特的北国风光。乌苏里江畔百年古镇东安镇、乌苏里江灌区、东安码头、挠力河国家级自然保护区、乌苏里江省级自然保护区是著名的旅游景点。东安镇的百年木屋、乌苏里江沙滩浴场、天然荷花泡和场部南侧占地30万平方米的世纪园吸引了众多的旅游者。

农场交通便利，通信发达，“饶抚公路”穿过境内，“佳抚公路”与之相连，哈尔滨至前进镇的铁路干线与之相邻。场内有5条客运线路与外界相连，每天有客车通往哈尔滨、佳木斯、饶河、建三江及周边农场，年旅客流量4万人次。随着对俄小额贸易的发展，农场的航运实现了江海连运。

农场教育、卫生、文化、体育事业不断发展。农场的中学、小学和幼儿园基础设施健全，教学设施先进，师资力量雄厚。设备先进的职工医院，为职工的身体健康提供了保障。全场互联网、可视电话、有线电视三网光纤实现了村村通，有线电视收视率达98%。农场重视职工业余文化活动的开展和文化广场建设，以场区世纪园1万平方米的大型灯光文化广场为中心，加快11个管理区多功能文化广场的建设，到2007年已有9个管理区安装了健身器材。以每年的6月18日农场文化艺术节为重点，以群众业余文化活动为补充，使全场职工的文化活动呈多样化。

2007年，农场被省政府确定为“省级新农村示范镇”，第一、第二管理区被确定为“省级新农村示范村”。（贾乃生）

【领导视察】 2007年8月4日，全国政协“现代化农业与粮食安全论坛”考察团到农场、北大荒农业股份公司八五九分公司就水稻收购价格、仓储和外运进行了考察。省政协副主席梁荣欣、总局副局长王有国陪同考察团考察,参观了第一管理区新农村建设和农场世纪园。

8月15日,农业部副部长高鸿宾在农业部农垦局副局长吴恩熙,总局党委书记吕维峰的陪同下,到农场、八五九农业分公司考察。

8月31日,国家信息产业部副部长苟仲文在省信息产业厅厅长孙　,总局副局长王有国的陪同下考察了农场的信息化建设,还参观了农场小城镇建设和世纪园。（刘进有）

【“心连心”在农场设演出分会场】 2007年8月27日,中央电视台“心连心”艺术团代表党中央、国务院慰问北大荒父老乡亲。主会场设在建三江分局,并在乌苏里江畔的八五九农场东安镇设分会场,郁金剑、麦穗、潘军等歌手到分会场慰问演出。（贾乃生）

【庆祝建场50周年】 2007年7月10日,农场在世纪园举行庆祝建场50周年大会。此次庆典活动由一场报告会、图片展、书法绘画展和一场大型文艺节目组成。会上,建三江分局党委书记王道明代表分局党委致贺词,农场领导刘庆君、刘相增做了讲话,全场20个单位表演了节目,观众达4 000多人。（王　伟）

八五九农场 分公司基本情况及国民经济主要指标完成情况统计表
(2007年)

指标名称	计量单位	2007年数　值
管理区	个	11
总户数	户	6 983
总人口	人	18 467
其中:男	人	9 501
女	人	8 966
少数民族人口	人	442
地区生产总值	万元	52 461.70
人均地区生产总值	元	28 408
工农业总产值	万元	53 973.10
粮食总产	吨	304 701
固定资产投资总额	万元	6 714
职工工资总额	万元	1 014.1
职工平均工资	元	10 291
职工家庭人均收入	元	9 611

胜利农场

场长: 王景海,1961年8月出生,辽宁省昌图人,中共党员,研究生学历,高级农艺师,1977年9月参加工作,1998年11月任现职。

党委书记: 黄家斌,1954年12月出生,安徽省寿县人,中共党员,大学学历,高级政工师,1972年12月参加工作,2000年5月任现职。

党委副书记、纪委书记、工会主席: 李建军(2001.2~)

副场长: 于顺江(1994.12~)
刘海林(1995.7~)
秦文君(2001.2~)
李建辉(2001.12~)

党委委员、武装部部长: 杜敬民(1991.1~)

党委委员、组织部部长: 郭　军(1997.3~)

党委委员、粮油食品公司董事长兼总经理: 姚赤宇(2007.8~)

【概况】 胜利农场位于黑龙江省东北部,饶河县境内。地理坐标:东经133°34′~134°9′,北纬47°13′~47°32′。东以老迟山、喀尔喀山主峰与八五九农场毗邻,南以挠力河与小佳河镇、饶河农场隔河相望,西以洪19排干、挠一干与红卫农场相连,北以别拉洪河与洪河、前锋农场接壤。农场控制面积922平方公里,其中耕地面积3.53万公顷,草原0.5万公顷,林地2.18万公顷。农场人口14 057人,其中汉族人口13 714人,占总人口的97.44%;少数民族13个,人口343人,占总人口的2.56%。

农场属于寒温带大陆性季风性气候。冬季长,多西北风,夏季多东南风。2007年平均年降雨量为456.5毫米,7~9月份雨量占69.3%以上。农作物生长期间降雨量在430毫米左右,占全年降雨量的69.3%左右。年平均气温3.2℃。无霜期一般在5月10日至9月30日左右135天。平均风速3.2米/秒,最大风速为42米/秒。日照时数2 285小时,大于10℃以上的有效积温2 705.3℃,属于第三积温带下限到第四积温带之间,全年高温干旱。

农场共有基层行政单位53个(副处级单位4个),其中农业管理区14个,工副业单位24个。

2007年农场播种面积3.53万公顷,其中水田2.2万公顷,大豆0.6万公顷,玉米0.2万公顷,经济作物0.53万公顷,实现粮豆总产24.6万吨。全年创造社会总产值7.4亿元,实现国内生产总值4.2亿元,增长18%,其中第一产业实现2.78亿元,第二产业实现7 800万元,第三产业实现6 400万元,农场盈利877万元,人均收入9 300元。（任玉福）

【种植业】 农场战胜了冬雪大、春季涝、夏干旱等自然灾害,全场播种面积3.53万公顷,实现粮豆总产24.6万吨。农场建立了以科技园区为先导,以科技示范户为依托,以农业协会为载体,以科技开发、示范、辐射、推广为核心的农业技术服务体系;推进农业基础设施和机械化工程建设,新建水泥晒场5个,水稻大棚5 500栋,完善中心管理区三室两场建设3个,改扩建农具场3座,更新农机具1 384台件,完成农用飞机场改扩建工程;加快绿色食品基地建设步伐,建“长乐”品牌绿色大豆、玉米基地0.67万公顷,创建国家级绿色水稻原料基地1.07万公顷,有机食品基地0.27万公顷;举办科技培训班50余期,培训技术人员、种植户8 000余人次;实施挠力河段4个作业站的水利配套工程,完成土方量400万立方米,架设桥涵30座;100%完成秋整地、黑色越冬,收储优质种子2 140吨;投入624万元完成土地整理346.67公顷;完成三十九队土地复垦项目,新增耕地面积58.67公顷。（任玉福）

【畜牧业】 农场把畜牧业作为带动经济发展的主导产业来抓,以“上规模、达标准、保安全”为基本要求,努力构建以牛羊为主、多业并举的畜牧发展新格局。制定了畜牧业发展实施方案和鼓励从事畜牧养殖的优惠政策,全场共落实饲料地287.47公顷,其中青贮饲料地

100公顷，新建永久性青贮窖4座，在第二管理区建设肉牛养殖科技园区一个，规范畜牧小区建设，实现人畜分离，加强防检疫体系建设，控制各种畜禽疾病的发生。全年实现羊存栏20 281只，肉牛存栏3 274头，生猪存栏2 574头，禽类存栏16万只；水面养殖达26公顷，养殖东北黑蜂1 200箱（每箱蜂利润达到500元）。（任玉福）

【林业】 农场完成造林37.33公顷，退耕还林补植200公顷，国家重点公益林管护1 666.67公顷；栽植绿化大苗3万余株，栽植绿篱110万株，4万延长米，场直周边和荒山坡绿化面积4余公顷，栽植水曲柳、桦树、樟子松、云杉等绿化大树1.1万棵，栽植花卉1万余株，新种植绿地草坪3万平方米，修建南湖水库荷花池1 300平方米，新宾馆绿化栽植大树93棵。（任玉福）

【新农村建设】 农场投资2 800万元，建设通村公路36公里，完成了第八管理区、第五管理区营区白色路面以及附属设施建设；总投资2 300万元的南湖新区经济实用住宅一期工程全部完工，农场出台购房优惠政策，为职工购房补贴资金500余万元。投资100万元，对200多户老区房屋进行改造，屋顶更换彩钢瓦，墙体粉刷涂料，对老车队居民区70户住宅进行整体拆迁。农场开展了生产环境、生活环境治理大会战，治理"脏乱差"。（任玉福）

【工业】 农场按照企业化经营、市场化运作、程序化管理、规范化监督的经营理念，全面推进企业改革重组，发挥第二产业发展的战略带动作用。2007年，安排就业1 300多人，新增产值超千万企业3家，全场工业产值超千万元以上的达7家，3 000～5 000万元的2家。胜利粮油食品公司实现增资扩股1 000万元；粮贸公司完成股份制重组，购置大豆精选加工项目和大型烘干设备，新开发工业园区面积20 000平方米，基础设施投入100余万元，民营企业形成了"小企业、大群体、高效益、快发展"的工业发展格局。全年实现工业总产值1.46亿元，利润1 200万元。（任玉福）

【小城镇建设】 农场按照建设园林化城镇、生态型居住区的设计理念，加大城镇建设投入。新建白色路面2.2公里，基本实现场区主干街道全部硬化目标；完成生资市场建设和综合市场、停车场改扩建工程；增加文化设施投入，投资1 000万元启动南湖水库公园风景区建设，完成湖心塔、曲桥、景观长廊、围岸护坡等基础建设，建成集防洪蓄水、观光旅游、水产养殖、生态调控于一体的新型水库；投资50万元维修了翠屏园文化休闲广场；投资200多万元实施了场直地区和3个作业站的安全饮水工程，提高了饮用水质量。积极创建园林化城镇，完成荒山造林40公顷，人工防护林22.93公顷，建设绿色城堡4个，绿色通道60余公里。（任玉福）

【财务管理】 农场以实施新一轮土地承包为基础，合理配置土地资源，落实基本田0.52万公顷，职工居民种植面积的比例由2006年的52%提高到80%；加强对基层核算单位和改制企业的审计监督，完成审计项目18个，审计金额1.4亿元；实施撤队并区工作，将9站和11站合并为第七管理区；通过土地置换、竞标转让等资本经营方式，完成生资市场建设、农贸市场改造和原农场宾馆的转让出售，新增资产400万元；启动了"账销案存"资产专项清理工作，全年清收欠款167万元。（任玉福）

【公益事业】 农场继续加大对教育事业的投入，投资100余万元，建设了综合文化体育场，添置了配套的文化体育器材；巩固教育改革成果，教育教学水平全面提高，中考成绩连续两年在分局综合排名第一，顺利通过了省级双高普九验收；加大对医疗卫生事业的投入，投资80余万元，添置先进医疗器械，有效改善农场的医疗水平；提升劳动保障水平，农场拨款单位、事业单位和退休人员工资水平调整提高，为全场318名职工子女办理了统筹社会保险；提高网络信息化水平，农场投资60万元，完成10个作业站的宽带互联网建设；加强民政助残工作，纳入低保对象450人，完善了殡仪服务中心场馆建设，建立起"爱心超市"，帮助困难群众解决生活问题。（任玉福）

【党建工作】 农场狠抓各级领导班子和干部队伍建设。建立了防止违法违纪和预防职务犯罪的预警机制，录入廉政电子档案185份，对违反党纪政纪的2名科级干部进行了处理。深化干部人事制度改革，加强对农场基层班子及在职干部的考察考核，对19个基层班子进行了充实和调整，有31名主管领导进行了岗位交流与轮换。加强干部队伍建设和后备人才的选拔，全年投入到干部培训方面的费用达100万元，选派基层干部15人外出参加经营管理等方面学习，引进大中专毕业生10人，为农场经济发展储备了知识型人才。（任玉福）

【文明创建活动】 农场以庆祝垦区开发建设60周年为契机，深入开展精神文明创建活动。提炼了企业文化精神，完成了场歌、场徽以及其他文化作品的征集工作，掀起了以"热爱胜利、美化胜利、建设胜利、发展胜利"为主题实践活动的新高潮，全年举办各类文化活动演出10场。农场和公路站等6个单位分别被评为总局、分局级精神文明单位。（任玉福）

胜利农场基本情况及国民经济主要指标完成情况统计表（2007年）

指标名称	计量单位	2007年数值
管理区	个	14
总户数	户	4 812
总人口	人	14 057
其中：男	人	7 292
女	人	6 765
少数民族人口	人	343
地区生产总值	万元	4.2
人均地区生产总值	元	29 879
工农业总产值	万元	7.4
粮食总产	吨	24.6
固定资产投资总额	万元	3 581
职工工资总额	万元	997.7
职工平均工资	元	10 480
职工家庭人均收入	元	9 300

【民主法制建设】 农场以创建"平安胜

利”为主要工作任务,公法司全体干警严厉打击各种刑事犯罪,加强社会综合治理工作,保护全场人民生命与财产安全;大力开展“五五”普法宣传工作,建立健全司法调解体系,依法治场工作有效开展;坚持领导干部信访接待日制度,及时处理了一批重点难点信访案件;民主法治建设得到加强,政务公开、场务公开制度不断完善;关工委加强了青少年思想道德教育。 (任玉福)

红卫农场

场长:何安奎,1962年8月出生,四川省达县人,中共党员,研究生学历,政工师,1978年9月参加工作,2000年6月任现职。

党委书记:徐子君,1967年10月出生,山东省日照人,中共党员,大学学历,高级审计师,1987年7月参加工作,2005年12月任现职。

党委副书记、纪委书记、工会主席:冷喜(200 4.3~)

副场长:韩向忠(2001.3~)

葛如刚(2001.8~)

何安全(2003.3~)

党委委员、武装部部长:姜亦树(1987.3~)

党委委员、计财科科长:高培菊(女)(2000.11~)

党委委员、组织部部长:陈荣生(2002. 1~)

【概况】 红卫农场位于黑龙江省东北部。横跨饶河、富锦、三市县。控制区域为东经133° 5′ ~133° 36′ ,北纬47° 13′ ~47° 29′ 。行政区划属饶河县,位于饶河县西北部,挠力河下游北岸。南以挠力河流域同小佳河、山里乡为界,北抵别拉洪河老河道(已干涸)与洪河农场相邻。东西相邻27公里,南北相距28公里。高等级水泥公路可通佳木斯、哈尔滨及抚远等地,交通较为方便。农场总面积756平方公里,其中耕地面积3.27万公顷,草原0.26万公顷,林地0.56万公顷。农场人口1.3万人,包括汉、满、蒙古、回、瑶、苗、锡伯、朝鲜、土家、黎族等民族。人口自然增长率0.23‰,生育符合政策率达100%。

农场所处的地理位置,气温变化较大,降水分布不均。冬季漫长、干燥而严寒,夏季短而湿热,春季多有大风,秋季降湿急,常有冻霜发生。全年日平均气温在1.7℃左右,全年≥10℃积温在2 700~3 000℃之间。全年作物生长季节≥10℃积温在2 100~2 600℃之间。年降雨量在457.9毫米左右,无霜期平均在132天左右。

农场下辖11个管理区5个居民委。

2007年,农场实现粮豆总产突破31.3万吨,实现国民生产总值3.55亿元,人均纯收入9 100元,农场实现利润2 080万元。 (穆 丹)

【种植业】 2007年,农场水稻公顷产9 750公斤,达到了超级稻规定的指标,连续3年代表分局接受总局标准化农业验收分别达标,高产攻关连续3年获总局前3名。农场第一管理区的高产攻关户崔文臣所承包的13.33公顷水稻经农业部专家组现场测产,实际公顷产量为14 953.5公斤。农场水稻生产已经形成了具有一定的区域特点、标准较高的生产模式。2007年农场完成播种面积3.27万公顷,其中水稻3.2万公顷。粮豆总产突破31.3万吨。粮食总产、单产、商品量和商品率连续5年“五超”历史。农场实现大田作物全面积统一供种,优良品种覆盖率100%;实行统供三大肥,质优价廉。水稻绿色产品基地认证0.8万公顷,有机产品认证0.16万公顷,通过国家良好规范农业GAP和无公害生产基地认证,从根本上提高产品的内涵,提升农业总体效益。全场更新水田各类农机具1 560台件,总投入1 400万元。农场实施综合健身防病工程,坚持航化健身与人工防治相结合,有效防治稻瘟病等各种病害。农场加大农业基础建设投入,增强农场发展后劲:一是积极争取国家农业综合开发项目,投资821万元,完成0.11万公顷中低产田改造项目,其中国投资金到位390万元;二是投资337万元,完成通村公路水泥路面7.9公里,提高站间道路标准;三是加强水利设施建设,投资346万元,完成别拉洪河橡胶坝以及部分单位的水利桥涵、排灌设施建设,综合抗灾能力明显提高;四是投资25.4万元建自动控温浸种催芽棚3栋,应用微喷、控温控湿技术大棚基地一处,一次性催芽20吨恒温催芽室一处;五是投资39万元新建水泥晒场1.6万平方米;六是投资212万元,新建收割机库1 360平方米,插秧机库960平方米,农具停放平台3 680平方米,投入38万元新建科技园区办公室;七是农场投资139万元建成标准化土壤化验室、气象站和农业病虫害监测系统;八是耕地规范化建设加快,投入6台挖掘机对秧田规范化建设,地号环境治理进行集中施工作业,8 800栋大棚100%实现燕尾槽开闭式高台育秧,100%实现基地集中育秧、以户集中育秧和带式育秧;晒水池改造全面推进到位。完成了75公里的示范带地号环境建设,共整理地号0.53万公顷,治理草泡子120余处,新增土地20公顷。 (穆 丹)

【农业机械】 农场利用好政策为全场116名农户协调办理了贷款购机相关手续。共贷款购置大中型拖拉机102台(其中:东方红系列46台;欧豹系列38台;奔野17系列台;上海纽荷兰1台),3316收割机14台,共购进各类拖拉机113台,搅浆平地机140台,插秧机193台,弥雾式喷雾机1 100台,投入更新资金1 400万元,农机更新工作列分局前茅。全场40马力以上拖拉机总量达到670台,搅浆平地机692,插秧机1 844台。农场4月17日开始水田整地至5月5日全面完成整地任务。5月11日掀起插秧高潮,至5月23日全部结束。机插面积达2.88万公顷,占90%。9月25日开始水稻收割至10月15日全部结束,引入洋马半喂入式收割机257台,全场直收面积2.58万公顷。农场加强农机基础建设。全年投资212万元对农具场进行改造,其中在第六、第九管理区分别建设630平方米和730平方米的收割机库,在第十二、十六、二十一作业站建插秧机库960平方米,在第二、三、五、二十四作业站建设农具停放平台2 530平方米,在第七、第八管理区农具场铺砂石 12 700 平方米，铺粗石2 145 平方米，碎石 635 平方米，建设停放平台 1 150 平方米，全场停放农具水泥平台面积 8 262 平方米，水泥路面 110 延长米，改建第一管理区农机会议室 200 平方米。全场所有单位库房、围栏粉刷一新，农具场区面貌得到改善。农场纠正超载、超速、违章载人等各种违章现象。安装安全反光板 1 045 套，纠正违章 186 次，清理"黑车"14 台，"非驾"179 人，核发号牌 310 副，换证 140 人，完成了场区两级驾驶员档案及机车档案的清理、完善工作。（穆 丹）

【林业】 农场完成造林 133.3 公顷，义务植树 2 万株，完成计划 100%。其中：完成绿色通道 4 公里，栽植绿化树木 3 万株，森林覆盖率 8.3%。全年查处林政案件 7 起，结案 100%；森林过火率控制在 3‰以内，湿地管护面积 10 885.9 公顷。（穆 丹）

【畜牧业】 农场通过政策扶持，完善服务体系建设，推进良种化进程，加强标准化建设等措施，使农场以绒山羊为主畜牧业继续保持健康稳定的发展。农场畜牧业在分局综合评比中荣获第一名的好成绩。投入 153 万元畜牧发展基金，新建第八管理区绒山羊科技示范园区 1 个，对第十管理区绒山羊良种基地进行改造。园区新建彩钢结构标准化羊舍 11 栋，服务用房一栋，同时配套了永久性青贮窖、药浴池等基础设施，实现了沟渠畅通、人畜分离、科学化管理、规范性饲养等示范性园区。2007 年农场落实饲料地 370.8 公顷，农场补贴 91.8 万元。农场大力推广青贮种植，种植青贮玉米 164.33 公顷。推进绒山羊良种化工作，政策性补贴 11.6 万元。完善基础畜牧兽医服务站，提高基层技术人员的待遇。2007 年农场羊存栏 59 030 只，肉牛存栏 190 头，产绒 13 吨，实现畜牧生产总值 5 019 万元，牧业增加值 2 560 万元。（穆 丹）

【自营经济】 农场把发展自营经济作为富民强场的一项重要产业来抓，重点以稳定发展养殖绒山羊为主，不断扩大特色种植和特色养殖规模，扶持发展稻米加工、高产高效的经济作物，扩大温室大棚蔬菜生产面积，积极发展食用菌、育秧大棚综合利用，努力提高产量和效益，促进自营经济的健康发展。特色种植的作物有红小豆、黑豆、香瓜、西瓜、白芸豆、白瓜子共 100 公顷，种植棚菜 10 公顷，大棚综合利用种植青贮饲料 466.67 公顷，种植陆地蔬菜 100 公顷养殖狐狸 100 只，貉 300 只。小型稻米加工厂 7 个，年加工能力在 9 万吨以上，市场连龙头、龙头带基地、基地连农户的产业化格局在农场稳步发展。农场肉联厂 2007 年屠宰加工 0.5 万余只淘汰绒山羊。2007 年农场非公有经济实现产值 2.33 亿元，利润 7 932 万元，从业户均收入 2.7 万元，人均收入 10 800 元。（穆 丹）

【新农村建设】 农场制定了试点管理区 2007 年建设计划。试点管理区在完成规划编制的基础上，扎实推进各项建设工程。第 管理区营区道路实现硬化 1.3 公里。新建公厕一个。改建卫生所一处，使其达到总局标准化卫生所。投资 20.9 万元完成绿色城堡植树任务，新增四旁绿化面积 2.64 万平方米。新增有线电视用户 145 户，使营区有线电视入户率达到 90%以上。投资 3.3 万元增添了体育健身器械。购置大型农机具 48 台套，打灌溉电井 12 眼，修建排水边沟 500 米，泥草房改建一处 130 平方米。第五管理区营区内实现道路硬化 1.5 公里。投资 22 万元改建自来水设备。新增绿化面积 1.33 公顷，建水泥晒场 17 000 平方米。农场投资 1 189 万元修建场区白色路面 4.75 公里、主公路通往七队、五队两条通村路白色路面共 4.8 公里、两个试点管理区营区路面硬化 2.8 公里，完成场区外循环白色路面。投资 290 万元在场直建两条下水管道。投资 38 万元在场区新建公厕 13 座。人工挖排水沟 2.6 万延长米。投入 38 万元整理拆迁后的绿化带 15.6 万平方米，秋季挖树坑 3 万个。用一个月时间拆除主房南侧的门房、杖子、厕所和主房两侧偏厦超出部分，拆除面积 8 040 平方米。场区和管理区住区内共清理农机具 300 多台套，清理林中柴草垛 76 个，清理牛羊猪圈舍 18 个，清理垃圾 2 951 吨，完成绿化植树 32.85 万株，初步改变了"脏乱差"的生活环境。农场社会事业协调推进。投入 20 万元加大了管理区卫生所建设，投资 50 万元为医院新进彩超等设备。为建立一支高素质的新型农民队伍，共培训新型农民 8 000 多人次，发放技术资料 1 万余份。制定下发了《红卫农场新农村建设环境治理方案》及《环境治理实施细则》，对做好全场环境治理工作提出明确要求。利用报纸、电视、板报、宣传车对农场新农村建设整体情况和项目工程实施情况及取得实效和存在的问题进行新闻报道和经验宣传，全年共播出有关新农村建设的新闻 350 条，报纸上稿 80 篇，出板报 25 期，出动宣传车 21 天。通过农场全体干部职工的共同努力，在分局新农村环境建设大检查评比中，农场场区由过去倒数第一跃升到分局第五名，管理区、作业站排名也从倒数排在 21 个单位中的中游。农场综合排名列到分局第七名。（穆 丹）

【财务管理】 一是在核算规范的基础上，全面提高会计信息质量。运用新软件实现了全场一账式管理。二是加强预算监管和货币资金统管工作，确保刚性预算如期实现。全年没有超预算现象发生，有效地维护了刚性预算的权威性。三是加强货币资金管理，确保资金使用安全。农场出台了货币资金管理有关规定，为资金安全运行提供了可靠保障。四是承包费的按时收缴，为农场各项生产经营支出、全场干部职工工资发放、基本建设支出等提供了强有力的资金保障。五是政府采购工作成绩显著。农场基本建设在总局政府采购办统一招标的基础上，全年实物政府采购资金共计 327 万元。六是年清年结和财务公开化工作落实到位。通过签订年清年结对账单促进了基层单位真正核算到户，加快了单位对农户的兑现进度，杜绝了账外账等遗留问题的发生，消除了经济纠纷的隐患。农场通过不断完善刚性预算管理、货币资金集中管理、职务消费货币化管理、财务公开化管理、大额资金审批制度及其他各项内部控制制度，使财务管理工作日趋制度化、规范化，效果显著。货币资金运转安全流畅，八项费用能够控制在土地承包费收入的13%以内。全年收缴各类陈欠687万元,完成分局下达指标的102%;剥离建行贷款1 315万元,减轻了企业负担;偿还统贷借款指标610万元;上缴分局利润470万元,修路款300万元;实现利润总额2 080万元;资产负债率比上年下降9.6个百分点,财务状况进一步好转,经济运行态势良好。(穆　丹)

【外经贸工作】 农场坚持“开放搞活、促进流通”的战略方针,加大开拓国内、国外两大市场。通过了中绿华夏认证中心0.8万公顷原料(水稻)标准化生产基地认定,达到了3.2万公顷无公害农产品生产基地面积,占全场土地面积的100%。2007年农场实现出口总额315万美元,加速了资金的流通。(穆　丹)

【小城镇化建设】 农场立足长远,以发展的眼光实施城镇化建设。根据先地下后地上的原则,加大了基础设施的投入,投资26.5万元新增自来水外网1 260米,对场部自来水处理设备进行了改造,保证职工能吃上达标的自来水。投资270万元建下水主管网4 000米,投资70万元建采暖外网661米,新增职工住房4 500平方米,投资36万元建室外公厕13座,投资72万元建575平方米的气象站,投资322万元建水泥路5.1公里,投资60万元建生产资料大市场785平方米,把分布在场部各处的经营户全部集中到大市场内。农场还把中学和机关锅炉房合并,新建361平方米锅炉房,减少了大气污染,提高了空气质量。(穆　丹)

【文明创建活动】 农场结合垦区开发建设60周年庆典活动,以深入贯彻《红卫农场场规民约》为核心为内容,在全场范围内中开展了“知荣辱,树新风,促发展”主题教育活动,制定了“场规民约”、“区规民约”使职工的日常行为有了指导,道德修养和职业道德水平进一步提高。开展文明单位和十星级文明户的评选,涌现出了一大批先进典型和先进个人。制定了《民主管理实施细则》,做到了决策民主和管理公开。制定了《职工合理化建议奖励制度》,鼓励职工为企业发展献计献策以实际行动响应了机关作风建设的实践。2007年,农场被分局评为“第八届劳动模范表彰大会先进农场”。(穆　丹)

【党建工作】 农场党委以开展“北大荒先锋工程”为载体,加强了各级领导班子建设及人才队伍建设,通过开展形式多样的主题活动,充分发挥了党支部的战斗堡垒作用及党员的先锋模范作用。各基层党组织根据不同行业、不同战线的工作实际,确定“党员先锋工程”活动主题。在基层管理区党支部和党员中,开展了紧紧抓住发展农场经济,增加职工收入这条主线争当“救助治贫帮扶先锋”的主题活动,争当“五好”基层党组织,争当“五带头”模范党员活动,在机关党组织和党员中积极开展文明服务争当“服务先锋”主题活动。围绕为农场经济建设服务这个中心,转变工作作风,提高工作效率。全场110名党员干部与220户贫困职工家庭结成帮扶对子。贫困职工在党员干部的帮扶下,通过发展绒山羊、大鹅、奶牛等动物养殖的53户,从事蔬菜、西瓜等经济作物种植的34户,从事水稻种植的133户,户均增收3 000元。农场全年共引进大学本科毕业生7名,培养选拔农业人才21名,管理人才42名,畜牧养殖人才35名,农机人才25名。建立后备干部人才档案44份,落实培养责任人52名,重点培养对象10名,有6人已进入成熟可使用阶段。全年共发展党员20名,平均年龄34岁,一线占74.1%,全部为大专以上学历,结构更趋合理。党委着力抓好“扩源工程”,在培养积分分子的力度上也有所加强,全场入党积极分子达到了92名,比上年上升了12%。党支部标准化建设取得了较为显著的提高。制定下发了《标准化党支部建设考核标准》,涉及活动阵地建设、内业建设、制度建设、党组织活动、党员管理5个方面25项内容,作为年度考核各支部和班子的重要内容。(穆　丹)

【教育】 农场共投资1 063.7万元,进行校园建设。教学设施得以改善。有16名教师被评为分局级骨干教师。(穆　丹)

【民主法制建设】 一是深入开展法制宣传教育,加强对普法工作的领导及部门协调,管理区普法工作小组成员公开上墙并明确分工责任。二是搞好普法骨干培训,提高普法队伍素质。建立了一支适应农场实际情况,具有本地特色的普法队伍。定期对普法骨干进行培训,对一些热点难点普法内容进行深化强化专题教育,从而提高了普法队伍整体素质,三是加强规范化调解委员会建设,开展以解决土地纠纷等维护社会稳定为重点的人民调解工作。四是加大依法治场工作力度。农场领导和各管理部门对依法治场、依法治企有了明确的认识。五是搞好社区矫正试点工作。对管理的3名社区矫正对象,进行走访,在敏感日增加走访,及时了解掌握社区矫正对象思想状况,现实表现,消除安全隐患。强化管控措施,有效防止失控、脱管,做到无脱管、漏管,重新犯罪现象发生。(穆　丹)

【通信事业】 2007年,全场居民使用固定电话1 700部,宽带上网户230户。对原主干光缆线路实行了扩容工程,由原来的4芯光缆扩容到18芯。(穆　丹)

红卫农场基本情况及国民经济主要指标完成情况统计表

(2007年)

指标名称	计量单位	2007年数值
管理区	个	11
总户数	户	4 131
常住人口	人	13 088
女性人口	人	6 721
农场人口	人	6 367
少数民族人口	人	234
地区生产总值	万元	35 465.2
人均生产总值	元	27 100
工农业总产值	万元	26 341
粮食总产	吨	313 002
固定资产投资	万元	5 238
职工工资总额	万元	1 300
职工平均工资	元	21 487
职工家庭人均收入	元	9 100

七星农场
七星分公司

场长、分公司总经理：西亮，1962年6月出生，黑龙江省富锦市人，中共党员，研究生学历，高级工程师，1982年8月参加工作，2005年3月任现职。

党委书记：石忠诚，1957年2月出生，吉林省榆树县人，中共党员，大学学历，高级农艺师，1974年11月参加工作，2001年1月任现职。

党委副书记、纪委书记、工会主席：吴国民（2004.12～）

副场长：陆 锋（2006.8～）

副总经理：孙成尧（2002.8～）

宋炳祥（2002.8～）

薛 成（2006.3～）

崔维山（2006.9～）

党委委员、组织部部长：姜国华（2006.8～）

党委委员、宣传部部长：李亚忠（2006.4～）

党委委员、武装部部长：李振彪（2007.4～）

财务总监： 张宝贵（2002.7～）

总经理助理：宋德利（2006.3～）

【概况】 七星农场、七星分公司位于黑龙江省富锦市东南部、场部距富锦市56公里，地理坐标：东经132° 30′ ～133° 04′，北纬47° 04′ ～47° 30′之间，东南和西北最大距离为50公里，总面积为12.08万公顷，农场西北部与富锦市永福乡和二龙山镇相连，北抵莲花河和青龙河上游与青龙山分公司相望，东与别拉洪河二排干与创业农场接壤，南以七星河与大兴农场为界。场内总的地势是西高东低、中部较高，南部、北部较低，场内地势低平，除北部有残余小包外，没有明显的岗坡地，微地形变化复杂、低洼湿平漫岗地相间分布，鱼眼泡星罗棋布，坡降平缓，一般为1/3 000～1/8 000，靠近河流河漫滩地更为平坦，坡降小于1/10 000，海拔高程多在52～65米之间。

场区中部是外七星河与别拉洪河的分水岭。流经农场的河流为沼泽性河流。外七星河流经农场南部，长度76公里，外七星河河道蜿蜒曲折，杂草丛生，流速缓慢，一般河床宽20～30米、深度2～3米，农场东北部是别拉洪河、莲花河的上游，无明显河槽，水草茂密，水流缓慢，汛期洪水高涨倒灌，这两条河均为人工河道。场区内按不同的地貌类型分为平地、低洼地和河漫地。低平地面积2.13万公顷，占总面积的17.6%；低洼地为7.23万公顷，占总面积的59.8%；河漫滩地面积为2.7万公顷，占总面积的22.4%，天然水面只有流经农场南部边界的外七星河，面积为0.03万公顷，占总面积的0.2%。

农场属寒温带大陆性气候，年平均气温2.8℃，日最高气温37.5℃，最低气温零下41℃，多年平均降水量为546.3毫米，最大日降水量为137.8毫米，5～9月份平均日照时数1 021小时，全年平均日照时数2 335小时，无霜期为130～145天，年平均无霜期为132.3天，年平均有效积温2 436.8℃。

农场以农业生产经营为主，以种植水稻、小麦、大豆、玉米等主要粮食作物为主，形成农林牧渔各业并举，工商运建服全面发展的格局。2007年，农场有耕地面积5.17万公顷，人均耕地面积1.58公顷。实现粮豆总产44.67万吨，其中：水稻总产43.32万吨，大豆0.36万吨，玉米0.55万吨，麦类作物总产0.37万吨。实现国内生产总值8.5亿元，人均纯收入10 600元。有农业生产队43个，总户数10 866户，总人口3.39万人。2007年末从业人员2.17万人，其中农业从业人员1.4人，农业技术人员321人，其中：高级职称38人、中级职称28人。拥有大中型拖拉机1 218台，其中，100马力以上拖拉机73台；小型拖拉机1 369台。联合收割机503台。 （尚大龙）

【农业现代化水平有新提高】 一是新建智能化温室，开发了农业信息系统，建立了农业有害生物预警体系。二是应用测土配方施肥面积4.33万公顷。三是农业基础建设逐步增强。农业综合开发完成投资1 944万元；基本建设项目完成投资2 537万元，其中投入科技园区1 265万元；新增各类机具2 994台，新增动力1.89万千瓦。四是建立了科技成果转化快捷通道。通过协会理事推广新技术、新措施10项，水稻、大麦、小麦单产水平再创新高，分获总局第一，被总局授予2007年度六大作物高产攻关工作标兵单位。五是现代化农业的引领示范作用进一步发挥。科技示范带和科技园区的辐射带动作用明显加强，全年共接待国家、省、农垦总局领导、国内知名学者以及全国各地考察团220多次，接待人数13 500人。2007年，获“全国农垦现代农业示范区”称号；被农业部授予“全国粮食生产先进县（农场）”、科技园区被农业部授予“国家级科技示范园区”、“全国测土配方施肥先进单位”，在总局创优达标年活动中被评为优秀单位等荣誉称号。 （尚大龙）

【环境建设有所改善】 一是加大了管理区环境整治力度。各管理区共拆除违章建筑物1 352处，面积42 792平方米；投入资金700万元，建设了一批经济、实用的砖瓦房，改善了居民的居住条件。二是投资260万元在43作业站建设了秸秆气化站，使124户用上了既环保卫生又省钱的节能燃气。

（尚大龙）

【管理手段实现新跨越】 一是深入开展整章建制工作，使各行各业、各个岗位都有章可循、有法可依，促进了企业法制化、制度化建设。二是继续实行“一账式一级核算、分级管理”，财务核算实现高效、高质运行，全面提升了经济运行质量。三是强化生产全程管理。通过合同约束、现场会、定标会等形式，推进了农业标准化水平的整体提升。四是实施人才强企战略。2007年招聘本科毕业生29人，硕士研究生2人，增强了企业人才储备和发展后劲。五是认真落实税改政策，制定了“两田一地”承包制度。六是发挥了协会理事以点带面的示范带动作用。通过开展科普培训、试验示范、技术咨询等活动，把技术服务与技术推广有机结合，从整体上提高了农户科学种田和生产管理水平。七是流通产业进一步做实，引入现代营销理念，组建物流中心，统一管理，提高了运营

能力。2007 年分公司外贸出口额创汇 585.7 万美元。（尚大龙）

【党支部功能发挥有新突破】 一是以党内民主带动了行政民主。通过创新组织设置，发挥党支部的领导功能，改善了干群关系。二是以民主管理替代了管理民主。以民主管理为核心，有效地实施了管理创新。三是实现了经营管理的官本位向民本位的转变。通过支部作用的发挥，变革了决策程序和决策机制，推进了管理科学化进程，促进了和谐发展。四是以党群关系的改善促进了干群关系的改善。通过民主选举支部委员，强化了支部的密切联系群众作用，促进了群众主体作用的发挥。五是以支部作用的发挥带动了群团组织作用的发挥。六是以党员意识的增强促进了民风的转变。广大党员在四项建设中体现了党员的先进性，居民道德素质明显提升，社会风气进一步转变。（尚大龙）

【企业文化建设开创新局面】 一是牢固树立"诚信、和谐、创新、卓越"的企业理念，坚持无私、互信、授权的管理理念。二是利用电视、板报、宣传栏等形式实施"米都之府、和谐七星"企业文化的宣传，树立了可见之于形、闻之于声的企业文化形象。三是通过十星级文明户的评比，使每个公民逐步形成统一的价值取向和行为准则，实现以企业文化为动力，以文化优势创造企业的竞争优势。（尚大龙）

【各项社会事业全面进步】 社会保障体系进一步完善，接续了 475 人次漏保、断保人员的养老保险关系，新增加和转移就业 14 165 人。最低生活保障标准由每人每月 120 元提高到 165 元。在 2006 年的基础上实施"扶低共富"五档升级工程，实现了 202 户低收入户致富。（尚大龙）

【干部素质和精神文明建设取得新进步】 一是实施了"北大荒先锋工程"，领导班子和干部队伍建设不断加强，各级党组织和党员干部发挥了核心和表率作用，2007 年为种植户协调生产资金 1.1 亿元。二是创建学习型组织。完善了周工作程序制、年述职制，机关周学习制等制度，提高了各级领导干部的理论水平和政治素养，其做法得到公司党委的认可。三是深入开展党风廉政建设和反腐败斗争，2007 年共受理群众举报 15 件，初核案件 8 件，转立案 2 件，结案 2 件。四是深入开展平安七星创建活动和"五五"普法宣传教育，加强安全监管和信访接待调处工作，维护了社会和谐稳定，群众对社会治安的综合治理的满意率达到了 99%。（尚大龙）

七星农场 分公司基本情况及国民经济主要指标完成情况统计表
（2007 年）

指标名称	计量单位	2007 年数 值
管理区	个	12
总户数	户	10 866
总人口	人	33 888
其中：男	人	17 102
女	人	16 786
少数民族人口	人	193
地区生产总值	万元	85 014.5
人均生产总值	元	25 100
工农业总产值	万元	142 967.1
粮食总产	吨	446 601
固定资产投资总额	万元	8 281
职工工资总额	万元	2 547
职工平均工资	元	15 435
职工家庭人均收入	元	10 600

大 兴 农 场

场长：袁海龙，1963 年 10 月出生，黑龙江省肇东县人，中共党员，大学学历，高级工程师，1983 年 7 月参加工作，2000 年 12 月任现职。

党委书记：姜保，1955 年 8 月出生，黑龙江省富锦市人，中共党员，大学学历，高级政工师，1973 年 7 月参加工作，2000 年 12 月任现职。

党委副书记、农场纪委书记、工会主席：朱长富（2001.2～）

副场长：李多东（1997.3～）
谭景光（2006.6～）
任　策（2003.3～）

党委委员、武装部部长：徐凤友（2005.1～）

党委委员、组织部部长：杨秀坤（2002.8～）

【概况】 大兴农场位于黑龙江省富锦市东南部 89 公里，建三江分局南部 45 公里处。地理坐标：东经 132° 18′ ～ 133° 18′，北纬 46° 49′ ～47° 13′ 之间。南北 20 公里，东西宽 25 公里。由于在挠力河和七星河交汇的三角地带，故名大兴岛。地势低洼平坦，土质肥沃，水源丰富，草原辽阔，发展农牧业有着得天独厚的自然优势。农场年均日照时数为 2 364 小时，年均有效积温 2 418.2℃，年均降雨量 540 毫米，年均无霜期 130 天。

农场总占地面积 80 万公顷，其中耕地 42 万公顷，林地 6 137 公顷，牧草地面积 1 369 公顷，湿地面积 1 341 公顷，水面 2 286 公顷，人均占有耕地面积 2.91 公顷。农场辖 10 个管理区，23 个作业站。全场共有 31 个居民点，总户数 4 139 户，总人口 14 407 人，其中男性 7 473 人，占总人口的 51.8%，女性为 6 934 人，占总人口的 48.2%。在农场人口中有汉族、满族、回族、蒙古族、朝鲜族、彝族、达斡尔族等 7 个民族。人口增长率为 2.8‰，人口符合政策生育率 100%。农场有中学 1 处，在校生 620 人，有小学 1 处，在校学生 830 人，幼儿园 3 处，入园儿童 431 人，医院 1 处，48 张床位，医护人员 22 人。

2007 年农场实现粮豆总产 33.56 万吨，国内生产总值 41 972.4 万元，经营盈利 943 万元，人均收入 9 054 元，资产负债率 137%，比上年降低 2%。

（司志忠）

【种植业】 农场按照"调结构、上标准、抓农时、提质量、增产量、创效益"的农业发展思路，圆满完成了以"两田一地"为核心的土地承包，从农业田间管理、作业质量、农时标准、农机标准、品种结构、园区建设等标准化管理环境入手，推动质量效益型农业的发展。全年总播种面积 40 667 公顷，面对严重的自然灾害，全场上下紧急行动，克服困难奋力抗灾自救，把灾害损失降低到了最低水平。种植品种结构进一步优化，高产高效的经济作物种植面积加大，其中水稻面积3.33万公顷，占粮豆总面积的75%。白瓜子、红小豆、芸豆等种植面积不断增加,年均增长22%,取得大豆高产攻关全总局第一名、水稻第二名的好成绩。粮食总产大户谢殿军受到农业部表彰。农场新建标准化农具场2 000平方米，新增钢骨架大棚370栋,100%实现了大棚育秧。投资1 000万元修建场区白色路面20公路,桥涵75座。投资747万元购进抗旱设备102台套，新增电机井33眼。机械设备进一步更新。全场新增农机具233台套,农机总动力达5.8万千瓦，实现作物机械化收获率100%。加强了科普管理区农业示范园区核心区和"三站一室"建设,核心区承担国家超级稻生产示范等项目30项。重点推广了15项农业新技术和16项农机新技术。 (司志忠)

【林业】 全年完成造林100公顷,义务植树80万株,完成计划的100%。其中绿色走廊建设112条，绿色城堡9个，绿色通道22公里，栽培绿化树230万株,人工林流转面积1 200公顷,人均湿地面积22平方米，森林覆盖率达6.9%。全年查处林政案件7起。结案100%,没有发生任何森林火灾。

(司志忠)

【畜牧业】 农场通过政策性扶持,专业化饲养,规范化推进,标准化管理,促进了农场畜牧业超常规、跨越式发展,经济效益明显提高,涌现出一大批规模饲养大户,年末黄牛存栏6 000头,生猪存栏10 100头,羊存栏44 000只,家禽存栏9万只，畜牧业总产值达到6 425万元。 (司志忠)

【新农村建设】 2007年农场投资3 150万元用于新农村建设。其中投资80万元,建立劳务市场;投资1 300万元,建设高标准中学教学楼。投资100万元为场直居民区道路铺设砂石，配套了桥涵；投资422万元改进了自来水工程，让场直居民吃上放心水；投资64万元修建基层卫生所，改善了职工就医条件。农场加大环境整治力度,成立拆迁组织,配备动力机械,共拆除影响规划的住房和仓房1.2万平方米,开展了绿化工程,场直地区所有道旁都栽种了树木、花卉,使环境面貌发生了较大变化。

(司志忠)

【财务管理】 农场实行刚性预算,资金使用采取集中的办法，年初核定指标，严格执行,促使财务监督和管理走向正规化。2007年农场实际清收陈欠476万元,超额完成分局清欠指标。完成审计项目222项，审计总额3.4亿元,为农场挽回经济损失57万元。

(司志忠)

【党建工作】 农场以新型领导班子和"六好"党支部建设为载体,强化基层党支部及全体党员整体素质,大力倡导党员先锋模范和带头作用。发挥基层支部战斗堡垒作用。全场党员干部为职工群众做好事、办实事69人次,解决实际困难1 112件,解决遗留问题13件。其中为困难户及贫困生捐款资助撒播3次，捐助170多万元。农场党风廉政建设工作进一步加强，职工满意率达98%以上。群团工作不断发展创新,老干部工作得到了加强和改善,全面落实了各项政策,使老干部享受到应有的待遇。农场工会工作有新的发展和突破,职工群众合法权益得到进一步加强。

(司志忠)

大兴农场基本情况及国民经济主要指标完成情况统计表（2007年）

指标名称	计量单位	2007年数值
管理区数量	个	10
总户数	户	4 139
总人口	人	14 407
其中:男	人	7 473
女	人	6 934
少数民族人口	人	237
地区生产总值	万元	41 972
人均地区生产总值	元	29 133
工农业总产值	万元	68 748
粮食总产量	吨	335 659
固定资产投资总额	万元	19 636
职工工资总额	万元	2 070
职工平均工资	元	5 993
职工家庭人均收入	元	9 054

创业农场

场长:邸洪军,1960年11月出生,吉林省榆树人,中共党员,研究生学历,高级经济师,1977年10月参加工作,2001年11月任现职。

党委书记:孙宝平,1960年5月出生,山东省胶南人,中共党员,大学学历,研究生学历,高级政工师,1977年9月1日参加工作,2004年4月任现职。

党委副书记、纪委书记、工会主席:姜希武(2001.2～)

副场长:聂龙江(2005.10～)

杜德旺(2000.3～)

刘海鹰(1999.2～)

党委委员、武装部部长:李明俭(2002.11～)

党委委员、组织部部长:李永学(2001.5～)

党委委员、宣传部部长:肖青和(2006.7～)

【概况】 创业农场位于黑龙江省富锦市与饶河县、抚远县边境交汇处,南临七星河、挠力河,北依别拉洪河,土地肥沃,地势平坦,盛产水稻,农牧并举,是各业兴旺的现代化中型国有农场。

农场拥有9个管理区、20个作业站、场直及驻场单位14个,常住人口10 183人,民族以汉族为主,满、蒙古、回、苗少数民族少量分布。辖区控制面积5.51万公顷,东西长26公里,南北宽25公里。境内边缘有挠力河、别拉洪河、七星河3条河流。耕地面积3.33万公顷，平原漫岗生长着天然次生林,低洼地带沼泽湖泊星罗棋布,属国家级挠力河湿地保护区。福前铁路、富饶公路、佳抚公路横贯场区,是分局东部交通枢纽,交通十分便利。

农场地处东经132°50′～133°20′、北纬47°10′～47°25′之间,属寒温带大陆性季风气候。冬季西伯利亚及内蒙古高压冷气团入侵，夏季短而温热,冬季长而寒冷。年平均气温为2.4℃,无霜期年平均为135天,气温在≥10℃年积温为2 530℃,无霜期年平均为135天,全年日照时为3 560小时。降雨量集中在7、8、9月份,年降水量约为530毫米,水资源分布比较均匀,有丰富的地下水资源,一级阶地理深由1985年前的5~17米,变成8~20米,呈明显下降趋势。

2007年,农场按照分局党委的要求,在全场人民的共同努力下,围绕建设小康社会、构建和谐社会、全面建设社会主义新农场的根本任务,认真实施“强农、快牧、兴工、建城、活贸、富民”的12字方针,加快发展,全面推进,实现了国内生产总值3.8亿元,家庭农场利润1亿元,人均收入1万元。(范克谦)

【种植业】 2007年,农场完成总播种面积3.33万公顷,粮豆平均公顷产8 700公斤,粮食总产29万吨。水稻高产攻关项目取得突破,农场种子公司于全信666.67公顷水稻实收实测公顷产达到12 000公斤。农田基本建设已见成效,共投入水利资金900万元,完成水利清淤、土地整理、田间路维修土方量180万立方米,整理出耕地20余公顷。加强农业技术培训,冬训农户1 800多人次,召开现场会12次,培训农户1 500人次,组织2次大型培训受训人数2 400人次。全场1万栋育秧大棚按照标准化要求检查落实,培育出壮苗。4月25日开始泡田整地,5月5日前全场完成整地工作。5月14日插秧形成高潮,5月20日全面完成水田插秧工作。田间管理,按照测土化验结果,进行科学施肥,三大元素肥料平均每公顷在390公斤。其中氮磷钾为2∶1∶1.5。推广科技入户示范工程,发放《农业技术操作手册》、《水稻生产操作技术标准规程》700余册,农业科技书籍400余册。加强园区建设,试验项目25项。(范克谦)

【种子生产】 农场种业分公司有良种繁育基地506.67公顷,种子繁育户34户,繁育空育131面积193.33公顷,三江1号面积193.33公顷,垦稻12号43.33公顷,绥粳4号面积43.33公顷,龙粳12号33.33公顷。3名技术员负责技术服务,3名种子质量监督员负责全年监督,生产良种3 700吨,除供农场水田供种外辐射周边市县农民购种。有固定资产600万元,库房2 850平方米,水泥台面15 160平方米,种子加工车间360平方米,办公室400平方米,检测设备,化验设备先进。(范克谦)

【农业机械】 农场加强农机推广更新。进行政策扶持,农场无息垫资900多万元。其中中大马力拖拉机配套搅浆机垫资4万元,东洋插秧机每台垫资5 000元,延吉插秧机每台垫资4 000元,进口8行高速插秧机每台补贴5.8万元,大型收割机3316型无息垫资4万元,配套大型割晒适禾台每套补贴8 000元。农机更新资金投入4 000多万元。购进推广手动育秧播种器359台,大中型轮式拖拉机208台,搅浆平地机180台,插秧机330台,大型收割机62台,大型割晒台90台套标准水田犁200多台套。全年为农户节本增效1 000万元以上。农场加强技术培训,全年召开大型专题现场会5次,办短期培训班,培训230人次,达到了安全上岗。农具场库建设投入270万元,新建插秧机库2座,保证了全场2 300台插秧机入库率100%。(范克谦)

【林业】 农场以“三绿”工程建设为重点,以改善生态环境为目的,见缝插绿建设生态场区生态管理区作业站。规划绿化带22条,拆除房屋1.6万平方米,植树面积36公顷,栽植银中杨、柳树、云杉7.9万株,榆树20万株,花灌木2万丛。绿色通道造林1.2公里,栽植柳树0.2万株。退耕还林补栽面积33.33公顷补植落叶松10万株。(范克谦)

【水利工程】 农场水利工作以防洪、除涝、抗灾、减灾、流域水资源治理、开发利用、保护为重点。水利工程总投资923.79万元,其中:土方工程投资594.29万元,完成土方183.61万立方米。完成大棚高台施工1 014栋,晒水池子170个,二排干及四、六、八、十三、十七、二十五等作业站排水工程,路边整形及土地整理完成土方7.8万立方米。投资329.5万元,完成桥、涵洞、渠闸131座。国家大型优质水稻生产基地建设项目工程总投资424万元,其中:建筑物工程332万元,土方工程92万元。分别被前进水利公司和黑龙江省宏林建筑公司中标,完成土方10.93万立方米,混凝土涵和装配式涵洞100座,支斗渠闸33座。防洪物资储备1万条编织袋,500条麻袋及木料,建有112人的抗旱抢险小分队。春季积雪融化后三排干形成内涝,强排站2次强排37小时,强排积水17万立方米,解除了内涝。(范克谦)

【畜牧业】 农场畜牧业平稳发展。建设了1 900平方米养猪小区和260平方米中心化验室。农场绒山羊存栏11 539只,产绒7吨,收入230万元。猪存栏10 330头,牛951头,禽21 330只。农场加强畜禽免疫,建成了2个畜牧小区。农场畜禽全年没有发生任何疫病。(范克谦)

【工业】 农场工业和非公有制经济发展势头强劲。2007年全场工业总产值1.08亿元,比上年增长1 780万元,增长21.45%;实现利润510万元,比上年增长151万元,增长42.06%。农场工业园区建设已粗具规模,有8户企业落户园区,年生产大米3.6万吨。全场稻米加工厂达15家。红砖年生产980万块,生产涵管2 159节。(范克谦)

【二、三产业】 农场二、三产业发展较快,从业户2 480户,从业人员6 889人,实现产值1.98亿元,利润6 200万元,户均收入2.5万元,人均收入9 000元。种植养殖户587户,加工业37户,餐饮业115户,服务业96户,商业180户,修理业25户,文化娱乐业30户,人机劳务户1 410户。从事经济作物种植100公顷,牛存栏1 908头,羊18 293只,生猪1 615头,家禽20 329只。达到总局小康之家标准有860户,占全场职工户的40%。(范克谦)

【教育】 农场学校有在校学生1 585人,其中中学647人,小学938人。中学有18个教学班,小学有27个教学班。校园面积6.6万平方米,教学楼1.02万平方米,宿舍4 700平方米,食堂850平方米。在岗教职工158人,其中本科学历的 71 人，大专学历的 55 人，中专学历的 8 人；高级职称的 13 人，中级职称的 81 人，初级职称的 35 人。有行管人员 13 人，教师 121 人。其中中学教师 59 人，小学教师 62 人，后勤工人 24 人，内退教师、工人 39 人。音体美、语音电教室、生物化学、计算机设备齐全，计算机 51 台，图书室藏书 4 500 册。

（范克谦）

【卫生医疗】 农场有医疗技术人员 43 人，其中高级职称 2 人，中级 21 人初级 16 人。有床位 28 张。农场参加医保人员 4 481 人，报销住院费 60 万元，慢性病 272 人，医药费 19.45 万元，工伤药费 2.6 万元，报销生育补贴 11.2 万元。2007 年，共接待患者 16 000 人次，住院 137 人，手术 52 人，愈 77 人，好转 46 人，未愈 3 人，死亡 1 人，治愈率 97%。

（范克谦）

【公路站】 农村公路站职工 17 人，公路养护任务 162.4 公里。2007 年春季前大雪封路，农场利用 5 台大型清雪机械昼夜清雪，历时 23 天近 200 公里通往各作业站道路在农历二十九日全部通车。修场区水泥路 16 公里，水泥 1 300 吨，石料 3 480 立方米，江沙 2 977 立方米，人工费 36 万元。九作业站、十七作业站居民区水泥路 0.8 公里，修场部至红卫农场二十八作业站砂石路投入资金 70 万元，石料 5 800 余立方米。水利局北路延伸粮库东路挖掘机施工 522 小时，压路机 334 小时，填料 8 000 余方。通村公路 15.6 公里，国投自筹相结合，农场投入 9 台挖掘机，3 台平地机，6 台压路机，施工 3 个月完成。

（范克谦）

【财务管理】 农场财务管理效益显著。把过去多账制改为一账制核算，全场 34 个核算单位和为一账式管理模式。货币资金管理，在土地承包费收缴直接通过银行存入农场账户，缩短在出纳员手中停留时间，管理人员工资发放纳入银行卡管理，种地户直补款也是通过银行卡式发放。农场和基层单位财务支出场长一支笔审批。对机关科室、作业站车费、招待费、差旅费一次性核定，超支不补。2007 年农场粮豆总产 29 万吨，种植业收入 4.05 亿元。水稻产量 28.2 万吨，收入 3.88 亿元；大豆玉米 0.8 万吨，收入 1 700 万元。当年综合生产成本 32 128 万元，其中直接生产成本 2.35 亿元。农场总收入 11 885 万元，其中土地承包费 8 628 万元，政策性社会拨款 2 098 万元，税费改革拨款 666 万元，事业收入 407 万元，其他收入 86 万元。2007 年农场总支出 9 854 万元，管理费支出 2 514 万元，社会性支出 5 644 万元，财务费用 570 万元，营业外支出 34 万元，国家三项补贴农场配套资金 263 万元，农机补贴支出 133 万元，畜牧补贴支出 59 万元，基本田、职工田、扶低田补贴支出 637 万元。国家三项补贴 1 959 万元，家庭农场实现净利润 1.03 亿元。为农业生产垫资 3 538 万元，投资农业基础建设 578 万元，新农村建设 914 万元。农场纪委、审计、财务清理欠账户 1 520 户，清理欠款 2 500 万元。直补农户 2 210 户，发放三项补贴资金 1 519 万元，其中财政补贴1 696 万元，农场自筹 263 万元。2007 年末资产总额 11 618 万元，流动资产 5 967 万元，其中货币资金3 839 万元，应收账款 5 万元，其他应收款 509 万元，存货 1 614 万元，长期投资余额 795 万元，固定资产净额 4 127 万元，公益林资产 729 万元。流动负债 9 663 万元，其中短期借款 3 128 万元，应付账款 658 万元，应付家庭农场款 77 万元，其他应付款7 874 万元，内部往来负2 249 万元，应付工资款 164 万元，预收账款 6 万元，应收税金 5 万元，长期负债3 208 万元，长期借款 3 173 万元，长期应付款 35 万元。所有者权益负 1 253 万元，其中国家资本金 392 万元，资本公积金 1 357 万元，未分配利润负 3 002 万元。清会欠款 413 万元。2007 年农场经营利润2 031 万元，上交总局、分局1 881 万元，农场净盈利 150 万元。

（范克谦）

【审计】 农场完成审计项目 100 个，其中经济责任审计 11 个核算单位，财务收支审计 9 个核算单位，基本项目开工前审计 80 项，增收节支 60 万元。审计总金额 12 700 万元，查出违规资金 178 万元，提合理化建议 20 条，16 条被农场采纳，收缴违纪款 51 万元。农场被总局评为“审计系统先进单位”。

（范克谦）

【劳动保障】 全年签订职工劳动合同 3 566 份，建立了台账。再就业培训农民工 200 人，畜牧饲养工 100 人，安置“4050”人员再就业 102 人，农场配套资金 17.9 万元。为外来务工人员介绍工作 3 570 人次，指导市场价格，为外来工讨回工钱 5 230 元。办理退休职工 114 人，其中事业单位 8 人。根据黑垦局办文 2007 年 52 号为 1 058 名退休职工人均增加养老金 84 元。按黑劳社发 2007 年 6 号文件，为 22 名离休干部调整养老金，人均增发 593.86 元。为建国前 2 名老军人人均资 150 元。文教卫生录入实名制，教育 164 名，卫生 111 名。为 8 名工伤人员调整补助金和抚恤金，人均增加 76.25 元。

（范克谦）

【社会保险】 总局给农场指标参保人数 3 063 人，缴费工资为 3 152 万元，农场缴费 599 万元，个人缴费 252 万元，养老保险缴费总额 851 万元。农场收医保费 242 万元，大额保费 8.4 万元，工伤保费 31.5 万元，生育保费 31.5 万元。参加医保人员 4 481 人，报销住院费 60 万元，慢性病 272 人，医药费 19.45 万元，工伤工资 2.7 万元，药费 2.6 万元，报销生育补贴 11.2 万元。发放退休养老金 1 259 人，金额 1 135 万元，每月 15 日前发完。全年办理退休 116 人，其中事业单位 8 人。

（范克谦）

【阳光保险】 2007 年，农场农业保险额 60 万元，理赔总额 13.8 万元。商业险额 11 万元，机动车险额 16.2 万元，机动车交强险额 19.8 万元，人身意外险额 0.9 万元，团体人身意外险额 0.87 万元，龙丰险额 10 万元，财产基本险额 11 万元，个体财产险额 0.16 万元。校方责任险额 1.4 万元。

（范克谦）

【工商物价】 农场实有工商户 385 户。有 6 家植物医院，5 家公司（分公司）、9 家相关公司的经销处入驻，实现了划片、分区、专业经营。开展产品质量监测和对经营户的管理。抽检化肥共计 27 份，经分局公平交易科送检全部合格。

全年共检查各类市场6次,收缴过期变质食品12件(箱),下发预警整改通知6份。完成一般程序案件5起,简易案件12起,收缴罚没款11 700元。清理无照经营,办理11户变更登记,新办营业执照9份,收缴废业歇业营业执照4份,拆迁注销火车站简易经营房21户。(范克谦)

【土地管理】 全年呈报建设用地10宗,创业农场9宗,总面积达37 636.23平方米。红卫农场综合楼1宗,面积1 551.74平方米。新增建设用地,严格履行用地审批程序,采取"招、拍、挂"方式进行供地组件报批。全年完成分局下达100万元的收费任务。(范克谦)

【北大米业创业分公司】 有员工59人,厂区占地22 000平方米,车间780平方米,仓储能力1.2万吨,烘干塔1座日烘干260吨,日本左竹生产线日产量120吨,达产50%。储存原粮3.5万吨。年生产大米1.5万吨,销往全国各地和波多黎各、巴布亚新几内亚等国。(范克谦)

【组织人事】 全场有基层党支部47个,党员645名,其中女党员95名。新发展预备党员12名,预备党员转正12名。健全了党员电教网络,1个播放站,28个播放点,都有兼职播放员,播放农场录制的党建专题片5部。开展党员先锋工程活动和"双学双代"活动,涌现五队党支部等一批先进典型,全场党员帮助困难职工贷款101万元,农药化肥垫资14万元,7户贫困家庭当年脱贫,向推荐分局以上先优模典型5个。农场调整基层干部17人,聘用干部6人。有15名干部参加总局和东北农学院及大连无锡培训学习。全场各类技术人员432人,其中高级职称21人,中级职称204人,初级职称207人。实行评聘分开,2007年高级岗位15个,聘11个;中级岗位77个,聘77个。从延边农业大学招聘2名硕士生。2007年农场有离休干部23人,其中病故2人。(范克谦)

【宣传思想政治工作】 农场党委理论中心组在政治思想建设上狠抓了党的十七大精神学习和贯彻。集中学习12次,成员自学每周在7个小时以上,场处级学习笔记3万字以上,调查报告和论文2篇以上,科队级学习笔记2万字以上,论文和调查报告2篇。对外宣传上稿334篇。订阅人民日报等报纸506份,金额14万元。向总局分局推荐典型8个。(范克谦)

【广播电视】 农场电视局制作专题片10多部。在黑龙江新闻夜航发新闻1条,黑龙江农业频道的节目中心和新闻中心发稿206条。网络建设以提高优质传输为目的,确保信号畅通。对播出机房进行了搬迁,架设132芯光缆1.2公里,购置了电视墙。对场区过路主干电缆进行更换,穿管道68芯光缆7 000米,架设24芯光缆600米,16芯光缆700米,8芯光缆200米,4芯电缆1 800米,开通光节点10个,信号传输质量得到明显提高。全年共安全播出自办电视节目352小时,实现了安全播出零事故目标。(范克谦)

【民政残联】 全场低保对象270户,352人。其中无劳动能力78户,重病100户,天灾人祸22户,优抚对象9户,失业人员31户,平均每人月补贴80元,月保证金22 650元,全年兑现低保金271 800元。为38户现役军人家属和革命伤残军人发慰问金9 000元,给3名复员军人发优待金2.4万元,给11名革命军人家属和复转军人发放抚恤金3.06万元。捐资助学捐款1.844万元,资助学生32名。农场扩大贫困户救助范围,除低保户外的158户发放生活补贴6.9万元。残疾人救助11人次,主要是儿童和妇女,为患精神病一名妇女办理了低保。(范克谦)

【工会与扶贫】 农场有基层工会组织33个,其中私企工会2个。发挥民主监督作用,参与民主理财和场务公开监督。26名退休职工到太湖疗养,为困难职工家庭送温暖,以送米、送钱形式向158户职工家庭发放慰问金6.6万元。落实机关干部帮扶100户贫困户工作,每名干部拿出2 000元作为帮扶资金,农场拿出100万元无息借给贫困职工种地,当年职工脱贫率80%。捐资助学33人,捐助资金19 440元。职工文体活动以群众自发和农场组织相结合,群众自己组织大秧歌活动,农场组织职工篮球赛、乒球赛,参赛队20个,观看群众1 800人次。女工组织30个。在女工中开展双学双比、巾帼建功活动涌现分局以上典型6人。女性安康参保719人,有4名女工得到赔付款。(范克谦)

【武装工作】 农场组建了一支专业技术小分队(侦查连)123人,一个基干民兵维稳分队28人,服预备役人员74人。投入1万元设施规范化达标。依法服兵役,全场108名适龄青年,除52名在外上学外,符合征兵条件的25人,有6人应征入伍。(范克谦)

【共青团】 农场有团支部22个,青年联合会22个,少先大队1个,团员总数260名,少先队员236名,青年总数1 823名。团的工作纳入到农场政工双百目标考核范围之内,与作业站领导的年度考评、效益工资挂钩。2007年,吸收40名先进分子加入到共青团中队伍,开展志愿者行动20次。开展青年科技活动,涌现出青年种植大户16户,青年养殖大户15户。(范克谦)

【法制建设】 2007年,农场破获4起入室杀人案,8.8起盗窃案,14起治安案件,调节矛盾纠纷29起,刑事案件14件破获11件,综合破案率78.5%。法庭受理案件148件,其中民商事121件,调节111件,判决6件,执行受理案件27件,结案25件。加强"五五"普法工作,利用有线电视开辟法律之窗,以案例解读法律知识。在学校开展大型普法活动讲座受教育面99%。解答法律热线120件,调处纠纷22起,调处率95%。(范克谦)

【文明建设】 农场共发展党员13人,党的力量进一步增强。班子建设取得明显进步,党风廉政建设进一步加强,民主测评满意率达到98.6%。全场干部继续开展扶贫扶低工作,共扶低100户,100%达到扶低收入目标。"素质升级"

工程成效显著，共接收安置2名研究生3名本科生和2名“三支一扶”毕业生来农场支教、支医，共派出5名干部到东北农大学习。农场宣传工作取得好成绩，全年共在各类报刊上稿334篇，农垦日报排名第10名，分局以上电视新闻462篇。精神文明建设取得新成果，第三管理区荣获省级文明村标兵称号。

（范克谦）

【新农村建设】 农场按照总局新农村建设总体要求，重点以省市点管理区第一管理区和总局试点管理区第五管理区建设为重点，完成通村公路建设19.5公里，建退休职工住宅楼320户，3.1万平方米，架设路灯7.6公里，修下水1.2公里。农场共投入资金20万元，对场区和4个作业站的自来水进行了改造，提高了水质，让群众喝上了放心水。

（范克谦）

【小城镇建设】 农场共投资914万元，修建水泥路4.5公里，铺设砂石路6公里，铺设下水管道1 800延长米、上水管线1 324米，架设路灯3公里。在环境治理工作中，共拆除偏厦仓房626户，拆除老团部泥草房28户，面积达22 400平方米。共整理绿化带22条，栽植银中杨、柳树、云杉共7.9万株，榆树20万株，花灌木2万丛。加大了场规民约宣传力度，利用宣传车巡回宣传达60天，电视宣传15天。在分局组织的3次新农村建设环境综合检查中，农场获得综合第二名的好成绩。（范克谦）

【社会民生】 2007年，农场“4050”人员就业人数达150人。投资3 000多万元，建设4栋3万平方米经济适用住宅楼，门市80户，住宅310户，农场通过购房补贴和取暖费补贴优惠政策，共补贴700万元，使198户退休职工和20多户拆迁户有了新居。投资5万多元改建了700多平方米的退休职工活动中心。农场共为1 000名退休职工派送了生日蛋糕，把党的温暖送到了职工心坎上。农场的老干部、老职工发挥余热，关心支持农场的各项工作，积极进言献策，提出合理化建议，在农场重大工程建设中监督质量，发挥了重要作用。农场投入40多万元，在场区安装了电子监控器，促进了社会安定。农场全年无安全生产责任事故，无计划外生育。

（范克谦）

创业农场基本情况及国民经济主要指标完成情况统计表（2007年）

指标名称	计量单位	2007年数值
管理区	个	9
总户数	户	3 778
总人口	人	10 361
其中：男	人	5 224
女	人	5 137
少数民族人口	人	60
地区生产总值	万元	37 700
人均生产总值	元	36 386
工农业总产值	万元	38 000
粮食总产	吨	290 000
固定资产投资总数	万元	4 127
职工工资总额	万元	3 152
职工平均工资	元	10 291
职工家庭人均收入	元	10 000

青龙山农场
青龙山分公司

场长、党委书记：齐学海，1958年1月出生，四川省成都市人，中共党员，大学学历，高级政工师，1975年9月参加工作，2006年9月任现职。

分公司总经理：徐耀辉，1965年9月出生，辽宁省抚顺人，中共党员，研究生，高级工程师，1986年7月参加工作，2005年3月任现职。

党委副书记、纪委书记、工会主席：盛树新（1999.1～）

分公司副总经理：任爱军（2005.10～）

张亚辉（1999.2～）

刘志友（1999.11～）

副场长：郑建平（2001.3～）

武装部部长：张立民（2001.3～）

党委委员、组织部部长：张振强（1998.9～）

党委委员、宣传部部长：武玉英（女）（1998.1～）

【概况】 青龙山农场、青龙山分公司地形低平，海拔高度为58米，地面坡降度为1/7 000～1/10 000，南高北低，东高西低。地理坐标：东经132°46′～133°22′，北纬47°25′～47°59′。位于三江平原的东北部，街津口南部，场部位于同江镇以东43公里处。北临勤得利农场，东临浓江农场，南与前进农场相连，西隔青龙河与富锦市太东林场、同江市青河乡相望。东西距离20公里，南北距离60公里，总面积为570.5平方公里，耕地面积2.27万公顷，适宜种植水稻、小麦、大豆、玉米，是发展畜牧业的好地方。

青龙河位于农场场区以西，主河道宽约50～100米，流经农场段53公里。浓江河位于农场地区东，主河道宽约17～100米，流经农场段34公里。莲花河位于农场十四队队区东南侧，面积为10.2平方公里。以上属于沼泽地季节性河流，历年没有得到治理。

农场可利用草原面积10 242公顷，占总面积17%，草场分为两类，沼泽草甸类和草本沼泽类。

农场辖区地处高纬度，属于寒温带大陆气候季节区，夏季受亚热带海洋气候影响。多东北、东南风，高温高湿，降水集中在夏秋两季。冬季受西伯利亚寒流影响，多西北风，气候寒冷干燥，全年温差大，天气变化明显。

农场辖区历年平均气温1.4℃，最低0.6℃，极端最低温度－41.8℃，极端最高温度37.7℃。年度最高积温3 089.9℃，最低积温2 663.0℃。

农场辖区拥有总户数3 679家，其中：家庭户3 668户，集体户11户，农场总人口11 680人，男性5 860人，女性5 820人，每个家庭户平均为3.1人，人口自然增长率为3.5‰，男女比例为100.6∶100。

农场下辖7个管理区18个居民组及林业站、公路站、畜牧公司、农业服务中心、协会。

2007年，农场实现利润总额1 950万元；粮豆总产17.1万吨，平均公顷产7 650公斤，比上年提高了14%。人均收入8 067元，比上年增长8%。国内生产总值2.52亿元，保持了增长速度较快、经济效益较好的态势。（方厚伦）

【农业生产】 农场种植业结构优化,作物比例更加合理。新增水稻面积0.33万公顷,实现水稻种植面积1.89万公顷,占总面积的85%;旱田种植面积0.35万公顷,旱作豆、玉、经种植比例为1∶0.66∶0.5。农场夯实农业基础,基础建设得以改善。农场加大基础建设投入力度,新建桥涵98座,挖大棚高台育秧基地1 602个,建大型集中育秧基地2个。建综合增温晒水池156余个,建水泥晒场1.76万平方米、土晒场20万平方米。农场生产环境得以改善。在生产环境治理中,整理土地30公顷,消灭了地号中的泡子236个;改建科技示范带临时建筑和泥草房152座。对第二作业站、第五作业站、第六作业站和十二作业站的通站公路进行了全面维修。农场旱田作物标准化作业程度有所提高。通过旱田起垄、原垄卡种现场会定标准,形成了春播质量高、作业标准化程度高、抗灾能力显著提高、收获质量显著提高的全年标准化生产局面。农场致力于实现水田提质、增效的目标,坚持把好5关,即种子关、育苗关、井水增温关、防病健身关、收获方式转变关。在水稻集中浸种,机械催芽,保证农时的基础上,育秧质量上明显好于往年。农场推广应用钵育摆栽技术,水稻栽培方式上有创新。农场采取优惠政策,每栋钵育摆栽大棚补贴1 000元,鼓励农户走科技兴农之路。推广钵育摆栽种植面积2.9公顷。通过收获后实测,公顷产量比普通机插增产1 500公斤左右,公顷效益增加2 250元。农场先后打造高标准科技示范户10户,标准示范户16户。农场扩建粮食处理中心6万平方米,其中新建水泥台面17 000平方米,配备了收粮的机械及器材。为基层扩建土晒场20万平方米,种植户的粮食全部实现集中管理。 (方厚伦)

【林业】 农场完成苗木栽植13.73公顷。完成了林地管护11个小班、12.67公顷天然残次林管护承包具体合同制定及承包人落实工作。共完成绿色通道管护面积173.33公顷。出动劳务1 400余人。运输车辆69车次。出动森林防火巡逻车64车次;森林防火人员181人次。森林防火期内森林防火指挥部实行24小时轮流值班制度。共发现和接到群众举报林政违法案件46起,结案44起。完成草原承包面积147.33公顷,签订承包合同20份。内陆水域承包面积113.33公顷,签订承包合同15份。 (方厚伦)

【畜牧业】 农场肉牛存栏3 314头、出栏936头,其中繁殖母牛1 762头;绒山羊存栏21 040只,出栏18 004只,产绒4 800公斤;猪存栏13 042头、出栏3 568头;禽存栏14.7万只、出栏3.4万只。全年进行了三次口蹄疫常规免疫,共免疫牲畜27 738头次,全场无口蹄疫疫情发生。确保了免疫密度,建立健全了免疫档案。农场投资32万元在四区十四站建立了一个绒山羊小区,共占地10 000平方米,建彩钢瓦羊舍4栋,可饲养绒山羊1 000只。使之成为科技示范和规模养殖为一体的生产基地。全场共种植饲料地256.67公顷。积极积极推广肉牛冻精配种,提高全场肉牛质量。农场认真落实国家能繁母猪补贴的相关政策。全场共补贴母猪240头,补贴金额达12 000元。 (方厚伦)

【农业机械】 农场投资3 213万元。更新机械1 508台件(其中更新水田拖拉机164台;大中型联合收获机68台,配套割晒机7台、拾禾器7台、六行插秧机361台,八行插秧机93台,四行步进5台,久保田高速插秧机2台,搅浆平地机181台,水田弥雾机773台,水田犁74台、旋耕机154台;催芽箱102台,胜利生产30吨浸种催芽设备1套)。提供技术咨询及技术服务372次,做到了一般故障不过夜、不出区、不出地号,为有机户排忧解难,保证了农机具的正常运转。 (方厚伦)

【水利】 2007年,农场完成水田大棚基地工程1 612栋,完成投资96.72万元;挖晒水池156处,完成投资70.2万元;完成小水利疏导工程74.79公里,土方26.13万立方米,投资54.87万元;新建桥涵3座、配套涵洞21座,投资83.4万元;完成公路两侧绿化林台52.88公里,土方33.3万立方米,投资76.6万元;规划科技示范带141.8个班次,投资49.62万元;地号整理171个班次,投资59.85万元;完成现场会布置47个班次,土方2.12万立方米,投资20.72万元;农具厂改建86.6个班次,投资30.31万元;新农村建设改造14.1个班次,投资4.94万元。 (方厚伦)

【农业服务中心】 农场加大农业服务中心建设力度,扩建了土晒场5万平方米,投资133.5万元建起了1 113平方米的办公室和研发实验室,投资45万元改建了日处理300吨的原粮烘干机。投资211万元扩建了水泥晒场17 500平方米,购置了2台大型粮食输送机。年初,从农垦水稻研究所和益海集团种业公司购进空育131水稻良种116吨。按照农场的指示精神,在七星农场和农场签署种子田200公顷,从选种、育苗开始全程跟踪田检,经过提纯鉴别,最后收回良种1 000吨。加大与益海粮油集团长期合作伙伴关系。引进益海粮油集团收储了水稻7 600吨。农服积极同益海粮油集团联系接洽,寻求水稻销售渠道。益海粮油集团在三江地区首选与农场签订了1.4万吨的水稻收储协议。 (方厚伦)

【财务管理】 农场实行了"一级一账式"核算方式,解决了财务科、核算中心人员少与业务面广、业务量大的矛盾,也加大了会计事前监督力度。规范了会计基础核算工作,提高了会计信息质量,重点从加强财务业务稽核工作入手,核算中心会计在办理时,必须经审核会计和财务科长审核、场长签字后方可办理。农场加强预算外资金管理。做好票据的收发登记管理工作,监督好票据的正确使用,严格监管预算外资金的使用,按刚性预算的规定管理好预算外资金,做到了收支两条线,专户存储。严格执行领导干部职务消费货币化方案,确保管理人员顺利履行工作职责,完成工作任务。农场拨款单位,交通费、招待费全额发放到位;差旅费、办公费、通讯费等实行总额控制的,按实际发生拨付到位。 (方厚伦)

【党建工作】 农场党委加大对各级领导班子和干部队伍的建设。领导班子的凝聚力、创造力和战斗力明显增强,领导干部执政能力显著提高。一是加强了干部的思想教育,实施了领导干部素质升级工程。开展了大范围的干部学习培训活动,干部的思想政治素质明显提高。二是树立服务意识,实施了民心工程。三是践行科学发展观,树立了构建和谐社会的理念。各级领导班子和广大干部想问题、办事情都能做到"以人为本",讲团结,讲和谐,做到和谐执政、民主协商、公开处事。职工群众对各级领导班子和领导干部的满意率逐年上升,2007年基层班子的满意率达到99.5%,其中优秀率达到93%;在分局党委组织的考核中,农场领导班子连续3年群众满意率达到100%。

(方厚伦)

【文化】 在新闻宣传上,农场突出特点,点面结合,拓宽了对外宣传新途径。2007年,在地市级以上报刊发表新闻稿件117篇。突出抓好了《农垦日报》上稿工作。农场党委制定和出台了《2007年新闻奖励政策》文件,建立了宣传思想工作先进单位和先进个人评选奖励制度。表彰新闻工作先进集体1个,基层先进报道员8名。在典型宣传上树立了科技示范标兵梁禄、董玉文、祁洪森,树立了退休不离岗位、关心下一代的陈洪波,秉公办案的好法官付廷彦,树立了学、帮、带的一区、保稳定促和谐的六区、综合治理成效显著的七区、环境治理推进到位的十八站等先进集体典型。

(方厚伦)

【新农村建设】 农场本着"生产发展、生活宽裕、乡风文明、村容整洁、管理民主"的新农村建设20方针,建设了农场场部至第七管理区全长38.317公里的农村公路。修建了5个作业站26公里砂石路;投资93万元、农场自筹30万元完成了十二站通达路建设;投资29万元建设七站安全饮水一处;投资20万元建设第七管理区农具厂农机办公室161平方米;投资60万元完成第一管理区和第六管理区办公室600平方米。新建公厕3个;拆仓房、偏厦95户;拆迁主干公路两侧(200米内)临时居住泥草房152户,3 800平方米;营区内拆除泥草房26户,750平方米。

(方厚伦)

【小城镇建设】 农场投资4 274万元建设场区至分局的水泥路,解决了"行路难"问题。农场在一站、二站、五站、六站、十一站、十二站6个作业站修建了砂石路,极大地方便了职工生产生活。农场建设环境优美的新型集中居住小区,推进合作建房、合资建房、补贴建房。住宅区绿化植树1.5万棵,营区栽植榆树25万棵,绿化覆盖率达到20%。投资742万元建设了学生公寓和食堂。农场实施人畜饮水安全工程,场部地区全部改造完毕,管理区60%达到安全饮用水标准。在第一、第六、第七管理区建设了文化站、卫生所、信息服务室等。(方厚伦)

【文明创建活动】 2007年,农场获分局级"先进党委"、总局级"小康之家"活动先进单位。农场推出分局级"十星级文明户"1100户,占总户数的40%;总局级"百名和谐之星典型户"1户,分局级"百名和谐之星典型户"12户;2个单位被评为分局级文明单位标兵,5个单位被评为分局级文明单位;2个单位被评为总局级文明单位标兵。(方厚伦)

【教育】 2007年,农场学校在管理人员实行竞争上岗,评选出10名管理人员,其中5名教师走上领导岗位。建立了领导带班制度。实行内部分配制度改革,教师及管理人员的工资实行结构工资,由基础工资和绩效工资组成,建立了新的内部分配激励机制。(方厚伦)

【政法】 农场党委将社会治安综合治理工作和创建平安农场活动摆上议程,把创建工作作为一把手工程来抓,召开专题会议,研究平安创建工作,制定了《青龙山农场2007年社会治安综合治理实施方案》和《目标管理考核方案》,并要求各作业区、站和综治成员单位针对本单位的实际制定相应措施,形成了以党委领导,政法机关为主力,各级综治组织为基础的整体防控体系。各作业区、站成立综治领导小组,下设治保会、民事调解委员会,建立和完善栋户联防制度。以"维稳创安百日行动"为起点,全力加强流动人口清查、登记工作。共计登记流动人口2 810人,清查登记暂住人口719户1 908人,在流动人口中开展法制宣传、签订流动人口责任状521份。密切配合,齐抓共管,推动农场社会治安打防控一体化进程。截至2007年12月,农场公安分局共计受理刑事案件10起,其中盗窃案件8起;破获9起,破案率为90%;抓获犯罪嫌疑人13人,受理治安案件11起,处罚15人。法庭共受理各类民商事案件82件,其中审理民商事案件70件,结案70件,结案率100%,调解率为100%,本年度审理案件无上诉和更审改判案件;执行案件6件,执结6件,执结率为100%;接待农场职工群众来访158人次。针对辖区内各种机动车辆逐年增多情况,农场政法委、综治办、公安分局、农机科、安全办等部门抽调人员与交警中队一起,加大力度整顿机动车市场,严厉打击"三无"车辆,对农用车无灯光、无反光标志、摩托车驾驶员不带安全头盔、酒后驾驶等违章行为分三期开展专项治理工作,通过专项治理,共查扣"双无"客车2辆,报废2辆;查处违章客车10台次,转运乘客16车次;查扣各类违章摩托车110台,查超36台次,67名摩托车驾驶员参加培训。农场辖区内机动车、非机动车、行人守法率分别达到90%、90%、85%。按照"消防安全集中整治"活动的工作要求,农场公安分局消防中队对公共聚集场所、易燃易爆单位,物贸集中地,火灾危险大的场所彻底进行了消防检查整顿,共查处火灾隐患120处,下发整改通知书370份,与住户居民签订消防安全责任状8 000余份,张贴居民防火公约60份。农场认真落实"五五"普法规划,大力开展"法律六进"活动(即进机关、进管理区、进社区、进学校、进企业、进单位)。以宣传法律知识,构建和谐社会为主题,共计向基层干部、群众发放"五五"普法公民法律知识读本、农民法律知识读本、干部法律知识读本、企业管理知识法律读本2 143册,在全场7个管理区18个作业站开展了送法活动,向群众宣传法律法规常识,解答群众的法律咨询。

(方厚伦)

【信息化管理】 农场从2006年6月建立第一个信息服务室,到2007年底,已经在基层作业站,建立了7个政务办公点、8个信息服务室。信息服务室广泛开展各项服务工作,累计免费查询信息服务4 221小时,培训信息员19人次,信息员集体网络交流94次,培训会员学习使用电脑网络151人次,培训会员学习生产、交流农业技术39次,在协会网站发播灾害性天气预报信息23次,发布供求信息60余条,公告天气预报、粮食价格等信息1 238条。会员通过信息服务室获得信息,销售商品价值50余万元。8月31日,信息产业部信息化推进司司长陈伟在分局副局长于金友陪同下,到考察了农业信息化情况。对农场的农业信息化工作给予了充分的肯定。北京《计算机世界报》记者何源,采访和报道了青龙山农业信息化发展情况。农场在探索农业信息化建设的过程中,尤其是实践基层信息服务的市场化运作,闯出了一套自己的模式——“协会主办、民资参与、以有养无、建在站上”。 (方厚伦)

【医疗卫生】 农场医院是一所综合性“一级甲等”医院,建筑面积2 700平方米,集门诊部、住院部、爱婴医院、行政管理为一体的。房屋原资产280万元,设备37万元,开设32张病床。医院分门诊部、住院部,设有内科、外科、五官科、妇产科、中医科、口腔科、门诊注射室、放射科、B超室、心电室、检验科、药局、统计室、会计室、挂号室。全院拥有职工32人。其中:卫生技术人员30人,中级职称14人,初级职称16人,临床医疗15人,医技4人,护理人员8人。负责全场职工及家属的医疗服务。能开展各种中毒抢救、心脏复苏、头颅手术、肌腱血管吻合术、烧伤处理及植皮术、上消化道出血、肝昏迷抢救、肾衰竭抢救、宫外孕抢救、难产处理等。一般常见病及急诊患者不需出场即可处理。2007年门诊诊疗人数达12 870人次。住院诊疗140人次,床位使用率11.7%,诊断符合率98%,治愈好转率92%,病死率6.38%。全场育龄妇女孕检和妇女病普查工作顺利完成,全场有住户3 679户,已婚育龄妇女2 681人,普查1 135人,患病者为245人,95%进行了治疗,治愈率90%,全年计划生育综合避孕93%,计划生育率100%,人口自然增长率2.04‰。疾病预防控制中心认真地完成了0~8岁儿童的全年免疫接种,完成了全年的生命统计、鼠密度调查工作。2007年,农场出生人口58人,死亡49人;投入鼠药1 200公斤,鼠密度为3.4%。 (方厚伦)

青龙山农场 分公司基本情况及国民经济主要指标完成情况统计表

(2007年)

指标名称	计量单位	2007年数值
管理区	个	7
总户数	户	3 679
总人口	人	11 680
其中:男	人	5 860
女	人	5 820
少数民族人口	人	264
地区生产总值	万元	25 181.7
人均生产总值	元	21 559
工农业总产值	万元	36 744
粮食总产	吨	171 000
固定资产投资总数	万元	6 042
职工工资总额	万元	1 174
职工平均工资	元	19 665
职工家庭人均收入	元	8 067

前进农场

场长:蒋长春,1963年1月出生,江苏省赣榆县人,中共党员,研究生学历,高级工程师,1982年8月参加工作,2001年7月任现职。

党委书记:吴喜春,1960年3月出生,河北省故城人,中共党员,研究生学历,高级会计师,1976年7月参加工作,2001年3月任现职。

党委副书记、纪委书记、工会主席:王凤龙(2005.10~)

副场长:郑旭斌(2001.12~)

葛如强(2001年2月~)(2007年4月援藏,任西藏自治区日喀则地区康马县副县长并提为正处级)

张加礼(2001.2~)

李云汉(2005.1~)

龚学建(2005.10~)

李思军(2007.8~)

前进油脂厂负责人:王 军(2007.7~)

党委委员、武装部部长:于 平(2007.4~)

党委委员、组织部部长:谢元玲(女)(2007.7~)

党委委员、宣传部部长:孙荣臣(2007.7~)

【概况】 前进农场位于三江平原腹地,同江市境内,东经132°53′~133°26′,北纬47°23′~47°43′,海拔高度57.3米。是福前支农铁路终点站,是二市县八农场的交通枢纽。有常住人口15 173人,流动人口14 000人,是以种植业为主兼营牧副渔的国有大型农垦企业。

农场有效积温2 350℃~2 400℃,年平均温度为1.3℃,平均降雨量500毫米,无霜期125~128天,降雨和热量能满足当地作物生长发育的需要。

农场控制面积7.67万公顷,其中耕地面积4.47万公顷,占58.7%,林地0.52万公顷。农场下辖15个管理区,8个场直单位,辖区有19个驻场单位。2007年,农场实现粮豆总产35.3万吨,国内生产总值5.15亿元,人均纯收入9 577元,资产负债率96.25%,农场实现利润880万元。 (孙龙江)

【种植业】 农场以建设标准农业、科技农业、高效农业为目标,牢固树立质量效益理念,加大种植业结构调整力度,加强农业基础设施建设,打牢“中国绿色米都”基础。完成粮豆播种面积4.47万公顷,其中水稻3.67万公顷,大豆0.3万公顷,玉米0.5万公顷。全场干部群众克服春旱、低温等不利因素影响,做到投入不减,标准不降,抢农时、争主动,实粮豆总产35.3万吨,平均公顷产7 845公斤。全年投资800万元治理沟渠270公里,修理田间路110公里,完成水利施工土方165万立方米。利用国家项目资金1 399.5万元,农场配套资金1 822.7万元,建设标准田0.33万公顷,改造中低产田0.12万公顷。通过多种融资渠道融资2 995万元,购进各类农机具 1 536 台(件),其中大型收割机 80 台,拖拉机 217 台。农场投资 500 万元用于土壤、化验、气象、园区等科研,建 2 000 平方米科技大楼,建集中浸种催芽育秧基地 1 个,大棚高台 1 500 个,98%实现大棚高台育秧,扩建晒水池 500 个,应用开闭式大棚 540 栋。全面普及水稻技术栽培 10 项技术,推进全场农作物的标准化生产、规范化管理。2007 年全场 4.46 万公顷农作物实现 100%无公害生产,顺利通过了 IS01900:2000 质量管理体系 IS014001:2000 环境体系的认证。

(孙龙江)

【林业】 农场投资 120 万元,建设重点防护林 20 公顷,义务植树 1.8 万株,绿色通道 10 公里,绿色城堡 7.2 公顷,荒山造林 40 公顷,栽种各种绿化树木 96.4 万株,森林覆盖率 5.93%,绿色覆盖率 25%。 (孙龙江)

【畜牧业】 农场投资 205 万元用于发展畜牧业,建绒山羊科技示范园区 1 个,占地面积 15 000 平方米,建羊舍 6 栋,总面积 2 000 平方米,引进优质绒山羊 130 只,平均每只产绒 1.2 公斤。投资 40 万元,扩建了生猪屠宰场,占地 2 000 平方米,投资 150 万元建设标准化畜牧实验室。全场肉牛存栏 6 500 头,羊存栏 3 100 只,生猪 14 500 头,家禽存栏 176 000 只,全年肉类产量 1 500 吨,畜牧产值 4 218 万元,比上年分别增长 7%和 8.4%。全场涌现规模饲养典型示范户 36 户。 (孙龙江)

【二、三产业】 农场实现非国有经济产值 1.95 亿元,实现利润 6 000 万元,从业人员人均收入 10 820 元,有科技示范户 15 个,龙头基地 2 个,500 万元以上规模生产 1 个。全场实现工业产值 2.67 亿元,其中增加值 7 276 万元,利润 1 084 万元,个体私营经济业网点 260 个。 (孙龙江)

【新农村建设】 农场投资 9 000 多万元用于新农村建设。拆除主干公路沿线的旧泥草房 81 户 4 626 平方米,建标准住房 3 624 平方米,45 户职工迁入新居,修通村水泥路 28.2 公里。管理区自来水普及率、三室两场一所达标 100%,管理区扩大栽树、种花面积,建设绿色城堡,环境有所改观。全场有小康之家 2 300 户,其中农场级 1 980 户,总局级 320 户,每年递增 12%。

(孙龙江)

【财务管理】 农场不断完善财务预算管理制度,继续推行财务集中核算制,强化国有资产管理,详查土地面积,推进财务的规范化管理。利用清产核资,分层次,抓重点,包户到人,全年收回各类欠款 188 万元,完成审计项目 20 项,审计总额 19 127 万元,为农场挽回经济损失 18 万元。 (孙龙江)

【外经贸工作】 农场招商引资 4 600 万元。与大连金田粮油有限公司签订购进总投资 500 万元的粮食烘干设备协议,引资 2 000 万元。对永和食品公司进行二期扩建工程,提高了该厂豆粉的生产量,扩大了出口量。永和食品有限公司向东南亚出口和向台湾销售 1 000 吨,创汇 200 万美元。金穗米业有限公司通过代理向南非出口 2 400 吨优质大米,出口创汇 84 万美元;向俄罗斯出口大米 5 000 吨,创汇 160 万美元。前进冷冻厂向韩国出口速冻玉米 30 万棒,创汇 12 万美元。全场共计出口创汇 556 万美元。 (孙龙江)

【小城镇建设】 农场完成场区楼房建筑 34 517 平方米,其中社区综合服务楼 7 442 平方米,居民住宅 17 480 平方米,高标准住宅小区 6 480 平方米,人均居住面积 18 平方米。投资 300 万元进行场区集中分户供热改造,场区 6.7 万平方米 548 户入大网供热。修场区水泥路 7.1 公里,铺设人行彩砖路 17 条,场区主路面硬化 100%。投资 500 万元完成佳抚路过境段拓宽及绿化亮化建设。农场自来水入户率 100%。农场医疗投资 190 万元购进彩超、X 光机等现代医院设备。 (孙龙江)

【文明创建活动】 农场通过开展《公民道德实施纲要》教育,使广大职工群众的思想觉悟普遍提高。通过推进"青春建功新农村,共建和谐前进"的主题实践活动,加强对广大青少年、团员思想道德教育;通过开展争创文明单位创建活动,全场营区绿化植树 8 万多株,栽种木本花卉 7 万多株,榆树墙 33 000 延长米,建绿色城堡 26 个。开设休闲文化小区、文化长廊等,泽鑫公园文化广场占地 2 万平方米,成为职工群众休闲、健身、娱乐的好场所。2007 年农场被省委、省政府授予"文明单位"称号。

(孙龙江)

【党建工作】 农场加强各级领导班子建设,以"北大荒先锋工程"为载体,围绕新农村建设,通过开展"七个一"、"学、帮、带"、"双培双带"、"扶贫帮困"活动,全面加强党的基层组织建设和党员队伍建设。全场党员干部为民意识不断增强,在"扶贫帮困"活动中,全场共结成帮扶对子 166 对,筹集资金 600 多万元,为低收入户送去科技、政策、致富信息 2 000 多条,解决生活困难问题 600 多件。党风廉政建设进一步加强,党员干部在民主评议过程中,职工群众满意率达 90%以上。及时兑现落实老干部生活和政治待遇,老年活动中心建设不断完善,老干部业余生活充实。全场实施《社会救助办法》,实施生活救助、教育救助等,发放救助金近百万元。农场工会不断开创维权工作的新思路,以实际行动最大限度的代表好、维护好、实现好职工的合法权益。(孙龙江)

【教育】 农场投入 1 500 万元建 6 200 平方米的教学楼和 2 450 平方米的学生餐厅,使学校有教学楼 3 栋,综合实验楼一栋,学生公寓楼一栋,学生食堂楼一栋。11 月 14 日,以高标准、高水平通过省"双高普九"验收。 (孙龙江)

【民主法制建设】 农场以创建"平安和谐农场"为目标,通过开展"五五"普法教育,积极推进依法治场进程,全场 12 个管理区被总局命名为"民主法制示范单位",农场被总局党委命名为"民主法制化示范农场"。农场采取多样化宣传活动:举办大集宣传 5 次、法制讲座 12 次、发放普法宣传单 5 000 份,发放法律书籍 6 000 本。在人口密度大的客运中心举办大型法律进社区、进管理区、进学校等活动,公、检、法、司等13个部门主要领导参加和现场咨询活动。广泛开展与群众自身生产、生活密切相关的法律、法规的教育,开创了上下联动、互相呼应的法制宣传教育新局面。提高了农场人口的法律素质,使其知法、守法、依法维护自身合法权益。培训"五五"普法工作人员289人次。2007年农场司法分局被省司法厅授予"省级规范化司法所"及分局级优秀单位的称号。农场人民调解委员会积极做好排查社会不安定因素和调处社会矛盾纠纷工作,及时掌握动态,积极预防矛盾纠纷的激化,充分发挥基层人民调解委员会的作用,共调解各类纠纷95起,调解成功95起,调解成功率达100%。

(孙龙江)

【通信事业】 农场全部实行了电话联网和数字接入,全场居民使用固定电话5 836部,联通、移动、小灵通电话用户达9 861户,宽带上网户有1 008户。广播电视全频道能接收36套节目以上。

(孙龙江)

前进农场基本情况及国民经济主要指标完成情况统计表
(2007年)

指标名称	计量单位	2007年数值
管理区	个	15
总户数	户	5 238
总人口	人	15 173
其中:男	人	7 946
女	人	7 227
少数民族人口	人	48
地区生产总值	万元	51 500
人均生产总值	元	30 000
工农业总产值	万元	43 426
粮食总产	吨	353 003
固定资产投资总数	万元	11 516
职工工资总额	万元	865
职工平均工资	元	14 400
职工家庭人均收入	元	9 577

勤得利农场
勤得利分公司

场长、党委书记:杨久志,1955年10月出生,黑龙江省富锦市人,中共党员,大学学历,高级政工师,1973年7月参加工作,1999年9月任现职。

分公司总经理、党委副书记:张宝林,1963年9月出生,黑龙江省汤原县人,中共党员,研究生学历,高级会计师,1983年7月参加工作,2006年7月任现职。

党委副书记、纪委书记、工会主席:吕　军(2005.1~)

常务副场长:梁洪军(2005.7~)

分公司副总经理:高红星(2001.8~)
李承明(2005.4~)
周　保(2005.10~)

分公司财务总监:唐吉龙(2006.8~)

党委委员、武装部部长:丛　森(2005.1~)

党委委员、组织部部长:何维智(2007.7~)

【概况】 勤得利农场、勤得利分公司位于黑龙江省三江平原东北部,地理坐标:东经132°53′~133°55′,北纬47°47′~48°13′之间。东与同江市临江乡、鸭绿河农场接壤;南和浓江河农场为邻;西与青龙山农场、同江市街津口乡交界;北靠黑龙江与俄罗斯隔江相望。东西长65公里,南北宽31公里。土地总面积1 246.7平方公里。场部南距前进火车站52公里,东距抚远县90公里,西距同江市65公里,在同江市行政区内。

农场属于三江冲积平原,东南部地形开阔且平坦,平原面积9.2万公顷,地势低平,碟形洼地、鱼眼泡、月牙泡星罗棋布,微地形变化较复杂,海拔在50~70米,坡降在1/5 000~1/10 000,比较平缓。农场地处寒温带大陆季风气候区,夏季受西伯利亚冷气团的入侵。气象特征是冬长严寒,夏短炎热多雨,日照充足,春季风大,天气多变,秋季凉爽,昼夜冷暖不均,秋霜较早。根据农场气象站提供的观测资料,年最高气温为36.6℃,最低气温为-39.4℃,年平均气温在2.1℃,年有效积温≥10℃一般为2 395℃,年平均蒸发量为1 166毫米,年日照时数为2 265小时,年平均降雨量为615.7毫米,变幅较大且月季分布不均,降雨期多集中在7~9月,无霜期为130天。

农场以种植水稻、小麦、大豆、玉米等作物为主。2007年有15个农业管理区,总户数5 833户、总人口18 270人、职工2 022人。

2007年,农场粮食播种面积为2.8万公顷,实现粮豆总产18.7万吨,实现国内生产总值31 779万元,人均纯收入7 524元。

农场拥有机械总动力98 880千瓦,大中型拖拉机459台,大中型配套农具1 035台;小型拖拉机966台,小型拖拉机配套农具1 121台;联合收获机317台,机动割晒机6台,播种机470台;汽车151辆,年货物运输量13万吨。粮食仓储能力1.3万吨,粮食处理中心1座,水泥晒场21.5万平方米。

农场交通十分便利,西过同江市与"同三"公路相通,东连抚远县城,南通前进火车站并与"二抚"公路相连,北靠黑龙江江海连运黄金水道。水运航线沿黑龙江水域上至黑河,下至俄罗斯的哈巴罗斯克;沿松花江水域经佳木斯至哈尔滨可上至吉林省。

(曲洪智)

【种植业】 农场牢固树立"农业立企"思想不动摇,强化农业标准化管理,狠抓技术措施落实,大力发展现代农业。一是加大了种植业结构调整力度。2007年水田面积发展达到了1.87万公顷,比上年增加0.8万公顷;玉米种植面积达0.4万公顷,比上年增加0.2万公顷;经济作物种植面积达0.25万公顷,比上年增加0.05万公顷;麦类种植面积0.07万公顷;大豆种植面积0.09万公顷。二是加强了农业基础设施建设。2007年共投入1 613万元,完成水利土方303万立方米,埋设涵管191节,建涵闸2座,改造危桥1座,建水田育秧高台1 749个,建大棚基地6处,育秧基地路面沙石化4 927米,建晒水池131处,扩建、改建晒水池73处,完成水泥晒场建设2万平方米、土晒场建设25.8万平方米，田间路4 927延长米，建土壤化验室400平方米，新建日处理玉米500吨的烘干塔1座。三是增强了农业机械化装备力量。采取资金补贴、个人自筹的办法，积极鼓励种植户购买先进的农业生产机械。全年投入2 200万元，共引进水田中型拖拉机169台，各种类型插秧机共386台，水田搅浆机233台，水田半喂入收获机7台，水田收获机140台，水田割晒机30台。四是坚持了农业标准化作业。按照农业标准化达标年活动的要求，完善了"三大标准"，即技术标准、管理标准和工作标准。加强技术培训，积极推广新技术，重点落实水稻叶龄诊断、测土配方施肥、航化作业、综合防治病、虫、草害等各项技术措施，提高了科技贡献率。严格落实质量效益型农业方案，强化标准化管理，推动了分公司标准化农业和效益农业的发展。 （曲洪智）

【林业】 围绕生态农场建设，加大了绿化投资力度，投入50余万元完成绿化面积42.13公顷，栽植绿化树20.6万株，推进了"三绿工程"建设和场区绿化。加大了春秋补植力度，全年共补植500万株，农场森林覆盖率达16.7%。积极引导职工群众发展林下经济，鼓励发展特色养殖和种植，全场共栽植五味子8.13公顷13.4万株，成活率达85%以上。加大林业资源保护力度，强化管护责任的落实和护林体系建设，依法打击和制止各类毁林违法活动，有效杜绝了乱砍滥伐现象的发生，切实保护了森林资源。 （曲洪智）

【畜牧业】 农场重点实施了"畜牧富场"工程，在发展绒山羊为主的基础上，扩大了奶牛的养殖规模，积极推进畜牧业养殖向规模化、现代化发展。投入70万元在十一管理区建设完成绒山羊养殖科技园区，可容纳2 100余只绒山羊。农场禽流感、口蹄疫、布病等免疫密度100%，确保全场无重大疫情发生。对全场718头能繁母猪进行了投保，提高了养殖户的积极性。农场畜牧渔业实现增加值5 497万元。绒山羊累计饲养量4.7万只；奶牛饲养量604头，鲜奶总产1 824吨；生猪累计饲养量3.6万头；肉牛累计饲养量6 628头，禽累计饲养量45.3万只，特色养殖梅花鹿224只，肉类总产量3 469吨，禽蛋总产947吨，水产品1 655吨。 （曲洪智）

【二、三产业】 2007年，农场实现工业产值5 369万元，其中增加值1 612万元。以城镇化建设为载体的个体私营经济蓬勃发展，全场范围内批发零售业达345户，从业人员388人；餐饮住宿业45户，从业人员112人。非国有经济从业人数12 000人，从业户数3 890户，培育龙头基地种植5个，养殖业3个，培育5~10万元的示范大户300户，10万元以上收入的示范大户为90户，培育500万元以上规模生产区8个，1 000万元以上规模生产区2个。对非国有经济从业人员进行培训，共培训7期1 200人次。 （曲洪智）

【新农村建设】 农场投入50万元对营区进行美化绿化，对各营区进行科学规划，拆除违章建筑仓房343个共计6 741平方米，猪圈272个，重新规划营区道路8条共计2 000多延长米，推广了前门房建设经验。 （曲洪智）

【财务管理】 农场紧紧围绕"经济效益"这个中心，加强经营管理，落实经济责任，以财务刚性预算为主线，健全财务管理制度，严格控制预算外开支，严禁违规违章处理账目，一切活动纳入账内管理，确保了经营目标的实现。完成清欠505万元，支付陈欠工资503万元，支付转贷羊款121万元，发放当年及陈欠独生子女费76万元，发放退休御寒补贴184万元，发放工资1 245万元。严格执行国家惠农政策，完成了粮食直补、综合补贴及水稻良种补贴共计1 792万元发放任务。及时足额地发放全场"三老"人员工资和医药费及文教、公检法司、机关、管理区人员的工资。 （曲洪智）

【小城镇建设】 农场投入881万元，新建客运站1709平方米，中学食堂1 176平方米，完成学府路白色路面1.5公里，勤前路面加宽5 340平方米，三砖至江边勤得利支线公路工程4.7公里；改造维修中学宿舍楼2 730平方米，完成了对五星会场、生资市场、老年活动中心、劳动力市场的改造维修。 （曲洪智）

【文明创建活动】 农场广泛开展广场文化活动，组织了教育专场文艺演出，"七一"歌咏比赛，开展了篮球、乒乓球等系列的体育活动，精心组织策划了以学习贯彻十七大精神、繁荣企业文化、走进勤得利为主题的农场首届摄影、书画大赛。《江柳文学》为场内外广大文学爱好者提供了展示的平台。通过开展向康金环学习、八荣八耻为主要内容的社会主义荣辱观教育，十星级文明户评比，文明单位的创建，使全场文明程度明显提升。以村容整洁为主要内容的环境建设取得新进展，农场环境面貌有了很大改观。 （曲洪智）

【党建工作】 农场党委以加强党的组织建设、转变干部作风为重点，组织实施了"北大荒先锋工程"和"标准化党支部建设"活动，充分发挥了党的先锋模范作用，进一步提升了党组织的凝聚力和战斗力。加强党员的教育和管理，在做好"三会一课"规范化、制度化的同时，继续开展了以"学习康金环、创一流工作业绩"为内容的学习典型、培养典型、树立典型的活动，全场共树立党员"双带"、"先优"典型96名。为庆祝建党86周年，积极开展了包括上一次党课、开展一次大讨论、大合唱比赛、黑板报展、篮球赛等在内的"七个一"系列活动。积极开展"双评"工作，组织学习了中纪委《关于严禁利用职务之便谋取不正当利益若干规定》及有关廉政建设制度要求，使党风廉政建设得到了进一步加强，领导班子民主测评满意率达96.8%。 （曲洪智）

【民主法制建设】 以创建平安农场为目标，以维护社会稳定为核心，强化治安管理和防范，严厉打击各种违法犯罪活动。全年侦办和处理各类案件35起，有效地打击了违法犯罪分子。加强流动人口管理，整治了交通和学校的周边环境。认真抓好治安防范，发挥了群防组织作用。开展了"五五"普法工作，法律意识有所增强。不断加大信访工作力度。严格执行信访责任制,畅通信访渠道,排查矛盾隐患,通过各部门扎实有效的工作,为农场的快速发展,职工群众的安居乐业创造出了良好的社会环境。 (曲洪智)

勤得利农场 分公司基本情况及国民经济主要指标完成情况统计表
(2007年)

指标名称	计量单位	2007年数值
管理区	个	15
总户数	户	5 833
总人口	人	18 270
其中:男	人	9 721
女	人	8 549
少数民族人口	人	386
地区生产总值	万元	31 779
人均生产总值	元	17 395.7
工农业总产值	万元	45 929
粮食总产	吨	187 409
固定资产投资总数	万元	5 657
职工工资总额	万元	1 584
职工平均工资	元	7 833.8
职工家庭人均收入	元	7 524

洪河农场

场长:张维明,1959年10出生,河北省泊头市人,中共党员,研究生学历,高级农艺师、高级政工师,1975年10月参加工作,2000年11月任现职。

党委书记:闫喜成,1955年4月出生,黑龙江省富锦县人,中共党员,大学学历,高级政工师,1973年7月参加工作,2002年12月任现职。

党委副书记兼纪委书记、工会主席:周培强(2001.3~)

副场长:史德慧(1996.3~)

邢卫国(2005.10~)

嵇洪军(2004.8~)

党委委员、武装部部长:姜新宝(2004.3~)

党委委员、组织部部长:高彦彬(2007.2~)

【概况】 洪河农场位于黑龙江省同江市境内东南部,别拉洪河流域以北,浓鸭河流域以南,地理坐标:东经133°99′~133°40′,北纬47°27′~47°46′。农场位于黑龙江、松花江、乌苏里江汇成的三江平原腹地。东以抚远县境内的前锋农场为邻,南与红卫农场毗连,西与前进农场接壤,北与浓江农场隔河相望。东西长27公里,南北长36公里。农场总控制面积6.53万公顷,其中耕地3.67万公顷,国家级自然保护区2万公顷,林地0.3万公顷。农场下辖9个管理区。农场人口4 346人,包括汉、满、蒙古、回、朝鲜、土家族等民族。人口自然增长率3.3‰,生育符合政策率达100%。农场公路交通便利,佳木斯市至抚远自然水泥路途经场部,农场自办客运站,有7条客运线路通往前进镇火车站,建三江分局、佳木斯市和哈尔滨市。农场距前进火车站30公里,距同江口岸80公里,至抚远口岸160公里,具有对俄出口贸易的地理优势。

农场常年积温2 416.5℃左右,年降雨量570 .2毫米,无霜期140天。

2007年,农场实现粮豆总产24.2万吨,国内生产总值3.8亿元,人均纯收入9 600元,资产负债率150%,农场实现利润5 120万元。 (柏永军)

【种植业】 农场农业基础设施得到进一步加强。投资800万元,完成晒水池82座,大棚1 222栋,灌水渠166条,涵洞60座,田间主干公路11条16公里,土地平整261处,填道口103个。投资77万元架设涵管1 749节。国家小水改造投资70万元,对四区南部小区进行配套建设,改善治涝面积0.08万公顷。投资450万元对农场第三管理区东锋小区0.12万公顷中低产田进行改造。土地整理项目完成,总投资2 408万元,净增耕地282公顷,得到上级和国家的高度评价,被全国土地整理会议评为典型。投资15万元对9个管理区的办公环境进行改善。投资130万元扩建、新建了四区、一区、六区、富民区农具场。农场贴息贷款500万元、补贴100万元,拉动农户投资2 066万元更新农机具3 365台件,使农场农机总动力达到7.2万千瓦,农场机务管理被总局评为标准化先进农场。农场有0.2万公顷耕地实现种子集中催芽,平均公顷增产375公斤,此项技术申请了专利,并获得总局科技创新奖。 (柏永军)

【林业】 全年完成造林25.33公顷,义务植树2万株,完成计划100%,其中绿色通道1.5公里,栽植绿化树木30万株。 (柏永军)

【畜牧业】 农场通过政策性扶持,专业化饲养,规模化推进,促进了农场畜牧业发展,畜牧业肉牛存栏3 400头,绒山羊25 000只,实现收入3 300万元,同比增长880万元。 (柏永军)

【非国有经济】 农场继续做强做大与北大荒米业在农产品加工上做大文章,非国有经济延伸到种植、养殖、流通、加工、运输等行业,实现收入13 275万元,全年经营利润5 120万元,同比增加512万元,非国有经济从业人员1 456户,计3 100人,户均收入3 100元。培育龙头基地2个,培育5~10万元的示范大户10户,10万元以上的收入大户为60户。 (柏永军)

【新农村建设】 农场投资826万元用于管理区砂石路建设和场区水泥路建设,建砂石路52.3公里。农场融资、引资1 140万元,建住宅12 000平方米。投资40万元扩建离退休干部职工活动中心。投资104万元,新建和改造了部分水、暖管道。农场投资35万元对第七、八管理区饮用水进行改造。农场成立环卫队,设置垃圾箱,对垃圾进行集中处理,清除了卫生“死角”。(柏永军)

【财务管理】 农场严格财务管理。在大批资金支出、专项资金管理、土地费收取等方面,请老干部当监督员,通过细化支出项目,规章建制出台政策,倡导干部职务消费货币化等制度建设加强资金管理。本着“取之于民、用之于民”的原则,将有效的资金投入农业、公共设施,新农村建设上来,推动了农场多项事业健康发展。完成审计项目14项,审计总额1.35亿元。 (柏永军)

【外经贸工作】 农场在俄罗斯下列区开垦耕地 0.97 万公顷，建成 3 个管理区，种植大豆 0.93 万公顷，种植水稻 0.04 万公顷，获得较好效益。（柏永军）

【文明创建活动】 农场以深入贯彻《公民道德建设实施纲要》为核心，以“八荣八耻”教育为主题，在全场范围内开展“转作风、树新风、共造美好家园”系列活动。广泛开展文明单位、星级文明户创建活动，努力构建“绿净美安”社区，涌现出一大批先进典型和先进个人。全场干部群众社会主义荣辱观普遍加强，场容区貌改观，环境建设在分局大拉练检查中名列前茅。（柏永军）

【党建工作】 农场加强各级领导班子建设，以“党员先锋工程”活动为载体，充分发挥党支部战斗堡垒作用和党员先锋模范作用，深入开展“学帮带”活动，党员干部为民意识显著增强。全场党员干部为职工群众办实事 600 多件，解决各类难题 200 多个，为贫困户捐款 12 万元，解决生产资金 120 万元；农场党风廉政建设工作进一步加强，职工群众满意率达 98%以上。（柏永军）

【教育】 农场投资 879 万元，新建教学楼 1 栋，教育教学设施明显改善。2007 年 11 月，农场以高标准、高水平和高满意度通过省“双高普九”验收。（柏永军）

洪河农场基本情况及国民经济主要指标完成情况统计表（2007 年）

指标名称	计量单位	2007 年数值
管理区	个	9
总户数	户	1 392
总人口	人	4 346
其中：男	人	2 270
女	人	2 076
少数民族人口	人	209
地区生产总值	万元	38 000
人均生产总值	元	61 000
工农业总产值	万元	23 957.9
粮食总产	吨	24.2
固定资产投资总数	万元	4 184
职工工资总额	万元	386
职工平均工资	元	9 600
职工家庭人均收入	元	9 600

【民主法制建设】 农场以创建“平安和谐农场”为目标，通过开展“五五”普法教育和推进依法治场、社会治安、综合治理水平明显提高，农场司法分局荣立集体三等功。（柏永军）

【通信事业】 农场全部实行了电话联网和数字接入，全场居民 100%安装了固定电话，移动、联通、小灵通电话用户 90%以上。宽带上网已有 700 多户，广播电视全频道接收 30 套节目以上。（柏永军）

鸭绿河农场

场长：宋宝玉，1961 年 7 月出生，山东省莱阳人，中共党员，大学学历，高级政工师，1977 年 10 月参加工作，2004 年 3 月任现职。

党委书记：刘国春，1959 年 12 月出生，黑龙江省绥化人，中共党员，大学学历，高级工程师，1981 年 7 月参加工作，2004 年 4 月任现职。

党委副书记、纪委书记、工会主席：王乾华（2005.10～）

副场长：李学军（2004.7～）
袁昌盛（2004.2～）

党委委员、武装部部长：隋玉滨（2007.3～）

党委委员、组织部部长：董安明（2006.12～）

【概况】 鸭绿河农场位于黑龙江省三江平原东北部，在同江市和抚远县交界处。地理坐标：东经 133° 27′30″～133° 55′，北纬 47° 45′～48° 02′10″。东与抚远县鸭南乡相邻，北与勤得利农场五十队及同江市金川乡相邻，西北以自然水域与勤得利农场接壤，西以浓鸭河泄洪道为界与浓江农场相邻。南以浓江河为界与前锋农场、洪河农场相邻。

鸭绿河农场是在原勤得利农场五分场的基础上建立起来的，由当地自然河流“鸭绿河”而得名。是利用世界银行贷款与国内配套投资建设的，是引进外国的先进机具和技术建设起来的现代化国有农场。

农场属三江平原一阶地。北有鸭绿河，南有浓江河贯穿东西，由西向东注入黑龙江。地势中间高，呈鱼脊形向南向北缓降，海拔高度 45～55 米，东西长 35 公里，南北宽 27 公里。农场地处中高纬度，属于寒温带大陆性季风气候。冬长严寒，夏短炎热多雨，日照较充足。2007 年平均气温 3.6℃，年积温 2 695.8℃，无霜期 142 天，年降水量为 715.2 毫米。辖区总面积 5.13 万公顷，其中耕地 2.53 万公顷，林地 0.93 万公顷，牧草地 0.09 万公顷。2007 年，总户数 1 624 户，常住人口 5 220 人，其中含满、蒙古、回、朝鲜等少数民族 489 人。人口自然增长率 2.94‰。实现国内生产总值 2.48 亿元，粮豆总产 18.98 万吨，家庭农场盈利 5 899 万元，人均收入 8 918 元。（杨 葳）

【种植业】 农场全力推进农业标准化工程，不断提高农业生产标准和管理水平。全年推广应用新技术 10 项（种子处理技术、土壤耕作技术、秧田规范化建设技术、全程机械化技术、节水灌溉、综合增温技术、水稻叶龄诊断技术、水稻三秋二常年技术、农作物健身防病技术、测土配方施肥技术、水稻钵育摆栽技术）；稳定土地关系，落实“两田一地”土地承包政策，进一步调动了农工的各地积极性。2007 年，全场种植面积 2.53 万公顷，其中水田 2.07 万公顷，大豆 0.26 万公顷，玉米 0.12 万公顷。农场建科技示范园区 2 个，科技示范带 3 条，管理区科技示范长廊 6 条，总面积达 1 万公顷，高标准落实科技示范户 69 户，其中水田 59 户，旱田 4 户，经济作物 6 户。农场农业基础设施建设进一步加强，新建农用飞机场 1.65 万平方米，水泥晒场 3 万平方米。投入资金 2 236.7 万元，新增农机具 1 972 台（件），跨区作业 0.33 万公顷。2007 年全场测土配方施肥面积占总面积的 30%以上。航化作业 1.87 万公顷。农田水利基本建设成效显著，全年完成土方 153 万立方米，建涵洞 165 座，晒水池 86 个，高台 926 个，农田除涝基本得到解决，田间路况得到改善，节水灌溉初见成效，土地整理步伐加快。（杨 葳）

【林业】 农场投入资金50多万元购买云杉、银中杨、樟子松、果树绿化树苗木33.7万株,出动人工500余人次,大小车辆50多台次,高标准地完成了绿色城堡、绿色通道、绿色走廊的“三绿工程”建设任务。其中,完善第二、四管理区绿色城堡工程2公顷;新建第一管理区四面环绕的绿色城堡工程5公顷;完成第三、四、六管理区、场直地区的11条绿色走廊建设任务,共计10 000多延长米;完成三区至七区2公里绿色通道1.2公顷;完成第五管理区西侧冠下造林2.67公顷;完成40公顷退耕还林地的补植任务。在封冻前克服困难完成秋整造林地总面积10.67公顷。春天适时计划点烧林下草面积0.4万公顷,打烧防火线25公里,烧草塘0.33万公顷,烧秸秆0.27万公顷,消除了火灾隐患,实现了全年无森林火灾发生的目标。开展林政大检查,出动巡逻车80余车次,共查处大小林政案件22起,处罚金额3万余元。春季农场发生舞毒蛾森林病虫害。农场抓住气温回升舞毒蛾大量孵化的有利时机,组织100多人工,利用10台电动喷雾器,喷洒农药,有效地控制了疫情。 (杨 崴)

【畜牧业】 农场大力发展畜牧业,实现畜牧渔业总产值5 060万元,完成指标增长103.6%。全场肉牛存栏3 904头,出栏2 908只;羊存栏18 821只,出栏26 013只;生猪存栏6 006头,出栏11 061头;禽存栏78 058万只,出栏160 079万只;肉类总产量2 005吨,鱼产量70吨,蛋产量270吨。农场投资23.79万元建第二管理区绒山羊种羊场标准化羊舍一栋,面积340.8平方米,运动场1 200平方米;投资86.72万元,建第五管理区绒山羊养殖科技园区1个,建标准羊舍4栋,面积1 280平方米,运动场3 840平方米;投资5.076万元,建第四管理区40平方米畜牧兽医综合服务站1处;农场建设临时青贮窖7个,每个容积600立方米,共计容积4 200立方米,永久性青贮窖1个,容积330立方米,贮玉米2 842吨。全场进行禽流感免疫家禽145 307只,口蹄疫免疫家畜45 863头(只),免疫密度达100%。6月,全场开展了羊布病三次免疫大会战,注射布病疫苗18 821只,免疫密度100%。8月,对全场生猪进行蓝耳病免疫,共注射蓝耳病疫苗12 000头。畜禽常规免疫,羊三联四防免疫18 821只,羊痘免疫18 821只,猪瘟免疫12 000头,猪丹毒免疫12 000头,猪肺疫免疫12 000头,鸡新城疫免疫99 102份,应免密度达100%。使牛、猪、羊、禽的死亡率控在0.5%、5%、8%以内。

(杨 崴)

【城镇建设】 农场加大小城镇建设力度,铺设砂石路17.5公里、铺设人行道2 536平方米、安装路灯28盏,建住宅5 250平方米,打深水井4眼、建水处理厂3座,解决3 000多人饮水安全问题,新增绿化面积12.85平方米,拆除泥草房2 385平方米,新建943.27平方米离退休老干部活动中心1所。

(杨 崴)

【教育 卫生】 农场投入教育经费625万元。教学条件全面改善,硬件设施全,校园文化特色突出,德、智、体、美、劳和谐互动,中考升学率全局第四名。医疗卫生事业持续健康发展,1所职工医院,8个管理区卫生所全部达到甲级标准。全年共接待患者2万人(次),比上年增加30%。计划免疫疫苗覆盖率100%。计划生育率,由1987年8‰下降至2007年的0.39‰。已婚育龄妇女落实节育措施92.8%,独生子女领证率100%。 (杨 崴)

【社会保障】 农场职工养老、医疗、失业等“五保合一”参保面稳步上升。完善居民最低生活保障制度和社会救助体系,全年共发放生活保障金23.83万元,低收入和弱势群体的基本生活得到保障。劳动和社会保障部门为704名职工重新建立劳动关系;为53名断保、漏保职工办理了养老保险关系接续手续;为239名企业退休人员调整了基本养老金待遇,人均增加养老金84元,人月均养老金达690元,失业控制率在2.6%以下。工会创建“小康之家”486户,占全场总户数的35%。“扶低共富”见成效,48户低收入户全部致富。

(杨 崴)

【精神文明创建】 农场建立宣传思想工作考评机制。完善职工代表大会制度和民主议事会制度,基层民主活力进一步增强。在规范农场土地承包管理过程中,农场首创的《土地承包管理信息系统》先后荣获总局“创新成果奖”和“黑龙江省职工优秀技术创新成果奖”,并在垦区推广。加强公开采购招标,促进了项目源头节支。推进“五五”普法和依法治场,全民法律素质逐步提高,依法行政水平稳步提高。加强社会治安综合治理,扎实推进“平安鸭绿河”建设,全场治安状况良好,群众安全感普遍增强。生产形势总体稳定,全民安全意识有所增强。信访工作得到加强,信访秩序逐步规范,信访案件大幅下降。法庭、公安、司法职能作用发挥充分,为农场经济社会建设保驾护航。 (杨 崴)

鸭绿河农场基本情况及国民经济主要指标完成情况统计表

(2007年)

指标名称	计量单位	2007年数值
管理区	个	8
总户数	户	1 624
总人口	人	5 220
其中:男	人	2 628
女	人	2 592
少数民族人口	人	489
地区生产总值	万元	24 792
人均生产总值	元	47 566.2
工农业总产值	万元	38 003
粮食总产	吨	189 888
固定资产投资总数	万元	5 915
职工工资总额	万元	550.4
职工平均工资	元	16 678.79
职工家庭人均收入	元	8 918

浓江农场

场长:关德庆,1955年3月出生,辽宁省凤城县人,中共党员,大学学历,高级工程师,1974年9月参加工作,2004年4月任现职。

党委书记:刘志波,1961年11月出生,黑龙江省肇州县人,中共党员,大学学历,高级会计师,1978年7月参加工作，2004 年 4 月任现职。

党委副书记、工会主席、纪委书记： 王长国（2004.12～）

副场长： 李思军（1999.5～2007.8）

王树波（2004.10～）

党委委员、武装部部长： 张明文（2004.3～）

党委委员、组织部部长： 董良珍（2001.1～）

【概况】 浓江农场位于黑龙江省三江平原东北部同江市境内，隶属农垦总局建三江分局。地理坐标：东经 133° 7′ 05″ ～133° 32′ 31″，北纬 47° 38′ 55″ ～47° 53′ 21″。东以浓江鸭绿河新河为界与鸭绿河农场为邻，南以浓鸭新河为界与前进、洪河农场相依，西以浓鸭一排干为界与青龙山农场搭界，北以鸭绿河排干为界与勤得利农场接壤。从场部向南 21.8 公里至前进镇火车站，往北 48.7 公里达勤得利码头。前勤（前进、勤得利农场）主干公路经场境内 27.5 公里，勤鸭（勤得利、鸭绿河农场）主干公路经场区境内 25 公里，环场路 143.6 公里，南邻佳抚路（佳木斯—抚远县），北依同抚路（同江市—抚远县），交通十分便利。

农场属寒温带在陆性季风气候，冬寒夏暖秋多雨，长年积温 2342～2983℃，年平均降雨量在 550 毫米，平均无霜期 135 天。

农场总面积 540 平方公里，其中耕地 3.27 万公顷，草原 0.33 万公顷，林地 0.49 万公顷。农场人口 5 590 人，有满、朝鲜、赫哲、蒙古、回、壮等少数民族 160 人。人口出生率为 5.65‰，人口自然增长率为 2.91‰。

农场拥有 9 个作业区。经济以种植业为主，主产水稻、大豆、小麦、大麦、玉米，还有部分经济作物。

2007 年，全场总播种面积 3.27 万公顷，粮食总产 23.9 万吨，种植业总产值 3.1 亿元，人均收入 9 768 元，实现企业利润 515 万元。（冯桂琴）

【种植业】 农场依据分局质量效益型农业实施方案，制定出农场规范化农业管理办法，落实科室包片，对包片农户进行技术指导，每个区重点培养 10 个科技示范户。农场做好农业实用新技术的推广，组织高标准的农业现场会，加强种子质量监督；抓好植物检疫工作。全年技术培训达 3 000 人次，发送农业信息 40 余条，农场在分局质量效益型农业评比中荣获第三名。建标准化农具场 1 690 平方米，新增农机具 2 459 台套，农机总动力达 6.75 万千瓦，实现作物机械化收获率达 100%。农场加强农业科技园区和农业新技术的推广普及，累计推广农业、节本增效新技术 13 项。全年水利投资 1 100 万元，完成水利工程土方 450 万立方米。（冯桂琴）

【林业】 全年完成造林绿化 133.33 公顷，义务植树 4.5 万株，完成计划的 100%。其中，完成绿色通道 2.1 公里，栽植绿化树木 4.3 万株。查处林政案件 2 起，结案率 100%。（冯桂琴）

【畜牧业】 农场牢固树立畜牧富民富场理念，做强畜牧产业，划给养殖户饲料地 143.87 公顷，农场加强基层兽医队伍建设与兽医所的标准化建设，投资 5.3 万元对二区、九区两个绒山羊小区进行维修和完缮；投资 118 万元在七区新建生猪标准化小区 1 个；投资 27 万元改建标准化羊舍 2 栋；投资 5.2 万元改建七区综合服务站。在防检疫工作上，共免疫牲畜 7 925 头，免疫率达 100%，对场内 643 头能繁母猪发放补贴金 3.2 万元。加强对畜牧技术人员的业务培训，外聘专家给养殖户授课，全年共培训人员达 196 人次。全场实现肉牛存栏 2 701 头，羊存栏 50 780 只，生猪存栏 5 600 头，禽存栏 22 013 只，蛋产量 145 吨，羊绒产量 13.1 吨，鱼产量 50 吨，实现畜牧渔总产值 3 561 万元，增加值 1 816 万元。（冯桂琴）

【外经贸工作】 农场全面贯彻实施《农产品质量安全法》，全场 3.27 万公顷农产品通过了产品质量认证，实现出口总额 560 万美元。（冯桂琴）

【新农村建设】 农场用于改善民生的社会性建设投资 1 824 万元，建设白色路面 5.78 公里，改善生存环境 1.2 万平方米，营区绿化面积 28.4 公顷，修建水泥晒场 20 400 平方米，拆除泥草房 6 户。（冯桂琴）

【财务管理】 农场强化刚性预算管理，建立了各职能部门协调一致的财务一体化管理模式，以收定支，量入为出，控制八项费用开支在预算总支出的 15% 之内。通过采取更换核算软件、网上银行信息网络建设，有效实施了对刚性预算的监控和执行。农场对闲置的资产进行清查评估，对预算外资金实施收支两条线审批制度，将有效的资金投入到农业基础设施建设、公共设施建设和新农村建设上来，全年共收回各类欠款 91 万元，超额完成分局的清欠指标。完成审计项目 12 项，审计总额 8 890 万元，为农场挽回经济损失 0.37 万元，农场各项经营指标全部达到分局的指标。（冯桂琴）

【小城镇建设】 农场全面推进文明城镇创建，农场小城镇现已形成了生活住宅区、生产经营区、公共事业区、中心广场的建设格局。农场采取多渠道融资 2 800 多万元高质量抓好公共设施和小区环境和绿化美化建设。场部地区绿化覆盖率达 70%，绿化树木 6 万余株，人均拥有绿地 50 平方米，实现了农场党委提出的“人在花草中，房在绿树中”的文明城镇建设目标。（冯桂琴）

【文明创建活动】 在文明创建活动中，农场结合《公民道德实施纲要》的宣传，每年举办各种知识竞赛活动，发放宣传单 2 600 多份，重点加强理论教育、思想教育和道德教育。全场星级文明户评比活动中，十星级户达 289 户。农场投入 200 多万元建起职工文化休闲园区，成立文体协会，组织“农场文化广场周”活动，参入率达 89%以上。农场被省政府授予爱国卫生先进集体，获得总局环境模范小区、造林绿化先进单位称号。（冯桂琴）

【党建工作】 农场通过实施北大荒先锋工程，加强党的基层组织建设，创新工作方法和活动内容，将 2007 年确定为“标准化党支部建设年”，重点搞好制度建设、完善内业和阵地建设为基础的党支部规范化建设工作。五区、七区两个党支部为党建点,社区党支部成立了流动党员服务站。在党员中开展“学帮带”活动,党员与贫困户结对子104对,共为帮扶对象提供资金9万元。离退休老党员义务担任农场工程建设监督员,新党员发展13人。 (冯桂琴)

浓江农场基本情况及国民经济主要指标完成情况统计表
(2007年)

指标名称	计量单位	2007年数值
管理区数量	个	9
总户数	户	2 197
总人口	人	5 590
其中:男	人	2 927
女	人	2 663
少数民族人口	人	160
地区生产总值	亿元	3.1
人均地区生产总值	元	55 357
工农业总产值	万元	47 063
粮食总产量	吨	23.9
固定资产投资总额	万元	16 033
职工工资总额	万元	750
职工平均工资	元	6 097
职工家庭人均收入	元	9 768

前哨农场

场长:薛英贵,1960年1月16日出生,黑龙江兰西县人,大学学历,中共党员,工程师,1981年9月参加工作,2006年8月任现职。

党委书记:林春荣,1961年6月19日出生,山东省胶南人,大学本科,中共党员,高级政工师,1983年7月参加工作,2004年2月任现职。

党委副书记、工会主席:高明涛(2005.5~)

副场长:任春桥(2001.12~)
李文升(2001.2~)
俞高江(2005.10~)

党委委员、武装部部长:王凤凯(2001.2~)

党委委员、农业协会会长:司志军(2007.6~)

【概况】 前哨农场位于我国东北边陲的抚远三角洲上,坐落在抚远县境内。地理坐标:东经134° 01′ 37″ ~ 134° 02′ 25″,北纬47° 48′ 52″ ~ 48° 08′ 54″,海拔40~63米。农场场部距黑瞎子岛约70公里;东距乌苏里江边的海青镇46公里;北距黑龙江边的抚远县城50公里。陆路、水路交通便利,在黑龙江边的抚远县附近六道沟子设有农垦专用码头,沿江而下可直接进入太平洋。高等级水泥路直通前进火车站、建三江及佳木斯抚远。农场东西宽28公里,南北长50公里,农场总占地约700平方公里,其中耕地面积3.53万公顷,草原面积约0.11万公顷,林地面积1.39万公顷,沼泽水泡占地0.39万公顷。农场夹于浓江河和别拉洪河之间。东北高、西南低,形成狭长的微坡漫岗地,土壤主要为岗地白浆土、潜育白浆土和草甸沼泽土。

农场属于高纬度寒温带大陆季风气候区,无霜期为120~140天,年平均126天。大于10℃的天数约为137天,有效积温为2 250℃左右,年均降雨量为597毫米,年均风速为4.2米/秒。

农场总人口近1.2万人,包括汉、满、蒙古、回、壮、达斡尔、朝鲜族、锡伯族等民族。人口自然增长率2.23‰,生育符合政策达100%。

农场下辖9个管理区,17个作业站,1个街道办,5个居民委及林业局、科技园区、职工子弟校、职工医院。

2007年农场实现粮豆总产18.2万吨,国内生产总值2.61亿元,人均纯收入8 394元,资产负债率125%,实现利润175万元。 (杨 恽)

【种植业】 农场圆满完成了以“两田一地”为核心的土地承包政策的落实,从农业田间管理、作业质量、农时标准、农机标准、品种结构等标准化管理环节入手,加强科技示范带及科技园区建设,不断推进质量效益型农业的发展。全年完成总播种面积3.53万公顷,面对严重自然灾害,全场上下奋力拼搏、克服困难抗灾自救,把灾害降到了最低点。种植品种结构进一步优化,玉米、水稻两大高产高效作物种植面积达2.2万公顷,占粮豆总种植面积的73%,年均增长11.8%。农场建标准化农机具场22 000平方米、插秧机库房420平方米。新增钢骨架大棚1 700栋,100%实现大棚育秧。新增机井343眼。农场筹集资金200万元,其中50多万元用于扶持农户购机械的补贴。农场新增农机具618台套,农机总动力4.84万千瓦,实现作物机械化收获率达100%。加强了科技示范园区和“三站一室”建设,科技园区承担水稻生产示范等项目33项。其中,国家级1项,省级1项,总局级1项,分局级12项,其他16项,园区有实验田4公顷,示范田56.67公顷。示范辐射全场及周边农村6.67万公顷。 (杨 恽)

【水稻生产】 农场大力发展水稻,2007年新增水稻0.67万公顷。农场投资700余万元,加强田间水利配套工程和农田道路建设。为水稻种植户进行晒水池、苗床地建设,架设输电线路61公里。农场投入80万元,对水稻种植中的重要科技环节进行补贴推广。组织农业技术培训班,培训人次780人次,以会代训,农场召开现场会达18次累计人次达2 000人次。农户自筹资金,购进弥雾机400余台,购进播种器650套,播种覆土器800套,蒸汽催芽器560套。农场和建三江种业前哨分公司各投资60万元,建成并投产低温种子烘干塔一座,日处理种子150吨。农场水稻公顷产量由2006年的7 500公斤,上升到2007年的8 250公斤。 (杨 恽)

【林业】 农场共完成造林面积68.27公顷。其中:宜林荒山荒地60公顷;重点防护林(包括“三绿”工程)8.27公顷;绿色通道5公里;高标准绿色城堡1个;绿色走廊6条,长度1 800米;建绿篱1 200米;场直及管理区、作业站营区10个单位进行绿化;义务植树3万株;退耕还林地(包括宜林荒山荒地造林)补植453.33公顷;农场二、三号路绿色通道补植21公里。苗圃育苗7.13公顷。全年查处林政事件30起,罚款20人,教育10人,没收盗伐木材3立方米,收缴罚没款2万元,结案率达98%。农场采用科学有效的森防措施,在春防前进行了物候计划点烧,点烧面积2 000公顷,打烧防火道32公里,全

年无森林火灾。2007 年秋季完成秋整林地面积 6.93 公顷，挖植树穴 9 140 个。（杨　晖）

【畜牧业】 农场通过政策性扶持、专业化饲养、规模化推进，全场绒山羊存栏达 28 281 只，羊绒产量 6.97 吨，肉牛存栏 1 231 头，出栏 1 023 头；生猪存栏 3 573 只，出栏 14 937 头；禽存栏 37 630 万只，出栏 78 196 万只；种植青贮玉米 94.47 公顷，饲料地 311.13 公顷。投资 64 万元对五、八、十三、十八作业站 4 个绒山羊示范园区和种羊场进行改扩建。在畜牧科办公室旁建 200 平方米兽医站化验室，配齐了各种化验器材、设备、试剂。全场有绒山羊科技示范户 50 户。养羊 8 960 只。（杨　晖）

【二、三产业】 农场实现工业产值 1 600 万元。以城镇化建设为载体的个体私营经济蓬勃发展，全场范围内商业网点达 264 个，非国有经济从业人数 3 600 人，从业户 1 260 户，培育 5～10 万元的示范户 310 户，10 万元以上收入大户为 230 户，500 万元管理区 5 个，实现产值 17 800 万元，利润 6 000 万元。

（杨　晖）

【小城镇建设】 农场大力实施小城镇发展带动战略，新增职工住房楼 18 131 平方米。修场直家属区桥 32 座，解决行路难问题。成立了自来水供管站，农场投入 80 万元，维修了自来水供应厂房，对自来水进行改造，增加水净化的处理设备，让职工群众吃上了“放心水”。加大场区环境治理。环卫队全年共清除场部街区垃圾 5 200 多吨。建彩钢厕所 150 个，拆除推掉旧厕所 180 个，板障 2 000 多延长米，扒掉板棚 5 个，铁栅栏 500 米。农场投入 10 万元资金将修配厂家属区、医院家属区、建筑公司道南、道北区、大顺修理道北区铺设沙石路面3 600 多延长米，垫石 2 000 立方米，修排水沟 8 000 延长米，美化了居民区的环境。场区种植榆树 2 500 棵，银中杨 287 棵，梧桐树 110 棵，黄槐花树 340 棵，各种花卉 35 000 棵。（杨　晖）

【文明创建活动】 农场以“八荣八耻”教育为契机，在全场范围内开展“前哨人要为前哨做什么”的大讨论，把“东方第一场”的“第一”塑造成为农场敢为人先、不甘人后的企业发展精神，开展以爱岗、爱场、爱垦区为主题的爱岗敬业、岗位建功竞赛活动，树立“我代表前哨、前哨就是我”的理念，营造“做前哨人光荣、为前哨自豪”的社会发展环境。争创文明标兵单位、星级文明户创建活动广泛开展，努力创建“和谐前哨、平安前哨”，认真落实社会治安的综合治理各项措施，全面开展创建“平安前哨”工作。（杨　晖）

【农田基本建设】 农场投资 2 455.15 万元，完成爱丰农业小区开发项目、稻香园区扶贫项目、第十三作业站低产田改造项目；十三作业站是低产田改造，于 2006 年 5 月开工，2007 年 7 月竣工。土地整理后，新增耕地 270.4 公顷，新增耕地比率为 15.63%。（杨　晖）

【财务管理】 农场预算编制按照“确保刚性，压缩弹性，统筹兼顾，留有余地”的原则，年度的各项支出严格按照预算要求支付。资金收取金额执行货币统管政策，将农场收取的货币资金存入分局的货币统管账户，使用时再申请回拨。实行领导干部职务消费货币化，合理分配各项指标。加强党风廉政建设，从源头上消除利用职务营私舞弊行为，密切党群干群关系，建立科学、合理的职务消费新机制。全年共回收各类欠款 251 万元，超额完成分局下达的清欠指标。完成审计项目 14 项，审计总额 10 598 万元，为农场挽回经济损失 11 万元。

（杨　晖）

【教育】 2007 年 8 月，农场学校落实了“科校合一”和“聘任制”，推进教育人事制度改革，完善了分配制度改革，教师及管理人员的工资由基础工资、绩效工资、两部分组成。农场投资 710 万元，为学校建造了一栋 5 100 平方米的综合实验楼，配齐内部设备。投资 150 万元开通校园网，实现学校远程教学。利用农场助学基金，资助贫困学生。全年下发助学金总额 30 130 元，共资助在校贫困生 179 人次。2007 年 11 月 14 日，省督导检查团到农场进行督导工作评估，农场学校顺利通过了省督导组验收。（杨　晖）

【民主法制建设】 农场全面推进依法治企进程，规范行政行为，加强执法监督，保证司法公正，通过开展“五、五”普法活动，开展“法律六进”（进机关、进管理区、进社区、进学校、进企业、进单位）活动为载体，以化解社会矛盾为主线，抓好各类重点普法对象学法用法工作的落实。不断提高职工群众的法律素质。（杨　晖）

【党建工作】 农场党委以打造“和谐前哨、平安前哨”为载体，充分发挥各级党组织的领导核心作用，以保持共产党员先进性教育成果为动力，充分发挥党支部战斗堡垒作用和党员干部的先锋模范作用。农场以配好班子、选好干部，不断优化领导班子整体结构为主体，按照科学发展观要求，高质量地培养、评价和使用干部为准则，强化各级领导班子建设；以“北大荒先锋工程”活动为载体，深入开展“十个一”活动，农场党风廉政建设工作进一步加强。职工群众满意率达 98%。（杨　晖）

【扶贫工作】 农场继续实施“五带工程”：一是干部带特困户，农场的特困户由机关科以上干部、管理区、作业站和场直单位的主要领导包扶，与其目标考核挂钩；二是大户带小户，大户扶持帮助贫困户种植扶低田；三是富户带穷户，有产业、有项目的富户在雇工上安排 1～2 个贫困户，可长期、短期工兼顾；四是老户带新户，那些在各行业中干出成绩已经致富的老户，帮助刚从事这项工作的贫困户，传授经验，帮助其快速致富；五是先富带后富，先富裕起来的富户在资金、技术上帮助贫困户。农场筹集资金 220 万元，用以扶持贫困户 138 户，当年脱贫率 98%。

（杨　晖）

【通信事业】 农场场部居民使用固定电话 3 050 部，联通、移动、小灵通用户达 4 000 余户，宽带上网 1 030 户。农场有线电视用户 3 000 户，能收看 43 套

电视节目。（杨　悍）

前哨农场基本情况及国民经济主要指标完成情况统计表（2007年）

指标名称	计量单位	2007年数值
管理区	个	9
总户数	户	3 898
总人口	人	11 991
其中：男	人	6 116
女	人	5 875
少数民族人口	人	288
地区生产总值	万元	26 113
人均生产总值	元	21 777
工农业总产值	万元	37 295
粮食总产	吨	181 963
固定资产投资总数	万元	5 935
职工工资总额	万元	1 362
职工平均工资	元	12 000
职工家庭人均收入	元	8 394

前锋农场

场长：窦玉敏，1957年出生，山东省陵县人，中共党员，大学学历，助理经济师，1972年3月参加工作，2000年12月任现职。

党委书记：孙鹏，1962年2月出生，山东省莱州市人，中共党员，研究生，高级政工师，1979年11月参加工作，2000年12月任现职。

党委副书记：吕　虹（2005.2～）

副场长：孟庆华（2005.2～）

迟立军（2005.11～）

王银锁（2005.11～）

党委委员、组织部部长：杨学文（2007.3～）

党委委员、武装部部长：纪春武（2007.3～）

【概况】 前锋农场位于黑龙江省抚远县境内地理坐标：东经133°38′～134°45′，北纬47°31′～47°58′50″。南与别拉洪河为界与八五九农场接壤，与胜利农场隔河相望，西以别拉洪河二十四排干为界与红河农场相望，东以二道河为界与二道河农场为邻，北以浓江河为界与鸭绿河农场相邻，东北于与前哨农场毗邻。南北长62.5公里，东西宽25公里，农场总面积为1 103.5平方公里。其中耕地面积5.07万公顷，草原3.33万公顷。农场常年积温2 300～2 600°C，年降雨量600毫米左右，无霜气118～130天。

农场交通便利，佳抚（佳木斯至抚远县）高等级白色路面穿过场内，与同三公路相连，前抚铁路（建设中的前进农场至抚远县）途经场部北侧，距抚远、饶河口岸120公里，对俄罗斯贸易有着得天独厚的地缘优势。

农场总人口11 809人，职工2 200人，自然增长率0.22‰，生育符合政策率100%。

农场下辖9个管理区，16个作业站。2007年农场实现粮食总产33.6万吨，国内生产总值40 181万元，人均纯收入8 895元。企业经营利润2 200万元。（吴永全）

【农业生产再创新高】 农场克服各种自然灾害，完成播种面积5.07万公顷，其中水田3.4万公顷，大豆0.63万公顷，其他各类作物0.9万公顷，平均公顷产6 723公斤。全面落实各项技术措施，实行了严格的保证金制度。水田全程机械化进程加快，购进水田插秧机222台，搅浆机112台，454－554拖拉机137台，综合机械化率提高到87%。水稻公顷产突破了8 250公斤。（吴永全）

【林业】 农场投入绿化资金60万元，建成绿色城堡8.93公顷，绿色通道5公里，荒山荒地造林273.33公顷，重点防护林66.67公顷，栽植绿化林木8万棵，榆树100万棵，森林过火面积控制在3%以内。（吴永全）

【畜牧业】 农场通过政策扶持、专业化饲养、规模化推进，促进了农场畜牧业超常规、跨越式发展，经济效益明显提高。2007年全年投入478.8万元畜牧业发展基金，建绒山羊养殖小区2个，改扩建绒山羊养殖小区2个，完善2个奶牛养殖小区和5个畜牧综合服务站建设。其中投入228.1万元新建、改扩建总建筑面积33 526平方米的标准化绒山羊养殖小区，采用规模化、科学化建筑布局，加大科技普及力度及科学饲养管理技术，逐渐发展成为农场绒山羊繁育基地。投入50万元完善奶牛小区2个、牛肉小区1个，使养殖业成为农户增收的新增长点。全场广大职工群众养殖热情高涨，相继投入100万元新建标准化猪舍2 000平方米，涌现出一大批规模饲养大户，其中奶牛存栏20头以上的5户，肉牛存栏20以上的16户，存栏母猪30头，年出栏肥猪600头的大户3户，绒山羊存栏200只以上的37户。全场奶牛舍饲养达63%，小区集中饲养达36%，绒山羊舍饲养达75%，小区集中饲养达52%。推进了畜牧业标准化建设和畜牧产业升级。全场实现奶牛存栏276头，鲜奶年产量565吨，牛肉存栏641头，年出栏502头，母猪存栏203头，出栏生猪3 500头，绒山羊存栏202万只，羊绒产量6.8吨，禽存栏1.9万只，出栏8 960只，实现畜牧业产值1 838万元，其中增加值565万元。（吴永全）

【二、三产业】 农场依据大力推进水稻深加工企业，建成绿原米业、天河米业等6家加工企业。企业运行良好，利润可观。农场还引进南方企业来场创建畜牧加工企业。农场修造厂生产大棚、水田井房供不应求，部分产品出口创汇。农场自营经济总量大幅增长，自营经济从业户数达2 388户，从业5 976人，年创产值2.11亿元，利润7 164万元，从业人均收入12 000元，户均收入3 000元。（吴永全）

【新农村及小城镇建设】 各管理区、站，按农场统一规划，拆除违章建筑3 000多平方米。农场城镇建设步伐加快，以新农村建设为主线，采取多元融资5 251万元，建成楼房4.17万平方米，修筑白色路面2.8公里，增设给水管线3.3公里。安居工程稳步推进。农场设立50万元基金用于危房改造，经协议拆迁泥草房54户、2 540平方米。建起21户、600平方米廉租房。拆除场直违章建筑41户；节能减排初见成效，拆除2个排污严重锅炉，新建商住楼以按区域规划集中供热。全场居民使用固定电话 3 429 部,联通、移动、小灵通"用户 6 487 户,宽带上网已有 934 户,广播电视频道可收看 35 个节目以上。 (吴永全)

【财务管理】 农场在深入调查研究的基础上,采取"两上两下"编制程序、资金使用"三集中"、"年初核算、年终不变"等办法科学控制资金使用,提高了预算监督、控制与执行的可操作性。在大额资金支出、专项资金管理、土地利费收取等方面,通过细化 33 个支出项目,加强职务消费货币化管理,确保资金使用安全。本着"取之于民、用之于民"的原则,将有效的资金投入到农业基础设施及小城镇建设上、公共设施建设和新农村建设上来,推动了农场各项事业的蓬勃发展。全年共收回各类欠款 389 万元,超额完成分局清欠指标。完成审计项目 37 项,审计总额 5 982 万元,为农场挽回经济损失 28 万元。

(吴永全)

前锋农场基本情况及国民经济主要指标完成情况统计表
(2007 年)

指标名称	计量单位	2007 年数 值
管理区	个	9
总户数	户	4 000
总人口	人	1 809
其中:男	人	5 912
女	人	5 897
少数民族人口	人	23
地区生产总值	万元	40 181
人均生产总值	元	34 025
工农业总产值	万元	66 951
粮食总产	吨	336 330
固定资产投资总数	万元	6 105
职工工资总额	万元	727.5
职工平均工资	元	14 726
职工家庭人均收入	元	8 895

【外经贸工作】 农场坚持开放搞活,促进流通的原则,在已出口小型机械设备、农产品出口创汇的同时,引进山东烟台客商到农场兴建豆制品厂;从事特殊养殖和秸秆加工建筑材料,项目总投资 300 万元。 (吴永全)

【学帮带活动】 农场深化"学帮带"活动,党员干部为民意识得到加强。全场党员干部为职工群众办实事 739 件,解难题 896 个,为贫困户帮扶 563 万元。为贫困生捐资助学 12 多万元。

(吴永全)

【民主与法制建设】 农场从创建平安农场为目标,通过开展五五普法教育,积极推动依法治场进程,社会治安综合治理明显好转,公民法律意识进一步提高,2007 年农场被省依法治省领导小组授予"全省依法治企"先进单位。

(吴永全)

二道河农场

场长:张合豫,1957 年 9 月 6 日出生,河南省许昌市人,中共党员,大学学历,高级农艺师,1974 年 10 月参加工作,2004 年 4 月任现职。

党委副书记、纪委书记、工会主席:陈天明(2005.10 ~)

副场长:张建民(2005.10 ~)
童良军(2004.5 ~)

党委委员、武装部部长:王发全(2001.2 ~)

党委委员、组织部部长:周宝祥(2004.8 ~)

【概况】 二道河农场位于黑龙江省东部三江平原抚运县境内别拉洪河下游西岸。地理坐标:东经 134° 00′ ~ 134° 25′,北纬 47° 35′ ~47° 50′。东以别拉洪河、南以二道河与八五九农场为界,西与前锋农场接壤,北与前哨农场毗邻,地势平坦,土壤肥沃,交通便利。农场长年积温 2 726℃,年降雨量在 511 毫米,年蒸发量 1 035.4 毫米,无霜期 135 天。农场土地面积 557.9 平方公里,其中耕地面积 2.73 万公顷,草原 0.11 万公顷,林地 0.4 万公顷,人口 3 157 人,包括汉、满、朝鲜、蒙古、壮、侗等民族,人口自然增长率 1.9‰,出生率 5.4‰,生育符合政策率达 100%。

农场下辖 7 个管理区、12 个场直单位。

2007 年,农场实现粮豆总产 19.3 万吨,实现国内生产总值 2.37 亿元,人均纯收入 1.18 万元,同比分别增长 24%、18%。农场被农业部确定为"国家农垦现代农业示范区"。 (宋庆国)

【种植业】 农场以科学发展观为统领,全面提升科学种田水平,积极推广新技术,不断推动质量效益型农业的发展。全年完成总播种面积 2.73 万公顷,其中水田 2.23 万公顷,旱田 0.5 万公顷。四大作物标准化统一供种 95%,种子加工率 99%,优质品种覆盖率达 100%。投入资金 1 597 万元,购置各类农机具 2 521 台,新增动力 5 885 千瓦,新增机库面积 3 100 平方米,建设种子良繁基地 3 处,新建种子库房和加工间 2 100 平方米、水泥晒面 7 000 平方米,建成日烘干能力 500 吨的烘干塔一座。完成水利工程土方 50.75 万立方米,修建涵洞 131 座,建涵闸 15 座,晒水池 35 座,工程建设总投资 400 万元。投入资金 2 110 万元,完成土地项目整理 1 866.67 公顷。利用 ISO19001 质量管理、ISO14001 环境管理"双体系",完成了 6 666.67 公顷绿色产品生产基地认证工作,有机产品认证 2 666.67 公顷,无公害产地与产品一体化认证面积 27 333.33 公顷。全面实行了农业生产技术人员负责制,备耕、春种、夏管、"三秋"等生产关键环节实现标准化作业。各级示范区、示范带建设全面升级,投入资金 200 万元,建成集科技研发、技术推广、人员培训、旅游观光于一体的农业科技核心展示区 1 处。(宋庆国)

【万亩大地号】 农场万亩大地号地处农场第六管理区,全地号面积 1 066.67 公顷。万亩大地号是国家农垦现代农业示范区的核心展示区。农业生产实现了全程"机械化作业,标准化管理,规模化经营",万亩大地号是垦区现代化大农业的一个缩影和代表,是精准农业、科技农业的集中体现,是二道河农场、建三江分局及黑龙江农垦对外展示农业生产科技水平和技术研发、科技创新,生态农业、观光农业、高效农业的前沿和窗口,对周边生产区具有巨大的示范和辐射作用。该地号土壤肥沃,农机具配套齐全(旱田拥有国际先进大马力拖拉机凯斯-450型拖拉机一台,约翰·迪尔-7800二台,佳联气吹式精量点播机一台,约翰·迪尔-450型条播机一台,大型收获机械多台。水田拥有智能化育秧大棚4栋,快速插秧机6台,大型拖拉机5台,半喂入收割机8台等)。已粗具现代化农业的规模和条件,农业栽培技术水平较高,具有黑龙江农垦现代农业的生产特点和典型代表性。

(宋庆国)

【林业】 农场完成造林140公顷,栽植苗木63万株;全场栽植绿化苗木19.3万株,建成绿色通道1条、绿色走廊1条、绿色城堡1个,完成计划的100%,森林覆盖率9.15%,绿化投入资金105万元。(宋庆国)

【畜牧业】 农场畜牧工作以加强规模小区建设为突破口,着力发展质量效益型畜牧业,使农场畜牧业生产呈现出“两大、两高”(投入大、标准高、规模大、效益高)的科学发展态势。年内投资350万元,建设绒山羊规模养殖小区2处,载畜量达8 000只,绒山羊小区集中饲养率达31%;规范建设牧经生态园区,充分发挥其地理优势,为繁荣农场经济奠定了坚实基础;推进了畜牧业标准化建设和畜牧产业升级。农场绒山羊存栏2.6万只,肉牛存栏0.17万头,禽类存栏4万只,肉类总产760吨。

(宋庆国)

【非国有经济】 2007年,农场非国有经济实现总产值0.42亿元,总利润1 013.1万元,从业户数258户,从业人数429人。(宋庆国)

【新农村建设】 2007年,农场投资1 518万元用于水泥路建设、排网改造等民心工程。其中,投资325万元,修建了场区0.6公里白色路面和环区砂石路10.7公里;投资200万元,维修下水管道近千米,提高了小城镇的基础功能;投资近100万元,成立了物业管理站,购置垃圾清理车、吸污车和垃圾桶等垃圾清理设备,实现了天天沟清、路净、无杂草垃圾的环境治理目标;高标准完成了新岗一条街改造工程,兴建占地面积4 600平方米商服楼两座,补贴职工资金93万元,投资近800万元,建5 000平方米教学楼一座,配备了先进的教学设备。全年落实各类补贴1 140.35万元。出台了内退、病退优惠政策,全场共有255人办理内退和病退手续。实施了基本田制度,全场共有654人享受了93万元优惠补贴;用于职工供水、取暖补贴近100万元,用于无偿救助鳏、寡、孤、独、病和生活临时困难人员资金达5万元;以无息贷款形式下拨资金近100万元,用于扶持低收入户脱贫致富。通过“一帮一”帮扶措施,使全场38户低收入家庭100%实现脱低或致富。全年养老金社会化发放率实现100%。阳光农业保险投保面积1.97万公顷。(宋庆国)

【企业文化建设】 农场深入开展企业文化建设活动,建立了以“人和、势和、利和、天人合一”为核心的和谐文化,建立健全了企业的组织机构、完善企业规章制度、提高员工的认同程度。在企业文化建设的管理体系上,实行党委统一领导负总责,党政工团齐抓共管,相关部门通力协作配合,职工群众广泛参与,统一规划,整章建制,确立目标,落实责任,规范标准,考核奖惩的管理体制。全方位、立体化推进了企业文化建设,实现了企业文化建设的制度化、标准化、系统化、日常化运作。在企业文化建设途径的方法上,实行舆论营造氛围、领导带头示范、职工实践锤炼、树立企业英模、编印企业文化丛书、开展主题活动、制定规范制度、塑造形象工程等。通过不断的实践、总结、提炼,倡导并形成了既符合市场经济发展趋势又具有自身特色的企业文化理念。

(宋庆国)

【财务管理】 农场按照“量入为出,以收定支”原则,全面加强了以财务管理为中心的各项管理,严格履行资金审核、报账程序,健全了内控制度。在大额资金支出、专项资金管理、土地利费收取等方面,通过细化32个支出项目,整章建制、出台政策,加强资金管理,确保资金使用安全。全年完成审计单位12户,审计资金1 680万元,查出违纪资金13.19万元。债务、债权追溯制度得到进一步完善,收回应付款120万元,兑现职工陈欠210万元。顺利完成了ISO质量和环境管理体系审核工作,经济运行质量和经济效益全面提升。

(宋庆国)

【文明创建活动】 农场以深入贯彻《公民道德实施纲要》为核心,全面开展以树立“八荣八耻”为主要内容的社会主义荣辱观教育,培养文明道德风尚,严格贯彻执行《场规民约》,把和谐社区、和谐家庭等和谐创建活动同群众性精神文明创建活动结合起来,大力开展了星级文明户、文明单位创建活动,涌现出一大批先进典型和先进个人。全场干部群众社会主义荣辱观普遍加强,场容区貌,明显改观,健康文明的生活方式逐渐形成,促进了我为人人、人人为我的良好社会氛围形成,实现居民自治。农场宣传工作突出,全年共在各类报刊发表文章110余篇,在各级电视台播出新闻425条。2007年,农场环卫队女工委获“黑龙江省五一巾帼奖状”光荣称号,农场被授予为省级“安康杯劳动竞赛获胜单位”荣誉称号。(宋庆国)

【党建工作】 党的基层组织建设明显加强,党员干部的大局意识、执政意识、发展意识和服务意识进一步提升,党员干部先锋模范作用得到了充分发挥,“学、帮、带”活动效果明显,“先锋工程”开展有声有色。农场深入开展《思想政治工作千分考核》活动,“一岗双责”制度得到进一步完善,党政班子和班子成员群众满意率达100%。举办各类培训班8次,培训干部440人次,党员干部素质得到进一步提升。党员干部为民意识明显增强,全场党员为职工办实事400余件,解难题200多个。采取发放补贴等优惠政策,引进大学生11人。人事制度改革不断完善,事业单位逢进必考,择优聘用。实施了教育分配制度改革,极大地激发了全体教育工作者的工作积极性和创造性。场务公开、私企建会、纪检监察工作扎实推进。青年、妇女、武装等工作卓有成效。(宋庆国)

【民主法制建设】 农场以创建“平安和谐农场”为目标，通过“五五”普法工作有序开展，积极推进依法治场进程，社会治安综合治理水平明显提高。农场各执法部门结合“双评”活动，正确履行职责。信访渠道得到进一步畅通，信访问题99%得到了解决。社会综合治理工作取得明显成效，防范措施到位，有效地遏制了各类案件的发生，年内破获各类刑事案件13起，查处治安案件6起，社会治安形势稳定。（宋庆国）

【社会事业】 2007年，农场被授予分局充分就业社区试点单位。教育事业持续发展，使外来务工家庭适学子女充分享受到农场先进教育资源，义务教育升学率达100%，职成教育有序开展。卫生监督、防疫、疾病控制、医疗、计划生育、开发办、关工委等工作开展井然有序。机关、居民委、物业管理站、宾馆、气象站、活动中心、劳动力市场和阳光农业保险社为农场的经济建设做了大量的服务性工作。通信科、网通公司、邮政局密切协作，创建了方便快捷的通信网络。农场固定电话用户1 268户，宽带上网户708户，手机用户1 646户。粮库、农行办事处、信用社、中油二道河分站、土地、工商、税务、交通、公路和电业等驻场单位为农场经济社会发展做出了大量积极有效的工作，共同营造了和谐发展的良好氛围。（宋庆国）

二道河农场基本情况及国民经济主要指标完成情况统计表（2007年）

指标名称	计量单位	2007年数值
管理区	个	7
总户数	户	1 199
总人口	人	3 157
其中：男	人	1 601
女	人	1 556
少数民族人口	人	88
地区生产总值	万元	23 264.6
人均生产总值	元	73 692.1
工农业总产值	万元	21 105.8
粮食总产	吨	19.3
固定资产投资总数	万元	4 562
职工工资总额	万元	451.7
职工平均工资	元	17 175
职工家庭人均收入	元	11 883

牡丹江分局

党委书记:丁元森,1949年4月出生,山东省日照市人,中共党员,大学学历,高级经济师,1967年5月参加工作,2006年3月任现职。

党委副书记、局长:侯培耀,1958年4月出生,黑龙江省佳木斯市人,中共党员,大学学历,高级经济师,1976年8月参加工作,2006年9月任现职。

党委副书记:刘福生,1950年2月出生,山东省平度市人,中共党员,大学学历,高级政工师,1968年11月参加工作,1997年2月任现职。

党委副书记、纪委书记:何万荣,1958年4月出生,山东省平原市人,中共党员,大学学历,高级政工师,1975年10月参加工作,2000年10月任现职。

副局长:金奎祥,1957年4月出生,山东省高密市人,中共党员,大学学历,高级政工师,1974年12月参加工作,2000年4月任现职。

副局长:许先珠,1959年10月出生,山东省巨野县人,中共党员,研究生学历,高级农艺师,1975年11月参加工作,1997年2月任现职。

副局长:蒋晓辉,1959年2月出生,辽宁省宽甸县人,中共党员,大学学历,高级工程师,1975年8月参加工作,2005年7月任现职。

副局长:李恒伟,1960年4月出生,山东省莱阳市人,中共党员,大学学历,高级经济师,1976年10月参加工作,2005年7月任现职。

工会主席:秦恩岭,1953年9月出生,山东省武城县人,中共党员,大学学历,高级政工师,1970年11月参加工作,2006年4月任现职。

党委委员、组织部部长:秦恩岭(2001.7~2007.7)

党委委员、组织部部长:刘彬,1963年1月出生,湖南省桃江县人,中共党员,大学学历,高级工程师,1983年8月参加工作,2007年7月任现职。

党委委员、宣传部部长:伊兴民,满族,1955年4月出生,辽宁省宁中县人,中共党员,研究生学历,1974年11月参加工作,2001年7月任现职,2007年7月离任。

党委委员、武装部部长:康东杰,1963年3月出生,黑龙江省牡丹江市人,中共党员,研究生学历,1981年参加工作,2002年12月任现职。

纪委(监察局):

纪委副书记、监察局局长:张永国,1952年6月出生,四川省渠县人,中共党员,大学学历,高级政工师,1969年12月参加工作,2001年3月任现职。

副书记:商丽梅(女)(2001.3~)

检察室主任:王庆春(2001.12~)

信访室主任:王晓玲(女)(2004.12~)

组织部:

部长:刘　彬(2007.7~)

副部长:韩　萍(女)(2001.3~)

组织员:秦红军(2002.10~)

工　会:

主席:秦恩岭(2006.4~)

副主席:张淑华(女)(2001.3~)

平　易(2001.12~)

宣传部:

部长:伊兴民(2001.7~2007.7)

副部长:王炳江(2001.3~)

离退休干部工作处:

处长:詹景萍(女)1951年12月出生,黑龙江省五常县人,中共党员,大专学历,高级政工师,1968年10月参加工作,2001年3月任现职。

助理调研员:朱丽君(女)(2003.12~)

团　委:

书记:王清忠,1968年5月出生,河北省文安人,中共党员,大学学历,高级政工师,1989年8月参加工作,2002年9月任现职。

副书记:韩　彬(2007.11~)

办公室:

主任:杨林,1947年7月出生,沈阳市人,中共党员,大学学历,1963年8月参加工作,1999年9月任现职,2007年7月离任。

主任:张明宇,1960年5月出生,山东省沂南县人,中共党员,大学学历,经济师,1977年10月参加工作,2007年8月任现职。

副主任:李建荒(2007.9~)

机关工会主席:胡玉萍(女)(2007.9~)

政研室:

处长:张卫华,1963年10月出生,四川省大巴县人,中共党员,大学学历,高级政工师,1984年8月参加工作,2006年12月任现职。

民政局:

局长:唐国荣,土家族,1954年6月出生,湖南省长沙市人,中共党员,大学学历,副研究馆员,1972年12月参加工作,2001年3月任现职。

信访办:

主任:吕长远,1952年11月出生,辽宁省郸东市人,中共党员,大专学历,经济师,1969年7月参加工作,2006年10月任现职,2007年10月离任。

副主任:刘清菊(女)(2003.12~)

人事劳动和社会保障局:

局长:郭以瑾,女,1950年9月出生,广东省潮阳县人,中共党员,大学学历,高级劳经师,1968年6月参加工作,2001年3月任现职。

副局长:刘国平(1997.12~)

助理调研员:李金声(2003.12～)

教育局:

局长:钟大皓,1948年9月出生,浙江省人,中共党员,大学学历,中学高级教师,1970年6月参加工作,1998年2月任现职。

副局长:陈　森(1998.2～)

招生办主任:刘　波(1997.11～)

计财处:

处长:黄立新,1967年5月出生,山东省青岛市人,中共党员,大学学历,高级会计师,1988年7月参加工作,2006年12月任现职。

副处长:张雅凡(女)(2006.12～)

曹　伟(2007.9～)

郑克斌(2007.9～)

控购办主任:谢长军(2004.6～)

经　委:

主任:刘向东,1948年3月出生,黑龙江省哈尔滨市人,中共党员,大专学历,高级经济师,1968年10月参加工作,1997年4月任现职。

副主任:宁　敏(2001.12～)

安全监督局:

局长:闵洪生,1949年10月出生,黑龙江省哈尔滨市人,中共党员,大专学历,高级工程师,1968年11月参加工作,2002年12月任现职。

技术监督局:

局长:张宝臻,1952年8月出生,吉林省九台市人,中共党员,大学学历,高级工程师,1969年11月参加工作,1996年2月任现职。

副局长:许财旺(2001.3～)

农机局:

局长:林运超,1954年8月出生,山东省牟平县人,中共党员,大学学历,农机高师,1973年7月参加工作,2001年3月任现职。

农业局:

局长:孙文宏,1967年3月出生,吉林吉安人,中共党员,大学学历,高级农艺师,1991年8月参加工作,2001年12月任现职。

科技局:

局长:陈双全,1955年12月出生,黑龙江省海林市人,中共党员,大学学历,高级农艺师,1975年3月参加工作,2001年3月任现职。

畜牧水产局:

局长:江云俊,1961年3月出生,湖南省长沙市人,中共党员,研究生学历,高级政工师,1980年9月参加工作,2004年6月任现职。

林业局:

局长:陈世平,1947年11月出生,河北省滦南县人,中共党员,大学学历,高级工程师,1964年7月参加工作,1993年2月任现职,2007年1月离任。

局长:吕长远,1952年11月出生,辽宁省东沟人,中共党员,大专学历,经济师,1969年7月参加工作,2007年1月任现职。

助理调研员:田　军(2003.12～)

森林防火主任:肖桂喜(2001.3～)

种子管理处:

处长:徐立起,1951年6月出生,山东省淄博市人,中共党员,大专学历,农经师,1968年11月参加工作,2001年2月任现职。

水务局:

局长:郭同忠,1954年11月出生,江苏省榫宁县人,中共党员,大学学历,高级工程师,1972年3月参加工作,1996年2月任现职。

副局长:高保杰(1997.1～)

建设局:

局长:刘立巍,1956年9月出生,河北省黄桦县人,大学学历,高级工程师,1972年10月参加工作,1997年12月任现职。

交通局:

局长:辛超英,1959年2月出生,河北省景县人,中共党员,大学学历,高级工程师,1975年9月参加工作,1999年3月任现职。

工商物价局:

局长:王勤友,1958年7月出生,山西省临县人,中共党员,大学学历,经济师,1974年4月参加工作,1996年1月任现职。

副局长:曹金平(2000.12～)

孙宪五(2000.12～)

物价检查分局长:何永胜(2004.1～)

商务局:

局长:王常青,1960年5月出生,辽宁省阜新市人,中共党员,大学学历,高级统计师,1978年8月参加工作,2001年3月任现职。

粮食局:

局长:赵焕忠,1957年7月出生,山东省利津县人,中共党员,大专学历,高级工程师,1974年11月参加工作,2001年3月任现职。

卫生局:

局长:殷柯,1957年11月出生,湖南省常宁县人,中共党员,大学学历,副主任医师,1975年10月参加工作,2003年12月任现职。

疾病控制中心主任:申晓光(2004.5～)

计生委主任:陈　艳(女)(2003.12～)

公安局:

局长:辛连军,1956年5月出生,山东省安丘市人,中共党员,大学学历,高级工程师,1974年10月参加工作,2007年10月任现职。

副局长:何新德(2007.1～)

国振福(1997.7～)

交警大队大队长:雷显明(2003.12～)

政治处主任:张学政(2001.3～)

副处级员:宋道华(2001.3～)

陈昌泰(1997.7～)

殷正民(1997.11～)

助理调研员:张　冬(2003.12～)

检察院:

检察长:白义波,蒙古族,1961年2月出生,吉林省通辽市人,中共党员,大学学历,政工师,1978年9月参加工作，2003 年 11 月任现职。

副检察长：曹志勇（1995.3～）

于景林（1996.10～）

黄邦艳（女）（2005.5～）

政工主任：曲兴武（2001.11～）

反贪局长：黄启彪（2005.5～）

法　院：

院长：张玉坤，1953 年 11 月出生，山东省鱼台县人，中共党员，大学学历，高级经济师，1969 年 8 月参加工作，2001 年 5 月任现职。

副院长：林建华（2001.5～）、张民（2001.5～）

政工处主任：王振武（2001.11～）

审监庭长：韩瑞业（女）（2001.11～）

执行局长：孙建国（2003.7～）

司法局：

局长：刘斌，1963 年 4 月出生，江苏省淮安县人，中共党员，大学学历，高级政工师，1986 年 7 月参加工作，2003 年 12 月任现职。

政法委：

常务副书记：高福东，1957 年 3 月出生，陕西省勉县人，中共党员，大学学历，高级政工师，1974 年 11 月参加工作，2001 年 3 月任现职。

610 办公室：

主任：张学周，1956 年 10 月出生，山东省荣成人，中共党员，大学学历，高级政工师，1974 年 11 月参加工作，2001 年 3 月任现职。

绿色食品办公室：

主任：姜长海，1951 年 12 月出生，辽宁省东沟县人，中共党员，大专学历，经济师，1970 年 12 月参加工作，2002 年 4 月任现职。

土地局：

局长：夏贵安，1955 年 10 月出生，黑龙江省佳木斯市人，中共党员，大学学历，工程师，1972 年 3 月参加工作，2003 年 12 月任现职，2007 年 4 月离任。

局长：白俊武，1955 年 6 月出生，黑龙江省望奎县人，中共党员，大专学历，工程师，1973 年参加工作，2007 年 4 月任现职，2007 年 12 月离任。

局长：全伟，1963 年 6 月出生，黑龙江省宝清县人，中共党员，研究生学历，工程师，1983 年 2 月参加工作，2007 年 12 月任现职。

副局长：陈冬丽（女）（2002.4～）

俞向东（2005.11～）

环保局：

局长：刘宗钢，1955 年 1 月出生，北京市人，中共党员，大专学历，环保高级工程师，1971 年 3 月参加工作，1997 年 10 月任现职。

副局长：王春明（2001.6～）

社保局：

局长：韩玉真，1953 年 7 月出生，山东省文登县人，中共党员，大学学历，农业经济师，1973 年 8 月参加工作，1998 年 2 月任现职。

副局长：林沛霖（1996.6～）

王　斌（2003.11～）

广播电视局：

局长：王林山，1968 年 2 月出生，山东省即墨县人，中共党员，大学学历，主任编辑，1987 年 7 月参加工作，1999 年 10 月任现职。

兴凯湖供电局：

局长：乔君，1967 年 4 月出生，黑龙江省绥化市人，中共党员，研究生学历，高级工程师，1988 年 7 月参加工作，2007 年 1 月任现职，2007 年 11 月离任。

局长：赵铁军，1958 年 12 月出生，黑龙江省密山市人，中共党员，大学学历，高级工程师，1975 年 7 月参加工作，2007 年 11 月任现职。

党委书记：邱学斌，1954 年 10 月出生，河南南阳人，中共党员，大学学历，高级农艺师，1977 年参加工作，2001 年 12 月任现职。

副局长：管松茂（2001.12～）

柳树森（2001.12～）

工会主席：孙　光（2001.12～）

通信公司：

总经理：乔贵生，1961 年 1 月出生，中共党员，大学学历，政工师，1977 年 9 月参加工作，2005 年 3 月任现职。

阳光保险公司：

经理：朱建海，1964 年 8 月出生，湖南省宁乡县人，中共党员，大学学历，高级会计师，1983 年 10 月参加工作，2005 年 6 月任现职。

审计处：

处长：卢玉珂，女，1950 年 4 月出生，黑龙江省鸡西市人，中共党员，大专学历，高级审计师，1968 年 10 月参加工作，2001 年 3 月任现职。

审计员：赵　霖（2001.3～）

非国有经济办：

主任：徐先启，1953 年 12 月出生，山东省曹县人，九三学社社员，大学学历，高级工程师，1971 年 2 月参加工作，2004 年 11 月任现职。

人武部：

部长：康东杰，1963 年 3 月出生，黑龙江省牡丹江人，中共党员，研究生学历，1981 年参加工作，2002 年 12 月任现职。

党委书记：蔺立雁，1964 年 4 月出生，吉林省延吉人，大学学历，1982 年 12 月参加工作，2007 年 2 月任现职。

关工委：

主任：刘福生，1950 年 2 月，山东省平度人，中共党员，大学学历，高级政工师，1968 年 11 月参加工作，1997 年 2 月任现职。

常务副主任：孔庆国（2007.7～）

副主任：尚崇华（2004.7～）

牡丹江分局机构示意图

（2007 年）

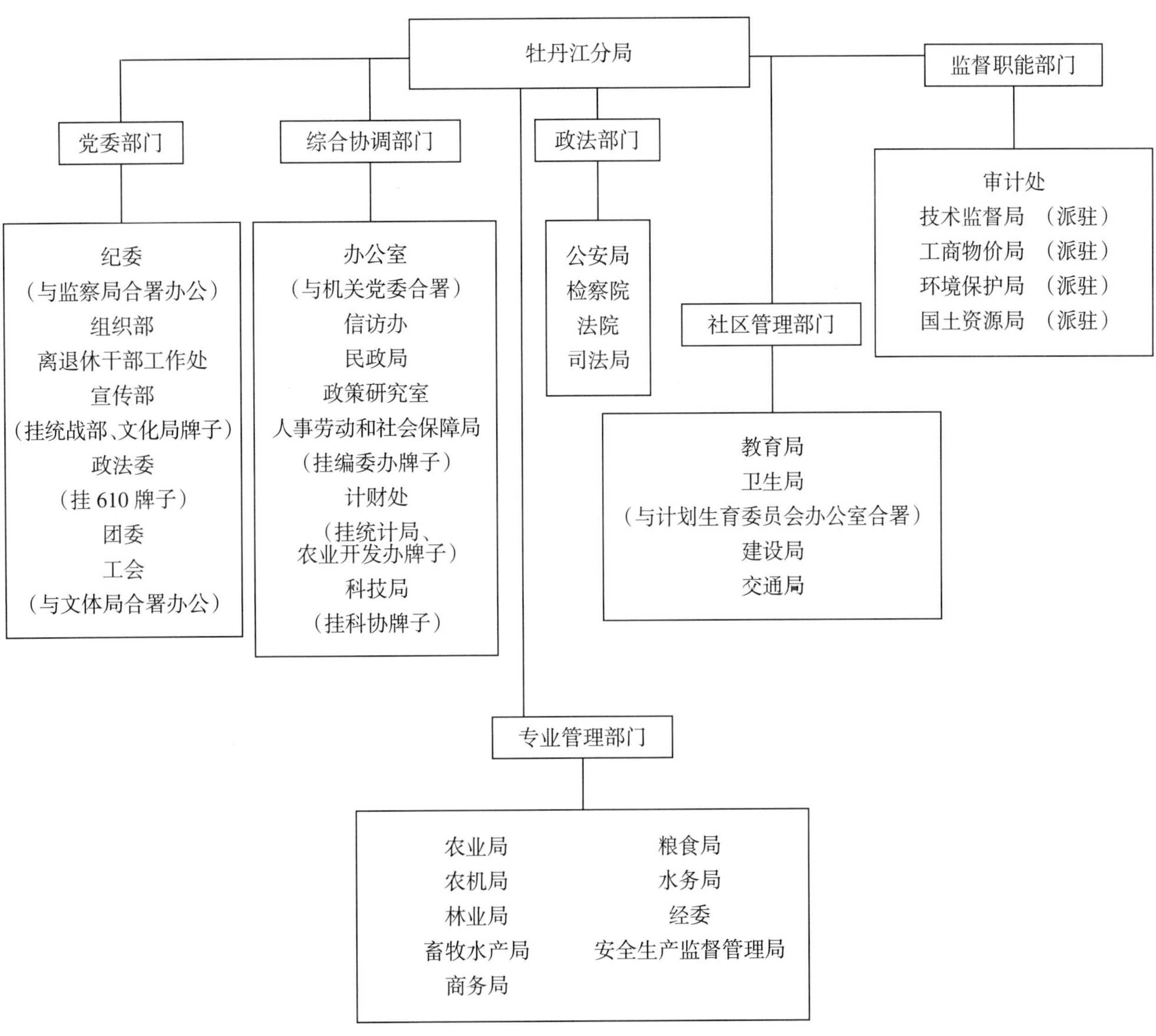

牡丹江分局下属企事业单位示意图

（2007 年）

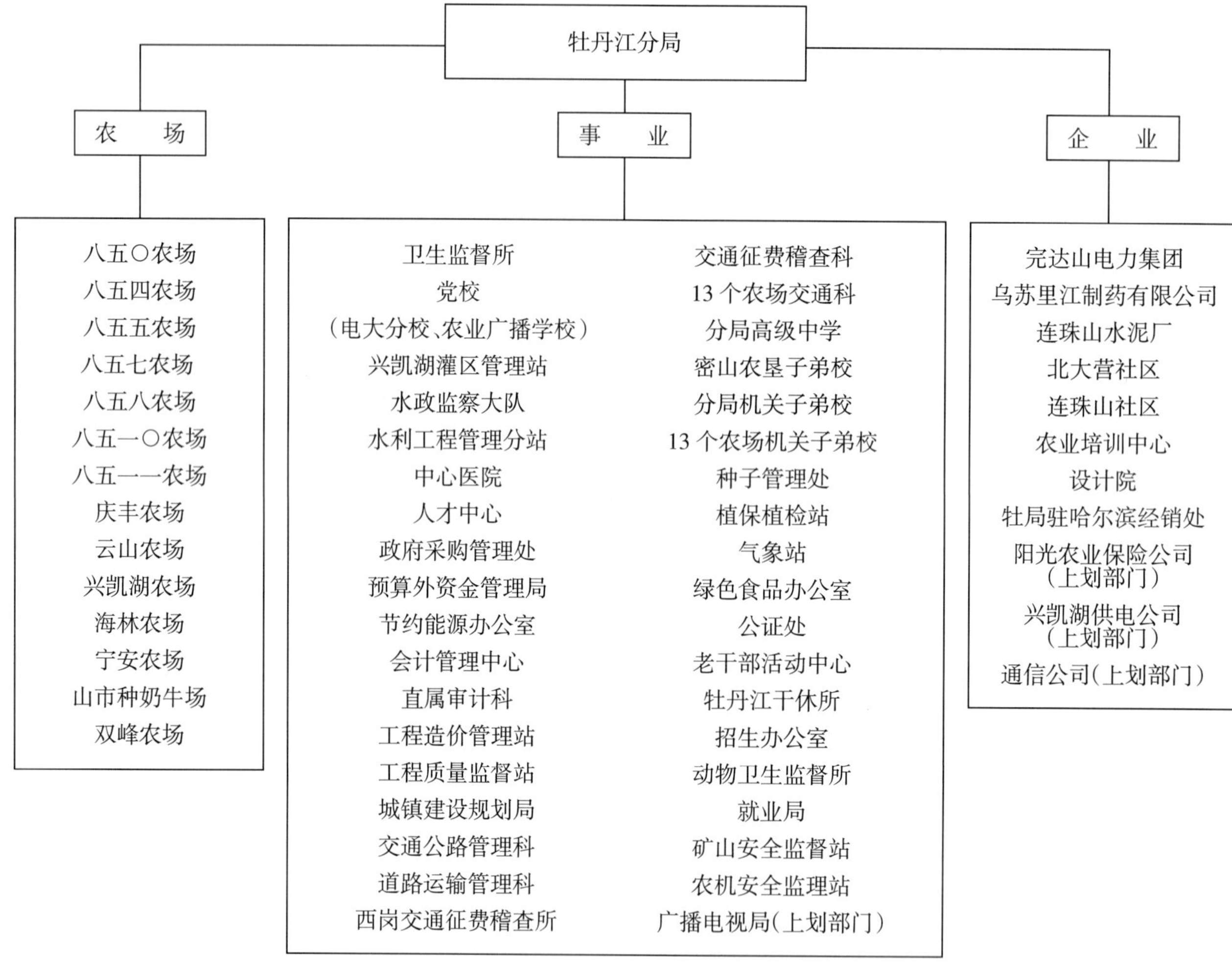

【概况】 牡丹江分局地处黑龙江省东南部，是省农垦总局下属的9个分局之一，创建于1956年。分局先后称为铁道兵农垦局、牡丹江农垦局、东北农垦总局密山分局、虎林分局、黑龙江生产建设兵团四师、牡丹江国营农场管理局、牡丹江农垦分局。分局下属的宁安农场是黑龙江省最早的国营农场（1947年组建）；八五〇农场是王震将军亲自选址并创办的垦区第一个军垦农场。

2007年，分局下辖八五〇、八五四、八五五、八五六、八五七、八五八、八五一〇、八五一一、庆丰、云山、兴凯湖、海林、宁安、山市种奶牛场共14个大中型国有农牧场（另有分局直属双峰农场），分布于密山、虎林、宝清、鸡东、海林、宁安等6个市县境内。辖区面积9 989平方公里，有耕地39万公顷，林地16.2万公顷，草原5.2万公顷，水面7.5万公顷，可垦荒地6.73万公顷，其他土地15.4万公顷。年降雨量500～600毫米，年积温2 350～2 800℃。分局为国家级生态示范区。坐落在八五一〇农场境内的兴凯湖当壁镇旅游度假区是国内著名旅游景点，年接待游客30余万人次。

分局有人口20万人，各类从业人员10万人。有场处级党委29个，党总支68个，基层党支部721个，党员1.6万名。有工会会员7.3万人，共青团员6 000名。

2007年，分局实现生产总值61.4亿元，同比增长21.2%，其中：第一产业增加值36.7亿元，同比增长20.4%；第二产业增加值10.5亿元，同比增长19.5%；第三产业增加值14.2亿元，同比增长24.4%。国有及国有控股企业实现利润11 638万元，同比增长30%；农场职工家庭人均纯收入9 181元，同比增长15.8%。 （李全明）

【农业综合生产能力提升】 2007年，分局农作物播种面积38.97万公顷，粮豆总产25.71亿公斤，平均公顷产7 155公斤，均创历史最高水平。农机更新投入1.6亿元，农业综合机械化率94%；水利建设投资4 337万元；新建水泥晒场18.2万平方米；投资3 000万元的宁安农场现代农业示范园区一期工程完成。五大农作物参保面积27.93万公顷。累计通过认证的有机、绿色、无公害农产品46个。春季造林258.8公顷，补植林带4 000公顷，全民义务植树104万株。分局连续20年没有发生大的森林火灾。 （李全明）

【工业经济运行良好】 分局实现工业增加值8.6亿元，同比增长15.6%；实现主营业收入28.8亿元，同比增长12.2%；实现利润1.8亿元，同比增盈1 305万元。工业盈利额超过100万元的企业21个，其中盈利额超千万元的企业4家。新建和续建工业项目23个，总投资额2.6亿元，其中投资额1 000万元以上的项目6个。 （李全明）

【畜牧业稳步发展】 分局年末奶牛存栏5.5万头，同比增长10.1%；鲜奶产量22万吨，同比增长9.8%；肉牛饲养量11.7万头，同比增长19%；生猪饲养量69万头，同比增长13%；鹿存栏1.5万只，同比增长15%；羊饲养量18万只，同比增长19%；禽饲养量1 302万只，同比增长21%；肉类总产量6.8万吨，同比增长20%。实现畜牧业增加值7.6亿元，同比增长19%。新建和续建畜牧小区17个，建筑面积6.4万平方米，总投资8 071万元。 （李全明）

【对外开放开发取得新成绩】 分局签订经贸合作项目49项，签约额8.7亿元，引进到位资金4.2亿元。实现外贸出口额5 700万美元，同比增长30%。劳务输出183人，在俄罗斯租种耕地3 666.67公顷。聘请浙江省城乡规划设计院对兴凯湖当壁镇景区发展进行详细规划，景区基础设施建设投资1 329万元。接待游客30万人次，旅游业总收入4 000余万元。 （李全明）

【农场城镇化步伐稳步迈进】 2007年，城镇建设全口径投资超过10亿元，主要建设工程：一是新建各类房屋31.4万平方米，其中住宅24.4万平方米；拆迁城镇旧建筑物5.2万平方米，其中住宅3.3万平方米；建设廉租房2 500平方米；二是拆除管理区泥草房6.1万平方米；三是建设水泥公路411.6公里，分局高等级公路已超过800公里；四是建设城镇水泥街道29.1公里；五是实施安全饮用水改造工程16处，购置水处理设备17套，受益人口近2万人；六是新增供、排水管线56.6公里；七是撤销居民组10个，复垦土地41.13公顷；八是改造教育用房1.2万平方米；九是城镇绿化面积16.4万平方米；十是完成了分局机关整体搬迁。 （李全明）

【社会事业持续进步】 分局10所学校被评为总局级示范校，其中3所进入省级示范校行列；全面落实学生“两免一补”政策，建立贫困生控辍制，设立100万元贫困生救助基金；募集资金200余万元，资助800余名低保家庭学生。卫生事业投资1 849万元；实行医疗检查互认、部分疾病限价收费、医生处方定期评价和住院费每日清单制；各医院均建立10万元的紧急医疗救助基金。实现就业和再就业4 227人，其中“4050”人员1 335人；为11 369名灵活就业人员申报并发放社会保险补贴1 195.5万元；给1 183名下岗失业人员开展柳编、养牛等专业技能培训。将2 076名残疾人列入低保对象。对3 062户贫困户进行扶持，落实扶贫资金478万元；文化事业建设投资3 000余万元，新建、续建八五四、八五八、庆丰、宁安农场的休闲公园及文化广场。加强了企业文化建设，连珠山水泥厂等企业的文化建设迈出新步伐。开展了形式多样的垦庆文体活动，成功举办了分局“青山杯”第五届文艺会演，并在总局文艺会演中名列前茅。 （李全明）

【场县合作共建工作内容丰富】 分局与鸡西市联合召开了场县共建推进会议，提出了场县共建工作的12项目标，启动了40万公顷兴凯湖绿色优质水稻产业带工程。分局11个农场与周边市县（或乡镇）结成对子，场县互派干部57名。分局农机跨区作业11.12万公顷，向地方推广五大作物高产栽培模式4.47万公顷，推广19项新技术，为地方举办科技讲座7场次，培训人员1 030人次，协助地方建设市、县、乡级科技示范园28个，场县共建通场通村公路110余公里。 （李全明）

【分局局直整体搬迁】 2005年，黑龙江省农垦总局发展和改革委员会(农总发改字[2005]14号)文件批示，按照总局党委2004年第十五次会议精神，依据分局局直城镇总体建设规划，同意分局局直机关及直属单位迁址黑龙江八一农垦大学原址。2005年6月28日，分局在原八一农垦大学原址举行新址工程奠基仪式，分局局直建设工程建设全面启动。按照黑龙江省农垦总局(黑垦[2004]254号)文件精神，农垦新城规划面积南北长850米，东西宽2 032米，总面积172.72万平方米，业务用房项目建筑面积57 146平方米，总投资7 916万元；城镇市政道路项目总投资2 460万元，项目建设2005年开始，建设用地309.42公顷，近期(至2010年)人口规模发展到1.5万人。自2005年6月28日开工至2006年10月下旬，市政主体工程完工。主要市政道路牡丹街、迎春街、卫星街等7条街道完工。由于资金缺口导致工期延长，使搬迁工作未能顺利进行。经过两年的紧张施工建设，2007年9月16日上午10:58分局举行了局直新址搬迁接牌仪式，分局局直由连珠山镇顺利迁到裴德镇。

(宋守军)

【参加“2007上海·北大荒绿色特色产品展销会”】 2007年4月12日至15日，“2007上海·北大荒绿色特色产品展销会”在上海展览中心成功举办。分局组成了以分局局长侯培耀为团长、副局长李恒伟为副团长、分局各农场、机关各有关部门和民营企业参加的93人代表团参加此项展会。参展的产品有5大系列152个品种，展销产品共计60吨。展会期间，共签订经济贸易22项，签约额8.15亿元。其中贸易合同16项，签约额4.27亿元；经济技术合作项目6项，签约额3.88亿元。在总局项目签约仪式上，分局实现签约项目3项，签约额1.65亿元。除展会前确定的签约项目之外，分局又完成签约项目15项，签约额2.57亿元。

(宋守军)

【接收山市种奶牛场和勃力种畜场】 根据省政府办公厅《关于印发全省国有农场划归省农垦总局实施方案的通知》(黑政办函[2007]8号)和省农垦总局《关于接收部分省国有农场实施方案的通知》(黑垦局文[2007]23号)文件精神，2007年3月22日总局和省农委、省畜牧局在总局农垦大厦会议室举行“部分省直农场划归农垦总局交接仪式”，其中山市种奶牛场、勃利种畜场划归牡丹江分局，按总局要求分局对山市种奶牛场、勃利种畜场的接收工作年底前结束。4月2日分局党委书记丁元森、局长侯培耀、副局长许先珠及分局政研室、办公室、计财处、组织部部门领导赴两农场向农场党政班子、机关全体干部、离退休干部代表通报了省农委、省畜牧局将部分省直农场划归农垦总局及总局将山市种奶牛场、勃利种畜场划归牡丹江分局情况，分局党委书记丁元森、局长侯培耀就下一步具体交接工作做了要求和部署。

(宋守军)

【勃利种畜场划归七台河市】 勃利种畜场位于七台河市勃利县境内，隶属省畜牧局管理。2007年，根据《黑龙江省人民政府办公厅关于印发部分省直国有农场划归省农垦总局管理实施方案的通知》(黑政办函[2007]8号)和总局《关于接收部分省国有农场实施方案的通知》(黑垦局文[2007]23号)精神，原黑龙江省畜牧局所属的勃利种畜场于2007年3月22日划归黑龙江省农垦总局管理，总局将勃利种畜场划归给牡丹江分局，定于年底交接完成。分局积极落实总局要求，对勃利种畜场进行了具体交接工作。2007年12月，为了更好地拓展七台河市的发展空间，经省领导批示，省政府决定将正在交接过程中的勃利种畜场转交七台河市管理(黑直场划[2008]1号)。根据黑龙江省农垦总局、黑龙江省畜牧局、七台河市三方签订的《勃利种畜场划转七台河市管理协议书》的规定，勃利种畜场于2007年12月17日起正式整建制划转七台河市管理。

(宋守军)

牡丹江分局基本情况及国民经济主要指标完成情况统计表

（2007 年）

项　　目	计量单位	分局	八五〇农场	八五四农场	八五五农场	八五六农场	八五七农场	八五八农场	八五一〇农场	八五一一农场	庆丰农场	云山农场	兴凯湖农场	海林农场	宁安农场	山市种奶牛场	双峰农场	完达山电力集团	乌苏里制药厂	连珠山水泥厂	供电公司	水利工程管理站	北大营社区	局直
一、管理区数	个	112	13	12	6	14	12	10	7	7	9	10	6	3	3	—	—	—	—	—	—	—	—	—
二、总户数	户	76 321	5 875	7 759	5 269	7 250	6 237	4 199	5 980	6 493	5 437	4 130	4 896	2 211	1 944	2 188	616	498	456	221	408	184	2 453	1 617
其中农场户数	户	68 518	5 875	7 729	5 269	6 570	6 237	4 199	5 970	6 391	5 437	4 130	4 896	2 211	1 830	1 774	—	—	—	—	—	—	—	—
三、总人口	人	199 287	13 752	21 516	12 903	18 957	17 009	12 197	15 039	15 827	13 465	11 331	12 440	5 934	6 147	5 952	1 761	1 203	1 265	532	1 012	522	5 667	4 856
其中农场人口	人	176 785	13 752	20 043	12 903	17 045	17 009	12 197	15 039	15 299	13 465	11 331	12 440	5 925	5 796	4 541	281	541	267	—	—	—	—	—
男性人口	人	103 896	7 017	11 674	6 630	10 001	8 817	6 527	7 949	8 092	6 907	5 930	6 292	3 003	3 036	3 018	996	627	620	281	541	267	3 087	2 584
女性人口	人	95 391	6 735	9 842	6 273	8 956	8 192	5 670	7 090	7 735	6 558	5 401	6 148	2 931	3 111	2 934	765	576	645	251	471	255	2 580	2 272
少数民族人口	人	3 769	173	139	398	296	30	106	328	161	339	89	236	610	480	87	12	11	19	4	48	13	40	150
四、国内生产总值	万元	613 802	48 305	72 258	29 321	75 435	57 790	51 570	34 704	36 581	40 299	41 884	47 640	22 528	17 955	2 066	1 544	3 466	5 271	6 623	3 539	1 269	1 814	11 941
五、人均生产总值	元	31 083	35 126	33 583	22 724	39 793	33 976	42 280	23 076	23 113	29 928	36 964	33 296	37 964	29 210	3 472	—	—	—	—	—	—	—	—
六、工农业总产值	万元	372 117	76 636	120 007	43 720	124 684	99 485	82 934	51 956	56 115	72 141	63 519	75 726	38 336	33 301	3 492	—	—	—	—	—	—	—	—
七、粮食总产量	吨	2 571 872	219 769	372 712	92 276	501 705	256 359	228 840	63 728	76 507	207 733	190 777	259 838	45 937	26 931	6 860	11 287	—	—	—	—	10 613	—	—
八、固定资产投资总额	万元	126 849.4	11 107	8 639	6 516	13 204	11 404.4	17 758	5 746	4 733	5 158	5 178	9 792	3 253	3 023	101	605	151	898	—	1 510	2 119	—	15 954
九、职工工资总额	万元	98 869	6 344.5	8 020.4	4 841	8 960.9	6 074.4	6 626	5 020.7	6 581.7	5 253	3 013	3 988.4	4 400	1 944	894.5	—	—	—	—	—	—	—	—
十、职工平均工资	元	8 845 397	7 316.92	10 465.03	6 923.63	9 886.25	8 215.31	8 591.80	7 597.91	10 271.07	7 727.27	6 197.04	4 510.87	11 270.49	7 468.31	2 615.50	8 215.17	16 115.70	20 530.63	7 427.10	16 050.42	9 037.80	6 981.63	30 827.80
十一、农场职工家庭人均收入	元	9 181	9 258	9 592	9 000	10 061	12 000	9 368	6 151	10 002	8 460	9 000	8 463	12 605	8 579	2 817	—	—	—	—	—	—	—	—

八五〇农场

场长:郑绪凯,1961年4月出生,黑龙江佳木斯人,中共党员,大学学历,高级政工师,1979年12月参加工作,2002年8月任现职。

党委书记:张宏雷,1966年6月出生,辽宁昌图人,中共党员,研究生学历,高级政工师,1990年8月参加工作,2002年8月任现职。

党委副书记、纪委书记:马俊学(2005.11~)

副场长:盛宝贺(1997.11~2007.7)
贾忠军(2007.3~)
蔡景军(2007.11~)

工会主席:李红星(2006.12~)

【概况】 八五〇农场位于黑龙江省虎林市西部,坐落在完达山余脉老龙背南麓,七虎林河上游和穆棱河下游之间,地理坐标:东经132°15′~132°51′,北纬45°40′~45°54′。北与云山农场及八五四农场接壤,南临穆棱河与八五六农场相望,东面是虎林市宝东乡、新乐乡,西部与石头河及虎林市杨岗乡相邻。农场境内地形西北部以山区为主,中部为山前漫岗,东部为平原,地缘边界全长169.75公里,场域总面积520.75平方公里。

农场耕地总面积3.09万公顷,下设13个管理区,32个作业站,场部地区按顺序分为13居民区,农场总人口1.4万人。驻场机构有粮库、火车站、邮局、银行、税务、保险、油库、通讯、电力、工商、土地等多个金融、服务部门和单位。

2007年,农场围绕企业增效,职工农户增收这一核心,加快发展现代农业,加强社会事业建设,精心打造生态城镇,培育壮大非公有制经济,实施安居工程和素质工程,经济和社会继续保持了平稳较快的发展势头,实现生产总值4.8亿元,增长18.3%,实现利润1 146万元,人均纯收入9 258元,同比增长17.4%。农场粮豆播种面积2.98万公顷,粮豆平均公顷产7 380公斤,比上年增加180公斤,实现粮豆总产21.97万吨,较上年增加5.4%,商品率达到90%以上。 (李晓兵)

【项目建设】 2007年,农场项目建设总投资12 530万元,其中国家投资项目5个。实施了云山南灌区节水配套工程、中低产田改造工程,启动了大型商品粮基地、水稻良种繁育基地、土地整理项目。完成水利总投资1 434万元;更新农机库房投资218万元;更新配套了气象设施投资19万元;农机更新投入1 965.8万元,其中农场政策性补贴278.6万元,购入各类机械1 070台套。 (李晓兵)

【科技推广】 农场全面推广测土配方施肥技术,开展了水旱田"3414"试验。以双膜大棚为基础的水稻集中温控浸种、蒸汽催芽试验示范面积达3 000公顷。推广大豆根瘤菌拌种技术2 600余公顷,推广了水稻硅肥应用技术,示范推广了大豆大垄密、水稻超早育秧等高产攻关新技术。投资128万元新建一座711平方米科技实验楼。以科技服务为重点有序推进场县共建工作,帮助周边乡镇建设科技园区,培训村镇农民1 215人次。发挥机械优势,实行农机跨区作业,为周边村镇进行了整地、播种和收获作业面积9 333公顷。 (李晓兵)

【畜牧业】 为鼓励农场职工群众发展畜牧养殖,农场全年共发放补贴370万元,无息贷款42.2万元,帮助养殖户购买奶牛。投资390万元用于卫星奶牛小区二期工程建设,使小区饲养规模达到了千头标准。引资183万元开展千头特色猪场养殖项目。实现奶牛存栏4 712头,奶牛舍饲率达到97%,鲜奶总产9 200吨;生猪存栏5 097头,饲养量1.42万头,禽年末存栏6万只,饲养量15.3万只。 (李晓兵)

【工业】 工业以粮食加工为主,已有北大荒米业卫星分公司、圣丹米业、盛泰米业、盛邦米等多家大米加工企业在农场稳步发展,水稻年加工能力达到25万吨。另有卫星生物科技有限公司、南华糖业有限公司、华彬粮油经贸有限公司、完达山乳业集团卫星分公司等企业在农场工业园区安家落户。2007年,全场工业企业实现总产值21 862万元,增加值5 301万元,销售收入22 255万元,利润总额1 477万元。 (李晓兵)

【财务管理】 农场严格执行财务刚性预算管理,进一步压缩了管理费用支出;坚持货币资金收支两条线制度,合理有效使用货币资金,确保了生产生活需要。按时足额发放粮食直补、良种补贴和综合直补1 998万元。制定并实施了《基本建设工程管理办法》,严格执行审批、预算、招投标制度。 (李晓兵)

【小城镇建设】 农场以"生态城镇、绿色家园"为主题,大力开展城镇基础设施建设,城镇绿化覆盖率达到41%以上,被授予"省级优美乡镇(农场)"、"黑龙江垦区卫生小城镇"、"省级卫生城镇"等称号。当年落实瑞园住宅小区二期、祥园住宅小区一期建设任务;投资181万元完成了10栋共2 600平方米经济实用型住房建设以及道路和环境改造工程。建设福源小区廉租房一期工程,投入资金116万元,建设了8栋共1 057平方米廉租房。对省级新农村试点单位第二管理区进行了住宅和居住环境改造,投资2 500余万元,完成红东线27.8公里的硬化路面及附属工程建设,使农场硬化路面总里程达到47.2公里。 (李晓兵)

【教育卫生】 农场建立了助学制度,保证困难家庭子女接受义务教育,入学率、巩固率达100%。通过不断改善基层就医条件,建立社区卫生服务站在搞好医疗服务的同时,下浮药品价格,为群众看病就医提供了优惠和方便。农场设立了扶贫、低保、助学、救济四项基金,保障了贫困职工的基本生活,扶持和引导职工开辟致富项目。2007年,发放助学基金达15万元,救济金3万元,发放无息扶贫贷款65万元。农场在上级部门发放低保金基础上增加拨付低保金近20万元,扩大了低保覆盖面。 (李晓兵)

【文明创建活动】 农场继续保持了省级“文明单位标兵”称号。第九管理区获省级“文明村”称号。通过“十星级文明户”、“文明家庭”、“文明社区” 等活动，采取演讲比赛、读书会、文艺演出等多种形式，开展“北大荒精神”和爱场教育。继续实施“素质工程”，不断提高整体素质。通过“科技之冬”、夏季现场培训等形式培训干部、职工农户达 4 000 余人次，参加总局、分局等各类干部、专业技术人员培训 1 188 人次。选送 4 名干部到清华大学参加培训。加强了公益性文化体育设施建设，投资 19 万元，建起了室外篮球场、排球场、网球场。广泛开展群众性文体活动和 “送文化下队” 活动，全年开展大型文体活动 20 次。充分利用广播、电视、报纸、网络等宣传工具宣传党的方针政策，为推动农场经济发展和新农村建设提供服务鼓舞干劲。全年在《鸡西日报》、《黑龙江法制报》、《农民日报》、《北大荒信息港》等媒体网络上稿 130 多篇，《农垦日报》上稿 52 篇，其中完成头版头条 3 篇，二版头条 2 篇，专版 1 篇。全年完成场内电视新闻 145 期，共 787 条，制作各类专题和专栏 6 期，基层广播上稿 800 篇。

（李晓兵）

【农业部部长孙政才视察农场新农村建设】 2007 年 4 月 12 日，农业部部长孙政才在副省长申立国、省农垦总局党委书记吕维峰、牡丹江农垦分局党委书记丁元森的陪同下来八五〇农场视察指导工作，孙部长一行首先来到第五管理区集中育秧棚区观看了水稻工厂化集中播种现场，现代化集中有氧恒温浸种、催芽设备，之后驱车来到农场场史展览馆，观看了反映农场开发建设、沧桑巨变 50 年的图片及影视材料，孙部长对农场现代农业发展进程，小城镇建设现状及对北大荒精神的传承与发扬、良好的文化氛围给予了高度评价。

（李晓兵）

【24 户特困家庭喜迁新居】 农场不断加大安居工程建设步伐。2005 年以来，新建小康房 52 栋，为改善年老体弱、无人赡养、无劳动能力、无经济收入的特困群体居住条件。2007 年，集中规划建设了占地面积 1 200 平方米的福源小区，供全场 24 名特困家庭居住。每户主房面积 43 平方米，配备上下水，并配有围墙及仓房等配套建设。 （李晓兵）

八五〇农场基本情况及国民经济主要指标完成情况统计表（2007 年）

指标名称	计量单位	2007 年数值
管理区	个	13
总户数	户	5 875
总人口	人	13 752
其中：男	人	7 017
女	人	6 735
少数民族人口	人	173
地区生产总值	万元	48 305
人均生产总值	元	35 126
工农业总产值	万元	76 636
粮食总产	吨	219 769
固定资产投资总数	万元	11 107
职工工资总额	万元	6 344.5
职工平均工资	元	7 316.92
职工家庭人均收入	元	9 258

八五四农场
八五四分公司

场长、党委书记、社区主任：郝林厚，1956 年 2 月出生，山东省昌邑人，中共党员，大学学历，高级政工师，1973 年 4 月参加工作，2002 年 6 月任现职。

分公司经理：卢森元，1955 年 8 月出生，山东省胶南人，中共党员，研究生学历，高级政工师，1973 年 8 月参加工作，2002 年 6 月任现职。

党委副书记、纪委书记：徐兴起（2003.11 ~）

社区副主任：王广胜（2002.7 ~）

工会主席：欧坤祥（2000.11 ~）

分公司副经理：芦春芳（1999.12 ~）
叶志明（2003.3 ~）
丁兆禄（2005.3 ~）

【概况】 八五四农场、八五四分公司位于三江平原东部、完达山南麓，地处虎林市与宝清县境内。东经 132° 36′ ~ 133° 35′，北纬 45° 50′ ~46° 13′。虎宝公路及哈东铁路东西、南北呈十字交叉横贯场区中部，南与云山农场、八五〇农场及虎林市的新乐乡、种畜场、迎春镇为邻，东与虎林市虎头镇、伟光乡及庆丰农场接壤，北与虎林市阿北乡、东方红镇、东方红林业局毗邻，西与八五二农场、迎春林业局相接，农场场部设在虎林市迎春镇。距虎头国家旅游保护区 50 公里，南距国家一类陆路吉祥口岸 67 公里，兴凯湖畔 135 公里，交通便利。

农场始建于 1956 年 7 月，现成为集无公害绿色有机农产品生产、加工、销售、贸工农一体化的大型现代化农业生产基地。2007 年，农场辖区总面积 1 234 平方公里，总人口 2.1 万人，耕地 4.26 万公顷，其中水田 3.55 万公顷，旱田 1.71 万公顷。

农场下设 12 个管理区、32 个作业站、1 个农业服务中心，场部地区有农场子弟校、劳动服务公司、职工医院、公路管理站、迎春供热有限公司、供水管理站、畜牧兽医中心、通讯中心、兴凯湖电业局迎春供电局、林业局和 3 个社区管理服务站。驻场机构和企业有农业银行迎春支行、虎林农村合作银行、建设银行虎林迎春分理处、邮局、通讯中心、工商、土地、完达山乳业股份有限公司八五四分公司、迎春物业管理有限责任公司、北大荒米业迎春制米厂、爱邦实业有限公司、迎丰机械制造有限责任公司、迎南劳动服务公司、迎春物资经销有限公司、黑龙江野宝药业有限公司等。2007 年，农场实现社会总产值 70 100 万元，其中：第一产业 46 900 万元（畜牧业 5 770 万元）；第二产业增加值 7 900 万元；第三产业 15 300 万元。人均纯收入 9 592 元。农场综合势力明显增强，生产总值、人均纯收入再创新高。

八五四分公司是黑龙江北大荒农业股份有限公司 16 家上市公司之一，隶属于黑龙江北大荒农业股份有限公司，是以生产种植、农副产品加工和贸易为一体的综合性企业。在体制上完全按照股份公司的管理模式运作。2007 年，在册员工 2 250 人，年实现社会总产值 5 亿元；年生产粮豆 34 万吨，年创利 3 800 万元，是国家重要的出口大豆和商品粮生产基地。农业生产规模经营,农机装备水平日益增高,有农业机械共21 818台件,农机固定资产1.67亿元,总动力突破14万千瓦。公司科技实力雄厚,拥有完善的生产、加工、营销管理体系,生产出的粮食及农副产品具有"绿色美食"之称,被国家列为重要的绿色(有机)食品生产基地,有机农产品出口到日本、韩国、美国及欧盟等国家和地区,产品2006年被农业部授予"无公害农产品"称号,公司被中国管理科学研究院名牌与市场战略专家委员会授予"中国有机食品生产加工之乡"称号。2007年,经华夏认证公司通过了质量体系、环境管理体系的认证。

(任立新　盛　昕)

【小城镇建设】 农场在原制材厂区、22号楼前住区及野宝药业有限公司新建白色硬化路面3.3公里;新建中心区停车场两个共8 000平方米;建设完成23、24、25号商品住宅综合楼,新增住宅面积15 000平方米;完成了31、32号住宅综合楼的主体工程;对职工医院、学校食堂、学生宿舍楼、初中教学楼的楼体及屋面全面进行了维修改造,对教学楼前的硬铺装进行了更换;对场部中心主街道两边的主建筑轮廓安装了霓虹灯,学校东侧水泥路新增路灯21盏;建设完成了具有一流欧式建筑风格、花岗岩甬道与花草树木相互辉映的"欧典嘉园小区"。通往管理区新建白色硬化路面30公里,新建维修办公室1 000平方米,新建7个生产队晒场共8万平方米。当年完成管理区职工住宅楼2幢共6 000平方米。场部小城镇建设已成规模,连接管理区的道路条件进一步得到改善。

(任立新　盛　昕)

【畜牧业】 农场实现畜牧业增加值5 770万元,增长19%,实现奶牛存栏量3 800头,生产鲜奶18 950吨;肉牛存栏3 021头,肉牛饲养6 021头;生猪存栏15 000头,生猪饲养量20 000头;羊年末存栏4 524只,羊饲养11 424只;禽年末存栏20万只,饲养为105万只;鹿年末存栏972头,貉狐5 000只,全年鲜蛋产1 028吨,肉类总产量达4 262吨,水产总量550吨。农场投资350万元,采用国内先进的日光增温材料,扩建迎北千头奶牛小区项目,占地面积8 000平方米。畜牧业初步形成了区域化布局、标准化饲养、程序化防疫的发展格局。

(任立新　盛　昕)

【外经贸工作】 农场积极参加上海"北大荒绿色特色产品展销会"和"第十八届哈洽会",精心准备、周密安排展销的2吨刺五加黑木耳、1吨熊胆酒、50公斤熊胆粉,签订经济贸易合作协议3项,总签约2 100万元。引资建成的兴垦红小豆精深加工厂等发挥了项目带基地作用。当年实现外贸出口265.5万美元,向国外输出劳务13人,到俄罗斯从事林木采伐和蔬菜种植工作。

(任立新　盛　昕)

【农机建设】 八五四分公司通过自筹128万元建设彩钢农机库房3 200平方米。其中十九作业站1 800平方米,三十四作业站1 400平方米。建设现代农机装备区1个,投资836万元引进凯斯-2388大型联合收割机4台,配套280马力耕耘机1台。　(任立新　盛　昕)

【农业科技】 八五四分公司筹资260余万元修建隔离层防寒育秧大棚在各作业站推广使用,效果显著。分公司投资480万元在第九管理区兴建生物质秸秆气化站,利用秸秆、稻壳等再生能源,进行资源再利用,解决居民做饭、取暖、用电问题。分公司在开展全民高产攻关活动中,水田最高产量达12 945公斤/公顷,水稻、大豆产量在分局名列第一,玉米名列第二。在总局召开的"2007年垦区六大作物高产攻关表彰大会"上,分公司被授予"高产攻关达标单位"荣誉称号。分公司投资1 084.54万元修建阿南蓄水灌区,水库容量可达2 900万立方米。　(任立新　盛　昕)

【党建工作】 农场党委开展"北大荒先锋工程"活动,增强了党员、干部为人民服务的宗旨意识和在各自的岗位上创一流、争上游的先进意识,涌现出于世伟、陈庆复、王成钢等一大批先进模范人物,树立了农场党员干部的良好形象。　(任立新　盛　昕)

【党风廉政建设】 农场党委深入抓好《建立健全教育、制度、监督并重的惩治和预防腐败体系》实施纲要的贯彻落实,增强了广大党员干部的党性观念、纪律观念和廉洁自律意识。纪委、监察科受理群众来信来访13件次,查处案件2起,处分党员干部5人,收缴资金23 000元。通过深入开展"两风"建设和警示教育,全场党风廉政建设和干部队伍建设呈现新气象。

(任立新　盛　昕)

【宣传文化工作】 2007年农场对外宣传报道和文化工作取得骄人的成绩,全年对外上稿205篇,其中《农垦日报》上稿170篇,《农垦日报》头版头条3篇,专版1块,宣传了农场政治、经济、文化、社会事业取得的可喜成绩,提升了八五四的整体形象。在分局举办的第五届文艺会演中次荣获总分第一名。当年,农场被评为省级先进文化广场。

(任立新　盛　昕)

【医疗器械购置】 农场、分公司投资220万元购买了1台日本东芝公司生产的全身单螺旋CT,投资15万元购买救护车1辆,投资12万元建设了艾滋病出筛实验室。　(任立新　盛　昕)

八五四农场 分公司基本情况及国民经济主要指标完成情况统计表
(2007年)

指标名称	计量单位	2007年数值
管理区	个	12
总户数	户	7 759
总人口	人	21 516
其中:男	人	11 674
女	人	9 842
少数民族人口	人	139
地区生产总值	万元	72 258
人均生产总值	元	33 583
工农业总产值	万元	120 007
粮食总产	吨	372 712
固定资产投资总数	万元	8 639
职工工资总额	万元	8 020.4
职工平均工资	元	10 465.03
职工家庭人均收入	元	9 592

八五六农场 八五六分公司

场长、党委书记：邵元宽，1953年12月出生，山东齐河县人，中共党员，大学学历，高级政工师，1970年12月参加工作，2002年6月任现职。

分公司经理：王永波，1952年10月出生，山东省烟台市人，中共党员，大专学历，农艺师，1975年11月参加工作，2003年3月任现职。

党委副书记：朱国民（2001.7～）

副场长：孙长波（2001.8～）
李贵清（1997.3～2007.11）
刘玉祥（2007.11～）

工会主席：袁洪生（1996.2～2007.3）
冉光明（2007.7～）

分公司副经理：郑日亭（2002.6～）
吴向东（2005.3～）
陈绍东（2005.10～）
支庚银（2007.3～）

【概况】 八五六农场、八五六分公司位于虎林、密山两市境内，位于大穆棱河下游南岸虎林市西南与密山市交界处。地理坐标为东经132°28′～133°11′38″，北纬45°22′24″～45°44′50″。东与八五八农场、庆丰农场、虎林市义和乡接壤，北沿大穆棱河与虎林市太和乡、宝东乡、八五〇农场搭界，西靠穆兴分洪道与八五七农场为邻，南同兴凯湖农场毗邻，东南隔松阿察河与俄罗斯相望。

农场始建于1955年，场部设在小青山。土地总面积1 259.3平方公里，地形平坦，西北高东南低。海拔高程87～64米。农场水资源丰富，大穆棱河、穆兴分洪道、松阿察河属淡水常流河。青山水库最大淹没面积1 600公顷，设计总容量为4 288万立方米，有效灌溉面积6 666.67公顷。主要土类为白浆土，面积10.88万公顷。农场属大陆性季风气候，年平均气温2.6℃，无霜期138天；年平均降水量541.5毫米。

2007年，农场总人口18 957人（不含流动人口），职工5 541人。拥有耕地面积6.82万公顷（其中水田4.67万公顷），林地1.38万公顷，水面0.69万公顷。农场下设14个管理区，30个作业站。场部地区有八五六农场机关、八五六分公司机关、青山学校、医院、街道办等单位。驻场机构有农业银行青山支行、建设银行盛达分理处、黑龙江虎林农村合作银行、邮局、青山工商所、国土资源所等。企业有黑龙江北大荒农业股份有限公司八五六分公司、西岗齿轮机械有限责任公司、完达山乳业集团八五六分公司、青山麦芽有限公司、鑫盛米业有限公司等。

2007年，农场深入实施“六大战略”，巩固发展“两大成果”，精心打造“六大品牌”，坚持科学发展，构建和谐社会，全面开创农场社会主义新农村建设的新局面，取得了继续保持水稻种植面积垦区第一，粮食综合生产能力垦区第一，文明生态园林城创建垦区一流，新农村建设工作走在垦区前列的发展成果。实现生产总值75 435万元，同比增长23.8%，其中：第一产业增加值56 921.8万元，同比增长25.9%（畜牧业5 691.2万元，同比增长22.7%）；第二产业增加值6 717.6万元，同比增长21.3%（工业5 107万元，同比增长16.5%）；第三产业增加值11 795.6万元，同比增长15.9%。实现人均纯收入10 061元，同比增长12.5%。

（马元奉）

【农业生产】 农场实现总播种面积6.82万公顷，粮豆总产50.2万吨，农业生产总值10.1亿元，其中种植业总产值8.6亿元。全年粮豆平均亩产比2006年增长46.7公斤，增长9.85%；粮豆总产增加4.72万吨，增长9.86%；农业总产值增长2.56%。创造出粮豆单产、总产、农业产值“三超历史”的成绩。农场和分公司采取多种投资方式投入1 850万元，加强农业基础设施建设；投资2 714万元，提升农机现代化装备水平，农业机械总动力达16.7万千瓦，旱田机械化率98%，水田机械化率92%。农场努力提升粮食品质，生产绿色无公害有机食品原料，全面贯彻落实《农产品质量安全法》，辖区生产的50余万吨农产品，质量均符合国家绿色、无公害农产品标准。分公司被认定为国家级“绿色食品原料‘水稻’标准化生产基地”、农业部“全国优势农产品产业带建设示范农场”、黑龙江省“无公害食品生产一体化推进项目示范点”、总局“农产品质量追溯试点”单位。

（马元奉）

【畜牧业】 农场实施“大养殖”战略，精心打造“青山湖”河蟹品牌。年末奶牛存栏2 410头，鲜奶产量11 100吨。投放蟹苗2.3万公斤，生产河蟹17.5万公斤，实现总产值800万元，利润260万元。9月20日成功举办了第三届河蟹节，来自全国各地的客商及农场职工群众5 000余人参加了开幕式。河蟹节上表演了节目，评出了“蟹王”、“蟹后”、“鸳鸯蟹”，客商和蟹农当面洽谈，签约销售河蟹12.5万公斤，签约金额达750万元。农场成为垦区首家被农业部命名的水产健康养殖示范区。

（马元奉）

【林业】 农场和分公司坚持经营和管护并重的方针，采取多种形式造林。完成宜林荒地、采伐迹地造林13.33公顷；义务植树75 210株，完成任务的100.8%；营区绿化补植树木4 100株；完成退耕还林补植10公顷。加大200公顷刺五加基地的开发建设力度，补植刺五加6万株。认真开展3 060公顷国家重点公益林管护工作，通过了省级验收。进行林木采伐设计16.1公顷，设计出材615立方米，实际出材620.8立方米。圆满完成森林防火任务。

（马元奉）

【农业基础设施建设】 分公司继续利用国家农业综合开发项目，投资830万元，对第九管理区灌溉工程进行改造，开挖沟渠42公里，完成土方40.4万方，使1 066.67公顷水田由地下水灌溉改为湖水灌溉；投资207万元在第九管理区建设了控制面积4万公顷的二号机场，为提高农作物植保效果，争取农时创造了条件；自筹400万元改造低产田，重点对21个农业单位的低洼易涝地块的水利工程进行配套改造，6 666.67公顷低产田变成了高产田；投资199万元为第十管理区和第二十三作业站修建水泥晒场20 070平方米；投资80万元对14个基层单位的旧房屋等设施进行了维修；投资80万元对农业科技园区进行升级改造,利用原面粉厂闲置办公楼,改造成农业科技综合服务楼。2007年,农场被农业部定为“测土配方施肥项目示范场”。（马元奉）

【工业】 农场实现工业总产值23 300万元,主营业收入20 300万元,工业增加值5 107万元,利润总额1 258万元。农场精心打造“西岗齿轮”品牌,西岗齿轮机械有限责任公司完成产值7 000万元,比去年增长16.7%;实现销售收入5 200万元,比上年增长26%。西岗齿轮机械有限责任公司已成为迪尔·佳联的一级供应商,被福田公司列为2007年收获机的主供应商。农场工业园区有18家大米加工企业,通过改建、扩建,加工能力由10万吨增加到25万吨。2007年加工水稻11.1万吨,生产大米6.9万吨,创产值15 180万元,比去年增长5.8%。（马元奉）

【外经贸工作】 农场招商引资4 600万元。其中:建设“青怡花园”小区住宅楼,引进资金2 600万元;建设6栋住宅楼,共计2.6万平方米。西岗齿轮机械有限责任公司引进资金2 000万元,实现销售收入5 200万元。农场大力发展非公有制经济,确定了200个自营经济大户,自营经济总产值2.8亿元,利润1.3亿元。鑫盛米业有限公司全年出口大米15 380吨,创汇560.5万美元。（马元奉）

【非国有经济】 黑龙江省星宇木业有限公司,坚持以出口贸易为主,生产的火柴梗远销日本、马来西亚,全年完成480吨,计34万美元的出口任务;鑫盛米业有限公司出口大米15 380吨,全年出口创汇560.5万美元,大米远销到韩国、利比亚等国家。农场有私营企业22户,注册资金3 642万元,全年实现总产值7 000万元。农场有个体工商户472户,从业人员1 141人,注册资金3 246万元,总产值300万元。农场确立了200个自营经济大户,第十二管理区大棚综合利用示范基地、河蟹养殖基地等一大批创业典型。自营经济总产值2.8亿元,利润1.3亿元。（马元奉）

【小城镇建设】 农场按照建设“国际寒区知名城镇”发展规划,加大了小城镇建设力度,总投资3 504万元,用于建设“青怡花园”住宅小区,进行青山中路改造,青山公园、青山湖公园地砖更换,“青鑫花园”小区环境建设等。一是在青山中路南段西侧规划了11栋总建筑面积5万平方米的“青怡花园”住宅小区,计划两年完成。2007年通过招商引资形式,投资2 600万元,建设6栋住宅楼,面积达2.6万平方米。二是投资213万元,对青山中路进行改造。三是投资150万元,更换青山湖公园至青山公园范围内的地砖,面积达10 000平方米。四是投资211万元,维修了农场机关办公楼。五是投资150万元,建设黑龙江虎林农村合作银行青山营业支行。六是投资150万元,完成“青鑫花园”小区环境建设。七是投资20万元,完成了“八五六农场宾馆”及“畜牧防疫检疫中心”基础工程建设。农场被总局授予垦区唯一的“文明城镇标兵”称号。2007年,农场旅游景点共接待游客突破3.2万人,旅游业收入达260万元。（马元奉）

【新农村建设】 农场和分公司投入5 771万元,建设37.25公里通村公路,实现当年开工,当年通车;新建第一管理区住宅4 830平方米,入住职工69户;新建第十管理区住宅楼、别墅16 050平方米,入住职工138户。国家惠农政策补贴3 617万元,全部按时发放到职工和农户手中。分公司共为职工减负、增收总额达1 502万元。（马元奉）

【党建和群团工作】 农场党委坚持“六抓六提高三确保”的党建思想政治工作思路。一是重点抓好基层支部班子建设和社区党建工作。制定了《基层班子建设六项制度》,半年检查、评比一次,全年进行目标考核排名。抓好培训,年初举办了140余名基层党政主管、机关干部参加的党务工作知识培训班。二是实施“北大荒先锋工程”,并融入“学、帮、带”活动中。农场和分公司领导及机关副科级以上干部每人与联系点贫困户结对子,通过多种形式开展扶贫帮困活动。三是积极开展创建省级文明标兵单位活动。四是深入开展反腐倡廉工作,开展了以清理地租为重点的专项效能监察活动。搞好建设工程招标监督检查工作,群众举报比往年下降50%。五是狠抓群团组织建设。全场新发展非职工会员1 200人。农场团委有基层团组织26个,团员559人。青年志愿者做好事300多件。（马元奉）

【科技】 分公司核心示范区承担省部级、总局、分局及自选课题41项;推广应用“叶龄诊断、有氧恒温浸种催芽、测土配方平衡施肥、水稻机械钵摆、硅肥运用”等农业新技术15项,应用面积达23.52万公顷,创效益5 000余万元,其中:引进日本水稻机械钵育摆栽机和育秧播种设备,实施面积133.33公顷,平均公顷产11 040公斤,最高实收公顷产达11 940公斤,实现公顷效益7 500元;开展了水稻、玉米、大豆、南瓜子等农作物高产攻关活动,面积1.54万公顷,累计增产粮豆1.46万吨,其中水稻“百亩方”高产攻关田平均实收亩产762.2公斤。农场抓好科技培训,提升全员科技素质,开展“科技之冬”活动,共举办场、站两级各类培训班53期,培训人员5 452人次。设立示范展示田,组织场内、场外现场学习观摩等技术交流活动,培训各类专业技术人员及农户5 000余人次。通过举办电视讲座、科普展,发送科技资料等多种形式对农户进行技术培训达3 855人次,发送技术资料3 300余份。利用手机发送农技信息200余条,累计服务近万人次。（马元奉）

【教育】 农场投资40万元维修了青山学校教学楼,改善了教学条件。青山学校中考综合指数比上年提高了32.5%,优良人数、计划内招生人数均名列分局第二。农场被总局授予“总局教育先进场”光荣称号。农场加强职工技能培训,采取以农场集中和管理区分散为主的两种办班形式,完成了11个工种5 007人的职业技能培训。（马元奉）

【卫生】 农场投资120万元为医院购进胃肠透视机和X射线摄影机,完成了艾滋病初筛实验室建设项目。完成了分局基本医疗保险实行统筹工作。（马元奉）

【文明创建】 农场和分公司“三个文明”建设总体水平的提升得到了中央电视台的关注，在庆祝垦区开发建设六十周年和庆祝十七大召开等大型活动中，中央一台“焦点访谈”栏目、中央四台“铸剑为犁”专题节目、中央七台“致富经”栏目、“市场经济引领现代农业”大型专题节目都对八五六农场和分公司的建设和发展状况进行了报道。2007年，农场被黑龙江省委组织部、国有资产监督委员会、省工商联合会、省总工会授予全省民主管理先进单位。农场被推荐为省劳动关系和谐企业。农场工会被评为总局“创建劳动关系和谐企业”优秀组织单位。 （马元奉）

【社会保障】 全年实现就业和再就业人数1 400人，完成职业介绍600余人。为解除劳动关系职工争取国家对实现灵活就业人员养老保险补贴130余万元，申请零就业家庭就业补贴近10万元。全年发放低保金71万元，发放取暖补助金20万元。为第一管理区5户独身老人免费建设住宅210平方米。投资152万元，进行第七、八、九管理区饮用水改造。出台政策，对场部地区集中供热住宅楼居民户每平方米给予5.8元热费补贴，共计80万元。组织成立了“八五六农场捐资助学基金会”，分3次为34名学生发放助学金2万余元。 （马元奉）

八五六农场 分公司基本情况及国民经济主要指标完成情况统计表
（2007年）

指标名称	计量单位	2007年数值
管理区	个	14
总户数	户	7 250
总人口	人	18 957
其中:男	人	10 001
女	人	8 956
少数民族人口	人	296
地区生产总值	万元	75 435
人均生产总值	元	39 793
工农业总产值	万元	124 684
粮食总产	吨	501 705
固定资产投资总数	万元	13 204
职工工资总额	万元	8 960.9
职工平均工资	元	9 886.25
职工家庭人均收入	元	10 061

八五八农场

场长：王海平，1959年3月出生，江苏盐城人，中共党员，大学学历，高级农艺师，1976年8月参加工作，2005年8月任现职。

党委书记：姜德福，1959年8月出生，辽宁丹东人，中共党员，大学学历，助理会计师，1976年7月参加工作，2005年8月任现职。

党委副书记、纪委书记：赵德祥（2001.4～）

党委副书记：肖　毅（2006.7～2007.6）（分局下派挂职锻炼）

副场长：侯文健（1993.11～）
宫本友（2002.3～）
石万峰（2003.11～）

工会主席：范玉喜（1994.1～）

党委委员、武装部部长：周卫兵（2004.3～）

【概况】 八五八农场位于黑龙江省虎林市东南部乌苏里江畔，是国家一类陆路口岸—虎林口岸所在地。全场总面积742.8平方公里，2007年拥有耕地2.77万公顷，林地1.01万公顷，牧地草原0.57万公顷，自然水面0.67万公顷，可垦荒地0.8万公顷。农场下设10个农业管理区、1个渔业管理区和20多家工商运建服企业及文教卫生事业单位，总人口1.6万人，其中外引稻农4 000余人。 （张新民）

【种植业】 农场农业总播种面积2.77万公顷，其中水田面积2.7万公顷，粮食总产达到22.9万吨，实现生产总值5.16亿元，利润总额2 200万元，人均纯收入9 368元。农场是水稻专业场，98%耕地面积是水田。2007年夏季全场水稻出现稻瘟病等病害发病趋势。农场积极筹措资金，大批量购入优质进口农药，积极进行防治，90%以上面积实现了飞机航化两遍，人工喷施两遍，有效抑制了病害蔓延。农场水稻平均公顷产达到8 475公斤，总产达22.8万吨，实现了单产总产双超历史。农场投资800多万元，先后启动“大型商品粮基地建设”等农田水利工程项目，使3 333.33公顷土地耕作条件得到明显改善，增加地表水灌溉面积1 666.67公顷。农场组建了集良种繁育、土肥检测、气象服务、农技推广及大宗生产资料供应于一体的现代农业发展中心，投资1 300万元，建成5 600平方米农业中心综合楼以及化肥库房、水泥晒场、金属种子仓、气象观测场、农业科技示范园区等。农场和农户共同投资2 000多万元，新购入大中型轮式拖拉机、水稻插秧机、自走式大马力收割机共计400余台。 （张新民）

【畜牧业】 农场全面实施国家级奶牛科技入户工程，全场奶牛存栏2 359头，生产鲜奶12 100吨。农场投资500万元，在第六管理区兴建600头奶牛小区一处。由职工自主经营的生态猪、生态鸡、生态鸭、生态鹅和水产养殖数量不断增加，尤其是以狐貉为主的特色养殖发展迅速，年底，全场狐貉存栏达3 000余只。全场有精养鱼池53.33公顷，加上一江三河自然捕捞，全年鱼类总产量达1 000余吨。 （张新民）

【工业】 农场各工业企业全面推行ISO 9000质量管理体系认证制度，产品质量全面提高，销售渠道不断拓宽。6个民营稻米加工企业，8条大米生产线，全年共加工优质大米13万吨，远销北京、上海等多个大中城市。农场实现工业总产值2.3亿元，同比增长15%。非国有经济快速发展，年底，全场民营企业已有13家，个体工商户440户，从业人员3 000余人，资产总额达3亿多元。 （张新民）

【林业】 农场有林地1.01万公顷，多年来辖区林木受到严格保护，采伐数量受到严格限制，人工造林面积不断扩大。年底，农场人工造林累计3 266.67公顷，占森林总面积的32%。 （张新民）

【小城镇建设】 农场小城镇建设，各项工程投资总额达8 000多万元。从2006年开始动工兴建的农场机关综合办公楼、乌苏里商务酒店和安兴大街延长扩建三大工程，经过两年建设,2007年全面竣工。6 800平方米9层综合办公楼和7 200平方米6层三星级商务酒店的落成及36米宽2 080延长米安兴大街的扩建改造,改善了农场机关的办公条件、宾客住宿条件和居民出行条件。农场投资130万元,新铺人行道1万平方米;投资50万元,修建宾馆广场8 500平方米。42米宽1 500米长的安兴大街街心公园和占地4万平方米的休闲健身公园的绿化工程全部完工，累计栽植绿化树木3万棵。6.7公里的环城路水泥路面,全部铺完，场部街区内三横六纵主街道基本实现硬化、绿化和亮化。　(张新民)

【新农村建设】 2006年农场招商引资3 000万元兴建的稻壳热电厂，以稻壳为燃料,一年节约原煤6 000吨,减排二氧化硫近百吨,提前3年达到了国家规定的节能减排目标。从2006年开始,凡新建住宅楼全部安装了太阳能热水器,截止2007年底，全场已安装1 000余台。2006年农场投资200万元,在场部建起可供8 000人生产生活使用的饮用水处理中心。2007年投资15万元,打了一口备用深水井，供水能力得到加强,水质有了新的改善。2007年农场投资130万元，将2 700平方米小学宿舍楼改建成双老活动室,面积比过去增加一倍,活动器材全部更新。农场新建经济适用住宅楼16栋，商贸住宅综合楼1栋,总面积6万平方米。年底,农场住宅楼总面积达15万平方米，住楼居民1 800多户,占全场常住人口总户数的42%。农场投资180万元,为第六、第九管理区兴建办公楼共计1 770平方米；投资190万元,为第四、第五、第六和第九管理区进行了自来水改造；投资430万元,为第六、第九管理区修建水泥晒场共计4万平方米。在第四、第六和第九管理区统一规划建设小康房共计51栋,总面积9 000平方米。　(张新民)

【交通】 在国家优惠政策扶持下,农场匹配资金2 565万元,修建水泥公路70公里。经过5个月的紧张施工,到10月10日全线完工通车。农场水泥路面总里程达110公里，通往10个管理区的主干道路，有75%建成白色路面。年底,农场拥有各种客、货运输车辆174辆,营业总收入5 120万元。(张新民)

【通讯】 农场通讯事业有新发展。农垦通讯光缆已铺设到各生产队,全场固定电话装机总数达3 100余部,宽带入网340户。中国移动和中国联通网在场部和各管理区共设有11个信号塔架基站,网络信号覆盖全场,使用手机人数达5 000余人。　(张新民)

【广播电视】 农场有线电视与分局统一联网,可收看到33套电视节目,全场有线电视用户3 500户，入户率达85%。2007年由国家投资110万元,在场部建造了无线电视信号发射塔,发射功率1 000瓦，信号覆盖半径达40公里,将于2008年7月1日正式开通。　(张新民)

【教育】 农场有子弟校1所,分为中学部和小学部。两部校区教学楼内均设有教学实验室、图书阅览室、微机室和语音室等。全校有教职工133人,在校生1 300余名。2003年12月,经省和总局教育部门综合验收评定,中学部被评为省级示范化初级中学,小学部被评为总局级示范化小学。2007年10月,中学部又顺利通过了省级一类学校评比验收。　(张新民)

【卫生】 农场设职工医院1所,医院大楼总面积3 615平方米，设有病床60张,自1995年起,一直保持国家一级甲等医院标准。2007年投资130万元,购入彩超等一批新的医疗检测设备,使医院的医疗条件和诊治水平有了新的提高。25个基层卫生所均达到甲级卫生所标准。　(张新民)

【现代农业发展中心】 农场在原农化公司、种子公司和气象站等单位的基础上,组建了集良种繁育、土肥检测、气象服务、农技推广及大宗生产资料供应于一体的现代农业发展中心。投资1 300万元,建成农业中心综合楼5 600平方米,化肥库房2 400平方米,水泥晒场8 400平方米,300吨金属种子仓8座,气象观测场1 000平方米，农业科技示范园区20公顷,使农业科研、测土施肥、生资供应、种子储存、水利管理、林业管理和气象服务条件有了改善。农业中心综合楼主体工程11月底全面竣工,各项服务设施陆续投入使用。　(张新民)

八五八农场基本情况及国民经济主要指标完成情况统计表

(2007年)

指标名称	计量单位	2007年数值
管理区	个	10
总户数	户	4 199
总人口	人	12 197
其中:男	人	6 527
女	人	5 670
少数民族人口	人	106
地区生产总值	万元	51 570
人均生产总值	元	42 280
工农业总产值	万元	82 934
粮食总产	吨	228 840
固定资产投资总数	万元	17 758
职工工资总额	万元	6 626
职工平均工资	元	8 591.8
职工家庭人均收入	元	9 368

庆丰农场
庆丰分公司

场长、党委书记:宋继平,1962年9月出生,山东省莱阳市人,中共党员,研究生学历,高级政工师,1978年2月参加工作,2005年8月任现职。

分公司经理:宋培凡,1958年3月出生,河南省鄢陵县人,中共党员,研究生学历,高级农艺师,1975年8月参加工作,2002年6月任现职。

党委副书记、纪委书记：郑玉忠(2003.7～)

工会主席:刘延年(2004.1～)

分公司副经理:孙德胜(1995.3～)

贾庆丰(2002.6～)

王连河(2002.5～)

【概况】 庆丰农场、庆丰分分公司位于黑龙江省东部边陲重镇虎林市境内,地处三江平原穆棱河下游、乌苏里江中游流域。在方虎公路和虎安公路交会处。西距虎林市7公里、东离虎头国家旅游保护区50公里，隔乌苏里江与俄罗斯相邻、南距国家一类陆路吉祥口岸40公里,交通便利。

农场始建于1963年，地域总控制面积627.72平方公里,总人口1.3万多人。农场下设9个管理区、8个作业站,其中有省级文明村标兵1个、总局级文明管理区1个、分局级文明生态管理区2个。农作物种植以水稻为主,大豆、玉米、小麦为辅,兼有红小豆、南瓜、药材等经济作物。场部地区有工、商、运、建、服及文教、卫生、电信等企、事业单位体系健全。（龚建国）

【种植业】 农场筹集资金2 300多万元，不断加大农业投入和基础设施建设,大力发展资源节约型、环境友好型农业，走循环发展和结构调整之路,完成了1 333.33公顷中低产田改造以及种子化验室建设、标准化农具场建设、通村公路建设等八大项目,新购进水田大中马力机械以及插秧机、蒸汽催芽器和大型收获等配套机械共356台(套),机械总动力达到11万千瓦，实现农业机械化率93%。全年实现播种面积2.88万公顷，粮豆总产20.74万吨;生产总值4亿元; 人均纯收入8 460元。生产总值、粮豆总产、人均收入三项指标再创历史新高，经济增长速度达12.7%。（龚建国）

【畜牧业】 农场坚持以奶牛为主的畜牧业发展目标不动摇,引导奶农向规模化、集约化、现代化方向发展,不断加快畜牧业生产方式和经济增长方式的转变,保障畜牧业健康发展,走出了一条优质、高效、可持续发展的现代畜牧业路子。2007年投资163万元,完成了老场部奶牛小区550平方米牛舍的扩建工程、875平方米运动场建设和电力设施等工程，小区的桥涵和道路基本配套；完成了第五管理区1 000平方米猪舍扩建工程和部分基层畜牧服务中心改扩建工程。投资78万元,对购买奶牛、奶牛饲料地、交售鲜奶、畜牧机械、青贮等进行了补贴。实现奶牛存栏2 408头,鲜奶总产10 800吨,实现畜牧业增加值4 506万元。（龚建国）

【外经贸工作】 农场工业生产主要以稻米加工、大麦芽加工、饲料加工、稻壳热能发电为主。庆丰清河泉米业有限公司生产的“清河泉”牌大米远销省内外和俄罗斯等地,该企业被省列为重点企业,被省科技厅命名为“中俄科技合作可再生能源综合利用示范基地”;粮油综合加工厂生产的大麦芽不断销往东北地区和省内; 饲料厂生产的复合饲料保证了农场和周边奶牛饲养户的供应。庆丰清河泉米业公司投资1.3亿元，在虎林设立分公司,建设第二热源项目,该项目是一个以水稻加工、稻壳发电,余热供暖的可再生能源利用项目。项目占地4万平方米,年加工水稻能力20万吨,同时建设一条5万吨的糙米加工生产线，装机容量1.2万千瓦,年发电8 000万度,支持供热面积150万平方米。项目于2007年10月20日竣工投产。农场实现工业总产值2.65亿元,增加值0.61亿元,利润总额0.11亿元，同比分别增长10.36%、10.9%和6.2%。实现外贸出口总额307万美元,招商引资0.26亿元,分别完成年度计划的118%和184%。（龚建国）

【小城镇建设】 农场小城镇建设坚持“高起点规划，多渠道投入，分阶段实施,按能力建设,有重点改造,全方位整治”的原则,全力建造生态型园林小城镇。2006～2007年,农场共投资1亿多元,完成了40公里通村公路工程建设、近3万平方米住宅楼工程建设、1.6万平方米文化广场和健身苑建设、人畜安全饮水和下水道改造工程建设、5 000平方米医院综合楼工程建设、950平方米公安分局标准化办公楼和电子监控工程建设、子弟校危房改造工程建设以及清丰山生态公园一、二期工程建设和场直地区植树绿化、美化工程建设等16个项目。（龚建国）

【新农村建设】 农场共投资743万元,完成了省级、总局级、分局级新农村试点单位和文明生态管理区建设。新建办公楼一座、通村公路里程40公里,标准化农具场5处12万多平方米、水泥晒场1万平方米、居民区道路硬化7公里、康居房5 000多平方米、安装上下水管道近6 000延长米、健身休闲广场15处、水泥篮球和网球场各3处以及自来水改造、住区电网改造、通讯外网改造、办公楼和卫生所改造等建设工程。老来乐托护中心占地面积1万平方米,投资60多万元,设立室内床位70多个,有高、中、低起居室和夫妻间、活动室、阅览室、游戏室、放映室、卫生室、康复室等;室外有文化长廊和3 000多平方米的活动场地以及10多套健身器材,是鸡西地区规模最大、设施齐全、管理规范、环境条件较好的一所托老机构。该中心先后被鸡西市委、市政府授予下岗职工再就业“十大创业模范”和创业示范点,被省妇联、鸡西市妇联和虎林市妇联列为全省统一名号“乌苏里江巧嫂家庭旅馆”定点单位;被虎林市总工会和就业局列为下岗职工“再就业基地”。（龚建国）

【党建思想政治工作】 农场加强党建思想政治工作和党的建设。全场共评出“十星级文明户”589户、“十星级文明户标兵”57户;14 000多人参加各种文化体育活动11次; 在地市级以上报刊共发表稿件351篇,其中在《农垦日报》发表头版头条3篇、专版1篇,在全总局115个农牧场中排第19名，在分局排第3名,3名同志被农垦日报社评为百强通讯员;举办各类培训班30期,培训职工3 000多人次;引进大中专毕业生13名。党员主题实践活动深入开展,200多名党员与地方农民进行种养项目帮带和土地代耕代种合作,为职工提供各种信息140多条，做好事400多件。（龚建国）

【社会保障】 全年实现下岗再就业培训和劳动力转移270人，实现再就业615人。以基本养老、基本医疗和最低生活保障制度为重点的保障体系日益完善。（龚建国）

【教育 卫生】 2007年基础教育办学条件明显改善,师资力量和教学水平不断提高,子弟校分别获得省级“绿色学校”和总局级“教育科研先进单位”、“平安学校”等光荣称号。公共卫生和医疗环境得到极大改善，投资800万元,新

建5 000平方米医院综合楼一座,1 000多种药品价格全部下调,平均降幅达9%,为患者让利20余万元。(龚建国)

庆丰农场 分公司基本情况及国民经济主要指标完成情况统计表
(2007年)

指标名称	计量单位	2007年数 值
管理区	个	9
总户数	户	5 437
总人口	人	13 465
其中:男	人	6 907
女	人	6 558
少数民族人口	人	339
地区生产总值	万元	40 299
人均生产总值	元	29 928
工农业总产值	万元	72 141
粮食总产	吨	207 733
固定资产投资总数	万元	5 158
职工工资总额	万元	5 253
职工平均工资	元	7 727.27
职工家庭人均收入	元	8 460

【民生工程】 农场重点从职工群众关心的"路、住、水、绿、医、教、文、娱"等方面的问题入手,大力实施民生工程,全年共投资6 690多万元,全面完成了职代会上向职工代表提出的承诺:一是投资460万元完成了4个管理区和场直地区饮用水建设工程,投资21万元对场直地区一、二区127户居民住户的下水道进行了改造建设。二是投资2 160万元完成了20.5公里通村公路建设工程,其中场部地区3.6公里。三是投资800万元完成了5 000平方米医院综合大楼建设工程。四是投资115万元完成了950平方米公安分局标准化办公楼建设工程,投资近40万元在场直地区和第一管理区安装了电子监控设施。五是引资2 300万元完成了场直地区13 866平方米住宅楼和商服楼建设工程;引导和鼓励职工自筹资金415万元,在管理区建设了16栋33户3 400平方米小康楼和康居房。六是投资100万元完成了清峰山生态公园二期建设工程和投资50万元的"托起庆丰的明天"主雕塑工程。七是投资50万元完成了场直地区绿化、美化建设工程。八是补贴108万元完成了农户机械更新补贴惠民工程,购回水田大中型机械、高速插秧机、蒸汽催芽器、大豆大垄播种机、大型收获机等配套机械360多台(套)。九是投资90万元在各管理区安装健身器材138套,实现配套率100%。(龚建国)

云山农场

场长:曹祚东,1963年出生,江苏省苏州人,中共党员,大学学历,高级农业经济师,1983年参加工作,2001年7月任现职。

党委书记:范学斌,1962年出生,辽宁昌图人,中共党员,大学学历,工程师、高级政工师,1983年参加工作,2003年5月任现职。

党委副书记、纪委书记:楚卫国(2002.7~2007.3)

党委副书记、纪委书记:辛爱萍(女)(2007.7~)

副场长:单振忠(1997.1~)
赵洪升(2003.11~)

工会主席:辛爱萍(女)(2002.7~2007.7)

工会主席:王爱国(2007.7~)

【概况】 云山农场位于黑龙江省虎林市境内,地处完达山南麓,七虎林河两岸,地理坐标为东经132°22′~132° 51′,北纬45° 48′ ~46° 30′ 。东与八五四农场接壤,南与八五〇农场相邻,西、北分别与七虎林场和迎春林业局为邻。云山水库位于农场的西南部,西大岗滞洪区位于农场的东部。连接两座水库的七虎林河横穿农场中部。海拔为73.2~367米之间。全场土地总面积49 215公顷。

农场下设10个管理区,22个作业站,场部地区有云山中学、云山小学、职工医院、公路管理站、水暖站、农业中心、畜牧中心和6个居民区。驻场机构和企业有农业银行云山分理处、虎林农村合作银行、邮局、油库、通讯、电力、工商、土地、完达山乳业集团、亚麻制品加工厂、绿云山泉大米加工厂、仁禾大米加工厂等。

2007年,农场大力发展现代农业和畜牧业,合理安排二、三产业和非公有制经济的比重和布局,不断加大以财务刚性预算管理为主要内容的企业管理,有效提高了经济运行质量,加快了创建经济强场的步伐。实现生产总值4.19亿元,同比增长9.2%,经营利润1 600万元,人均纯收入9 000元,同比增长19.5%,农场综合实力进一步增强,生产总值、人均纯收入再创新高。(王玉红)

【种植业】 农场实现总播种面积2.96万公顷,实现粮豆总产19万吨,农业生产总值2.94亿元。农场采取多元投资方式投入2 440万元,加强农机具、晒场、水利等农业基础设施建设。(王玉红)

【畜牧业】 农场积极推进奶牛标准化舍饲进程,奶牛年末存栏5 906头,鲜奶产量17 500吨,生猪饲养量45 500头,肉牛饲养9 500头,家禽饲养量118万只,獭兔、鹿等特种养殖也有长足的发展。(王玉红)

【外经贸工作】 农场按照建设"八个基地",实现"一区一品"的发展格局,实行多行业、多渠道、多元化发展非公有经济。2007年实现非公有制经济总产值2亿元,利润6 930万元,增加就业500人,从业人均收入11 590元,实现引资3 000万元。(王玉红)

【小城镇建设】 农场按照生态山水园林式城镇发展规划,投资80万元完成了占地面积22 000平方米的"北山公园"二期工程建设,投资200余万元完成了场部公共场地铺砖、招待所改造、公共建筑物亮化及其他环境建设改造工程,投入30余万元加大了城镇绿化力度。(王玉红)

【新农村建设】 农场通过多元投资共投入3 800余万元推进新农村建设进程,完成了26.6公里的通村公路建设项目,完成了7.7公里的通达公路建设项目。新开发建设4幢面积近11 000平方米住宅楼;拆除作业区土坯房246户8 280平方米,打新井3眼,对7个作业区水质处理设备进行更新。农场投资22万元对文化馆内的场史馆、图书室和健

身室进行装修并配备相关设施，为农场职工群众提供了一个集教育、学习、健身于一体的文化活动场所。（王玉红）

【教育 卫生】 农场投资240万元建设了2 360平方米的中学实验综合楼，为进一步改善教学条件、提高教学质量提供保证。农场中学中考成绩综合指标居分局第二名。农场投资20余万元对门诊以及办公、活动场所进行了改造，改善了患者和医护人员的医疗和办公环境。（王玉红）

【社会保障】 农场完成了167人22个工种的职业技能培训和考试，全年实现就业和再就业500人；以基本养老、基本医疗和最低生活保障制度为重点的社会保障体系和保障制度日趋完善。（王玉红）

【党建 思想政治工作】 农场共引进大专以上学历毕业生11名，提拔任用干部10人，调整8人，充分调动了广大干部和优秀人才的工作积极性。农场党委以加强领导干部作风建设为核心内容，强化领导班子和领导干部的思想政治建设和作风建设。共进行任前廉政教育谈话29人次，诫勉谈话9人次，警示谈话13人次。宣传思想政治工作以加强社会主义核心价值体系建设为中心，以开展形势任务教育、北大荒精神教育和法制宣传教育为重点，广泛开展活动，2007年农场在地市级以上报刊上稿120篇，完成《农垦日报》头版头条3篇及专版任务，出宣传栏16期。广播电视局充分发挥主要媒体宣传作用，在农业频道播发新闻148条，分局播出新闻293条，场内播发新闻560条。（王玉红）

【农场被授予全国绿色食品原料标准化生产基地】 2007年3月5日，农场于2005年2月申报的10万亩国家级绿色食品水稻原料标准化生产基地建设项目，经过2年来认真细致工作，顺利通过分局、总局、省绿色食品办公室逐级检查验收，被农业部绿色食品管理办公室、中国绿色食品发展中心验收通过，并颁发全国绿色食品原料标准化生产基地证书。8月25日，日本有机食品认证机构代表、大连华恩有机食品公司及超越有限责任公司一行5人，对农场的10万亩大豆进行了有机认证。（王玉红）

【农场文化馆对外开放】 8月1日，农场文化馆正式对外开放，开馆当天共迎接了200余人。农场文化馆是集图书阅览、场史展览、全民健身于一体的多功能文化活动场所，总建筑面积522.60平方米，总投资90.5万元。全馆由图书室、场史展览馆、健身室三部分构成。（王玉红）

【省劳动关系和谐企业检查验收组来场检查验收】 11月11日，由省企业家协会、省总工会领导等一行8人组成的劳动关系和谐企业检查验收组在总局工会副主席马凤兰、分局工会副主席张淑华、农场副书记辛爱萍、工会主席王爱国的陪同下，对农场创建劳动关系和谐企业活动情况进行检查验收，检查组对农场劳动合同签订、女职工权益保护集体合同签订、民心工程建设、职代会召开、场务公开等情况进行了细致的考核，检查组对农场劳动关系和谐企业建设给予充分肯定。（王玉红）

【天津知青回访团为农场捐赠图书】 11月12日，农场收到天津知青回访团为农场捐赠的图书290册，其中包括文学、科普、生活常识、少儿读物等种类。这些图书中190册由农场图书室管理，100册由云山小学图书室管理。（王玉红）

【农场中学实验及图书综合楼竣工验收】 11月17日，农场组织相关部门对新建的建筑面积2 368.86平方米的中学实验及图书综合楼进行竣工验收，该建筑2007年6月18日开工，结构图类型为砖混结构，层数四层，内设物理、化学、生物实验室、图书阅览室、音乐室、舞蹈室、劳技室、美术室等主要房间。由总局勘测设计研究院进行设计，牡丹江农垦安信监理公司进行监理，牡丹江农垦兴诚建筑公司进行施工。（王玉红）

【农场开展送党课下基层活动】 11月28日，农场举办了场直地区党员干部学习十七大精神集中党课，组织十七大精神宣讲团到基层10个管理区举办了农场党委学习十七大精神暨送党课下基层报告会。机关、场直单位、各基层管理区、老干部等45个党支部全体党员参加了学习。通过党课下基层的形式，把十七大精神送到每个党员干部的心中。（王玉红）

【仁禾大米加工厂投入生产】 12月18日，兰州兴凯湖粮行在农场工业园区投资300万元建设日产大米120吨的仁禾大米加工厂正式开业，农场场长曹祚东、副场长单振忠、赵洪升及有关部门负责人参加了开业典礼。米厂投入生产后，可实现年生产总值2 000万元，利润60万元。（王玉红）

云山农场基本情况及国民经济主要指标完成情况统计表（2007年）

指标名称	计量单位	2007年数值
管理区	个	10
总户数	户	4 130
总人口	人	11 331
其中：男	人	5 930
女	人	5 401
少数民族人口	人	89
地区生产总值	万元	41 884
人均生产总值	元	36 964
工农业总产值	万元	63 519
粮食总产	吨	190 777
固定资产投资总数	万元	5 178
职工工资总额	万元	3 013
职工平均工资	元	6 197.04
职工家庭人均收入	元	9 000

八五五农场

场长：辛明路，1954年3月出生，辽宁省辽阳市人，中共党员，大学学历，高级农艺师，1973年7月参加工作，2000年11月任现职。

党委书记：敖军，蒙古族，1956年1

月出生,辽宁省东沟县人,中共党员,大学学历,高级工程师,1973年7月参加工作,1995年2月任现职。

党委副书记:来永军(1995.12~)

副场长:樊瑞宪(1995.12~)

刘佳明(2002.4~)

胡德军(2007.3~)

工会主席:牛西德(2007.11~)

【概况】 八五五农场位于兴凯湖畔的密山市境内。七(台河)密(山)高等级公路穿越场区。农场总占地面积为53 333公顷,其中耕地面积为23 800公顷,林地面积21 000公顷。地理坐标为东经131° 18′~131° 50′,北纬45° 38′~46° 00′。与七台河、密山、宝清等市(县)接壤。四周环山,地势起伏,岗谷交错,西北较高,东南较低,耕地坡度较为平缓,80%为岗坡白浆土。气候属寒带大陆性季风气候,带有山区气候特点。

农场始建于1955年。2007年有总人口12 903人,5 269户,在岗职工2 736人,农场固定资产投资总额6 516万元。农场下辖6个管理区,24个作业站。农场中心城镇的公益设施较齐全,有职工中心医院、中小学校、幼儿教育中心、供热中心、自来水处理中心、对外接待中心、客运中心、职工健康中心、老职工活动中心、游乐园和中心公园等;驻场机构有农业银行、邮局、电力、工商、税务、土地、石油等,交通运输、粮油处理加工、综合饲料加工、种子加工等个体工商服务业较繁荣。场部城镇的集中供热面积达8万平方米,街区路面硬化率85%以上,自来水入户、室内污水排放、电视普及率都达100%以上,电话入户率达98%,人均住房面积达18平方米。场内主干公路硬化里程达80余公里。 (杨贵先)

【一、二、三产业】 农场实现国内生产总值2.93亿元,同比增长13.9%,其中第一产业产值1.88亿元,第二产业产值0.267亿元,第三产业产值0.78亿元。农场实现社会总产值5.28亿元,人均纯收入达9 000元,人均生产总值22 724元,工农业总产值4.37亿元,奶牛存栏3 011头,鲜奶年产量达14 506吨。农业实现了家庭农场100%盈利,平均亩效益都在300元以上,创农场历史最高纪录,地租收缴100%上打租金。全场总播种面积为2.38万公顷,其中大豆8 400公顷,玉米7 000公顷,水稻1 600公顷,白瓜及其他经济作物6 800公顷,粮豆总产9.22万吨。农业综合开发力度加大,于10元/亩,进口大马力农业机械13台套,全场农机总动力达3万余千瓦,旱田田间生产综合机械化程度达96.5%以上。 (杨贵先)

【农业综合开发】 农场直接投入农业综合开发和基础设施建设的资金达1 430余万元。年底,农场红星水库的消险加固项目经过多级业务部门的严格审核和勘察,被水利部、省水利厅最终确定列入国家病险水库改造项目,投资2 000万元国家大水资金进行了改造。 (杨贵先)

【畜牧业】 农场畜牧业坚持以"两牛一猪"为主带动其他养殖业快速发展。农场出台多项优惠扶持政策,鼓励家庭式的规模饲养,扩大畜牧业经济总量,农场补贴给奶牛户和其他养殖户的政策性资金达50余万元。 (杨贵先)

【林业】 农场被省林业厅和总局确定为黑龙江垦区参加全省"三权改革"(森林、林权、林地)的试点单位。植树造林达200公顷以上,成活率达90%以上,森林植被覆盖率达30%以上。2007年10月密山市政府为农场颁发了代表林地权属的林权证。农场被农垦总局授予2002~2007年度造林绿化模范单位,连续3年被省政府授予森林防火先进单位。农场争取到国家重点防护林建设项目。 (杨贵先)

【外经贸工作】 农场非公有制经济发展势头较猛。以金龙实业有限公司和金沙粮油加工有限公司为龙头的一批中小型民营企业成为农场工业的支柱。农场组团参加了在上海举办的"双特食品展销会",金沙粮油加工有限公司主打产品机榨食用大豆油在展会上一炮打响,被上海市民接受,成功地进入了上海的超市和市民的餐桌。2007年农场工业创产值7 274万元,主营业收入6 512万元,工业增加值1 903万元,利润669万元;招商引资额2 380万元,实现出口创汇378.2万美元。 (杨贵先)

【新农村建设】 农场城镇投入建设总投资2 808万元。投资350余万元新建600平方米幼教中心,内部设施配备达国家一类园所标准。投资10万元建中心公园直径30米的音乐喷泉,占地1 500平方米,音乐彩色水柱造型20余种,最高水柱30多米,采用先进的现代化电脑数控装置与其配套,景观别致。投入资金300多万元完成第四管理区文明建设达标工作,投入1 000余万元建成通往第四管理区的12.8公里通村公路建设,投资1 000万元完成七密公路的八五五农场三公里支线工程,投资360万元完成中学教学校的内外整体修缮工程,投资60万元完成3公里支线的路灯亮化工程,投资40万元完成场部的街区道路硬化工程,当年还完成了土坯房拆迁和小康房建设。 (杨贵先)

【粮食直补】 农场采取公开、公平、公正地措施将国家下拨的农业粮食直补资金,按时按量足额发放到位,粮食直补510万元,综合补贴544万元,水稻良种补贴36.34万元。 (杨贵先)

八五五农场基本情况及国民经济主要指标完成情况统计表

(2007年)

指标名称	计量单位	2007年数值
管理区	个	6
总户数	户	5 269
总人口	人	12 903
其中:男	人	6 630
女	人	6 273
少数民族人口	人	398
地区生产总值	万元	29 321
人均生产总值	元	22 724
工农业总产值	万元	43 720
粮食总产	吨	92 276
固定资产投资总数	万元	6 516
职工工资总额	万元	4 841
职工平均工资	元	6 923.6
职工家庭人均收入	元	9 000

【理顺医疗管理体制】 农场将医院对个人承包经营到期的牙科诊所、口腔科诊所、中医诊所和五官科等四个医疗室收回承包经营权，由农场职工医院统一经营管理。（杨贵先）

【高标准新农村建设试点管理区】 农场第四管理区是总局级新农村建设试点管理区，位于农场场部以北13.4公里处，下辖4个作业站（点），耕地面积4 333.33公顷，人口916人，373户，主要以种植业与养殖业为主。曾连续3年荣获分局"文明生态管理区"称号。营区绿化面积覆盖率达60%以上，道路硬化率100%，居民住宅面积达人均20平方米，职工活动中心楼近600平方米。（杨贵先）

八五七农场

场长：张运权，1963年10月出生，河南省南阳人，中共党员，大学学历，高级农艺师，1978年10月参加工作，2002年12月任现职。

党委书记：彭征江，1958年9月出生，山东省平邑县人，中共党员，大学学历，高级政工师，1976年7月参加工作，2003年6月任现职。

党委副书记、纪委书记：陈艳波（2002.12～）

副场长：张明亮（2002.12～）
冯　汇（2005.12～）
张凤虎（2005.12～）

工会主席：杨和平（2004.11～2007.8）
孙中胜（2007.11～）

【概况】 八五七农场地处东经132°5′～132°40′、北纬45°20′～45°42′的范围内，全境面积567平方公里。位于密山市境内东南部，场部建在朝阳，距密山65公里。2007年农场土地总面积50 833.1公顷，耕地31 777公顷，其中水田22 911公顷，旱田8 866公顷。另有林地4 085公顷，水面569.4公顷，居民点占地3 280.2公顷。有效牧草场1 218.6公顷。农场下辖12个管理、26个工商运建服企事业单位。农场总户数6 273户，总人口17 009人。农场有12个少数民族，其中满族118人，朝鲜族40人，壮族16人，回族8人，蒙古族32人，布依族11人，苗族2人，瑶族15人，侗族9人，土家族2人，黎族6人，彝族5人。有职工2 689人，其中从农业生产2 171人，从事工商运建服54人，从事文教卫生212人，各级管理人员252人。

农场下辖12个管理区，24个作业站，场部地区有农场子弟校、幼儿教育中心、种子公司、职工医院、公路管理站、供热公司、农业发展中心及近30家民营、私营企业，在密山市还有一个密山社区，驻场单位有农业银行、建设银行、地税局、国税局、邮局、油库、供电公司、工商、土地等。

2007年，农场以经济建设为中心，以职工增收为目的，以新农村建设为载体，落实科学发展观，大力推进三化（农业现代化、农区工业化、农场城镇化）进程，出台优惠政策大力发展个体私营企业，经济社会全面发展，取得显著成效。实现粮豆总产25.64万吨，粮豆平均公顷产7 950公斤，尤其是水稻达8 820公斤，实现生产总值5.64亿元，其中：第一产业预计实现3.30亿元，第二产业实现1.1亿元，第三产业实现1.24亿元。农场实现人均收入12 000元。

农场加大投资进行农业基础设施建设，投资880万元改造低产田，建设高产稳产的高标准农田，投资910万元进行兴凯湖灌区大型商品粮基地续建工程，新开发水田1 666.67公顷，玉米（含青贮）种植面积达到4 000公顷，白瓜及经济作物达到1 666.67公顷。（李远波）

【畜牧业】 农场实现畜牧业总产值8 000万元，较上年增长18.2%。年末奶牛存栏6 546头，肉牛饲养量2 930头，生猪饲养量32 610头，禽饲养量143万只，肉类总产3 862吨，禽蛋产量750吨。（李远波）

【外经贸工作】 农场加大招商引资力度，引进资金1 800多万元，全年实现工业总产值2.51亿元，较上年增长10.37%；实现利润1 600万元，较上年增长25%。企业从业人员1 600多人。其中有稻米加工企业21家，年加工水稻18万吨。自营经济不断发展，成为职工群众创业致富的重要渠道。（李远波）

【新农村建设】 农场投资1 020万元修筑了原二十一队至循环路、原六队至农场公路、油库至原十队、原十五队至循环路等4个标段的12.9公里的通村公路。投资140多万元对第一管理区等6个管理区的营区道路进行了硬化，投资90万元为第一管理区等6个管理区铺设下水道6 000多延长米。全场已完工和在建住房建设面积达8万多平方米。完成了兴农等4个小区30多栋住宅楼建设，管理区建新房120多栋，有480多户迁至场部购买新房。（李远波）

【教育 卫生】 农场投资300多万元对中小学教学楼进行了改造，建成一个高标准的理化生实验室和一个垦区一流的植物园。农场实现了幼儿教育学前三年集中办学，基本普及高中阶段教育，适龄儿童入学率达100%，中考综合成绩名列分局第三名。投资200多万元对医院医务用房进行改造，改善了办医就医环境；兑现了新工资，调动了医务人员的积极性。农场进一步扩大就业渠道，创设公益岗位为广大困难群众尤其是"4050"人员提供就业机会，通过物业管理、环卫公共设施管理员等岗位让200多人实现就业。（李远波）

【文明创建】 农场党委开展以"双带双争"为内容的北大荒先锋工程主题实践活动。全场共建立党员帮扶对子480对，党员在新农村建设和各项生产活动中为职工群众提供义务劳动2 300多人次，提供无偿服务238次，解决生产生活资金80余万元，有效地推动了农场生产发展和新农村建设进程。（李远波）

【畜牧小区建设】 农场加快标准化奶牛养殖小区建设，投资680万元完成了朝阳奶牛场和第九管理区奶牛小区的

扩建、第六管理区奶牛养殖小区的新建工程。 (李远波)

【农业信息化建设】 农场建成农业信息服务综合楼，购置了微机土壤化验、气象观测等先进设备，加快农业信息化工程建设，健全农业信息制度，整合涉农信息资源，加强信息服务平台建设，用信息技术装备农业。 (宋丽英)

【农业技术推广】 农场高标准实施了科技入户工程，培育230户科技示范户，示范面积达3 733.33公顷，辐射带动面积2.67万公顷，形成了以技术员为纽带，以示范户为核心，连接周边农户的技术传播网络。农场加大先进实用新技术的推广力度，推广原垄卡、立收谷霜前直收等6项技术，面积达1.67万公顷。 (宋丽英)

【老干部活动中心】 农场新建老干部活动中心占地面积1 500平方米，建筑面积3 040平方米，总投资520万元，室内设施投资近40万元。室内设棋牌室、老年艺苑、体育馆、微机室、卫生室、乒乓球室、台球室、健身室、阅览室、老年学校教室。 (宋丽英)

八五七农场基本情况及国民经济主要指标完成情况统计表
(2007年)

指标名称	计量单位	2007年数值
管理区	个	12
总户数	户	6 237
总人口	人	17 009
其中:男	人	8 817
女	人	8 192
少数民族人口	人	30
地区生产总值	万元	57 790
人均生产总值	元	33 976
工农业总产值	万元	99 485
粮食总产	吨	256 359
固定资产投资总数	万元	11 404.4
职工工资总额	万元	6 074.4
职工平均工资	元	8 215.31
职工家庭人均收入	元	12 000

八五一一农场

场长:孔令波，1963年10月出生，河南省开封人，中共党员，大学学历，高级水利工程师，1982年6月参加工作，2006年7月任现职。

党委书记:楚卫国，1963年5月出生，山东省巨野人，中共党员，大学学历，政工师，1981年6月参加工作，2007年3月任现职。

党委书记: 吕长远，1952年11月出生，辽宁东沟人，中共党员，大专学历，经济师，1969年7月参加工作，1999年8月任现职，2007年3月离职。

党委副书记、纪委书记: 顾凯勇(2004.3～)

副场长:金俊浩(1996.10～)

杨纯勇(2002.5～)

姜卫平(1997.7～)

社区副主任:吴占清(2001.7～)

工会主席:孙福江(1993.2～)

【概况】 八五一一农场是省农垦总局所属的集农林牧工贸、政社科教文为一体的国有农垦企业。

农场地处密山市和虎林、宝清两市一县行政区域内。场部(兴凯镇)西南距密山口岸80公里，通过俄罗斯远东铁路，经海参崴可进入日本海，到达太平洋。西距密山市区30公里，距哈尔滨市667公里。哈尔滨至东方红铁路和方正至虎林公路横穿南部场区，密山市、虎林市和宝清县的公路网在场部交会。

农场土地面积52 244公顷。其中耕地17 203公顷，林地23 990公顷，草原332公顷，水面1 472公顷，森林覆盖率45.9%。

境内以完达山老岗分水岭为界，岭南是穆棱河水系，有穆棱河冲积平原，地势平坦，水网密布。北部和中部属丘陵区，起伏较大，有挠力河水系。有裴德里河、大主河等11条支流汇入。

全境位于中温带大陆性季风气候区，四季分明。年均气温3.1℃，年降水量约554毫米，无霜期133天左右，日照约2 445小时。农场全年盛行西北风和西风，年平均风速为4米/秒左右。

2007年末，农场所属农业单位管理区7个，工业单位2个，文教卫生单位3个，家庭农场2 743个，私营牧场8个，个体单位562个(工商户338个)，集约化私营牧场7个。居民6 493户，总人口15 827人。其中有满族等11个少数民族共161人。有上级派驻机构中心法庭、公安分局、工商所、土地科、交通科、供电局、通信中心等部门，金融机构3家。农场政治安定，社会稳定，小城镇建设较快，员工就业率稳定在90%以上，员工收入稳步提高，全场人民安居乐业。

2007年农场实现生产总值3.66亿元，实现工农业总产值56 155万元。第一产业增加值1.58亿元，第二产业增加值7 765万元，第三产业增加值1亿元，农场经营实现平衡，人均纯收入10 002元。 (杨　旭)

【新农村建设】 农场实施生活饮用水改造工程，投资298万元，对场部地区饮用水进行处理改造，更新主供水管路4 190米，安装6台生水过滤器，日均处理5 000吨水，每日向居民送生活用水1 500吨。投资60余万元，对7个管理区的14个作业区饮水设施进行了综合改造。新打机井2眼，洗井3眼，更新供水管道9 100米，购置变频设备3套，压力罐2套。农场筹措资金430万元，对场部地区5条街道2.9公里进行了白色水泥路面改造，积极与网通、通信、电力、有线电视等部门沟通协调，对水泥道路进行配套工程建设，节省资金近300万元，农场专用公路好路率达29.4%，综合值为51.2。 (杨　旭)

【种植业】 农场职工群众战胜早春三场大暴雪影响，克服了春涝、低温和夏季干旱等严重自然灾害，大灾之年抢抓农时，坚持做到农时标准不变、措施不减，合理安排各项生产工作，保质、保量、高标准地完成了农业生产任务，取得了农业的大丰收，全场粮豆总产8.14万吨，粮豆平均公顷产7 057.5公斤。 (杨　旭)

【林业】 农场结合春季植树造林活动，

全场出动义务工 3 000 人，保质保量完成了 213.33 公顷防护林的补造任务，补植国家退耕还林工程面积 1 800 公顷。圆满地解决了虎林地界林权问题，与宝清、密山的历史争议也有了较好地进展。（杨　旭）

【畜牧业】 农场加大扶持力度，优化服务质量，落实目标责任，强化奶牛业生产，确保了农场以奶牛为主的畜牧业在逆境中平稳发展。2007 年实现畜牧业增加值 7 700 万元，奶牛存栏 12 000 头，生产鲜奶 4.5 万吨。存栏肉牛 4 000 头，羊 5 500 只，生猪 1 万头，禽 20 万只；生产肉类 2 600 吨，鲜蛋 500 吨，水产 80 吨。（杨　旭）

【外经贸工作】 农场充分利用良好的工业基础，扩大生产规模，提高招商引资能力，盘活闲置资产，培育新的经济增长点，增加员工就业，农场工业出现全面复兴的良好形势。实现工业增加值 4 840 万元，利润 850 万元，外贸出口总额 2 932 万元。自营经济实现产值 2.8 亿元，实现利润 0.92 亿元，从业户均收入 2.7 万元。（杨　旭）

八五一一农场基本情况及国民经济主要指标完成情况统计表（2007 年）

指标名称	计量单位	2007 年数　值
管理区	个	7
总户数	户	6 493
总人口	人	15 827
其中：男	人	8 092
女	人	7 735
少数民族人口	人	161
地区生产总值	万元	36 581
人均生产总值	元	23 113
工农业总产值	万元	56 155
粮食总产	吨	76 507
固定资产投资总数	万元	4 733
职工工资总额	万元	6 581.7
职工平均工资	元	10 271.07
职工家庭人均收入	元	10 002

【清理欠款】 农场通过各种渠道，积极清收欠款，偿还金融机构借款，减少财务利息支出，2007 年完成清欠任务 470 万元，完成计划的 70%，全年共偿还各类贷款近 4 000 万元，使农场的资产负债率由年初的 98%下降到 86%，下降了 12 个百分点，极大地改善了农场的资债结构。（杨　旭）

兴凯湖农场 兴凯湖分公司

场长、党委书记：杜崇山，1951 年出生，山东省招远人，中共党员，大学学历，高级政工师，1968 年参加工作，2000 年 6 月任书记，2002 年 6 月任现职。

分公司经理：殷松，1968 年出生，山东省胶县人，中共党员，大学学历，高级工程师，1986 年参加工作，2002 年 6 月任现职。

党委副书记：徐贵喜（1993.5～2007.1）

党委副书记、工会主席：薛琳晖（2007.11～）

纪委书记：徐贵喜（2002.2～2007.11）

副场长：薛琳晖（2007.4～2007.11）
宋德军（1999.8～）

工会主席：徐贵喜（1990.11～2007.11）

分公司副经理：罗家有（2002.6～）
耿铁栓（2002.6～）
陈续坤（2002.6～）

【概况】 兴凯湖农场、兴凯湖分公司位于黑龙江省密山市境内，地处大、小兴凯湖畔，地理坐标为东经 132° 35′～133° 08′，北纬 45° 02′～45° 23′。东南面隔松阿察河和大兴凯湖与俄罗斯相望，西靠大、小兴凯湖，北面与八五七、八五六农场毗邻。农场地势西高东低，西部海拔高度 68～69 米，东部为 66～67 米，地面坡降为 1/8 000～10 000，全场土地总面积 113 934 公顷。

农场下设 6 个管理区，23 个作业站和一个鹿场。场部地区有职工子弟校、职工医院、公路管理站、供热站、物资公司、种子公司、农业服务站、兽医站、居民委员会和 3 个居民区。驻场机构和企业有密山农行兴凯湖分理处、邮局、加油站、通讯、电力、广播电视、工商、地税、国税、土地等。

2007 年农场实现生产总值 4.76 亿元，同比增长 19.1%，全场国有及国有控股企业实现利润 2 036 万元，同比增长 8.6%，人均纯收入 8 463 元，同比增长 14.32%。实现总播种面积 3.49 万公顷，生产粮豆 25.98 万吨，农业生产总值 3.03 亿元。（马宁民）

【畜牧业】 农场加大重大动物疫病的防检力度，生猪饲养量达 28 015 头，羊饲养量 8 005 只，禽类饲养量 61 万只，鹿年末存栏 3 045 只。肉类总产量 2 105 吨，禽蛋 901 吨，鲜茸 1 294 公斤，水产品 700 吨。（马宁民）

【林业】 农场完成道路绿化造林 4 公顷，营区绿化 6 000 株，义务植树 3.6 万株。加强林政工作和世界生物圈自然保护区的管理，共查处各类林政案件 24 起，破坏自然资源案件 3 起。（马宁民）

【工业】 农场加强工业企业管理，北大荒纸业集团全年产纸 3.9 万吨，逐步达到预计产量。改制后的水泥厂，经营者投入 1 500 万元，对主要设备进行技术改造，全年生产水泥 7.3 万吨，同比增加 92%。其他工业如砖厂、石灰厂等其他工业企业也实现产销两旺。（马宁民）

【非国有经济】 农场非国有经济快速发展，农场投资 30 万元扩建湖西狐貉基地，出台政策多方面扶持个体养殖、建筑、商业、服务业，2007 年农场实现非国有经济总产值 1.79 亿元，同比增长 4.6%，占全场产值 20%。（马宁民）

【新农村建设】 农场、分公司落实惠农政策，共发放补贴资金 1 842.88 万元，认真落实两田制，水田人均 5 亩，旱田人均 10 亩，巩固了土地承包的改革成果。农场新农村建设取得可喜成果，建成骨架公路 16.69 公里，通村公路 42.4 公里，建设住宅楼 3 栋，21 800 平方米，新建幼儿园一座，1 263 平方米，双老活动室 877 平方米。农场共投资 834.96 万元，购进各型农业机械设备 1 125 台，综合机械化率达到 92.27%，其中水田机械化率达到 91.7%，同比分别提高 0.81%和 1.2%，完成农业基础建设投资 128 万元，建设自动化气象站用房 160 平方米，观测场 1 000 平方米，建水泥晒场 7 000 平方米。投资 100 万元，完成 533.33 公顷旱改水工程。引进资金 2 000 万元，建成集稻谷加工、发电供热一体化项目，实现了场部地区统一供热，提高了供热质量，降低了取暖费用。（马宁民）

【教育】 为改善办学条件，农场投入 23 万元维修了小学教学楼，投资 6 万元更新了小学办公设备。农场子弟校抓好"双基普九"教学，创建和谐校园为目标，深入开展课改和教研活动。2007 年农场子弟校中考再创佳绩，高中录取率和升学率均达到 100%。（马宁民）

【卫生】 农场医院全年门诊收治病人 1.6 万人次，收治住院病人 201 例，治愈率达 93%，各类急诊 230 例，抢救成功率 94%，手术 37 例，成功率 98%。农场人口自然增长率为 1.1‰，符合政策生育 100%。（马宁民）

【再就业工作】 农场举办农业劳动力转移(阳光工程)培训班，培训学员 100 名；再就业培训班，培训学员 110 名。全年为 37 名下岗职工安排了再就业，为国有企业下岗失业人员办理再就业优惠证 663 本，为参保的灵活就业人员申请上级保险补贴 77.74 万元。（马宁民）

【社会保障】 农场完善了"五险合一"的社会保障体系，保证了离退休人员养老金及时足额发放。100%完成上交分局的各项基金指标。民政部门规范了婚姻登记，大力开展双拥工作和社会救助工作，加强了老龄事业、残疾事业、丧葬管理，完善了社区建设和服务，全年共发放低保金 297 112 元。（马宁民）

【党建工作】 场县共建活动中，农场党委派出 1 名干部到城子河乡任副乡长，安排城子河乡干部 1 人任农业科长，1 人任鹿场副场长。农场党委加强廉政建设，共进行任前廉政教育 2 人次，培训干部 192 人，共 300 人次，农场廉政建设形势进一步好转，从纪检、监察、审计部门反映，全年无重大腐败案件发生。2007 年农场共引进大中专毕业生 7 名，其中：本科生 2 名，大专生 3 名，中专生 2 名，提拔任用干部 2 名，调整 5 人。（马宁民）

【宣传思想政治工作】 农场以社会主义核心价值体系建设为中心，开展形势教育，北大荒精神教育和法制宣传教育为重点，围绕农场社会经济发展开展工作。2007 年在地市级以上报刊上稿 258 篇，完成《农垦日报》头条 3 篇和专版 1 篇的任务，出宣传栏 18 期。广播电视局积极配合农场发挥媒体宣传作用，在农业频道、分局电视台播发农场及分公司新闻。（马宁民）

【暴风雪夜大营救】 2007 年 3 月 4 日，农场地区普降大雪，通往密山的公路湖岗段积雪厚度平均都在 1 米以上。3 月 10 日上午刚恢复通车，下午再次降大雪，致使进场和返回农场的 8 台大客车、23 台出租车被困在距场部 20 公里的湖岗路段上。下午 15 时风力增至七级，气温下降到零下 24 度，狂风刮起雪，片能见度不足 1 米。兴凯湖分公司总经理接到客车司机打来的求救电话的同时，又听取了场交通局工作人员汇报后，10 分钟之内就组成由交通、公路、公安、医院等部门参加的救援小分队，带足了方便面、矿泉水和救护用品，在 3 台除雪车的引导下向车辆被困地点出发。为安慰被困人员，救援小分队每隔 10 分钟给被困客车打一次电话，让司机照顾好全部乘客。由于湖岗积雪不断增厚，普遍已达 1.5 米厚，救援车辆每前进 1 公里用 1 个多小时，到凌晨 2 点，救援车队才到达被困车辆处。小分队成员为乘客发放食物、水和防冻药品，医务人员及时查看乘客身体，临时加油车免费为缺油车辆加油，并要求所有车辆不得熄火，保持车内温度。铲车把积雪推开车辆缓缓前进，个别打滑地段救援人员就用大绳和拖车一起拽着客车前行。凌晨 3 点，车队经过一个拐弯处，积雪厚度达到 1.8 米。前面铲车刚刚开出一个车道，后行车辆还没通过，积雪马上又堵塞了路面。救援人员又拿锹清雪，看到救援人员这样奋不顾身，乘客纷纷下车帮助推车，车队继续艰难前行。救援行动一直持续到 3 月 11 日上午 8 点 40 分，近 16 个小时的大营救胜利结束，400 多名司乘人员无一人冻伤。（戴凤国　王瑞利）

兴凯湖农场 分公司基本情况及国民经济主要指标完成情况统计表

（2007 年）

指标名称	计量单位	2007 年数　值
管理区	个	6
总户数	户	4 896
总人口	人	12 440
其中：男	人	6 292
女	人	6 148
少数民族人口	人	236
地区生产总值	万元	47 640
人均生产总值	元	38 296
工农业总产值	万元	76 726
粮食总产	吨	259 838
固定资产投资总数	万元	9 792
职工工资总额	万元	3 988.4
职工平均工资	元	4 610.87
职工家庭人均收入	元	8 463

八五一〇农场

场长：刘瑞策，1956 年 10 月出生，山东省莱西人，中共党员，大学学历，机械工程师，1972 年 4 月参加工作，2001 年 12 月任现职。

党委书记：袁洪生，1958 年 5 月出生，河北省黄骅县人，中共党员，大学学历，高级政工师，1975 年 9 月参加工作，2007 年 3 月任现职。

党委副书记、纪委书记：丁国良（2000.4 ~ ）

副场长：公立东（2002.1 ~ ）
黄邦涛（2003.3 ~ ）
赵福成（2006.12 ~ ）

工会主席：张明宇（2000.4 ~ 2007.3）
孟宪伟(2007.7 ~)

【概况】 八五一〇农场位于黑龙江省东南部，坐落在穆棱河、兴凯湖冲积平原上，北倚完达山，东傍兴凯湖，南与俄罗斯接壤。地处鸡西、密山、鸡东两市一县境内，场部设在鸡东县东海镇，隶属黑龙江省农垦总局牡丹江农垦分局。总控制面积5.09万公顷。2007年末农场总户数5 980户，农场总人口15 039人，其中男7 949人，女7 090人。有少数民族493人。农场已成为以种植业为基础，畜牧业为中轴，旅游业为支柱，林产品综合开发利用的中型企业，年工农业总产值2.8亿元。

农场下设7个管理区16个作业站。场部地区有子弟校、职工医院、水暖公司、公路管理站、客运站、东海居委会、幼教中心、畜牧中心和4个居民区。驻场机构和企业有农业银行东海分理处、东海镇政府、邮局、国税局、地税局、农村信用社、通讯、电力、工商、交通、土地和宝泰隆焦化厂。农场主要产品有玉米、小麦、大豆、原煤、焦炭、面粉、白酒、白瓜子、红小豆、山珍产品、水产品、鹿产品等。高岭土、黄金、天然理石等矿藏分布广、储量多。农场畜牧业发达，是完达山乳业集团的奶源基地。农场交通便利快捷、通信发达。哈东铁路、方虎公路贯穿场内，中国电信、中国联通在农场全面开通。

2007年，农场以科学发展观为统领，以构建和谐农场为目标，以发展现代农业为重点，不断深化改革，夯实农业基础，推进"三化"进程，积极解决民生问题，农场经济形势实现根本性好转，各项社会事业呈现出良好发展势头。全场实现国内生产总值34 704.3万元，同比增长10.34%，其中第一产业16 640万元；第二产业7 457万元；第三产业10 607.3万元；人均纯收入6 151元，同比增长11.3%。

（齐长春　尹燕春　张乐秋）

【农业生产】 农场农田水利基础设施建设投资350万元，完成了一、二、三分场水土流失治理工程和第五管理区中低产田改造项目。总土方量50万立方米。修建桥涵42座，护坡8座，挖沟结合修农田路20.3公里，开挖界沟6.09公里，修建水泥晒场1万平方米。农机具更新速度明显加快。农场和农户共投资603万元，购置更新了180马力以上拖拉机及水稻、玉米自走式收割机等农机具34台套，粮食产量人均收入再创新高。全场播种面积1.61万公顷，其中，玉米0.53万公顷，大豆0.4万公顷，水稻0.04万公顷，杂豆0.15万公顷，经济作物0.49万公顷。粮食总产达63 728吨。职工收入比往年明显提高。

（齐长春　尹燕春　张乐秋）

【畜牧业】 农场通过"出台政策、培植大户、健全服务、加快畜牧小区建设"等措施，推动了畜牧业发展。2007年年底农场奶牛存栏1 856头，鲜奶产量12 045吨，肉牛饲养量达8 000多头，鹿存栏4 400只，生猪饲养量91 843头，出栏58 743头，禽类饲养量76万只，特种野猪饲养量596头，畜牧业总产值达到1.8亿元。培育兴凯湖大白鱼后备亲鱼1.5万尾，繁育鱼种2 000万尾。为加快畜牧小区建设，农场在第八作业区建当壁镇良种奶牛场，建标准化奶牛舍8栋计3 100平方米，集中榨乳厅一栋480平方米，建办公室一栋320平方米，牛场内道路全部实现硬化水泥路面，被列入总局500头奶牛养殖规模的标准化模式。投资20多万元在第八作业区新建标准化兽医站一栋320平方米，设有消毒停车场、消毒焚烧区和林荫草地净化区，配齐标准化设施，被列为总局、分局队级标准化畜牧兽医综合服务站。（齐长春　尹燕春　张乐秋）

【兴凯湖当壁镇旅游度假区】 兴凯湖当壁镇旅游度假区已成为国家"AAA"级旅游名胜景区，区内有边境贸易区、生态农业观光区、北大荒风情园、沙滩泳区四大景区，景区内有被誉为"北国绿宝石"的中俄界湖——兴凯湖、有载入吉尼斯纪录的世界最小边界桥——白棱河桥；有国家一级口岸——密山口岸；有国家主席江泽民亲笔题写的"王震将军率师开发北大荒纪念碑"、有雄伟壮观的"北大荒开发建设纪念馆"、国家级"兴凯大白鱼原种场"以及"千只鹿场养殖基地"等独特景观，吸引着众多游客。自1985年建成当壁镇旅游度假区以来，已累计接待中外游人200多万人次。2007年农场旅游业开发建设投资700多万元，重点完成了兴凯湖当壁镇旅游度假区详细规划，完成了旅游区的亮化工程。进行了沙滩休闲区改造，新增加了蒙古包、高档休闲区等游乐设施，新建演出广场1万平方米，改造步行街500延长米。完成了游客服务中心的室内装修和室外绿化、硬化等工作。在软件建设上，日常管理、服务水平和景区的美化、香化工作都有明显提高。为创建AAAA级旅游景区奠定了坚实的基础。

（齐长春　尹燕春　张乐秋）

【林业】 农场进一步完善了森林生态效益补偿金制度和国家重点公益林管护经营制度。全场8 613.33公顷森林通过了省"中央森林生态效益补偿基金制度"的检查验收。基本完成了林权制度改革的前期调研工作。查处盗伐林木案件6起，挽回经济损失2万余元。配齐配强了森林防火装备和人员，采取全线布控、严密防范等措施，杜绝了森林火灾的发生。

（齐长春　尹燕春　张乐秋）

【外经贸工作】 农场积极引导、支持、鼓励职工大力发展非公有经济，为私营企业营造良好的发展空间，形成白瓜子种植基地、旅游商贸基地、煤化工基地、生猪基地等4大产业基地。通过招商引资开办的宝泰隆煤化工集团有限公司，正在筹建百万吨焦炭、240万吨洗煤、10吨甲醇、5千瓦发电项目。2007年实现产值2.1亿元。

（齐长春　尹燕春　张乐秋）

【新农村建设】 农场新农村建设以路、住、环境建设为突破口，国家和上级拨款和农场配套共投入4 000多万元，修建四分场通乡公路20公里，新建学生宿舍楼、公安办公楼、综合办公楼、三分场客运站，加强了黑土地治理、旅游业、畜牧业的基础建设，推进了新农村建设进程。（齐长春　尹燕春　张乐秋）

【党建工作】 农场全面开展了"北大荒先锋工程"活动。各基层党组织根据本单位的实际创新活动载体，第五管理区开展了党员"十带头"、第八管理区开展了"党员承诺制"等党建载体活动，为开展好"北大荒先锋工程"活动奠定了良好基础。农场纪委对行政执法收费的部门进行了重点检查，参与了农场基本建设工程招标工作，进行有效监督。狠抓案件查处，全年为农场挽回经济损失20万元。农场纪委被总局评为党风廉政建设先进集体。

（齐长春　尹燕春　张乐秋）

【思想政治工作】 农场思想政治工作在理顺情绪、化解矛盾、凝聚人心、鼓舞斗志等方面取得了良好效果。新闻工作在全国各类报刊发表稿件215篇，其中《农垦日报》一版头条4篇。

（齐长春　尹燕春　张乐秋）

【教育】 农场教育教学条件有了明显改善，中学部通过了省级一类校的验收。（齐长春　尹燕春　张乐秋）

【社会保障】 农场社保分局全年为125名职工接续了养老保险关系。完成了职工和灵活就业人员参保工作。为1 100名灵活就业人员申请社会养老补贴100万元，减轻了灵活就业人员的经济负担。加大了医疗保险扩面工作力度。

（齐长春　尹燕春　张乐秋）

【鸡西市副市长马淑华来农场调研】 2007年5月10日，鸡西市副市长马淑华、旅游局局长骄建义、密山市领导等一行，在牡丹江分局副局长李恒伟、旅游局局长王常青、农场场长刘瑞策、副场长公立东等陪同下对当壁镇兴凯湖旅游业发展状况进行调研。

（齐长春　尹燕春　张乐秋）

【全国人大党委会副委员长韩启德祭奠王震将军】 5月28日，全国人大党委会副委员长韩启德在省人大副主任沈根荣、牡丹江分局副局长金奎祥、农场场长刘瑞策、副场长公立东等陪同下来到王震将军纪念碑，在王震将军塑像前三鞠躬，韩启德副委员长、沈根荣副主任分别为已故的王震将军敬献了花篮。

（齐长春　刘贺龙）

【农业部农垦局副局长吴恩熙调研】 6月8日，国家农业部农垦局副局长吴恩熙及有关领导一行在牡丹江分局党委书记丁元森、安全生产监督管理局局闵洪生、农场党委书记袁洪生、副场长公立东等陪同下，来农场当壁镇进行了调研。（齐长春　刘贺龙）

【全国政协专题调研组来农场参观】 6月17日，以全国政协经济委员会副主任段应碧、范西成政协委员王志宝为组长的专题调研组，在深入到牡丹江分局调研国家粮食基地建设与粮食安全工作之余，到农场当壁镇兴凯湖旅游度假区进行参观。（齐长春　刘贺龙）

【国务委员唐家璇参观北大荒开发建设纪念馆】 6月16日下午16时许，国务委员唐家璇在省长张左己、中央外办副主任裘元平、商务部副部长马秀红、外交部部长助理李辉、牡丹江分局党委书记丁元森、纪委书记何万荣、农场场长刘瑞策、副场长公立东等相关领导的陪同下来到坐落在农场当壁镇旅游度假区内的北大荒开发建设纪念馆向王震将军塑像敬献了花篮，并提笔勉励大家要"发扬王震将军的革命精神，建设社会主义新北大荒"。

（齐长春　刘贺龙）

【省军区民兵组织整顿检查验收组来农场参观】 6月23日，省军区民兵组织整顿检查组一行5人在总局军事部、分局武装部、农场相关领导的陪同下来到我场兴凯湖旅游度假区参观。

（齐长春　刘贺龙）

【现代农业与国家粮食安全论坛专家来农场考察】 8月6日，参加在哈尔滨举行的现代农业与国家粮食安全论坛的专家考察团在总局政协副主席梁荣新、总局副局长王有国、牡丹江分局党委书记丁元森、农场场长刘瑞策等陪同下到农场当壁镇兴凯湖旅游区，对旅游区的建设发展情况进行了考察。

（齐长春　刘贺龙）

【江苏省高淳县县委书记刘以安来农场参观考察】 9月5日，江苏省高淳县县委书记刘以安、太湖疗养院蒋院长在牡丹江分局局长侯培耀、副局长李恒伟、农场党委书记袁洪生、副场长公立东及相关部门领导的陪同下来农场当壁镇旅游度假区，对农场旅游业的发展进行了考察。先后来到纪念馆、沙滩景区、望湖亭、旅游区步行街、游客中心等景点进行了参观。（齐长春　刘贺龙）

【国家体育总局副局长于再清到农场调研】 9月7日，国家体育总局副局长于再清及随行领导在牡丹江分局副局长许先珠、鸡西市副市长马淑华等陪同下，对当壁镇旅游业发展情况进行了调研。（齐长春　刘贺龙）

【农垦总局老干部考察团到农场参观考察】 9月12日，农垦总局老干部考察团在牡丹江分局工会主席秦恩岭、分局老干部处处长詹景平的陪同下，来到农场当壁镇兴凯湖旅游度假区，在农场党委书记袁洪生、老干部科科姜玉娜的陪同下参观了旅游区内的各大景点。考察团成员先后参观了国门、口岸、步行街、望湖亭、湖边沙滩、新建的游客服务中心和北大荒开发纪念馆等地。

（齐长春　刘贺龙）

八五一〇农场基本情况及国民经济主要指标完成情况统计表

（2007年）

指标名称	计量单位	2007年数值
管理区	个	7
总户数	户	5 980
总人口	人	15 039
其中：男	人	7 949
女	人	7 090
少数民族人口	人	328
地区生产总值	万元	34 704
人均生产总值	元	23 076
工农业总产值	万元	51 956
粮食总产	吨	63 728
固定资产投资总数	万元	5 746
职工工资总额	万元	5 020.7
职工平均工资	元	7 597.91
职工家庭人均收入	元	6 151

【省全省交通系统文明先进集体考核验收组对农场交通科进行考核验收】 11月7日，省交通系统文明先进集体考核验收组组长省质量监督站党委书记刘伟志、省质量监督站党办主任王文珍一行在牡丹江分局交通局办公室主任吴振军、文明办主任张书菊的陪同下，对

农场交通科省交通系统文明先进集体进行考核验收，对交通科“学树创”活动、“三新”活动、交通文化建设活动、优质规范化服务承诺活动、文明执法活动及诚信建设活动、创建活动工作档案、工作环境建设等情况给予了肯定。

（齐长春　刘贺龙）

海林农场

场长：刘连学，1962 年 5 月出生，河北省遵化人，中共党员，大学学历，农业师，1978 年 9 月参加工作，2003 年 3 月任现职。

党委书记：周录春，1956 年 11 月出生，山东省莘县人，中共党员，大学学历，中学高级教师，1975 年 7 月参加工作，2003 年 8 月任现职。

党委副书记、纪委书记、工会主席：卜庆和（1991.1～2007.12）

党委副书记、工会主席：程志军（2007.11～）

副场长：杨宏彬（2001.4～2007.11）

邹书国（2007.11～）

【概况】 海林农场位于长白山张广才岭东麓，地理坐标：东经 128° 47′ 30″～129° 7′ 30″，北纬 44° 15′ ～44° 25′ 之间。海林市西南宁安市西北交界处，北与大海林林业局和长汀镇毗邻，隶属于黑龙江省农垦总局牡丹江分局。

农场地处黑龙江省的最南部，西有张广才岭，东有老爷岭，群山环抱，沟壑纵横，场区高度在海拔 302～434 米之间，整个地貌呈波浪起伏状态，地形分割强烈，属于浅山区地貌。年无霜期 127 天，平均气温 3.4℃，气候适宜，形成隆冬无严寒盛夏无酷暑的气候特点。

农场下辖 3 个管理区、13 个作业站，场部地区有农场子弟校、职工医院、公路管理站和 6 家股份制企业及 13 个奶牛标准化养殖小区。驻场机构和企业有农业银行海林农场分理处、邮局、油库、通讯、电力、工商、土地、完达山乳业集团海林分公司、海林市国税局农场分局。

2007 年，农场农业灾年夺得丰收，新能源开发和循环经济建设获得重大进展，股份制企业创新发展，畜牧业效益稳中有升，全年实现生产总值 2.3 亿元，比上年增长 14.8%；实现利润 300 万元；实现出口创汇 560 万美元；完成招商引资 2 245 万元；资产负债率 24.5%；人均纯收入 12 60 5 元，较上年增加 600 元。

（王　秋）

【农业生产】 2007 年农场农业生产遭遇了特大暴雪、严重春涝、长时间高温干旱、秋涝等罕见的自然灾害。3 月 4 日至 5 日特大暴雪，一次性降水 45.6 毫米，使小麦播期比历年推迟 30～35 天。夏季长达 40 多天持续高温干旱。由于农场全面落实标准经各项技术措施，仍获得好收成，粮豆总产 45 937 吨，粮豆平均公顷产 6 221.1 公斤。

农场种子公司将原注册资金 100 万元增资为 500 万元，获得了繁育杂交作物玉米种子的资质，当年生产玉米种子 110 公顷，获省级一类种子。

（王　秋）

【工业】 农场建起了日产气 3 000 立方米的第二沼气站及 500 立方米的第一管理区沼气站。利用沼气发电取得成功，实现日发电 1 500 千瓦时，为糖甙厂车间和休闲广场照明提供能源。糖甙厂开展节能创新工作，把工业有机废水转化为沼气稀释液，实现节能减排、生态循环。

（王　秋）

【教育　卫生】 农场子弟校有 11 人考入海林市高级重点高中，有 20 人考入分局重点高中，考入率达 63%，居海林市和分局各校前茅。医院新购进 8 台件仪器，一流的诊病治疗环境和特色医疗成为周边农村的中心医院。农场实施人畜分离工程，全场所有生猪都集中到了养殖小区进行集中饲养。

（王　秋）

【文明创建】 2007 年农场被省授予“环境优美乡镇”、“卫生城镇”等荣誉称号。

（王　秋）

【党建工作】 农场党委以“先锋工程”为导向，在全场开展“建五型班子、创三名企业”主题创建活动，结合农场实际开展“热爱农场，我为农场建设尽一份力”爱场教育活动。农场共引进大专以上学历毕业生 6 名，接收“三支一扶”生 1 名。

（王　秋）

海林农场基本情况及国民经济主要指标完成情况统计表（2007 年）

指标名称	计量单位	2007 年数　值
管理区	个	3
总户数	户	2 211
总人口	人	5 934
其中：男	人	3 003
女	人	2 931
少数民族人口	人	610
地区生产总值	万元	22 528
人均生产总值	元	37 964
工农业总产值	万元	38 336
粮食总产	吨	45 937
固定资产投资总数	万元	3 253
职工工资总额	万元	4 400
职工平均工资	元	11 270.49
职工家庭人均收入	元	12 605

山市种奶牛场

场长、党委书记：魏国清，1956 年 5 月出生，黑龙江省克东人，中共党员，大学学历，高级政工师，1974 年 12 月参加工作，2005 年 3 月任现职。

副场长：王景财（2003.4～）

范承志（2005.3～）

纪委书记：张昭宏（2005.3～）

【概况】 山市种奶牛场位于黑龙江省海林市境内，地处张广财岭南麓，地处东经 128° 51′ ，北纬 44° 35′ ，海拔 280～766 米，总面积 1.81 万公顷，其中耕地 0.31 万公顷，放牧采草地 0.22 万公顷，荒草地 0.16 万公顷，林地 1.03 万公顷，水面 0.03 万公顷。场区环境内四周环山，地处丘陵沼泽交错的小盆地，无霜期 100～120 天，年积温 1 900～2 100 摄氏度，年降雨量 600～650 毫米，土质类型：30%棕色森林土，50%白浆土，20%草甸土。地下水位 2～3 米。自然植被覆盖良好，草林相间，水源充足，密江河贯流其中,与滨绥铁路、301国道彼临,交通方便,宜农、宜牧、宜于多种经营。

山市种奶牛场共2 188户,人口5 952人(其中:鸡西煤矿182户,人口667人;水泥厂71户,人口281人)。全场在册职工2 156人(不含离退休职工917人),男职工1 363人,女职工793人。其中教职员工84人,医护人员21人。全场共有高级职称人员11人,中级80人,初级职称102人。全场资产总额7 765万元,各类机械动力1.9万千瓦。

山市种奶牛场下设2个管理区,7个作业站,场部地区有山市种奶牛场子弟学校、职工医院、物资供应站和4个居民区。驻场和企业有农村信用合作社、邮局、通讯、电力、土地、海林富东制药厂、完达山乳业、蒙牛乳业等。

山市种奶牛场原隶属于黑龙江省畜牧兽医局,于2007年3月22日,按照省长办公会精神划归垦区管理。

2007年,山市种奶牛场在做好对接工作的同时,全场上下按照牡丹江分局的总体部署,围绕企业增收、职工增效这个中心,大力调整产业结构,实现划归垦区后的良好开局。农场农业生产遭遇了严重春涝、冰雹等罕见的自然灾害。尤其是6月27日的雹灾,农作物受灾面积达674.73公顷,绝产面积达346.67公顷,受灾农户369户,受灾人口1 608人,直接经济损失达280余万元。由于积极开展抗灾自救,加强田间管理,大灾之年收成稳定。全年实现粮豆总产6 860吨;国内生产总值1 630万元,其中第一产业增加值1 244万元,第二产业增加值208万元,第三产业增加值178万元;人均纯收入2 817元。山市种奶牛场投资224.8万元,修建白色路面28.1公里,改善了农场的交通状况和投资环境。(杨　勇)

【畜牧业】 农场有养殖户450余户。共有奶牛1 705头,鲜奶产量8 500吨;黄牛783头,各种禽类4 343只,羊413只,生猪存栏1 800头,特种野猪120头,狐貉300只,鹿300头。

(杨　勇)

【林业】 2007年,共采伐木材2 384立方米,销售收入136万元,绿化造林33.33公顷;利用丰富的林地资源,开辟新的经济增长点,尝试林下人工栽培野猪苓2 000余株,面积2.5公顷;积极引导职工发展食用菌栽培,成功种植香菇5万袋,黑木耳4万袋。(杨　勇)

【水泥生产】 2007年,水泥厂继续采取个人租赁经营的方式,运行良好,生产水泥33 980吨。实现产值868.1万元,增加值208万元。(杨　勇)

【新农村建设】 为美化场区居住环境和方便各业生产,农场投资35.3万元,清理场区内垃圾3 126立方米,维修社区和农田道路2.28万延长米,修复水毁涵洞50余处,新建涵洞96处。大力推广清洁能源,组织职工群众修建户用沼气池65座。农场编制完成了水利建设规划、场部控详建设规划。投资20多万元对机关办公楼进行了修缮,进一步改善工作人员的办公环境。(杨　勇)

【干部管理】 农场引进5名“三支一扶”大学毕业生,充实到机关和一线岗位当中,增强了企业的科技含量;提拔任用干部9人,调整2人,充分调动了广大干部和优秀人才的工作热情。

(杨　勇)

山市种奶牛场基本情况及国民经济主要指标完成情况统计表

(2007年)

指标名称	计量单位	2007年数　值
管理区	个	—
总户数	户	2 188
总人口	人	5 952
其中:男	人	3 018
女	人	2 934
少数民族人口	人	87
地区生产总值	万元	2 066
人均生产总值	元	3 472
工农业总产值	万元	3 492
粮食总产	吨	6 860
固定资产投资总数	万元	101
职工工资总额	万元	894.5
职工平均工资	元	2 615.5
职工家庭人均收入	元	2 817

【财务管理】 农场继续强化财务管理,实行企业法人一支笔制度,规范了财务管理,按时足额发放国家农业补贴141万元。杜绝了财务管理不到位和乱转账现象。实施刚性预算,杜绝预算外支出,做到了量力而行,先着手解决职工最关心、最迫切的问题;对全场的固定资产,流动资产进行了盘点、清查,重新登记造册,确保了资产保值、增值和安全完整。(杨　勇)

【社会保障】 农场社会保障体系不断完善,全场参加城市低保总计188户,249人;农村低保18户,32人;农场高度重视困难群体,经场残联的不懈努力,在海林残联的支持下,白内障患者手术费用得到适当减免,全场共20人手术,总计减免职工费用12万多元;积极筹措资金1.5万元,对特别困难的家庭予以生活救济和补助。(杨　勇)

宁安农场

场长:崔勋,朝鲜族,1950年出生,黑龙江人,中共党员,大学学历,高级政工师,2002年8月任现职,2007年11月离职。

场长:田立明,1958年出生,黑龙江人,中共党员,研究生学历,高级政工师,2003年9月任党委书记,2007年11月任现职。

党委书记:杨洪滨,1965年出生,黑龙江省人,中共党员,大专学历,2007年11月任现职。

党委副书记、纪委书记、工会主席:李景波(2003.11～)

副场长:吴中华(2000.1～)

【概况】 农场位于长白山脉老爷岭西侧盆状漫岗地带,黑龙江省宁安市境内。地理坐标:东经129° 18′~129° 26′北纬43° 56′～44° 14′。南部与东京城林业局鹿道林场为邻,其余边界与宁安市4个乡镇接壤;场部位于牡图线石头站东1公里处,南距著名风景区镜泊湖50公里,北距牡丹江市50公里,牡丹江机场40公里;与吉林省毗邻;距绥芬河口岸、珲春口岸各230公里。农场交通便利,公路、铁路四通八达,201国道、牡图铁路,牡宁高速公路纵贯全场区。农场气候宜人,冬无严寒,夏无酷暑,素有北国小江南之称。农场版图狭长,东西宽5公里,南北长40公里;海拔高度326~359米之间。全场土地总面积11 702公顷。

农场下辖7个农、林、牧生产单位。场部地区有农场机关、场直中学、场直小学、职工医院。驻场机构和企业有农业银行宁安农场办事处、交通、电力、工商、土地等。场直企业有北大荒种业集团宁安有限公司、东部韩农(黑龙江)化工有限公司、黑龙江镜泊湖瑞图建材有限公司。 (卢永信)

【种植业】 农场实现播种面积7 200公顷,通过实施高效农业战略,使"种子+经济作物"的种植结构和两个基地(玉米制种基地、经济作物出口基地)建设进一步巩固,种植业公顷效益达到15 000元。其中西瓜,甜瓜作物公顷效益达45 000元。兴河分场完成播种面积3 066.67公顷,其中水田面积1 800公顷,比上年增长29%。农业基础设施建设得到明显加强。农场投资54万元,更新大中型机械34台。全年开挖排水沟、截流沟1.5万延长米,完成土方25万立方米,疏通灌溉渠道6 000延长米。种子公司投资120万元,引进法国玉米制种去雄机1台;新建良种示范展示区,种子公司的龙头牵动作用进一步增强。全场玉米制种面积达2 000公顷,年生产种子5 000多吨,盈利达100万元。 (卢永信)

【畜牧业】 农场通过不断加强引导和扶持,发展壮大了以生猪、生态鸡为主的畜牧结构,形成了稳定的供货市场。2007年鹿存栏3 900只、肉牛存栏9 500头、羊存栏1.2万只、生猪饲养量11万头、禽类饲养量37万只。农场投资19万元,完成了四居民委鑫鹏生猪养殖小区建设项目,面积1.3万平方米,至此,农场已经完成了3个生猪养殖小区的建设任务,总面积达5.3万平方米,总投入达46万元。 (卢永信)

【林业】 农场通过实施兴林双赢战略,经济林发展到220公顷,苗圃发展到26.67公顷,年产苗木20余种150万株。新植防护林3.3公顷,退耕还林补植物533.33公顷,采伐400立方米。 (卢永信)

【外经贸工作】 农场采取政策、经济、技术等多种扶持措施,加快了非国有经济发展步伐,2007年非公有制经济增加值实现9 600万元、利润4 200万元,增加就业机会600人,从业人员人均收入8 400元,实现引资4 100万元。农场通过招商引资工业发展迅猛,韩国东部韩农化学株式会社在农场建设的韩农(黑龙江)化工有限公司投产。农场与香港合资建成的新型建材厂全年生产标砖670万块,彩色地面砖6万平方米,销售市场由原来的6个市县发展到8个市县。私营工业企业麦芽厂、粮油加工厂、润丰粮食机械加工厂也都取得了较好的经济效益。 (卢永信)

【现代农业示范园区】 占地1.63万平方米的农场现代农业示范园一期工程,从2007年5月动工,到2007年11月结束,共投资2 500万元,完成园区大门及观光学习餐饮区、休闲娱乐区、采摘区、种植区四个功能区建设任务。 (卢永信)

【新农村建设】 农场社会主义新农村建设和环境优美小城镇建设取得了突破性进展。引资新建场部"垦一住宅小区"楼房8栋7 684平方米,可入住96户;两年来,农场投资90多万元补贴泥草房拆迁户,共拆除泥草房160户,新建砖瓦结构房屋48户;通过宁安市争取省通乡公路项目资金433万元和农场配套407万元,新建农场水泥通乡公路30.6公里;投资280万元新建场部南侧水泥路4.1公里;通过争取项目投资,新建80米电视发射塔一座。 (卢永信)

【教育 卫生】 农场教育取得新成绩。初中11名学生考入宁安市重点高中,升学率高于往年;在教学教研活动中,有5名老师获得国家级奖励。医疗卫生工作稳步发展,农场职工医院投入8万元维修了一、六、七、八居民委卫生所,改善了基层卫生所条件。计划生育常抓不懈,全年符合政策生育率100%。 (卢永信)

【党的建设】 农场党委不断强化领导干部的思想政治建设和作风建设,全年进行任前廉政教育谈话2人次,诫勉谈话2人次。开展了"北大荒先锋工程"教育活动,进一步巩固先进性教育成果,加强基层党组织建设。引进大专以上学历毕业生8人,提拔任用干部7人,调整2人,充分调动了广大干部和优秀人才的积极性。 (卢永信)

【文化】 农场宣传思想政治工作以加强社会主义核心价值体系建设为中心,利用多种形式认真宣传、学习党的十七大精神,开展形势任务教育、北大荒精神教育和法制教育,取得了明显效果。对外宣传上新台阶,全年上稿486篇,其中《农垦日报》头条4条。职工业余文体活动空前活跃,以八大文体协会为载体,全年组织大型文体活动16次,参加活动人数达5 000多人次。 (卢永信)

【高层领导考察、视察农场新农村建设】 2007年7月20日,黑龙江省副省长申立国在牡丹江分局局长侯培耀,副局长许先珠,牡丹江市委书记徐广国、副市长王育伟陪同下来农场视察工作。申立国一行重点参观了农场现代农业示范园。在参观场部时,他对农场近年来的发展变化与建设成就给予充分肯定。在参观示范园时,他显得非常兴奋,对示范园的设计、规模、功能非常满意,要求农场领导加强对示范园建设的领导,加强对施工质量的监督。通过示范园建设,使农场成为垦区建设的亮点、垦区建设水平的代表,为垦区争光。

8月13日,香港特别行政区行政长官曾荫权一行在牡丹江分局党委书记丁元森,牡丹江市委书记徐广国及农场场长崔勋、党委书记田立明等陪同视察。曾荫权一行在听取农场领导汇报之后,参观了农场的工农业生产和小城镇建设,重点视察了现代农业示范园建设。

11月28日,黑龙江省省委副书记、常务副省长栗战书在总局局长隋凤富,分局局长侯培耀及牡丹江市委书记徐广国陪同下来农场视察工作。栗战书一行视察了农场的北大荒种业集团宁安有限公司、东部韩农(黑龙江)化工有限公司、黑龙江镜泊湖瑞图建材有限公司等重要企业。参观了农场的农业生产和小城镇建设，参观了现代农业示范园。看到农场近年来取得的成绩,栗副书记非常兴奋。他说:宁安农场是黑龙江垦区的一面镜子,从宁安农场看到了全垦区。今后,垦区要继续努力,把示范农民的任务进行到底。

2007年，农业部农垦局吴恩熙副局长、北京市总工会张主席、东北财经大学教授专家考察团、农业部原副部长刘成果、原农垦局局长魏克佳、全国农林工会盛主席、上海市浦东新区组织部张部长、牡丹江市人大组织的省市人大代表团、海南省农垦工会、新疆生产建设兵团老干部等领导和单位也曾先后来农场参观考察。 (卢永信)

宁安农场基本情况及国民经济主要指标完成情况统计表
(2007年)

指标名称	计量单位	2007年数值
管理区	个	3
总户数	户	1 944
总人口	人	6 147
其中:男	人	3 036
女	人	3 111
少数民族人口	人	480
地区生产总值	万元	17 955
人均生产总值	元	29 210
工农业总产值	万元	33 301
粮食总产	吨	26 931
固定资产投资总数	万元	3 023
职工工资总额	万元	1 944
职工平均工资	元	7 468.31
职工家庭人均收入	元	8 579

【农场举办建场60周年庆祝活动】 2007年7月13日，农场举办建场60周年庆祝活动。活动主要有两个方面的内容,一是召开庆祝大会,二是举办文艺活动。庆祝大会在农场宾馆召开。农场机关、各单位副职以上领导、驻场各单位领导、离退休老干部代表、老工人代表、劳模代表、青年代表、妇女代表、老师、医务人员代表共200余人参加了大会。下午13点30分,农场居民委、三个管理区的秧歌代表队开始表演。晚9点,庆祝建场60周年晚会正式开始。20点30分,晚会结束,开始燃放礼花。场庆之际,原农垦部副部长刘成果给农场发来贺词,内容是:“黑土地的第一把荒火从这里点燃,北大荒的第一粒种子从这里萌发”。 (卢永信)

双峰农场

场长:胡远富,1962年12月出生,辽宁丹东人,中共党员,大学学历,高级农艺师,1979年10月参加工作,2006年12月任现职。

党委书记:杨树先,1962年7月出生,贵州省毕节人,中共党员,大学学历，政工师,1980年11月参加工作,2006年12月任现职。

【概况】 双峰农场位于黑龙江省密山市境内，原是黑龙江八一农垦大学教学、生产、科研重要的实习基地。2006年3月21日由农垦牡丹江分局正式接管,2007年1月6日正式挂牌成立。

2007年农场有土地面积4 112公顷,其中耕地2 187公顷,占土地总面积的53.18%。地理坐标：东经131°53′,北纬45° 39′;东与八五一一农场、红岭村接壤,南与和平乡以裴德里河为界,西与裴德镇、青年水库相邻,北部与富源乡、兴凯乡相连,为完达山脉环绕,距中俄口岸当壁镇近60公里;密虎公路、哈东铁路横贯中部。

农场下设2个管理区,现有总人口1 761人,在职职工385人,离退休人员384人。农场党委下设9个党支部,共有党员155人。

2007年双峰大力发展现代农业和畜牧业,合理安排二、三产业和非公有制经济的比重和布局,不断加大以财务刚性预算管理为主要内容的企业管理,有效提高了经济运行质量,加快了创建经济强场的步伐。实现生产总值1 544.4万元,同比增长46.11%,经营利润183万元,比上年减亏351万元,人均纯收入7 100元,同比增长28%,农场综合实力进一步增强,生产总值、人均纯收入再创新高。 (刘 强 王秋燕)

【种植业】 农场实现总播种面积2 187公顷,水稻、大豆、玉米等主要农作物获得了全面丰收，实现粮豆总产11 287吨,农业生产总值701万元。农场采取多元投资方式投入40万元，加强农业基础设施建设。完成土方量9.3万立方米,6座水利建筑物，修田间路0.9公里。年内完成清淤工程一项,清理沟渠2条,1.27公里,安装简易涵14座。受益面积600公顷。现代农业基础设施建设进一步完善,抗灾能力不断增强。 (刘 强 王秋燕)

【畜牧业】 农场落实畜牧业发展优惠政策，稳定了奶牛业及其他养殖业发展。年末奶牛存栏102头,鲜奶产量330吨;饲养肉牛101头;生猪饲养量1 800头;家禽饲养量0.5万只;羊饲养量500只。 (刘 强 王秋燕)

【林业】 农场组织人员对全场林业资源重新进行了一次全面的普查,通过普查,实现了农场林地界线清、权属明、资料齐、图表全,于2007年12月5日领取了地方政府颁发的林权证，是分局16个农场中第三个完成林权换证任务的单位。投资40万元加大力度，植树2.7万株,绿化面积8.8公顷。 (刘 强 王秋燕)

【非国有经济】 农场按照建设“五个基地”,实现以基地带动产业的发展思路,多行业、多渠道、多元化发展非国有经济。狠抓了红砖生产、人参皂甙、特色经济作物种植,水产养殖、特种养殖等项目建设。实现增加值516万元，利润175万元,从业人员329人,从业人均收入15 680元。 (刘 强 王秋燕)

【新农村建设】 农场按照新农村建设总体要求,不断加强道路、饮水设施等基础公益设施建设。通过多元投资共投入202余万元推进了新农村建设进程。农场抓住国家政策支持和场县共建的机遇,与密山市政府合作,在密山市交通局和分局交通局的大力支持下,投资

20万元，完成了农场第一管理区四作业站2公里水泥路面的建设任务。与密山市政府、市交通局共同计划投资230万元，建设第二管理区7.4公里的通村公路基础建设项目，2007年第二管理区7.4公里的通村公路基础建设工作已完成。农场投资10万元，打新井1眼，使第一管理区四作业站职工群众用上了安全的饮用水。农场投资98万元对农场办公楼进行了改造，改善了农场办公环境。农场解决了全场"五保合一"的难题，解决了职工菜金补贴发放问题，低保人员的低保金发放问题，多年来独生子女费没有发放到位的问题，被解除劳动关系人员补偿金发放问题。

（刘　强　王秋燕）

【社会保障】 农场完成了两期400余人次农业科技培训，全年实现就业和再就业50人；以基本养老、基本医疗和最低生活保障制度为重点的社会保障体系和保障制度日趋完善，其中：养老保险参保人数达到491人，医疗保险参保率达100%，全年共向低保对象发放低保金44.36万元；失业、工伤、生育保险制度进一步完善，优抚安置工作、残联工作和老龄工作得到加强。

（刘　强　王秋燕）

【依法治理】 农场信访部门坚持依法治访，努力畅通信访渠道，积极化解各类矛盾，有效地维护了社会稳定，促进了社会和谐；安全生产工作在落实安全生产责任制的基础上，通过开展安全宣传教育、"安全生产月"、安全联合检查等活动，有效控制了安全生产事故的发生；各部门认真履行职责，加大了社会治安治理工作力度；平安农场创建工作取得新的进展，普法依法治理工作全面展开，不断加强普法宣传教育，营造了安定团结的社会环境。

（刘　强　王秋燕）

【农场成立揭牌仪式】 2007年1月6日9时58分，双峰农场成立揭牌仪式举行。分局领导各部门、密山地区各友邻单位的领导参加了仪式。

（刘　强　王秋燕）

【场县共建】 2007年4月3日场县共建互派挂职干部工作启动，裴德镇副镇长张丽萍，农林推广中心主任邵淑华至农场挂职，农场农业科科长刘强到裴德镇挂职。

（刘　强　王秋燕）

【奶牛小区建设】 2007年9月17日，农场500头奶牛养殖小区基地建设在四队开工。主要新建内容有综合服务站及拌料间500平方米；牛舍2 500平方米；青贮窖3 000立方米；奶牛运动场7 500平方米。项目建设总投资500万元，申请中央财政资金250万元，占总投资的50%，其中财政无偿资金62.5万元；自筹资金250万元。

（刘　强　王秋燕）

双峰农场基本情况及国民经济主要指标完成情况统计表

（2007年）

指标名称	计量单位	2007年数值
管理区	个	—
总户数	户	616
总人口	人	1 761
其中：男	人	996
女	人	765
少数民族人口	人	12
地区生产总值	万元	1 544
人均生产总值	元	8 770
工农业总产值	万元	4 003
粮食总产	吨	11 287
固定资产投资总数	万元	605
职工工资总额	万元	660.5
职工平均工资	元	8 215.17
职工家庭人均收入	元	7 100

北安分局

党委书记:王利仁,1964年9月出生,黑龙江省友谊农场人,中共党员,大学学历,1987年7月参加工作,2007年12月任现职。

党委副书记、局长:许先珠,1959年10月出生,山东省巨野县人,中共党员,大学学历,1975年10月参加工作,2007年11月任现职。

副局长:王贵,1963年11月出生,黑龙江省绥棱县人,中共党员,大学学历,1982年9月参加工作,2000年6月任现职。

副局长:郑作栋,1949年11月出生,山东省五连县人,中共党员,大学学历,1968年6月参加工作,1993年任现职。

副局长:陶喜军,1961年3月出生,黑龙江省泰来县人,中共党员,硕士研究生学历,1981年9月参加工作,2006年6月任现职。

副局长:柳毅,1962年11月出生,吉林省扶余县人,中共党员,研究生学历,高级统计师,1978年8月参加工作,2006年5月任现职。

纪委书记:魏少民,1960年6月出生,黑龙江省友谊农场人,中共党员,研究生学历,高级经济师,1983年7月参加工作,2007年9月任现职。

工会主席:徐树清,1959年6月出生,黑龙江省拜泉县人,中共党员,研究生学历,1976年12月参加工作,2006年4月任现职。

组织部长:伊兴民,1955年4月出生,辽宁省辽中县人,中共党员,大学学历,高级经济师,1974年11月参加工作,2007年7月任现职。

党群机构

纪委监察局局长:郝政学,1962年3月出生,辽宁省盘锦市人,中共党员,研究生学历,高级政工师,1978年7月参加工作,2006年7月任现职。

纪委副书记:耿文华,女,1968年出生,山东省莱西县人,中共党员,研究生学历,高级政工师,1989年7月参加工作,2001年3月任现职。

纪委监察局副局长:张跃江,1956年10月出生,黑龙江省肇东市人,中共党员,大学学历,政工师,1974年参加工作,1993年1月任现职。

组织部副部长:唐玉新,1957年3月出生,黑龙江省拜泉县人,中共党员,大学学历,高级经济师,1976年12月参加工作,2001年12月任现职。

统战部部长:孟繁荣,女,1958年3月出生,河北省郊河县人,中共党员,大学学历,高级政工师,1974年11月参加工作,2001年7月任现职。

老干部处处长:高法亭,1958年3月出生,山东省栖霞县人,中共党员,大学学历,中教高级,1976年11月参加工作,2005年7月任现职。

团委书记:秦玉国,1972年3月出生,山东省昌乐县人,中共党员,研究生学历,政工师,1994年7月参加工作,2005年4月任现职。

工会副主席:倪开成,1951年3月出生,江苏省灌南县人,中共党员,大专学历,高级政工师,1969年参加工作,2001年2月任现职。

政法委副书记:孙长军,1955年4月出生,黑龙江省林口县人,中共党员,大专学历,政工师,1970年7月参加工作,2003年1月任现职。

行政机构

办公室主任:于省元,1967年5月出生,山东省泰安市人,中共党员,研究生学历,工程师,1989年7月参加工作,2005年4月任现职。

审计处处长:富启春,满族,1952年3月出生,黑龙江省克东县人,中共党员,大学学历,高级审计师,1968年10月参加工作,2006年6月任现职。

计财处处长:刘明,1960年9月出生,黑龙江省鸡西市人,中共党员,大学学历,高级会计师,1976年10月参加工作,2006年8月任现职。

人事局局长:温和玲,女,1965年7月出生,黑龙江省北安市人,中共党员,研究生学历,高级劳动经济师,1982年3月参加工作,2002年9月任现职。

林业局局长:孙彦波,1963年8月出生,黑龙江省甘南县人,中共党员,研究生学历,高级工程师,1983年8月参加工作,2001年2月任现职。

水务局局长:鲍远坤,1968年3月出生,黑龙江省绥棱县人,中共党员,研究生学历,高级工程师,1991年8月参加工作,2002年4月任现职。

农业局局长:刘殿龙,1957年6月出生,吉林省农安县人。中共党员,大学学历,高级农艺师,1982年2月参加工作,2001年2月任现职。

经贸局局长:姚军,1964年4月出生,黑龙江省安达市人,中共党员,大专学历,工程师,1986年7月参加工作,2005年4月任现职。

科技局局长:荆培强,1962年12月出生,山东省蓬莱市人,中共党员,研究生学历,高级政工师,1983年9月参加工作,2005年4月任现职。

商务局局长:王君权,1962年3月出生,山东省临沂市人。中共党员,研究生学历,工程师,1981年9月参加工作,2006年6月任现职。

粮食局局长:隋贵杰,1958年5月出生,黑龙江省阿城县人,中共党员,大专学历,高级工程师,1975年10月参加工作,2003年6月任现职。

建设局局长:李英翔,1953年9月出生,黑龙江省宾县人,中共党员,大学学历,高级经济师,1971年2月参加工作,2001年2月任现职。

交通局局长:孙启智,1955年2月出生,黑龙江省齐齐哈尔市人,中共党员,大学学历,高级政工师,1971年5月参加工作,2001年2月任现职。

交通局书记:刘志军,1954年6月出生，河北省望都县人，中共党员，大学学历，政工师，1970年11月参加工作，2005年6月任现职。

卫生局局长：郑广山，1960年5月出生，黑龙江省绥化市人，中共党员，大学学历，副主任医师，1976年10月参加工作，2005年4月任现职。

教育局局长：辛明国，1956年12月出生，山东省海阳县人，中共党员，大学学历，高级讲师，1974年8月参加工作，2004年9月任现职。

司法局局长：李鸣，女，1962年6月出生，江苏省睢宁市人，中共党员，研究生学历，中教一级，1980年9月参加工作，2005年4月任现职。

农机局局长：任宏斌，1962年2月出生，黑龙江省肇州县人，中共党员，大学学历，高级工程师，1979年9月参加工作，2001年2月任现职。

劳动局局长：张雅梅，女，1965年9月出生，黑龙江省明水县人，中共党员，研究生学历，高级经济师，1983年6月参加工作，2005年4月任现职。

机关党委书记：曹伟，1962年12月出生，黑龙江省海伦市人，中共党员，研究生学历，中教一级，1979年11月参加工作，2001年2月任现职。

畜牧水产局局长：李长志，1965年7月出生，山东省章丘县人，中共党员，研究生学历，高级畜牧师，1986年8月参加工作，2005年4月任现职。

种子管理处处长：宫玲，女，1964年12月出生，黑龙江省望奎县人，中共党员，研究生学历，高级农艺师，1986年7月参加工作，2006年6月任现职。

技术监督局局长：曹金亮，1950年10月出生，河北省郊河县人，中共党员，中专学历，经济师，1969年8月参加工作，2001年12月任现职。

民政局局长：王莲茹，女，1956年11月出生，黑龙江省北安市人，中共党员，大专学历，政工师，1974年8月参加工作，2001年2月任现职。

史志、政研、体改办主任：王建民，1954年8月出生，黑龙江省哈尔滨市人，中共党员，大专学历，经济师，1969年10月参加工作，2001年9月任现职。

关工委副主任：李志秀，1948年12月出生，黑龙江省双城市人，中共党员，大专学历，高级政工师，1964年7月参加工作，2007年7月任现职。

关工委副主任：贾进麒，1949年6月出生，黑龙江省牡丹江市人，中共党员，大专学历，高级政工师，1968年11月参加工作，2007年6月任现职。

公安局局长：徐修忠，1957年5月出生，山东省莱州市人，中共党员，大学学历，助理工程师，1974年12月参加工作，2002年9月任现职。

公安局政委：李继良，1951年12月出生，山东省单县人，中共党员，大学学历，高级经济师，1968年10月参加工作，2001年2月任现职。

检察院检察长：乔宏辰，1953年4月出生，吉林省大安县人，中共党员，大学学历，高级讲师，1973年3月参加工作，2001年5月任现职。

法院院长：朱长文，1951年2月出生，吉林省榆树县人，中共党员，大专学历，高级政工师，1970年12月参加工作，2001年3月任现职。

分局协管部门

武装部政委：白富勇，1962年11月出生，辽宁省昌图市，中共党员，大学学历，上校军衔，1981年11月参加工作，2006年3月任现职。

国土资源局局长：李昱岩，1966年10月出生，黑龙江省富锦县人，中共党员，博士研究生学历，公务员，1997年7月参加工作，2006年7月任现职。

环境保护局局长：谭福新，1951年10月出生，山东省龙口县人，中共党员，大学学历，高级农艺师，1968年9月参加工作，1999年1月任现职。

工商物价局局长：刘朝辉，1958年6月出生，河北省廊坊市人，中共党员，大学学历，公务员，1978年8月参加工作，2006年10月任现职。

社会保险局局长：李淑梅，女，1959年11月出生，黑龙江省友谊农场人，中共党员，大学学历，小教三级，1975年9月参加工作，2001年2月任现职。

北安分局机构示意图

(2007年)

- 北安分局
  - 党群机构
    - 纪检委(与监察局合署办公)
    - 组织部
    - 宣传部(挂统战部、文化局牌子)
    - 离退休干部工作处
    - 团委
    - 工会(与体委合署办公)
    - 政法委(挂综合办、处理法轮功办公室牌子)
  - 行政机构
    - 办公室(机关党委、人大法治、党委办、政研体改、信访、民政合署办公)
    - 计财处(挂统计局、农业开发办牌子)
    - 人事劳动社会保障局(挂编委牌子)
    - 审计处
    - 林业局
    - 水务局
    - 农业局(挂农机局、畜牧水产局牌子)
    - 经贸局(挂安全办牌子)
    - 科技局(挂科委牌子)
    - 商务局(与粮食局合署办公)
    - 建设局
    - 交通局
    - 卫生局(与计生委合署办公)
    - 教育局
    - 司法局
    - 农垦公安局
    - 农垦检察院
    - 农垦法院
    - 技术监督局
  - 监督职能部门
    - 武装部
    - 国土资源局
    - 工商物价局
    - 环境保护局
    - 社会保障局

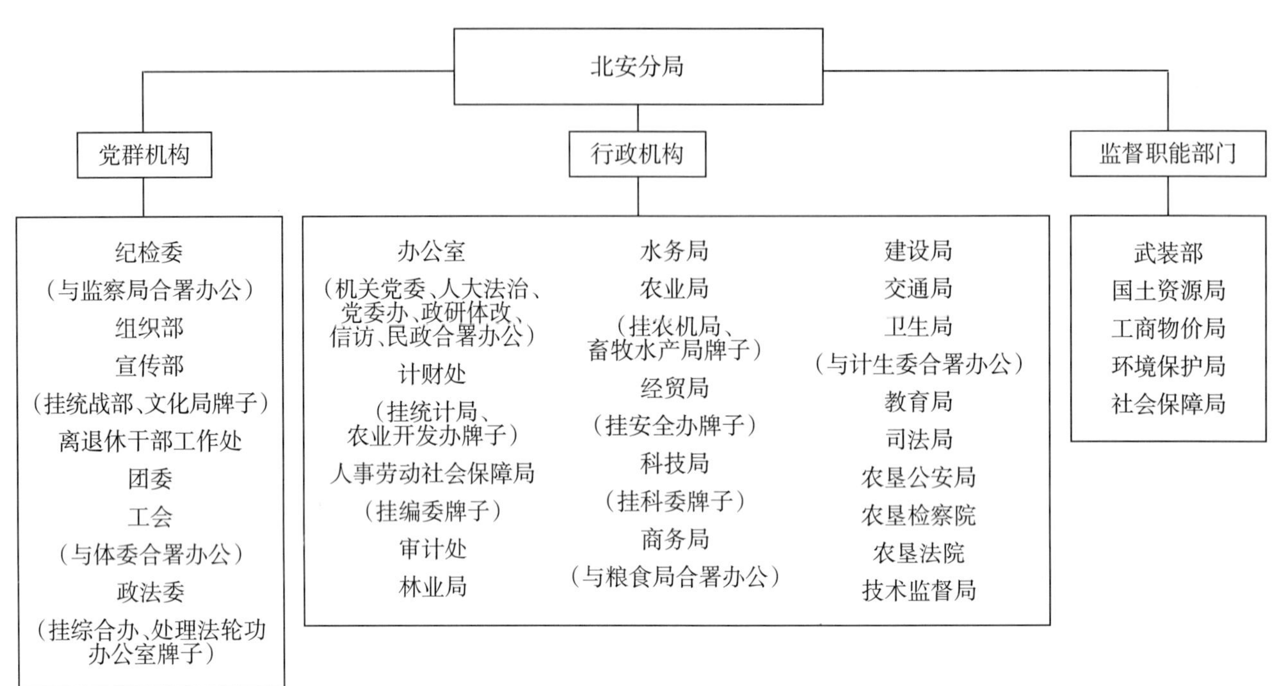

北安分局下属企事业单位示意图

(2007年)

- 北安分局
  - 农场
    - 锦河农场
    - 红色边疆农场
    - 逊克农场
    - 龙门农场
    - 襄河农场
    - 龙镇农场
    - 二龙山农场
    - 引龙河农场
    - 尾山农场
    - 格球山农场
    - 长水河农场
    - 赵光农场
    - 红星农场
    - 建设农场
    - 五大连池原种场
  - 事业
    - 职业介绍中心
    - 教师进修学校
    - 广播电视局
    - 卫生监督(疾病控制中心合署)
    - 水利工程管理分站
    - 水政监察支队北安大队
    - 种子管理处
    - 会计管理中心
    - 节约能源办公室
    - 财务结算中心
    - 预算外资金管理局
    - 墙体材料改革办公室
    - 工程造价管理站
    - 工程质量监督站
    - 招生办公室
    - 就业局
    - 公证处
    - 植保植检站
    - 畜牧兽医站
    - 公路站
    - 道路运输管理科
    - 交通管理费稽查科
    - 14个农场交通科
    - 机关离退休干部服务中心
    - 史志办公室
    - 党校
    - 机械化学校
    - 气象站
    - 人才中心
    - 10个农场中小学校
    - 科研所小学校
    - 第一、二、三高级中学校
  - 企业
    - 北安农垦设计院
    - 建筑总公司
    - 通信北安分公司
    - 天龙酒店
    - 医药药材采购批发总站
    - 生产资料总公司
    - 物资总公司
    - 商业公司
    - 阳光农业保险公司
    - 驻哈尔滨办事处
    - 驻秦皇岛办事处

【概况】 北安分局位于黑龙江省西北部黑河地区,地理坐标:东经125°54′57″~129° 3′,北纬47° 48′~50° 21′。东邻嘉荫县,西到嫩江县,南起通肯河,北到黑龙江。东西宽234公里,南北长281公里。15个农场分布在黑河地区7个市(县)境内,部分农场跨越齐齐哈尔市管辖的克东、讷河县(市)界。总面积9 170平方公里。分局机关设在北安市,交通方便,哈黑(哈尔滨市至黑河市)铁路贯穿分局7个农场,公路四通八达。分局地势中部高,南北两侧倾斜变低。北部由低山丘陵、漫岗向黑龙江冲积平原过渡,南部由丘陵、漫岗向波状平原过渡。分局属寒温带大陆性季风气候,冬季漫长寒冷,夏季短促温凉。年平均气温北安以南0~0.5℃,北安以北-0.2~-0.1℃。无霜期为98~120天,年平均降雨量为550~600毫米。有效积温平均在2 100~2 200℃。分局土地总面积91.7万公顷,其中耕地面积30.1万公顷,林地13.1公顷,草原8.6万公顷,水面1.5万公顷,可垦荒地2.8万公顷。土壤有棕壤、黑土、白浆土、草甸土、沼泽土、火山灰土。土壤有机质含量在2%~9%。分局下属15个农场,104个管理区,总户数为66 991户。其中农场户数为64 580户,非农场户数为2 411户。分局总人口为202 015人,其中男性108 918人,女性93 097人。少数民族人口为5 161人,主要是满族、蒙古族、回族、达斡尔族、朝鲜族、锡伯族、土家族、壮族、苗族等。2007年分局生产粮食82.4万吨,平均公顷产3 420公斤,平均公顷效益4 230元。全面落实国家惠农政策,发放各项补贴1.26亿元。场县合作共建步伐加快,为全省7个市县代耕代收面积21.1万公顷。畜牧业稳步发展,实现增加值4.14亿元。奶牛存栏5.67万头,生产鲜奶17万吨,建设高标准畜牧养殖小区4个,改扩建畜牧小区10个,奶牛小区饲养比例达42%。2007年分局投资1.22亿元更新各类农机具551台(件),建成现代化农机装备区57个,现代化大型农机具达到2.1万余台(套),农用机械总动力23万千瓦,综合机械化率达95%以上。分局工业项目建设实现突破性进展。累计完成项目投资2.2亿元。新建扩建薯业、麻业、菜业、粘玉米加工等12个项目相继竣工投产,拉动基地种植面积2万公顷。实现工业生产总值7.86亿元。分局实现国内生产总值28.32亿元,人均生产总值达1.4万元,经济稳步增长。完成固定资产投资总额7.48亿元。在岗职工工资总额3.71亿元,在岗职工平均工资8 317.03元,从业人员平均劳动报酬7 772.39元,农场职工家庭平均收入7 352元,比2006年增长14.5%。社会和民生事业取得新成就。2007年完成投资3.13亿元,建设住宅11万平方米,拆除泥草房5.6万平方米,修建通村公路113.5公里,居民饮水改造受益14 200人,新建改建校舍26 486平方米,改建医院1个、基层卫生所17个,改建扩建老年公寓9个。离退休人员活动场所达标率达78%。实现就业再就业人员19 460人。计划生育率99.85%,人口出生率3.98‰,自然增长率-1.3‰。发放低保资金850万元,使8 156名贫困人口得到基本保障。教育"两基"(基本普及九年义务教育、基本扫除青壮年文盲)工作代表黑龙江省通过国家验收。有7个农场通过"普九"(普及九年义务教育)省级初检,普及率达98%。高考升学率达85%。筹集帮扶资金1 869.3万元,使4 648户贫困户实现当年脱贫;筹集助学资金130.4万元,使1 486名贫困学生继续完成学业。各类有效救助机制的建立,有效地保障了低收入和弱势群体的基本生活。 (王建民 程士信)

【大灾之年获丰收】 2007年分局境内旱春的涝灾使农业生产起步困难,进入夏季,连续少雨使大部分农场受到严重的干旱影响。分局广大干部职工不畏艰难,勇于抗灾,战胜各种困难,农业生产取得可喜的成绩。实现粮豆总产82.4万吨,比上年增产15.20%;粮豆公顷产达到3 420公斤,比上年增产13.4%。公顷效益平均达4 230元,比上年增长116.4%,家庭农场纯收入达122 529万元,比上年增加了69 278万元。小麦公顷产达4 599公斤,比历史最高产量增长2.3%;玉米公顷产达7 005公斤,比历史最高产量增长19%;水稻公顷产达8 250公斤,比历史最高产量增长17%;大麦公顷产达4 500公斤,比历史最高产量增长10%;甜菜公顷产达41.4吨,比历史最高产量增长62%;水稻总产达1万吨,比历史总产量增长30%;杂豆总产达8.9吨,比历史总产最高产量增长33%;马铃薯总产达18.4万吨,比历史上总产最高产量增长102.2%。 (王建民 程士信)

【农业机械新技术推广】 分局实施农机新技术14项(其中重点推广7项、科技攻关7项)。本着改装、引进、攻关相结合的原则,重点改装和引进各类农机具1 019台件,应用土地面积18.68万公顷,节约成本,增加效益达3 202.9万元。一是改装10厘米麦类播种机106台,麦类全面积实现缩垄增行播种;改装大豆大垄气力播种机具83台套,改装斜开沟器为园盘开沟器的播种机309台,改装后的播种机不破坏垄形,不拖堆,达到播深一致、保墒的效果,有效提高抵御春旱的能力。二是引进国外或其他地区成熟技术和设备。引龙河农场引进美国皮凯德公司芸豆起拔和脱粒机械,提高了功效,解决了芸豆生产过分依赖劳动力的现状,降低了破碎率,提高了产品质量;尾山农场引进的高速定位精量播种机,播种效率高,质量好,播种大豆较普通气吸播种机增产7.9%;建设、赵光、格球山等农场引进尔司惠甜菜收获机,作业效率高、收净率高、破损率低、清理干净、接地比压小、软湿地起收能力强,日收甜菜15公顷,相当于300人一天的作业量,每公顷降低成本1 500元;逊克、红色边疆等农场引进自走玉米收获机7台,可实现一次完成摘穗、剥皮、集穗,同时进行秸秆处理(粉碎还田)等项作业。三是试验攻关项目取得较好效果。尾山农场大垄起垄整形及深施肥机械改装的应用,垄型高平直,达到蓄水保墒和抗涝作用,第二年不会出现塌垄现象,保证了播深一致,通过对比试验,增产达11%。 (王建民 程士信)

【畜牧生产实现新突破】 2007年末,分局有畜牧养殖小区205个,其中奶牛小区80个,肉牛小区77个,养猪小区13个,养羊小区35个。畜牧养殖新技术得到全面推广。重点推广了性控冻精应用技术,TMP全混日粮饲喂技术,生猪人工授精等技术。分局从XY种畜有限公司(天津)、大庆田丰公司购进分离冻精800枚,在二龙山、引龙河、长水河、尾山、赵光等农场进行试验,参配奶牛450头,妊娠295头,增加经济效益30万元。在二龙山、引龙河农场进行TMP全混日粮饲喂技术示范应用,每个农场购进一台TMP饲料搅拌机,参加试验奶牛1 100头,每头奶牛平均增加产奶量0.5吨,增加经济效益55万元。在建设农场应用生猪人工授精技术,购进恒温水浴箱、鼓风干燥箱、全自动蒸馏水器、电子加热板和磁力旋转电动仪等设备仪器,聘请北京富多来畜牧养殖技术服务公司老师田文涛作技术顾问,在技术顾问的指导下进行采精、稀释精液、人工授精。为65头母猪进行了人工授精,受胎率达92%。此项技术可提高优质种公猪的利用率,减少种公猪的饲养头数,一个配种期可增加经济效益2万元。　(王建民　程士信)

【工业项目建设】 二龙山农场3万吨马铃薯精制淀粉加工项目,设计规模为年产精制淀粉3万吨,年加工马铃薯20万吨。该项目是北安分局建局60年以来最大的工业项目。达产后年销售收入1.6亿元,实现利润1 800万元,拉动种植面积9 333.33公顷,增加就业人数120人,季节就业人数500人。项目于2007年7月3日开工。红星农场5 000吨有机酸菜和300吨有机脱水蔬菜加工项目,该项目年产有机酸菜5 000吨、脱水蔬菜300吨。达产后年实现销售收入3 000万元,实现利润650万元,拉动种植面积1 000公顷,增加就业人员(含季节工)450人。2007年加工酸菜1 300吨(白菜量),加工脱水蔬菜40吨。格球山农场1.5万吨冷冻蔬菜加工项目续建工程,该项目2006年一期工程已建成投产。2007年投资500万元,完成了续建任务。当年生产各种冻鲜菜3 078吨,实现销售收入2 700万元。尾山农场1.2万吨马铃薯淀粉加工项目。该项目与安徽省天长公司合资建设,日处理能力400吨马铃薯。达产后年产马铃薯淀粉1.2万吨,年销售收入达6 000万元,实现利润500万元。增加就业人员60人。2007年10月正式试车生产,加工原料3 000吨,产出成品284吨。襄河农场淀粉加工项目,项目固定资产投资1 000万元,全部由黑龙江省依安县金龙淀粉总厂投资,以收购粗淀粉为主,经沉淀旋流洗涤后生产精淀粉。达产后年产量1.5万吨,粗淀粉年销售收入6 000万元,实现利润500万元,拉动种植面积8 000公顷,增加就业人数80人。2007年生产粗淀粉1 200吨。龙镇农场1 000万穗保鲜粘玉米加工项目,该加工项目分两期工程完成。一期工程于2007年9月4日试车投产,生产保鲜粘玉米10万穗。该项目全部竣工可年产保鲜粘玉米1 000万穗,可实现销售收入2 000万元,利润400万元。　(王建民　程士信)

【标准化种子园区建设】 分局新建和完善了14个标准化农作物种子示范园区。其中达到省级园区2个,达到总局级园区4个;参加省农作物品种试验点2个,农垦总局试验点5个。标准化种子园区参试农作物新品种、新品系229个,其中:大豆79个,小麦46个,水稻4个,大麦4个,玉米32个,亚麻19个,经济作物45个。由分局种子管理处统一引进、统一制定联网试验方案,在分局各农场种子示范园区进行了大豆、小麦的联网试验工作。共引进3个科研单位大豆新品种(品系)64个,5个科研单位小麦新品种(品系)17个进行了联网试验。大豆按不同积温带布区,小麦选择了4个有代表性的农场进行了试验,为农场农作物品种的使用提供了科学的依据。　(王建民　程士信)

【开放型经济发展跃上新台阶】 分局共落实招商引资项目87个,到位资金19 620.6万元。其中:国内招商引资项目83个,到位资金16 461.6万元,完成总局下达指标15 000万元的109.4%;直接利用外资项目4个,到位资金421.2万美元,完成总局下达指标309.6万美元的136.1%。外贸出口量增加。全分局实现外贸出口额1 350.78万美元,完成总局下达指标1 260万美元的107.2%。分局共出口蕨菜干、速冻蔬菜、保鲜西兰花和菠菜、有机大豆、优质芸豆等产品21 923吨。冷冻蔬菜加工项目的开发建设,改变了分局多年来依赖原字号产品出口的单一格局。格球山农场北绿有限食品公司开发生产的速冻南瓜、西兰花、马铃薯、青刀豆等产品出口到韩国、俄罗斯、台湾、香港等国家和地区,产品供不应求。锦河天运山产品公司立足农场及黑河地区,将野生蕨菜、木耳、山野药材等采集收购延伸到伊春、内蒙古、大兴安岭等地区,扩大货源渠道和产品出口,还引进客商试种了西葫芦和日本白萝卜。2007年分局在俄罗斯农业承包土地3 375公顷,完成总局下达指标的101.3%。其中:逊克农场与俄方合作种植大豆和蔬菜533公顷;引龙河农场与俄方合作种植大豆500公顷;红色边疆农场对俄农业代耕合作面积达2 333公顷。龙门农场职工郭庆义通过挂靠同江市一家蔬菜贸易公司,与俄罗斯新西伯利亚鄂木斯克州种植大棚蔬菜80栋大棚,面积10公顷,主要种植黄瓜、西红柿、大头菜等品种,做到了大棚种菜一年两季,还建有一个大型储菜窖,获得经济效益120万元。各农场通过多种渠道向俄罗斯、韩国、莫桑比克等国家输出劳动人员130人,主要从事大豆和蔬菜种植、木材加工、餐饮、经商等工作,人均年收入在4 000~5 000美元。内贸流通管理有所加强。局场两级商务部门有28人参加了省商务厅举办的业务培训班,获得了省政府颁发的商务行政执法证;对分局辖区内的酒类经营户进行了全面的调查摸底和备案登记;协调分局交通部门利用汽车保养检测设施,设立了报废汽车回收公司和二手车交易市场,理顺了报废汽车回收和二手车交易管理业务;理顺了分局辖区内农业生产资料流通、成品油市场管理业务;落实了“千乡万村”市场工程,在15个农场设立了日用消费品“农家站”,开展了调研活动。

(王建民　程士信)

【防汛抗旱成效显著】 分局防汛抗旱办公室在汛期到来之前,全面完整地编制了《水库防汛抢险应急预案》、《水库汛期调度计划》、《北安分局洪水灾害应急预案》、《山洪灾害应急预案》等多项预案，装订成册，以分局文件形式统一下发到各相关单位及各农场。分局水务局在总局拨款7万元的基础上，自筹资金22.31万元，购置了1.25万条编织袋、2万平方米编织布、0.54万平方米土工布、5台20千瓦发电机组、统一电池2块、6平方电缆线1 000米、7栋帐篷、2艘冲锋舟、4艘手划艇、2艘橡皮舟、50件救生衣、2对对讲机、3吨8号铁线、20个抢险安全带、20根抢险安全绳、10个救生圈等防汛抢险物资及设备设施，充实完备了分局防汛物资储备库，做好了防汛的准备。2007年7月份，分局遭受了历史上罕见的旱灾。受灾严重的农场有锦河、红色边疆、逊克、龙门、襄河等农场。分局受旱面积近20万公顷，成灾面积11.7万公顷。全分局上下齐动员，累计投入抗旱人数9.2万人次，投入钻井机78台新打抗旱机井165眼、维修机井53眼，新购抗旱设备255台套、维修抗旱设备128台套。使大灾之年损失降低到最低。

（王建民　程士信）

【科技示范工程辐射能力增强】　二龙山农场在202国道沿线原三区一组东4号区建成占地面积86公顷的农业科技园区。园区配备喷灌机械2台，建有2 880立方米蓄水池一处，打专用深水井一眼，喷灌机专用机井6眼，实现了田成方、林成网、渠相连、路相通的格局。园区实现了现代化农业展示、科技创新研发、成果转化示范、技术推广带动、农业人才培训和休闲旅游观光六大功能。长水河农场在原有园区建设的基础上巩固和完善园区建设成果。园区区划为“四区、三园、两廊、一池”，即试验区、实践区、观光区、休闲区，百菜园、百蔬园、百麦园，特种瓜类长廊、葡萄长廊和蓄水池。园区共承担各级科研项目51项，引进农作物新品种（品系）286个。园区的试验、示范、展示、培训、观光作用进一步增强，达到了“教给职工学、做给职工看、引导职工干”的目的。红星农场投资160万元在第一管理区第三居民组1－西区建成占地面积53公顷有机蔬菜园区。园区区划为4个大区11个小区，引进试验示范种植蔬菜新品种红甜菜、胡萝卜、绿甘蓝、紫甘蓝、西兰花、白菜花、洋葱、小毛葱、西芹等9个。园区发挥了筛选出适宜本地种植的经济效益高、市场前景好的特色蔬菜品种，推进有机蔬菜产业发展和促进企业增效、职工增收的作用。格球山农场在特色蔬菜园区内新建硬化路面2.4公里，新增大型喷灌设备4台（套），建引水工程2.9公里，可灌溉面积366公顷。园区区划为育苗区、观赏区、种植区、种子繁殖区、实验区，引进试验示范种植蔬菜新品种38个。承担了“青刀豆根腐病防治技术研究”等多项特色蔬菜引进试种与栽培项目。还与山东北海和日冷公司实施了“南瓜栽培与加工”技术合作项目。

（王建民　程士信）

【惠农政策全面落实】　分局广开筹资渠道，多方筹措资金，充分利用国家和上级有关政策尽最大可能争取资金上的支持。2007年分局争取总局、黑龙江省和国家无偿专项资金21 692万元，比上年多争取6 857万元。分局各级财务部门严格执行和落实国家的各项惠农政策，全年共发给职工的各项补贴12 645万元，其中：国家财政拨款12 557万元，企业自筹资金88万元。发放粮食综合直补贴11 144万元，其中：财政拨款11 056万元，企业自筹88万元；良种补贴714万元；发放能繁母猪补贴24万元；发放燃料、油料补贴181万元；下岗职工劳动保险补贴582万元。分局享受基本田面积人数58 892人，按总局规定的旱田每人1公顷标准，落实基本田面积5.89万公顷。基本田给职工减负5 759万元，平均每公顷减负977.85元。落实税费改革资金11 770万元，减轻了农业职工负担。

（王建民　程士信）

【土地执法百日行动】　北安国土资源分局根据省国土资源厅驻农垦总局国土资源局下发的垦土资发[2007]23号《关于印发垦区土地执法百日行动方案的通知》精神，于2007年9月28日布置了北安分局开展土地执法百日行动工作。全面清理了自2005年1月1日以来的141宗地，每宗用地都逐一排查，认真进行了清理工作。经过全面认真清理，北安分局境内没有一件“以租代征”违法违规用地行为，没有一家违反土地利用总体规划扩大工业用地规模行为，没有一宗“未批先用”违法违规用地行动。

（王建民　程士信）

【加大医疗卫生投入】　分局争取到总局项目资金170万元，投入到赵光、建设、红色边疆、锦河、尾山5个农场卫生院改造项目设备配套资金70万元，投入到锦河、龙镇、长水河、襄河、龙门、逊克、引龙河7个农场购置急诊急救设备80万元，投入到分局疾病控治中心购置检验设备20万元。各农场自筹资金155.42万元投入到各自医疗机构用于更新医疗设备和房屋维修。2007年分局投入医疗卫生行业资金达231.24万元。

（王建民　程士信）

【庆祝垦区开发建设60年活动】　分局在垦区开发建设60年之际，组织开展了系列文化庆祝活动。组织了一次庆祝垦区开发建设60年主题广场文化比赛活动。组织了一次分局各基层单位参加的庆祝垦区开发建设60年文艺演出活动。组织了一次赴总局参加庆祝北大荒开发建设60年文艺会演的文艺节目。节目为《拓荒壮歌》、《黑土颂歌》、《盛世欢歌》三部分组成的《大荒放歌》。

（王建民　程士信）

【小城镇环境建设粗具规模】　分局共完成住宅建设面积11万平方米，完成总局当年下达指标的110.2%。新型住宅小区规划已全部完成并部分付诸实施。赵光、二龙山、格球山3个农场建设新型住宅小区的规划设施工作于7月份完成。3个新型住宅小区规划占地面积43万平方米，总建筑面积14.77万平方米，居住户数1 588户，绿地率47%。赵光农场新型住宅小区（繁荣小区）一期工程建成17栋住宅楼，22 444平方米。各农场拆除泥草房工作平稳推进。分局共完成拆除泥草房56 811平方米。完成本年度总局下达指标的113.6%。分局在小城镇环境建设上。坚持以净化、绿化为重点，开展了环境建设活动。做到管理到位、责任到人、全民参与、全员行动，小城镇绿化工作成绩突出，分局完成31.06公顷。植树319 186

棵。农场小城镇道路硬化(水泥马路)进程加快,2007年各农场场部在原有硬化路面45.6公里的基础上,新建硬化路面35.2公里,场部主要街道全部达硬化路面(五大连池原种场除外)。分局小城镇道路达到硬化路面的有120条,长度达到81公里。襄河农场投资400万元建成集舞台、喷泉、硬化路面广场、廊亭、灯光、健身场地于一身的1.5万平方米的文化休闲广场。

(王建民　程士信)

【人才工作】 2007年分局引进各类人才114名,与2006年同期相比增长12.8%。其中:引进研究生学历2名,实现了历史上零的突破;引进大学本科生75名,与2006年同期相比增长74.4%。分局完善人才引进优惠政策,对“三支一扶”(支农、支教、支医、扶贫)毕业生,用人单位给予每月460元的生活补贴,部分农场给予每月300元的生活补贴,2007年共引进16名“三支一扶”毕业生;对重点项目引进的特殊人才农场提供一套60~80平方米的楼房,工作满8年产权归己。分局抓好“五个强化”提升人才素质。一是强化专业技术人员继续教育,分局7 548名专业技术人员,接受继续教育人数达3 170人;二是强化高管人才培训,组织参加职业高级经理培训班六期51人,占高管人才总数的60%;三是强化后备人才储备,对回生源地的专科以上毕业生全部对口安置,实行两年保聘期;四是强化适用人才的培养,组织了“农机师傅”、“学技术、育英才、奔小康”脱产学习培训班两期,学期两年,参加人数达220人;五是强化人才跟踪管理,选树典型,有效激励。推荐2001年毕业生曹文达参加了全省“扎根基层建功立业优秀毕业生”巡回报告团。分局积极开展“场(校)县共建”活动,为人才流通搭建平台,将北大荒二龙山马铃薯有限公司招聘信息发布到北安市人才信息网,招聘了两名地方员工来垦区工作。

(王建民　程士信)

北安分局基本情况及国民经济主要指标完成情况统计表

（2007年）

项目	计量单位	分局	锦河农场	红色边疆农场	逊克农场	龙门农场	襄河农场	龙镇农场	二龙山农场	引龙河农场	尾山农场	格球山农场	长水河农场	赵光农场	红星农场	建设农场	五大连池原种场	局直
一、管理区数	个	102	7	5	8	5	6	6	8	7	4	4	6	11	7	6	12	—
二、总户数	户	66 991	3 235	3 510	7 457	2 403	2 341	4 946	5 376	4 125	3 041	3 283	4 398	8 734	4 586	4 855	2 767	2 711
其中农场户数	户	205 160	9 160	10 428	23 140	7 112	8 014	14 335	17 282	12 609	10 132	8 253	14 063	25 330	13 744	14 434	7 212	9 912
三、总人口	人	108 879	4 694	5 411	11 505	3 766	4 305	7 671	9 537	7 220	5 956	4 289	7 232	13 127	6 930	7 346	3 822	6 068
其中农场人口	人	64 580	3 222	3 510	7 926	2 403	2 341	4 946	5 370	4 125	2 939	3 283	4 798	8 726	4 586	4 575	2 767	441
男性人口	人	108 918	4 694	5 411	11 505	3 766	4 305	7 671	9 537	7 220	5 956	4 289	7 232	13 127	6 930	7 346	3 822	6 068
女性人口	人	93 097	4 466	5 017	9 182	3 346	3 709	6 664	7 745	5 389	4 176	3 964	6 831	12 203	6 814	7 088	3 390	3 844
少数民族人口	人	5 161	386	1 283	769	163	98	86	511	104	271	162	479	795	424	310	152	44
四、国内生产总值	万元	283 277.7	7 515.1	10 513	24 741.4	10 746.5	15 021.1	19 381.5	29 021.2	20 397.5	17 772	17 933.2	19 933.8	30 086.6	24 232.4	21 047.4	5 855.4	8 191.4
五、人均生产总值	元	14 023	8 204	10 113	10 692	15 110	18 744	13 520	16 793	16 177	17 540	22 944	14 770	11 878	20 377	14 846	8 119	9 797
六、工农业总产值	万元	150 447	11 444.5	4 473	34 749.2	7 038.3	10 831	28 148.5	37 432	4 573	28 500	8 744.3	37 221.6	22 327	31 145.7	32 924.6	9 602	—
七、粮食总产量	吨	824 271	12 259	27 281	98 731	34 822	46 294	53 115	80 988	64 935	39 506	35 709	62 000	100 765	73 197	70 005	22 709	2 418
八、固定资产投资总额	万元	748 343.24	3 133.44	2 773	4 969	3 246.4	4 736	2 247	13 991	4 328	3 010	5 164.3	3 317	7 548	8 204	5 895.5	1 493.2	—
九、职工工资总额	万元	37 091.8	1 305.6	1 820	3 179.2	1 531.9	1 610.4	1 650.6	3 469.9	1 978.2	1 820	1 644	2 175	2 911.6	2 500.6	4 031	1 493.2	3 980.8
十、职工平均工资	元	8 317.03	6 926.26	8 302.92	8 724.48	7 315.66	7 016.99	6 365.6	8 244	7 812.8	9 624	8 638.99	8 417.18	8 023.15	5 197.67	11 001.64	5 331	20 330.95
十一、农场职工家庭人均收入	元	7 352	6 078	6 767	7 114	7 398	7 023	6 625	7 209	7 024	7 500	8 624	6 825	8 106	7 703	9 571	5 056	—

锦河农场

场长、党委书记:王义,1960年12月出生,黑龙江省望奎县人,中共党员,大学学历,高级工程师,1978年3月参加工作,2006年6月任现职。

党委副书记:张胜启(2004. ~)

工会主席:张胜启(1992. ~)

纪委书记:张胜启(2002. ~)

副场长:张培元(1996. ~)

袁云福(1996. ~)

谷亚斌(1994.10 ~)

党委委员、武装部部长:谷亚斌(2004. ~)

党委委员、组织部部长:崔宏志(2006.2 ~)

【概况】 锦河农场位于边境开放城市黑河市西南15公里处。农场总占地面积15.93万公顷,其中耕地1.04万公顷,林地11.38万公顷(其中人工林2.27万公顷),草原0.25万公顷。2007年农场总户数3 235户,总人口9 160人,其中男性4 694人,女性4 466人,少数民族386人。实现国内生产总值7 515.1万元,人均生产总值8 204元,工农业总产值11 444.5万元,粮食总产12 259吨,完成全口径利润547万元,其中企业利润-93万元,家庭农场利润640万元。农场人均收入6 078元。农场积极推进种植业结构调整,逐渐实现由麦、豆向经济作物的转变,农场麦、豆、麻和经济作物比例为27∶46∶17∶10。农场投入资金103万元打灌溉机井10眼、购置灌溉设备8台套,为农业的丰产丰收奠定了坚实基础。2007年,农场肉牛存栏2 629头,同比增长28.6%;羊存栏11 786只,同比增长2.8%;鹿存栏204只,同比增长34.4%;生猪存栏3 017头,同比增长26.5%;禽存栏26 156只,同比增长571.7%;奶牛存栏83头,同比减少25.4%;特种养殖业快速发展,狐貉存栏964只,獭兔存栏7 916只。畜牧业实现产值3 147万元,同比增长17%。农场重点扶持采集业,非公有经济有了长足发展。农场从政策、信息、资金等方面积极扶持天运山产品公司,鼓励其将山产品收购加工业做大做强。2007年,该公司蕨菜收购量为2 646吨,产值3 496万元,销售收入1 200万元,创外汇218万美元。采集者收益1 852万元。加工业创产值162万元,利润71万元。修理业创产值24万元,利润14万元。运输业创产值198万元,利润81万元。人机劳务业创产值382万元,利润127万元。2007年农场非国有经济实现总产值7 899万元,占农场总产值的72.1%。非公有经济的迅速发展增加了职工的收入,促进了社会和谐稳定。2007年农场育苗0.5公顷、10万株,绿化造林300公顷;按照林权转让政策,出售人工林829.4公顷,活化资金1 230万元。农场增加支出近10万元,配备了专业护林员15人;投资7万元建设集防盗伐、防火灾功能于一体的综合检查站3处,全年没有发生森林火灾,林木资源保护成效显著。农场通过走出去、请进来,积极运作和政策吸引,以盘活闲置资产为突破口,盘活了投资970万元、闲置了7年的食用菌厂,直接和间接拉动闲置人员就业160人,生产食用菌250万袋,产出各种食用菌437.5万公斤,创产值2 800万元。农场小城镇建设实现了跨越式发展,场区面貌焕然一新。农场基本建设投资4 031万元(其中争取上级资金支持3 240.7万元)。其中投资1 366万元,完成场区11公里主干道的硬化、亮化和绿化工程;投资65万元修建了客运站,即将开通锦河至黑河专线班车;投资59万元,搬迁、改建了文化健身活动中心,实现了功能设备的提档升级。

农场教育、卫生等社会事业稳步发展。教育教学条件明显改善。农场投资64万元维修了学生宿舍,安装了太阳能热水器;建设了学生食堂,更新了炊具和餐具;购置了教学电脑等教育教学设备。教育教学质量明显提高,初中升高中升学率达100%。投资23万元,引进了18台套医疗设备,更新了住院病床、改造了病房暖气,使住院和医疗环境得到很大改善。投资310万元,实现了场部区集中供热。供热能力由原来5台锅炉仅供2万平方米,增加到2台锅炉供热近9万平方米。计划生育基本国策得到贯彻落实,人口自然增长率实现负增长,计划生育政策符合率为100%。农场高度重视广播电视事业,通过积极争取为电视局配备更新了价值31万元的编采录设备。交通、通讯事业稳步发展。在建设场部区11公里硬化路面的同时,投资776万元完成了场部通往管理区75.8公里通达路建设。农场民主法制建设不断加强,普法教育深入人心,综合治理工作成效显著。政法部门功能作用发挥突出,群防群治组织健全,投资28万元安装了红外线监控装置,提高了场部区技术防范水平,盗窃案件明显下降。信访工作稳压器作用突出。2007年共受理因历史遗留问题引发的群众来信5件、接待群众来访30件(批)次116人次,与2006年相比来访批次增加22%、人数增加56%、集体访批次增加100%。农场积极为群众解决实际问题和困难,信访案件终结率和群众满意率达到96%以上。

(王 晶)

锦河农场基本情况及国民经济主要指标完成情况统计表

(2007年)

指标名称	计量单位	2007年数值
管理区	个	7
总户数	户	3 235
总人口	人	9 160
其中:男	人	4 694
女	人	4 466
少数民族人口	人	386
地区生产总值	万元	7 515.1
人均生产总值	元	8 204
工农业总产值	万元	11 444.5
粮食总产	吨	120 259
固定资产投资总数	万元	3 133.44
职工工资总额	万元	1 305.6
职工平均工资	元	6 929.26
职工家庭人均收入	元	6 078

红色边疆农场

场长:刘德海,1959年10月出生,黑龙江省安达县人,中共党员,大学学历,高级农艺师,1983年8月参加工作,2005年6月任现职。

党委书记:王文胜,1955年4月出生,辽宁省复县人,中共党员,大学学历,高级工程师职称,1973年参加工作,2001年10月任现职。

党委副书记兼纪委书记:佘智华(1997.12~)

副场长:李中原(1998.12~)

郝学仕(2001.12~)

万太文(2001.12~)

党委委员、武装部部长:王征雁(2006.7~)

场长助理:富万友(2007.9~)

【概况】 红色边疆农场位于黑龙江中上游黑河市南部和孙吴县沿江乡、坤河乡一带,地理坐标:东经127° 15′ ~127° 48′ 北纬49° 28′ ~49° 51′ 。南北长65公里,东西长40公里,北与黑河市西岗子镇相邻,东与孙吴县沿江乡"插花",南邻孙吴县,西接卧牛河,东北至黑龙江,隔江与俄罗斯相望。边防线长达25公里。场区位于小兴安岭余脉东侧,面积641.5平方公里,地势东低西高,坡度为1/100,东部为黑龙江沿江平原,西部为丘陵,西北部海拔高度374米,西部向南稍低,进入孙吴县境内额雨尔河谷,继续向南过漫岗直到孙吴盆地,整个西部地区南北地形呈波状起伏,平原到山地海拔高度为117~374米,相对高差257米,依据地形特点,场区分属3个地貌区。农场地处中高纬度,属于寒温带大陆性季风气候,夏季短而炎热,冬季长而寒冷,春季风大少雨,温度变幅较大,秋季降温急剧,早霜猝不可防,年平均气温在0.2度左右,年大于10℃以上的积温2 300℃,基本能满足大豆、玉米生长要求,无霜期在90~140天,历年平均120天左右,初霜期在9月19日前后,终霜期在5月20~30日,场内无霜期情况沿江平原120~135天,半山区在110~120天,山区二分场在90~110天。年平均降水在400~550毫米,历年平均日照2 567小时左右。2007年是农场在上年严重旱灾的条件下,职工在严重歉收的情况下起步的,全场上下齐心合力,继续走农、牧、林相结合的经济发展之路,克服作物生育中期的特大旱灾,通过努力把损失降到了最低点,取得了可喜的经济效益,农场实现生产总值10 513万元,同比增长35.3%,其中第一产业5 844万元,第二产业856万元,第三产业3 813万元,一、二、三产业比为55.6∶8.1∶36.3,同比分别较上年增长79.5%,0.1%和4.2%,实现人均收入6 767元。

(孙宝江)

【农业现代化稳步推进】 2007年农场总播种面积1.33万公顷,实现粮豆总产量2.7万吨,大麦和小麦单产创历史新高,小麦公顷产达5 400公斤,大麦公顷产5 145公斤,强化了农业生产环节中"统"的功能,实现了主要农作物种子、部分农药肥料和微肥的统供,投资227.1万元的高效经济作物园区起到了较好的示范带动作用,在园区内栽植洋葱等经济作物和蓝靛果等浆果林业苗木82.53公顷。农场加大农机具更新力度,在完善两个项目点基础上,继续扶持个人投资,购进7台1 076收获机。农场坚定不移地贯彻执行"一固定、两自理、三不、四到户"的农业改革政策成较显著,全场共有家庭农场1 080个,两费自理率达100%,33.33公顷以上家庭农场31户,一次性签订合同固定10年不变面积达1.04万公顷,占全场耕地面积的77%。 (孙宝江)

【畜牧业稳步增长】 农场年末肉牛存栏3 066头,出栏3 105头;羊存栏6 076只,出栏3 389只;生猪存栏7 009只,出栏9 508头;狐、貉、獭兔等毛皮动物存栏3 518只。建设畜牧小区2座,即投入48万元的獭兔繁殖小区和投入35万元的种猪养殖小区。农场投入16万元加大了防检疫和诊治的工作力度,全场偶蹄类动物口蹄疫疫苗免疫率首次达到100%。 (孙宝江)

【开放型经济快速发展】 农场实现完成招商引资额909万元,完成了分局下达指标的101%,冷冻厂二期工程完成投入使用,年冷冻量和仓储量达300吨。通过招商引资200余万元盘活了停产两年之久的砖厂,全年生产红砖600余万块。农场通过种植业调整引进了大麦、红、绿栗南瓜、白瓜子、水飞蓟等高效经济作物。在出境出场务工上取得新进展,有7台机车、45名工人赴俄罗斯作业,获得了较好的经济效益,通过场县共建和农场大型机械支援内蒙古作业,增加收入近100万元。 (孙宝江)

【非公有经济突飞猛进】 农场非公有制经济健康发展,特色作物种植、特色养殖及其他个体私营经济的发展步伐加快,实现自营经济产值7 642万元,同比增长3.5%;纯收入2 264万元,同比增长5.5%;从业户均收入14 701元,同比增长10.6%;人均纯收入7 350元,同比增长5.5 %;个体私营企业增加到166个,注册资金945万元。

(孙宝江)

红色边疆农场基本情况及国民经济主要指标完成情况统计表

(2007年)

指标名称	计量单位	2007年数值
管理区	个	5
总户数	户	4 080
总人口	人	10 428
其中:男	人	5 411
女	人	5 017
少数民族人口	人	1 283
地区生产总值	万元	10 513
人均生产总值	元	10 113
工农业总产值	万元	4 473
粮食总产	吨	27 281
固定资产投资总数	万元	2 773
职工工资总额	万元	1 820
职工平均工资	元	8 303
职工家庭人均收入	元	6 767

【城镇化建设取得新进展】 农场以小城镇建设为主的新农村建设工作实现新突破,年度拆除泥草房5 780平方米,实现了人口向场部地区集中的目标。农场投资696万元完成了9.1公里场通原八队的白色硬化路面建设工程。

投资 181 万元完成了场部自来水供水管线改造一期工程建设。农场投资 88 万元安装了通江路路灯,第一期工程已经结束。 (孙宝江)

逊克农场

场长:李晓光,1962 年 2 月出生,河南省驻马店市人,中共党员,大学学历,助理农艺师,1979 年 12 月参加工作,2001 年 10 月任现职。

党委书记:盛善平,1965 年 8 月出生,山东省济阳县人,中共党员,大学学历,高级农艺师,1984 年 7 月参加工作,2006 年 8 月任现职。

工会主席:牛宝超(2001.12～)

党委副书记:韩林喜(2000.1～)

副场长:孙木兰(女)(1997.12～)

金　城(1998.12～)

张青龙(2001.1～)

高永明(2001.12～)

刘守林(2007.9～)

党委委员、武装部部长:李元亭(2001.6～)

党委委员、组织部部长:王卫东(2007.8～)

【概况】 逊克农场位于黑龙江省逊克县境内。地理坐标:东经 127° 34′ ～129° 03′ ,北纬 48° 58′ ～49° 35′ 。地处小兴安岭北坡,海拔高度为 200～400 米,处于高中纬度。全场有 8 个管理区。农场东西全长 125 公里,南北全长 45 公里,场边界线全长 200 多公里,全场方圆 1 793 平方公里。农场总户数 7 926 户,总人口 20 687 人,其中职工 3 425 人。农场土地面积 17.93 万公顷。其中耕地 3.33 万公顷,荒原 1.2 万公顷,林地 1.6 万公顷,人工造林 1.33 万公顷,草原 1.33 万公顷,水面 0.13 万公顷,房屋道路占地 0.11 万公顷,其他 1.13 万公顷。人均占有耕地 1.61 公顷,适宜种植小麦、大豆、玉米、芸豆、亚麻及其他作物。2007 年,农场各项工作取得新进展。实现国内生产总值 24 741.4 万元,同比增长 32.68%。其中第一产业实现增加值 18 052.1 万元(畜牧业增加值 4 750.7 万元),同比增长 40.94%;第二产业实现增加值 1 779.9 万元(工业增加值 1 656.9 万元),同比增长 17.17%;第三产业实现增加值 4 909.4 万元,同比增长 13.64%。人均纯收入 7 114 元,同比增长 6.78%。实际完成预算收入 8 450 万元,支出 8 346 万元。实现全口径利润 4 253 万元,其中企业利润 104 万元,家庭农场利润 4 149 万元。上缴分局货币集中管理中心 2 908 万元,分局回拨付货币资金 1 678 万元。回收以前年度欠款 314 万元。农场继续调整作物比例,积极组织抗灾自救。2007 年,播种面积 2.91 万公顷,种植经杂等订单作物 0.07 万公顷。大豆、小麦、芸豆、玉米、亚麻及其他作物比例为 42.4 ∶ 20.7 ∶ 19.7 ∶ 6.9 ∶ 5.7 ∶ 4.6。统一供种 3 860 吨,应用新技术面积 0.61 万公顷,落实试验课题 16 项,化验土壤样品 2 000 个。推广农机新技术 8 项。因干旱受灾面积 3.91 万公顷,经济损失约 4 500 万元。农场投入抗旱资金 414.52 万元。小麦、大豆、亚麻、玉米、马铃薯等几大作物公顷产分别为 3 112.5 公斤、1 725 公斤、3 765 公斤、5 475 公斤、22 500 公斤,平均公顷效益 2 796.6 元。畜牧业平稳发展,市场拉动和政策保障调动了养殖户积极性。全场购进绒山羊 3 000 余只、肉羊 2 000 余只。畜牧从业户 3 256 户,从业人员 9 500 人。非公有制经济和"林下"经济逐渐成为农场经济组成部分。农场推广"一区一品"模式,大力发展"六大产业经济"(肉牛养殖业、羊养殖业、经济作物种植业、林下经济、农副产品加工业和特色养殖业)。非公有制经济从业户数 2 488 户,从业人员 5 498 人,完成产值 13 916 万元,实现利润 5 845 万元,分别超额完成计划指标的 12.5%和 11.3%,职工采集蕨菜增收超过 1 600 万元。工业经济初见成效,招商引资取得新突破。农场以建设群小龙头,推进产业化进程为目标,实现工业产值 3 750 万元,增加值 1 656.9 万元,利润 580 万元。"阿姆斯"生物肥厂、东峰泉矿泉水厂等工业企业获得较好效益。农场全年外引资金 3 600 万元。引进优质亚麻种子,种植亚麻 0.07 万公顷、大麻 0.03 万公顷,加工"亚麻原茎"2 800 余吨。种植马铃薯 100 公顷,建成投产 3 个小型马铃薯淀粉加工厂。引资 35 万元,建设 1 座机制炭棒小型加工厂。外贸出口 1 170 万元,其中出口蕨菜 30 余吨,山羊绒 13 吨,白芸豆、芽豆等高效经济作物 1 800 吨。新农村建设稳步推进,小城镇建设日新月异。农场投资 1 259 万元建设场部至十六居民组通乡公路 17.9 公里。全部拆除第六管理区山下居民点房屋 3 634 平方米,搬迁住户 45 户 138 人,复垦面积 28 公顷。投资 396 万元,建 7 号综合住宅楼 5 200 平方米。投资 480 万元建设综合市场楼 5 120 平方米。硬化建设场部地区 12 条主要支干线道路 2.6 公里。投资 40 万元,改造供热设施。投资 600 万元,建设公安分局办公楼和第四管理区标准化农机中心一期工程。总体规划石景山生态旅游区,以漂流生态观光旅游为主的场内外游人超过 1 万人次。加大绿化力度,全场植树 1.8 万株。社会各项事业和谐发展,党的建设进一步加强。实施"北大荒先锋工程",创建"五型"领导班子,加强党组织和党员队伍建设。成功召开第九次党代会。坚持干部选拔任用考核原则,调整干部 24 人。加大人才引进力度,招收 8 名本科毕业生。实施"扶低支富"工程,帮扶贫困户 137 户,其中 104 户脱贫。加大党风廉政建设工作力度,深入开展反腐败斗争。签订《党风廉政建设责任状》85 份,集中学习 179 次,召开专题民主生活会 39 次,75 名领导干部做出重大事项报告。"警示"谈话、廉政谈话和"戒勉"谈话 25 人。党委中心理论组集中学习 8 次。继续开展"树新风、革陋习、创建文明健康新生活"和文明单位创建活动。安全生产形势良好,信访秩序逐步规范。努力开展"军场共建"工作。举办大型广场文化活动 5 次。报纸杂志发稿 280 篇,播发电视新闻、专题片等 623 条(部)。推进社会保障工作。"五险"基金实际收缴企业部分 680.9 万元,完成全年计划的 100%。为 1 389 名离退休人员发放离退休费 1 487 万元,发放率 100%。积极稳妥发放 2006 年基本田补贴和 2007 年粮食"直补"、综合"直补",减轻职工负担 1 812 万元。 (何忠志)

逊克农场基本情况及国民经济主要指标完成情况统计表（2007 年）

指标名称	计量单位	2007 年数 值
管理区	个	8
总户数	户	7 926
总人口	人	20 687
其中:男	人	11 505
女	人	9 182
少数民族人口	人	769
地区生产总值	万元	24 741.4
人均生产总值	元	10 692
工农业总产值	万元	34 749.2
粮食总产	吨	98 731
固定资产投资总数	万元	4 969
职工工资总额	万元	3 179.2
职工平均工资	元	8 724.48
职工家庭人均收入	元	7 114

龙门农场

场长：林长华，1966 年 3 月出生，黑龙江省龙山农场，中共党员，大学学历，1988 年 7 月参加工作，2001 年 10 月任现职。

党委书记：兰德和，1956 年 3 月出生，吉林省镇赉县，中共党员，大学学历，1974 年 12 月参加工作，2002 年 1 月任现职。

党委副书记、纪委书记、工会主席：付超杰（2002.1～）

副场长：于占祥（1998.1～）
孙喜华（1999.3～）

党委委员、武装部部长：于宝才（2002.1～2007.6）

【概况】 龙门农场位于黑龙江省黑河地区中部的五大连池境内，小兴安岭南麓，地理坐标为东经 126° 40′ 07″ ～ 127° 2′ 03″，北纬 48° 50′ 45″ ～ 49° 02′ 16″ 之间。场部距北安市、五大连池市、孙吴县各 90 公里，距边陲重镇黑河市 170 公里，农场辐射周边 6 个乡镇。哈黑铁路、黑大公路（202 国道）贯穿农场东西 30 公里，农场是北安分局 14 个农场中距黑大公路（202 国道）最近的农场（直线距离 150 米）；龙门河火车站是铁道部注册的客货接收站，是前后两站中的中心站，便利的交通是通往我省北五县一市的必经之路，构成了农场东西南北纵横交错的交通网络。

农场现辖区总面积 4 万公顷，其中耕地面积 1.32 万公顷。2007 年创产值 9 988 万元，总效益 5 980 万元。

（杨海良）

【农业生产】 农场不断加大种植结构调整力度，使种植比例趋于合理粮、豆、麦、经饲比例达 27.8：30.3：38.4：3.5，取得了种植业单产、总产、效益三超历史的好成绩，其中小麦公顷产 5 062.5 公斤、大豆 2 100 公斤、大麦 4 575 公斤、亚麻 4 500 公斤、芸豆 2 700 公斤、马铃薯 30 000 公斤，平均公顷益 4 530 元。农场全面推进规模家庭农场建设，承包土地 50 公顷以上的家庭农场 94 个（其中一户被农业部命名为全国种粮大户），联户家庭农场 16 个，实现家庭农场资产总额突破 11 410 万元，家庭农场利润 2 008 万元。农场顺利通过了农业部的全国无公害农产品示范基地的检查验收。农场有水泥晒场 13 万平方米，标准化农机具停放场 10 个，机车库 98 个，田间路近 400 公里，桥涵 702 座，日处理食粮 300 吨的粮食处理中心一座。2007 年农场投入资金 70 万元新建水泥晒场 0.9 万平方米，新修田间路 15 公里，维修桥涵 3 座。龙门气象站按地理位置划分被国家命名为一级站。也是国家松辽委下设的一个雨量点，通过水文卫星接收龙门地区雨量全面监测尼尔基水电站的雨量和流量。（杨海良）

【农业机械】 2007 年农场购进各种农机具 36 台件。拥有大小农机具近 1 000 台套，有 100 马力以上轮式拖拉机 26 台，200 马力以上联合收割机 15 台。农场投资 600 万元建设的现代化农机展示中心竣工，拥有各类农机库房 90 间，可停放动力机械 80 余台、农机具 100 台套。（杨海良）

【森林资源】 农场森林总面积 0.61 万公顷，蓄积量为 32 万立方米，森林覆盖率 17.14%，其中阔叶林 0.13 万公顷，以柞树、白桦、山杨、黑桦等树种为主，针叶林 0.47 万公顷，以落叶松、樟子松、云杉等树种为主，盛产榛蘑、榛子、猴头、黑木耳等野生林产品，以及狍子、野猪、飞龙、野鸡等动物。（杨海良）

【水利资源】 农场地表水极为丰富，境内有 3 条河流流经全场，南部为引龙河，流经农场 22 公里，流域面积 180 平方公里，年径流量 0.6 亿立方米；中部为龙门河，流经农场 24 公里，流域面积 150 平方公里，年径流量 0.45 亿立方米；北部为卧牛河，流经全场 16 公里，流域面积 130 平方公里，年径流量 0.4 亿立方米。境内有大小塘坝 20 个，蓄水量 12 万立方米，地下水资源主要以裂隙水为主，水质较好，适宜人们饮用。

（杨海良）

【畜牧业】 2007 年农场奶牛存栏 1 845 头，肉牛存栏 2 780 头，羊存栏 6 045 只，生猪存栏 5 560 头，家禽存栏 6.6 万只，年出栏肉牛 1 923，羊出栏 3 233 只，生猪出栏 7 447 头，禽类 8 万只，鲜奶产量 5 380 吨，羊毛、羊绒产量 12 吨，畜牧业创产值 1 800 多万元。农场草原面积 2 400 多公顷，主要以优质五花草、小叶樟、三棱草为主，适合发展畜牧业。（杨海良）

【小城镇建设】 农场本着高起点规划，高标准建设，使小城镇建设一年一个样，小城镇建设粗具规模，功能齐全，设施配套。2007 年农场投资 100 万元建高标准平房 800 平方米，建职工住宅楼 1 栋，建筑面积 2 817 平方米，农机中心建筑面积 6 013 平方米，总建筑面积 8 830 平方米，场部规划区内住宅砖瓦化率 100%。完成了 16.5 公里的白色路面任务。农场投资 180 万元，在场部地区建水处理厂一座，可使 3 000 多人受益。农场场部地区基本达到了绿化、美化、香化的生态型小城镇建设目标，完成绿化带建设 23 810 平方米，绿地建设 30 000 平方米，景点一处，健身休闲广场一处，家属区建设花池近 500 个，统一标准小木桥 450 个，绿化林建设近20 公顷，场区绿化覆盖率达 35%。种植花卉 5 万株，栽绿化树 6 300 棵，清理路沟13 000延长米。进入总局级环保模范小区行列。农场小城镇配套设施按规划完成，其中排水主管网两条4 000米，供热中心两处，总供热面积3万多平方米，电力充足，有线电视、程控电话入户率达90%以上，移动、联通、网络及传真等通讯业务全部开通。（杨海良）

【教育 卫生】 农场有中学、小学、幼儿园各一所，有学生1 100人，教职工在编人数103人，其中具有中级以上职称的53人，初级职称的43人。集中办学以来，教学质量不断提高；升学考试均名列全局教育系统前列。教育教学环境不断改善(教学楼两座，学生公寓一座，学生餐厅一座)，吸引了周边市、县、乡、镇近200多名学生来校就读。学校有微机116台，大屏幕、多媒体、电教室3个，图书达到小学生人均10册，中学生人均20册，理化实验室设备齐全，新建水泥篮球场2个，开通了宽带网，环境建设优美，已分别进入总局、分局级绿色学校行列。2007年农场投入170余万元，建了设550平方米的小学活动中心，校园绿化硬化面积5 000平方米，代表垦区顺利通过省级“双高普九”验收。农场卫生机构设置为卫生科和卫生院，卫生科是对全场卫生工作管理的职能科室，负责卫生行业行政执法、疾病防疫、人口与计划生育等工作职能。卫生院属自负盈亏企业，内部设有七科一部一室(内科、外科、妇产科、化验科、五官科、X光科、B超科、住院部、供应室)，有床位30张，医护人员30人，具有中级以上职称的19人，初级职称的23人。2007年农场投入50万元维修医院主楼及配套设施，全年收入住院病人近157人，门诊量6 365人次，手术例数18例，全场5个管理区卫生所均达到甲级，由于医护人员专业技术水平高，吸引了农场周围的乡、镇危重病人前来就诊。（杨海良）

【工业 服务业】 农场工业企业发展势头良好。修配厂改制后，积极参与市场竞争，年创经济效益50多万元。全场共有大小亚麻厂4座，年可创产值1 260万元，安排500个就业岗位。农场引资新建麻棉厂一座，年可创产值350万元。小城镇建设不断加快促进了服务业的快速发展。全场现有个体工商业户212户，从业人数615人，创产值1 120万元，其中运输业58户，餐饮业89户，修理业12户，其他行业53户。（杨海良）

【人才资源及劳动保障】 2007年农场有总人口8 125人，其中在册职工3 122人，非职工及学生5 003人。具有大专以上学历的582人，中专及高中文化程度的有1 560人，高级、中级职称的150人，初级职称的209人。工人技师230人，高级、中级工人1 400人。农场有退休人员373人，参加养老保险人数2 161人，退休人员的养老金实行全额发放，“五保合一”全部到位。（杨海良）

龙门农场基本情况及国民经济主要指标完成情况统计表

(2007年)

指标名称	计量单位	2007年数　值
管理区	个	5
总户数	户	2 403
总人口	人	7 112
其中：男	人	3 766
女	人	3 346
少数民族人口	人	163
地区生产总值	万元	10 746.5
人均生产总值	元	15 110
工农业总产值	万元	7 038.3
粮食总产	吨	4 822
固定资产投资总数	万元	3 246.4
职工工资总额	万元	1 531.9
职工平均工资	元	7 316
职工家庭人均收入	元	7 398

襄河农场

场长：方德贵，满族，1957年10月出生，黑龙江省兰西县人，中共党员，大学学历，高级兽医师，1973年3月参加工作，2001年10月任现职。

党委书记：黄大强，1957年6月出生，四川省渠县人，中共党员，大学学历，高级政工师，1975年11月参加工作，2003年1月任现职。

党委副书记、纪委书记、工会主席：张春华(2007.11～)

副场长：林　义(1997.9～)

王宏忠(2002.1～)

党委委员、武装部部长：郑　义(2002.1～)

【概况】 襄河农场地处小兴安岭南麓山前丘陵漫岗缓坡地带，土质肥沃，草质优良，水源丰富。由小兴安岭脉系的杨舟山、远景山、青草山、高巍山等组成的岗脊，自西北向东南斜穿农场中部偏东，形成黑龙江水系与嫩江水系在场内的分水岭：岗东汇水向东北流，汇集成辰清河，注入逊河，属黑龙江水系；岗西汇水向西流，汇集成引龙河、襄河、二道河、固东河注入讷谟尔河，属嫩江水系。农场地理坐标为东经126°39′～127°15′，北纬48°41′～48°56′。年均日照2 277.6小时，年平均有效积温2 100℃，无霜期105天，年均降雨563.4毫米，平均海拔330米。2007年农场实现国内生产总值15 021.1万元，同比增长29%。其中：第一产业增加值9 918万元，增长35%；第二产业增加值1 202.8万元，增长23%；第三产业增加值3 900.3万元，增长17%。全口径利润2 570万元，人均纯收入7 023元。（黄希斌）

【种植业】 2007年农场播种面积1.86万公顷，全部实行上打租金。种植业结构调整到麦豆经饲比为20∶39∶36∶5。农场在以襄南路和襄东路两条主干路建设科技示范带724.53公顷。科技园区扩大到266.67公顷，争取农业扶贫、高效科技园区资金180万元，全面种植各类农作物、特色高效经济作物、农业试验等项目，建成了集旅游观光、作物种植、科技试验于一体的省级科技园区。建晒场7 000平方米，库房600平方米，种植马铃薯466.67公顷。农场还开展了马铃薯的原原种培育等试验课题，培植种苗13 200株，建马铃薯原种繁育田100余公顷。农场购入9 520大马力拖拉机2台，通过机械改装推广了垄体分层定位定量施肥技术面积0.63万公顷。重点推广了大豆大垄密、芸豆套种玉米、玉米茬卡大豆、大豆施用根瘤菌、模式化栽培等6项新技术。农场实现小麦公顷产5 092.5公斤、大麦公顷产3 810公斤、大豆公顷产1 950公斤、芸豆公顷产2 100公斤、亚麻公顷产4 500公斤、青贮玉米公顷产54 750公斤、马铃薯公顷产30吨,实现粮豆总产47 947吨。（黄希斌）

【畜牧业】 全场奶牛存栏741头,与上年同期相比增长4.22%;肉牛存栏7 042头,比上年同期增长16.6%;生猪存栏4 216头,比上年同期增长22.95%;两羊存栏4 637只,比上年同期增长21.4%;禽存栏26 358只。按要求做好了畜牧业的防检疫工作。畜牧业从业人数达到2 000人。农场建畜牧小区一处,占地面积23 000平方米,集技术、服务、奶牛公寓为一体。其中奶牛公寓3 600平方米,畜牧技术服务中心500平方米,工程投资198万元。

（黄希斌）

【非公有制经济】 农场大力发展马铃薯产业。进行了马铃薯淀粉加工项目建设,总投资2 000万元,可年产精淀粉1.5万吨,在管理区建设了两个日加工量60吨的马铃薯粗加工厂,拉长了产业链条。大力发展商品流通等物流业,搞活市场经济。建立劳务输出市场,年可输出劳动力800人,其中向场外输出300人。搞活农用物资市场,年贮运销售货物40 000吨。建立粮食交易市场,年贮运交易粮食3万吨。在销售农场内部粮食的同时收购周边地区粮食。运输业逐渐壮大,职工自行组建了一支有42辆车的运输车队,年创产值170万元。（黄希斌）

【小城镇建设】 农场大力发展小城镇建设。建职工文化休闲广场一处,占地1.33万平方米。工程投资527万元。完成中小学校园硬化工程,总硬化面积1万平方米,工程投资170万元。白色路面工程建设,场部规划区内建设白色路面2.43公里,完成由场部至第四管理区通村公路14.8公里建设任务,投资1 667万元。引资建4号住宅楼一栋,建筑面积4 868.22平方米,工程造价367万元。复垦五区一组(原十一队)50户居民,162人,住宅总面积2 565.5平方米。投资33万元种植草坪2万多平方米,投资10万元种植矮棵乔木6 517棵,环保、环卫部门通过“环境建、制度管”等一系列长效机制,确保了小城镇实现绿化、亮化、美化和硬化目标。（黄希斌）

【社会事业和精神文明建设取得长足进步】 2007年农场小学在五场联考中总成绩名列第一,中考中有3人进入分局前50名。医疗卫生设施不断加强,人口自然增长率4‰,计划生育政策符合率为100%。社会治安综合治理得到加强,农场连续5年被分局评为先进单位,依法治场格局基本形成。民兵武装工作进一步加强,公安、法庭、司法等部门也发挥政法系统的优势作用,确保了一方平安,维护了经济发展。社会保障工作扎实有效开展,低保范围不断扩大,扶贫效果明显。广播电视、交通、通讯事业发展迅速,有线电视入户率100%,场内公路硬化率达43%。通讯线路已经通达到各管理区和居民组,固定电话入户率为61%。农场深入开展了“北大荒先锋”工程活动,通过活动发挥了党组织的战斗堡垒作用,通过“学帮带”活动增强了党员干部的凝聚力、战斗力,通过先锋工程的指引和带动,许多党员、群众走上了致富之路。深入开展党风廉政工作,纠正不正之风,营造健康向上的精神风貌。文体活动丰富多彩,活跃了职工群众的文化生活。

（黄希斌）

襄河农场基本情况及国民经济主要指标完成情况统计表（2007年）

指标名称	计量单位	2007年数值
管理区	个	6
总户数	户	2 341
常住人口	人	7 979
女性人口	人	3 709
少数民族人口	人	98
地区生产总值	万元	15 021.1
人均生产总值	元	18 743
工农业总产值	万元	10 831
粮食总产	吨	46 294
固定资产投资总数	万元	4 736
职工工资总额	万元	1 610.4
职工平均工资	元	7 017
职工家庭人均收入	元	7 023

龙镇农场

场长:文东风 1962年9月出生,山东省陵县人,研究生学历,中共党员,高级农艺师,1978年7月参加工作,2005年6月任现职。

党委书记:巩继辉,1956年8月出生,河北海兴县人,大学学历,中共党员,高级政工师,1976年3月参加工作,1998年12月任现职。

党委副书记:马玉友(2003.3～)

副场长:林　建(2000.1～)

李广辉(2005.12～)

刘　胜(2001.12～)

工会主席:姜世家(2003.1～)

党委委员、武装部部长:赵国瑛(2005.12～)

场长助理:周恒忠(2007.12～)

【概况】 龙镇农场位于五大连池境内,呈东高西底状。土地总面积为4.72万公顷,其中:耕地面积2.05万公顷,总人口14 335人,是一个以农业生产为主,工农牧副渔全面发展的中型农场。2007年农场夏季干旱,6～8月份高温少雨,平均气温比历年高2.0摄氏度,降水量188.9毫米,比历年少167.7毫米。秋季偏旱,9～10月份降水量为51.4毫米,比历年少45.2毫米。

农场在自然条件极为不利的情况下,各业仍然呈现出了良好发展的态势。2007年农场完成国内生产总值19 381万元,其中:第一产业产值10 863万元(种植业8 617万元、养殖业1 951万元、林业63万元);第二产业产值1 576万元(工业1 254万元、建筑业322万元),第三产业产值6 941.8万元,非公有制经济产值10 162万元。完成利税总额3 566万元,其中:家庭农场3 006万元,人均国内生产总值13 520元,粮豆总产53 115吨,其中完成商品粮48 562吨,农业机械率为99.7%、城镇化率52.3%,人均住房面积20平方米,高中教育普及率为64.5%。（孙继斌）

【绿色有机农业】 2007年，农场通过欧盟认证的无公害农产品产地2.05万公顷，其中:绿色有机原料基地0.67万公顷，有机食品认证面积0.17万公顷。认证作物有小麦、大豆、亚麻、粘玉米、马铃薯、蔬菜和芸豆。8月13日农场成立了黑龙江龙绿食品股份有限公司，注册了“龙玉美”商标使用权。当年，农场种植粘玉米0.1万公顷，使种植户户均增收2 000元，在当年试生产加工粘玉米10万穗，实现销售收入25万元，利润10万元，新增就业岗位236个。

（孙继斌）

【龙镇蔬菜走进俄罗斯】 农场积极与黑河市阿日亚公司合作，办理了对俄罗斯出口所需的一切手续，取得了出口权，成为北安分局首家取得黑河市边贸检测检验局全套有机蔬菜出口手续的农场，成功出口反季节蔬菜西红柿68吨、马铃薯50吨。（孙继斌）

龙镇农场基本情况及国民经济主要指标完成情况统计表（2007年）

指标名称	计量单位	2007年数值
管理区	个	6
总户数	户	4 946
总人口	人	14 335
其中:男	人	7 671
女	人	6 664
少数民族人口	人	86
地区生产总值	万元	19 381
人均生产总值	元	13 520
工农业总产值	万元	28 148.5
粮食总产	吨	53 115
固定资产投资总数	万元	2 247
职工工资总额	万元	1 650.6
职工平均工资	元	6 365.6
职工家庭人均收入	元	6 625

【水利工程建设】 农场3号水库位于第一管理区，控制面积达15.3平方公里，农场为发展蔬菜大棚生产，于2007年5月5日对3号水库进行了治理，完成土方6 796立方米，石方153立方米，混凝土182立方米，完成总工程量7 131立方米，新建提水泵站1处，蓄水池5处，铺设管线3.3公里。当年完成总投资203.02万元，其中：国家投资100万元，企业自筹103.02万元。2007年6月5日农场对第五管理区“小水”旱改水工程进行了治理。于当年9月15日竣工。先后挖排水沟1 800延长米，供水渠道5 700延长米，修农田路5 300延长米，修涵洞2座，建蓄水池17个，打机电井17眼，水泵、出水管17台套，建育秧棚30栋，架设高压线路3.4公里、低压线路4.3公里，安装变压器4台。完成总投资135.57万元，其中国家投资100万元，企业自筹35.57万元。

（孙继斌）

二龙山农场

场长、薯业董事长：祝殿凯，1959年9月出生，黑龙江省兰西县人，中共党员，研究生学历，高级农艺师职称，1977年7月参加工作，2005年7月任二龙山农场场长，2007年7月兼任黑龙江北大荒二龙山马铃薯产业有限公司董事长。

党委书记：迟佰娟，女，1955年9月出生，辽宁省法库县人，中共党员，大专学历，高级政工师，1972年4月参加工作，2001年10月任现职。

薯业公司总经理：梁喜林，1969年8月出生，黑龙江省木兰县人，中共党员，大学学历，畜牧师，1992年8月参加工作，2007年7月任现职。

党委副书记、纪委书记：历福良（2001.12～）

副场长：时厥祥（2003.1～）
殷培池（2002.4～）
梁喜林（2002.2～）
张本辉（2007.7～）

工会主席：王光平（2007.7～）

党委委员、武装部部长：郭志华（2001.6～）

党委委员、薯业公司副总经理：张文忠（2007.7～）

党委委员、宣传部部长：吴晓宁（2004.2～）

【概况】 二龙山农场地处小兴安岭余脉，在温察尔河、讷漠尔之间，地形呈“X”状。农场场部地理坐标：东经126°36′，北纬48°29′。农场场区东西42公里，南北55.5公里，总面积527平方公里。农场跨五大连池市、北安市，距五大连池市32公里，距北安市34公里。农场境内的“二龙山”是小兴安岭余脉的一个尽头，在山岭的尽头有两座突起的山峰，北面较陡峭形似两个龙头，“二龙山”由此得名。农场地理位置优越，处于哈尔滨市至边防重镇黑河市的交通要冲之处，铁路交通极为方便，哈尔滨、齐齐哈尔至黑河等旅客列车从南至北穿越农场30公里，在场区内设有“二龙山屯车站”和“二井车站”，二龙山屯车站距场部只有1公里，农场拥有专用铁路线1.25公里。公路运输四通八达，哈尔滨市至黑河市202国道从南至北各地开往黑河市客车经过农场，农场管理区每日有通过202国道往返北安市客车3趟，五大连池市至山口湖客车由西至东经过农场50公里，另处农场管理区每日有往返五大连池市客车2趟。农场有专用等级公路127公里。农场地处中高纬度，属寒温带大陆性季风型气候，季节气候变化明显，热能、光能、水三大要素能满足小麦、大豆等农作物生长全过程的需要，四季气候特征：春季多大风，降水少，气候多变；夏季温暖湿润，雨量充沛；秋季降温急剧，常有霜冻；冬季漫长，寒冷干燥。无霜期平均115天。农场土地总面积5.27万公顷，其中耕地2.54万公顷，林地0.52万公顷，牧地草原0.76万公顷。土壤种类主要分四类，即棕色森林土、黑土、河游土和沼泽土。农场地下水贫乏，储量只有6.85亿立方米，分布不均匀；地表水丰富，多年平均径流深93毫米，全年平均径流量0.49亿立方米。农场境内有讷漠尔河、温察尔河、长水河3条河流和30多条溪河，过境流量5.24亿立方米。农场造林实有面积0.52万公顷，全场森林覆盖率9.9%。农场下辖种植业管理区8个，管理区下属种植业生产居民组20个，有企事业及其他单位24个，总户数5 676户，农场常住人口17 282人，从业人员8 530人。2007年，农场经济社会全面发展，实现国内生产总值29 021万元，同比增长45.17%；实现利润总额7 317万元，较上年翻一番；人

均纯收入7 209元,同比增长22.11%;粮豆总产80 988吨,同比增长15.09%。（李凤林）

【种植业】 农场种植业生产结构调整迈出新步伐,大灾之年种植业纯效益突破1亿元。粮食产量和效益实现历史性突破,种植业平均公顷效益4 248.9元,总效益1.069亿元;调优种植结构,麦、豆、杂种植比例为27∶32∶41;农场加大对种植高效作物的扶持力度,全年作物补贴133万元。农场强化服务体系建设,推进农业产业化进程,实现农业综合服务一体化,投资96万元,建设了现代化农业发展中心。投资360万元,建设北安分局唯一的国家级现代农业示范区,也是黑龙江省农业科技推广基地,进一步密切了场市关系,推动农垦现代化农业前进步伐,辐射和带动周边地区农业发展。依托测土配方施肥项目,积极开展测土配方施肥工作,国家补贴资金100万元,农场匹配65万元,完成测土配方施肥化验室410平方米建设,配齐、配全各项试验设备,其本达到现代化农场级标准化试验室,保证农户用上放心肥,成为国家测土施肥试点补贴资金项目的试点单位。农场以龙头为基地,加快推进农业产业化发展进程,依托龙头,拉动马铃薯产业发展,2007年组建了二龙山薯业有限公司。农场通过优化种植结构,新技术推广,创造良好的经济效益,高产地号小麦公顷产6 180公斤,大麦公顷产5 775公斤、玉米公顷产9 000公斤、马铃薯公顷产51 000公斤,特色蔬菜西兰花种植,成品率达70%,公顷纯利润5 000元。（李凤林）

【农业综合开发】 一是投资710万元,开渠60.24公里、挖沟61.5公里、建涵23座;土壤改良0.1万公顷、建晒场1.2万平方米、建良种库0.1万平方米、修农田路13.3公里、购农用机械1台,项目造林33.33公顷,科技示范推广0.1公顷、技术培训200人次。（李凤林）

【水利】 农场投资50万元26台喷灌机缓解了部分旱情,确保了西兰花正常生长;竭诚为马铃薯基地饮水工程服务,解决管道过沟、过路等技术难题,确保工程万无一失;农村饮水安全工程在第八管理区原三十一队新打120米深水井1眼,维修井房和新铺设自来水管道1 830米;完成省总局重点项目干渠防渗工程1 500米,解决水库家属区常年受干渠渗水困扰。（李凤林）

【农业机械】 农场补贴100万元,用于农机更新、改装等,引进耕耘机、联合整地机、新型起垄整形模具等,充分发挥大马力机械作业效率,大胆实行耕作制改革,全面实行大马力整地、大豆100%实现大垄密栽培技术、保护性耕作技术,改善耕层土壤结构,为旱作农业持续增产奠定基础。利用各种资金,引进轮式拖拉机22台及配套农机具3台;完成新技术改装:迪尔1750寒地保护性免耕播种机1台,应用小麦原茬卡播玉米、大豆技术,大豆105厘米播种机3台,大豆大垄密气吹式播种机10台,大豆大垄高台覆膜机5台,小麦10厘米宽苗带机械4台,液压圆盘轨迹耙22台、大转松土器44台和芸豆收获改装等。农业保险工作取得长足发展。各类保费收入总额达476.60万元;农业保险赔付282.84万元,赔付率63.1%。（李凤林）

【畜牧业】 年末农场奶牛存栏8 206头,产鲜奶22 600吨,肉牛存栏2 110头,貉、狐等特色养殖27 000只,产商品鱼200吨。建有千头奶牛小区6个,拥有机械化榨奶站6个、标准化牛舍20栋、永久式青贮窖28座总容积6 540立方米,配套500平方米畜牧综合服务站;千头奶牛小区被中国奶协命名为“全国奶牛养殖示范小区”。畜牧业产品深加工等配套产业、饲料供应、畜禽加工、产品销售、服务体系建设的产业链条已形成规模,并在居民组奶牛小区实行小户合作饲养,创造了规模化饲养的新模式。（李凤林）

【造林绿化】 农场通过科学规划设计,精心组织实施,完成农业综合开发项目造林工程;营造杨树农防林下更新33.33公顷和家庭林场补植造林133.33公顷,栽植3～4年云杉12万株和2年生落叶松27万株;完成农场小城镇和社会主义新农村建设“三绿工程”13.33公顷,栽植各种大苗12 000株,完成绿化小区、场区绿篱1 000米,栽植花灌木1 600丛,榆树50 000株。（李凤林）

【工业】 农场共有股份制、个体私营工业企业27个:西兰花加工厂、茏益饲料厂、利泉禽业加工有限公司、隆强面粉有限公司、供电局、荣耘亚麻厂、砖厂2个、电焊及汽车修理铺19个,工业总产值10 128.1万元,生产总值2 085万元,利润601万元。（李凤林）

【科技工作】 农场完成种植业适用技术推广9项,完成配套农机具改装、农机新技术应用和先进农机引进项目3项,完成畜牧业先进适用技术推广应用5项,完成林业先进适用技术推广应用2项。完成北安分局重点攻关项目6项;完成省农垦总局重大科技推广项目6项。（李凤林）

【非公有制经济】 全年完成总产值18 075万元,实现利润9 350万元,人均收入13 313元,户均收入22 000元。（李凤林）

【公路建设】 总局投资61.5万元,建20.5米长跃进桥。国家投资79.5万元,农场配套74.3万元,完成原二十二至二十三队15.9公里通达路工程;养护农场自养公路69.5公里。（李凤林）

【通信工作】 农场固定电话机装机282部,宽带装机143部;投资5万元更宽带数据设备,网络带宽由100兆提升到1 000兆;投资3万元完成中学校园网建设,安装电话91部;投资2万元完成通信机房宽带数据交换机扩容64线;投资6.8万元开通6个居民组数字宽带通信工程,解决部分单位不能上网的难题;全年完成可视电话会议,影像通信接入43次。（李凤林）

【小城镇建设】 农场继续改善小城镇生态环境和人居环境,加强新农村建设,农场在拆迁、土地有偿使用、供热取暖、外网工程配套等方面进一步调整并出台一系列优惠政策,吸引开发商来场开发建设,做到“政策上优惠、措施上引导、产业上扶持”。招商引资开发建设9号综合住宅楼4 259平方米,二是拆除泥草房649平方米,按总人口2%目标向场部转移人口339人,解决了2号楼困扰住户多年漏雨和室外楼梯断裂问题。投资50万元对省级新农村试点单位第二管理区新建硬化6米宽、500米长水泥主干路一条和修建安装健身器材运动场一处。 (李凤林)

【社区管理】 社区管理将就业与再就业、弱势群体帮扶、文明小区创建、计划生育、社区稳定、社区文化建设、社区党建工作为重点,两个居委会党员与辖区贫困户结成162个帮扶对子,“爱心超市”为120户贫困户发放物品3 640件。 (李凤林)

【社会保险】 农场认真做好险费收缴及发放工作,养老金收缴1 614万元、拨付离退休费2 480万元,失业金收缴193万元,医疗保险参保率98%,上缴医疗保险费450万元。 (李凤林)

二龙山农场基本情况及国民经济主要指标完成情况统计表
(2007年)

指标名称	计量单位	2007年数 值
管理区	个	8
总户数	户	5 676
总人口	人	17 282
其中:男	人	9 537
女	人	7 745
少数民族人口	人	511
地区生产总值	万元	29 021.2
人均生产总值	元	16 775
工农业总产值	万元	37 432
粮食总产	吨	80 988
固定资产投资总数	万元	13 991
职工工资总额	万元	3 469.9
职工平均工资	元	8 244
职工家庭人均收入	元	7 209

引龙河农场

场长: 高和平,1957年1月出生,黑龙江省北安人,中共党员,研究生学历,高级政工师,1974年9月参加工作,2005年7月任现职。

党委书记: 杨文志,1959年11月出生,黑龙江省望奎县人,中共党员,大专学历,工程师,1981年10月参加工作,2005年7月任现职。

党委副书记、纪委书记: 黄克荣(2005.7~)

副场长: 姚海林(1994.12~)
冯玉斌(2001.6~)
吕显龙(2006.1~)

工会主席: 韩志和(2000.12~)

党委委员、武装部部长: 杨 勇(2005.9~)

【概况】 引龙河农场总面积42 151公顷,总人口1.2万人,其中职员工4 000人。农场地理位置优越,交通四通八达。场区通乡公路30公里,其中白色硬质路面10公里,黑色路面20公里。通乡公路南接202国道,北接鹤嫩公路。农场南距北安市70公里,距龙镇9公里,北距边贸城市黑河200公里,西距五大连池市30公里。2007年农场有农业生产单位7个。种植业是农场的主导产业。农场以种植大豆、小麦、亚麻、芸豆等粮食和经济作物为主,年产粮豆5万吨,曾获得“中国芸豆生产加工之乡”的美名。农场拥有迪尔9320T、凯斯STX375等大型农业机械,农机总动力17 000千瓦,田间综合机械化程度95%以上。2007年农场实现国内生产总值2.04亿元,比上年增长28%;其中:第一产业产值13 443万元,第二产业产值2 609万元,第三产业产值4 345万元,分别完成分局下达指标的155%、126%和105%,农场实现全口径利润3 591万元,企业实现利润120万元,家庭农场实现利润3 471万元,人均纯收入7 024元。 (柳 军)

【特色种养业】 大力发展特色经济,促进农场经济的跨越式发展。提出“建设十个区域,突出四个重点,构建一个战略”的发展思路。即:建设以南部第一、第二、第三管理区为重点的芸豆种植区;以北部第五、第六、第七管理区为重点的亚麻种植区;以第四、第五、第六管理区为重点的南瓜种植区;以场部高效经济科技示范区为重点,辐射第七管理区的中草药种植区;经北部第五、第六、第七管理区为重点的奶牛养殖区;以第一、第四管理区为重点的肉牛、生猪养殖区;以第二管理区为中心,辐射第一、第三管理区和居委会第五居民组为重点的狐貉貂养殖区;以第五管理区为中心,辐射第六、第七管理区的白鹅养殖区;以第六管理区为中心,辐射第一、第二、第七管理区的肉鸡养殖区的十个区域经济建设;重点突出芸豆、南瓜、马铃薯、提子、水貂发展规模;构建区域经济发展战略。农场突出特色种养业,使非公有制经济取得新成效。抓好“一个规划”,围绕特色种养业的规模化发展,特色作物栽培、特色养殖等十个重点区域已基本形成。农场还坚持“三个结合”。即发展非公有制特色经济与新农村建设的结合起来;与农业产业化建设的结合;与治贫致富的结合,特色种养业的面积、数量大幅增加。2007年,种植南瓜200公顷、中草药120公顷、青刀豆3.33公顷、豌豆16.67公顷。养殖肉鸡6万只,狐、貂、貉等,总量不断增加,达到4 000余只。农场完成非公有制经济产值13 460万元,完成计划指标的121%,户均收入2.5万元,人均收入1.2万元,三项指标均超历史。 (柳 军)

【小城镇建设粗具规模】 2007年农场在小城镇建设和环境建设上总投资1 100万元。建白色路面2.3公里,完善开拓、发展街两侧的附属设施进行了施工。铺设步道板9 000平方米,路边沟4 000延长米,安装路灯59盏,增花带2 200平方米。场部共计栽树6 180棵,在场部油库附近栽种社会主义新农村生态示范林5 700株,其中:樟子松600株,白桦1 000株,柳树2 100株,云杉和樟子松错落栽种2 000株,中小学校园栽种树木480株，在第四管理区农机院栽种云杉10 000株，栽种草坪2 000平方米，修建简易桥涵50个。农场以改善人居环境为切入点，在场区新建设水处理厂一处；建设7公里的通畅公路，完成了场区两条主要街道的硬化和附属设施建设；加大营区绿化工作力度，栽植绿化树4.6万株；引资400万元，建设了7号住宅楼。基础设施的改善和载体功能的完善，提升了农场小城镇建设的品位。（柳 军）

引龙河农场基本情况及国民经济主要指标完成情况统计表（2007年）

指标名称	计量单位	2007年数值
管理区	个	7
总户数	户	4 125
总人口	人	12 609
其中:男	人	7 220
女	人	5 389
少数民族人口	人	104
地区生产总值	万元	20 397.5
人均生产总值	元	16 117
工农业总产值	万元	4 573
粮食总产	吨	64 935
固定资产投资总数	万元	4 328
职工工资总额	万元	1 978.2
职工平均工资	元	7 812.8
职工家庭人均收入	元	7 024

【省级新农村示范点第四管理区】 省级新农村示范点农场第四管理区下辖两个居民组。拥有耕地0.35万公顷，人口1 061人，359户。人均纯收入7 800元。住宅区内整体布局合理，东西南北4条沙石路、2条水泥路计3 600延长米，纵横交错，柳树成荫。配有篮球场、排球场、健身场、公园，健身器材齐备。自来水入户率100%，有线电视入户率100%，固定电话入户率75%，移动电话普及率95%，通讯网络覆盖率95%，住房砖瓦化率94%。设有卫生所1处，解决基本医疗问题。管理区有500平方米办公室，内有活动室、图书室、阅览室可以开展丰富多彩文体活动，满足广大职工群众文化生活需求。农场投资310万元在第四管理区建设别墅住房3 449平方米，投资220万元建设白色路面1.2公里及基础设施，投资15万元建设阳光猪舍800平方米及沼气池2个。2007年完成新农村建设项目总投资645万元，其中给排水工程2 000延长米，投资完成42万元；生物能源供暖锅炉房350平方米、锅炉及管线投资完成134万元；土草房拆迁工程设计投资87万元。住户安装上了太阳能热水器，部分住户买了电脑，接上了宽带网，农场人过上了城市人的生活，使职工逐步享受新农村建设带来的成果。初步形成了管理有序，政治安定，社会稳定，欣欣向荣的良好局面。农场第四管理区获得总局级文明标兵单位、总局级先进党组织、省级安全文明村、总局级民主法治示范管理区等荣誉称号。（柳 军）

尾山农场

场长：薛洪起，1963年10月出生，尾山农场人，中共党员，研究生学历，1979年7月参加工作，2007年10月任现职。

党委书记：钟斌，1965年4月出生，赵光农场人，中共党员，大学学历，农机工程师，1987年7月参加工作，2007年10月任现职。

党委副书记：于万方（2004.12～）

副场长：房久精（2007.12～）

韩锋利（2007.9～）

工会主席、武装部部长：李德胜（2006.1～）

【概况】 尾山农场下辖4个管理区，一个种子经销站，总户数3 041户，总人口10 132人，男性5 956人，女性4 176人，职工3 867人。农场控制面积300平方公里，南北长25公里，东西长12公里。土地面积1.32万公顷，林地面积0.89万公顷，草原0.43万公顷，水面0.05万公顷，其他0.14万公顷。2007年，农场实现国内生产总值17 772万元，人均生产总值17 540元，全口径社会总产值3 717.5万元，农业总产值24 673万元，其中，种植业产值17 164万元，占总产值的69.5%；畜牧业7 015万元，占总产值的8.4%；工农业总产值2.85亿元。生产粮豆39 506吨，家庭农场实现利润3 850万元，企业利润465万元，资产负债率46%，固定资产投资总额3 010万元，职工平均工资9 624元，农场职工家庭人均收入7 500元。2007年，农场实现了建场以来的特大丰收，小麦公顷产实现5 505公斤，比历史平均公顷产高2 115公斤；大麦公顷产4 725公斤，大豆公顷产2 625公斤，亚麻秆茎公顷产4 800公斤，玉米公顷产8 250公斤，马铃薯公顷产30吨，种植业平均公顷效益4 770元。农场畜牧业生产稳步推进，奶牛存栏5 632头，鲜奶产量16 900吨，肉牛存栏1 800头、生猪存栏6 211头、家禽存栏8 500只、羊存栏8 600头，种植青贮玉米666.67公顷，储量5万吨，畜牧业产值增幅26%，占农业产值35%。工业化进程加快，实现工业增加值1 351万元，利润407万元，非公有制经济产值1.5亿元、利润7 525万元、人均收入1.5万元，户均收入2.4万元。（王启林）

【重点工程】 农场完成了场部通往第一管理区水泥路工程，工程于2007年5月开工，10月10日竣工，投资3 475 520.20元，公路里程4.382公里。农场场部通往第二管理区水泥路工程于2007年5月开工，10月竣工，投资6 334 692.12元，公路里程7.589公里。农场本着“实事求是、科学规划、方便群众、便于管理”的原则，在场部中心地带整合社会资源扩建了爱心超市，面积由20平方米扩展到170平方米，物品种类由10多种增加到80余种，在管理体系上已经形成了党委领导、民政主管、社区居委会承办、社会赞助、随时为贫困群众提供服务的管理机制。有低保户、低保边缘户、优抚对象等132个特困家庭从“爱心超市”领取各类物品898件，使这些贫困群众得到了及时救助。

（王启林）

【马铃薯淀粉精加工项目】 2007年农场工业重点工程—北安农垦五大连池薯业有限公司马铃薯淀粉精加工项目经过紧张的立项、设计、建设、安装、调试，从7月21日开工到10月18日竣工，正式投入生产。该薯业是农场与安徽省天长市亚天机械有限公司、农场内部职工共同出资建设的,项目总投资2 300万元,其中固定资产投资1 500万元,流动资金800万元。此项目新上国产马铃薯精淀粉生产线一条,污水处理设施一套以及相应的附属设施设备,占地约1.4公顷,年可加工鲜薯10万吨,生产马铃薯精淀粉1.2万吨,安排人员就业40人,年实现利润500万元以上,可带动农场及周边乡镇、农场、部队增加马铃薯种植面积4 300公顷。 (王启林)

尾山农场基本情况及国民经济主要指标完成情况统计表
(2007年)

指标名称	计量单位	2007年数 值
管理区	个	4
总户数	户	3 041
总人口	人	10 132
其中:男	人	5 956
女	人	4 176
少数民族人口	人	271
地区生产总值	万元	17 772
人均生产总值	元	17 540
工农业总产值	万元	28 500
粮食总产	吨	39 506
固定资产投资总数	万元	3 010
职工工资总额	万元	1 820
职工平均工资	元	9 624
职工家庭人均收入	元	7 500

格球山农场

场长:唐永德,1960年3月出生,吉林省通化人,中共党员,大学学历,畜牧师,1978年3月参加工作,2002年12月任现职。

党委书记:董文仁,1956年8月出生,山东省安丘人,中共党员,大学学历,高级经济师、高级政工师,1973年1月参加工作,2002年12月任现职。

党委副书记、纪委书记:李清润(2006.01~)

副场长:王乐友(2001.12~)
徐 龙(2005.12~)
隋清林(1998.12~)

工会主席、武装部部长:李玉祥(2006.1~)

党委委员、组织部部长:冯靖涛(女)(2007.8~)

党委委员、农业协会秘书长:王洋(2007.08~)

【概况】 格球山农场位于黑龙江省西北部,地处小兴安岭南麓,五大连池世界地质公园北部,因闻名遐迩的五大连池火山群中的格球山而得名。占地面积26 000公顷,其中耕地14 100公顷,草原2 000公顷,湿地1 300公顷,原始次生林及人工林8 700公顷。全场总人口8 253人,职工2 096人,下设4个农业管理区,10个场直企事业单位。隶属于黑龙江省农垦总局北安分局。

2007年,农场实现总产值1.79亿元,全口径利润5 462万元,其中种植业利润3 300万元,畜牧业利润500万元,农业机械利润662万元,其他产业实现利润1 000万元。企业利润486万元,人均收入8 624元。

2007年,农场投资500万元,建恒温库、冷库共计2100平方米,完成了6 000平方米的工厂厂区硬化。公司研发产品11个,加工销售产品2 600吨,先后接待日本等外商20余人次,通过参加全国糖酒会和北大荒产品上海展销会等,提高了产品的知名度,为企业开拓国内外市场奠定了基础。菜业公司通过与农户签订订单种植蔬菜,从而带动了农场及周边地区农户扩大蔬菜种植面积的积极性。按照GMP标准投资120万元对生产车间和设备进行了改造,使清洁作业区达到了10万级以上国际净化标准,生产高峰期突破了日处理鲜奶63吨的历史纪录。公司累计收购鲜奶6 000吨,加工奶粉1100吨、液态奶380吨,实现产值2 600万元。

农业生产以全力推进标准化建设进程为重点,实施大机械标准化作业、全程化跟踪管理,各项科技新技术应用到位,抗御了严重的干旱、病虫等自然灾害,获得了丰产丰收。创下了小麦公顷产5 325公斤的历史新高,公顷效益平均达3 450元;大豆公顷产2 175公斤,公顷效益3 150元;玉米公顷产6 525公斤,公顷效益3 000元;白瓜子公顷产1 125公斤,公顷效益5 340元;马铃薯公顷产22.5吨,公顷效益4 500元;其他蔬菜公顷效益平均达4 500元;全部作物公顷效益在3 150元左右,全场种植业利润达4 900万元(含政策补贴)。

农场投资553万元更新机械,田间综合机械化程度达90%以上,加快了农业生产标准化的步伐。农业协会积极发挥职能作用,为种植户提供产前、产中、产后一体化服务,促进了农业生产的快速发展。农场积极宣传、全面落实了国家惠农政策,调动了职工经营土地的积极性。全年向种植户发放补贴资金821万元,其中:国家政策补贴资金639万元,农场鼓励职工调整结构反哺资金182万元。

2007年,农场向畜牧业补贴资金345万元。农场将动物疫情控制作为一项重点工作来抓,严格规范了免疫程序,在开展春秋两季常规性检疫的基础上,对疫点、疫区每天进行一次高压消毒,每月定期进行监测,有效地控制了疫情,确保了各项防控措施落实到位,使奶牛业在低谷中得到稳步发展。

农场以特色种植和特色养殖为重点,结合北绿食品公司的原料基地建设,发展劳动密集型种植业,出台了多项扶持发展政策,取得了较好效果。全场种植蔬菜610.33公顷,实现产值982万元;其他特色养殖实现产值99.5万元。其中,獭兔存栏10 000只,其中100只以上养殖户29户;饲养狐貉308只,50只以上大户4户,其他非公有经济项目竞相发展。农场非公有制经济实现总产值1.2亿元,从业户均收入2.4万元,从业人均收入1.08万元。

农场投入建设资金3 500万元,新建、续建工程项目20余项。建设商宅楼3栋,完成了场部地区规划拆迁工作,8号、9号、10号楼排水15.8公里通区公路硬化,环路巷道硬化,北绿公司厂区、校园硬化,一马路人行道、二、三马路路灯改造,网球篮球场地、北绿公司冷库及外网、科技园区、基地输水管道、泵房及奶牛小区基础设施等建设任务,完善了小城镇整体功能,加快了城镇建设步伐。

"多帮一"、"一帮一"等帮扶活动的开展,使农场治贫帮扶工作取得显著成效,在85户帮扶对象中有57户实现脱贫目标,占所帮扶户的67%,有15户实现致富目标,占所帮扶户的17.6%。宣传思想、广播电视、精神文明建设工作紧紧围绕农场中心工作,树立新思想,更新观念,创新工作方法,唱响了“加快社会主义新农村建设”的主旋律,为全面实现农场各项奋斗目标提供了精神动力。

农场投资150万元进行教育教学硬件基础建设,改善了办学条件,“双高普九”工作顺利通过省政府验收,中考及格率在分局名列第二名,小学联考成绩在中片五场居第二名。夯实医疗卫生事业基础,严格执行执业准入制度,规范了医疗行为。供电局全年供电360万千瓦,安全运行无事故。农场以创建平安农场为目标,有力地维护了社会的政治稳定。社区居民委以改善社区居民生活环境、丰富社区居民生活为重点,广泛开展绿色楼道创建、广场文化等活动。老干部、关工委、安全、信访、武装、民政、共青团等各项工作都取得了长足的进步,为农场经济和社会发展做出了积极的贡献。各驻场单位以服务农场经济建设为中心,发挥各自职能作用,为农场各项事业发展营造了良好的环境。农场政令畅通,各项事业蓬勃发展。

格球山农场基本情况及国民经济主要指标完成情况统计表
(2007年)

指标名称	计量单位	2007年数值
管理区	个	4
总户数	户	3 283
总人口	人	8 253
其中:男	人	4 289
女	人	3 964
少数民族人口	人	162
地区生产总值	万元	17 933.2
人均生产总值	元	22 944
工农业总产值	万元	8 744.3
粮食总产	吨	35 709
固定资产投资总数	万元	5 164.3
职工工资总额	万元	1 644
职工平均工资	元	8 639
职工家庭人均收入	元	8 624

五大连池原种场

场长:杨乃武,1963年12月出生,黑龙江省肇州县丰乐镇人,中共党员,大学学历,高级农艺师,1981年8月参加工作,2001年8月任现职。

党委书记:尚建国,1956年9月6日出生,黑龙江省铁力市人,中共党员,大专学历,高级政工师,1973年7月参加工作,2001年1月任现职。

副场长:肖茂华(2000.1~)
王庆侠(2003.7~)
徐新成(2004.8~)

纪委书记:周作庆(2004.9~)

工会主席:王子龙(2004.9)

【概况】 五大连池原种场于2007年3月30日整体划归黑龙江省农垦总局北安分局。原种场位于世界地质公园五大连池风景名胜区、自然保护区境内。南毗邻双泉乡,北与尾山农场接壤,西与五大连池风景区隔池相望,东与引龙河毗邻。原种场总面积18 837.13公顷,其中:耕地8 380.24公顷,林地2 305.79公顷,牧草地1 710.94公顷,湖泊水面1 989.78公顷。地形为丘陵漫岗地,土质肥沃,土壤主要为黑钙土,年平均温度0.8℃,年活动积温2 073.2℃,无霜期105~115天之间,年平均降雨量535.5毫米,平均日照2 732.1小时。境内周围有14座火山环绕,有5个串珠状相连的火山堰塞湖—即五大连池,贯穿场区南北,景区各景点的旅游专线环绕场区,旅游线路长达50公里,蕴含着草原、森林、火山、湿地、湖泊、冷矿泉等丰富的旅游资源。

2007年原种场全场人均收入5 056元,是上年的2.2倍,国内生产总值5 855.4万元,比上年增长298.6%,第一产业增加值5 223.6万元,第二产业增加值55万元,第三产业增加值576.8万元,完成社会商品零售总额877.1万元,比上年增长31.45%。

原种场加大农业科技投入,突出种子产业提高标准化水平,以农业增效、职工增收为目标,实现粮食总产22 709吨,其中:大豆总产19 224吨,平均公顷产2 640公斤,同比增长44.8%;芸豆总产16吨,平均公顷产2 286公斤,同比增长8.3%;小麦总产3 469吨,平均公顷产3 427.5公斤,同比增长26%。

原种场加快推进小城镇建设步伐,开发建设了总面积7107平方米的2号职工集资住宅楼,修复了各分场水泥晒场,改建生猪屠宰厂一个,打深水井2眼,建立了农业气象站,投入近60万元建设了410平方米的老干部活动中心,购置了设施齐全的健身和运动器材,完善了场部休闲健身广场建设。“旧房改造,穿衣戴帽”工程全面启动,更换白铁皮、彩钢房盖6 000平方米,总投资15 739 463元,使全场职工的住宅条件和场容场貌得到了改善。

畜牧业发展势头强劲,原种场强化服务体系和实行奖励政策,调动职工生产积极性,最大限度地降低职工养殖成本,2007年职工规模化养肉鸡25 000只,笨鸡16 000只,鹅5 000只,年底农场牵头全部售出。年末大牲畜存栏833头,猪存栏194头,山羊存栏554只,绵羊713只,家禽存栏4 095只。

特色种植有新进展,种植五味子一户、种植面积1公顷,蔬菜大棚3户,个体工商户163户,创收251万元,外出务工人员达936人。 (田乃浩)

五大连池原种场基本情况及国民经济主要指标完成情况统计表
(2007年)

指标名称	计量单位	2007年数值
管理区	个	—
总户数	户	2 767
总人口	人	7 212
其中:男	人	3 822
女	人	3 390
少数民族人口	人	152
地区生产总值	万元	5 855.4
人均生产总值	元	8 119
工农业总产值	万元	9 602
粮食总产	吨	22 709
固定资产投资总数	万元	897.6
职工工资总额	万元	1 943.2
职工平均工资	元	5 331
职工家庭人均收入	元	5 056

长水河农场

场长：于永久，1956年2月出生，黑龙江省五常市人，中共党员，大学学历，高级工程师，1974年8月参加工作，2004年9月任现职。

党委书记、社区管理委员会主任：寇晓明，1963年9月出生，黑龙江省望奎县人，中共党员，研究生学历，高级政工师，1981年10月参加工作，2004年9月任现职。

党委副书记、纪委书记、政法委书记：刘建胜(2005.12～)

副场长：刘忠福(1996.12～)
王　福(2005.11～)
陈吉祥(2005.12～)

工会主席：陈　洁(女)(2003.1～)

党委委员、武装部部长：郭永君(2005.12～)

场长助理：赵祥利(2005.12～)

【概况】 长水河农场地处小兴安岭西南麓，北安市东北60公里处，东经126度，北纬48度。东临建设林场和龙山经营所，南与红星农场、胜利林场、四〇四林场接壤，西与二龙山农场、庆华农场和建华林场毗邻，北靠二龙山林场和讷谟尔河，与五大连池市的三九六林场隔河相望。隶属于黑龙江农垦总局北安分局。农场总面积534平方公里，其中耕地面积2.15万公顷，林地1.15万公顷，草原1.53万公顷，湿地0.6万公顷，可利用水面0.05万公顷。全场土地连片，适合机械化作业。土壤类型以黑土为主，黑土层一般在25～45厘米，土壤有机质含量在8%。属寒温带大陆性季风气候，冬季严寒而漫长，夏季短暂而温良，年平均气温为0℃，无霜期100～110天，年平均降水量530～550毫米，全年日照时数为2 273小时。境内有南北河、讷谟尔河、王老好河、长水河等5条无污染的大小河流环绕。农场位于山区地带，土质肥沃，自然资源丰富。

2007年，农场实现国内生产总值19 933.8万元，比上年增长20.8%；实现全口径利润4 350万元，其中企业利润380万元。种植业产值1.82亿元，畜牧业产值3 716万元，非公有制经济产值1.52亿元，人均纯收入6 825元。

农场加大种植业结构调整力度，全面提升标准化作业水平，全场总播种面积2.15万公顷，其中经、饲面积0.74万公顷，全场粮、豆、经饲的比例为31.3：34.1：34.6，形成了粮、豆、经饲各占三分之一的格局。在遭受历史上罕见的旱灾情况下，粮豆总产、种植业产值和公顷效益"三超"历史。粮豆总产突破6.2万吨，小麦公顷产5 100公斤，大豆公顷产2 700公斤，玉米公顷产7 500公斤。农业科技示范园区达到总局级示范园区标准。

农场畜牧业稳步发展，实施"三必须、三规范"管理，推广青贮饲喂等6项新技术，强化了服务体系和实行奖励政策，极大地调动了广大职工畜禽生产积极性，全场奶牛存栏9 518头、黄牛925头、生猪5 411头、羊3 626只，鲜奶总产量28 370吨，畜牧业增加值3 716万元，同比增加19.2%。

农场非公有制经济蓬勃发展，特色产业逐步形成规模。农场突出发展本地山鸡、生态鸡蛋和野生动物养殖产业，全场建万只养鸡场2个，5 000只养殖大户20户，建孵化、育雏、饲养为一体大型养殖场1个，养殖山鸡40万只，生产生态蛋10万公斤，农场收购后，销往哈尔滨市、大庆、鹤岗等地。饲养肉鸡3.1万只、梅花鹿220只、狐狸1 226只、貉4 260只、獭兔18 972只。有个体工商户621户，从业人员达1 350人，注册资金3 236万元。2007年农场非公有制经济创产值1.52亿元，实现利润7 840万元。

农场工业以兴安岭乳业公司、粮油加工有限公司、永兴亚麻有限公司为龙头，加工生产乳制品、面粉、豆油、亚麻等。兴安岭乳业公司经过近3年的努力，与美国国际乳业公司融资合作，2007年7月顺利通过考察认证，第一批融资资金350.5万美元投入使用，年生产乳制品5 148吨，实现产值9 022万元。粮油加工有限公司在加工小麦大豆的同时，投入大量资金种植土地1 000公顷，形成了原料、生产加工、销售为一体的企业，企业不断加强内部管理，注重企业文化建设，建立健全党团工会等基层组织，多次代表农场工业企业接受总局、分局领导及机关部门检查，企业被省工商局、省私营企业协会评为2007年度"光彩之星"先进企业，企业经理董子君个人被农业部授予"全国种粮大户标兵"荣誉称号。2007年农场工业增加值1 981万元，实现利润537万元，分别同比增长28.2%、19.6%，基本形成了乳、豆、麻生产加工、销售一体化的新格局。

农场完成绿化造林33.33公顷，完成6个管理区中心组的绿围工程，共栽植榆树62万株，全长44 000延长米。科技园区育苗33.67公顷，出苗面积4公顷，销售苗木220万株，花卉10万株。现代化林业科技示范园区，引进试栽美国提子长势良好，试验获得成功，试验栽植杞柳1.33公顷年底运往山东临沂柳编加工企业。 (吕洪军)

长水河农场基本情况及国民经济主要指标完成情况统计表
(2007年)

指标名称	计量单位	2007年数值
管理区	个	6
总户数	户	4 798
总人口	人	14 063
其中：男	人	7 232
女	人	6 831
少数民族人口	人	479
地区生产总值	万元	19 933.8
人均生产总值	元	14 770
工农业总产值	万元	37 221.6
粮食总产	吨	62 000
固定资产投资总数	万元	3 317
职工工资总额	万元	2 175
职工平均工资	元	8 417
职工家庭人均收入	元	6 825

赵光农场

场长：吕殿富，1962年1月出生，黑龙江省讷河县，中共党员，大学学历，高级农艺师，1981年8月参加工作，2006年6月任现职。

党委副书记：刘晓东（2006.1～）
工会主席：马书良（2003.1～）
副场长：高云龙（2003.1～）
李友民（2007.8～）
王维新（2006.1～）
周东升（2002.1～）

【概况】 赵光农场位于我国东北边陲的黑龙江省，横跨黑河、嫩江两地，绵延北安、克东两市县。北起嫩江水系的乌裕尔河，南到小兴安岭余脉的天然次生林区，西起克东县界，东到轱辘滚河之滨；同北安市、克东县村镇及林场土地森林交错，同建设农场阡陌相通。农场东西长50公里，南北宽34公里。滨北铁路线由南至北穿过场区34公里，绥（绥化）北（北安）公路同铁路并行，两条交通命脉联络农场内外，沟通城乡，延伸全国。

2007年农场土地面积4.75万公顷，其中耕地面积2.98万公顷，林地0.3万公顷，牧草地及荒地0.98万公顷，水资源面积0.07万公顷，其他占地面积0.22万公顷。全场总户数8 734户，总人口25 330人，职工7 238人。农场下设场直、教育、一、二、三、四居委党总支，53个党支部，其中农业党支部11个，共有党员1 501名。干部242人，其中场级11人，科级46人，一般干部185人。各类专业技术人员658人，其中高级职称的74人，中级职称的323人，初级职称的221人。

2007年，农场实现国内生产总值3亿元，同比增长28.6%，实现全口径利润1.08亿元，同比增长78%；其中企业利润761万元，家庭农场利润1亿元；第一产业实现增加值2亿元，二、三产业增加值分别达2 885万元和7 160万元，人均收入8 106元，同比增长23.2%。

农场加大种植业结构调整力度，全面提升标准化作业水平，全场播种面积2.98万公顷，其中经济作物面积达0.91万公顷，占总面积的30.7%。在遭受历史罕见的夏伏连旱情况下，种植业取得了大丰收，粮豆总产、公顷产量、公顷效益三超历史。粮豆总产10万吨，平均公顷4 110公斤，小麦公顷产4 755公斤，大豆公顷产3 075公斤，玉米公顷产7 680公斤。经济作物效益创历史新高，平均公顷效益3 825元，全场种植业纯利润突破1.2亿元，是常年效益的3～4倍。农场畜牧业实现总利润3 996万元。非国有经济发展势头强劲，全场从事自营经济3 900户，从业人员7 700人，实现产值2.1亿元，利润1.02亿元，户均收入2.61万元，从业人均收入1.3万元。农场实现工业总产值2 909万元，同比增长34%。工业增加值1 034万元，同比增加35%；实现企业利润167万元，同比增长15.2%。农场招商引资1 480万元，外贸出口供货额98万美元。农场组织机械跨区作业，全年纯收入123.6万元。

（邹万福　由景顺　曾　明）

赵光农场基本情况及国民经济主要指标完成情况统计表（2007年）

指标名称	计量单位	2007年数值
管理区	个	11
总户数	户	8 734
总人口	人	25 330
其中：男	人	13 127
女	人	12 203
少数民族人口	人	795
地区生产总值	万元	30 087
人均生产总值	元	11 878
工农业总产值	万元	22 327
粮食总产	吨	100 765
固定资产投资总数	万元	7 548
职工工资总额	万元	2 912
职工平均工资	元	8 023
职工家庭人均收入	元	8 106

红星农场

场长：于建华，1958年6月13日出生，黑龙江省北安市人，中共党员，大学学历，高级工程师，1975年11月参加工作，2003年7月任现职。

党委书记：赵长勇，1962年4月出生，黑龙江省北安市人，中共党员，研究生学历，高级政工师，1978年5月参加工作，2001年10月任现职。

党委副书记、纪委书记：沈福林（2001.12～）
副场长：赵吉星（1999.2～）
林玉坤（2007.2～）
张万秋（2006.1～）
工会主席：李绍东（2003.7～）

【概况】 红星农场位于小兴安岭南麓，乌裕尔河南岸，占地面积3.72万公顷，其中耕地面积2.23万公顷，拥有7个管理区，16个居民组，总人口13 744人，总户数4 586户。农场以旱作农业为主，主要种植大豆、小麦、大麦、芸豆、亚麻、汉麻等作物。

2007年农场实现全口径利润5 771万元，比上年同期的4 502万元增加了1 269万元，同比增长28.19%，其中：实现企业利润498万元，与上年持平。实现国内生产总值24 232.4万元，同比增长15%。其中实现第一产业增加值13 815万元，同比增长19%，其中：实现种植业增加值10 378万元，同比增长21%，实现畜牧业增加值3 029万元，同比21增长%。第二产业实现增加值1 680万元，同比增长19%，其中实现工业增加值1 520万元，同比增长17%，实现建筑业增加值160万元，同比增长46%。实现第三产业增加值6 562万元，同比增长9%。实现人均纯收入7 703元，同比增长26%。资产负债率从上年的119.8%下降到93.3%，下降了26.5个百分点。

2007年农场完成播种面积22 365公顷，其中播种水稻135公顷，占播种面积的0.6%；播种小麦22 372公顷，占播种面积的10.1%；播种玉米21 143公顷，占播种面积的9.6%；播种大豆8 743公顷，占播种面积的39.1%；其中高油大豆6 666.67公顷，占大豆播种面积的76.3%，有机大豆2 506.67公顷，占大豆播种面积的28.67；播种大麦711公顷，占播种面积的3.2%；播种芸豆3 753公顷，占播种面积的16.8%；播种亚麻944公顷，占播种面积的4.2%；播种线麻1 945公顷，占播种面积的8.7%；其他作物1 732公顷，占播种面积的7.7%。农场实现粮豆总产73 197吨，比上年的54 980吨增加18 217吨，其中水稻1 093吨，比上年增加670吨；小麦11 351吨，上年增加13 667吨；大豆27 541吨，上年增加3 481吨；杂粮

15 533 吨,比上年减少 362 吨。水稻公顷产 8 130 公斤,上年增产 1 650 公斤;小麦公顷产 5 025 公斤,比上年增产 1 230 公斤;玉米公顷产 8 250 公斤,比上年增产 1 950 公斤;大豆公顷产 3 150 公斤,比上年增产 645 公斤;杂粮公顷产 3 480 公斤,比上年增产 825 公斤。

年末农场奶牛存栏 5 810 头,其中:产奶牛头数为 4 379 头,黄牛存栏 1 107 头,羊存栏 1 511 只,猪存栏 2 105 头,家禽存栏 20 210 只,肉类总产量 1 670 吨,鲜奶产量 18 155 吨,禽蛋产量 790 吨。

年生产面粉 424 吨,植物油 400 吨,白酒 900 吨,饲料 900 吨,加工有机脱水蔬菜 37 吨,有机酸菜 500 吨,实现转供电 322 万千瓦时。 (杨 坤)

【红星现代农机发展中心】 北大荒集团红星现代农机发展中心建设日趋完善。2007 年农场投入了 400 万元建立农机管理系统 3S 系统(GPS、GIS、RS)为技术支撑的精准农业系统交付使用。完成了国家“863”计划中关于精准农业的相关课题。创建了 www.hxnjzx.cn 网页,通过农业专家直线信息平台网络,实现了农户与专家的点对点了解,便于农户直接向专家咨询农业生产中遇到的各种难题;实现了网上农机数字化管理和农田地理信息查询;通过建立 GPM 短信群发通讯系统,实现了网上短信群发,能够使机车户及时获取农场的新动态和新情况。通过作业机车和农机中心内部架设的可视系统,实现了网上视频监控;通过在作业机车上安装 GPS 全球卫星定位系统,实现了作业的动态跟踪。7 个管理区与农机中心建立局域网。实现了机车网上调配、作业进度网上统计、作业费网上核算。实现了现代化大机械这一生产力实体要素与千家万户的农业种植户有机结合,实现了农机管理与服务的网络化、数字化和科学化。北大荒集团红星现代农机发展中心已成为黑龙江八一农垦大学、东北农业大学等八所大中专院校教学培训基地和研究生培养基地。 (杨 坤)

【加强“两区”建设】 一是高效有机蔬菜园区建设。农场在第一管理区建立了占地 53 公顷的有机蔬菜园区,投资总额 260 万元,共打井 20 眼、架线3 000 余米、修路 4 000 延长米,铺设彩板人行道 300 延长米,建储水罐 14 个,可储水 210 吨。栽植绿化树 4 000 株,种植蔬菜 13 种,园区实现公顷效益 9 300 元,总效益 49.3 万元,实现当年投资、当年受益。二是科技园区建设。农场对科技园区用地进行了调整,使园区面积达 23 公顷,共承担 3 省、总局、分局和农场四级各项实验 17 项。 (杨 坤)

【做强“有机”产业】 农场有机生产规模进一步扩大,生产面积达到 0.44 万公顷,生产大豆、小麦、玉米、芸豆、大麦、大麻及各种蔬菜等 20 余种作物,蔬菜生产面积达 174.7 公顷,共生产有机大豆 3 500 吨,有机小麦 2 000 吨,有机玉米 800 吨,有机芸豆 300 吨,各种有机蔬菜 5 000 吨。农场 22 365 公顷土地通过了农业部无公害农产品产地认证和产品认证;6 666.67 公顷绿色食品原料(大豆)标准化生产基地通过了国家验收;12 400 公顷大豆通过了良好农业规范标准认证;4 333.33 公顷有机食品生产基地通过了北京爱科赛尔、日本 JONA、中绿华夏、南京国环四个认证机构和 ECOCERT、NOP、JAS 三个国际标准及国内标准的有机认证。加工有机大豆、有机小麦、有机白酒、有机大酱和有机酸菜及有机脱水干菜等 20 多种系列有机食品。农场有机系列产品相继在北京、上海、哈尔滨和德国纽伦堡等国内外大型展会上参展。农场投资 4 206 万元建立了有机酸菜加工厂和有机脱水蔬菜加工厂。两厂总占地面积 53 130 平方米,建筑总面积 13 413 平方米,其中酸菜主厂房建筑面积 9 277 平方米、热干菜厂房 2 208 平方米,其中有机酸菜厂设计能力为年产有机酸菜 5 000 吨,有机脱水蔬菜加工厂设计能力为年产有机干菜 200 吨,两厂可直接和间接安置 2 000 余人就业。加工有机酸菜 1 800 余吨,有机干菜 140 余吨。农场投资 5 000 万元在哈尔滨注册了专门经营有机产品的公司,即北大荒亲民有机食品有限公司,公司下设益康有机食品有限公司、有机酸菜分公司、有机脱水蔬菜分公司和北大荒亲民有机食品北京有限公司 4 个子公司。农场有机系列产品不仅进入了东北三省沃尔玛、大福源和家乐福等大型超市,还在上海、青岛等地进行销售。农场与北京蟹岛集团食品有限公司签订了有机蔬菜销售合作协议,并在北京成立了北大荒亲民有机食品北京有限公司,计划将农场生产的有机食品直接通过蟹岛以低成本运营形式进入北京市场,进而打入国内外高端市场。 (杨 坤)

【小城镇建设步伐加快】 农场投资 48.6 万元,对红星街的路边石进行改造;投资 38.6 万元对红星街道板进行改造;投资 41.5 万元更换、新建红星街、学校路及农机发展中心、有机蔬菜加工厂前路灯 42 盏;投资 41.3 万元,更换红星街路灯 36 盏。投资 6.5 万元,把红星街拆除的旧边石铺设到其他白色路面两侧,共计铺设 3 300 延长米;投资 7.87 万元在办公室门前广场更换景观灯 5 组;投资 25 万元在中小学院内铺设小广场及甬道;投资 4.3 万元维修了中小学教学楼,投资 2 万元新建农场界石一座。 (杨 坤)

红星农场基本情况及国民经济主要指标完成情况统计表
(2007 年)

指标名称	计量单位	2007 年数值
管理区	个	7
总户数	户	4 586
总人口	人	13 744
其中:男	人	6 930
女	人	6 814
少数民族人口	人	424
地区生产总值	万元	24 232.4
人均生产总值	元	20 377.06
工农业总产值	万元	31 145.7
粮食总产	吨	73 197
固定资产投资总数	万元	8 204
职工工资总额	万元	2 500.6
职工平均工资	元	5 197.67
职工家庭人均收入	元	7 703

建设农场

党委书记：王林，1963 年 4 月出生，山东省掖县人，中共党员，研究生学历，高级政工师，1981 年 8 月参加工作，2000 年 12 月任现职。

场长、党委副书记:王克坚，1963 年月 7 出生，辽宁省辽中市人，中共党员，研究生，高级政工师，1983 年 1 月参加工作，2000 年 1 月任现职。

党委副书记、工会主席、纪委书记、政法委书记:张本伟（2005.8～）

副场长:刘增元（1997.1～）
吴凤霖（2007.1～）
王立军（2007.1～）

党委委员、武装部部长：王传江（2002.9～）

【概况】 建设农场位于北安市境内，地处小兴安岭南麓，属于小兴安岭走向平原的过度地带。地理坐标为：东经 127° 06′～127° 30′，北纬 47° 48′～48° 03′。总控制面积 3.91 万公顷，其中耕地面积 1.63 万公顷，草原 0.79 万公顷、林地 0.71 万公顷、水面 0.05 万公顷。气候属寒温带大陆性气候，历年平均≥10℃活动积温 2 200℃～2 400℃，无霜期在 120 天左右，年平均降水量可达 500～600 毫米，适于麦类、大豆、水稻、甜菜、亚麻、玉米、芸豆及其他经济作物的栽培种植。境内水资源丰富，有通肯河、轱辘滚河、十道河、十一道河等 7 条大小河流流经农场，流经长度 193.1 公里，水资源总量 1 亿多立方米，两座中型水库（建设、青石岭水库）位于农场东、中部，蓄水量达 1 454 万立方米，无任何工业污染，年产各类淡水鱼 4 万公斤。2007 年农场总户数 4 855 户，总人口 14 434 人。农场下辖 6 个管理区、11 个居民组、2 个居民委。场直工商运建服企业 10 个，1 级甲等医院 1 家，卫生所 20 家，拥有初中、小学各一所。建有亚麻、大麻粗加工厂 3 家，生产线 4 条，年加工能力 5 万吨。建有粮食处理中心 1 座，种子机械化加工率 100%，粮食仓储能力 1.29 万吨，水泥晒场 19.1 万平方米，农用飞机场 1 座。2007 年，农场实现国内生产总值 21 047.4 万元，粮食总产 70 005 吨，人均纯收入 9 571 元。 （杨洪臣）

【种植业】 农场总播种面积 1.63 万公顷，其中：小麦 0.23 万公顷，大麦 0.17 万公顷，玉米 0.23 万公顷，水稻 0.1 万公顷，大豆 0.6 万公顷，芸豆 0.1 万公顷，亚麻 0.03 万公顷，大麻 0.05 万公顷，甜菜 0.08 万公顷，其他高效经杂作物 0.04 万公顷。“粮、豆、经、饲”四元结构比例为 20.4：36.7：40.9：2。各作物产量和效益创历史新高。其中大麦公顷产 5 301 公斤，小麦 5 350 公斤，芸豆 3 387 公斤，大麻 8 200.5 公斤，亚麻 4 200 公斤，大豆 3 402 公斤，玉米 8 268 公斤，水稻 8 319 公斤，甜菜 45 吨。所承担的总局高产攻关任务，通过总局专家组的验收，其中大麦高产攻关田实收公顷产 6 460.5 公斤，大豆高产攻关田实收公顷产 4 147.5 公斤，两大作物攻关单产达到了总局攻关指标，被授予总局六大作物高产攻关先进单位。 （杨洪臣）

【农业机械】 农场农用机械总动力达 2.5 万千瓦，综合机械化率达 98%以上。拥有 450 马力 JD9520 大马力拖拉机一台，285 马力凯斯 285 大马力拖拉机 1 台，185 马力 JD7820 大马力拖拉机 3 台，190 马力凯斯 190 大马力拖拉机 12 台，维美德 T171 大马力拖拉机 5 台，履带拖拉机 35 台，1075 收获机 30 台，E514 收获机 10 台，进口自走割晒机 6 台，同时配有国内外先进的农机具 700 多台套。建有现代化农机装备区 6 个，高标准现代化的农机中心一个。农场种植的大豆、麦类、玉米、甜菜、麻类等作物实现了全程机械化。（杨洪臣）

【奶牛小区建设】 农场投资 300 万元建高标准奶牛小区 4 000 平方米，配齐收奶站、兽医室等配套设施，入住奶牛 500 头。实现奶牛养殖标准化、规模化、科学化。 （杨洪臣）

【农业综合开发】 农场对第四管理区进行低产田改造 666.67 公顷，投资 490 万元，挖沟 48 公里，完成土方 14.92 万立方米；建渠系建筑物 12 座。库房 500 平方米，晒场 10 214 平方米，修机耕路 7 公里，完成土方 3.92 万立方米，铺沙 0.23 万立方米；购置机械 3 台套（其中：迪尔 9300 型复式整地机 1 台，迪尔 2210 型复式耕耘机 1 台，凯斯 9300 型复式整地机 1 台）。 （杨洪臣）

【扶贫开发】 农场完成道路工程项目（建青公路）投资 174 万元，其中：以工代赈资金 100 万元，自筹资金 73.7 万元。建设 27.4 公里三级砂石路，路基宽 8 米，路面宽 6 米，路面铺设工程 164 400 平方米。第一管理区扶贫基本农田建设地产田改造工程项目完成水泥晒场 9 705 平方米，投资 90 万元（以工代赈资金），合计投资 264 万元。 （杨洪臣）

【场县共建】 农场与宾县经建乡建立合作共建伙伴。组建一个农机合作社，推广大机械基础整地；建立一个农业示范园区，示范各作物高产栽培模式；开展培训将先进的生产技术传授给农民；通过侧土配方实现科学实施肥；探索合作共建的长效机制。年初在宾县经建乡租种 11.33 公顷耕地，建立一个农业示范园区，园区规划共分 7 个区，5 种栽培模式，其中包括玉米平播行间覆膜栽培、玉米大垄上双行密植栽培、玉米高矮秆间作；大豆平播行间覆膜、大豆深窄密栽培、玉米不同品种栽培实验、经济作物栽培实验（甜葫芦、万寿菊、红绿南瓜、芸豆等）。农场示范园区采取大机械作业，采用大垄高台及覆膜等项技术，实际收获产量比当地农民种植的高出 1 713 公斤 / 公顷，公顷增效 2 055.6 元。宾县经建乡自筹资金近百万元，建成一个占地 4 000 平方米的“双建”农机合作社，农具场的规划设计按照现代化农机装备区的标准，集办公、休息、停放、维修于一体的综合农机停放中心。农具场内建有占地 264 平方米的办公区，占地 550 平方米的全封闭彩钢板库房，占地 100 平方米的维修车间，占地 60 平方米的油库，农具场内全部实现硬化，面积达 2 686 平方米。农机合作社按照市场化模式运作,农机社会化服务、产业发展的思路,立足农业,面向地方,服务农民,以发展经济为中心,坚持“民办、民营、民受益”的原则。实现统一管理,分散经营,单独核算,定期培训方式,由农场和宾县从事农机服务的农机服务组织、农机专业大户、农机户自愿组成。组织协调合作社农机具为农户开展好各项农机作业及跨区作业,为作业机车提供配件供应、油料供应、农机维修等服务。春季农场抽调一台凯斯190大马力拖拉机一台,及配套农机具,负责园区的全过程代耕。秋季代耕选用凯斯285大马力拖拉机配带联合整地机,实现代耕面积0.15万公顷。(杨洪臣)

【购进医疗器械】 农场借助乡村医院设备改进项目,购进半自动化仪1台,电动手术床1台,台式超声波诊断仪1台,柜式高压消毒器1台,洗板机1台,酶标仪1台,尿十项分析仪1台,十二导联心电图机1台,改善了就医条件。(杨洪臣)

建设农场基本情况及国民经济主要指标完成情况统计表

(2007年)

指标名称	计量单位	2007年数值	指标名称	计量单位	2007年数值
管理区	个	6	人均生产总值	元	14 846.2
总户数	户	4 855	工农业总产值	万元	32 924.6
总人口	人	14 434	粮食总产	吨	70 005
其中:男	人	7 346	固定资产投资总数	万元	5 895.5
女	人	7 088	职工工资总额	万元	4 031
少数民族人口	人	310	职工平均工资	元	11 001.6
地区生产总值	万元	21 047.4	职工家庭人均收入	元	9 571

九 三 分 局

党委副书记、局长：刘炳东，1960年12月出生，山东广饶县人，中共党员，研究生学历，工业经济师职称，1977年9月参加工作，2006年9月任现职。

党委副书记：常绍锋，1954年4月出生，河南偃师人，大学学历，高级政工师，中共党员，1972年12月参加工作，2000年11月任现职。

副局长：高作春，1951年2月出生，黑龙江安达县人，大专学历，高级政工师，中共党员，1968年4月参加工作，2000年10月任现职。

副局长：裴志刚，1957年3月出生，辽宁沈阳人，大学学历，高级农艺师，中共党员，1974年2月参加工作，2005年7月任现职。

副局长：李国志，1960年11月出生，辽宁康平人，大学学历，高级农艺师，中共党员，1977年10月参加工作，2005年7月任现职。

党委副书记、纪委书记：王洪云，女，1951年1月出生，安徽省合肥人，中共党员，大学学历，高级政工师，1968年6月参加工作，2002年2月任现职。

工会主席：周聚文，1963年8月出生，黑龙江省海伦人，中共党员，研究生学历，高级政工师，1983年10月参加工作，2001年2月任现职。

党委委员、组织部部长：王凤学，1952年12月出生，黑龙江省海伦人，中共党员，大学学历，高级政工师，1973年6月参加工作，2001年4月任现职。

党委委员、宣传部部长：刘文秀，1954年7月出生，吉林省乾安人，中共党员，大学学历，高级政工师，1972年12月参加工作，1999年3月任现职。

党委委员、武装部部长：张志富，1961年3月出生，黑龙江宾县人，大学学历，中共党员，1979年11月参加工作，2006年3月任现职。

离退休干部工作处副处长：宋雪峰，1965年2月出生，黑龙江省肇东人，中共党员，大学学历，高级政工师，1987年7月参加工作，2006年12月任现职。

政法委副书记、综治办主任：陈守范，1954年2月出生，黑龙江省拜泉人，中共党员，大学学历，高级政工师，1972年12月参加工作，1998年4月任现职。

610办主任：吴希东，1954年5月出生，吉林省桦甸人，中共党员，大专学历，政工师，1970年3月参加工作，2001年3月任现职。

政研室、新农村办主任：李永林，1952年7月出生，黑龙江省桦川人，中共党员，大学学历，高级政工师，1968年8月参加工作，2006年12月任现职。

办公室主任：王正非，1963年4月出生，山东省日照人，中共党员，大学学历，高级政工师，1979年12月参加工作，2006年12月任现职。

信访办副主任：关利杰，满族，1964年7月出生，黑龙江省龙江人，中共党员，大学学历，高级政工师，1987年7月参加工作，2006年12月任现职。

民政局局长：郭珍，女，达斡尔族，1960年10月出生，黑龙江省齐齐哈尔市人，中共党员，大学学历，高级政工师，1981年8月参加工作，2006年12月任现职。

机关党委副书记：周方凌，1959年3月出生，辽宁省建平人，中共党员，研究生学历，高级政工师，1976年3月参加工作，2006年12月任现职。

计划财务处处长：王喜涛，1962年8月出生，黑龙江省泰来人，中共党员，研究生学历，高级会计师，1981年8月参加工作，2004年6月任现职。

国资办主任：王捍东，1962年12月出生，黑龙江省讷河人，中共党员，大学学历，助理会计师，1979年11月参加工作，2006年12月任现职。

审计处长：赵云，女，1958年3月出生，辽宁省黑山人，中共党员，大专学历，高级审计师，1975年10月参加工作，2006年12月任现职。

劳动及社会保障局局长：陈建华，女，1957年12月出生，黑龙江省泰康人，中共党员，大学学历，高级劳动经济师，1974年7月参加工作，2006年12月任现职。

农业局局长：李友，1962年6月出生，黑龙江省明水人，中共党员，大学学历，高级农艺师，1983年8月参加工作，2001年3月任现职。

农机局局长：王凤海，1954年12月出生，吉林省九台人，中共党员，研究生学历，高级农机工程师，1973年3月参加工作，1998年12月任现职。

畜牧水产局局长：卫喜明，1971年3月出生，黑龙江省甘南人，中共党员，大学学历，畜牧师，1993年9月参加工作，2005年10月任现职。

林业局副局长：赵映红，满族，1963年2月出生，辽宁省辽阳人，中共党员，大专学历，林业工程师，1983年12月参加工作，2006年12月任现职。

水务局长兼水管站长：赵振，1969年3月出生，黑龙江省肇东人，中共党员，研究生学历，高级水利工程师，1993年，7月参加工作，2005年10月任现职。

科技局局长：邹长士，1965年1月出生，黑龙江省齐齐哈尔人，中共党员，大学学历，农艺师，1984年7月参加工作，2001年3月任现职。

经委主任兼安全生产监督局局长：王光盛，1957年11月出生，山东省寿光人，中共党员，大学学历，高级农机工程师，1975年7月参加工作，2007年5月任现职。

商务局局长：林辉，1957年8月出生，陕西省西安人，中共党员，大专学历，高级政工师，1975年10月参加工作，2007年5月任现职。

卫生局局长兼卫生监督所所长：高作森，1952年10月出生，黑龙江省讷河人,中共党员,大专学历,副主任医师,1969年7月参加工作,2004年7月任现职。

建设局局长: 孙维国,1962年11月出生,山东省宁津人,中共党员,大专学历,建筑工程师,1978年8月参加工作,2001年3月任现职。

交通局局长: 陈其和,1952年10月出生,黑龙江省克山人,中共党员,大学学历,高级交通工程师,1969年5月参加工作,1994年1月任现职。

检察院检察长: 李桂祥,1959年8月出生,黑龙江省友谊人,中共党员,大学学历,1976年7月参加工作,2003年11月任现职。

法院院长: 董松江,1956年1月出生,山东省昌邑人,中共党员,大专学历,政工师,1975年2月参加工作,2000年10月任现职。

司法局局长: 张立国,1960年10月出生,黑龙江省肇东人,中共党员,大学学历,高级律师,1977年8月参加工作,2000年6月任现职。

种子管理处处长: 华泽宗,1960年4月出生,辽宁省建平人,中共党员,大学学历,高级劳动经济师,1981年7月参加工作,2005年9月任现职。

九三分局机构示意图

(2007年)

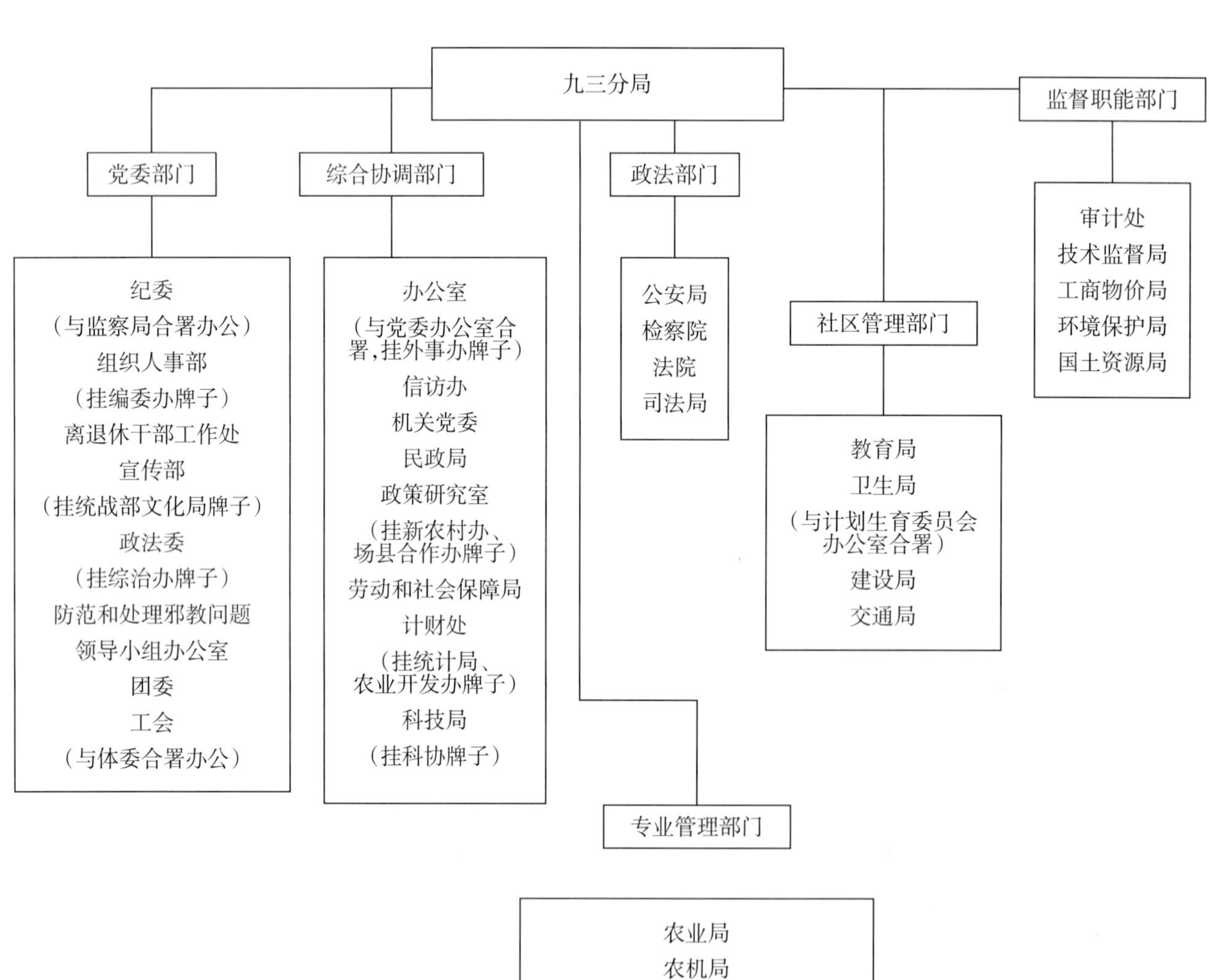

九三分局下属企事业单位示意图

（2007 年）

九三分局

- 农 场
  - 鹤山农场
  - 尖山农场
  - 荣军农场
  - 山河农场
  - 嫩江农场
  - 嫩北农场
  - 建边农场
  - 大西江农场
  - 七星泡农场
  - 红五月农场
  - 哈拉海农场
- 事 业
  - 卫生监督所（与疾病控制中心合署）
  - 党校（挂教师进修学校职高牌子、挂电大分校农业广播学校牌子）
  - 水利工程管理分站
  - 总局水政监察支队九三大队
  - 分局中心医院（挂分局妇幼保健站牌子）
  - 人才交流服务中心
  - 职业介绍中心
  - 政府采购管理处（挂社会集团采购招标中心牌子、挂控制社会集团购买力办公室牌子、挂汽车定编管理办公室牌子）
  - 预算外贸金管理局（挂资金办公室牌子）
  - 节约能源办公室
  - 会计管理中心
  - 住房公积金管理部
  - 财务结算中心
  - 土地整理中心
  - 工程质量监督站
  - 工程造价管理站
  - 墙体材料改革办公室
  - 公路科（挂公路路政管理所牌子）
  - 道路运输管理科
  - 交通征费稽查科
  - 11 个农场交通科（挂交通征费稽查所牌子）
  - 种子管理处
  - 植保植检站
  - 公证处
  - 广播电视局（与有线电视台合署）
  - 招生办公室（挂会考办公室牌子）
  - 畜牧兽医站（挂动物卫生监督所）
  - 就业局
  - 局直城镇管理局（挂街道办事处牌子）
  - 城镇建设规划局
  - 驻齐齐哈尔老干部休养所
  - 离退休干部活动中心
  - 气象台
  - 史志办公室
  - 残疾人联合会
  - 农机安全监理站
  - 非国有经济办公室
  - 第一中学
  - 局直中学
  - 局直小学
  - 11 个农场 21 所中小学
- 企 业
  - 肉业食品有限公司
  - 薯业股份有限公司
  - 亚麻产业有限公司
  - 粮油总公司
  - 对外经济贸易公司
  - 物资总公司
  - 商业公司

【概况】 九三分局始建于 1949 年，主要位于嫩江县境内，2007 年有土地面积 5 613 平方公里，其中：耕地 23.2 万公顷，草原 7.33 万公顷，自有林地 5.73 万公顷，水面 0.93 万公顷；下辖鹤山、大西江、尖山、荣军、红五月、七星泡、嫩江、山河、嫩北、建边和哈拉海共 11 个大中型国有农场；年平均气温 -0.2℃左右，无霜期 95～115 天，有效积温 2 200℃左右；年均降水量 450～550 毫米，水资源较少，时空分布不均，是典型的旱作农业区。主要生产麦类、豆类、薯类、亚麻、甜菜、油菜、蔬菜等，生态环境较好，发展绿色、有机、无公害食品条件优越。有大豆、小麦、亚麻、沙棘、肉类加工和农机制造等企业 70 家；有 16 万人口，其中从业者 8.7 万人。有大豆、小麦、亚麻、沙棘、肉类、薯业加工和农机制造等企业 70 余家；拥有农机总动力 22.8 万千瓦，农业机械化率达 96%以上，农业装备水平处于全国领先地位。2007 年分局实现生产总值 28.4 亿元，同比增长 16.5%；实现人均纯收入 8 720 元，同比增长 12.1%；全局盈利 1.37 亿元，创历史新高。 （孙宝江 高文革）

【农业基础产业进一步优化】 2007

年,分局播种面积22.41万公顷,其中:大豆面积9.82万公顷,占43.8%;麦类面积5.26万公顷,占23%;玉米面积1.55万公顷,占6.9%;水稻面积0.34万公顷,占1.5%;经济作物面积1.87万公顷,占8.4%。粮豆薯总产64.2万吨,同比增长3.1%,平均公顷效益达2 250元以上。小麦平均公顷产4 875公斤、大麦平均公顷产4 672.5公斤,麦类作物平均公顷效益达3 000元以上,产量、效益再创新高。(孙宝江　高文革)

【林业经济有新进展】 全年共完成新造林面积729.47公顷,工程造林补植5 227公顷,义务植树159.1万株,新增营区绿化林面积202.73公顷,年度大苗绿化公路55公里,更新林带78条,绿化城区61个,新增草坪2.37万平方米,新增绿篱(花篱)12.3万延长米,营区绿化覆盖率达26%,局、场直小城镇绿化覆盖率达30%,"一场一景,一街一品"格局已初步形成;全局栽植木耳2 040万袋,生产木耳628吨;菇类150万袋,产菇130吨;种植中草药899.33公顷;全局育苗总面积307.8公顷,总产苗量5 621万株。各类林产品远销省内外,获得较好经济效益。(孙宝江　高文革)

【畜牧业保持稳步增长】 2007年投资1 400多万元建设了两个标准化奶牛小区和6个制冷式储奶站;筹集畜牧业发展专项资金300万元,用于畜牧业重点工程建设;强化了防检疫工作。通过落实各项有效措施,分局畜牧业呈现快速发展的良好势头。全局奶牛存栏41 967头,同比增长7.6%;生产鲜奶11.5万吨,同比增长15%;肉牛存栏81 608头,同比增长1.3%;羊存栏26万只,同比增长13.6%;实现畜牧业增加值4.33亿元,同比增长15.8%。

(孙宝江　高文革)

【农区工业化进程明显加快】 分局屠宰肉牛5 014头,生产分割肉967吨,完成产值2 624万元,实现增加值206万元,销售收入2 027万元;生产麻纱948吨,实现产值4 207万元,增加值935万元,实现销售收入1 189万元;北大荒九三薯业3万吨精淀粉项目,6月27日开工建设,实现当年建设当年投产,12月22日投入试生产并顺利出粉;九三食品公司与正阳河合作,引资2 500万元,实现增资扩股,使股权多元化、民营化。通过成功引进资金、技术和品牌,实现产销两旺;成功完成了沙棘饮料厂租赁和糖厂出售等工作。2007年实现全口径工业增加值1.7亿元,比上年增长17.3%;实现全口径利润1 916万元,比上年增盈233万元;国有及国有控股工业企业完成增加值4 721万元,比上年增长55.7%。其中,分局民营中小企业发展势头迅猛,实现增加值1.22亿元,比上年增长7%;实现营业总收入4.67亿元,比上年增长4.3%;实现利润总额2 361万元,比上年增盈233万元。(孙宝江　高文革)

【经贸合作迈出新步伐】 完成外贸出口总额3 755.3万美元,完成全年任务指标的156.5%,超额完成总局下达各项出口任务指标。2007年共签订国内外经济技术合作项目56个,合同总金额5.46亿元,其中外方资金到位额2.3亿元,直接利用外资388.3万美元,分别完成总局下达任务指标的153.7%和125.4%。(孙宝江　高文革)

【张左己到九三分局考察调研】 2007年7月6日,省委副书记、省长张左己到九三分局调研。先后考察了鹤山农场第六管理区、大西江农场现代农技展示中心、九三亚麻产业公司、九三第一中学等地,详细了解新农村建设和现代农业发展情况,并深入职工家中走访调研,对九三分局新农村建设取得的突出成绩给予高度评价。

(孙宝江　高文革)

【"新三区"建设取得新进展】 一是旱作现代农业样板区建设有新进展。通过加大装备投入、优化种植结构、建立科技园区、科技示范带、推广应用新技术等措施,现代旱作农业优势凸现,标准化作业水平、抗灾能力等大幅度提高。2007年分局有机食品和绿色食品面积分别达3.33万公顷和6.67万公顷。二是共同富裕带头区建设有新进展。推广了种养兼营、经济作物种植、特色养殖等模式,培植种植大户、养殖大户、购销大户、科技大户等1 000余个,有效带动了职工群众全面增收。三是新农村示范区建设有新进展。加大了住宅建设力度。新建住宅面积10.5万平方米,基础配套设施全部同时到位。分局城镇人均住房建筑面积达22.78平方米;加大了拆迁和"撤队并点"工作力度,分局共拆除房屋面积8.1万平方米,撤并居民点11个;加大了公路建设力度,新建高等级公路124公里。(孙宝江　高文革)

【场县合作共建试点任务全面完成】 按照省政府《合作共建试点方案》要求,局、县紧紧围绕合作共建七个方面45项具体工作,全面完成了场县合作共建任务。农业、农机合作成果显著,全年实现跨区作业15.15万公顷,双方合作组建了20个农机服务合作组织和9个规模经营农场;推广农业、农机新技术74项,农业技术和科学种田水平发挥了辐射带动作用;依托龙头共建基地,全年分局龙头企业牵动地方农产品基地种植5.07万公顷,带动地方发展专业村和规模养殖小区42个,亚麻种植面积突破0.33万公顷,在严重旱灾的情况下,公顷均效益仍然达到了3 000元,安置地方农民就业136人;农业社会化服务如良种销售网点、动物疫病防控、航化作业、阳光互助保险等日趋完善;医疗教育合作、改水、修路、植树绿化、文化广场等社会事业和基础设施的合作共建向更深领域拓展,有效地推动了乡村居民生活环境的改善。

(孙宝江　高文革)

【各项社会事业全面发展】 一是高标准通过了省"双高普九"验收;高考在垦区综合排名第三,被总局推荐为省级控辍先进单位。二是保障能力进一步增强,低保覆盖面继续扩大。居民最低生活保障金由2006年的855万元增加到2007年的955万元,全部发放到位。三是"四千"工程成效显著,使从业职工每户年增收近3 000元。所扶持的890户中低收入户中人均收入5 000元以上的达712户,其中有160户致富,致富率18%。(孙宝江　高文革)

九三分局基本情况及国民经济主要指标完成情况统计表

（2007 年）

项目	计量单位	合计	鹤山农场	大西江农场	尖山农场	荣军农场	红五月农场	七星泡农场	嫩江农场	山河农场	嫩北农场	建边农场	哈拉海农场
一、管理区数	个	79	12	6	9	5	5	10	10	8	8	5	1
二、总户数	户	56 021	8 588	4 476	4 429	3 887	3 832	5 547	4 317	4 132	3 909	3 090	1 478
其中农场户数	户	47 221	8 588	4 476	4 429	3 887	3 832	5 217	4 221	4 132	3 810	3 090	1 478
三、总人口	人	159 176	21 643	12 240	14 019	10 049	10 150	14 724	11 359	12 351	11 671	9 387	3 833
其中农场人口	人	125 259	21 643	11 990	14 019	9 848	10 077	14 048	11 080	12 351	9 983	5 532	3 364
男性人口	人	82 215	10 870	6 699	7 215	5 054	5 271	7 688	5 688	6 454	5 878	4 876	1 952
女性人口	人	76 961	10 773	5 541	6 804	4 995	4 889	7 036	5 671	5 897	5 793	4 511	1 881
少数民族人口	人	1 904	123	6	74	323	45	239	68	215	428	99	138
四、国内生产总值	万元	283858.1	31 639	26 353.1	22915.1	19 000	15 517.6	29 396.6	23 713	21 497.6	18 248.7	14 383.9	7473.5
五、人均生产总值	元	17 833	14 618.6	21 530.3	16 345.7	18 907.4	15 273.2	20 925.8	20 876	17 405.6	15 635.9	15 323.7	19 497.8
六、工农业总产值	万元	365 801.1	49 856.4	40513.7	36 922.2	21 083	20136.5	43 268.8	35 146.6	31 431	26 555.9	17 713.9	14 112.5
七、粮食总产量	吨	642 376	83 586	56 156	72 183	36 653	27 405	93 271	64 595	61 387	49 112	32 569	55 642
八、固定资产投资总额	万元	47 166.9	3 918	1 560	3 005	1 527	1 355	2 113	2672.6	3 671	1 237.3	2 097	1 875
九、职工工资总额	万元	68 541	8746.2	4 668.2	9 060.3	4 495	2 444.6	7 942	5 058	6 458.9	5 873.5	3 381	2 274
十、职工平均工资	元	14 182.46	11 878.58	11 638.49	18 215.32	12 385.75	8 432.56	13 740.48	10 709.29	15 928.24	15 861.46	14 744.88	1 8593.62
十一、农场职工家庭人均收入	元	8 720	7 996	8 439	10 032	8 010	8 201	8 409	9 001	10 015	8 161	8 023	10 189

鹤山农场

场长：李国军，1963年4月出生，辽宁康平县人，中共党员，大学学历，高级农艺师，1979年12月参加工作，2005年9月任现职。

党委书记：张春生，1961年1月出生学历，山东省日照市人，中共党员，研究生学历，高级政工师，1977年8月参加工作，2000年11月任现职。

党委副书记、纪委书记：韩中立（2004.4～）

副场长：谭庆顺（1994.7～2007.3）
牛家洲（2007.1～2007.4）
韩凤武（2007.1～2007.3）
陈桂林（2007.4～）
魏新华（女）（2007.4～）

跃进社区主任：孙建龙（2005.9～）

工会主席：王　力（1994.6～）

党委委员、武装部部长：王春峰（2001.4～）

【概况】 鹤山农场位于黑龙江省西北部的嫩江县境内，地跨嫩江县和讷河两市县。地理坐标：东经124°53′～125°40′，北纬48°46′～49°10′之间。南北长59公里，东西宽55公里。土地总面积569.56平方公里。2007年有耕地30 855公顷，林地9 683公顷，牧草地6 553公顷，水面303公顷。农场分两个社区，有农、林、牧、渔15个单位，其中农业管理区13个，场直企事业单位13个。总户数8 588户，总人口21 643人。

2007年农场实现国民经济总产值63 380万元，同比增长11.4%。其中第一产业实现总产值43 198万元，同比增长13.5%；第二产业总产值10 046万元，同比增长7.7%；第三产业实现总产值10 135万元，同比增长6.4%。实现国内生产总值31 639万元，同比增长11.7%。其中种植业生产总值13 114万元，同比增长8.2%；林业生产总值89万元，同比增长30.9%；畜牧业生产总值8 552万元，同比增长17.7%；渔业生产产值34万元，同比增长25.9%。工业实现生产总值2 207万元，同比减少2.8%；建筑业实现生产总值1 051万元，同比增长32.4%。第三产业实现生产总值6 537万元，同比增长15.2%。全场粮食总产量8.4万吨，农场实现利润1 631万元，家庭农场净收入15 105万元，农场职工家庭人均纯收入7 996元。（高　昶）

【省长张左己视察农场第六管理区】 2007年7月6日上午9点省长张左己、副省长申立国在农垦总局党委书记吕维峰、九三分局局长刘炳东的陪同下，来到农场第六管理区，在农场场长李国军、党委书记张春生的陪同下，省长张左己一行视察了农场第六管理区住宅新区的建设和布局，听取了场长李国军关于农场新农村建设情况和长远规划的汇报。省长张左已、副省长申立国等领导还来到职工家里，和职工话家常，询问种多少地、收入情况、家里生活情况等。（高　昶）

【农场加大社会主义新农村建设资金的投入力度】 农场加大新农村建设投入力度，全年共投入资金2 705万元。一是投资342万元，完成了3栋48户新村住宅一区的住宅楼建设。二是投资331万元，完成计10栋20户新村住宅二区的小康楼建设。三是完成了投资179万元的第六管理区新村住宅建设和投资55万元的外网配套建设工程。四是完成了投资381万元的鹤山文化广场主体工程建设。五是完成了总投资172万元的鹤山农场卫生院建设工程。六是完成了总投资263万元的鹤山中学综合宿舍楼建设工程。七是完成了投资109万元的鹤山中小学教学楼维修工程。八是启动了投资246万元的城镇改水工程和投资21万元的十三管理区改水工程。九是共投入搬迁费243万元，搬迁了原林场、原十八队和场直第三居民区，改善了职工的居住条件。十是完成了投资154万元的场直奶牛小区60%建设面积的建设工程。十一是完成了投资195万元、7.4公里水泥路面的通村公路建设项目。十二是完成了投资14万元的场直公厕的建设工程。（高　昶）

【农场人热衷“太阳能”】 到2007年底，全场有近600户安装了太阳能热水器。除楼房住户安装外，个别平房住户也安上了太阳能热水器。场直安装太阳能热水器的户数占场直总户数的16.5%。

【农场人口自然增长呈负数】 农场认真贯彻落实《中共中央国务院关于全面加强人口和计划生育工作统筹解决人口问题》的决定精神，开展以婚育新风进万家为主题的一系列宣传教育活动，把《人口与计划生育法》送上门，把生殖保健知识送上门，把避孕药具送上门，使计划生育工作落到实处。2007年，农场人口自然增长率为-0.79‰，自2002年以来，连续6年呈负数增长。（高　昶）

鹤山农场基本情况及国民经济主要指标完成情况统计表
（2007年）

指标名称	计量单位	2007年数值
管理区	个	8 588
总户数	户	8 588
总人口	人	21 643
其中：男	人	10 870
女	人	10 773
少数民族人口	人	123
地区生产总值	万元	31 639
人均生产总值	元	14 618.6
工农业总产值	万元	49 856.4
粮食总产	吨	83 568
固定资产投资总数	万元	3 918
职工工资总额	万元	8 746.2
职工平均工资	元	11 878.58
职工家庭人均收入	元	7 996

大西江农场

场长：侯方武，1963年7月出生，山东崂山人，中共党员，研究生学历，高级农机工程师，1982年7月参加工作，1998年1月任现职。

党委书记、社区管理委员会主任：于刚，1963年10月出生，山东文登人，中共党员，大学学历，高级农机工程师，1982年7月参加工作，2006年12月任现职。

农场党委副书记、纪委书记、社区副主任、政法委书记：孔令成（2005.10～）

副场长：刘保华（2004.3～）
孙　杰（2004.4～）
张景泉（2002.10～）

党委委员、工会主席兼武装部部长：郭雁序（2005.10～）

【概况】 大西江农场地处黑龙江省西部边境中段，小兴安岭南麓嫩江县境内，西靠嫩江，南临讷河县，东与鹤山农场相临。地理坐标：东经124°45′49″～125°8′42″，北纬48°52′36″～49°4′20″，南北长22公里，东西宽29公里，总面积379平方公里。

2007年，农场战胜严重自然灾害，经济发展和社会进步迈上新台阶，实现粮豆总产5.6万吨，生产总值26 353万元，经营利润387万元，人均纯收入8 439元，各项社会事业取得了长足发展。场外经营土地实现利润683万元。农场认真落实农业部保护性耕作项目，被农业部授予"全国农垦现代农业示范区"。

农场投资282万元完成了场直自来水厂建设，彻底解决居民饮水困难；投资38万元建成分局首个硅PU网球场1个和硅PU篮球场2个；场直主要街道全部实现硬化。在场县共建活动中，农场为嫩江县临江乡苇芦泡和博尔气两个村首次实施了整村代耕，代耕共1 053.33公顷，并在丹凤村与临江乡组建了第一家场乡农机作业合作社。（李继祥）

【领导视察】 2007年7月6日，省委副书记、省长张左已在时任副省长申立国，省长助理、省政府秘书长张松岭，省发改委主任唐修亭，省农委主任李嵘，农垦总局党委书记吕维峰、分局局长刘炳东陪同下，来农场就农业产业化经营、新农村建设及场县共建等情况进行考察调研，张左已先后考察了现代农机展示中心、生态型小康楼区、农业科技园区等，张省长对大西江农场的发展变化给予了高度评价。在考察过程中，场长侯方武、党委书记于刚向张省长汇报了农场发展的情况。（李继祥）

【航化服务中心】 农场1999年与齐市鹤翔通用航空公司联合建设飞机航化服务中心。鹤翔公司提供8架"运5"飞机。农场先后累计投资120万元建设水泥机场2万平方米，其中水泥飞机跑道1.5万平方米，9个停机坪。航化中心立足本场，辐射周边，一直为老莱农场、部队农场及周边农村航化作业，每年航化面积6.67万公顷，同时兼营护林防火、飞播、航拍等其他业务。（李继祥）

【现代农机展示中心】 农场现代农机展示中心，于2006年10月建成投入使用，总投资230万元，占地面积2万平方米，库房面积2 000平方米。是一个集大型精准机械展示、存放、保养、维修于一体的现代农机展示中心，可停放各型先进机械60余台套。依托先进的精准农业设备，农场积极实施了土地资源低成本扩张战略，在场外租种耕地1.33万公顷。（李继祥）

大西江农场基本情况及国民经济主要指标完成情况统计表（2007年）

指标名称	计量单位	2007年数值
管理区	个	4 476
总户数	户	4 476
总人口	人	12 240
其中：男	人	6 699
女	人	5 541
少数民族人口	人	6
地区生产总值	万元	26 353.1
人均生产总值	元	21 530.3
工农业总产值	万元	40 513.7
粮食总产	吨	56 156
固定资产投资总数	万元	1 560
职工工资总额	万元	4 668.2
职工平均工资	元	11 638.49
职工家庭人均收入	元	8 439

尖山农场

场长：王其浦，1961年12月出生，江苏东海人，中共党员，大学学历，高级农艺师，1978年10月参加工作，2005年9月任现职。

党委书记：耿昧，女，1967年11月出生，山东沂水人，中共党员，大学学历，高级政工师，1986年9月参加工作，2006年12月任现职。

党委副书记、纪委书记、武装部长：宋庆才（2004.3～）

副场长：邵学杰（1998.12～）
高　杰（2004.3～）
王志宏（2007.3～）

工会主席：李友山（1995.6～）

【概况】 尖山农场位于黑龙江省中西部地区，小兴安岭南麓向松嫩平原延伸过渡的黑土地带，地理坐标：东经125°19′53″～125°47′15″，北纬48°46′55″～49°1′18″之间。碧绿的老莱河水环绕其间，高大的锥形火山——尖山隆地在场区的东部地域。林网密布，水渠纵横，自然生态资源丰富。2007年底，农场所辖土地总面积40 539公顷，其中耕地占用面积20 666公顷，林地6 751公顷，草原3 991公顷，水面133公顷，基础建设用地1 138公顷。

2007年，农场小麦播种面积6 280公顷，大豆播种面积8 253公顷，玉米、杂豆、甜菜等5 600公顷。小麦和大豆播种面积占播种点面积的70%左右。农场遇严重春旱，实现小麦公顷产4 965公斤，大豆公顷产2 625公斤、玉米公顷产7 500公斤、杂豆公顷产1 650公斤，粮食总产72 183吨。家庭农场种植业人均纯收入8 338元。9个管理区367个规模经营家庭农场实现利润3 452万元。农机作业纯收入首次突破1 100万元，农场农机设备在跨区作业项目中共计出车286台次，实现跨区作业2.69万公顷，跨区作业收入达400万元。

农场申请到国家农业开发项目，由国家投资400余万元，对原有农用飞机场进行了改造，新建农用飞机场地1 400平方米，优质粮晒场6 000平方米，大型机械马力库房1 200平方米。农场农业机械总动力38 079千瓦，大中型拖拉机157台，小型拖拉机332台，大中小型拖拉机配套农具967台套。联合收获机88台。

农场奶牛存栏3 900头，黄牛存栏3606头，羊存栏9 722只，猪存栏6 857头，家禽存栏77 625只，鹿存栏103只。上交鲜奶3 500吨；肉牛出栏735头，其中上交九三肉业433头。实现畜牧业产值8 240万元，实现利润2 400万元。

农场通过实施“绿满尖山、生态富民”工程，共完成造林247.07公顷，植树207万株；完成营区植树50万株；植绿篱2.1万延长米；主干路绿色通道建设植树15公里，植树2.7万株。水利林业部门于2006年开始采取植柳治理冲刷沟的办法，到2007年底，共治理冲刷沟70余条，合计4.2万延长米；进行山水林田路综合治理工作，新修农田路30条共3万多延长米，更新农田防护林11条，改造中低产田0.2万公顷；加强对化肥、农药使用的管理，积极发展有机农业，有机食品基地认证进入转换期。

农场投资110万元建成占地1万余平方米的主题文化植物园一处、步行街一条，推进文化大场建设工程，投资近百万元，在场直中心地带规划出1万平方米的场地，建成0.5万平方米的健身广场一处，取名为“群众健身苑”，添置了100余件健身设备。农场投入11.73万元新建中小学围墙和大门，校园文化建设投入1.3万元，维修校舍投入22.27万元，更新微机50台投入15万元，投入危房改造资金161万元，购置教学设备投入24万元。另投资32万元，为省级新农村试点单位第六管理区新建办公室400平方米。在场直和管理区新建卫生厕所4座，共投资12万元。

农场集中解决了历史遗留的部分职工保险断漏续保问题，共承担386名补缴职工的企业部分和利息计1 000余万元。全场享受城镇居民最低生活保障人数410人，“三无人员”保障标准提高到每月全额保165元，人均月补差额提高到80元。全年发放低保金393 600元，发放专项补贴23 310元，发放低保户冬季取暖费94 250元。全年给低保户共计发放资金511 160元。

农场实现生产总值22 915万元，较上年增长3%；实现利润2 368万元，较上年增长114.9%；人均纯收入10 032元，较上年增长15.2%。农场无资金借款，资产负债率76%，较上年下降10.1个百分点。人均产值3.64万元，人均生产总值1.64万元。农林牧渔业总产值17 146万元，农林牧渔业增加值18 485万元；工业总产值1 291万元，工业增加值220万元。（邵学杰）

【场县合作共建】 农场组织农业、农机、牲畜、医疗、教育等方面专业技术人员为双山镇村民讲解农业、农机、畜牧等种养技术。共举办各类培训班8次，培训各类人员680多人，送科技书籍560余册。第一管理区党员干部集资5 000多元，为菜窑村贫困党员腾云霞购买两头优良后备母猪，建温室猪舍20多平方米，兽医专业技术人员经常为其提供技术指导，定期为后备母猪防检疫，年底增收8 000多元。农机专业技术人员与北墙村种养兼营大户于学富结成帮扶对子，为他提供技术指导和服务。第三管理区党支部为青山村村民送去中草药种植项目，无偿提供种子和技术。农场党委举办了迎“七一”场镇共建文化广场演出，部分优秀节目参加“嫩江之夏”文化广场演出，增强了场县文化交流。农场党委先后两次组织医疗义诊小分队，为双山镇菜窑村、青山村村民义诊360多人次，免费发放3 000多元的常用药品。（王民德）

【撤队并点工作】 2007年5月，农场按照总局撤队并点，规模化经营，节约土地的要求，对农场原第八生产队进行了整体搬迁，拆除房屋面积4 070平方米，搬迁住户112户。被搬迁住户的房屋经总局有评估资质的评估机构作价得到合理补偿，拆迁户均得到适当安置。拆迁后土地整理工作由农场水务局负责，6月22日开始整地工程，10月28日结束，此次拆迁农场投入约200万元，共整理出可用耕地70余公顷。（宋云波）

【“跨区作业”实现高收入】 农场在跨区作业项目中共计出车286台次，完成作业面积2.69万公顷，收入400万元。第四管理区年机械作业总收入268.2万元，盈利170.2万元（跨区作业纯收入43.6万元，占25.6%）其中刘长江9 660收割机总收入47.3万元，盈利42.4万元，其中跨区作业收入25.8万元，占60.8%。赵川9 320拖拉机在海拉尔地区联合整地作业完成0.1万公顷，纯收入12万元。（郭进财　宋云波）

【通乡公路建设】 农场加快通乡公路建设，修建三队至九线2.2公里水泥路；修建六队至尖红线1.6公里水泥路；修建三队至场直6.3公里三级砂石路；修建公路桥一座，地点在九尖K13+400米处。（杨兆爽）

【客运及物流中心投入使用】 农场客运中心及附属物流中心配套工程2007年6月10日开工，于9月10建成。建筑面积1 142平方米，总投资220万元。（孙建鹏　宋云波）

【中小学通过“双高”普九验收】 2007年，农场投入50.3万元改善中小学办学条件，近3年农场累计为中小学投入623.88万元，使中小学硬件建设达到分局领先水平。农场中小学于当年11月19日顺利通过农垦系统“双高普九”验收工作。（王艳华）

尖山农场基本情况及国民经济主要指标完成情况统计表

（2007年）

指标名称	计量单位	2007年数值
总户数	户	4 429
总人口	人	14 019
其中：男	人	7 215
女	人	6 804
少数民族人口	人	74
地区生产总值	万元	22 915.17
人均生产总值	元	16 345.7
工农业总产值	万元	36 922.2
粮食总产	吨	72 183
固定资产投资总数	万元	3 005
职工工资总额	万元	9 060.3
职工平均工资	元	18 215.32
职工家庭人均收入	元	10 032

荣军农场

场长：陈殿俊，1963年9月出生，山东省齐河县人，中共党员，大学学历，农艺师，1978年8月参加工作，2005年9月任现职。

党委书记、社区主任：张蓬勃，1957年6月出生，山东省招远县人，中共党员，大学学历，高级政工师，1974年8月参加工作，2000年11月任现职。

党委副书记、纪委书记、社区副主任、政法委书记：赵淑梅（2002.1～

副场长：王　岩（2006.12～）

王荣生（1998.2～）

白发唐（2000.3～）

姚福海（1997.2～）

工会主席：付永胜（1990.2～）

党委委员、武装部部长：刘道玉（2000.12～）

【概况】 荣军农场地处松嫩平原，小兴安岭南麓的讷河市与嫩江县交界处。地理坐标：东经125°21′～125°23′，北纬48°39′～48°51′之间。拥有耕地13 600公顷，草原1 000公顷，林地4 666.67公顷，水面113公顷，总户数3 887户，总人口10 049人。

2007年农场实现生产总值1.9亿元，实现利润1 223万元，家庭农场纯收入1.1亿元，工农业总产值2.1亿元，粮食总产量3.7万吨，农场职工家庭人均收入8 010元。农场职工自筹资金1 800万元更新农机具57台套，有机户经济收入达6.7万元，种植业实现增加值6 252万元。农场奶牛存栏达2 400头，肉牛饲养量2 100多头，生猪和绵羊持续增长，獭兔、狐貂、大雁等特色养殖形成了一定的规模，畜牧业实现增加值3 106万元。以绿化苗木为重点的苗木基地建设达66.67公顷，为农场提供绿化树苗75万多株；场外实施造林20公顷，创收益100多万元；林下经济效益不断提高，实现收入200多万元；采摘沙棘果250吨，获产值97万元，沙棘饮料厂实现租赁收入32万元。劳务输出1 300多人，年实现劳务收入700多万元。强化了财务管理工作，完善了资金运作程序，加快了资金周转速度，严格控制各项开支，农场财务费用2007年降到94万元。社会主义新农村建设迈上新的台阶，农场投入建设资金800多万元，修筑通村公路10公里，完成了原四队拆迁、第二管理区房屋改造，场直住宅区改造、小学教学设施添置、场直休闲公园建设、场部和第二、第三、第四管理区环形公路建设、全场营区绿化和场部主干道安装太阳能路灯、第三管理区自来水改造、修建卫生厕所等民心工程。（李洪山）

【管理区工资分配制度改革】 农场从转变职能，提高服务水平，建立与职工群众“联心、联利、联责”的管理机制入手，对农业单位管理人员工资分配制度继续进行改革，改革的内容为：取消农业单位管理人员的工资（工资计入档案），农场不再给农业单位核定管理费，管理人员的收入由租种土地和提取规模经营的机车服务费两部分组成。标准为：农业单位管理人员租种与规模田职工面积相同的土地，管理人员之间面积相等（全场平均22公顷/人）。管理人员的土地不能单独分配，待遇与规模田职工相同；服务费提取的标准为：按本单位机车代耕费总收入6%～10%的比例提取，分配系数为正职1，机务队长0.8，其他人员0.7；市场田竞价出售中高于农场定价以上部分的50%上交农场，另50%留作单位管理费。改革促进了农业生产，提升了标准化管理水平，在大灾之年取得农场管理费降低，收入增加，人均收入提高的好成绩。2007年，农场实现利润1 223万元，人均收入8 010元，规模田农工和有机户劳动力人均收入6.7万元，管理人员人均收入5.5万元，以上四项指标均创历史新高。（李洪山）

【职工自筹资金进行农机具更新】 农场出台一系列优惠政策，在坚持保有量不变（增机型不增保有量）的前提下，鼓励职工加大农机具更新力度，积极引导有机户进行农机具的更新换代。职工自筹资金1 800万元，购进农机具57台套。其中维美德T171型拖拉机8台，迪尔7820拖拉机1台，160马力凯斯SPX3150自走式喷药机1台，3518CTS联合收割机2台，1075联合收割机12台，皮凯德芸豆起拔机和收获机各1台，气吹式精量点播机、机械式精量点播机各1台，配有液压耙、深松浅翻犁、凿尺式深松机等其他机具。农场机械总动力达14 600千瓦。（李洪山）

【退耕还林顺利通过国家造林验收】 2007年8月3日，农场迎来国家造林验收工作组，对2002～2006年以来的工程造林进行全面检查验收。2002～2006年退耕还林工程造林总面积为1 753.33公顷，其中退耕地造林686.67公顷，宜林荒山荒地造林1 066.67公顷，重点防护林工程造林总面积133.33公顷。农场顺利通过了国家造林验收组的验收。（李洪山）

【荣鹤宝丰沙棘有限公司租赁经营】 2007年农场决定将荣鹤宝丰沙棘有限公司对外实行租赁经营。6月经过与黑龙江省长乐山饮品有限公司的多轮磋商，最终达成协议。长乐山饮品有限公司同意租赁经营荣鹤宝丰沙棘有限公司，租赁期为5年，从2007年7月18日至2012年7月18日，租金总额为220万元。为支持长乐山饮品有限公司建冷库，农场将租金降至160万元，降价的60万元用于建造800平方米的冷库，资金不足部分由长乐山饮品有限公司自行负责，冷库建成后，产权归农场所有。160万元租金分5年付清，每年32万元，在每年的8月1日前一次性支付，逾期支付，应承担违约责任，即按支付租金的万分之二点一支付违约金。（李洪山）

【税费改革顺利通过财政部验收】 2007年5月28～30日，受财政部的委托，海南省财政专员办一行3人在九三分局副局长裴志刚及相关部门人员的陪同下，到农场听取了农场“粮食补贴”、“税费改革工作情况汇报”，对农场2000～2004年有关财务账簿及相关凭证进行普查，并对税费改革资金发放情况进行了入户抽查，验收组通过3天认真、细致的工作，认为农场税费改革工作能够按照国家的相关政策落实到位，没有挤用、挪用和占用的现象发生，验收组对农场税费改革工作给予了高度评价，农场代表九三分局顺利通过财政部落实税费改革政策即中央转移支付税费改革资金的使用及发放情况验收。

（李洪山）

【场直单位富余劳动力问题得到解决】 农场利用近3个月时间，经过自愿写申请、签协议形式，为场直转制企业500多待岗人员办理了劳动调转关系。

（李洪山）

荣军农场基本情况及国民经济主要指标完成情况统计表

（2007年）

指标名称	计量单位	2007年数值
总户数	户	3 887
总人口	人	10 049
其中：男	人	5 054
女	人	4 995
少数民族人口	人	323
生产总值	万元	19 000
人均生产总值	元	18 907.4
工农业总产值	万元	21 083
粮食总产	吨	36 653
固定资产投资总数	万元	1 527
职工工资总额	万元	4 495
职工平均工资	元	12 385.75
职工家庭人均收入	元	8 010

红五月农场

场长：潘雨江，1962年11月出生，黑龙江省嫩江县人，中共党员，大学学历，高级政工师，1982年8月参加工作，2004年1月任现职。

党委书记、社区主任：王玉起，满族，1966年6月出生，河北省青龙县人，中共党员，研究生学历，高级政工师，1987年7月参加工作，2005年9月任现职。

党委副书记、纪委书记、社区副主任：李凤祥（1994.3～）

副场长：张志国（1998.12～）

齐　威（1995.11～）

王有库（1998.12～2007.3）

张明亮（2007.3～）

工会主席：王兴义（2002.1～）

党委委员、武装部部长：王文宝（2005.9～）

【概况】 红五月农场地处黑龙江省讷河市境内东北部，与嫩江县交界，地理坐标：东经125° 25′ ～125° 43′ ，北纬48° 39′ ～48° 50′ 。东与讷河市青色草原马场、茂山林场相连，西邻荣军农场，东北与七星泡农场接壤，南邻讷河市友好乡，北、西北分别与国庆林场、尖山农场接壤。农场土地总面积3.13万公顷，其中：耕地1.15万公顷、天然次生林0.51万公顷、人工林0.21万公顷、草原0.33万公顷、可垦荒地0.13万公顷、水面0.04万公顷。场内有南阳河、火烧沟两条河流，这两条河流均发源于场区境内。南阳河由地名南阳岗而得名，全长26.25公里。火烧沟因以前此沟烧过大火而得名，全长10公里。除了上述两条河流之外，在丘陵谷地之中有多处泡泽。农场物产资源较为丰富。

2007年，农场实现生产总值15 517.6万元，比上年增长16.5%；人均纯收入8 201元，比上年增长17.1%；实现利润总额876万元。年内，农场兑现减负资金160余万元；将停产多年的饲料厂卖给九三薯业股份有限公司，盘活了存量资产；妥善解决了与安徽种子酒总厂合同纠纷一案，减少了农场经济损失。种植业坚持稳麦、压豆、增经饲、扩高效的原则，小麦、大豆、经杂的种植比例为20∶40∶40，其中：大豆5 253.33公顷、小麦2 626.67公顷、经杂和高效作物面积5 253.33公顷，落实科技示范带2 446.33公顷，实现种植业结构调整增收350万元。在稳步发展奶牛、肉羊的基础上，农场重点发展狐貉、獭兔等特色养殖业。年末，奶牛存栏3 071头，肉牛存栏1 301头，肉羊存栏11 220只，猪存栏4 122头，鹿存栏326只，狐貉3 784只，獭兔7 925只。实现畜牧业产值8 365.8万元。农场依托自身优势大力发展林苗、中草药等项目，种植中草药24.07公顷，种植经济作物58.07公顷，实现产值103万元。全年实现非国有经济生产总值5 500万元，比上年增长7.8%；从业人员1 300人，比上年增长15%；非国有经济使全场人均收入增加600元，比上年增长10.1%。

（韩　飞）

【着力改善民生】 2007年，农场加大投资、引资力度，强力推进民心工程建设，着力改善民生：一是全面实施“四百工程”，结成“一帮一”帮扶对子，建立了包扶机制，落实帮扶目标和责任，扶持39户中低收入家庭脱贫。二是在全面落实义务教育免费政策的同时，开展了捐资助学活动，保证义务教育阶段和考入重本的贫困生都能顺利完成学业。加大教育投入力度，投资103.3万元，改善了中小学校办学条件，软硬件建设实现了规范化、标准化，顺利通过了省政府“双高普九”评估组的验收。三是为减轻集中供暖的职工负担，农场出台相关优惠政策，职工与领导干部享受同等待遇。四是全面落实国家粮食补贴和税费改革惠农政策。五是对全场受灾户进行全面摸底并引导其发展短平快项目，实施生产自救，增加收入。（韩　飞）

【加快新农村建设】 2007年，农场加快新农村建设步伐：一是投入配套资金526.5万元，建成场直通往第二、三管理区共16.4公里的通村公路。二是实施安居工程，引资开发建设了一座近6 000平方米的综合住宅楼。三是农场补贴114.5万元资金，拆迁第十四居民组，推进撤并复垦进程。四是投入103.3万元，对中学教学楼维修改造并增添新的教学设施。五是实施高标准绿化工程，在场直植绿篱2 000延长米共25万株，栽银中杨、樟松大苗2.5万株，栽植草本花卉10万余株、花灌木2 500余丛。六是农场投资为管理区栽标准树，修标准路，建标准民房和新办公室。七是积极引导富余劳力外出务工增收，全年外出务工3 000余人，增收近1 000万元。

（韩　飞）

【打造生态园林型精品城镇】 农场遵循科学规划、立足生态、打造精品、风格独特的原则，加快生态园林型城镇建设步伐：一是实施营区绿化树管护工程。

为确保场区、队区绿化树成活，实行场领导、基层领导和具体责任人三级管理，责任到人。二是实施场区道路建设管护工程。采取农场投、单位管、职工干相结合的方式，将场区道路铺垫砂石，确保路面平整，路沟排水通畅。在第二管理区修硬化路沟6 000延长米。三是实施高标准香化、美化工程。在高标准净化的基础上，分别将场直3条主要马路建成"桃红路"、"丁香路"、"玫瑰路"，在公共区、办公区和场直4条水泥路两侧栽植草本花卉。四是实施绿篱工程。在场直希望路两侧植绿篱2 000延长米，取代住户的杖子、院墙。在第二管理区植绿篱4 000延长米。五是实施景观住宅建设工程。采取农场补、职工筹相结合的方式，在第二、四两个管理区，各建15栋景观住宅平房。（韩　飞）

【推进撤并复垦进程】 农场圆满完成了第十四居民组动迁任务。此次动迁工作中，共涉及53户139人，拆迁房屋15栋。7月末，第十四居民组住户全部动迁完毕，农场为其发放各类补贴款共93万元。（韩　飞）

红五月农场基本情况及国民经济主要指标完成情况统计表（2007年）

指标名称	计量单位	2007年数　值
总户数	户	3 832
总人口	人	10 160
其中：男	人	5 271
女	人	4 889
少数民族人口	人	45
生产总值	万元	15 517.6
人均生产总值	元	15 273.2
工农业总产值	万元	20 136.5
粮食总产	吨	27 405
固定资产投资总数	万元	1 355
职工工资总额	万元	2 444.6
职工平均工资	元	8 432.56
职工家庭人均收入	元	8 201

七星泡农场

场长：牛志强，1957年8月出生，黑龙江省拜泉县人，中共党员，大学学历，高级农机师，1974年5月参加工作，2005年9月现职。

党委书记、社区主任：李恩生，1963年3月出生，山东省武城县人，大学学历，高级政工师，1979年11月参加工作，2006年11月任现职。

党委副书记、纪委书记、社区副主任、政法委书记：宋会林（2004.3～）

副场长：靳明武（2004.3～）

冯广林（1998.12～）

王喜清（2007.3～）

工会主席：刘青松（2004.3～）

党委委员、武装部部长、社区副主任：曹　伟（2000.11～）

【概况】 七星泡农场地处小兴安岭西麓，位于五大连池、讷河、嫩江两市一县交汇处，南临世界四大冷泉之一的五大连池风景名胜区，北通黑河国际开放口岸，鹤嫩公路贯穿场境。地理坐标：东经125°9′～126°13′、北纬48°42′～49°01′。农场土地总面积791.63平方公里，其中耕地面积3.07万公顷，占农场土地总面积的35.5%；林地、草原、湿地和水面面积占全场土地总面积的51.8%。场内水源丰富，有科洛河、小边河、大岔八气沟、小岔八气沟，夏家店后沟等5条河溪河，并建有东风、红旗、板石沟3座水库，其中东风水库全省闻名，库容量达3 837万立方米，养鱼水面716.67公顷。农场东风水库周边至科洛河沿岸为总局级淡水、沼泽、林地混合类自然保护区。

2007年农场实现生产总值29 397万元，比上年同期增长9%。其中：第一产业20 746万元，比上年增长5.59%；第二产业1 777万元，比上年减少9.24%；第三产业6 874万元，比上年增长26.99%。人均纯收入8 409元，比上年增长5%。职工人均收入20 641元，比上年减少2%。家庭农场总收入37 683万元，总支出19 691万元，上缴企业利润4 174万元，实现利润13 818万元，家庭农场劳动力人数5 960人，劳动力平均收入2.91万元，家庭农场总人口13 060人，人均收入1.33万元。

（周士荃）

【种植业】 农场按照农业可持续发展要求，进行合理轮作，减少大豆重迎茬面积，科学调整农作物种植比例，以提麦、压豆、增加高效经济作物为主线，加大种植业结构调整力度，重点扩大种植甜菜、玉米、马铃薯、亚麻、芸豆等高效经济作物，麦类、大豆、经济作物种植比例为24.1∶45∶30.9。农场总播面积31 141公顷，其中：麦类7 500公顷；大豆14 018公顷；经济作物：亚麻1 500公顷，占总播面积4.8%，玉米2 400公顷，占7.7%，杂豆3 624公顷，占11.6%，马铃薯200公顷，占总播面积0.6%，甜菜946公顷，占3.0%，蔬菜216公顷，占0.7%，其他作物面积737公顷，占2.5%。农场进行农业科技推广和开展农业标准化创优达标活动，克服了低温、干旱等自然灾害的影响。小麦公顷产4 980公斤，总产27 415吨，比上年增长5.4%；大麦公顷产4 800公斤，总产9 604吨，比上年增长2.1%；大豆公顷产2 265公斤，总产31 693吨；亚麻公顷产3.95吨，总产5 930吨，玉米公顷产7 515公斤，总产18 026吨；甜菜公顷产21吨，总产20 267吨。2007年农场农作物受灾面积20 524公顷，成灾面积18 737公顷，其中：玉米720公顷，大豆14 018公顷，杂粮3 624公顷，甜菜375公顷，因灾减产12 300吨，其中：玉米1 000吨，大豆8 400吨，杂粮2 100吨，甜菜575吨。（周士荃）

【畜牧业】 农场年末奶牛存栏5 615头，肉牛存栏8 902头，羊存栏24 195只，分别比上年同期增长3.77%、26.79%、9.76%。生产鲜奶15 016吨，肉牛出栏4 552头，羊出栏17 150只，分别比上年同期增长5.26%、-6.18%（上交九三肉业同期增长82.5%）、3.11%。

（周士荃）

【林业】 农场对往年工程造林中的退耕还林、重点防护林和荒山荒地进行全面补植。完成退耕还林补植400公顷、荒山造林补植1 340公顷,共投入苗木280万株,使成活率和保存率达到国家验收标准。场直、第二管理区、第九管理区、第十管理区为绿化重点,植树30公顷。销售苗木96万元,对外绿化施工两处(九三牛业、嫩江兴邦药业)。

(周士荃)

【基本建设】 农场完成基本建设(固定资产)总投资1 833万元,其中:土建工程投资162万元;购买办公等设备43台(套),投资23万元;完成标准粮田建设项目投资304万元;通村公路建设14.36公里,投资836万元;新建二十八队无名桥一座,投资63万元;购买大型农机具4台,投资407万元;场直分户供暖及自来水管道改造投资38万元。拆除原二十一队居民点一处。

(周士荃)

【场县合作共建】 以场县共建为载体,全面贯彻落实"九三分局与嫩江县合作共建工作推进大会"精神和分局关于场县合作共建的工作部署,在场县共建中充分发挥农场自然优势以及示范和引导作用,提高合作共建水平,促进了区域经济和社会事业全面协调发展。全年实现农机跨区作业12 000公顷;推广了五大作物高产栽培模式666.67公顷,推广农业、农机新技术4项。推广适用农业新技术覆盖面积6 666.67公顷;培训白云乡科技示范户50个,对300人次进行了科技示范培训;建立了"场县合作共建先锋示范田",示范田面积35公顷;在白云乡增设了种子销售网点1个,向白云乡提供农作物优良品种500吨,良种推广面积达4 666.67公顷;在文明场乡建设上,借助双方的特点和优势,在绿化、亮化、美化、净化方面共同建设,推进发展,农场免费为白云乡提供了1.4万株金丝柳绿化树苗。

(周士荃)

【北大荒先锋工程】 农场党委以创新争当"五个典范"活动为载体,在加强基层党组织建设,发挥党员干部先锋作用方面取得了初步成效。一是提高了认识,加强了领导,建立健全了责任体系。农场党委把实施"北大荒先锋工程"同农场开展的各项思想政治工作有机结合起来、与日常工作有机结合起来、与长远规划与近期工作安排有机结合起来。二是求真务实,创新载体,把"北大荒先锋工程"落到了实处。在紧紧围绕"北大荒先锋工程"确定的七项任务打造30个方面的先锋队伍的同时,向全场党员干部提出了争当"五个典范"("五种作风"建设、"五带头"、引领职工致富、结构调整、"十星级文明户")的号召。三是加强了督促,严格了考核,确保了"北大荒先锋工程"的长效开展。

(周士荃)

七星泡农场基本情况及国民经济主要指标完成情况统计表(2007年)

指标名称	计量单位	2007年数值
总户数	户	5 547
其中:农场户数	户	5 217
非农场户	户	330
总人口	人	14 724
其中:男	人	7 688
女	人	7 036
农场人口	人	14 048
少数民族人口	人	239
地区生产总值	万元	29 397
人均生产总值	元	20 926
工农业总产值	万元	43 269
粮食总产	吨	93 271
固定资产投资总额	万元	2 113
职工工资总额	万元	7 942
职工平均工资	元	13 740.48
职工家庭人均收入	元	8 409

【领导干部素质升级工程】 农场党委提出在全场领导干部中实施"素质升级"工程,强化了领导干部的学习培训工作。一是狠抓机关工作作风,加强机关干部的教育学习管理。全年利用周五下午组织机关工作人员集体学习32次,参加者达到了机关工作人员的80%以上,组织义务劳动10多天,参加人数达800多人次,年终述职参与率为100%,群众测评满意率达到97%,考核合格率达98.5%。二是建立教育基地,坚持学习培训。农场党委在第八管理区建立了党员教育培训基地,成功举办了党支部(总支)书记培训班,坚持每周二晚间学习的制度。利用业余时间对全场13个党总支和51个党支部书记进行了50多个学时的集中培训。培训内容以党建基础理论和相关业务知识为重点,有效提高了广大政工干部的工作能力。

(周士荃)

嫩江农场

场长: 贾玉林,1950年3月出生,齐齐哈尔市人,中共党员,大学学历,高级政工师,1968年10月参加工作,2005年9月任现职。

党委书记兼社区主任: 郑勋,1957年8月出生,大庆市人,中共党员,大学学历,高级农艺师、高级政工师,1974年10月参加工作,2005年9月任现职。

党委副书记、纪委书记、社区副主任、政法委书记: 王宗玲(女)(2005.10~)

副场长: 周树义(1998.1~)
孟晓光(1999.8~)
张存生(2004.3~)
贾国胜(2001.2~)

工会主席: 王宝生(2000.3~)

党委委员、武装部部长: 赵　军(2000.11~)

【概况】 嫩江农场地处松嫩平原,小兴安岭西南麓,位于嫩江县东南38公里处。地理坐标:东经125°33′~125°58′36″,北纬48°53′54″~49°12′3″之间。拥有耕地2.53万公顷,草原1.2万公顷,林地0.33万公顷,水面0.04万公顷。总户数4 317户,总人口11 359人。

2007年农场实现生产总值2.4亿元,利润1 703万元,家庭农场纯收入1.03亿元,工农业总产值3.5亿元,粮食总产量6.5万吨,农场职工家庭人均收入9 001元。

(廖明富)

【农场旅游景点】 源明湖公园始建于2003年4月,占地73.8公顷,投资800万元,总蓄水量为107.5万立方米。源明湖景色宜人，蓝天碧水，水天一色，相映生辉。湖中心为"时进岛"，建于2004年4月，占地4 632.5平方米，岛上面积1 579平方米，建有杉木四角、六角、八角的双层亭子共4座，与长度28米的九曲回廊相连接，名为"天一亭"，寓天地合一、天人合一、人与自然高度和谐之意。时进岛设计为圆形大表盘，亭子及三条回廊是表针，指向早晨6时08分48秒，这是观赏日出的最佳时间，象征着嫩江农场如旭日东升、朝气蓬勃，也寓示了嫩江农场人只争朝夕、努力奋斗、与时俱进的精神。森林公园建于2003年4月，投资450万元，占地100公顷。已形成六大观赏区，分别是林苗花卉区、文化休闲广场、办公区、景观区、森林浴场及狩猎区。标志性建筑有晚枫亭、望月亭、香雪亭及高25米的森林观光塔(望江塔)。科洛河火山、湿地观光漂流区建于2005年5月，属于嫩江支流的科洛河湿地自然保护区，拥有2 100公顷的大片湿地。科洛河发源于嫩江县东部南尖山，由东北注入嫩江，是嫩江的一级支流，全长295公里，在场区内全长41公里，漂流段全长14公里。漂流段河水清澈见底，河床狭窄，滩险流急，途经四滩四湾，河道保持原始原貌。（廖明富）

嫩江农场基本情况及国民经济主要指标完成情况统计表（2007年）

指标名称	计量单位	2007年数值
总户数	户	4 317
总人口	人	11 359
其中:男	人	5 688
女	人	5 671
农场人口	人	11 080
少数民族人口	人	68
生产总值	万元	23 713
人均生产总值	元	20 876
工农业总产值	万元	35 146.6
粮食总产	吨	64 595
固定资产投资总额	万元	2 672.6
职工工资总额	万元	5 058
职工平均工资	元	10 709.29
职工家庭人均收入	元	9 001

山河农场

场长：赵清海，1962年1月出生，山东莒县人，中共党员，大学学历，高级农艺师，1983年7月参加工作，2004年3月任现职。

党委书记、社区主任：苏成军，1956年6月出生，辽宁金县人，中共党员，大专学历，高级政工师，1972年参加工作，2001年1月任现职。

党委副书记、纪委书记、政法委书记、武装部部长、社区副主任：陈富华（2001.1～）

副场长：刘凡明（2005.11～）
韩凤武（2007.3～）
张保鸿（2004.3～）
王有库（2007.3～）

工会主席：滕玉斌（1999.1～）

【概况】 山河农场地处黑龙江省小兴安岭西麓伸向松嫩平原的过渡地带，位于嫩江县东48公里处。地理坐标：东经125°29′～126°21′，北纬49°00′00″～49°04′29″之间。拥有耕地2.35万公顷，草原1.75万公顷，林地1.39万公顷，水面0.14万公顷，总户数4 132户，总人口12 351人。农场住宅楼总面积62 800平方米，居民住房楼房化率达70%。

2007年农场实现生产总值2.1亿元，实现利润3 705万元，工农业总产值2.4亿元，粮食总产量6.1万吨，农场职工家庭人均纯收入10 015元。（王崇茂）

【食用菌成为农场朝阳产业】 农场依托地缘优势，采取政策引导，资金扶持，技术培训，打造品牌等一系列措施，发展食用菌产业。建成5个菌厂，3个地栽木耳绿色园区，6个地栽木耳示范区。全场食用菌种植规模达4 850万袋。农场成立了食用菌协会和销售公司，建起了食用菌深加工厂，通过上海北大荒绿色特色产品交易会、哈尔滨经济贸易洽谈会等会展展示产品，增加产品知名度，畅通了销售渠道。农场"山绿"牌山菊花黑木耳、山菊花蘑菇取得了国家A级绿色食品认证。（王崇茂）

【农场科洛河湿地自然保护区】 科洛河湿地自然保护区建于1994年。1996年经黑垦局发（1996)258号文件批复为总局级湿地自然保护区。该区位于农场场部东南18公里处，是水泡、沼泽、自然林地混合类型的自然保护区。生物多样性比较丰富，野生动植物种类繁多。保护区面积为13 044公顷，其中水面占6 150公顷，缓冲区2 280公顷，核心区4 614公顷。（王崇茂）

山河农场基本情况及国民经济主要指标完成情况统计表（2007年）

指标名称	计量单位	2007年数值
总户数	户	4 132
其中:农场户数	户	4 132
总人口	人	12 351
其中:男	人	6 454
女	人	5 897
少数民族人口	人	215
地区生产总值	万元	21 497.6
人均生产总值	元	17 405.6
工农业总产值	万元	31 431
粮食总产	吨	61 387
固定资产投资总额	万元	3 671
职工工资总额	万元	6 458.9
职工平均工资	元	15 928.24
职工家庭人均收入	元	10 015

嫩北农场

场长：王旭光，1966年1月出生，黑龙江省鹤山农场人，中共党员，大学，大学学历，高级农艺师，1988年7月参加工作，2005年9月任现职。

党委书记、社区主任：许永和，1958年7月出生，黑龙江省肇东市人，中共党员，大学学历，高级政工师，1980年8月参加工作，2000年11月任现职。

党委副书记、纪委书记、社区副主任兼武装部部长：何俊清（2007.3～）

副场长：朱玺纯(2007.3～)
王明志(1998.1～)

程爱国(1993.3～)
工会主席:陈树德(2001.1～)
总农艺师:严　森(2007.3～)

【概况】 嫩北农场位于嫩江县东北50公里处,地理坐标为东经125°15′～125° 40′,北纬49° 24′～49° 40′之间。场界东与嫩江县霍龙门乡、科络镇为邻,西与联兴乡接壤,南濒科洛河,北抵门鲁河。东西宽35公里,南北长31公里。农场土地总面积为429平方公里,拥有耕地2.27万公顷,草原0.67万公顷,林地0.85万公顷,水面0.2万公顷。农场常住人口11 671人,总户数3 909户。2007年农场实现生产总值18 248万元,全口径实现利润8 145万元,其中:农场实现利润1 018万元,家庭农场实现净收入7 127万元。粮豆总产4.9万吨,人均纯收入8 161元。

(王洪刚)

【小城镇建设粗具规模】 农场小城镇基础设施完备,服务功能齐全,交通便利,通讯畅通,投资环境良好。嫩漠公路贯穿场区,场内循环公路四通八达;开通了光缆,通讯与国际接轨,信息进入国家级高速公路,为招商引资、携手开发创造了宽松的投资环境。全场居民住宅楼总面积达5万平方米,居民入住率达53%。全场自来水入户率达100%,有线电视入户率达100%,电话入户率达85%,移动电话已在全场普及,信号在全场区域内无盲区;宽带入户率达12%,公路硬化率达100%,营区绿化覆盖率达32%。场直城镇水泥路面达4.5万平方米;建设集运动、休闲、娱乐、文艺演出等多功能综合性文化休闲广场2.3万平方米;建有8万平方米生态植物园一处;场区绿地面积20万平方米,人均公共绿地面积22平方米;场直安装各种路灯、景观灯等共120余盏;上监控设备7套;已建成一个社会功能齐全、基础设施完备、各业蓬勃发展的现代化农垦新城。 (王洪刚)

【畜牧业稳步发展】 农场大力发展畜牧业,以肉牛为主的畜牧业实现了跨越式发展,肉牛年饲养量达2万头,出栏7 500头,交售九三肉牛屠宰厂育肥牛1 570头。农场继续出台优惠政策扶持畜牧业发展,坚持自繁自育,推广以5～10头母牛的小群体饲养和“341”农牧结合型家庭牧场模式。推进育肥牛规模化、专业化饲养,使畜牧业尽快向质量、效益与生态安全并重的方向转变,充分利用现有的10栋牛舍进行集中舍饲育肥,扶持10个年饲养量150头的育肥牛户,培育优质肉牛,采取糖化酿酒,糖化饲料育肥牛,提高育肥牛的质量和经济效益,使每头牛出栏体重达到500公斤以上,头均效益达到800元。在稳定两牛产业发展的基础上,农场鼓励职工大力发展猪、兔等其他养殖项目促进职工增收,八区獭兔养殖、七区的鹌鹑养殖和林业公司的蛋鸡养殖等三个新上的特色养殖项目都取得较好的效益,为职工创业增收闯出了新路。

(王洪刚)

【林业生态经济蓬勃发展】 农场以林苗、林药、林菌、林果为主的林业经济快速发展,年培育云杉、樟子松、银中杨等林苗1 000万株,栽植穿地龙、五味子等中草药10公顷,发展木耳、蘑菇等食用菌200万袋,棚菜基地50 000平方米,盛产蕨菜、黄花菜、榛蘑等山野菜。引进的近2 000株美国提子成功产出首批果实250公斤。 (王洪刚)

【改善居民生活】 农场投入139万元,为二区、八区两个新农村示范管理区的162户职工改造旧房34栋。解决职工生产生活用水,为七区打井1眼,为其他区组洗井5眼,铺设三区供水管道1 500米。投入260余万元,整体拆迁了饮水困难的三区第十一居民组102户,拆迁房屋总面积4 715平方米,土地整理复垦44.2公顷,为69户拆迁职工建设了10栋3 297平方米住宅。完成了场直三区二马路南29户1 585平方米旧房拆迁任务。投入649万元,修建通村公路10.6公里,通达公路8.5公里。

(王洪刚)

【加强农业基础设施建设】 农场投入100万元,建土壤化验室200平方米,可实现全场和周边农村的土地实现测土配方施肥6.67万公顷,实现科学合理的用肥并提高土地产出效益。筹资310万元建设航化作业飞机场一处及配套农药库、油库、值班室等350平方米,建混凝土跑道1.5万平方米。在一区修建塘坝一处,修建库房500平方米,晒场7 000平方米,修田间路15公里。 (王洪刚)

嫩北农场基本情况及国民经济主要指标完成情况统计表(2007年)

指标名称	计量单位	2007年数　值
总户数	户	3 909
其中:农场户	户	3 801
非农场户	户	108
总人口	人	11 671
其中:男	人	5 878
女	人	5 793
农场人口	人	9 983
少数民族人口	人	428
生产总值	万元	18 248.7
人均生产总值	元	15 635.9
工农业总产值	万元	26 555.9
粮食总产	吨	49 112
固定资产投资总额	万元	1 237.3
职工工资总额	万元	5 873.5
职工平均工资	元	15 861.46
职工家庭人均收入	元	8 161

建边农场

场长:张晓军,1964年10月出生,黑龙江省林甸县人,中共党员,大学学历,高级农艺师,1988年8月参加工作,2001年10月任现职。

党委书记:张景伟,1962年4月出生,黑龙江省拜泉县人,中共党员,大学学历,高级畜牧师,1983年8月参加工作,2005年9月任现职。

党委副书记、纪委书记:张宝林(2005.11～)

副场长:梁贵新(1994.1～)
李　江(2001.4～)
王文建(2005.9～)
王文远(2005.11～2007.3)

党委委员、武装部部长:于国军(2000.11～)

农机总工程师：郭兆义（2007.3～）

【概况】 建边农场位于嫩江县城北部118公里的高寒山区，处于黑龙江省农业区划第五积温带。农场占地面积79 853公顷，其中耕地面积12 554公顷，林地30 000公顷，草原17 466.67公顷，水面1 200公顷。总人口9 387人，总户数3 090户。

2007年农场以科学发展观为统领，以新农村建设为重点，以构建和谐社会为目标，促进了经济、社会又好又快发展。农业着重进行种植结构调整，突出发展优质高效和新兴作物的引进和试种，采取多种措施增强农业生产能力，申报了全国绿色食品生产基地。畜牧业。做强主导产业，发展特色养殖；进行品种改良，增加科技含量，提高规范化饲养水平；加强防检疫，确保人畜安全。非国有经济，发挥资源优势，引导鼓励职工从事山产品采集、种植中草药、承包场外耕地增加收入；以新农村建设为契机，支持个体建筑业、运输业人员参与项目建设；鼓励闲余劳动力劳务输出；在农场鼓励支持下，职工投资开办了塑窗厂、环保免烧砖厂、食用油加工厂、亚麻厂、红砖厂、种子加工厂等小企业，既增加了个人收入，又满足了农场生产、生活需要，还解决了场直分流转岗职工就业问题。借嫩多公路建设之机，沿路居民组广泛开辟餐饮、住宿、商品供应、车辆修理等服务项目，发展路边经济，增加收入。企业管理，按照国家第二次土地详查要求，完成了农场区域界属及草荒地认定；完善了土地承包机制，妥善落实了粮食直补和税费改革等惠农政策，调动了职工种地和投入的积极性；全面推行刚性预算管理，加强资金管理，强力推进了清欠工作。新农村及小城镇建设全口径投资1 300万元，农场配套600余万元，进一步改善了农场整体面貌和职工居住条件。全年实现生产总值1.44亿元，比上年增长8%，农场实现利润450万元，粮食总产量32 569吨，工农业总产值1.17亿元，人均纯收入8 023元，清理回收欠款490万元。

（段志民）

【发生历史罕见旱灾】 自2007年6月20日有效降雨以后，持续一个半月农场没有有效降雨，导致农田渴水严重，80%以上农作物因为干旱发育受到严重影响，一些岗地的豆类作物花荚脱落，有些小麦因为灌浆期无雨而使产量受到影响。8月3日农场召开抗旱工作会议，在确保人畜饮水的条件下，采取追肥、浇灌、人工增雨等措施，努力降低了灾害损失。

（段志民）

【开展土地详查】 按照国家第二次土地详查要求，2007年8月至10月，农场选派郭兆义总工程师率领的10人小组，对全场界内耕地再次详查，并完成了农场区域界属及草荒地的认定。

（段志民）

【推进场乡合作共建】 2007年3月分局与嫩江县的合作共建会议后，农场立即召开党政联席会议研究落实，成立了领导小组，设立了专门办公室，通过调研形成了共建合作方案。4～5月份，农场共建领导小组成员先后两次到共建单位黑宝山镇和联兴乡进行对接，修改方案，签订协议。在此基础上，6月28日在农场召开由共建双方人员参加的推进大会。农场扩大在周边乡镇的种子销售网点，全年销售、互换优良品种2 000吨；实施科技示范、共建高标准科技示范园区2个共52公顷；将垦区的龙头带动作用辐射到乡镇，拉动地方乡镇种植大豆1.87万公顷，优质小麦0.73万公顷，大麦0.53万公顷，亚麻0.13万公顷，甜菜0.02万公顷。农场利用农机装备和技术力量优势，实施跨区作业，为共建单位及周边其他乡镇村开展代耕代种代收，全年跨区作业2万公顷，其中为共建单位作业1.59万公顷，实现了农场创收、乡镇农户增收。农场发挥教育资源优势，吸引周边农村子女200名到农场中小学就读，并享受与农场子女一样的优惠扶持政策，场县双方教师相互学习交流，开展教研，嫩江县新华书店为农场中学赠送图书430册。农场把乡镇的“三个代表”责任区活动延伸到了管理区，共建乡镇则把农场的“学、帮、带”活动辐射到乡村。农场领导和基层管理区干部筹资3 600元购买了6组獭兔，送给共建乡镇的2个贫困户，并经常到家中传授养殖技术。农场医院与嫩江县医疗机构开展了“120”医疗急救，缓解了农场医疗资源不足的问题。场乡实行干部交流，互派干部挂职锻炼。农场选派一名干部到联兴乡任职，乡镇派3名干部到农场任职。

（段志民）

【加快新农村建设步伐】 农场新农村建设投资1 300万元，其中农场配套600万元，进一步改善了农场整体面貌和职工居住条件。投资537万元对三、四居民组至二队路口的场内公路实施路面硬化，全长12.88公里，宽3.5米；投资85万元对第六居民组住宅进行“穿衣戴帽”整体翻修；投资180万元为低保户建造了阳光住宅平房小区；引资200万元建设了6号商业服务楼；投资55万元对场直及管理区的环境进行绿化美化。此外，还开展了泥草房整体拆迁之前的房屋建设、学校球场建设及校园绿化等项工程。

（段志民）

【医院权属重新回归农场】 2004年9月，在九三分局组建九三医院集团的改革中，建边医院按要求加盟其中，名为“九三医院集团建边分院”。2007年12月建边医院又被重新归回农场权属。

（段志民）

建边农场基本情况及国民经济主要指标完成情况统计表（2007年）

指标名称	计量单位	2007年数值
总户数	户	3 090
其中：农场户	户	3 090
总人口	人	9 387
其中：男	人	4 876
女	人	4 511
少数民族人口	人	99
地区生产总值	万元	14 383.9
人均生产总值	元	15 323.27
工农业总产值	万元	17 713.9
粮食总产	吨	32 569
固定资产投资总额	万元	2 097
职工工资总额	万元	3 381
职工平均工资	元	14 744.88
职工家庭人均收入	元	8 023

哈拉海农场

场长：刘海生，1958年出生，中共党员，研究生学历，高级政工师，1974年7月参加工作，2001年9月任现职。

党委书记、社区主任：韩中立，1970年出生，中共党员，大专学历，高级政工师职称，1991年参加工作，2008年3月任现职。

党委副书记、社区副主任、纪委书记、工会主席、武装部部长：于伟东（2005.11～）

副场长：赵如鹏（1997.11～）
刘爱军（2004.3～）
叶树山（2007.3～）

【概况】 哈拉海农场地处世界三大黑土地带之一的松嫩平原，位于丹顶鹤的故乡齐齐哈尔市市郊，南依梅里斯达斡尔族区，北与甘南县接壤，农场土地面积29 473.2公顷，其中耕地面积9 397公顷，林地1 417公顷，草原12 335.4公顷，苇塘、水面3 600公顷，可垦荒地1 469.5公顷，场址道路及其他1 254.3公顷。

2007年农场实现国内生产总值7 473万元，同比增长25%。其中：第一产业完成6 059.4万元，同比增长24%，其中农业增加值4 633.4万元，同比增长26%，林业增加值20万元，同比增加-71%，畜牧业增加值1 406万元，同比增长22%；第二产业完成37万元，同比增长17%；第三产业完成1 037.1万元，同比增长14%。农场实现人均收入达10 189元，同比增长41%。

农场农业生产遭受春旱、风沙低温、虫灾、冰雹影响农业生产经营，耕地墒情不好，种植户为保出苗，全部实施滤水播种，完成播种面积9 297公顷。其中粮食作物播种面积7 267公顷，向日葵1 133公顷，甜菜333公顷，其他作物564公顷。农作物取得丰收，生产粮食5.5万吨，产油料0.2万吨、糖料1.7万吨。

农场水稻和玉米公顷产创历史新高，水稻种植面积3 400公顷，公顷单产7 750公斤，总产26 350吨；玉米种植面积3 867公顷，公顷产7 575公斤，总产29 292吨。

农场年末奶牛存栏1 613头，其中：能繁殖母牛862头，饲养奶牛户269户，其中饲养10头奶牛以上的有16户，肉牛存栏815头，猪存栏857头，羊存栏16 688只，家禽存栏10 971只，全年出栏大牲畜1 091头、猪3 397头、羊22 377只、家禽35 148只，产牛奶2 628吨、禽蛋55吨、羊毛81吨。

2007年完成固定资产投资1 875万元。其中农林牧渔479万元，房地产570万元，水利、环境和公共设施726万元，教育100万元。

农场建职工住宅楼4 402平方米，其中15栋30户职工住宅平房1 953平方米，（砖木结构）。修建子弟校操场5 560平方米，修缮学生宿舍楼1 428平方米，修建康乐园9 978平方米。

农场职工全员加入社会医疗保险，职工就医难、看病难问题从根本上得到解决。学校顺利通过国家“双高普九”验收。基层党组织建设进一步加强，党员模范作用充分发挥，社区党支部活动开展得丰富多彩，职工民主意识增强，精神文明建设迈上新台阶。农场治安稳定，社会和谐，群众安居乐业。（田英杰）

【加快城镇建设步伐】 农场城镇建设在坚持高起点规划、高标准建设、高效能管理的基础上，城镇服务功能更加完善。2007年，农场完成了四项城镇建设主要工程。一是拆迁土坯房2 200平方米，新建住宅小区1 700平方米，28户贫困职工住进新房。二是新建职工住宅楼2栋，面积4 402平方米，48户职工住上楼房，职工住宅条件进一步改善。农场投资185万余元新建一套先进的锅炉取暖设备，铺设和改建采暖管道800延长米，供热功能进一步完善。三是农场投资100余万元在阳光小区建休闲广场一处，总面积14 000平方米。休闲广场的落成，丰富了职工群众的业余文化生活。四是环境建设投资继续增加，场区卫生、绿化、美化和道路建设进一步提档升级。种植绿化树1 800余棵、绿篱700余延长米，种植鲜花20 000余株，场区路面硬化率达95%以上。（田英杰）

【哈拉海湿地晋升为省级自然保护区】 2007年6月，哈拉海湿地通过省专家团考察评审，晋升为省级自然保护区。（田英杰）

哈拉海农场基本情况及国民经济主要指标完成情况统计表
（2007年）

指标名称	计量单位	2007年数值
总户数	户	1 478
其中：农场户	户	1 478
总人口	人	3 833
其中：男	人	1 952
女	人	1 881
少数民族人口	人	138
地区生产总值	万元	7 473
人均生产总值	元	19 497.8
工农业总产值	万元	14 112.5
粮食总产	吨	55 642
固定资产投资总额	万元	1 875
职工工资总额	万元	2 274
职工平均工资	元	18 593.62
职工家庭人均收入	元	10 189

齐齐哈尔分局

党委书记：杨喻晓，1947年10月出生，黑龙江省宾县人，中共党员，大学学历，高级经济师。1968年12月参加工作，1999年12月任职，2007年10月退休。

党委书记：郭仁政，1954年11月出生，山东省乐陵人，中共党员，研究生学历，高级经济师。1972年12月入伍并参加工作，2007年12月任现职。

党委副书记、局长：周昊旬，1958年4月出生，吉林省怀德人，中共党员，研究生学历，高级会计师。1983年7月参加工作，2003年12月任职，2007年9月调离。

党委副书记、局长：张桂春，1963年12月出生，河北省交河人，中共党员，研究生，高级农艺师。1979年3月参加工作，2007年12月任现职。

党委副书记、纪检委书记：刘玉清，1948年9月出生，黑龙江省依安人，中共党员，大学学历，高级政工师。1964年7月参加工作，1998年10月任纪检委书记，2002年2月任分局党委副书记，2007年9月离职。

副局长：唐立华，1964年10月出生，辽宁省宽甸人，中共党员，研究生学历，农艺师。1983年10月入伍并参加工作，2005年7月任现职。

副局长：段景田，1958年8月出生，山东省城武人，中共党员，研究生学历，高级会计师。1982年1月参加工作，2005年7月任现职。

工会主席：齐永祥，1955年5月出生，河南省范县人，中共党员，大学学历，高级政工师。1974年7月参加工作，1998年10月任现职。

纪检委书记：魏建文，1959年6月出生，山东省莱西人，中共党员，大学学历，高级工程师。1976年8月参加工作，2007年9月任现职。

党委委员、人武部部长：李树君，1962年11月出生，吉林省扶余人，中共党员，大学学历，1981年10月入伍并参加工作，2004年4月任人武部部长，2006年3月任分局党委委员。

党委委员、查哈阳农场场长：吕贵山，1961年3月出生，黑龙江明水人，中共党员，研究生学历，农艺师，1981年7月参加工作，2006年2月任查哈阳农场场长，2007年9月任分局党委委员。

组织部副部长：杨淑清（主持工作，国家副处级调研员），女，1955年8月出生，山东省郓城人，中共党员，大专学历，政工师，1973年6月参加工作，2001年2月任现职。

宣传部部长：傅强，1952年12月出生，黑龙江省齐齐哈尔人，中共党员，大专学历，编辑，1968年11月参加工作，1993年1月任现职。

广播电视局副局长：郑国（2005.8～）

工会副主席：刘德泉（2001.2～）
杨玉杰（2001.2～）

人武部政委：岳振河，1963年1月出生，黑龙江省海伦人，中共党员，大专学历，1980年11月入伍并参加工作，2006年1月任现职。

政法委常务副书记：蔡胜义，1949年2月出生，吉林省洮南人，中共党员，大专学历，高级政工师，1968年10月参加工作，2000年4月任现职。

政法委副书记、610办主任：宋爱民，1955年9月出生，黑龙江省绥化人，中共党员，大学学历，高级政工师，1974年11月入伍并参加工作，2002年5月任现职。

公安局党组书记、局长：韩发（分局副局级），1955年12月出生，黑龙江省甘南人，中共党员，大学学历，刑事照相工程师，1972年3月参加工作，2003年12月任现职。

公安局政委：史祥国，1962年6月出生，辽宁省开源人，中共党员，大学学历，1980年11月入伍并参加工作，2006年3月任现职。

公安局副局长：石凯（1997.11～）
于涛（2002.5～）

检察院党组书记、检察长：钱玉珉，1955年7月出生，黑龙江省克山人，中共党员，大学学历，高级政工师，1976年9月参加工作，2000年4月任现职。

检察院副检察长：吴昌武（1994.11～）

法院院长：程景文，1954年3月出生，辽宁海城人，中共党员，大学学历，政工师，1972年12月入伍并参加工作，2002年4月任现职。

法院副院长：高永玲（女）（2001.2～）

司法局局长：刘成焕，1951年4月出生，吉林省双阳人，中共党员，大学学历，三级公证员，1968年10月参加工作，1993年8月任现职。

计财处副处长：朱崇智（2006.6～）
赵海文（2006.6～）

审计处处长：王玉，1955年9月出生，黑龙江省甘南人，中共党员，研究生学历，高级审计师，1974年参加工作，1994年1月任现职。

人事劳动和社会保障局局长：王厚本，1959年7月出生，山东省成武人，中共党员，研究生学历，经济师，1976年10月参加工作，2007年3月任现职。

人事劳动和社会保障局副局长：王树范（国家副处级调研员），（2001.3～）

办公室主任：张福斌，1965年11月出生，山东省陵县人，中共党员，研究生学历，农艺师，1985年8月参加工作，2005年4月任现职。

办公室副主任：杨奎（2001.2～）
孙盛民（2007.3～）

办公室副主任、民政局副局长：冯义（2001.2～）

政策研究室主任：李魁，1958年2月出生，吉林省大来人，中共党员，大学学历，高级政工师、农业经济师，1975年7月参加工作，2005年8月任现职。

商务局局长：张玉华，1951年12月出生,山东省蓬莱人,中共党员,大专学历,经济师,1969年4月参加工作,2001年2月任现职。

商务局副局长:王磊(2007.3~)

农业局局长:张志,1961年10月出生,吉林省洮南人,中共党员,大学学历,农艺师,1981年8月参加工作,2005年8月任现职。

林业局局长:董元珍,1963年2月出生,黑龙江省虎林人,中共党员,研究生学历,林业高级工程师。1983年7月参加工作,2005年8月任现职。

畜牧水产局局长:司建成,1961年7月出生,河南省汝州人,中共党员,大学学历,高级畜牧师,1984年7月参加工作,2001年2月任现职。

农机推广站站长:刘怀山,1964年5月出生,吉林省通榆人,中共党员,大学学历,高级兽医师,1988年参加工作,2004年1月任现职。

科技局局长:姜成,1964年5月出生,辽宁省庄河人,中共党员,大学学历,高级兽医师,1988年8月参加工作,2005年8月任现职。

水务局局长:张双胜,1951年2月出生,河南省伊川人,中共党员,研究生学历,高级经济师,1968年10月参加工作,1997年12月任现职。

水务局副局长:蔡寒冰(2001.2~)

安全生产监督管理局局长:刘冠一,1959年3月出生,河北雄县人,中共党员,大学学历,政工师。1975年10月参加工作,2006年6月任现职。

建设局副局长:许殿林(2006.12~)。

交通局局长:闫启友,1951年1月出生,黑龙江省杜蒙人,中共党员,大学学历,交通工程师,1969年1月入伍并参加工作,1995年12月任现职。

卫生局局长:徐忠尧,1958年5月出生,辽宁省鞍山人,中共党员,大学学历,副主任医师,1975年11月参加工作,2001年2月任现职。

教育局局长:李志有,1951年5月出生,黑龙江省明水县人,中共党员,大学学历,中学高级,1969年6月参加工作,2001年2月任现职。

质量技术监督局局长:于文国,1954年1月出生,吉林省大安人,中共党员,大学学历,政工师,1970年1月参加工作,2001年10月任现职。

质量技术监督局副局长:刘立滨(2001.10~)

环保局局长:特古斯,蒙古族,1950年1月出生,黑龙江省肇源人,中共党员,大学学历,高级工程师。1970年参加工作,1993年4月任现职。

国土资源局局长:耿延文,1958年9月出生,辽宁省梨树人,中共党员,大学学历,1978年11月参加工作,2007年12月任现职。

国土资源局副局长:王占河(2005.11~)
王安先(2007.12~)

工商物价分局局长:肖奎,1961年12月出生,黑龙江省望奎人,中共党员,研究生学历,高级经济师,1978年10月参加工作,2002年12月任现职。

工商物价分局副局长:李国春(1997.4~)

社会保险事业管理局局长:安洪斌,黑龙江依安人,1954年11月出生,中共党员,大学学历,统计师。1971年3月参加工作,2001年2月任现职。

社会保险事业管理局副局长:张玉和(2001.2~)

阳光农业相互保险公司齐齐哈尔中心支公司总经理:吴丰,1954年7月出生,黑龙江省安达人,中共党员,大学学历,高级农艺师,1970年12月参加工作,2005年7月任现职。

农垦通信齐齐哈尔分公司经理:李文武,1960年12月出生,黑龙江省哈尔滨人,中共党员,大学学历,通信工程师,1977年9月参加工作,2005年10月任现职。

齐齐哈尔分局机构示意图

（2007 年）

齐齐哈尔分局

- 党群机构
  - 纪检委（监察局）
  - 党群办
    - 组织部
    - 宣传部
    - 政法委（610 办）
    - 团委
  - 工会
- 行政管理机构
  - 办公室（政研室）
  - 计财处
  - 审计处
  - 人事劳动和社会保障局
  - 农业局（农机局、畜牧水产局）
  - 林业局
  - 水务局
  - 经贸委（安全生产办）
  - 科技局
  - 商务局
  - 建设局
  - 交通局
  - 卫生局
  - 教育局
- 政法部门
  - 公安局
  - 检察院
  - 法院
  - 司法局
- 上划部门
  - 环保局
  - 工商物价局
  - 国土资源局
  - 技术监督局
- 武装部

齐齐哈尔分局下属企事业单位示意图

（2007 年）

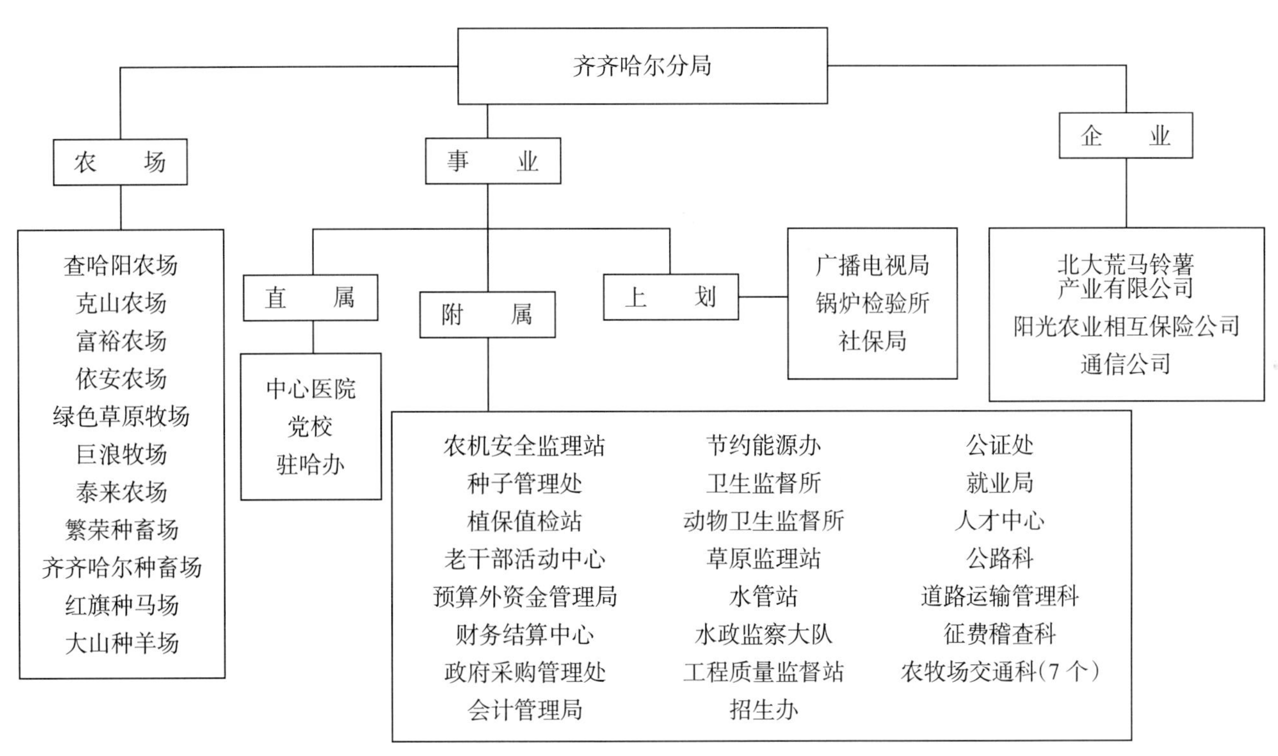

【概况】 齐齐哈尔分局设在齐齐哈尔市南苑开发区。下辖11个农牧场(查哈阳农场、克山农场、繁荣种畜场、富裕牧场、依安农场、齐齐哈尔种畜场、绿色草原牧场、巨浪牧场、泰来农场、大山种羊场、红旗种马场)、3个局直企事业单位,分布在嫩江两岸,地域总面积为2 652平方公里,耕地11.4万公顷,总人口14.2万人,总户数5万余户。是一个农工牧全面发展、产加销综合经营的企业集团。所属查哈阳农场是东北四大自流灌区之一,是中国第一个绿色食品大米生产基地;克山农场为中国北方旱作农业示范场和中国北方马铃薯产业之都,农机化水平、标准化作业居全国领先水平;全国奶牛示范小区(场)绿色草原牧场,奶牛产业走在垦区前列;其余8场均以高效作物和畜牧业为主。

境内江河纵横,源于没有污染的大小兴安岭,水量充沛,年平均入境水量达203亿立方米。拥有4.93万公顷草原,野生植物中有羊草苜蓿等96种饲用植物,生长防风、柴胡等108种药用植物。绿色食品监测面积达2万公顷,有机食品面积达0.4万公顷。有10个产品获得绿色食品标志使用权。分局被国家环保总局命名为"国家级生态示范区",被农业部列入"无公害农产品生产和出口示范基地"。

2007年分局实施农业产业化发展战略,经济建设、社会事业取得重大进展,实现生产总值18.4亿元,比上年增长21.97%。其中,第一产业实现10.1亿元,比上年增长16.94%;第二产业实现1.56亿元,比上年增长44.64%;第三产业实现6.4亿元,比上年增长20.46%;实现利润6 389万元;人均纯收入6 899元,比上年增长13.88%。

(王　巍)

【种植业】 分局确立了高效作物立局的发展思路,调整种植业结构,初步实现水稻、高效作物、饲料饲草"三三制"格局。加大农田水利建设和农机具投入,提升了现代农业生产水平。发挥大机械优势,取消小四轮作业,消灭"花花田",提高了标准化作业水平。推广五大作物高产模式化栽培,马铃薯晚疫病、水稻稻瘟病等综合性病害得到了有效控制。分局农业生产获得全面丰收,原七场(不含繁荣种畜场、齐齐哈尔种畜场、大山种羊场、红旗种马场)实现粮豆总产50万吨,比上年增加1.5万吨;平均公顷产7 290公斤,比上年增加225公斤;种植业平均公顷效益5 250元,比上年增加315元;高效作物平均公顷效益6 799.5元,粮豆总产、粮豆单产、种植业效益三超历史。新四场粮食总产6.1万吨。

(王　巍)

【畜牧业】 分局确立了奶牛业兴局的发展思路,转变畜牧业增长方式,走质量效益型畜牧业的发展道路,建立以奶牛为主,以大鹅、澳羊为辅,其他品种靠市场调节的畜牧业发展格局;推行科学化饲养,推广奶牛性控等5项新技术,建奶牛小区1.33万平方米,提高畜牧业生产水平。分局年末奶牛存栏61 242头,同比增长9.1%;鲜奶产量16万吨,同比增长12.9%;大鹅出栏126万只,同比增长32.54%;肉类总产36 235吨,同比增长38.4%;实现增加值45 540万元,同比增长39.29%。

(王　巍)

【马铃薯生产】 分局组建的北大荒马铃薯产业集团,实现马铃薯总产28.9万吨,生产原原种520万粒,种薯存储2.1万吨,外销种薯2万吨,生产脱毒薯520万粒;引进129个马铃薯品种进行小区试验。马铃薯产业集团生产精淀粉2.6万吨,其中:优级品占82%,一级品率占18%,合格品率100%;继续保持了总产量全国最高、质量最优、生产成本全国最低。新上粉丝粉皮生产线。产品全部销售后,实现利润2 600万元。2007年获得"守合同重信用企业"和"黑龙江省诚信示范企业"的荣誉称号。

(王　巍)

【企业管理】 分局深化税费改革,促进职工减负增收;马铃薯产业实行股份制经营;撤并5个自然屯,组建5个管理区。接收4个省直畜牧场。完成跨区作业面积12.8万公顷。推行马铃薯产业、高效经济作物、畜牧业、招商引资等重点工作责任制,实行合同制管理;推进财务刚性预算管理,企业八项管理费用严格控制在利费收入的13%以下。

(王　巍)

【招商引资】 分局围绕马铃薯深加工、出口产品基地建设、生物技术、米糠深加工、新型住宅建设、农业旅游资源开发全力对外招商,加大对俄农业开发力度,通过全方位多层次、宽领域地开展招商引资,年内实现签约额6.3亿元,利用外资金额456.3万美元,出口商品总额2 170万美元,境外农业开发0.19万公顷,境外劳务输出149人。

(王　巍)

【非公有制经济】 分局年末个体工商业户3 300户,同比增长10%;产值和营业额2.5亿元,同比增长11%;私营企业(有限公司)80户,同比增长9.6%;产值和营业额2.2亿元,同比增长18%;自营经济从业总户数27 354户,从业人口48 786人,产值9.7亿元,增长11%,利润3.6亿元,同比增长12%。

(王　巍)

【新农村建设】 分局拆除泥草房5.3万平方米,建住宅6.4万平方米;新建、续建公路61公里,修筑白色路面7万平方米、砂石路面19.54万平方米;建卫生厕所35个;区域内环境建设基本实现"五化"标准。富裕牧场民族村二期工程于2007年8月末剪彩入住。

(王　巍)

【社会事业】 分局新建(维修)5栋1.28万平方米教学楼,九年义务教育完成率99%,高考升学率76%。查哈阳农场建4 800平方米传染病房,富裕牧场建1 200平方米医院综合楼,医保延伸到卫生所,实现了居民看病不出居民点。分局实现就业和再就业人数3 553人,发放低保金532万元,养老金社会化发放率100%。

(王　巍)

齐齐哈尔分局基本情况及国民经济主要指标完成情况统计表

（2007 年）

项目	计量单位	合计	克山农场	依安农场	富裕农场	查哈阳农场	泰来农场	绿色农场	巨浪农场	齐畜农场	繁荣农场	大山羊种场	红旗种马场	局直单位
一、管理区数	个	16	5	—	—	8	—	—	—	3	—	—	—	—
二、总户数	户	50 732	9 170	1 614	3 313	22 320	603	1 905	1 201	3 357	4 203	1 285	954	807
其中农场户数	户	49 819	9 170	1 598	3 227	22 278	599	1 811	1 201	3 357	4 203	1 285	954	136
三、总人口	人	142 270	22 498	4 325	11 357	62 458	2 502	5 560	3 220	8 577	12 385	4 018	3 149	2 221
男性人口	人	72 361	11 309	2 125	5 887	31 873	1 434	2 913	1 623	4 334	6 221	2 002	1 497	1 143
女性人口	人	69 909	11 189	2 200	5 470	30 585	1 068	2 647	1 597	4 243	6 164	2 016	1 652	1 078
少数民族人口	人	4 413	101	52	1 237	1 941	43	273	19	343	267	—	23	114
四、国内生产总值	万元	184 052.2	32 756.1	9 400.6	15 872.4	89 472.6	6 175.7	8 458.4	3 995	4 532.4	3 328.2	2 463.9	703.5	2 885.4
五、人均生产总值	元	12 936.824	14 559.56	21 735.49	13 975.87	14 325.24	24 683.05	15 212.94	12 406.8	5 284.365	2 687.28	6 132.155	2 234.04	12 991.45
六、工农业总产值	万元	114 165.3	18 472.7	8 050	12 908.8	50 455.5	5 241	6 980.2	2 996	3 431.7	1 983	1 959.7	408.7	—
其中：农业	万元	101 415.5	16 695.7	7 450	12 235.8	45 819.5	4 940	6 680.2	2 778	3 271.3	1 978.2	1 888.1	408.7	—
工业	万元	12 749.8	1 777	600	673	4636	301	300	218	160.4	4.8	71.6	—	—
七、粮食总产量	吨	573 609	60 776	34 100	38 903	341 137	21 975	4 800	11 005	16 315	31 939	11 806	853	—
八、固定资产投资总额	万元	28 468.5	6 273.3	1 972	1 505.8	10 886.9	775	579	697	135.1	76.9	88.5	—	4 783
九、职工工资总额	万元	30 937.4	6 682.6	1 067	2 637.9	12 632.5	260	947.6	524	1 228.6	2 553	480.6	118.6	1 627
十、职工平均工资	元	9 175.88	9 738.56	8 981.48	12 603.44	10 251.16	6 046.51	10 378.97	8 941.98	4 233.63	6 119.37	5 442.81	2 200.37	23 342.9
十一、农场职工家庭人均收入	元	6 899	8 080	7 463	7 319	7 880	7 500	8 103	7 312	3 907	2 801	4 510	1 298	

克山农场

场长:姜涛,1968年12月出生,黑龙江省甘南人,中共党员,大学学历,工程师,1985年11月参加工作,2004年3月任现职。

党委书记:李振海,1964年7月生,黑龙江讷河人,中共党员,研究生学历,高级政工师。1986年7月参加工作,2002年6月任现职。

党委副书记:李贵福(2006.3~)

副场长:王志峰(1999.11~)

王峰海(2004.3~)

史云鹏(2006.3~)

工会主席:胡占泉(1999.11~)

北大荒马铃薯产业集团

监事会主席:李振海(2006.2~)

董事会董事长:姜 涛(2006.2~)

总经理:王经海(2006.2~2007.12)

副总经理:李明安(2007.2~)

于 滨(2006.2~)

张喜忠(2006.2~)

【概况】 克山农场位于黑龙江省西北部,齐齐哈尔市所辖的克山县与讷河市之间,为小兴安岭伸向松嫩平原过渡地带,丘陵漫岗,海拔313.9米,呈东高西低地势。农场控制土地面积35 133公顷。土地资源结构七分耕地、二分林地、一分其他用地。黑钙土占土地面积的98%,土质较轻、结构疏松、肥力较高,适宜耕作,但抗风蚀、水蚀的能力较低。农场境内没有河流,属缺水区,地下水利用广泛。辖5个管理区、27个居民组、场部2个居民委及17个工商运建服企事业单位。农场与马铃薯产业有限公司组建的马铃薯产业集团,是目前国内的集种薯研发、商品薯种植、精制淀粉加工三位一体的现代化大型综合性农业产业化龙头企业。

2007年,农场按照"以薯兴业,打造薯都,和谐发展"的经营理念,经济发展,社会稳定,各项事业取得明显进步。全年实现国内生产总值32 756.1万元,其中:第一产业14 566万元,比上年增长12%,完成计划的112%;第二产业2 583万元,比上年增长7%,完成计划的107%;第三产业13 313万元,比上年增长16%。国有企业实现利润698万元。全场人均收入有所提高。

(刘 峰 杨柏昌)

【马铃薯产业再创新高】 全年种植马铃薯6 760公顷。建立种薯繁育基地1 333公顷,收购贮存种薯2.1万吨,外销种薯2万吨,生产脱毒薯520万粒;引进129个马铃薯品种进行小区试验。马铃薯产业集团加工马铃薯原料16.9万吨;生产精淀粉2.6万吨,其中:优级品占82%,一级品率占18%,合格品率100%;继续保持了总产量全国最高、质量全国最优、生产成本全国最低;粉皮、粉丝如期生产。产品全部销售后,实现利润2 600万元。

(刘 峰 杨柏昌)

【种植业】 农场种植业结构趋于合理,非豆类作物面积达到总面积的40%以上,高效经济作物占总面积的50%以上。全面落实抗旱措施,实施农艺措施标准化,农业获得丰收。粮豆公顷产4 710公斤,总产9.1万吨,平均公顷效益2 220元;高效经济作物实现公顷效益4 500元;种植业总效益8 500万元。农场被列为农业部创建农垦农业现代农业示范区。

(刘 峰 杨柏昌)

【畜牧业】 农场大力发展以奶牛为主的畜牧业。奶牛存栏6 679头,比上年增长12.3%;鲜奶产量1.7万吨,比上年增长10.2%;生猪出栏55 145头;肉牛出栏3 235头;家禽出栏25万只,其中大鹅出栏14.7万只;商品狐出栏2.1万只,肉类总产量6 412.3吨,畜牧业实现增加值6 535万元。

(刘 峰 杨柏昌)

【非国有制经济稳步发展】 农场个体工商业户427户,同比增长10.2%;从业人员1 350人,同比增长9.6%;注册资金1 500万元,同比增长19.6%;产值和营业额3 735万元,同比增长11%;私营企业36户,从业人员450人;注册资本400万元,产值和营业额1 315万元。全场自营经济从业总户数7 100户,从业人口9 200人,实现产值2.55亿元,实现利润9 300万元。

(刘 峰 杨柏昌)

【企业管理】 农场实行"两田制",全面推进税费改革,农场与薯业组建马铃薯产业集团。强化财务刚性预算管理,完善"五个一"管理模式,严格货币资金集中统管,实行民主理财、"收支两条线"。加大政府采购和企业比价采购的阳光操作力度。落实内外清欠工作责任制,已还各类应付款5 700万元,收回陈欠4 793万元,还职工账面款2 110万元。全面清理债权、债务,资产负债率70%。争取上级项目资金5 614万元。

(刘 峰 杨柏昌)

【新农村建设取得成效】 农场高标准完成新农村建设规划,环境卫生集中整治初见成效,清除各种障碍物1 283处,清理垃圾12 434立方米,下涵管992根,铺砂石14 800立方米,义务植树造林18 430株。投资731万元新建通村公路四、五管理区之间6.5公里;续建总场至四管理区公路5.5公里,场直新建水泥路面3.244公里。投资48万元新建居民区卫生公厕8个。投资25万元在3个管理区各建一处文化休闲广场。场直环路新安路灯35盏;投资147万元为十八、二十二、二十四作业区改造自来水管道2.3万米,水表入户520块。投资58.8万元改建3个中心作业区客运站。通过招商引资场部新建4栋共11 390平方米住宅楼。

(刘 峰 杨柏昌)

【社会事业全面进步】 农场有高中、初中、小学、幼儿园各一所。农场加强基层公共卫生基础设施,投资12万元对部分基层卫生所房屋进行装修,配齐医疗设备,达到甲级卫生所标准;职工医院与齐齐哈尔市第一医院进行技术合作,成为讷河、克山医疗保险定点联保单位。农场加大社会治安综合治理工作力度,平安创建工作扎实有效,治安形势明显好转。健全和落实安全生产岗位责任制,实现总局级安全生产先进场目标。实现就业和再就业人数 1 200 人,养老保险社会化发放 100%,其他各险种覆盖面 100%,待遇支付 100%。医保监管效果显著,得到总局肯定。落实低保人员 1 100 人,发放低保金 110 万元。 (刘 峰 杨柏昌)

【文明创建】 农场《生态垦区建设规划》(2006~2020)通过专家评审,完成了省级生态文明村试点工作。农场认真对待和处理群众来信来访,及时解决了职工群众的热点问题。对外宣传工作成绩显著,在各种报刊及传媒网站见稿 1 600 余篇;与农垦电视台合作举办"魅力北大荒走进马铃薯之都"广场演出,提高了农场和马铃薯产业公司的知名度。工会、民兵、共青团等群团组织在农场经济建设中发挥着主力军作用。深入开展文明单位创建活动,农场重新命名为省级文明单位标兵。

(刘 峰 杨柏昌)

克山农场基本情况及国民经济主要指标完成情况统计表

(2007 年)

指标名称	计量单位	2007 年数 值
所属管理区数	个	5
总户数	户	9 170
总人口	人	22 498
其中:男	人	11 309
女	人	11 189
少数民族人口	人	101
地区生产总值	万元	32 756.1
人均生产总值	元	14 559.56
工农业总产值	万元	18 472.7
粮食总产	吨	60 776
固定资产投资总额	万元	6 273.3
职工工资总额	万元	6 682.6
职工平均工资	元	9 738.56
职工家庭人均收入	元	8 080

【北大荒马铃薯产业集团】 北大荒马铃薯产业公司成立于 2005 年,注册资金 1.5 亿元,总部设在齐齐哈尔市,一期工程在克山农场设有精淀粉加工厂、农机服务中心、种薯研发中心,拥有 2 666 公顷马铃薯种植基地,是目前国内的集种薯研发、商品薯种植、精制淀粉加工三位一体的现代化大型综合性农业产业化龙头企业。2006、2007 年连续两年创下全国同行业"生产精淀粉产量全国最多、产品质量全国最好、整体成本全国最低"的三个"全国之最"。北大荒马铃薯产业为国内马铃薯淀粉行业的龙头企业。2006 年,公司被中国马铃薯淀粉专业委员会选为副主任委员单位,公司总经理被选为副理事长,被省政府批准为"省级农业产业化重点龙头企业","北大荒" 品牌马铃薯精淀粉系列被评为鹤城十大放心品牌。2007 年又获得"守合同重信用企业"和"黑龙江省诚信示范企业"的荣誉称号。北大荒薯业成为被业内高度认可的企业。北大荒马铃薯产业从立项、投产到发展壮大,成为拉动齐齐哈尔分局经济的立局、兴局产业,源于它依托农垦特有的计划和市场并行的经营管理的"五化体系"。一是农业产业化。北大荒薯业人从创建之初就高瞻远瞩,在投资 1.5 亿元建设年设计加工能力 30 万吨马铃薯、年产精淀粉 5 万吨加工厂的同时,建好 26 666 公顷马铃薯原料基地,每年有近 5 000 个农户保证至少种植 6 666 公顷马铃薯。公司投资 5 000 万元,建起集聚国内最先进的脱毒种薯组培和病毒检测全套设备的脱毒马铃薯种薯研发中心,按照国家五级标准繁育马铃薯种薯。北大荒马铃薯产业用全新的经营理念、管理机制,把所有要素全方位有机链接,形成工厂、基地、研发三位一体,产、加、研齐头并进,市场 + 龙头 + 基地 + 农户多业紧链的新型产业化格局,使公司起步就进入发展快车道。二是管理股份化。创新管理体制,公司与克山农场联姻,选举产生了农场场长担任公司董事长、党委书记担任公司监事会主席,公司与农场一套机构、两块牌子,一个班子,交叉任职,农场与公司形成紧密的利益共同体。实行全员股份制,即农场的职工、马铃薯种植大户、农场在职管理人员和公司的全体员工全部入股马铃薯产业公司,全场入股 4 461 人,股金总额 2 661 万元,按股分红。农场职工、企业员工与马铃薯企业又形成紧密的利益共同体,使龙头 + 基地 + 农户的简易相加变成互惠互利的紧密联合。三是装备现代化。公司起步就瞄准世界领先的目标,投资 1.5 亿元引进世界最先进的荷兰阿法拉伐公司生产的离心浓缩、旋流洗涤、全封闭、全自控的现代化工艺设备,每小时可处理 90 吨马铃薯。这些设备使公司产品各项指标均超过 GB8884-88 优级品标准,达到欧盟国家要求标准。种薯研发中心建起了使用面积 1 000 平方米的实验楼,楼内集合了国内最先进的脱毒薯苗组培和病毒检测的全套设备;建起 1 600 平方米的智能温室、22 000 平方米的网室、8 100 平方米的种薯暂储棚、8 600 平方米的水泥晒场,为公司培育自主创新的马铃薯脱毒种薯提供良好的科研环境。引进荷兰欧姆特公司全套技术建成了 10 032 平方米自动调温、自动调湿、自动灭菌的种薯库,仓储能力 2 万吨,成为基地的坚强保障。四是服务社会化。北大荒马铃薯产业建立了集农机、水利、科技研究与示范推广为核心内容的社会化服务体系。公司在建基地时,投资 5 600 万元建起国内唯一一个马铃薯大马力机械服务中心,从德国、美国、荷兰、挪威购进 111 台套马铃薯种、管、收、喷药机械,第一个在国内实现种、管、收、储全程机械化,提高了科学种田水平。公司聘请有多年马铃薯晚疫病防治经验的专家,专家根据克山农场的地理、气候等实际制定了科学的防治预案,从整地、种植、管理、施肥、防病全方位的全面防治措施。在整个生产过程中严格按专家的预案要求操作,并充分发挥农场的管理优势和农垦飞机航化的机械化优势彻底地控制住晚疫病的发作。水利服务中心共投资 2 200 万元进行水利设施建设,其中购进喷灌机 120 台套,新打机电抗旱井 220 眼,实现了马铃薯基地的全覆盖。种薯研发中心引进国际国内最新科技,组装高产、优质配套栽培、管理技术,对 110 个品种进行高产量、高含量、高抗性的"三高"品种选育、培养,并负责向农户进行技术推广应用,提高基地原料品质。五是支撑科学化。公司从建立之初,就确定了"能求所有求所有,不能所有求所用"原则,出台引进人才优惠政策,投资 300 万元建起 3 500 平方米的专家住宅楼,吸引国内从马铃薯育、良繁、栽培、植保、储存到工业管理、生产等各方面的人才到公司创业。构筑起从高端专家、中间实用、基层操作,层次分明、结

构合理的人才高地。公司先后聘请国内食品工业专家、博士李志广担任生产顾问，聘请国内知名的马铃薯专家陈伊礼、金黎平、谢开云等指导马铃薯种植和种薯研发，聘请有多年马铃薯晚疫病防治经验的专家贾玉柱和河北农业大学教授张志铭、黑龙江农科院克山马铃薯研究所副所长夏平等指导马铃薯晚疫病防治。2005、2006年，引进应届大学毕业生41人，充实到一线岗位；2007年，引进本科毕业生23人、研究生6人，送到江南大学进修，学习变性淀粉研发技术、加工工艺和实用技能，为公司三期工程变性淀粉上马做好人才储备。2007年7月底，年产500吨的马铃薯水晶粉丝、粉皮项目竣工投产。

(张中华)

依安农场

场长：李炳刚，1967年8月出生，山东省郓城县人，中共党员，大学学历，高级政工师，1986年11月参加工作，2004年3月任现职。

党委书记：阎郃，满族，1957年8月出生，辽宁省开原市人，中共党员，大学学历，高级政工师，1973年8月参加工作，2006年2月任现职。

副场长：徐照军(1993.1～)

朱喜安(1996.9～)

党委委员、武装部副部长：毕清海(1997.11～)

党委委员、工会副主席：冯双孝(2005.4～)

【概况】 农场地处依安县境内，总占地面积9 547公顷，其中耕地5 667公顷，林地面积1 914公顷，水面200公顷。全场总户数1 614户，总人口4 325人，其中场直住户539户，人口1 100人，职工1 200名。全场共有15个党支部，365名党员；机关编制22人，农场下属8个作业区，作业区编制19人。场直有学校、医院、物资科、电力科、通信科和广播电视局6个企事业单位。

2007年，农场实现生产总值9 400万元，比上年增长25.9%。其中第一产业7 450万元，比上年增长27.3%；第二产业600万元，比上年增长30.2%；第三产业1 350万元，比上年增长17.3%。年末资产总额6 406万元，负债总额2 683万元，资产负债率41.89%，比2006年下降12.04个百分点，企业实现经营利润100万元，人均纯收入7 463元。

(朱喜安　王世梅)

【种植业】 农场播种面积5 667公顷，其中水田3 067公顷；马铃薯、西瓜、甜菜等特高效作物面积1 667公顷；玉米667公顷；青贮饲料267公顷。新开发水田1 333公顷。全场粮食实现公顷产9 135公斤，总产34 000吨；特高效作物公顷效益达9 375元，总效益达1 563万元，全场种植业实现经济效益3 865万元。(朱喜安　王世梅)

【农业机械】 农场加大投入对农机具进行更新，共投资200万元，购进各类农机具140台套。投资490万元，加强农田水利设施建设，完成各类土方55万立方米，建各类构造物259座，打井100眼。

【林业】 农场完成退耕还林面积67公顷，营区造林13公顷，幼林抚育1 733公顷，用苗41万株。全场营区绿化用苗25万株。(朱喜安　王世梅)

【畜牧业】 农场大力发展以奶牛为主的质量效益型畜牧业。年末奶牛存栏1 013头，与上年同比增长10.7%；生产鲜奶2 695吨，与上年同比增长17.6%；猪出栏30 055头；羊出栏18 092只；猪存栏4 019头，羊存栏1 472只，禽存栏123 019只，畜牧业实现增加值3 739万元。农场建有养牛小区3个，分别在第一、第二、第三作业区；养猪小区一个，设在第四作业区。

(朱喜安　王世梅)

【城镇建设】 农场在小城镇建设方面重点实施了“两楼一路”工程。在小城建设方面共投资777万元，引资300万元建设了3 813平方米的职工住宅楼；引资230万元建设了一栋2 160平方米的教学楼；投资132万元在场区修建了1.7公里的水泥路面。投资95万元建了地下排污和供热系统，进行了锅炉增容改选。进行各作业区道路维修，全场道路铺垫沙石5 000立方米；投资20万元对全场营区进行绿化，共栽植绿化树木25万株，栽植绿篱2万延长米，在休闲广场栽种草坪5 500平方米，种植花卉50万株，共拆除影响规划的房屋4 200平方米。2007年，农场顺利通过省级优美乡镇的验收，获得省级优美乡镇的殊荣。(朱喜安　王世梅)

【招商引资】 农场实现招商引资项目22个，引资总额1 409万元，完成分局下达的指标140%。引资200万元在场直建了一个日加工100吨稻谷精米加工厂——龙辉米业；引资300万元建阳光1号职工住宅楼；引资909万元种植1 000公顷高效经济作物。

(朱喜安　王世梅)

依安农场基本情况及国民经济主要指标完成情况统计表(2007年)

指标名称	计量单位	2007年数　值
所属管理区数	个	—
总户数	户	1 614
总人口	人	4 325
其中:男	人	2 125
女	人	2 200
少数民族人口	人	52
地区生产总值	万元	9 400.6
人均生产总值	元	21 735.5
工农业总产值	万元	8 050
粮食总产	吨	34 100
固定资产投资总额	万元	1 972
职工工资总额	万元	1 067
职工平均工资	元	8 981
职工家庭人均收入	元	7 463

红旗种马场

副场长：王明德(主持工作)(2006.11～)

党委副书记：周景祥(2006.11～)

武装部部长：李　伟(2006.11～)

【概况】 红旗种马场1965年4月建场，隶属于黑龙江省畜牧局，2007年3月划归黑龙江省农垦总局齐齐哈尔分局。红旗种马场地处依安、富裕、林甸三县交界，土地面积3 120公顷，其中耕地1 200公顷，草原1 920公顷。总户数954户，总人口3 150人，职工1 196人。2007年种马场实现生产总值703.5万元，人均纯收入1 298元。（李 伟）

【畜牧生产】 种马场畜牧业形成以稳定现有牛、羊，大力发展生猪、大鹅为主的家庭饲养业，鼓励职工发展獭兔、本地鸡等特色养殖综合发展的产业格局。2007年初，职工自筹部分资金，种马场争取部分贷款，发展养猪户10户，大鹅养殖户10户，肉食鸡养殖户2户。加强服务体系建设，由下岗分流人员组成了畜牧综合服务站，负责畜牧生产的技术指导。年末，全场牛存栏244头，同比增长2.5%；羊2 388只，同比增长21%；猪存栏330头，同比增长42%；大鹅存栏1 156只，同比增长20.5%；鸡存栏2 948只，同比增长33%。（李 伟）

红旗种马场基本情况及国民经济主要指标完成情况统计表
（2007年）

指标名称	计量单位	2007年数值
所属管理区数	个	—
总户数	户	954
总人口	人	3 150
其中：男	人	1 497
女	人	1 652
地区生产总值	万元	703.5
人均生产总值	元	324
粮食总产	吨	853
固定资产投资总额	万元	—
职工工资总额	万元	118.6
职工平均工资	元	2 200.37
职工家庭人均收入	元	1 298

富裕牧场

场长：谢仲侠，1955年6月出生，辽宁省康平人，中共党员，大学学历，高级经济师，1972年1月参加工作，1997年10月任现职。

党委书记：魏志民，出生于1960年11月，黑龙江省林甸人，中共党员，大学学历，高级政工师，1978年6月参加工作，2006年6月任现职。

副场长：陈宝库（1998.10～）
董利军（2005.3～）
杨永生（1998.11～）

工会主席：杨永生（2004.3～）

党委委员、武装部部长：吴东世（2005.1～）

【概况】 富裕牧场位于黑龙江省西部富裕县境内，地处嫩江平原乌裕尔河流域，西靠嫩江，南面乌裕尔河，北部引嫩人工运河蜿蜒流经场内东部地区。牧场交通十分便利，齐北铁路、公路横贯场区，场部坐落在齐北铁路线南富裕县城东仅15公里处。

2007年牧场有土地总面积27 600公顷，其中耕地8 333公顷，草原10 000公顷，人工林地6 133公顷，水面1 800公顷。全场总人口11 357人，职工2 750名。除汉族以外，还有蒙古族、柯尔克孜、满族、达斡尔、鄂伦春、鄂温克、锡伯、朝鲜、回族、苗族等10个少数民族，少数民族人口1 237人，占总人口的11%。有17个自然屯。牧场人口居住在场部地区的占60%。为加快小城镇建设奠定了基础，近4年，农场总投资1 200万元，修水泥路面3.2万平方米，长度6公里；安装路灯102盏；建住宅楼1.1万平方米。

牧场发展畜牧业优势明显，有10 000公顷优草原，年产牧草12 000吨，年种植饲草饲料作物近4 000公顷，年产粗饲料43 000吨，有40多年奶牛养殖的历史，加之多元乳业公司龙头企业的拉动，鲜奶市场销售顺畅，为畜牧业发展提供了得天独厚的优势；奶牛发展到11 092多头。牧场也是机械化程度较高、国家重要的绿色、有机食品和无公害食品生产基地，为发展特色经济作物提供了优越条件。万亩A级绿色玉米及万亩珠葱、苹果洋葱生产基地已粗具规模。牧场在2007年被国家环境保护局授予"国家级生态示范区"称号。

牧场粮食产量稳步上升，2007年粮食总产达38 903吨。实现国内生产总值15 872.4万元，其中第一产业增加值12 235.8万元，第二产业增加值823万元，第三产业增加值2 813.6万元，农场职工家庭人均纯收入7 319元。

牧场小城镇建设发展迅速。先进的教学设备、优质的医疗服务场所、快捷的通信设施、便利的交通枢纽、宽阔的文化广场、优雅的住宅小区、繁荣的集贸市场，使场部地区成为全场政治、经济、文化发展中心。（蒋来福）

【新农村建设】 牧场新农村及小城镇建设工作紧紧围绕"打造两个亮点，实施'两大工程'，完善一项制度"为中心，以推动小城镇和民族村建设为重点，加快基础设施建设，全场总投入资金2 000多万元，用于改善职工群众的生产生活条件，促进了场部小城镇和作业区建设全面提档升级。一是民族村建设步伐进一步加快。累计投资1 500多万元，完成了一期、二期建设工程。民族村四个功能区粗具雏形。住宅新区建设两户一栋的新型住宅64栋；民族风情园建有高大宏伟的柯尔克孜族东迁纪念碑和柯尔克孜民俗馆，百年老树和柯族院、蒙古包、斡包等为开发特色旅游业奠定了基础；养殖小区建设6 000平方米砖瓦结构的现代化牛舍12栋；湿地自然保护区将重点开发餐饮、旅游、娱乐项目，三期工程将于2008年启动。二是场部基础建设进一步加强。2007年场部小城镇建设总投入资金1 500多万元。完成住宅区道路硬化10条，共3.1公里，场部至民族村通村路5.6公里；新建医院综合楼1 200平方米、新型住宅小区5 000平方米，完成5 000平方米3号住宅楼的基础工程；新安装路灯27盏，环型主干路实现硬化、亮化。三是环境综合整治力度进一步加大。场直和各作业区清理垃圾4 000立方米，搬迁柴草垛1 000余处，疏通排水沟11 200延长米。全场拆除泥草房14 600平方米，栽植绿化树6万余株，花卉23 072平方米；扩建体育健身广场1 680平方米。 (王 虎 谢冬冬 蒋来福)

富裕牧场基本情况及国民经济主要指标完成情况统计表
(2007年)

指标名称	计量单位	2007年数 值
所属管理区数	个	—
总户数	户	3 313
其中:农场户	户	3 227
非农场户	户	2 293
总人口	人	11 357
其中:男	人	5 887
女	人	5 470
少数民族人口	人	1 237
地区生产总值	万元	15 872.4
人均生产总值	元	13 975.87
工农业总产值	万元	12 908.8
粮食总产	吨	38 903
固定资产投资总额	万元	1 505.8
职工工资总额	万元	2 637.9
职工平均工资	元	12 603.44
职工家庭人均收入	元	7 319

繁荣种畜场

场长、党委书记:赵文革，1966年10月出生，黑龙江省肇源人，中共党员，大学学历，水利高级工程师，1989年1月参加工作，2006年1月任现职。

党委副书记、副场长：崔英海(2007.12～)

党委副书记、纪检书记、工会主席：齐有和(1992.3～)

副场长:高凤财(2001.3～)
孙明俊(2003.3～)
王 贵(2006.3～)

【概况】 繁荣种畜场始建于1963年，原为黑龙江省畜牧兽医局主管，2007年归属黑龙江省农垦总局齐齐哈尔分局。场址位于富裕县境内，距富裕县城南60公里，乌裕尔河东岸，北临碾北公路10公里，西邻齐齐哈尔市，南与大庆市接壤。总人口12 385人，总户数4 203户。在册职工2 370人。占地总面积为11 033公顷。其中，耕地8 600公顷，林地112.5公顷，水面19公顷，草原895公顷。有机关干部33人(含场级领导6人)，机关设置为四部一委一办，即党群工作部、计划财务部、生产技术部、人力资源部、社区管理委员会及综合办公室。下设8个农业管理作业区，作业区共有管理人员31人。

2007年种畜场实现生产总值3 328.2万元，实现全口径持平，人均纯收入2 801元。 (贾庆义)

【农业生产】 种畜场投资67万元，打电机井20眼，架设高低压线路4 700延长米，新挖排水沟1.9万延长米，铺设过路桥涵53处，新修农田道路1.8万延长米，开发水稻2 333公顷。水稻生产做到了当年投资，当年完成田间工程建设，当年投入生产，当年取得公顷产7 500公斤的收成。投资10万余元，在第一作业区新建科技示范园区一处，面积为15公顷，为职工引进和推广新品种、新技术起到了示范推广作用。全场大田播种面积8 600公顷。其中，播种玉米5 480公顷、大豆1 533公顷、水稻300公顷，播种葵花、甜菜等经济作物713公顷、青贮2 267公顷、杂豆320公顷、培育苗木27公顷。在旱灾严重的情况下夺取农业生产的大丰收。总产达31 939吨，创历史新高。 (贾庆义)

【畜牧业】 全场养羊1 450只，饲养奶牛520头(年产鲜奶780吨)、黄牛165头、狐貉500只、出栏生猪5 080头、梅花鹿存栏39只、禽2.38万只。

(贾庆义)

【城镇建设】 种畜场制定了新农村建设总体规划。场部中心路2 334延长米路段全部达到亮化，对两侧排水沟进行彻底清理，处理生活垃圾2 500立方米。投资1万余元，对第一作业区泥草房集中的低洼区1 683延长米的排水基础进行了改造，铺设涵管13处，清运淤泥516立方米。投资近万元对第七作业区泥草房集中的低洼区的排水基础进行了改造，铺设了涵管。 (贾庆义)

繁荣种畜场基本情况及国民经济主要指标完成情况统计表
(2007年)

指标名称	计量单位	2007年数 值
所属管理区数	个	—
总户数	户	4 203
其中:农场户	户	4 203
非农场户	户	3 159
总人口	人	12 385
其中:男	人	6 221
女	人	6 164
少数民族人口	人	267
地区生产总值	万元	3 328.2
人均生产总值	元	2 687.3
工农业总产值	万元	1 983
粮食总产	吨	31 939
固定资产投资总额	万元	76.9
职工工资总额	万元	2 553
职工平均工资	元	6 119.4
职工家庭人均收入	元	2 801

查哈阳农场

场 长:吕贵山，1961年3月出生，黑龙江省明水县人，中共党员，研究生学历，农艺师，1981年7月参加工作，2006年2月任现职。

党委书记：郭进，1960年3月出生，黑龙江省青冈县人，中共党员，大学学历，农机师，1977年1月参加工作，2006年2月任现职。

副书记:陈砚忠(2004.4～)

副场长:李柏成(2001.11～)
王君革(2004.4～)
孙英凯(2000.1～)
谢寅忠(2001.1～)
蔡寒冰(2006.6～)

党委委员、武装部部长：武永久(1989.3～)

【概况】 查哈阳农场位于大兴安岭南麓，松嫩平原嫩江右岸的甘南县境内。1948年建场，属于寒温带大陆性季风气候和半干旱农业气候区，年均气温1.7℃，年均积温2 500℃左右，无霜期平均 120～125 天，年降水量平均 470 毫米，年均日照总时数 2 700 小时。春季风大、雨少、干燥；夏季温热、雨多且集中；秋季凉爽，昼夜温差大；冬季漫长，寒冷少雪。

农场土地总面积 84 000 公顷，其中耕地 51 533 公顷（水田 26 000 公顷），水面 27 00 公顷，林地 8 000 公顷，总人口 6.2 万人，其中职工 2.7 万人；场直有乳制品、粮食加工、酒精生产等企业 13 家；全场小学至中学 12 所，初中以上实现了集中办学；国家二级乙等医院 1 所，基层卫生院 8 所，作业区卫生所 48 所；程控电话 1.2 万门，平均 1.4 户一部固定电话；能收看 32 套有线电视节目；楼房总数 120 栋，总建筑面积 33 万平方米，其中住宅楼面积 18 万平方米，一个别墅住宅小区 41 栋；农场拥有各类机械 1 127 台套，总动力 6.9 万千瓦；各种交通运输车辆 900 余台，年运送旅客 40 余万人次。

2007 年，农场实现国内生产总值 89 472 万元，比 2006 年增长 14.1%。其中第一产业 43 800 万元，比 2006 年增长 8%，第二产业 6 240 万元，比 2006 年增长 37%，第三产业 37 000 万元，比 2006 年增长 19%。实现经营利润 700 万元，人均收入 7 880 元。

（陈　刚　杨　博　王大丽）

【农业生产】 全场实际播种面积 51 600 公顷，新增旱改水面积 1 100 公顷，完成计划的 100%，其中粮豆作物面积28 000 公顷，经济作物面积 11 800 公顷，饲料作物面积 12 000 公顷，粮、经、饲比例为 54：23：23。实现粮豆总产 34.1 万吨，平均公顷产 8 611.5 公斤，其中水稻总产 26.8 万吨，平均公顷产 10 050 公斤。粮豆总产、水稻总产、单产三超历史。水稻高产攻关项目大面积实收平均公顷产 12 972 公斤，高于总局水稻高产攻关产量指标。2007 年全场投资 1 100 万元，清淤渠系 32.8 公里，新建涵洞 65 座，完成灌区排干整修 6 公里和 3 公里防渗任务。投资 86 万元，建粮食晒场 10 000 平方米；投资 40 万元对测土施肥实验室进行了改造。2007 年农场荣获全国粮食生产先进地县（农场）称号，被认证为省级首批良好农业规范企业。

（陈　刚　杨　博　王大丽）

【工业】 农场把马铃薯全粉加工和基地建设作为发展工业的重点工作。成立了马铃薯项目工程建设指挥部及办公室，生产马铃薯原原种 185 万粒，落实马铃薯种植基地 1 300 公顷，圆满完成了 3 000 吨马铃薯种薯收购任务。围绕马铃薯全粉加工的其他各项工作已经展开，为构建龙头企业打下了良好基础。农场私营水稻加工企业发展到 38 家，年加工能力达 17 万吨，占水稻生产总量的 63.4%。2007 年农场完成招商引资项目 14 项，招商引资额 11 086 万元，利用外资项目 1 项，资金 178 万美元。（陈　刚　杨　博　王大丽）

【畜牧业】 农场奶牛存栏 12 143 头，肉牛存栏 3 112 头，羊存栏 30 054 只，家禽存栏 68.8 万只，生猪存栏 45 442 头，鲜奶产量 25 000 吨，肉类产量 13 693 吨，禽蛋产量 1 064 吨，畜牧业增加值 9 900 万元。重点推广了提高奶牛群体单产综合技术，主要包括优质冻精配种、合理配料、暖舍饲养等技术。奶牛高产攻关 120 户，奶牛 752 头，鲜奶单产 6.8 吨。太平湖管理区新建奶牛小区 503 平方米，新建凉棚 1 760 平方米；金边、太平湖管理区奶牛小区新铺运动场 19 500 平方米，两个管理区区直奶牛全部迁入小区，实现了人畜分离。奶牛性别控制技术、低奶量育犊技术、全株青贮玉米饲喂技术被普遍推广和应用。各项防检疫措施力度加大，牛口蹄疫免疫率、猪三针免疫率、羊三联四防免疫率均达到 100%。

（陈　刚　杨　博　王大丽）

【小城镇建设】 农场完成建设面积 5.4 万平方米，其中：商服楼 5 000 平方米，住宅楼 3.7 万平方米，职工新建砖房面积 1.2 万平方米；完成泥草房拆除面积 33 622 平方米，户数达 543 户。人口不断向场部集中，场部人口比例达到了 45%；农场投资 1 100 万元，拆迁 115 户，完成了 3.2 公里南二马路工程，做到了当年建设，当年使用，17 公里的通村公路续建工程全部完成，营区造林 32 公顷，植树 5.3 万株；农场投资 153 万元，一中 5 800 平方米操场及附属设施交付使用。投资 47 万元，新建传染病房 518 平方米；投资 300 万元，建设场区自来水厂一座；投资 95 万元，对1 100 延长米的采暖管线进行了改造。

（陈　刚　杨　博　王大丽）

【非公有经济】 农场私营企业发展到 98 家，个体工商户 1 204 户，注册资金 5 804 万元，从业人员 4 850 人，实现总产值 4.8 亿元，利润 1.6 亿元。以大鹅养殖、黑木耳种植为代表的自营经济成为职工脱贫致富的新产业，农场共发放大鹅养殖贷款 121 万元，建立大鹅良种繁育场 5 个，划拨饲料地 25 公顷，全场养鹅户 2 086 户，养鹅 51 万只，产值2 560 万元，利润 1 280 万元，户均纯收入 6 095 元。

（陈　刚　杨　博　王大丽）

【扶贫工作】 通过"扶低支富"工作的开展，全场参加"扶低支富"的单位和部门 141 个，参加人员 1 575 人，农场下拨扶低资金 38.96 万元，结对帮扶 1 129 户，已有 410 户脱贫。农场被总局评为"1533"扶贫工作先进单位。

（陈　刚　杨　博　王大丽）

查哈阳农场基本情况及国民经济主要指标完成情况统计表（2007 年）

指标名称	计量单位	2007 年数值
所属管理区数	个	8
总户数	户	22 320
其中：农场户	户	22 278
非农场户	户	16 049
总人口	人	62 458
其中：男	人	31 873
女	人	30 585
少数民族人口	人	1 941
地区生产总值	万元	89 472.6
人均生产总值	元	14 325.24
工农业总产值	万元	50 455.5
粮食总产	吨	341 137
固定资产投资总额	万元	10 886.9
职工工资总额	万元	12 632.5
职工平均工资	元	10 251.16
职工家庭人均收入	元	7 880

【经营管理】 农场实行切合实际的土

地承包政策，既维护了职工的利益，又确保了土地的正常发包。加大了财务刚性预算管理力度，企业八项管理费用支出均控制在利费收入的10%之内。科室费用全部由主管领导负责，节余留用，超支不补。上级投资项目和农场投资项目全部履行了政府采购和招投标制度。加大了清欠力度，全年清欠727万元，完成了分局下达的指标。偿还职工账面存款1 020万元，完成计划的100%。（陈 刚 杨 博 王大丽）

泰来农场

场长、党委书记：李长军，1962年10月出生，山东省章丘人，中共党员，大学学历，高级政工师，1984年参加工作，2005年4月任现职。

党委副书记、副场长：朱以贵(2007.4～)

副场长：姜崇琦(2002.6～)

【**概况**】 泰来农场位于黑龙江、吉林、内蒙古三省(区)交界处，地理坐标：东经123° 32′，北纬46° 23′ 46″。年平均气温4.2度，平均活动积温2 875度，年均日照时数2 917小时，无霜期145天。全场占地面积10 200公顷，耕地2 800公顷，林地面积2 000公顷，森林覆盖率31.2%。总人口2 502人，总户数599户，下设5个作业区。农场绿色水稻种植面积2 333公顷，平均公顷产9 750公斤，年产优质水稻2万吨。有大型灌溉站一座，中小型灌溉站6处，钢骨架集中育秧基地4处，大棚700栋，实现百分之百大棚化育秧，各类大中型农机具近200台套，抗旱井410眼，小型喷灌机172台套，水利渠系及可控灌溉面积达2 666公顷。

2007年，农场实现国内生产总值6 175万元，经济增长速度18.8%，其中：第一产业4 940万元，同比增长17%，第二产业301万元，同比增长25%，第三产业934万元，同比增长26%，实现经营利润60万元，人均纯收入7 500元，资产负债率50%。（唐 华）

【**种植业成效显著**】 农场种植结构进一步优化，抗灾能力明显增强。农场共落实播种面积2 800公顷，其中水稻2 000公顷，占总播种面积的72%，玉米333公顷，青贮200公顷，高效经济作物267公顷。农场克服历史罕见的连伏旱天气影响，水稻平均公顷产9 750公斤，总产1.95万吨；玉米平均公顷产8 250公斤，总产0.28万吨。农场粮豆总产21 975吨，比上年增加0.455万吨，灾年种植业获得了较好收成。农田基础设施进一步完善，全年投入农田基本建设资金300万元，其中自筹100万元，新建小型泵站2处，涵闸21座，供水渠道2公里，以赵家店为重点开发水田466.7公顷。职工科技意识进一步增强，种植水平得到提高，大棚综合利用、温室催芽、水稻精量点播、搅浆平地等新技术得到推广应用。机械更新力度进一步加大，全年购进水稻插秧机40套，收获机10台，水稻全程机械化率达70%。全年完成绿化造林53.3公顷，秋整地2 200公顷，水田100%黑色越冬。（唐 华）

【**畜牧业保持稳步增长**】 农场年末奶牛存栏1 785头，鲜奶产量4 550吨，肉牛存栏4 160头，猪存栏4 070头，实现畜牧增加值2 568万元，完成分局下达畜牧指标。种植青贮200公顷，贮备青贮饲料9 000吨，引进玉米收获机一台，收贮玉米秸秆3 500吨。加强标准化养殖小区建设，奶牛入住率达80%。草原禁牧力度加大，大牲畜防检疫率100%。畜牧五项技术得到进一步推广应用，落实高产攻关和效益跟踪户20户，性控冻精60头份，低奶量培育犊牛15户。加强奶站服务与管理，通过挂靠雅士利和绿乐缘乳业，畅通奶源销售渠道，提高鲜奶价格，农户养殖效益增加，养殖积极性得到提升。（唐 华）

【**新农村建设扎实推进**】 投资15万元完善公路配套设施及绿化建设任务，加大公路养护与管理。投资180万元建场直净化水处理厂，改造供水管网，场区居民饮用水质量得到改善。完成泥草房拆迁和新建房指标，职工住房环境得到改善。全年绿化18.9公顷，植树3.2万株，栽花3万棵，果树500株。坚持环境治理“常年抓，抓常年”思想，清垃圾1.2万吨，修边沟1.8万延长米，拆除栅栏、建筑物120余个，环境综合治理见成效。（唐 华）

【**招商引资和非公有经济持续发展**】 农场认真落实分局招商引资责任状指标，完成分局下达招商引资指标。继续扶持自营经济大户发展，农场发展高效作物种植大户60户，种植面积333.3公顷，养大鹅1 000只以上10户，实现自营经济产值3 130万元。个体工商户发展到150户，从业人员达270人，私企3户，从业人员60人，经济产值260万元。全场有低收入户161户，通过开展“扶低支富”工程，全年脱低48户，占低收入户30%。（唐 华）

【**财务状况进一步好转**】 通过增收节支，强化管理，农场总资产2 779万元，负债1 389万元，所有者权益1 410万元，资产负债率50%。2004～2006年每年还贷100万元，2007年还贷330万元，4年累计还贷630万元，总局统借统还贷款全部还清。（唐 华）

【**各项社会事业全面进步**】 农场教育事业取得新进展，完成初中恢复工作，新建2 200平方米综合教学楼一栋，完善理化生等7个教学课室建设，在校师生突破300人。计划生育工作达标准，投资4.6万元完善两个连队甲级卫生所建设，医疗服务水平进一步提高。文化建设有所加强，新建巨型广告牌一处，举行群众性文体活动8次。认真落实社会治安综合治理措施，推进“平安农场”创建步伐，投资近10万元装备警用设施，全年接警56起、受理民事案件8起，案件查解率100%。开展法律大集咨询服务活动，“五五”普法及民主法制建设取得新进展。高度重视信访工作并纳入党委重要工作日程。实施“一帮一”扶贫解困和“扶低支富”工程。认真落实低保政策，最低生活保障由原50元提高到80元标准，扩大“五保合一”社会保障覆盖面。生态垦区建设有新进展，《2006~2020年泰来农场生态垦区建设规划》通过专家评审并同意颁布实施。通讯事业得到快速发展，农场与泰来县有线电视网络对接，居民可收看到38套有线电视节目。安全生产投入力度加大，投资18万元安装消防设施，建消防车库60平方米，投资近8万元完善场区道路安全设施建设，全年安全生产无事故。 （唐　华）

泰来农场基本情况及国民经济主要指标完成情况统计表（2007年）

指标名称	计量单位	2007年数 值
所属管理区数	个	—
总户数	户	603
其中:农场户	户	599
非农场户	户	526
总人口	人	2 502
其中:男	人	1 434
女	人	1 068
少数民族人口	人	43
地区生产总值	万元	6 175.7
人均生产总值	元	24 683.05
工农业总产值	万元	5 241
粮食总产	吨	21 975
固定资产投资总额	万元	775
职工工资总额	万元	260
职工平均工资	元	6 046.51
职工家庭人均收入	元	7 500

绿色草原牧场

场长、党委副书记:张鲆，1959年2月出生，辽宁省彰武人，中共党员，研究生学历，高级政工师，1976年11月参加工作，2006年2月任现职。

党委书记：孙洪光，1962年12月出生，辽宁省开原人，中共党员，研究生学历，政工师，1981年8月参加工作，2004年3月任现职。

副场长:张忠银(1996.10～)
徐春阳(2001.7～)

工会主席、纪委书记、武装部部长:彭崇瑞(2004.3～)

【概况】 绿色草原牧场地处松嫩平原西部，坐落在美丽富饶的杜尔伯特大草原上。地理坐标为东经124° 15′ 35″，北纬46° 15′ 35″。年有效积温2 900℃，年日照2 865小时，年降雨量400毫米，无霜期150天。牧场1958年建场，发展成为以种植业为基础，以奶牛业为支柱，以“完达山”乳业集团为龙头的农林牧副全面发展的农垦企业。总户数1 905户，总人口5 560人，下设12个作业区，控制面积38 133公顷，耕地3 000公顷，林地面积9 334公顷，森林覆盖率24%。草原牧地面积16 933公顷，占总面积的43%，是全省最好的温带草原之一，是垦区草原面积最大的牧场。草原上生长着51科153属231种野生植物，年产饲草15 000吨。

2007年牧场实现国内生产总值8 458万元，比上年增长10.8%，其中：第一产业6 680万元，第二产业315万元，第三产业1 463万元，人均纯收入8 103元，实现利润总额100万元，资产负债率31%，清理回收各种欠款60万元。 （苏庆明）

【畜牧业】 牧场在分局提出的“发展质量效益型畜牧业”方针的指导下，提出了“以奶牛富民强场”的目标，大力发展质量效益型畜牧业。到2007年末，全场奶牛存栏15 301头、生产鲜奶4.13万吨，成母牛平均单产达到5.8吨(奶牛中心奶牛单产达到6.3吨)。从业人均收入0.9万元，实现畜牧业增加值5 473万元，占农业总产值的82%。 （苏庆明）

【农业生产】 牧场总播种面积2 733公顷，其中饲料玉米800公顷、青贮玉米1 600公顷、马铃薯100公顷、花生100公顷，苜蓿133公顷。玉米平均公顷产6 000公斤，青贮公顷产25.5吨。牧场在抗旱工作中共开动抗旱机电井65眼，小浅水井70眼。新打机电井2眼，新打小井220眼。投入抗旱资金80万元，为职工打小井补贴11.5万元。认真抓好农业科技示范园区的落实工作和科技推广工作。落实农业科技园区一处，“吨田”实验区取得了公顷产14 460公斤的好成绩。牧场发挥机械化作用，购进玉米收获机一台，利用大机械秋整地1 365公顷。 （苏庆明）

【林业】 牧场完成造林绿化面积351公顷，其中退耕还林333公顷，绿化林面积17.5公顷，补苗10万株。加大了森林防火、林政管理、病虫害防治工作力度，杜绝了火灾、病虫害的发生。绿化街道8条5.6公里，绿化新农村示范作业区1个，共植苗1.6万株。 （苏庆明）

【新农村建设】 牧场拆除泥草房8 241平方米，新建住宅4 160平方米，全场发放拆建补贴70万元。投资335万元建设了学校综合楼，购进了电教设备，改变了校园环境。引资216万元新建商服楼1 800平方米。投资14.8万元建设住宅区硬化路面3 795平方米。投资12万元安装庭院灯29盏、路灯8盏。拓宽路肩0.6公里，平整道路28条、5 600延长米，修剪绿篱2 000延长米，栽花10 000余株。清除垃圾2 000立方米、粪堆4 500立方米、柴草垛1 500车(小四轮)。打造示范作业区1个。加大职工高中办学力度，全场1 803人正在分期分批进行职工高中教育。牧场顺利地通过了省级优美乡镇验收。 （苏庆明）

【非公有制经济】 牧场发展个体工商户36户。全场养殖大鹅8万只，养兰狐、貉3 850只，养殖肉蛋鸡4.5万只，林下种植花生1 333公顷，种植中草药333公顷，种植棚菜13公顷，培育选树种、养及工商运建服典型、示范户38户。 （苏庆明）

绿色草原牧场基本情况及国民经济主要指标完成情况统计表（2007年）

指标名称	计量单位	2007年数 值
管理区	个	—
总户数	户	1 905
其中:农场户	户	1 811
总人口	人	5 560
其中:男	人	2 913
女	人	2 647
少数民族人口	人	273
生产总值	万元	8 458.4
人均生产总值	元	15 212.9
工农业总产值	万元	6 980.2
粮食总产	吨	4 800
固定资产投资总额	万元	579
职工工资总额	万元	947.6
职工平均工资	元	10 378.97
职工家庭人均收入	元	8 103

【企业管理】 牧场把企业管理作为企业增效的核心内容来抓,严格遵守报账制和刚性预算责任制,加强了货币资金的集中管理,执行了民主理财制度。开展"增收节支"活动,全年节约管理费支出15万元,采取多种措施清回欠款61万元,实现了牧场财务状况的基本好转。 (苏庆明)

大山种羊场

场长、党委书记:宋玉民,1959年12月出生,河北省抚宁人,中共党员,大学学历,高级政工师、会计师。1976年7月参加工作,2005年3月任现职。

党委副书记、纪检委书记:马洪生(2005.3~)

【概况】 大山种羊场,地处杜蒙县境内,东经129° 49′,北纬46° 43′。属于北温带大陆性季风气候。多年平均气温3.8℃,有效积温在2 500~2 700℃,无霜期135天左右、年降水量400毫米左右,80%集中在7~9月。场区地形复杂,地势东高西低,东部为丘陵,沙壤土草原,中部农区主要为黑钙土,西部沿江地带为滩涂及湿地(嫩江泄洪区)。海拔高度在136 ~174米。位于嫩江干流平齐铁路江桥左岸下游10公里处,嫩江引水是种羊场农业用水主要水源,水质较好,适宜农业灌溉。地下地表水资源充足,适宜农业利用。拥有土地面积14 667公顷,其中耕地2 000公顷、林地2 000公顷、草原4 000公顷、滩涂2 667公顷、水面1 467公顷。总户数1 285户,总人口4 018人,其中场直住户807户,人口2 307人。职工1 234人,离退休人员412人。机关编制21人,下属6个作业区,4个直属单位,编制15人。1960年建场,1994年被黑龙江省定为肉羊原种场。2007年3月划归黑龙江省农垦总局齐齐哈尔分局管理。

2007年,种羊场实现国内生产总值2 464万元,同比增长8.8 %,其中:第一产业产值1 888万元,第二产业产值72万元,第三产业产值504万元。企业实现经营利润6万元,人均纯收入4 510元。 (张玉超)

【农业】 种羊场耕种面积2 000公顷,其中水田面积1 267公顷,旱田面积733公顷,粮豆作物总产11 806吨。全场种植业实现经济效益1 031万元。 (张玉超)

【畜牧业】 种羊场年末奶牛存栏878头,牛奶总产量1 450吨;肉牛存栏448头,出栏672头;羊出栏1 145只;生猪存栏230头,肥猪出栏835头;肉类总产量243吨。大鹅出栏5 000只,产羊毛4.6吨,实现畜牧业增加值346万元。 (张玉超)

【农业科技示范园】 2007年8~9月,按照分局农业局的要求,种羊场在废弃的文革坝上建立农业科技示范园58公顷。 (张玉超)

大山种羊场基本情况及国民经济主要指标完成情况统计表
(2007年)

指标名称	计量单位	2007年数值
所属管理区数	个	—
总户数	户	1 285
其中:农场户	户	1 285
总人口	人	4 018
其中:男	人	2 002
女	人	2 016
少数民族人口	人	—
地区生产总值	万元	2 463.9
人均生产总值	元	6 132.155
工农业总产值	万元	1 959.7
粮食总产	吨	11 806
固定资产投资总额	万元	88.5
职工工资总额	万元	480.6
职工平均工资	元	5 442.81
职工家庭人均收入	元	4 510

巨浪牧场

场长:刘爱民,1957年3月出生,黑龙江省克山农场人,中共党员,大专学历,农机工程师,1957年11月参加工作,2001年5月任现职。

党委书记(兼纪委书记、工会主席、武装部部长):刘忠德,1970年1月生,黑龙江省甘南县,中共党员,大学学历,政工师,1991年7月参加工作,2004年4月任现职。

副场长:李建明(1999.12~)

于　春(1996.4~)

纪委副书记、工会副主席:吕晓萍(女)(2005.3~)

党委委员、武装部副部长:韦士柱(2005.3~)

【概况】 巨浪牧场地处大庆市林甸县境内。2007年拥有土地9 666.7公顷,其中耕地2 733公顷,林地面积1 388公顷。全场总户数1 201户,总人口3 220人,其中场直住户742户,2 271人,在册职工573名。全场共有14个党支部,187名党员。机关编制16人,农场下属4个作业区,作业区编制8人。场直有学校、医院、电业站等3个企事业单位。

2007年牧场实现生产总值3 995万元,比上年增长26.6%。其中第一产业2 778万元,比上年增长22.3%;第二产业235万元,比上年增长5.9%;第三产业982万元,比上年增长19.3%,年末资产总额2 234万元,负债总额906万元,资产负债率40 %。比上年提高4个百分点,企业实现经营利润33万元,人均收入7 312元。 (王庆堂)

【质量效益型畜牧业成效显著】 牧场实现奶牛存栏6 212头,同比增长8.8%,生产鲜奶16 000吨,同比增长10.3%,牲畜防疫率100%,禽流感注射率100%,培植奶牛高产攻关60户、166头,头效益突破3 000元。奶牛效益测试133户,头效益实现2 500元。为全场后备母牛发放每头500元的饲养补贴。为全场102头母猪参加阳光保险。牧场建有养牛小区2个,畜舍17栋,面积达17 000平方米,载畜量1 700头,入住率86%。畜牧业实现产值2 138万元,同比增长25.5%。 (王庆堂)

【农业生产】 2007年牧场播种面积2 733公顷,其中玉米1 300公顷,青贮饲料 533 公顷，试种马铃薯 13.3 公顷，琉璃苣 2.7 公顷，万寿菊 133 公顷，绿豆 333 公顷。开发水田 66.7 公顷，公顷效益高于旱田，粮食公顷产 7 635 公斤，总产 11 005 吨，平均公顷效益 3 000 元，高效作物公顷效益达 12 000 元，种植业产值 580 万元，同比增长 13.7%。牧场有林地 1 388 公顷，其中幼林抚育 485 公顷，农田防护林 564 公顷，营区造林 339 公顷。牧场加大投入对农机具进行更新，投资 20 万元，购进各类农机具 12 台套。（王庆堂）

【小城镇建设】 牧场投资 280 万元完成了 2 486 平方米，4 层的农业技术综合服务中心；投资 100 万元维修了 1 700 平方米教学楼；拆除泥草房 8 000 平方米，新建住宅 3 100 平方米，投资 180 万元新建白色路面 2 535 米；全场实现有线电视覆盖；植绿化树 10 000 株。楼房入住 130 户，占场直居民的 18%。（王庆堂）

【招商引资】 牧场招商引资项目 2 项，富明木业二期工程扩建 2 760 平方米，投资总额 485 万元，完成计划的 160%，生产能力翻了一番，为牧场职工增加劳务收入 120 万元。（王庆堂）

巨浪牧场基本情况及国民经济主要指标完成情况统计表（2007 年）

指标名称	计量单位	2007 年数值
管理区	个	—
总户数	户	1 201
其中:农场户	户	1 201
总人口	人	3 220
其中:男	人	1 623
女	人	1 597
少数民族人口	人	19
地区生产总值	万元	3 995
人均生产总值	元	12 407
工农业总产值	万元	2 996
粮食总产	吨	11 005
固定资产投资总额	万元	697
职工工资总额	万元	524
职工平均工资	元	8 941.98
职工家庭人均收入	元	7 312

齐齐哈尔种畜场

场长、党委书记:李宝华，1957 年 4 月出生，山东省单县人，中共党员，大学学历，高级畜牧师，1975 年参加工作，1976 年参军入伍，2001 年 5 月任现职。

副场长、工会主席:陈金利(2005.4～)

副场长:张英杰(2002.4～)

纪委书记:曹继宏(2003.4～)

【概 况】 齐齐哈尔种畜场始建于 1953 年，原隶属黑龙江省畜牧局，2007 年 3 月划归农垦齐齐哈尔分局。位于齐齐哈尔市东郊，北邻富裕县，东与大庆市林甸县接壤，南和扎龙自然保护区毗连，西入齐齐哈尔市区。地处东经124° 4′ 27″，北纬 47° 18′ 25″之间，南北跨度 11 公里，东西宽 35 公里。辖区面积 202 平方公里，其中耕地 3 467 公顷，草原 9 333 公顷，是以玉米、水稻为主的杂粮产区。总人口 8 577 人，下设 3 个管理区、15 个居民自然屯，共有汉、满、达斡尔、蒙古等 10 个民族。

2007 年，种畜场实现国内生产总值 4 533 万元，其中：第一产业 3 271 万元，第二产业 160 万元，第三产业 1 101 万元；人均纯收入 3 907 元。（罗道杰）

【农业生产】 种畜场农作物播种面积 3 000 公顷，粮食总产达 16 315 吨，比上年增加 2 278 吨；实现种植业增加值 1 430 万元，比上年增加 873 万元；平均公顷产 5 970 公斤，比上年增加 675 公斤；平均公顷效益 3 885 元，比上年增加 1 440 元。投资 56 万元，修筑进排水渠道 4.7 万延长米，建造农门 41 座、过路涵 42 座、渠道护坡 206 平方米；全场新增水田 113 公顷；新建农业科技示范园区 6.8 公顷。（罗道杰）

【畜牧业】 种畜场奶牛存栏 5 500 头，鲜奶总产 1.65 万吨，平均单产 5.5 吨；生猪出栏 1.1 万头；肉鸡出栏 170 万只。畜牧业实现增加值 1 177 万元。（罗道杰）

【工商服务业】 种畜场工商服务业全面发展，生产经营水平有所提高。随着归入农垦后改革的不断深入，民营经济实力不断壮大，全场新增工商服务业户 17 个，从业人员 1 000 余人，年创利润 2 000 多万元，非公有制经济产值实现 1.5 亿元。（罗道杰）

【新农村建设】 种畜场基础建设和新农村建设稳步进行。完善了“红光健身娱乐广场”的活动设施。积极开展了场部居民区环境治理工作，共清运垃圾 5 000 多平方米，清理排水沟 6 000 延长米。围绕群众出行难问题，共维修道路 8 000 延长米；通过与齐齐哈尔市铁锋区人民政府合作，共同建造并完成了全长 3 公里、G015 国道至七队的白色路面。拆除泥草房 1 200 平方米，职工新建住宅 3 000 平方米。（罗道杰）

【公共事业】 种畜场全面推进教育和卫生事业。教育工作取得了较好成绩，有 5 名同学考入齐齐哈尔市重点高中，中考升学率达到 95%。实行了职工医疗费按比例限额报销办法，为职工报销医疗费 37 万元，防疫治病能力和水平不断提高。（罗道杰）

【自营经济】 种畜场已建庄园 560 个，庄园生产面积 533.33 公顷，新增温室大棚 43 栋，果菜产量 4 000 余吨，使沙化低产田成为稳产优质的高效田。（罗道杰）

齐齐哈尔种畜场基本情况及国民经济主要指标完成情况统计表（2007 年）

指标名称	计量单位	2007 年数值
管理区	个	—
总户数	户	3 357
其中:农场户	户	3 357
总人口	人	8 577
其中:男	人	4 334
女	人	4 243
少数民族人口	人	343
生产总值	万元	4 532.4
人均生产总值	元	5 284.365
工农业总产值	万元	3 431.7
粮食总产	吨	16 315
固定资产投资总额	万元	135.1
职工工资总额	万元	1 228.6
职工平均工资	元	4 233.63
职工家庭人均收入	元	3 907

绥化分局

党委书记:武经宏,1958年8月出生,辽宁省新宾人,中共党员,研究生学历,高级政工师,1975年8月参加工作,2006年9月任现职。

党委副书记、局长:于胜军,1953年4月出生,黑龙江省明水县人,中共党员,大学学历,高级政工师,1968年11月参加工作,2000年5月任现职。

党委副书记:张纪平,1959年6月出生,辽宁省黑山人,中共党员,大学学历,高级政工师,1976年7月参加工作,2003年10月任现职。

纪检委书记、党委副书记:刘铭溢,1952年4月出生,黑龙江省望奎县人,中共党员,大学学历,高级政工师,1970年11月参加工作,2001年4月任现职。

副局长:孙信成,1956年2月出生,黑龙江省海伦县人,1982年7月入党,大学学历,高级政工师,1975年7月参加工作,2004年任现职。

副局长:马长春,1953年3月出生,黑龙江省兰西县人,中共党员,大学学历,高级政工师,1968年12月参加工作,2001年2月任现职。

副局长:孟凡龙,1962年6月出生,辽宁省台安人,中共党员,大学学历,高级农艺师,1983年8月参加工作,2001年8月任现职。

工会主席:杨福昌,1949年2月出生,山东省泗水人,中共党员,大专学历,高级政工师,1970年12参加工作,1997年2月任现职。

武装部政委:赵振喜,1964年1月出生,辽宁省沈阳人,中共党员,大学学历,1982年11月参加工作,2007年6月任现职。

党委委员、组织部部长:李伟群,1949年10出生,河南省汤阴人,中共党员,大学学历,高级政工师,1969年1月参加工作,2007年10月任现职。

部门主要领导简历(按姓氏笔画排列)

交通局局长:于方义,1962年10月出生,山东省栖霞松山行南庄村人,中共党员,高级会计师,1980年10月参加工作,2007年3月任现职。

质量技术监督局局长:于建军,1955年12月出生,黑龙江省明水县人,中共党员,大学学历,高级工程师,1973年7月参加工作,2002年10月任现职。

经委主任:王本宝,1960年10月出生,山东省胶南县人,中共党员,大学学历,高级工程师,1982年2月参加工作,2003年2月任现职。

司法局局长:王玉英,1956年11月出生,辽宁省辽阳人,中共党员,大学学历,二级律师职称,1974年7月参加工作,2001年3月任现职。

阳光农业相互保险公司绥化中心支公司总经理:王立春,1963年11月出生,黑龙江省铁力市人,中共党员,大学学历,高级会计师,1981年6月参加工作,2007年1月任现职。

工商局局长:左峰,1952年9月出生,黑龙江省宾县人,中共党员,大专学历,经济师,1972年11月参加工作,2001年7月任现职。

通信分公司总经理:田军,1959年出生,中共党员,大学学历,高级工程师,1977年9月参加工作,2008年1月任现职。

建设局局长:丛宝江,1949年5月出生,黑龙江省明水县人,中共党员,大专学历,高级工程师,1969年12月参加工作,1995年12月任现职。

国资监管处处长兼政策研究室主任:任路生,1961年8月出生,吉林省榆树市人,中共党员,大学学历,高级工业经济师,1977年8月参加工作,2005年4月任现职。

公安局政委:孙宝珠,1954年4月出生,黑龙江省海伦市人,中共党员,大学学历,高级警官、高级会计师、高级农业经济师职称,1971年10月参加工作,2001年9月任现职。

水务局局长:刘立军,1965年7月出生,黑龙江省绥化人,中共党员,研究生,高级工程师职称,1988年8月参加工作,2008年1月任现职。

畜牧水产局局长:刘俊义,1951年8月出生,黑龙江省海伦市人,中共党员,大学学历,高级农业经济师,1970年4月参加工作,2003年4月任现职。

审计处处长:刘奉明,1960年2月出生,黑龙江省肇源县人,中共党员,大学学历,高级会计师,1976年11月参加工作,2001年2月任现职。

法院院长:李本,1949年4月出生,辽宁省兴城人,中共党员,大学学历,高级政工师、中级记者,1968年10月参加工作,1997年任现职。

社保局局长:李左成,1958年7月出生,黑龙江省绥化市人,中共党员,大学学历,1976年7月参加工作,1995年8月任现职。

科技局局长:李之国,1963年4月出生,山东省莒南县人,中共党员,大专学历,农艺师,1982年7月参加工作,2008年1月任现职。

民政局局长:李桂兰,女,1954年4月出生,山东省人,大专学历,政工师,1972年8月参加工作,1996年3月任现职。

商务局局长:沈永田,1960年2月出生,黑龙江省海伦县人,中共党员,大学学历,工程师,1981参加工作,2007任现职。

宣传部部长:赵丽,女,1957年10月出生,山西省绛县人,中共党员,大学学历,高级政工师,1975年10月参加工作,2001年3月任现职。

国土资源局局长:赵希江,1965年2月出生,黑龙江省庆安县人,中共党员,大学学历,工程师,1986年8月参加工作,2003年12月任现职。

办公室主任:赵景富,1956年11

月出生，黑龙江省肇源县人，中共党员，大学学历，高级政工师，1973年8月参加工作，2007年3月任现职。

林业局局长：孟凡军，1964年1月出生，黑龙江省安达市人，中共党员，大学学历，高级林业工程师，1983年8月参加工作，2001年3月任现职。

计财处处长：陈宝贵，1960年9月出生，黑龙江省拜泉县人，中共党员，大学学历，高级会计师，1981年8月参加工作，2002年1月任现职。

纪委副书记、监察局局长：杨录，1950年4月出生，黑龙江省海伦市人，中共党员，大专学历，高级政工师，1971年5月参加工作，2002年12月任现职。

卫生局局长：杨铁，1959年1月出生，山东省潍坊人，中共党员，大专学历，副主任医师，1975年8月参加工作，2007年5月任现职。

人事劳动和社会保障局局长：杨子连，1954年8月出生，重庆市人，中共党员，大学学历，高级劳动经济师，1970年3月参加工作，2000年5月任现职。

工会副主席：杨秀珍，女，1954年10月出生，黑龙江省和平牧场人，大专学历，政工师，1971年3月参加工作，2001年3月任现职。

团委书记：杨再胜，1973年8月出生，黑龙江省兰西县人，中共党员，高级经济师，研究生学历，1995年8月参加工作，2006年2月任现职。

检察院检察长（党组书记）：杨建华，1964年9月生，江苏省泰兴人，中共党员，大学学历，高级政工师，1981年5月参加工作，2001年6月任现职。

农业局局长：杨韶华，1956年11月生，黑龙江省肇源农场人，中共党员，大学学历，高级工程师，1972年11月参加工作，2002年4月任现职。

政法委常务副书记：高孝安，1961年12月出生，山东省莒南县人，中共党员，高级经济师，大学学历。1978年7月参加工作，2001年任现职。

人武部部长：郭胜，1963年6月出生，辽宁省大连人，中共党员，大学学历，正团职，1981年10月参加工作，2007年2月任现职。

教育局局长：曹志国，1953年2月出生，江苏省徐州市人，中共党员，大学学历，高级政工师，1973年3月参加工作，2001年任现职。

广播电视局局长：韩鹏，1967年8月20日出生，黑龙江省汤原县人，中共党员，大学学历，高级政工师，2005年10月任现职。

公安局局长：温长军，1958年2月出生，黑龙江省大庆市人，中共党员，大学学历，刑事照相工程师，1975年7月参加工作时间，2002年2月任现职。

离退休干部工作处处长：傅建飞，女，1957年8月26日出生，山东省昌邑人，中共党员，大学学历，高级政工师，1974年10月参加工作，2006年3月任现职。

分局局直企业

绥化农垦晨环生物制剂公司总经理：刘艳明，1967年2月出生，黑龙江省安达县人，中共党员，研究生学历，高级政工师，1988年8月参加工作，1999年9月任现职。

绥化农垦晨环生物科技公司总经理：李首昌，1968年2月生，山东省临沭人，中共党员，大学学历，高级工程师，1992年7月参加工作，2003年8月任现职。

晨环（大连）迈多尔生物科技有限责任公司总经理：张万山，1971年11月出生，黑龙江人，中共党员，大学学历，经济师，1989年12月参加工作，2005年11月任现职。

农垦北大荒金斗湾食品有限责任公司董事长：张化文，1959年7月出生，山东省人，中共党员，大学学历，农艺师，1976年7月参加工作，2007年10月任现职。

绥化农垦金斗湾经贸有限责任公司总经理：张化双，1962年2月出生，山东省人，中共党员，大专学历，工程师，1983年7月参加工作，2006年6月任现职。

农垦龙王食品有限责任公司总经理：李忠珠，1957年8月出生，黑龙江省人，中共党员，大学学历，经济师，1975年7月参加工作，1998年7月任现职。

北大荒奥格保健植物开发有限责任公司总经理：高丹丹，女，1969年6月出生，山东省人，大专学历，经济师，1975年9月参加工作，2006年11月任现职。

乌尔米农场（在俄罗斯称乌尔米经贸有限公司）场长（在俄称总经理）：商存武，1962年8月出生，山东省沾化人，大学学历，农艺师，1981年7月参加工作，2007年12月任现职。

绥化分局机构示意图

(2007年)

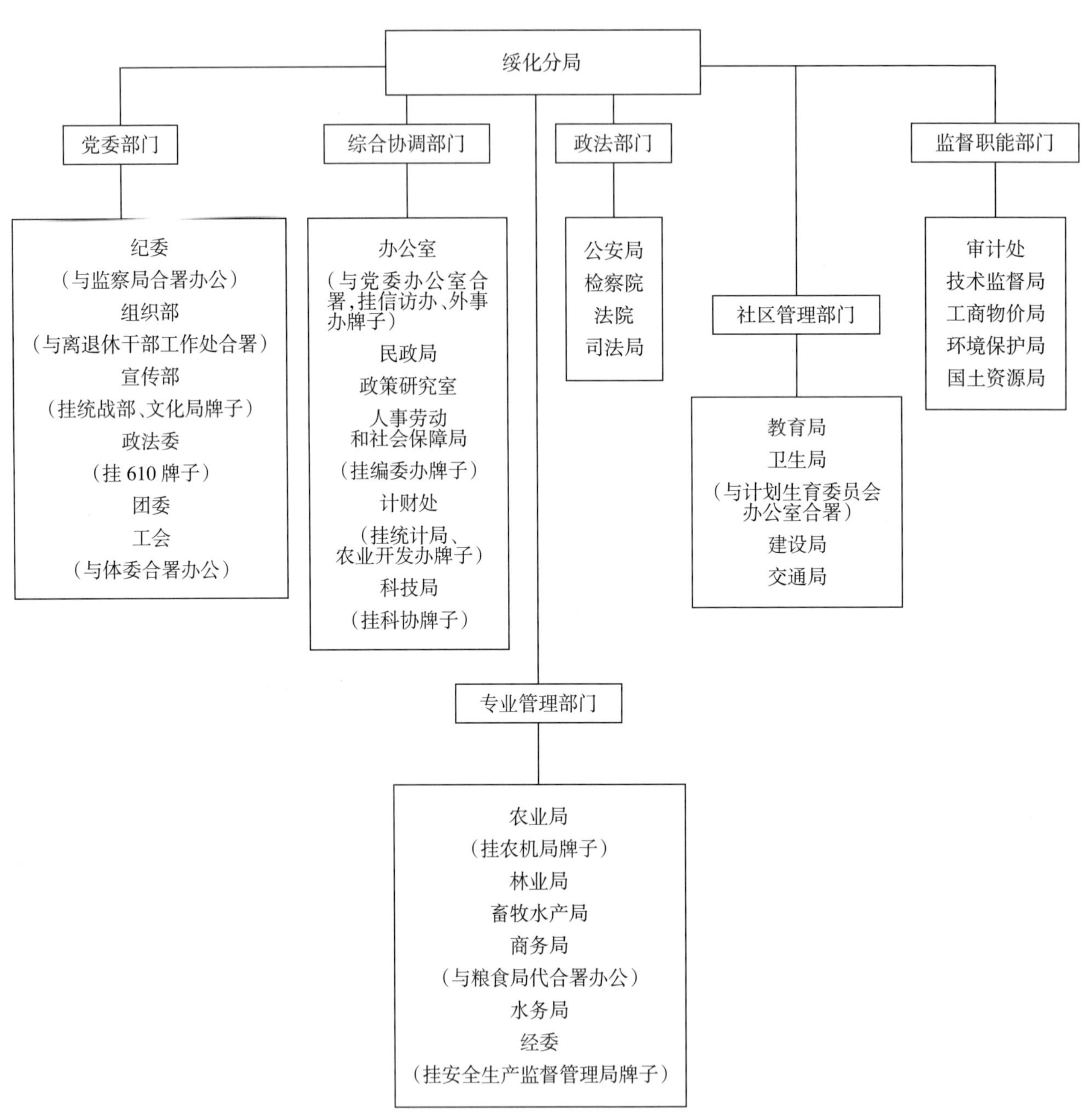

绥化分局下属企事业单位示意图

（2007年）

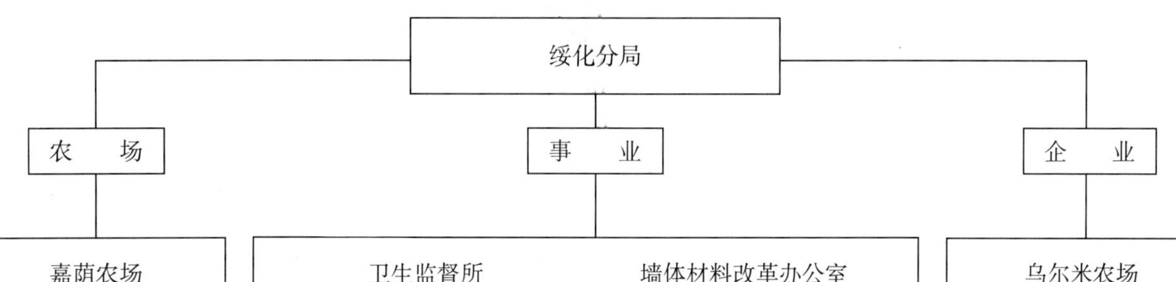

农场

嘉荫农场
铁力农场
柳河农场
绥棱农场
红光农场
海伦农场
肇源农场
和平牧场
安达牧场
涝洲鱼种场
茂兴湖水产养殖场

事业

卫生监督所
（与疾病控制中心合署）
党校
水利工程管理分站
总局水政监察支队绥化大队
分局局直医院
（挂分局妇幼保健站牌子）
人才中心
（挂职业介绍中心牌子）
政府采购管理处
（挂社会集团采购招标中心牌子）
预算外贸金管理局
（挂资金办公室牌子）
节约能源办公室
会计管理中心
住房公积金管理部
财务结算中心
土地整理中心
工程造价管理站
墙体材料改革办公室
公路科
（挂公路路政管理所牌子）
道路运输管理科
交通征费稽查科
11个农牧场交通科
（挂交通征费稽查所牌子）
教师进修学校
（挂电大分校农业广播学校牌子）
种子管理处
植保植检站
公证处
广播电视局
（与有线电视台合署）
招生办公室
（挂会考办公室牌子）
畜牧兽医站
（挂动物卫生监督所）
就业局

企业

乌尔米农场
晨环生物制剂公司
晨环生物科技公司
通信公司
龙王有限公司
北大荒奥格公司
金斗湾经贸有限公司
阳光农业保险公司

【概况】 绥化分局位于世界三大黑土带之一的松嫩平原，总控制面积20万公顷，其中耕地8万公顷、林地5.33万公顷、草原3.33万公顷、水面0.73万公顷、荒地1.93万公顷。分局纵贯黑龙江省900公里，北与俄罗斯隔江相望，南与吉林省接壤，是黑龙江垦区战线最长的分局。

分局下辖嘉荫农场、铁力农场、绥棱农场、红光农场、海伦农场、和平牧场、肇源农场、安达畜牧场、柳河农场、茂兴湖水产养殖场和涝洲鱼种场，共计11个农牧渔场。拥有高新技术、生物制剂、粮油加工、乳品加工等80多家工业企业。

分局自然资源丰富，土地多平坦连片，适合种植业发展。土壤分为黑土、草甸土、白浆土、沼泽土、风沙土、盐碱土、棕根土7种类型，黑土和草甸土占土地总面积的60.2%。多数农牧场位于小兴安岭北部、小兴安岭南麓向平原过渡的漫岗地带和松嫩平原上，地理位置十分优越，环境清新，无污染源。小呼兰河、欧肯河、扎音河和诺敏河等主要河流横贯其间，水量充沛，土质肥沃，是国家级生态示范区，为有机食品种植提供了有利条件，已经通过日本JAS、德国BCS、瑞士IMO、国家环保总局OFDC、中绿华夏COFCC认证的有机食品面积达到2万多公顷。

分局发挥绥棱、柳河、铁力、嘉荫等场的生态资源优势，开发旅游景点21处，主要风景区有金斗湾旅游风景区、铁力风情游景区、柳河生态旅游区和平蒙古风情园景区，每年吸引游客近百万人次，成为分局经济发展的新亮点。

2007年，分局党委深入落实科学发展观，着力践行“以小谋大，追求最佳”的理念，制定了打造专业大场，实现倍增目标的具体措施。实现生产总值19.1亿元，同比增长19%，其中第一产业9.3亿元、第二产业3.17亿元、第三产业5.93亿元，同比分别增长16.7%、23.5%、20.4%。人均国内生产总值25 504元，同比增长19%；人均纯收入9 180元，同比增长11.8%；企业资产负债率为36%，同比下降3个百分点；国有企业实现利润3 118万元，家庭农场实现利润6.2亿元。（曲海宁）

【农业】 分局战胜历史罕见的自然灾害，实现播种面积、单产、总产、效益“四超历史”，总播种面积8.35万公顷(含接收两场0.44万公顷)，粮食总产32.6万吨，平均公顷产5 820公斤，种植业平均公顷效益6 255元。经济作物面积达3.39万公顷，占总播种面积的40.5%。全面积实现无公害认证。有机种植认证面积2.7万公顷，比上年增加0.6万公顷。绿色食品产品认证数量34个，排在垦区首位。一是以资源特色确定了基地建设项目。各单位充分挖掘自身优势，科学确定农产品出口创汇基地建设项目。嘉荫农场以西瓜、中草药为重点，落实基地面积0.52万公顷；铁力农场以中草药、粘玉米为重点，落实基地面积0.24万公顷；海伦农场以月苋草、粘玉米为重点，落实基地面积0.39万公顷；红光农场以月苋草、菇娘为重点，落实基地面积0.27万公顷；绥棱农场以蔬菜、浆果为重点，落实基地面积0.53万公顷；和平牧场以杂粮杂豆为重点，落实基地面积0.44万公顷；安达牧场以瓜果菜为重点，落实基地面积0.05万公顷；柳河农场以粘玉米、甜叶菊为重点，落实基地面积0.09万公顷。海伦、红光、柳河、铁力等场落实有机大豆等出口有机作物种植面积1.47万公顷。二是以园区建设带动了基地建设。各农场结合农产品出口创汇基地建设，共建设了9处农业示范园区，建设面积333.33公顷，总投资1 500余万元，保证了每个农场都有一个较高标准的农业示范园区。以农业科技示范园区为载体，农业新技术试验、示范和推广取得新突破。推广水稻“三化一管”、大豆宽窄密等模式化栽培技术6项，推广面积2.67万公顷；推广保护性耕作、果菜覆膜技术、病虫害综合防治等新技术8项，推广面积4万公顷；农作物新特品种、甜菜高产栽培、肥料试验示范项目10个。其中，肇源超级稻项目实收公顷产11 710.5公斤，嘉荫农场测土配方施肥项目顺利实施。三是以产业化拉动了基地建设。分局围绕农产品出口创汇基地建设，建设八条产业链。以冷冻食品加工企业为龙头的冷冻、保鲜食品产业链，拉动粘玉米、西兰花、油豆角等蔬菜种植；以龙王食品公司、兴光食品公司为龙头的有机大豆出口加工产业链，年加工有机大豆0.5万吨、出口有机大豆0.8万吨，拉动有机大豆种植；以中草药加工企业为龙头的中草药加工产业链，拉动中草药种植；以上海高榕食品有限公司为龙头的蔬菜生产加工产业链，拉动荷兰豆、甜豆、南瓜等蔬菜种植；以亚麻加工企业为龙头的亚麻生产加工产业链，拉动亚麻种植；以绥棱浆果加工企业为龙头的浆果生产加工产业链，拉动黑豆果、树莓等浆果种植；以和平杂粮杂豆加工企业为龙头的小杂粮生产加工产业链，拉动杂粮杂豆种植；以马铃薯加工企业为龙头的马铃薯精深加工产业链，拉动马铃薯种植。四是农业基础设施建设加强。分局注重加强农机化建设，落实补贴政策，加快农机更新，发展农机大户，提高农业机械化水平，农机更新共投入资金3 142万元，比上年投资增加25.8%，更新农机具334台件，其中大中型拖拉机88台、自走式谷物联合收割机31台、水稻收获机17台、玉米联合收获机13台、自走式喷药机1台、自走式割晒机3台、水稻插秧机115台、其他农具66台件。每个农场都组建了1~2个农机作业合作社，田间作业综合机械化率达94%以上。首次引进经特作物机械65台件，其中马铃薯种管收机械47台套，用于收获蓖麻、月苋草自走式割晒机3台，自走式喷药机1台，引进了自走式玉米收获机13台，芸豆拨秧机1台。五是农田水利建设加强。分局共完成各类水利建设投资2 441万元，完成工程量122万立方米，修建工程建筑物65座，打机电井46眼。新增改善灌溉面积0.34万公顷，除涝面积0.33万公顷，防洪面积0.33万公顷。购置水处理设备7套，铺设输水管道32公里，解决了铁力、红光、绥棱、和平、嘉荫共5个农场12个居民点0.5万人、2.8万头牲畜饮水安全。六是农业保险业取得历史性突破。阳光公司在险种结构、质量、规模、效益等方面实现了历史性突破，在垦区12个中心支公司中综合指标排名第二，农险、商险均超额完成任务。农险全口径保费1 421.7万元；商业保险保费1 560万元，完成计划的130%。各场针对旱情和气象预报，积极有效采取了人工增雨防雹作业，分局投入近 80 万元，实施人工增雨防雹作业 47 次（发射 2 886 发炮弹，62 枚火箭弹），防护受益面积 103 万公顷。（曲海宁）

【畜牧业】 分局畜牧发展以"牛猪鸡特"为发展重点，形成了以短线生猪和生态鸡、中线狐貉、长线奶牛为重点的效益型畜牧发展格局。2007 年，在畜产品成本上升、价格波动的情况下，保持了畜牧业稳步发展。分局实现畜牧业增加值 4.28 亿元，同比增长 28.7%，占农业比重 42%，比上年增加 2 个百分点。奶牛存栏 2.74 万头，同比增长 12.76%；肉牛存栏 6.02 万头，同比增长 7.5%；生猪存栏 17.61 万头，同比增长 16.8%；狐貉 10.2 万只，同比增长 25.7%；禽存栏 69.3 万只，同比增长 51.4%。肉牛出栏 5.04 万头，同比增长 18.31%；生猪出栏 19.8 万头，同比增长 22.7%；禽出栏 225.1 万只，同比增长 34.5%；狐貉出栏 24 万只，同比增长 30%；鲜奶产量 8.5 万吨，同比增长 19.%；肉类总产量 3.13 万吨，同比增长 24.2%。分局结合各农场实际，明确畜牧业发展重点。奶牛发展以和平、安达、铁力三场为主，生猪发展以铁力、海伦、红光、绥棱四场为主，狐貉发展以肇源、嘉荫两场为主，生态鸡、野猪发展以柳河农场为主。注重抓好防检疫，确保畜牧生产安全。加强标准化小区建设，加大对"人畜分离"标准化小区建设的扶持，加快推进标准化、规模化养殖，新建和改扩建养殖小区 19 处，标准化养殖小区达 64 处。（曲海宁）

【工业】 分局本着"科学论证，规避风险，上好项目，加快发展"的原则，坚定不移地发展工业，工业经济持续增长。2007 年，实现工业增加值 2.53 亿元，同比增长 32.1%；主营收入 5.3 亿元，同比增长 12.8%；实现利润 4400 万元，同比增长 10.5%。一是现有工业企业不断做强。分局 60 家小群龙工业企业是实施农区工业化的重要支撑。分局突出资源优势，围绕粘玉米、特色蔬菜、马铃薯、中草药、生态鸡、有机蜜饯、山特产品、亚麻、乳品、稻米、豆粉、白酒等产业，推动中小企业集群发展。二是做大晨环集团。晨环生物制剂公司、晨环生物科技公司增强发展意识，增强企业管理，深入挖掘管理效益。调整了股本结构，推进集团重组，建立了决策科学、运转协调、监督有力的法人治理结构。6 月，绥化农垦晨环生物科技有限责任公司与黑龙江省农垦铁力实业总公司、哈尔滨丰禾盛生物科技发展有限公司三方共同投资生产、销售、研发各种农用生物肥料、生物农药及其他农用产品。合资公司的生产经营规模为年生产各种肥料 10 万吨。合资公司的投资总额及注册资本为 1 151.5 万元，其中黑龙江省农垦铁力实业总公司出资 579.5 万元，拥有合资公司 50.3%的股权；哈尔滨丰禾盛生物科技发展有限公司出资 506.7 万元，拥有合资公司 44%的股权；绥化农垦晨环生物科技有限责任公司出资 65.3 万元，拥有合资公司 5.7%的股权。哈尔滨丰禾盛生物科技发展有限公司保证为合资公司提供的木霉产品生产制造技术、菌种提供、工艺流程等全部技术的完整、准确的和可靠，开发的产品已经完成国家规定的定点试验，达到国家标准。三是精心做好新上工业项目。北大荒奥格保健植物开发公司月苋草加工、嘉荫马铃薯加工、绥棱浆果加工、铁力工艺品和木屐加工、红光冷冻厂建设等骨干项目相继建成投产。分局玉米汁饮料项目全面启动。（曲海宁）

【林业经济和旅游经济】 分局把发展林业经济和旅游经济作为分局新的经济增长点。实现林业产值 9 200 万元，同比增长 11%。发展规模家庭林场 20 户，林菌、林苗、林果、林药 4 个基地建设取得成效，栽培食用菌 2 913 万袋、种植浆果 533.33 公顷、新增林下中草药 326.67 公顷，分别同比增长 16%、60%、52%。推进旅游产业规范化管理、市场化经营，加强景区景点建设，全年旅游景区建设总投入 2 418 万元，超过前 5 年的总和。开发景点 22 处，接待游客 94 120 人次。实现旅游收入 1 143 万元，是过去 4 年的总和。（曲海宁）

【开放开发】 一是局市共建、场县共建取得新进展。分局巩固局市共建、场县共建工作成果，主动与周边市县联手，以推进农业标准化生产、加强产业化基地建设、推广农业新技术和新品种、上马资源型加工项目、促进社会资源共享为重点。局、场两个层面共与周边市县召开联席会议 8 次，分局在与绥化市合作共建的基础上，与大庆市、伊春市开展多项合作共建项目。在跨区作业上，分局出动拖拉机、联合收割机、插秧机等 887 台，完成农机跨区作业面积 11.22 万公顷，比上年增加了 58.5%，实现作业收入 2 218.8 万元，纯收入 893.2 万元。对外辐射销售良种 6 000 余吨，实现利润 240 余万元。在乡镇建立科技园区 4 处，培训农民 2 000 余人次，免费为农民测土配方施肥服务 1.33 万公顷。为地方龙头企业建立种植基地 0.44 万公顷，分局龙头企业拉动地方种植 0.11 万公顷。农场医院接纳农村就医人数 3 400 余人次。绥棱、柳河、嘉荫农场的旅游项目纳入地方整体旅游规划之中。柳河农场主动与地方协调，为 877 名非职工办理了农村合作医疗保险。嘉荫农场与周边乡镇开展了场县共建农业示范区、技术承包、种子展示田等多种形式的合作，实现了职工增收、农民增效的目的，取得了经济效益和社会效益双丰收。二是招商引资工作取得新成效。通过招商引资，共签约经济技术合作项目 25 个，总金额 3.45 亿元，其中投资总额超过 1 000 万元的项目 6 个。资金到位率 88.7%，到位国内资金 1.44 亿元，利用外资 417.8 万美元。外贸出口总额 1 747.3 万美元。"万村千乡"市场工程覆盖面由 2 个农场扩大到 4 个农场，新建日用品店 13 家、生资店 6 家。境外的乌尔米农场耕种土地 0.28 万公顷，过境职工 80 人，家庭农场盈利 500 万元，职工人均盈利 6.25 万元，农场盈利 20 万元。（曲海宁）

【非公有经济】 分局党委将非公有制经济作为缓解就业压力、致富职工群众、壮大经济实力、优化经济结构的重要力量，积极发展。2007 年，实现非公有制经济增加值 11.1 亿元，占分局生产总值的 64%。（曲海宁）

【社会事业】 2007 年，分局社会事业发展按照建房修路,解困双扶,就业减负,强化公共服务的要求,重点在六个方面实现新突破。一是实施“安居工程”,在农场城镇化建设上实现新突破。加大对城镇建设的投入,实施“安居工程”,坚定不移地推进农场城镇化建设。高起点规划做好小城镇建设规划的完善和修编工作,把自来水、集中供热、管道燃气、通村道路、排水排污、福利设施、文化广场、娱乐场所等建设项目一并规划设计好,提高城镇规划的水平、质量和品位。加快撤队搬迁步伐,每个农场确保了至少撤并一个居民点。完善配套设施建设。加强场部地区和拟保留管理区的基础设施建设,做好道路硬化工作,铺设上下水道,加强营区绿化,解决人畜安全饮水问题。努力开发清洁能源,充分开发利用沼气、天然气、太阳能。春季组织开展了以三清三化三改为主要内容的绿化美化、治理环境大会战,彻底整治场容区貌。年内共完成上下水管线 2.11 公里,场部及管理区内修筑白色路面 34.9 公里,营区植树 57 万株,铺砖路面 1 万平方米。建设安全饮水工程 12 处,解决 11 个居民点 5 000 口人、2.8 万头牲畜的安全饮水问题。建设沼气池 1 座、秸秆固化厂 5 个。突出建设重点,分局以解决中低收入家庭住房为重点,实施“安居工程”,推进户型较小、功能较全的经济适用住房建设,不断改善中低收入家庭的居住条件。对于泥草房面积较多的和平、安达、红光三场,加大支持力度,给予政策倾斜,促进泥草房拆迁。2007 年,分局超额完成了总局年初下达的住宅建设指标。共开工建设住宅项目 12 个;建筑总面积 105 174.96 平方米(含局直 7 栋 3 万平方米)。其中楼房 72 100 平方米,平房33 074.96 平方米,完成总局下达 6.5 万平方米指标的 161%。完成了总局年初下达的土坯房拆除任务。共计拆除各类房屋面积为 33 000 余平方米,完成总局年初下达 3 万平方米指标的 110%。共计有 434 户职工搬迁。二是建设“通村畅通”公路,在农场基础设施建设上实现新突破。分局加大公路硬化建设力度,严格施工监管,实行规范管理,把好各个关口,确保了道路建设质量。2007 年,新建续建公路 169 公里,总投资 1.12 亿元。分局专用公路硬化率达 51%,超出垦区专用公路平均硬化比率 24.6%的 26.4 个百分点。三是开展“双扶攻坚行动”,在扶贫解困工作上实现新突破。局、场都设立了“双扶”专项基金,积极出台“双扶”优惠政策,鼓励低收入职工家庭发展生产,开发脱贫项目,增强“造血功能”。在党员干部“一帮一”帮扶的同时,探索农场对农场“一帮一”、机关部门对贫困职工“多帮一”帮扶模式,完善了考核验收办法。据统计,分局共下拨总局和分局扶贫扶低资金 325 万元,建立专项滚动“双扶”资金 788.5 万元,采取“一帮一”、资金、实物、项目、科技、互助等形式共扶持贫困职工 451 户、低收入职工 1 517 户,分局资金帮扶户达 1 180 户。分局 821 名党员干部与全局具备一定劳动能力和经营能力、有脱贫致富愿望的 1 196 户贫困和低收入职工结成了帮扶对子,分局机关重点帮扶了和平、安达、红光、海伦四场贫困户,67 名副处级以上干部为帮扶对象送去现金 33.2 万元,落实了 75 项脱贫致富生产项目。年底实现近 1 300 户低收入职工家庭脱贫致富,占分局可扶持低收入家庭总户数的 47%。四是优化教育资源配置,在教育事业发展上实现新突破。大力实施科教兴局战略,全面实施素质教育,普及巩固九年义务教育。不断加大教育投入力度,改善教育基础设施,投入资金 679 万元。小学、初中入学率和巩固率达 100%,高中毛入学率达 90%,职工群众子女都有了享有接受良好教育的机会和条件。柳河、海伦、和平三场五校的总局示范化学校创建工作顺利通过验收评估。红光、肇源、安达三场加快创建步伐,为迎接省政府 2009 年“双高普九”评估验收打下坚实基础。落实好义务教育“两免一补”政策,切实减轻职工子女上学负担。开展扶贫助学活动,确保每个学生不因贫困而失学。大力发展职业教育、成人教育,加快培养有文化、懂经营、会管理、多技能的新型职工队伍。推进教育改革,优化教育资源,增强教育发展活力,对北三场初中教学网点合并进行深入的调研,积极探索农场教育科业务职能实行分局垂直管理。五是积极扩大就业,在发展和谐劳动关系上实现新突破。认真落实就业再就业政策。完善和落实就业再就业政策,扩大再就业政策扶持范围,重点解决下岗失业人员、富余劳动力的就业问题。实施“促进再就业行动”,千方百计增加就业岗位,提高就业质量和就业稳定性。与外地用工单位建立起稳定的劳务用工关系,实现新增劳务输出 1 000 人。2007 年,实现新增劳动力就业 500 人,下岗失业人员再就业 400 人,其中安置“4050”人员 100 人。六是解决职工群众看病难、看病贵问题,在完善社会保障体系上实现新突破。加强公共卫生建设,提高重大疫病预防控制能力。理顺了卫生管理体制,管理区卫生所基本条件大为改善,拟撤并的生产队,在居民未完全撤出前设有卫生所,方便职工群众就医。拟保留的 20 个管理区加强综合卫生所建设力度,适当增加设备投入,完善医疗服务功能,提高医疗服务水平。2007 年,管理区卫生所达到总局新颁发的甲级卫生所标准。逐步完善社会保障体系,新增参保人员 1 364 人,基本医疗保险实现了分局统筹,医疗保险起付标准下降 4 个百分点,减轻了参保患者的个人负担,实现基本医疗保险分局级统筹,做到制度与政策统一,缴费与报销统一。重点解决职工群众就医负担重问题,高度关注医疗保险参保人员看病就医药品价格高和报销起付标准高的“两高”问题。2007 年,推广局直和海伦、绥棱、柳河等场的经验,实行医药分开,让平价药店进医院,解决药品价格高的问题。另有 4 家农场医院推行平价药店进医院,为患者节约药费 80 余万元。 (曲海宁)

【党建、精神文明建设】 分局开展了“党建思想政治工作创新年”活动,落实党委书记例会制度,党建和精神文明建设成绩显著。各级领导班子和领导干部从改革发展稳定的大局出发,切实加强党的建设、精神文明建设和体制机制建设,在思想上、组织上、作风上、制度上和整体环境上为新农村建设、构建和谐社会提供了根本保证。 (曲海宁)

【党风廉政建设】 2007 年,分局反腐倡廉工作以邓小平理论和“三个代表”重要思想为指导,全面落实科学发展观，认真贯彻落实上级纪委有关精神和总局、分局两级党委（扩大）会议精神，局场两级纪检监察机关在分局党委的直接领导下，按照总局纪委的部署和分局党委的要求，紧紧围绕分局的中心工作，全面推进，重点突破，反腐倡廉工作取得了新的进展和成效，为分局又好又快发展提供了有力保证。（曲海宁）

【改革和管理工作】 一是完善了“两田制”。2007年，将耕地界定为职工政策优惠田、农场市场经营田两部分，分开谋划发包策略。对职工政策优惠田，已落实的农场做好新旧政策的衔接，引导职工有序流转。未落实的农场借鉴其他农场的经验，审慎抓好落实。对市场经营田，重点研究如何细化经营，形成追求直接效益的市场田、追求综合效益的产业化基地田、追求长期效益的试验示范田。二是推进了农场管理体制改革。分局以编制核定科学化、岗位确定职能化、岗位目标具体化、人员配置专业化、人员任职资格化、人员分配多元化“六化”为目标，从岗位设置、上岗办法、目标合同、薪酬标准、考核机制、淘汰机制、引进人才政策七个方面统一规范农场机关、管理区、居民组的管理体制。三是加快了农业新经济组织建设。分局将发展农业新经济组织作为实施撤队建区改革以后，破解农场及管理区工作开展难、家庭农场对接市场难、农产品出口基地建设难、职工群众增收难的有效举措。大力推广绥棱农场兴瑞农产品公司“公司与管理区经济服务功能一体化”的经验作法，加快推进农业新经济组织建设，促进部分具备条件管理区的生产组织、经济服务、对接市场职能进入新经济组织。除安达、肇源、柳河三场外，其他场都至少选择了一个管理区进行试点，年底，分局试行“管理区经济服务职能公司化”的管理区达12个。四是强化了农场经营管理工作。规范耕地发包工作。坚持耕地承包“一费制”规定，不准捆绑收取与承包费无关的其他费用，签订承包合同的同时收取租金。严格合同管理。各单位签订合同必须按程序经合同管理委员会审核把关。强化资源性资产管理。加强对草原、林地、湿地、苇塘、水面等非耕地资源性资产的管理，提高资源性资产的收益水平。五是强化了财务预算管理。实现了增收节支，农业企业实现收入1.66亿元，完成预算的101%，八项可控费用支出比预算指标降低0.2个百分点。调整了职务消费现金发放范围，使职务消费改革更趋于完善。建立基本建设项目管理责任制和基本建设工程最高限价招标制度，20项重点工程节约建设支出480万元。落实国有农场税费改革政策，通过了财政部的检查验收。（曲海宁）

绥化分局基本情况及国民经济主要指标完成情况统计表

（2007 年）

项目	计量单位	分局	嘉荫农场	铁力农场	海伦农场	红光农场	绥棱农场	安达牧场	和平牧场	肇源牧场	柳河农场	茂兴湖水产养殖场	涝洲鱼种场	局直
一、管理区数	个	41	8	7	4	4	8	1	5	1	1	1	1	—
二、总户数	户	28 101	3 944	3 743	4 530	3 986	3 337	834	3 756	1 678	977	495	241	371
其中农场户数	户	27 162	3 944	3 672	4 530	3 986	3 315	592	3 756	1 678	953	495	241	—
三、总人口	人	71 943	9 911	9 053	11 426	11 114	7 876	1 935	10 672	3 929	2 346	1 310	630	1 233
男性人口	人	36 942	5 026	4 489	5 738	5 557	4 029	995	6 082	1 941	1 229	650	314	718
女性人口	人	35 001	4 885	4 564	5 688	5 557	3 847	940	4 590	1 988	1 117	660	316	515
少数民族人口	人	1 887	303	376	103	149	38	—	737	19	55	66	—	19
四、国内生产总值	万元	191 466	29 899.8	38 357.5	26 317.8	20 820.1	25 626.2	5 407.3	16 018	14 406.4	7 070.4	3 286.6	292	2 960.5
五、人均生产总值	元	26 954.7	30 056.1	42 260.2	23 067.6	18 626.8	33 149.7	27 951.9	14 970.1	36 462.7	29 651.5	50 177.1	9 269.8	23 798.2
六、工农业总产值	万元	269 757.3	40 818.0	45 249.9	34 379.3	29 824.6	41 938.8	7 201.1	28 295.1	21 774.7	10 781.6	6 762.9	617.3	—
七、粮食总产量	吨	323 777	50 920	85 031	34 391	20 503	50 511	377	6 964	33 097	19 484	22 439	60	—
八、固定资产投资总额	万元	36 342.32	2 993	2 964.02	6 075	6 178	7 054	546.9	6 257.4	1 853	864	—	—	—
九、职工工资总额	万元	14 029.5	2 174.5	2 586	1 725	1 518	2 123.5	103.1	1 044	425	494	160	148	1 031.4
十、职工平均工资	元	7 602.79	5 667.19	6 722.12	7 281.55	7 902.13	9 059.3	8 520.66	7 477.97	5 969.1	7 670.81	5 194.81	7 437.19	26 045.45
十一、农场职工家庭人均收入	元	9 180	11 291	12 146	8 517	7 589	9 298	6 247	7 014	10 396	9 861	9 869	6 111	—

嘉荫农场

场长：郭峰，1956年3月出生，辽宁省本溪人，中共党员，大学学历，高级政工师，1974年10月参加工作，2004年1月任现职。

党委书记：王福生，女，1963年3月出生，山东省沾化人，中共党员，大学学历，高级政工师，1979年12月参加工作，2006年2月任现职。

工会主席兼纪委书记：陈亚明（2002.11～）

副场长：李慧萍（2002.5～）

丁桂林（2005.10～）

党委委员、公安局局长：周子华（1998.12～）

党委委员、武装部部长：郭凤江（2000.1～）

党委委员、组织部部长：孙长禄（2002.11～）

【概况】 嘉荫农场位于小兴安岭北麓，黑龙江右岸嘉荫县境内。地理坐标：东经129° 51′～130° 16° 5″，北纬48° 44′～49° 00′。东以太平河为界，南以嘉荫县青山乡奥里啊溪河发源地为界，西以嘎界靠河发源地与鄂里河发源地连接为界，西北以乌云河为界，北与东北以黑龙江主航道为界，与俄罗斯隔江相望。边境线长30公里。

农场属于寒温带大陆性季风气候，年平均温度0.7℃。10℃以上年积温2 316.6℃，年日照2 326.4小时，无霜期129天。年均降雨量521毫米，雨量集中在6～8月份，高达全年降雨量的62.5%。

2007年末，农场总面积50 305公顷，其中：耕地16 388公顷，草原87公顷，水面427公顷。全场设有8个农业管理区，有亚麻加工厂3家、粮食综合加工厂1家、砖厂1家，新建马铃薯淀粉加工厂1家，有民营建筑公司1家。

农场有丰富的林业资源，是垦区内为数不多的林业资源大场。森林覆盖率达52.46%。林地树种繁多，有红松、落叶松、大青杨、白桦、椴树等，全场木材积蓄量为205.06万立方米。

农场东北部黑龙江沿岸有龙骨山，这里埋葬了亚热带植物群落和恐龙家族。1915～1917年，沙俄在龙骨山盗挖的恐龙化石骨架，至今还陈列在列宁格勒地质博物馆。1978～1981年，黑龙江省博物馆和省地质一队在龙骨山组织挖掘，获得化石1 400余件，组装成两架平头鸭嘴龙化石骨架，陈列在省博物馆。省政府已将龙骨山定为省级文物保护区。

农场距汤旺河火车站66公里，在黑龙江江边建有可停泊1 000吨级驳船的货运码头，水运便利。农场有通讯光缆100皮长公里，程控交换机2 896门，电话2 800部，闭路电视覆盖全场，拥有宽带的职工家庭达到20%。

农场有人口近10 000人，职工3 398人。2007年末，农场拥有固定资产10 671万元，实现了全场无欠款；资产负债率达到13.15%；实现国内生产总值29 899.8万元；农场实现利润846万元，家庭农场实现利润11 688万元；全场人均收入实现11 291元，家庭农场实现劳均净收入20 786元。

（杨　明）

【种植业结构调整】 农场播种面积为1.5万公顷，四大作物播种0.98万公顷，其中：麦类作物种植0.2万公顷、玉米种植0.2万公顷，水稻种植0.1万公顷，大豆播种0.48万公顷；经济作物种植0.52万公顷，其中：亚麻种植0.07万公顷，马铃薯种植0.07万公顷，白瓜种植0.07万公顷，中草药种植0.16万公顷，杂豆种植0.11万公顷，西瓜种植0.05万公顷。大豆面积被压缩到31%，是历史上大豆种植面积最少的一年。玉米种植是近年来种植面积较多的一年。马铃薯试种成功，为种植结构调整增加了新的品种。白瓜、西瓜效益超历史，使职工群众谋求到更大的生产利润。农场拥有3家比较大的农产品加工企业，初步形成了面粉加工带动小麦种植、马铃薯加工带动马铃薯种植、亚麻加工带动亚麻种植的农业产业化生产格局。粮食作物平均实现公顷效益达5 400元，高效经济作物平均公顷效益达到万元以上，其中西瓜公顷效益达到2 400元。

（杨　明）

【3个专业项目建设】 农场依托马铃薯加工，建好马铃薯种植加工专业大场；为实现农林牧三业并举的工作思路，进一步建好食用菌栽培专业大场和狐貉养殖专业大场。完成了2 000万袋黑木耳栽培工作。2007年黑木耳实现产值5 000万元，利润2 200万元。农场狐貉饲养量达10万只。全场新建小区8 000平方米，增加房舍700平方米。农场与绥化鸿发薯业达成协议，组建嘉鸿薯业有限公司，共同开发马铃薯产业。4月末，全场完成了800公顷的马铃薯种植工作。淀粉加工厂的厂房等基础设施建设在6月3日正式开工，10月6日正式进行投产，实现了当年建厂、当年开工的良好局面。在马铃薯淀粉加工厂建设过程中，总局先后对马铃薯种植机械、种薯基地进行了投资，投资额达500万元。

（杨　明）

【场县共建工作】 农场在红光乡燎原村，建立了场县共建科技示范园。燎原村拿出92公顷连片耕地，由农场租种4年，并在燎原村建立农机合作社。由嘉荫县投资建设农机具场、库、棚，总投资65万元。其中：农具场总面积15 000平方米，农具停放处打水泥地面1 500平方米。建设机车库棚2 000平方米。农场以总局项目投资机具设备为主体，总投入450万元。2007年完成场县跨区作业达3.67万公顷，实现利润110万元。

（杨　明）

【非公有制经济快速发展】 农场出台“六扶持”政策，大力度推进非公有制经济发展：一是在政策上扶持。农场出台了养殖业、种植业、林下经济发展等方面的优惠政策，鼓励职工从事非公有制经济发展。二是在资金上扶持。通过以“双扶”专项资金为基础，采取基层单位领导帮贷一部分，职工自筹一部分等办法，累计筹措资金500万元，滚动发展非公有制经济。三是在销售上扶持。农场积极签订合同，解决销售环节不畅问题。四是在技术上扶持。采取外聘专家，内请行家等办法举办农业新技术推广、中草药、养殖狐貉、食用菌栽培等实用技术培训班10期，培训人数2 023人次。发给职工实用技术书籍2 000多册。五是在信息上扶持。共为职工提供致富信息145条,选择致富项目14个。六是在发展环境上扶持。以治理“三乱”为重点,严格财务收费项目、收费标准和收费范围,减轻职工负担,为发展非公有经济创造了良好的环境。2007年农场非公有经济总产值实现1.019亿元,利润4 150万元,户均纯收入13 000元;人均纯收入8 600元。

(杨　明)

【改善职工群众生产生活环境】 农场完成了原十四队到原十八队共计12公里的通村路工程。完成了场部地区自来水工程,安装了自来水处理设备,使职工群众吃上安全水、放心水、健康水。重新更新了场部主干道两侧的步道板和路灯,修建场部地区水泥路面6 000平方米。投资80万元栽植各种树木15万株。农场投资37万元,购进5台用于环境建设的自卸式垃圾运输车及10个自卸斗。

(杨　明)

嘉荫农场基本情况及国民经济主要指标完成情况统计表
(2007年)

指标名称	计量单位	2007年数　值
管理区	个	8
总户数	户	3 944
总人口	人	9 911
其中:男	人	5 026
女	人	4 885
少数民族人口	人	303
地区生产总值	万元	29 899.8
人均生产总值	元	30 056.1
工农业总产值	万元	40 818
粮食总产	吨	50 920
固定资产投资总数	万元	2 993
职工工资总额	万元	2 174.5
职工平均工资	元	5 667.19
职工家庭人均收入	元	11 291

铁力农场

场长: 吕庆革,1968年7月出生,辽宁省黑山人,中共党员,大学学历,农艺师,1986年12月参加工作,2007年10月任现职。

党委书记、社区管理委员会主任: 文春涛,满族,1965年3月出生,辽宁省风城人,中共党员,大学学历,高级政工师,1983年8月参加工作,2003年12月任现职。

副场长: 牛桂林(1994.3～)
阴秀旗(2006.3～)
任凤奇(2002.9～)

纪委书记、工会主席: 孟凡江(1995.11～)

党委委员、组织部部长、武装部部长: 厉宝昌(1997.3～)

【概况】 铁力农场坐落在小兴安岭南麓,横跨铁力市、庆安两市县,南北长55公里。东西宽27公里。地理坐标为:东经127°31′～128° 51′,北纬46°51′～47°20′。总控面积23 933公顷,其中耕地13 266公顷。

地形以低湿平地和山地、丘陵漫岗为主;土壤以草甸土为主,约占总面积的83.5%。植被有云杉、红松、红毛柳等珍贵树种以及木本类、草本类、真菌类、藤本类植物,还有小兴安岭特有的人参、黄芪、刺五加、五味子、贝母等药材。

农场属寒温带大陆季风性气候,年降水620毫米左右,历年气温平均在1.3℃,最高气温在7月份,平均为21℃,最低气温在1月份,平均在-24℃,无霜期平均在110～125天,年平均风速为2.8米/秒。

流经农场的主要河流有依吉密河、欧根河、小呼兰河等大小河流17条,均来自于山控水,其中上三条河流年径流总量达13.129亿立方米;地下水天然储量在1 219.7万立方米,是丰富水地区。

全场总人口9 053人,其中:少数民族人口376人。高中、中专以上人口2 304人;拥有各类专业技术人员591人,其中:中级以上职称人员202人。

2007年农场国内生产总值达3.8亿元,其中:第一产业1.7亿元,二、三产业2.1亿元,人均收入达到12 146元,人均居住面积达到了18.44平方米。

农场积极开拓国外市场,取得了进出品资格和电子口岸相关手续,摆脱了过去只有通过进出口商才可以进出口货物的依赖,2007年实现出口额160万美元,使农场的产品真正走出国门。

农场环境有明显改善。全场栽植大红樱桃、云杉等树种15 000多棵,修建通乡公路15公里,场区白色路面达43 000平方米。

(王　敬)

【农业生产稳步发展】 2007年农场投资586万元完成第一管理区低产田改造,确保常规种植效益得到提高。落实水稻面积0.87万公顷,公顷效益实现4 215元,总效益达3 653万元,全场兴办家庭农场2 371个,实现利润7 943万元,平均收入1.63万元。经特作物种植标准得到提升,平贝种植公顷效益保持在75 000元以上。农场第四管理区内66.67万公顷水稻列入国家“创建农垦现代农业示范区”项目规划,通过国家“创建农垦现代农业示范区”专家组验收,成为全国100个首批进行现代农业试点的单位;农场0.67万公顷水稻获得了“良好农业规范认证”,被总局农业局、技术监督局列入垦区率先开展良好农业规范认证试点的10个农场之一。

(王　敬)

【畜牧业发展步伐加快】 农场坚持“养好猪、种好稻、紧紧围绕中草药;搞加工、抓服务、牢牢走好产业路”的经营理念。2007年,大牲畜存栏1.08万头,生猪存栏4.01万头,出栏4万头;家禽存栏15万只,年出栏55万只。数量增长的同时,规模养殖发展迅速,建有种猪场2个,千头养猪小区2个,发展生猪家庭牧场55个,规模养殖的数量占70%以上。畜牧业实现增加值6 420万元。

(王　敬)

【工业经济平稳发展】 农场引资180

万元,入股170万元,组建年产60万双木屐鞋厂,引资800万元,正在建设年产1.5亿支铅笔的铅笔厂,参股企业运作平稳。4个国有参股企业实现销售收入300万元,农场分得红利12万元。民营企业发展强劲，正处于产销两旺时期,2007年实现工业产值8 000万元,利润600万元，吸纳就业200人以上。农场通过招商引资、鼓励民有资本投入、农场参股等方式,引进北大荒米业集团、华威乳业公司等一批有规模、效益好的企业落户农场,扩大了农垦人酒厂生产规模,组建了蜜蜂包装、工艺品厂。利用闲置厂房,建立了小工业园区,先后有煎饼厂、制米厂、有机大豆销售公司等13家小规模加工企业入驻,使全场工业年销售收入提高2 500万元,年增加利税336万元。2007年底,全场工业实现产值1.1亿元。（王　敬）

【旅游】 农场结合区域发展优势,对旅游项目进行整合,重点在农场铁中区内开展“四园”建设,对原有的“百万庄园”、“柳树湾田园度假村”、“神秘岛生态园”及“铁中区生态家园”(简称“四园”)四个旅游景点进行统一规划、完善,建设家庭农庄,开展自行租住、自己耕种、自我体验的农家生活休闲式旅游,农场的旅游项目整体已经纳入铁力市旅游建设规划。成功地承办了分局旅游工作现场会,旅游建设投资95万元,各景点接待游客15 000人次，旅游收入实现156万元。（王　敬）

【深化改革】 农场出资300万元平稳解决了农场建筑公司、砖厂两家企业改制工作。农场通过推进“农场+公司+协会”三位一体的经营模式,加强行业协会组织建设，理顺了农场和企业、企业与协会之间的管理和服务关系。生猪养殖协会、水稻种植协会、农机协会、天然药业协会、有机食品协会、工业企业联合会完成组建、注册和整章建制工作,进入运作阶段。（王　敬）

【完善基础设施建设】 农场投资105万元完成4米宽通达路9.3公里建设;投资34万元完成2.2公里农场路两侧人行道建设；投资17万元完成住宅楼小区混凝土、防滑步道板路面工程,使各住宅小区道路全部达到硬化。完成秋季绿化工作,2007年新增植大树1 200棵,增加绿化面积4.5万平方米,城镇绿化率增加4个百分点,投资208万元完成职工医院建设,引资200万元完成法官培训中心建设。（王　敬）

【改善居住条件】 农场在场直地区招商开发建设6 000平方米住宅楼,完成框架工程;投资194万元在第一管理区建设新型平房小区建设，完成基础工程;投资180万元建设可供200户居民使用燃气的沼气工程，前期工程完工。投资43.6万元完成一、四、十二、十三居民组,及第八、十七居民组改水工程。（王　敬）

【职工业余文化设施建设】 农场投资55万元建设高标准灯光球场，前期工程完工。投资11万元完成文化信息中心改造。投资46.9万元完成文化设施建设,选派2人参加总局文化局举办的文化信息共享工程技术培训班。按照文化繁荣工程的根本要求,改造装修文化馆、图书馆场地400平方米,举办了全场性田径运动会和农场文艺会演。（王　敬）

铁力农场基本情况及国民经济主要指标完成情况统计表（2007年）

指标名称	计量单位	2007年数值
管理区	个	7
总户数	户	3 672
总人口	人	9 053
其中:男	人	4 489
女	人	4 564
少数民族人口	人	376
地区生产总值	万元	38 357.5
人均生产总值	元	42 260.2
工农业总产值	万元	45 249.9
粮食总产	吨	85 031
固定资产投资总数	万元	2 964.02
职工工资总额	万元	2 586
职工平均工资	元	6 722.12
职工家庭人均收入	元	12 146

海伦农场

场长：范有毅,1969年4月出生,中共党员,研究生学历,高级会计师,1990年12月参加工作,2005年2月任现职。

党委书记兼社区管理委员会主任:张秀彬,1958年3月出生,中共党员,大学学历,政工师,1975年7月参加工作,2004年5月任现职。

纪委书记兼工会主席：张魁(2002.6～2007.5)

副场长:陈克发(2002.2～)
袁春风(1995.12～)
于　忠(1997.2～)

【概况】 海伦农场位于海伦市东北36公里处,向西距滨北铁路海北站23公里。地处松嫩平原与小兴安岭的结合部,属松嫩平原漫岗。全场总控制面积240平方公里,其中耕地1.33万公顷,林地0.24万公顷,滩地、沼泽0.17万公顷,水面0.05万公顷,尚有荒地、草原面积0.62万公顷。农场场总人口为11 426人,其中:场部地区总人口为5 835人,有职工3 114人。

2007年末，农场实现国内生产总值26 318万元，同比增长19.7%;其中：一、二、三产业增加值分别为13 261万元、3 725万元、9 332万元,同比分别增长22%、26.5%和14.1%。实现全口径利润11 769万元。企业实现可比口径利润715万元，资产负债率由2007年初的92%下降到年末的86%。全口径人均实现纯收入8 517元,同比增长6.2%。（张洪涛）

【职工收入大幅度提高】 2007年农场农业效益创历史最高水平，实现增加值8 102万元,较上年增长11.5%。平均综合公顷效益为6 015元,经济作物最高综合公顷效益达9 225元;农场足额发放退耕还林补贴、粮食综合补贴、粮食直补等补贴资金632万元。家庭农场实现利润8 542万元,全口径人均实现纯收入 8 517 元,同比增长 6.2%。职工在场内金融系统存款总额突破了 1.2 亿元,人均存款额超过 1 万元。

(张洪涛)

【种植业结构调整步伐加快】 农场按照科学轮作要求和职工增收目标,在种植业结构调整上实现了重大突破,全场 2 060 户家庭农场种植小麦等粮食作物 0.29 万公顷,有机大豆等豆类作物 0.33 万公顷,蓖麻、月苋草、水飞蓟、粘玉米等经特作物 0.65 万公顷,青贮等饲料作物 0.07 万公顷,粮、豆、经、饲作物比重分别为 21.5∶25∶48.5∶5。

(张洪涛)

【现代农业建设】 一是农业基础设施建设进一步完善。农场投资 122.7 万元,完成涵洞 6 座,水泥晒场 6 385 平方米等工程。二是农机装备水平进一步提高。由职工、农场和国家投资 398 万元购入大型自走式割晒机、高地隙喷药机、玉米收获机械等 7 台套。三是农机具停放场建设标准进一步提升。投资 30 万元完善了第一管理区农机具停放场,达到了功能完备、标准一流的要求。四是农业发展后劲得到增强。投资 830. 2 万元启动了星火水库建设项目一期工程,完成土方 27.3 万立方米,修建输水洞 2 座。五是区域合作实现“双赢”。2007 年度与附近县乡在农业机械、农业科技服务、农业产业化、农业社会化服务、城镇基础设施建设、农业和农村基础设施建设、社会事业发展等 7 个方面实行合作,完成农机跨区作业 1.53 万公顷,销售种子 1 300 吨,家庭农场增收 375 万元。 (张洪涛)

【畜牧业发展态势良好】 农场投资 121 万元完成了九队奶牛养殖小区改造工程,小区内新建 425 平方米榨乳厅一栋、960 平方米保温彩钢板牛舍二栋及奶牛运动场地等附属设施。充分利用资源,鼓励养殖大户自建生态养殖小区,以点带面,推行生态畜牧业发展模式,形成了圈养猪、舍饲牛的生态畜牧发展框架。为鼓励和带动奶牛和生猪养殖,农场共兑现鲜奶补贴 6.7 万元,育成奶牛产犊补贴 8.3 万元,规模户出栏生猪补贴 2.2 万元。按照国家政策发放能繁母猪补贴款 3 .6 万元。通过养殖小区示范和带动,2007 年末全场奶牛存栏 3 000 头,可繁育母猪存栏 814 头。出栏生猪 30 380 头,出栏肉牛 6 461 头,实现肉类总产量 4 762 吨,鲜奶产量 9 000 吨。全场实现畜牧增加值 4 319 万元,畜牧从业人员人均纯收入达到2 950 元。 (张洪涛)

【产业化格局初步形成】 一是本着“建好基地育龙头、壮大龙头带基地”的强场战略,明确了亚麻厂资债关系,推进了产权重组。扶持冷冻厂发展壮大,速冻粘玉米生产能力突破了 1 000 万穗,新增速冻蔬菜和特色山野菜加工项目,产值突破 2 400 万元。通过龙头带动,2007 年农场实现工业产值 8 718 万元,同比增长 35.6%。二是充分运用地源优势,走特色产业的发展路子,投资 44.9 万元完善了高效蔬菜大棚建设,引导职工发展大棚蔬菜、花卉栽培和食用菌等特色产业。三是利用丰富的林木资源,扶持和鼓励职工发展地栽木耳和山产品采摘,走林业产业化道路。四是牢固树立“工业振兴靠项目”的意识,把项目建设作为加快推进农业产业化的重中之重。完成了有机食品加工厂论证和申报立项工作,对蓖麻加工项目可行性进行了全方位考察。 (张洪涛)

【城镇化建设稳步推进】 农场加大了场部地区公共事业建设,投资 2 155 万元高质量完成了骨架公路建设工程。投资 435 万元新建职工医院 2 895 平方米。投资 565 万元新建学生公寓 3 781 平方米,投资 37 万元为中小学新建下水管线一条,室内改建卫生间 8 个。招商 280 万元建设职工综合住宅楼 4 370 平方米。场部地区新增水泥路面 4 条,加宽中央大街路面 1 830 平方米,完成了街道两侧人行道铺设、路灯等基础设施和办公楼小区硬化、绿化工程。在场部主要街道栽植云杉大苗 460 株,垂柳 600 株,花灌木 600 株,草坪 20 000 平方米,绿篱 2 500 延长米。在区域布局和增加场部小城镇集聚效应上,对原十队、五队实行了整体搬迁。支付动迁费 72 万元,向场部地区搬迁 68 户,拆除房屋 3 156 平方米。农场出资 20 万元聘请北京专业规划设计公司完成了场部地区总体规划修编和第二管理区、第三管理区的新农村详细规划。

(张洪涛)

【各项事业健康发展和谐】 农场职工群众思想道德素质进一步提高,未成年人思想道德建设得到加强。“五五普法”工作不断深入,依法办事的氛围日渐浓厚。工会工作以民主管理、扶贫帮困以及发展职工自营经济和增强女工组织活力为工作重点,全面发挥了四项职能的作用。社会治安综合治理和信访工作得到加强,刑事案件侦破率达 100%,治安案件查结率达 89%,矛盾纠纷调解成功率达 95%。“三层联创”、“北大荒先锋工程”和党风廉政建设开展深入,和谐家庭当年达标率达 34%,党员干部接受专题教育率达 80 %以上。共青团结合青年自身特点,积极投身于社会主义新农村和构建和谐农场建设中,发挥了先锋作用,并有 5 名适龄青年光荣入伍。引进人才战略有效落实,全年新录用大中专毕业生 6 人,送往八一农垦大学进行专业技能深造的 8 人。教育事业蓬勃发展,农场投资 101 万元为学校更新添置了大批教育教学器材,免收场内子弟杂费 9 万元,补助寄宿学生伙食费 5 万元。通过教职员工的不懈努力,示范化学校创建活动顺利通过验收。卫生事业提档升级,全面启动了“平价药店”进管理区,共向全场职工提供平价药品 90 余万元。卫生防疫和计划生育工作深入扎实,人口基础免疫率达到了 100%,自然增长率为 0.14‰。公路交通秩序不断好转,道路超限问题得到彻底治理。社会保障体系逐步完善。“五保合一”的保险覆盖范围逐年加大,年度内社会保险部门发放养老金 1 104 万元,支付失业金 7.2 万元,报销医疗保险费 116 万元,支付工伤和生育医疗保险费 31.3 万元。社会救助体系逐步健全。对精神病人、孤儿、孤寡老人及弱势群体加大了政策倾斜力度,全年为 273 户低保户发放低保金 48 万元,发放助学基金和困难补助 17 万元,为 18 个精神病患者免费送去了部分药品,为 6 个贫困家庭子女解决了上大学学费,帮助 489 户家庭解决了临时性困难。发放 117 万元免息扶贫资金，由部分党员干部帮助 500 户“双扶”对象确定致富项目 20 多个，通过一年的努力，有 471 户年人均收入达到了 3 000 元以上，其中有 244 户达到了人均收入5 000 元以上，较好地完成了“双扶攻坚”工作任务。（张洪涛）

海伦农场基本情况及国民经济主要指标完成情况统计表（2007 年）

指标名称	计量单位	2007 年数值
管理区	个	4
总户数	户	4 530
总人口	人	11 426
其中：男	人	5 738
女	人	5 688
少数民族人口	人	103
地区生产总值	万元	26 317.8
人均生产总值	元	23 067.6
工农业总产值	万元	34 379.3
粮食总产	吨	34 391
固定资产投资总数	万元	6 075
职工工资总额	万元	1 725
职工平均工资	元	7 281.55
职工家庭人均收入	元	8 517

红光农场

场长：高义，1960 年 10 月 2 日出生，黑龙江省海伦市人，中共党员，大学学历，高级政工师，1979 年 7 月参加工作，2006 年 2 月任现职。

党委书记：李淑华，女，1963 年 7 月 10 日出生，天津人，中共党员，大专学历，高级会计师，1981 年 9 月参加工作，2006 年 2 月任现职。

党委副书记、纪委书记、工会主席：董波（1997.3～）

副场长：刘丽华（1999.12～）

李　伟（1999.12～）

【概况】红光农场地处小兴安岭西南麓，海伦市东北方向 25 公里处，横跨海伦、绥棱两市县，东西长 32 公里，南北宽 20 公里，西与海伦市第二良种场接壤，南与海伦市东林乡护林林场、绥棱农场相依，东与绥棱县四海店林场、半截河林场为林，北临扎音河，与海伦农场和海伦市通肯河林场隔河相望，场区被境内的海伦市陈家店林场分割成四片，海景公路穿场而过，扎音河由东向西注入东方红水库，农场地理坐标：东经 127° 11′ 10″ ～127° 36′ 34″，北纬 47° 31′ 30″ ～47° 42′ 15″ 之间。属寒温带冷凉区大陆性季风气候区，冬季寒冷，夏季温热，是省第四积温带，年平均积温为 2 150℃到 2 300℃，保证率在 95%以上的活动积温为 2 000～2 100℃。农场区域无霜期在 118 天左右，全年平均日照 2 209 小时，年平均降水量为 587 毫米。土质为淋溶黑土和草甸黑土，地貌由漫岗和沟谷组成。农场总面积 155.31 平方公里，其中耕地 0.89 万公顷，林地 0.27 万公顷，水面 0.02 万公顷。农场总户数 3 986 户，人口 1.3 万余人。

农场场部距哈黑铁路、哈黑公里 25 公里，场区主要街道全部实现硬化，交通便利，场内设有邮电局、农行办事处、加油站、移动电话，宽带业务方便。场区内住宅全部实现砖瓦化，有住宅楼面积 22 800 平方米；自来水入户率达 100%，水质达到国家饮用水标准；有线电视覆盖率达 100%，入户率达 70%。国家电网 24 小时供电，照明动力均可使用。

农场耕地已全部通过日本 JAS、欧盟 BCS、瑞士 IMO 和南京 OFDC 等权威机构的有机认证，有机农产品出口到日本、韩国、欧盟等国家。农场生态环境优良，山川秀美，景色宜人。

农场确定了“打特色牌、走有机路”的工作思路，以创新体制、机制为动力，以健全制度为保障，以发展经济为中心，以实现职工增收为目的，努力打造“有机、劳务、工业”三条产业链。2007 年实现国内生产总值 2.1 亿元，同比增长 23.2%，其中第一产业增加值 9 650 万元，同比增长 23.2%，第二产业增加值 3 792 万元，同比增长 37.2%，第三产业增加值 6 398 万元，同比增长 16.1%，农场实现利润 270 万元，可比口径增加 48%，人均纯收入 7 589 元，同比增长 9.7%。（李志强　刘　岩）

【出口创汇农业基地建设】2007 年，农场从五个方面入手，加快了出口创汇农业基地建设。一是加大了种植业结构调整力度，扩大有机经特作物的种植面积，达 0.71 万公顷，较上年增长 26%。其中有机大豆 0.33 万公顷，芸豆 0.04 万公顷，甜菜 0.08 万公顷，中草药、蔬菜 0.07 万公顷，有机马铃薯 0.1 万公顷，菇娘、蓖麻、月苋草 0.09 万公顷。二是引进“种养模式”，在第一、第二管理区共建占地 80 公顷的蓖麻种植和养蚕示范获得成功。三是增强了有机食品出口创汇能力。以兴光有机食品公司为依托，扩大对外销售，通过上海北大荒绿色特色产品展销会和哈洽会，分别与日本马路三株式会社、神谷酿造食品株式会社签订了 3 000 吨有机大豆的销售合同，销售总额 1 020 万元；与沈阳圣佰伦生物工程有限公司、山东龙大集团、龙王公司签订了 2 000 吨有机大豆销售合同，销售总额 880 万元，农场创利润 280 万元。四是加快了农机更新工作步伐，利用上级扶持政策，吸纳个人投资 325 万元，更新农机具 17 台（件）。五是加大了农业基础设施建设力度，投资 220.79 万元，完成了十三队小水、四队堤防等工程。（李志强　刘　岩）

【畜牧产业稳步推进】农场确定了“大上生猪，稳定两牛”的畜牧业发展思路，以市场为导向，采取三项措施，加快畜牧业发展。一是连市场，挂靠伊利、龙王食品公司稳定鲜奶市场，促进奶牛业发展；依托北大荒肉业望奎分公司扩大生猪市场。二是扩规模、建基地，实现累进式发展，投资 40 万元维修奶牛标准化养殖小区 1 处，新建生猪养殖小区 1 处；在再就业园区建立了毛皮动物养殖小区，出栏狐貉 2 万只，獭兔 1 万只，实现效益 240 万元。三是开展能繁母猪补贴和保险工作，为 1 138 头能繁母猪发放补贴款 5.69 万元。全场生猪存栏 3.3 万头，奶牛存栏 0.3 万头，鲜奶产量 0.9 万吨，肉牛存栏 0.9 万头，羊存栏 1.6 万只，狐貉存栏 0.55 万只，禽存栏 15 万只，同比分别增长 10%、30.8%、20%、14%、80%、33%、10.1%，畜牧业实现增加值 4 537 万元，占大农业比重的 47%。（李志强　刘　岩）

【做强工业产业】 农场围绕农业办工业,办好工业促农业,由场办工业向招商引资办工业转变,彻底明晰工业企业产权。投资290万元建设有机食品综合加工厂,为提高产品附加值和职工增收奠定了基础。投资1 300万元新建了冷库。由职工个人投资兴建的山泉水厂建成投产,年生产桶装水4万桶,瓶装水3万箱,产值达到50万元。通过整合山野菜加工厂,组成松散型联合体。强化了销售工作,统一包装,统一品牌,统一价格,统一销售,年加工量达到1 000吨,实现产值100万元。

(李志强 刘 岩)

【推动非国有经济产业发展】 农场本着"放手发展、积极引导、迅速提高"的原则,不断推动非国有经济上规模、上特色、上水平。一是做好劳动力的转移工作。"中年劳务就地进厂,青壮年外出务工"的思路,一方面通过招商引资办工业增加就业岗位,引导一部分职工走出土地,走进工厂,实现离土不离乡就业。共安置中年劳力400余人,创收32万余元。另一方面,通过海伦市、绥化市职业介绍服务中心向广东东莞鞋业、北京大兴保安公司等单位累计输出青年劳务1 200余人,创收1 500万元;通过绥芬河市宝国公司向俄罗斯输出劳务47人,平均月收入都在千元以上。由日本政府援建的有机农业培训中心已于5月15日开班授课,为跨国劳务输出创造了条件。该培训中心已被批准为总局职业培训基地。二是大力推进场县共建工作。为海伦市代耕面积达到1.8万公顷,其中整地面积1.27万公顷,创收228万元,收获0.53万公顷,创收120万元。 (李志强 刘 岩)

【加快做强林业经济发展】 农场引进林口县食用菌协会建立原料生产基地,面积达100万平方米,品种达12个,可生产各种菌类产品800吨,实现产值280万元。建好"一药两林"示范区。"一药"即一个中草药基地,面积达20万平方米,主要种植平贝和五味子,年产值达到50万元。"两林"即林菌和林苗,利用林下隙地和疏林地发展林菌100万袋,产值达到100万元。调整苗木品种结构,提高林苗经济效益,育苗面积53.33万公顷,实现效益40万元。

(李志强 刘 岩)

【小城镇建设取得新进展】 农场本着"以人为本,量力而行,尽力而为"的原则,强化了小城镇建设的综合载体功能,投资559万元完成了162户共1万平方米的平房小区建设任务,场直地区内泥草房基本拆除。实施了"亮化工程",为"十字街"和南二道街安装了路灯,方便了居民的出行。投资174万元,完成场部地区2.253公里街道的硬化工程。新增绿地2.5万平方米,植绿篱1 260延长米,植树4.6万株。投资3 294万元,完成28.712公里的垦区骨架公路和12公里的通村公路建设。投资114万元,对通乡公路进行了维修,并通过了国家验收。 (李志强 刘 岩)

【加强文化基础设施建设】 农场大力培育具有红光特色的企业文化。本着"一次性规划,分步骤实施"的原则,投资116万元在交通科西侧建设占地1万平方米的文化广场。安装了健身体育器材,为职工群众提供了良好的活动场所。投资67万元对原有文化娱乐城进行改扩建,使其成为集娱乐、文化演出、健身于一体的欧式综合活动场所。以此为依托,拉动文化产业的发展。为原四队、六队、七队和平房小区安装了有线电视,除原十四队外,实现了有线电视网络全覆盖。投资9万元,重新装饰了娱乐城的演出大厅,成功接待了分局庆祝垦区开发建设60周年文艺会演,受到上级的好评。 (李志强 刘 岩)

【扶贫解困工作取得新进展】 2007年是农场的扶贫攻坚年,按照"扶济分开"的原则,对有劳动能力的贫困职工,农场采取政策倾斜、项目侧重、党员干部结对子等方法,发放扶贫贷款130万元,为贫困职工增加就业岗位570个,使281户贫困户实现了脱贫。较年初计划增加了11个百分点。对于丧失劳动能力的贫困户,除尽量将其纳入低保外,从解决他们的住房问题入手,逐步解决生活难、就医难、上学难等问题。

(李志强 刘 岩)

【强化管理提高经济运行质量】 农场从强化管理,节支增收入手,加强财务管理工作。巩固100%上打租金成果,到3月10日土地承包合同签订工作全部结束,100%实现上打租金,缓解了企业流动资金紧张的局面。按照享受基本田的标准,详细测算基本田分配面积,采取实名制的办法,在播种前将全部耕地落实到户。制定财务管理各项制度、管理办法,保证农场各项经济工作有章可循。认真贯彻落实中央及省政府各项扶农政策,依据先公示、后发放的工作程序,本着"财务收多少,农场返多少,国家补多少,农场发多少"的原则,于6月末前将370万元粮食直补资金全部发放到位。农场出面与农行、信用社协商,采取"五户联保"的形式,为家庭农场联系生产资金1 950万元,缓解了职工农业生产资金紧张问题,减少了民间借贷,使家庭农场减少利息负担在50%左右。 (李志强 刘 岩)

红光农场基本情况及国民经济主要指标完成情况统计表
(2007年)

指标名称	计量单位	2007年数值
管理区	个	4
总户数	户	3 986
总人口	人	11 114
其中:男	人	5 557
女	人	5 557
少数民族人口	人	149
地区生产总值	万元	20 820.1
人均生产总值	元	18 626.8
工农业总产值	万元	29 824.6
粮食总产	吨	20 503
固定资产投资总数	万元	6 178
职工工资总额	万元	1 518
职工平均工资	元	7 902.13
职工家庭人均收入	元	7 589

绥棱农场

场长:宋树森,1962年5月出生,黑龙江省绥化市人,中共党员,大学学历,高级农艺师,1981年8月参加工作,2004年7月任现职。

党委书记：赵景富，1956年11月出生，黑龙江省肇源县人，中共党员，大学学历，高级政工师，1973年8月参加工作，2004年6月任现职，2007年3月离职。

党委书记：刘学，1965年4月出生，黑龙江省望奎县人，中共党员，研究生学历，高级工程师，1988年7月参加工作，2007年11月任现职。

纪委书记兼工会主席：石文春（2002. 1～）

副场长：曹宝山（2006.3～）

党委委员、武装部部长、组织部部长：肖长明（2004.12～）

【概况】 绥棱农场位于东经127°20′～127°47′，北纬47°24′～47°37′之间。地处小兴安岭南麓，诺敏河畔。境内耕地、草原、林地、荒地、河流、风景区纵横交错，地貌复杂多样，是黑龙江垦区著名AAA级生态旅游区。距省会哈尔滨220公里。

辖区有2.8万公顷土地，自然环境优美无污染、野生动植物资源丰富，是130余种天然山特产品的宝藏，适宜发展绿色、生态、有机食品。成为黑龙江垦区最大的蔬菜出口基地、国家级生态示范场、中国寒地小浆果之乡（蓝莓、树莓、草莓、栽莓）、国家及省优质农林牧副渔产品生产基地。为省内著名的休闲、度假、漂流、避暑和生态旅游胜地。

2007年农场国内生产总值超历史，实现国内生产总值2.56亿元，比2006年增长28%；全场人均纯收入达9 298元，比上年增加16.3%；资产负债率下降到36%，较上年下降了2个百分点，实现利润1 259万元。（耿作先）

【发展有机浆果和蔬菜】 农场提出建设"有机蔬菜和有机浆果"专业大场的战略设想。全场蔬菜种植面积达1 933.33公顷，其中有机蔬菜400公顷，陆地蔬菜1 533.33公顷。种植有机浆果1 000公顷，其中发展黑加仑333.33公顷，树莓333.33公顷，草莓200公顷，栽莓123.33公顷，蓝莓10公顷。种植的甜豆、有机南瓜、有机彩色甜椒、甜玉米、西瓜、马铃薯等特色蔬菜，产品销往上海、北京、山东、绥化等地，彩色甜椒、甜豆、南瓜实现公顷效益15 000多元、西瓜公顷效益22 500余元。2007年，农场有1 666.67公顷土地，333.33公顷山林通过色瑞斯国际有机认证公司的有机认证。电视台专程来场拍摄了《前进中的中国有机农业》专题节目，并在德国电视一台播出。色瑞斯总裁马丁先生，色瑞斯驻中国代表袁才勇先生到农场考察，提升了农场有机农产品的信誉度和影响力。通过参加国内有机食品博览会和国际有机食品展会，引来了德国的阳柯公司、意大利的法本公司、日本的驻友株式会社、韩国的天一公司等外国公司来场考察，并在农场试种了20多个新特蔬菜品种。（耿作先）

【龙头企业建设】 农场开办了自己的网站，申请注册为贸易通成员，利用互联网开展网上招商、网上销售、商务信息查询等活动。在网上发布农场有机蔬菜、山特产品等供求信息，与国内100多家公司和客商进行贸易接触，使农场的有机产品走出了省门，远销到北京、上海、湖南、福建等国内10余个省市。全场兴办的实体公司外联市场，内接农户，发展农副产品经销、销售、加工有机农副产品。第八管理区兴办兴瑞农产品有限责任公司，全年完成贸易总额达400多万元。第七管理区创办久绿有机蔬菜公司，全年种植外销有机蔬菜200多万公斤，贸易总额达150万元。林业公司、天力公司克服重重困难，上项目、引人才、加快建设，先后建起蓝莓种苗繁育基地、天力干菜加工厂等特色的产业园区和小加工企业建设。管理区兴办的各公司，成为农场对外商务的主流。农场加快农区工业化建设。天力干菜加工厂竣工投产，扩大干菜加工基地333.33公顷；围绕市场开发，王成伟、曹金库率领职工群众成立了金斗湾农业联合协会和金斗湾有机蔬菜协会。（耿作先）

【种植结构调整】 2007年农场大豆种植0.3万公顷、玉米0.17万公顷、水稻0.27万公顷、马铃薯0.2万公顷、芸豆0.1万公顷、果树0.1万公顷、瓜类0.1万公顷、蔬菜0.19万公顷、中草药0.03万公顷。通过调整，高效作物达到0.73万公顷，占总面积的50%以上。第八管理区890公顷耕地，发展经特作物的有770公顷，占总耕地面积的89%。（耿作先）

【畜牧业逐步向规模化、规范化、科学化养殖方向发展】 农场投资60万元建设了动物防疫监测化验室，解决了实验室用房，先后3次派专业人员参加总局有关化验诊疗培训完善兽医站、所建设。农场投资3万元维修了第二管理区兽医所，畜牧兽医人员对全场动物防疫工作实行了包片负责制。完善了防疫措施，保证动物防疫工作不留死角。拨款50万元用于禽流感、口蹄疫、高致病性蓝耳病、猪瘟等疫病防治，免疫接种率达到100%。投资100余万元，建设畜牧圈舍5栋，面积2 500平方米，其中育肥牛舍4栋，育肥猪舍1栋，办公室一处100平方米，投资30万元新建养殖小区大门一个，完善养殖小区道路300延长米（水泥路面）和养殖小区内水泥板1 200平方米。投资35万元购置畜牧青贮机械一套。2007年，全场生猪存栏31 000头，肉牛存栏9 800头，禽存栏210 000只，羊存栏15 000只，出栏生猪28 000头，肉牛8 700头，出栏禽15万只，实现畜牧业增加值4 500万元。（耿作先）

【旅游产业开发实现新突破】 全年景区共接待游客47 000余人，创产值近500万元。投资198万元建俄罗斯风情园、鲜族风情园；投资10万元，购进漂流船100只，加强了景区的基础设施建设；投资200余万元建第七中心队万亩有机瓜菜采摘基地；投入160万元扩建蓝莓种苗基地，为游人提供了新的旅游景点。成功举办了首届金斗湾漂流节。（耿作先）

【改善群众生产生活环境】 农场积极争取上级政策支持，多方筹措资金，先后完成大小工程40余个，推进新农村建设。投资736万元，完成八队小区农发工程，改造低产田0.11万公顷；改建、扩建八队水库一座，新增总库容30万立方米，完成填筑土方3万立方米，完成水库护坡2 000平方米，新建进水闸1座，保证了八队水田灌区近0.02万公顷水田的用水；新建农田路15公里；新建水泥晒场19 000平方米，仓库1 200平方米，铁围栏430延长米；投资66万元完善人畜饮水工程，建设了第八管理区和场部一委饮水工程两个，新建管线工程16 000米，上水处理设备一套；投入资金50万元，加强绿化、农田防护林、水土保持工作；投资56万元造林100公顷，栽种绿化树3万株；投资630万元购进农机具115台套，全场农业综合机械化率达95%以上；在重点工作建设上，农场总投资3 446.43万元完成通乡、通村公路45.94公里，使农场全部出口公路及部分骨架公路实现四级以上硬化连接，90%管理区的自养公路改为白色路面。加大小城镇建设力度，引资300万元开发住宅楼6 000多平方米、安置住户85户，人均住宅面积达到25平方米；加强对公安、消防设施、设备的投入，投资31万元安装了场部地区监控设备，投资近20万元更换警车2台，投资14万元购进新消防车，这些硬件建设的投入有效保证了场区社会治安的稳定；投资10万元维修场部和管理区、居民点厕所30个。农场认真落实各方面人员的工资待遇，为941名退休人员增加工资98.2万元，事业单位169人增加工资11万元，审核发放遗属救济金45万元。有计划、有步骤地加大对教育、科技、医疗、综治、安全等方面的投入，投资2万余元为基础卫生所增添医疗设备、投资22万元对医院的就医条件和办公环境进行了改善；投资3万多元为学生宿舍和食堂购买电视，安装闭路，为学生宿舍安上纱窗，粉刷学生床，改造食堂工作间；投入7万多元为中学购置10个新讲桌、350套新桌椅；增加资金7万余元解决了教育师生正常休假的问题。加强公安队伍正规化建设，完善基础设施，开展系列专项行动，全年侦破刑事案件4起，查结治安案件12起，处理犯罪嫌疑人5人，严厉打击违法犯罪活动，维护社会治安稳定。为了保障职工生产、生活安全，农场与18个单位签订了安全目标管理责任状，单位与126个班组签订了责任状。全场开展联合安全检查6次，专项检查15次，杜绝各类事故的发生。支持文化演出公司的发展，举办系列金斗湾之夏广场文化活动，300余人参加自编、自导、自演的文艺节目7场，农场及周边近万人次观看演出，丰富了职工群众业余文化生活。针对农场专业技术人员短缺的实际，先后派出40余人次到发达地区考察学习，提高从业人员在种植、养殖、加工和营销等方面的本领，支持教育、卫生、公检法司人员参加培训提高专业技能，选送5名青年到哈市和大庆等科研院校学习畜牧兽医、水稻栽培、苗木繁育技术，选送2名青年到高等院校深造国际贸易和英日俄语言，为深入开展对外贸易奠定基础。在农业产业化发展中，农场还制定了优惠政策，吸引3名专业技术人员来场指导酿酒、栽培、加工和经营管理，迅速解决边缘学科专业人才短缺制约发展的问题。工会、农业、农机等部门以学习型组织创建为载体，开办实用技术课堂，通过请进来、走出去和现场观摩学习等多种方式，普及实用技术，提高了职工群众的从业技能，增强了职工群众建设新农村的本领。 （耿作先）

【精神文明创建活动】 一是职工精神文化生活丰富多彩。开展了“学、富、安、美、乐”五在社区活动，扎实开展系列主题教育，提高了职工群众的综合素质和道德水准。相继开展了“新春团拜会”、“学、富、安、美、乐”五在社区知识竞赛、金斗湾之夏广场文化、奔腾诺敏河激情金湾文化演出、组织参加了绥化分局职工篮球赛，并获得第一名；参加县域经济一体化篮球赛，获得第三名。四海篮协自发组织了民间系列邀请赛等大型文化活动。二是全场环境质量不断改善。以建设社会主义新农村为目标，加大环境建设投入，提高环境“五化”标准，农场出资70万元在场部各街道和管理区移栽各品种的绿化树5.6万棵，各管理区拉砂石2 800立方米，清沟21万延长米，育花苗3.9万棵，净化、美化营区。农场出资30万元，移除场部各居民委818个柴草垛，消除了安全隐患，美化了生活环境。三是宣传工作成效显著。加强企业对外宣传工作，场宣传部及相关科室对外发稿312篇，其中在《农垦日报》发新闻稿件184篇，头版头条3篇，论文2篇，网络宣传107篇，省级报刊发稿25篇。电视局播发场内新闻586条，信息传媒680条，在总局、分局播发农场新闻68条，开办专题栏目13个，制作新闻专题12个，为企业树立了良好的形象，提高了企业的知名度。四是党的基层组织建设得到改进和加强。积极创新基层组织设置，在第三、第七管理区推行“支部＋协会”的新型组织设置形式。把党组织建立在改革发展的链条上，通过产业示范基地的辐射作用，帮助带动贫困户共同致富，发挥了党组织和党员在经济发展中的先锋模范作用。全场党员干部与108名贫困户结成了帮扶对子，做到有帮扶项目、有指标、有措施。共引进项目24个，提供致富信息29条，为贫困户垫付生产费用33万元，担保贷款329万元。

（耿作先）

绥棱农场基本情况及国民经济主要指标完成情况统计表（2007年）

指标名称	计量单位	2007年数值
管理区	个	8
总户数	户	3 315
总人口	人	7 876
其中：男	人	4 029
女	人	3 847
少数民族人口	人	38
地区生产总值	万元	25 656.2
人均生产总值	元	33 149.7
工农业总产值	万元	41 938.8
粮食总产	吨	50 511
固定资产投资总数	万元	7 054
职工工资总额	万元	2 123.5
职工平均工资	元	9 059.3
职工家庭人均收入	元	9 298

安达牧场

场长兼党委书记：韩学勇，1965年12月出生，拜泉县新建乡人，中共党员，大专学历，1988年9月参加工作，2007年7月任现职。

纪委书记兼工会主席：张立营(2007.3～)

党委委员、组织部部长：潘继航（2002.8～）

【概况】 安达牧场位于黑龙江省西南部，松嫩平原中南部，地理坐标：东经125°04′，北纬46°13′。总控面积0.53万公顷，草原0.26万公顷，耕地0.08万公顷，林地0.08万公顷。

牧场地处平原，大陆季风气候，呈东高西低的自然走势，土壤为盐碱土，属半干旱地区，年平均气温2.5℃，无霜期为136天，有效积温2 782℃，年平均降水343毫米。

牧场位于大中城市腹地，距省城哈尔滨100公里，大庆市30公里，距安达市9公里。滨洲铁路沿线从场区边缘穿过，明沈公路在场区穿过，交通便利。有住户800户，砖瓦化率达80%，人均住宅面积17.6平方米，自来水入户率达100%，有线电视入户率65%，国家电网24小时供电，保证生产、生活的供求。

2007年牧场实现国内生产总值5 407.3万元，比上年增长19.4%，其中：第一产业实现增加值1 846万元，比上年增加21.3%，第二产业实现增加值1 200万元，比上年增长15.1%，第三产业实现增加值2 590万元，比上年增长20.3%。非国有经济实现国内生产总值1 554万元，比上年增长30%，实现利润206万元，人均收入6 247元，比上年增长17.8%。

2007年，牧场在分局"以小谋大，追求最佳"的经营理念的指导下，提出"人少不能降标准，地少更要创一流，场小力争大作为"的发展思路，依托自然资源和人文资源，努力打造专业大场，紧紧围绕"十一五"规划和新农村建设，以科学发展观为指导，抢抓机遇，大胆实践，发挥优势，求真务实，努力提升经济运行质量，构建了以"瓜果菜牛"的经营模式，实现了企业发展，职工增收的目标。

牧场种植业以十八里香瓜种植为龙头，牵动棚室瓜菜生产。投资100万元新建钢骨架大棚80栋，使大棚数量达到500栋，温室50栋，陆地蔬菜面积达166.67公顷，形成了规模化生产，公顷效益达7 500元以上，瓜菜产业实现产值1 320万元，占农业产值的42%。西红柿远销河北、上海等市场。

牧场以奶牛业为主带动猪类禽类发展，通过示范带动个体养牛快速发展，2007年全场奶牛存栏2 900头，比上年增长6.72%，产鲜奶9 010吨，比上年增长11.2%，畜牧业创产值1 889万元，占农业比重的76%，成为牧场经济的半壁江山。

牧场工业企业有日处理鲜奶40吨的乳品厂，工业创产值2 937万元。流通领域有汇通粮贸公司，购销粮食15万吨，实现增加值1 971万元，交通运输、服务及实现增加值92万元。

牧场以住房改造，环境改造为重点，投资110万元，拆除泥草房4 600平方米，新建改建和置换砖瓦结构住房4 860平方米，新建经济廉租适用住房700平方米，使场部地区砖瓦化住房率达100%。在环境建设上投资20余万元，铺设红砖巷道3.2公里，建钢骨架百瓜长廊350米，购置2台垃圾车、25个铁垃圾箱，建垃圾点15个，栽绿化树3 000余株，安装路灯20盏，使场区环境有了明显变化。（景兴海）

安达牧场基本情况及国民经济主要指标完成情况统计表（2007年）

指标名称	计量单位	2007年数值
管理区	个	1
总户数	户	592
总人口	人	1 935
其中：男	人	995
女	人	940
少数民族人口	人	—
地区生产总值	万元	27 951.9
人均生产总值	元	7 201.1
工农业总产值	万元	377
粮食总产	吨	546.9
固定资产投资总数	万元	103.1
职工工资总额	万元	8 520.66
职工平均工资	元	6 247
职工家庭人均收入	元	27 951.9

和平牧场

场长：刘士杰，1957年8月出生，黑龙江省安达县人，中共党员，大专学历，农艺师，1975年7月参加工作，2002年2月任现职。

党委书记、工会主席：倪金珠，1960年3月出生，黑龙江省庆安县人，中共党员，大学学历，高级政工师，1977年8月参加工作，2007年10月现职。

副场长：王钟敏（2002.12～）
娄维国（2000.7～）
李　军（2002.4～）

党委委员、武装部部长：孙国良（2000.7～）

【概况】 和平牧场位于松嫩平原中部，大庆市大同区境内。地理坐标：东经124°13′08″～124°35′23″，北纬460°8′39″～46°16′30″之间。属北寒温带大陆性气候。境内地势较为平坦，略有起伏的漫岗分布，海拔高度在128～167米之间，一年四季差异明显，冬季寒冷，夏季炎热，春季干旱多风，秋季急剧降温。年平均气温4.6℃，活动积温2 800℃以上，平均日照2 782.5小时，无霜期136天。年平均降水442.4毫米，平均蒸发量1 128.3毫米。

2007年，牧场实现国内生产总值1.6亿元，同比增长15.4%，其中第一产业8 200万元，第二产业3 500万元，第三产业3 300万元。企业实现经营利润491万元；人均纯收入7 014元，同比增长16.6%；资产负债率20.7%，比上年下降3.46个百分点。种植业实现产值8 200万元，同比增长6.5%；家庭农场利润3 500万元，同比增长6.1%。

（王敬波　徐国辉）

【民营工业企业蓬勃发展】 在农产品精深加工上，牧场逐步实现从低附加值向高附加值的转变，乳粉、有机肥、制油、塑钢门窗及纸箱化工等产品占有一定的市场份额，取得良好经济效益。全场工业企业实现增加值9 300万元，创利润1 050

万元,其中:有机肥厂生产有机肥2 200吨,实现产值380万元,利润180万元;塑钢门窗厂生产门窗2万平方米,实现产值360万元,利润50万元;和海制油厂加工大豆、花生1 000吨,实现产值380万元,利润135万元;砖厂生产红砖1 200万块,实现产值310万元,利润65万元;两家小型木材加工厂加工木材6 000立方米,实现产值240万元,创利润48万元;粮油公司包装玉米10万吨,实现产值5 000万元,利润200万元;乳品厂生产乳粉700吨,实现产值1 500万元,利润220万元。

在对外出口上,以冷冻厂为龙头,年度内向韩国出口粘玉米1 600吨,实现对外销售额150万美元。

(王敬波　徐国辉)

【畜牧业持续健康发展】 牧场以奶牛小区建设为重点,发展规模养殖,努力提高规模以上大户奶牛饲养标准化程度,环境等配套服务得到加强。畜牧技术人员坚持例会制,集中诊治疑难病例,全年治疗难孕奶牛240头,治愈170头,防检疫密度100%,服务意识增强,服务水平不断提高,除党员干部帮扶贫困户外,全场畜牧技术人员还每人帮扶3户奶牛养殖户,共帮扶102户,免费往诊治疗费用达15万元。科技推广力度加大,全场使用“性控冻精”技术配种产犊378头,其中产母犊342头,产母犊率90.5%,培育标准化奶牛养殖户200户,通过典型带动,场部地区高产奶牛饲养标准化率达80%以上。牧场奶牛存栏1.6万头,同比增长14.3%;鲜奶产量4.82万吨,同比增长25.2%;畜牧业实现产值9 600万元,同比增长2.3%,畜牧业人均纯收入3 523元,同比增长10%。坚持了全面禁牧措施,通过坚持不懈改草,可利用草原面积恢复到1.36万公顷,为涵养生态和可持续发展提供了保障。

(王敬波　徐国辉)

【林业发展势头良好】 牧场以生态效益建设和提高经济效益为重点,围绕新农村建设,搞好新建住宅、道路和五棵树新村的绿化工作,营区绿化30万株,建绿篱4 000延长米;完成抚育0.25万公顷,苗圃育苗500万株,采伐林木1 000立方米。高标准建设葡萄园区,移栽葡萄苗6.5万株。苗木、果菜等经济作物生产,采取股份制经营方式,收入达30万元。加强了林政管理和护林防火工作,保护了林业资源。

(王敬波　徐国辉)

【重点项目和新农村建设取得新成效】 牧场项目建设总投入4767.4万元,其中:基础设施建设投入1 313万元:投资647万元扩建冷冻厂冷藏室3 300平方米及精包装车间建设;投资268万元建葡萄园区大棚122栋;投资257万元,建设节水喷灌和滴灌项目,打机电井14眼;投资118万元,对部分管理区人、畜饮水工程进行改造;投资23万元,用于气象站建设。住宅建设投入1 598万元:其中投资800万元,建设五棵树蒙古族新村住宅6 254平方米,奶牛小区4 820平方米;投资300万元,开发居民住宅楼一栋,面积2 900平方米;投资234万元,建小区住宅7栋2 200平方米;投资84万元,在场部地区建廉租房5栋,面积1 348平方米;投资180万元,在第六、七管理区扒旧建新2 670平方米。公益事业建设投入1 856.4万元:其中投资340万元,建设“和五路”白色路面6.1公里;投资1 165万元,建设“和双路”白色路面17.3公里;投资91万元,建设场部地区白色路面两条1公里;投资2万元,对“和敖路”进行了维修;投资56万元,进行住宅楼及住宅小区外网建设;投资20万元,用于广场建设、购置体育器材;投资85万元,建设子弟校供热锅炉房和供热外网改造,投资80万元,购置教学设备;投资15万元,购置医疗设备;投资2.4万元,建设交通车停站点2个。

(王敬波　徐国辉)

【社会事业】 一是认真开展“三层联创”活动,制定了学习规划,进行全员培训,“和谐家庭”、“和谐社区”达标率30%以上,促进了“和谐牧场”建设。二是双扶攻坚行动取得实效。累计投入帮扶资金160万元,其中牧场匹配投入80万元。全场136名党员领导干部帮扶231户贫困和低收入家庭,在严重旱灾情况下,仍实现人均收入3 000元以上目标,其中87%的户人均收入达到4 000元以上,60%的户人均收入达到5 000元以上。一年来,全场帮扶党员领导干部共深入职工家庭816人次,解决实际问题1 544件,提供各类致富信息242条。三是环境建设采取治标与治本相结合、常规治理与突击会战相结合的作法,集中开展两次大规模环境治理会战,共清理巷道70多条,清理排水沟2万延长米,清运垃圾5 000立方米。四是以北大荒开发建设60周年为契机,积极开展文体活动,牧场举办了文艺会演,以赞美家乡的自编自导节目占80%以上,并在参加分局职工文艺会演中取得团体第二名的好成绩。男子篮球队在分局组织的比赛中获得第三名。五是在关注民生、促进社会和谐进步上取得新业绩。为改善职工的居住条件,全场共拆除土坯房7 000平方米,其中五棵树作业区拆除5 440平方米。为改善教育基础条件,全年为教育投入165万元;子弟校通过了总局级规范化学校验收。牧场为职工医院投入8.7万元,与大庆眼科医院实施“复明工程”,免费医治白内障患者10名;投入2万元,选送4名医护人员到大庆医疗单位代培学习。

(王敬波　徐国辉)

和平农场基本情况及国民经济主要指标完成情况统计表
(2007年)

指标名称	计量单位	2007年数值
管理区	个	5
总户数	户	3 756
总人口	人	10 672
其中:男	人	6 082
女	人	4 590
少数民族人口	人	737
地区生产总值	万元	16 018
人均生产总值	元	14 970.1
工农业总产值	万元	28 295.1
粮食总产	吨	6 964
固定资产投资总数	万元	6 257.4
职工工资总额	万元	1 044
职工平均工资	元	7 477.97
职工家庭人均收入	元	7 014

肇源农场

场长、党委书记：李志维，1962年10月出生，黑龙江省泰来县人，中共党员，大学学历，高级会计师，1981年12月参加工作，2002年4月任农场场长，2006年2月任党委书记。

党委副书记兼工会主席：王国军（2006.3～）

副场长：张金志（1997.12～）

武装部部长、纪委副书记：高 平（2002.11～）

场长助理、计财科科长：臧来彬（2006.9～）

【概况】 肇源农场位于黑龙江省大庆市西南部，地处嫩江下游中段左岸，嫩江流经地域9.3公里，东南北与肇源县新站镇接壤，西与吉林省大安市隔江相望。农场东临新站火车站，相距9公里，西连大安港，陆路交通和水路运输极为便利；通讯发达，国网、垦网齐备，微机全国联网，信息灵通；距大庆市100公里，距省城哈尔滨200公里，辐射半径小，有利于经济的发展。

农场处于北半球第一积温带，无霜期135～145天，≥10℃以上年积温2 900～3 200℃，属于亚热带季风性气候，适宜水稻生长。全场总控制面积0.78万公顷，其中耕地0.37万公顷，是黑龙江省垦区西南部小型现代化农场。素有“鱼米之乡”的美称，被人们誉为“塞北的小江南”。

2007年，农场实现生产总值1.44亿元，比上年增加了14.2%；第一、第二、第三产业增加值分别达到了9 369万元、1 579万元、2 756万元，分别比上年增加了11.2%、30.5%、15.1%。实现人均纯收入10 396元，同比增长了11%；实现农场利润583万元，资产负债率为21%，同比下降了10个百分点，清理回收欠款516万元。（周 磊）

【种植业】 农场加大科技应用与推广力度，水稻生产标准化水平进一步提高。投资40万元，建成了水稻科技示范园区。农场鼓励职工购进新型插秧机150台，播种机、覆土机400台，收割机20台，整地机械10台，实现了水稻生产的机械化，插秧、收割、整地时限大大缩短，作业质量全面提升，保证了农时，降低了生产成本。推进了区域经济合作。有机户利用机械优势为周边农村收割、整地近1.33万公顷，增加收入500万元。加强田间管理工作，加快了农场水稻生产标准化建设，促进了水稻生产质量的提高，平均公顷产量达到9 750公斤。（周 磊）

【畜牧业】 农场注重狐貉养殖，抓好养殖技术培训。年初，以养殖协会为依托，由畜牧科牵头举办了狐貉养殖技术培训班。规划了养殖小区建设，推进规范饲养。引资新建了以芬兰养殖场为蓝本的标准化养殖场一座，推进了规模饲养。（周 磊）

肇源农场基本情况及国民经济主要指标完成情况统计表（2007年）

指标名称	计量单位	2007年数值
管理区	个	1
总户数	户	1 678
总人口	人	3 929
其中：男	人	1 941
女	人	1 988
少数民族人口	人	19
地区生产总值	万元	14 406.4
人均生产总值	元	36 462.7
工农业总产值	万元	21 774.7
粮食总产	吨	33 097
固定资产投资总数	万元	1 853
职工工资总额	万元	425
职工平均工资	元	5 969.1
职工家庭人均收入	元	10 396

【基础设施建设】 农场采取政策倾斜、内部挖潜、外部招商、农场投入等多项措施，加快农场小城镇建设进程。开发建设住宅楼11 000平方米；新建职工文化活动中心2 000平方米；开发新型住宅17栋，全年新增楼房面积2.1万平方米，人均增长5平方米以上。栽植花带20公里、草坪5 000平方米，对南环路北进行了综合治理，拉运土方1.5万立方米，使场区内的环境状况得到了明显改善。投资近300万元，对供水设备进行了改造，提高了居民安全饮水标准。为创业街安装了路灯，方便了职工出行。修建了标准化农机库房24座，解决了职工农机具无处停放的难题。对职工医院进行维修，改善了职工就医条件。在全场主要街道安装了视角监控系统，在重要路口和地段设立了标志牌和醒目桩，增强了安全防范功能。（周 磊）

茂兴湖水产养殖场

场长、党委书记：沈忠远，1955年4月出生，中共党员，黑龙江省肇源县茂兴湖人，高中学历，助理经济师，1980年参加工作，2000年4月任茂兴湖水产养殖场场长，2000年12月任茂兴湖水产养殖场党委书记。

党委副书记、副场长：赵敬富（2000.5～）

韩志平（2007.10～）

副场长：李广维（2002.4～）

纪委书记：郭宗元（2006.12～）

场长助理：徐贵海（2006.12～）

总工程师：卢振民（2000.5～）

【概况】 茂兴湖水产养殖场位于黑龙江省西南部，嫩江下游东岸，肇源县境内，东南北面与肇源县茂兴镇接壤，西靠嫩江，与吉林省大安市隔江相望。地理坐标：东经124°08′～124°19，北纬45°37′～45°37，经营总面积1.51万公顷，其中养鱼水面0.84万公顷，可耕地面积0.47万公顷。2007年3月划归黑龙江省农垦总局绥化分局。

水产养殖场主要以渔业为主，为黑龙江西部最大的商品鱼生产基地和名特优苗种繁育基地，是塞北名符其实的“鱼米之乡”。这里既有鲤、草、鲢、鳙常规鱼类，又有鲫鱼、鲶鱼、黑鱼、鳜鱼、白鱼、黄桑、麻鲢等名特优品种，还有引进的加拿大大眼狮鲈、美国加州鲈、彭泽鲫、武昌鱼、大银鱼等优新良种，共计30多个品种。

茂兴湖水产养殖场同时也是全省乃至全国最重要的野生动物饲养和良种改良训化繁育基地，主要有北极狐、雪狐、银狐、乌苏里貉养殖品种，规模达20万种母，年产优质皮达8～10万张左右，从芬兰引进优质种狐，通过采取人工授精技术实施改良，加快了优质良种的更新换代步伐。

养殖场区域位于黑吉两省的结合部，水运交通便利，通让铁路穿过经营区域，硬化公路与周边国道、省道联网，场区主要街道全部实现硬化。场内电脑可以上网，信息传达方便快捷。居民住宅砖瓦化，人均住宅面积15平方米。自来水入户率100%，水质达国家饮用水标准。闭路电视入户率100%。液化气使用及时方便。国家电网24小时供电，照明动力均可使用。

水产养殖场属寒温带大陆性季风气候，年平均气温为3.5～4.5℃。年平均降雨量为350毫米，汛期占70%，年平均蒸发量为1 578.9毫米，10℃以上积温为3 005℃，日照2 000～2 900小时，无霜期为125～135天，全年冻期120～150天，冻层深为1.2～2.0米。风向冬季为西北风，夏季多为西南风，年平均风速为4米/秒，气象特点属我省气温较高，雨量较少地区之一。自然资源丰富、生态环境优良、环境宜人。

依托良好的自然资源优势，养殖场主要以渔业、农业、旅游、特种养殖业四大产业为主，形成一业为主、多业并举的发展格局，通过"绿色、特色"型经济发展，实现了经济社会又好又快的发展局面。2007年水产养殖场实现生产总值3 286.6万元；人均纯收入9 869元，同比增长11%；企业亏损28万元，比上年减亏227万元；企业实现总收入1 049万元，同比增长44%。（郭宗元）

【成鱼生产平稳运行】 2007年水产养殖场把重点放在增加投入、强化看护、抗旱补水上面，春季向放养场投放春片鱼种2.1万公斤，鳜鱼夏花8万尾。全场共计生产商品鱼1710吨，完成年计划的142.3%，比上年增长16.4%。向放养场补水5 000万立方米，投入抗旱资金近246万元。维修堤坝600延长米，投入资金50万元。划转农垦系统后，分局领导对茂兴湖渔业秩序极为重视，责成分局公安局主抓，从兄弟农场抽调精干警力，开展茂兴湖渔业秩序专项治理整顿行动，共抓获不法分子51人，其中行政处罚21人、行政拘留3人，缴获摩托车18台，收缴作案网具1.05万公斤。年初，对原有的承包方式进行改革，实行集体承包、自愿组合、自负盈亏。2007年共计生产水花5 650万尾，其中鲤鱼水花4 000万尾，彭泽鲫水花600万尾，鲶鱼水花50万尾，鲂鱼水花1 000万尾，鳜鱼水花13万尾。外购中南水花1 150万尾，其中，草鱼水花470万尾，鲢鱼水花350万尾，鳙鱼水花300万尾，彭泽鲫水花30万尾。共计生产秋片鱼种16.5万公斤。（郭宗元）

【农业生产稳步发展】 水产养殖场落实种植计划0.46万公顷，其中水稻0.11万公顷、玉米0.17万公顷、大豆0.09万公顷、高粱0.05万公顷、谷子0.04万公顷。共计生产粮食2.2万吨，其中水稻0.8万吨，大豆0.1万吨，玉米1.2万吨，杂粮0.1万吨。实现收入3 900万元，承包费收入264万元。（郭宗元）

【貉狐生产弹性发展】 水产养殖场始终坚持以毛皮动物市场价格为导向，按照"低谷存实力、高峰多产出"的思路弹性发展貉狐生产，在毛皮价格下滑的形势下，把貉狐种群规模调整到4万只左右，饲养量达到13万只，共计生产优质皮9.2万张。（郭宗元）

【职工生活得以改善】 水产养殖场继续着力解决生产一线及职工群众关心的热点和难点问题，进一步提高职工群众的生活水平，共办了五件实事：一是为全场在岗职工普调了工资，人均增资120元。二是在分局的大力支持下，投资198万元兴建的场区主干公路，完成总工程量的50%以上。三是投资80万元，在场区主干道两侧砌筑了路牙石，铺设了彩砖人行道，增添了44盏路灯。四是为二、三、四分场装修房屋更换门窗，使基层生活件有了新的改善。五是加大家属区环境建设的投入力度，新建、增添场区服务设施和设备，使场区环境和面貌有了变化。（郭宗元）

【深化企业改革】 水产养殖场将一分场鱼种池塘采取集体承包的方式，比往年节省资金20万元。依照上级政策，把学校划归肇源县地方政府管理，实现彻底与企业脱钩。遵照分局加快茂兴湖改革步伐的指示，对企业深化改革进行了重新谋划，出台了深化改革的初步设想和方案，为加快融入垦区理顺体制奠定了基础。（郭宗元）

【加强企业管理】 水产养殖场重点完善了以《各项骨干岗位津贴考核办法》、《富余职工管理办法》等规章制度。从财务、物资和现场管理入手，把基点放在实施成本管理上，积极与农垦财务制度对接。坚持以"安全第一，预防为主，综合治理"为指针，认真贯彻落实"谁主管、谁负责，行政一把手负总责"的安全岗位目标责任制，不断加大安全整治、安全教育和安全监督的力度，实现了全年无大中事故的目标。（郭宗元）

茂兴湖水产养殖场基本情况及国民经济主要指标完成情况统计表

（2007年）

指标名称	计量单位	2007年数值
管理区	个	1
总户数	户	495
总人口	人	1 310
其中：男	人	650
女	人	660
少数民族人口	人	66
地区生产总值	万元	3 286.6
人均生产总值	元	50 177.1
工农业总产值	万元	6 762.9
粮食总产	吨	22 439
固定资产投资总数	万元	—
职工工资总额	万元	160
职工平均工资	元	5 194.81
职工家庭人均收入	元	9 869

【各项事业同步推进】 水产养殖场开展了划归农垦系统后的思想宣传教育、形势任务教育、遵章守纪教育和爱岗敬业教育，起到统一思想、凝聚力量、鼓舞士气的效果；在干部职工当中开展了十七大精神学习教育活动，增强了对科学发展观和构建社会主义和谐社会的理解。按照分局的统一部署，开展了"二层联创"活动，全场上下形成了共创和谐的局面。继续以创建文明活动为载体，开展了文明分场、文明科室、文明班组、

文明职工及文明户系列活动，弘扬了企业的主旋律。注重加强场区精神文明硬件建设，重点开展以环境整治为主要内容的爱国卫生运动，使场区形象建设有了新的改变。继续增加科技、教育、文化、卫生事业的投入力度，强化社会治安综合治理，使场区治安和放养场渔业生产秩序趋于稳定。（郭宗元）

涝洲鱼种场

场长兼党委书记：韩玉民，1955年4月出生，黑龙江省肇东人，中共党员，高中学历，会计师，1975年8月参加工作，2001年3月任现职。

党委副书记：韩　非（1996.5～）

副场长：赵凌恭（1996.8～）

纪检委书记：郑洪彦（1994.3～）

工会主席：范桂君（女）(2005.3～）

【概况】 涝洲鱼种场位于肇东市东南部松花江北岸的平原地区，是一个以渔业生产为主，畜牧业生产为辅的企业。渔场有少量的水稻田。全场总控制面积536.05公顷，其中：养殖水域494.64公顷，耕地面积7.8公顷，场区及生活占地面积33.61公顷。全场共有8个作业区。全场总人口630人，其中职工119人、退休人员57人，在职机关干部12人。资产总额916.4万元，负债总额1 198.2万元，资产负债率131%。长、短期借款501万元，未分配利润-915.8万元（以前年度亏损挂账）。

2007年，涝洲鱼种场经历了由省农委政府性的行政管理转变为划归农垦绥化分局直接领导的管理体制上的重大变革，鱼种场狠抓主导产业，各项工作逐步转入了健康发展的运行轨道，经济效益取得明显好于往年。全年生产总值292万元，比上年增长44%，畜牧业增加值6万元，比上年增加20%，渔业增加值215万元，比上年增加22%，人均收入6 111元，比上年增加20%。（韩　非）

【鱼种销售和放养】 全场销售鱼种39.3万公斤，越冬成活率在89%，比上年提高近10个百分点。运输成活率达98.7%，比上年的92%提高了6.7%。鱼种销售收入达275.1万元，获利102.1万元。全场放养春片鱼种7.5万公斤，成鱼销售、秋片鱼种越冬好于往年，鱼种普遍在2寸以上，商品鱼都在0.75公斤以上，全场共生产鱼种50万公斤，商品鱼40万公斤。（韩　非）

【鱼苗生产和销售】 鱼种场采取抓早苗，保证用户生产大规格鱼种的办法，多数渔工相继在吉林、沈阳、天津、上海、广东等地外购进鱼苗、水花（乌籽）3亿尾，全部空运到哈尔滨市，换水充氧做必要的技术处理后汽运回场，苗齐、苗壮，成活率大在80%以上。全场自产鲤鱼水花2亿尾，鲫鱼水花4 000万尾，价格好、销售快，两项销售收入182万元，获利48万元。（韩　非）

【畜禽渔业多元化发展】 鱼种场采取干部帮、职工带，全场上下齐动员的措施，使貉、狐养殖户发展到120户，貉、狐存栏1万多只；生猪养殖户30多户，生猪存栏300多头；蛋肉鸡养殖户7户，蛋肉鸡存栏1 400只。8名职工利用自家庭院和承包场部的部分土地建起温室大棚10栋，从事瓜、菜生产。鱼种场以渔业为主的家庭种养殖业逐步发展，多业并举的经济发展格局初步形成。（韩　非）

【市场开拓】 鱼种场通过渔场联系，帮助各联户承包体和各养鱼户销售春片、鱼种10多万公斤，销售鱼苗（乌子）8 000多万尾，销售商品鱼5多万公斤，拓宽了销售渠道，建立了销售网点。（韩　非）

【科技兴渔】 鱼种场全力为一线服务，帮助基层、队、组及各养鱼户检测水质，防治鱼病，制定初期、中期和后期饲养方案，定期或不定期地检查各种鱼种的生长情况，因地制宜制定二、三类苗饲养攻关措施。为防止鱼病的发生，渔场在水产品安全专项执法行动上，制定了适合渔场特点的养殖方案，对鱼病防治用药，池塘周边清野、除害等项工作做了统一规定。外进鱼苗时，要求各养鱼户进行严格检查，做到在下塘前进行严格的换水消毒，防止疫区、疫病入场。（韩　非）

【渔政管理】 鱼种场组建了渔政管理机构，加大了对不法分子的打击力度，较好地维护了渔业生产的正常秩序。建立了安全生产组织，确定了专人，制定了措施，落实了责任，使安全生产工作天天有人抓，事事有人管。（韩　非）

【经济困难的现状】 因鱼种场在2005年承包期间已将全部承包收入一次性收缴，承包收入按承包年限平均分摊。2007年，分摊40万元，已无货币，全年管理费用支出143万元，财务费用支出40万元，营业外支出4万元，全年亏损147万元。亏损的主要原因是企业无资金收入来源，仅靠有限鱼池收入来维持。（韩　非）

涝洲鱼种场基本情况及国民经济主要指标完成情况统计表（2007年）

指标名称	计量单位	2007年数值
管理区	个	1
总户数	户	241
总人口	人	630
其中：男	人	314
女	人	316
少数民族人口	人	—
地区生产总值	万元	292
人均生产总值	元	9 269.8
工农业总产值	万元	617.3
粮食总产	吨	60
固定资产投资总数	万元	—
职工工资总额	万元	148
职工平均工资	元	7 437.19
职工家庭人均收入	元	6 111

柳河农场

场长兼党委书记：王义海，1962年7月出生，山东省阳信人，中共党员，大专学历，高级农艺师，1979年10月参加工作，2002年4月任柳河农场场长，2006年2月任现职。

党委副书记兼工会主席：徐俊军（2006.3～）

副场长：李洪波（2002.6～）

高春伟（2004.6～）

【概况】 柳河农场位于绥化地区东部，东经127°44′～128°02′，北纬46°37′～46°48′之间。北与庆安县双丰林场接壤，西北与庆安县新胜乡为邻，西、西南、东南三面与伊春双丰林业局相接。农场总控面积1.47万公顷，其中耕地0.36万公顷、森林0.87万公顷。农场地处温带，大陆季风气候，年降水量600毫米左右，无霜期115～120天，年积温2 300～2 500℃，属黑龙江省第三积温带上限。

农场自然资源丰富，生态风光秀美。流经柳河境内的有柳河、靠山河、红毛碱厂河，三条主要河流，纵横南北，且均属源头，无污染。林相优良的天然次生林，盛产山杨、白桦等珍贵树种。

农场场部北距哈佳铁路、哈依公路30公里，场区主要街道全部实现硬化，交通便利，信息传达方便快捷。有住宅楼房达15 000平方米，人均住宅面积20多平方米。自来水入户率100%，水质达国家饮用水标准。闭路电视入户率100%。液化气使用及时方便。国家电网24小时供电，照明动力均可使用。

农场以农业、畜牧业、林下经济和旅游业四大产业为主，打造一业带多业、多业促一业的发展格局，通过"生态型、特色型、高效型"三型经济发展，实现了经济社会又好又快的发展局面。2007年实现生产总值7 070万元，同比增长28%，其中第一产业实现增加值4 344万元，同比增长38%；第二产业实现增加值623万元，同比增长24%；第三产业实现增加值2 103万元，同比增长12%；非公有制经济实现总产值4 180万元；企业实现利润总额274万元，人均纯收入9 861元，比上年增长13.4%，资产负债率为20.5%。年末货币资金节余411万元。（樊　涛）

【种植业】 农场突出"特色、生态、有机、高效"，促进了种植业结构的优化调整。全场种植高效作物0.19万公顷（马铃薯、粘玉米、瓜类、杂粮）。发放给职工高效作物补贴2万多元。种植业平均公顷效益达8 190元。种植业总产出达5 232万元。建设完善水稻和高效作物2个高标准示范基地，功能逐步齐全，各项配套基础设施不断完善。农场0.36万公顷耕地通过了OCIA（国际有机作物改良协会）和NOP(美国国家有机标准)的有机认证。农机更新加快步伐，通过职工自己出资和农场补贴共更新农机具10台套，总价值80万元，使田间机械化作业达80%，推进了农业标准化进程，也促进了区域协作工作深层次开展。跨区作业面积0.2万公顷，职工增收达20万元。（樊　涛）

【畜牧业】 农场以生猪养殖为主，稳步发展生态鸡，新增獭兔养殖项目。新建2个生猪养殖场、新建2个生态鸡养殖场和1个獭兔养殖场。农场生猪存栏3 000头，出栏12 000头；特种猪存栏500头，生态鸡、蛋鸡销售2.5万只；獭兔饲养量达5 000只。畜牧业总产值达2 800多万元。（樊　涛）

【林业经济】 农场完善了原有苗木花卉、食用菌、中草药、葡萄基地。大力发展食用菌产业，为职工制定优惠政策，袋料栽培黑木耳200万袋落实到位，分部在10个基地。中草药种植面积增加3万平方米收获平贝5万公斤，收入50多万元。不断扩大规模林果基地，使得提子大棚发展到100栋。提子产品通过进入超市、签订订单等形式畅销于绥化、哈尔滨、大庆及周边市县，在市场上供不应求，10月初，所有提子都被客户抢购一空。（樊　涛）

【旅游业】 农场基本形成了以高效作物园区和畜牧特色养殖为主的农业观光区；以林果基地为主的林果采摘区；以华龙、生态山庄为主的休闲渡假区和以小柳河水库为主的水上娱乐区。华龙山庄被评定为省AA级风景区。本着边建设、边完善、边接待的原则，2007年共接待游客2.3万人，实现旅游业收入260万元，拉动就业101人，拉动相关产业收入达到500万元。（樊　涛）

【小城镇建设】 农场围绕新农村建设主题，重点解决了"路、树、住"的问题。小城镇建设项目包括住宅楼、公安派出所办公楼、人行道、路沟、绿化等投入资金768万元。道路基础设施基本完善，营区绿化力度不断加大，旅游环境得以改善。完善了人行道、路灯、路沟、桥涵等配套设施建设，共修建人行道1 100延长米，完善路沟1 100米，铺设涵管65根，修建桥涵18个，新安路灯12盏。营区绿化抓住春、秋、冬三季绿化时机，春季栽小树、花草，秋季栽中树，冬季栽大树，坚持多栽常青树和各种花灌木，栽植红端木、金叶榆等15 000余株。2007年新建住宅楼3 200平方米，为职工购买制定了优惠的补贴政策。撤并原二队居民点，搬迁35户，一部分居民已入住新楼，一部分在场部地区购买了平房。（樊　涛）

柳河农场基本情况及国民经济主要指标完成情况统计表

（2007年）

指标名称	计量单位	2007年数值
管理区	个	1
总户数	户	953
总人口	人	2 346
其中：男	人	1 229
女	人	1 117
少数民族人口	人	55
地区生产总值	万元	7 070.4
人均生产总值	元	29 651.5
工农业总产值	万元	10 781.6
粮食总产	吨	19 484
固定资产投资总额	万元	864
职工工资总额	万元	494
职工平均工资	元	7 670.81
职工家庭人均收入	元	9 861

哈尔滨分局

党委书记：蔡柱良，1947年10月出生，中共党员，大专学历，高级经济师，1968年7月参加工作，1999年12月任现职，2007年10月退休。

党委书记：张玉良，1948年12月出生，中共党员，大学学历高级工程师，1968年11月参加工作，1999年12月~2007年12月任哈尔滨分局局长、党委副书记，2007年12月任现职。

党委副书记、纪检委书记：康文豪，1955年5月出生，中共党员，大专学历，工程师，1973年5月参加工作，2001年3月任纪检委书记，2004年6月任现职。

党委副书记：史斌，1954年10月出生，中共党员，大学学历，高级政工师，1973年7月参加工作，2007年9月任现职。

副局长：明洪滨，1951年2月出生，中共党员，大专学历，高级经济师，1968年11月参加工作，1994年3月任现职。

副局长：王本庭，1963年6月出生，中共党员，研究生学历，高级农艺师，1986年6月参加工作，2002年4月任现职。

副局长：丁晓枫，1959年9月出生，中共党员，大学学历，高级农机师，1983年8月参加工作，2005年7月任现职。

工会主席：刘宝江，1951年3月出生，中共党员，大学学历，高级政工师，1966年10月参加工作，1998年10月任现职。

办公室主任：沈纯霞，女，满族，1961年5月出生，中共党员，研究生学历，高级政工师，1978年11月参加工作，2006年6月任现职。

组织部副部长：李清，女，1959年8月出生，中共党员，大学学历，高级政工师，1976年10月参加工作，2001年3月任现职。现主持组织部工作。

宣传部副部长：张蕊，女，1972年11月出生，中共党员，大学学历，政工师，1992年10月参加工作，2001年3月任现职。原宣传部部长翟文波2007年10月调出，现由张蕊主持工作。

纪检委副书记、监察局局长：高岚梅，女，1953年2月出生，中共党员，高级政工师，1969年8月参加工作，2001年3月任现职。

机关党委书记：李援建，1953年10月出生，中共党员，大专学历，高级经济师，1969年8月参加工作，2005年3月任现职。

工会副主席：朱万义，1949年11月出生，中共党员，大专学历，高级政工师，1968年10月参加工作，2001年9月任现职。

农业局局长：宋庆祥，1949年11月出生，中共党员，大专学历，高级农艺师，1968年11月参加工作，1994年4月任现职。

畜牧水产局局长：王家星，1958年11月出生，中共党员，大专学历，高级畜牧师，1976年6月参加工作，1998年5月任现职。

水务局局长：刘金昌，1954年5月出生，中共党员，大学学历，高级工程师，1971年12月参加工作，2006年6月任现职。

经委主任：杨国林，1962年11月出生，中共党员，大学学历，高级工程师，1983年8月参加工作，2006年6月任现职。

建设局副局长：黄伟明，1969年9月出生，中共党员，大学学历，工程师，1993年7月参加工作，2006年6月任现职。现由黄伟明主持工作。

商务局局长：吴静，女，1962年1月出生，中共党员，大学学历，高级政工师，1979年9月参加工作，2004年3月任现职。

交通局局长：杨燕伟，1957年8月出生，中共党员，大学学历，高级经济师，1974年7月参加工作，2002年8月任现职。

计财处处长：钟玉涛，1959年11月出生，中共党员，大专学历，高级会计师，1976年8月参加工作，2006年6月任现职。

审计处处长：万文艳，女，1957年7月出生，中共党员，大学学历，高级审计师，1975年7月参加工作，2006年9月任现职。

人事劳动和社会保障局局长：王晶石，1950年9月出生，中共党员，大学学历，高级政工师，1968年4月参加工作，2001年3月任现职。

技术监督局局长：张学成，1953年6月出生，中共党员，大专学历，经济师，1970年12月参加工作，2001年3月任现职。

卫生局局长：郎丽娟，女，1953年4月出生，中共党员，大学学历，高级政工师，1969年4月参加工作，1991年1月任现职。

教育局局长：阎海滨，1962年5月出生，中共党员，大学学历，中学高级教师，1982年7月参加工作，2004年3月任现职。

武装部政委：宫开波，1963年6月出生，中共党员，大学学历，1980年12月参加工作，2005年3月任现职。

武装部部长：王殿传，1967年6月出生，中共党员，大学学历，1983年12月参加工作，2007年5月任现职。

政法委副书记：万文义，1953年5月出生，中共党员，大学学历，工程师，1969年8月参加工作，2006年6月任现职。

公安局局长：张贵，1947年6月出生，中共党员，大学学历，高级政工师，1964年8月参加工作，1996年3月任现职，2007年6月退休。

公安局副局长：强俊卿，1956年9月出生，中共党员，大学学历，高级政工师，1973年3月参加工作，2006年9月任现职。现主持工作。

司法局局长:姜玉岭,1958年8月出生,中共党员,大学学历,高级经济师,1978年10月参加工作,2006年6月任现职。

青年人民法庭庭长:于忠华,1953年12月出生,中共党员,大学学历,高级政工师,1969年8月参加工作,2001年6月任现职。

国土资源局局长:阎炳和,1965年10月出生,中共党员,大学学历,高级工程师,1983年9月参加工作,2005年8月任现职。

工商局局长:窦连臣,1955年8月出生,中共党员,大专学历,农业经济师,1975年8月参加工作,1994年4月任现职。

环保局局长:马信,1957年4月出生,中共党员,大学学历,高级农艺师,1974年7月参加工作,2001年4月任现职。

社会保险局局长:战胜佳,1951年1月出生,中共党员,大学学历,高级政工师,1968年参加工作,2001年3月任社会保险局长,2007年10月起不再担任此职务。

哈尔滨分局机构示意图

(2007年)

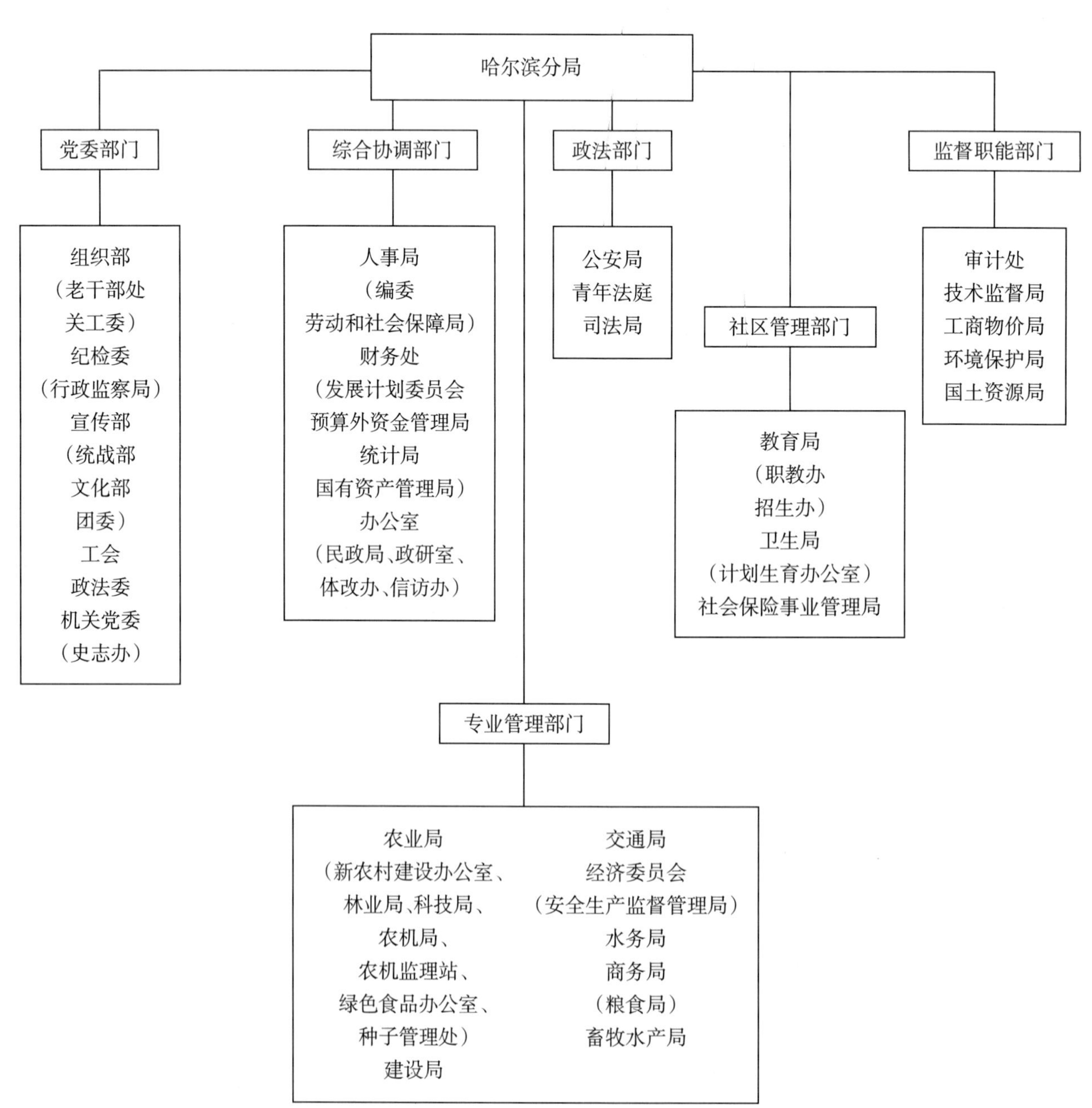

哈尔滨分局下属企事业单位示意图

（2007 年）

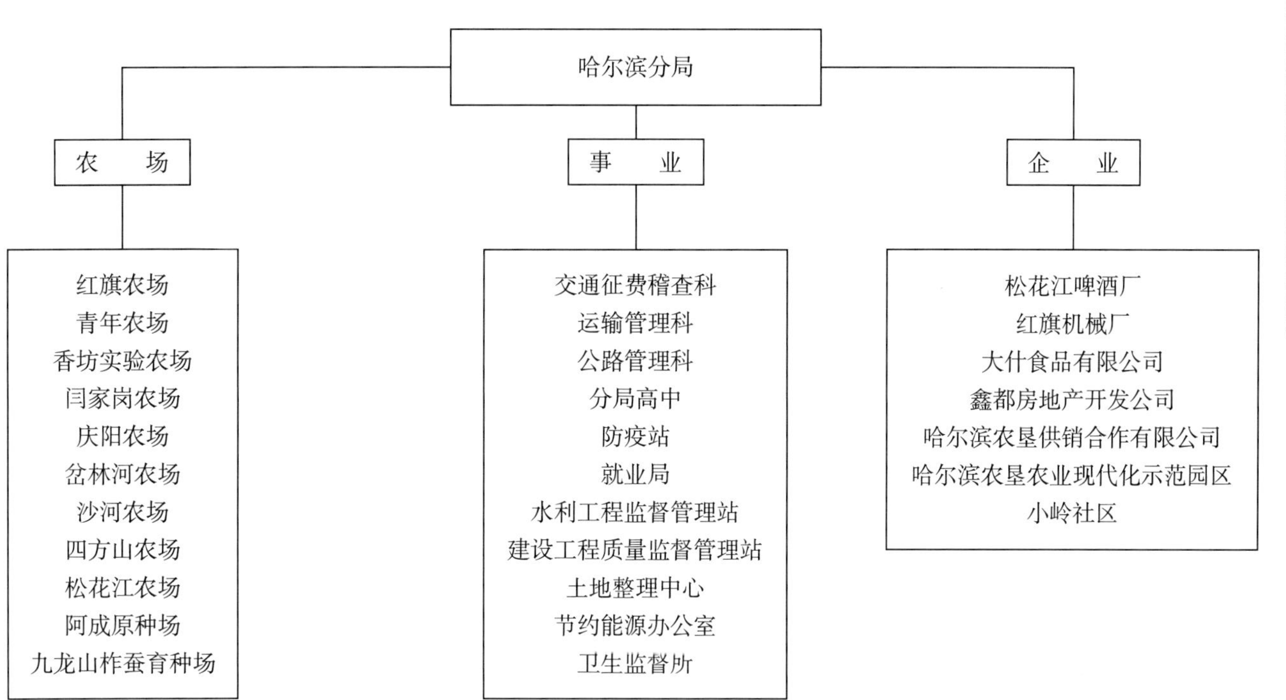

【概况】 哈尔滨分局位于黑龙江省省会哈尔滨市，所属农场群分布在东经128° 36′ ~129° 25′ 和北纬45° ~46° 10′ 之间，地处松嫩平原东部，张广才岭北麓。全局地势东高西低，海拔高度为100~200米，地形由低洼地、山地、丘陵、漫岗和平原构成。全局土地总面积46 828公顷，其中耕地19 825公顷，林地10 413公顷，牧草地8 157公顷，水面1 687公顷。黑土面积占全局耕地面积的60%以上，厚度达30~70厘米，有机质含量5% ~7%，PH值6.5~7.0。松花江干流横贯全境，地表水和地下水资源丰富，共有12条河流，16个湖泊，年地表径流深为110~175毫米，地下水含水深度在5~200米之间。由于哈尔滨分局在全国城郊农垦中土地资源丰富，因此是为数不多的大都市里的一片绿洲。

分局是以农畜产品加工业为主并兼具综合性经营的国有农场群体，城郊型农垦经济是其主要特点。由于地处省城，具有得天独厚的地缘优势。形成了围城经济的特色与优势。全局下辖11个农场中有4个位于哈尔滨市近郊，占地总面积达4 000公顷，随着中心城市的不断扩大和辐射作用的增强，土地已大幅升值，使三个产业发展潜力巨大，综合开发价值更显突出，这给分局经济快速增长创造了良机。其他7个农场分别在方正、延寿、通河、肇东、依兰、宾县、阿城等哈尔滨市周边市县，土地分布在松花江畔的江川平原或丘陵、漫岗之上，非常适合发展各项农牧业生产。分局有直属工业企业3个、农业企业1个、批发零售贸易企业1个、房地产开发企业1个、直属社区1个以及高中、畜牧兽医防疫站等事业单位，另有2个转制为私营的工业企业纳入统计。

2007年，分局总人口41 514人，其中男21 113人、女20 401人、少数民族969人，人均耕地0.48公顷；全局从业人员20 196人，其中农林牧渔业11 943人、工业3 712人。

2007年是分局实现国内生产总值6.74亿元，同比增长12.1%，其中第一、第二、第三产业分别实现3.1亿元、1.9亿元和1.7亿元，同比分别增长3%、10.3%和27%，人均实现国内生产总值1.63万元；实现工农业总产值12.96亿元，其中农业总产值61 455.4万元、工业总产值68 183万元；全年粮食总产量125 075吨；完成固定资产投资总额14 537.75万元；全年职工工资总额7 286.9万元，职工人均工资11 651.58元，职工家庭人均收入8 184元。分局实现利润3 048万元。

（李援建　李立忠　张金涛　耿　东）

【种植业效益显著】 分局按照已经确立的都市农业发展战略，2007年重点发展以无公害蔬菜、花卉、苗木以及其他经济作物为主的特色种植业，以有机食品和绿色食品为主的特色农产品生产业，以提供旅游、观光、休闲功能为主的特色农业，通过以基地建设为载体，大幅度调整种植业内部结构，积极培育农业产业龙头，形成了一定规模的特色农业基地，初步实现了粗放经营向集约经营、传统农业向现代农业的转变，使农业产业结构得到进一步优化，农业经济实现了快速增长。2007年，分局经济作物种植面积比上年增加了128.53公顷，达总播种面积的33.6%。分局农林牧渔业生产实现增加值3.125亿元，比上年增长3%，其中农业增加值达1.84亿元。郊区4个农场平均公顷效益26 640元，经济作物平均公顷效益21 480元，其中设施农业平均公顷效益达132 750元，日光温室公顷效益高达到66万元。分局水稻高产攻关活动实现了既定目标，60%的水稻面积平均公顷产达到9 186公斤。香坊实验农场北大荒现代农业园区引资7 000多万元建设了生态酒店。红旗农场有机蔬菜园区一期工程已经结束，使设施农业规模扩大了18.67公顷。闫家岗农场休闲旅游观光区基础设施建设已经起步，“四个基地”建设达到了预期规模。2007年，分局花卉种植面积2.5万平方米、食用菌生产面积11万平方米、有机蔬菜种植面积892.27公顷、树莓种植面积66.67公顷，水稻单产、玉米单产、粮豆总产、种植业利润、种植业人均收入五超历史。

（李援建　李立忠　张金涛　耿　东）

【畜牧业健康发展】 分局畜牧业已全部退出国有领域。香坊农场奶牛场、种猪场和青年农场3个种鸡场已经全部由农场职工租赁圈舍集中经营养殖业，其他畜牧单位也都由职工分散自主经营，农场给予政策引导和技术指导。分局在防检疫、青贮种植、良种繁育、资产租赁等方面加大了政策扶持力度，加强了畜舍标准化建设、动物防检疫等项工作，使畜牧业生产呈现出良好的发展势头。2007年，分局扩建畜禽舍14 500平方米，奶牛、肉牛规模化饲养分别达80.6%和53.1%，肉鸡、生猪、奶牛的生产规模、产品产量、经济效益比上年同期均有较大幅度提高。香坊实验农场奶牛饲养小区和青年农场祖代种鸡场积极参与创建垦区现代化畜牧示范活动取得新成效。各农场都制定了鼓励扶持养殖业发展的优惠政策，使畜牧养殖业成为职工致富的重要门路。2007年，分局奶牛存栏6 130头，产奶2.11万吨，同比增长1.53%；肉牛存栏1 904头，肉牛出栏2 746头吨，同比增长10.5%；生猪存栏2.97万头，出栏3.4万头，同比分别增长10.8%和6%；禽存栏76.3万只，出栏198.9万只，同比分别增长105.8%和16.7%；肉类总产量8 320吨，比上年增长11.5%，分局畜牧业实现产值2.19亿元、增加值9 446万元，同比分别增长15.7%和15.9%。

（李援建　李立忠　张金涛　耿　东）

【工业运行质量良好】 分局充分利用地缘优势，发挥机制、资源、品牌作用，努力发展酿酒、肉禽加工、制药、冻干食品、饲料加工等行业，坚持抓大放小、有进有退的方针，在放开、搞活中小企业的基础上，通过深化改革、调整结构、规范管理、强化资本运作来做大做强优势企业，使企业的组织结构、资产结构、产品结构更趋合理，改善了企业的运行质量，保证了工业生产的稳步发展。大什食品有限责任公司和北大荒酿酒（集团）有限责任公司成为垦区级龙头企业。大什食品有限责任公司开发出的系列主导产品也通过国内、国际相关的产品质量控制体系认证，销售渠道稳定，企业步入了相对稳定的发展阶段。2007年，分局主要工业产品产量为白酒4 081吨、中成药571吨、鲜冻畜肉17 376吨、配混合饲料19 432吨，工业生产实现销售收入4.5亿元,增加值1.8亿元,同比分别增长33.5%和10.4%。

(李援建 李立忠 张金涛 耿 东)

【房地产开发】 新成立的股份制鑫都房地产开发公司在青年农场开发建设了"鑫都嘉园"住宅小区,建设商品楼6栋,总建筑面积达4万平方米,实现预售房产收入5 297万元,利润946万元。

(李援建 李立忠 张金涛 耿 东)

【新农村建设】 分局拆迁泥草房1.2万平方米,新建职工住宅6.99万平方米,建设硬化道路27.8公里,投入460万元解决了饮水安全问题,建成户用沼气池155个,投资1 475万元改建、新建了一批教学楼,高考升学率达到83.7%,郊区农场初中升入省市重点高中入段率达到24%以上,新增就业岗位2 500个,安置就业人员2 750人,登记失业率控制在4%以内,三级医疗卫生网络进一步健全,医疗保险使弱势群体得到政策帮扶。

(李援建 李立忠 张金涛 耿 东)

【党的建设和精神文明建设】 分局各级党组织以开展"北大荒先锋工程"为主线,扎实推进党的建设,提高了党组织的凝聚力和战斗力;局场两级领导班子认真贯彻《干部任用条例》,强化学习制度建设,提高了班子的整体素质和领导干部的执政水平,严格执行"三重一大"制度,促进了领导干部廉洁从政,使群众满意率达到99%;各农场继续深入开展"平安农场"创建活动,职工权益得到切实维护,群众性精神文明创建活动取得新进展,使经济社会环境稳定,职工群众安居乐业。

(李援建 李立忠 张金涛 耿 东)

【接收两个农场】 2007年1月,哈尔滨分局接收阿城原种场和九龙山柞蚕育种场两个原由省农委管理的企业,3月办理了交接手续。

(李援建 李立忠 张金涛 耿 东)

【省委书记钱运录视察哈尔滨分局】 2007年5月16~17日,省委书记钱运录在总局党委书记吕维峰、局长隋凤富的陪同下,视察了哈尔滨分局所属的哈尔滨大什食品有限责任公司和香坊实验农场"北大荒现代农业园",对哈尔滨分局发展都市农业给予了充分的肯定。

(李援建 李立忠 张金涛 耿 东)

【招商引资成果显著】 2007年分局完成招商引资项目27项,项目投资总额5.03亿元,资金到位额1.49亿元,其中国内招商引资项目21个,实现招商引资1.31亿元,完成总局下达分局国内招商引资目标任务的131%;利用外资项目6个,外方到位资金244.9万美元,完成总局下达分局直接利用外资目标任务的100%。在已落地的招商引资项目中,投资房地产业开发项目占11.1%;投资旅游观光农业和服务业项目占18.5%;投资特色种养业的项目占18.5%;投资农副产品加工业项目占14.8%。 (吴 静)

【连破两起命案】 在全国公安机关开展的"命案必破"活动中,哈尔滨农垦公安局在2007年将辖区内发生的两起命案全部破获。两起案件分别是岔林河农场"9.14"杀人案和庆阳农场"9.18"故意伤害致死案。两起杀人案件的成功破获,实现了"命案必破"的目标,消除了群众的恐慌心理,保证了社会治安平稳。岔林河派出所民警陈振伟和庆阳派出所民警朴成实分别被垦区公安局荣记了个人三等功。 (童志勇)

【网上执结跨国和解案】 2007年哈尔滨分局青年人民法庭通过互联网成功办结了一起跨国(澳大利亚)执行和解案件,执行金额人民币16 892元。这起案件开创了网上执行跨国和解案件的先河。 (李 强)

【沙河司法所司法助理员丁日萍荣获"垦区十大杰出青年志愿者"称号】 2007年5月10日第五届"垦区十大杰出青年志愿者"评选活动揭晓,哈尔滨农垦司法分局沙河司法所司法助理员丁日萍榜上有名。在有"新时期垦区活雷锋"之誉的十大杰出青年志愿者中,丁日萍是唯一一位司法战线的代表,也是唯一的女性。 (邹斌斌)

【哈尔滨分局人武部改进手段抓好民兵网络攻击分队训练】 2007年5月17日,哈尔滨分局人武部利用自行研制开发了《民兵网络攻击分队训练战法》软件,组织了八一农垦大学和农垦职业学院两所院校的民兵网络攻击分队进行适应性训练。民兵网络攻击分队共编制50人,训练分成红攻、红防、蓝攻、蓝防4个小分队,主要依托计算机网络进行获取敌方情报、攻击干扰破坏敌方作战指挥信息系统等方面内容的训练,研究探讨了实施欺骗式远程攻击、网站页面攻击、邮件炸弹攻击、拒绝服务式攻击、对数据库服务器攻击等5种攻击方式,形成了网络攻防训法、战法初步理论成果。在参加总局国防动员委员会在佳木斯方向组织的支边应急行动演练中,充分展示了垦区城市民兵高技术分队的风采,受到总局的通报表彰。(张 强)

【哈尔滨分局国防动员委员会参加总局国防动员委员会组织的支边应急行动演练】 2007年6月上旬,哈尔滨分局国防动员委员会全体成员在分局电视电话会议中心通过网上视频作业的形式参加了总局国防动员委员会在佳木斯方向组织的支边应急行动演练。分局国动委主任、分局党委书记蔡良柱亲自进行演练动员,国动委副主任、分局局长张玉良定下演练决心,并为参演人员统一解决了迷彩服及臂章。这次演练非常成功,受到总局国动委的通报表彰。

(张 强)

哈尔滨分局基本情况及国民经济主要指标完成情况统计表

(2007 年)

项目	计量单位	分局	庆阳农场	岔林河农场	沙河农场	香坊实验农场	青年农场	闫家岗农场	红旗农场	四方农场	松花江农场	阿城原种场	九龙山柞蚕育种场	局直
一、管理区数	个	14 689	2 778	1 450	817	1 269	291	1 107	970	905	1 939	1 610	71	1 482
二、总户数	户	12 333	2 638	1 450	817	838	155	957	970	888	1 939	1 610	71	—
其中农场户数	户	41 514	8 380	4 177	2 480	3 702	1 170	2 927	2 833	2 397	4 980	4 818	245	3 405
三、总人口	人	20 401	4 079	2 113	1 245	1 695	448	1 448	1 483	1 234	2 468	2 390	121	1 677
男性人口	人	21 113	4 301	2 064	1 235	2 007	722	1 479	1 350	1 163	2 512	2 428	1 728	—
女性人口	人	969	209	82	25	220	1	97	81	12	181	582	13	48
少数民族人口	人	67 464.8	11 810	6 084	1 523.6	8 937.2	3 590.3	5 980	6 576	6 334.3	5 471.4	1 557.6	43.9	9 556.5
四、国内生产总值	万元	1.63	1.41	1.46	0.61	2.41	3.07	2.04	2.32	2.64	1.10	0.32	0.18	2.81
五、人均生产总值	元	68 183	11 196	2 707	820	8 281	4 902	2 370	2 200	—	6 284	114	29 279	14 646
六、工农业总产值	万元	61 455.4	11 908	7 803.1	1 229.6	7 034	4 552	7 208.3	5 163.3	9 943.7	4 280.7	2 247.7	85	—
七、粮食总产量	吨	125 075	22 144	28 155	6 373	308	1 323	1 747	—	32 301	25 277	7 447	—	—
八、固定资产投资总额	万元	14 537.75	1 496	1 251	486	149	64	2 682	1 425	546	418.75	10	10	6 000
九、职工工资总额	万元	7 286.9	1 847	560	349.2	694	125	258	602.5	1 007	524.2	272	40	1 008
十、职工平均工资	元	11 651.58	12 624.74	5 907.17	11 877.55	12 090.59	19 531.25	23 035.71	18 946.54	19 667.97	13 406.65	2 985.73	6 349.21	16 688.74
十一、农场职工家庭人均收入	元	8 184	8 363	8 211	7 526	8 137	8 201	7 786	8 017	9 088	8 112	1 049	3 500	—

庆阳农场

场长：赫曜宇，赫哲族，1968年3月出生，中共党员，研究生学历，高级会计师，1991年7月参加工作，2006年3月任现职。

党委书记：杨广明，1962年8月出生，中共党员，研究生学历，高级政工师，1982年8月参加工作，2006年3月任现职。

党委副书记、纪委书记、工会主席：胡顺杰，1970年4月出生，中共党员，研究生学历，政工师，1989年12月参加工作，2005年3月现任职。

副场长：王子玉（2000.8～）
崔起国（1999.3～）
任福俊(2003.3～）

【概况】 庆阳农场位于延寿县境内东部边界，系延寿县、尚志市、方正县三角交界处，属完达山支脉张广财岭西麓，地理坐标：东经128° 46′ 和北纬45° 35′，海拔173米，北距哈同高速公路30公里，南距哈绥高速公路40公里，方亚公路贯穿全场。气候属于寒温带大陆性气候，年平均气温2～4℃，日照2 100～2 400小时，年积温2 400～2 500℃，无霜期115～120天，年降雨量500～600毫米，作物生长期在1 000～1 100小时。土壤以白浆土、草甸土为主，主要河流有亮珠河、驿马河、大遂河、小遂河等10余条。

庆阳农场始建于1947年，是垦区开发历史最早的农场之一。2007年末，农场有总户数2 778户，总人口8 380人，其中男4 301人，女4 079人，少数民族209人，界内土地总面积7 866.67公顷，其中林地1 733.33公顷、耕地3 025.53公顷，在耕地中水田占2 361公顷。全场下辖1个管理区、6个作业区、13个自然村和5个工商企业。此外，还有全日制中小学1所，全场已经实现了集中办学；场部设有医院、各作业区设有卫生所；社会劳动保险已实现养老、失业、工伤、医疗、生育五保合一；场部中心银行、交通、邮电、宾馆及各项文化设施一应俱全，小城镇建设粗具规模。

农场农业生产主要以水稻种植为主，以大豆、玉米为辅，其他杂粮有红小豆、白瓜子、白云豆、绿豆等，还有西瓜、甜瓜、倭瓜、黄烟、草莓、荷兰豆等经济作物。

林业生产主要有原杂木、板方材、小木农具、建筑工具、建筑材料、家庭用具、办公用具等。畜牧养殖业生产以饲养牛、马、猪、鹿、蜜蜂为主，其中药用养殖产品主要有鹿胎膏、鹿鞭、蜂王浆、蜂蜜等。山产品生产主要有蕨菜、薇菜、广东菜、榛蘑、人参、平贝等。水产品生产主要有鲤鱼、白鲢、花鲢、鲶鱼、泥鳅等。加工业生产主要以大米、豆油、白酒、补酒、大豆腐、干豆腐、刺五加膏、忍冬膏等为主。

农场拥有各类机械设备3 800台套，已建成年加工能力3万吨的精制大米加工厂，200公顷规模的树莓基地，一次性储存能力1 000吨的速冻加工厂，2座年加工提取中药浸膏1 000吨的制药厂，年生产壮元春系列保健酒500吨的保健酒厂，企业资产总额达4 197万元，资产负债率为37.7%。

2007年，农场实现国内生产总值1.18亿元，同比增长18%，人均国内生产总值1.41万元，同比增长18.5%；实现工农业总产值2.31亿元，其中农业总产值1.19亿元、工业总产值1.12亿元；全年粮食总产量22 144吨；完成固定资产投资总额1 496万元；农场实现利润798万元，同比增长24.9%；家庭农场实现利润6 860万元，同比增长31.7%；职工工资总额1 847万元，职工人均工资12 624.74元，农场职工家庭人均收入8 363元，比上年增加1 261元。

2007年，农场在精神文明建设、新农村建设、和谐场区建设、各项社会事业建设等方面成绩优异：开工建设了8 000平方米的第二栋职工住宅楼。农场投资50万元购进了两台接送学生的大客车。农场第一作业区至场区通村公路竣工。农场子弟学校新教学楼破土动工。农场投资13万余元在场区安装了电子监控设备。农场党委表彰了第一批共36户"和谐家庭"。农场党委召开了低保户座谈会并向其发放了慰问品。组织全场职工进行了纪念"八一"建军节拔河比赛。农场机关干部植树500余株将垃圾场改建成花园。 （谷宝芹）

【建场60周年庆祝大会】 2007年6月13日上午9时，农场开发建设60周年纪念大会在场部文化广场隆重举行。参加大会的有哈尔滨分局及各农场、延寿县、亚布力林业局等有关领导，农场职工群众达5 000人之多。9时20分，北大荒文工团友情演出。整个场庆纪念大会盛况空前。 （谷宝芹）

庆阳农场基本情况及国民经济主要指标完成情况统计表（2007年）

指标名称	计量单位	2007年数值
管理区	个	1
总户数	户	2 778
总人口	人	8 380
其中：男	人	4 301
女	人	4 079
少数民族人口	人	209
地区生产总值	万元	11 810
人均生产总值	元	14 100
工农业总产值	万元	23 104
粮食总产	吨	22 144
固定资产投资总数	万元	1 496
职工工资总额	万元	1 847
职工平均工资	元	12 624.74
职工家庭人均收入	元	8 363

岔林河农场

场长：刘鹏，1963年6月出生，黑龙江省庆阳农场人，中共党员，大学学历，高级农艺师，1979年7月参加工作，2001年1月任现职。

党委副书记、工会主席、纪委书记：杨维庆(2005.4~2007.5)

党委副书记、工会主席、纪委书记：潘春玉(2007.7～)

副场长：吴国忠(2002.8～)
张晓军(2006.2～)
董立志(2007.7～)

【概况】 岔林河农场位于松花江中游北岸，坐落在黑龙江省通河县境内，地理坐标：东经128° 51′ ~129° 10′，北纬46° 04′ ~46° 11′。场部位于哈萝公路226公里再南行4公里处,距通河县政府所在地通河镇14公里。

农场土地面积0.91万公顷，其中耕地面积0.33万公顷。土质肥沃,草甸土和黑土占85%。农场属于富水区,大通河、岔林河(引渠及配套工程)流经场区,河流总长25公里,4个泡泽水面面积173公顷。地下水可开采量约1 140万立方米。农场属于寒带大陆性季风气候区,年平均气温2.6℃,无霜期130~140天,年平均降水量694毫米,生态环境均衡协调,发展农牧业有得天独厚的自然条件。

2007年，农场总户数1 450户,常住人口4 177人,其中男性2 064人,女性2 113人,少数民族82人,主要是满族、朝鲜族,流动人口400人。人口自然增长率5‰,符合政策生育率100%。在册职工943人，其中女职工350人,离退休职工342人。农场有机关行政和党群科室17个,农业作业区6个,直属物资供应站、修配厂等企业单位6个,子弟校、职工医院等事业单位5个。

2007年农场实现国内生产总值6 084万元，人均生产总值1.46万元;实现工农业总产值10 510.1万元,其中工业总产值2707万元,农业总产值7 803.1万元;实现粮食总产28 155吨;完成固定资产投资1 251万元;全年职工工资总额560万元,职工人均工资5 907.17元,职工家庭人均收入8 211元,比上年增长15%;农场资产负债率51%。农场实现经营利润158万元。（刘金贵)

【种植业】 农场继续调整种植业结构,努力增加水田面积，实现水稻面积、水稻单产、粮食总产等三项农业生产指标均创历史新高。农场投入资金200万元,在四、五作业区继续实施旱改水工程,使两个作业区的水稻面积在上年的基础上增加533.33公顷,达到1 000公顷。2007年全场总播种面积3 333.33公顷,其中水稻286.67公顷,占总播种面积的86%。农场充分发挥水利机械优势,扩建依山提水站引松花江水灌溉工程,完成土方9.2万立方米。使一、六两个作业区受益面积666.67公顷,每公顷可节省费用450元,公顷增产300公斤。对其他水田继续架设农电网,电力抽水灌溉面积666.67公顷,比过去柴油机抽水每年每公顷可降低成本750元。农场无偿提供10公顷土地,建成3处大棚育苗基地，每栋棚补贴1 000元,建大中棚357栋,可供70%本田用苗。新修农田砂石路7 000延长米,农田路实现网络化,作业区生产条件改善,生产效率提高。农场采取了一系列抗旱措施,打抗旱补水井40眼,在大旱之年显示了水稻抗灾能力和高产优势。粮食籽粒饱满,千粒重高,水稻出米率达72%~73%，大旱之年取得了水稻大丰收，平均公顷产9 000公斤。农场66.67公顷水稻高产园区是总局级高产攻关试验区之一,2007年9月经总局高产攻关评审组来场实测实收,其核心试验区平均公顷产量10 725公斤，农场为总局高产攻关达标单位。2007年农场粮食总产量达到28 155吨，同上年相比增加8 155吨，提高40%。（刘金贵)

【畜牧业】 农场畜牧业发展不平衡。2007年肉牛存栏867头，受粮食价格上涨等因素影响滑坡，比上年下降37%；生猪存栏843头，比上年增长7%;禽类1.5万只,比上年增长0.2万只。全年肉类总产量67 850公斤,比上年增加13 090公斤,增长19%;蛋类产品200 750公斤,比上年增长1%。（刘金贵)

【非国有经济】 农场出台优惠政策,鼓励和支持非国有经济的发展,农场内餐饮业、服务业、修理业、运输业和娱乐业等个体工商业呈现良好的发展势头。2007年,全场非国有经济总产值1 000万元,比上年提高2个百分点。从业人员人均收入9 000元，比上年增长15%。（刘金贵)

【新农村建设】 农场围绕新农村建设总纲,把亲民、惠民、富民、改善民生作为出发点,投入超千万元资金,实施多项利民工程，创建城镇化和谐农场。2007年是农场新农村建设投入最多的一年,职工群众生活水平和质量明显提高。农场于1995年开始实施安居工程,2001年以来落成4栋计1.5万平方米职工住宅综合楼,170户居民入住,其中2007年拆除泥草房1 280平方米,新建住宅楼4 111平方米,入住居民51户。由农场补贴25.6万元,改造旧房1 280平方米,使32户困难职工新建或购买了砖房。从1983年起实施的降氟改水工程全部结束，水质达到良好标准,自来水入户率100%。投资129万元修建生活污水地下排放工程于2007年9月竣工，改建和新铺设供暖管线600延长米，全场实现集中供热面积2.37万平方米。投资380万元新建和续建场内白色硬化路面，全程9.3公里,场部3条干道新安装路灯60基杆。2007年10月,半封闭式农贸市场和个体出租车停车场投入使用。秋季场区移栽云中杨、垂榆等绿化树种1万余株,营造一般生态林6.67公顷。农场有2条8公里的硬化路面自养公路与地方公路接通,2台对开大客车直达省城哈尔滨市,23台个体出租车,职工群众出行方便、快捷。全场有输送低压线路17公里,高压线路11公里。另有农电网7个台区,高低压线路42公里,全年总用电量150万度。（刘金贵)

【教育 卫生】 农场九年一贯制学校有在校生536名，教职员工44名，教学楼、宿舍楼、实验楼等校舍面积5 200平方米。学校已通过“两基”省级评估验收和多次复查验收,农场被评为总局教育先进农场。农场投资200万元,新建1 500平方米教学楼于9月投入使用,旧楼(实验楼)彻底翻新,学生宿舍楼换了彩钢板房盖,修建了学生太阳能浴池室100平方米。农场职工医院和第二作业区卫生所有医护人员20人，服务半径扩大到周边乡村,年诊治患者3万余人次。（刘金贵)

【文化建设】 农场在2005年利用场北松树林修建10万平方米森林公园以后,于2006年6月动工新建文化广场,2007年9月落成，总投资75万元,占地1.2万平方米，配置了现代化灯光、音响等舞台设施和健身器材，集休闲、健身、娱乐于一体。农场于9月16日至22日举办了文化广场周活动，活跃了职工群众的业余文化生活。农场通讯事业发展迅速，固定话和手机普及到每个家庭。2007年农场有线电视用户可以看到40多套节目，有线电视入户率达100%。（刘金贵）

岔林河农场基本情况及国民经济主要指标完成情况统计表
（2007年）

指标名称	计量单位	2007年数值
管理区	个	1
总户数	户	1 450
总人口	人	4 177
其中：男	人	2 064
女	人	2 113
少数民族人口	人	82
地区生产总值	万元	6 084
人均生产总值	元	14 600
工农业总产值	万元	10 510.1
粮食总产	吨	28 155
固定资产投资总数	万元	1 251
职工工资总额	万元	560
职工平均工资	元	5 907.17
职工家庭人均收入	元	8 211

沙河农场

场长：王克山，1955年8月出生，中共党员，大专学历，助理工师，1979年4月参加工作，2006年4月任现职。

党委书记、纪委书记、工会主席：房益民，1967年4月出生，中共党员，大学学历，农艺师，1988年9月参加工作，2002年5月任现职。

副场长：白银库（1980.1～）

【概况】 沙河农场地理坐标为东经129° 22′ 和北纬46° 11′，地处方正县东部，与依兰县相邻，紧邻松花江南岸，属长白山支脉张广才岭北麓，哈同公路贯穿场区，辖区内总面积293.33公顷，其中：耕地948.07公顷，占总面积的32.3%；林地916.67公顷，占总面积的31.5%；水面77.73公顷，占总面积的2.65 %。平均海拔高度为96～130米，地势呈南高、中平、北低状，形成三级台阶式地形地貌。气候属于寒带大陆性季风气候区，年平均气温2.75℃，无霜期110～130天，结冰期为180～190天，常年作物有效积温平均为2 797℃，年平均降水量631毫米，年平均日照2 495小时，年平均日照天数134天。土质草甸土和黑土占80%以上，PH值为5.5～8，生态环境均衡协调，发展农牧业具有得天独厚的自然条件。

2007年，农场总户数817户，总人口2 480人，其中男1 235人、女1 245人，少数民族25人，有职工322人。

2007年，农场实现国内生产总值1 523.6万元，比上年增加179万元，增长13.3%，人均实现生产总值6 100元；实现工农业总产值2 049.6万元，其中农业总产值1 229.6万元，工业总产值820万元；全年粮食总产量6 373吨；完成固定资产投资总额486万元；全年职工工资总额349.2万元，职工人均工资11 877.55元，农场职工家庭人均收入7 526元；农场生产经营收入666万元，比上年增长101.8%，实现经营利润32万元。（辛宝安）

【种植业】 农场作物种植以水稻为主，大豆、玉米、红小豆等旱田作物的种植比重较少。2007年农场农业生产遇到了50年不遇的严重干旱，农场加大了农业基础设施在水利、电利等方面的投入，一方面调动农业、电业、水务管理部门搞好服务，另一方面投入资金启动机井补灌，从而提高了应对自然灾害的能力。农场还指导农户科学利用本地的大气环境及良好的地表水和地下水资源，开发推广种植垦稻12号、超龙10号等优质水稻品种，从而使水稻产量在大旱之年再创历史新高，平均公顷产近9 000公斤。旱田作物种植面积不多，没有出现绝产，玉米、大豆等作物的单产均为历史最低。2007年，农场投入资金14.5万元建了育秧面积达30 000平方米水稻育苗基地，使全场实现了水稻全部大棚集中育秧。（辛宝安）

【林业】 农场有林地面积916.67公顷，其中人工林面积446.67公顷，主要树种有落叶松、红松、杨树等；天然林面积470公顷，主要树种有柞木、杨木、椴木、桦木、曲柳等10余种。2007年，农场采伐椛材400根20立方米。坚持依法防火，严格控制火源，实现了连续27年无火灾事故发生。为加强林政管理，打击乱砍盗伐现象，农场立案查处林政案件14起，有效地保护了林业资源。农场还对林区进行了全面的调查。林下养殖（林蛙、野猪）、林下种植（人参、五味子、枸杞子）、山野菜（蕨菜、榛蘑）的采收和利用已经成为改革林业经营与加快林产品开发利用的主要项目。（辛宝安）

【养殖业】 农场养殖业以生猪、獭兔为主。2007年农场生猪存栏达1 500头，比上年增长150 %，出现了几个纯收入均超过10万元以上的养殖大户。（辛宝安）

【工商业】 农场有制药厂1个、制砖厂1个、木材加工厂3个，其中制砖厂和木材加工厂均为个体经营，规模较小。制药厂进行股份合作制改革，原“沙河制药厂”更名为“哈尔滨天地药业有限公司”，甲方哈尔滨宝隆公司占52%的股份，乙方沙河农场占48%的股份，甲方具有法人资格。公司有两个车间，提取车间年可处理生药材500吨，年产中药浸膏800吨；固体车间可生产胶囊剂、茶剂、颗粒剂 3 个剂型，具体有六味地黄胶囊、感特灵胶囊、心可宁胶囊、腰息痛胶囊、牛黄消炎灵胶囊、救尔心胶囊、玉液消渴冲剂、生脉袋泡茶等品种。两车间均于2005年11月通过了国家的GMP认证，2006年投入试运营，2007年企业全年生产胶囊剂173.7万盒、茶剂1 044盒、颗粒剂3.65万盒，总产值295万元，企业决算当年亏损63万元。2007年末，该公司与哈医大医药有限公司达成合作意向，由哈医大医药有限公司出资扶持公司的生产，支持公司再上一个片剂制剂车间，以两个药号作为资产投入，在该公司进行加工生产，产品由哈医大医药游戏公司自行销售。农场的商服业规模不大，建场之初只有1家，2007年发展到12家，有商店、加油站、饭店等，2007年合计销售额在300万元以上。（辛宝安）

【教育 卫生】 2007年,农场子弟校有学生303名,教师23人,其中有中学高级教师2人、中学一级教师9人、小学高级教师9人、总局骨干教师2人、分局骨干教师2人。在专任教师中,本科学历9人、大专学历14人,教师学历达标率为100%。学校占地17 172平方米,绿化面积4 260.6平方米,两栋教学楼总建筑面积2 694平方米,设有200米跑道及多媒体教室、语音室、理化生实验室、图书室、音乐室、美术室、小学综合实验室、劳技室、少先队大队活动室等教学设施。学校教育质量保持了持续稳定提高,英语教学成为一大亮点,初升高英语考试平均分过百,优质高中升学率达67%,取得了初升高考试哈尔滨分局远郊四场六科第一的成绩。农场投入30多万元全面整修了两栋教学楼的门窗、灯具和墙面。农场社区卫生条件得到改善,卫生服务水平有明显提高。全场全年"疫苗"计划免疫接种率达100%;农场医院严把进药质量关,让职工群众吃上了放心药,门诊全年达7 000人次,病床利用率达90%。农场还顺利开展了妇幼保健工作和食品卫生监察工作。 (辛宝安)

沙河农场基本情况及国民经济主要指标完成情况统计表

(2007年)

指标名称	计量单位	2007年数值
管理区	个	1
总户数	户	817
总人口	人	2 480
其中:男	人	1 235
女	人	1 245
少数民族人口	人	25
地区生产总值	万元	1 523.6
人均生产总值	元	6 100
工农业总产值	万元	2 049.6
粮食总产	吨	6 373
固定资产投资总数	万元	486
职工工资总额	万元	349.2
职工平均工资	元	11 877.55
职工家庭人均收入	元	7 526

【新农村建设】 一是铺设了硬化路面。投入资金200万元(其中农场自筹112万元)铺设了农场中心道路2.335公里,修路沟4.1公里,安装了路灯。二是进行了自来水改造。投入资金170万元,新打150米深水井一眼,外网新铺设管线17 000米,使居民区居民都吃上了自来水。三是进行了泥草房改造。农场投资13万元,拆除泥草房31户65间1 170平方米,完成了计划改造任务的64.5%。四是进行了旧街道改造。农场投入资金10万元,动员干部群众经过15天的奋战,打通3条半街道,修老街12条2 700米,修路沟2 700米,从而使老旧街道面貌焕然一新。

(辛宝安)

香坊实验农场

场长:梁启全,1963年3月出生,中共党员,大学学历,高级农艺师,1985年7月参加工作,2002年8月任现职。

党委副书记、纪委书记:郭振民,1959年3月出生,中共党员,大专学历,高级农艺师,1975年10月参加工作,2005年3月任现职。

副场长:尹东升(2005.12~)

李存杰(2003.3~)

工会主席:李 晶(2001.2~)

【概况】 香坊实验农场位于哈尔滨市香坊区幸福镇境内。地理坐标:东经126°30′~126°50′和北纬45°39′~45°46′之间。1998年,哈尔滨市区扩大到农场,农场城镇建设纳入哈尔滨市城市建设规划。场部距省农垦总局8公里,滨绥铁路、哈成公路从场区穿过,场区内有新香坊火车站,哈尔滨市53线、69线、340线、353线、368线公交车通过场区,交通十分便利,是典型的城郊型国有农场。

到2007年,农场土地面积为1029.65公顷,其中耕地面积为646.67公顷。全场地形为南北走向,南高北低,海拔高度在120.80~162.81米,高低差42米。气候为寒温带季风性气候,冬季结冻时间在160~190天,年平均气温3.6℃,年日照约2 600小时,年平均积温2 782.6℃,无霜期在135~140天,年降水量400~600毫米。

农场总户数1 269户,总人口3 702人,其中男2 007人,女1 695人,少数民族220人,在册职工598人。

2007年,农场实现国内生产总值8 937.2万元,比上年增长18.7%,人均实现国内生产总值2.41万元;实现工农业总产值15 315万元,其中农业总产值7 034万元、工业总产值8 281万元;全年粮食总产量308吨;完成固定资产投资总额149万元;全年职工工资总额694万元,职工人均工资12 090.59元,农场职工家庭人均收入8 137元;资产总额16 973万元,比2006年增加1 376万元,资产负债率66%。

(高贵田)

【种植业】 农场充分发挥地处省城的区位优势,现代化农业初步形成。农场加大了发展设施农业和高效农业的力度,在原有蔬菜、花卉和种子等作物种植的基础上,扩大了瓜果、蔬菜、食用菌等高附加值产品的种植比例。2007年农场经济作物播种面积达总面积的86%。农场努力做大做强现代化农业园区,2003年农场把香大花卉基地升级为北大荒设施农业园区,到2007年,农场累计投资1.43亿元,新建日光节能温室和钢骨架大棚600余栋,有两个共计2.5万平方米的现代化智能温室,1 376平方米的培训中心,2 000平方米的食用菌菌种生产车间,逐步完成了水、电、路等配套设施和绿化美化工程。农场在设施园的基础上,着手发展旅游业,在园区内新建了占地30 000平方米的垂钓鱼池和占地40 000平方米的花果山,与山西唐都集团合资新建了投资总额7 000万元、占地20 000平方米的生态酒店。这三项主体工程已经完成,初步形成了以接待中心、绿色有机产品展销中心和"北大荒唐都生态园"为主的餐饮商服区;以草本花卉、高档花卉、绿色葡萄、草莓和食用菌生产采摘为主的生产经营区;以垂钓鱼池和花果山组成的休闲娱乐区等三个功能区,整个北大荒现代农业园占地达66.67公顷。2007年7月,该农业园区通过了省旅游局"AAA级旅游景点"验收。农业现代化的进展,使农场走出了一条由过去单纯的生产经营向现代化高科技农业展示、农业科技成果转化、绿色有机农业产品的生产经营、青少年科普教育与实践、市民休闲旅游、餐饮采摘为一体的城郊农垦农业发展的路子。农场大棚蔬菜套种每栋(每亩)经济效益达到0.8万元,温室种植食用菌平均每栋(每亩)效益达到3万元,露地种植的瓜果、蔬菜平均亩效益达到2 000元。农场还在国家商标局申请注册了用于农业产品的"香大"商标,取得了绿色产品的认证,使"香大"牌花卉、食用菌和绿色蔬菜、瓜果的品位得到全面提升。2007年,农场生产销售优良玉米种子308吨,青贮饲料6 850吨,薯类2 320吨,绿色菜蔬6 380吨,各种瓜果5 680吨,实现农业总产值7 034万元。 (高贵田)

【畜牧业】 农场畜牧业生产呈现良好发展势头。2007年种鸡、种猪效益大增。种鸡存栏10万套,年销售种蛋1 000万枚,创利1 000万元以上;生猪存栏9 047头,年出栏10 066头;奶牛存栏2 000头,年产鲜奶7 000吨,畜牧业由前几年的亏损转为经营平衡。农场重视产品质量的升级和提高,努力打造自己的品牌。"哈白猪"是香坊实验农场和东北农学院共同培育的我国第一个新猪种,是黑龙江省乃至整个东北地区的当家品种,农场已在国家商标局注册了"哈白猪"商标,2007年出售种猪和商品猪2万余头。 (高贵田)

【工业在调整中发展】 农场在国家工商总局注册了"百事吉"牌白酒商标以后,做大做强了白酒业,使"百事吉牌"白酒销往省内各地及全国10余个省份。组建了绿化工程公司并取得了国家二级绿化工程资质证书,主要为场内外承揽绿化工程的设计和建设;农场筹资200余万元建设起了以畜禽粪便为原料的有机肥厂,一方面解决了大量畜禽粪便环境污染问题,另一方面满足了农场发展绿色无公害农产品施用有机肥的需求。农场利用闲置的房舍引进了一批食品加工和饲料加工企业,对于活跃区域经济、增加职工就业产生了很好的经济和社会效益。2007年农场实现工业总产值8 281万元。 (高贵田)

【第三产业】 农场以发展为城市和居民服务业、促进职工致富为目标,制订优惠政策、改善经营环境,大力发展了民营、私营商业、餐饮业和服务业,开辟了商业一条街,2007年同山西唐都集团合资建起了总投资7 000余万元的大型生态酒店,着手发展旅游观光业,从而使第三产业更加发展壮大。到2007年农场从事第三产业业户已达400余户,实现生产总值2 074.2万元。(高贵田)

【非国有经济】 农场自营经济发展迅速。农场为安排职工就业,促进职工致富,出台了多项措施,促进了自营经济的发展,建立了自营经济办公室,加强了对自营经济的组织和指导;开辟了工业、养殖业、种植业、商业小区及其综合市场,为自营经济发展提供了空间;按照国家和上级关于转换经营机制的要求,陆续把一批国营小企业转卖或出租给个人经营,减轻了农场负担,壮大了自营经济的力量。2007年农场私营业户达554户,从业人员达1 506人,资产总额达6 675万元,总产值达2亿元。 (高贵田)

【社会事业】 农场职工和居民的物质文化生活越来越丰富,社会事业不断进步。农场有各类专业技术人员达255人,创造、引进、推广了一批先进科技成果和技术,培育的"哈白猪"、"黑白花奶牛"以及奶牛生产配套技术享誉省内外。农场进行的植物组织培养、食用菌菌种液体化培养、棚室化植物嫁接和栽培等技术等都处于领先地位。农场投资近千万元全面改善了子弟校办学条件,加强了教师队伍建设,使学校教学水平和教育质量不断提高,2007年职工子女入学率100%,中小学毕业率100%,初中升入省市重点高中率达到33%。成人教育水平不断提高,农场管理人员的文化程度现都达到了大专以上水平。全场电视普及率达100%,离退休人员有活动室,老年人组织了秧歌队,农场每年都组织文体等项活动。现有的两处文化休闲广场使居民的文化生活更加丰富多彩。经过几年的环境治理和美化、绿化活动,农场脏、乱、差的局面基本得到改善。妇幼保健制度和医疗保险制度也不断完善。农场为提高职工医保水平,把职工纳入总局医疗保险体系,同总局机关享受同等医疗待遇,使职工医疗得到可靠保证。农场职工家庭人均收入由1986年的不足千元增加到2007年的8 137元。膳食结构和水平发生了质的变化,吃什么健康已成为首选。职工住房面积人均20平方米,有近三分之一的职工住上了楼房,自来水入户率达100%。场区主道路铺设了白色路面,辅助道路也全部实现了砂石化,再加上穿越场区的公滨路、香福路的拓宽改造和公交车辆的增加,农场居民的出行条件有了根本性的变化。

(高贵田)

【北大荒现代农业园粗具规模】 农场从地处哈尔滨城郊和土地资源相对较少的场情出发,从1997年开始就着手发展现代设施高效农业,陆续建设了一批日光温室和钢骨架大棚,种植具有较高效益的花卉和蔬菜等经济作物。2002年7月农场决定在原香大花卉公司的基础上建设现代设施农业园。在总局和分局的支持下,通过上级资金支持、农场自筹、招商引资等渠道,累计完成建设投资14 258万元,建设日光节能温室213栋,钢骨架大棚200栋,现代智能温室2.55万平方米,培训中心1 400平方米,生态餐厅2.6万平方米,白色路面20 639平方米,围墙3 000延长米,食用菌菌种生产车间2 000平方米,长廊360延长米,占地30 000平方米的垂钓鱼池,占地40 000平方米的花果山,以及部分草坪、果树、地面硬质铺装等工程。2007年,经总局批准,农场设施农业园定名为北大荒现代农业园。北大荒现代农业园总占地面积66.67公顷。园区内有哈尔滨依卡园艺有限公司、黑龙江省香大花卉有限公司、黑龙江北大荒唐都生态园有限公司等80余个业户参与生产经营,由商业服务、生产经营、休闲娱乐三个部分组成,具有现代高科技农业展示、农业科技成果转化、绿色有机农业产品生产经营、现场采摘、互动体验、青少年科普教育、市民休闲娱乐、餐饮等功能。园区内主要有五条产业链:一是旅游业。依托花果山、垂钓鱼池、现场采摘等10个旅游景点,2007年已被省旅游局定为"省级农业旅游示范点",并通过了省旅游局"AAA级旅游景点"验收。二是花卉产业。园内种植草本花卉30余个品种,每年可上市数百万株优质花苗。依托两个智能温室和组培室,年可生产组培苗100万株,年产红掌、百合等鲜切花200万支,繁殖种球100万枚,销售盆花20万盆。三是食用菌产业。依托香大食用菌公司,年可生产各种菌种300万瓶,带动100余户从事食用菌种植。四是绿色有机农产品产业。依托温室和大棚生产绿色有机瓜果和蔬菜,面向游客采摘和市场销售。五是餐饮服务业。依托唐都生态园集餐饮、观光、娱乐于一体,可同时容纳1 500人就餐,是目前省内规模最大、标准最高的生态园。（高贵田）

【黑龙江北大荒唐都生态园工程开工建设】 农场与山西唐都生态园餐饮有限公司合资兴建的黑龙江北大荒唐都生态园有限公司于2007年3月21日成立,当年4月份开工建设。本项目预计总投资7 000万元,注册资本为5 090万元,其中农场投入资本1 018万元,山西唐都生态园餐饮有限公司投入资本4 072万元,分别占注册资本的20%和80%。该项目总占地面积19 910平方米,经营面积16 000平方米,主要经营餐饮、洗涤服务和烟、酒、有机农产品、花卉植物、日用百货等业务。黑龙江北大荒唐都生态园建设标准高,经营理念新,是垦区乃至省内最大的具有生态环境的餐饮业户之一,可同时为1 500人提供餐饮、旅游、休闲服务。经过几个月的紧张施工,北大荒唐都生态园主体建设工程已经完工,预计2008年7月份开始营业。（高贵田）

【招商引资成果丰硕】 农场加大招商引资力度,多次参加哈洽会、上海农垦绿色特色展销会等全国性、国际性招商活动,采取请进来,走出去的办法寻找合作伙伴,洽谈合作项目,取得丰硕成果。和山西唐都集团合资建设生态餐厅项目取得成功,引进资金5 000万元。成功引进台商进驻北大荒现代农业园,进行蝴蝶兰花卉和木瓜的种植,既引进了新的种植项目,也带来了资金和技术。和华采艺邻房地产开发公司合作建设"高丽风情小镇"项目全面启动,十几栋楼房正在建设中。向俄罗斯邦得列夫集团输出草莓种植技术和品种的合作项目签约,在俄罗斯试种成功。近几年来,农场利用区位优势、优惠政策和房地产资源,吸引了大批国内外客商来农场投资建厂（场）、经商或合作生产经营,累计引进资金1.1亿元,引进各类客户150余户,其中50万元以上的客户20余户。（高贵田）

【草莓生产技术输出国外】 2007年6月16日,农场与俄罗斯邦得列夫集团签订了草莓合作种植协议。协议由农场提供温室建造技术、草莓种植技术和提供草莓种苗,邦得列夫集团提供土地、劳动力和负责产品销售,在俄罗斯发展草莓生产和经营。到10月末,草莓在俄罗斯栽培试验获得成功。这是农场首次把自己的技术和产品输出国外,开创了农场面向国外合作的先河,也为今后农场走出国门,加强国际合作积累了经验。（高贵田）

【农场举办首届香瓜采摘节】 2007年6月28日,农场在香源综合大市场门前举行隆重仪式,宣布首届香瓜采摘节开幕。通过现场宣传品尝,向群众宣传农场优质的香瓜品种和采摘销售模式,同时在第二采摘园的100余栋香瓜大棚开辟了数十个采摘销售区。在采摘节当天,销售香瓜2 000余公斤。（高贵田）

【农场集资楼小区成为哈市香坊区花园式精品庭院】 2007年5月,农场增加投资10万元,对集资楼小区进行了重新配套建设,广场进行硬质铺装,新栽植绿篱100余延长米,配置长条椅12条,健身器材12套,增设艺术廊架、置石。经哈市香坊区有关部门验收,认定达到了花园式精品庭院的标准。（高贵田）

【农场首次召开居民生活用水价格听证会】 2007年1月9日,垦区哈尔滨物价分局在农场召开居民生活用水价格调整听证会,物价分局领导、农场物价所全体同志和社区2名工作人员、10位居民代表参加了听证。在充分分析用水成本和群众意见的基础上,适当调整了居民生活用水价格,由过去每人每月收取2元调整为2.5元。这是农场首次涉及居民切身利益事项进行的听证,行政管理贯彻了民主、公平、法制的准则。（高贵田）

香坊实验农场基本情况及国民经济主要指标完成情况统计表

（2007年）

指标名称	计量单位	2007年数值
管理区	个	1
总户数	户	1 269
总人口	人	3 702
其中:男	人	2 007
女	人	1 695
少数民族人口	人	220
地区生产总值	万元	8 937.2
人均生产总值	元	24 100
工农业总产值	万元	15 315
粮食总产	吨	308
固定资产投资总数	万元	149
职工工资总额	万元	694
职工平均工资	元	12 090.59
职工家庭人均收入	元	8 137

青年农场

场长: 李剑钊,1955年9月出生,中共党员,大学学历,高级政工师,1976年4月参加工作,1996年2月任现职。

党委书记: 周辉,1960年7月出生,中共党员,大专学历,政工师,1977年7月参加工作,2006年4月任现职。

工会主席、纪委书记: 严国定（1994~2007.7）

副场长、工会主席: 刘庆财（2007.7~）

【概况】 青年农场位于省城哈尔滨市城乡结合部,其土地大多数分布在松花江两岸及阿什河西岸。农场场部位于哈尔滨市道外区哈东路76号,地理坐标:东经126°5′~127°和北纬45°5′~

46° 之间。全场土地总面积 664 公顷，其中耕地 200 公顷，水面 9 公顷，其他用地 454 公顷。

农场形成了集种鸡饲养、肉鸡放养一体化的肉鸡生产体系，是省内最大的规模化、专业化肉用种鸡繁育生产基地，也是农业部命名的全国百强育种基地。养鸡生产成为农场经济发展的支柱性产业，其生产规模在全国名列前茅，在国内具有较高的知名度。

2007 年，农场有祖代种鸡场 1 座，父母代种鸡场 2 座，肉鸡场 1 座，种羊繁育基地 1 座，农业生产队 1 个，土地开发利用区 1 个，职工医院 1 所，私营个体工业和个体商贸业 100 余户。农场总户数共有 291 户，总人口 1 170 人，其中男 722 人，女 448 人，职工 201 名，企业全员参加了养老保险、失业保险、医疗保险保障体系。

农场确立了把养鸡生产作为大产业经营的经济发展战略，不断加大科技投入和资金投入，全面提高了养鸡生产的整体技术水平。农场从美国安伟捷公司引进了优良品种"AA"祖代种鸡，为种鸡生产提供了最适宜的营养要求、最先进的饲养管理和环境条件。祖代种鸡场的现代化鸡舍均按国际标准建设，舍内装有先进的供料、供水、供暖、光控和通风设备，保证了舍内的空气质量和温湿度，符合其生物生长及繁育的各项安全舒适条件。种鸡场内还建有高标准的孵化大厅，安装了美国鸡王牌孵化设备。整个祖代种鸡场无论饲养环境还是场区环境在国内均属一流，是我国东北地区规模最大、条件最好的"AA"祖代种鸡场，从而使"AA"祖代种鸡充分发挥出其优越的遗传潜力，其生产出的父母代种鸡具有抗病能力强、产蛋率高、成活率高和孵化率高等特点，其生产出的商品代鸡雏具有饲养周期短、增重快、肉质鲜嫩等特点。

农场生产的种雏、种蛋等系列产品均注册为国内著名的"北大荒"商标，产品已远销吉林、辽宁、山东、内蒙、河北、北京、四川、新疆等省区，还与全国 20 余家养殖场和公司建立起了稳定的直接销售体系和良好的商业信誉，并以品种优、质量好、售后服务佳而著称，在市场上多年始终保持了热销的势头。

2007 年，全场祖代种鸡饲养量 3 万套，年产父母代种雏 100 万套；年饲养父母代种鸡 15 万套，年产种蛋 2 000 万枚；年肉鸡出栏 80 万只，成活率达到 92%。全场全年实现国内生产总值 3 590.3 万元，人均国内生产总值 3.07 万元；实现工农业总产值 9 454 万元，其中农业总产值 45 52 万元、工业总产值 4 902 万元；非国有经济总产值 7 763 万元；全年粮食总产量 1 323 吨；完成固定资产投资额 64 万元；职工工资总额 125 万元，职工人均工资 19 531.25 元，农场职工家庭人均收入 8 201 元，全场一举扭转了连续 7 年经营亏损的被动局面。 （陈良恒）

【基本建设】 一是农场投资 46 万元将原沿江农业生产队 190.67 公顷低产田改种水稻，年底实现水稻公顷产 6 765 公斤，收入 20 万元。二是场部地区按照分局的统一开发规划建起了"鑫都花园"商品住宅小区。小区占地总面积 1.9 万平方米，总建筑面积 3.7 万平方米，商品住宅 382 户。三是为提升祖代种鸡场的饲养规模，扩大市场占有份额，农场投资 418.7 万元对祖代种鸡场进行了扩建，新建种鸡舍 3 栋 3 402.26 平方米，扩建孵化厅 1 栋 1 076 平方米。扩建后可增加祖代种鸡年存栏能力 5 000 套、可增加父母代种雏年生产能力 27.5 万套。四是为改善居民及牲畜的饮水状况，农场在新发小区投资 51 万元改造了管网工程。 （陈良恒）

青年农场基本情况及国民经济主要指标完成情况统计表
（2007 年）

指标名称	计量单位	2007 年数值
管理区	个	1
总户数	户	291
总人口	人	1 170
其中：男	人	722
女	人	448
少数民族人口	人	1
地区生产总值	万元	3 590.3
人均生产总值	元	30 700
工农业总产值	万元	9 454
粮食总产	吨	1 323
固定资产投资总数	万元	64
职工工资总额	万元	125
职工平均工资	元	19 531.25
职工家庭人均收入	元	8 201

闫家岗农场

场长：丁兆明，1953 年 10 月出生，中共党员，大专学历，经济师，高级政工师，1970 年 1 月参加工作，2000 年 9 月任现职。

党委书记：祖国杰，1964 年 1 月出生，中共党员，大学学历，工程师，1983 年 3 月参加工作，2006 年 3 月任现职。

纪委书记、工会主席：张喜武（2005.3～）

副场长：高俊民（2006.2～）
王秀艳（女）（2001.6～）

【概况】 闫家岗农场位于省城哈尔滨市西郊的哈尔滨市机场路 19 公里处，地理坐标：东经 126° 17′ ～126° 21′ 和北纬 45° 34′ ～45° 39′ 之间，行政区划属哈尔滨市道里区。全场东西宽 5 000 米，南北长 7 200 米，东至哈尔滨围城四环路，西邻哈尔滨太平国际机场，南靠京哈铁路必经之地双城市和 102 国道哈双公路南线，北距松花江上游仅 8 公里，地理位置优越，交通十分便利。

闫家岗农场处于松花江南岸第二阶地，土壤是发育在第四纪沉积层上的冲积性黄土母质，下层为砂层。气候属于黑龙江省恒温农业气候，年平均降雨量为 380 毫米，年平均气温 3.3℃，年平均积温 2 850 度，初霜期一般为 10 月上旬，年无霜期一般为 160 天。

农场占地总面积 1 068.33 公顷，有耕地 520 公顷，其中水田 200 公顷，旱田 296.67 公顷。2007 年末，全场总户数 1 107 户，总人口 2 927 人，其中男 1 479 人，女 1 448 人，居住少数民族 97 人。

农场有制药厂（民营）、农业服务中心、畜牧服务中心、建筑公司（资质三级）、交通运管站、物业公司、子弟学校、职工医院、派出所等单位。

2007 年农场实现国内生产总值 5 980 万元（其中非国有经济 4 771 万元），人均实现生产总值 2.04 万元；实现工农业总产值 9 578.3 万元，其中农业总产值 7 208.3 万元、工业总产值2 370万元；全年粮食总产量1 747吨；完成固定资产投资总额2 682万元；全年职工工资总额258万元，职工人均工资23 035.71元，农场职工家庭人均收入7 786元。农场实现全口径利润2 467万元。（刘奉艳　王志刚　杜　欣　赵红艳　程玉英）

【种植业】 农场以发展围城经济为导向，结合旅游开发项目建设大力发展综合农业，使农业逐步向观光农业、设施农业方向发展。旱田作物，主要以黍豆类、时令蔬菜以及青贮饲料为主，培育了适宜北方生长的鲜果及葡萄等高效经济类作物。全场有大小型农机具4台套，机电井18眼，农田灌溉率达48%。2007年全场水稻平均公顷产达9 000公斤，瓜果、蔬菜公顷利润27 000元，种植业实现总产值1 641万元。（刘奉艳　王志刚　杜　欣　赵红艳　程玉英）

【养殖业】 养殖业生产已成为农场经济的半壁江山，农场出台相关优惠政策，鼓励扶持职工群众以市场为导向、以良种为基础、以产业化经营为纽带、以龙头企业为依托来饲养奶牛、优良瘦肉型种猪、肥猪、种鸡、肉鸭等，不断提高规模经营水平，初步实现了生产规模化、产品优质化、服务完善化。全场饲养荷斯坦黑白花奶牛2 500头（人均接近一头），年产鲜奶5 000吨，办起了3个设施完备的奶牛饲养小区，启动了4个配置齐全的机器榨乳厅，成为完达山乳业集团的奶源基地，向其提供优质、天然鲜奶；养猪生产上重点发展适宜北方地区饲养的长白、汉普夏等优良种猪，可出栏13 000头；有年存栏双A肉种鸡7万套的大型种鸡场2个，年可向市场提供优质种蛋1 000万枚。省内独有的闫大鸭业年饲养樱桃谷肉鸭60万只（饲养能力可达百万只），其产品占省内各大城市消费份额的40%。（刘奉艳　王志刚　杜　欣　赵红艳　程玉英）

【加工业】 闫家岗生物制药厂已有30多年的历史，该厂利用农场奶源基地这一有利条件，生产全国知名的以牛奶发酵为主要原料的乳酸菌素，年生产量达6亿片；金帝泉矿泉水厂与完达山集团合作，生产含有偏硅酸等14种矿物质成分的完达山牌优质瓶装矿泉水，市场销量可观。（刘奉艳　王志刚　杜　欣　赵红艳　程玉英）

【非公有制经济】 农场非公有制经济以养殖业为主，其中猪、牛、鸡、鸭四个产业均已形成较大规模，全场有超百万元资产的个体养殖大户8个，其中种鸡养殖大户2个、养猪大户1个、养殖奶牛大户4个、养鸭大户1个，商服运输从业有近百户。非公有制经济的产值和效益占农场经济的50%，2007年总产值达5 567万元。（刘奉艳　王志刚　杜　欣　赵红艳　程玉英）

【新农村建设】 农场作为垦区新农村建设的试点单位，从经济发展、社区建设、环境治理，民主管理等方面都有了很大的提高，尤其在社区建设方面，改造了场区内道路，修建了旅游专用公路；开发建起了经济适用住房，改善了职工群众的居住条件；开发建设了沼气工程，解决了环境污染及能源紧缺问题。撤销“桥南”居民点，完成了原有170户居民搬迁和拆迁工作。新建两栋11 000平方米的经济适用住宅楼，使140户居民住进了新居，另有30余户拿到拆迁补偿后自购住房。农场的楼房住户达到全场总户数的63%。新建和改造升级公路8.2公里，使场区内主要的干路都达到了四级白色砼面、20厘米厚的通村公路标准。投资230万元，对桥、涵、农田路及运粮河、鱼池进行改造。完成了2座桥、5座涵洞的维修，治理河道931米。完成工程量混凝土2 240立方米，土方8.5万立方米。投资143万元，完成对8 750米的自来水主管线进行改造，大大改善了居民饮用水质量。投资40万元，把原锅炉房改造成了150多平方米的室内体育教室，在室外修建了一个塑胶篮球场，同时添置了运动器材，解决了因天气变化而影响学生运动的问题。

全场有4条场内白色道路18.5公里，有80平方米的综合文化活动室1处，有占地面积600平方米的文化广场1处，职工群众住房砖瓦化率100%(其中楼房占63%)，自来水入户率100%，电话入户率90%，有线电视入户率80%。（刘奉艳　王志刚　杜　欣　赵红艳　程玉英）

闫家岗农场基本情况及国民经济主要指标完成情况统计表（2007年）

指标名称	计量单位	2007年数值
管理区	个	1
总户数	户	1 107
总人口	人	2 927
其中：男	人	1 479
女	人	1 448
少数民族人口	人	97
地区生产总值	万元	5 980
人均生产总值	元	20 400
工农业总产值	万元	9 578.3
粮食总产	吨	1 747
固定资产投资总数	万元	2 682
职工工资总额	万元	258
职工平均工资	元	23 035.71
职工家庭人均收入	元	7 786

红旗农场

场长：鹿文革，1967年9月出生，中共党员，研究生学历，会计师，1987年12月参加工作，2006年3月任现职。

党委书记：马庆芳，1963年11月出生，中共党员，研究生学历，高级工程师，1988年12月参加工作，2006年3月任现职。

副场长、纪委书记、工会主席：张晓霞（女）(2007.5～)

副场长：张志江（2007.7～）
关宏宇（2007.12～）

【概况】 红旗农场位于哈尔滨市西南郊，地处东经126°47′，北纬45°41′。距哈尔滨市区4公里，场部设在哈尔滨市南岗区王岗镇。

农场土壤多为黏质土壤，即黑土层下多为黏质黄土。气候属于北温带气候，年平均气温为4.9℃，无霜期为135～

140天，年平均日照时数为2 648.9小时，属于省内气温偏高的地区，年平均降水量在445～500毫米，7～8月份降水量占全年降水量的70%，年平均风速为4.6米/秒，一般情况是春季多风、少雨、蒸发量较大，具有十年九春旱的特点。

2007年，农场土地总面积0.13万公顷。场区内总户数970户，总人口2 833人，其中男1 350人、女1 483人，少数民族81人。

2007年，农场有固定资产8 624万元，流动资产949万元、长期投资667万元，资产总计10 240万元；流动负债4 386万元，长期负债546万元，负债合计4 932万元；所有者权益5 308万元，资产负债率为48%。农场实现国内生产总值6 576万元，比上年增长15%，人均实现生产总值2.32万元；实现工农业总产值7 363.3万元，其中农业总产值5 163.3万元、工业总产值2 200万元；完成固定资产投资总额1 425万元；全年职工工资总额602.5万元，职工人均工资18 946.54元，农场职工家庭人均收入8 017元，同比增加21%，全场一举摆脱连续多年经营亏损的困境，实现利润93万元。（李海燕）

【种植业结构调整】 农场种植业总播种面积669公顷，其中种植马铃薯117公顷，瓜果26公顷，蔬菜178公顷，药材156公顷，甜菜22公顷，食用菌5公顷，青贮玉米73公顷，其他经济作物92公顷。全年种植业实现总产值3 851.6万元，同比增长18.2%，种植业平均公顷效益达27 330元，有机食品基地平均公顷效益达271 445元，家庭农场人均纯收入达12 612元，同比增长15.4%。（李海燕）

【畜牧业】 农场奶牛存栏560头，其中成母牛408头、犊牛74头，年累计产奶量1 412吨；肉种鸡存栏1.64万套，年产种蛋102.82万枚；商品蛋鸡存栏1.14万只，年产蛋198.2万枚；生猪存栏5 195头，年出栏3 502头；獭兔存栏1 430只，年出栏1 010只。农场畜牧业实现产值1 311.7万元，实现利润89万元。（李海燕）

【农业基础设施】 农场投资22万元用于井用发电机组维修，购置了6台套喷灌设备及部分配件，使原有老化破损的喷灌设备得到及时维护更新。投资90万元小水资金新打农田机电井6眼，使全场95%耕地实现了节水灌溉。投资293万元完成了机场路作业区有机食品基地温室后坡维修工程，将2栋温室改造成了阳光板覆盖温室。投资70万元打井2眼，改善了人畜饮水质量。投资1 207万元在望哈作业区建设北大荒蔬菜生产基地一期工程，共建成60个生产单元，每个单元占地面积为1 792平方米，其中看护房80平方米、育苗温室128平方米、两栋钢架大棚1 200平方米，配套建设了水、电、路及通信工程。投资665万元建设了2 000吨蔬菜冷冻保鲜库。（李海燕）

【农业园区建设】 农场在农业园区北侧划出2公顷作为食用菌集中制菌区，在鱼池、荷花池周边栽植各种果树1 000余棵，园区引进了各类新奇特作物品种。全年在农业园区召开各级各类现场会议10余次，接待有关领导、专家及来访者达数百人次，接待了1万余名生态农业旅游观光者。（李海燕）

【组建北大荒蔬菜有限公司】 农场在2007年底组建了北大荒蔬菜有限公司，申请在蔬菜产品上使用“北大荒”商标。（李海燕）

【资产运营及非国有经济】 农场有大小各类租赁企业51家，全年租金收益133.38万元，比上年增加6.45%。全场自营经济从业户数221户，从业人员978人，涉及种植、养殖、运输、建筑、物业管理及服务业、加工业等领域，自营经济生产总值达3 784万元，实现利润648.3万元。（李海燕）

【党建和精神文明建设工作】 农场设党委1个，下属7个党支部，有党员374名。农场纪委进行干部任前廉政谈话12人次，领导干部向干部群众诉职诉廉5人次。全场在地市以上报刊、电视台发表新闻30条，开展了向康金环、邓平寿同志学习的活动。农场场长鹿文革荣获黑龙江第四届经济风云人物“2007年最受关注企业家”称号。组织了篮球赛、乒乓球赛、“魅力红旗”元旦文艺会演等文体活动。开展了平安农场创建活动，全年无重特大刑事案件、治安案件发生。统战、老干部、工会、共青团、关工委、武装工作在农场发展中均发挥了重要作用。（李海燕）

【社会事业】 农场有中小学校两所。农垦中学中考升学率达100%，中考成绩超过省市重点分数线的考生比例达24%，创历史新高。农场投资近500万元对中小学校的校舍、环境进行了改造，更新了部分教学仪器和设施；有中小学在校生1 315人。农场最低生活保障覆盖面进一步扩大，养老金和低保金足额及时发放；农场按规定及时报销离休干部医药费；社区供暖、供电、供水得到保证；场部家属区、各作业区环境有了切实的改善；加强了安全管理，全年实现了安全生产无事故；普法、计划生育、环保等各项工作稳步的推进。2007年，农场全年共计植树造林10.27公顷，栽植树木22 070株，完成了绿色通道绿化、两个作业区绿化及中小学校园绿化工程，累计投资20万元。整修了场部家属区道路2 676平方米，投资44.9万元。（李海燕）

红旗农场基本情况及国民经济主要指标完成情况统计表

（2007年）

指标名称	计量单位	2007年数值
管理区	个	1
总户数	户	970
总人口	人	2 833
其中：男	人	1 350
女	人	1 483
少数民族人口	人	81
地区生产总值	万元	6 576
人均生产总值	元	23 200
工农业总产值	万元	7 363.3
粮食总产	吨	—
固定资产投资总数	万元	1 425
职工工资总额	万元	602.5
职工平均工资	元	18 946.54
职工家庭人均收入	元	8 017

四方山农场

场长：范连龙，1964年9月出生，中共党员，大学学历，高级经济师，1979年12月参加工作，2003年4月任现职。

党委副书记、纪委书记、工会主席：柴德平（2005.3～）

副场长：蒋　志（2002.3～）

刘兆鹏（2002.3～）

刘广庆（2006.6～）

【概况】 四方山农场地处黑龙江省松嫩平原腹地的肇东市境内，东与兰西县毗邻，南、北、西与肇东市接壤，地理坐标为东经125°45′～126°30′和北纬46°12′～46°22′之间，场部距肇东市区30公里。

农场地貌类型为松嫩冲积平原，海拔高程在139～148米，地势东高西低，自北向南倾斜，总体地势较为平坦，东西高差最大为9.5米。土壤类型主要是碳酸盐草甸土，黑土层厚度一般为20～30厘米，有机质含量在3%左右，自然肥力一般，PH值在7.5～8.2，略呈碱性。气候属中温带大陆季风气候，全年有效积温在2 500～2 700℃之间，无霜期125～140天。常年平均降雨量为396毫米，且多集中在7～8月份，占年降雨量的60%以上。年蒸发量为1 662毫米，是正常年份降雨的4倍。风向多为西南、西北，年风速≥4米/秒的天数有145天。由于春季风大少雨，所以素有“十年九春旱”之称。

2007年农场有土地总面积1.21万公顷，其中，耕地面积0.48万公顷，草原0.52万公顷，林地0.15万公顷，森林覆盖率12.8%。农场总户数905户，总人口2 397人，其中男性1 163人，女性1 234人，少数民族12人，主要有满族、蒙古族、苗族、壮族和朝鲜族。全场从业人员1 367人，其中职工512人。农场下辖3个管理区、1所小学和1所职工医院。

2007年，农场实现国内生产总值6 334.3万元，比上年增长25.1%，人均实现生产总值2.64万元；实现工农业总产值9 943.7万元，其中农业总产值9 943.7万元；全年粮食总产量32 301吨；完成固定资产投资总额546万元；全年职工工资总额1 007万元，职工人均工资19 667.97元，农场职工家庭人均收入9 088元，同比增长12.1%。农场实现利润406万元。（黄晓军）

【种植业】 农场加快推进了农业结构调整，农业生产水平稳步提升。2007年总播种面积4 715公顷，实现粮食总产3.23万吨，平均公顷产552公斤，同比增长16.9%，平均公顷利润3 000元，比上年增长14%。农场重视经济作物栽培，生产甜菜2 992吨，油料981吨。农场农业科技化程度不断提高，玉米品种优质率达90%以上。农业机械装备总动力达6 588千瓦，拥有大中型拖拉机137台，小型拖拉机90台，各种配套农具315台，联合收割机4台，机动脱粒机10台。特别是投资435万元的农业综合开发建设项目全面启动，新打灌溉机井10眼，新建和改建井房14座，引进喷灌设备12台(套)，铺设田间砂石机耕路5公里及涵洞6座，建晒场2 000平方米，新增防护林8公顷，购入大中型农业机械3台(套)，施肥面积达到533.33公顷。农业机械化程度的提升和现代化的进程，为农场农业生产的快速发展提供了物质和技术的有力保证。2007年，农场第一产业增加值5 182万元，同比增长23%。（黄晓军）

【畜牧业】 农场以种植业结构调整为基础，发挥草原资源优势，使畜牧业突出重点，加快发展，势头良好。2007年全场羊出栏19 142只，大鹅等家禽出栏13 000只，肉牛出栏196头，猪出栏140头，鲜奶总产7 056吨，实现畜牧业产值3 010.2万元，占农业总产值的50%。2007年末全场奶牛存栏1 367头，肉牛存栏110头，羊存栏5 718只，猪存栏1 715头，鹿存栏101只，马存栏60匹，家禽存栏11 827只。

（黄晓军）

【非国有经济】 农场通过政策扶持、规划指导、落实措施，促使集体、个体、私营经济稳步发展。2007年全场非国有经济实现产值988.4万元，利润508万元，同比分别增长28.3%和68%，从业户均收入4万元，人均收入1万元，同比分别增长6.9%和11%。（黄晓军）

【社会事业】 农场交通状况明显改善，年内完成了国家通乡公路建设项目农场场部至肇东市尚家镇18.2公里黑色路面建设任务和国家通村公路建设项目农场场部至各管理区12.1公里硬化路面建设任务。尤其是投资120万元重新修建了四尚公路桥，解决了交通难点，职工群众称之为“富民桥”。通信事业也有了很快的发展，改变了信息闭塞的状况，全场固定电话装机总量340部，移动电话总量近900部，宽带用户达到28户，有线电视入户率达到95%以上。农场学校加强了“双高普九”工作和教育基础建设，有在校小学生236人，教职员工15人。医疗卫生建设不断加强，年内投资45万元新建了职工医院，购置了B超机、化验等设备，使职工群众就医有了保障。计划生育政策深入人心，人口自然增长率－8‰；全面落实了环境保护工作责任制，加大了场区污染治理力度，环境卫生得到明显改善。新农村建设稳步推进，2002～2006年，农场累计投资近2 700万元先后修筑了场区1公里长、12米宽的硬化路面，场部内修筑了“两横九纵”11条街道，修砌路边沟1 600延长米，新建钢制栅栏720延长米，种植草坪3 200平方米。农场投资235万元新建职工住宅楼2 623平方米，住宅小区和自来水改造工程收尾工作全面完成，自来水普及率达95%。（黄晓军）

【党的建设】 农场党委不断加强党的建设，执政能力进一步提高。农场党委以“北大荒先锋工程”建设为先导，重点抓好场级党政领导班子的自身建设，严格按照议事规则和决策程序办事，领导干部做到廉洁自律，党风廉政建设和反腐败工作不断向纵深发展，使党群关系、干群关系进一步密切。建立起了保持共产党员先进性的长效机制，党员的先锋模范作用进一步增强，基层党组织的战斗堡垒作用得到充分发挥,党的凝聚力、感召力得以具体体现,促进了社会稳定,农场社会治安状况良好。信访工作责任制得到落实,一般性矛盾能做到及时排查和化解,场务公开工作基本完善,职工群众满意率有了明显的提高。(黄晓军)

【接收肇东市5个农牧场】 2007年8月16日,四方山农场与肇东市政府正式签署协议,接收肇东市农委管辖的位于姜家镇的国营肇东第一良种场、肇东市经委管辖的位于涝洲镇的国营水田良种繁殖场、肇东市畜牧局管辖的位于尚家镇的国营肇东市种羊场、国营肇东市种猪场和位于宣化乡的国营肇东市青龙种畜场。农场场长范连龙,肇东市农委主任闫德久、副主任周刚,肇东市经贸委主任王 ,肇东市畜牧局局长姜贵中出席了交接仪式,并在交接协议书上签字。四方山农场共接收土地总面积6 760公顷,其中,耕地2 886.67公顷(含水田100公顷),草原2 886.67公顷,水面400公顷,林地33.33公顷;接收肉牛67头,奶牛583头,羊2 002只,猪385头,马33匹,驴37头,蛋鸡20万只;接收总人口3 937人,职工总数711人,其中,离退休职工164人,在册职工517人。(黄晓军)

四方山农场基本情况及国民经济主要指标完成情况统计表(2007年)

指标名称	计量单位	2007年数值
管理区	个	3
总户数	户	905
总人口	人	2 397
其中:男	人	1 163
女	人	1 234
少数民族人口	人	12
地区生产总值	万元	6 334.3
人均生产总值	元	26 400
工农业总产值	万元	9 943.7
粮食总产	吨	32 301
固定资产投资总数	万元	546
职工工资总额	万元	1 007
职工平均工资	元	19 667.97
职工家庭人均收入	元	9 088

松花江农场

场长:李彦青,1965年1月出生,中共党员,大学学历,高级农艺师,1986年9月参加工作,2006年10月任现职。

党委副书记、纪委书记、工会主席:王 海(2002.9~)

副场长:李庆海(2002.9~)
和金锋(2005.11~)

【概况】 松花江农场位于依兰县境内,西邻通河县,地处小兴安岭南麓松花江北岸,地理坐标:东经129°15′~129°29′和北纬46°15′~46°23′之间。南北长11.5公里,东西宽16.4公里,地形属丘陵漫岗地,地势由西北向东南倾斜,高差4.5米,平均坡度为10~15度。大片土地被山岭、沟塘、沼泽所分割,土壤为白浆土、棕壤土和森林灰化土,地表黑土层30~60厘米。气候属寒温带大陆性季风气候,年平均气温在3.2℃左右,无霜期在120~130天,年平均降水量568.7毫米,气候温暖,降水充沛,适合种植小麦、大豆、玉米、水稻、蔬菜及其他经济作物。且林木资源、山产品资源、动物资源、水产资源丰富,发展多种经营得天独厚。

2007年,辖区总面积8 743.9公顷,其中耕地3 800公顷,林地3 661公顷。全场总户数1 939户,总人口4 980人,其中男2 512人、女2 468人,少数民族181人,在岗职工388人,其中各类专业技术人员178人,离退休人员466人。农场下辖5个作业区、4个公司制单位、1家民营农机装备有限公司,社会服务体系健全,已形成"一农一工"格局的经济社会区域。

2007年,农场社会总产值为12 619万元,同比增长14.5%,其中第一产业4 281万元,第二产业6 284万元,第三产业2 054万元;实现国内生产总值5 471.4万元,同比增长17.2%,其中第一产业2 230万元,第二产业2 105万元,第三产业1 136万元,人均实现生产总值1.1万元;实现工农业总产值10 564.7万元,其中农业总产值4 280.7万元、工业总产值6 284万元;全年粮食总产量25 277吨;完成固定资产投资总额418.75万元;全年职工工资总额524.2万元,职工人均工资13 406.65元,农场职工家庭人均收入8 112元,同比增长22%。农场实现利润276万元。(陈福平)

【种植业】 农场重视种植业的科技支撑作用,2007年投资近20万元,新增水稻育秧大棚19栋,改善3处水稻育苗基地,改善旱田科技园区,新建一处水稻科技园区,规范了两条科技示范带。开展了农业标准化和水稻高产攻关活动,"两带两园"成为农户的第二课堂。在经营上,按照"增稻玉、压大豆、强经作"的发展思路,玉米、水稻、大豆分别由2006年的186.67公顷、258公顷、1 640公顷调整为2007年的2 200公顷、347.73公顷、1 253.33公顷。种植大豆种子311.47公顷、红菇娘60公顷。2007年完成粮豆总播种面积3 838.67公顷,实现粮豆总产2.52万吨,同比增长12%;平均公顷产6 510公斤,比上年增长10%;水稻60%的面积公顷产达到8 955公斤。农场投资216万元完成了灌渠渠系配套、第二和第五作业区旱改水支渠配套、第二作业区水蚀沟治理、农田道路维护及水利维修等工程。(陈福平)

【林业】 农场营造三北防护林80公顷,绿化面积6.67公顷,人参种植面积20公顷,经济林开发18公顷。现有的76.9公顷林地由8户经营管护,草塘168.68公顷由44户承包经营。全场森林覆盖率达19%。(陈福平)

【畜牧业】 除肉牛、奶牛饲养量比上年有所下降外,农场猪、羊、兔饲养量与上年基本持平,家禽饲养量有所增长,特色养殖有兴起之势。大中牲畜饲养量达5 100头(只),禽类饲养量15 000只,特色养殖近2 000只。全年实现畜牧渔业总产值412万元,增加值179万元,分别同比增长5%和17%。(陈福平)

【非国营经济】 农场区域内的40家民营农机制造厂有29家联合成立了规范运作的依联农机装备有限责任公司,农机制造产品以精播机、水稻大棚育苗播种覆土器和催芽器为主,辅助生产脱粒机、割晒机、打瓜机等其他农用机械。2007年创产值6 284万元,实现工业增加值2 105万元,同比增长13 %、14%。全场个体经营户达390户,资产总额7 268.8万元,从业者1 231人,实现增加值3 031.7万元。全场非国有经济产值8 100万元。 (陈福平)

【新农村建设】 农场积极推进新农村建设,2007年共完成了五项工程:投资483万元完善了场区公共设施;投资292万元新建教学楼2 484平方米,教学条件得以进一步改善;投资83万元建设18 000平方米的主题公园及3 090平方米的运动场;投资23万元改建900平方米农贸市场;投资85万元完成了950米的下水管道铺设及居民饮用水净化、场区绿化等。在环境建设上,全场栽植各种花灌木4.15万株(丛),栽种花卉12 000株,铺设草坪近7 000平方米。工业"三废"达到要求,生态和人居环境明显改善。2007年6月掀起了建场以来声势最大的义务劳动,历时2个月,职工群众参与了文化公园、市场、教学楼、水稻园区等公益性建设,投入人工3 000多人次,节省资金40余万元。 (陈福平)

【社会事业】 农场在发展经济的同时,重视社会事业的发展。年内教育教学质量有了提高,2007年高考有14名学生达到本科线,90%以上被专科以上学校录取;农场新进20万元的医疗设备,进一步改善了职工群众的医疗条件,取得了"职工医院城镇职工基本医疗保险定点医疗机构"的资格;农场医院实行了绩效考核办法,激发了医务人员的积极性;计划生育政策得到落实,计划生育工作实现"两无"目标被分局评为先进单位;随着农场经济条件的改善,补发了陈欠的独生子女父母奖励费;关注弱势群体,299户567人享受了最低生活保障待遇。在社会稳定方面,坚持了职工代表大会制度,"三公开"覆盖面达到100%, 群众满意率达到95%以上;高标准、高质量地开展了"五五"普法工作,设立了"法律大集"和"法律广场",开展了"法律六进"等活动,依法治理进程加快,有6个单位被评为总局级民主法制示范单位;"调访一体化"的格局作用凸显;开展了维稳创安百日行动,平安创建活动扎实推进,全场有8个单位被分局授予"平安创建"先进单位,80%的基层单位达到了"五无",社会治安综合治理工作获哈尔滨分局优秀称号。全面落实安全生产责任制,安全生产工作获总局先进单位称号。 (陈福平)

松花江农场基本情况及国民经济主要指标完成情况统计表(2007年)

指标名称	计量单位	2007年数值
管理区	个	—
总户数	户	1 939
总人口	人	4 980
其中:男	人	2 512
女	人	2 468
少数民族人口	人	181
地区生产总值	万元	5 471.4
人均生产总值	元	11 000
工农业总产值	万元	10 564.7
粮食总产	吨	25 277
固定资产投资总数	万元	418.75
职工工资总额	万元	524.2
职工平均工资	元	13 406.65
职工家庭人均收入	元	8 112

【党的建设和精神文明建设】 2007年农场党建工作得到加强,基层党组织的战斗堡垒作用、党员的先锋模范作用日益突出。在组织建设上,增建了1个非公有制经济组织党支部,年内评选出3个先进党支部,涌现出场级党员先优典型21个;在作风建设上,全面贯彻落实《建立健全教育、制度、监督并重的惩治和预防腐败体系实施纲要》,建立了12项廉洁自律的规章制度,党风廉政建设暨反腐败斗争群众满意率达到98%以上;在思想建设上,加强了宣传工作力度,全场在地市以上报刊、电视台发表新闻37条,其中重要新闻8篇。坚持北大荒精神教育,开展了向康金环、邓平寿同志学习的活动。2007年农场场长与女职工签订了《女职工权益保护专项集体合同》;实施了"扶低支富"工程,解决资金10万元;开展了"送温暖"活动,救助资金3.18万元;开展"三八维权周"活动,表彰12名"三八红旗手",有2人被总局授予"三八红旗手"称号,3户被总局授予"五好家庭"称号。在少年儿童中开展了"感恩教育"活动和"雏鹰行动",举办了"五四"演讲会、"花季杯"歌手大赛。 (陈福平)

阿城原种场

场长、党委书记:周梅凯,1955年9月出生,山东省莘县人,中共党员,中专学历,会计师,1973年4月参加工作,2001年10月任现职。

党委副书记兼纪检委书纪:张贵发(2004.4~)

副场长:王子华(1996.5~)

牛卫新(2001.11~)

侯宝峰(2004.4~)

【概况】 阿城原种场位于哈尔滨市东南30公里处,距阿城区政府5.5公里,属哈尔滨市阿城区境内。绥满铁路、绥满公路、阿什河贯穿场区境内,地理坐标:东经126° 58′ 16″,北纬46° 31′ 37″ 。平均海拔高度为174.6米,全场地形呈长方形(南北走向),地势为东高西低,坡度比为1/500~1/600,地形地貌属半丘陵状态。土质为黑钙土,土壤有机质含量4~6左右,PH值为6.5。气候属大陆性寒温带气候,冬寒夏热,冬夏两季温差较大,夏季最高气温可达零上38℃,冬季最低气温可降至零下37℃;常年作物有效积温为2 600~2 800℃, 初霜期为9月25日前后, 终霜期为5月10日左右;年平均降雨量为500~600毫米,年平均日照为1 700~2 000小时, 全年5级以上大风约15~19次, 尤其是春秋两季风力较大,一般可在5级左右,阵风可达7~8级,春秋两季还伴有浮尘、扬沙天气出现。

2007年,农场土地总面积2 562.27公顷,其中旱田1 363.53公顷(包括场部639.87公顷、虎林县境内657.87公顷、尚志县境内 65.8 公顷)、水田 151.07 公顷、棚室田 31.8 公顷、引种试验中心试验示范田 21.33 公顷、林地 192.87 公顷(其中阿北分场 3.33 公顷)、水面 10.67 公顷。

农场主要以玉米、大豆、水稻农作物生产为主,玉米每年产量约 400 万公斤,大豆每年产量约 200 万公斤,水稻每年产量约 150 万公斤,种子每年约繁育 80 万公斤。工农业总产值每年约 2 000 万元。近两年全场每年经营发生亏损约 150 ~ 200 万元左右。

2007 年原种场总户数 1 610 户,总人口 4 818 人,其中男 2 428 人、女2 390 人,职工总数 1 496 人,其中两级管理人员及行政后勤人员 84 人、参加土地承包职工 775 人、待业职工 613 人、离退休人员 520 人。全场有中、高级专业技术职称人员 52 人。

原种场有农业机械总动力 1 485 马力,有大型拖拉机 2 台、中型 4 台、小型 39 台、配套农机具 7 套、播种机 19 台、插秧机 1 台、喷药机 13 台。有资产总值 2 852 万元,其中固定资产总值1 782 万元、固定资产净值 1 168 万元,流动资产总值 1 533 万元,递延资产净值 111 万元。企业负债总额 2 953 万元,其中省财政支农周转金 1 022 万元,所有者权益 -100 万元,资产负债率 104%。

原种场始建于 1954 年,当时隶属于黑龙江省农业局,以繁育种畜为主;1966 年下放到地方由阿城县代管,经营项目仍以繁育种畜为主;1970 年由黑龙江省国营农场管理局绥化分局管理;1975 年东北农学院来场建校,改名为“东北农学院试验农场”;1980 年隶属黑龙江省农牧渔业厅,定名为“黑龙江省阿城原种场”,体制是事业单位企业化管理,经营项目是以农作物两杂品种试验、示范和推广为主;从 2007 年 1 月起,隶属黑龙江省农垦总局哈尔滨分局管理。

场党政领导班子有成员 5 人;场部机关内设办公室、财审科、人事劳动科、生产科、计生办、工会;场部下属单位有:农业分场 6 个、种子公司 1 个、引种试验中心 1 个、畜禽场 1 个(含冷冻加工厂及 100 吨冷库)、工业单位 6 个、医院 1 个、供应站 1 个。

2007 年,原种场实现国内生产总值 1 557.6 万元,人均实现国内生产总值 3 200 元;实现工农业总产值 2 391.7 万元,其中农业总产值 2 247.7 万元,工业总产值 144 万元;全年粮食总产量 7 447 吨;完成固定资产投资额 10 万元;全年职工工资总额 272 万元,职工人均工资 2 985.73 元,农场职工家庭人均收入 1 049 元;2007 年全场经营亏损 260 万元。

原种场自改革开放以来,在精神文明建设上始终围绕场区场貌、道路环境、场区规划、邻里相处、职工精神状态、建立和谐农场等内容来进行。由于基础薄弱、体制多变等原因,按照新农村建设的标准和要求还有较大差距。

(曲荣鸣)

阿城原种场基本情况及国民经济主要指标完成情况统计表
(2007 年)

指标名称	计量单位	2007 年数值
管理区	个	1
总户数	户	1 610
总人口	人	4 818
其中:男	人	2 428
女	人	2 390
少数民族人口	人	582
地区生产总值	万元	1 557.6
人均生产总值	元	3 200
工农业总产值	万元	2 391.7
粮食总产	吨	7 447
固定资产投资总数	万元	10
职工工资总额	万元	272
职工平均工资	元	2 985.73
职工家庭人均收入	元	1 049

九龙山柞蚕育种场

场长:毕滨生,1955 年 2 月出生,中共党员,大专学历,助理会计师,1974 年 12 月参加工作,1999 年 11 月任现职。

副场长:王保忱(1996.7 ~)

【概况】 九龙山柞蚕育种场位于哈尔滨市宾县宾州镇东南 7 公里,距哈尔滨市 67 公里,地理坐标为东经 127° 32′ 28″ 和北纬 45° 43′ 08″ 。属于张广才岭支脉,总地势为南高北低,四周群山环绕,山间多小块坡耕地,属低山丘陵与山间河套冲积平原,地坡度为 1/500~1/1 000,海拔在 110~929 米之间。气候属于寒温带大陆季风气候,全年无霜期平均 146 天,年平均日照时数为 2 740 小时,年平均气温为 4℃,年平均有效积温 2 785℃,年平均降水量为 551.9 毫米,年平均风速 3.8 米 / 秒,年平均蒸发量大于降水量,由此形成了十年九旱的气候特点,一般规律为春季干旱少雨且风大,夏季高温多雨,秋季昼夜温差较大热量不足,冬季寒冷,结冻期为 5 个月左右。

2007 年,全场土地总面积 819.71 公顷,其中:柞矮林 807.05 公顷,道路 0.99 公顷,耕地 11.68 公顷;总人口 245 人,其中男性 124 人,女性 121 人,少数民族 13 人,在岗职工 68 人,离退休人员 50 人;蚕种生产技术人员有农艺师 1 人,技术员 3 人,高级蚕工 4 人,中级蚕工 15 人,初级蚕工 30 人;企业资产总额 345 万元,负债总额 230 万元。

九龙山柞蚕育种场始建于 1959 年,2007 年 1 月起从原省农委管理移交到省农垦总局哈尔滨分局管理,3 月 22 日正式办理了移交,由过去的事业单位企业化管理转变为农垦企业。从建场至今,育种场始终从事柞蚕良种的繁育,担负着黑龙江省柞蚕优良品种的引进试养、先进柞蚕饲养技术的示范推广以及技术培训工作,是省内为唯一一家定点生产柞蚕种根的场家,也是全省重点扶持的蚕种行业龙头企业。

每年种茧的生产量均占全省种茧总量的 50%以上,起到了出种茧、出技术、出经验的重要作用,为全省的蚕业生产发展作出了重要贡献。

近两年来,育种场通过招商引资扩大投入,加强了蚕种生产的基础设施建设,2007 年末建成了近 900 平方米的恒温产卵室和省内最大的地下低温保种窖。改变了历史上常规的供应蚕种方式,变供蚕种为供种卵,使生产的优质柞蚕种从过去个人制种有效利用率 35%左右一步提高到 85%,提高了 2.5 倍,大大减少了蚕农的支出成本,增加了企业的经济效益。

育种场主要产品的生产能力:年可生产柞蚕保育母种40万粒,除自用15万粒外,其余可向省内各蚕种场供应;年可安排3个种级柞蚕良种生产,可繁育柞蚕母种4.5万公斤,除自用0.3万公斤外,其余可向省内各地蚕蜂指导站及蚕农供应;年越冬保种量达6万公斤,可为省内各地蚕蜂站和蚕农代保种4万公斤,也可为省内二化一放的不同地区或区域一次性制种提供优质柞蚕卵800公斤。

2007年,全场生产柞蚕良种2.5万公斤,实现国内生产总值43.9万元,实现工农业总产值85万元,其中农业总产值85万元;全年完成固定资产投资额10万元;全年职工工资总额40万元,职工人均工资6 349.21元,农场职工家庭人均收入3 500元。

(毕滨生　于　峰)

九龙山柞蚕场基本情况及国民经济主要指标完成情况统计表

(2007年)

指标名称	计量单位	2007年数　值	指标名称	计量单位	2007年数　值
管理区	个	1	人均生产总值	元	1 800
总户数	户	71	工农业总产值	万元	85
总人口	人	245	粮食总产	吨	—
其中:男	人	124	固定资产投资总数	万元	10
女	人	121	职工工资总额	万元	40
少数民族人口	人	13	职工平均工资	元	6 349.21
地区生产总值	万元	43.9	职工家庭人均收入	元	3 500

北大荒农业股份有限公司

董事长、党委书记：姜夏，1948年出生，中共党员，大学学历，高级经济师，1965年7月参加工作，2005年6月任现职。

总经理：于洪洲，1947年5月出生，吉林松源人，中共党员，大学学历，高级经济师，1968年10月参加工作，2001年4月任北大荒农业股份公司总经理，2007年5月退休。

公司董事、总经理、党委副书记：奚河滨，1959年出生，中共党员，博士，研究员，1976年参加工作，2007年6月任现职。

公司监事会主席、党委委员：王志威，1949年出生，中共党员，大学学历，高级经济师，1968年参加工作，2005年6月任现职。

董事、党委副书记、纪检委书记、工会主席：宋颀年(2004.6～)

党委委员、副总经理：陈玉林(2002.8～)、史晓丹(2007.6～)

党委委员、总会计师：高建国(2004.9～)

党委委员、党委工作部部长：赵溪江(2004.4～)

浩良河化肥分公司总经理：项　滨(2001.6~)

北大荒米业有限公司董事长：赵建军(2006.3~)

北大荒米业有限公司总经理：李　凯(2006.3~)

北大荒纸业有限责任公司董事长：刘春华(2007.4~)

北大荒纸业有限责任公司总经理：殷文科(2007.4~)

北大荒龙垦麦芽有限公司董事长：苑晓平(2006.3~)

北大荒龙垦麦芽有限公司总经理：杨本华(2006.3~)

二九〇分公司总经理：樊庆东(2006.6～)

江滨分公司总经理：张承厚(2007.2～)

宝泉岭分公司总经理：顾　坚(2006.6～)

新华分公司总经理：杨忠诚(2002.6～)

友谊分公司总经理：王利仁(2004.10～)

八五二分公司总经理：陈德恩(2002.6～)

八五三分公司总经理：何环祥(2004.10～)

二九一分公司总经理：吕开庆(2005.1～)

七星分公司总经理：西　亮(2005.3～)

勤得利分公司总经理：张宝林(2006.7～)

青龙山分公司总经理：徐耀辉(2005.3～)

八五九分公司总经理：刘相增(2002.7～)

八五四分公司总经理：卢森元(2002.6～)

八五六分公司总经理：王永波(2003.3～)

庆丰分公司总经理：宋培凡(2002.6～)

兴凯湖分公司总经理：殷　松(2002.6～)

【概况】 1998年11月27日，垦区组建黑龙江北大荒农业股份有限公司(以下简称公司)。公司经国家经贸委批准，由北大荒农垦集团总公司作为独家发起人，注册资本为163 429.2万元。北大荒股份下辖16个农业分公司和浩良河化肥分公司，控股北大荒米业有限公司、北大荒纸业有限公司和龙垦麦芽有限公司，是我国目前规模最大、现代化水平最高的农业类股份有限公司和商品粮生产基地。2002年3月29日，北大荒农业股份有限公司A股30 000万股股票在上海证券交易所正式上市。公司成功上市以来，经济总量不断扩大、综合竞争实力显著增强。企业呈现经济快速发展，效益稳健上升的良好态势。

2007年北大荒农业股份公司充分发挥上市公司的资源、规模优势，装备、技术优势，绿色产品开发优势和产业化经营优势，加快经济结构调整、转变增长方式，深化产业链调整，提高经济总量和运行质量，提升公司创利能力，公司的经济总量明显增加，资产实力不断扩张、融资能力大大增强，公司成功发行15亿元可转换债券，公司经济实现了健康、稳定的增长。公司实现主营业务收入54.3亿元，同比增长9.59%，净利润5.41亿元，归属于母公司股东的净利润5.37亿元。同比增长2.11%；每股收益0.33元、净资产收益率12.85%，公司资产总额104.98亿元，其中净资产43.09亿元，每股净资产2.56元。2007年公司粮食总产达416万吨，平均公顷产7 105.5公斤。2007年4月12日，“2007上海·北大荒绿色特色产品展销会”在上海展览中心开幕。展会期间北大荒农业股份有限公司共签约16项，交易量52.2万吨，签约总额达16.5亿元。6月15日，在2006中证百强的评比活动中，“北大荒”入选中证市值百强，列第91名。9月公司对董事会办事机构和公司管理机构进行了改革。经过充实和调整，设立9部1办：董事会工作部、董事会审计委员会审计部、办公室、发展战略部、农业生产部、工业经济部、经贸流通部、资本运营部、财务部、审计部(与董事会审计委员会审计部合署办公)、人力资源部(党委工作部)。公司于10月22日，与伊藤忠(中国)集团有限公司就农业共同开发签署了意向书。11月9日于韩国首尔与韩国CJ第一制糖株式会社签订稻谷加工全面合作意向协议。2007年底，公司成功发行15亿元可转换债券，成为2002年以来黑龙江省最大一家利用可转换公司债券实现再融资的企业。

(朱万杰　赵幸福)

浩良河化肥分公司

总经理:项滨,1960年7月出生,山东省广饶县人,中共党员,研究生,化工工艺高级工程师,2001年6月任现职。

【概况】 浩良河化肥分公司坐落在伊春市南岔区浩良河镇。前身是浩良河化肥厂。1998年加入黑龙江北大荒农业股份有限公司,2007年有资产总额11.46亿元,拥有员工2 059人,其中技术管理人员313人,具有中高级职称人员155人。企业的核心工艺和主要生产设备引自美国、德国和瑞士等国家,生产工艺先进,技术力量雄厚,市场信誉度高,是黑龙江省"重合同守信用企业"。年规模为年产12万吨合成氨、20万吨尿素、10万吨甲醇。2007年,公司生产合成氨107 718.98吨,尿素184 102.32吨、甲醇82 203.65吨,发电19 777.08万千瓦时,实现主营业收入43 207万元。实现利润总额369万元,增加值15 131万元。

2007年生产系统11项主要消耗指标中,有3项超出计划指标,8项低于计划指标。公司加大节能减排工作,实施建设了尿素工艺冷凝液深度水解装置和事故池,实现了工业废水零排放。公司坚持"搞好规划经营、优化产品结构、狠抓节能环保",拓宽销售渠道,尿素和甲醇产品打入了国际市场;实现了尿素销售量最佳、价格最好和货款回笼率100%,超额完成了甲醇生产和发电任务。此外,还完成了年增产6万吨合成氨和11.3万吨尿素的技术改造项目的合成氨及尿素两个工艺包的审查和主要设备招标的前期准备。

2007年,公司总经理项滨获国务院特殊津贴。当年,公司取得国家质量监督检验检疫总局颁发的"甲醇安全生产许可证"。取得《铁路危货运输资格证书》。取得国家安全生产监督管理局颁发的危险化学品生产单位登记证。获国家颁发的危险化学品生产单位登记证。公司计划预算组获中华全国总工会"振兴东北老工业基地劳动竞赛优胜班组"奖牌。 (张宏强)

【北大仓尿素出口印度】 2007年5月15日,浩化分公司与北京兆丰年农业生产资料有限公司联系实行尿素出口,并分三批签订产品购销合同,成功地将12 950吨尿素销售到印度,拓展了国外市场。 (张宏强)

【甲醇产品首次出口韩国】 2007年12月25日,浩化分公司第一批3 000吨甲醇与韩国三星公司签订出口合同,成功销往国外,拓展了国外甲醇市场。 (张宏强)

北大荒米业有限公司

董事长:赵建军,1963年8月出生,中共党员,研究生学历,1980年参加工作,2006年3月任现职。

总经理:李凯,1959年1月出生,中共党员,大学学历,1975年10月参加工作,2006年3月任现职。

【概况】 北大荒米业有限公司注册资本5.1亿元人民币,下辖5个分公司、30余个制米厂。拥有国际领先的精米生产线58条,年可加工水稻260多万吨。跻身于农业产业化国家重点龙头企业,国家首批"重合同守信用"企业,全国质量管理先进企业和国家粮食储备资格企业。公司生产的"北大荒"系列品牌大米成为绿色食品、有机食品、国家免检产品和中国名牌产品。"北大荒"商标也成为中国驰名商标。公司充分依托基地、规模、品牌三大优势,建立了全国性的销售网络及顺畅安全、均衡供货的物流通道,产品已远销到世界40多个国家和地区。成为国内最大的专业稻米加工企业。

公司采用"统一供种,统一品种布局,统一生资管理,统一栽培模式,统一作业标准"的方法对绿色、有机食品水稻基地进行规范化管理,带动农户8.5万户,累计拉动农户增收6.1亿元。

公司与金蝶国际建立了信息化战略合作伙伴关系,构建企业信息化管理平台。步入全国信息化500强行列,成为"全国最佳ERP应用奖"50强企业,是目前制米行业信息化水平最高的企业。成为黑龙江省"十五"信息化示范单位公司推进稻米产业"产学研"工程,与江南大学、中国农业大学、首都科研集团、郑州粮院、八一农垦大学、瑞士布勒研究中心、农垦科学院等大专院校和科研机构建立了"产学研"联盟,在品种繁育、产业规划、衍生品开发、产品监测、绿色及有机食品应用技术等方面,实行全方位合作。新建了30万吨大米、5 000吨米糠油、2.5万吨米糠粕,50吨谷维素生产项目。实现了由分散式粗放加工向规模式集约加工转型。特别是三江项目中谷维素、维生素E、糠蜡是市场最为紧缺的、加工附加值较高的产品。

2007年,公司销售混合产品102.3万吨,其中大米57万吨,副产品11.1万吨,水稻及其他34.2万吨,实现主营业务收入22.4亿元。 (刘晓波)

【节能减排工作】 公司按照国家建设节约型、环境友好型社会的发展方向,实施了节能减排举措,一是建设了总装机容量6 000千瓦垦区最大的稻壳发电机群,年处理稻壳10万吨,节约标准煤5万吨,创效益1 800万元,不但大大降低了生产成本,还保护了环境。二是公司实施水稻烘干塔热风炉燃料煤改稻壳项目。31个制米厂的烘干塔已完全实现稻壳燃料,改变过去用煤的历史,还对热风炉改造过程中生产的废弃物进行了综合利用。该项目年处理稻壳20万吨,节约标准煤10万吨。三是试点进行了稻壳取暖炉的改造,效果良好。公司对稻米加工后产生的稻壳已全部利用,成为全国行业内稻壳利用率最高的企业。 (刘晓波)

北大荒纸业有限责任公司

董事长:刘春华,回族,1961年2月出生,中共党员,大学学历,高级工程师,1976年10月参加工作,2007年4月任现职。

总经理：殷文科，1966年2月出生，中共党员，大学学历，中级经济师，1982年8月参加工作，2007年4月任现职。

【概况】 北大荒纸业公司(原兴凯湖造纸厂)，坐落于密山市境内的兴凯湖畔。东距虎林市80公里，西临大小兴凯湖，南隔松阿察河与俄罗斯相望，北与八五八、八五六两个农场比邻。2007年公司有员工1 400人，资产总额3.7亿元，有制浆、抄纸、发电等六大主业车间。市场以东三省和京津地区为主，年销量4万吨以上，是一个集制浆、造纸、发电、供热、环保于一体的综合性造纸企业，是黑龙江省文化用纸产量最大、品种最全、规格最多的造纸生产厂家。

2007年公司生产机制纸39 249吨，销纸39 590吨，主营业务收入18 211元，实现利税总额745万元，工业总产值16 000万元，职工月均收入828元。

公司确定了以东三省为核心的市场方向，开发了东北师范大学出版社、延吉教育出版社、吉林省印刷物资公司、辽宁省印刷物资公司等一批国家级、省级出版印刷单位，使东北市场的销售量达到总销量的87%以上，并于7月份开始实行按订单排产，打破了制约销售与回款的瓶颈。从8月份起，每月销售回款在2 000万元以上。以市场为导向开发产品品种。2007年春节期间在抄三6号机试产60克本色双胶纸一次成功，产品投放市场后，从色相、白度等均得到用户认可，接着又生产55克本白纸，70克、80克本白双胶纸，均为用户所认可。销售价格、销售量、回款额呈现同步增长态势，从6月份开始当年第一次调整销售价格开始，到年底销售平均价涨幅350元以上，10月份回款2 713万元，创全年单月回款最高纪录。

公司实施了文化创建系统工程，为企业实现战略发展提供文化保证。公司开展构建学习型组织活动，广泛开展员工培训，通过培训提升了广大员工的整体素质。新建了3栋经济适用住宅楼，共10 099.82平方米，入住182户，改善了员工的居住环境。修建了员工文体、娱乐活动中心，购置了室外健身器材15种，丰富员工业余文化生活。厂区安装LED彩灯，实现了亮化、美化。建立了职工合理化建议奖、科技革新奖、节本降耗突出贡献奖等机制，有效调动了员工创新、节约积极性。（黄　燕）

【工艺流程】 公司有两条制浆生产线，6台纸机，黑液综合利用污水处理系统，自备热电厂。以稻草为主要生产原料，生产中高档文化用纸。工艺技术上采用国内草类制浆先进的干湿法备料、连续蒸煮、封闭筛选工艺，国产典型的1 760/350长网多缸造纸机配置，生产过程DCS控制，达到连续化、自动化生产。其稻草干湿法备料、连续蒸煮生产中高档文化用纸工艺为国内首创。生产能力达年产自制漂白浆4.2万吨，生产文化用纸6万吨，年自发电6 600万度，综合利用磺化木素年产2 000吨。（黄　燕）

【技术改造】 2007年初公司新生产线处于不达产状态，日产自制浆40吨、产纸60吨左右。从山东等地聘请了10余名专家和工程师到公司提供技术服务，解决技术工艺难题，实现了日产白浆100吨以上，新纸机车速由年初240米提高到340米以上，基本达到设计标准，全线实现了达产达效。新制浆筛选净化工段由一段净化改为二段净化，调整漂白工艺参数，从2007年10月开始彻底解决了纸面黄草多而造成纸张降等的问题。抄三车间将表面施胶胶液浓度由原来的5%提高至7.5%，使表面强度由原来的0.8米/秒左右提高到1.0米/秒以上(中粘油)。抄三车间成形网由双层网改为二层半，使网子的寿命由原来的15天左右使用到40天，吨纸网子的消耗由原来的0.194平方米降到现在的0.06平方米以下，吨纸降低成本72元。5号、6号机投入使用摇振箱，减少了纤维絮聚的几率，改善了纸页匀度。抄三车间试用422助剂，替代原KB156助剂，其在纸机白水浓度、网部留着效果等助留、助滤效果上明显好于KB156。（黄　燕）

【获得科学技术奖】 2007年6月北大荒纸业公司“稻草浆生产中高档文化用品纸及工艺”的科研成果荣获省政府颁发的科学技术成果进步二等奖。参加科研项目开发人员有：殷松、刘春华、郝士彬、尚彩云、周宏建、赵军辉、赵利保等。（黄　燕）

北大荒龙垦麦芽有限公司

党委书记、董事长：苑晓平，1958年出生，吉林怀德人，中共党员，大学本科，高级农艺师，1974年11月参加工作，2006年3月任现职。

党委副书记、总经理：杨本华，1957年出生，河南省南阳市唐河县人，中共党员，大学本科，高级经济师，1975年7月参加工作，2006年3月任现职。

【概况】 北大荒龙垦麦芽有限公司位于哈尔滨市开发区哈平路集中区，于2002年3月正式注册成立，占地面积9.7万平方米，年生产优质啤酒麦芽规模为25万吨。下设友谊分公司、内蒙古红海种业公司，由黑龙江北大荒农业股份有限公司控股51.22%，黑龙江北大荒农垦集团总公司持股48.78%，固定资产6.31亿元。是目前我国最大的国产大麦加工企业，是国产大麦民族产业的领军航母。年拉动原料大麦基地建设13.33万公顷，大麦种子科研种植基地0.2万公顷，年提供优质大麦良种近6 000吨，带动了原料基地啤酒大麦的种植。原料大麦种植为农户增收1亿元以上，带动了近3 000户农民致富增收。从2005年起，公司依据内蒙古呼伦贝尔地区的特有条件，成功推动了该地区的大麦基地建设，并已经推广带动内蒙古东北部的呼伦贝尔市、兴安盟、霍林郭勒、大杨树、牙克石等地区。延伸了产业链条，形成了新的经济增长点。2007年9月7日，公司于2005年4月13日申请的“龙麦”商标，由国家工商总局商标总局发布初审公告(第4600242号第31类)。2007年龙垦麦芽有限公司确立了“达产达效、质量效益、管理提升”的年度经营的三大目标，全年收购原料大麦19.5万吨，生产成品麦芽22.4万吨，销售麦芽23.1万吨，实现营业收入63 916

万元,工业总产值 56 402 万元,工业增加值 6 554 万元,实现利润 1 090 万元,净利润 1 064 万元,上交税金 432 万元。实现了达产率 100%,销售率 100%,回款率 100%的业绩,使公司完成了自投产以来“三年三大步、一年一台阶”的跨越,实现了国产麦芽生产能力全国第一。 (齐艳玉)

总局直属企业

阳光农业相互保险公司

总经理：孙振军，1961年1月出生，中共党员，大学学历，高级经济师，1978年10月参加工作，2005年1月任现职。

监事长、党委副书记：徐丰年（2004.12～）

党委委员、副总经理：王野田（2005.1～）、杨　俊（2005.1～）、李子国（2005.1～）

【概况】 阳光农业相互保险公司是按照温家宝总理"同意先行试点，加强监管，防范风险，注意总结经验"的批示精神，经国家保监会批准成立的专业性农业保险公司，承担着国家农业保险试点工作的探索研究和实践创新任务。2007年，阳光农业相互保险公司下设12家分支公司，在黑龙江省的58个县和94个农场设立了保险社，在100多个乡设立了服务站，在2 000多个村设立了保险互助会，服务网络已覆盖黑龙江省。

2007年公司各项业务都取得了突出成就。公司保费收入5.36亿元，同比增长68.49%；综合成本率102.42%，同比下降12.58%。一是农险业务实现突破。在垦区内农业保险的额度和规模有很大增长。省内地方的种植业保险实现了突破，完成承保面积18.37万公顷，在省内占据农业保险的绝对主导地位。公司奶牛保险业务稳步发展，积累了经验。公司能繁母猪保险签订了全国第一大单，实现了在承保区域内的全面参保，在行业内能繁母猪保险工作走在了前面。二是财产险实现跨越式发展。财产保险保费突破了2亿元大关，比2006年翻了一番。三是开发了适合"三农"特点的保险产品。按照"保费低廉、保障适度"的原则，公司自主开发了适合"三农"需求的种养业保险产品44个，开发了涉及农村财产、人身意外、家庭财产等保险产品近百个，形成了具有阳光农业相互保险公司特色的系列农业保险产品。四是创新了公司管理体制。建立了以公司统一经营为主导，以保险社互助经营为基础，统分结合、双层治理、双层经营的管理体制，确立了公司+会员利益共享、风险共担的运行机制。五是创立了全流程公开到户制度。创立实施了以"承保内容公开、损失测定公开、赔款兑现公开和承保到户、定损到户、理赔到户"为主要内容的"三公开、三到户"管理模式；建立了由保险分社、保险社、中心支公司、总公司"四级"核灾定损制度，全程聘请监督员参与核灾定损；制定了赔付公示制度，接受广大农户的监督。六是有效管控风险，建立再保险体系。建立了总公司与保险社各自承担50%保险责任的双层分散风险制度，建立大灾准备金制度，按农险保费收入的10%提取大灾准备金，用于平抑大灾风险。公司建立完善了业务、财务、风险管理、稽核、审计、合规经营等150余项符合现代企业要求的内控制度。根据农业高风险的特性，在国内率先建立了以再保险为核心的风险防范体系，向国内外7家再保险公司购买了再保险，在一定程度上规避了大灾风险。七是风险防范能力不断提高。建立了以人工增雨防雹为主要内容的防灾减灾服务体系。近3年来区域增雨受益面积累计达1 487万公顷，防雹受益面积累计达2 153.33万公顷，合计减损增效14亿元。2007年公司投入1 150万元资金，购置40门火箭、80门高炮等设备。还与省气象台合作，及早发布全省中长期气候趋势和短期天气形势预报，为农业生产提供气象服务。八是多方合作优化服务体系。积极与省农业、畜牧、财政、金融、气象等部门合作，发挥农经和畜牧部门的网络优势，技术优势，农情优势，代理政策性农业保险业务，形成了阳光公司贴近农业、贴近农村、贴近农民的服务网络体系。

（李凤伟）

北大荒种业集团

董事长、总经理：姜占卿，1961年3月出生，中共党员，大学学历，研究员，1983年7月参加工作，2003年9月任现职。

副总经理：孙殿君（2004.9～）
郑百义（2004.9～）

育种中心副主任：胡国华（2004.9～）

财务总监：梁　岐（2004.9～）

总经理助理：李国俊（2006.4～）
刘显辉（2006.4～）

【概况】 2007年北大荒种业集团有限公司下辖81家公司（其中子公司31个、分公司50个），农垦科研育种中心下属9个科研所（分别为：宝泉岭、红兴隆科、建三江、牡丹江、北安、九三、哈尔滨、经济作物、华疆科研所）和7个国内区域育种站；1个部级种子检验检测中心，6个省级种子检验检测中心。集团所属公司分布于黑龙江省6个积温带、10个生态区以及北京、湖南、安徽、内蒙、吉林、辽宁等国内部分省区地。直销、分销和电子商务营销网点达1 000多个。形成了经略东北三省一区、逐步渗透华北华中夏作区、积极参与全国种子经营的战略新格局。在菲律宾的农业开发项目启动运行，经营业务正在向国际市场拓展。已建成稳定的种子繁殖基地110个，原种基地0.8万公顷，良种基地8.67万公顷，拥有配套农机具242台套。种子加工中心与加工线75个，种子生产能力200吨/小时，仓储面积10万平方米，年仓储能力20万吨，年生产商品种子18万吨。有育种试验基地8个，试验田面积182公顷，分布于黑龙江省6个生态区。有24个农作物品种区域、生产试验网点。实验室面积1万平方米，其中生物实验室1个，拥有生物育种、品质分析、检测等育种仪器设备450台件，田间育种机械80台套。考种室1 500平方米，种质资源库1 200平方米。

2007年，集团实现营业总收入61 512万元，同比上年增长4 016万元。实现利润总额1 298万元，同比上年增长175万元。（高泽辉）

【生产经营】 集团落实良繁面积7.33万公顷。完成主要农作物种子20万吨，种子收贮19.8万吨。销售主要农作物种子18.6万吨(其中:玉米2.8万吨、大豆6万吨、水稻6.5万吨、小麦1.7万吨、大麦1.4万吨、其他甜菜杂粮0.2万吨),其中对外辐射供种8万吨,辐射面积达360万公顷。销售农业机械1 225台套。销售肥料、农药、粮油2.7万吨。完成销售收入6亿多元,实现利润1 298万元。 (高泽辉)

【科研开发】 集团作物生物育种试验室有序运行,2名博士进站开展博士后课题研究,在大豆分子辅助育种平台构建、抗病基因克隆、玉米和大豆遗传转化体系等方面开展工作并取得明显进展。引进硕士8名和本科生21名,科研人员的年龄结构、知识结构日趋合理。课题申请工作取得进展,共承担各类课题55项。其中国家级8项、省部级12项。通过总局以上审定新品种17个。各级刊物上发表论文30余篇。审慎买断品种5个和区域内经营权品种20余个,形成了具有特色、适宜推广的作物品种群。 (高泽辉)

【品牌形象】 集团秉承"品行天下,质创未来"的核心理念,以一流产品、精英团队和名牌企业去应对新形势下来自各方面的挑战。在黑龙江省种子协会组织的行业评比活动中,所属垦丰种业、红兴隆种业、建三江种业入选"黑龙江种业10强",位列三甲,集团成为主导黑龙江省种界的领军企业。ISO9001-2000质量管理体系的认真执行,增强了产品市场信誉度同时提高了集团的核心竞争力。组织开展"质量诚信服务年"活动,以打造"诚信种业"为目标,"优质服务"为重点,维护集团在广大农民和业内中的良好声誉。集团荣获2007品牌中国年度农业行业十佳品牌奖。 (高泽辉)

【空间拓展】 2007年继北京垦丰龙源种业等省外公司开始运营并取得经验后,集团加快了走出龙江、走出东北、走向全国的步伐,完成了组建集育繁销于一体,以经营杂交水稻、棉花为主,营销辐射长江流域和西南、西北中国的湖南北大荒种业科技有限责任公司和安徽建三江种业有限公司。基本形成了集团依托垦区、巩固东北、挺进中原、走向全国的战略新格局的构建。 (高泽辉)

【协调发展】 集团持续推进"抓大、放小、稳主体"的改革方略,通过资产、资源、人员的进一步整合,顺利完成了原北大荒集团九三种业有限公司和黑龙江农垦垦丰种业有限公司的改革重组工作,组建了功能更加齐全、核心竞争力更加突出、市场影响更加广泛的黑龙江垦丰种业有限公司,实现了集团内部的强强联合。2007年继续实施两个延伸战略,构建集团经营新格局,以建立巩固的垦区内统一供种市场作为各项工作的立足点、出发点,积极向农业机械、农业生产资料、粮食、经济作物、特色农业等领域延伸。认真研究同生态区、同积温带全省市县农村市场的用种需求,积极开辟向垦区外辐射供种的新渠道,确保了对外辐射供种总量逐年稳定提高。继续完善科研布局、发挥特色功能,在省外设立育种站7个。 (高泽辉)

【交流合作】 集团先后与中国农大、广州农科院、隆平高科等单位在科研成果、市场信息、资产资源、联合育种等领域开展更广泛、更具实质性的合作,推动了集团科技创新的步伐。继续与美国AB公司、日本札幌啤酒株式会社、法国利马格兰种业、德国KWS种业、荷兰安地公司、约翰迪尔公司、凯斯纽荷兰、三荣、北荣株式会社、拜尔集团等在育种、经营、农业机械、生物技术等领域开展了层次更高、内容更广的交流合作。2007年集团启动了落实"中菲两国农业合作"的前期试验、示范工作。旱、雨两季试验已经完成,水稻、玉米表现突出的苗头品种公顷产量分别达到10吨和8吨,实验的产量结果引起菲律宾政府的极大关注。为总局今后在菲律宾进行农业综合开发项目的开展提供了科学依据。 (高泽辉)

九三粮油工业集团

总经理:田仁礼,1955年10月出生,中共党员,大学学历,高级会计师,1982年2月参加工作,1999年1月任现职。

党委书记:韩树发,1959年8月出生,中共党员,研究生学历,高级工程师,1982年1月参加工作,2001年7月任现职。

党委副书记:岳钰钧(2002. 1~)

副总经理:卞清德(1999. 3~)
李恩和(2001. 3~)
王秀均(2003. 12~)
史永革(2001. 12~)

【概况】 九三粮油工业集团有限公司(简称九三集团)是国家首批农业产业化重点龙头企业,是以黑龙江地产非转基因大豆为主要原料,从事大豆系列产品生产、经营和研发的大型国有企业。2007年6月4日,集团由黑龙江九三油脂有限责任公司正式更名为九三粮油工业集团有限公司。公司总部位于哈尔滨市经济开发区,下设8个子公司,总资产50.89亿元,年加工能力700万吨,销售收入近百万元。九三集团以"振兴大豆,产业报国"为己任,积极实施扩产改造、兼并收购、跨出龙江、走向沿海的战略发展步骤,紧紧立足于国内外市场,谋划构建新的产业发展格局。防城港、天津、大连、黑龙江四位一体、互为联动的市场战略体系的建立,使企业规模由小到大,竞争实力由弱到强,经济效益稳步增长,经济总量已经进入全国大企业行列。2007年,集团实现销售收入84亿元,税后利润1.27亿元。加工大豆231.6万吨,实现工业总产值803 190万元,实现增加值59 426万元,实现营业总收入836 363万元,实现利润12 721万元,上缴税金9 715万元。

2007年3月25日,中国大豆产业协会在北京成立,集团总经理田仁礼当选为协会副会长。9月1日,中国企业联合会、中国企业家协会在武汉第六次会议上向社会公布了2007年中国企业500强年度排行榜,九三粮油工业集团有限公司以营业收入888 897万元名列中国企业500强第420位。还公布了2007年中国制造业500强年度排行榜,九三粮油工业集团有限公司名列第235位,是全省入选中国制造业500强的两家企业中垦区唯一入选企业。10月1日,九三集团惠禹饲料蛋白(防城港)有限公司竣工投产,并在当年实现利润2 000万元。该项目于2006年3月22日立项,5月30日开工建设;该公司是由九三粮油工业集团有限公司、防城港市港务集团有限公司、香港亚太海运有限公司共同出资兴建的大型中外合资企业。位于广西壮族自治区防城港市东湾工业园区内,占地16万平方米,年加工大豆150万吨,年产一级大豆油20万吨,蛋白饲料120万吨,粗磷脂0.9万吨。公司集采购、仓储、物流、加工、销售为一体,具有较强的市场竞争实力和广阔的发展空间。

(高绪波　张丽娟　孙世颖　王延庆)

完达山乳业股份有限公司

董事长:刘清泉,山东临沂人,1960年9月7日出生,中共党员,大学学历,高级工程师,1982年参加工作,2005年3月任现职。

总经理:李顺,江苏沛县人,1962年6月13日出生,中共党员,大学学历,高级农艺师,1978年10月参加工作,2007年10月任现职。

副总经理:杨晓萍(女)(2006.3～)

【概况】 2007年完达山乳业股份有限公司实现营业收入154 200万元,其中主营业务收入138 517万元,比上年的115 265万元增加了23 252万元,同比增加20%;实现利润3 041万元,比上年的2 731万元增加了310万元,同比增加11%。2007年累计收购鲜奶396 910吨,同比增长18%。平均日收奶1 103吨,比上年的932吨增加了171吨。公司生产产品23 7051吨(含代加工74 683吨),比上年同比增长了9%。实现产值136 840万元,比上年同比增长12.6%。销量237 081吨(含液奶代加工74 684吨),比上年同比增长9.48%。(王凯胜)

【加强成本管理 降低生产成本】 公司将原料奶成本的降低作为首要工作,通过模拟事业部制运作,出台激励考核政策等项有效措施,极大地降低了成本。八五一一分公司成本节支197万元,比目标值的104万元增加了93万元。北方分公司节支总额110万元,完成计划节支总额的391.46%。在各种原辅料纷纷涨价的情况下,在保证产品质量、不增加投资前提下,根据原料价格的变化及新原料的发展状况,对产品的配方进行适当调整;保证产品质量不发生变化,降低产品配方成本,提高产品的市场竞争力,仅此一项,公司节约成本支出55万余元。(王凯胜)

【做好奶源基地稳定工作】 公司为保护奶农利益保持奶源基地稳定,对牛奶收购价格进行了3次调整,2007年1～7月份牛奶收购平均价格1.70元/公斤、8月份牛奶收购价格上调到1.80元/公斤、10月份牛奶收购价格上调到2.0元/公斤,与2006年1.65元/公斤相比奶价上涨了21.2%,保证了奶户收益,稳定了奶源基地。公司加强与总局、分局、基地农场的沟通、协调。与交售牛奶的奶户签订《牛奶收购质量合同》,建立合同约束机制和违约责任,建立稳定的奶户群体,保证了按月兑现奶资。

(王凯胜)

【对外出口业务】 公司抓住国际原料粉紧缺的有利时机,寻求对外出口业务,努力开拓增收新出路。相继与南非、东南亚发达国家和地区进行联系。1～10月份共出口原料粉4 316吨,实现销售收入1 287万美元,约人民币9 650万元。其中,已结汇8 388万元人民币,173万美元尚未结汇,约人民币1 290万元。(王凯胜)

【新产品研发工作】 2007年,公司共开发研制了包括元乳系列配方奶粉、保健食品糖宁奶粉和压宁奶粉等63个新产品。其中,元乳系列配方奶粉已经上市,获得了消费者的认可。(王凯胜)

北大荒丰缘麦业有限公司

董事长、总经理:贾庆胜,1960年8月出生,吉林省人,中共党员,大学学历,高级经济师,1977年8月参加工作,2001年1月任现职。

党委书记:张显明,1957年11月出生,山东省人,中共党员,大学学历,高级兽医师,1979年参加工作,2005年9月任现职。

党委副书记:侯万喜(2005.9～)

原粮、贸易副总经理:赵树清(2004.3～)

财务副总经理:毕秋云(2002.1～)

营销副总经理:陶立新(2006.6～)

生产副总经理:齐景辉(2002.5～)

总工程师:李振生(2006.5～)

总经理助理:郑金光(2007.5～)

【概况】 北大荒丰缘集团成立于2003年,前身是农垦九三分局制粉有限责任公司,2007年已发展成集面粉加工、食品生产、贸易经营为一体的国家级农业产业化龙头企业。公司实行股东代表大会制度,最高权力机构为股东代表大会,下设董事会和监事会。总部坐落于哈尔滨市南岗区宣化街115号,下设丰威、丰玉、银海3个子公司;九三、乌兰浩特、佳富、丹洁4个分公司,年设计加工小麦36万吨,有资产总额5.8亿元。企业从业在岗人数630人,共有6个党支部,1个党总支,党员90名,企业资信程度为AA级。2007年被评为黑龙江省诚信示范企业。

2007年企业实现销售收入2.3亿元,比上年增长13%,其中面粉生产1.5亿元,比上年增长17%,贸易2 417万元,比上年增长83%,由于食品加工刚刚启动,当年还未实现利润。企业年末资产总额58 008万元,负债总额33 174万元,企业实现利润1 607万元,人均收入1.53万元。(刘　宏)

【企业经营情况】 2007年企业加工小麦14.1万吨,面粉10.6吨,麦麸3.5万吨。综合品率100%。在营销领域全面推行激励机制,销售各类面粉11.6万吨,麦麸3.5万吨,实现销售额20 986万元,利润659万元。企业采取"一业为主,多业并举"的发展战略,积极拓展贸易领域,2007年企业经销水稻等粮食0.6万吨,焦炭1.8万吨,实现销售额2 417万元,利润84万元。资本运营收入285万元。丰玉分公司加工玉米盈利579万元。 (刘 宏)

【招商引资】 企业实现招商引资项目2个,引资总额3 779万元。以合资形式与香港宣威集团合作,投资1.5亿元人民币,其中引资3 200万元,在哈尔滨经济开发区兴建了年加工面粉10万吨,麦麸5万吨,方便面5亿包,挂面0.8万吨的丰威食品公司。与五常市政府合作,引资579万元,在五常拉林镇兴建了年收储粗加工玉米6万吨的丰玉公司。 (刘 宏)

北大荒商贸有限责任公司

公司总经理、党委副书记:钱柏莫,1963年4月出生,浙江省富阳人,中共党员,研究生学历,高级统计师,1981年8月参加工作,2006年2月任现职。

公司董事长、党委书记:刘奉先,1956年10月出生,黑龙江省肇源人,中共党员,大学学历,高级会计师,1974年7月参加工作,2006年2月任现职。

党委副书记、工会主席:李恩喜,1958年11月出生,中共党员,大学学历,高级政工师,1975年8月参加工作。2006年3月任现职。

副总经理:李洪顺(2006.6~)
刘鲁林(2006.6~)
张树清(2006.6~)

【概况】 北大荒商贸有限责任公司下设中油黑龙江农垦石油有限公司、黑龙江农垦北大荒物流有限公司、黑龙江北大荒进出口公司、黑龙江北大荒农垦集团农资有限公司等18个控股或全资子公司,并在垦区9个分局设有分公司。有职工1 930人,各类专业人员300多名。

2007年北大荒商贸有限责任公司全年实现销售收入44亿元,实现利润7 474万元。

控股中油黑龙江农垦石油有限公司主营石油成品油销售业务。公司拥有加油站153座、油库50座,遍及垦区104个农场及周边的61个县(区)、市,担负着黑龙江垦区农牧业生产和人民生活所需石油成品油的供应任务。2007年实现销售量51.8万吨,实现销售收入254 160万元,利润14 863万元。利税9 627万元。

控股的北大荒农垦集团农业生产资料有限公司,主要承担黑龙江垦区农业生产资料的采购和供应,是黑龙江垦区农业生产资料供应的主渠道。是黑龙江省农资经营设备最完善,管理最先进,销售网络最大,辐射最广的农资经销企业。公司下设9个分公司,70多个农资站,以及300余家统一进货,统一配送、统一标志、统一价格、统一管理和统一服务的"六统一"农资连锁超市。自有铁路专用线58条,化肥储备库15万平方米。2007年实现销售量61.4万吨,实现销售收入116 959万元,利润138万元。利税257万元。同时建设测土配方肥生产基地,为垦区实现精准化农业提供保障,实现测土配方施肥奠定了基础。

在粮食及其他农产品方面实现销售收入62 412万元,销售粮食30.7万吨,销售额53 213万元。其中,食用农产品销售额5 196万元。绿色食品配送集团销售绿色食品10大类400多个品种,销售量975万元,销售额836万元。

所属的佳木斯农机公司销售拖拉机、插秧机、收割机1 888台,配套农机具1 449台套,全年实现销售收入9 199万元。

公司充分利用商务部为改善农村流通体系保障农村食品安全实施的"双百市场工程"和"万村千乡市场工程"的有利时机,建成农家店400家,农产品配送中心2 500平方米,发挥项目的综合作用,一方面将城市居民生活需要的农产品及时运输出去,另一方面将垦区农民生产、生活所需要的日用消费品、农资等物资运进来,保证了垦区物资的及时的流通。 (张成利)

北大荒医药集团公司

总经理、党委副书记、副董事长:韩振远,1964年3月出生,山东省即墨人,中共党员,研究生学历,高级统计师,1984年7月参加工作,2007年4月任现职。

党委副书记、纪委书记、工会主席:倪辑民(2007.4~)

副总经理:王首江(2007.4~)
杜 华(女)(2007.4~)
邢印田(2007.4~)
车德辉(2007.4~)
佟连生(2007.4~)
鲁统栋(2007.4~)

【概况】 2007年总局党委决定把国有独资的哈尔滨完达山药业有限公司和完达山制药厂,国有相对控股38.5%的多多集团,国有间接参股7.7%的多多药业公司进行资源整合,组建以产权为纽带的母子公司为主体、以集团章程为共同规范的企业法人联合体和集制药、食品、包装、营销为一体的现代化医药企业集团。经过运作,2007年6月2日,注册资本11 019 2700元的黑龙江北大荒药业有限公司在哈市平房开发区依法成立。集团公司下辖哈尔滨完达山药业有限公司、黑龙江完达山药业股份有限公司、黑龙江多多集团有限责任公司、黑龙江省完达山医药销售有限公司、乌苏里江药业有限公司、黑龙江多多药业有限公司等6个控股、参股子公司。集团拥有大容量注射剂、小容量注射剂、冻干粉针剂、粉针剂、颗粒剂、胶囊剂、口服液、散剂、片剂、溶液剂、搽剂、凝胶剂、原料药等13个剂型200多个品种。10月,集团党委书记、董事长李顺调任完达山乳业集团任总经理,总局党委宣布由韩振远全面主持集团工作。12月12日,黑龙江省完达山制药厂成功改制为黑龙江完达山药业股份有限公司,由北大荒药业集团和员工自然人共同发起设立,北大荒药业集团有限公司持股49%,员工自然人持股51%。企业改制后,隶属关系由原来的隶属于黑龙江农垦总局牡丹江分局变更为隶属于黑龙江北大荒药业集团有限公司。2007年北大荒药业有限公司取得了较好收益,利润、税收双双超过5 000万元。公司先后投入4 500多万元技改资金,完成了多多药业液体一车间二次GMP认证改造、三车间成品库房等10多项厂房、设备的升级改造,投入518万元在天津开发区建了天津制罐公司。

8月30日,由国家劳动和社会保障部、中华全国总工会、中国企业家联合组织的创建劳动关系和谐企业与工业园区表彰暨经验交流会在北京举行,子公司多多集团被评为全国模范劳动关系和谐企业,董事长韩振远在交流会上做了经验介绍,多多集团是垦区唯一的获奖单位。9月13日,子公司多多集团按照国家污水排放标准,总投资2 000多万元、占地面积11 000平方米、建筑面积2 119平方米的污水处理站一期工程正式开工。工程采用土建与设备安装同步进行的方式。投入使用后,污水综合排放将达到国家一级标准,年可处理污水70万吨。12月,多多集团荣获2007年度全国企业文化优秀奖。

(张桂景)

农垦建工集团

董事长、总经理:朱成寿,1953年2月出生,山东省平度生人,中共党员,大学学历,高级工程师,1968年11月参加工作,2003年11月任现职。

党委书记:魏凤侠,女,1955年2月出生,河北河间市生人,中共党员,大学学历,高级劳动经济师,1975年9月参加工作,2001年10月任现职。

副总经理:时　凯(2006. 6~)

张曙光(2006. 6~)

王　镝(2006. 6~)

李诒春(2007. 3~)

党委副书记、纪委书记、工会主席:袁兆坤(2006. 5~)

【概况】 农垦建工集团于2001年8月24日组建,是由原总局农垦建筑总公司、龙垦建设总公司、农垦房地产开发公司、农垦建筑设计院、农垦路桥公司、黑龙江省通亚路桥有限责任公司、农垦水利开发建设有限责任公司合并重组成立的集建筑施工、建筑设计、路桥施工、消防电气、水利施工、房地产开发、技术培训为一体的大型、综合性国有控股公司。

2007年所属各子(分)公司由原来的7家发展到42家,其中:建筑设计院1家,土建公司27家,房地产开发公司2家,路桥公司1家,水利公司、消防水电公司、装饰公司、设备租赁公司、市政公司、滑模公司、防水公司等专业公司11家。集团有员工2 430名,各类工程技术人员1 200余名,其中国家一级建造师42人、二级注册建造师102人,注册造价师24人,注册质量工程师22人。并在北京、天津、上海、烟台、新疆、青岛、吉林、温州、内蒙古等地建立了分公司,在陕西、江西、辽宁等地开辟了高速公路市场,承建了一批国家级高速公路。2007年8月走出国门在阿拉伯联合酋长国注册成立了分公司。集团党委下设3个基层党委、5个党总支、41个党支部、共有党员464名。

2007年,集团共承揽工程222项,比上年增加了61项,增加了37.8%,合同价款为16亿元,全年共完成施工和开发产值12亿元,其中建安完成产值6亿元,路桥施工完成3.1亿元,房地产开发完成产值2.8亿元,实现利税总额6 248万元。

2007年3月5日农垦建工集团组织编写了《黑龙江农垦建工集团施工现场安全工作指南》,该指南填补了全省建筑领域施工现场标准化建设的空白。12月12日农垦建工集团被中华人民共和国人事部、中华人民共和国建设部授予"全国建设系统先进集体";董事长、总经理朱成寿被中华人民共和国人事部、建设部授予"全国建设系统劳动模范"称号。

农垦建工集团国民经济主要指标完成情况统计表(2007年)

主要指标	计量单位	合计
所属单位	个	42
总人数	人	2 430
其中:男	人	1 888
女	人	542
少数民族	人	21
生产总值	万元	119 078
人均生产总值	元	808 405
固定资产投资总额	万元	5 224
职工工资总额	万元	4 246
职工平均工资	元	17 473

(尹训海)

浩良河化肥厂

党委书记、厂长、社区委员会管理主任:史凤林,1955年12月出生,辽宁省昌图县人,中共党员,大专学历,高级政工师、经济师,1973年3月参加工作,2000年1月任党委书记,2005年12月任现职。

党委副书记、纪委书记、工会主席:朱景伟(2005.12~)

社区管理委员会副主任:林树文(2005.12~)

【概况】 浩良河化肥厂总占地面积77.91公顷,总户数1 903户,总人口5 245人,其中女2 564人。住宅建筑面积110 020平方米,其中楼房30栋,平房28栋,平均人均居住面积21.01平方米。有党委行政机关机构7个,派驻单位3个(派出所、法庭、广播电视站),居民委员会1个,附属单位5个(学校、医院、服务公司、物业公司、铅印室),民营企业4家,个体工商户66户。

2007年厂(社区)共有在册职工465人,其中在岗职工230人,内退231人,协保4人。离退休人员856人(离休19人)。有党员总数662人,党总支1个,党支部39个(其中分公司设置党支部26个,社区设置党支部13个)。厂(社区)有在职干部184人(不含公法等派驻机构)。厂(社区)拥有资产总计1 281万元,固定资产净值646万元。职工年人均收入22 194.02元,内退人员年人均收入6 367.74元。享受低保190人。（孙永宽）

【厂(社区)爱心服务站挂牌启动】 2007年11月1日,浩化成立爱心服务站,厂党委以黑垦浩化办发[2007]12号文件下发了《开展"送温暖、献爱心"社会捐助活动和成立社区爱心服务站的通知》,以自愿捐助的形式,将职工家庭闲置的衣物、生活用品募集上来,经过清洗保洁处理后,进行再利用,帮扶那些需要帮助的群体和困难居民家庭,年底,共收到40个单位1 792人捐赠的衣物2 706件,累计救助生活贫困家庭26户,建立了扶贫济困的载体和渠道。（孙永宽）

【机关队伍建设】 2007年化肥厂首次对机关工作人员的个人业绩,进行月考核和年终考核,与工资收入直接挂钩。配套建立了社区月工作例会制度和服务承诺制、首问负责制、限时办结制、失职追究制五项制度,坚持和完善机关周三学习制度,持续开展"质量服务月"活动,努力增强机关全体工作人员的大局意识、合作意识、责任意识,提高了工作质量和效率。（孙永宽）

【文体活动】 化肥厂通过单位主办、部门联办,有计划地举办群众性文体活动。组织"浩化职工迎新春文艺会演"等大型文艺表演7次,开展棋牌类益趣益智活动9项次,参加了总局局直单位卡拉OK比赛,获优秀组织奖,1人获三等奖。开展了青少年"构建和谐、学会感恩、回报社会"主题教育挂图展览,"和谐家庭建设"征文评比活动,其中1篇选送参加全省评比获得优秀奖。贯彻落实《全民健身纲要》,开展全民健身运动。先后组织各类体育竞赛12项次,有1 800多人次参与了各类活动,具有广泛的群众性,营造了充满活力的文化氛围。（孙永宽）

【"五五"普法全面启动】 2007年3月20日,化肥厂举行了"四五"普法总结表彰和"五五"普法启动大会,表彰了先进集体和先进个人。主办了普法教育"五个一"大奖赛活动。全年共创作散文、诗歌、快板、纪实文学、小故事等文学文艺术作品131件,优秀普法论文12篇,优秀案例分析6篇,表彰了12名关心、支持普法工作的典型人物,产生了较好的反响。其中,论文《关于垦区实施〈物权法〉的几点思考》,在垦区普法交流会上交流,并被总局推荐全省评比。（孙永宽）

【加强居民区环境管理】 针对资金有限和历史欠账严重的实际,坚持做能为必为之事。厂(社区)把维护与管理作为重点,竭力保证居民群众基本日常生活。物业公司克服各种困难,全年完成采暖、生活水等大修改造公共项目14项,维修住户采暖1 201家,维修电气照明设施30次,生活水管线堵漏8次,屋面防水36户。投资改造了一座室内水冲公厕,解决了群众上厕难的问题。做好环境保洁工作,垃圾和积雪做到及时打扫清理。加强居民区家禽、宠物管理,坚持小区绿化美化,搞好绿地养护管理,全年新增绿化面积500平方米。（孙永宽）

【强化住房管理】 全年召开3次住房管理工作会议,出售住房28套,分房6套,全部进行了公示。厂(社区)以免收土地出让金为优惠,配合分公司做好30号住宅楼建设,并保证了售房公开、透明。（孙永宽）

【打造平安和谐浩化】 加强社会治安综合治理,派出所年接警80次,受理治安案件12起,治安案件结案率100%,治安发案率比上年降低,立刑事案件3起,破获2起,移送起诉1起,未发生重特大案件,保障了一方平安。加强安全工作管理,签订安全生产责任状,落实安全生产责任,开展安全知识培训,组织安全检查,全年安全生产事故率为零。厂信访办、民政、法庭坚持做好人民群众的来信来访和民事纠纷调解工作,开展法律咨询服务,化解社会矛盾。全年召开4次信息通报会,办理群众来信9件,群众来访262人次,解答法律咨询92人次,法庭调解民事纠纷98件,调解和好率96.5%。（孙永宽）

【中考高考取得好成绩】 2007年,浩化子弟学校高考3名学生突破600分大关,包揽总局局直高中前3名,其中1人在垦区一万多名理科考生中获第3名,高考整体成绩在垦区24所高中排名第10位;中考4名学生突破600分大关,创历史最好成绩。（孙永宽）

【"金秋助学"活动】 2006年起开始启动"金秋助学"工程,动员社会和企业力量建立了助学基金。2007年共募集资金51 540元,资助14名子弟校学生考入高等院校。（孙永宽）

农垦干部培训中心

总经理: 庞代新,1963年5月出生,大学学历,高级经济师,中共党员,1982年12月参加工作,2005年5月任现职。

副总经理: 高可珠(1998.2~)

【概况】 农垦干部培训中心建成于1996年,总占地面积20 000平方米,总建筑面积25 600平方米,共16层。是集客房、餐饮、会议、商贸、旅游于一体多功能现代化的宾馆,是总局在哈尔滨唯一一家接待服务窗口单位。坐落于香坊区红旗大街175号,地处城市新经济商务区中心位置,毗邻黑龙江省国际会展体育中心,距太平国际机场35公里,距哈尔滨火车站8公里,是商务客人和会议代表的入住首选。培训中心备有不同档次客房230余间。客房设有宽带网,国际、国内直拨电话、中央空调。各类餐厅20余个,大餐厅、贵宾厅、阳光大厅可同时供1 000人就餐,为召开大型会议、接待大型团队提供场所,还可承办高级宴会、生日宴会和结婚庆典等。培训中心拥有大、中、小型会议室10余个,为商务洽谈、庆典、举办演讲、专业研讨会、签字仪式等提供全方位的服务。大会议室设有多媒体，可进行同声传译，具备接待大型外事会议能力。小会议室分布于各楼层，是进行预备会议和小型商讨会的理想场地。多功能厅的灯光、音响、舞台设备为招待宴会和演出提供完美环境。培训中心内商务中心、美容美发、书店、商场、旅游等服务设施齐全，航空、铁路售票点为宾客的入住和出行提供方便。2007 年，培训中心实现经营收入 2 509.3 万元，同比增长 27.2 万元；职工人均收入达 18 629 元，同比增长 4 364 元，增长率为 30.6%。培训中心被黑龙江省财政厅评为党政机关出差会议定点饭店。

（刘　隽）

统计资料

垦区各部门机构数

（2007 年）

表 1　　　　单位：个

项　　目	合　计	宝泉岭分局	红兴隆分局	建三江分局	牡丹江分局	北安分局	九三分局	齐齐哈尔分局	绥化分局	哈尔滨分局	总局直属
一、农业											
农牧场个数	113	13	12	15	14	15	11	11	11	11	—
#农　场	104	13	12	15	14	15	11	8	7	9	—
牧　场	7	—	—	—	—	—	—	3	2	2	—
农林牧渔业单位数	1 276	311	113	222	193	142	116	76	59	38	6
#管理区	632	45	75	153	112	104	79	13	41	10	—
二、工业											
工业企业及生产单位数	427	46	73	39	93	62	33	12	34	24	11
#国有及国有控股	115	8	14	5	8	28	14	5	14	9	10
法　人	352	40	54	37	91	38	24	9	34	14	11
农场属	353	40	59	32	82	55	22	10	32	21	—
三、建筑业											
建筑企业单位数	98	18	20	12	16	13	4	1	2	2	10
#国有及国有控股	33	7	9	6	3	4	—	1	—	—	3
四级以上资质等级	51	5	10	5	8	10	2	—	—	2	9
农场属	73	15	16	9	14	10	4	1	2	2	—
四、交通运输、仓储业											
交通运输、仓储业单位数	99	10	20	32	20	13	2	—	1	—	1
#国有及国有控股	95	10	19	31	18	13	2	—	1	—	1
法　人	10	1	3	3	2	—	—	—	—	—	1
农场属	91	9	18	29	19	13	2	—	1	—	—
五、批发和零售业											
批发和零售业单位数	243	43	26	30	55	28	18	5	5	6	27
#国有及国有控股	172	31	20	16	33	19	17	4	4	5	23
法　人	162	26	9	16	52	18	6	2	4	2	27
农场属	170	35	23	26	41	19	14	4	4	4	—

续表 1

项　　目	合　计	宝泉岭分局	红兴隆分局	建三江分局	牡丹江分局	北安分局	九三分局	齐齐哈尔分局	绥化分局	哈尔滨分局	总局直属
六、住宿和餐饮业											
住宿和餐饮业单位数	43	9	8	8	5	8	3	1	—	—	1
#国有及国有控股	38	9	8	8	5	6	2	—	—	—	—
法　人	12	3	1	1	1	1	3	1	—	—	1
七、居民服务及其他服务业											
居民服务及其他服务业单位数	48	10	14	—	18	3	2	—	—	—	1
#国有及国有控股	43	9	12	—	17	3	2	—	—	—	—
法　人	6	4	—	—	2	—	—	—	—	—	—
八、信息传输、计算机服务和软件业											
信息传输、计算机服务和软件业单位数	19	—	1	13	1	1	—	—	—	1	2
九、房地产业											
房地产业单位数	30	7	9	4	3	4	—	—	—	1	2
十、租赁与商务服务业											
租赁与商务服务业单位数	56	4	10	4	2	2	15	2	—	—	17
十一、个体经营户	31 275	4 070	7 021	5 963	3 861	2 693	3 385	2 070	1 075	740	397
农林牧渔业	597	72	185	—	11	98	9	135	12	75	—
工　业	2 156	484	263	332	307	140	251	108	87	162	22
建 筑 业	26	—	—	1	13	11	—	—	1	—	—
交通运输业	4 489	904	2 300	510	88	122	241	112	82	48	82
批发和零售业	13 516	920	1 665	2 778	2 371	1 490	1 967	1 331	491	331	172
住宿和餐饮业	5 295	1 111	1 139	1 129	531	350	464	176	208	90	97
其　他	5 196	579	1 469	1 213	540	482	453	208	194	34	24
十二、卫生事业											
医疗卫生机构	2 601	448	481	402	443	309	187	160	107	50	14
1. 医　院	116	14	13	16	14	15	13	8	9	9	5
综合医院	115	14	13	16	14	15	13	8	9	9	4
专科医院	1	—	—	—	—	—	—	—	—	—	1
2. 卫生院、门诊部(所)	2 179	393	435	340	389	258	146	129	73	16	—
#基层卫生所	2 144	393	412	340	385	258	146	121	73	16	—
3. 疗 养 院	1	—	—	—	—	—	—	—	—	—	1

续表 1

项目	合计	宝泉岭分局	红兴隆分局	建三江分局	牡丹江分局	北安分局	九三分局	齐齐哈尔分局	绥化分局	哈尔滨分局	总局直属
4. 卫生监督及防保机构	305	41	33	46	40	36	28	23	25	25	8
卫生监督所	104	14	11	16	14	15	2	9	10	10	3
疾病预防控制中心	112	14	11	16	13	15	13	9	9	9	3
妇幼保健站	89	13	11	14	13	6	13	5	6	6	2
十三、体育、教育、文化、电视事业											
1. 体育机构:体校	1	—	1	—	—	—	—	—	—	—	—
2. 教育事业	—	—	—	—	—	—	—	—	—	—	—
普通高等学校	4	—	—	—	—	—	—	—	—	—	4
成人高等学校	2	—	—	—	—	—	—	—	—	—	2
普通中等专业学校	2	1	—	—	—	1	—	—	—	—	—
成人中等专业学校	2	—	1	—	—	1	—	—	—	—	—
普通中学	130	16	19	18	16	17	12	10	9	11	2
职业中学	2	—	1	—	—	—	1	—	—	—	—
小　学	103	3	22	2	17	15	13	14	9	6	2
3. 文化、艺术事业	—	—	—	—	—	—	—	—	—	—	—
艺术表演团体	1	—	—	—	—	—	—	—	—	—	1
艺术创作机构	1	—	—	—	—	—	—	—	—	—	1
俱乐部、文化站	168	10	16	5	111	9	9	—	3	—	5
图书馆、室	591	125	148	17	207	19	42	7	7	4	15
报　社	1	—	—	—	—	—	—	—	—	—	1
4. 广播电视事业	—	—	—	—	—	—	—	—	—	—	—
电视转播台(座)	71	11	10	8	11	13	7	5	6	—	—
有线电视站(个)	105	13	12	15	13	14	11	7	9	11	—
十四、科学研究事业											
独立科学研究机构	17	1	1	1	1	1	1	—	—	—	11
自然科学	15	1	1	1	1	1	1	—	—	—	9
社会科学	1	—	—	—	—	—	—	—	—	—	1
科学技术情报和文献机构	1	—	—	—	—	—	—	—	—	—	1

垦区自然状况及资源统计表

(2007 年)

表 2

项目	单位	数量	项目	单位	数量
一、自然状况			二、自然资源		
1. 地理位置			1. 土地资源		
北纬	度	43°56′~50°21′	耕地面积	万公顷	239.1
东经	度	123°32′~134°33′	水面面积	万公顷	28.0
2. 土地总面积	万公顷	554.2	# 已养殖面积	万公顷	3.2
构成:山地	%	11.7	林地面积	万公顷	91.3
丘陵	%	29.0	草地面积	万公顷	37.2
漫岗	%	24.6	2. 林木资源		
平原	%	16.5	森林蓄积量	万立方米	5 301
沼泽	%	18.2	森林覆盖率	%	16.9
3. 气候			3. 水利资源		
年平均气温	摄氏度	-0.9~4.0	河流入境水量	亿立方米	3 000
有效积温≥10	摄氏度	2 100~2 500	水资源总量	亿立方米	97.59
年降水总量	亿立方米	265	(1)地表水量	亿立方米	56.66
年平均降水量	毫米	450~600	(2)地下水量	亿立方米	40.93
相对湿度	%	66~74	4. 矿产资源		
全年日照时数	小时	2 400~2 900	煤炭	万吨	15 000
年无霜期	天	100~140	石灰石	亿吨	10
			黄金	吨	15.4

垦区土地资源利用情况表

(2007 年)

表 3　　单位:公顷

指标名称	2007 年	指标名称	2007 年
土地总面积	5 542 002	苇塘	37 356
其中:耕地	2 390 906	水面	280 048
林地	913 324	可垦荒地	357 070
其中:苗圃	2 080	宜林地	18 656
园地	2 410	场址道路及其他建筑占地	245 366
牧地草原	372 214	其他土地	924 654

国民经济主要指标总量统计表

（2007年）

表4

指　　标	单　位	数　量	指　　标	单　位	数　量
一、年末总人口	万人	165.0	1. 工业总产值	亿元	274.4
二、从业人员数	万人	88.4	2. 主要工业产品产量		
#职　工	万人	36.1	原　煤	万吨	36.8
三、生产总值	亿元	372.2	焦　炭	万吨	20.6
#第三产业增加值	亿元	98.8	发电量	万度	58 034
四、工农业总产值	亿元	659.6	水　泥	万吨	112.1
五、固定资产投资			化　肥(实物量)	万吨	19.2
1. 全社会固定资产投资总额	万元	693 974	机制纸及纸板	万吨	4.4
生产性建设	万元	448 900	机制糖	万吨	4.1
非生产性建设	万元	245 074	乳制品(含液体乳)	万吨	19.3
#住　宅	万元	93 082	十、交通运输		
2. 国有单位固定资产投资额	万元	506 764	1. 货物周转量	万吨公里	111 809
六、企业主要财务指标(统营)			2. 旅客周转量	万人公里	58 157
1. 固定资产原值	亿元	279.3	十一、国内商业		
2. 固定资产净值	亿元	154.4	1. 商品销售总额	亿元	154.9
3. 销售(经营)收入	亿元	234.5	2. 社会消费品零售总额	亿元	78.0
4. 利润总额	万元	127 408	十二、对外贸易		
七、职工收入和消费			进出口总额	万美元	66 401
1. 职工工资总额	亿元	41.8	进口额	万美元	31 449
2. 职工平均工资	元/人	11 531	出口额	万美元	34 952
3. 农场职工家庭人均纯收入	元/人	8 087	十三、教育文化		
4. 农场职工家庭人均消费支出	元/人	5 144	1. 在校学生数		
八、农林牧渔业			高等学校	人	24 115
1. 农林牧渔业总产值	亿元	385.2	中等专业学校	人	4 108
2. 主要农产品产量			普通中学	万人	12.6
粮　食	万吨	1 246.4	小　学	万人	10.8
油　料	万吨	9.0	2. 出版数量		
甜　菜	万吨	85.1	杂　志	万册	7.6
水　果	万吨	1.53	报　纸	万份	1 541.8
肉　类	万吨	45.7	十四、卫　生		
牛　奶	万吨	97.7	卫生机构床位数	张	7 724
水产品	万吨	2.77	卫生技术人员	人	10 767
九、工　业			#医　生	人	7 209

主要经济指标占全国农垦和全省的比重

(2007 年)

表 5

指　　标	单　位	全国农垦	黑龙江省	黑龙江垦区	占全国农垦(%)	占黑龙江省(%)
一、年末总人口	万人	1 287.3	3 824.0	165.0	12.8	4.3
二、全部从业人员	万人	561.8	1 827.6	88.4	15.7	4.8
#在岗职工人数	万人	291.4	457.8	36.1	12.4	7.9
三、生产总值	亿元	1 981.5	7 077.2	372.2	18.8	5.3
#农林牧渔业增加值	亿元	729.7	892.5	201.1	27.6	22.5
工业增加值	亿元	588.80	2 854.7	57.2	9.7	2.0
四、固定资产投资		—	—	—	—	—
全社会固定资产投资总额	亿元	691.6	2 864.2	69.4	10.0	2.4
#国有及国有控股	亿元	351.2	1 597.7	50.7	14.4	3.2
五、收　入		—	—	—	—	—
农场职工家庭(农村居民)人均纯收入	元/人	5 731	4 132	8 087	141.1	195.7
在岗职工平均工资	元/人	11 906	19 386	11 531	96.9	59.5
六、主要农产品产量		—	—	—	—	—
粮　食	万吨	2 154.1	3 965.3	1 246.4	57.9	31.4
#水　稻	万吨	1 172.7	1 658.6	798.1	68.1	48.1
小　麦	万吨	234.8	77	50.7	21.6	65.8
玉　米	万吨	479.8	1 589.5	251.3	52.4	15.8
大　豆	万吨	133.2	490.9	110.0	82.6	22.4
油　料	万吨	60.4	50.1	9.0	14.9	18.0
甜　菜	万吨	296.9	237.2	85.1	28.7	35.9
亚　麻	万吨	10.8	15.4	8.2	75.9	53.2
水　果	万吨	240.7	51.8	1.53	0.6	3.0
肉　类	万吨	177.1	335.3	45.7	25.8	13.6
牛　奶	万吨	291.2	511.7	97.7	33.6	19.1
七、主要工业产品产量		—	—	—	—	—
大　米	万吨	373.6	351.7	230.9	61.8	65.7
食用植物油	万吨	96.8	69.4	43.6	45.0	62.8
乳制品	万吨	143.9	274.1	19.3	13.4	7.0
#液体乳	万吨	122	111.7	12.4	10.2	11.1
成品糖	万吨	168.1	25.7	4.1	2.4	16.0
焦　炭	万吨	83.7	683.1	20.6	24.6	3.0
水　泥	万吨	1 408.7	1 614.8	112.1	8.0	6.9
化　肥(折纯)	万吨	22.2	61.5	8.8	39.6	14.3
机制纸及纸板	万吨	138.7	54.5	4.4	3.2	8.1
中成药	万吨	2.8	2.2	1.4	50.0	63.6
八、交通运输		—	—	—	—	—
货物周转量	亿吨公里	—	1 297.7	11.2	—	0.9
旅客周转量	亿人公里	—	603.8	5.8	—	1.0
九、批发零售贸易		—	—	—	—	—
社会消费品零售总额	亿元	1 284.5	2 331.1	78	6.1	3.3
十、对外贸易		—	—	—	—	—
进出口总额	亿美元	—	173	6.6	—	3.8
进口额	亿美元	—	50.3	3.1	—	6.2
出口额	亿美元	74.7	122.7	3.5	4.7	2.9

主要经济指标与以往历史最高水平对比

（2007年）

表6

指　　标	单　位	以往历史最高水平		2006年	2007年	2007年比历史最高水平增长(%)
		年　份	数　量			
年末总人口	万人	1978	166.3	159.5	165.0	-0.8
从业人员	万人	1978	86.4	78.1	88.4	2.3
生产总值	亿元	2006	308.5	308.5	372.2	13.2
农林牧渔业总产值	亿元	2006	312.0	312.0	385.2	12.4
工业总产值	亿元	2006	247.1	247.1	274.4	10.0
耕地面积	万公顷	2006	233.7	233.7	239.1	2.3
林地面积	万公顷	1978	98	89.4	91.3	-6.8
草原面积	万公顷	1978	105	35.4	37.2	-64.6
总播种面积	万公顷	2006	234.9	234.9	239.7	2.0
粮食作物面积	万公顷	2006	208.4	208.4	215.1	3.2
粮食总产量	万吨	2006	1 132.2	1 132.2	1 246.4	10.1
粮食平均单产	公斤/公顷	2006	5 434	5 434	5 793	6.6
水稻单产	公斤/公顷	2006	7 820	7 820	7 978	2.0
小麦单产	公斤/公顷	2006	4 379	4 379	4 612	5.3
玉米单产	公斤/公顷	2005	7 294	6 424	6 241	-14.4
大豆单产	公斤/公顷	2005	2 596	2 409	2 324	-10.5
奶牛年末存栏	万头	2006	32.2	32.2	32.3	0.2
黄牛年末存栏	万头	2005	49.7	49.2	53.0	6.6
猪年末存栏	万头	2006	190.0	190.0	204.2	7.5
羊年末存栏	万只	2003	210.4	148.5	168.1	-20.1
肉类总产量	万吨	2006	38.7	38.7	45.7	18.1
#猪　肉	万吨	2006	23.6	23.6	28.2	19.2
牛　肉	万吨	2006	6.93	6.93	8.18	18.1
羊　肉	万吨	2006	2.22	2.22	2.38	7.4
牛奶产量	万吨	2006	93.6	93.6	97.7	4.4
禽蛋产量	万吨	2006	5.32	5.32	5.99	12.8
水产品产量	万吨	2006	2.22	2.22	2.77	24.8
交售粮食	万吨	2006	1 009.0	1 009.0	1 135.5	12.5
粮食商品率	%	2006	89.1	89.1	91.1	+2.0个百分点
出口大豆	万吨	1989	50	17.9	12.3	-75.4
农场职工家庭人均纯收入	元/人	2006	7 064	7 064	8 087	11.1
利润总额	万元	2006	67 175	67 175	127 408	89.7

垦区生产总值统计表

(2007 年)

表 7 单位:万元

指　　标	合　计	劳动者报　酬	固定资产折旧	生产税净　额	#补　贴	营　业盈　余
生产总值	3 722 225	1 554 413	451 737	24 790	123 184	1 691 285
第一产业	2 011 111	867 550	178 044	-121 156	121 360	1 086 673
1. 农林牧渔业	2 011 111	867 550	178 044	-121 156	121 360	1 086 673
(1)农　业	1 422 167	608 255	131 246	-119 929	119 934	802 595
(2)林　业	11 170	6 097	453	16	2	4 604
(3)畜牧业	535 639	227 763	41 372	-1 284	1 410	267 788
(4)渔　业	14 563	7 390	1 783	16	—	5 374
(5)农林牧渔服务业	27 572	18 045	3 190	25	14	6 312
第二产业	723 288	238 996	93 110	85 867	1 804	305 315
2. 工　业	572 210	167 294	81 108	70 050	1 804	253 758
3. 建筑业	151 078	71 702	12 002	15 817	—	51 557
第三产业	987 826	447 867	180 583	60 079	20	299 297
4. 交通运输及仓储业	147 971	52 075	19 137	13 206	20	63 553
(1)交通运输业	145 713	51 641	18 862	13 183	20	62 027
(2)仓储业	2 258	434	275	23	—	1 526
5. 信息传输、计算机服务及软件业	11 386	6 665	3 517	750	—	454
#电信	10 861	6 292	3 453	713	—	403
6. 批发和零售业	297 810	109 984	33 459	24 492	—	129 875
7. 住宿和餐饮业	81 980	32 577	7 296	8 144	—	33 963
#餐饮业	74 794	29 239	6 208	7 477	—	31 870
8. 金融保险业	4 123	3 013	693	1 217	—	-800
9. 房地产业	72 918	1 211	68 730	736	—	2 241
#职工自有住房	68 489	—	68 489	—	—	—
10. 租赁和商务服务	12 850	9 781	1 661	209	—	1 199
11. 科学研究和综合技术服务业	9 009	7 950	731	93	—	235
12. 水利、环境和公共设施管理业	8 068	6 206	878	194	—	790
13. 居民服务和其它服务业	133 662	50 376	11 427	10 608	—	61 251
14. 教　育	85 878	73 574	11 662	16	—	626
15. 卫生、社会保障和社会福利业	40 402	32 143	6 331	112	—	1 816
16. 文化、体育和娱乐业	3 202	2 119	1 020	81	—	-18
17. 公共管理和社会组织	78 567	60 193	14 041	221	—	4 112

资产负债表

（2007 年）

表 8　　　　　　　　　　　　　　　　　　　　　　　　　单位:万元

资　　产	金　额	资　　产	金　额
流动资产:	—	流动负债:	—
货币资金	633 964	短期借款	1 221 164
交易性金融资产	—	交易性金融负债	—
短期投资	707	应付权证	—
应收票据	17 511	应付票据	70 421
应收股利	—	应付账款	267 603
应收利息	—	预收款项	94 218
应收账款	171 979	应付职工薪酬	112 181
其他应收款	305 300	#应付工资	64 611
#应收家庭农场款	28 570	应付福利费	9 234
减:待转家庭农场上交款	3 786	应交税费	-33 298
应收家庭农场款净额	24 784	#应交税金	-34 302
预付账款	217 952	应付利息	692
存货	872 362	应付股利	6 580
#原材料	354 306	其他应付款	914 117
库存商品(产成品)	294 759	#应付家庭农场款	53 493
一年内到期的非流动资产	—	一年内到期的非流动负债	7 175
其他流动资产	4 850	其他流动负债	30 779
流动资产合计	**2 224 625**	内部往来	—
非流动资产:	—	**流动负债合计**	**2 691 632**
可供出售金融资产	—	非流动负债:	—
持有至到期投资	—	长期借款	262 139
长期债权投资	772	应付债券	120 466
长期应收款	—	长期应付款	1 767
长期股权投资	394 467	专项应付款	14 319
股权分置流通权	—	预计负债	2 824
投资性房地产	—	递延所得税负债	—
固定资产原价	2 793 450	递延税款贷项	—
减:累计折旧	1 249 624	其他非流动负债	—
固定资产净值	1 543 826	#特准储备基金	—
减:固定资产减值准备	14 195	**非流动负债合计**	**401 515**
固定资产净额	1 529 631	**负债合计**	**3 093 147**
在建工程	88 062	所有者权益(或股东权益):	—
工程物资	1 093	实收资本(股本)	1 013 973
固定资产清理	155	国家资本	669 260
生产性生物资产	—	集体资本	—
油气资产	—	法人资本	265 624
无形资产	53 019	#国有法人资本	261 652
#土地使用权	45 245	集体法人资本	3 972
开发支出	—	个人资本	62 008
商誉	—	外商资本	17 081
合并价差	-21	资本公积	445 224
长期待摊费用(递延资产)	19 706	减:库存股	—
递延所得税资产	312	盈余公积	104 422
递延税款借项	—	一般风险准备	—
其他非流动资产(其他长期资产)	5 784	未确认投资损失(以"-"号填列)	-2 412
#特准储备物资	—	未分配利润	-425 498
非流动资产合计	**2 092 980**	#现金股利	—
		外币报表折算差额	—
		归属于母公司所有者权益合计	1 135 709
		少数股东权益	88 749
		所有者权益合计	1 224 458
		减:资产损失	—
		所有者权益合计(剔除资产损失后的金额)	**1 224 458**
资产总计	**4 317 605**	**负债和所有者权益总计**	**4 317 605**

利　润　表

(2007 年)

表 9　　单位:万元

指　　标	合　计	农　业	工　业	商　业	运输业	建筑业	服务业
一、营业总收入	2 748 815	940 691	1 199 634	466 991	211	119 455	21 833
#营业收入	2 748 815	940 691	1 199 634	466 991	211	119 455	21 833
#主营业务收入	2 344 900	612 168	1 127 133	464 899	85	119 434	21 181
其他业务收入	403 915	328 523	72 501	2 092	126	21	652
二、营业总成本	2 520 431	729 068	1 182 823	468 957	272	117 290	22 021
#营业成本	2 094 780	475 784	1 080 386	426 235	36	109 035	3 304
#主营业务成本	1 982 504	428 118	1 016 451	425 961	—	109 027	2 947
其他业务成本	112 276	47 666	63 935	274	36	8	357
营业税金及附加	6 784	399	890	576	11	4 249	659
销售费用	110 499	32 667	45 842	21 912	—	206	9 872
管理费用	215 292	159 901	29 114	15 205	228	3 054	7 790
#业务招待费	5 832	3 747	880	797	1	208	199
研究与开发费	2 354	1 253	1 092	2	—	—	7
财务费用	81 297	48 538	26 591	5 029	-3	746	396
#利息支出	82 538	49 976	26 208	5 125	—	812	417
利息收入	7 677	4 028	3 242	247	3	130	27
汇兑净损失	704	291	367	46	—	—	—
资产减值损失	11 779	11 779	—	—	—	—	—
其他	—	—	—	—	—	—	—
加:公允价值变动收益	—	—	—	—	—	—	—
投资收益	-7 583	-11 236	4 178	-533	1	—	7
#对联营企业和合营企业的投资收益	-827	-270	—	-557	—	—	—
三、营业利润	220 801	200 387	20 989	-2 499	-60	2 165	-181
加:营业外收入	22 513	16 725	3 991	599	61	217	920
#非流动性资产处置利得	3 212	1 943	301	360	—	145	463
非货币性资产交换利得	7	7	—	—	—	—	—
政府补助(补贴收入)	14 821	11 021	3 253	147	—	—	400
债务重组利得	114	4	—	72	—	16	22
减:营业外支出	115 906	109 468	817	5 357	1	126	137
#非流动资产处置损失	6 388	3 100	292	2 855	—	80	61
非货币性资产交换损失(	—	—	—	—	—	—	—
债务重组损失	9	8	—	1	—	—	—
社会性收支差额(结余用"-"表示)	100 144	100 065	58	—	—	—	21
四、利润总额	127 408	107 644	24 163	-7 257	—	2 256	602

农牧场损益表

（2007 年）

表 10　　　　单位:万元

指标	合计	农业单位	种植业	林业	畜牧业	渔业	工业单位	商业单位	运输单位	建筑单位	服务单位
一、营业总收入	940 691	499 879	495 681	3 607	564	27	357 936	73 570	20	4 490	4 796
#营业收入	940 691	499 879	495 680	3 607	564	27	357 936	73 570	20	4 490	4 796
#主营业务收入	612 168	182 974	180 532	2 442	—	—	354 510	68 188	20	3 056	3 420
其他业务收入	328 523	316 905	315 148	1 166	564	27	3 426	5 382	—	1 434	1 376
二、营业总成本	729 068	286 805	284 534	1 764	481	26	357 859	74 264	20	4 630	5 490
#营业成本	475 784	88 973	87 828	838	297	10	315 505	63 383	9	3 841	4 073
#主营业务成本	428 118	50 872	50 234	638	—	—	312 900	58 889	9	2 686	2 762
其他业务成本	47 666	38 101	37 594	200	297	10	2 605	4 494	—	1 155	1 311
营业税金及附加	399	147	147	—	—	—	169	4	2	54	23
销售费用	32 667	7 171	7 142	29	—	—	21 377	3 723	—	—	396
管理费用	159 901	145 778	144 673	905	184	16	6 790	5 659	9	735	930
#业务招待费	3 747	2 855	2 808	41	6	—	427	312	—	46	107
研究与开发费	1 253	698	698	—	—	—	57	485	—	13	—
财务费用	48 538	33 775	33 783	-8	—	—	13 200	1 495	—	—	68
#利息支出	49 976	33 869	33 869	—	—	—	14 435	1 604	—	—	68

续表 10

指标	合计	农业单位					工业单位	商业单位	运输单位	建筑单位	服务单位
			种植业	林业	畜牧业	渔业					
利息收入	4 028	3 535	3 526	9	—	—	280	213	—	—	—
汇兑净损失	291	512	512	—	—	—	-221	—	—	—	—
资产减值损失	11 779	10 961	10 961	—	—	—	818	—	—	—	—
其他	—	—	—	—	—	—	—	—	—	—	—
加:公允价值变动收益	—	—	—	—	—	—	—	—	—	—	—
投资收益	-11 236	-11 313	-11 313	—	—	—	77	—	—	—	—
#对联营企业和合营企业的投资收益	-270	-203	-203	—	—	—	-67	—	—	—	—
三、营业利润	200 387	201 761	199 834	1 843	83	1	154	-694	—	-140	-694
加:营业外收入	16 725	14 532	14 522	4	6	—	1 632	560	—	1	—
#非流动性资产处置利得	1 943	1 881	1 872	3	6	—	61	—	—	1	—
非货币性资产交换利得	7	7	7	—	—	—	—	—	—	—	—
政府补助(补贴收入)	11 021	10 313	10 313	—	—	—	185	523	—	—	—
债务重组利得	4	4	4	—	—	—	—	—	—	—	—
减:营业外支出	109 468	109 152	108 956	178	17	1	139	171	—	4	2
#非流动资产处置损失	3 100	2 951	2 951	—	—	—	12	136	—	1	—
非货币性资产交换损失	—	—	—	—	—	—	—	—	—	—	—
债务重组损失	8	8	8	—	—	—	—	—	—	—	—
社会性收支差额	100 065	100 065	99 874	174	17	—	—	—	—	—	—
四、利润总额	107 644	107 141	105 400	1 669	72	—	1 647	-305	—	-143	-696

垦区物质文化生活水平

（2007 年）

表 11

指　　标	单　位	数　量	指　　标	单　位	数　量
一、收入			**六、公用事业**		
农牧场职工家庭人均纯收入	元	8 087	已安装自来水管理区	个	647
职工年平均工资	元	11 531	管理区自来水普及率	%	99.00
二、消费水平			**七、文化**		
人均生活消费	元	5 143.51	每百人拥有彩色电视机	台	36.00
生活消费支出	元	3 106.56	每百人拥有电脑	台	7.00
非消费品支出	元	2 036.95	每百人每天有报纸	份	2.56
三、储蓄			每百人每年有杂志	册	4.61
居民年末储蓄存款余额	亿元	142.24	**八、教育**		
人均储蓄存款余额	元	8 623	学龄儿童入学率	%	100.00
四、住房			每万人口有在校大学生数	人	146.20
年末住宅总面积	万平方米	3 206.03	**九、卫生**		
平均每人居住面积	平方米	19.44	每万人拥有医院病床数	张	44.89
五、交通			每万人拥有医生人数	人	43.70
每百人拥有自行车	辆	27.00	**十、就业**		
每百人拥有摩托车	辆	22.00	每一劳动力负担人数	人	1.50

各分局农林牧渔业总产值统计表

（2007 年）

表 12　　单位：万元

单　位	农林牧渔业总产值	农　业	#粮食主产品	林　业	畜牧业	渔　业	农林牧渔服务业
合　　计	3 851 819	2 581 066	2 129 675	20 994	1 172 260	28 836	48 663
宝泉岭局	607 780	363 803	318 085	2 948	237 137	849	3 043
红兴隆局	778 922	521 538	409 987	6 227	235 897	5 978	9 282
建三江局	786 905	660 543	617 701	985	112 846	5 304	7 227
牡丹江局	682 169	498 042	428 008	1 393	175 137	6 986	611
北 安 局	373 790	274 540	217 528	1 822	91 409	2 553	3 466
九 三 局	306 813	195 756	163 826	2 581	96 387	869	11 220
齐齐哈尔局	233 941	120 785	87 836	1 041	107 301	776	4 038
绥 化 局	210 949	105 439	60 134	1 834	92 538	4 573	6 565
哈尔滨局	61 455	33 398	19 461	2 162	21 885	799	3 211
总局直属	4 251	2 379	2 266	—	1 723	149	—

各分局年末人口数量统计表

(2007 年)

表 13

单　　位	总户数(户)	总人口	按性别分		按农场、非农场户口分	
			男	女	农　场	非农场
合　　计	586 854	1 649 509	857 094	792 415	1 452 205	197 304
宝泉岭局	79 298	210 916	108 142	102 774	194 083	16 833
红兴隆局	126 885	346 763	179 900	166 863	317 178	29 585
建三江局	68 162	203 819	104 008	99 811	190 687	13 132
牡丹江局	76 321	199 287	103 896	95 391	176 375	22 912
北 安 局	66 991	202 015	108 918	93 097	191 719	10 296
九 三 局	56 021	159 176	82 215	76 961	129 114	30 062
齐齐哈尔局	50 732	142 270	72 361	69 909	138 376	3 894
绥 化 局	28 101	71 943	36 942	35 001	68 998	2 945
哈尔滨局	14 689	41 514	21 113	20 401	33 334	8 180
总局直属	19 654	71 806	39 599	32 207	12 341	59 465

耕地面积增减变动情况统计表

(2007 年)

表 14　　　　单位:公顷

指标名称	数　量	指标名称	数　量
一、年初耕地面积	2 336 514	退耕改园地	—
二、年内增加面积	55 814	退耕改渔池	—
三、年内减少面积	1 422	5. 划归系统外	—
1. 国家基建占地	—	6. 其他减少	1 412
2. 场队基建占地	10	**四、年末耕地面积**	2 390 906
3. 个人建房占地	—	1. 水田	994 524
4. 农业结构调整	—	2. 旱田	1 396 382
退耕改林	—	#水浇地	81 724
退耕改牧	—		

各分局主要农业机械年末拥有量

（2007 年）

表 15

项　　目	单　位	合　计	宝泉岭	红兴隆	建三江	牡丹江	北　安	九　三	齐齐哈尔	绥　化	哈尔滨	总局直属
农业机械总动力	万千瓦	519.3	73.5	100.8	118.3	96.9	47.4	35.1	24.8	14.2	6.1	2.2
农用大中型拖拉机	台	38 834	7 628	7 483	9 328	7 657	2 671	1 734	1 136	731	333	133
#100 马力以上	台	4 374	520	1 010	576	443	863	567	226	153	14	2
农用小型拖拉机	台	76 771	7 816	14 464	11 250	15 559	10 039	5 545	8 275	2 258	1 397	168
大中型拖拉机配套农具	台	74 987	10 727	14 500	16 183	12 005	11 101	5 752	2 525	1 642	498	54
小型拖拉机配套农具	台	74 477	7 929	14 405	12 902	14 502	10 290	6 737	4 079	2 530	999	104
机动水稻插秧机	台	43 895	5 976	8 065	16 452	9 659	—	6	2 342	859	470	66
水稻工厂化育秧设备	套	140	—	10	15	5	2	—	1	—	—	107
农用排灌动力机械	台	66 860	10 777	14 822	17 137	17 875	157	525	3 004	1 021	1 432	110
#柴油机	台	55 328	9 895	12 737	13 104	14 933	68	462	2 690	489	941	9
农用水泵	台	60 973	10 219	13 903	15 778	15 121	80	433	2 857	1 213	1 195	174
喷灌机	套	5 434	1 121	1 484	490	307	80	324	1 244	279	99	6
联合收获机	台	14 992	2 278	3 011	3 759	2 920	1 016	880	449	485	176	18
自走式	台	14 157	2 212	2 939	3 492	2 600	977	874	410	466	173	14
牵引式	台	835	66	72	267	320	39	6	39	19	3	4
水稻收获机	台	7 020	606	1 378	2 817	1 778	—	5	97	194	134	11
机动割晒机	台	5 659	471	1 130	1 108	2 580	85	17	238	17	8	5
其他收获机械	台	1 076	70	101	29	357	399	37	70	6	7	—
机动脱粒机	台	7 732	800	1 490	1 842	3 348	68	36	45	76	15	12
谷物烘干机	台	287	122	34	20	38	42	24	—	5	—	2
种子包衣机	台	247	19	54	34	16	77	22	21	4	—	—
种子清选机	台	913	154	137	145	104	205	116	25	11	11	5
机动喷雾（粉）机	台	6 763	1 297	1 435	2 906	698	105	196	107	3	—	16
牧草播种机	台	33	1	11	5	4	3	8	—	1	—	—
牧草收割机	台	374	2	11	8	111	8	16	202	7	9	—
牧草打捆机	台	104	3	59	9	—	5	5	23	—	—	—
铡草机	台	2 932	1 127	872	155	445	16	4	47	43	223	—
电动挤奶机	部	4 021	854	125	10	1 548	818	180	398	26	62	—
机动渔船	艘	350	63	20	81	74	1	2	—	108	1	—

续表 15

项目	单位	合计	宝泉岭	红兴隆	建三江	牡丹江	北安	九三	齐齐哈尔	绥化	哈尔滨	总局直属
农用汽车	辆	2 125	116	812	—	218	460	341	126	20	15	17
#农用载重汽车	辆	904	22	245	—	138	223	245	24	3	4	—
农用运输车	辆	5 361	1 211	1 668	420	622	453	421	199	116	221	30
农产品加工机械	台	3 859	811	630	412	433	239	293	262	188	441	150
#碾米机	台	1 178	118	271	298	190	13	3	176	71	33	5
#磨面机	台	422	43	42	40	46	84	74	16	17	2	58
#榨油机	台	374	119	34	16	34	39	51	30	34	7	10
农用飞机	架	30	—	—	—	—	—	—	—	—	—	30
飞机场	处	58	8	8	15	9	6	8	2	1	—	1
推土机	台	851	110	163	108	173	78	41	46	43	40	49
挖掘机	台	512	56	113	133	63	45	12	9	22	7	52

各分局农业机械化情况表

（2007 年）

表 16　　单位:公顷

项目	合计	宝泉岭	红兴隆	建三江	牡丹江	北安	九三	齐齐哈尔	绥化	哈尔滨	总局直属
机械耕整地面积	2 387 852	308 342	417 831	541 358	388 820	288 880	224 151	114 011	82 402	19 341	2 716
#水田机整地面积	994 664	111 617	161 991	433 264	222 020	1 202	3 400	34 605	18 367	6 753	1 445
机械播种面积	2 175 739	296 446	386 738	466 915	341 696	286 393	218 328	96 331	65 738	14 854	2 300
#水稻机播、机插面积	823 841	102 271	134 878	353 461	183 920	—	1 200	31 414	11 411	4 192	1 094
机械田间管理面积	2 099 025	265 655	381 274	496 430	287 998	283 062	219 038	91 750	66 744	6 579	495
#飞机作业面积	884 759	117 548	178 512	358 607	98 721	48 882	36 049	46 440	—	—	—
#飞机施肥面积	644 472	84 145	106 505	304 171	57 044	25 646	28 961	38 000	—	—	—
#飞机防治病虫害面积	504 625	45 482	120 743	222 622	70 737	23 170	12 016	9 855	—	—	—
机械收获面积	2 108 505	288 409	379 190	487 652	323 894	279 759	210 873	75 062	54 005	9 141	520
#水稻机收面积	858 733	107 358	148 707	375 843	176 364	1 202	3 400	29 506	11 689	4 174	490

各分局主要农作物播种面积统计表

（2007 年）

表 17　　　　单位：公顷

项　　目	合　计	宝泉岭	红兴隆	建三江	牡丹江	北　安	九　三	齐齐哈尔	绥　化	哈尔滨	总局直属
总播种面积	2 396 780	309 732	421 140	541 358	389 709	289 666	224 208	115 068	83 528	19 619	2 752
粮食作物											
播种面积	2 151 491	296 798	363 053	530 225	359 223	240 775	203 763	82 111	56 004	16 891	2 648
占总播种面积(%)	89.8	95.8	86.2	97.9	92.2	83.1	90.9	71.4	67.0	86.1	96.2
在粮食作物播种面积中											
谷物	1 557 184	247 710	283 125	464 572	286 764	85 741	71 674	68 043	33 435	14 029	2 091
水稻	1 000 355	111 829	162 061	433 355	225 960	1 202	3 400	35 970	18 379	6 753	1 446
小麦	110 038	890	762	533	1 408	57 277	45 024	1 333	2 800	11	—
玉米	402 616	134 056	103 668	26 023	59 129	15 888	15 538	29 233	11 204	7 232	645
高粱	670	4	—	—	—	—	—	—	633	33	—
谷子	439	—	—	—	—	—	—	20	419	—	—
其他谷物	43 066	931	16 634	4 661	267	11 374	7 712	1 487	—	—	—
#大麦	42 959	931	16 634	4 661	267	11 374	7 625	1 467	—	—	—
豆类	594 307	49 088	79 928	65 653	72 459	155 034	132 089	14 068	22 569	2 862	557
#大豆	473 146	40 975	69 368	51 719	63 824	117 516	98 177	10 989	17 292	2 730	556
油料	70 006	807	30 915	7 232	13 549	2 504	2 760	8 370	3 359	504	6
#油菜籽	—	—	—	—	—	—	—	—	—	—	—
麻类	29 991	556	45	—	1 710	20 894	3 516	867	2 336	67	—
甜菜	22 554	—	9 979	—	492	1 966	4 530	4 268	1 133	155	31
烟叶	54	—	—	—	—	—	—	—	54	—	—
药材	15 893	42	1 863	1 333	357	4 173	812	266	6 806	241	—
蔬菜瓜类合计	23 812	1 276	6 361	100	2 616	3 281	1 395	2 739	5 389	604	51
蔬菜	12 041	713	1 508	49	1 829	2 756	1 065	739	2 938	414	30
瓜类	11 771	563	4 853	51	787	525	330	2 000	2 451	190	21
薯类	23 882	479	538	—	231	7 429	1 646	8 547	4 766	241	5
其他作物	59 097	9 774	8 386	2 468	11 531	8 644	5 786	7 900	3 681	916	11
#青饲料	48 943	8 528	5 134	2 468	10 791	7 609	4 107	7 634	2 068	594	10
#饲草	331	1	18	—	46	—	—	266	—	—	—

各分局主要农作物产品产量统计表

（2007 年）

表 18　　　　单位:吨

项　　目	合　计	宝泉岭	红兴隆	建三江	牡丹江	北　安	九　三	齐齐哈尔	绥　化	哈尔滨	总局直属	自 1949 年起累计
粮食	12 463 848	2 046 294	2 528 602	4 083 843	2 571 872	824 271	642 649	573 609	323 777	125 075	14 304	194 466 745
#交售量	11 355 394	1 894 083	2 358 748	3 808 605	2 334 501	706 563	529 604	519 192	301 018	87 769	10 157	138 449 449
谷物	11 175 179	1 956 645	2 331 779	3 944 857	2 383 053	429 903	380 083	544 652	261 692	118 781	13 703	151 586 165
水稻	7 980 678	975 739	1 406 159	3 761 957	1 909 475	9 922	26 350	348 510	159 149	57 012	10 582	66 560 064
小麦	507 476	2 283	2 809	1 967	4 722	257 462	219 497	5 580	13 115	41	—	54 080 854
玉米	2 512 890	975 537	861 265	167 601	468 111	111 305	99 319	184 035	86 858	61 530	3 121	26 368 108
高粱	1 841	16	—	—	—	—	—	—	1 627	198	—	300 622
谷子	988	—	—	—	—	—	—	45	943	—	—	608 380
其他	171 306	3 070	61 546	13 332	745	51 214	34 917	6 482	—	—	—	3 668 137
#大麦	171 000	3 070	61 546	13 332	745	51 214	34 656	6 437	—	—	—	2 992 807
豆类	1 288 669	89 649	196 823	138 986	188 819	394 368	262 566	28 957	62 085	6 294	601	42 731 498
大豆	1 099 642	80 003	176 356	110 338	168 715	304 881	204 552	24 735	49 120	6 046	599	41 080 725
杂豆	189 027	9 646	20 467	28 648	20 104	89 487	58 014	4 222	12 965	248	2	1 650 773
油料	90 274	880	36 506	7 817	14 374	4 925	4 972	13 431	6 303	1 060	6	—
#油菜籽	—	—	—	—	—	—	—	—	—	—	—	—
#向日葵	19 555	83	944	1 213	337	343	3 340	12 312	—	981	2	—
甜菜	850 796	—	395 123	—	20 149	93 623	142 378	156 214	38 580	4 202	527	—
麻类	99 028	1 178	236	—	7 045	67 554	12 459	2 401	8 021	134	—	—
烟叶	89	—	—	—	—	—	—	—	89	—	—	—
薯类	669 698	8 731	13 086	—	8 573	177 966	33 507	289 104	129 740	8 950	41	—
蔬菜	452 823	28 197	53 762	1 297	53 266	50 322	28 237	22 015	194 755	20 552	420	—
瓜类	475 203	20 426	183 616	1 651	28 634	17 824	7 261	102 577	104 746	8 313	155	—

（注:杂豆产量 1991 年以前含在其他谷物里,本表杂豆累计数是从 1992 年起累计,大麦累计数是从 1978 年起累计。）

各分局主要农作物单位面积产量统计表

（2007 年）

表 19　　单位：公斤/公顷

项目	合计	宝泉岭	红兴隆	建三江	牡丹江	北安	九三	齐齐哈尔	绥化	哈尔滨	总局直属
粮食	5 793	6 894	6 965	7 702	7 160	3 423	3 153	6 985	5 781	7 404	5 401
谷物	7 177	7 898	8 236	8 491	8 310	5 013	5 302	8 004	7 826	8 466	6 553
水稻	7 978	8 725	8 677	8 681	8 451	8 254	7 750	9 688	8 659	8 442	7 318
小麦	4 612	2 565	3 686	3 690	3 353	4 495	4 875	4 186	4 683	3 727	—
玉米	6 241	7 277	8 308	6 440	7 917	7 005	6 392	6 295	7 752	8 508	4 838
高粱	2 747	4 000	—	—	—	—	—	—	2 570	6 000	—
谷子	2 250	—	—	—	—	—	—	2 250	2 250	—	—
其他	3 977	3 297	3 700	2 860	2 790	4 502	4 527	4 359	—	—	—
#大麦	3 980	3 297	3 700	2 860	2 790	4 502	4 545	4 387	—	—	—
豆类	2 168	1 826	2 463	2 116	2 606	2 543	1 987	2 058	2 750	2 199	1 078
大豆	2 324	1 952	2 542	2 133	2 643	2 594	2 083	2 250	2 840	2 214	1 077
杂豆	1 560	1 188	1 938	2 055	2 328	2 385	1 710	1 371	2 456	1 878	2 000
油料	1 290	1 090	1 181	1 081	1 061	1 967	1 801	1 605	1 876	2 103	1 000
#油菜籽	—	—	—	—	—	—	—	—	—	—	—
甜菜	37 723	—	39 595	—	40 953	47 621	31 430	36 601	34 051	27 110	17 000
麻类	3 302	2 119	5 244	—	4 120	3 233	3 544	2 769	3 434	2 000	—
烟叶	1 648	—	—	—	—	—	—	—	1 648	—	—
薯类	28 042	18 228	24 323	—	37 113	23 956	20 357	33 825	27 222	37 137	8 200
蔬菜	37 607	39 547	35 651	26 469	29 123	18 259	26 514	29 790	66 288	49 643	14 000
瓜类	40 371	36 281	37 836	32 373	36 384	33 950	22 003	51 288	42 736	43 753	7 381

各分局绿色、有机食品及无公害农产品种植面积

（2007 年）

表 20　　单位：公顷

单　位	认证个数（个）	面积合计	水　稻	小　麦	玉　米	谷　子	大　豆	绿　豆	马铃薯	甜　菜	其　他
合　计	612	2 331 048	1 080 854	123 224	304 762	799	555 651	799	16 602	3 763	244 594
宝泉岭局	101	513 931	183 073	11 642	201 690	—	92 734	—	13	—	24 779
红兴隆局	82	184 950	40 868	1 426	11 579	—	24 428	—	—	3 036	103 613
建三江局	39	594 597	498 866	1 533	16 666	—	67 399	—	—	—	10 133
牡丹江局	101	422 397	297 365	2 266	38 699	133	73 200	—	—	—	10 733
北安局	133	349 104	67	54 685	5 473	—	241 942	—	3 320	—	43 617
九三局	36	67 490	—	35 360	5 107	—	15 687	—	793	—	10 543
齐齐哈尔局	24	90 481	36 583	9 166	12 400	—	12 734	133	8 683	—	10 782
绥化局	88	107 250	24 032	7 145	12 748	666	27 361	666	3 693	727	30 212
哈尔滨局	8	848	—	—	400	—	167	—	100	—	181
总局直属	—	—	—	—	—	—	—	—	—	—	—

各分局绿色、有机、无公害养殖业生产情况

（2007 年）

表 21　　单位：头、只、箱

单　位	认证个数（个）	生猪出栏	肉牛出栏	奶牛存栏	肉羊出栏	大鹅出栏	蛋鸡存栏	肉鸡出栏	养蜂箱数	其他
合　计	222	2 731 600	314 861	477 125	—	2 348 596	1 047 040	120 000	7 481	—
宝泉岭局	85	1 286 000	35 000	66 000	—	52 800	180 000	—	—	—
红兴隆局	85	687 650	84 988	8 049	—	1 832 300	415 390	—	7 481	—
建三江局	4	288 000	144 000	9 200	—	—	—	—	—	—
牡丹江局	2	—	—	36 400	—	—	—	—	—	—
北安局	23	114 230	45 275	56 854	—	184 640	346 650	—	—	—
九三局	—	—	—	—	—	—	—	—	—	—
齐齐哈尔局	7	66 400	—	42 290	—	80 156	105 000	—	—	—
绥化局	16	289 320	5 598	28 332	—	198 700	—	120 000	—	—
哈尔滨局	—	—	—	—	—	—	—	—	—	—
总局直属	—	—	—	230 000	—	—	—	—	—	—

各分局农作物受灾情况统计表

（2007 年）

表 22 单位:公顷

项目	合计	宝泉岭分局	红兴隆分局	建三江分局	牡丹江分局	北安分局	九三分局	齐齐哈尔分局	绥化分局	哈尔滨分局	总局直属
全部作物受灾面积	1 065 192	180 745	174 068	242 316	66 046	138 359	162 865	50 184	43 873	5462	1274
#粮食作物	969 819	176 224	149 680	239 649	61 972	118 044	155 998	33 712	27 956	5408	1176
占粮食播种面积比重(%)	45.1	59.4	41.2	45.2	17.3	49.0	76.6	41.1	49.9	32.0	44.4
全部作物成灾面积	834 858	172 379	140 226	159 350	48 632	110 581	131 693	40 386	27 188	3226	1197
占全部作物播种面积比重(%)	34.8	55.7	33.3	29.4	12.5	38.2	58.7	35.1	32.5	16.4	43.5
粮食作物成灾面积	758 562	168 948	118 857	156 683	46 054	95 137	125 747	25 756	17 107	3174	1099
占粮食播种面积比重(%)	35.3	56.9	32.7	29.6	12.8	39.5	61.7	31.4	30.5	18.8	41.5
在全部作物成灾面积中:	—	—	—	—	—	—	—	—	—	—	—
旱灾	692 293	170 585	112 968	64 679	31 486	109 723	130 993	40 297	27 139	3226	1197
水灾	362	—	—	—	362	—	—	—	—	—	—
涝灾	38 170	—	8 407	27 010	2 664	—	—	49	40	—	—
风灾	796	2	40	—	54	—	700	—	—	—	—
雹灾	18 077	—	16 434	—	816	827	—	—	—	—	—
霜冻灾	68	—	—	—	68	—	—	—	—	—	—
病虫灾	72 554	467	2 077	56 748	13 182	31	—	40	9	—	—

各分局粮食销售留用情况统计表

(2007 年)

表 23　　　　　　　　　　　　　　　　　　　　　　　　　　单位:吨

单位　作物	垦区留粮	场内消费					分局口粮
			种　子	口　粮	饮　料	工业用粮	
合　　计	1 261 421	1 261 421	269 249	140 076	849 896	2 200	—
宝泉岭局	313 314	313 314	16 626	24 552	272 136	—	—
红兴隆局	252 460	252 460	37 095	29 795	183 370	2 200	—
建三江局	134 986	134 986	33 900	29 649	71 437	—	—
牡丹江局	163 860	163 860	32 137	31 338	100 385	—	—
北　安　局	115 849	115 849	60 918	13 310	41 621	—	—
九　三　局	98 233	98 233	63 230	4 900	30 103	—	—
齐齐哈尔局	122 242	122 242	20 922	2 720	98 600	—	—
绥　化　局	54 314	54 314	3 959	2 200	48 155	—	—
哈尔滨局	6 163	6 163	462	1 612	4 089	—	—
按作物分	—	—	—	—	—	—	—
一、谷物小计	1 163 891	1 163 891	188 127	140 076	835 488	200	—
小麦	58 975	58 975	43 453	15 522	—	—	—
水稻	209 905	209 905	85 965	123 940	—	—	—
玉米	876 757	876 757	40 955	614	835 188	—	—
大麦	18 135	18 135	17 635	—	300	200	
杂粮	119	119	119	—	—	—	—
二、豆类小计	97 530	97 530	81 122	—	14 408	2 000	—
大豆	89 449	89 449	73 041	—	14 408	2 000	—
杂豆	8 081	8 081	8 081	—	—	—	—

续表23

单位　作物	商品粮	上交国家			议价销售	加工销售	补贸还贷	供应出口
			定　购	保护价				
合　　计	12 499 251	—	—	—	9 687 237	2 780 984	5 000	26 030
宝泉岭局	1 732 980	—	—	—	1 693 680	39 300	—	—
红兴隆局	2 276 142	—	—	—	1 957 640	287 472	5 000	26 030
建三江局	3 948 857	—	—	—	3 948 857	—	—	—
牡丹江局	2 449 045	—	—	—	1 741 205	707 840	—	—
北　安　局	708 422	—	—	—	626 422	82 000	—	—
九　三　局	544 155	—	—	—	544 155	—	—	—
齐齐哈尔局	451 277	—	—	—	251 277	200 000	—	—
绥　化　局	269 461	—	—	—	171 736	97 725	—	—
哈尔滨局	118 912	—	—	—	118 912	—	—	—
龙头企业	—	—	—	—	－1 366 647	1 366 647	—	—
按作物分	—	—	—	—	—	—	—	—
一、谷物小计	11 220 308	—	—	—	9 051 623	2 158 685	—	10 000
小麦	448 501	—	—	—	430 489	18 012	—	—
水稻	8 448 028	—	—	—	6 319 059	2 128 969	—	—
玉米	2 168 251	—	—	—	2 146 547	11 704	—	10 000
大麦	152 865	—	—	—	152 865	—	—	—
杂粮	2 663	—	—	—	2 663	—	—	—
二、豆类小计	1 278 943	—	—	—	635 614	622 299	5 000	16 030
大豆	1 043 210	—	—	—	405 911	622 299	5 000	10 000
杂豆	235 733	—	—	—	229 703	—	—	6 030

林业生产情况统计表

(2007 年)

表 24

指　　标	单　位	数　量	指　　标	单　位	数　量
一、年末实有造林面积	公顷	577 159	#农田防护林	公顷	—
按用途分:		—	4. 薪炭林	公顷	—
1. 用材林	公顷	302 882	5. 其他林	公顷	97
2. 经济林	公顷	—	**三、当年迹地更新面积**	公顷	950
3. 防护林	公顷	260 543	**四、年末封山育林面积**	公顷	34 417
#农田防护林	公顷	230 896	**五、当年零星植树**	百株	50 817
4. 薪炭林	公顷	8 660	**六、年末实有育苗面积**	公顷	1 103
5. 其他林	公顷	5 074	#当年新育面积	公顷	601
二、当年造林面积	公顷	4 208	**七、当年幼林抚育作业面积**	公顷次	40 791
按用途分:		—	**八、当年成林抚育面积**	公顷	29 590
1. 用材林	公顷	971	**九、当年低产林改造面积**	公顷	554
2. 经济林	公顷	—	**十、林木出材量**	立方米	72 735
3. 防护林	公顷	3 140	#抚育改造出材量	立方米	17 807

工业总产值和指数

(2007 年)

表 25

指标名称	数　量	指标名称	数　量
绝对数(万元)	—	指数(%)(以上年为 100)	—
工业总产值	2 743 733	工业总产值	108.9
国有经济	151 802	国有经济	107.8
集体经济	821	集体经济	71.1
其他经济	2 591 110	其他经济	109.0

工业企业单位数和从业人数

(2007 年)

表 26　　单位:个

指标名称	数　量	指标名称	数　量
工业企业及生产单位数(个)	427	从业人数(人)	57 051
国有经济	82	国有经济	6 301
集体经济	1	集体经济	150
其他经济	344	其他经济	50 600

各分局畜牧业生产情况统计表

（2007 年）

表 27　　　　单位:头

项　　目	合　计	宝泉岭	红兴隆	建三江	牡丹江	北　安	九　三	齐齐哈尔	绥　化	哈尔滨	总局直属
大牲畜年末存栏	858 109	92 133	198 135	63 676	100 003	112 489	118 751	76 489	87 940	8 077	416
#从事农事劳役的	1 385	—	—	—	1	487	836	45	—	16	—
黄牛	530 274	33 803	187 103	58 572	45 023	54 141	74 873	14 582	60 237	1 904	36
#能繁母牛	253 596	16 283	101 011	24 922	14 600	26 960	34 246	7 900	26 488	1 184	2
#当年生仔牛	114 136	8 331	36 171	15 375	9 972	9 220	16 490	2 934	15 345	298	—
奶牛	323 232	58 330	11 020	5 104	54 947	56 754	41 967	61 192	27 408	6 130	380
#能繁母牛	182 375	33 537	6 612	2 842	34 298	32 406	23 956	29 939	14 996	3 530	259
#当年生仔牛	65 806	13 225	2 001	1 027	12 018	7 431	9 403	13 347	5 930	1 303	121
马(匹)	2 995	—	4	—	22	1 506	1 013	288	136	26	—
#能繁母马	1 391	—	1	—	16	638	473	166	88	9	—
#当年生仔马	518	—	—	—	5	215	215	39	39	5	—
驴	1 556	—	8	—	11	88	863	410	159	17	—
骡	52	—	—	—	—	—	35	17	—	—	—
鹿年末存栏	21 803	3 952	2 047	368	12 693	506	1 633	121	315	168	—
#能繁母鹿	5 381	1 518	640	83	2 124	171	664	59	103	19	—
#梅花鹿	17 526	3 692	1 233	363	10 830	296	669	74	201	168	—
猪年末存栏	2 041 897	588 478	591 218	118 281	302 058	83 566	39 102	104 557	176 090	29 668	8 879
能繁母猪	210 538	77 110	70 874	7 798	20 056	4 724	3 707	8 077	13 451	3 645	1 096

续表 27

项　　目	合　计	宝泉岭	红兴隆	建三江	牡丹江	北　安	九　三	齐齐哈尔	绥　化	哈尔滨	总局直属
种公猪	14 854	4 395	4 066	795	2 154	777	332	613	1 468	227	27
仔猪	713 988	236 656	169 491	51 563	93 571	25 055	9 780	42 238	64 403	18 805	2 426
65 公斤以上肥猪及架子猪	1 102 517	270 317	346 787	58 125	186 277	53 010	25 283	53 629	96 768	6 991	5 330
家禽年末存栏(百只)	133 472	9 611	37 008	20 580	29 276	7 109	3 583	11 436	6 929	7 635	306
#鹅(百只)	14 391	667	4 069	2 283	2 802	1 147	427	1 763	1 141	91	1
#肉鸡(百只)	47 112	3 657	14 590	8 402	6 615	2 110	653	4 028	1 995	4 919	144
羊年末存栏	1 681 046	60 970	420 783	533 192	69 435	218 912	195 088	60 488	113 887	8 236	55
山羊	1 100 464	22 438	261 579	500 109	43 097	155 973	46 183	11 089	56 524	3 417	55
#绒山羊	951 183	13 268	203 041	500 109	18 669	137 664	35 650	329	40 050	2 403	—
#能繁母羊	492 988	12 244	91 304	228 283	18 437	86 151	23 791	5 100	25 254	2 404	20
#当年生仔山羊	282 234	5 221	62 728	120 369	12 739	39 626	15 608	3 654	21 717	572	—
绵羊	580 582	38 532	159 204	33 083	26 338	62 939	148 905	49 399	57 363	4 819	—
#能繁母羊	290 753	21 357	68 958	19 665	9 492	32 214	84 564	26 821	23 107	4 575	—
#当年生仔绵羊	155 814	10 124	42 657	7 146	6 694	13 208	43 711	15 317	16 722	235	—
兔年末存栏	208 349	1 315	49 118	—	38 315	57 151	51 427	3 305	6 390	1 328	—
貂年末存栏	2 543	—	981	—	556	856	150	—	—	—	—
貉年末存栏	73 701	3 260	6 913	620	7 623	12 994	3 662	1 450	34 249	2 930	—
狐年末存栏	99 477	2 259	8 672	30	892	5 662	9 214	5 369	67 379	—	—
熊年末存栏	467	—	—	—	467	—	—	—	—	—	—
鸵鸟年末存栏	—	—	—	—	—	—	—	—	—	—	—
山鸡年末存栏	—	—	—	—	—	—	—	—	—	—	—
养蜂箱数(箱)	28 809	267	15 289	3 268	5 803	790	306	—	942	2 144	—

续表 27

项　　目	合　计	宝泉岭	红兴隆	建三江	牡丹江	北　安	九　三	齐齐哈尔	绥　化	哈尔滨	总局直属
肉类总产量(吨)	456 741	108 537	116 366	41 487	67 511	21 528	24 732	36 235	31 343	8 321	681
出栏肥猪(头)	3 802 900	1 404 294	928 813	290 637	457 853	108 680	98 775	273 802	198 766	34 027	7 253
猪肉产量(吨)	281 634	98 923	71 861	22 298	33 739	8 059	7 574	21 190	14 791	2 618	581
出栏肉牛(头)	493 564	36 653	128 676	38 569	87 641	49 730	65 374	33 710	50 426	2 746	39
牛肉产量(吨)	81 817	6 086	22 970	6 479	13 089	7 836	10 495	5 753	8 680	423	6
出栏肉羊(只)	1 500 580	44 831	221 912	395 888	105 577	161 437	282 290	119 118	147 232	22 195	100
羊肉产量(吨)	23 828	816	3 664	6 154	1 702	2 407	4 472	2 074	2 202	336	2
出栏家禽(百只)	332 551	12 052	84 070	37 382	95 621	15 519	7 893	37 021	22 514	19 892	587
禽肉产量	65 655	2 665	17 175	6 542	18 403	2 677	1 565	7 016	4 589	4 935	89
其他肉产量	3 808	48	696	14	579	549	626	202	1 082	9	4
牛奶产量	977 331	164 969	24 745	14 357	220 224	170 299	115 458	159 876	85 077	21 137	1 189
羊奶产量	35	—	—	—	—	—	—	—	35	—	—
羊毛产量(公斤)	2 060 972	138 699	442 192	61 063	51 945	169 496	736 928	198 724	212 925	49 000	—
#绵羊毛	1 993 480	138 699	442 192	60 471	51 845	169 496	736 928	131 924	212 925	49 000	—
禽蛋产量	59 959	5 393	13 503	6 407	14 188	3 660	3 310	4 936	5 424	2 926	212
鹿茸产量	14 871	1 402	3 462	139	5 035	383	2 364	18	1 868	200	—
羊绒产量	346 894	6 625	87 305	137 375	4 664	73 137	7 828	328	28 660	972	—
蜂蜜产量	986 394	9 300	493 268	148 064	226 745	9 300	6 767	—	49 350	43 600	—
产奶牛年平均头数(头)	169 595	30 939	7 023	2 431	33 820	30 233	20 752	25 954	14 661	3 604	178
产奶牛年平均产奶	5 763	5 332	3 523	5 906	6 512	5 633	5 564	6 160	5 803	5 865	6 680
成母奶牛年平均头数(头)	183 728	33 249	6 427	2 654	36 206	32 635	24 066	27 938	16 074	4 290	189
成母奶牛平均产奶	5 319	4 962	3 850	5 410	6 083	5 218	4 798	5 723	5 293	4 927	6 291

家庭农(林牧渔)场基本情况统计表

(2007年)

表28

项目	合计	宝泉岭	红兴隆	建三江	牡丹江	北安	九三	齐齐哈尔	绥化	哈尔滨	总局直属
一、经营组织数量(个)											
合计	239 434	37 956	38 804	35 054	35 997	25 068	27 993	20 249	13 367	4 110	836
家庭农场	206 241	33 180	30 142	28 648	26 685	24 300	26 796	19 328	12 552	3 834	776
独户	199 684	33 071	27 636	27 153	26 641	22 546	26 611	18 916	12 552	3 785	773
#有机独户	84 345	14 685	14 069	20 361	16 755	5 148	1 997	8 257	2 237	655	181
联户	5 388	108	2 506	476	13	1 638	185	412	—	47	3
开发性	1 169	1	—	1 019	31	116	—	—	—	2	—
家庭林场	4 951	881	3 157	265	49	286	79	79	141	14	—
家庭牧场	10 597	1 945	3 666	961	1 493	415	1 075	357	582	103	—
家庭渔场	298	91	33	20	25	21	7	29	67	—	5
外引户家庭农林渔场	17 345	1 859	1 806	5 160	7 744	46	36	456	25	159	54
二、承租耕地面积(公顷)											
合计	2 427 807	366 875	420 784	538 689	369 073	291 653	220 039	116 131	83 862	18 260	2 441
家庭农场	2 151 524	350 832	393 348	445 954	249 012	286 775	215 409	111 499	78 732	17 861	2 102
独户	1 916 608	347 431	298 278	407 537	246 596	215 587	21 900	92 342	78 732	17 189	2 016
#有机独户	1 043 090	188 837	177 030	323 337	187 209	58 174	40 149	40 025	24 190	3 267	872
联户	201 563	3 373	95 070	10 813	958	66 994	4 509	19 157	—	603	86
开发性	33 443	28	—	27 604	1 458	4 284	—	—	—	69	—
家庭林场	4 474	727	1 227	374	—	2 054	82	10	—	—	—
家庭牧场	12 298	1 422	2 114	667	2 138	952	3 662	743	596	4	—

续表 28

项　　目	合　计	宝泉岭	红兴隆	建三江	牡丹江	北　安	九　三	齐齐哈尔	绥　化	哈尔滨	总局直属
家庭渔场	139	85	17	—	—	—	2	23	—	—	12
外引户家庭农林牧渔场	256 466	13 809	24 078	91 694	115 096	1 872	884	3 856	4 534	395	248
三、劳动力情况（人）											
合计	560 767	94 516	121 713	78 560	70 380	54 250	53 754	50 831	28 199	7 531	1 033
家庭农场	491 506	83 333	106 685	63 944	50 264	52 671	51 580	48 796	26 461	6 840	932
独户	446 801	82 263	87 255	60 317	50 095	42 866	48 268	41 795	26 461	6 565	916
#有机独户	197 311	36 370	41 783	46 369	32 260	10 991	4 226	18 493	5 539	1 047	233
联户	42 193	1 065	19 430	1 805	82	9 211	3 312	7 001	—	271	16
开发性	2 512	5	—	1 822	87	594	—	—	—	4	—
家庭林场	6 036	1 727	2 987	318	99	347	130	155	253	20	—
家庭牧场	19 365	4 850	5 459	1 315	2 478	1 055	1 889	635	1 295	389	—
家庭渔场	584	145	66	47	44	67	15	80	113	—	7
外引户家庭农林渔场	42 976	4 461	6 516	12 936	17 205	110	140	1 165	77	282	84
四、应交利费（万元）											
合计	450 314	71 649	89 752	106 361	69 743	44 282	33 892	15 872	14 435	3 781	547
家庭农场	397 609	68 448	83 394	87 438	48 180	43 217	33 258	15 630	14 082	3 512	450
独户	359 470	67 751	65 299	82 275	47 865	33 176	32 655	12 560	14 082	3 377	430
#有机独户	205 515	36 135	39 870	66 215	34 962	9 416	6 871	6 620	4 535	708	183
联户	35 693	692	18 095	3 049	27	10 011	603	3 070	—	126	20
开发性	2 415	5	—	2 114	258	29	—	—	—	9	—
家庭林场	748	13	191	36	—	388	13	—	28	79	—
家庭牧场	2 287	253	602	67	370	428	476	4	19	68	—
家庭渔场	186	13	49	30	20	8	—	15	50	—	1
外引户家庭农林牧渔场	48 914	2 922	5 516	18 790	20 624	241	145	223	256	122	75

各分局工业企业单位情况表

(2007 年)

表 29　　　　单位:个

单　　位	工业企业及生产单位数	按经济类型分				按轻重工业分	
		国有经济	集体经济	外商及港澳台投资经济	其他经济	轻工业	重工业
合　　计	427	82	1	8	336	232	195
宝泉岭局	46	4	—	—	42	23	23
红兴隆局	73	9	—	—	64	31	42
建三江局	39	4	—	1	34	25	14
牡丹江局	93	4	—	4	85	50	43
北 安 局	62	22	—	1	39	36	26
九 三 局	33	11	—	1	21	18	15
齐齐哈尔局	12	5	—	—	7	4	8
绥 化 局	34	11	—	—	23	20	14
哈尔滨局	24	9	—	—	15	16	8
总局直属	11	3	1	1	6	9	2

各分局工业企业总产值统计表

(2007 年)

表 30　　　　单位:万元

单　　位	工业总产值	按经济类型分				按轻重工业分	
		国有经济	集体经济	外商及港澳台投资经济	其他经济	轻工业	重工业
合　　计	2 049 698	151 802	821	164 822	1 732 253	1 765 303	284 396
宝泉岭局	166 524	12 111	—	—	154 413	131 015	35 509
红兴隆局	125 720	2 327	—	—	123 392	57 392	68 327
建三江局	61 891	14 542	—	1 800	45 549	38 037	23 854
牡丹江局	233 130	7 042	—	22 844	203 245	154 295	78 835
北 安 局	49 700	5 778	—	2 700	41 223	40 339	9 361
九 三 局	26 300	10 686	—	638	14 976	16 512	9 788
齐齐哈尔局	24 774	4 790	—	—	19 984	18 894	5 880
绥 化 局	27 282	2 982	—	—	24 300	21 236	6 046
哈尔滨局	31 248	4 061	—	—	27 187	29 253	1 995
总局直属	1 303 129	87 484	821	136 840	1 077 984	1 258 329	44 800

注:本表按当年价格计算。

各分局工业企业增加值统计表

（2007年）

表31 单位:个

单　位	工业企业增加值	按经济类型分				按轻重工业分	
		国有经济	集体经济	外商及港澳台投资经济	其他经济	轻工业	重工业
合　计	366 765	32 258	126	45 065	289 316	269 293	97 472
宝泉岭局	36 389	3 541	—	—	32 848	23 772	12 617
红兴隆局	38 460	743	—	—	37 717	15 226	23 235
建三江局	17 591	5 152	—	490	11 949	9 614	7 978
牡丹江局	65 256	1 422	—	6 990	56 845	37 791	27 465
北 安 局	12 854	1 762	—	810	10 283	9 909	2 945
九 三 局	6 712	3 291	—	－131	3 552	3 145	3 567
齐齐哈尔局	6 812	1 282	—	—	5 530	5 185	1 627
绥 化 局	10 567	1 336	—	—	9 231	8 264	2 304
哈尔滨局	7 603	1 003	—	—	6 600	7 126	477
总局直属	164 519	12 726	126	36 906	114 761	149 262	15 257

各分局个体工业总产值及增加值

（2007年）

表32 单位:万元

单　位	工业总产值	轻工业	重工业	工业增加值	轻工业	重工业
合　计	694 035	532 939	161 096	205 445	150 264	55 181
宝泉岭局	132 174	94 285	37 889	42 779	28 752	14 027
红兴隆局	226 650	191 226	35 424	69 427	57 470	11 957
建三江局	99 588	78 382	21 206	24 739	18 568	6 171
牡丹江局	86 494	71 984	14 510	20 566	16 403	4 163
北 安 局	26 806	14 286	12 520	7 807	4 084	3 723
九 三 局	32 645	22 531	10 114	10 244	7 054	3 190
齐齐哈尔局	21 634	18 727	2 907	5 938	5 372	566
绥 化 局	31 526	15 158	16 368	13 462	5 655	7 807
哈尔滨局	36 518	26 360	10 158	10 483	6 906	3 577
总局直属	—	—	—	—	—	—

工业企业主要经济指标

(2007年)

表33　　单位:个、万元

类别	工业企业单位数	#亏损企业	工业增加值	工业总产值	工业销售产值	资产总计	流动资产年平均余额	流动资产合计	#存货	#产成品	长期投资
总计	427	17	366 765	2 049 698	1 968 612	2 188 592	1 079 998	1 126 347	520 023	170 527	21 311
#国有及国有控股	141	14	229 502	1 572 069	1 510 240	1 784 896	903 855	918 454	436 787	133 030	6 482
#大中型工业企业	26	1	238 560	1 591 777	1 536 732	1 816 475	906 507	944 600	436 745	131 944	20 983
#大型	5	—	140 458	1 232 013	1 184 035	1 217 937	664 825	698 618	333 468	91 403	2 433
#产业化龙头工业企业	15	—	170 787	1 393 377	1 344 292	1 390 945	772 721	817 802	404 364	122 405	3 659
一、按口径分											
规模以上工业	161	10	337 974	1 960 164	1 881 257	2 093 386	1 048 754	1 092 861	508 179	162 684	21 146
规模以下工业	266	7	28 791	89 534	87 355	95 206	31 244	33 486	11 844	7 843	165
二、按轻重工业分											
轻工业	232	9	269 293	1 765 303	1 685 530	1 774 709	959 440	1 003 440	486 360	158 206	3 812
重工业	195	8	97 472	284 396	283 082	413 883	120 558	122 907	33 662	12 321	17 499
三、按企业登记注册类型分											
国有	82	8	32 258	151 802	158 972	312 283	144 147	117 994	64 806	18 094	1 154
集体	1	1	126	821	719	308	242	242	196	182	—
股份合作	19		11 067	31 764	31 619	19 147	10 800	12 305	4 208	2 237	—
有限责任公司	57	5	151 528	1 263 865	1 190 567	1 231 166	680 109	725 395	353 274	106 890	4 037
股份制	11	1	25 806	82 111	79 122	169 166	52 274	45 833	13 693	4 496	—
私营	249	1	100 915	354 513	347 353	250 119	114 767	141 095	56 005	25 887	14 687
港澳台投资	4	—	1 564	5 582	4 298	7 146	3 224	3 418	508	488	—
外商投资	4	1	43 501	159 240	155 961	199 257	74 435	80 066	27 333	12 252	1 433

续表 33

类别	固定资产合计	固定资产原价	累计折旧	固定资产净值	固定资产净值年平均余额	无形资产	负债总计	#流动负债	#长期负债	所有者权益总计
总计	976 968	1 225 181	276 500	948 681	936 566	36 097	1 533 634	1 376 085	108 825	654 958
#国有及国有控股	809 893	1 009 158	223 407	785 751	775 152	28 652	1 294 751	1 177 943	80 655	490 145
#大中型工业企业	800 959	982 489	221 526	760 963	752 032	32 922	1 307 044	1 186 878	86 593	509 431
#大型	493 695	641 339	150 655	490 684	465 647	20 453	903 820	895 134	8 643	314 117
#产业化龙头工业企业	541 683	628 824	108 974	519 850	493 730	23 022	974 270	958 218	16 009	416 675
一、按口径分										
规模以上工业	920 591	1 144 205	255 370	888 835	874 894	35 381	1 475 416	1 332 423	101 943	617 970
规模以下工业	56 377	80 976	21 130	59 846	61 672	716	58 218	43 662	6 882	36 988
二、按轻重工业分										
轻工业	713 721	838 360	150 076	688 284	676 315	32 892	1 220 530	1 135 999	41 543	554 179
重工业	263 247	386 821	126 423	260 397	260 252	3 205	313 104	240 086	67 282	100 779
三、按企业登记注册类型分										
国有	184 531	202 805	34 741	168 064	168 714	5 583	240 296	196 054	42 156	71 987
集体	—	294	228	66	66	—	213	198	15	95
股份合作	6 479	9 597	3 621	5 976	5 846	63	12 316	10 883	1 418	6 831
有限责任公司	472 425	577 666	99 309	478 357	441 678	17 917	899 808	862 176	34 546	331 358
股份制	109 593	160 511	64 233	96 278	117 221	3 715	154 857	122 584	45	14 309
私营	91 013	121 613	32 350	89 263	90 491	656	135 692	118 913	7 421	114 427
港澳台投资	3 567	3 781	355	3 426	3 621	161	4 448	2 497	—	2 698
外商投资	109 360	148 914	41 663	107 251	108 930	8 002	86 004	62 780	23 224	113 253

续表 33

类　　别	#实收资本	国家资本	集体资本	法人资本	个人资本	港澳台资本	外商资本	主营业务收　　入	#主营业务成　　本	#主营业务税金及附加
总　　计	487 716	73 664	4 929	317 983	67 090	—	24 050	2 008 232	1 769 581	8 177
#国有及国有控股	380 740	69 106	2 886	279 235	12 429	—	17 084	1 570 562	1 405 735	2 005
#大中型工业企业	360 558	50 653	—	263 307	28 123	—	18 475	1 602 571	1 428 599	3 102
#大型	229 456	524	—	213 147	—	—	15 785	1 259 820	1 147 249	428
#产业化龙头工业企业	310 506	29 024	—	251 365	13 562	—	16 555	1 406 385	1 268 197	831
一、按口径分										
规模以上工业	448 227	60 672	505	309 027	54 342	—	23 682	1 936 574	1 712 200	6 749
规模以下工业	39 489	12 992	4 424	8 956	12 748	—	368	71 658	57 381	1 428
二、按轻重工业分										
轻工业	420 427	54 279	3 744	294 238	44 117	—	24 050	1 725 885	1 534 912	4 804
重工业	67 288	19 385	1 185	23 745	22 974	—	—	282 347	234 670	3 373
三、按企业登记注册类型分										
国有	72 645	42 461	89	24 072	5 253	—	770	139 510	120 426	269
集体	154	—	154	—	—	—	—	719	701	2
股份合作	2 983	—	603	1 772	608	—	—	28 648	22 979	264
有限责任公司	275 139	19 716	3 623	239 222	9 921	—	2 657	1 264 430	1 162 158	1 661
股份制	11 894	6 955	—	2 325	2 614	—	—	79 080	67 069	339
私营	70 150	3 664	460	13 994	47 354	—	4 678	335 162	281 402	5 332
港澳台投资	2 691	868	—	1 294	—	—	529	4 310	3 565	10
外商投资	52 060	—	—	35 304	1 340	—	15 416	156 373	111 282	301

续表 33

类　　别	营业费用	管理费用	#税金	财务费用	#利息支出	本年应交增值税	利润总额	亏损企业亏损总额	利税总额	从业人员平均人数（人）
总　　计	86 281	56 027	2 850	47 929	45 165	32 949	61 941	2 930	103 067	57 051
#国有及国有控股	69 887	40 390	1 878	42 386	40 559	20 428	32 078	2 335	54 511	36 893
#大中型工业企业	72 251	40 339	1 687	45 209	43 227	24 240	35 277	45	62 619	35 472
#大型	51 866	25 312	1 358	33 852	35 320	10 261	17 768	—	28 457	19 045
#产业化龙头工业企业	62 169	27 865	1 489	36 554	35 825	10 165	29 903	—	40 899	21 452
一、按口径分										
规模以上工业	84 237	51 161	2 543	46 967	44 681	31 197	57 503	2 109	95 449	47 835
规模以下工业	2 044	4 866	307	962	484	1 752	4 438	821	7 618	9 216
二、按轻重工业分										
轻工业	78 329	40 469	2 067	41 571	40 293	18 588	43 600	1 948	66 992	37 257
重工业	7 953	15 558	783	6 358	4 872	14 361	18 340	982	36 075	19 794
三、按企业登记注册类型分										
国有	4 925	6 646	132	5 826	2 514	2 780	2 891	1 898	5 939	6 301
集体	—	52	—	—	—	41	-36	36	7	150
股份合作	1 738	1 930	38	338	73	1 674	2 253	—	4 191	2 740
有限责任公司	34 470	23 930	1 283	34 602	35 732	6 670	26 567	428	34 898	18 393
股份制	4 538	4 649	180	2 587	2 492	4 518	1 298	45	6 155	4 734
私营	10 216	10 078	878	1 749	1 539	8 226	24 594	9	38 152	14 132
港澳台投资	314	63	10	10	—	35	381	—	426	296
外商投资	30 080	8 679	329	2 818	2 814	9 005	3 993	514	13 299	10 305

主要工业产品产量统计表

（2007 年）

表 34

项目	单位	合计	宝泉岭分局	红兴隆分局	建三江分局	牡丹江分局	北安分局	九三分局	齐齐哈尔分局	绥化分局	哈尔滨分局	总局局直
原煤	万吨	36.8	—	16.2	—	20.6	—	—	—	—	—	—
黄金	千克	234	—	234	—	—	—	—	—	—	—	—
大米	万吨	230.9	18.8	42.8	33.3	50.3	—	—	12.1	2.2	2.8	68.6
小麦粉	万吨	22.1	1.5	2.6	1.6	1.0	1.5	2.0	0.3	1.3	—	10.3
食用植物油	吨	435 990	15 887	21 766	13 236	7 661	1 080	1 695	704	1 030	—	372 931
豆粕	万吨	203.7	4.6	7.8	6.2	—	—	0.2	—	—	—	184.9
机制糖	吨	41 145	—	36 645	—	—	—	—	4 500	—	—	—
罐头	吨	1 829	—	—	—	—	—	—	—	—	—	1 829
乳制品	吨	193 179	20 690	3 018	100	21	4 995	505	1 130	5 074	980	156 666
#液体乳	吨	124 380	—	—	—	—	380	—	—	—	980	123 020
白酒	吨	29 852	3 187	10 203	2 092	1 293	2 652	2 840	274	3 650	3 663	—
啤酒	吨	1 850	—	1 850	—	—	—	—	—	—	—	—
大麦芽	吨	261 280	—	272	2 200	35 241	—	—	—	—	—	223 567
饲料	万吨	18.4	4.6	3.1	0.4	3.9	0.9	0.8	1.7	1.1	1.9	—
豆制品	吨	24 345	8 617	1 625	1 100	—	529	2 158	1 460	2 013	—	6 843
锯材	万立方米	17.8	4.8	8.1	0.2	0.3	4.2	—	—	—	0.2	—
机制纸及纸板	吨	43 981	—	4 642	—	39 249	—	—	—	—	90	—
发电量	万千瓦小时	58 034	—	3 644	11 496	22 874	243	—	—	—	—	19 777
焦炭	万吨	20.6	—	3.6	—	17.0	—	—	—	—	—	—
尿素实物量	万吨	18.5	—	—	—	—	—	—	—	—	—	18.5
复合肥料实物量	吨	7 134	3 100	1 539	—	—	—	2 495	—	—	—	—
塑料制品	吨	—	—	—	—	—	—	—	—	—	—	—
酒精	吨	15 485	—	14 773	—	—	—	—	712	—	—	—
化学原料药	吨	2 055	—	—	—	208	—	—	—	—	70	1 777
中成药	吨	13 622	—	—	—	4 166	—	—	—	—	571	8 885
水泥	万吨	112.1	5.7	56.8	—	49.6	—	—	—	—	—	—
砖	万块	79 518	13 510	23 347	6 760	9 836	8 831	2 751	6 151	7 532	800	
瓦	万片	46	36	10	—	—	—	—	—	—	—	—
小型拖拉机	台	—	—	—	—	—	—	—	—	—	—	—
机引耕作机械	台	13 980	—	8 559	—	1 152	135	159	—	—	3 975	—
种植机械	台	21 251	1 000	1 000	—	—	—	11	—	—	19 240	—
联合收获机	台	—	—	—	—	—	—	—	—	—	—	—
场上作业机械	台	9 540	—	9 106	—	274	120	—	—	—	40	—

各级各类学校数

（2007 年）

表 35　　　　单位:所

名　　称	数　量	名　　称	数　量
普通高等学校	4	高中	20
中等学校	135	初中	47
中等专业学校	2	九年一贯制学校	60
中等技术学校	2	职业中学	2
中等师范学校	—	小学	69
普通中学	131	幼儿园	109
完全中学	4		

各级各类学校教职工数

（2007 年）

表 36　　　　单位:人

名　　称	数　量	名　　称	数　量
普通高等学校	2 441	高中	3 415
中等学校	13 072	初中	9 220
中等专业学校	370	职业中学	67
中等技术学校	370	小学	9 855
中等师范学校	—	幼儿园	1 513
普通中学	12 635		

各级各类学校教师数

（2007 年）

表 37　　　　单位:人

名　　称	数　量	名　　称	数　量
普通高等学校	1 444	高中	2 287
中等学校	9 100	初中	6 581
中等专业学校	198	职业中学	34
中等技术学校	198	小学	7 219
中等师范学校	—	幼儿园	973
普通中学	8 868		

各级各类学校在校学生数

(2007 年)

表 38　　单位:人

名　　称	数　量	名　　称	数　量
普通高等学校	24 115	高中	35 619
中等学校	130 259	初中	90 215
中等专业学校	4 108	职业中学	317
中等技术学校	4 108	小学	108 471
中等师范学校	—	幼儿园	30 405
普通中学	125 834		

各级各类学校招生数

(2007 年)

表 39　　单位:人

名　　称	数　量	名　　称	数　量
普通高等学校	8 370	高中	11 331
中等学校	37 280	初中	24 330
中等专业学校	1 466	职业中学	153
中等技术学校	1 466	小学	16 669
中等师范学校	—	幼儿园	20 831
普通中学	35 661		

各级各类学校毕业生数

(2007 年)

表 40　　单位:人

名　　称	数　量	名　　称	数　量
普通高等学校	6 144	普通中学	36 803
中等学校	38 322	高中	11 526
中等专业学校	1 434	初中	25 277
中等技术学校	1 434	职业中学	85
中等师范学校	—	小学	24 375

卫生机构、床位、人员数

（2007 年）

表 41

机构类别	机构数（个）	床位数（张）	人员合计（人）			
				卫生技术人员	其他技术人员	管理及工勤人员
总计	2 601	7 724	12 591	10 793	397	1 401
一、医疗卫生机构	2 295	7 404	11 744	10 030	388	1 326
1、医院	116	7 404	8 758	7 065	388	1 305
（1）总局总医院	1	700	765	592	84	89
（2）分局中心医院	7	2 030	2 705	2 064	195	446
（3）农（厂）场职工医院	107	4 229	5 038	4 218	109	711
（4）专科医院	1	445	250	191	—	59
2、卫生院、门诊部（所）	2 179	—	2 986	2 965	—	21
（1）卫生院、门诊部	35	—	842	821	—	21
（2）卫生所	2 144	—	2 144	2 144	—	—
二、疗养院	1	320	93	26	8	59
三、卫生监督及防保机构	305	—	754	737	1	16
1、卫生监督所	104	—	325	316	1	8
2、疾病预防控制中心	112	—	228	223	—	5
3、妇幼保健站	89	—	201	198	—	3

垦区科学技术进步奖名单

(2007年)

表42

成果编号	项目名称	主要完成单位	主要完成人	获奖等级
070001	5HSH型水稻复合工艺系列干燥机	哈尔滨东宇农业工程机械有限公司	奚河滨、邵明军、王桂湘、于文江 姜永维、王英勇、高树林、崔　义 王　颖	省二等奖
070002	三江平原规模化现代农业模式与技术研究	黑龙江省农垦科学院	马守义、段余君、胡国华、许连元 刘延坤、贾会彬、解宝胜、王立涛 孙晓玉	省二等奖
070003	猪繁殖障碍性疾病分子生物学方法诊断和检测	黑龙江八一农垦大学	朴范泽、崔玉东、朱战波、李　鹏 杨玉英、侯喜林、邵　红、余丽芸 于立权	省二等奖
070004	稻草浆生产中高档文化用纸及工艺	黑龙江北大荒纸业有限责任公司	殷　松、刘春华、尚彩云、赵利保 周宏建、郝士彬、赵军辉、宗一夫 王华军	省二等奖
070005	生物降解农残提质增效技术的开发研究	黑龙江八一农垦大学	叶喜文、宫占元、张合豫、焦　峰 赵丽琴、王艳杰、吴金花	省三等奖
070006	水稻深加工综合利用技术研究	黑龙江八一农垦大学	张丽萍、阮长青、高玉荣、鹿保鑫 翟爱华、王成涛、于长青	省三等奖
070101	农业航空作业技术与标准化推广	黑龙江省农垦总局农业航空实验站、七星农场、创业农场、红卫农场、江滨农场、浓江农场、宝泉岭农场、军川农场、八五八农场	郭庆才、王维志、张亚军、张国慧 丛　芳、宫长贵、张伟巍、刘玉平 刘海英、何安全、郭　彪、李思军 付永政、杨仁明、刘明贵	垦区一等奖
070102	低污染农药与生物农药相结合病虫草害防治技术	黑龙江八一农垦大学植物科技学院、八五〇农场、赵光农场、八五三农场	靳学慧、孔祥清、左豫虎、于立河 辛惠普、王丽艳、林志伟、郑殿峰 袭　峰、马建华、高云龙、李小兵 台莲梅、郑　雯、孙　强	垦区一等奖
070103	高产抗病水稻新品种垦鉴稻6号	黑龙江省农垦科学院水稻研究所	李建华、孟昭河、黄少锋、孟巧霞 刘海燕、张莉萍、孙　伟、刘永巍 张景龙、刘华昭、李春光、杜金岭 陈淑洁、王丽萍、王安东	垦区一等奖
070104	食品安全关键技术应用的综合示范	黑龙江八一农垦大学、东北农业大学、哈尔滨医科大学、黑龙江省农垦科学院、九三油脂有限责任公司、北大荒米业有限公司	张东杰、翟瑞常、张丽萍、郑殿峰 蔡德利、徐凤花、孙长颢、靳学慧 谷春英、王南云、张玉先、赵永焕 阮长青、张军政、袭　峰	垦区一等奖
070105	JL－70型及RL－500型热风炉制造技术	黑龙江省农垦科学院农业工程研究所、黑龙江省五九七机械厂、黑龙江省嫩江农机制造厂、黑龙江省白桦清选机厂	刘振斌、孙艳华、李金海、柳春柱 钱海峰、苏盛宝、冯艳辉、刘丽红 王　剑	垦区一等奖
070106	优质瘦肉型猪繁育体系及高效生产工艺的研究	黑龙江八一农垦大学、黑龙江八一农垦大学实习牧场、黑龙江省八五三农场种猪场、黑龙江省曙光农场种猪场、哈尔滨市呼兰区金山种畜场、黑龙江省宝泉岭农场、黑龙江省梧桐河农场、黑龙江省二九〇农场	耿忠诚、黄大鹏、刘胜军、李　馨 张爱忠、杨　隽、英若忠、樊建国 杨　华、邢学龙、陈建华、刘丽丽 潘振亮、胡海燕、于亚洲	垦区一等奖

续表42

成果编号	项目名称	主要完成单位	主要完成人	获奖等级
070107	优质肉牛规模化生产综合技术研究与示范	黑龙江八一农垦大学、八五二农场	苗树君、张洪友、曲永利、倪宏波、李　宁、沈冰蕾、付尚杰、孙　芳、刘护国、戴成久、崔　波	垦区一等奖
070108	标准化奶牛生产小区建设及管理机制的研究	黑龙江省农垦科学院畜牧兽医研究所、黑龙江省农垦总局畜牧局、完达山乳业股份有限公司、八五一一农场、二龙山农场	甘文平、李　宁、于春明、孙晓玉、张洪涛、梁伟东、吴宏伟、孙福先、陈国福、丛树发、梁喜林、金均浩、王龙祥、霍立军、肖洪亮	垦区一等奖
070109	青杨天牛化学生态控制及无公害防治技术研究	黑龙江农垦林业职业技术学院、东北林业大学、黑龙江省平山制药厂、柳河农场	张淑梅、张国财、赵静夫、姜庭武、邓　刚、穆乾华、夏玉江、杜　萍、杨玉贵、李旭影、赵　臣、王梦飞、刘成达、杨延祥、方林华	垦区一等奖
070201	生物农药的研制与开发	黑龙江省农垦科学院农作物开发研究所、中国科学院微生物所、黑龙江省农垦总局植保植检站	刘　辉、高　虹、沈国生、张英武、李首昌、刘杏忠、孙漫红、关成宏、刘江滨、孙伟海、谢丽华、刘友香	垦区二等奖
070202	垦九10号小麦新品种选育	黑龙江省农垦总局九三科研所	李慧英、宋　伟、孙作凤、王利民、郭彦泰、陈　辉、王　婧、蒋　晶、许守亭、张永华、朱长波、朱丽娜	垦区二等奖
070203	高产优质"垦鉴豆28号"的选育和推广	黑龙江省农垦总局北安农业科学科研所、黑龙江省农垦科研育种中心华疆科研所	李　升、杨荣斌、单立民、宋豫红、徐玉花、史建辉、王泽奇、高大伟、宋来成、韩利强、迟玉宏	垦区二等奖
070204	寒地绿色优质水稻节水生产技术推广	黑龙江省农垦科学院水稻研究所、黑龙江省农垦宝泉岭分局、黑龙江省农垦红兴隆分局、黑龙江省农垦建三江分局、黑龙江省农垦牡丹江分局、黑龙江省农垦齐齐哈尔分局	解保胜、于建国、王泽奇、那永光、顾春梅、陈淑杰、刘春梅、王丽萍、李金海、孙文宏、姜孝义、朱广石	垦区二等奖
070205	中原单32号青贮玉米新品种推广	黑龙江北大荒集团九三种业有限公司	刘显辉、黄大龙、周兴民、冯雪蓉、李金海、唐立华、高占军、李明安、林　兰	垦区二等奖
070206	饲料青贮收获机械的研制	黑龙江八一农垦大学工程学院、安达市牧业机械有限公司、哈尔滨泰华科技开发有限公司、黑龙江北大荒农业股份有限公司八五六分公司	赵清华、万　霖、车　刚、李玉清、胡　军、程新江、温海江、张燕梁、陈丽芬、马永财、王　炎	垦区二等奖
070207	猪线粒体DNA－RFLP的研究	黑龙江八一农垦大学、广东海洋大学	杨　隽、耿忠诚、苏　瑛、李　馨、黄大鹏、王国良、刘胜军、张爱忠、黄丽波、崔玉东	垦区二等奖
070208	富硒和富ω－3多不饱和脂肪酸营养强化蛋生产技术的研究	红兴隆农垦诚信绿色保健食品科研所、红兴隆分局科技服务中心、红兴隆赵家民鸡场、农垦职业学院	何葆祥、刘护国、张　红、廖　伟、林树民、孙洪文、宫殿军、赵家民	垦区二等奖
070209	奶牛脂肪肝发生机制和防治的研究	黑龙江八一农垦大学、八五一一农场、八五七农场、绿色草原牧场	王亚军、夏　成、王　哲、吴　凌、王国良、王　新、燕传利、蔡永华、胡恩伟、王孟国、田立志、王玉东	垦区二等奖
070210	垦区林果优良树种引种鉴定及苗木繁殖技术研究	黑龙江省农垦科学院农作物开发研究所、五九七农场、八五三农场、友谊农场、胜利农场、东宁县科学技术与信息产业局	闫晓峰、肖明刚、段余君、马　兰、于晓芳、王泽奇、张贵龙、杨广乐、王忠玉、武玉刚、戴元平、吴庆林	垦区二等奖

续表42

成果编号	项目名称	主要完成单位	主要完成人	获奖等级
070211	寒地抗逆性草坪草筛选及栽培技术研究	黑龙江省农垦科学院哈尔滨特产研究所	杨广乐、王金武、于　玮、李冬梅、宋兆华、丁　岩、蔡纪文、王海涛、龚束芳、马光艳、张　红、张德富	垦区二等奖
070212	高水分玉米湿贮及在饲料和酿酒上的应用	黑龙江省农垦科学院、黑龙江省轻工研究院、八五一一农场、二龙山农场、大庆庆井老窖酒厂、安达银泉酿酒有限公司	陈东升、雷云国、梁喜林、栗　伟、张洪涛、杜桂莲、刘　群、尚　维、张　阔、张　辉、曹　峰、韩志强	垦区二等奖
070301	大白菜转抗芜菁花叶病毒基因遗传规律的研究	黑龙江八一农垦大学、黑龙江中医药大学、东北农业大学、哈尔滨师范大学、黑龙江省农业科学院	马　伟、梁喜龙、邢德峰、崔崇士、李柱钢、张耀伟、屈淑平	垦区三等奖
070302	寒地水稻新的杂草群落(或种类)危害程度及综合控制技术研究	黑龙江省农垦科学院水稻研究所、黑龙江八一农垦大学、八五四农场、农垦总局植保站、查哈阳农场	王　平、杜金岭、刘　民、王　芳、乔金玲、王北兰、肖志强、王丽萍、关成宏	垦区三等奖
070303	苜蓿、青贮饲料品种筛选与高产栽培技术研究	黑龙江省农垦科学院农作物开发作物所	蔡敦江、王泽奇、张荣华、王　伟、李玉成、杨丹霞、朱广石、李艳杰、马玉玲	垦区三等奖
070304	引进荷兰甜菜新品种巴士森(BASTION)大面积推广应用	黑龙江省农垦总局九三科学研究所、荷兰安地公司、河北天露糖业有限公司、黑龙江省农垦总局九三分局种子管理处、黑龙江省北方糖业有限公司	郑佰义、荣祥生、孙佰臣、张永华、边　林、于德林、刘永德、范圣华、张　兴	垦区三等奖
070305	多季树木移植器的研究与应用	九三分局局直常青树木移植器研究所、黑龙江省九三局直地区城镇管理局林业科、黑龙江省农垦九三分局林业局、黑龙江省农垦总局齐齐哈尔分局林业局、黑龙江省农垦总局北安分局林业局	吴超英、赵映红、董元珍、孙彦波、胡文杰、夏冬梅、孙红扬、牛国森、黄继勇	垦区三等奖
070306	高效环保新型节能漂白新技术在亚麻纺纱生产上的应用	黑龙江农垦九三亚麻产业有限公司、黑龙江省化工研究院有限责任公司、哈尔滨亚麻纺织股份有限公司、黑龙江省兰西三和亚麻纺织有限公司、湖南萱麻纺织有限公司	郭秀才、王　伟、富　勇、唐　威、金安成	垦区三等奖

垦区各地区自然保护区名录

(2007年)

表43

自然保护区名称	地　　点	面积（公顷）	主要保护对象	批准日期	类　　型	级别
1. 洪河自然保护区	同江市抚远县洪河农场	21 836	水禽，自然沼泽湿地	1 996.11	内陆湿地和水域生态系统	国家级
2. 兴凯湖自然保护区	密山市兴凯湖农场、鸡西市八五一〇农场	88 376	珍贵稀有野生动，植物湿地生态环境	1994.4	内陆湿地和水域生态系统	国家级
3. 挠力河自然保护区	宝清县饶河县富锦市五九七、八五二、八五三、红旗岭、饶河、八五九、胜利、红卫等	160 595	湿地，水禽	2002.7	内陆湿地和水域生态系统	国家级
4. 虎口湿地自然保护区	虎林县八五八、八五六农场	15 000	湿地，水禽	1997.2	内陆湿地和水域生态系统	省　级
5. 勤得利鲟鳇鱼自然保护区	同江市抚远县勤得利农场	36 663	鲟鳇等水生动物，森林湿地水域	1998.12	野生动物	省　级
6. 乌苏里江自然保护区	抚远县八五九农场	39 668	湿地、水禽	2001.1	内陆湿地和水域生态系统	省　级
7. 哈拉海自然保护区	齐齐哈尔市哈拉海农场	16 564	湿地，水禽	2005.7	内陆湿地和水域生态系统	省　级
8. 水莲自然保护区	萝北县共青、名山、军川农场	8 952	湿地，水禽	2003.9	内陆湿地和水域生态系统	省　级
9. 老等山自然保护区	萝北县梧桐河农场、普阳农场	5 745	水禽，野生动物，抗联遗物湿地生态环境	1989.1	内陆湿地和水域生态系统	总局级
10. 东风自然保护区	七星泡农场、格球山农场	1 667	水禽，水资源，野生动物，沼泽湿地	1996.12	内陆湿地和水域生态系统	总局级
11. 科洛河自然保护区	嫩江县山河、嫩江、七星泡农场	3 577	湿地，水禽	1996.12	内陆湿地和水域生态系统	总局级
12. 锦江自然保护区	二九一农场	9 700	湿地	2006.1	内陆湿地和水域生态系统	总局级
13. 友谊自然保护区	友谊农场	4 593	湿地	2007.12	内陆湿地和水域生态系统	总局级
14. 双兴自然保护区	绥棱县绥棱农场	3 396	水生资源野生动植物	1995.7	内陆湿地和水域生态系统	分局级
15. 锦河自然保护区	黑河市锦河农场	1 500	森林，野生动植物风景点	1995.9	森林生态系统	分局级
16. 跃进自然保护区	二龙山农场	28 000	森林生态系统，动、植物	1996.1	森林生态系统	分局级
17. 育新自然保护区	海伦市海伦农场	3 361	森林生态系统，动植物	1996.1	森林生态系统	分局级
18. 青石岭自然保护区	北安市建设农场	20 300	水、鱼、鸟及周围森林植被	1997.11	水域生态系统类型	分局级

续表43

自然保护区名称	地　　点	面积(公顷)	主要保护对象	批准日期	类　　型	级别
19. 和平草原自然保护区	大庆市和平牧场	6 500	草原草甸	2000.3	草原与草甸生态系统	分局级
20. 沾河自然保护区	逊克县逊克农场	2 904	火山遗迹,珍贵动植物	2001.11	地质遗迹	分局级
21. 嘉荫次生林自然保护区	嘉荫县嘉荫农场	15 015	天然次生林	2001.12	森林生态系统	分局级
22. 王老好河自然保护区	长水河农场	2 700	湿地	2005.1	内陆湿地和水域生态系统	分局级

新接收十一个国有农场基本情况表

（2007 年）

表 44

农场名称	行政区划	具体接管分局	土地面积（万亩）	耕地面积（万亩）	总人口（人）	在册职工（人）	离退职工（人）	资产总额（万元）	负债总额（万元）	资产负债率（%）	利润总额（万元）
合　计			239.47	67.54	63 412	17 454	5 556	40 478	36 259	89.6	-769.1
勃利种畜场	勃利县	牡丹江分局	76.49	18.19	14039	3 980	1 359	9 012	4 869	54.0	89.5
山市种奶牛场	海林市	牡丹江分局	27.18	4.73	7 033	2 108	849	7 945	7 510	94.5	-197.9
齐齐哈尔种畜场	齐铁锋区	齐齐哈尔分局	30.29	5.22	7 047	2 389	635	2 459	6 431	261.5	-137.9
大山种羊场	杜蒙县	齐齐哈尔分局	22.34	3.01	4 104	1 069	368	2 285	1747	77.4	-73.4
繁荣种畜场	富裕县	齐齐哈尔分局	16.40	12.90	12 581	1 563	612	2 258	1811	80.2	-233.1
红旗种马场	依安县	齐齐哈尔分局	6.60	1.80	3 600	622	232	1 259	1 359	107.8	-57.8
五大连池原种场	五大连池市	北安分局	28.25	12.57	8 373	3 505	844	6441	3 563	55.3	0
阿城原种场	哈市阿城区	哈尔滨分局	3.84	2.04	4 639	1579	439	3 277	3 232	98.6	0
茂兴湖水产养殖场	肇源县	绥化分局	26.01	7.05	1151	357	111	4 300	4 326	100.6	-157
涝洲鱼种场	肇东市	绥化分局	0.81	0.011	630	214	57	893	1179	132.0	0.5
九龙山柞蚕育种场	宾县	哈尔滨分局	1.26	0.015	215	68	50	349	232	66.5	-2

（注：2007 年 3 月 22 日以上 11 个农场正式移交农垦管理。12 月 17 日划归牡丹江农垦分局的勃利种畜场整建制划转七台河市管理。）

附　录

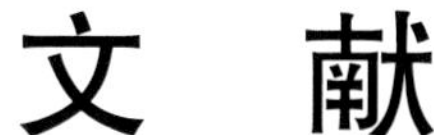

文　献

中共黑龙江省委 黑龙江省人民政府关于支持垦区加快发展的若干意见

黑发[2006]30号

（2006年12月28日）

为了支持垦区加快发展，率先实现农业现代化，巩固国家重要商品粮基地战略地位，全面提升垦区经济社会发展水平，促进我省和谐社会建设、新农村建设和县域经济发展，现就加快垦区发展提出如下意见。

一、充分认识加快垦区发展的重要意义，进一步明确垦区发展的方向和目标

（一）提高对垦区地位和作用的认识，把加快垦区发展摆上全省经济社会发展的战略位置。经过半个多世纪的开发建设，我省垦区已建成全国规模最大的国有农场群，成为国家重要商品粮基地和粮食战略后备基地。北大荒集团位居中国企业500强第79位。垦区耕地面积占全省的1/5，粮食商品量占全省的1/3以上，粮食加工能力占全省的1/3，农机装备和机械化程度接近发达国家水平，农业科技贡献率居国内领先地位，农业产业化经营格局已经形成，城镇化进程明显加快，社会事业协调发展，垦区为维护国家粮食安全和全省经济社会发展做出了重大贡献。充分发挥垦区的巨大潜力和优势，加快垦区发展，对于带动全省新农村建设，推进老工业基地振兴，实现我省全面建设小康社会和构建和谐社会的目标，必将发挥重要作用。

（二）认清垦区发展的新形势新任务，把垦区现代化建设推向新阶段。当前，垦区加快发展面临着重要的历史性机遇。中央加大了对东北地区等老工业基地和粮食主产区的支持力度，明确了建设社会主义新农村的重大历史任务，实行工业反哺农业、城市支持农村的方针。省委、省政府把垦区作为县域经济发展的重要组成部分，加大了支持力度，地方与垦区共建工作势头良好，这些都为垦区加快发展提供了有利条件。垦区必须增强紧迫感和责任感，进一步解放思想，抓住机遇，充分发挥自然资源丰富、物质基础雄厚、生产经营组织化程度高、科技力量强、社会事业体系健全等优势，开拓创新，加快发展，努力开创经济社会发展新局面。

（三）垦区的发展思路和目标。今后一个时期，垦区要高举邓小平理论和“三个代表”重要思想伟大旗帜，全面贯彻落实科学发展观，紧紧围绕建设社会主义新农村，协调推进经济建设、政治建设、文化建设、社会建设和党的建设，着力推进经济结构调整，切实转变经济增长方式，建设国家商品粮基地、畜产品基地、农产品精深加工基地、农业高新技术产业基地，加快工业化、城镇化和现代化进程，在全国率先实现农业现代化，在全省农村率先进入全面小康社会，建设经济繁荣、生活富裕、环境优良、社会和谐的新型垦区。

围绕全面实现现代化的目标，垦区要实施“三步走”规划。

第一步（2006~2010年）：推动初级现代农业向现代农业转变阶段。农业基础设施进一步完善，技术装备水平显著提高，绿色特色农业加快发展，畜牧业比重明显提高，农产品精深加工发展为强势产业，经济社会协调发展，生态环境明显改善，全面实现农业现代化。到2010年，实现生产总值500亿元，比2005年翻一番，三次产业比例38∶31.5∶30.5，实现利税50亿元，农场职工家庭人均纯收入1万元，粮食生产能力150亿公斤。农业机械化率95%，农业科技进步贡献率67%，外贸依存度15%，城镇化率60%，高中阶段教育普及率98%，森林覆盖率23%。

第二步（2011~2020年）：推动农业经济为主导向工业经济为主导转变阶段。现代农业巩固提高，工业上升为主导产业，高新技术产业崛起，外向型经济蓬勃发展，第三产业壮大，社会事业发达，人民生活富裕基本实现工业化和城镇化。到2020年，实现生产总值1 000亿元，比2005年翻两番，三次产业比例24.3∶33.3∶42.4，实现利税100亿元，农场职工家庭人均纯收入2万元。工业产值占工农业总产值50%以上，外贸依存度30%，城镇化率75%，高中阶段教育普及率100%。

第三步（2021~2050年）：推动小康社会向全面现代化转变阶段。三次产业结构优化，三个文明协调发展，形成富有特色、全面开放、充满活力的经济体系，形成设施齐全、功能完善、保障有力的社会体系,形成自然和谐、良性循环、持续发展的生态体系,全面实现现代化。

二、推进垦区经济社会快速协调发展的主要措施

(四)推进产业结构优化升级。从垦区经济基础和优势出发,稳定提升第一产业,做强做大第二产业,大力发展第三产业,提高垦区经济质量和效益。

大力推进现代农业建设。坚持用现代发展的理念指导农业,用现代物质条件装备农业,用现代科学技术改造农业,用现代经营形式发展农业,走垦区特色农业现代化道路。搞好区域产业布局,突出发展优势产业和主导产品。实施优质粮食产业工程和粮食丰产科技工程,扩大高效经济作物和饲草饲料生产。发展绿色农业,建设全国最大、世界有影响的无公害、绿色、有机农产品基地。推进低耗、清洁、高效生产,大力发展循环经济,发展资源节约型和环境友好型农业。继续加强生态林和经济林体系建设,壮大林业经济。建设防洪、除涝、灌溉和水土保持工程,进一步提高现代农机装备水平,切实强化农业基础设施建设。坚持农牧结合,培育壮大家庭牧场和股份制、股份合作制养殖场,加快标准化养殖小区建设,完善动物良种繁育体系,建设无规定疫病区和优良生态养殖区。到2010年,使畜牧业产值占农业总产值的40%以上,成为垦区支柱产业。

努力把工业发展成为主导产业。坚持走新型工业化道路,尽快形成主业突出、集群发展,具有较强自主创新能力、整体实力雄厚的工业发展格局。做强做大以食品工业为重点的农产品精深加工业,加快北药开发和保健食品开发,着力发展生物化工、粮食化工、亚麻纺织等产业。大力发展农业生产资料、农机制造等农用工业。抓住哈大齐工业走廊建设的契机,建设高新技术产业园区和工业园区。实施大项目牵动战略,组建跨行业、跨地域的特大型企业集团。用5年时间培育若干个年销售收入十几亿、几十亿、百亿元以上的大企业。打造名牌企业和名牌产品,把“北大荒”培育成国内外知名品牌推进建筑企业向集团化、复合型发展,提升市场竞争力。

积极发展具有垦区特色的第三产业。构筑多层次、宽领域、开放式的第三产业格局。加快产地批发市场升级改造,大力发展农产品、农业生产资料和消费品连锁经营整合物流资源,构建以大型现代物流骨干企业为轴心,以综合性、专业性物流配送为节点的现代物流体系,形成北大荒物流品牌,用5年时间使物流业销售收入达到150亿元。拓展垦区农业保险机构服务范围,逐步覆盖全省农村并向省外延伸。促进信息业发展,建设“数字化垦区”。着力发展农业观光、界江界湖、生态环保等特色旅游业。发展中介服务业和社区服务业。

(五)加快体制机制创新。从垦区实际出发,推进国有及国有控股企业集团化改革,理顺北大荒集团产权关系,健全决策、执行、监督相互制衡的运行机制,形成以资产为纽带的母子公司体制。深化国有企业产权制度改革,优化股权结构。加强对企业国有资产监管,健全对经营者的激励和约束机制。巩固统分结合的双层经营体制,建设规模化、规范化家庭农场,兴办股份合作农场。健全土地依法、自愿、有偿流转机制,推进适度规模经营。强化农场公共服务功能,发展专业合作经济组织,健全农业社会化服务体系。巩固事业单位改革成果,创新用人机制和分配机制。大力发展混合所有制和非公有制经济。

(六)大力发展外向型经济。坚持“引进来”与“走出去”相结合,把垦区建成沿边开放重要“窗口”和产品出口基地。依托特质资源、存量资产和著名品牌,拓宽招商引资渠道,加强与跨国公司合作。加快农业国际化进程,建立粮食、蔬菜、畜产品出口基地。加大境外资源开发力度,抓好国家级对俄农林综合开发项目。支持有条件的企业进行跨国投资经营。到2010年,实现进出口总额10亿美元,在境外耕种土地总面积达到200万亩,林木采伐加工总量达到100万立方米。

(七)推进科教兴垦和人才强垦。加快以新品种培育、新产品开发为重点的原始创新,大力推进作物栽培、植物保护、动物疫病防控、集约化生产等应用技术方面的集成创新,不断加强先进设备和生产工艺引进后的消化吸收再创新,构建产业与科技相互支撑、经济与技术紧密结合的科技创新体系。依托垦区高等学校和科研院所,加强与国内外大学和科研机构的合作,组建“产学研”联合体。组建企业研发中心,建立孵化器和产业化基地,加快科研成果转化。完善科技推广体系,大力开展新品种、新技术、新机械的实验、示范和推广。健全人才柔性流动和区域合作机制,培养和引进顶尖人才和领军人物,形成高水平的企业家队伍、科技人才队伍和营销、金融、法律等专业人才队伍。创造有利于人才干事创业的环境,建设学习型和创新型垦区。

(八)提升城镇建设水平。按照建设社会主义新农村和城乡一体化发展要求,修编垦区城镇建设规划,科学布局,突出特色,提升城镇文化内涵和建设品位。建立多元投资机制,加强道路、给排水、供暖等公共基础设施建设。进一步改善居住条件,建设一批布局合理、功能齐全、环保节能、风格独特的住宅小区。推进“康居”工程和经济适用住房建设。加快综合信息传输网络平台建设,实现固定电话、有线电视和信息网络“村村通”。完善城镇产业聚集、商品集散、文化传播、社会服务和人口吸纳功能,把宝泉岭、红兴隆、建三江、九三等城镇建成高标准的中心城镇。

(九)推进社会事业协调发展。优化教育资源配置,加快形成基础教育、职业教育、成人教育和高等教育相结合的教育体系。进一步改善垦区办学条件,积极创办省级示范高中、初中、小学。推进职业教育优先发展,加强中等职业教育,办好高等职业教育。加快八一农垦大学建设,提高办学水平。整合医疗服务资源,全面提高垦区医疗卫生服务水平,构建结构合理、规模适度、机制灵活的医疗卫生服务和卫生监督体系。繁荣北大荒文化体育事业,加快构建分局、农场和管理区三级公共文化服务体系。大力弘扬北大荒精神,赋予北大荒文化新的时代内涵。实施文化精品工程,创作一批在国内外有影响的文化艺术精品。办好新闻报刊和广播电视,为垦区又好又快发展创造良好的舆论环境。

(十)构建和谐垦区。正确处理物质

文明、政治文明和精神文明建设的关系，努力建设管理有序、服务完善、环境优美、文明祥和的新型社区。加强民主法制建设，全面推进依法行政。完善政务公开、场(厂)务公开、职工代表大会、民主议事会等民主管理制度。深入开展"五五"普法，搞好法制宣传教育。加强政法队伍建设，深入开展社会治安综合治理，切实做好稳定工作。搞好就业再就业，不断增加职工收入，完善"五保合一"基本养老、失业、医疗、工伤、生育)的社会保障体系和居民最低生活保障制度。加大对贫困农牧场的扶持力度，做好对弱势群体的济困工作。

(十一)积极推进垦区与地方合作共建。利用垦区农机装备精良、农机农艺配套的优势，通过代耕、承租土地等方式，向农村推广保护性耕作和模式化栽培技术，促进农村传统耕作制度改革，加速农业标准化进程。依托垦区科研院所和高等院校力量强、科技推广体系健全、试验示范载体功能完善的优势，创新机制和方法，向农村推广农业新品种、新技术，促进良种良法结合。发挥垦区龙头企业加工和市场开发能力强的优势，按照市场化运作、优势互补和互动共赢的原则，通过整合品牌、资产重组、相互参股等方式，促进垦区与地方企业联合，做强做大龙头企业，形成产业集群，带动区域经济发展。运用合同契约、股份合作等方式，将垦区企业与农村原料基地联结起来，带动广大农民进入市场。探索垦区和农村公共基础设施联合建设、经营和管理机制，使垦区城镇建设、社区建设和全省新农村建设有机结合起来。发挥垦区基础教育力量雄厚的优势，带动农村教育协调均衡发展。发挥垦区医疗卫生设施先进、技术水平较高的优势，面向农村开展医疗卫生服务，帮助农民解决看病难的问题。进一步繁荣北大荒文化，强化垦区广播电视网络传输功能，在促进新农村文化建设中发挥积极作用。

三、加大政策支持力度，为垦区加快发展创造良好环境

(十二)完善垦区社会行政管理体制。垦区区域性、社会性、综合性特征突出，是相对独立的特殊经济社会区域。要按照人大立法授权、政府依法派出、农垦区域管理、内部政企分开的原则，完善垦区社会行政管理体制，对农垦总局、分局、农场分别比照市、县、乡级政府明确为行政执法主体，全面授予行政执法权。省直行政部门要加强对垦区依法行政、工作的指导和监督，各级政府要支持垦区实施区域管理，不再与垦区交叉执法和重复执法。修订《黑龙江省国营农场条例》，通过地方立法明确垦区的管理体制。积极争取把垦区作为国家级农业现代化综合试验区。

(十三)支持垦区加强基础建设。支持垦区水利基建项目在国家计划单列，支持垦区水稻生产基地建设。将垦区林业建设纳入全省规划，帮助垦区将天然林保护工程、天然草场保护工程、治沙工程、重点生态公益林建设、三北防护林体系建设、湿地和自然保护区建设、森林防火、森林病虫害防治项目，纳入国家投资计划。将垦区社会化专用公路逐步纳入行政等级公路管护，积极向国家争取增加垦区通乡、通村公路建设规模，享受地方同等政策。支持垦区吸引外部资金加快公路建设。

(十四)支持垦区完善农业综合配套体系建设。帮助垦区争取国家政策支持，完善农业科技创新与应用体系、动植物保护体系、农产品质量安全体系、农产品市场信息体系、农业资源与生态保护体系、农业社会化服务与管理体系。争取将农垦科学院纳入全国区域性农业科研中心建设。争取国家对垦区公益性农技推广机构的政策支持。垦区成立农作物品种审定小组，在省农作物品种审定委员会的领导下开展工作，对垦区自育、自用的品种进行自审。帮助垦区争取国家农业科技成果转化资金和国外先进农业技术引进资金。

(十五)支持垦区龙头企业建设。在新上项目立项、用地等方面给予重点支持。鼓励垦区龙头企业与地方企业重组。对垦区粮食加工龙头企业粮食运输给予重点保证。帮助垦区向国家争取粮食出口经营权。支持垦区构建粮食产、储、加、销一体化的产业化经营格局。

(十六)促进垦区城镇建设和社会事业发展。尽快出台我省垦区城镇规划建设管理办法。垦区城镇建设规划修编，与土地利用总体规划相衔接，保证用地需求。比照建制镇落实垦区城镇建设政策。帮助垦区向国家争取城镇公共基础设施建设投入，鼓励非公有资本参与垦区城镇基础设施和公益事业建设。帮助垦区制定教育发展规划，优化教育资源配置。帮助垦区争取国家支持，加强公共医疗卫生基础设施建设。支持垦区与地方整合医疗卫生资源，组建医疗集团。将垦区文化事业建设纳入全省规划，支持垦区文化事业项目建设。

(十七)加大财税政策支持力度。对垦区上缴省财政的土地有偿使用费，除用于省国土资源部门驻农垦管理机构必要的经费补助外，其余部分全额专项用于垦区城镇基础设施建设和土地开发。把垦区城镇维护建设纳入总体规划，各级地方政府可在财政税收上给予必要的支持。

(十八)加大金融支持力度。各金融部门要积极为垦区经济发展提供资金支持。落实老工业基地振兴政策，剥离农垦企业不良债务。将垦区大中型粮食加工企业按照国有粮食购销企业对待，给予一定规模的流动资金贷款授信额度。支持垦区建立政策性担保为主，商业性担保、互助性担保并存和国有、民营、股份制担保公司等多元主体共同发展的信贷担保体系。支持垦区符合条件的大型企业(集团)设立财务公司，加强资金集中管理和提高使用效率。加大垦区上市资源培育力度，支持符合条件的企业在境内外市场融资。进一步争取国家支持垦区发展农业政策性保险。

(十九)帮助垦区解决实际问题。尽快解决垦区林权证发放问题。县(市、区)政府要依法对辖区内无林权争议的垦区森林、林木和林地完成发证工作；对跨县(市、区)分布的，由所在市政府确权发证；对跨市(地)分布的，由省政府委托本级林业行政主管部门确权发证。对存在林权争议的，上级政府有关部门要认真协调解决争议，颁发林权证。妥善处理农场与地方土地纠纷，及时化解矛盾，维护双方合法权益。理顺农垦质量技术监督部门管理体制，避免重复执法、重复收费。落实同网同价政策，解决垦区生产用电价格高的问题。

四、加强对垦区工作的领导

(二十)把支持垦区加快发展列入省委、省政府重要工作日程。把垦区经济社会发展作为全省区域经济、县域经济和社会发展的重要组成部分,纳入全省经济社会发展总体规划,统筹安排,突出垦区特色。从垦区实际出发,进一步完善垦区的经济布局,促进垦区充分发挥优势,实现经济社会协调发展。切实加强对垦区工作的领导,深入研究垦区工作遇到的新情况和新问题,及时解决垦区改革、发展和稳定中的重大问题。积极争取国家有关部门对垦区发展给予支持,为垦区加快发展创造有利条件。加强对垦区工作的考核,促进垦区发展规划顺利实施。

(二十一)形成支持垦区加快发展的合力。省直部门要统一思想认识,从全省工作的大局出发,对垦区多指导、多服务、多支持,在政策、项目、资金、人才等方面给予倾斜,帮助垦区解决自身难以解决的实际困难和问题。各级党委和政府要积极支持垦区的发展,研究制定有关政策,为垦区加快发展和发挥示范带动作用创造有利条件,推进垦区与地方紧密合作,共同发展。

(二十二)加强垦区党的建设。加强农垦系统各级领导班子建设,提高执政能力。实行垦区与地方领导交叉任职、交流任职和相互挂职制度。加强党风廉政建设。强化以社区、管理区、非公有制经济组织为重点的基层组织建设,充分发挥工会、共青团等群团组织联系群众的桥梁纽带作用。进一步弘扬北大荒精神,为加快垦区发展提供强大的精神动力。

黑龙江垦区经济和社会发展“十一五”规划

（经2005年12月21日第23次总局党委会议和2006年总局党委（扩大）会议讨论通过。）

“十一五”时期，是全面建设小康社会、构建和谐垦区的战略机遇期，是贯彻落实省委、省政府和农业部部署，率先实现农业现代化，进一步发挥示范带动作用的关键时期。面对新形势、新任务，垦区必须深入贯彻党的十六届五中全会精神，全面落实科学发展观，加速建设社会主义新农村，实现新的繁荣与进步。根据《中共中央关于制定国民经济和社会发展第十一个五年规划的建议》和省委《建议》，特制订本规划。

一、“十五”期间经济和社会发展回顾

“十五”期初，垦区以江泽民总书记亲临视察为契机，制定了《黑龙江垦区农业现代化建设规划》，确定了率先实现农业现代化的宏伟目标，得到国家和省的大力支持。随后又制定了《“十五”计划》和《小康社会建设纲要》，以指导垦区的建设和发展。五年来，垦区人民在省委、省政府和农业部正确领导下，认真贯彻党的十六大和十六届三中、四中、五中全会精神，抓住国家实施支农、惠农政策和振兴东北地区等老工业基地战略的机遇，战胜了市场竞争激烈、自然灾害频繁等困难，超额完成了“十五”计划主要指标，取得了经济社会发展的重大成就。

主要经济指标超额完成计划，综合经济实力明显增强。2005年，垦区实现生产总值269.8亿元，按可比价格计算比2000年增长80.5%，完成“十五”计划指标的111%，年均增长12.5%，比“十五”预期增长率高1.7个百分点；人均生产总值达到17 013元，比2000年增长78.6%。资产总额由2000年286.4亿元增加到2005年的417.1亿元，增加130.7亿元；资产负债率由80.4%下降到68.7%，降低了11.7个百分点，所有者权益由56.1亿元增加到125.6亿元，增长了1.23倍，年均增长17.5%。2005年实现企业利润4.94亿元，比2000年增长了1.93倍，家庭农场净利润达到57.9亿元，增长3.13倍；“十五”期间，在处理历史遗留问题47.6亿元的前提下，累计实现企业利润21.1亿元，比“九五”期间增长1.5倍；累计实现家庭农场净利润166.8亿元，比“九五”期间增长1.3倍。

固定资产投资持续增长，基础设施建设进一步加强。五年共完成投资204.5亿元，比“九五”增加84.4亿元，增长70.3%，平均每年增长11.23%。其中，国家预算内投资41.3亿元，增加17.4亿元；国内银行贷款10.4亿元，利用外资0.6亿元，自有资金140.4亿元，其他资金11.8亿元。利用上述投资完成了一大批重点生产经营和社会公益性设施项目，改善了生产生活条件，提高了生产能力和人民生活水平。围绕防洪、除涝、灌溉和水土保持四大水利工程体系建设，五年投资22.1亿元，占垦区开发建设以来农田水利基本建设总投资的1/3强，新建设堤防537公里，新增节水灌溉面积292万亩，解决了12.3万人饮水困难。优质商品粮基地建设投资近20亿元，主要实施了良种、标准化良田、测土配方施肥、农业防灾减灾体系、农业有害生物预警和农业气象网络雷达等重大工程。农业综合开发五年投资24.7亿元，比“九五”增长73.2%，改造中低产田377万亩，建设优质粮食基地297.5万亩，建设节水农业示范基地24.4万亩，启动实施了一批产业化经营项目。农业机械化发展进一步加快，“十五”后两年引进大马力农业机械，装备了105个现代农机装备试验区，田间作业综合机械化率达到92%，比2000年提高12个百分点，居国内领先水平。实施大项目带动战略，壮大了稻米、油脂、面粉、麦芽、乳品、肉类、医药等加工企业，打造了一批在国内外有影响的大型龙头企业。成立了黑龙江农垦职业、农业、林业三所高等职业技术学院；八一农大、农垦职业技术学院搬迁到中心城市；继续推行中小学集中办学，进一步改善教学条件，促进垦区教育事业快速发展。五年建设各类医疗卫生用房8.1万平方米，引进了一批先进医疗设备，每千人拥有医生3.2人，床位5.1张。“十五”期间交通基本建设投资总额22.6亿元，建成二级白色高等级公路省道267.5公里，建设通乡公路、商品粮基地公路1 008公里。五年投资通信网络设施建设2.3亿元，建成以光纤传输为主，数字微波传输为辅，集电话交换、数据通信、图像传输于一体的现代化专用通信网。五年建设居民住宅325万平方米，住宅楼房化率达到30%。

农业内部结构进一步优化，综合生产能力明显提高。种植业普及了集成配套的农业先进实用技术，全面推广优质品种，四大粮食作物优质品种覆盖率98%以上，经济作物和饲料作物面积达到总播种面积20%以上。2005年，绿色食品监测面积420万亩，有效使用绿色食品标志的产品200个（占全省的29%和全国的3.6%）。粮食综合生产能力首次跃上100亿公斤新台阶，粮食总产和粮食综合单产大幅度提高，2005年粮食总产量205.3亿斤，比2000年增长26%，完成“十五”计划的108%，粮食综合平均单产718.5斤/亩，比2000年提高20.4%。养殖业超常规发展，2005年实现养殖业增加值32.6亿元，完成“十五”计划的135.8%，比2000年增长2.43倍，年均增长速度达27.4%，高出第一产业平均增长速度14.8个百分点，养殖业占第一产业比重由13.6%提高到22.0%。2005年主要畜产品鲜奶和肉类产量分别达到82.5万吨、32.4万吨，比2000年增长1.9倍和2.2倍，分别完成“十五”计划的165%、249.2%。奶牛存栏30.3万头，肉牛存栏49.7万头，生猪存栏174.1万头，羊存栏168.7万只，分别比2000年增长1.6倍、2.4倍、1.8倍和4.6倍，分别完成“十五”计划的168.3%、250%、248.6%和511.2%。植树造林力度加大，生态环境进一步改善。“十五”期间累计造林217万亩，超额完成“十五”计划14万亩，保存率达98%，其中退耕还林工程178万亩，区域森林覆盖率达17.4%，比2000年提高1.9个百分点；森林防火监控面积达1 000万亩，森林火灾危害率控制在0.36‰以下，森林病虫害防治率达85%。垦区自然保护区面积达到713万亩，比2000年扩大了68%，其中国家级保护区面积达到406万亩。水土流失治理面积72万亩，草原沙化治理面积111万亩。

骨干龙头企业发展壮大，产业战略升级步伐加快。现有农业产业化龙头企业70余家，其中国家级重点龙头企业5家，省级重点龙头企业4家，农产品年加工转化能力达1 300多万吨，扩大了工业经济规模，增强了整体经济实力。2005年实现工业增加值40.5亿元，按可比口径比2000年增长1.01倍，年均增长15.0%。建筑行业完成整合，将20多家建筑企业合并重组为具有一级资质的大型综合性国有控股集团，形成了较强的市场竞争能力。2005年实现建筑业增加值10亿元，比2000年增长92.3%，年均增长14.0%，完成“十五”计划的76.9%。非公有制经济发展较快，经济规模继续扩大。总局累计安排15 000万元周转资金扶持非公有制经济发展，扶持项目达120个。2005年末，垦区各类非公有制经济企业593户，从业人员2.7万人，资产总额50.6亿元；各类个体业户13.3万户，从业人员26万人。职工自营经济也推动了非公有制经济快速发展。2005年实现非公有制经济增加值108.6亿元，比2000年增长81.0%。外向型经济发展迅速，垦区已与70多个国家和地区建立了贸易联系。五年累计实现进出口总额10.36亿美元，其中2005年达到4.6亿美元，比2000年增长5.7倍，累计出口7.42亿美元，其中2005年2.4亿美元，比2000年增长2.6倍；累计实现对俄贸易1.47亿美元，比“九五”增长8.2倍。累计直接利用外资7 080万美元，国内招商引资46.8亿元，分别比“九五”增长2.1倍和89.5%。引进战略投资者有了实质性进展。与俄罗斯签订了为期49年的农业开发合同，承租土地112.5万亩，签订了为期15年、每年采伐13万立方米木材的合同。加快了与地方经济联营联合，一批龙头企业在沿海地区、中心城市和资源富集区成功实施兼并重组，新建了生产基地和分厂。旅游业发展速度加快，当壁镇度假区(AA级)、绥棱金斗湾旅游区(AA级)、洪河、雁窝岛等旅游景区(点)已粗具规模。

小城镇带动战略进展顺利，各项社会事业同步发展。人均住宅面积由2000年的14.7平方米增加到17平方米，砖瓦化率达到98%，比2000年提高了3个百分点。小城镇住宅集中供热率达到36%，自来水入户率达到94%。城区绿化率达到20%，城镇道路硬化率达到40%以上，城镇整体功能不断完善，城镇化率由2000年的50%提高到53%。小城镇的生态环境得到改善。工业“三废”处理达到新的水平，工业废气处理率为100%，废水达标排放率为96%，固体废物综合利用率为70%。农村“面源污染”得到有效治理，秸秆综合利用率达到90%，畜禽粪便处理率达到94%，农膜回收率达到93.8%。基层群众收入稳步提高，2005年农场职工家庭人均纯收入达到6 179元，比2000年增加2 842元，年均增长11.7%，比“十五”预期目标高679元；职工年平均工资达到9 205元，比2000年增加3 491元，年均增长698.1元；居民储蓄存款已达118亿元，人均储蓄额7 456元，分别比2000年增长了80.2%和78.9%，年均增幅分别为12.5%和12.3%。医疗卫生事业持续发展。儿童计划免疫“五苗”接种率为99%以上，人口自然增长率0.43‰。自来水普及率86.6%。社会保障体系逐步健全，养老、失业、医疗、工伤、生育保险开展面达到100%，实现了“五险”合一。从2001年开始，20多万名离退休人员基本养老金全部按月足额发放。完成了下岗职工基本生活保障向失业保险并轨工作，有11.4万人进入并轨范围。“十五”期间新增就业人数5.7万人，有12万下岗失业人员实现了再就业，登记失业率由2001年的6.5%降到3.94%。困难群体得到保护，最低生活保障人数由2000年不足1万人增加到9万人，保障资金由800万元增加到4 000多万元，累计发放保障金2.1亿元；80.3%的残疾适龄儿童入学，70%的残疾人实现就业。加强了贫困农场自我积累、自我发展能力，为脱贫致富打下了坚实的基础。农业保险和防灾体系建设取得了长足发展，五年间共给72万个受灾农户支付赔款5.5亿元，有效地保护了农业生产力。经国务院批准，组建了“阳光农业相互保险公司”，拓展了农业保险、商业保险及保险服务的广阔空间。交通、通信发展迅速。到2005年底垦区高等级路面里程达1 395公里，占总里程的11.2%，比2000年增加11.7倍，65%的农场出口路实现硬化连接。户均电话普及率达到68.4%，比2000年提高32个百分点，网络宽带用户由2002年起步时1 110户猛增到2005年17 542户，年均递增150.9%。广播电视已覆盖全垦区并能与省内大部分地市互联互通，已有8个分局、81个农牧场和90%的农业居民区实现了与总局光纤联网，收看电视节目由十几套增加到近三十套，总局、分局、农牧场三级广播电视部门采编播基本实现了数字化。教育事业加速发展，基本形成了总局办大中专院校、分局办重点高中、农场集中办中小学的教育发展格局，适龄儿童入学率、巩固率、毕业率和小学升初中均达到100%，全面完成普及九年义务教育，正向普及12年教育迈进，高考升学比例达到全国发达地区水平。科教兴垦人才强垦战略成效明显，人才培养和引进工作有新的突破，先后选送3 167名学员到国内外名牌高校学习深造，其中大部分学员已经担当起领军发展的重任；已同境外42家培训单位、28个专家组织和3所大学建立了友好合作关系，共引进13个国家的109名专家和84个引智项目；安排大中专毕业生12 030名。“十五”期间垦区获省、部级以上科技进步奖35

项，总局级科技进步奖44项，科技成果转化率达82%，科技进步贡献率达64.4%，比“九五”提高7个百分点。

经济体制改革进一步深化，管理体制和运行机制逐步完善。农业改革进一步深化，家庭农场生活费全部自理，生产费自理率达到99.9%，比2000年提高了13个百分点。推广应用了家庭农场管理信息系统。农场内部政企分开和撤队建区改革全力推进，原有生产队建制全部撤销，集中设立管理区，精简了管理人员，减少了管理费支出。北大荒农业股份有限公司成功上市，筹集资金15.6亿元，实现了农垦企业在资本市场上直接融资。“十五”期间进行了新一轮国有企业产权制度改革，1 400多家国有工商运建服企业有序改制为民营企业，占全部国有工商运建服企业的90%，退出国有资本65.7亿元，一大批改制企业焕发出勃勃生机。垦区事业单位改革取得重要进展。领导干部职务消费货币化改革已从农场、企业和直属单位推进到分局层面。全面推行财务刚性预算管理，实施了以分局为单位的财务集中支付制度，强力推行了主要管理费用不超过总收入13%的规定。建立了运转高效、管理科学的结算中心109个，合并部门和单位1 301个，减少财会人员1 250人。实现了教师、公检法人员工资由分局统一卡式发放和集转人员经费由社保局社会化发放，确保相关人员工资和经费及时足额到位。

政治文化建设和党的建设扎实推进，思想观念发生深刻变化。北大荒文化事业进入到一个新的繁荣发展期，五年发表了80余部中长篇小说等文学作品，拍摄了反映北大荒历史题材的4部电影和5部电视连续剧，具有浓郁地方特色的北大荒版画获得省级以上大奖41次。举行重大演出活动80余次，举办群众性体育竞赛活动3万余次。“十五”期间，垦区大力推进民主法制建设，社会治安形势明显好转。各级领导班子和广大党员干部认真践行“三个代表”重要思想，群众性精神文明创建水平不断提高，一大批单位跨入国家、省和总局级文明建设先进行列。基层民主建设有新突破，深入开展保持共产党员先进性教育，党风、政风和社会风气明显好转。打破传统观念和思维定式，牢牢抓住各种有利机遇，努力推进经济社会步入良性发展的快车道，干部群众在发展中增强信心，在市场竞争中逐步掌握经济与社会发展规律，思想观念和精神面貌发生深刻变化，赋予了新内涵的北大荒精神鼓舞着广大人民群众在社会主义市场经济条件下更加奋发有为。

“十五”期间垦区的改革发展取得了可喜成就，为“十一五”时期的发展积累了宝贵的经验。一是始终坚持“发展是硬道理”，勇于突破思想观念上的各种障碍。二是始终抓住发展中的关键环节重点突破，加快了经济结构的调整和经济增长方式的转变，形成了全新的经济格局和强劲的发展态势。三是始终把实现好、维护好人民根本利益放在全部工作的首位，在快发展中维护了垦区政治安定和社会稳定，在粮食比较效益下降时期坚持让利于民，长期困扰垦区的养老金发放不及时、拖欠教师工资等问题得到彻底解决，垦区人民生活质量改善，安全感普遍提高。四是始终把垦区发展与区域经济发展结合起来，自觉地承担起重大历史使命。五是始终坚持三个文明同步发展，为垦区人民提供了强大的精神动力。

“十五”期间垦区取得了巨大成就，但在经济和社会发展中还存在一些不可忽视的问题。一是制约发展的深层次矛盾未完全解决。总局层面的集团化、股份化、公司化的管理体制和运行机制没有建立起来，骨干龙头企业还没有建立现代产权制度和现代企业制度，激励不足和监控不到位同时并存，部分企业没有达产达效，国有资产经营风险较大。管理层次多、管理成本高，企业负担重的问题还没有根本解决。二是农业抗御自然灾害的能力还不强。长期以来农业基础设施欠账较多，资源利用不尽合理，地下水位下降、水土流失、黑土退化问题仍然存在，自然风险和市场风险仍然很高。三是经济结构不尽完善。第三产业发展严重滞后，传统服务业未成体系和规模，现代服务业还处于发育之中，还没有形成良好的推进非公有制经济发展的协调机制和政策环境。四是发展不平衡。部分农场和单位经济增长慢，经营效益差，百姓增收困难。基层基础设施和社会事业建设仍有很大缺口，人力资源开发、人的全面发展还没有系统化、规范化。

二、“十一五”时期发展的环境与条件

本世纪头二十年是我国发展的重要战略机遇期，“十一五”时期尤为关键。垦区优势明显，潜力巨大，必须抓住有利机遇，实现经济社会又快又好发展。

（一）资源禀赋与比较优势

“十五”期间的快速发展，形成了垦区参与国内国际两个市场竞争的独特优势。

土地资源优势。垦区分布在全球著名的黑土带上，土地使用面积5.4万平方公里，耕地面积3 186万亩，人均耕地面积是全国平均水平的16.3倍。农业资源丰富多样，土壤肥沃，生态良好，有利于大规模开发无公害、绿色、有机食品。大农业生产优势。垦区土地集中连片，适合集约化、规模化、机械化生产。近两年来代表世界先进水平的大型拖拉机、联合整地机大量进入，使垦区成为全国现代农业装备集成度最高的地区。

农业科技创新和技术推广优势。垦区农业科技服务体系健全，种植业全部实行区域化布局、规模化种植、模式化栽培、标准化作业，一系列高产栽培技术、保护性耕作技术、测土配方施肥技术、植保病虫草害综合防治技术和田间标准化作业技术的广泛应用，提高了资源产出率。

农业产业化经营优势。围绕农产品深加工，开发了米、面、油、乳、麦（大麦芽）、肉类、北药7大主导产品，形成了市场牵龙头、龙头带基地、基地连农户的产业化经营格局，一批骨干龙头企业牵动垦区全部23万户家庭农场和65万个地方农户进市场，“北大荒”、“完达山”等一批知名品牌的美誉度日益提高。

农业组织化优势。改革开放以来，垦区健全了行政管理体系，政令畅通，令行禁止，全面兴办家庭农场，承包国有土地的职工既有经营自主权和生产积极性，又能按规定实施标准化作业，特别是在产业化龙头企业的拉动下，家庭农场能够灵敏地根据市场变化调整自己的生产经营活动。20多年的探索和实践，垦区农业建立了以市场为导向、以家庭农场为主体、以产业化经营为纽带、以产出和效益为目标，利益联结与行政引导相结合的组织化经营新模式。

现代农业辐射拉动优势。垦区发挥自身优势，坚持行政引导与市场运作相结合，广泛深入开展"场县共建"活动，每年农机跨区作业700余万亩，向农村推广先进农艺措施面积1 000万亩，良种覆盖农村耕地面积1 200万亩。农村为垦区产业化龙头企业建立基地1 850万亩，每年还向垦区提供大量劳务支持，呈现出农垦与地方相互促进、区域经济一体发展的良好态势。

(二)发展后劲与增长潜力

进入新的发展时期，通过大力度改革和调整，垦区积聚了巨大的发展潜力。

商品粮生产潜力。目前尚有1 000万亩中低产旱田，改造后每亩可增产120斤，短期内完成可以增产12亿斤；计划新建一批大型灌区，新增和改善有效灌溉面积1 204万亩，其中新增水田563万亩，总体可以新增粮食产量70亿斤。加上新技术措施推广应用和新品种覆盖，垦区可望增加粮食生产能力100亿斤左右。参与国际农业竞争潜力。目前垦区劳均经营规模、科技转化能力、劳动生产率已接近发达国家水平，在同等条件下，垦区有能力应对国际同类产品竞争。针对我国农产品市场供求关系的变化，大力发展经济作物和优质绿色食品，一些国家和地区已在垦区建立了长期的有机食品生产基地，随着安全食品市场扩大，垦区的潜力会更快地释放出来。

资源开发潜力。依托综合优势，着手开发国外土地、森林等资源，开阔了眼界，积累了经验，锻炼了队伍，具备了进一步整合社会资源的能力。产业化龙头企业每年按合同收购省内外农村原粮500万吨以上，粮源掌控能力不断提高。

(三)历史性机遇与有利条件

国内外多种因素相互作用，为垦区发展带来了重大的发展机遇。

中央致力于建设社会主义新农村，有利于垦区得到国家更大力度的政策支持和资金投入。进入工业反哺农业、城市带动农村新阶段，国家从实现中华民族伟大复兴的总体战略目标出发，将从体制上、投入机制上着力解决农业综合生产能力和农村社会发展问题，垦区可以在国家支持下加快现代农业建设，巩固和提高国家重要商品粮基地地位。

我国城乡居民消费结构将发生重大变化，有利于垦区种养业和加工业提档升级。党和政府把改善人民生活作为发展经济的出发点和归宿，不断增加城乡居民收入，拓宽消费领域，优化消费结构，全面建设小康社会将取得重要阶段性进展。垦区可以适应市场需求，大力发展绿色、有机、无公害种植和养殖，加速发展农产品精深加工。

坚持以人为本，建设和谐社会，有利于垦区加快基础设施和社会事业建设。在科学发展观指导下，政府更加注重经济与社会协调发展，国民收入再分配将向社会事业，尤其是向农村社会事业倾斜。以此为契机，垦区能以小城镇建设为载体，加快公益性基础设施建设，进一步改善人居环境，全面建设小康社会。

区域经济合作进程加快，有利于垦区承接国内外资本和产业的梯度转移。国家高度重视区域协调发展，将进一步健全市场机制，打破行政区划局限，促进生产要素在区域内自由流动，引导产业转移，有力撬动我国经济格局的传统板块，创造前所未有的机遇和条件。垦区分布面广，产业门类齐全，是全省经济的重要组成部分，可以在振兴东北地区等老工业基地、建设哈大齐工业走廊等重大战略中发挥应有作用，大跨步"引进来"、"走出去"，与各地优势互补，互利共赢，为资源深度开发和企业迅速扩张开辟更加广阔的空间。

党中央国务院、省委省政府和农业部高度重视农垦事业，垦区的发展环境将更加优越。垦区的发展始终受到党的三代领导集体关怀和重视。进入新世纪，中央更加重视农垦，强调垦区作为国家商品粮基地的重要地位不能变，率先实现农业现代化的战略目标不能变。省委、省政府将垦区定位在全省现代化农业建设龙头地位上，农业部对垦区的项目安排、资金投入、政策协调各方面给予大力支持，当地党委和政府将农垦企业纳入到整体经济体系之中，主动对接，排忧解难。垦区发展越迅速，外部环境将越宽松，形成了自身发展与外部环境改善良性互动的大好局面。

(四)面临的压力与挑战

垦区未来五年乃至更长时期，仍将面临很多挑战，需要我们积极应对。

面临国际农产品进口冲击。随着入世后过渡期结束，特别是我国实行有管理的浮动汇率制度后，人民币升值将成为总体趋势，国外农产品会大量涌入中国市场，垦区主要农产品将受到冲击，家庭农场的利润空间遭到挤压。

面临国内外群雄的激烈竞争。垦区的产业化骨干龙头企业尚未掌握产业垂直分工中的制高点，由于体制机制不新，自主创新能力不足，产品附加值不高，企业面临着沉重的竞争压力和巨大的经营风险。

面临人才流失的困扰。垦区农、林、牧、机、水等传统领域的专业技术人员在减少，更缺少信息技术、产品研发、生物技术、资本运营、金融保险、对外贸易等方面人才，特别缺少整合要素、创造机遇、开拓市场的企业家。许多有建树的人才和熟练技术工人流出垦区，大量专业技术人员离开本行业。

面临各种社会群体的利益诉求。未来五年是各种社会矛盾凸显期，随着社会分工的进一步深化，利益主体多元化将成为重要趋势，利益关系会越来越复杂，思想会更加活跃，很难用传统的理念和工作方式统一人们的思想和行为，对构建和谐垦区带来新的课题。

三、"十一五"时期经济和社会发展的指导思想、基本原则和发展目标

(一)指导思想、基本原则

"十一五"期间，以邓小平理论和"三个代表"重要思想为指导，全面贯彻落实科学发展观，以经济建设为中心，以提高人民生活水平为目的，坚持改革开放，完善体制机制，实施四大战略(科教兴垦、人才强垦、产业升级、小城镇带动)，建设三大基地(国家重要的优质商

品粮基地、绿色畜产品基地、农产品加工基地),实现两个率先(率先实现农业现代化、率先在全省农村建成全面小康社会),努力建设生产发展、生活宽裕、场风文明、环境优美、管理民主、承担使命的社会主义新农村。要坚持以下原则:

——必须保持经济平稳较快发展。既要保持较快的增长速度,更要注重提高增长的质量和效益,加快经济结构的战略性调整。坚持发展是硬道理,用加快发展和深化改革解决垦区发展中遇到的各种问题,充分发挥优势,牢牢抓住机遇,深入挖掘潜力,实现又快又好发展。

——必须加快转变经济增长方式。培育节约型产业,推广节约型生产模式,发展循环经济,全面建设资源节约型、环境友好型垦区,促进经济发展与人口、资源和环境相协调。推进垦区经济和社会信息化,坚持走新型工业化道路。坚持节约发展、清洁发展、安全发展,实现可持续发展。

——必须提高自主创新能力。实现长期持续发展要依靠科技进步和劳动力素质的提高,要深入实施科教兴垦战略和人才强垦战略,把增强自主创新能力作为垦区科学技术发展的战略基点和调整产业结构、转变增长方式的中心环节,并大力提高引进消化吸收再创新能力。

——必须促进区域经济协调发展。垦区全面建设小康社会的难点在欠发达场区,要从社会主义新农村建设全局出发,统筹场区间的区域发展,重点解决欠发达农场的基础性公益性设施建设,形成垦区内区域协调发展的机制。

——必须加强和谐社会建设。促进社会和谐是垦区发展的重要目标和必要条件。要按照以人为本的要求,从解决关系职工群众切身利益的现实问题入手,更加注重经济社会协调发展,加快发展社会事业,促进人的全面发展;更加注重社会公平,让全体职工群众共享改革发展成果;更加注重民主法制建设,正确处理改革发展稳定的关系,保持垦区社会安定。

——必须深化改革扩大开放。扎实有效地推进各项改革,切实解决各种深层次矛盾和问题,完善现代企业制度和现代产权制度,建立落实科学发展观的管理体制和运行机制。加强对外贸易,搞好招商引资,营造良好的“引进来”、“走出去”的氛围和环境,提高对外开放水平和层次。

(二)发展目标

“十一五”期末,垦区经济总量在2005年基础上,力争翻一番,整体实力显著增强。粮食综合生产能力明显提高,国家商品粮基地地位更加巩固。经济结构趋于合理,初步建成节约型生产体系,单位生产总值能源消耗下降20%左右,经济增长方式发生实质性转变,可持续发展能力全面增强。小城镇功能进一步完善,人居环境大大改观,人民生活更加殷实,社会发展更加和谐,生态环境更加优美。

——经济发展目标

经济总量。到2010年,实现生产总值500亿元,年均增长13%以上,其中第一产业增加值213亿元,第二产业增加值134亿元,第三产业增加值153亿元,三次产业比例42.6∶26.8∶30.6,二、三产业比重分别比2005年提高8个百分点和4个百分点。实现营业收入1 000亿元,其中第一产业实现营业收入240亿元,第二产业营业收入600亿元,第三产业营业收入160亿元。实现利税总额50亿元,其中企业利润30亿元。

种植业。播种面积要稳定在3 400万亩,其中粮食播种面积稳定在2 850万亩左右。粮食产量力争达到260亿斤,比2005年提高55亿斤左右。在粮食作物结构上,要适当扩大优质水稻播种面积。经济作物要在高效特色上下工夫,向高效特色要效益,培育一批高效经济作物种植专业户、专业区、专业场、形成高效经济作物产业带。继续大力发展绿色有机食品面积,绿色有机食品面积要达到1 500万亩,占总播种面积的45%左右。到2010年实现种植业增加值121亿元,年均增长1.4%。

养殖业和林业。奶牛存栏50万头;肉牛饲养量130万头,其中出栏50万头;生猪饲养量750万头,其中出栏450万头;羊饲养量320万只,其中出栏100万只;家禽饲养量3 600万只,其中出栏2 400万只(鹅出栏800万只);鹿存栏2万只。渔业养殖水面35万亩,水产品产量2.1万吨。实现养殖业增加值85亿元,年均增长21.1%,占农业增加值的40%。五年造林125万亩,大力发展林业经济,实现林业增加值4亿元。

工业和建筑业。工业化生产水平及农产品加工能力大幅提高,综合加工及转化能力达到2 270万吨,其中粮食加工转化能力达到1 650万吨。积极发展化工、纺织、机械制造、生物制品等关联产业。到2010年实现工业增加值113亿元,年均增长23.7%,实现建筑业增加值21亿元,年均增长13.8%。

第三产业。现代物流业实现营业收入100亿元,实现物流总量2 100万吨,其中第三方物流占80%以上,物流业增加值40亿元。以北大荒种业为龙头,经营种子56万吨,实现营业收入20亿元。粮食流通集团总吞吐能力达到850万吨。

——社会发展目标

人民生活。农场职工家庭人均纯收入达到1万元,恩格尔系数0.3以下,居住质量指数超过75%,人均期望寿命达到78岁以上。

教育事业和人力资源开发。高质量、高水平地普及九年义务教育,达到“双高”普九标准。普及学前三年教育,适龄儿童入园率达到80%,基本普及高中阶段教育,适龄青年高中阶段教育毛入学率达到90%,普通高中优质教育比例达到65%,高考升学率达到85%以上。大力发展职业教育,使未能升入普通高中的初中毕业生100%接受职业教育。切实提高高等教育,逐步建立终身教育体系。各类专业技术人才总量达到11万人左右,提高从业人员的学历,使35岁以下的从业人员学历全部达到高中文化程度。从业人员获高级、中级、初级职业资格证书的分别达到0.3万人、2.7万人、4.3万人,培训职工总数达80%以上。

卫生事业。公共卫生功能进一步健全,基层卫生服务水平进一步提高,居民点卫生机构覆盖率100%,传染病网络直报率100%,省级卫生城镇建设覆盖率达30%,千人口医生数不少于3

人，千人口住院床位数不少于4张，垦区人民主要健康指标达到国内先进水平。稳定低生育水平，提高人口素质，人口自然增长率控制在5‰以内。

文化体育事业。群众性文化体育活动得到全面普及，文化体育设施进一步普及。企业文化建设得到长足发展，建设好基层文化中心和文化信息共享工程，北大荒文化呈现第三次繁荣。

社会保障事业。社会保障事业得到进一步加强，新增就业5万人，转移种植业劳动力15万人，登记失业率控制在5%以内，从业人员基本养老、医疗、失业、工伤、生育保险参保率达到100%。

交通通信事业。公路运输体系进一步完善，所有农场出口路及部分骨架公路实现四级以上硬化连接，50%的生产队与农场实现四级硬化连接。光缆到村，宽带到户，信息网络覆盖全垦区，建成“数字化垦区”。互联网家庭普及率达到50%以上，建立健全政务信息、农资农产品监管、土地资源监管、农情监测、农产品电子商务、农业专家系统等信息应用系统，垦区经济信息化程度得到大幅度提高。

广播电视事业。垦区99%以上的管理区开通广播电视，实现场部以上地区同时收看到百套以上数字电视节目。实现农业频道节目在全省市县落地，垦区广播电视成为繁荣北大荒文化、传承北大荒精神的宣传主阵地和在全国有知名度、全省有影响力的区域性强势主流媒体。

人居环境。城镇化率达到60%，职工住宅全部砖瓦化，人均住宅面积达到25平方米，农场居民自来水入户率达到98%，农场小城镇居民住宅集中供暖率达到50%，燃气普及率85%，主要街道硬质化率达到80%，城镇绿化覆盖率30%。

安全生产。基本形成较为完善的安全生产监管体系和应急救援体系，重大事故得到有效控制，工矿企业10万人死亡率控制在1.29以下，垦区安全生产状况明显好转。

——生态发展目标

自然生态保护。区域森林覆盖率达到23%，森林资源消耗控制在限额以下，建立各种级别的湿地自然保护区13个，列入保护区、保护地保护的湿地面积达到750万亩。国家级生态示范区的各项建设指标达到国家一类地区标准。

环境保护。主要污染物排放总量控制在“十五”末的水平上。工业废水、废气处理率达100%，工业固体废物综合利用率达80%，危险废物无害化处理率达95%，污染物达标排放。机场、高速公路、铁路、风景名胜区周边等重点秸秆禁烧区的秸秆禁烧率达到100%，全垦区秸秆综合利用率达到90%以上。重点地区规模化畜禽养殖场的粪便处理率达到95%，资源化率达到85%以上。推广节约型生产模式和消费模式。发展精准农业，控制资源和能源消耗，减少单位产量的水消耗，减少化肥、农药、油料的使用量。大力开发以沼气为主的生物质能源，鼓励推广和使用太阳能、风能等洁净能源技术和设施。

四、“十一五”时期发展战略、主要任务、建设布局及重点工程

(一)发展战略

——深入实施科教兴垦战略

一是进一步整合科技资源，加快推进产学研一体化步伐。以八一农大、农垦科学院为龙头，发挥科研和人才优势，尽快提高科技研发能力与水平，引导企业和企业集团积极创建研发机构，提高企业自主研发能力，建立有效的科研激励机制。根据产业结构调整和区域优势布局的需要，择优选择一批科研院所、农业高等院校和具备研发能力的龙头企业进行重点建设，使70%的优势科研单位在技术装备上达到或接近国际先进水平，满足农业科技创新与转化的需求。

二是大力推广应用新技术措施。建立具有世界先进水平的农业科技创新体系、技术推广体系和农业教育培训体系，增强职工群众对农业科学技术的掌握和应用能力，农业科技成果转化率达到85%以上，科技进步贡献率达到70%以上。

三是优先发展教育事业，加快人力资源开发。继续深化教育体制改革，优化资源配置，全面提升垦区教育总体水平，促进各类教育协调发展。巩固提高基础教育，大力发展职业教育，提高高等教育质量，完善终身教育体系，建设学习型垦区。以提高从业人员素质为宗旨，以培养产业化龙头企业、产业化基地急需的短缺人才为重点，建立和完善结构合理、灵活开放、特色鲜明的农垦职业教育体系。到2010年，垦区小学、初中规范化学校建设合格比例达到95%，创建国家级示范高中1所，省级示范高中5所，国家级示范职业学院1所，国家级示范中等职业学校2所。

——全面实施人才强垦战略

一是以提高党的执政能力为重点，大力加强各级党政领导班子和干部队伍建设。深化干部人事制度改革，坚持科学发展观和正确政绩观，积极引入竞争机制，把想干事、能干事、能干成事、工作实绩突出的干部，政治上强、工作上有思路、能创造性工作、有发展潜力的干部，求真务实、执政民主、勤政廉洁、群众公认的干部选拔充实进各级领导班子，把各级领导班子建设成为真正实践“三个代表”重要思想的坚强领导集体。

二是以提高战略决策能力和市场开拓能力为核心，抓好企业家队伍和企业管理团队建设。要从提高核心竞争力目标出发，高度重视企业家队伍建设，建立科学的业绩考核体系和市场化的选人用人机制，完善激励约束机制。按照现代企业制度的要求，全面引入竞争机制，实施市场化选才办法，逐步形成广纳群贤、竞争择优、能上能下、能进能出、充满生机与活力的用人机制，完善企业各层次经营管理人员的选拔任用制度。

三是以知识更新和提高创新能力为核心，抓紧培养一大批高层次专业技术人才。围绕垦区重点行业、重点领域和重点项目的需求，借助外部资源，整合内部资源，实施高层次科技创新人才培养工程，搞好学科带头人队伍建设，培养和引进一批高新技术顶尖人才、具有前瞻性的专业人才、掌握行业核心技术的高技能人才。

四是以提高企业整体素质为目标，加快高技能职工队伍建设。以培育种田大户、养殖能手、能工巧匠和科技能人为重点，加大投入，积极发展职业教育，大力开发人力资源，长期教育与短期培训相结合，理论提高与现场培训相结合，全面提高垦区劳动者素质，实现人的全面发展。

——加快实施产业升级战略

一是初步实现农业现代化，工业成为垦区主导产业。现代农业装备覆盖面达到95%以上，农业保险覆盖垦区全部耕地，规模经营提高30%，转移种植业劳动力15万人。农产品加工的综合装备达到国内领先水平，农产品加工能力达到国际规模经济水平，部分产业龙头企业成为国内领军企业或进入行业第一集团军行列，产业集中度进一步提高，形成若干个市场影响力较强的国内知名品牌。力争把九三油脂、北大荒米业、完达山乳业、北大荒肉业等发展成年销售收入百亿元以上的"航母"企业。

二是把现代物流业发展成新的支柱产业。依托垦区独特的区位和资源优势，以哈尔滨为中枢，各个中心城市和口岸为依托，全面强化物流设施、物流信息、物流环境等基础建设，构建以大型现代物流骨干企业为轴心，以综合性、专业性物流配送为节点的物流体系框架，形成北大荒物流品牌和有市场竞争能力的现代物流产业集群，建立和完善农副产品物流、工业产品物流、生产资料物流、对外经贸物流、交通运输物流、公共信息物流、物流人才支撑等"七大物流体系"。

三是把服务业培育成新的增长点。以阳光保险为依托，全面发展农业保险、商业保险、保险中介等保险业务和金融服务业，引进新的金融保险业，使金融保险业成为垦区亮点。充分发挥垦区生态资源和现代农业的优势，大力发展旅游业，以生态游带动景观游，以文化游带动大荒游，以故地游带动垦区游，以境外游带动边境游。积极营造宽松环境，调动各类投资主体积极性，大力发展房地产业、中介服务业、信息咨询业、商服餐饮业和农业服务业。

四是大力发展循环经济。改变要素投入方式，实现由资金和自然资源支撑增长向更多地依靠人力资本和技术进步支撑增长转变，改变资源利用方式，实现由"资源—产品—废弃物"的单向式直线过程，向"资源—产品—废弃物—再生资源"的反馈式循环过程转变。坚持节能优先，建立和推广节约型生产模式，培育和发展节约型产业，形成节约型工作方式和消费方式，加快建设节约型垦区，促进经济可持续发展。采取综合措施节约用水，吨粮用水和万元产值用水大幅下降。

——大力实施小城镇带动战略

一是努力打造最佳人居环境。按照经济结构战略性调整、撤队建区改革和全面建设小康社会要求，用发展的眼光和创新的意识，高起点规划，大手笔建设，不断提升农垦城镇的文化内涵和亲和力。高质量建设一批交通方便、设施配套、功能完善、环境优美、各具特色的生态园林型小城镇，逐步形成一批高品位的中心城和重点镇。加快经济适用住房建设步伐。继续加强小城镇基础设施建设，重点是城乡给排水建设、居民供暖建设、街区道路建设等，每个农场场部都建成一座水处理厂和一座垃圾处理场。尽快完善小城镇载体功能，聚集产业聚集人口。

二是进一步优化生态环境。科学合理地利用自然资源，全面控制垦区环境污染，进一步改善和提高区域环境质量，促进人与自然的和谐发展。要强化工业污染防治工作，严格控制污染物排放总量，总局控以上重点污染源要做到稳定达标。要控制大气和噪音污染，严格控制焚烧作物秸秆，空气质量达到国家一级标准，区域环境噪声、交通干线噪声控制在国家标准之内。抓好农垦小城镇环境综合整治工作，让老百姓喝上放心水。强化农用化学品环境安全管理，控制"面源污染"，促进种、养业废物资源化。

三是加快城镇基础设施建设。完善公路网规划布局，提高公路通达深度，提高公路的技术状况，提高公路整体服务水平，充分发挥垦区公路交通的大通道作用。进一步完善垦区通信网络，重点发展数据通信，加快向居民区拓展。大力开发各种软件应用系统，为农业现代化和经济现代化提供完善的服务和保障。

（二）社会主义新农村建设的主要任务

——着力建设三大基地，增强垦区经济实力

一是着力建设优质商品粮基地。在稳定提高自身农业综合生产能力的基础上，充分发挥优势，大力开发境外农业，承租经营垦区外耕地，整合其他国有农业企业，提高对粮源的调控能力，商品粮达到230亿斤左右。垦区粮食全部实行无公害化生产，优质品率达到100%，建立优质粮食生产基地2 850万亩，建设国家绿色农业示范区，绿色食品监测面积1 200万亩，有机食品种植面积300万亩。

二是着力建设绿色畜产品基地。大力发展绿色养殖业，加快技术创新、管理创新和防疫检疫体系建设，全面提高畜产品质量。完善服务体系建设，培育壮大家庭牧场、股份制和股份合作制养殖场，集中建设标准化养殖小区；加强良种繁育、疾病防疫和科技推广等工作，形成较为完善的支撑保护体系；大力推进牧业机械化，转变畜牧业增长方式，把畜牧业建成垦区支柱产业。到2010年，垦区肉类总产量49万吨，全部为无公害农产品，其中绿色食品占75%，能够满足1 500万城镇居民食用；牛奶155万吨，全部为无公害农产品，其中绿色食品占85%，满足5 600万城镇居民食用。

三是着力建设农产品加工基地。利用哈大齐工业走廊建设契机，辟建北大荒绿色产业园区。本着粗加工靠近原料基地、精深加工和食品制造建在绿色园区或靠近市场消费前沿的布局原则，以企业原创、自主开发和招商引资为项目主要来源，以高科技含量、高附加值和低消耗、低污染为项目准入主要标准，继续实施大项目带动战略，以大项目、大企业、大产业为支撑，打造垦区农产品加工产业集群。利用五年左右时间，形成大豆综合加工630万吨、水稻加工500万吨、玉米加工500万吨、小麦加工100万吨、大麦加工50万吨、马铃薯淀粉加工50万吨、调味品及饮料生产100万吨、生猪屠宰加工500万头、肉牛屠宰加工50万头、禽类屠宰加工4 000万只、鲜奶综合加工100万吨和羊综合加工200万只的能力，成为国家重要的农产品加工基地。

——着力改善民生质量,加快构建和谐垦区

一是改善基层职工群众生活条件。实现居民区道路硬化、环境美化,健全基础生活设施,方便群众生活。加强文化体育设施建设,满足基层群众精神文化生活需要。加快实施改水工程,解决人畜饮水安全问题。推广应用沼气工程、秸秆燃气工程,推广使用太阳能、风能等清洁能源。加强居民区植树造林和绿化工作,美化生态环境。

二是加强社会保障体系建设。继续扩大就业规模,改善就业结构,提高劳动者素质,尽快形成市场导向的就业机制和适应社会主义市场经济要求的就业服务体系,实现劳动力有序流动和劳动力资源合理配置。依法扩大社会保险实施范围,“十一五”期末,垦区的基本养老、失业、医疗、工伤、生育保险要覆盖法规规定的所有用人单位和劳动者,探索和推进职工家属和在校学生医疗保障。关心困难群体,强化社区服务保障功能,加强“低保”和扶贫救助工作,实施“助老工程”、“助学工程”、“助孤工程”、“助残工程”,努力实现残疾人“人人享有康复服务”目标。积极发展老龄事业,改善基层养老条件。促进少数民族共同发展。

三是维护社会安定和政治稳定。全方位推进依法治垦,加强政法队伍建设,规范执法行为,提高执法能力,推进垦区司法工作的创新发展。抓好社会治安综合治理,深入开展“严打”整治斗争,依法严厉打击各种犯罪活动。坚持“以人为本”,建立社会预警体系和应急救援、社会动员长效机制,切实做好生产安全、交通安全和公共卫生安全工作,坚决防止和杜绝各类重特大安全事故的发生。抓紧解决转轨时期的历史遗留问题,预防和解决重大改革过程中可能出现的各种矛盾和问题。规范宗教事务管理,维护宗教和睦与社会和谐。畅通信访渠道,依法依政策解决信访群众利益诉求问题,维护职工合法权益。

四是切实加强民主法制建设。完善厂务公开制度,切实加强以职工民主大会为基本形式的民主管理。积极开展民主法治示范单位达标活动,垦区成为全省民主法治示范单位创建工作的表率,30%的农场和基层单位达到省级民主法治示范单位标准,50%的农场和基层单位达到垦区级民主法治示范单位标准。

(三)建设布局与重点工程

1、种植业建设布局与重点工程建设布局

优质粮食生产基地。重点在宝泉岭、红兴隆、建三江、牡丹江、北安、九三6个分局建设高标准水稻、小麦、大麦、大豆、玉米优质粮食生产基地。基地规模2 850万亩,其中优质水稻生产基地1 400万亩;优质小麦生产基地200万亩;优质大麦生产基地100万亩;优质大豆生产基地550万亩;优质玉米生产基地500万亩;优质杂粮100万亩。

经济作物生产基地。重点在红兴隆、齐齐哈尔、北安、绥化、哈尔滨分局,建设经济作物生产基地。基地规模550万亩,其中油料作物160万亩,麻类作物100万亩,糖料作物25万亩,中草药面积50万亩,蔬菜瓜类40万亩,薯类面积50万亩,青贮面积100万亩,饲草面积25万亩。

农业有害生物预警与防治和气象防灾减灾体系建设。在绥化、齐齐哈尔分局建设农业有害生物预警与防治区域站,在有关分局进行防灾减灾体系建设。

测土配方施肥体系与农业标准化示范区建设。建立覆盖全垦区、全面积、全作物的测土配方施肥体系,建设八个分局级重点土壤化验室,50个农场级土壤化验室,建立测土、配方、田间试验、配肥、技术指导为一体的科学施肥体系。建立标准化示范区20个。

种业技术体系建设。通过多种方式在辽宁、河北、黄淮海地区各建设1个品种引育中心,继续完善哈尔滨科研育种基地。在垦区内外建设原原种和自交系繁育基地、原种繁育基地和制种基地、良种繁育基地。

重点工程:

灌溉工程。灌区工程续建配套绥滨、八五九、查哈阳、兴凯湖(含兴凯湖、八五六、八五七、八五八、庆丰5个农场)、梧桐河(含梧桐河、宝泉岭2个农场)、江川(含江川、宝山2个农场)和蛤蟆通7个灌区,新建勤得利、江萝(含共青、名山、江滨、军川4个农场)、饶河、二九〇4个灌区及部分中小型灌区建设,新增和改善有效灌溉面积341万亩。节水灌溉工程,9个分局新建节水灌溉项目,新增和改善有效节水灌溉面积63万亩。

防洪除涝工程。大江大河堤防加固及河道整治工程,改建及新建大江大河堤防,加固堤防长度185.04公里,建设护岸50.37公里,新建建筑物5座。中小河流治理工程,包括改造、加固中小河流堤防15条,加固堤防218.12公里,建设护岸17.46公里,疏浚河道79.4公里,新建水工建筑物31座。病险水库加固工程,包括重点消险加固病险库6座和其他中小型水库。三江平原涝区治理工程,除涝工程28处,治涝面积180万亩。

水资源开发利用及水土保持工程。城市供水工程,改造城市供水工程2处,年供水量270万吨。供水水库工程,改造及新建供水水库2座,库容量2 000万立方米。人畜饮水工程,解决居民饮水困难21.55万人,解决牲畜饮水困难75.67万头。水土保持工程,治理水土流失面积150万亩。

农业综合开发土地治理项目工程。以农业基础设施建设为重点,实行水、土、田、林、路综合治理,把中低产田建成旱涝保收、高产稳产的高标准基本农田。计划改造中低产田550万亩,为九三油脂、北大荒米业、丰缘麦业、北大荒马铃薯业等国家级及省级重点龙头企业建设优质原料生产基地。利用农业综合开发资金对5处设计灌溉面积5~30万亩原有中型灌区进行续建配套和节水改造。

良种繁育基地工程。建设优质强筋小麦、水稻、高油大豆、玉米技术创新中心各1处;农作物原原种繁育基地7处4 200亩,年产优质作物原原种932吨;农作物原种繁育基地14处8万亩,年产优质作物原种1.5万吨;建设优质农作物良种繁育基地42处210万亩,年生产各类优质粮食作物良种44万吨;完善哈尔滨科研育种基地,加快水稻生物育种的步伐,力求在“十一五”期间选育出综合性状优于空育131的新品种,建设自交系繁育基地4处1 000亩、制种基地 1 0 处60万亩。北大荒种业集团玉米制种达12万吨，育成优质玉米品种5个，建设南繁基地1处、品种引育中心3处。

标准粮田及农业标准化工程。建设标准粮田及农业标准化工程32处128万亩，主要建设内容为排灌渠系工程，土建工程，购置仪器设备等。

现代农机装备工程。建设700个现代农机装备作业区，装备300个耕地规模5万亩配备标准的旱田农机作业区、400个耕地规模2.5万亩配备标准的水田农机作业区或管理区。

粮食产后处理工程。建设水泥晒场500万平方米、仓储40亿斤的粮食库房、购置粮食烘干设备200套、粮食处理机械1 000台。

农业航空实验站项目工程。购置农用飞机20架，总量达到50架。建设跑道、停机坪、通讯导航指挥中心、机库、航材库等，购置飞机维修、导航等地面配套设备等。新增农业航化作业面积810万亩，航空护林作业面积1 282万平方公里，人工增雨控制垦区耕地面积3 500万亩。

境外农业综合开发工程。鼓励和支持公司、农场到俄罗斯、南美、中亚、非洲等国家和地区开发土地，在俄罗斯等地采伐木材。

造林绿化工程。完成造林125万亩，实施退耕还林，宜林荒山荒地造林，营造防护林，营区绿化和封山造林。

人工增雨防雹中心建设及垦区气象事业工程。购置增雨防雹指挥监控管理设备7套、高炮80门、火箭33台、移动雷达12部、GPS10部，年新增有效防雹面积800万亩、有效增雨面积330万亩，使有效防雹和有效增雨覆盖垦区耕地面积各达到2 700万亩。

2、畜牧业建设布局与重点工程建设布局

奶牛。以完达山乳业集团为核心，建设四大奶区。

哈尔滨奶区：以完达山哈尔滨乳品有限公司为核心，建设哈尔滨奶区。主要包括：哈尔滨分局香坊、阎家岗、红旗、四方山农场，齐齐哈尔分局绿色草原牧场、巨浪牧场、富裕牧场，绥化分局和平牧场、安达牧场。

牡丹江奶区：以完达山八五一一事业部为核心，建设牡丹江奶区。主要包括：牡丹江分局所属农场及周边的红兴隆分局八五三、北兴、建三江分局八五九农场。

宝泉岭奶区：以宝泉岭完达山乳品有限公司为核心，建设宝泉岭奶区。主要包括：宝泉岭分局所属13个农场及红兴隆二九一农场。

西部奶区：以完达山北方乳品有限公司为核心，建设西部奶区。主要包括：北安分局所属各场，九三分局所属各场及齐齐哈尔分局所属各场，绥化分局北部红光、海伦农场。肉牛。以红兴隆肉牛屠宰加工企业为核心，带动三江平原、西部两大肉牛养殖区发展。

三江平原肉牛养殖区：以红兴隆肉牛屠宰加工企业为核心，带动红兴隆、建三江分局为主的三江平原肉牛养殖区。主要包括：红兴隆分局所辖12个农场及周边，建三江分局所辖15个农场及周边。

西部肉牛养殖区：以绥化肉牛屠宰加工为核心，带动垦区西部肉牛养殖区。主要包括：绥化分局所辖各场及周边，齐齐哈尔分局克山、查哈阳、依安等农场，九三分局北部建边、嫩北、山河农场及北安北部锦河、红色边疆、逊克、建设、襄河农场及周边。

生猪。以宝泉岭分局生猪屠宰加工厂为核心，建设宝泉岭生猪养殖区，主要包括：宝泉岭分局所辖13个农场及周边，红兴隆分局所辖12个农场及周边。

羊。以建三江分局和九三分局为重点，带动三江平原绒山羊和西部地区肉羊发展。主要包括：建三江所属农场及周边，红兴隆分局北部红旗岭、饶河等农场及周边，九三分局所辖农场，齐齐哈尔分局查哈阳农场。

鹅。以友谊鹅屠宰加工厂为龙头，建设三江平原鹅养殖区。

主要包括：红兴隆分局所辖12个农场及周边，建三江分局所辖15个农场及周边、牡丹江分局所辖虎林6场和八五七、兴凯湖农场及周边。

特种养殖。以宁安、兴凯湖、新华、北兴、江滨、绥棱等农场为重点，积极发展鹿业养殖基地；以大兴、宝山、大西江农场为重点，积极发展兔业养殖基地；以克山和肇源为重点，积极发展狐貉等特种养殖基地；积极发展生态鸡、生态鸭等特种养殖基地。

重点工程：

畜牧兽医服务体系工程。建设畜牧基层防疫站972处，配齐各种疫情监测检疫设备。

畜牧良种工程。新建奶牛良种场10个、肉牛良种场10个、原种猪场5个、良种猪场100个。

畜牧生产基地工程。新建奶牛标准化养殖小区40个、肉牛规模化饲养场40个、生猪规模化饲养场800个。

青贮基地工程。新建永久青贮窖池200万立方米。

天然草场保护工程。新建划区轮牧202万亩、封育围栏26万亩、人工种草23万亩、改良草地127万亩。

3、农产品加工业建设布局与重点工程

大豆综合精深加工。以九三油脂为龙头，继续整合重组省内大豆加工资源，继续扩大省外大豆加工规模和能力，逐步完成由粗加工向精深加工的产业结构调整。重点建设讷河及海伦大豆综合加工项目、哈尔滨大豆浓缩蛋白项目、牡丹江大豆分离蛋白项目、建三江大豆蛋白纤维项目、沿海地区大豆综合加工项目等。

水稻综合精深加工。以北大荒米业为龙头，在牡丹江、建三江分局区域新增稻谷加工能力90~120万吨；通过挂牌、联营、收购、代加工等方式，改造现有精米加工企业，提升加工水平，新增加工能力75万吨；向北京、上海及南方省区延伸，建设高档小包装精制米生产线，努力实现新增加工能力100万吨。在东北地区新建1~2个α米生产厂，在京津、华东及华南地区新建2~3个方便米饭总装厂，条件成熟时在北美及东南亚地区建设1~2个仓储、总装及分销基地，方便米饭年生产能力达到3万吨。重点建设建三江及牡丹江年加工30万吨稻谷项目，在五常市、尚志市、北京、上海、杭州等优质水稻主产区建设优质小包装米生产线项目、稻壳发电扩建项目、配合饲料厂项目及北大荒领先食品有限公司方便米饭扩建项目等。

玉米综合加工。以哈尔滨及周边地区为中心,用3年左右时间,形成年加工玉米120~180万吨加工能力;利用哈大齐工业走廊区位优势及政策优势,在我省西部及内蒙古地区新增玉米加工能力200万吨;向南方及沿海地区延伸,利用当地及进口原料,增加加工能力100~150万吨。重点建设哈尔滨(双城、阿城)玉米加工项目、内蒙古(左中旗)玉米加工项目、辽宁(营口)玉米加工项目等。

马铃薯淀粉加工。组建马铃薯产业集团,以齐齐哈尔分局、九三分局马铃薯主产区为基地,形成年加工50万吨马铃薯淀粉生产能力。同时,在哈大齐工业走廊规划建设马铃薯淀粉精深加工项目,精加工总量达到40%以上。重点建设查哈阳、克山、讷河马铃薯精淀粉项目及齐齐哈尔马铃薯变性淀粉项目;通过低成本扩张,在省内外马铃薯产业带区域重组及新建精淀粉及变性淀粉深加工项目。

大麦综合加工。整合重组省内加工资源,使龙垦麦芽有限公司实现年大麦加工能力30万吨,在省内大麦芽市场占有份额达到75%以上。重点建设秦皇岛二期大麦芽工程项目,以环渤海地区为中心,利用进口原料,新增20~30万吨大麦加工能力。

小麦综合加工。提升北大荒丰缘麦业、龙谊粉业龙头企业加工水平,不断开发新项目和新产品,实现年加工小麦粉100万吨生产能力。积极创造条件,进行资产整合,提高行业整体竞争能力。

饮料、保健食品及调味品加工。在哈尔滨及哈大齐工业走廊发展大豆、大米为主要原料的饮料、保健食品及调味品加工,加工总量力争达到100万吨。重点建设哈尔滨及天津调味品加工项目、建三江大米饮料项目、五九七农场果品加工项目、宝泉岭和红兴隆等地区南瓜系列产品加工项目等。

生猪屠宰加工。在确保北大荒肉业宝泉岭、望奎生猪屠宰项目及哈尔滨肉制品加工项目达产达效的基础上,通过低成本扩张或资产重组,在黑龙江、吉林、辽宁,再新增200万头生猪屠宰加工能力,成为东三省肉类屠宰加工行业的领头军,全国肉类行业的知名企业。

肉牛屠宰加工。以北大荒牛业公司为龙头,充分利用红兴隆地区及垦区西部地区肉牛资源,在哈尔滨地区新增年肉牛屠宰加工能力20万头,并通过联合或委托方式,积极发展牛皮、牛骨等制品综合加工。重点建设阿城10万头肉牛屠宰项目、绥化肉牛屠宰项目、九三肉牛屠宰项目、哈尔滨1万吨熟食制品加工及副产品综合加工项目等。

中高档乳制品加工。以完达山乳业为核心,发挥垦区优质奶源基地优势,扩大掌控垦区外部奶牛资源,在扩大奶粉、豆(奶)粉、米粉系列产品生产的基础上,积极发展中高档乳制品加工,鲜奶加工总量达到100万吨。重点建设哈尔滨5万吨高档乳制品加工项目,重组扩建2万吨配方奶粉项目。

禽类屠宰加工。进一步扩大屠宰加工能力和规模,并以深加工为重点,依托北大荒肉业肉制品加工厂,积极发展禽类精加工制品和餐桌食品。

亚麻系列产品加工及亚麻羊绒系列纺织品加工。在九三、绥化、北安地区建设亚麻初加工生产基地,以建三江为核心,建设羊绒初加工基地。利用优质亚麻及羊绒原料,在哈尔滨地区建设中高档纺织品系列综合加工项目,带动亚麻种植业及绒山羊养殖业快速发展。重点建设九三亚麻纺纱加工项目、建三江羊绒初加工项目、北安亚麻籽系列加工项目等。

生物制品加工。利用猪、牛、羊、禽内脏,在哈尔滨地区发展生物制药及生物保健品加工。借助省内外资源及条件优势,扩建绥化分局生物农药、生物兽药、生物肥料生产基地。利用垦区淀粉原料优势,在哈大齐工业走廊,发展生物(可降解)地膜生产。重点建设哈尔滨生物制药项目、宝泉岭生物药业工程项目、绥化生物农药(兽药)及肥料项目、哈尔滨生物地膜项目等。

4、第三产业和社会公益性事业建设布局与重点工程

种子营销。按照生态区域、种植结构和市场需求,推进北大荒种业集团基地、加工、营销体系建设。经营区域拓展到黄淮海地区及俄罗斯等国际市场。重点建设大型种子仓储和加工中心15座,其中在哈尔滨、甘肃、沈阳、石家庄各新建2万吨的仓储加工中心1处、改扩建1万吨哈尔滨王岗仓储加工中心1处,在佳木斯市和齐齐哈尔市新建5 000吨的仓储中心各1处,在宝泉岭、红兴隆、建三江、牡丹江、齐齐哈尔、九三、北安、绥化8个分局各建设2万吨的种子加工仓储中心1处。新建2 000吨水稻早熟救灾备荒种子储备库,3 000吨玉米种子恒温滞留库,1 000吨大豆早熟救灾备荒种子储备库,建设垦区常规农作物种子生产保护区,建设20处农作物新品种展示示范中心。

物流业。组建北大荒物流有限公司。重点推进该公司基础设施建设,在北京、上海、深圳、沈阳、大连、长春、佳木斯建设物流配送中心,在哈尔滨建成农垦哈尔滨电子信息网络交易平台。

房地产业。大力发展房地产业,推进住宅建设。推进经济适用住房建设,特别是集资建房和合作建房,重点改善大多数中低收入家庭住房。在哈尔滨市郊的香坊、青年、红旗等农场搞房地产开发经营。

保险金融业。以阳光保险公司为依托,全面发展农业保险、商业保险、保险中介等保险业务和金融服务业,保险领域覆盖东北、内蒙等区域。

教育与人才。加强分局、农场中小学、普通高中和各类职业教育建设。重点建设中小学危房改造工程、中小学教学仪器设备更新配套、教育信息化工程和职业院校基础设施工程。进一步整合教育资源,建设一批示范中小学,为垦区子弟提供良好的就学条件。加强人才劳动力市场服务体系建设,全面提升垦区高层次人才智力引进和人才劳动力市场社会化服务水平。

医疗卫生。全面推进垦区初级卫生保健规划的实施。加大对公共卫生投入,重点完善疾病预防控制、医疗救治、卫生监督体系,加强结核病、出血热、肝炎、布病的防治,提高应对突发公共卫生事件的应急能力。加强基层卫生基础建设,改善农场医疗卫生条件,满足人民群众不同层次的医疗卫生需求。继续坚持人口资源环境协调发展,建立和完善依法治理、居民自治、优质服务、政策推动、综合治理工作机制,继续完善有

利于人口和计划生育工作的社会保障和利益导向机制。重点建设农场急诊急救设施工程、总医院诊疗手段现代化工程,有计划地在东部、中部和西部地区,重点建设一至两个有影响的医疗集团,为当地职工提供高水平医疗服务,并有效覆盖周边农村乡镇。

生态建设与环境保护。主要进行三江平原生态功能保护区生物多样性保护工程项目、黑龙江垦区省级以上自然保护区基础能力建设项目、黑龙江垦区生态示范区建设典型示范工程项目、湿地保护和恢复示范建设工程,在宝泉岭、红兴隆、建三江、牡丹江、九三等分局局直地区新建污水处理厂,新增污水集中处理能力1 000万吨/年以上。

小城镇建设。加快城乡公用工程建设,创造良好人居环境,加快小城镇建设步伐。加快编制垦区城镇总体规划,重点规划5个人口3~5万人的中心城、50个人口1~3万人的重点镇、500个左右中心社区。建设750万平方米住宅小区建设工程、农场场部及管理区给排水与供暖工程、农场场部街区道路路面硬化工程、农场场部污水及垃圾处理工程。其他公益性基础设施建设。结合国家实施的通村公路建设政策,彻底改变垦区公路交通发展滞后的局面,充分发挥垦区公路交通的大通道作用。建设四级以上白色路面5 436公里,优先建设农场出口路、农场骨架公路,改建砂石路1 000公里。加快建设信息传输网络基础设施,重点建设总局至各分局骨干传输网、分局-农场-居民区传输系统;积极建设信息网络平台,努力解决互联网入户的"最后一公里"瓶颈;大力开发信息应用系统,满足经济建设、社会发展和人民生活对信息网的需求。继续实施垦区广播电视"村村通"工程,加快推进垦区数字电视、网络电视、移动电视的发展建设,扩展广播电视服务功能,开展互动点播、远程教育、远程医疗、电视购物、互联网业务等增值服务功能。重点建设总局农垦电视台,实现电视节目的采集、编辑、制作、播出、媒资管理的数字化、网络化、高清化。加大安全生产投入,加强安全生产基础设施建设,进一步改善安全生产基础条件。加大对贫困农牧场的扶持力度,进一步改善贫困农场生产生活条件,全面改善贫困农场的饮水、住房条件和居住区环境,提高职工家庭收入,争取"十一五"期间贫困农场实现基本脱贫。

旅游业。开发具有垦区特色的旅游项目,搞好农业旅游示范点创建工作。重点开发金斗湾、当壁镇、长林岛、白桦女神狩猎场、柳河、洪河、雁窝岛等自然生态旅游区和香坊生态农业观光区,积极打造反映北大荒创业历史的旅游路线。新增AAAA旅游区2个、AAA旅游区3个、AA旅游区6个、A旅游区8个。到2010年,年接待国际旅游人数2 000人次,旅游创汇84万美元;接待国内旅游人数85万人次,国内旅游收入1.6亿元。

五、主要保障措施

(一)进一步深化改革,推进体制机制创新

一是构筑适应市场经济新形势的农垦经营体制。完善"内部政企分开"体制,建立健全北大荒农垦集团总公司法人治理结构,构建公司制管理体制和运行机制,建立健全现代产权管理制度,强化激励约束机制,加强企业文化建设,全面提升核心竞争力,努力打造具有影响力的北大荒农垦企业集团。二是完善农场管理体制。完善撤队建区改革,撤销生产队,充实管理区,基层管理的耕地面积由现在的1.5万亩左右扩大到5万亩左右。结合小城镇建设,加快居民向城镇集聚,加快原生产队居民点的撤并和土地复垦步伐。撤销部分中小型农场建制。三是推进土地适度规模经营。巩固和完善农业统分结合双层经营体制,全面推行"两田制",引导劳动力向经济作物种植业、养殖业、涉农服务业和二、三产业有序转移,鼓励和扶持大型家庭农场、股份合作农场、家庭农场联合体等经营组织大规模承租土地,实现大型农业机械与土地资源合理配置,加快推进土地适度规模经营,提高土地产出率和劳动生产率。到2010年,从事种植业的人员由目前的35万人左右减少到20万人以内。四是继续深化国有企业改革。加大引进战略投资者、对外出售转让国有股权、吸纳社会资本参股力度,实现大中型龙头企业投资主体多元化,建立规范的公司法人治理结构。五是完善社会化服务体系。大力发展各类协会、合作社等互助组织,进一步提高垦区农业组织化水平。打造信用垦区,构筑融资平台,把金融服务引入到家庭农场和中小企业。整合各级各类质量认证、咨询评估、检测检验、产品研发等方面资源,充分发挥社会中介组织在垦区经济社会发展中的作用。

(二)扩大投融资渠道,为加快发展提供资金保障

充分利用资本市场和金融杠杆作用,广泛筹措资金,为垦区经济社会发展和重点项目建设提供强大的资金支持。计划在5年投资规模达到400亿元左右。一是进一步扩大对外开放,通过招商引资直接融资50亿元以上。二是利用股票市场融资,北大荒农业股份通过二次增资扩股和增发可转债等形式融资30亿元左右,其他企业在境内外上市融资50亿元左右。二是利用担保政策融资,通过贷款担保融资100亿元左右。四是利用下岗再就业政策,争取政策性资金20亿元。五是提高垦区资金自筹能力,以每年20亿元的规模,五年内自筹资金100亿元。六是积极争取和利用外国政府贷款,争取贷款额达到5 000万美元(4亿元)以上。七是争取国家对农田水利基本建设、农业开发、农业机械化建设、农场公益性事业建设等方面的支持,争取专项资金50亿元左右。

(三)全面强化管理,提高经济运行质量

加快产业链整合。加强企业原料及产成品收、储、运、销等物流环节的管理,不断进行流程再造,提高资金周转率。推进全面预算管理。压缩费用,加强监控,实施财务总监制、财务主管人员委派制。建立与集团管理相适应的会计核算制度和财务电算化管理,统一经济指标考核体系。坚决贯彻刚性预算管理规定,降低管理费、财务、营销三项费用,把应收账款、产成品资金占用降到合理水平。加强国有资产运行监测和监管。通过加强考核、选派董事、监事和财务总监等手段,依法履行出资人权责,实施对企业国有资产的有效监管,采取定期报表与重点跟踪相结合,建立和完

善经济运行预警机制。完善国有产权管理。加强集团总公司对控股公司的出资监管,建立资产经营责任制,建立经济运行监控制度,建立对国有和国有控股企业经营者激励与约束机制,建立按劳分配与按要素分配相结合的分配机制。强化无形资产管理。实施北大荒品牌战略,全面提高驾驭市场能力;加强对专利技术、企业自有技术管理,健全企业研发机构,提高自主创新能力;健全计量、监测、质量认证体系。

(四)继续扩大对外开放,全面拓展发展空间

大力推进对外贸易和招商引资。积极拓展国际市场,增加产品出口,重点增加加工产品出口。到2010年,外贸进出口总额达到8亿美元,三资企业出口创汇达到1亿美元。积极引进各类投资者,特别注重引进战略投资者,鼓励和支持参与垦区骨干企业改制改造。深入开展场县共建。本着诚信合作、共建共赢的原则,充分发挥农机集团作用,以农机跨区作业为主要内容,深入持久地开展场县共建活动。到2010年,力争实现对省内外代耕作业和租种面积3 000万亩,向农村推广优质良种面积2 000万亩以上。龙头企业带动农村建立200亿斤粮食、20万头奶牛、20万头肉牛和300万头生猪的原料基地。有序组织境外资源开发。创新开发模式,整合开发力量,以俄罗斯、中亚、非洲、南美等资源富集区为重点,大力开发境外农业,实现境外农业开发面积200万亩。积极创造条件开发境外木材资源和矿产资源,力争五年累计境外采伐木材60万立方米,输出劳务5 000人。接纳整合省外国有农业企业。争取国家政策支持,在双方协商一致、当地政府支持的基础上,接纳省外农垦企业加入北大荒农垦集团。

(五)大力发展非公有制经济,拓宽群众致富门路

高度重视非公有制经济发展。垦区的非公有制经济既有个体、私营、外商、混合所有制经济,还有职工自营经济,发展空间大,随着生活水平的提高,职工群众的创业能力会不断增强,创业的愿望会更加强烈,要从繁荣经济、增加就业、改善民生的高度,放手发展非公有制经济。健全和完善发展政策。进一步落实国家和省鼓励非公有制经济发展的各项政策,将政府政策农垦化、本地化,加大支持力度,积极营造良好的投资环境,完善服务体系,把北大荒建成投资热土,吸引各类投资主体投资兴业,共同发展。降低门槛,放手发展,鼓励和引导社会资金参与农垦资源开发、产业结构调整,参与公益性事业建设,支持非公有制企业做大做强。积极与当地政府协商,利益共享,建立有利于农垦非公有制经济可持续发展的激励机制。到2010年,垦区非公有制经济实现增加值200亿元左右,占生产总值的40%。

(六)加强法制建设,努力创造良好发展环境

坚持依法行政。深入贯彻依法治国基本方略和《依法治省纲要》,大力推进垦区民主法治建设,不断提高依法治垦的能力和水平,以法制宣传教育为基础,以依法行政、公正司法为重点,加快垦区经济、政治、社会各项事业的法制化,为垦区率先实现农业现代化、全面建小康社会,构建和谐垦区提供坚强的法治保证。完善经济和社会行政管理职能。争取省人大、省政府修订《黑龙江省国营农场条例》等涉及垦区的地方性法规和规章,扩大行政授权,明确总局、分局、农场各层级行政主体资格,为垦区经济和社会协调发展提供体制保障。

(七)加强精神文明建设,全面繁荣北大荒文化

深入开展"三个代表"重要思想、科学发展观的宣传教育,巩固马克思主义在意识形态领域的指导地位,引导干部群众牢固树立中国特色社会主义共同理想。大力开展民族精神、时代精神特别是北大荒精神教育,丰富北大荒精神内涵,大力宣传具有时代特色的先进典型,引导广大干部群众以更加饱满的热情和昂扬的斗志建设社会主义新农村。根据新形势、新任务和新要求,把握动态,拓展对象和主体,改进方式和方法,重点做好企业、学校、社区、新经济组织和困难群体的思想政治工作。加强爱国主义教育基地建设,提升教育功能,充分发挥对广大群众特别是青少年进行爱国主义和传统教育的重要作用。深入贯彻落实《公民道德建设实施纲要》,通过开展多种形式的主题教育活动,大力倡导"爱国守法、明礼诚信、团结友善、勤俭自强、敬业奉献"的基本道德规范,制定公民守则、职业道德规范、家庭文明公约等道德行为准则,推进社会公德、职业道德和家庭美德建设。广泛开展文明单位、文明行业、文明城镇、文明社区和星级文明户创建活动,提高群众性精神文明创建工作水平。到2010年,垦区进入全省文明单位建设先进系统标兵行列,省级文明单位(标兵)达到73个,省级文明村28个。以北大荒精神为灵魂,以北大荒文化第三次繁荣为目标,以群众文化和群众体育为主线,搞好企业文化、社区文化、家庭文化、校园文化、节日文化建设,高质量完成好"五大"工程,为垦区又快又好发展提供精神动力、智力支持和思想保证。认真抓好文化、体育、新闻出版市场的管理,为改革发展创造良好的环境。加强基础设施建设,为垦区人民提供良好的公共文化体育服务。

(八)加强和改善党的领导,确保规划顺利实施

胜利实现"十一五"规划,关键在党的领导。要加强思想政治建设,坚持立党为公,执政为民,加强党的执政能力建设和先进性建设,加强各级领导班子建设和基层党组织建设,不断提高党领导经济社会发展的水平,努力提高贯彻落实科学发展观的能力、驾驭全局的能力、处理利益关系的能力、务实创新的能力,进一步增强党的领导核心作用。要加强党的作风建设,改进思想作风、领导作风、工作作风,心系群众,廉洁自律,惩治腐败,弘扬正气,密切党群干群关系。要加强干部队伍建设,各级领导班子要全面分析和正确判断经济社会发展面临的形势,确定经济社会发展的基本思路和工作重点,加强和改进对经济社会重大事务的综合协调,增强忧患意识、责任意识、机遇意识,提高各级党组织创造力、凝聚力和战斗力,团结带领全体人民为实现"十一五"规划确定的目标而努力奋斗。

纪念北大荒开发建设60周年

历久弥新的北大荒精神

人民日报评论员

60年风雨兼程,三代人奋斗不息。黑龙江垦区迎来了开发建设60周年的喜庆日子。

在60年的开发建设中,黑龙江垦区累计向国家上交商品粮2 538亿斤,成为国家重要的商品粮基地、粮食战略后备基地和现代农业的示范基地。在创造巨大物质财富的同时,垦区孕育出“艰苦奋斗,勇于开拓,顾全大局,无私奉献”的北大荒精神,成为黑龙江农垦事业的灵魂,成为人们学习的榜样。

北大荒精神,是在黑龙江垦区极其艰苦的环境和特定历史条件下形成和发展起来的,是几代北大荒人用青春、汗水乃至鲜血、生命培育和锤炼的。在莽莽黑土地上,农垦战士们以不畏困难、拼搏实干的艰苦奋斗精神,解放思想、敢闯敢试的勇于开拓精神,胸怀全局、强国富民的顾全大局精神,不图名利、忘我工作的无私奉献精神,不断创造出粮食增产、农业增效、农民增收的奇迹。

人们不会忘记,60年来,由14万转业复员官兵、5万大专院校毕业生、20万内地支边青年、54万城市知识青年组成的垦荒大军,义无反顾地投身一场伟大的拓荒事业,洒下了汗水,贡献了青春。人们不会忘记,60年来,北大荒人勇于开拓、与时俱进,实现了由传统拓荒到实现农业现代化、由计划经济到社会主义市场经济的一次次飞跃。人们不会忘记,在拓荒创业的征程上,5万多名建设者永远留在这片黑土地上。“献了青春献终身,献了终身献子孙”,这正是农垦战士无私奉献的真实写照。

和几十年前相比,我们的国家发生了巨大变化,生产生活条件也有了很大改善。无论时代发生怎样变化,艰苦创业的精神不能变。我国的现代化建设既面临着大好机遇,也面临着挑战。在前进的道路上,我们还会遇到困难遇到风险,但只要我们继承和弘扬北大荒人那种艰苦奋斗、勇于开拓、顾全大局、无私奉献的精神,就能够获得无穷动力,应对困难,战胜风险,不断把中国特色社会主义社会事业推向前进。

黑土地上创造出来的北大荒精神,已成为中华民族历久弥新的精神财富,不但在几代北大荒人身上得以传承,而且在新时期得到不断的丰富和发展,发挥出更加积极的作用。可以相信,北大荒精神必将以其独特魅力、耀眼的光芒,鼓舞着我们在全面建设小康社会的征程上不懈奋斗。

(原载《人民日报》2007.8.16)

北大荒的巨变与北大荒精神

隋凤富

在解放战争硝烟正浓的1947年，上万名的伤残军人在党中央、中央军委的亲自部署下拉开了开发建设北大荒的序幕。60年来，建设者们在这片神奇的土地上，开垦出3 600多万亩良田，建成了中国耕地规模最大、现代化程度最高、综合生产能力最强的国有农场群，年均为国家提供商品粮200多亿斤，昔日的莽莽荒原已成为国家重要的商品粮基地和粮食战略后备基地。

北大荒的巨变，是党中央正确领导和亲切关怀的结果，是全国亿万人民无私支援的结果，同时也是三代军垦人在实践中形成的北大荒精神开出的最为灿烂的花朵。这一精神可以概括为“艰苦奋斗、勇于开拓、顾全大局、无私奉献”。它集中体现了北大荒人崇高的思想境界、奋发向上的精神风貌，是北大荒文化的核心和灵魂，是我国农垦战线的一面旗帜，是社会主义核心价值观的生动体现。

艰苦奋斗。北大荒开发的艰难程度在人类拓荒史上是罕见的。北大荒位于东经123度至134度，横跨12个经度，北纬43度至50度，纵贯8个纬度。这里是冰雪之乡，属寒温带大陆性季风气候区，暴虐的西伯利亚寒流长久地在这里徘徊。北大荒的冬季漫长，寒冷干燥，年均气温从南至北由2.6摄氏度降至零下3.5度，极端最低温度达零下40度。有作家这样描写道：这里是寒冷的世界。呼气为霜，滴水成冰。赤手则指僵，裸头则耳断。每逢“大烟炮”过后，时见雏鹰跌落于林下，孤狼陈尸于河谷；古泉咽涩，大江断流；没有顽强生命力的灵物，怎敢在此生息繁衍？

北大荒人就是在这样极为恶劣的自然条件下开始了创业的悲壮征程。冬天，他们住在莽莽荒原上的马架子、地窨子里，喝着雪水，吃着冻干粮；夏天，风餐露宿，顶风冒雨，人拉肩扛，在丛林中、草甸上，开垦出一片片良田，建起了一批批国营农场。

1949年10月下旬，在作战中失去一只眼睛和一条胳膊的老八路郝光浓率领100多名荣军战士来到伊拉哈创办荣军农场时，房无一间，地无一垄，眼前唯有呼啸的寒风卷起冲天的雪尘。他们架起第一顶帐篷，穿着棉衣睡觉，和着雪水做饭。为了积肥，伤残的荣军战士搭配编组，双目失明的抬着担子，瘸腿的跟着拣粪。失去了十个脚趾和两个手指的特等模范迟子祥率领战士们办起了铁匠炉，挥动伤残的手打出1 200多件小农具。为了生产运输工具，他和战友们用自己的身躯作动力，硬是生产出可以载重5吨的大拖车。老红军余友清在八五〇农场开荒中，带头试验人拉犁开荒。他们先用50人拉一台双轮单铧犁，后改装犁具，用20人拉一台双轮双铧犁。在几十公里的荒原上，出现了身着军装的战士们排着长队喊着号子人拉犁杖的壮观场面。

农建二师五团在创建二九〇农场时，由于没有建房材料，战士们就用炸药在平地上炸开冻土，像挖地道般在一米半深的冻土层下筑屋，再从上面打几个眼，下面铺些干树枝，过着穴居式的生活。待到天气变暖，冻土融化，洞穴倒塌，战士们才用两个树干支撑，搭起人字形的马架子。在北大荒开发的初期，小马架是安身的主体建筑。1958年春，预一师1 488名转业官兵用100天的时间抢盖了1 000多间马架子，使萝北荒原上出现了几十座“新村”。

1969年5月，以知青为主体的兵团战士向荒原宣战，开始修建由富锦县二龙山镇至抚远县的“二抚公路”，6 800多名兵团战士风餐露宿，爬冰卧雪，奋战了7个月，在140公里重沼泽区修筑成235公里的路段。

勇于开拓。伴随着共和国改革开放的脚步，北大荒发展的每一个阶段，都靠制度创新作支撑。1978年，像当年挺进荒原一样，北大荒人开始向一个陌生的领域进军。从农场统管、统种、统收到建立独户和联户的家庭农场，再到职工分户经营，生产费、生活费完全自理的大农场套小农场的双层经营体制，北大荒人不断探索和创新经营体制和机制，1984年到1996年，垦区先后兴办20多万个家庭农场，实现了农业改革的第一次历史性飞跃。几十年习惯于国家出钱、农场种地的正式职工转变为自己出钱种地的家庭农场主，北大荒人思想上经历了一次巨大的历练。

家庭农场兴办成功了，北大荒人又探索规模经营的新路子。1997年，九三分局进行土地适度规模经营试点，开始了农业改革的第二次飞跃。这次改革为发展现代农业，实施现代农机装备工程，加快农业标准化、栽培模式化奠定了基础。从2004年开始，垦区启动现代农机装备工程，由于大马力拖拉机作业半径不断扩大，原有的组织模式已不适应生产力发展的需要，于是北大荒人又开始了撤队建区的改革，用三年时间把原来的2 241个生产队全部撤销，集中设立661个管理区。这项改革，压缩管理人员1.27万人，减少开支4.6亿元，降低了农业的生产成本，减轻了职工的负担，推动了农业现代化进程。

制度的创新洞开了北大荒人看世界的窗口，将他们引向了国际舞台。1978年，垦区在友谊农场五分场2队全套引进美国农业机械，建立了3万亩耕地的北方旱作农业现代化综合科学实验基地。1980年到1983年，垦区以补偿贸易、世行贷款等形式建立了洪河、二道河、鸭绿河、浓江4个现代化农场和32个引进外资生产队。特别是近5年来，垦区已累计实现进出口总额16亿美元，2006年则达到5.5亿美元。

目前，垦区已与30多个国家和地区建立了贸易往来和经济技术合作关系，主要农畜产品出口世界24个国家和地区。垦区发挥资源、品牌和诚信等优势，推进企业自主招商，招商引资实现重大突破，先后引进韩国大和、香港宣威等国际知名企业，累计引资46.8亿元。对外合作不断发展，累计直接利用外资7 080万美元，比2002年增长2.1倍。北大荒农业股份成功上市，一次性融资15.6亿元，近期发行短期债券14亿元，同时完成股权分置改革，实现了农场股份制改革和资本市场融资的重大突破。特别是商贸集团与中石油、完达山乳业与台湾统一的成功合作，从根本上改善了股权结构，转变了企业经营机制。九三油脂等企业也在大连、天津和防城港等地实现了强势扩张。

顾全大局。党和国家开发建设北大荒的战略定位旨在解决中国人的吃饭问题。从开发初期支援解放战争前线，建立巩固的东北根据地，到今天在北大荒建立粮食战略后备基地，保障国家粮食安全，60年来，北大荒人时刻牢记自己肩负的重要使命，无论遇到何种困难与挫折，始终把粮食生产放在首位，服从服务于全党全国的大局。

1960年，北大荒遇到了严重的自然灾害，农场的粮食已不能自给。但为了完成上交国家商品粮的任务，农场人守着一堆堆粮食，自己却用野菜、豆秸、树皮充饥，全垦区职工的口粮标准降到了每人每月7.25公斤，家属5.5公斤。当年，却向国家交售了1.8亿公斤粮食，完成了3 000万公斤大豆的出口任务。当年在垦区广泛传诵的“八五三精神”，就是北大荒人顾全大局的真实写照。1960年，八五三农场接受了上交国家300万公斤粮食的任务。但在运出了280万公斤粮食后，上级考虑到这个农场职工是以野菜、玉米皮淀粉、榛树叶充饥的实际困难，决定余下的20万公斤就不收了。可当农场听到一些灾区严重缺粮的情况后，他们不仅如数交足了征购粮，又从农场的种子、口粮、饲料中挤出31.5万公斤，支援重灾区的人民，为国家分担了困难。

大家都知道，农业是社会效益高而自身效益低的弱质产业，目前国家还拿不出更多的钱来补贴农业。明知种粮效益低，但由于国家需要粮食，北大荒人又无反顾地站了出来。1990年，垦区提出建设50亿公斤商品粮基地。为了实现这一目标，北大荒人必须跳出单一旱作农业的老路，开始一场“旱(旱田)改水(水田)”的革命。

80多个国有农场组织千家万户在1 000万亩低产田上大造水田。没有资金，农场和职工千方百计筹措，4年之间，投入资金30多亿元；没有技术，除总局组织统一培训外，各农场还从外地引来技术人员。全垦区改造利用了1 000多万亩低洼易涝低产田，打破了近50年来麦豆一统天下的种植业格局，实现了种植业结构的优化，使垦区的水稻种植面积由1984年的21.6万亩，发展到现在的近1 400万亩，水稻单产、总产分别由159.7公斤、0.4亿公斤，提高到2006年的513.6公斤、52.9亿公斤，水稻总产已占全垦区粮食总产量的56.4%，为国家重要商品粮基地建设提供了有力保障，并使垦区的农业生产走上了高产、稳产、高效的发展轨道。

种植业结构的优化，助推了黑龙江垦区粮食生产能力的大幅度攀升。垦区用了15年时间才在1962年拿下总产20亿斤的大关；从总产40亿斤到100亿斤的跨越用了10年时间；从1995年到2005年，还是10年，但粮食总产已从100亿斤达到200亿斤；2006年，黑龙江垦区粮食总产再登新台阶，达到226.4亿斤，商品量首次突破200亿斤，创造了垦区发展史上的奇迹。

无私奉献。北大荒的60年，是饱含血与汗、诗与歌的宏伟篇章。创造北大荒历史的是英雄的北大荒人。当年，为了开发北大荒，一大批功勋卓著的老红军、战斗英雄、特等功臣从烽火弥漫的解放战争的战场、抗美援朝的前线毅然投身到北大荒的开发建设中，一生无怨无悔地奋斗在北大荒。

从1947年到1958年，在王震将军的率领下，先后有14万转业官兵来到北大荒。他们中有一生奋斗在北大荒的余永清、黄振荣、张文忠等1 000多名老红军战士和迟子强、郝光浓、侯祥宽、汪立国等1418名残废荣誉军人。他们中有128人荣获战斗英雄称号，有408人获特等功奖励，有2 929人立过大功。这些英雄们是以一名普通劳动者的身份投入北大荒开发建设的。老红军黄振荣，率队深入茫茫的林海雪原，在踏查荒原时，冻掉了9个脚趾头。老红军张文忠离休不赋闲，为改变农场低产面貌，主动要求种6亩试验田，他起早贪黑，挑着担子，一冬积了40吨优质肥。水渠决口，他跳入水中，用身体堵住缺口。

北大荒的开发建设，吸引了20万北京、天津、河北、哈尔滨、山东等地的支边青年，他们把自己的一生都献给了北大荒。1956年，已经担任了北京石景山区西黄乡乡长的杨华，发起组建了北京青年志愿垦荒队，带领第一批北京青年来到北大荒。为了坚定青年们扎根边疆的决心，他写下了血书：“要永远做个垦荒战士，把一切献给伟大的祖国。”他在北大荒整整奋战了42年，以自己的实际行动实践了自己的诺言。上个世纪的六七十年代，54万全国大中城市的知识青年，怀着满腔的热血参加北大荒的开发建设，在垦区各行各业建设上留下他们闪光的青春足迹。北大荒艰苦奋斗的历程成为他们今天取得更大成就的精神财富和人生积淀。现在，仍然有2万余人奋斗在北大荒的黑土地上。

60年来，从祖国各地奔赴北大荒开发建设的有5万大中专毕业生、10万科技人员。他们中有北大荒的“奶牛之父”张元培，机械专家桂体仁，大豆育种专家梁甲农、冯紫琅夫妇，小麦专家刘惕若，气象专家蔡尔诚。特别是被人们誉为“北大荒水稻之父”的徐一戎，半个多世纪以来，他矢志不渝地致力于寒地水稻栽培技术的研究、推广工作。他研究推广了“寒地水稻旱育稀植‘三化’栽培技术”、“寒地水稻生育叶龄诊断栽培技术”等多项在国内乃至世界领先的寒地水稻高产优质栽培技术。据不完全统计，仅1993年以来其科研成果在垦区推广面积累计增效100多亿元，创造了在高寒地区水稻生产面积超千万亩、单产超千斤的奇迹，为黑龙江垦区乃至全省种植业结构的战略性调整、国家重要商品粮基地建设做出了突出贡献。

我们有理由相信，用艰苦奋斗、勇于开拓、顾全大局、无私奉献精神武装起来的北大荒人，可以创造人类拓荒史上的壮举，也一定能够绘出率先实现农业现代化的新篇章。

（原载《求是》2007年第16期）

打造文化软实力 促进垦区又好又快发展

——中央电视台心连心艺术团赴垦区慰问演出后的思考

隋凤富

2007年8月28日,中央电视台心连心艺术团赴垦区的慰问演出获得巨大成功,产生积极轰动效应。这台大型文艺演出,使“北大荒”再度声名鹊起,叫响全国乃至世界,使北大荒股票市值一路飙升,充分显示了高端文艺、媒体等强文化力在塑造整合品牌、打造提升名牌中的巨大能量和神奇功效,也引发了我关于文化力与经济力、无形与有形、软件与硬件、虚拟与实体,以及新文化、新型生产力和后发优势等发展战略问题的深层次思考。

一、心连心艺术团的成功演出为我们带来了什么

中央电视台心连心艺术团赴垦区开发建设60周年慰问演出,给北大荒人民带来了党中央的亲切关怀,带来了丰美的文化大餐和精神食粮,更带来了推动垦区发展的巨大文化力。这种文化力对历史是溯及力,对未来是感召力,对内是凝聚力,对外是影响力。

(一)从文化力对历史的溯及力看,艺术团带来了对北大荒60年辉煌成就和历史功绩的热情赞颂。演出的节目,无不体现着对北大荒60年开发建设历史功绩和辉煌成就的肯定和赞美,无不体现着对北大荒精神的讴歌和颂扬,无不体现着对三代北大荒人的关怀和鼓舞。这极大地激发了北大荒人的历史荣誉感和自豪感,这种文化溯及力也就转化成了对北大荒历史价值的判断力。

(二)从文化力对未来的感召力看,艺术团带来了对北大荒美好明天的憧憬和祝福。艺术家们成功的演出,向北大荒人民传递了最美好的祝愿,唤起了北大荒人巨大的奋斗热情和创业自信,对北大荒未来发展、建设和谐垦区,产生了不可替代的文化感召力。

(三)从文化力对内的凝聚力看,艺术团带来了对北大荒核心价值观的升华。演出作为一种强势文化,提升了以北大荒精神为主要内涵的核心价值观,高举了北大荒旗帜,发挥了精品文化引导人、激励人、塑造人,以及凝聚人心、聚拢人气的特殊功能,这种凝聚力必将转化成现实生产力和无穷的创造力。

(四)从文化力对外的影响力看,艺术团带来了对北大荒品牌和形象软广告效应。从媒体效应、文化传播和企业文化建设的层面看,通过这次在国内外具有重大影响力高端媒体作用和精英文艺团体的演出,无疑给北大荒品牌和北大荒形象塑造做了一次成功的软广告,而且其辐射力、穿透力和影响力要比一般宣传大得多,其推介、传播和覆盖的效应不知要比常规广告强多少倍,它为北大荒带来了无形的然而是巨大和长期的经济、社会、政治、人文和生态的综合效益。

二、心连心艺术团的成功演出给了我们什么启示

心连心艺术团演出成功,以及它产生的效益,给我们留下了什么?或什么样的启示呢?它告诉我们文化是社会生活的反映,又反作用于社会生活,对社会生活具有持久的反作用力。现阶段的文化已不再是传统意义上的文化,文化已经长入现代经济,我们对文化或文化力的新定义、新功能和新价值,确实有一个再认识、再定位和再开发的问题。

(一)文化也是生产力。因为不同的社会文化背景,可造就不同的社会生产力;不同的企业文化,也可以在微观上产生不同的经济效益。具体说,文化是通过生产力中最活跃的因素——人去发挥作用的:不同文化可以塑造出不同品位的人,不同品位的人可以创造出有着质的差异的生产力其他要素。文化本身作为产业和产品直接凝结着生产力的诸多基本要素,也具备了生产力的诸多特征,所以说文化也是生产力,是软生产力。

(二)文化力促进经济力。市场经济和知识经济时代,企业经营理念、企业形象、企业精神、企业品牌、知识产权、科学技术、企业信誉和驰名商标等均属文化范畴,同时也是无形资产,经过企业的资本运作,可将其迅速转化为经济效益或现实生产力,因此发展文化力,实质是在发展经济力。随着时代的发展和进步,人们在消费商品时,一改过去只重视单纯使用价值的习惯,更加重视和追求商品中的精神含量和文化附加,就是说只有提升了商品中的文化含量和品位才能实现经济效益的最大化。近年来,许多地方、企业,包括我们农垦企业都善于运用文化搭台、经贸唱戏的手段,以文化为载体,以文化为动力,塑造北大荒形象,扩大北大荒影响,推动北大荒经济发展。

(三)文化力配置资源。市场可以配置资源、整合资源,同样文化力也可以配置和整合资源。有一种说法,一年企业靠运气,十年企业靠经营,百年企业靠文化。企业管理的最高层次是企业文化,企业经营的最高境界是文化经营,企业最终的竞争是文化竞争,文化力已经成为整合提升品牌的重要手段,文化力也是整合企业内外部资源和各类生产、经营要素的最有力最经济最高效的“看不见的手”。

(四)文化力打造软实力。中央最近提出打造国家软实力,这是重大的战略构想和远见卓识。垦区经过60年的开发建设,硬实力打造、有形资产的积累、实体经济的发展,可以说业绩不菲、成就辉煌、有目共睹,但相形之下,软实力打造、无形资产的经营、虚拟经济的发

育，就显得极不相称、极不协调。我看后者可能是垦区今后发展的巨大潜力和希望之所在，应该引起我们的足够重视。

（五）文化力构建和谐。垦区经过60年的开发建设，形成了由东北乡村黑土文化、解放军军旅文化、城市知青文化和边疆民族文化等多元文化要素融合而成的具有北大荒特色的北大荒文化，这一文化具有多元性、开放性、包容性、融合性和先进性，是以北大荒精神为核心，以北大荒核心价值观为内涵的，以北大荒版画、文学艺术、新闻媒体、摄影绘画、社区文化、广场文化等群专结合的团体和形式为主体的，具有与时俱进时代品格的和谐文化，我们要善于用北大荒文化力构建和谐垦区。

三、心连心艺术团的演出成功后我们应该做什么

心连心艺术团的演出成功后，我想起了周总理在视察东北时说过的一句话：东北这个地方历来文风不盛。对此，我们要做深刻的反思，并奋起接长这块“短板”，繁荣北大荒文化，振兴北大荒文化产业。

（一）用文化力塑造北大荒品牌。品牌似乎可以这样理解：品，是商品；牌，牌子，组合起来就是商品的牌子。但细想又觉得不妥，品，品质、品位；牌，牌子、信誉、形象、标志，结合起来就是有品质有个性的显著性标志。当然，不管怎样理解，品牌是一个大家都认可的牌子。从“品”字的结构也能看出品牌是一个集合概念。第一，“品”字呈三角形，一个企业的产品要形成品牌，就必须有稳定的品质，体现企业的精神和企业的文化；第二，“品”字外形呈宝塔形，要有基础，在基础上提高，而金字塔的尖端部分，则是对优秀的肯定；第三，“品”字是三个口，常常说三人为“众”，而品牌恰恰就是使众人对其有口碑，众口一品，品牌就出来了。显然品牌离不开文化，甚至品牌本身就从属文化范畴，是重要的非物质文化遗产。因此，塑造品牌、打造名牌就必须借助文化力。

北大荒本身又是一个文化内涵极其丰富的大概念，它的品牌核心价值，具有独特性、利益性、兼容性、归属性和前瞻性。其价值量的提升整合、估价认定和开发利用，必须依靠北大荒特色强文化力的支撑。

（二）用现代理念建设和经营强势文化。北大荒经过60年的开发建设，现已成为横跨工农、城乡，绵亘黑龙江省东西，囊括农业文明和工业文明、农村文明与都市文明、传统文化与现代文化，包括军旅文化、知青文化、地域文化在内的北大荒特色文化。我们已经进入文化竞争时代。企业文化是企业管理中无文的制度，是无声的管理和无言的命令，有文化的企业未必都成功，但没有文化的企业注定不会成功。制度告诉人最低标准，文化告诉人最高标准。在文化竞争时代，品牌的背后是文化，名片的背后是文化，竞争的核心是文化。

建设北大荒强势文化，既要着眼于现代理念嫁接，又要考虑其传统特点；既要善于继承特色，又要敢于大胆创新；既要突出核心，又要整体推进。“学海尔，看蒙牛，无限风光在无形。”这句话的含义是，无形的作用力，有时比有形的还要大，无形的可以打败有形的，构筑北大荒强势文化也要突出借鉴这一特点。同时，要善于继承和弘扬祖国的传统文化精华，建设北大荒强势文化。加拿大一所大学门口镌刻着“仁、义、礼、智、信”的校训，把东方的文化搬过去了，我们一定要很好地研究和继承这些优秀的传统文化，进而靠这些文化的灌输，来规范人们自律自觉的行为，提高北大荒全员的文化品位、道德修养和敬业精神。

企业文化建设的成本是最低的，是一项基因工程。做人讲做人之道，企业讲经营之道。“天下万物生于有，有生于无”，无比有更值钱，无比有更有用。同时应该说，我们现在有的企业很有钱，机械设备非常新，但是亏损，同样的条件，有的企业却赢利，根源是什么？是人，人的背后是什么?是文化。如果把文化比作“1”，后面的场房、设备等比做“零”，如果没有文化，再多的零都不起作用。未来企业一定要有强文化支撑，文化是根，经济是叶，效益是果，根深才能叶茂，叶茂才能果硕，文化是决定企业成败的根。

要善于经营强势文化，在立足建设自己强势文化的同时，要把文化作为无形资产来经营，就像请“心连心”艺术团一样，善于借势，借强文化的高势，借梯登高，借船出海，经营好自身和外来强势文化，用以支撑垦区的发展。

（三）赋予北大荒精神崭新的时代内涵。北大荒精神作为北大荒文化的核心，要建设强势北大荒文化，必须赋予北大荒精神崭新的时代内涵。赋予北大荒精神四句话以新的内涵，一定要结合这四句话，源于这四句话。这是我们的根，这是我们共同的信仰、共同的行为规范、共同的精神追求、共同的奋斗目标，到什么时候也不能放弃和丢掉北大荒精神。北大荒精神也像其他真理和科学理论一样，是发展的，是与时间俱进的，这就要求我们去赋予其崭新的时代内涵。

艰苦奋斗，是北大荒精神最重要的组成部分。新时期要做到“富而思进、富而思源、富而不奢、富而不惰”。艰苦奋斗，就是要与贫困弱势群体同甘共苦，带领他们共同富裕。艰苦奋斗，就要树立过紧日子的思想，建设节约型垦区。艰苦奋斗，就是要克服市场需求的制约，用最低的成本，生产出最好的产品获取最佳的效益，用艰苦奋斗精神去开拓市场、去挑战市场。

勇于开拓，就是要敢于打破精神的枷锁，打破旧传统、旧框框，建立现代企业制度。要勇于开拓国内外市场，与跨国公司一争高下，抢占制高点。新时期的勇于开拓，更多体现在勇于创新上，包括体制的创新、管理的创新、思维的创新和文化的创新等。今天的勇于开拓，与过去的创业相比，难度更大，意义更加深远。

顾全大局，就是要正确处理全局与局部、长远与当前、战略与战术的关系。顾全大局，就是要在严酷的市场竞争新形势下，为了国家的利益，垦区牺牲一点局部的、眼前的利益是必须的，也是值得的。就内部而言，垦区利益就是大局，顾全大局，就是要构建垦区区域经济整体优势，打破场与场、局与局之间封闭垄断的藩篱，扭转单体作战、各自为政的被动局面，大兵团联合作战，形成整体规模优势和冲击力，决战决胜市场竞争。顾全大局，就是要以科学发展观为统领，转变经济增长方式，走生态节约、环境美好、可持续发展道路，追求经济、社会和生态三个效益的完美统一。

无私奉献，是第一代北大荒人献了青春献终身、献了终身献子孙无私奉献精神的真实写照。在社会主义市场经济条件下，我们要把无私奉献更多体现在垦区企业牢固树立用户至上，树立全心全意为用户服务的理念上。用户是企业的衣食父母，企业的社会责任就是为和谐社会奉献产品、提供服务。企业的效益就是企业对社会所做奉献的一种回报，这就是无私奉献新的内涵。

（四）用文化力开发和构筑后发优势。心连心艺术团赴垦区慰问演出成功的因素主要是：一方面艺术团是享有盛誉的国家级艺术团，具有极强的艺术表现力，而另一方面北大荒是具有雄厚实力的国家大粮仓，具有丰厚的创作资源和艺术题材。这充分说明北大荒具有丰富的发展文化艺术的后发优势，也折射出北大荒发展的木桶效应的“短板”，亟待用文化力开发和构筑这一后发优势。

发展媒体文化产业。这一产业门类包括报刊、图书、广播、电视、电影、音像制品等，其主要功能有灌输作用、导向作用和传播作用。我们就是要用北大荒文化力开发这些文化资源，构筑后发优势，支撑垦区发展。

发展科技文化产业。包括科学研究、科学实验、技术开发、技术传播和发明创造、专利商标、信息产业、学术观点等。这里所说的科学是全方位的，包括自然科学、社会科学、思维科学和管理科学。突出科技是第一生产力的科学思想，紧紧依靠科技进步和科技成果武装推动垦区发展。

发展教育文化产业。教育文化产业要结合农垦实际，突出高技能蓝领人才的培养，要围绕垦区经济建设、人才兴垦战略和市场人才需求，培养垦区建设和发展急需的落地型人才，培养创业型人才和企业家队伍，突出办好垦区职业教育，突出北大荒传统和北大荒精神教育和文化灌输，用强大的教育文化产业支撑垦区可持续发展。

发展艺术文化产业。包括语言艺术，如小说、散文、杂文、诗歌、报告文学、人物传记、戏剧和影视文学剧本；表演艺术，如音乐舞蹈、曲艺小品等；造型艺术，如书法、绘画、雕塑等；综合艺术。用这些健康向上的文化艺术，提升垦区人民的审美、娱乐和精神消费品位，寓教于乐，达到影响人、鼓舞人和塑造人的效果。

发展旅游文化产业。用北大荒强文化力整合垦区旅游资源。开发冰雪文化、现代农业观光、自然生态和人文景观等特色旅游，优化垦区产业结构。

今后，我们要更加注重软实力打造；更加注重无形资产的开发、保护和利用；更加注重虚拟经济资源的有益尝试；更加注重生态、绿色和健康的生产经营方式和现代文明生活模式的探索；更加注重企业文化建设，因为这是垦区将来最大的发展空间、最抢眼的亮点和最具竞争力的后发优势之所在。总之，本文的思考仅仅是一个开始和点点星火，绝不是终结和全部。希望本文能对引发垦区关于新文化和新型生产力问题新一轮思想解放和理论探索有所裨益。

（原载《北大荒史志》2007 年第 4 期）

纪念王震诞辰 100 周年

王震将军——新中国农垦事业的卓越领导者

刘成果

新中国农垦事业的奠基者

抗日战争中,国民党政府对陕甘宁边区实行包围封锁,边区经济发生了很大的困难,为了粉碎封锁,夺取抗日战争的胜利,在党中央和毛主席"自己动手、丰衣足食"和"生产自给"的号召下,边区军民开展了大生产运动。在这场运动中,八路军留守的部队发挥了重要作用,生产自给运动搞得最好的是一二〇师的三五九旅。该部在王震同志的领导下,本着"农业为第一位,工业和运输业为第二位,商业为第三位"的方针,在距延安近百里的南泥洼(后改名为南泥湾)开荒造田。从 1940 年到 1943 年开垦荒地 5 万亩,在这些土地上种粮、菜、麻、烟,还养猪 5 000 多头,部分解决了部队的供应问题。在开荒造田的同时,他们还建立了大光纺织厂、大光肥皂厂,产品除自用外,剩余部分还在市场上出售。在绥德、南泥湾等地还开创了盐井、木工厂、铁工厂、磨坊、粉坊、油坊等工业生产项目。为了运输部队所需物资,组建了一支有 600 多头骡子的运输队;他们办商业,从建立"军民合作社"开始,发展到有十多个分店的大光商店,这些商店不仅在保证军需民用方面起了重要作用,还为部队积累了资金。1943 年,三五九旅实现了经费、物资自给,粮食做到了耕三余一。三五九旅开展的生产自给运动,不仅提高了部队的生活自给程度,改善了部队的物质条件,而且有力地促进了边区经济建设。经过 5 年的开发建设,南泥湾的面貌发生了巨大变化。正像《南泥湾》这首歌中所唱的:"往年的南泥湾,处处是荒山,没呀人烟;如今的南泥湾,与往年不一般,再不是旧模样,是陕北的好江南"。南泥湾的变化,是三五九旅与边区人民共同开展大生产运动的结果,是自己动手,丰衣足食,自力更生,艰苦奋斗精神的生动体现,是军民共同开发建设的典范。

所以,用上述一大段文字描写南泥湾大生产运动,就是因为南泥湾是新中国农垦事业的发祥地,同时也是农垦精神的发祥地。当然,开展南泥湾大生产运动时新中国尚未建立,但这场生产运动确实是在中国共产党领导下的一次影响深远的垦殖实践。南泥湾的大生产运动,不仅开发了事业,而且培养了骨干队伍,积累了开发经验,锤炼了奋斗和开拓精神,并初步形成了垦殖经济发展的思想,为新中国的农垦事业奠定了一定的基础。可以说,王震同志领导的南泥湾大生产运动,为新中国的农垦事业开发做了组织上、思想上、经验上、精神上的各种准备。三五九旅的官兵建国后都成了开发戈壁滩和北大荒的骨干力量。从南疆的和田农垦管理局到阿克苏的农一师,再到北疆塔城吉木乃的 186 团;从黑龙江的八五二农场到八五三农场,再到五九七农场,到处都有三五九旅播下的种子。黄振荣、李桂莲、刘清海、杜灿等就是他们中间的优秀代表。建国后,新疆的戈壁滩开发,铁道兵官兵在北大荒大规模开发,都是由王震同志提出,并在他亲自领导下进行的。所以,王震同志作为新中国农垦事业的奠基者是当之无愧的。

新中国农垦事业的开拓者

建国之初,国家面临医治战争创伤,克服经济困难,迅速恢复和发展生产的局面。发展农业生产的任务尤为紧迫,同时随着战争的结束,军人需要妥善安置。针对这种情况,中央人民政府革命军事委员会决定组织军队参加农业生产。1949 年 12 月 5 日,中央人民政府人民革命军事委员会主席毛泽东发布了《关于一九五〇年军队参加生产建设工作的指示》,"指示"中指出:"人民革命军事委员会号召全军,除继续作战和服务者外,应负担一部分生产任务,使我人民解放军不仅是一支国防军,而且是一支生产军,借以协同全国人民克服长期战争遗留下的困难,加速新民主主义建设"。毛主席号令一发,时任中国人民解放军新疆军区代司令员的王震同志,在新疆财政经济委员会上作关于《新疆军队生产建设工作的方针与任务》的报告,提出成立军人合作社,兴办机械农场和工厂。并立即于 1950 年 1 月 23 日向驻疆部队发布了开展大生产运动的命令,动员 11 万名指战员,在天山南北,戈壁荒滩,就地屯垦,创建军垦农场。新疆部队大生产运动是在非常困难的情况下开展起来的。当时驻疆部队有人民解放军第二、六军,由新疆三区(伊犁、塔城、阿尔泰)革命民族军改编的第五军,由新疆起义部队改编的第二十二兵团。他们在驻地阿克苏、库尔勒、乌鲁木齐、昌吉、哈密、石河子、奎屯、伊犁、塔城、博乐、阿尔泰等地用节省下的军费和物资兴办农场。没有工具就自己制造,没有运输工具就肩挑背扛物资,成品粮供应不上,就用麦粒苞谷充饥,没有蔬菜、肉类就用盐水辣椒面下饭。没有拖拉机和畜力,就用人拉犁开荒种地。人们形容当时部队垦荒生产的艰苦情况是:"一寸一滴汗,一步一呵哼"。由原三五九旅英雄部队为骨干组建而成的农一师建设的"八一胜利渠"于1954年8月1日建成通水,时任水利部部长的傅作义亲临现场,感慨地说:"荆江分洪工程是要什么有什么。你们这里是要什么没什么。但是困难没有吓倒人民战士。战士们自伐木料,自制筐担,自搓绳索,自开块石,自打铁器,自制炸药,缺乏技术人员就自己努力学习。结果要什么有什么。因此今天所获得的成绩显得更伟大和光荣,它标志着毛泽东时代没有完不成的任务,没有不能克服的困难。"1950年,驻疆部队一年就开荒80多万亩,当年产的粮食就能够满足驻疆部队半年的口粮。王震代司令员面对这种可喜的成果,著文描述:"在初春,冰雪乍融,天山南北的指战员掀起生产热潮。人民战士在广大旷野上,首先建造半地下室样式的营房,挖掘渠道,修堤筑坝,接着,荷镢扶犁在荒野、戈壁和草原,垦地开荒。指战员奋不顾身,不畏艰苦,开辟劳动的战线,为增加国家社会财富,减轻人民负担,自己劳动创造生活资料。人民战士充满爱国热情和劳动创造一切的信心,荒原可以变良田,戈壁将成为绿洲"。新疆生产建设兵团就是在王震代司令员的号召与鼓舞和亲自带领下,在准噶尔盆地、塔里木盆地等盐碱荒漠兴修水利,植树造林,改良土地,建立了棉花、粮食、瓜果等商品生产基地,并担负着维护祖国统一、边疆稳定的戍边任务的。

1954年6月,时任铁道兵司令员的王震同志到黑龙江伊春地区铁道兵驻地视察,向指战员作开发北大荒的动员报告。1955年8月,王震司令员向党中央提出关于铁道兵准备预备役官兵开发北大荒,兴办国营农牧企业的请示报告,建议由铁道兵在黑龙江的密山、虎林、饶河三个县境内,举办一个综合性的机械化农牧企业。同年8月中央决定用铁道兵收入的工程费,以部队屯垦的方式举办农牧企业,开发这一地区。根据中央的决定,铁道兵有9个师的复员转业官兵到达这里,建立了一批农场。1956年6月,经国务院批准,成立铁道兵农垦局,极大地拓展了黑龙江的农垦事业。同时,国务院正式成立中华人民共和国农垦部,王震将军出任首任农垦部部长。9月王震部长在党的第八次全国代表大会上作了题为《国营农场的目前情况和发展远景》的发言。

1958年1月中央军委发出《关于动员十万干部转业复员参加生产建设的指示》,随后全国有十万解放军官兵复员转业投入生产建设,其中有7万多名进军北大荒,参加大规模的开发建设,这成为北大荒开发史上最壮丽的一页。1958年的3月到5月,一列列军车从大江南北,南海之滨,向北大荒汇集。4月,王震部长亲自到北大荒迎接转业官兵,在密山车站的万人大会上,为欢迎转业官兵,王震同志提笔写下他1956年赠给铁道兵转业到北大荒战士的一副对联,上联是"完达山下英雄建国立家园",下联是"密虎宝饶千里沃野变良田",横批就是"艰苦创业"。王震还挥毫为十万官兵题词:"红军不怕远征难,万水千山只等闲。英雄奔赴北大荒,好汉建设黑龙江"。在王震将军亲切关怀和领导下,经过几代北大荒人的奋斗,过去的北大荒已变成今天的北大仓,成为国家重要的商品粮战略基地,每年能够提供百亿多公斤商品粮,足够京津沪渝等城市人口和陆海空三军一年之需。1959年2月,农垦部召开动员内地青年前往边疆参加社会主义建设工作会议,一大批有志青年奔赴边疆,为农垦增添了新的力量。1963年2月,王震部长同上海市委领导研究部署动员上海青年到新疆生产建设兵团农一师、农二师参加边疆建设。之后大批上海知识青年赶赴新疆,成为生产建设兵团的生力军。

王震将军在担任农垦部长期间,还把大量的心血倾注在南方热带和亚热带垦区的开发和建设上,为了发展橡胶和热带作物的科学化水平,1957年决定成立热带作物研究院,王震将军决定将院址选在海南省的儋州。1958年他亲自深入建院现场,和院领导及员工们一起参加建院劳动。为了提高橡胶种管水平,王震部长选择海南农垦的新星、新中、新进、金江、龙江、阳江6个农场作为农垦部的工作点,仅金江农场从1957年到1966年他就去了5次。亲自上山视察橡胶种植情况,规划试验田,把跃进区五队的一块40亩土地作为橡胶芽接高产试验田,种植PB86橡胶品种971株。王震部长还亲自和工人一道开荒种胶,并制定试验田的种、养、管措施。直到1966年王震部长再次到金江视察时,看到试验田的橡胶长得郁郁葱葱,脸上露出满意的笑容。全国热作垦区到处都留下过王老的足迹和辛勤汗水。现在全国农垦产胶量占全国的56%,总量达30多万吨。

农工商综合经营的倡导者

王震同志农工商综合经营的思想,实际上是发端于南泥湾大生产运动。在南泥湾大生产运动中,王震领导的三五九旅就本着"农业为第一位,工业和运输业为第二位,商业为第三位"的方针,不仅开荒造田,而且发展养殖。还建立了纺织厂、肥皂厂,除自用外还出售。开发盐井、木工厂、铁器厂、磨坊、粉坊、油坊等工副业生产。为部队运输所需物资,还组建了运输队,他们办商业,从建立军民合作社开始,发展到具有十多个分店的大光商店。这种开发的指导思想,被王震同志在建国后带到了新疆戈壁滩和黑龙江北大荒的开发建设中,使新中国农垦开始就坚持以农为主,农牧结合,多种经营,一、二、三产业综合经营。随着农垦事业的发展,规模不断扩大,这种经营思想愈来愈坚定,愈来愈自觉。

1962年,农垦部党组全面总结了几年的工作,9月,向党中央上呈报告,提出整顿国营农场的15项主要措施中,进一步明确农场的经营方针,实行"以农为主,农牧结合,多种经营"。

1964年8月,农垦部党组在对国营农场的经营管理进行大量调查研究的基础上,向党中央提出《关于党组扩大会议对几个主要问题讨论意见的报告》,9月中央批准了这个报告,对农场经营管理提出五条要求。第一条就是国营农场必须实行一业为主,农牧结合,多种经营的方针,同时要求国营农场应当建立自己的小型粮油糖加工厂，以利用农闲的劳动力发展生产。

1978年以后，各地农垦根据因地制宜、发挥优势的原则，贯彻执行“一业为主，多种经营”的方针，有计划、有步骤地调整产业结构，并在多层次展开：第一层次，在种植业内部，在决不放松粮食生产的前提下，大力发展经济作物。第二层次，在发展种植业的同时，大力发展林牧副渔各业生产。第三层次，大力发展工业，增加工业产值在总产值中的比重。第四个层次，争取国家、集体一齐上的方针，积极发展第三产业，重点发展交通运输业、商业、服务业、旅游业等，实行多层次的经营，并同城市和农民进行广泛联合。

1978年9月，农垦系统就开始了试办农工商联合企业。1979年国务院转发《关于尽快把国营农场办成农工商联合企业的座谈纪要》指出“把国营农场办成农工商联合企业，是办好国营农场，加快农业现代化，逐步缩小三大差别的一项重大措施，也是解决城市副食品供应的一个重要途径”。重庆市首先把市属的国营农场组织起来，成立长江农工商联合企业，将农场的主要生产项目分别组成乳品、柑橙、茶叶、渔业四个专业联合体，各专业联合体都建立加工厂和销售点，形成“生产——加工——销售一条龙”的生产经营体系。经济效益迅速提高的实践证明，农工商综合经营是振兴农垦经济的必由之路。1985年12月，王震同志在视察江西红星垦殖场时指出：“国营农场、垦殖场在改革中要坚持社会主义方向，充分发挥大农业的优势，走农牧工综合经营的道路，建立一个以农养牧，以牧促农，围绕农牧办工业，办好工业促农牧的良性循环系统，使国营农场、垦殖场在发展农村商品经济中起示范作用。”

1990年8月，时任国家副主席的王震将军代表党中央、国务院和中央军委到黑龙江垦区看望铁道转业官兵和北大荒人。正值黑龙江垦区为国家提供一百亿斤商品粮基地建设项目在国家原则立项，为进一步统一垦区思想，动员全部力量，我恳请王老题写“为建设50亿公斤商品粮基地而奋斗”，王老接过我写的代拟稿后，迟迟不肯动笔，不时摇头，反复斟酌，大约20分钟左右，突然对我说：“成果同志拿钢笔来”，我说要用毛笔题，王老还是坚持用钢笔，我把钢笔递给他老人家，他认真地在草拟稿上修改，最终是在商品粮三个字之后加上了肉、奶、糖等多种商品的字样，这时我才恍然大悟，原来王老迟迟不肯下笔的原因，是我的草拟稿内容只是粮食单一，没有体现他老人家多种经营的思想。可见，王老对发展农垦经济必须坚持一业为主，多种经营的思想是非常坚定、非常自觉，是根深蒂固的。

农垦精神的缔造者

所谓农垦精神，就是农垦创业者的精神，它是农垦人在开发建设农垦壮丽事业的过程中所表现出来的高度的政治觉悟，崇高的思想境界，奋发向上的精神风貌和无私奉献的核心价值观，我们把这称为农垦精神。农垦精神的形成和发展，是有其特定要素的。这里说的特定要素一是农垦事业开发的艰苦环境和艰巨任务。农垦事业是前无古人的事业，历代在新疆、北大荒和海南岛等地区都有过垦殖的历史，但都没有获得大规模的成功。只有在社会主义制度下，在中国共产党领导下，以人民解放军复转官兵为核心的农垦大军，才把这块事业开拓发展起来。在奋斗开拓的过程中，很多人贡献了青春，贡献了生命，贡献了几代人。这就是“献了青春献终身，献了终身献子孙”的无私奉献精神。二是思想渊源。主要来源于三个方面：中华民族勤劳勇敢的优秀品质；中国人民解放军的光荣传统；著名的南泥湾精神。南泥湾精神恰恰正是王震同志领导三五九旅在南泥湾大生产运动中锤炼出来的。三五九旅的官兵，在新中国成立后，都成了农垦队伍的骨干。王震同志也成了新中国农垦的领导者。他们把南泥湾精神带到新中国农垦事业创建者的队伍里来。所以，农垦精神和南泥湾精神是一脉相承的，实质上农垦精神在很大程度上是对南泥湾精神的继承和发扬。而王震同志则被公认为农垦精神的缔造者和领头人。

农垦精神的提炼和概括，也是王震他老人家首先做出的。他很早就为北大荒题词：“艰苦奋斗，勇于开拓”。1986年2月，王震副主席为《当代中国的农垦事业》撰写的卷首语所用的标题就是“艰苦奋斗，勇于开拓”。文中十分明确地阐述：“今日国营农场欣欣向荣的大好形势，我们永远不会忘记新中国农垦事业的创业者。一是人民解放军几十万官兵，遵照毛泽东主席发布的人民革命军事委员会命令，先后几批成建制地转入生产建设，一手拿枪，一手拿镐，屯垦戍边，成为新中国第一代农业产业大军的主体。一是千千万万的内地有志青年，响应党的号召，怀着好儿女志在四方的豪情壮志，离开城市，告别亲人，投入开发边疆的伟大行列。当年那些风华正茂的创业者，几十年如一日，为开发边疆，发展我国的农垦事业呕心沥血，成为各级农垦部门的领导和骨干。他们不为名、不为利，把自己的青春年华，聪明才智，都无保留的献给了中国的农垦事业；现在很多人鬓须已白，他们的子女，绝大部分继承了父辈们为之奋斗了一生的事业，继续在那里建功立业。创业是艰难的，也是光荣的。中国农垦事业创业者的英雄业绩，已经载入史册；他们的创业精神，永远值得我们后人学习。”

紧接着王老在文中进一步阐释：“什么是中国农垦创业者的精神呢？我认为，最主要的一是艰苦奋斗，一是勇于开拓”。农垦创业者的精神，就是农垦精神，这是对农垦精神最明确、最权威的概括。

王震将军不仅亲手缔造了农垦精神，而且自觉践行农垦精神。在农垦开发的艰苦年代和艰苦条件下，他处处以身作则，身先士卒。勘测设计，他亲自踏勘；开荒建点，他亲自点火烧荒；水利建设，他亲自抬筐运土；发展橡胶，他亲自蹲点搞试验田，亲自开荒植胶。直到他老人家临终，还嘱咐把他的骨灰撒在天山上和北大荒。遵照王老“我要为祖国人民站岗”的遗嘱，新疆生产建设兵团在农垦城石河子为他塑造了一尊雕像。兵团建设40周年时，我陪同罗干同志为铜像揭幕，当我看到王震将军骑马挥手的英姿时，内心缅怀和钦佩之情顿时涌出：“将军巨手挥，西域矗丰碑。魂系大戈壁，天山雪增辉”。

王震将军在自觉践行农垦精神的

同时,他还不遗余力地宣传和弘扬农垦精神。他说:“在今天,坚持和发扬这种精神,对推动我国的农垦事业以至整个社会主义事业的进一步加速发展仍是非常重要的”。他还语重心长地叮嘱:“戈壁变绿洲,沼泽变良田,炎荒变胶园。这些成果的出现,靠的是创业者艰苦奋斗的精神。时代前进了,生产发展了,我国农垦已有了雄厚的物资技术基础,但创业者艰苦奋斗的精神不能丢,要代代传下去,我们的国家还不富裕,我们农垦大多数职工还不富裕,离‘小康’生活还有很大差距,就是将来富裕了,人民生活达到了‘小康’水平,仍要保持和发扬艰苦奋斗的精神”。他还告诫我们:“我们的农垦事业,一开始就是开拓创新的事业。创业者披荆斩棘,按照国家需要,在白纸上画最新、最美的图画。现在,新疆可以生长长绒棉,海南可以生产橡胶。黑龙江的沼泽地上可以长出大豆、小麦和水稻。现在看是常识,但是在五十年代,确是那前无古人的事业,是一种新的开拓,需要勇气和毅力。农垦的开拓精神,不仅表现在生产力的发展上,而且还表现在经营管理方式更新上,国营农场建立之初,别具一格,不仅从事农业生产,而且发展农工商的综合经营,搞工业、商业、运输业、建筑业,形成了我国农垦企业发展的新特点。当前我国农垦面临着改革的艰巨任务,更需要发扬农垦创业者的勇于开拓的精神。”1990年底,我被调到农业部任农垦司司长。我去看望正在301医院住院的王老,他老人家坦率而又亲切地对我说:“1985年我去北大荒,你代表省委陪我。今年我去黑龙江,你已经到垦区工作快3年了,开始我以为你出了什么问题,后来才知道,没什么问题,说是年轻需要锻炼。到垦区干得不错,(1989年,在全国农业工作会议上,我代表黑龙江垦区接受王震副主席颁发的粮食贡献奖杯)我同意农业部把你调来管全国农垦”。当我请示王老对我有什么嘱咐时,他老人家毫不思索地脱口而出:“最主要的是发扬农垦精神,把这个无价之宝一代接一代地传下去”。我心领神会,所以在1992年,为国务院起草42号文件时,积极主张把“艰苦奋斗,勇于开拓”的农垦精神写进批语。至此,农垦精神被正式以文件的形式明确肯定下来。王震将军亲自缔造、精心提炼概括、自觉践行并竭力弘扬的农垦精神,由于具有实践性、群体性、时代性等特征,这枚中华民族精神宝库中的绚丽奇葩,伴随时代的发展不断富于新的内涵,所以,现在仍然保持旺盛的生命力,仍然发挥着导向、凝聚、驱动、规范和辐射作用。

今年4月11日是王震将军百年诞辰,我们可以高兴地告慰,他老人家亲手开创的农垦事业正蓬勃发展,贡献越来越大,效益连创新高,职工生活越来越好。现代农垦人正在继承他老人家的遗志,发扬农垦精神,继续艰苦奋斗,勇于开拓,在现代农业和社会主义新农村建设中更好地发挥示范作用。

(原载《农垦日报》2008.4.9 第1版)

在垦区纪念王震将军诞辰100周年座谈会上的讲话

隋凤富

（2008年4月10日）

同志们：

今天，我们在这里举行座谈会，纪念伟大的无产阶级革命家、政治家、军事家，坚定的马克思主义者，新中国农垦事业的奠基人——王震将军诞辰100周年。深切缅怀他为民族独立、人民解放、国家富强和人民幸福建立的不朽功勋，追思和学习他为党和人民的事业不懈奋斗的崇高风范，进一步激励垦区上下把北大荒农垦事业继续推向前进。

1908年4月11日，王震同志出生于湖南浏阳一个贫苦农民家庭。王震将军的一生，是光荣的战斗的一生，是辉煌而波澜壮阔的一生。他从青年时代起，就投身中国共产党领导的革命运动，30年戎马倥偬，南征北战，屡建战功，被毛主席亲切地称为“王胡子”将军。他参与创建了湘鄂赣苏区，率领部队参加了举世闻名的二万五千里长征。抗日战争时期，他任八路军一二〇师三五九旅旅长兼政委，为开创晋绥抗日根据地作出了重要贡献。在抗日战争极端困难的时刻，他响应毛主席的号召，带领三五九旅全体指战员，在南泥湾开展大生产运动，为全军和抗日根据地树立了“自己动手、丰衣足食”的光辉旗帜。解放战争时期，他奉命西渡黄河，保卫延安，在青化砭、羊马河、蟠龙镇的战斗中三战三捷。1949年10月，他率军挺进大西北，穿祁连，越戈壁，涉冰河，跨天山，历时3个月，行程3 000多公里，胜利完成进军新疆的光荣任务，揭开了新疆历史的新篇章。新中国成立后，他又成为卓越的建设者。屯垦新疆，创建新疆的工业，修建黎湛铁路和鹰厦铁路，率队开发建设北大荒，领导海南、云南的橡胶种植……为解决粮食、棉花、橡胶等战略物资的供应，为新中国的建设事业作出了不可磨灭的贡献。

回忆王震将军的一生，无论是他在抗日战争、解放战争中非凡传奇的戎马生涯，还是他在共和国建立之初身先士卒、躬身建设的卓著功勋，还是在十年浩劫中坚持真理、仗义执言的凛然气概，抑或是他在改革开放中实事求是、敢于创新的精神风范，都集中体现了中华民族的传统美德，集中体现了一个无产阶级革命家的高风亮节，集中体现了共产党人的革命精神和优良作风，这是中华民族永远值得倍加珍惜的宝贵精神财富。

王震将军是北大荒开发建设事业的奠基人。1958年，他亲率十万官兵挺进北大荒，化剑为犁，向地球宣战，开始了人类垦殖史上最伟大的进军。将军以他无产阶级革命家、政治家、军事家的视野和对国际、国内大形势的准确判断，深刻领会和贯彻党中央屯垦戍边、发展农业的指示，坚持革命战略和科学态度的统一，对北大荒的开发建设，提出了系统的完整的指导原则、办场方针和切实可行的经营思想，直接驱动了北大荒变成北大仓的历史跨越。作为铁道兵司令员、农垦部长、解放军副总参谋长，他拖着曾七处负伤的身体，穿越完达山徒步踏查百里荒原，小清河畔点燃烧荒的火种，南横林子伐过木，云山水库挑过担，石头河畔扶过大犁，宝泉岭下栽过松树，在建立了铁道兵八五〇农场的基础上，在完达山南北摆开战场，沿着密虎、虎宝两条干线，先后组建了10多个大型机械化农场，拉开了“挥师征塞北，官兵战荒原”的气壮山河、波澜壮阔的一幕，书写“密虎宝饶，千里沃野变良田；完达山下，英雄建国立家园”的壮丽篇章。

王震将军是北大荒的科技教育事业的领路人。1958年春，面对着一望无际的荒原，面对着刚刚摘下肩章帽徽的十万复转官兵，面对着建设现代化国营农场群的宏伟蓝图，曾经叱咤疆场的将军做出了一个重要决策：在荒原上创办一所大学——八一农垦大学。在后来兼任黑龙江八一农垦大学校长的四年时间里，将军每年都要到学校视察，从师资队伍建设、人才培养目标、专业课程设置、教学计划和教材编写，一直到师生生活、校风学风，都亲自过问、细致指导，倾注了极大的心血。将军尊重知识、尊重人才、不拘一格使用人才。建校初，为解决当时师资不足问题，将军大胆启用下放到北大荒的“右派”，对充实师资队伍、提高师资水平起到了非常关键的作用。将军始终强调：培养人才必须红专结合，不仅要有知识技能更要优良的思想作风、必须是教育与生产劳动相结合的教育思想，这奠定了八一农垦大学后来50年的办学方向，为黑龙江垦区的发展建设提供了重要的人才和科技保证。可以说，没有当年将军的英明决策，就没有黑龙江八一农垦大学的诞生；没有将军当年所奠定的基础，就没有黑龙江八一农垦大学的今天。

王震将军是北大荒人民群众的贴心人。在战场上，将军是勇将；在荒原上，将军是一位闯将。无论是征服敌人，还是征服荒原，将军都表现了他刚毅的品格。工作和生活中，将军却表现出了“三江平原收眼底，万众忧乐注心头”的革命情怀。他对下属，对拓荒的干部战士，对青年、对孩子们都充满感情，关怀备至。将军对第三代北大荒人非常疼爱，寄予殷切期望。八五三农场雁窝岛小红花艺术学校的校名，就是将军给题的。将军还在北京三次接见艺术学校的孩子们，观看了孩子们的演出，亲切地与孩子们合影，还赠给孩子们一台彩电、一台电子钟。1990年，在将军最后一次来北大荒视察时，北大荒人向敬爱的将军赠送一首诗：“将军彪耿思报国，挥师倥偬踏大荒。脚步铿锵翻沃土，汗滴莹莹飘谷香。身先士卒甘后乐，以身作则苦先尝。一代风范高风节,万世楷模举世扬”,表达了北大荒人民对将军的无比热爱。

王震将军始终心系北大荒。作为中国农垦事业的奠基人,将军无论走到哪里,都一直牵挂着北大荒,多次过问北大荒的发展,多次视察垦区,作重要指示。1990年7月,82岁高龄的王震同志最后一次到北大荒视察,当他听到垦区已有200万公顷耕地,102个农牧场,农林牧副渔全面发展、工商运建服综合经营、教科文卫和场队建设长足进步时,脸上露出了满意的笑容。他不顾疲劳视察了一批农场、工厂、农业院校,兴致勃勃地看了飞机作业、大豆喷灌和麦收,并挥毫为垦区题词:“为国家提供一百亿斤商品粮和肉、奶、糖等多种商品而奋斗”。将军也始终牵挂着八一农大的发展。1990年8月1日,专程选择校庆日回校看望师生员工,与农大的师生共同庆祝建校32周年。在将军逝世后,他的家人将他的抚恤金等捐给学校,设立了“王震教学科研基金”,每年奖励优秀特困大学生和优秀青年教师,为资助和鼓励青年学者投身科研教育事业发挥着非常重要的作用。

王震将军已经离开我们15年了。可以告慰他老人家的是:他曾经战斗过的这片神奇的黑土地,他生前始终念兹在兹的北大荒,已经发生了翻天覆地的变化,他擘画的北大荒宏伟蓝图已经和正在逐步变成美好现实,勤劳智慧的北大荒人民正在全面建设小康社会的道路上阔步前进。

我们欣喜地看到,北大荒经过60年的开发建设,已累计开发耕地3 600多万亩,形成资产总额432亿元,上缴税金92.6亿元。到2007年末,垦区生产总值达到372.2亿元,农场人均纯收入达到8 087元,经济社会繁荣稳定,人民生活安居乐业。

我们欣喜地看到,昔日的茫茫荒野,已变成万顷良田,绵延在中国的东北角,北大荒已成为我国农业先进生产力的代表,成为国内耕地规模最大、机械化程度最高的国有农场群,国家重要的商品粮基地和粮食战略后备基地。粮食综合生产能力已经达到249.3亿斤,北大荒已经称为名副其实的中华大粮仓。

我们欣喜地看到,昔日的粮油小作坊,已被特大型、大型龙头企业所替代。九三油脂、完达山乳业、北大荒米业等国家级和省级重点产业化龙头企业,相继崛起于北大荒的沃土上,“北大荒”、“完达山”、“九三”成为中国驰名商标,北大荒集团已经进入中国企业500强前百名行列。

我们欣喜地看到,北大荒的社会事业从无到有,从小到大,快速健康发展,教育、卫生、文化、体育、交通、通信、广播电视事业呈现出日益繁荣兴旺的新局面。社会保障体系不断完善,“五保合一”的社会保险覆盖面100%。特别是,大规模的住宅建设,使昔日简陋的“马架子”、“泥草房”,变成宽敞明亮的别墅新居,140多座初具现代规模的小城镇,星罗棋布地点缀在垦区大地,成为北大荒一道亮丽的风景。

我们欣喜地看到,三代北大荒的优秀儿女,在王震将军的感召和影响下,踏着将军的足迹,前赴后继,开拓前进,以对共和国的无限忠诚,用自己的青春、热血和生命,在北大荒这块土地上,缔造了一个又一个人间奇迹,谱写了一曲又一曲壮丽篇章,创造了以“艰苦奋斗、勇于开拓、顾全大局、无私奉献”为主要内涵的北大荒精神。她是人民解放军“不怕牺牲、排除万难、去争取胜利”的光荣传统和“自力更生、艰苦奋斗”的南泥湾精神在北大荒的传承和发扬光大,集中体现了北大荒人高度的政治觉悟、崇高的思想境界、严谨的工作作风和奋发向上的精神风貌,是北大荒农垦事业的根基,是全社会共同拥有的宝贵财富。

抚今追昔,我们特别怀念王震将军。我们不会忘记,他运筹帷幄,身先士卒,亲率十万大军挺进北大荒,亲手点燃了第一把荒火;我们不会忘记,他身体力行,率先垂范,躬身拉直开荒犁的纤绳,挺身担起了装满沙石的箩筐;我们不会忘记,他深入一线,调查研究,时刻关心着群众的冷暖和疾苦,荒原上留下的将军深深的足迹;我们不会忘记,他远见卓识,尊重知识,亲手创建八一农垦大学,为垦区培养了大批优秀人才;我们不会忘记,他心系农垦事业,多次视察垦区,为北大荒发展规划了美好的前景,给我们以巨大的鼓舞和鞭策。王震将军的名字与北大荒的事业紧紧地联系在一起,他永远是垦区人民最爱戴的人!

我们在深切缅怀将军的同时,更要继承将军的遗志,牢记将军的重托,肩负起北大荒繁荣发展的历史重任,团结和带领垦区各族人民,以党的十七大精神为指针,全面贯彻落实科学发展观,按照“154321”的发展战略,努力建设优质商品粮基地、绿色畜产品基地、农产品精深加工基地和现代农业示范基地,着力推进农业现代化、农区工业化和农场城镇化进程,在全国率先实现农业现代化,在全省农村率先进入全面的小康社会,开创新阶段垦区又好又快发展新局面。

我们要坚持发展现代农业,提高农业现代化水平,积极探索中国特色农业现代化之路。发挥垦区农业资源丰富、生产基础条件好、粮食增产潜力大、粮食商品率高的优势,通过调整种植结构、完善农业基础设施、推进农业科技进步等一系列措施,利用今后五年时间,把垦区粮食总产提高到320亿斤以上,其中商品粮达到300亿斤,满足7 500万人一年的口粮供应,建成能够长期保障国家粮食安全的粮食战略基地。

我们要坚持发展绿色畜牧养殖,提高优质畜产品供应能力,提升畜牧业整体发展水平。充分发挥垦区的区位优势、资源优势、组织优势和产业化优势,加大政策扶持和资金投入,加强畜牧基础设施建设,加快实施畜牧发展“115”工程。到2010年,实现生猪饲养量1 000万头、肉牛饲养量100万头、奶牛存栏量50万头,满足3 300万城市人口一年的奶品供应和1 700万城市人口一年的肉类供应,把垦区建成国家重要的畜产品生产基地和战略储备基地。

我们要坚持发展农产品加工业,实施农业产业化经营,创新农区新型工业化发展模式。紧紧围绕十大支柱产业,推进体制机制和科技创新,加快信息化和工业化融合,转变经济发展方式,使垦区食品加工业综合装备水平达到国内领先水平,食品加工能力达到国际规模经济水平，综合加工转化能力达到450亿斤以上，向市场提供更多的安全、营养、健康的餐桌食品，把垦区建成农产品精深加工基地和全省农区工业化示范区。

我们要坚持着力改善和保障民生，加快推进农场城镇化，进一步提高职工群众生活水平。坚持科学定位，转变建设方式，推进整合管理，努力探求农场城镇化的新模式，形成以中心城镇为核心，以重点城镇为骨干，辐射带动管理区的城乡一体化城镇体系，走出一条具有农垦特色的城镇化道路。以城镇化为载体，大力发展教育、卫生、文化等社会事业，进一步健全社会保障体系，让更多人尽享垦区发展改革的成果，把垦区建成全省新农村建设的先行区。

我们要坚持弘扬北大荒精神，发挥北大荒精神的教育和引领作用，加强垦区各级领导班子和干部队伍建设。要大力实施“北大荒先锋工程”，全面提高领导干部驾驭市场经济的能力、科学发展的能力和构建和谐社会的能力，让垦区各级领导班子和干部队伍成为一个廉洁的集体、团结的集体和有战斗力的集体，带领垦区人民不断创造新的更加辉煌的业绩。

同志们，雄关漫道真如铁，而今迈步从头越。北大荒开发建设的实践证明，只要我们继续高举邓小平理论和“三个代表”重要思想伟大旗帜，深入贯彻落实科学发展观，继续发扬北大荒精神，坚定地站在时代前列，勇敢地肩负起历史重任，把握新机遇，迎接新挑战，以更加勤奋的工作和务实的作风，就一定不会辜负王震将军的期望，北大荒的明天就一定会更加美好！

纪念十万复转官兵开发建设北大荒50周年

在纪念十万复转官兵开发建设北大荒50周年座谈会上的讲话

隋凤富

(2008年8月1日)

尊敬的宋凤鸣政委,尊敬的申立国副主任,尊敬的吕维峰副省长,尊敬的各位复转官兵代表,同志们:

在喜迎"八一"的节日气氛里,我们欢聚一堂,纪念中国人民解放军十万复转官兵开发建设北大荒50周年,共同回顾那个开创人类垦殖文明新纪元的惊天壮举;追忆那段辟建共和国大粮仓栉风沐雨、披荆斩棘的峥嵘岁月;缅怀第一代北大荒人报效祖国、开拓创业的丰功伟绩。振奋起垦区人民高举旗帜,继往开来的高昂斗志和创业热情。在此,我谨代表总局党委、总局和垦区165万人民,向你们并通过你们向所有参加北大荒开发建设的复转官兵及家人表示最亲切地问候,并致以最崇高的敬意!

1958年,是新中国历史上不平凡的一年,也是北大荒人永远值得纪念的一年。这一年,来自人民解放军各军兵种、各军区、部队机关和军事院校的十万复转官兵,响应党中央、国务院和中央军委的号召,在王震将军率领下,从祖国的珠海之滨、云贵高原、黄浦江畔、大别山下,开赴北大荒,掀起了北大荒大规模开发建设的高潮。这十万革命军人,经受过革命战争血与火的洗礼,经历过生与死的考验,是一个立党为公、无私奉献的先锋群体,是一个艰苦奋斗、勇于开拓的战斗群体,是一个志存高远、功勋卓著的英雄群体,是一个政治成熟、信念坚定的优秀群体。50年来,无论是北大荒的开发初创阶段、还是农垦建设发展时期,都为垦区经济发展和社会进步做出了不可磨灭的历史性贡献。

你们是创造人类垦殖史奇迹的功臣。历史上,美国开发田纳西州,苏联远征西伯利亚,无不是以雄厚的国力为后盾的,但我们50年前的那场大规模开发,是在国力比较薄弱、条件极其艰苦的情况下进行的。十万复转官兵,以共产党人和革命军人高昂的热忱,坚韧的毅力和高度的组织纪律性,义无反顾地奔赴北大荒,开发北大荒,献身北大荒。在这里,你们头顶蓝天,脚踏荒原,以苦为荣,以苦为乐,在黑土地上留下了艰苦奋斗、开拓创业的闪光足迹;在这里,你们克服了城市与农村、内地与边疆、军队与农场,区域环境优劣变化的巨大落差,以顾全大局、奉献自己、造福人民为己任,奏响了复转军人"老兵新传"报效祖国的英雄之歌;在这里,你们以"献了青春献子孙"的事业心和我与北大荒共命运的使命感,谱写了开发建设北大荒惊天地泣鬼神的壮丽诗篇。仅1959年,垦区粮豆总产和上交商品粮就比1957年翻了一番,为北大荒开发建设立下了头功,奠定了基础。而今,垦区已经成为全国耕地规模最大、现代化水平最高、综合生产能力最强的国家粮食战略后备基地,你们是创造人类垦殖史奇迹的功臣。

你们是黑龙江屯垦戍边伟业的脊梁。在你们当中,有老红军,有老八路,有解放战争的英雄,有抗美援朝的功臣,也有南泥湾大生产的劳动模范。你们汇集了人民军队在各个历史时期,各个年代所形成的好精神、好思想、好传统、好作风,通过你们的群体传承,使之在北大荒生产实践、工作实践和学习实践中发扬光大,尤其是通过你们言传身教的影响,使之成为三代北大荒人共同的政治品格、价值追求和精神财富。你们还发挥来自军队的传统优势,在垦区38个边境农场,一手抓屯垦、一手抓戍边,维护和保障了920公里的边境线的安宁与繁荣,成为建设祖国、保卫边疆的重要力量。正是在你们率先垂范的带动下,垦区形成了一支具有独特的奋斗精神、优良作风和思想品格的农垦产业大军,形成了农垦特有的与人民军队血脉相连的组织化动员体制优势。你们是撑起黑龙江屯垦戍边伟业的脊梁。

你们是点燃北大荒文化繁荣的火种。广大复转官兵挺进北大荒,为北大荒注入了一股军旅文化的源头活水,给北大荒的黑土文化、产业文化和地域文化添加了军旅文化的营养元素。同时,为北大荒文化资源开发和北大荒文化事业的繁荣输送了大批骨干力量。你们通过文学创作、文化普及和文化传播,带来了人民军队先进的文化理念、思维方式和审美价值取向,搭建了北大荒文化与军旅文化交融整合的平台,点燃了北大荒文化发展繁荣的燎原火种。由复转官兵精心培植的独树一帜、自成流派、极具艺术价值的北大荒版画享誉海内外,由复转官兵创作的一大批充满浩然正气的主流文化精品、文艺作品,已经成为激励一代又一代北大荒人不断进取、开拓前行的精神食粮,并形成薪火相传、生生不息的文化接力火炬。

你们是创造和践行北大荒精神的表率。黑龙江垦区以"艰苦奋斗、勇于开拓、顾全大局、无私奉献"为主要内涵的北大荒精神,集中体现了复转官兵这个群体高度的政治觉悟、思想境界、行为规范、意志品格、道德情操、精神风貌和他们对党对祖国和人民的赤诚之心。在开发建设北大荒、发展繁荣北大荒的进程中,一批又一批复转官兵像播种机一样,将长征精神、延安精神、南泥湾精神和中国人民解放军的光荣传统播撒在北大荒肥沃的黑土地上,孕育了弥足珍贵的北大荒精神,并赋予其与时俱进、开拓进取、创新发展的时代内涵。十万复转官兵,不但是北大荒精神的创造者,更是北大荒精神的实践者。你们是北大荒精神的杰出代表和光辉典范,在你们身体力行的表率作用感召带动下,一代又一代北大荒人,高举旗帜,奋勇前进。

你们是北大荒传统教育的"园丁"。我们的十万复转官兵现在都已光荣离退,虽然你们的工作岗位发生了变化,但你们身上那种艰苦奋斗、开拓进取的创业精神没有变,立党为公、无私奉献的优良传统没有变,政治成熟、信念坚定的好思想、好作风没有变。这是推动垦区新时期事业发展的强大精神动力和政治优势。你们老有所学、老有所教、老有所为,肩负着北大荒光荣传统教育"园丁"的历史重任,你们活跃在政治思想教育、社会公德和传统美德教育、社会主义核心价值观教育和北大荒精神教育的第一线,在关心下一代、精神文明建设、社会公益事业和基层群众文化活动等各个领域,都发挥了不可替代的作用,通过讲历史、忆传统、话巨变、绘远景,教育激励北大荒农垦事业的继承者和接班人。

50年奋斗耕耘,50载春华秋实,北大荒这片神奇的黑土地经过三代人的开发建设,已经发生了翻天覆地的沧桑巨变。

今天,我们欣喜地看到,你们曾经为之奋斗过的亘古荒原,已变成稻菽飘香的万顷良田,像大地织锦一样镶嵌在祖国的东北边陲,北大荒已成为我国农业先进生产力的代表。2007年,垦区粮食总产达249.3亿斤,商品量227亿斤,粮食增量占全省的58.6%,增速高出全国7.13个百分点,这些商品粮不仅可以满足京、津、沪和解放军三军一年口粮供应,还能满足港澳地区居民一年口粮需求,为保障国家粮食安全做出了积极贡献。

今天,我们欣喜地看到,垦区经济实力显著增强。2007年,垦区生产总值达372.2亿元,农场人均纯收入达到8 087元。北大荒集团在国家2007年大企业集团排名中列65位,居农业行业之首。同时,还培育了"北大荒"、"完达山"和"九三"等知名品牌。在2008年中国最具价值品牌500强评比中,"北大荒"以45.28亿元的品牌价值荣列排行榜第160位,成为年度成长性最好的知名品牌之一。

今天,我们欣喜地看到,九三油脂、完达山乳业、北大荒米业等16个国家级和省级重点产业化龙头企业相继崛起,米、面、油、乳、肉、药、薯等十大主导产业迅猛发展。目前,垦区农产品年加工转化能力达到1 680万吨,年处理鲜奶能力77万吨,生猪屠宰能力500万头,已成为黑龙江省食品工业中的重要力量。

今天,我们欣喜地看到,北大荒的社会事业蓬勃发展,教育、卫生、文化、体育、交通、通信、广播电视事业呈现出日益繁荣兴旺的崭新局面。235所中小学校全部实现集中办学,高等教育入学率83%,高于全国平均水平;基层医疗卫生所覆盖率100%,人均卫生资源高于全省和全国农村水平;广播、电视、通讯覆盖率达100%,电话入户率达75%以上;公路建设总里程近2万公里,交通网络四通八达;社会保障体系不断完善,"五保合一"的社会保险覆盖面100%。特别是大规模的住宅建设使昔日简陋的"马架子"、"泥草房",变成了宽敞明亮的别墅新居,100多座粗具现代规模的小城镇,星罗棋布地点缀在垦区大地,成为北大荒一道亮丽的风景线。

今天,我们欣喜地看到,你们当年创造的北大荒精神,在垦区人民多年实践中,不断得到丰富和发展,显示出了强大的生命力、凝聚力和感召力。2007年《人民日报》把北大荒精神定格为中华民族历久弥新的精神财富,省委、省政府把北大荒精神与"闯关东精神"、"大庆精神"、"铁人精神"一道提升为全省的"创业精神",号召全省人民坚定不移地继承和发扬。这更加激发了我们投身黑龙江全面振兴伟大实践的高涨热情。

多年来,总局党委始终关注关心广大复转官兵这个群体,全面贯彻落实国家各项政策待遇,大力改善离退休人员的生活条件,努力满足其精神文化需求,支持你们参加关工委、老年大学、老科协的活动,竭力为广大复转官兵共享经济社会发展成果,安度晚年创造一切有利条件。总局党委、总局高度重视这次纪念活动,编辑出版了《雄壮1958》纪念文集和《老兵1958·北大荒》纪念画册,目的就是挖掘整理历史文化资源,通过编史修志、著书立说的方式,让新一代北大荒人重温那段光荣的历史,铭记那些不朽的功绩,传承北大荒精神,激励北大荒事业未来的建设者。

抚今追昔,我们永远怀念新中国农垦事业的奠基人王震将军,永远怀念那些为北大荒事业献出了宝贵生命,长眠于黑土地的垦荒先驱和英烈们。五十年来,你们在这片广袤热土上建立的光辉业绩,创造并传承的宝贵精神财富和现代农业文明,将永远铭刻在北大荒历史的丰碑上,永远铭记在全体北大荒人民的心中!

进入新的历史时期,北大荒正面临着千载难逢的历史机遇,我们一定要学习广大复转官兵的革命精神、崇高品格和务实作风,勇敢地肩负起北大荒又好又快发展的历史使命。我们当前和今后一时期,要努力抓好"新五区"建设。

一是努力把垦区建设成为现代农业核心实验区。我们正在实施300亿斤商品粮基地建设规划,到2012年,实现粮食总产320亿斤,提供商品粮300亿斤,满足75个百万人口城市一年的口粮需求。加快推进畜牧业发展“115”工程,到2010年,实现生猪饲养量1 000万头、肉牛饲养量100万头、奶牛存栏量50万头,满足33个百万人口城市一年的奶品供应和23个百万人口城市一年的肉类供应。同时,还要加快现代粮食物流体系建设,努力把粮食资源优势转化为经济优势,努力把垦区建设成超大型现代农业企业集团。

二是努力把垦区建设成为农垦工业化示范区。启动实施“五个百亿工程”,即油脂、米业、物流、农保销售收入各达到或超过100亿元,北大荒品牌无形资产价值量突破100亿元。努力把垦区建设成为在省内乃至全国有辐射带动作用的农垦工业化的示范区。

三是努力把垦区建设成为社会主义新农村先行区。要按照新农村建设“二十字方针”的要求,进一步加大撤队建区和土地复垦工作力度,努力建设一批万人集中居住农场、千人集中居住管理区,加快垦区城镇化进程。要大力推进场县合作共建,进一步推进垦区与地方社会事业资源共享,在全省率先建成社会主义新农村。

四是努力把垦区建设成为社会和谐的普惠区。按照构建和谐社会的总体要求,秉持“六民”理念,着力解决群众最关心、最直接、最现实的利益问题,实现发展依靠人民、为了人民,发展的成果由人民共享。要大力推进农场、管理区公司化改革,进一步激发基层活力。要通过调整建设项目布局,调整西部地区的产业结构,推进存续农场改革,加快实施倍增计划,努力缩小垦区东西部局场间的发展差距,在共同发展中逐步实现共同富裕。

五是努力把垦区建设成为党的建设的模范区。要大力实施“北大荒先锋工程”,大力加强作风建设和廉政建设,使各级领导班子和干部队伍成为一个廉洁、团结和有战斗力的集体,带领垦区人民不断创造更加辉煌的新业绩。

要实现垦区经济社会发展的宏伟目标,需要垦区各级组织和全体人民的共同努力。我们诚恳地希望复转官兵继续从老干部、老党员、老北大荒人的层面和角度,充分发挥你们特殊的优势和作用,在北大荒向现代化进军新征途上,老当益壮,再立新功。

各位复转官兵代表、同志们:昨天,你们用忠诚、汗水和智慧书写了一部厚重的历史。今天,我们站在新的历史起点上,正踏着你们奋斗的足迹,肩负着你们殷切的期望,后继前行,满怀信心地去开创一个更加美好的未来!

最后,衷心祝愿各位精神愉快,幸福安康!

谢谢大家!

纪念知识青年投身北大荒建设 40 周年

在垦区纪念知识青年投身北大荒建设 40 周年座谈会上的讲话

隋凤富

（2008 年 6 月 24 日）

各位知青代表朋友们，同志们：

大家好！六月的北大荒，满眼葱翠，生机盎然。在这美好的季节里，我们欢聚一堂，隆重举行垦区纪念知识青年投身北大荒建设 40 周年座谈会，共同回忆那段激情燃烧的岁月，畅叙友情，沟通信息，展望未来，共谋发展。为此，我代表总局党委、总局和北大荒 160 万人民，向在座的北京、天津、上海、杭州、温州、宁波和哈尔滨等城市的知青代表同志们，表示最热烈的欢迎！和最崇高的敬意！向你们并通过你们，向所有北大荒知青荒友、战友及家人致以最诚挚的问候和最美好的祝愿！

忆往昔，峥嵘岁月稠。1968 年，全国先后有 54 万城市知识青年，响应党中央和毛主席的伟大号召，满怀豪情、意气风发地奔赴祖国北疆，投身北大荒开发建设者的行列，他们在北大荒这座大熔炉中，向老垦荒学习，以苦为荣、以苦为乐，炼意志、炼品质，百炼成钢，积淀了人生成长道路上最宝贵的精神财富；在北大荒这所大学校里，长身体，长才干，学技能，炼本领，茁壮成长为农垦事业又红又专的接班人；在北大荒这个广阔的天地里，经风雨，见世面，认识社会，感悟人生，从事实践，成为北大荒开发建设队伍中数量最多、文化程度最高、最富有朝气的一支生力军；在北大荒这个大舞台上，知青荒友回报人民，献青春、洒汗水、付艰辛，用智慧甚至生命，谱写了壮丽的青春之歌，留下了艰苦奋斗的闪光足迹、建立了彪炳史册的不朽功勋。

是你们给北大荒的事业发展，注入了青春的活力和勃勃生机；是你们给北大荒带来了移风易俗的城市文明和先进文化；是你们与这里的人民结合起来，把农垦事业的规模和总量开拓到了一个全新的阶段。许多荒友同志一谈到在北大荒这段经历，都情不自禁地感慨：这是自己人生中最艰苦、最有价值、最辉煌、最值得回味和最难忘的美好岁月。因为知青朋友人生创业拼搏的征程是从北大荒起步的；人生发展的事业基石是在北大荒奠定的。在北大荒精神的宝库中有知青元素的厚重积淀；在北大荒文化的丰碑上镌刻着知青文化的青春年轮。

历史是延伸的，也是流动的。我们今天在这里共同感悟历史，就是要使知青与北大荒的情结在历史的时空中得到延续华升，就是要把北大荒这种独特的弥足珍贵的人脉资源在历史长河中实现流动增值。40 年来，知青朋友你们无论走到哪里，无论在哪里学习、工作和生活，都始终不渝地眷恋黑土地、热爱北大荒。知青朋友，你们对老连队、老食堂、老宿舍、老邻居的那种挥之不去的情感，对老队长、老支书、老师傅、老乡亲那种永不忘却的思念，对北大荒一桩桩、一件件往事的那种历历在目的感怀，是你们不忘故乡情的最好诠释。荒友们，你们或在政界、经济界、或在文化艺术界、科技界，或在异国他乡，都在为北大荒的发展呕心沥血、献计献策、出资出力。你们打文化牌，在各大城市建立知青联谊会、组织知青合唱艺术团、创办知青文学刊物、设立知青网站，成为歌颂北大荒精神的宣传队，成为传扬北大荒文化的播种机，成为传承北大荒文明的传人使者，如去年北京北大荒人合唱团赴美演出获得成功，在联合国总部演出的效果就非同凡响。垦区每每在大城市举办招商引资、产品展销会、经济合作、外事协作等重要的大型活动中，你们都奔波忙碌、倾力相助、恪尽地主之谊。正是由于有了你们的参与谋划、牵线搭桥和鼎力相助，才使这一次次展会和重要活动都出乎预料地顺利、出乎预料地圆满，并使这些活动更加富有生气和更加富有成效。是你们把当年在北大荒广阔天地孕育的“同一块黑土，同一个家园”的乡情升华到了“同一片蓝天，同一个梦想”。对于知青朋友在各个历史时期所做出的无私奉献，北大荒人民永远不会忘记，黑土地永远不会忘记，历史也永远不会忘记！

历史是传承的，更是发展的。今天，我们可以欣慰地告诉知青朋友，你们当年为之奋斗过的这片热土，已经发生了翻天覆地的变化。垦区已成为我国耕地规模最大、机械化程度和劳动生产率最高的国家重要商品粮基地和粮食战略后备基地，成为我国农业先进生产力的代表，在农业现代化建设中取得了令人瞩目的辉煌成就。改革开放30年来,垦区在省委、省政府和国家农业部的正确领导下,认真贯彻党中央战略部署和宏观决策,坚持深化改革和扩大开放,大力实施经济结构战略性调整,加快推进垦区农业现代化、农垦工业化、垦区城镇化进程,推动了现代农业、绿色食品加工业、商贸物流业、农业保险业、文化旅游业、教育、医疗、科技、服务业的协调发展,成为具有世界先进水平的全国最大的现代农业企业集团。

今日的北大荒,已经具有较强的综合经济实力。改革开放以来,垦区累计实现利税153亿元,其中企业上缴税金92.6亿元,有力地支援了国家经济建设。特别是"十五"以来,垦区经济增速保持在12.7%,人均收入年均增长11.7%。2007年,垦区实现生产总值372亿元,人均纯收入8 087元,实现企业利润12.7亿元,上缴税金8.6亿元;在2007年国家统计局大企业集团排名中列65位,居农业行业之首。

今日的北大荒,已经具有与发达国家相当的农业现代化和劳动生产率水平。垦区已基本建成防洪、除涝、灌溉和水土保持四大水利工程体系,一半以上的耕地有设施保护;建设了206个现代农机作业区,农业机械化率94%,基本实现了农业机械化;建成了以高等院校和科研院所为骨干的科研体系,农业科技贡献率达67%以上,高于全国平均水平20个百分点。目前,职均生产粮食35.4吨,达到世界发达国家农业生产力水平;年粮食生产能力达到249.3亿斤,商品率91.1%,提供商品粮227亿斤,约占全国各省间可调配商品粮的1/4。

今日的北大荒,已经具有与市场竞争要求相适应的农业产业化经营水平。垦区先后打造了国家级和省级重点产业化龙头企业16家,形成了米、面、油、乳、肉、药、薯等十大主导产业,培育了"北大荒"、"完达山"、"九三"等一批中国驰名商标。九三集团、完达山乳业、北大荒米业、北大荒麦芽的生产能力居国内同行前列,生产销售网络已遍布全国、远销海外。大豆异黄酮、维生素E、乳珍、冻干粉针等20多项产品的核心技术处国内领先地位。目前,垦区年粮食加工转化能力已达1 400万吨,成为黑龙江省食品工业基地建设的重要力量。

今日的北大荒,社会、文化事业蓬勃发展,已建成140座农垦小城镇,初步形成了以分局中心城镇为核心,以农场重点城镇为骨干,辐射带动管理区的城乡一体化格局,住宅砖瓦化率提高到98%,城镇道路硬化率达到40%以上,绿化覆盖率达到20%以上,集中供热率达到36%,城镇人口比重已达到53%。垦区分级办学的终生教育体系已经形成,人均受教育年限11.3年,高于全国平均水平2.8年。建立健全了三级医疗卫生服务体系,每千人口拥有医生6.7人、住院床位4.7张,人均占有卫生资源高于全国平均水平,基层卫生所覆盖率100%。社会保障体系比较健全,完善了养老、失业、医疗、工伤和生育"五险合一"的社会保险体系,职工基本养老保险、失业保险、医疗保险参保率均达到100%,使参保职工实现了老有所养、病有所医、失业有所救济、工伤生育有所保障。公路交通四通八达,晴雨通车里程达12 800公里。广播电视、通信网络全面覆盖,电话入户率达75%以上。北大荒版画、北大荒文艺、北大荒文学和社区文化空前繁荣活跃,北大荒企业文化建设成效显著,推动垦区未来发展的文化软实力建设取得可喜成果。

进入新的历史发展阶段,北大荒面临着诸多千载难逢的历史机遇。站在新的历史起点上,与时俱进的北大荒人民,正以党的十七大精神为指导,全面贯彻落实科学发展观,努力建设国家商品粮基地、畜产品基地、农产品精深加工基地、农业高新技术产业基地,着力推进农业现代化、农垦工业化和垦区城镇化进程。推动初级现代农业向更高级现代农业转变,以国家需要为战略重点,立志建好国家大粮仓,快速提升垦区粮食综合生产能力,力争"十一五"末实现粮食总产300亿斤,到2012年用商品粮300亿斤的丰硕成果向党的"十八大"献礼;加快产业优化升级步伐,接长二、三产业短板,推动农业经济为主导向工业经济为主导转型,大力发展以生产性服务业为主导的第三产业,打造一、二、三产并驾齐驱、协调发展的"三足鼎立"产业格局;深化体制机制改革,转变生产经营方式和发展模式,激活各类生产经营要素,加速集团化、公司化改造进程,启动"开源、节流、提速、提效行动",用改革的办法,减轻种地职工负担,保护家庭农场的独立法人地位和生产经营积极性;秉持"六民理念",构建和谐垦区,实施"六项倍增计划",推进"十项民生"工程,大力发展社会公益事业,繁荣北大荒文化,努力提高垦区人民的生活水平和幸福指数,推动小康社会向全面现代化转变,在全国率先实现农业现代化,在全省新农村建设中发挥好先锋带动作用。

各位知青朋友们、同志们,是北大荒的历史、是这片神奇的黑土地,使我们荣辱与共、血脉相连。北大荒的过去,是我们共同的记忆;北大荒的未来,是我们共同的憧憬;北大荒的事业,是包括知青在内北大荒人共同的事业。面向未来,让我们共同把老一代垦荒者、几十万知青朋友,还有我们的下一代更加紧密地联系在起来,把我们在那个特殊年代凝结起来的深厚情感和战斗友谊,永远传承下去。我们垦区要不断拓展与知青朋友联系交往的渠道,搭建快速便捷的合作交流的网络、平台,进一步完善以文化、信息、合作为载体、情感为纽带、发展为目标的沟通联络机制,同时要满腔热忱地关心和照顾仍在垦区工作生活的知青同志们。我衷心地希望广大知青朋友能够一如既往地关注、关心和支持北大荒的事业发展,让我们戮力同心、携手并肩,共同托起北大荒更加美好的明天!

祝大家安康幸福,万事如意!

谢谢。

纪念改革开放30周年

辉煌的历程

——黑龙江垦区改革开放30年巡礼

黑龙江省农垦总局

黑龙江垦区是我国耕地规模最大的国有农场群，下辖9个分局、113个农牧场，546家国有及国有控股企业，593家非国有企业，750多家教育、科技、文化、卫生等社会事业单位。辖区总面积5.54万平方公里，总人口165.8万人，从业人员88.4万人。垦区开发建设始于1947年。经过三代北大荒人的艰苦奋斗，在昔日的亘古荒原上建成了我国耕地规模最大、现代化程度最高、综合生产能力最强的国家重要商品粮基地和粮食战略后备基地。改革开放30年来，黑龙江垦区在省委省政府和农业部的正确领导下，坚持以邓小平理论和“三个代表”重要思想为指导，认真贯彻党的十一届三中全会以来的各项战略方针政策，不断加大改革攻坚力度，使管理体制和经营机制发生了深刻变化，有力地推进了农业产业化、农垦工业化和农场城镇化，取得了经济社会协调快速发展的辉煌成就。

1978年至2007年，垦区在计划经济向市场经济转轨过程中，高举“解放思想，实事求是，深化改革，扩大开放”的旗帜，以突破体制性障碍和解决结构性矛盾为主，以实现两个根本性转变和加快农业现代化建设为目的，进行了一次具有开拓性的伟大创业实践。30年间，为适应市场经济发展的客观要求，垦区认真贯彻落实中央的各项方针政策，坚持市场经济取向，加快推进改革开放，实现经济体制由计划经济向市场经济的根本性转变；坚持调整经济结构，推进结构优化升级，实现经济增长方式由粗放型向集约型的根本性转变。经过二次创业，垦区经济体制发生了深刻变革，社会生产力实现了跨越式发展，农业现代化建设取得了令世人瞩目的成就。

一、垦区改革开放30年进程

在30年的时间里，黑龙江垦区的改革开放大体经历了三个阶段。

(一)试验探索阶段(1979至1984年)

这个阶段的主要特点是：以解放思想为先导，积极进行试验探索，调整传统经营模式，改革经济管理体制，由封闭逐步走向开放，为加快发展提供动力。一是调整产业结构，发展农工商综合经营。早在1978年初，国家就提出要把黑龙江垦区建成全国商品粮基地、工业原料基地、农牧土特产品出口基地和城市副食品供应基地。1979年7月18日，农垦部又提出了“积极办好农工商联合企业的试点”等11条意见。垦区积极贯彻这些“意见”，从调整产业结构入手，实行农工商综合经营，进一步改变了单一经营农业的局面。二是实行财务包干，变革经营管理体制。1979年2月，国务院批转《财政部、国家农垦总局关于农垦企业实行财务包干的暂行规定》，决定从1979年到1985年对农垦企业实行以“独立核算，自负盈亏，亏损不补，利润用于发展生产，资金不足可以贷款”为主要内容的财务包干。这个办法的实行，在财务管理上冲破了多年来的统收统支制度，较好地解决了长期存在的企业吃国家“大锅饭”的问题，改变了过去企业“办好办坏一个样，盈利亏损一个样”的状况，既调动了企业改善管理、发展生产和提高效益的积极性，也增强了企业自我积累、自我发展和扩大再生产的能力。从当时的实践看，最直接最明显的成果，就是大幅度提高了农垦企业的经济效益。实行财务包干的1979年，垦区实现利润1 006万元，比1978年扭亏增盈12 111万元。三是实行承包责任制，试办职工家庭农场。1979年2月，垦区开始实行基本工资加奖励的生产责任制，后来又改为实行“包、定、奖(赔)”的生产责任制。从1981年开始，垦区试行生产责任制与实行浮动工资相结合的办法，农场对生产队实行“整体承包，统一核算，利润分成，亏损受罚”的生产责任制。1982年2月，垦区开始试行以机械化作业为主的机农联合承包，部分农场实行机务单独承包或车组承包。这一系列生产责任制的实行，较好地解决了长期存在的职工吃企业“大锅饭”的问题，极大地调动了广大职工的生产经营积极性。据1983年统计，垦区参加承包的职工达58.2万人，占职工总数的83%。实行承包责任制后，垦区分离农业劳动力6万多人，为发展多种经营创造了条件。1984年初，借鉴农村改革成功经验，垦区开始试办一批家庭农场，从而在农业经营体制改革上找到了新的突破口。

(二)深刻变革阶段(1985至1995年)

这个阶段的主要特点是：垦区经济

体制改革，由试验探索转向能动推进，由单项突破转向配套实施。特别是实施“两稳两兴一良化”(即改革稳中求深，经济稳中求进;科技兴农，管理兴工;良化经济社会小气候)的工作思路，经济体制改革不断取得新的突破，社会生产力发展水平进一步提高。一是建立大农场套小农场的双层经营体制。1985年初，黑龙江垦区积极探索办好家庭农场的路子，在绥滨农场进行家庭农场综合改革试验，逐步推行了生产生活费用由“两借”变为“两自”的改革。进入20世纪90年代后的1995年，垦区家庭农场已发展到19.6万个，有的农场还以生产队为单位试行了股份制经营。在兴办以家庭农场为主的小农场的同时，国营农场(大农场)注意强化统一经营的功能，初步建立了国营农场统一经营和家庭农场分散经营相结合的大农场套小农场的双层经营体制。二是实行场(厂)长负责制和承包经营责任制。从1984年下半年开始，黑龙江省垦区进行场(厂)长负责制试点，到1988年试点单位达到企业总数的60%以上。20世纪90年代初期，垦区按照农业部的要求，借鉴城市企业改革的经验，全面推行多种形式的承包经营责任制，实行企业所有权和经营权分离。为进一步落实企业经营自主权，垦区积极推进租赁、拍卖、转让和股份制等企业经营方式改革，在一定程度上改变了单纯依靠行政手段管理工业企业的局面。同时，大力推进企业内部“三项制度”改革，逐步建立了“干部能上能下，职工能进能出，收入能高能低”的竞争机制。三是实行以“四到户、两自理”为标志的农业改革。1992年，黑龙江省垦区一些农场为了把职工推向市场，使职工真正成为投入、利益和风险的主体，率先对家庭农场采取了“两自理”的办法。1994年，全国农业工作会议召开后，黑龙江省垦区明确提出要下决心推行生产费和生活费自理，两年内所有农场的农业生产都要做到职工自费经营，并尽快做到土地到户、机械到户、核算到户、盈亏到户(即“四到户”)。“两自理”和“四到户”的实行，彻底改变了“国家出钱、职工种地、负盈不负亏”的机制，从而把垦区农业发展推向了一个新的阶段。四是垦区财务计划由省财政上划到中央财政。1990年，国家同意黑龙江省政府的意见，决定将垦区财务计划上划中央，由财政部通过农业部下达，从而理顺了垦区的经济管理体制。

(三)改革深化阶段(1996年至2007年)

这个阶段的主要特点是:垦区上下进一步解放思想，紧紧抓住机遇而不丧失机遇，勇于开拓进取而不因循守旧。垦区改革取得新突破，现代化建设实现新跨越，推动经济和社会步入了发展快车道。一是农业经营体制改革进一步深化，双层经营体制不断完善。全面推行“两田制”改革，推进土地适度规模经营，同时为税费改革奠定了基础。二是国有企业产权制度改革取得了新进展。坚持有进有退、有所为有所不为的方针，国有资本从弱势企业中退出，大力调整国有经济布局，按照产业化经营战略，把国有资本等经济资源向米、面、油、乳等优势主导产业和名牌企业集聚，扶强构优，搞活龙头企业。三是组建北大荒农垦集团，构建北大荒集团母子公司管理体制。依法确认集团总公司法人财产，严格履行法定登记程序;结合机关机构改革，组建集团总公司工作机构，推进集团企业组织结构调整;探索垦区政企分开的实现形式，构筑内部分开的双轨运行体制。四是以撤队建区为重点，深化国有农场内部管理体制改革。通过农场内部组织结构调整，转变职能、精简机构、理顺关系、减少层次、降低管理成本，在农场层面建立起运转协调、办事高效的经营管理机构和行政管理机构。五是国有农场税费改革。完善土地承包制度，以“两田制”为基础，规范土地承包收费，全面落实国家税费改革政策。

二、推动黑龙江垦区发展的几项重大改革

从1978年黑龙江垦区开始进行改革探索起到2007年的30年间，农业经营体制、国有企业产权制度等几项重大改革推动着垦区全面改革的进程，这些改革的成功极大地促进了黑龙江省垦区的快发展、大发展。

(一)农业经营体制改革

农业经营体制改革是一场扬弃与创新交替演进、推陈出新的历史性过程。1984年，在经历了“包、定、奖”生产责任制、联产承包责任制、承包经营责任制等几种经营模式的探索和试验后，垦区借鉴农村改革经验，以兴办家庭农场为突破口，全面推行农业经营体制改革，打破了沿袭多年的计划经济办场模式和管理体制。经过十多年的实践、探索、深化和完善，到1996年，确立了以“四到户、两自理”为特征，“大农场套小农场”，统分结合的农业双层经营体制。

“四到户”就是:耕地到户，通过承包租赁方式把土地使用权明确落实到户;机械到户，通过转让或自购途径把农机具的产权明晰到户;核算到户，通过划小核算单位，最终把户作为基本的生产经营核算单位;盈亏到户，由家庭农场承担经营风险，自负盈亏。“两自理”就是:家庭农场生产费、生活费全部自理。“大农场套小农场”、统分结合双层经营体制，就是国有农场作为国有农业企业，主要从事土地等资源性资产发包经营，统一种植计划，统一农业技术措施，统一农机标准化作业，并对家庭农场提供产前、产中、产后服务，享有国有资产收益权;家庭农场作为农业双层经营中的一个层次，自主从事农业生产经营活动，享有除上缴土地租金以外的经营收益。国有农场与家庭农场是经济契约关系，是平等互利的利益主体。截止到2007年，垦区共有家庭农牧场23.9万户，承租了242.8万公顷耕地，其中种植业家庭农场20.6万户，家庭林场4 951户，家庭牧场10 597户;家庭农牧场的生活费全部实现了自理，生产费自理率达到99.8%以上。

统分结合的农业双层经营体制确立后，为克服兴办家庭农场中的以包代管和重“分”轻“统”等问题，我们在中央和省委、省政府的正确领导下，强化了“统”的功能，出台了一系列的规章制度和具体措施，加强了对家庭农场和其他承包经营组织在合同、土地、农机、产品、财务等五个方面的管理，规范了分散经营层次的行为。加强合同管理，即各农场按照“内容全面，行文规范，责任、权利、义务具体明确”的要求，完善了承包合同制度，提高了合同覆盖率，

杜绝了无合同承包或口头承包的现象，提高了合同的规范性和执行合同的严肃性。加强土地管理，即明确了土地承包(或租赁)后，所有权归国家，家庭农场只有使用权，不得随意转让、出租或买卖；各农场还普遍建立了培肥地力制度，对土地质量进行评估，定出奖罚办法，并收取培肥地力基金，对符合要求的家庭农场，基金予以返还；同时把土地固定工作作为农业改革的重点之一来抓，保持了农业政策的稳定，防止执行政策中的随意性，避免了家庭农场的短期行为。加强产品管理，大体形成了实物上交、定购任务、议价销售并存的三种管理方式，实物上交即将应上交的利费指标，折合为粮豆实物；定购任务指农场对完成国家定购任务、出口还贷、场内工业加工、居民用粮以及饲料所需的粮豆实行定购的办法；议价销售，指完成上述两项任务后所剩余的产品，可以自行议价销售。加强农机管理，即以标准化为中心，以"六统一、七加强"为主要管理内容，"六统一"是指统一停放和保管、统一油料供应、统一指挥和管理、统一保养和维修验收标准、统一田间作业质量和验收标准、统一田间作业收费和结算；"七加强"是指加强农机队伍建设工作、加强农机技术保养和维修工作、加强农机田间作业标准化工作、加强生产队机务区建设工作、加强农机安全监理工作、加强农机技术档案和统计资料管理工作、加强农机更新和新技术推广工作。加强财务管理，即以资金为核心，建立家庭农场核算账户，对家庭农场两费自理、利费收缴、产品上交、生产资料供应等做了明确规定，严格管理，账目公开，并做到分配及时兑现到户。

为克服兴办家庭农场初期平分土地，经营规模分散而细化，农业大机械化优势、科技优势和土地资源相对富集的优势难以显现，劳动生产率的相对低下的不利局面，我们从完善国有农场土地承包经营制度、稳定土地承包关系入手，实行"两田制"，推进土地适度规模经营。实行"两田制"，就是将农场的耕地按其功能划为"基本田"和"规模田"，同时设置"机动地"。按不同方式发包，确定不同的承包期限，实行不同的承包价格。"基本田"为基本生活和社会保障田，实行定项限额收费(只收取五项社会保险费和农业保险费)。基本田面积一般为农业劳均10～15亩。"规模田"为规模化、市场化经营田，按照市场配置资源原则，通过竞争方式承包，实行协商定价。规模田可以充分发挥土地资源和农机装备优势，推进土地规模经营。"机动地"，主要用于新增农业劳动力安置和基本建设占用土地、自然灾害损毁土地的调整，实行市场竞价。

全面兴办家庭农场，从根本上调动了农户生产积极性，解放和发展了垦区的农业生产力。一是农业经营机制发生重大转变。家庭农场每年投入再生产资金都在50亿元以上，平均每亩超过170元；每年更新农机具的投入达4～5亿元，到2007年末，垦区用世界先进农机设备装备了160个现代农机示范区，农业综合机械化率提高到93.3%，其中旱田达95%，水田达90%。家庭农场为追求效益最大化，自觉学科学，用科学，使先进的农业技术措施能够得到广泛运用。2007年垦区农业科技贡献率达65%，比全国平均水平高出20多个百分点，接近世界发达国家水平；农业标准化覆盖率100%，实现了全作物、全面积、全过程的标准化。兴办家庭农场为垦区加速农业现代化步伐奠定了良好的微观基础。二是优化了经济结构。随着统分结合双层经营体制的确立，垦区开始由分散经营走向适度规模经营，多数人种少数地、少数人种多数地，土地向种田能手集中。2007年，不到三分之一的家庭农场经营了接近二分之一的耕地，其中9 900户大型家庭农场平均规模855亩，比中小型家庭农场平均水平高6.5倍，经营面积占总面积的28.5%。越来越多的职工从土地上分离出来，从事畜牧养殖业、多种经营和工商服务业等劳动力密集型的非农产业，有力地支撑了垦区畜牧业的快速发展。通过近30年的不懈努力，基本形成了布局区域化、饲养标准化、生产规模化、经营产业化、防疫程序化的发展格局。到2007年末，垦区肉、蛋、奶产量分别达到45.7万吨、6.0万吨和97.7万吨，畜牧业总产值达到117.2亿元，按可比价是1978年的26.25倍，年均增长11.8%。三是提高了垦区劳动生产率、资源产出率和职工收入。家庭农场成为独立的利益主体，使垦区的资源优势、技术优势、农业机械化优势与劳动者的积极性有机结合起来。2007年，垦区职均生产粮食34.5吨，高于15个发达国家人均生产粮食25吨的水平；农场人均纯收入达到8 087元，按可比价是1978年246元的7.6倍。

(二)国有企业产权制度改革

黑龙江省垦区工业是在计划经济时期逐渐建立起来的。这些企业多数定位是"自给型"，其宗旨是为农场职工生产、生活服务，企业的生存空间大多局限于农牧场内部。在这些企业中，国家是唯一的投资主体，所有制形式是国有一统天下，经济成分呈单一性，具有规模小、布局散、加工层次低、产业链条短、低水平重复建设等特点。在市场经济条件下，特别是商品供需总量趋于平衡的情况下，这些中小型企业在市场经济的大潮中，无力竞争，面临难以立足的困境。我们在推进农业改革的同时，重点进行了工、商、运、建、服等国有企业的改革。从20世纪80年代初开始，黑龙江省垦区工业就开始实行各种形式的经营承包责任制，调整分配政策，改革分配制度，极大地激发了广大职工生产经营积极性，推动了整个经济体制改革的深入开展。同时，按照所有权和经营权分离的原则，对一些规模小、产品销售不畅、经营不善的维修、制造、粮食加工等小企业实行租赁、委托经营等方式，减少了国有企业的亏损面。并通过赋予企业经营自主权，为企业成为市场竞争主体奠定了基础。

在经历了厂长(经理)负责制、承包经营责任制两个阶段后，从1996年开始，黑龙江省垦区国有企业进入到以产权制度改革为核心、以建立现代企业制度为重点的攻坚阶段。抓大放小，有进有退，有所为有所不为，立足资源优势，确立主导产业，推动要素重组，做大做强龙头企业，放开搞活中小企业，优化了国有经济布局，提高了国有经济的控制力。国有企业产权制度改革大体经历了三个阶段：一是以1995年农垦总局在宝泉岭分局召开国有企业产权制度改革现场会为标志，到1997年底，垦区国有企业改制面达到59.8%,参与产权制度改革的企业占改制总数的22.4%。二是1998年以后,垦区通过股份合作制、出售、兼并、破产等方式,推进中小型国有企业产权制度改革。以竞价出售、先租后买、卖股结合等方式,推进中小企业民有民营的步伐。这期间垦区中小型国有工业企业改革面达92%,进行产权制度改革的企业占改制企业总数的83.3%。三是2000年以来,按照中央关于"国有资本要从低效的中小型国有企业全部退出"的要求,农垦总局出台了相关政策,指导、督促国有资本退出工作。到2001年底,垦区已终结改制企业742户,占总户数的98.5%。其中,出售385户,股份合作制133户,被兼并102户,公司制改造企业83户,国有资本退出工作基本结束。

在此基础上,黑龙江垦区坚持公司化、集团化、产业化方向,着力抓好大型国有企业的公司制改造,推进企业资产重组,构建了一批产业牵动力强,市场前景好,具有一定核心竞争力、在省内外有影响力的大型和特大型龙头骨干企业和企业集团。一是增量引导,同业重组。北大荒米业集团公司就是在百余家稻米加工小企业的基础上,通过增量投入引导,先后采取吸收合并和新设合并两次重组,发展成为特大型的稻米加工企业集团,构筑起北大荒米业"航空母舰",被列入国家级重点产业化龙头企业。二是名牌辐射,并购重组。1997年,以完达山食品厂为核心,通过"完达山"品牌联合,把牡丹江分局辖区内10家场办乳品企业联合起来,通过资产重组,设立了完达山企业集团乳品有限公司,先后并购了垦区内外13家乳品企业,经营规模不断扩大,跻身全国农业产业化重点龙头企业。三是内外结合,扩张重组。九三油脂加工厂1996年进行公司制改组,将7 280万元净资产折股量化,组建了国有控股、农场法人和职工个人参股的多元投资主体的有限责任公司,形成了核心竞争力,成为国家级重点农业产业化龙头企业。2001年以来,公司开始向外进行资本扩张,迅速壮大企业生产经营规模,实现了跨越式发展。四是分立重组,股改扩张。佳木斯肉联厂到1997年累计亏损1.6亿元,资产负债率高达300%。1998年总局决定采取分立重组方式进行改制,将优质资产和部分职工从肉联厂分离出来,设立多多集团公司,实行母子公司管理体制,并实施产权制度改革,实现了股权多元化。到2007年末,黑龙江垦区实现全口径工业增加值57.2亿元,按可比价是1978年的19.7倍。现有农业产业化龙头企业70余家,其中省级以上重点产业化龙头企业已达到16家(其中国家级5家),九三油脂、北大荒米业、北大荒麦芽的加工能力已居国内同行业之首,垦区年粮食加工转化能力已达到1 400万吨,处理鲜奶能力77万吨,生猪屠宰能力500万头。特别是"十五"期间,按可比价工业总产值年均增长23.6%。目前,垦区工业正由开发建设初的以粮食加工产业为主发展成为以能源、化工、建材等为主导产业的新型工业发展模式,逐步呈现出新型的规模化、集群化发展态势。

(三)国有农场内部政企分开改革

60年代以来,黑龙江省垦区就开始探索国有农场的行政管理体制问题,特别是1988年以来,按照国家和省委、省政府的要求,先后进行了友谊农场"建政"、绥滨农场"内分"和虎林六场"还政"的探索和实践。1960年至1963年、1964年至1968年,友谊农场两次设立县级政权机构,建政形式是场县合一、职责分开、两税自留、自求平衡,实行农垦系统和地方政府双重领导,以农垦系统领导为主的领导体制,1984年12月,经国务院批准,友谊县再次恢复,同友谊农场县场合一,1988年3月,省委、省政府决定,在友谊进行县场分设、政企分开的改革试点。友谊县和友谊农场机构分设,政企职能分开。友谊县行政隶属佳木斯市(后隶属双鸭山市),友谊农场由农场总局、红兴隆农场管局实行系统管理,建政后友谊县承担了辖区内公检法司、社会行政管理和中小学教育、医疗卫生等社会行政职能,农场仍保留了部分行政和社会管理服务职能,场县部分行政职能交叉,这就是农垦建政的"友谊模式"。绥滨农场"内分"是指在绥滨农场进行的内部政企分开实验:按照国家改革领导小组提出改革试验设计要求,1995年5月绥滨农场成立了"农垦绥滨社区管理委员会",承担绥滨农场的全部司法、行政和社会管理职能,农场改制为农工商实业总公司,总公司和社区管委会共设一个党委,对总公司生产经营起保证监督作用,对社区管理委员会起领导作用,同时协调总公司与社区管委会之间的关系。虎林六场"还政"是基于区域经济一体发展思路而创建的"虎林模式",1995年底,黑龙江省委决定在虎林县进行"还司法行政权于政府、还生产经营权于企业"的政企分开试点,将虎林县境内6个农场的公、检、法、工商、土地、交通机构及人员、资产划归虎林县相关部门,其他行政和社会管理职能也一并交还虎林县统管,经费以1995年发生额为基数,从1997年开始农场负担每年递减10%,10年后全部由虎林县承担。

实践证明,无论是"友谊模式",还是"绥滨模式",抑或是"虎林模式",都存在着这样或那样的弊端,有的甚至出现事权分割和管理上的混乱。2000年以来,我们在全面总结友谊农场"建政"、绥滨农场"建立社区管委会"和虎林六场"两还"实验和试点经验教训的基础上,按照黑龙江省委八届二次常委会议确定的"省级授权、部门派出、系统管理、内部分开"改革原则,从垦区的区域性、社会性和企业性的实际出发,采取党群机构共设、综合部门合署、社会行政机构与企业经营机构分开,公益事业与企业分开,企业经营性资产与公益事业性资产使用权分开,财务分账核算的办法,全面推进农场内部政企分开改革。在农场内部设立社区管理委员会,承担省人大、省政府授权委托的行政和社会管理职能,同时,将中小学校、公检法、医疗卫生、供水供热等公共服务机构分离给社区,使政企职能、机构、人员、资产、财务、核算在企业内部分开。到2002年底,垦区104个农牧场和4家独立厂矿企业全部设立了社区管理机构,在农场层面初步建立起内部政企分开体制。

从几年来的改革和运行情况看,实行内部政企分开从理论和实践上解决了原体制难以解决的问题:一是分清了政企职责。在农场辖区设立了社区管理机构,分离了农场的社会职能,初步解决了农场场长过多承担社会责任和矛盾的问题，使企业经营者从繁杂的社会事物中解脱出来，集中精力抓企业经营管理；社区管理机构相对独立承担社会管理职能，社会行政管理和公共服务建设得到强化。二是理顺了党群工作领导关系。社区与农场共设党委和群团组织，具有领导社区和企业党群工作的双重职能，解决了国有企业党群组织管理社会及非公有制企业党群工作的问题。三是初步减轻了农场办社会负担。通过总局补贴增加一块，精简机构和人员消化一块，场办事业单位改制降低了一块，减少了企业办社会补贴近1.12亿元。四是摸清了企业办社会的家底，为今后继续深化改革，分离企业非经营性资产，真实考核企业经营业绩和加强国有资产管理奠定了基础。

（四）深化国有农场内部管理体制改革

为适应建立双层经营体制的要求，我们下大气力深化国有农场内部管理体制改革。改革的主要内容：一是调整农场（社区）管理机构设置，整合部门职能，精简管理机构和管理人员；二是理顺检察、司法机构和农政执法机构管理体制，推进依法行政；三是推进农场社会公共服务机构改革，精简冗员，转换机制，减少企业办社会补贴，减轻职工社会负担；四是重构农场（社区）基层管理组织，撤销分场、生产队建制，整合管理资源，集中设立管理区，减少管理层次，精简管理人员，降低管理成本；五是适应农场管理体制改革的要求，坚持组织引导、农户自愿的原则，组建各类专业协会，作为民间合作经济组织，承担本行业技术指导和经营服务，完善社会化服务体系建设。这其中精简农场机构、转换机关职能，撤队建区，减少管理层次成为这一系列改革的重中之重。

——精简机构，转换职能。总局先后下发了《关于完善农场改革若干问题的意见》等文件，加强了对作为统一经营层次的大农场的规范。各农场先后实现了从行政管理型向经营服务型的职能转换。按照“小机关、大服务”的原则，精简了大农场机关。在机构和岗位设置上，不再与总局、分局对口，而是从农场实际出发，根据工作量大小，实行一个科室多项职能，一个人员多项兼职，对职能相近和交叉的部门进行了合并，一般只保留了生产、体改、行政三办，计财、劳资、审计三科，组织、宣传、纪检三部和工会、团委等部门，精减机关人数一半以上，每年节约的行政管理费近百万元，基本实现了“精简、统一、效能”的原则。在精简机构的同时，各农场加快了转变职能的步伐，寓管理于服务之中，不断强化服务功能，国有农场由直接从事农业生产经营转向从事土地发包为主的资产经营，由组织管理指挥农业生产转向为职工家庭农场提供产前、产中、产后服务，由行政管理转向制度管理（合同管理）。其服务的内容：一是加强农业公共基础设施和生态环境建设，提高抗御自然风险和可持续发展的能力；二是提供农业技术推广和技术培训公共服务，促进新品种、新机具、新技术的引进、试验、示范和推广；三是提供动植物防疫检疫公共服务，提高防病火病能力，保障农畜产品安全；四是提供农业政策信息、市场信息服务，让广大职工群众了解党和国家的农业方针政策，了解市场供求信息，提高参与市场竞争的能力；五是提供政策服务，落实国家各项农业政策，制定相关政策，引导农业结构调整，扶持弱势职工群体共同致富。解决了众多家庭农场办不了、办不好的棘手问题，大大提高了家庭农场的生存能力、竞争能力和发展能力；同时大大地降低了农业生产经营活动的交易成本，提高了农场的整体效益和对家庭农场的凝聚力，为双层经营体制的健康运行提供了坚强的服务保证。

——撤队建区，降低成本。在农场（独立厂矿）内部政企分开基础上，从2003年10月开始，全面推进以“撤队建区”改革为重点的农场管理体制改革，撤销全部分场和生产队建制，集中设立管理区，减少管理层次，降低管理成本。改革后，管理区作为农场（社区）的派出机构，根据授权和委托，负责辖区党政工作，履行社会公共服务职责，引导扶持非公有制经济发展，代行农场耕地、森林、草原、水面等资源性资产的发包和承包费收缴职能。管理区不是一级核算单位，实行会计报账制。管理区所在地设社区居民委员会，属居民自治组织，主要负责社区服务、环境卫生、社会治安、文化普及和计划生育等群众性自治工作。撤销生产队建制的居民点实行居民自治，由居民民主选举居民组组长，负责居民组的管理和服务。居民组根据党员人数设立党支部或党小组，群团组织比照党组织设立。2006年据初步统计结果，垦区104个国有农场改革后机关管理人员3 860人，精简分流管理人员1 600人，比改革前减少了29.3%。撤销分场建制34个、生产队建制2 241个，撤迁生产队44个，分流分场、生产队管理人员5 281人，比改革前减少了39.9%。设管理区637个，管理区管理人员4 200人，平均每个管理区6.6人；设作业区居民组1 832个，居民组管理人员3 750人，平均每个居民组管理人员2人。通过这次改革共减少管理人员6 685人，减少管理费开支1.32亿元，平均每亩耕地减少管理费4.2元。

通过深化农场内部管理体制改革，逐步革除制约农场经济社会发展的体制性障碍，使生产关系更加适应生产力的发展，上层建筑适应经济基础的发展要求，为率先实现农业现代化和全面建设小康社会奠定体制机制基础。

（五）垦区企业集团化改革

黑龙江垦区企业集团化改革从“九五”时期开始起步。1995年4月，经省委、省政府同意，省体改委正式批复，同意成立黑龙江北大荒农垦集团总公司，以黑龙江北大荒农垦集团总公司为核心企业组建黑龙江北大荒农垦集团。1998年3月5日，国家计委、经贸委、体改委代表国务院批复，同意以黑龙江北大荒农垦集团总公司为母公司组建黑龙江北大荒农垦集团，进行国家大型企业集团试点。为加快垦区改革步伐，构建适应市场经济要求和符合垦区实际的管理体制和运行机制，促进垦区经济社会快速、协调、健康发展，根据国务院和省委、省政府关于黑龙江垦区加速体制改革的总体要求，从1998年国家“三委”批复以来，开始着手组建北大荒农垦集团，并按照产业化、公司化、集团化方向深化国企改革，推进集团内部组织结构调整，加快建立现代企业制度。

——严格履行法定登记程序。北大

荒集团是由农垦总局所属9个分局、102个国有农场和163家国有企事业单位重组建立。按照《公司法》及工商登记办法的规定,集团核心企业必须持有属于国家授予的企业自主经营的法人财产,这是理顺集团成员企业产权关系,构建集团母子公司管理体制的前提。1998年8月13日,经农业部农垦局研究批复,将农垦总局所持有的各类资产包括垦区各单位经省或地方政府确认占有的土地、森林、草原、水面等资源性资产,商标、专利、专有技术及特许专有使用权等无形资产,划拨给黑龙江北大荒农垦集团总公司,并由集团总公司经营管理。1998年8月28日,在国家国有资产管理局正式办理了集团总公司产权登记,领取了《中华人民共和国国有资产产权登记证》。经国家国资部门审定确认的集团总公司实收资本为60亿元人民币,由集团总公司占有、使用,并负责保值增值。国家"三委"批复后,1998年8月10日,在省工商行政管理局重新办理了集团总公司工商注册登记。

——组建集团总公司工作机构。2000年6月,根据国家"三委"和省编委批复精神,北大荒集团总公司工作机构组建与农垦总局机构改革同步进行,实行"一套机构,两块牌子,双轨运行"的体制。将省编委批准农垦总局的5个党委机构、2个群团机构、16个行政管理机构与集团总公司工作机构对应合并设置,其余8个行政机构作为垦区社会管理机构单独设置,6个政法机构设置不变。集团总公司设10个工作机构:总经理办公室、发展计划部、财务部、审计部、企业管理部、人事劳动部、科技开发部、农业经济部、工业经济部、市场贸易部。目前,在企业设立分立、资产重组、对外投资、招商引资、商标使用管理、对外广告宣传、参展办展等经济活动中,集团总公司已开始履行母公司出资人职责。1998年由集团总公司独家发起,通过16个农场与浩良河化肥厂资产重组,设立黑龙江北大荒农业股份公司,2002年在上交所成功挂牌上市。2005年引进台湾统一集团与完达山乳业集团合作,优化股权结构。

——推进集团企业组织结构调整。自1998年3月国家批准组建北大荒集团以来,按照国家"三委"批复精神和国家对试点企业集团的要求,坚持"有进有退、有所为有所不为"的方针,把国有经济布局调整与构建优势产业、做大做强龙头企业结合起来,紧紧围绕垦区农产品加工和精深加工,以结构调整为主线,从国有企业产权制度改革入手,按照产业化、公司化、集团化方向,通过购并、联合等资产重组方式,推动国有存量资产和增量投入向主导产业、优势企业和名牌产品集聚,优化生产要素配置,构筑了一批在全国同行业中具有较强竞争力的大型龙头企业和企业集团。到2006年末,重组设立了九三油脂、完达山乳业、北大荒米业、北大荒丰缘粉业、完达山药业、北大荒种业、北大荒龙垦麦芽、北大荒薯业、北大荒肉业、北大荒牛业、北大荒领先食品、北大荒商贸、农垦通信、龙垦建工、多多集团等15家国有及国有控股大型企业或企业集团,其中国家级重点产业化龙头企业5家、省级8家,成为集团国有经济的重要支柱。15家企业资产总额已达到167.6亿元,占垦区国有及国有控股企业资产总额的41.9%;实现销售收入181.9亿元,占垦区国有及国有控股企业销售收入的80.8%。在培育壮大龙头企业和骨干企业的同时,通过转制、出售、破产等多种形式,将国有资本从没市场、没资源或没竞争能力的弱势企业退出。提高了北大荒集团的整体实力和市场竞争力。

(六)国有农场税费改革

根据《国务院办公厅关于深化国有农场税费改革的意见》(国办发[2006]25号)、《农业部关于贯彻落实〈国务院办公厅关于深化国有农场税费改革的意见〉的通知》(农垦发[2006]3号)、《农业部关于深化黑龙江、广东、海南垦区国有农场税费改革实施方案》(农办垦[2006]67号)精神,我们组织有关部门,从2006年5月开始研究制定国有农场税费改革方案,经反复研究修改,先后印发了《推进国有农场税费改革实施方案》、《关于推进黑龙江垦区国有农场税费改革操作方案》,指导各农场进行税费改革,同时要求各分局和有关单位结合本单位实际,制定推进国有农场税费改革实施方案,报总局审核审批。这次税费改革的主要任务就是通过完善土地承包制度,推行"两田制",规范土地承包收费,落实国家税费改革政策。

为加强对中央财政拨付国有农场税费改革补助资金的管理,确保税改补助资金及时到位,我们经过认真调查研究,明确规定了国有农场税费改革补助资金补助范围、补助方式和补助标准等分配办法,即以2006年初农场统计部门上报的农业从业人员为基础,对实行"两田制"的农场,按人均基本田12亩核定补助金额,亩均补贴80元;对未实行"两田制"的农场按其耕地面积核定补助金额,亩均补助27元;优抚费按总局民政局提供的补助额核定;按上述方法分配后的资金余额,依据黑发改投资[2006]626号、黑交发[2006]7号、农总交发[2006]112号文件确定的公路建设里程及等级标准,按垦区平均每公里补助30.08万元核定补贴。

2006年12月30日,总局将国家税改补助资金89 472万元全部下拨到各分局和有关直属单位,各分局根据总局确定的税改补助资金分配办法,将税改补助资金全部下拨到农场,总局、分局没有截留一分钱。各农场按照总局《税改操作方案》要求,2006年,实行"两田制"的农场,年初已降低"基本田"收费的,由农场依据2005年水田、旱田土地承包费收费标准计算对农工的实际减负额度,在国家税费改革补助资金中留取,补助资金与实际减负差额部分,通过降低基本田和规模田土地承包费的方式全部返还给农工。未实行"两田制"的农场,按照总局核定的补助资金总额,通过普遍降低土地承包费方式,将国家税费改革补助资金返还给农工。2007年,垦区113个国有农牧场及农业生产单位中,实行"两田制"的80个单位土地承包面积3 144.3万亩,占总承包面积的94.8%,未实行"两田制"的27个单位土地承包面积172.6万亩,仅占总承包面积的5.2%。"两田制"的推行,有效地保证了国有农场税费改革政策的顺利执行,89 472万元国家税改补助资金全部落实到位,受惠农工达48.8万人。

三、垦区改革开放30年的主要成就及发展目标

(一)主要成就

经济综合实力显著增强。到2007年末，垦区生产总值达到372.2亿元，比1978年的9.7亿元增长13.3倍，30年来共翻了3.7番。农场人均纯收入达到8 087元，是1978年的246元的7.6倍。30年来，生产总值和人均纯收入平均以9.36%和7.25%的速度快速增长，特别是2000以来6年中平均年增长速度分别达到12.76%和11.66%。在2007年国家统计局大企业集团排名中列65位，居农业行业之首。培育了"北大荒"、"完达山"和"九三"等知名品牌，其中"北大荒"、"完达山"分别以22亿元和21亿元的品牌价值，成为中国驰名商标。

现代农业迅猛发展。改革开放前，垦区由于受农机装备水平、农业科技含量等因素制约，粮食综合生产能力长期处于徘徊不前，平均单产不足200斤，粮食商品率仅为25%。1978年后，垦区逐步确立了农业经济的主导地位，不断加快现代农业发展。到2007年末，垦区已初步建立起排、灌、蓄结合的水资源综合利用系统，重点建设了兴凯湖、查哈阳、绥滨等大型灌区，垦区的优质水稻种植面积由1990年的87.6万亩扩大到1501万亩，产量达到159.6亿斤，占全局粮豆总产量的64%。坚持引进世界先进农机设备，现已装备了200个现代农机示范区，农业综合机械化率提高到94%，其中旱田达95%，水田达92%；职均生产粮食34.5吨，高于15个发达国家人均生产粮食25吨的水平。农业科技贡献率达67%，比全国平均水平高出20多个百分点，接近世界发达国家水平；农业标准化覆盖率100%，实现了全作物、全面积、全过程的标准化。推进农业保障体系建设，成立全国首家相互制农业保险公司，承保面积已达2 000万亩；发挥垦区现代农业的辐射作用，积极推进场县合作共建，2007年农机代耕作业面积已突破1 400万亩。

现代畜牧业发展成效显著。坚持把畜牧业作为富民强场、调整结构的重要产业来抓，加大对畜牧业的扶持力度，大力推进标准化和规模化生产，不断完善畜牧业防疫体系，通过30年的不懈努力，基本形成了布局区域化、饲养标准化、生产规模化、经营产业化、防疫程序化的发展格局。到2007年末，垦区各类标准化养殖小区已达1 284个，奶牛小区饲养的比重达到40%，畜禽良种化率达到90%以上，肉、蛋、奶产量分别达到45.7万吨、6.0万吨和97.7万吨，畜牧业总产值117.2亿元，按可比价是1978年的25.6倍。

农业产业化经营实现新突破。坚持农业产业化经营，重点围绕米、面、油、乳、肉、麦芽、北药等主导产业，培育和壮大了一批大型产业化龙头企业和企业集团，使垦区工业逐步发展壮大，成为拉动经济增长的主导产业。到2007年末，垦区工业经济实现全口径增加值57.2亿元，是1978年的9.05倍。企业整体发展水平大幅提升，国家级和省级重点产业化龙头企业增加到16家，九三集团、完达山乳业和北大荒肉业等六家企业跻身黑龙江企业50强。垦区年粮食加工转化能力已达到1 480万吨，处理鲜奶能力77万吨，生猪屠宰能力500万头。

六项重大改革取得成功。一是全面推行农业经营体制改革，确立了以"四到户、两自理"为特征，"大农场套小农场"统分结合的农业双层经营体制，实行了"两田制"，推进土地适度规模经营。二是推进了国有企业产权制度改革。对一些规模小、产品销售不畅、经营不善的维修、制造、粮食加工等小企业实行租赁和委托经营等改革，以推进产权制度改革、建立现代企业制度为中心，推动了要素重组，做大做强龙头企业，放开搞活中小企业，优化国有经济布局，提高了国有经济的控制力。三是国有农场内部政企分开改革。垦区按照省委确定的"省级授权、部门派出、系统管理、内部分开"改革原则，在104个农牧场和4家独立厂矿企业全部设立了社区管理机构，在农场层面初步建立起内部政企分开体制。四是深化国有农场内部管理体制改革。推进了农场(社区)管理机构设置改革、检察、司法机构和农政执法机构管理体制改革、农场社会公共服务机构改革、撤队建区改革和组建各类专业协会，逐步革除制约农场经济社会发展的体制性障碍。五是垦区企业集团化改革。垦区按照产业化、公司化、集团化方向深化国企改革，推进集团内部组织结构调整，加快建立现代企业制度，重组设立了九三油脂、完达山乳业、北大荒米业、北大荒丰缘粉业、北大荒肉业、北大荒商贸、多多集团等16家国有及国有控股大型企业或企业集团。六是国有农场税费改革。垦区通过完善土地承包制度，推行"两田制"，规范土地承包收费，落实国家税费改革政策。到2007年，黑龙江省垦区实行"两田制"的80个单位土地承包面积3 144.3万亩，占总承包面积的94.8%；89 472万元国家税改补助资金全部落实到位，受惠农工达48.8万人。

对外开放实现取得可喜成果。目前，垦区已与70多个国家和地区建立了贸易联系。改革开放到2007年以来，进出口累计实现40.3亿美元，2007年实现外贸进出口总额6.6亿美元，是1979年贸易额的14.8倍；对俄边境贸易累计实现4.3亿美元。1978年至2007年利用外资项目累计279项，金额5.4亿美元；国内招商引资项目累计2 016项，金额106.7亿元。2007年利用外资比2000年同比增长110.2%；国内招商引资比2000年同比增长428.8%。"走出去"战略稳步实施，先后与俄罗斯、菲律宾和朝鲜签订了农业开发和农业合作框架协议，启动金矿和橄榄石开采项目。境外开发累计投资1.8亿元，输出劳务累计7 472人次，输出农业生产机械1 481台套；到2007年底累计生产粮食8万吨，木材15.5万立方米，金粉矿127吨。

社会事业快速协调发展。改革开放以来，垦区的各项社会事业与经济同步协调发展。到2007年，垦区中小学校全部实现集中办学，高等教育入学率83%，高于全国平均水平；总局办大中专、中小学全部由分局和农场集中办学的教育发展格局已经形成。垦区的三级医疗服务体系健全，基层卫生所覆盖率100%，人均占有卫生资源高于全国平均水平。垦区的公路交通四通八达，通信网络全面覆盖，电话入户率达75%

以上。垦区的社会保障体系健全,职工基本养老保险、失业保险、医疗保险参保率均达到100%。垦区以分局中心城镇为核心,以农场重点城镇为骨干,辐射带动管理区的城乡一体化城镇建设初具规模。到目前,垦区的住宅建设每年都在120万平方米以上,一大批职工群众告别泥草房,住进了新型住宅小区和别墅区,人均住宅面积提高到21平方米,住宅砖瓦化率提高到98%。城镇基础设施不断完善,道路硬化率达到40%,绿化覆盖率达到20%,集中供热率达到36%,城镇人口比重已达到53%。目前,140多座初具现代化水平的小城镇,星罗棋布地点缀在垦区大地,成为北大荒一道亮丽的风景线。

(二)发展目标

站在新的历史起点上,黑龙江垦区未来的发展目标是:以党的十七大精神为指针,全面贯彻落实科学发展观,努力建设国家商品粮基地、畜产品基地、农产品精深加工基地、农业高新技术产业基地,着力推进农业现代化、农区工业化和农场城镇化进程,在全国率先实现农业现代化,在全省农村率先进入全面的小康社会,建设经济繁荣、生活富裕、环境优良、社会和谐的新型垦区。"十一五"期间,垦区要保持生产总值年均增长13.5%的发展速度。到2010年,实现生产总值500亿元,人均生产总值近4 000美元,全口径销售收入1 000亿元,人均纯收入达到1万元,接近城镇居民可支配收入水平。到2013年,垦区提早7年实现人均生产总值比2000年翻两番的目标。

——加快推进农业现代化。坚持把发展现代农业、提高粮食综合生产能力作为首要任务,引领中国特色农业现代化发展。建成农机作业区500个,实现现代农机全覆盖;建设兴凯湖等9个大型灌区,把有效灌溉面积增加到100万公顷;推进自主创新,提高农业科技水平。到2010年,实现粮食总产1 500万吨,把垦区建成我国最稳定的优质商品粮基地和农业现代化主体功能区。

——加快推进农区工业化。坚持以建设东北重要食品工业基地为己任,积极投身中国特色新型工业化发展。围绕十大支柱产业,进一步做强做大现有龙头企业。大力推进信息化和工业化融合,转变经济发展方式,使垦区食品加工业综合装备水平达到国内领先水平,食品加工能力达到国际规模经济水平,把垦区建成农产品精深加工基地和全省农区工业化示范区。

——加快推进农场城镇化。着力改善和保障民生,按照中国特色城镇化发展要求,完善以中心城镇为核心,以重点城镇为骨干,辐射带动管理区的城乡一体化城镇体系,重点建设5个人口在10万人左右的现代城镇,50个人口在1万人左右的重点城镇,500个人口在1 000人左右的管理区。到2010年,垦区城镇化率提高到65%,把垦区建成全省新农村建设的先行区。

垦区近期将重点推进"四六十"重点工作,即推进现代粮食产业、现代畜牧业、农产品加工业和现代服务业"四大产业"发展,启动西部资源小局经济全面倍增、存续农场的林业产值、畜牧业产值和民营中小企业增加值倍增、贫困农场的全口径利润倍增、东部分局的奶牛存栏量、肉牛饲养量和生猪饲养量倍增、重点龙头企业利润和民营企业销售收入倍增、保险业、粮食物流业和旅游业营业收入倍增"六项倍增计划"和实施水、能、路、树、住、医、教、文、信、保"十项民生工程"。

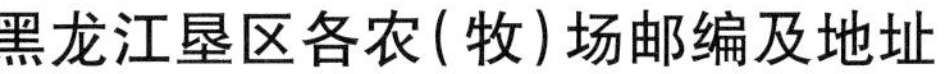

黑龙江垦区各农(牧)场邮编及地址

单　位	邮政编码	地　址	长途区号	电　话
宝泉岭分局	154211	萝北县	0468	3806177
二　九　〇	156202	绥滨县	0468	3751311
绥　滨	156203	绥滨县	0468	3777318
普　阳	156213	绥滨县	0468	3758661
江　滨	154243	萝北县	0468	3756392
军　川	154244	萝北县	0468	3775204
名　山	154242	萝北县	0468	3773048
延　军	154231	萝北县	0468	3760492
共　青	154213	萝北县	0468	3771332
宝　泉　岭	154211	萝北县	0468	3768334
新　华	154109	鹤岗市	0468	3774403
汤　原	154703	汤原县	0454	8521331
梧　桐　河	154223	汤原县	0468	3750223
依　兰	154823	依兰县	0451	8520304
红兴隆分局	155811	友谊县	0469	5860571
友　谊	155800	友谊县	0469	5851256
五　九　七	155610	宝清县	0469	5055647
八　五　二	155620	宝清县	0469	5308269
八　五　三	155630	宝清县	0469	5388853
二　九　一	155923	集贤县	0469	4984259
饶　河	155741	饶河县	0469	5531601
红　旗　岭	155712	饶河县	0469	5860390
双　鸭　山	155132	双鸭山市	0469	4329012
江　川	154302	桦川县	0454	8199762
宝　山	154350	桦川县	0454	8523570
曙　光	154451	桦南县	0454	6670107
北　兴	154625	七台河市	0464	8860424
建三江分局	156300	富锦市	0454	5790215
八　五　九	156326	饶河县	0454	5701209
胜　利	156324	饶河县	0454	5805369
红　卫	156322	饶河县	0454	5793436
七　星	156300	富锦市	0454	5794235
大　兴	156303	富锦市	0454	5792307
创　业	156321	富锦市	0454	5796053
青　龙　山	156333	同江市	0454	5700058
前　进	156331	同江市	0454	5799206
勤　得　利	156426	同江市	0454	5798213
洪　河	156332	同江市	0454	5703019

单　位	邮政编码	地　址	长途区号	电　话
鸭绿河	156334	同江市	0454	5735009
浓　江	156335	同江市	0454	5702032
前　哨	156511	抚远县	0454	5704076
前　锋	156325	抚远县	0454	5835021
二道河	156330	抚远县	0454	5762014
牡丹江分局	158308	密山市	0467	5062708
八五〇	158422	虎林市	0467	5982191
八五四	158403	虎林市	0467	5967618
八五六	158418	虎林市	0467	5957136
八五八	158419	虎林市	0467	5951391
庆　丰	158421	虎林市	0467	5908668
云　山	158420	虎林市	0467	5979036
八五五	158327	密山市	0467	5075066
八五七	158322	密山市	0467	5079192
八五一一	158307	密山市	0467	5085227
兴凯湖	158325	密山市	0467	5080475
八五一〇	158212	鸡东县	0467	5606800
海　林	157126	海林市	0453	7554381
山市种奶牛场	157113	海林市	0453	7501389
宁　安	157412	宁安市	0453	7841705
北安分局	164095	北安市	0456	6400221
锦　河	164326	黑河市	0456	8236767
红色边疆	164321	孙吴县	0456	8239010
逊　克	164423	逊克县	0456	4487034
龙　门	164145	五大连池市	0456	6417008
襄　河	164146	五大连池市	0456	6416009
龙　镇	164135	五大连池市	0456	6408019
二龙山	164131	五大连池市	0456	6418020
引龙河	164141	五大连池市	0456	6414007
尾　山	164142	五大连池市	0456	6413513
格球山	164154	五大连池市	0456	6412003
五大连池原种场	164156	五大连池市	0456	6443800
长水河	164007	北安市	0456	6449111
赵　光	164021	北安市	0456	6442021
红　星	164022	北安市	0456	6402919
建　设	164035	北安市	0456	6410015
九三分局	161441	嫩江县	0456	7893622
鹤　山	161443	嫩江县	0456	7890158
大西江	161448	嫩江县	0456	7897022
尖　山	161444	嫩江县	0456	7891357

单　位	邮政编码	地　址	长途区号	电　话
荣　军	161447	嫩江县	0456	7880629
红五月	161446	嫩江县	0456	7896743
七星泡	161435	嫩江县	0456	7895721
嫩　江	161431	嫩江县	0456	7894011
山　河	161421	嫩江县	0456	7894563
嫩　北	161405	嫩江县	0456	7890630
建　边	161415	嫩江县	0456	7895018
哈拉海	161023	齐齐哈尔市	0452	6465098
齐齐哈尔分局	161005	齐齐哈尔市	0452	2891376
克　山	161621	克山县	0452	4869411
依　安	161502	依安县	0452	7800089
红旗种马场	161534	依安县	0452	7720005
富　裕	161241	富裕县	0452	3030203
繁荣种畜场	161222	富裕县	0452	3231008
查哈阳	162116	甘南县	0452	5551698
泰　来	162414	泰来县	0452	2891707
绿色草原	166263	杜蒙县	0459	6701136
大山种羊场	166269	杜蒙县	0452	8790003
巨　浪	166395	林甸县	0452	2891701
齐齐哈尔种畜场	161002	齐市铁锋区	0452	2631600
绥化分局	152071	绥化市	0455	8762522
嘉　荫	153223	嘉荫县	0458	2654140
铁　力	152501	铁力市	0458	2811173
海　伦	152365	海伦市	0455	5500115
红　光	152343	海伦市	0455	5505210
绥　棱	152241	绥棱县	0455	4535020
安　达	151411	安达市	0455	7691011
和　平	163851	大庆市	0459	6951346
肇　源	166517	肇源县	0459	8398012
茂兴湖水产养殖场	166514	肇源县	0459	8445010
涝洲鱼种场	151107	肇东市	0455	5958400
柳　河	152443	庆安县	0455	4459266
哈尔滨分局	150090	哈尔滨市南岗区	0451	82280580
庆　阳	150778	延寿县	0451	53058429
岔林河	150923	通河县	0451	57469253
沙　河	150823	方正县	0451	57148802
香坊实验	150038	哈市香坊区	0451	55193241
青　年	150050	哈市道外区	0451	57672227
闫家岗	150078	哈市道里区	0451	84107864
红　旗	150088	哈市王岗镇	0451	86704933
四方山	151135	肇东市	0455	7725812
松花江	154822	依兰县	0454	8194611
阿城原种场	150302	哈市阿城区	0451	53704045
九龙山柞蚕育种场	150400	宾县	0451	57909345